饲料工業
方興未艾

齊景發
二〇〇〇年七月五日

农业部副部长齐景发为《中国饲料工业年鉴》(1991-2000)题词

深化改革调整结构，
迈向新世纪。

白美清题

庚辰年元宵

原国内贸易部常务副部长、国家粮食储备局局长、中国饲料工业协会副会长白美清为《中国饲料工业年鉴》（1991–2000）题词

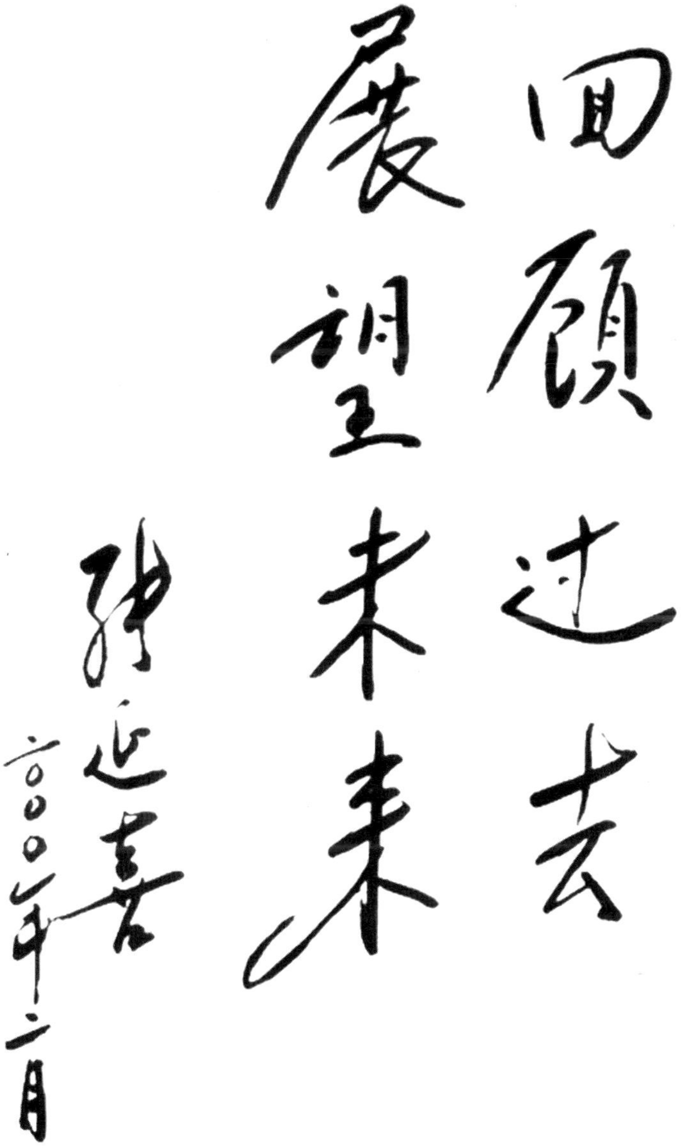

农业部原副部长张延喜为《中国饲料工业年鉴》(1991–2000)题词

发展饲料业
要依靠科技和人才

贺第二辑饲料工业年鉴出版

戎易
二000.二.二十

中国农业大学教授、中国饲料工业协会副会长戎易先生
为《中国饲料工业年鉴》(1991–2000)题词

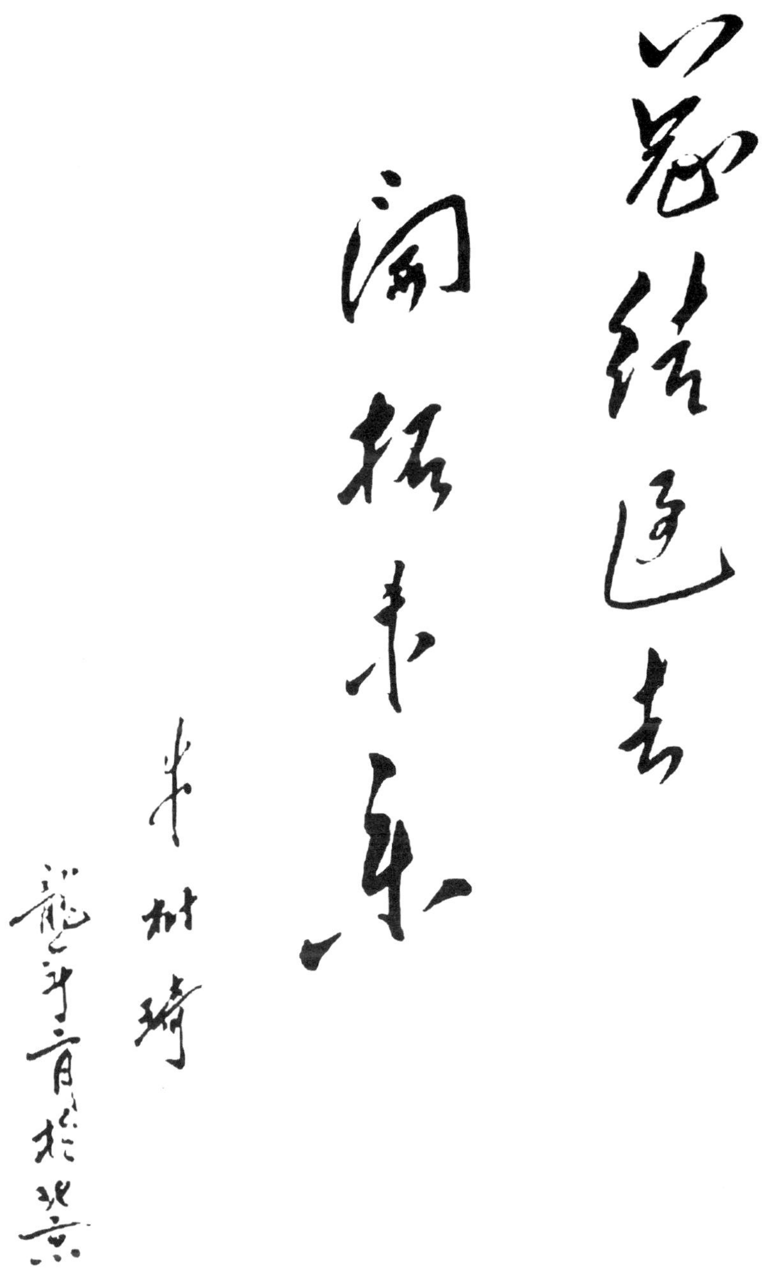

北京市饲料办公室主任、中国饲料工业协会副会长牛树琦
为《中国饲料工业年鉴》（1991–2000）题词

真实的历史
永久的记录

梁志雄

二〇〇〇年二月二十八日

中国饲料工业协会副会长梁志雄
为《中国饲料工业年鉴》（1991–2000）题词

坚持大家办的方针
推动全行业的进步

刘永好
二000年二月十八日

中国饲料工业协会副会长刘永好
为《中国饲料工业年鉴》（1991-2000）题词

二十年成就辉煌
新世纪再攀高峰

贺中国饲料工业年鉴 1991—1971 出版

吴菊生

庚辰年春

中国饲料协会副会长吴菊生为《中国饲料工业年鉴》（1991–2000）题词

深化企业改革

适应市场需要

孟枋

2000年2月中国饲料工业协会副会长孟枋
为《中国饲料工业年鉴》(1991–2000)题词

十年創業路

改革譜新篇

陳俊生

一九九五年九月廿八日

原国务委员陈俊生为中国饲料工业协会成立十周年题词

依靠和运用科技力量，
开拓饲料市场，为丰富
"菜篮子"工程服务。

祝贺中国饲料工业
协会成立十周年

陈锦华

一九九五年十一月

国家计划委员会主任陈锦华为中国饲料工业协会成立十周年题词

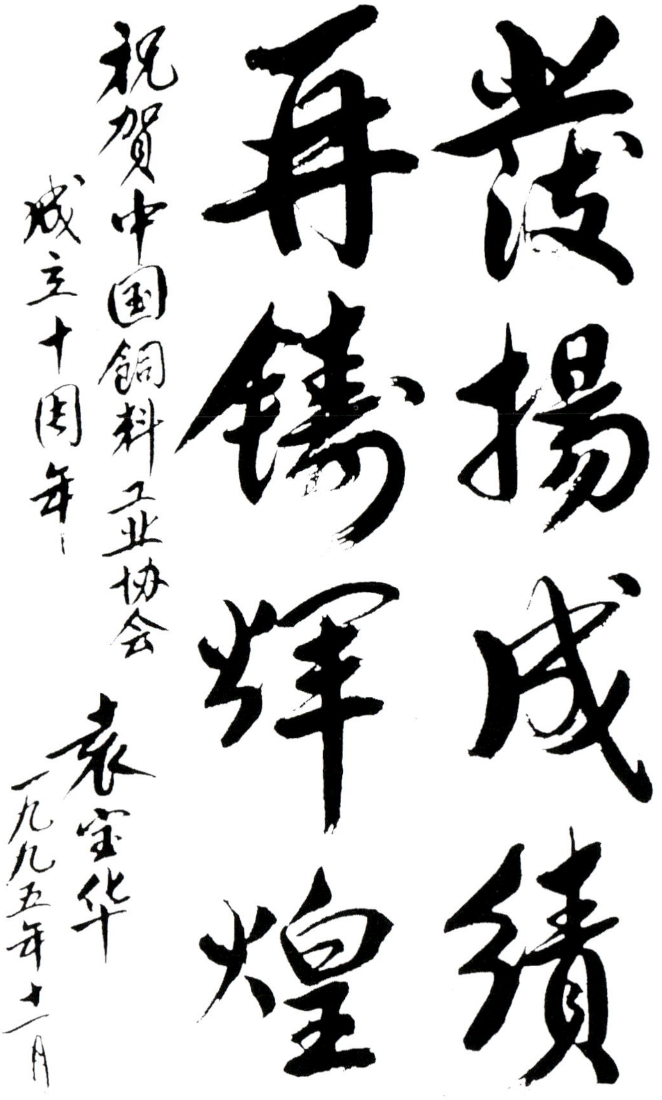

中国企业管理协会会长袁宝华为中国饲料工业协会成立十周年题词

举改革大旗
兴饲料伟业

吕东
一九九三年十一月卅日

中国工业经济协会会长吕东为中国饲料工业协会成立十周年题词

充分发挥协会作用

全力为饲料企业服务

李瑞山

一九九五、十二、二、

中国饲料工业协会会长李瑞山为中国饲料工业协会成立十周年题词

发展饲料工业，提高养殖效益，满足人民生活需要

陈耀邦

一九九五年十一月

原国家计划委员会副主任、农业部部长陈耀邦为中国饲料工业协会成立十周年题词

改革创新
再展宏图

刘江 一九九五年十月十九日

农业部原部长、国家计划委员会副主任刘江
为中国饲料工业协会成立十周年题词

饲料工业起四方，联结农商活城乡，
育养水陆成美味，走向内外两市场，
科技攻关上高新，主体领先奔富强，
十载拼搏根基固，更展宏图创辉煌。

贺中国饲料工业协会成立十周年

谢华

中共中央农村政策研究室副主任谢华为中国饲料工业协会成立十周年题词

十年腾飞

六畜兴旺

纪念中国饲料工业协会成立十周年

肖鹏

一九九五年冬

农业部原副部长肖鹏为中国饲料工业协会成立十周年题词

改革引路
十年创业
科技兴创
再铸辉煌

贺中国饲料工业协会成立十周年

张延喜

一九九五年十月

农业部原副部长张延喜为中国饲料工业协会成立十周年题词

原国内贸易部副部长何济海为中国饲料工业协会成立十周年题词

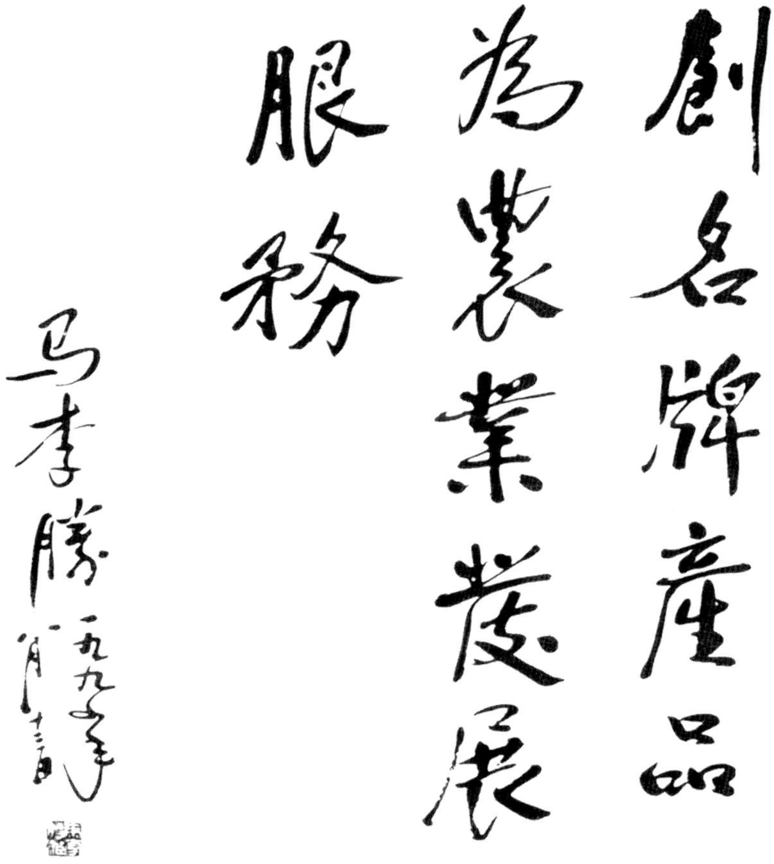

原国内贸易部副部长马李胜为中国商办工业题词

1992年7月27日中共中央总书记江泽民同志视察诸城市外贸集团公司

1997年3月中央政治局常委朱镕基同志视察诸城市外贸集团公司

1995年8月16日，中共中央政治局常委、全国政协主席李瑞环同志赞扬希望集团首倡并率先实施光彩事业

1996年2月6日，中共中央政治局常委、书记处书记胡锦涛同志到广西赖氨酸厂视察，称赞该厂坚持改革，在实现两个根本性转变方面做出了成绩

1996年7月4日，中共中央政治局常委、国务院副总理李岚清同志在视察希望集团强大公司时说："希望的发展为我国的民族饲料企业树立了榜样"

领导关怀

十年来，党和国家领导人江泽民、朱镕基、李瑞环、胡锦涛、李岚清等同志曾先后到大型饲料企业视察，对他们工作作出的成绩给予肯定。行业领导也多次亲临现场检查工作。

国务委员、国家科委主任宋健同志视察
福建马尾联合水产饲料有限公司

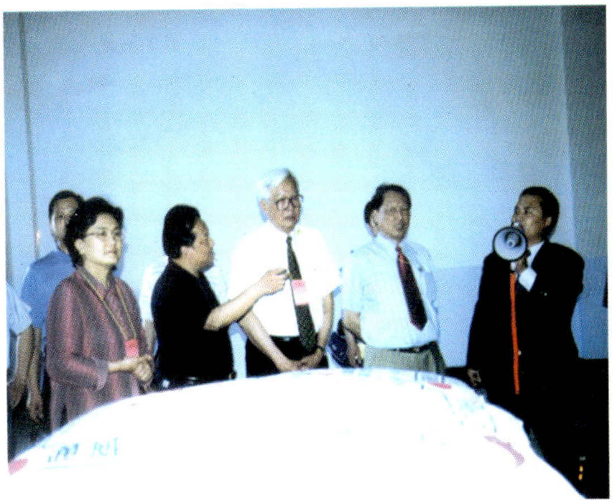

图为：以全国人大副委员长、民建中央主席成思危同志（右二），全国政协副主席、致公党中央主席罗豪才（右三），中央统战部常务副部长刘延东（右五）为首的民主党派中央西部大开发考察团视察四川通威集团。

中国饲料工业协会会长李瑞山在陕西渭南饲料添加剂厂视察工作

1999年8月农业部副部长齐景发到
农业部成都饲料检测中心视察工作

全国饲料工作办公室主任贾幼陵在农业部
成都饲料质量监督检测中心检查工作

图为　四川隆生集团龙庆饲料的现代化厂房车间

图为　饲料厂的技术人员
深入到用户开展售后服务和技术指导

饲料厂的封装打包车间

山西省希望饲料公司
的饲料产品受到群众的欢迎

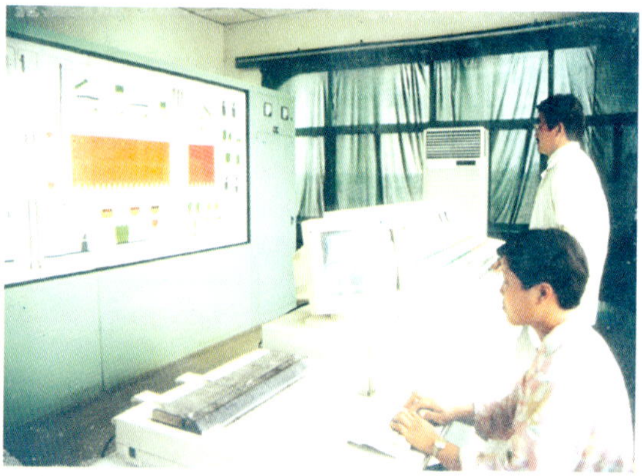

图为　饲料厂的中央控制室

图为　青海省的养殖户争
相购买高科技含量的饲料

饲料工业取得了可喜的成就

九十年代，我国的饲料生产能力和产量有了大幅度提高。1999年全国饲料加工企业12095家，其中时产5吨以上的企业1937家。配合料年双班生产能力1.3亿吨，饲料产品总产量达到6872吨，其中，配合饲料产量5553万吨居世界第二位。与此同时，饲料产品结构和产品质量都有了新的变化和提高。饲料工业已成为国民经济的重要组成部分，为畜牧业发展和人民生活水平的提高做出了贡献。

饲料工业的进步极大的推动了集约化养殖业的发展

◆中牧股份有限公司－北京华罗饲料添加剂厂

◆图为国内赖氨酸生产厂家之一－川化味之素有限公司

◆内蒙古金河集团生产车间

◆图为北京桑普生化技术有限公司生产的饲料保藏剂

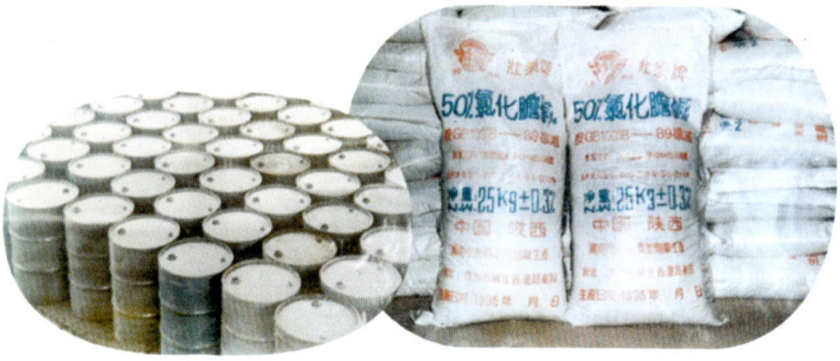

水剂氯化胆碱　　粉剂氯化胆碱

◆图为陕西渭南饲料添加剂厂产品

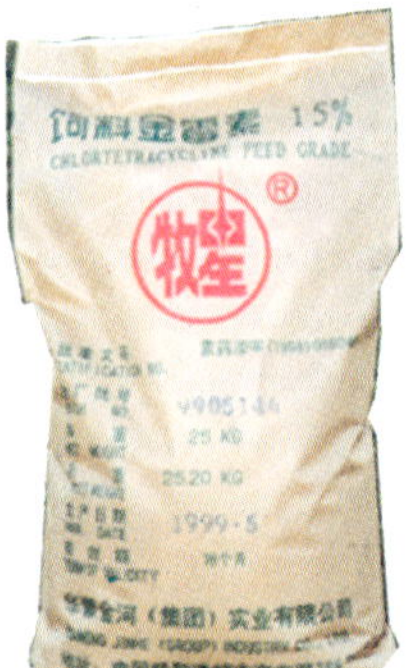

◆图为华蒙金河（集团）实业有限公司生产的饲料金霉素产品

饲料添加剂工业有了大的突破

十年来，我国饲料添加剂工业有了大的突破。产量由1991年的24万吨增加到1999年的223万吨。目前除个别品种外，绝大部分的营养和非营养性饲料添加剂都能国产并基本能满足国内市场需要，还有相当数量的产品销往国外。饲料添加剂工业的进步，为饲料工业的快速发展奠定了坚实的基础。

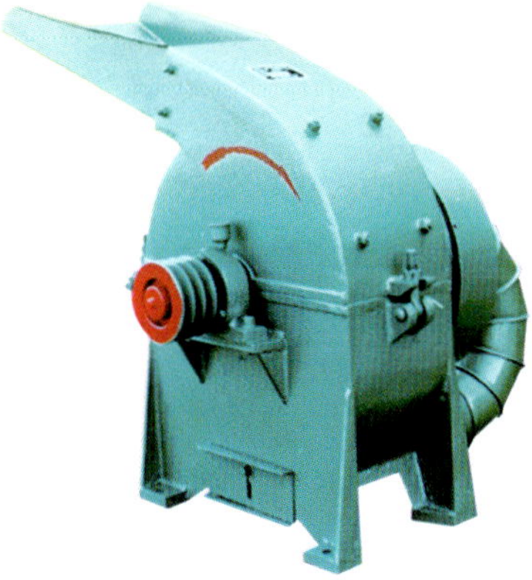

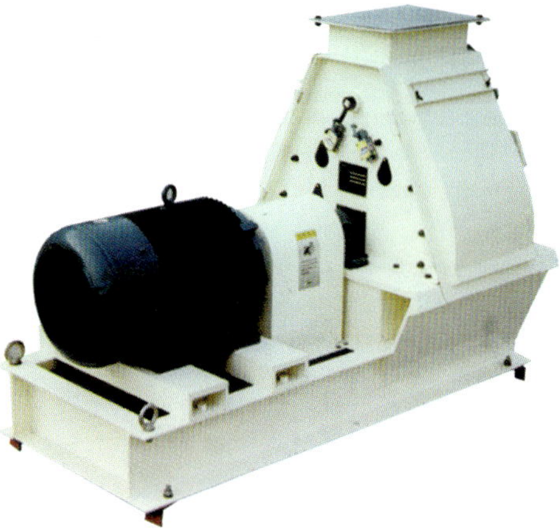

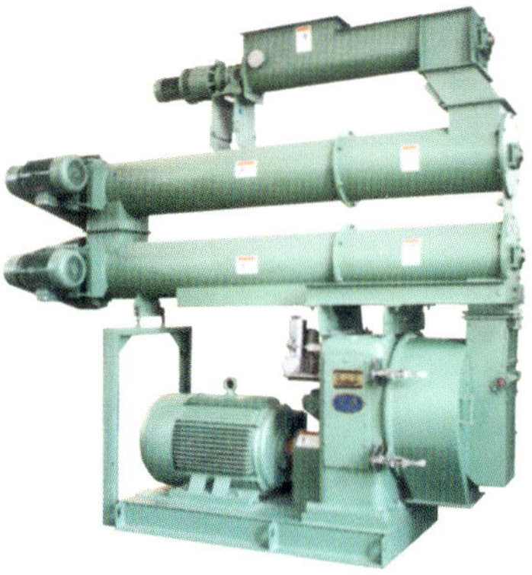

饲料机械制造业取得了长足的进步

我国的饲料机械制造业经过“七五”、“八五”、“九五”国家科技公关，在大型化、机电一体化、多样化、成套化方面取得了长足的进步，已能生产几十个系列，200多个品种的饲料机械产品，销往全国各省、市、自治区并出口到东南亚、新西兰、俄罗斯和非洲等地。特别是大型成套设备的开发突破为我国饲料工业发展提供有力保障，为国家节约了大量的外汇。目前饲料机械制造业已成为我国饲料工业发展必不可少的组成部分。

邓小平同志会见泰国正大集团谢国民董事长及谢中民总裁一行

江泽民同志亲切接见香港
屏山企业有限公司董事长陈伟南先生

穗屏（广州）企业有限公司储料筒

成都正大有限公司生产区一角

鹏泰（秦皇岛）有限公司

三资企业迅猛发展

改革开放以来，特别是邓小平同志南巡讲话以来，饲料行业的三资企业发展迅速。十年来新建三资企业300多家。涌现出一批象泰国正大集团和香港屏山企业有限公司这样的优秀外资企业，他们对推动中国饲料工业的发展做出了积极贡献。

国家饲料质量监督检测中心（北京）实验大楼外景

实验人员在进行检测工作

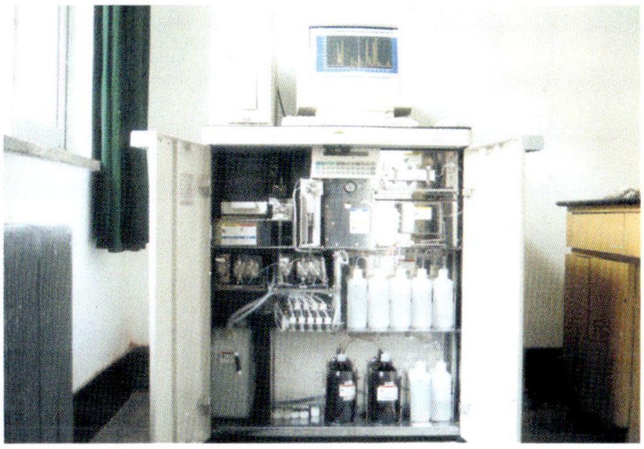

农业部饲料质检中心（济南）
L-8800全自动氨基酸分析仪

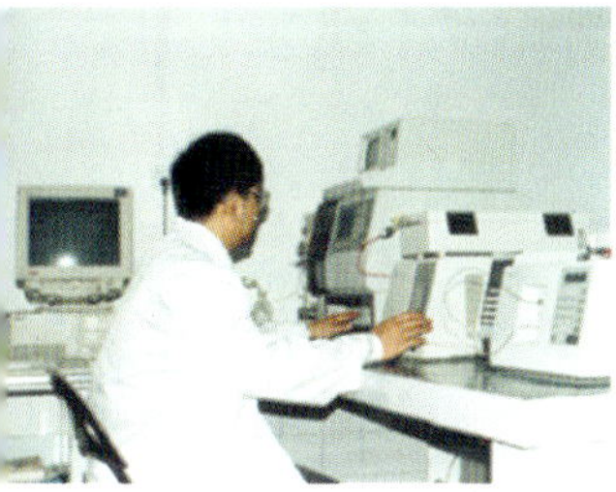

业部成都饲料质量监督检测
氨基酸分析仪和液相色谱仪

技术人员正在进行学术讨论

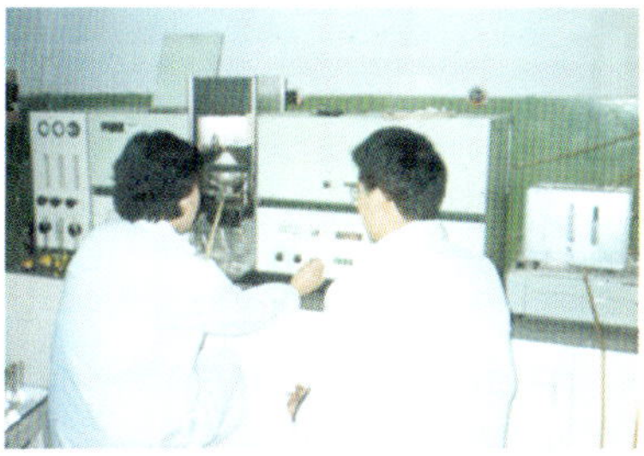

农业部西安饲料质量监督检测
中心的202型原子吸收仪

业部广州饲料质量监督检测中心
技术人员在海关抽检饲料产品

农业部沈阳饲料质量监督检测中心化验室

农业部呼和浩特
饲料质量监督检测中心大楼

饲料立法和饲料质量监督检测工作不断加强

九十年代，我国先后制定了省部级饲料管理法规17部。1999年国家《饲料和饲料添加剂管理条例》的出台为我国饲料工作法制化迈出了坚实的一步。九年中制定饲料标准216项，其中国家标准79项，行业标准137项。建立了两个国家级饲料质检中心，6个部级饲料质检中心和30个省市饲料质量检测所（站），形成了健全的质量监督检测网络，对饲料产品质量控制提供了技术保障。该饲料监测体系先后开展了3次全国统检，11次全国抽检和1次质量跟踪检验，饲料产品质量不断提高。

中国农科院饲料研究所

农业部饲料工业中心

中国农业科学院畜牧研究所

化验室一角

湖南省集约化养猪培训班

电化教室

科研教育工作成绩显著

十年来，完成科技攻关项目 90 多项。全国有 40 所农业大专院校设立了硕士博士点 24 个，培养出各类饲料专业人才 4万多名

澳大利亚农业代表团访问华星实业股份有限公司

受中国农科院饲料研究所邀请，美国阿肯色州立大学
教授、著名家禽营养学家Craigcoon博士来华进行学术交流

国－欧盟 1999 年饲料畜产品市场发展研讨会

1997年3月6日，缅甸水产部部长
参观福建省华大（福州）饲料有限公司

5北京国际动物营养及饲料添加剂交流研讨会

对外交流与合作

1991年以来，我国同美国、泰国、法国、德国、英国、荷兰、瑞士、加拿大、意大利、西班牙、瑞典、芬兰、丹麦、俄罗斯、日本、韩国、新加坡、马来西亚、印度尼西亚、澳大利亚、新西兰、匈牙利、保加利亚、罗马尼亚、南斯拉夫、南非、以色列、秘鲁、智利及香港、澳门、台湾等30多个国家和地区协会、工商、企业、民间贸易组织进行了广泛交流与合作。积极引进技术与设备，大力兴办三资企业，同时组织我国饲料企业家赴欧美进行考察、交流和培训，并鼓励国内大中型企业到国外投资建厂，推动了我国饲料工业全面迅速的发展。

全国优秀科技期刊
中国饲料工业协会主办
中国饲料
ISSN 1004-3314
饲料广角
主管：农业部 主办：中国饲料工业协会
20
半月刊
www.chinafeed.org.cn
饲料博览
FEED PANORAMA
1998.5
ISSN 1001-991X
——全国畜牧类中文核心期刊
——辽宁省一级期刊
饲料工业
FEED INDUSTRY
我们争做业界典范
——正昌·亚洲著名饲料机械生产基地
数十年辉煌的结晶 隆重推出新一代水滴式粉碎机
牧羊 水滴王—968

信息媒体建设繁花似锦

九十年代，饲料行业信息服务日益完善。新办杂志8家，行业杂志增加到14家，大型饲料集团自办报纸5。饲料行业信息网络建设得到了快速发展，到1999年底，行业有关信息服务网站有18家，企业网站200多家。息媒体的繁荣为饲料工业发展提供了有效服务。

新产品、新技术交流活动

十年来，全国和地方各地多次组织举办新产品、新技术交流展会。为全国开拓视野，加强交流、促进发展起到了积极的作用。

1992年全国饲料工业新技术、新产品交流会在沈阳召开。图为交流会会场

企业的新产品展位

图为交流会开幕式

1992年10月9日-23日首届中国农业博览会在北京召开，饲料工业展品获首届中国农博会金质奖2个，铜质奖5个，优秀产业证书4个

1996年5月5日至7日中国饲料工业博览会在北京国际展览中心隆重举行。会上评出“首届中国饲料工业博览会”认定产品488个。

出席开幕、剪彩仪式的各界领导有：全国人大常委会常务委员张挺、地质矿产部部长宋瑞祥、中国国际贸易促进委员会会长郭东坡、中央财经领导小组办公室副主任段应碧、国内贸易部常务副部长罗植龄、农业部常务副部长吴亦侠、农业部副部长洪绂曾、机械工业部总工程师李守仁、福建省副省长王建双、原中共中央农村政策研究室副主任谢华、国内贸易部原副部长白美清、农业部原副部长肖鹏、四川省原副省长管学思、中国饲料工业协会会长李瑞山

前排左起：国内贸易部副部长罗植龄，全国人大常委会常委张挺，中国饲料工业协会会长李瑞山在首博会上参观。

会上农业部常务副部长吴亦侠（中）、全国饲料工业办公室副主任杨庭楷（左一）、副主任季之华（右一）、中国饲料工业协会副秘书长乔玉锋（右二）在接受中央电视台记者采访。

图为首届中国农业博览会获奖产品的代表在领奖仪式上的合影

战略研讨活动

1998年10月12-16日第11届全国大中城市
饲料工业发展研讨会在成都召开。图为闭幕式全体代表合影

1995年9月22-24日第8届全国大中城市饲料工业发展研讨会在南昌召开。图为研讨会会场

1997年9月9-13日第10届全国大中城市
饲料工业发展研讨会在湖南张家界召开。图为研讨会代表交流场面

中国饲料工业年鉴

（1991-2000）

全国饲料工作办公室
中国饲料工业协会　编

中国农业科技出版社

京工商广临字 200115 号

书名题字：刘中一

图书在版编目（CIP）数据

中国饲料工业年鉴：1991—2000 /全国饲料工作办公室，中国饲料工业协会编. -北京：中国农业科技出版社，2001.3
ISBN 7-80167-116-3

I. 中… II. ①全… ②中… III. 饲料工业-中国-1991—2000-年鉴
IV. S817.1-54

中国版本图书馆 CIP 数据核字（2001）第 09719 号

责任编辑	赵学贤　张武田
出版发行	中国农业科技出版社
	地址：北京海淀区中关村南大街 12 号　　邮政编码：100081
	电话：（010）68975144（发行）；　　传　真：62189014
经　　销	新华书店北京发行所
印　　刷	中国人民解放军第 4210 印刷厂
开　　本	787×1092　1/16　　印张：32.25　　插页：68
印　　数	1—2000　　字数：1200 千字
版　　次	2001 年 3 月第一版　　2001 年 3 月第一次印刷
定　　价	298.00 元

勘　误　表

页　　号	更　　正	错　　误
题词 5	饲料工业办公室	饲料办公室
题词 8	饲料工业协会	饲料协会
彩 1	政治局常委、国务院总理	政治局常委
彩 6	科技攻关	科技公关
特邀编辑名单	傅同禄　傅希萍	付同禄　付希萍
编辑说明	《年鉴》	年鉴
目录 ⅱ 右栏 19 行	台湾省	台湾
目录 ⅱ 右栏 26 行	集团	工业发展
目录 ⅵ 左栏倒数 12 行	兽医学院	兽医院
P4 图 4	产值(万元)	产量(万吨)
P9 左栏 12 行	维护	维持
P14 表 4 行 7 列	与其他药物混用应慎重	
P20 右栏 7 行	粗酒糟	粗酒厂
P21 左栏 17 行	农业部、对外贸易经济合作部	农业部对外贸易经济合作部
P21 右栏倒数 4 行	工作	工业
P23 左栏倒数 8 行	复核	复检
P27 右栏 20 行	通知》	通知＝
P34 左栏倒数 5 行	中国饲料工业	中国工业
P35 右栏倒数 3 行	(试行草案)	(试行草)
P36 左栏 2 行	颁布	颁发
P46 左栏 22 行	调整	调理
P56 右栏 3 行	家禽	家畜
P59 表 7 注＊＊＊	需求总量	总产量
P63 右栏倒数 2,3 行	赖氨酸含量较低,利用率较差,	但赖氨酸含量是第一限制性氨基酸,利用率教差;维生素的含量较少
P70 表 10	1991－1999	1991－1998
P76 左栏 7 行	1991—1999	1991—1998
P94 左栏倒数 7 行	承担	承提
P94 右栏 16 行	中国农业科学院	中国农业科学研究院
P95 左栏 6 行	作用	作物
P101 右栏倒数 4 行	1998 年	1998 年内
P102 左栏 1 行	[饲料机械工业发展概况]	[年饲料机械工业发展概况]
P109 左栏 7 行	省	首
P109 左栏 31 行	报	报道

勘 误 表

页　　号	更　　正	错　　误
P110 右栏 21 行	河北省、河南省、海南省	河北省、海南省
P111 右栏倒数 5 行	营养源	营养
P112 左栏 16 行	科学院饲料所	科学院饲
P113 左栏 4 行	接右栏 1－4 行	
P135 页第 17 行	西北农林科技大学	西北农林科大学
P137 页第 7 行	西南农业大学	西北农业大学
P137 页第 10 行	西北农林科技大学	西北农业大学
P139 左栏 7 行	种质	种植
P162 左栏倒数 16 行	质检	质量
内彩插 1	1994 年 12 月 26 日	1984 年 12 月 26 日
P212 右栏倒数 5 行	广西壮族自治区	广西自治区
P337 左栏倒数 5,14 行	GMP	CMP
P337 左栏倒数 16,17 行	GMP	CMP
P360 左栏 10 行	濉溪	溪
P372 右栏倒数 7 行	青岛市	平度市
P405 左栏倒数 2 行	铁骑力士	铁骑力
P416 右栏 7 行	工业	行业
P432 左栏倒数 15 行	兽药	兽医
P443 右栏 21 行	进出口商品检验法	进出口检验法
P458 第 24 行	副总经理	副总理
P459 右栏倒数 4 行	未成年人	未成年
P459 右栏 3 行	万亩	亩
P459 第 2 行	科学院	科学
P462 第 6 行	副所长	副会长
P469 右栏 5 行	严炯钧	亚炯钧
P471 右栏 15 行	许顺爱	许爱顺
P473 第 33 行	畜牧兽医	畜牧收益
P478 第 3 行	扩大会议	扩大会
P491 第 16 行	XK02－009－0118	XK02－009－018
P493 右栏第 18 行	吨/时以上	吨/以上
P496 第 3 行	计划单列市	计划单市

《中国饲料工业年鉴（1991-2000）》

编辑委员会

序

1991－2000年是我国饲料工业快速发展的十年。截至1999年，全国饲料加工企业已达12095家，全国配合饲料产量为5553万吨，与1990年的3122万吨比年均增长6.7％。浓缩饲料由1990年的50.8万吨增长到1999年的1097万吨，年均增长40.1%。添加剂预混合饲料由1990年的21万吨增长到1999年的223万吨，年均增长30%。饲料工业总产值由1990年的225亿元增长到1999年的1283亿元。我国饲料总产量由世界排名第三位上升到第二位，在全国统计的38个工业行业中排名第16位，成为新兴的重要产业。

贾幼陵，男，1947年生，毕业于内蒙古农牧学院草原专业。1967-1979年赴内蒙古插队，先后担任生产队兽医、公社党委委员、内蒙古锡林郭勒盟东乌珠穆沁旗畜牧局副局长，期间被选为内蒙古自治区五届人大代表和全国五届人大代表。1979年后，在农业部工作，历任部畜牧局草原处主任科员、农业部部长秘书、国务院扶贫办公室三西处副处长、处长、农业部全国畜牧兽医站副站长、站长。1993年至今任农业部畜牧兽医局局长兼全国饲料工作办公室主任。

《中国饲料工业年鉴》（1991—2000），全面记录了近十年来我国饲料工业发展的历史进程，是一部系统总结90年代中国饲料工业发展历程的重要文献，是盛世修史的重要组成部分。经过全体编纂人员的共同努力，本书即将与广大同仁见面，这是饲料工业行业内的一件大事。今后每年可编辑出版一本。通过对历史的总结，使我们更好地把握未来。

21世纪是知识经济时代、信息数字化时代、全球经济贸易一体化时代，所有工农业产品的生产都将在微利状态下运行。在未来10—15年内，我国饲料工业仍然处于较快的发展时期。我们的指导方针是：继续坚持大家办的方针，坚持稳步提高，协调发展的总原则，使我国饲料工业建设融入世界经济大循环之中，参与国际竞争，充分利用国内外市场、资源、资金和人才等优势，推动企业成长和饲料工业可持续发展。全国饲料工业战线的每一位干部、职工、科教工作者，要继续发扬艰苦奋斗、开拓、进取的精神，同心同德，为把我国建成饲料工业强国做出新的贡献。

贾幼陵

编辑说明

一、《中国饲料工业年鉴》第二辑（1991—2000），是一部系统总结20世纪90年代中国饲料工业发展历史进程的重要文献。该书全面记录了1991年以来我国饲料工业发展的重大事件、重大科技成果、统计数据、部分生产企业情况、市场发展的供需变化、国际合作与交流、饲料工业改革过程中的成就和经验教训等情况，是从事饲料工业生产的企业管理者和技术人员以及科研教学工作者、行业管理领导的必备工具书。

二、本《年鉴》主要包括7部分，即综合篇、专题篇、地方篇、企业篇、统计资料、大事记和附录。综合篇包括综述、国家对饲料工业的有关法规和文件、领导重要讲话；专题篇包括饲料加工业及主要饲料产品、饲料原料工业和资源开发应用、饲料添加剂工业、饲料机械制造工业、饲料工业科技教育、标准化和产品质量监控、管理机构和服务组织、信息体系建设等，并收集了1991—1999年我国饲料工业产品价格变化、国际合作与交流、饲料进出口等资料；地方篇展示了包括台湾在内的全国36个省、自治区、直辖市、计划单列市20世纪90年代饲料工业的发展概貌；企业篇选登了39家饲料工业企业的经验介绍和311家饲料工业企业的简介；统计资料集录了我国饲料工业1991—1999年全国及各地饲料产量等统计数据；大事记记载了1991—1999年饲料工业行业内发生的重大事件；附录部分收集了1991年以来颁布的地方性法规、中国饲料工业协会章程、中国饲料工业协会第三届理事会理事名单、专业委员会委员名单、历次受行业表彰和奖励的先进集体、先进个人名单以及历次获奖、获推荐的产品名单等。

三、在本辑《年鉴》编写过程中得到了国家农业、化工、轻工、机械、内贸、农机、医药、水产等部门和有关科研单位的同志和专家的帮助，同时得到了各省、自治区、直辖市、计划单列市饲料工业办公室、饲料工业协会的大力支持与协作，也得到了一些企业的大力支持与协助，在此，一并深表感谢。

四、饲料工业是跨部门、多学科的综合性行业，本辑年鉴时间跨度大，在收集资料的过程中，遇到了很大的困难。加上我们编辑水平有限，难免有遗漏和不妥之处，敬请读者予以谅解和指正。

五、本辑《年鉴》的解释权归年鉴编辑委员会。

目 录

综 合 篇

专 题 篇

地 方 篇

大 事 记

统 计 资 料

企 业 篇

附　录

综　合　篇

九十年代的中国饲料工业

《1984－2000 年全国饲料工业发展纲要(试行草案)》制订的发展目标是：1990 年前主要是打好基础，创造条件；后十年要健全饲料工业体系，使饲料工业进入一个新的振兴时期。《纲要》提出的奋斗目标是：2000 年全国配、混合饲料加工能力达到 1－1.2 亿吨，添加剂预混合饲料 90 万吨，浓缩饲料 300 万吨，蛋氨酸 3 万吨左右，赖氨酸 2 万吨左右，同时相应发展各种蛋白质饲料原料和饲料添加剂生产。截至 1990 年，《纲要》确定的第一步各项奋斗目标基本完成，为饲料工业的进一步发展奠定了比较好的基础。九十年代以来，在党中央、国务院的正确领导下，各地区、各部门和饲料工业战线的员工认真贯彻执行《纲要》精神，遵循《纲要》提出的指导方针和奋斗目标，并结合自己的实际情况，制定具体的发展规划和细则，采取有力措施，推动我国饲料工业进入了全面完善提高、稳步协调发展阶段。1999 年 5 月国务院颁布实施的《饲料和饲料添加剂管理条例》，是饲料行业的权威性管理法规，从而使饲料工业管理步入法制化轨道。涵盖饲料加工、饲料原料、饲料添加剂、饲料机械、科技教育、标准化、质量监督检测、法律法规、宣传、信息网络、管理在内的饲料工业体系已经建成。《纲要》提出的各项奋斗目标，大都提前完成或超额完成，饲料产品质量稳步提高。自 1991 年以来，我国饲料产品产量稳居世界第二位。国家产业政策已把饲料工业列为优先发展和重点扶植的产业。饲料工业已成为国民经济的一个重要支柱产业和社会发展的一个不可缺少的重要组成部分。新兴的饲料工业所取得的巨大成就，令世人瞩目。

【饲料工业成就辉煌】

1991－1999 年是我国饲料工业快速发展的 9 年，我国饲料工业产品总产量由世界排名第三位上升到第二位，产品质量稳步提高，结构更趋合理。1999 年饲料工业总产值 1855 亿元（当年价），在全国统计的 38 个工业行业中排名第十六位，成为新的重要产业。

1. 饲料产品产量稳步增长

1990 年全国配合饲料产量为 3122 万吨，1999 年为 5553 万吨，年均增长为 6.7%（图 1）。

浓缩饲料是增长最快的品种，其增长幅度最大，由 1990 年的 50.8 万吨增长到 1999 年的 1097 万吨，年均增长 40.1%（图 2）。

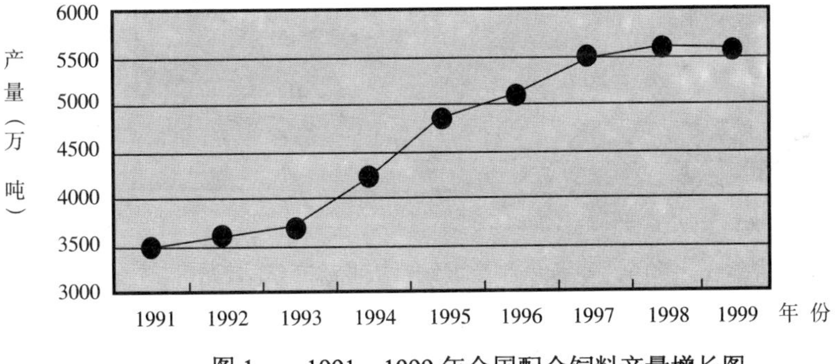

图 1　1991－1999 年全国配合饲料产量增长图

添加剂预混合饲料由 1990 年的 21 万吨增长到 1999 年的 223 万吨，年均增长 30%（图 3）。

饲料工业总产值由 1990 年的 225 亿元增长到 1999 年的 1283 亿元（按 1990 年不变价计），各年增长变化见图 4。

1999 年全国饲料加工企业 12095 家，其中时产 5 吨以上的企业 1937 家。配合饲料年双班生产能力 1.3 亿吨。与 1990 年相比，全国饲料加工企业和时产 5 吨以上的饲料加工企业分别增加 6050 家和 1382 家，增加幅度分别为 100%和 249%。全国配合饲料、浓缩饲料、添加剂预混合饲料产量与 1990

年相比，分别增加2431万吨、1046.27万吨和202.19万吨。增长幅度分别为77%、2058%和962%；其中浓缩饲料和添加剂预混合饲料产量分别超过《纲要》规定奋斗目标797万吨和133万吨，超出了265%和147%。9年来，累计生产配合饲料4.164亿吨，浓缩饲料4038.6万吨，添加剂预混合饲料789.5万吨，实现工业产值6049亿元(按1990年不变价计算)。

从区域分布情况来看，我国饲料工业的发展不

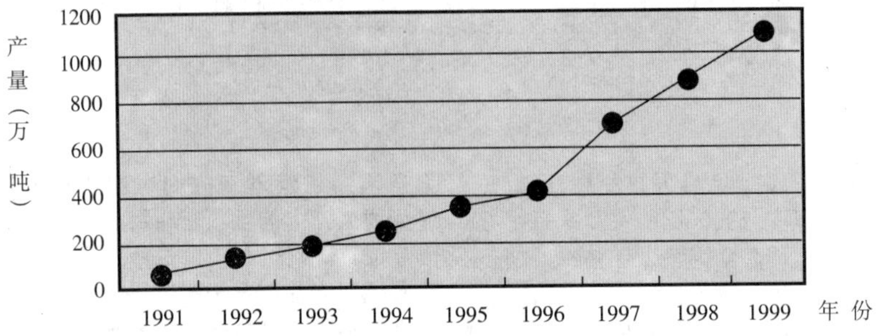

图2　1991－1999年全国浓缩饲料产量增长图

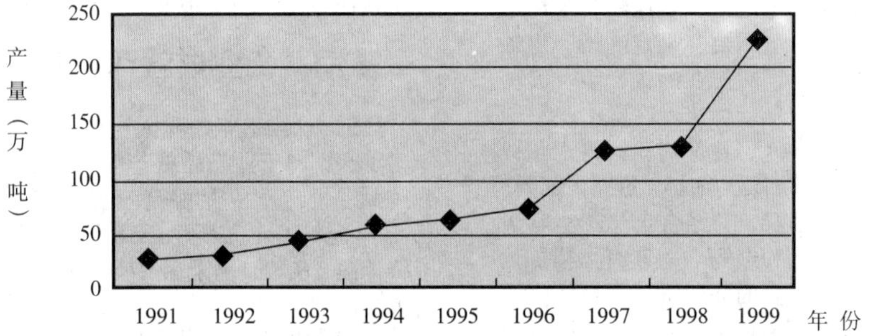

图3　1991－1999年全国添加剂预混合饲料产量增长图

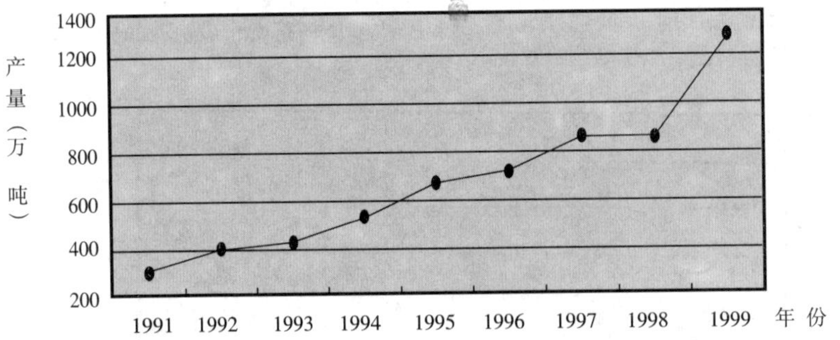

图4　1991－1999年全国饲料工业总产值增长图

够平衡。大体上可分为东部、中部和西部三个地区经济带。东部经济带包括北京、天津、河北、辽宁、上海、江苏、浙江、福建、山东、广东、海南11个省区市；西部经济带为广西、重庆、四川、贵州、云南、西藏、内蒙古、陕西、甘肃、宁夏、青海、新疆12个省、区、市；其余为中部地区。东部经济带的人口是全国总人口的41%，1999年饲料产品产量占全国饲料产品总量的比例为54%，配合饲料55%，浓缩饲料38%，添加剂预混合饲料64%。西部经济带的土地面积是全国国土面积的56%，人口是全国总人口数的23%，1999年西部（不含西藏自治区）饲料产品产量占全国饲料产品总量的比例为17%，配合饲料19%，浓缩饲料12%，添加剂预混合饲料9%。

2. 饲料产品质量和品种结构稳步提高

国饲料产品质量显著提高，品种结构趋于合理。以前的低品质混合饲料已经绝迹，而被高品质的配合饲料所取代；科技含量比较高的浓缩饲料和添加剂预混合饲料高速度发展。我国的饲料产品由20世纪80年代的猪、鸡料等少数几个品种发展到

所有养殖动物，包括畜禽、水生动物、观赏动物、实验动物、特种经济动物在内的几十个系列200多个品种，结构比例变化见图5。饲料报酬率的各项指标也都接近或达到世界先进水平，其中肉猪料重比达2.6—3.1:1、肉鸡料重比达到1.8—2.0:1、蛋鸡料重比达到2.4—2.6:1、淡水鱼饵料系数为1.5—1.8。大型饲料加工企业的产品合格率一般都保持在95%以上。

20世纪90年代，饲料加工业的一个显著特点是，随着我国改革开放的深化，经济体制由计划经济向社会主义市场经济转变，市场竞争加剧，一批饲料加工企业在竞争中发展壮大，组建了饲料集团公司和上市股份公司。截至1999年底，形成较大规模的饲料企业集团25家，上市的饲料企业股份公司6家。这些集团和上市股份公司，成为我国饲料加工企业的骨干，其产品质量、产品品牌和社会知名度都有了很大提高。饲料产品产量占全国饲料总产量的20%以上，为广大养殖户所认同。

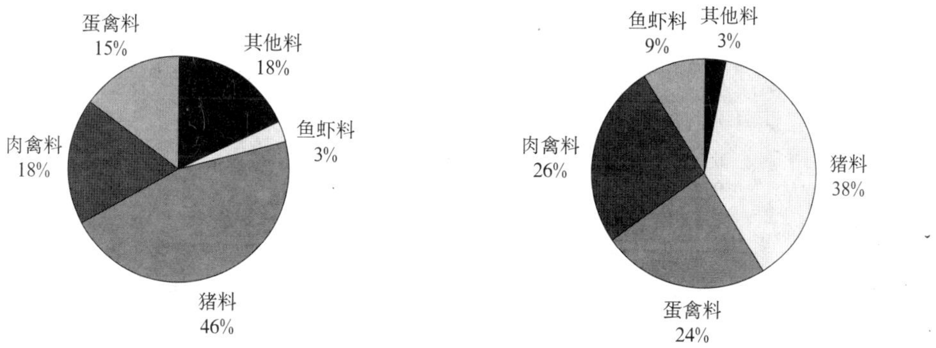

1990年　　　　1999年

图5　1990年与1999年全国饲料产品结构比较图

饲料加工业的另一个显著特点是，民营饲料加工企业发展迅猛，国有饲料加工企业萎缩。1990年，国有饲料加工企业饲料产品产量约占全国总产量的95%以上，1999年下降为30%；同期民营饲料加工企业饲料产品产量则由不到5%上升到30%以上；三资饲料加工企业的发展也有了长足的进展，到1999年已发展到了390家。

3. 饲料原料工业同步发展

随着饲料加工业的稳步发展，饲料原料工业与之相适应，除了豆粕外，鱼粉、骨粉、肉骨粉、血粉、羽毛粉、菜籽粕、棉籽粕、花生粕和其它油粕都得到了较充分的开发应用。玉米蛋白粉、粉浆蛋白、酵母蛋白、麸皮、酒糟以及轻工、医药、食品工业的糟、渣、液在饲料工业上的开发应用都得到了长足的进展。

1990年前后，我国还有大量油渣饼粕直接用于肥田，国家每年拨出一定数量的化肥与农民兑换这些宝贵的饲料蛋白质原料；到1994年,国家停止了化肥换饼粕的政策。1998年我国大豆主产区黑龙江，将原来榨油厂生产的副产品豆粕，改为榨油厂的主产品。大豆由1990年以前的净出口转为净进口。菜籽粕和棉籽粕脱毒工艺和应用技术的研究取得了突破性的进展和创新，利用物理、化学方法和生物工程技术，使这两项资源得到了充分利用，为饲料工业的发展补充了优质的蛋白质原料。现在我国的菜籽粕、棉籽粕基本都作为饲料原料用在饲料工业上。

鱼粉是饲料生产中的重要动物蛋白质原料，尤其在水产饲料中不可缺少。20世纪80年代主要靠进口解决。1990年国产鱼粉产量不到5万吨，1999年我国鱼粉产量达到75.5万吨，比1990年增加14倍多，鱼粉质量也有了较大的提高。到1999年全国鱼粉生产企业约500家，脱脂鱼粉生产线约300条，鱼粉生产能力达100多万吨，脱脂鱼粉成为鱼粉的主产品，改变了20世纪80年代绝大部分生产鱼干鱼粉的状况，并初步改变了鱼粉主要依靠进口的局面，为国家节约了大量外汇。鱼粉生产发展情况见图6。

骨粉、肉骨粉也是饲料工业中蛋白质、磷和钙的主要原料来源。1991年经国家质量技术监督局批准，决定实施生产许可证管理制度。截至1999年，全国已有180多家骨粉、肉骨粉生产企业取得了生产许可证，年产量达到38.14万吨，比1990年增加近4倍多。骨粉、肉骨粉生产发展情况见图7。

磷、钙是动物生长发育不可缺少的营养元素，饲料生产中大量应用的磷酸氢钙有了很大发展。截至1999年已建成磷酸氢钙和磷酸二氢钙生产企业100多家。生产能力达到100多万吨，其中产量在万吨以上的企业约10家，1999年全国磷酸二氢钙的产量72.58多万吨，基本满足了我国饲料加工业生产的需要。

此外， 酒糟蛋白饲料DDGS利用步伐加快。我国目前引进和自行设计的DDG和DDGS装置20套，1999年我国生产DDG和DDGS计30万吨，为动物提供了宝贵的蛋白质原料。

20 世纪 90 年代，饲料原料的研究开发，引起了各有关科研部门的高度重视，蚕蛹粉、昆虫蛋白、单细胞蛋白、皮革蛋白、籽粒苋、苜蓿粉、草粉、甜菜粕等的开发应用，为饲料工业提供了丰富的原料资源，同时为保护环境做出了贡献。

4. 饲料添加剂工业生产状况有很大突破

20 世纪 80 年代，我国饲料工业所需的饲料添加剂主要依靠进口，成为制约饲料工业发展的瓶颈。进入 20 世纪 90 年代，饲料添加剂的生产有了很大改观。一大批成规模的专业饲料添加剂生产企业建成投产。1997 年化工部把发展饲料添加剂工业列为化学工业的新的增长点，提出要象当年抓化肥农药一样来抓饲料添加剂的开发生产。1998 年农业部批准我国自行研究开发的两个饲料添加剂新品种——饲用抗生素替代产品糖萜素和提高反刍动物蛋白质消化吸收的脲酶抑制剂，已投放市场。1999 年农业部公布《允许使用的饲料添加剂品种目录》，共有 173 种（类）；同年年底，农业部又发布了《饲料添加剂和添加剂预混合饲料产品批准文号管理办法》和《饲料添加剂和添加剂预混合饲料生产许可证管理办法》。至此，我国饲料添加剂和添加剂预混合饲料的生产、管理、使用，走上了法制轨道。

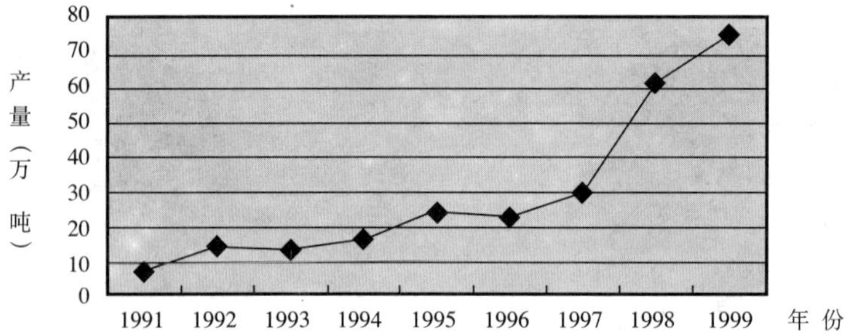

图 6　1991－1999 年全国鱼粉产量增长图

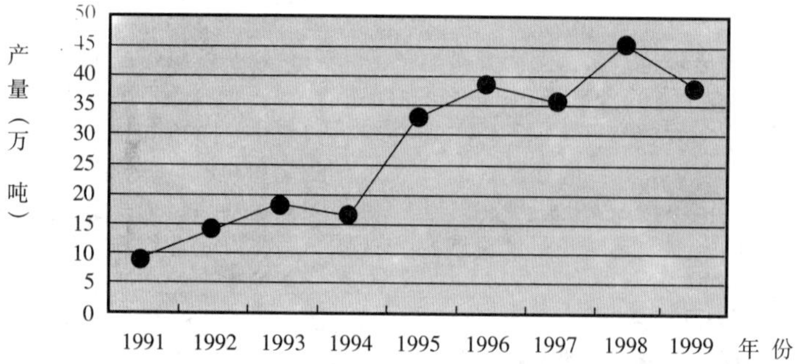

图 7　1991－1999 年全国骨粉、肉骨粉产量增长图

20 世纪 90 年代发展比较快的饲料添加剂种类有：饲用维生素、调味剂、酶制剂、酸化剂、抗氧化剂、防霉剂、甜菜碱等。除此之外，还开发应用了植酸酶。

氨基酸建设和生产也有了很大进展。1998 年，天津万吨级蛋氨酸厂正式投产，年产蛋氨酸 3000 多吨。截至 1999 年，赖氨酸厂已有 4 座，生产能力 3 万吨，其中两家投产，产量 9327 万吨；在建的赖氨酸厂有 1 座，设计生产能力 1.5 万吨。

饲用维生素总产量近 15 万吨，其中主要是氯化胆碱，1999 年产量 10.56 万吨，占维生素总产量的 2/3。20 世纪 80 年代比较紧缺的维生素 A、维生素 D_3、维生素 E、维生素 K_3、维生素 B_{12}、烟酸、维生素 E、泛酸钙等维生素产品，到 20 世纪 90 年代，国内生产均能满足我国饲料生产的需要，维生素 C、烟酰胺、氯化胆碱、维生素 B_1、维生素 B_2 等大量出口。近年来开发的甜菜碱、酶制剂、酸化剂、益生素、植酸酶等在饲料中的应用，大大提高了饲料报酬，提高了饲养效果，改善了畜产品品质。植酸酶的开发应用，不仅节约了磷资源，而且可以大大改善畜禽粪便造成的环境污染。

我国饲料添加剂工业生产状况虽然有了很大的突破，但从总的情况看，饲料添加剂的开发生产仍滞后于饲料加工业的发展。

5. 饲料机械制造业有长足进步

我国饲料机械制造业有了长足进步，主机引进了美国、英国等国家的先进技术，产品质量、性能都已接近或达到国际先进水平，一些产品出口到非洲、东南亚等国家。1990 年以前，我国大、中型饲料生产线主要靠进口，国内只能制造时产 20 吨以下成套设备，外观比较粗糙，质量不稳定。9 年来，我国新建、扩建大中型饲料生产线上千条，其成套设备，工程设计施工，大都由国内生产企业自己完成，从而大大降低了生产投资成本。时产 5 吨以上的饲料生产线，全部实现了微机自动控制，提高了生产效率，保证了饲料配方实施和饲料产品质量的稳定。时产 60 吨大型饲料成套设备的生产，工程设计施工，全部由国内企业生产。与之相配套的易损零部件生产，也随之得到发展和提高。与饲料生产发展相适应的制粒设备，膨化设备，膨胀设备，鱼粉生产成套设备，添加剂预混合饲料生产设备以及微粉碎设备，微机控制自动化设备，都得到了相应发展，为我国饲料工业的全面发展提供了现代化装备。

6. 建立和健全饲料工业服务体系

饲料工业的稳定健康发展，离不开各有关方面支持和关怀，离不开教育和科技的支撑。在各方面的努力下，我国的饲料工业跟上了时代发展步伐。

科学研究　9 年来，完成了“八五”、“九五”期间科技攻关项目 90 项，并通过了鉴定，其中 60% 的成果转化为现实生产力。

职业教育　全国 40 所农业大专院校设立了饲料加工、动物营养、饲料牧业机械等专业，设立硕士、博士点 24 个，共为行业输送专业技术人才近 4 万人，其中硕士、博士 470 多人，他们活跃在饲料工业战线的各个岗位，为饲料生产的发展注入了新的活力。1998 年，经劳动人事部批准，饲料加工 6 个工种的工人必须经过培训持证上岗，随之，在各大区建立了职业培训中心，农业部和各省区市成立了职业技能鉴定指导站和鉴定站。把提高饲料加工工人技术水平和整体素质纳入规范管理轨道。

标准化　9 年来共完成了 207 项标准的制定修订工作。1991 年公布了饲料卫生标准；1993 年公布了饲料标签标准，这是饲料工业强制执行的标准法规。与之相适应的饲料产品质量监督检测网络系统遍布全国。以 2 个国家中心和 6 个部级中心为骨干，一直延伸到省、地市级饲料质量检测站所共 280 个。

法律、法规建设　1997 年 3 月，农业部发出了《关于严禁非法使用兽药的通知》，1999 年 5 月国务院发布《饲料和饲料添加剂管理条例》，同年 12 月农业部发布了《饲料添加剂和饲料添加剂预混合饲料产品批准文号管理办法》和《饲料添加剂和饲料添加剂预混合饲料生产许可证管理办法》，7 月农业部发布了《允许使用的饲料添加剂品种目录》173 种（类），9 月农业部和对外贸易经济合作部联合发出了《关于加强对进口饲用油脂和动物性饲料经营和使用管理的通知》等，从此，我国饲料工业管理纳入了法制化管理的轨道，有力地促进了饲料生产的健康发展。

信息服务　为适应时代和行业发展的需要，1998 年中国饲料工业协会信息中心开通了中国饲料工业信息网，同时并入了互联网，为行业提供广泛开放的信息服务。

【基本经验】

9 年来，我国饲料工业经历了粮食政策放开，价格并轨，原料价格大起大落，国家经济体制由计划经济向市场经济转变以及亚洲金融风暴的冲击，发展中也有跌宕起伏。在国家的重视与关怀下，全国饲料工业战线全体干部职工努力拼搏和创新，闯出了一条具有中国特色的饲料工业发展道路。同时，积累了宝贵的经验，这就是：

1. 饲料工业大家办

鼓励国家、集体、个人和内商、外商都来办饲料工业。各有关部门充分发挥本部门的资源优势和技术优势，合理分工、协调发展。正是在《纲要》这一正确指导方针的引导下，短期内建成了完整的饲料工业体系，使我国饲料工业得以“全面完善提高，稳步协调发展”。

2. 国家政策优惠扶持

自 1991 年以来，国家对饲料产品实施免征增值税的优惠政策。1998 年以前对饲料企业所得税减半征收。这些优惠政策调动了各方面的积极性，增加了企业资本积累，增强了企业自我改造、自我发展的能力。

3. 立足国情，合理布局，大中小企业并存，以中小型为主

饲料工业的兴起和发展，促进了畜禽养殖业向集约化、规模化的发展。但是，养殖业生产的大头仍是农村的分散饲养。大中小并存的方针，既造就了一批大型饲料集团企业，满足了集约化、规模化养殖场对饲料的需求；又促进了遍布在全国县（市）乡（镇）的中小饲料厂的发展，带动了农民养殖专业户和分散饲养户由传统的饲养方式向现代科学饲养方式的过渡，提高了养殖效益，实现了农村剩余劳动力转移，扶植了一大批农民脱贫致富。

4. 重视科技进步和人才培养

饲料工业是一个高科技产业，“八五”、“九五”科技攻关项目成果向生产力转化，大大提高了我国饲料工业的生产水平和产品质量水平。培养出来的一大批专业技术人才和高级管理人才，活跃在饲料工业的各条战线，不仅为饲料工业注入了活

力，而且带动了整个饲料工业的发展和提高。随着全球经济贸易一体化和知识经济时代的到来，“科教兴农”的方针应是一条长期坚持不变的方针。

5. 以市场为导向，面向农村

我国饲料工业诞生在改革开放的环境中，成长在经济体制从计划经济向社会主义市场经济的大变革时期。20世纪80年代，饲料生产还主要面向大、中城市集约化饲养；20世纪90年代扩展到了农村，找到了启动新市场的切入点，饲料产品结构也由以前的少数几个品种，发展到适合农民分散饲养所需要的多系列、多品种以及浓缩饲料和添加剂预混合饲料、特种饲料等。在市场竞争中，经受了市场变化的考验，提高了市场观念、竞争意识和应变能力，造就了一批优秀的企业和名牌产品，培养出了一批懂经营、会管理的企业家队伍。

6. 引进、消化、吸收与创新相结合

我国饲料工业始终坚持开放的方针政策，广泛开展对外经济技术合作与交流，走出去、请进来，多渠道、多形式吸收外资，兴办三资企业，引进国外的先进设备、先进技术和先进管理经验，收集传播国外饲料工业的科技动态，结合我国的国情加以消化、创新，从而使我国饲料工业的发展少走了许多弯路，缩短了与发达国家的差距。用了十多年的时间走过了国外30－50年走过的路程。

7. 加强法制建设，实行法制化管理

市场经济是法治经济，饲料产品是关系到人畜健康的产品。9年中，我国的标准化体系，质量检测体系已经建立和进一步完善，大部分省、自治区和直辖市出台了饲料管理办法，1999年国务院发布了《饲料和饲料添加剂管理条例》，农业部发布了与之配套的一系列法规、办法，使我国饲料工业管理方面的法律、法规日臻完善，为饲料工业的健康成长铺平了道路。

9年来，我国饲料工业的发展成就令世人所认同。但仍存在一些不尽人意的问题，还需要饲料工业战线上的全体干部员工继续努力，战胜困难。一是饲料原料资源不足的问题；二是饲料市场混乱、竞争无序，盲目重复建设的问题；三是环境污染的问题。这些问题必须引起足够的重视，并在今后的发展中认真加以解决。

【21世纪展望】

1999年，我国肉类人均占有量47.3千克，超过了世界平均水平；禽蛋人均占有量17千克，超过发达国家平均水平；奶类人均占有量只有6.4千克仅为世界平均水平的1/15，发达国家平均水平的1/46。目前，畜产品市场出现了结构性过剩，但从我国城市和农村对畜、禽产品消费水平来看，消费差距仍然很大。世纪末，国家实施西部大开发战略和增加农民收入的政策，必将启动农村这一大市场对畜、禽产品的需求，从而促进饲料工业新的发展。虽然我国饲料总产量稳居世界第二位，但从人均占有量来看，远远落后于发达国家，只相当于美国人均占有量的1/10。所以，我国饲料产品市场的空间仍然很大，饲料工业的发展前途是光明的，饲料工业仍不失为朝阳工业。

21世纪是知识经济时代，信息数字化时代，全球经济贸易一体化时代，加入WTO后外国企业进入我国，市场竞争将更加激烈，市场竞争的焦点将是人才、科技、服务和管理，市场竞争的规则是法律、法规。21世纪，所有工农业产品的生产都将在微利的状态下运行，饲料工业产品更不例外。企业的发展，企业的效益，在于人才的培养和开发，在于新科技成果的开发和应用，企业的先进管理和信誉，产品的知名度和完善的服务。21世纪，随着人民经济收入和生活水平的提高，人们对畜、禽产品的需求，不只是数量满足，更看重品味、质量的提高。因此，饲料工业的各级领导和企业管理人员必须学习，学习，再学习，不断更新观念，学会把握市场经济的运行规律，根据市场的需求，调整结构、更新产品，才能使企业立于不败之地，也才能使我国饲料工业更加兴旺发达，使我国饲料工业进入到国际先进行列。

在未来10—15年内，我国饲料工业将有一个大的发展。饲料工业工作的指导方针是：继续坚持大家办的方针，坚持稳步提高、协调发展的路子，使我国饲料工业建设能融入世界经济大循环之中，迎接WTO的挑战，参与国际竞争，把我国由一个世界饲料生产大国建设成为世界饲料生产强国。总的指导思想是：以提高全行业整体素质为重点，继续完善饲料工业体系，加快发展饲料添加剂和饲料原料工业、饲料机械制造业；以优化饲料产品品种、提高质量、增加效益为中心，大力调整产品结构；加强产、学、研结合，优化科技资源配置，促进科技进步和创新，发展高新技术，提升饲料产业技术水平，推动饲料工业优化升级和持续发展，使我国饲料工业整体水平达到国际先进水平。为此，全国饲料工业战线全体干部、员工、科教工作者，必须同心协力，继续发扬艰苦奋斗、开拓、进取的精神，为把我国建成饲料工业强国做出新的贡献。

有关法规和文件

中华人民共和国国务院令

第 266 号

《饲料和饲料添加剂管理条例》已经 1999 年 5 月 18 日国务院第 17 次常务会议通过，现予发布，自发布之日起施行。

总 理 朱镕基

一九九九年五月二十九日

饲料和饲料添加剂管理条例

第一章 总 则

第一条 为了加强对饲料、饲料添加剂的管理，提高饲料、饲料添加剂的质量，促进饲料工业和养殖业的发展，维持人民身体健康，制定本条例。

第二条 本条例所称饲料，是指经工业化加工、制作的供动物食用的饲料，包括单一饲料、添加剂预混合饲料、浓缩饲料、配合饲料和精料补充料。

本条例所称饲料添加剂，是指在饲料加工、制作、使用过程中添加的少量或者微量物质，包括营养性饲料添加剂和一般饲料添加剂。饲料添加剂的品种目录由国务院农业行政主管部门制定并公布。

第三条 国务院农业行政主管部门负责全国饲料、饲料添加剂的管理工作。

县级以上地方人民政府负责饲料、饲料添加剂管理的部门（以下简称饲料管理部门），负责本行政区域内的饲料、饲料添加剂的管理工作。

第二章 审定与进口管理

第四条 国家鼓励研究、创制新饲料、新饲料添加剂。

新研制的饲料、饲料添加剂，在投入生产前，研制者、生产者（以下简称申请人）必须向国务院农业行政主管部门提出新产品审定申请，经国务院农业行政主管部门指定的机构检测和饲喂试验后，由全国饲料评审委员会根据检测和饲喂试验结果，对该新产品的安全性、有效性及其对环境的影响进行评审；评审合格的，由国务院农业行政主管部门发给新饲料、新饲料添加剂证书，并予以公布。

全国饲料评审委员会由养殖、饲料加工、动物营养、毒理、药理、代谢、卫生、化工合成、生物技术、质量标准和环境保护等方面的专家组成。

第五条 申请人提出饲料、饲料添加剂新产品审定申请时，除应当提供新产品的样品外，还应当提供下列资料：

（一）该新产品的名称、主要成分和理化性质；

（二）该新产品的研制方法、生产工艺、质量标准和检测方法；

（三）该新产品的饲喂效果、残留消解动态和毒理；

（四）环境影响报告和污染防治措施。

第六条 国务院农业行政主管部门公布的新饲料、新饲料添加剂的产品质量标准，为行业标准；需要制定国家标准的，依照标准化法的有关规定办理。

第七条 首次进口饲料、饲料添加剂的，应当向国务院农业行政主管部门申请登记，并提供该饲料、饲料添加剂的样品和下列资料：

（一）商标、标签和推广应用情况；

（二）生产国批准生产、销售的证明和生产国以外的其他国家的登记资料；

（三）本条例第五条规定的资料。

前款饲料、饲料添加剂经审查确认安全、有效、不污染环境的，由国务院农业行政主管部门颁发产品登记证。

第三章 生产、经营管理

第八条 设立饲料、饲料添加剂生产企业，除应当符合有关法律、行政法规规定的企业设立条件外，还应当具备下列条件：

（一）有与生产饲料、饲料添加剂相适应的厂房、设备、工艺及仓储设施；

（二）有与生产饲料、饲料添加剂相适应的专职技术人员；

（三）有必要的产品质量检验机构、检验人员和检验设施；

（四）生产环境符合国家规定的安全、卫生要求；

（五）污染防治措施符合国家环境保护要求。

经国务院农业行政主管部门或者省、自治区、直辖市人民政府饲料管理部门按照权限审查，符合前款规定条件的，方可办理企业登记手续。

第九条 生产饲料添加剂、添加剂预混合饲料的企业，经省、自治区、直辖市人民政府饲料管理部门审核后，由国务院农业行政主管部门颁发生产许可证。

前款企业取得生产许可证后，由省、自治区、直辖市人民政府饲料管理部门核发饲料添加剂、添加剂预混合饲料产品批准文号。

第十条 生产饲料、饲料添加剂的企业，应当按照产品质量标准组织生产，并实行生产记录和产品留样观察制度。

第十一条 企业生产饲料、饲料添加剂，不得直接添加兽药和其他禁用药品；允许添加的兽药，必须制成药物饲料添加剂后，方可添加；生产药物饲料添加剂，不得添加激素类药品。

第十二条 企业生产饲料、饲料添加剂，应当进行产品质量检验。检验合格的，应当附具产品质量检验合格证；无产品质量合格证的，不得销售。

第十三条 饲料、饲料添加剂的包装，应当符合国家有关安全、卫生的规定。

易燃或者其他有特殊要求的饲料、饲料添加剂的包装应当有警示标志或者说明，并注明储运注意事项。

饲料、饲料添加剂的包装物不得重复使用；但是，生产方和使用方另有约定的除外。

第十四条 饲料、饲料添加剂的包装物上应当附具标签。标签应当以中文或者适用符号标明产品名称、原料组成、产品成分分析保证值、净重、生产日期、保质期、厂名、厂址和产品标准代号。

饲料添加剂的标签，还应当标明使用方法和注意事项。

加入药物饲料添加剂的饲料的标签，还应当标明“加入药物饲料添加剂”字样，并标明其化学名称、含量、使用方法及注意事项。

饲料添加剂、添加剂预混合饲料的标签，还应当注明产品批准文号和生产许可证号。

第十五条 经营饲料、饲料添加剂的企业，应当具备下列条件：

（一）有与经营饲料、饲料添加剂相适应的仓储设施；

（二）有具备饲料、饲料添加剂使用、贮存、分装等知识的技术人员；

（三）有必要的产品质量管理制度。

第十六条 经营饲料、饲料添加剂的企业，进货时必须核对产品标签、产品质量合格证。

禁止经营无产品质量标准、无产品质量合格证、无生产许可证和产品批准文号的饲料、饲料添加剂。

第十七条 禁止生产、经营停用、禁用或者淘汰的饲料、饲料添加剂以及未经审定公布的饲料、饲料添加剂。

禁止经营未经国务院农业行政主管部门登记的进口饲料、进口饲料添加剂。

第十八条 饲料、饲料添加剂在使用过程中，证实对饲养动物、人体健康和环境有害的，由国务院农业行政主管部门决定限用、停用或者禁用，并予以公布。

第十九条 禁止对饲料、饲料添加剂作预防或者治疗动物疾病的说明或者宣传；但是，饲料中加入药物饲料添加剂的，可以对所加入的药物饲料添加剂的作用加以说明。

第二十条 从事饲料、饲料添加剂质量检验的机构，经国务院产品质量监督管理部门或者农业行政主管部门考核合格，或者经省、自治区、直辖市人民政府产品质量监督管理部门或者饲料管理部门考核合格，方可承担饲料、饲料添加剂的产品质量检验工作。

第二十一条 国务院农业行政主管部门根据国务院产品质量监督管理部门制定的全国产品质量监督抽查工作规划，可以进行饲料、饲料添加剂质量监督抽查；但是，不得重复抽查。

县级以上地方人民政府饲料管理部门根据饲料、饲料添加剂质量监督抽查工作规划，可以组织对饲料、饲料添加剂进行监督抽查，并会同同级产品质量监督管理部门公布抽查结果。

第四章 罚则

第二十二条 违反本条例规定，未取得生产许可证，生产饲料添加剂、添加剂预混合饲料的，由县级以上地方人民政府饲料管理部门责令停止生产，没收违法生产的产品和违法所得，并处违法所得1倍以上5倍以下的罚款；对已取得生产许可证，但未取得产品批准文号的，责令停止生产，并限期补办产品批准文号。

第二十三条 违反本条例规定，经营未附具产品质量检验合格证和产品标签的饲料、饲料添加剂的，由县级以上地方人民政府饲料管理部门责令停止经营，没收违法经营的产品和违法所得，可以并处违法所得1倍以下的罚款。

第二十四条 饲料、饲料添加剂的包装不符合本条例第十三条的规定，或者附具有标签不符合本条例第十四条的规定的，由县级以上地方人民政府饲料管理部门责令限期改正；逾期不改正的，责令停止销售，可以处违法所得1倍以下的罚款。

第二十五条 不具备本条例第十五条规定的条件，经营饲料、饲料添加剂的，由县级以上地方人民政府饲料管理部门责令限期改正；逾期不改正的，责令停止经营，没收违法所得，可以并处违法所得1倍以上3倍以下的罚款。

第二十六条 违反本条例规定，生产、经营已经停用、禁用或者淘汰以及未经审定公布的饲料、饲料添加剂的，由县级以上地方人民政府饲料管理部门责令停止生产、经营，没收违法生产、经营的产品和违法所得，并处违法所得1倍以上5倍以下的罚款。

第二十七条 违反本条例规定，有下列行为之一的，由县级以上地方人民政府饲料管理部门责令停止生产、经营，没收违法生产、经营的产品和违法所得，并处违法所得1倍以上5倍以下的罚款；情节严重的，并由国务院农业行政主管部门吊销生产许可证；构成犯罪的，依法追究刑事责任：

（一）在生产、经营过程中，以非饲料、非饲料添加剂冒充饲料、饲料添加剂或者以此种饲料、饲料添加剂冒充他种饲料、饲料添加剂的；

（二）生产、经营的饲料、饲料添加剂所含成分的种类、名称与产品标签上注明的成分的种类、名称不符的；

（三）生产、经营的饲料、饲料添加剂不符合饲料、饲料添加剂产品质量标准的；

（四）经营的饲料、饲料添加剂失效、霉变或者超过保质期的。

第二十八条 经营未经国务院农业行政主管部门登记的进口饲料、进口饲料添加剂的，由县级以上地方人民政府饲料管理部门责令立即停止经营，没收未售出的产品和违法所得，并处违法所得1倍以上5倍以下的罚款。

第二十九条 假冒、伪造或者买卖饲料添加剂、添加剂预混合饲料生产许可证、产品批准文号或者产品登记证的，由国务院农业行政主管部门或者省、自治区、直辖市人民政府饲料管理部门按照职责权限收缴或者吊销生产许可证、产品批准文号或者产品登记证，没收违法所得，并处违法所得1倍以上5倍以下的罚款；构成犯罪的，依法追究刑事责任。

第五章 附 则

第三十条 本条例下列用语的含义：

（一）营养性饲料添加剂，是指用于补充饲料营养成分的少量或者微量物质，包括饲料级氨基酸、维生素、矿物质微量元素、酶制剂、非蛋白氮等。

（二）一般饲料添加剂，是指为保证或者改善饲料品质、提高饲料利用率而掺入饲料中的少量或者微量物质。

（三）药物饲料添加剂，是指为防治、治疗动物疾病而掺入载体或者稀释剂的兽药的预混物，包括抗球虫药类、驱虫剂类、抑菌促生长类等。

第三十一条 药物饲料添加剂的管理，依照《兽药管理条例》的规定执行。

第三十二条 本条例自发布之日起施行。

财政部国家税务总局文件

财税字〔1993〕151号

增值税部分货物征税范围注释

（摘录）

十二、饲料

饲料是指用于动物饲养的产品和其加工品。

本货物的范围包括：

1. 单一饲料：指作饲料用的某种动物、植物、微生物产品或其加工品。

2. 混合饲料：指采用简单方法，将两种以上的单一饲料混合到一起的饲料。

3. 配合饲料：指根据不同的饲养对象、饲养对象的不同生长发育阶段对各种营养成分的不同需要量，采用科学的方法，将不同的饲料按一定的比例配合到一起，并均匀地搅拌，制成一定料型的饲料。

直接用于动物饲养的粮食、饲料添加剂不属于本货物的范围。

财政部、国家税务总局

一九九三年十二月二十五日

财政部国家税务总局文件

财税字〔1994〕004号

关于调整农业产品增值税税率和若干项目征免增值税的通知

（摘录）

各省、自治区、直辖市、各计划单列市财政厅(局)、税务局：

根据国务院《关于研究财税体制改革方案出台后有关问题的会议纪要》(国税〔1994〕42号)的精神，现就调整农业产品增值税税率和对若干项目免征增值税问题通知如下：

一、农业产品的增值税税率由17%调整为13%。

二、下列货物在1995年底以前免征增值税。

1．略

2. 饲料。

3. 略

4. 化肥生产企业生产销售的碳酸氢铵、普通过磷酸钙、钙镁磷肥以及原生产碳酸氢铵、普通过磷酸钙、钙镁磷肥产品的小化肥生产企业改产生产销售的尿素、磷铵和硫磷铵。

5．6．7．略

（三、四、五部分略）

本通知从1994年5月1日起执行。

财政部、国家税务总局
一九九四年三月二十九日

主题词:增值税　税率　免征　通知
抄送:国务院各有关部门

财政部国家税务总局文件

财税字〔1996〕18号

关于对若干农业生产资料征免增值税问题的通知（摘录）

各省、自治区、直辖市、计划单列市财政厅(局)、国家税务局:

经国务院批准，现就若干农业生产资料征免增值税的问题通知如下:

一、下列货物自1996年1月1日至1997年12月31日继续免征增值税:

1. 饲料。

2. 略

3. 化肥生产企业生产销售的碳酸氢铵、普通过磷酸钙、钙镁磷肥、复混肥；原生产碳酸氢铵、普通过磷酸钙、钙镁磷肥产品的小化肥生产企业改产生产销售的尿素、磷铵和硫磷铵。

免征增值税的复混肥范围仍按《关于复混肥免征增值税的通知》(财税字〔1995〕70号)的有关规定执行。

4．5．略

（二、三部分略）

四、自1996年4月1日起，《关于增值税若干过渡性优惠政策问题的通知》(财税明电〔1995〕1号)中第3条“对饲料、农膜、化肥、农药、农机、种子、种苗等农业生产资料免征增值税的政策”暂按原规定执行的规定相应废止。

财政部、国家税务总局
一九九六年二月十六日

抄送:国务院办公厅，国家计委，国家经贸委，审计署，化工部，农业部，内贸部，财政部驻各省、自治区、直辖市、计划单列市财政监察专员办事处，各省、自治区、直辖市、计划单列市地方税务局

财政部国家税务总局文件

财税字〔1996〕74号

关于金银首饰等货物征收增值税问题的通知（摘录）

各省、自治区、直辖市、计划单列市财政厅(局)、国家税务局:

近期各地陆续反映了一些增值税政策执行中遇到的问题。经研究，现将有关政策问题明确如下:

（第一条略）

二、骨粉、鱼粉按照“饲料”征收增值税

财政部、国家税务总局
一九九六年九月十日

抄送:沈阳、长春、哈尔滨、南京、武汉、广州、成都、西安市国家税务局

财政部国家税务总局文件

财税字〔1997〕30号

关于生产副食品的企业和饲料加工企业征免企业所得税的通知

各省、自治区、直辖市、计划单列市财政厅(局)、国家税务局、地方税务局:

经国务院批准，现对生产副产品的企业和饲料加工企业征免企业所得税问题通知如下:

一、对专门生产酱油、醋、豆制品、腌制品、酱、酱腌菜的企业和饲料加工企业，在1997年12月31日以前减半征收企业所得税。

（二、三条略）

四、本通知自1996年1月1日起施行。

财政部、国家税务总局
一九九七年三月十八日

主题词:副食品　饲料　企业所得税　通知
抄送:国务院办公厅，国内贸易部，财政部驻各省、自治区、直辖市、计划单列市财政监督专员办事处

农业部文件

农牧发〔1997〕8号

关于发布《允许作饲料药物添加剂的兽药品种及使用规定》的通知

各省、自治区、直辖市农业（农牧、农林、畜牧）厅（局）、兽药监察所，中国兽药监察所：

为加强兽药使用的监督管理，指导农牧民正确使用兽药，控制兽药在动物性食品中的残留，我部制定了《允许作饲料药物添加剂的兽药品种及使用规定》，现予以发布，请各地遵照执行。

凡在饲料或饲料产品中使用兽药的单位，均必须严格遵守本规定，科学、准确地使用兽药，各级兽药管理机关应加强兽药使用的监督管理工作。

本规定所指的饲料药物添加剂是指为预防动物疾病和促进动物生长、提高饲料转化率的需要，将兽药与适当的载体混合制成的剂型。本规定所列品种是指可用于制成饲料药物添加剂的兽药品种，除表中所列品种及农业部批准可用于制成饲料药物添加剂的兽药品种外，其他兽药均不得制成饲料药物添加剂用于饲料中。饲料中需要使用兽药时，只能添加饲料药物添加剂，不能添加原料药或其他剂型的兽药。含有兽药的商品饲料应在标签中标明所含兽药的法定名称、准确含量及停药期及注意事项等，水产用饲料药物添加剂和为治疗动物疾病的加药饲料未包括在本规定中。

本规定自发布之日起施行，我部一九八九年一月九日以（1989）农（牧）字第1号文发布的《饲料药物添加剂品种及使用规定》同时废止。

附件：《允许作饲料药物添加剂的兽药品种及使用规定》

农业部

一九九七年九月一日

附件：

允许作饲料药物添加剂的兽药品种及使用规定

品种	适用动物		最低用量	最高用量	停药期（天）	注意事项
	种类	年龄上限	g/t 配合饲料			
1.抗球虫类						
盐酸氨丙啉	鸡		62.5	125	0	维生素 B_1 大于 10g/t 明显拮抗
盐酸氨丙啉+乙氧酰胺苯甲酯（125：8）	鸡		62.5+4	125+8	7	产蛋期禁用，维生素 B_1 大于 10g/t 明显拮抗
盐酸氨丙啉+乙氧酰胺苯甲酯+磺胺喹噁啉（100：5：60）	鸡			100+5+60	7	产蛋期禁用，维生素 B_1 大于 10g/t 明显拮抗
硝酸二甲硫胺	鸡			62	3	产蛋期禁用，维生素 B_1 大于 10g/t 明显拮抗
氯羟吡啶	鸡	16周		125	5	产蛋期禁用
尼卡巴嗪	鸡		100	125	4	产蛋期禁用，高温季节慎用
尼卡巴嗪+乙氧酰胺苯甲酯（125：8）	鸡			125+8	9	产蛋期禁用，高温季节慎用，种鸡禁用
氢溴酸常山酮	鸡			3	5	产蛋期禁用，水禽禁用

盐酸氯苯胍	鸡 兔		30 50	36 66	7 7	产蛋期禁用
二硝托胺（球痢灵）	鸡			125		产蛋期禁用
拉沙洛西钠	鸡	16 周	75 （7500 万单位）	125 （12500 万单位）	5	产蛋期禁用。马属动物忌用，用后会致死
马杜拉霉素铵	鸡		5 （500 万单位）	5 （500 万单位）	5—7	产蛋期禁用。用量高于 6g/t 时，明显抑制生长，与其他药物混
莫能菌素钠	鸡	16 周	90 （9000 万单位）	110 （11000 万单位）	3	产蛋期禁用。马属动物忌用，用后会致死，禁止与泰妙菌素或竹桃霉素同时使用
盐霉素钠	鸡		50 （5000 万单位）	60 （6000 万单位）	5	产蛋期禁用。马属动物忌用，用后会致死，禁止与泰妙菌素或竹桃霉素同时使用
甲基盐霉素钠	鸡		60 （6000 万单位）	70 （7000 万单位）	5	产蛋期禁用。马属动物忌用，禁止与泰妙菌素或竹桃霉素同时使用
甲基盐霉素钠+尼卡巴嗪（1：1）	鸡		40+40	50+50	7	产蛋期禁用。马属动物忌用，禁止与泰妙菌素或竹桃霉素同时使用，高温季节慎用
海南霉素钠	鸡		5 （500 万单位）	7.5 （750 万单位）	7	产蛋期禁用。马属动物忌用，禁止与泰妙菌素或竹桃霉素同时使用
2. 驱虫类						
越霉素 A	猪 鸡	4 个月	5 （500 万单位） 5 （500 万单位）	10 （1000 万单位） 10 （1000 万单位）	3 3	产蛋鸡禁用
潮霉素 B	猪 鸡	4 个月	10 （1000 万单位） 8 （800 万单位）	13 （1300 万单位） 12 （1200 万单位）	15 3	产蛋期禁用
3. 抑菌类						
喹乙醇	猪	4 个月 2 个月	15 50	50 100	35 35	喹乙醇不能超过 24 个月，不能与抗菌素同时使用 不能超过 24 个月，不能与抗菌素同时使用
杆菌肽锌	猪 鸡 牛	4 个月 16 周 3 个月 6 个月	4 （16 万单位） 4 （16 万单位） 10 （40 万单位） 4 （16 万单位）	40 （160 万单位） 20 （80 万单位） 100 （400 万单位） 40 （160 万单位）	0 0 0 0	

硫酸粘杆菌素	猪	4 个月	2（6000 万单）	20（60000 万单位）	7	
		2 个月	2（6000 万单位）	40（120000 万单位）	·	
	鸡	10 周	2（6000 万单位）	20（60000 万单位）	7	产蛋期禁用
	牛	3 个月		20（60000 万单位）	7	
杆菌肽锌+硫酸粘杆菌素（5：1）	鸡	10 周	2	20	7	产蛋期禁用
	猪	4 个月	2	20	7	
		2 个月	2	40	7	
黄霉素	鸡	肉鸡	1（100 万单位）	5（500 万单位）	0	
	猪	2 个月	10（1000 万单位）	25（2500 万单位）	1	
		4 个月		5（500 万单位）	0	
	牛	肉牛	30mg/头/天	50mg/头/天	0	
北里霉素	猪	2 个月	5（500 万单位）	35（3500 万单位）	3	
	鸡	10 周	5（500 万单位）	10（1000 万单位）	2	产蛋期禁用
恩拉霉素	猪	4 个月	2.5（250 万单位）	20（2000 万单位）		
	鸡	10 周	1（100 万单位）	10（1000 万单位）	7	产蛋期禁用
金霉素	猪	4 个月	25（2500 万单位）	75（7500 万单位）	7	
	肉鸡	10 周龄	20（2000 万单位）	50（5000 万单位）	7	高用量时，低钙（0.4%-0.55%）饲料中连续使用不得超过 5 天
土霉素	猪	2 个月	15（1500 万单位）	50（5000 万单位）	0	
		4 个月	10（1000 万单位）	20（2000 万单位）	0	
	鸡		5（500 万单位）	50（5000 万单位）	0	产蛋期禁用，低钙（0.18%-0.55%）饲料中连续使用不得超过 5 天
磷酸泰乐菌素	猪	2 个月	20（2000 万单位）	100（10000 万单位）	5	
		4 个月	10（1000 万单位）	50（5000 万单位）	5	
	鸡		4（400 万单位）	50（5000 万单位）	5	产蛋期禁用
维吉尼霉素	猪		10（1020 万单位）	20（2040 万单位）	1	
	鸡	16 周	2（204 万单位）	5（510 万单位）	1	产蛋期禁用

配伍禁忌：下表中同一栏内两种或两种以上品种不能同时使用

第一类	盐酸氨丙啉，盐酸氨丙啉+乙氧酰胺苯甲酯，盐酸氨丙啉+乙氧酰胺苯甲酯+磺胺喹噁啉，硝酸二甲硫胺，氯羟吡啶，尼卡巴嗪，尼卡巴嗪+乙氧酰胺苯甲酯，氢溴酸常山酮，盐酸氯苯胍，盐霉素钠，莫能菌素钠，拉沙洛西钠，甲基盐霉素钠，甲基盐霉素钠 +尼卡巴嗪，马杜拉霉素铵，二硝托胺，海南霉素钠
第二类	越霉素 A，潮霉素 B
第三类	杆菌肽锌，恩拉霉素，北里霉素，维吉尼霉素，黄霉素，磷酸泰乐菌素，金霉素，土霉素，杆菌肽锌+硫酸粘杆菌素，喹乙醇
第四类	硫酸粘杆菌素，金霉素，土霉素，杆菌肽锌+硫酸粘杆菌素，喹乙醇

财政部国家税务总局文件

财税字〔1998〕78 号

关于对若干农业生产资料征免增值税问题的通知（摘录）

各省、自治区、直辖市、计划单列市财政厅(局)、国家税务局：

经国务院批准，现就若干农业生产资料征免增值税的问题通知如下：

一、下列货物自 1998 年 1 月 1 日至 2000 年 12 月 31 日继续免征增值税：

1. 饲料。

2. 略

3. 化肥生产企业生产销售的碳酸氢铵、普通过磷酸钙、钙镁磷肥、钾肥、重钙；原生产碳酸氢铵、普通过磷酸钙、钙镁磷肥产品的小化肥生产企业改产生产销售的尿素、磷铵和硫磷铵。

4、5 略

（二、三条略）

四、自 1998 年 6 月 1 日起，《关于对若干农业生产资料增值税问题的紧急通知》（财税电字〔97〕001 号）相应废止。

财政部、国家税务总局

一九九八年五月十二日

主题词：农业　农药　化肥　增值税　通知

抄送：新疆建设兵团　各省、自治区、直辖市、计划单列市地方税务局，财政部驻各省、自治区、直辖市、计划单列市财政监察专员办事处

财政部国家税务总局文件

财税字〔1998〕43 号

关于对专门生产酱油、醋等产品的企业和饲料加工企业恢复征收企业所得税的通知

各省、自治区、直辖市、计划单列市财政厅（局）、国家税务局、地方税务局：

财政部、国家税务总局《关于生产副食品的企业和饲料加工企业征免企业所得税的通知》（财税字[1997]30 号）中“对专门生产酱油、醋、豆制品、腌制品、酱、酱腌菜的企业和饲料加工企业，在 1997 年 12 月 31 日以前减半征收企业所得税”的政策已经到期。经国务院批准，自 1998 年 1 月 1 日起，对上述企业恢复按规定征收企业所得税。

财政部、国家税务总局

一九九八年三月二日

农业部文件

农牧函〔1998〕9 号

关于加强饲料药物添加剂管理的通知

为确保兽药管理法规的贯彻实施，农业部以农

牧函[1998]9 号文就饲料药物添加剂管理的有关问题明确如下：

一、根据工作进展情况，我部将陆续发布饲料药物添加剂允许使用品种或使用规定，并及时批准新的饲料药物添加剂、公布其质量标准。

二、需长期添加使用的饲料药物添加剂，必须严格执行农业部发布的允许使用品种目录、使用规定、停药期规定和质量标准。除农业部批准可制成饲料药物添加剂的兽药品种及饲料药物添加剂允许使用品种外，其他兽药及产品均不得做饲料药物添加剂生产、经营、使用。

三、我部已批准用于防治动物疫病并规定使用疗程的预混剂，属兽药制剂，为兽医临床常规的一种给药方式，其产品的审批、核发批准文号的格式均按兽药进行管理。

四、严禁将未经我部批准可制成饲料药物添加剂的兽药品种非法制成药物添加剂或加入饲料中使用，违者应按《兽药管理条例》等有关规定予以查处。

农　业　部

一九九八年五月十三日

国家税务总局文件

国税发〔1999〕39 号

关于修订“饲料”注解及加强饲料征免增值税管理问题的通知

各省、自治区、直辖市和计划单列市国家税务局：

随着我国饲料工业的发展，饲料的品种和生产特点发生了较大变化，为了支持饲料工业发展，进一步明确和规范饲料的征免增值税范围，加强对饲料免征增值税的管理，现将对《增值税部分货物征税范围注释》（国税发〔1993〕151 号）中饲料注释的修订及饲料免征增值税的管理办法明确如下：

一、饲料指用于动物饲养的产品或其加工品。

本货物的范围包括：

1. 单一大宗饲料。指以一种动物、植物、微生物或矿物质为来源的产品或其副产品。其范围仅限于糠麸、酒糟、油饼、骨粉、鱼粉、饲料级磷酸氢钙。

2. 混合饲料。指由两种以上单一大宗饲料、粮食、粮食副产品及饲料添加剂按照一定比例配置，其中单一大宗饲料、粮食及粮食副产品的参兑比例不低于 95% 的饲料。

3. 配合饲料。指根据不同的饲养对象，饲养对象的不同生长发育阶段的营养需要，将多种饲料原料按饲料配方经工业生产后，形成的能满足饲养动物全部营养需要（除水分外）的饲料。

4. 复合预混料。指能够按照国家有关饲料产品的标准要求量，全面提供动物饲养相应阶段所需微量元素（4 种或以上）、维生素（8 种或以上），由微量元素、维生素、氨基酸和非营养性添加剂中任何两类或两类以上的组分与载体或稀释剂按一定比例配置的均匀混合物。

5. 浓缩饲料。指由蛋白质、复合预混料及矿物质等按一定比例配制的均匀混合物。

用于动物饲养的粮食、饲料添加剂不属于本货物的范围。

二、原有的饲料生产企业及新办的饲料生产企业，应凭省级饲料质量检测机构出具的饲料产品合格证明及饲料工业管理部门审核意见，向所在地主管税务机关提出免税申请，经省级国家税务局审核批准后，由企业所在地主管税务机关办理免征增值税手续。

三、本通知自 1999 年 1 月 1 日起执行。此前，各地执行的饲料免税范围与本通知不一致的，可按饲料的销售对象确定征免，即：凡销售给饲料生产企业、饲养单位及个体养殖户的饲料，免征增值税，销售给其他单位的一律征税。

国家税务总局

一九九九年三月八日

主题词：增值税　饲料　注释　修订　通知

国家税务总局办公厅　1999 年 3 月 17 日印发

农　业　部

第 105 号公告

允许使用的饲料添加剂品种目录

为加强饲料添加剂的管理，根据《饲料和饲料添加剂管理条例》（以下简称《条例》）的规定，现将我部制定的《允许使用的饲料添加剂品种目录》予以公布，并公告如下：

一、目录中所列类别及品种为《饲料和饲料添加剂管理条例》规定的营养性饲料添加剂和一般饲料添加剂，其执行的质量标准为国家标准和行业标准。药物饲料添加剂属《兽药管理条例》等相关法规调整的范畴，不在本目录之列。

二、凡生产目录中所列的饲料添加剂品种及其预混合饲料产品的生产企业，必须取得我部颁发的生产许可证和省（自治区、直辖市）饲料管理部门核发的产品批准文号。《条例》施行前未取得饲料添加剂生产许可证、添加剂预混合饲料生产许可证及其批准文号的企业，必须在2000年3月1日前按《条例》的规定补办手续。逾期未办理手续的，按无生产许可证和无产品批准文号处理。

三、凡经营目录中所列的饲料添加剂产品的企业，应当具备《饲料和饲料添加剂管理条例》第十五条规定的经营条件。从2000年3月1日起，不得经营无生产许可证和无产品批准文号的饲料添加剂及其预混合饲料产品。

四、饲料添加剂及其预混合饲料的生产企业，必须执行《饲料和饲料添加剂管理条例》第十条规定的“生产记录和产品留样观察制度”和第十四条规定的“标签制度”。

五、生产饲料添加剂及其预混合饲料，不得直接添加兽药和其他禁用药品，不得说明和宣传有治疗、预防动物疾病的作用；允许添加的兽药，必须制成药物饲料添加剂后方可添加；生产药物饲料添加剂，不得添加激素类药品。

六、生产新饲料添加剂和含有新饲料添加剂的预混合饲料，在投产前，研制者或生产者必须按《条例》有关规定履行报批手续。

七、各省人民政府饲料管理部门、省饲料监察所、国家及农业部饲料监测中心要加强对饲料添加剂及其预混合饲料管理和质量监督检验工作。

八、对违反上述规定者，各级饲料行政管理部门要按《饲料和饲料添加剂管理条例》等规定予以查处。

允许使用的饲料添加剂品种目录

类　别	饲料添加剂名称
饲料级氨基酸7种	L-赖氨酸盐酸盐；DL-羟基蛋氨酸；DL-羟基蛋氨酸钙；N-羟甲基蛋氨酸；L-色氨酸；L－苏氨酸
饲料级维生素26种	β-胡萝卜素；维生素A；维生素A乙酸酯；维生素A棕榈酸酯；维生素D3；维生素E；维生素E乙酸酯；维生素K3（亚硫酸氢钠甲萘醌）；二甲基嘧啶醇亚硫酸甲萘醌；维生素B1（盐酸硫胺）；维生素B1（硝酸硫胺）；维生素B2（核黄素）；维生素B6；烟酸；烟酰胺；D-泛酸钙；DL-泛酸钙；叶酸；维生素B12（氰钴胺）；维生素C（L-抗坏血酸）；L-抗坏血酸钙；L-抗坏血酸-2-磷酸酯；D-生物素；氯化胆碱；L-肉碱盐酸盐；肌醇
饲料级矿物质、微量元素43种	硫酸钠；氯化钠；磷酸二氢钠；磷酸氢二钠；磷酸二氢钾；磷酸氢二钾；碳酸钙；氯化钙；磷酸氢钙；磷酸二氢钙；磷酸三钙；乳酸钙；七水硫酸镁；一水硫酸镁；氧化镁；氯化镁；七水硫酸亚铁；一水硫酸亚铁；三水乳酸亚铁；六水柠檬酸亚铁；富马酸亚铁；甘氨酸铁；蛋氨酸铁；五水硫酸铜；一水硫酸铜；蛋氨酸铜；七水硫酸锌；一水硫酸锌；无水硫酸锌；氨化锌；蛋氨酸锌；一水硫酸锰；氯化锰；碘化钾；碘酸钾；碘酸钙；六水氯化钴；一水氯化钴；亚硒酸钠；酵母铜；酵母铁；酵母锰；酵母硒

饲料级酶制剂 12 类	蛋白酶（黑曲霉，枯草芽孢杆菌）；淀粉酶（地衣芽孢杆菌，黑曲霉）；支链淀粉酶（嗜酸乳杆菌）；果胶酶（黑曲霉）；脂肪酶；纤维素酶（reesei 木霉）；麦芽糖酶（枯草芽孢杆菌）；木聚糖酶（insolens 腐质霉）；β-聚葡糖酶（枯草芽孢杆菌，黑曲霉）；甘露聚糖酶（缓慢芽孢杆菌）；植酸酶（黑曲霉，米曲霉）；葡萄糖氧化酶（青霉）
饲料级微生物添加剂 12 种	干酪乳杆菌；植物乳杆菌；粪链球菌；屎链球菌；乳酸片球菌；枯草芽孢杆菌；纳豆芽孢杆菌；嗜酸乳杆菌；乳链球菌；啤酒酵母菌；产朊假丝酵母；沼泽红假单胞菌
饲料级非蛋白氮 9 种	尿素；硫酸铵；液氨；磷酸氢二铵；磷酸二氢铵；缩二脲；异丁叉二脲；磷酸脲；羟甲基脲
抗氧剂 4 种	乙氧基喹啉；二丁基羟基甲苯（BHT）；丁基羟基茴香醚（BHA）；没食子酸丙酯
防腐剂、电解质平衡剂 25 种	甲酸；甲酸钙；甲酸铵；乙酸；双乙酸钠；丙酸；丙酸钙；丙酸钠；丙酸铵；丁酸；乳酸；苯甲酸；苯甲酸钠；山梨酸；山梨酸钠；山梨酸钾；富马酸；柠檬酸；酒石酸；苹果酸；磷酸；氢氧化钠；碳酸氢钠；氯化钾；氢氧化铵
着色剂 6 种	β-阿朴-8'胡萝卜素醛；辣椒红；β-阿朴-8'胡萝卜素酸乙酯；虾青素；β，β-胡萝卜素-4，4-二酮（斑蝥黄）；叶黄素（万寿菊花提取物）
调味剂、香料 6 种（类）	糖精钠；谷氨酸钠；5'肌苷酸二钠；5'鸟苷酸二钠；血根碱；食品用香料均可作饲料添加剂
粘结剂、抗结块剂和稳定剂 13 种（类）	α-淀粉；海藻酸钠；羧甲基纤维素钠；丙二醇；二氧化硅；硅酸钙；三氧化二铝；蔗糖脂肪酸酯；山梨醇酐脂肪酸酯；甘油脂肪酸酯；硬脂酸钙；聚氧乙烯 20 山梨醇酐单油酸酯；聚丙烯酸树脂 II
其它 10 种	糖萜素；甘露低聚糖；肠膜蛋白素；果寡糖；乙酰氧肟酸；天然类固醇萨洒皂角苷（YUCCA）；大蒜素；甜菜碱；聚乙烯聚吡咯烷酮（PVPP）；葡萄糖山梨醇

农 业 部

一九九九年七月二十六日

海关总署文件

署税〔1999〕414号

关于调整饲料进口环节增值税征免税范围的通知

广东分署，各直属海关：

接国家税务总局《关于调整饲料进口环节增值税征免税范围的函》(国税函[1999]162号)，决定对饲料进口环节增值税的免税范围进行调整，调整后对豆粕等商品恢复征税。经与国家税务总局研究，现将调整后的免征增值税商品范围表下达（详见附件）。本通知自1999年7月1日起执行，署部[1999]133号文件届时废止。文到之前已经进口的，税款不再调整。

特此通知。

海关总署

一九九九年六月二十五日

附件：进口饲料免征增值税的商品范围表

抄送：国家税务总局

附件：进口饲料免征增值税的商品范围表

税则号列	货品名称	原增值税税率（%）	现增值税税率（%）
23011010	肉骨粉	13	免
23012010	饲料用鱼粉	13	免
23012090	其他不适用供人食用的水产品残渣	13	免
23021000	玉米糠、麸及其他残渣	13	免
23022000	稻米糠、麸及其他残渣	13	免
23023000	小麦糠、麸及其他残渣	13	免
23024000	其他谷物糠、麸及其他残渣	13	免
23033000	酿造及蒸馏过程中的糟粕及残渣	13	免
23040010	大豆油渣饼	13	免
23050000	花生油渣饼	13	免
23061000	棉子油渣饼	13	免
23062000	亚麻子油渣饼	13	免
23063000	葵花子油渣饼	13	免
23064000	油菜子油渣饼	13	免
23070000	葡萄酒渣、粗酒厂	13	免

注：1999年7月1日调整，执行至2000年12月31日

农业部局发文件

农牧饲发〔1999〕22号

关于执行饲料免税政策有关问题的通知

各省、自治区、直辖市和计划单列市饲料工业办公室：

国家税务总局以国税发[1999]39号文下发了《关于修订“饲料”注释及加强饲料征免增值税管理的通知》，进一步明确了饲料产品免征增值税的范围，并将省级饲料工业管理部门和饲料质量检测机构作为饲料免征增值税管理工作的一个重要环节，以保证饲料税收政策的顺利实施。为了贯彻落实饲料免税政策，配合税务机关做好此项工作，现就有关事项通知如下：

1. 主动协助省级国家税务局工作，严格按照其要求提供有关资料，并处理好饲料企业与所在地主管税务机关的关系。

2. 饲料工业行政管理部门要认真按照国家税发[1999]39号文的内容，对免税范围进行严格把关，防止不符合免税要求的企业和产品搭车。

3. 饲料质量检测机构要严把质量关，不合格的饲料产品将不能享受免征增值税的待遇。检测收费按送检产品收费，年度国家统检、抽检合格的产品毋需再检。

4. 饲料工业管理部门和饲料质量检测机构一定要密切配合，不能因工作衔接问题造成企业免税困难，或使税收征免中出现漏洞。

5. 各省级饲料工业管理部门和饲料质量检测机构要严格执行有关政策，防止徇私舞弊，不得借审批之机乱收费。

6. 申报免税企业弄虚作假的，取消其免税资格；饲料工业管理部门和检测机构，利用工作之

便违规操作的，追究其管理责任。

7. 审核程序为：饲料产品列入免税范围的生产企业，将其产品送省级饲料工业管理部门指定的省级饲料质量检测机构进行检测，经检验合格后，持饲料质量检测机构出具的证明，向省级饲料工业管理部门提出申请，并填写饲料企业免税申请表，经省级饲料工业管理部门审核同意，持审核同意证明向所在地主管税务机关提出免税申请，经省级国家税务局审核批准后，由企业所在地主管税务机关办理免征增值税手续。

8. 为了全面掌握饲料免税政策执行工作情况，请各省饲料工业管理部门将免税企业及产品名单报送全国饲料工作办公室，并及时反映该项工作执行中出现的问题。

农业部全国饲料工作办公室
一九九九年十月二十七日

农业部对外贸易经济合作部文件

农牧发[1999]14 号

关于加强对进口饲用油脂和动物性饲料经营和使用管理的通知

各省、自治区、直辖市及计划单列市畜牧（农业、农牧）厅（局）、饲料工业办公室、外贸委（厅、局）：

自 1996 年以来，欧盟相继发生了震惊世界的“疯牛病”和“二恶英”事件，引起了人们对动物性食品的恐慌。研究表明，含有“二恶英”的饲料产品，特别是饲用油脂是造成畜产品“二恶英”严重超标的直接原因；饲用动物性饲料可能是“疯牛病”传播的主要途径，特别是饲用同类动物性饲料更易传播，如牛饲用反刍动物的肉骨粉等。目前，一些国家相继禁止或限制饲用油脂和动物性饲料的使用范围。为保证我国饲料产品的安全卫生，维护正常的饲料和饲料添加剂的经营秩序，根据《中华人民共和国对外贸易法》和《饲料和饲料添加剂管理条例》规定，特通知如下：

一、凡是在生产国禁止使用的饲用油脂、动物性饲料及其产品不得在我国境内经营和使用。鉴于欧盟已于 1999 年 6 月 4 日禁止肉骨粉、动物下脚料（包括皮肤、脚、蹄、爪、内脏等）、血粉、血浆、血清制品、动物性脂肪，以及用上述原料加工制作的各类饲料在欧盟成员国使用，从即日起，禁止欧盟成员国生产的上述动物性饲料及其产品在我国境内经营和使用（具体税号附后）。欧盟成员国生产的乳清粉、鱼粉及不含动物性饲料成分的饲料产品和饲料添加剂（饲料级氨基酸、维生素、矿物质微量元素、酶制剂、非蛋白氮、抗氧化剂、防霉剂、调味剂、酸化剂、色素类等）不在禁用之列。

二、凡是生产国允许使用的饲用油脂，应提供生产国权威机构检测的安全数据，并在农业部进行登记后，方可销售。在国内使用时应遵循安全、有效和不污染环境的原则。农业部将加强对饲用油脂的质量跟踪监督，一旦检出有毒有害物质，特别是 PCBs 超标的，将吊销其进口登记证，并根据《饲料和饲料添加剂管理条例》进行处罚。

三、凡是在生产国允许使用的动物性饲料及其产品，应提供下列文件，在农业部登记注册后，方可在我国境内经营、使用。

（一）生产国允许该类产品在本国生产、使用的证明；

（二）产品生产国认可的权威检测机构出具的该类产品安全的检测报告，该检测报告必须经生产国政府认可。

在国内使用时，应遵循同类动物不得饲用同类动物性饲料及其产品的原则。各级饲料管理部门要加强对该类产品的监督管理；各级饲料监测机构要加强对该类产品的监测，防止该类产品扩大应用范围。

四、禁止经营和使用有“疯牛病”疫病国家的反刍动物性饲料及其产品；禁止经营和使用有“痒病”疫病国家的羊肉骨粉及其产品。本通知之前已从有“疯牛病”的国家进口的反刍动物性饲料，如牛羊肉骨粉等，以及从有“痒病”的国家进口的羊肉骨粉等，要就地销毁。已从非“疯牛病”和非“痒病”国家进口的反刍动物性饲料及其产品，要立即予以查封，经农业部指定的部级饲料监测中心进行卫生检验，在证明其安全的前提下，遵循同类动物不得饲用同类动物性饲料，特别是反刍动物不得饲用反刍动物性饲料的原则，在省级饲料管理部门的监控下，方可销售、使用。

五、禁止经营和使用的进口饲用油脂、动物性饲料及其产品目录将根据我国禁止发生重大疫情国家动物及其产品的有关规定作相应调整。

六、本通知执行中如有问题，请及时与农业部全国饲料工业办公室联系。

农业部、对外贸易经济合作部
一九九九年八月十八日

附件：

禁止经营和使用的原产于欧盟的饲用油脂和动物性饲料税号目录

税则号列	饲用油脂和动物性饲料品种
02.06	饲用牛羊猪马驴骡杂碎
02.07	饲用禽类杂碎
1501.0000	饲用猪脂肪及家禽脂肪
1502.0010	饲用牛羊脂肪
1503.0000	饲用猪油脂肪
1506.0000	其它动物饲用脂肪
1518.0000	动植物饲用脂肪
2301.1010	肉骨粉
2301.1020	油渣
2301.1090	肉渣粉

农业部文件

农牧函〔1999〕13号

关于加强饲料和饲料添加剂行政执法工作的通知

各省、自治区、直辖市饲料工业办公室：

《饲料和饲料添加剂管理条例》（以下简称《条例》）颁布施行，标志着我国从此走上依法管理饲料和饲料添加剂的轨道。为规范对饲料和饲料添加剂的行政执法行为，依法管理饲料行业，为饲料和饲料添加剂生产、经营创造公平的竞争环境，现通知如下：

一、准确把握《条例》规定的各项管理制度，明确职责，严格管理。《条例》规定的主要管理制度有：新饲料和饲料添加剂的审定公布制度、首次进口饲料和饲料添加剂登记制度、饲料添加剂和添加剂预混合饲料的生产许可证制度、饲料添加剂和添加剂预混合饲料的批准文号制度、饲料和饲料添加剂生产记录和产品留样制度、标签制度、质量监督管理和抽查制度等。每项制度的管理主体和管理客体都是明确的，各级饲料管理部门要严格按照《条例》规定的职责、权限进行管理，不得违背《条例》规定的职责、权限进行管理，不得违背《条例》的精神，越权或扩大范围发证和核发批准文号。

二、加强调研，摸清"家底"，为《条例》各项制度的贯彻落实做好准备。目前，我部正在加紧制定《条例》的实施细则及相关规章制度，在这些制度正式颁布之前，各级饲料管理部门要以稳定本行政辖区内的饲料和饲料添加剂的行业管理为前提，加大调研力度，尽快掌握饲料和饲料添加剂的生产、经营和使用现状。一是新饲料和饲料添加剂的研制和试用情况；二是首次进口饲料和饲料添加剂登记制度的执行情况；三是饲料添加剂和添加剂混合饲料生产企业及产品品种的基本情况，包括哪些产品已办理了批准文号，哪些还未办理批准文号；四是企业的生产记录和留样观察制度是否健全；五是标签标准的执行情况；六是饲料生产企业是否违法使用兽药和其他禁用药品，等等。已制定饲料管理办法的地方要做好与《条例》的衔接工作，重点掌握发放"生产许可证"和"批准文号"的基本情况；没有管理办法的地方要掌握上述情况作为当前的主要任务。请各地于1999年8月10日前，将调研情况报我部全国饲料工作办公室。

三、树立全局意识，加强对行政执法工作的领导。省级饲料主管部门一定要加强对本行政辖区内饲料和饲料添加剂行政执法工作的领导，增强饲料管理者的法律意识和依法办事的能力，坚决纠正有法不依的错误思想和行为。同时，要处理好执法和护法的关系。执法的目的是为了维护法律的严肃性，各级饲料主管部门在执法过程中一定要有全局观念，克服地方保护主义和本位主义。执法人员要切实保护公民、法人和其他组织的合法权益，要严格依照《条例》的职责权限和程序办事，真正做到严格执法、廉洁执法、文明执法。

农业部
一九九九年七月五日

农业部令

第23号

《饲料添加剂和添加剂预混合饲料产品批准文号管理办法》，已于1999年12月9日经农业部常务会议通过，现予以发布施行。

部长：陈耀邦
一九九九年十二月十四日

饲料添加剂和添加剂预混合饲料产品批准文号管理办法

第一条 根据《饲料和饲料添加剂管理条例》第九条规定，制定本办法。

第二条 在中华人民共和国境内从事饲料添加剂、添加剂预混合饲料生产、经营、监督、检验的单位和个人，应当遵守本办法。

第三条 本办法所称饲料添加剂是指饲料加工、制作、使用过程中添加的少量或微量物质。包括营养性饲料添加剂和一般饲料添加剂。生产和使用的饲料添加剂品种应当属于农业部公布的《允许使用的饲料添加剂品种目录》中所列品种。

本办法所称添加剂预混合饲料是指两种或两种以上饲料添加剂加载体或稀释剂按一定比例配制而成的均匀混合物、在配合饲料中的添加量不超过10%。

药物饲料添加剂的管理，依照《兽药管理条例》及其《实施细则》的规定执行。含有允许使用的药物饲料添加剂的添加剂预混合饲料的管理，依照本办法的规定执行。

第四条 企业生产饲料添加剂、添加剂预混合饲料，应当向省、自治区、直辖市（以下简称省级）饲料管理部门申请核发批准文号。

第五条 企业申请时，应当向省级饲料管理部门提交以下资料和样品。省级饲料管理部门应当在受理申请后30个工作日内做出是否核发批准文号的决定。

（一）产品批准文号申请表；

（二）生产许可证复印件；

（三）三个批次的产品样品；

（四）配方和生产工艺；

（五）产品质量标准及检验方法；

（六）标签和产品使用说明书样稿；

（七）送检样品的自检报告；

（八）饲喂效果报告。

申请新饲料添加剂、新添加剂预混合饲料产品批准文号还应当提供农业部核发的新饲料添加剂、新添加剂预混合饲料证书。

第六条 省级饲料管理部门受理申请后，应当委托省级以上饲料质量检测机构对产品质量进行复检检验。饲料质量检测机构应当按饲料管理部门的规定出具检验报告。

饲料管理部门和饲料质量检测机构及其工作人员有责任为申请者提供的资料和样品保守技术秘密。

第七条 取得新饲料添加剂、新添加剂预混合饲料证书的产品实行试产期，试产期两年。试产期内，由省级饲料管理部门核发试生产产品批准文号。

试生产产品批准文号有效期为二年。有效期满需继续生产的，企业应当在有效期满前六个月内按照本办法的规定重新申请，经审查符合规定的，核发正式批准文号。

第八条 饲料添加剂、添加剂预混合饲料产品批准文号有效期为五年。有效期满需继续生产的，企业应当在有效期满前六个月内按照本办法的规定重新办理审批手续。

第九条 饲料添加剂产品批准文号格式为：

×饲添字（××××）××××××

添加剂预混合饲料产品批准文号格式为：

×饲预字（××××）××××××

×：为核发产品批准文号该省（自治区、直辖市）的简称。新饲料添加剂试产期内生产的产品，在“字”前加：“试”字（见附表）。

（××××）：年份

××××××：前三位表示本辖区已获产品批准文号企业的固定编号，后三位表示该企业已获得产品批准文号的产品序号。

第十条 产品批准文号限于批准的企业在其批准的产品上使用。企业名称或产品名称改变的，产品异地生产的，企业应当重新办理产品批准文号。

禁止企业以“联营”等形式与其它企业共用一个产品批准文号；

禁止总（母）公司与分（子）公司之间共用一个产品批准文号；

禁止使用文件号或其他编号代替、冒充饲料添加剂、添加剂预混合饲料产品批准文号。

第十一条 有下列情况之一的，产品批准文号失效。企业需继续生产的，应当重新办理产品批准文号。

（一）产品技术指标改变的；

（二）产品批准文号逾期的；

（三）取得产品批准文号的产品两年未生产的。

第十二条 有下列情况之一的，由原核发文号机关注销产品批准文号，并予公告；违反《条例》规定的，按照《条例》的规定处罚；受到吊销生产许可证处罚的，同时吊销产品批准文号。

（一）转让批准文号的；

（二）连续两次监督抽查检验质量不合格的；

（三）申请产品批准文号时弄虚作假的。

第十三条 违反本办法其它规定的，按《饲料和饲料添加剂管理条例》有关规定处罚。

第十四条 核发饲料添加剂、添加剂预混合饲料产品批准文号及产品质量复核检验收费按有关规定执行。

第十五条 本办法由农业部负责解释。

第十六条 本办法自公布之日起施行。

表：批准文号统一编号格式序列

省级名	序号	饲料添加剂	添加剂预混合饲料
北京市	01	京饲添字（××××）×××××× 京饲添试字（××××）××××××	京饲预字（××××）×××××× 京饲预试字（××××）××××××
天津市	02	津饲添字（××××）×××××× 津饲添试字（××××）××××××	津饲预字（××××）×××××× 津饲预试字（××××）××××××
河北省	03	冀饲添字（××××）×××××× 冀饲添试字（××××）××××××	冀饲预字（××××）×××××× 冀饲预试字（××××）××××××
山西省	04	晋饲添字（××××）×××××× 晋饲添试字（××××）××××××	晋饲预字（××××）×××××× 晋饲预试字（××××）××××××
内蒙古	05	蒙饲添字（××××）×××××× 蒙饲添试字（××××）××××××	蒙饲预字（××××）×××××× 蒙饲预试字（××××）××××××
辽宁省	06	辽饲添字（××××）×××××× 辽饲添试字（××××）××××××	辽饲预字（××××）×××××× 辽饲预试字（××××）××××××
吉林省	07	吉饲添字（××××）×××××× 吉饲添试字（××××）××××××	吉饲预字（××××）×××××× 吉饲预试字（××××）××××××
黑龙江	08	黑饲添字（××××）×××××× 黑饲添试字（××××）××××××	黑饲预字（××××）×××××× 黑饲预试字（××××）××××××
上海市	09	沪饲添字（××××）×××××× 沪饲添试字（××××）××××××	沪饲预字（××××）×××××× 沪饲预试字（××××）××××××
江苏省	10	苏饲添字（××××）×××××× 苏饲添试字（××××）××××××	苏饲预字（××××）×××××× 苏饲预试字（××××）××××××
浙江省	11	浙饲添字（××××）×××××× 浙饲添试字（××××）××××××	浙饲预字（××××）×××××× 浙饲预试字（××××）××××××
安徽省	12	皖饲添字（××××）×××××× 皖饲添试字（××××）××××××	皖饲预字（××××）×××××× 皖饲预试字（××××）××××××
福建省	13	闽饲添字（××××）×××××× 闽饲添试字（××××）××××××	闽饲预字（××××）×××××× 闽饲预试字（××××）××××××
江西省	14	赣饲添字（××××）×××××× 赣饲添试字（××××）××××××	赣饲预字（××××）×××××× 赣饲预试字（××××）××××××
山东省	15	鲁饲添字（××××）×××××× 鲁饲添试字（××××）××××××	鲁饲预字（××××）×××××× 鲁饲预试字（××××）××××××
河南省	16	豫饲添字（××××）×××××× 豫饲添试字（××××）××××××	豫饲预字（××××）×××××× 豫饲预试字（××××）××××××
湖北省	17	鄂饲添字（××××）×××××× 鄂饲添试字（××××）××××××	鄂饲预字（××××）×××××× 鄂饲预试字（××××）××××××
湖南省	18	湘饲添字（××××）×××××× 湘饲添试字（××××）××××××	湘饲预字（××××）×××××× 湘饲预试字（××××）××××××
广东省	19	粤饲添字（××××）×××××× 粤饲添试字（××××）××××××	粤饲预字（××××）×××××× 粤饲预试字（××××）××××××

广西区	20	桂饲添字（××××）×××××× 桂饲添试字（××××）××××××	桂饲预字（××××）×××××× 桂饲预试字（××××）××××××
海南省	21	琼饲添字（××××）×××××× 琼饲添试字（××××）××××××	琼饲预字（××××）×××××× 琼饲预试字（××××）××××××
四川省	22	川饲添字（××××）×××××× 川饲添试字（××××）××××××	川饲预字（××××）×××××× 川饲预试字（××××）××××××
贵州省	23	黔饲添字（××××）×××××× 黔饲添试字（××××）××××××	黔饲预字（××××）×××××× 黔饲预试字（××××）××××××
云南省	24	滇饲添字（××××）×××××× 滇饲添试字（××××）××××××	滇饲预字（××××）×××××× 滇饲预试字（××××）××××××
西藏区	25	藏饲添字（××××）×××××× 藏饲添试字（××××）××××××	藏饲预字（××××）×××××× 藏饲预试字（××××）××××××
陕西省	26	陕饲添字（××××）×××××× 陕饲添试字（××××）××××××	陕饲预字（××××）×××××× 陕饲预试字（××××）××××××
甘肃省	27	甘饲添字（××××）×××××× 甘饲添试字（××××）××××××	甘饲预字（××××）×××××× 甘饲预试字（××××）××××××
青海省	28	青饲添字（××××）×××××× 青饲添试字（××××）××××××	青饲预字（××××）×××××× 青饲预试字（××××）××××××
宁夏区	29	宁饲添字（××××）×××××× 宁饲添试字（××××）××××××	宁饲预字（××××）×××××× 宁饲预试字（××××）××××××
新疆区	30	新饲添字（××××）×××××× 新饲添试字（××××）××××××	新饲预字（××××）×××××× 新饲预试字（××××）××××××
重庆市	31	渝饲添字（××××）×××××× 渝饲添试字（××××）××××××	渝饲预字（××××）×××××× 渝饲预试字（××××）××××××

农　业　部　令

第 24 号

《饲料添加剂和添加剂预混合饲料生产许可证管理办法》，已于 1999 年 12 月 9 日经农业部常务会议通过，现予以发布施行。

部长：陈耀邦

一九九九年十二月十四日

饲料添加剂和添加剂预混合饲料生产许可证管理办法

第一章　总　则

第一条　根据《饲料和饲料添加剂管理条例》第九条规定，制定本办法。

第二条　本办法所指饲料添加剂包括营养性饲料添加剂、一般饲料添加剂。本办法所称添加剂预混合饲料是指由两种或两种以上饲料添加剂加载体或稀释剂按一定比例配制而成的均匀混合物，在配合饲料中添加量不超过 10%。

第三条　生产、使用的饲料添加剂品种应当属于农业部公布的《允许使用的饲料添加剂品种目录》中所列品种。

第二章　企业应具备的基本条件

第四条　人员要求

（一）企业主要负责人必须具备专业知识、生产经验及组织能力。

（二）技术负责人必须具有大专以上文化程度或中级以上技术职称，熟悉动物营养、饲料配方技术及生产工艺，从事相应专业工作 2 年以上；

（三）质量管理及检验部门的负责人，必须具有大专以上或中级以上技术职称，从事相应工作 3 年以上；

（四）生产企业特有工种从业人员必须具有高中以上文化程度或相应程度，经职业技能培训，取得相应的职业资格证书。

第五条　生产场地要求

（一）厂房建筑布局合理，生产区、办公区、仓储区、生活区要分开；

（二）生产车间布局应符合生产工艺流程的要求，工序衔接合理；

（三）要有适宜的操作间和场地，能合理放置设备和物料，防止不同物料混放和交叉污染；

（四）应有适当的除尘、通风、照明及消防设施，以保证安全生产；

（五）仓储与生产能力相适应，符合防水、防潮、防火、防鼠害的要求。

第六条　生产设备要求

（一）应具有与生产产品相适应的生产设备；

（二）生产设备应符合生产工艺流程，便于维护和保养；

（三）生产设备完好；

（四）生产环境有洁净要求的，须有空气净化设施和设备。

第七条　质量检验要求

（一）必须设立质检部门，质检部门直属企业负责人领导；

（二）质检部门应设立仪器室（区）、检验操作室（区）和留样观察室（区）；

（三）具有相应的检验仪器，能对生产全过程的产品质量进行监控。对需使用大型精密仪器的检验项目，可以委托有能力化验的质检机构代检。

（四）有严格的质量检验操作规程。

（五）质检部门要有详细的检验记录和检验报告。

第八条　管理制度要求

企业应当建立以下管理制度：

（一）岗位责任制度；

（二）生产管理制度；

（三）检验化验制度；

（四）标准及质量保证制度；

（五）安全卫生制度；

（六）产品留样观察制度；

（七）计量管理制度；

第九条　卫生环境要求

厂区卫生环境应符合国家卫生环保法律、法规的规定。

第三章　办证程序

第十条　申办程序：

（一）企业向生产所在地省、自治区、直辖市（以下简称省级）饲料管理部门领取《饲料添加剂及添加剂预混合饲料生产许可证申请书》；

（二）省级饲料管理部门组织有关人员组成评审组，评审组对企业申报材料进行审核和实地考核，考核合格的，省级饲料管理部门将企业申报材料报农业部审批；

（三）经农业部审核批准后，发给生产许可证。

第十一条　省级饲料管理部门应当在收到申报材料后 10 个工作日内，作出是否受理的决定；在受理后 20 个工作日内，进行审核和实地考核；考核合格的，应当及时报农业部审批。

农业部在收到申报材料 20 个工作日内，作出是否批准的决定。

第十二条　饲料添加剂、添加剂预混合饲料生产企业持《饲料添加剂生产许可证》、《添加剂预混合饲料生产许可证》向工商行政管理部门申请登记，办理营业执照。

第十三条　企业申报材料包括：

（一）申请书；

（二）企业情况介绍；

（三）生产设备清单；

（四）产品目录及产品配方；

（五）检验仪器设备清单；

（六）企业主要管理技术人员和特殊工种人员名单；

（七）厂区布局图；

（八）生产工艺流程图。

第四章　证书管理

第十四条　企业有下列情况之一的，应当按照本办法规定办理生产许可证。

（一）变更企业名称的；

（二）增加生产品种超出生产许可证规定的生产范围的；

（三）异地生产的；

（四）设立分厂的；

（五）联营的。

第十五条　《饲料添加剂生产许可证》、《饲料添加剂预混合饲料生产许可证》有效期为五年。生产许可证期满后仍需继续生产的，企业应在期满前六个月内，持原证重新申请，经考核符合要求的，换发生产许可证。

第十六条　省级饲料管理部门对生产许可证进行年检。企业应当在每年 2 月底前，按规定要求填写年检表，报省级饲料管理部门。年检过程中，发现重大事故，省级饲料管理部门应进行调查，将结果上报农业部。农业部对年检工作进行检查。

第十七条　申办生产许可证企业应按有关规定缴纳审查费和公告费。

第十八条 《饲料添加剂和添加剂预混合饲料生产许可证申请书》、《饲料添加剂生产许可证》、《添加剂预混合饲料生产许可证》格式由全国饲料工作办公室统一印制。

第十九条 违反本办法规定，按《饲料和饲料添加剂管理条例》的有关规定处罚。

第五章 附 则

第二十条 本办法由农业部负责解释。

第二十一条 本办法自发布之日起施行。

农业部文件

农牧函〔1999〕22号

关于饲料添加剂、添加剂预混合饲料生产许可证和产品批准文号审核发放工作有关问题的通知

各省、自治区、直辖市饲料工业办公室：

《饲料添加剂和添加剂预混合饲料生产许可证管理办法》、《饲料添加剂和添加剂预混合饲料产品批准文号管理办法》已经发布施行，为做好生产许可证的审核、报批和产品批准文号的发放管理工作，现就有关问题通知如下：

一、各省、自治区、直辖市饲料管理部门要切实做好两个管理办法的宣传、贯彻工作，并严格按照工作程序，认真开展生产许可证的审核报批工作，做好产品批准文号的发放和管理工作。

二、各地对未依照《饲料和饲料添加剂管理条例》规定已发放的饲料添加剂、添加剂预混合饲料准产证、生产许可证等应当予以废止。并按《生产许可证管理办法》的规定组织企业办理申请、审核、报批手续。

三、对按照当地规定已取得产品批准文号的饲料添加剂、添加剂预混合饲料产品，各地饲料管理部门可以根据本地实际情况，制定相应的换发办法，本着保证质量，简化程序，有利管理，方便企业的原则办理有关手续。对《允许使用的饲料添加剂品种目录》以外的饲料添加剂，各地不得换发产品批准文号。属于新饲料添加剂的，按新饲料添加剂向农业部报批。

四、在生产许可证、产品批准文号的审核、报批和发放工作中要坚决杜绝乱收费。对已有规定的收费项目按现有规定执行，没有规定的，由我部向计划、财政等收费管理部门提出申请，批准后下发执行。在未公布统一收费规定前，各地饲料办可向当地计划、财政等有关部门提出申请，批准后执行。

五、各省级饲料管理部门于4月底前将审核通过的企业申请办理生产许可证的资料报送至全国饲料工作办公室。农业部第105号公告规定的办理生产许可证和产品批准文号的期限顺延至2000年6月底。逾期未办理手续的饲料添加剂和添加剂预混合饲料生产企业及其产品，按无生产许可证或无批准文号处理。

六、请各地饲料管理部门妥善处理在发证（号）时限内由于各地进度不同而出现跨省际流通的饲料添加剂和添加剂预混合饲料证（号）不全等问题。

农业部

一九九九年十二月二十九日

农业部文件

农牧发〔1999〕26号

关于印发《关于加快调整畜牧业生产结构的意见》的通知

各省（区、直辖市）、计划单列市畜牧厅（局、办）：

为了贯彻落实《国务院办公厅转发＜农业部关于当前调整农业生产结构若干意见＞的通知＝（国办发[1999]68号）精神，加快畜牧业生产结构的调整和优化，我部提出了《关于加快调整畜牧业生产结构的意见》。现印发给你们，请结合本地实际情况，贯彻落实。

农业部

一九九九年十二月二十九日

附件：

关于加快调整畜牧业生产结构的意见

为贯彻落实“国务院办公厅转发农业部关于当前调整农业生产结构若干意见的通知”精神，针对畜牧业的特点和生产结构现状，对当前调整畜牧业生产结构提出如下意见。

一、畜牧业生产及结构现状

改革开放以来，我国畜牧业生产保持了持续快速的发展。1998年，肉类总产量达到5723.8万吨、禽蛋2018.5万吨、奶类744.5万吨、毛绒类31.8万吨，分别比1980年增长3.5倍、6.9倍、4.4倍和66%，年均递增分别为8.7%、12.1%、

9.9%和2.9%。

肉类生产结构发生了很大变化，猪肉产量在肉类总产量中比重不断下降，禽肉、牛肉和羊肉的比重在不断上升。猪肉产量在肉类总产量中的比重由1985年的85.9%下降到1998年的67.8%，禽肉的比重由8.3%上升到18.7%，牛、羊肉的比重由5.5%上升到12.5%。

1998年我国畜产品人均占有量，肉类达到47.1千克，禽蛋16.6千克，奶类6.1千克。其中，肉类人均占有量已超过世界平均水平，禽蛋人均占有量达到发达国家平均水平，奶类人均占有量仅为世界平均水平的1/15，发达国家平均水平的1/46，毛绒类人均占有量为世界平均水平的一半左右。

据统计，1997年世界人均每日动物蛋白供给量为73克，动物蛋白占蛋白供给量的36.2%；发达国家平均102.7克，动物蛋白占57.6%；我国人均每日动物蛋白供给量为69.9克，动物蛋白占21.7%，蛋白供给量低于世界人均水平。

畜产品市场发生根本变化。一方面，出现了畜产品的结构性过剩，畜牧业发展受市场制约表现得越来越突出；另一方面，随着城乡居民生活水平的提高，世界经济贸易一体化进程的加快，畜产品市场竞争日益激烈，迫切要求提高产品质量和效益。对此，必须抓住当前畜产品供应充足，价格低的有利时机，加快调整畜牧业生产结构，提高畜牧业综合生产能力和畜产品质量，推进畜牧业增长方式的转变，确保农民增收，促进畜牧业健康持续发展。

二、调整畜牧业生产结构的指导思想和原则

调整畜牧业产业结构的指导思想是，根据国内外市场需求，依靠科技进步，改善畜产品品种结构，提高产品质量，增强市场竞争能力；充分发挥资源、区域优势，全面提高畜牧业综合生产能力和经济效益，实现畜牧业的高产、优质、高效，确保农民收入的稳定增长。

通过调整畜牧业生产结构，使产业内部产品结构、数量和区域分布与整个国民经济结构调整和发展相适应，各地要加强领导，统筹规划，注重实效，把握好以下几个原则：

（一）根据市场需求和经济效益指导产业结构调整。强化信息服务和政府的宏观调控作用，建设反应灵敏的市场信息服务网络，研究和着眼于潜在的、预期的市场需求趋势，指导农民生产适销对路的产品，建立与市场需求相适应的产品结构，提高畜牧业生产效益。

（二）发挥区域资源优势，实现生产要素的合理配置。大力开发饲料资源，扶持优势畜牧产业，形成地区性产业带，培育具有区域特色的主导产品和支柱产业，逐步实现我国不同类型的畜牧产业化生产格局。

（三）依靠科技进步，提高产品质量。加快畜牧业技术创新，积极发展高新技术，加速畜禽品种选育、改良和更新换代，推广先进适用技术，大幅度地提高生产效率，使我国畜产品质量有一个根本改观。

（四）稳定发展生猪生产，突出发展节粮型畜禽。调整结构要正确处理好生猪生产与其他畜禽生产的关系，既要保持生猪生产的稳定增长，又要加快发展耗粮少、转化率高的草食牲畜和家禽，逐步提高牛羊禽兔肉在肉类总产量中的比重，优化肉类结构。

（五）充分尊重农民意愿。调整结构要坚持群众自愿的原则，搞好试点，先示范、后推广。同时要加强政策、信息引导和技术服务，把畜牧业生产结构调整转变为农民的自觉行动。

三、畜牧业生产结构调整的重点

调整畜牧业生产结构的重点是“两稳定、两加快、两突出”，即稳定发展生猪和禽蛋生产，加快发展牛羊肉和禽肉生产，突出发展奶类和羊毛生产。

（一）稳定发展生猪生产

我国是养猪大国，猪肉产量占世界总产量的44%，猪肉的人均占有量已超过世界平均水平。猪肉既是我国肉类生产的主体（在肉类总产量中的比重占到67.8%），也是城乡居民肉食消费的主体。稳定生猪生产，是关系到农民增收、猪肉市场供应和社会稳定的大事。因此，今后生猪生产的发展，应当稳定数量，提高质量，扩大加工，提高效益。

要加快品种改良，优化猪群结构，增加“三元杂交”和配套系瘦肉型猪的生产比重，提高猪肉质量，到2005年，“三元杂交”猪出栏比重达到50%。

我国生猪产销区域明显。四川、湖南、湖北、山东、江西、安徽、江苏、河南、广西、河北等省（区）是传统的猪肉主产区，东北三省和内蒙古农区呈现强劲的发展态势，京、津、沪及广东、浙江、福建等地已是典型销区。生猪生产的发展要巩固生猪主产区，开发玉米带养猪新区，促进产区和销区的有机衔接，稳定生猪生产。

要扩大猪肉加工，提高产品附加值。开发分割肉、冷却肉、小包装及快餐类食品，逐步改变白条肉直接上市的传统销售方式，扩大精深加工，提高肉类制品消费比重，猪肉产品供应实行多样化。

（二）稳定发展禽蛋生产

我国禽蛋的人均占有量，已达到发达国家的水平。近几年我国鸡蛋消费增速减缓，而生产的

发展速度加快，鸡蛋市场已处于供过于求的状况。禽蛋生产要控制发展规模，提高生产水平，逐步调减城郊饲养总量，扩大农村适度规模饲养。积极推动蛋品加工业发展。实现由规模扩张向提高效率转变，由城郊集中饲养向农村适度规模饲养的转变，由单一鲜蛋供应向鲜蛋与加工蛋品结合的转变。

（三）加快发展牛、羊肉生产

我国牛的饲养基数大，但牛肉总产量和人均占有量低，优质牛肉产量少，难以满足需要。肉牛生产应加快品种改良，推广生长快、肉质好、饲料利用效率高的优良品种，努力增加牛肉产量和优质牛肉比重。九十年代以来，我国肉牛生产已初步形成了中原和东北两个肉牛带。河南、山东、河北和安徽四省的牛肉产量占全国牛肉总产量的46.3%，东北三省和内蒙古自治区的牛肉产量占总量20.0%。今后应继续加快两大肉牛带的发展，并在农牧结合地区建立第三条肉牛带，通过大力推进牧区架子牛易地育肥，发挥农区与牧区各自的优势。

我国居民对羊肉的消费明显增加，羊肉价格高，市场潜力大。北方牧区是传统的羊肉主产区，要继续发挥草原面积大，绵羊数量多，品种资源丰富，羊肉品种好的优势，大力推广使用新技术，加快本品种选育和品种改良，提高出栏率和羊肉产量。南方草山草坡、丘陵山区和山羊主产区有丰富的牧草资源，适合饲养山羊。在结构调整中，要充分利用当地资源，并结合退耕还草、扶贫开发等项工作的开展，因地制宜，大力推广优良品种，加快发展肉用山羊。

（四）加快发展优质禽肉生产

我国禽肉产量占肉类总产量的18.7%，并以其高蛋白、低脂肪、低胆固醇等特点，受到广大消费者的青睐。其中肉鸡已成为我国畜产品出口的主导产品，且前景看好。

今后肉禽生产的发展重点，一是加快品种的更新换代，特别是要开发适销对路的优质产品；二是生产和加工要进一步采用新技术、新设备、新工艺，提高产业化水平；三是开拓国内、国际两个市场。以加工企业为龙头，建立现代营销体系，进一步开拓国内市场，保持和拓宽国际市场，扩大出口。

地方优质肉鸡、水禽品种是今后市场消费的增长点，要加快培育和开发，适应多元化需求，增强国际市场竞争能力。

（五）突出发展奶类生产

奶类产品是国际公认的营养全面、容易吸收的食品。改变我国奶业发展滞后，提高人均奶类占有水平是改善国民膳食结构，提高城乡居民身体素质的重要措施。突出奶业发展，一是要加强奶业基地建设，增加良种奶牛数量，提高整体产奶水平；二是发展奶业产业化，加快乳品加工业的调整，开发适合不同消费群体的优质奶制品，增加液态奶生产；三是突出奶类消费宣传，引导城乡居民增加奶产品消费，在大中城市和沿海发达地区有条件的地方要积极推行学生加餐奶。

（六）突出发展羊毛生产

羊毛是我国供求缺口最大的畜产品。我国毛纺工业年需30－35万吨净毛，其中国产羊毛仅能满足1／3左右，2／3的羊毛依赖进口。国内市场对纤维细度在66支纱以上（21.5微米以下）的羊毛需求量在不断增大，而国内生产的羊毛细度则多以60－64支纱为主，国产羊毛的产量和质量均不能满足国内毛纺工业发展的需求。

发展羊毛生产的重点是提高绵羊个体产毛量和羊毛品质。在细羊毛集中产区，要确定重点区域，大力发展优质细毛羊，实现优质细毛羊的规模生产。全面推行机械剪毛、羊毛除边、分级整理、机械打包、客观检验等规范化的管理模式，确保羊毛质量达到毛纺工业的要求。推行羊毛拍卖和工牧直交，减少中间环节，实现优毛优价。

我国是世界上山羊绒的生产大国和出口大国，出口量占世界贸易量的一半以上。近些年来，由于多种原因，市场和价格都很不稳定。从保持我国羊绒在国际市场上的优势地位，满足国内羊绒需求，稳定生产和减轻草地压力等实际情况出发，要控制绒用山羊数量，提高羊绒品质和单产水平。

蜂、兔作为我国传统出口创汇产品，要充分发挥区域优势，依靠科技进步，提高产品质量。要根据市场需求，适时发展特种经济动物养殖，形成特色经济。

四、政策措施

（一）加强畜牧业保障体系建设。畜牧业保障体系包括畜禽良繁体系、疫病控制体系、饲料生产体系和信息服务体系。畜牧业保障体系建设是畜牧业发展的基础，也是一项公益性事业。各地要高度重视、增加投入，建立健全较完善的畜牧业保障体系。

要建立层次分明的“原种场－扩繁场－商品种畜禽场”宝塔式种畜禽繁育结构，加快基础设施的改造，提高技术装备水平，扩大供种能力。要加大对畜禽良种繁育体系建设的资金投入，实施畜禽良种工程。要坚持扶优、扶强的原则，逐步形成一套以市场竞争为基础的、稳定合理的投资机制。鼓励、引导各种社会力量参与良种繁育体系建设，兴办种畜禽企业。逐步建立和完善种畜禽生产经营的市场体系和运行机制。加强种畜禽管理，强化种畜禽生产经营许可证制度，规范种畜禽生产经营行为，加快制定种畜禽品种标准和质量标准，开展种畜禽测定工作，逐步建立和完善种畜禽竞价展销制度，提高种畜禽质量。

要加强兽医卫生基础设施建设，完善动物疫情测报、诊断监测和兽药残留监测系统，继续组织实施好动物保护工程。要增加对重大动物疫病防治的专项经费，制定防治预案，对饲养、流通、屠宰等环节实行防疫检疫监督，有效控制动物疫病的发生与流行。加快制定畜禽产品卫生管理的配套法规和卫生质量标准，建立完善的卫生质量体系，开展畜禽产品卫生质量监督和检测，将畜禽产品卫生质量纳入法制化、标准化管理轨道，确保畜禽产品卫生安全。

要大力开发饲料资源，在继续抓好农副产品利用的同时，促进专用饲料生产，逐步形成粮食作物－经济作物－饲料作物的三元种植结构。要进一步发展饲料工业，加快结构调整，优化产业布局。要加快企业技术改造，提高产业的整体素质和效益。加强饲料工业的管理，开展饲料质量监测，确保饲料安全。

要建立现代化的信息传输网络，实行畜牧业信息发布制度。尽快建立省、市、县畜牧部门之间的计算机联网，逐步形成现代化的信息收集、加工、传播系统，加强对畜牧业经济运行状况的监测和掌握，引导生产者按市场需求组织生产，防止畜牧业生产大起大落。

*（二）充分依靠科技进步。*畜牧业生产结构调整，要紧紧依靠科技进步和技术创新，降低成本，提高质量，增加效益。要充分利用科技攻关、攀登计划、丰收计划、跨越计划等项目，组织技术推广单位、科研院所、大专院校技术力量，密切合作，推广一批重大实用技术。同时要加强畜牧业科技示范园区、示范推广基地建设，以加速科技成果转化和实用技术的普及。高新技术研究、开发和应用，应以良种繁育、饲料、生化制药和疫病综合防治为重点，充分利用现代生物技术和高科技手段，把科技攻关、生产中试和企业开发有机结合，形成畜牧高科技产业。有条件的地方可以直接引进国外成熟技术和高新关键技术，应用于生产，缩小与发达国家畜牧业生产水平的差距。加强畜牧职业教育和农民科技培训，培养一支有技能、有经验的技术推广队伍和一大批能够接受、运用先进技术的知识型农民，全面提高畜牧从业人员的科技素质和技术水平。

*（三）合理利用草地资源，实现畜牧业可持续发展。*草地是国家的重要资源和生态屏障。发展草地畜牧业，加快草地生态建设步伐，有利于牧区经济的发展和社会进步，有利于边疆的稳定和民族团结，各地要把草地建设作为治理生态环境的重大举措来抓。

牧区要把草和其他经济组织参与开发，鼓励农民兴办家庭牧场，促进南方草地畜牧业发展。

*（四）加强市场建设，搞活畜产品流通。*要继续坚持放开市场，多渠道搞活畜产品流通的政策。鼓励产销直挂，坚持多种经济成分并存，鼓励各类专业协会、生产合作组织、经纪人、技术服务组织参与畜产品流通，保护生产者和消费者的利益。

加强畜产品市场体系建设。根据生产区域布局，在产区和销区建立一批畜产品专业批发市场，加强市场管理，规范地承包责任制，作为一项基本制度长期稳定。坚持草地保护、建设与合理开发利用相结合的方针，加大人工种草、改良草地和围栏封育的力度，科学管理，合理利用，进一步防止草地生态环境恶化，全面提高草地生产能力。

长江、黄河中上游高寒草地及干旱、半干旱草原，要以保护现有草原植被为主，积极开展种草和改良，治理鼠虫害，禁止超载放牧，努力提高草场植被覆盖率，提高草地综合效益。

加大南方草山草坡的开发力度，引导企业市场秩序，逐步形成开放、统一、竞争、有序的畜产品市场体系。

*（五）大力推进畜牧业产业化经营。*畜牧业产业化经营，有效地促进千家万户的农民与市场之间的有机结合，对化解畜牧业发展中出现的诸多矛盾，缓解市场波动，加快畜牧业结构调整和优化，稳定增加农民收入发挥着越来越重要的作用。今后畜牧业产业化经营要做好以下几个方面的工作。一是依据各地资源分布和区域经济发展状况，制定畜牧业产业化发展的中长期规划，确立主导产业，搞好区域布局，确定优先发展的重点。二是突出抓好龙头企业建设。对大型龙头企业，要在政策资金上给予重点扶持。鼓励龙头企业跨地区、跨行业经营，通过股份制和股份合作制等多种途径实现强强联合，鼓励个体私营经济参与龙头企业建设。要注重畜产品精深加工龙头企业的建设，争创名牌产品，增强辐射带动能力。三是重视优质畜产品基地建设，加快规模经济发展。进一步加大投入，突出特色基地建设，壮大基地规模，形成产品集中、量大质优、产销通畅的优质畜产品基地。四是完善产业化运行机制，通过资金、土地、技术等生产要素的合理流动和优化配置，建立稳定合理的利益连接机制。五是要进一步落实国家对畜牧业的税费政策，严格控制收费项目和标准，并按规定的税率和收费标准据实征收，严禁摊派税费和搭车收费。

领 导 讲 话

解放思想　开拓进取
为推动我国饲料工业再上新台阶做出新贡献

——王维四同志在中国饲料工业协会第三届理事会上的工作报告

（一九九三年十一月二十六日第三届理事会通过）

各位理事、各位领导、同志们：

中国饲料工业协会第三届理事会今天开幕了。我向大会表示热烈的祝贺，预祝大会圆满成功！

现在，我受第二届协会的委托向大会作工作报告，请予审议。

鉴于本届协会的工作是与全国饲料工业办公室的工作相互配合、共同开展的，在此将全国饲料工业发展情况一并汇报，供领导和同志们参考。

我的工作报告分三部分：一、当前全国饲料工业发展状况；二、第二届协会所做的主要工作；三、对下届协会工作的建议。

一、当前全国饲料工业的发展状况

国务院颁发的《1984－2000 年全国饲料工业发展纲要》对全国饲料工业的发展作出了分两步走的战略部署，即 1990 年前主要是打好基础，创造条件，后十年要健全饲料工业体系，使饲料工业进入一个新的振兴时期。实践的结果，不负众望，也不负重托，《纲要》第一阶段提出的主要目标基本上实现了，基础打得不错，条件创造得很好，任务完成得非常出色。第二阶段近三年（即 1991－1993）又在前段工作的基础上前进了一大步，使饲料工业进入了一个新的振兴时期。

三年来，配、混合饲料总产量持续大幅度上升，由 1990 年的 3100 万吨上升到 1991 年的 3450 万吨，1992 年的 3800 万吨，今年预计可保持或超过去年水平。万吨以上的饲料加工厂，由 1990 年 550 个增加到 870 个，配合饲料占总产量的比重由 60%上升到 80%，产品合格率由 59%提高到 75%。

三年来，饲料工业科技进步获得新的发展，新产品、新技术、新工艺等新的科技成果大批涌现，在 1992 年全国饲料工业新技术新产品交流会上有 139 项成果获金杯奖。其中最值得一提的是：在蛋白质资源的开发利用方面有重大突破，棉、菜籽饼利用率由原来的 20%提高到 30%以上；在饲料配方中，氨基酸平衡的研究；在饲料加工自动化中电子计算机的应用等，对提高产品质量，降低成本，提高经济效益，有着显著的效果。随着科学技术知识的普及和科技成果的推广应用，饲料工业科技成果转化为现实生产力的速度与其他产业相比较，也是相当快的。其中科研部门与企业联手，是科技成果快速转化为生产力的一条新的重要经验，中山大学、北京农业大学、浙江农业大学为我们作出了榜样。

三年来，饲料工业体系日臻完善。省、市、自治区和计划单列市中有 39 个成立了饲料工业办公室，有 28 个成立了饲料工业协会，这对于组织和领导我国饲料工业的发展起了关键性的组织保证作用。大家盼望已久的全国饲料科研所，经过几年的奔波，已经在中国农业科学院建立起来了。他们边建设边科研，已经取得了多项科研成果。两个国家级的饲料质量监督检验测试中心（北京、武汉），在帮助提高产品质量，防止假、冒、伪产品方面发挥了很好的作用。饲料机械工业逐步成龙配套，时产 10 吨以下的设备性能已达国际水平，除满足国内需要外，部分已打入国际市场。时产 20 吨的全套设备，也已经生产。添加剂工业滞后的状况有了明显改变，天津蛋氨酸厂已建成试车，广西赖氨酸厂又扩大了生产规模，用糖蜜作原料的产酸率已达国际领先水平，维生素系列、矿物质微量元素系列产品的供需矛盾也进一步缓解。

三年来，最大的变化、最大的收获还是改革不断深化、开放不断扩大。坚持改革开放，新事新办，是新兴的饲料工业的一大特色。它一开始就注意充分发挥各级、各部门的积极性，提倡多条渠道集资，多种形式办厂，多种经济成分经营，国家、集体、个人一齐上，大家办饲料工业。实践证明，大家办的方针是正确的，大家办赢得了大发展。它一开始就强调以市场为导向，搞大市场、大流通，主张平等竞争，以优取胜；主张价格放开，随行就市，优质优价；主张打破地区封锁，搞活市场流通，余缺调剂，优势互补。这三个主张前几年一直关卡重重，难以行通，把企业的手脚捆得死死的。自去年小平同志视察南方重要谈话以后，才基本上得到解决。价格放开了，封锁破除了，税负合理了，市场搞活了，各方面的积极性也就调动起来了。今年在全国银根吃紧的情况下，许多地方经受住了向市场经济转变的严重考验。广东省配合饲料产量在去年470万吨的基础上，预计今年可以突破500万吨大关，山东省也是持续稳定地发展，总产居全国第二位。各地的实践证明，哪里改革开放搞得好，哪里步子就迈得大，发展速度就快。反之，就站不住脚。

三年来，饲料工业战线对外开放也取得了很大的成绩，三资企业由1990的67家发展到了180多家，共引进外资5亿多美元，同时还引进了先进的技术和管理经验。特别令人高兴的是三年来边贸经济发展很快，"边贸兴边"、"边贸无边"，沿边省份的饲料工业都取得了新的发展。

小平同志说，"发展才是硬道理"。回顾这三年的奋斗历程，在小平同志视察南方重要谈话精神的鼓舞下，全国上下抓紧时机，扩大改革开放，加快发展速度，三年三大步，配、混合饲料年产量三年增产近一千万吨，迈上了新的台阶。这是一个非常了不起的成绩。这是党中央、国务院和各级政府正确领导的结果，是各有关部门大力支持的结果，是全国饲料工业战线广大职工辛勤劳动的结果，功劳归于大家。在此，我向一切关心、支持和参与饲料工业建设的领导和同志们、朋友们表示崇高的敬意和衷心的感谢！

综观全局，全国饲料工业总的发展形势是好的，已经取得了巨大的经济效益和社会效益。但是，从形势发展的要求来看，供需矛盾还很大，配、混合饲料产量只能满足需求总量的1/3，而且，品种和质量都有很大差距，在地区之间发展也很不平衡。制约发展的因素主要是四个"瓶颈"问题：一是蛋白质资源不足，二是添加剂工业滞后；三是科学技术人才少、装备差；四是支持服务体系不健全。为解决这些问题，目前正在同世界银行打交道，准备通过世行贷款有针对性地建设一批项目，初步安排世行贷款1.5亿美元，加上配套资金，总投资为3亿美元。这是饲料工业首次申请使用世行贷款，请大家给予关心和支持，如果进展顺利，可望在1994年底，最迟1995年春谈成。

二、第二届协会所做的主要工作

三年来，中国饲料工业协会遵照国务院关于进一步深化改革、扩大开放的一系列方针、政策，以贯彻落实《1984－2000年全国饲料工业发展纲要》为主要任务，做了下列工作：

（一）深入开展调查研究，协助政府研究、制定饲料工业发展方针、政策、措施和规划。通过组织专题调查、召开政策性座谈会、研讨会、建立联系点定点调查制度等多种形式，配合有关部门，对饲料工业的税收、价格、产品质量、资源开发、"三资"企业发展以及大中城市饲料工业发展、牧区饲料工业发展、饲料添加剂发展、科技进步、饲料工业布局等问题进行了调查研究，提出具体措施和建议，上报国务院有关部门，供领导决策参考。为全国饲料工业十年规划和"八五"发展计划的编制，以及饲料工业税收优惠政策、价格放开政策等各方面政策的制定提供了依据。

（二）推进科技进步，加速科学技术向现实生产力的转化。一是积极协助政府部门开展"八五"科技攻关、实施"丰收计划"、落实技改项目等工作。经过三年努力，已有"饲用微生物添加剂研究"等多个攻关专题提前完成攻关任务或取得重大研究进展、"优化饲料配方"等多项新技术、新产品得到大范围推行，40多个企业技术改造项目得以落实。二是积极为科研、生产单位牵线搭桥、沟通信息，加强科学研究与生产实践的紧密结合，促进科技成果的转化。1992年，在沈阳召开的全国饲料工业新产品新技术交流会上，有460多个单位的近千种产品和技术参展；有130多项产品和技术获新产品新技术金杯奖。同年10月，又组织了饲料工业展团参加全国首届农业博览会，尔后，还召开了全国饲料酵母及地矿饲料和全国饲料工业用酶制剂研讨会，这些会议对推广饲料工业新产品、新技术，促进科研与生产的紧密结合，促进信息交流起了良好的推动作用。三是大力加强人才培训工作。三年来，协会通过各种途径，利用自身和社会技术力量，先后举办饲料检化验、优化配方、电脑应用、企业管理、动物营养等各种专业技术培训班20期，参加人数达1000多人次。为进一步系统、全面地提高企业工人的技术素质和技术水平，协会组织制定了我国饲料工业首套工人技术等级标准，并经劳动部、农业部正式批准颁布实施。四是及时总结推广科技进步典型经验。为进一步强化全行业的科技意识，树立科学技术是第一生产力的观念和依靠科学技术振兴饲料工业的思想，及时总结各地各部门科技进步典型经验，并加以推广。1991年，组织召开了全国饲料工业科技进步经验交流大会，会议总结交流了"七五"期间各地、各部门依靠科技进步发展饲料工业的经验，表彰了51个饲料工业科技进步先进集体及102名对饲料工业科技进步做出重要贡献的先进个人。

（三）加强产品质量监督，全面开展饲料工业标准化工作。三年来，积极配合国家技术监督部门及其它有关部门，对各类饲料产品及原料进行了十多次大范围抽检，有效地促进了饲料产品质量的提高。在全国培训了100多名部级质量保证体系审查员，组建了30多个质量保证体系审查小组，为健全企业质量保证体系，促进产品质量的提高起了良好的保证作用。

全国饲料工业标准化技术委员会在国家技术监督局领导下，为推进我国饲料工业的标准化做了大量工作。对我国已颁饲料工业标准进行了认真清理、整顿，将一部分原国家标准调整为行业标准，将大部分原强制性标准调整为推荐性标准，适应了市场经济发展的需要。同时，对那些确已不适应实际生产的标准进行了修订，对实际生产中急需制订的一些标准部署了任务，对各部门制、修订的有关标准进行了定期审查。三年来，标委会共组织制、修订及审查标准160多项，使我国饲料工业的标准总数达143项。饲料工业标准化工作的开展，尤其是《饲料标签》国家标准的颁布实施，对于逐步建立健全我国饲料工业标准化体系，促进饲料工业产品质量的提高将起重要作用。对于促进饲料工业市场机制的建立，加强政府对饲料生产、经营的宏观管理，维护生产经营者和消费者的合法权益具有十分重要的意义。

（四）出版发行《中国饲料》杂志及有关图书资料，加强政策宣传与信息服务工作。《中国饲料》杂志积极宣传党和国家关于深化改革开放、加快国民经济建设和大力发展饲料工业的方针、政策，交流各地、各方面的典型经验，介绍国内外工业发展动态，传递经济、技术信息，受到广大读者欢迎。还出版发行了第一部《中国饲料工业年鉴》和《中国饲料行业名录》；收集、整理、出版各种论文集、政策法规汇编等200多万字5000余册，为行业管理、企业生产、科学研究、沟通信息等提供了很好的参考资料。

（五）扩大对外开放，加强国际经济技术交流与合作。三年来，协会认真贯彻党中央、国务院关于进一步扩大对外开放的方针，指导全行业合理利用国外资金、技术和先进管理经验，扩大对外经济技术交流合作，取得显著成效。这三年是饲料工业“三资”企业数目增长最快、利用外资数量最多的三年。为了进一步争取国际金融组织更多、更优惠的资金投资我国饲料工业，经过三年努力，对世界银行“中国饲料开发项目”的前期准备工作已基本完成。现已转入项目的可行性研究阶段。协会先后组织10多个代表团一百多人赴美、泰、日等多个国家和地区进行考察、开展学术交流以及经贸洽谈等活动。同时，还邀请、接待了来自美、德、日、韩、港、台等十多个国家和地区的饲料协会、商社、集团公司等技术、投资、经贸和学术交流代表团近60个。这些活动的开展，为我国饲料工业了解国际饲料工业的发展现状和趋势，学习、借鉴国外的先进经验和技术创造了条件。

（六）加强协会自身建设，完善协会组织体系。三年中，协会先后筹备成立了饲料工业技术咨询委员会和饲料添加剂专业委员会，为开展咨询服务、协调行业发展创造了条件。

总的来说，协会三年来的工作是有成效的。但是，在实际工作中也还存在着许多不足之处，与协会的宗旨和会员的要求还有一定差距，协会的职能和作用还没有得到很好的发挥。尤其是在我国社会经济体制大变革的时期，如何适应管理体制的变革和市场经济的发展，充分发挥协会的职能和作用，促进饲料工业的发展，尚需进一步探索。

三、对下届协会工作的建议

第三届协会理事会是在党的十四届三中全会刚刚结束十天这样一个极为有利的时候召开的。十四届三中全会的《决定》，根据邓小平同志建设有中国特色社会主义的理论和党的十四大精神，把十四大提出的经济体制改革的目标和原则加以具体化，《决定》中的五十条为社会主义市场经济体制制定出了总体规划，勾画出了基本框架。这是我们在九十年代进行经济体制改革的行动纲领。同时，也是指导中国饲料工业深化改革、扩大开放，不断向前发展的行动纲领。因此，我认为下一届协会的工作，应当把认真贯彻执行十四届三中全会的《决定》作为首要任务来抓。要以《决定》精神为指针，进一步解放思想、转变观念、明确服务方向和工作任务，充分发挥社团行业组织的桥梁和纽带作用，坚定不移地为会员服务，为企业办实事，更好地向政府反映行业发展情况，为政府决策提供科学依据，促进饲料工业持续、快速、健康地发展，使饲料工业的整体素质和综合实力，争取在三年之内再上一个新台阶。

鉴于第一、二届理事会工作的经验和教训，结合当前建立社会主义市场经济体制的新情况，特向第三届理事会提出如下建议：

第一，要从指导思想和工作方法等方面来个大转变，要把协会工作的重点转变到为行业服务上来，深入实际，调查研究，及时研究和解决在建立社会主义市场经济体制中的新情况、新问题，扎扎实实地为会员服务、办实事。

第二，要进一步研究市场，准确把握市场动向、协助政府研究、制定发展饲料工业的方针、政策、法规，协助政府加强行业管理，引导各种经济成份的企业顺利进入社会主义市场经济的轨道。

第三，继续大力推进饲料工业科学技术进步，使饲料工业发展尽快转移到依靠科技进步和提高劳动者素质的轨道上来。依靠科技进步，“科技兴饲”，是我们前段发展饲料工业的基本经验之一，也是今后继续发展的希望所在。我们虽然起步晚，由于始终强调起点要高，大家已经尝到了甜头。但是从根本上改变我国饲料科技人才缺乏、科研手段落后、科技水平不高的局面，还得花大气力才行。

第四，健全服务体系，改进服务工作。全国协会和省、市、自治区协会都要建立健全服务组织、完善服务手段、改进服务方法，可以办一些服务性的经济实体。全国协会和地方协会要统筹协调，合理分工，充分发挥各自的优势。全国协会侧重办地方协会不易办或不需地方办的事。如高层次的科技、管理培训，全国性的原料余缺调剂，交通运输协调等等，地方协会则尽其所能，用其所长，多功能、全方位地为本地区和全国服务。各级协会都要大力开展咨询服务活动，为企业开展政策指导、市场预测、企业诊断、工程、技术咨询、信息等多项服务，帮助企业制定发展战略，研究投资方向，改善管理水平。要及时组织各种形式的学术交流、经验交流、信息交流活动，沟通行业内外、国内外的各种信息，为企业及时了解国内外市场需要，跟踪、掌握各种新技术、新成果，学习、借鉴各种先进技术和管理经验创造条件。要进一步加强与会员的联系，及时了解企业情况，听取企业意见，反映企业呼声，维护企业合法权益，帮助企业排忧解难，为企业多办实事，开展全方位的优质服务，进一步增强协会在全行业中的凝聚力和向心力。

第五，要抓住当前的有利时机，进一步扩大对外开放。结合饲料工业发展的具体情况，指导、帮助企业更多、更好地利用国外资金、技术和管理经验，大力发展多边合作、双边合作，继续兴办一批“三资”企业。要积极帮助国内企业开拓国际市场，组织一批有竞争能力的拳头产品打入国际市场；鼓励一部分有条件的企业到境外办厂，实行跨国经营。要进一步加强与各国饲料工业界的联系，继续组织好各种国际学术交流和考察互访活动，不断学习和借鉴国外饲料工业发展的先进经验和科学技术，促进我国饲料工业更快更好地发展，逐步缩小同世界先进水平之间的差距。

第六，明年是全国饲料工业发展纲要颁布十周年，建议协会举办一次大型纪念性活动，向国内外展示一下我国新兴饲料工业的伟大成就，进一步扩大国内外经济合作和技术交流。

同志们，饲料工业是一项长兴不衰的新兴产业，是我国国民经济的重要组成部分，是顺利实现达到小康水平的第二步发展战略目标不可缺少的重要保障。在新的形势下，进一步推动饲料工业持续、快速、健康地发展是中国饲料工业协会所面临的光荣而艰巨的任务，是时代赋于我们的历史使命。我相信，中国工业协会将在新一届理事会的领导下，沿着党的十四大指引的方向，振奋精神，再接再厉，脚踏实地，开拓进取，为我国饲料工业再上新台阶，为全国人民奔小康做出新的贡献。

谢谢大家！

转变观念　搞好服务为全国饲料工业的新发展做出新贡献

——李瑞山同志在中国饲料工业协会第三届理事会闭幕会上的讲话

（一九九三年十一月二十六日）

同志们：

当前，全党全国人民正在贯彻落实党的十四届三中全会精神，深化改革，加快建立社会主义市场经济体制，加强宏观调控，推动国民经济快速、健康发展。在这种新的形势下，召开中国饲料工业协会第三届理事会和常务理事会，深入学习和领会十四届三中全会和中央农村工作会议精神，分析饲料工业形势和问题，总结协会工作的经验教训，对于促进全国饲料工业的发展，必将产生积极的推动作用。

几天来，大家认真地审议了王维四同志的工作报告，讨论修改了中国饲料工业协会章程，选举产生了第三届理事会和常务理事会，完成了预定的任务。在这里，我祝贺会议的圆满结束，祝贺中国饲料工业协会第三届理事会的产生，希望新的理事会坚持改革，转变观念，开拓进取，为全国饲料工业的新发展做出新贡献。

在讨论中，许多同志很关心在机构改革中饲料工业办公室的归属问题。对于地方机构的设置和归属，国务院曾经多次明文规定，不强调上下对口，也不允许上面干预。设在哪里合适，由省、市、自治区政府根据具体情况自己决定。

关于全国饲料工业的形势和今后的主要工作，王维四同志在报告中讲了很好的意见，我都同意，希望大家结合当地的实际情况贯彻执行，创造性地开展工作，推动我国饲料工业持续发展。下面，我着重就协会的工作问题讲三点意见。

一、关于开展协会工作的基本经验

中国饲料工业协会第一届理事会成立到现在，已经八年多了。这八年，是我国饲料工业迅速发展的八年。1992 年全国配、混合饲料产量达到 3800 多万吨，比 1985 年的 1200 万吨增长 2.17 倍，年平均增长 27%。与饲料加工业相适应，饲料原料工业、饲料添加剂工业、饲料机械工业都有一定的发展。可以说，具有中国特色的饲料工业体系初具规模，已经成为国民经济中不可替代的新产业，在促进饲养业由传统饲养向现代化饲养转变，丰富城乡人民“菜篮子”，保障有效供给中，发挥着日益重要的作用。

回顾 8 年来饲料工业的发展进程，我们深深感到，中国饲料工业协会是经济体制改革的产物，是推动饲料工业发展的重要组织形式。8 年来，中国饲料工业协会同各地协会一道，克服困难，开拓前进，为发展饲料工业，开展了大量卓有成效的工作，积累了不少宝贵的经验。

1．坚持调查研究，为政府宏观决策提供依据。协会作为饲料行业企业合法利益的代表，经常深入实际调查研究，及时向政府反映行业的情况、问题和建议，反映企业的要求，为政府制定规划和政策提供了可靠的依据，维护了企业的合法权益。

2．坚持为企业服务，为企业的发展排忧解难。在日趋激烈的市场竞争中，单个企业往往受到资金、人才、信息等各方面的制约。不少地方协会发挥其技术、信息、人才集中的优势，通过科技咨询、信息交流、技术培训等多种形式，帮助企业不断提高管理水平、技术水平，成为企业的良师益友。

3．坚持对外开放，发挥“窗口”作用。开展国际经济、技术的合作与交流，是促进经济发展的重要手段。协会作为社会团体，以其社团行业组织的独特优势，积极发展同国外饲料工业企业的联系，有目的地开展考察和技术交流，有利于借鉴国外先进经验和技术，促进我国饲料工业的发展。

当然，协会工作的经验还很多，希望大家好好总结。但是这里讲的三条经验是基本的，具有普遍意义，我们要很好地坚持，并在今后的工作中不断丰富发展。

二、关于协会在社会主义市场经济体制中的地位和作用

我国的工业行业协会是与改革同步发展起来的。过去，由于对协会在经济体制中的地位认识不清，因而，协会的作用发挥不够。去年，党的十四大确立了建立社会主义市场经济体制的目标，今年，国家开始组织实施政府机构的改革，最近，十四届三中全会通过的《决定》，又为建立社会主义市场经济体制制定了总体规划，勾画出了基本框架，在这种形势下，要进一步提高对协会在社会主义市场经济体制中地位的认识，进一步发挥协会的作用。

首先，从饲料工业的发展来看。饲料工业基本特点之一，就是跨部门、跨地区、跨学科、多产业、多种经济成份。其生产经营活动的开展，不可能限定在以行政部门划分的范围内。这就越发需要通过行业协会进行服务和协调工作。特别是随着饲料工业生产经营的国际化，发挥行业协会的作用就更为迫切。

其次，从体制改革来看。在市场经济条件下，企业管理的内容发生了根本性的变化，政府由过去的直接管理转到宏观管理。企业行为的引导，可以更多地通过协会活动来实现。协会了解行业的具体情况较多，能为政府制定规划和政策提供依据；协会配合政府部门把政府管理的目标落实到企业中去；协会可以通过行业规定等进行行业的自我约束。

再次，从国际的经验看。据有关部门对日本、美国的工业行业协会的考察，这两个国家工业行业协会组织比较完善，已成为整个社会经济结构中不可缺少的重要组成部分，概括地讲，其工业行业协会有四项职能，即协助政府制定产业政策，提供信息、咨询等服务，制订修订行业标准和开展对外经济合作的技术交流。尽管中国的国情不同，但是行业协会在市场经济条件下，发挥日益重要的作用，这是一条有普遍意义的经验。

总之，协会作为政府和企业的纽带和桥梁，在发展社会主义市场经济中，不但可以有所作为，而且可以大有作为。在经济体制改革中，协会工作要进一步加强和完善。

三、关于协会工作的重点

党中央、国务院领导同志多次强调，协会要为企业服务，为政府服务。我认为，两个服务体现了协会的根本宗旨，是协会开展工作的出发点和立足点。离开了两个服务，协会就失去了存在的意义。在中国饲料工业协会第二届理事会上，我曾提出，要发挥协会的优势，搞好两个服务。几年来，大家在这方面做了不少工作，取得了明显的成效。但是，同政府的要求比，同企业的需要比，两个服务的工作差距很大，形成这种状况，固然有体制不顺、手段缺乏等客观因素，但我认为，关键还是认识问题。因此，我这里强调，要坚持改革，转变观念，迅速把协会工作的重点转到搞好两个服务上来。只有把两个服务搞好了，协会工作才能开创新局面，协会才会有生命力。

同志们，明年是《一九八四至二〇〇〇年全国饲料工业发展纲要（试行草案）》颁发10周年。这是我国饲料工业发展的重要阶段。《纲要》规定，在实现总的奋斗目标中，饲料工业建设分两步走，即：“1990年前主要是打好基础，创造条件；后十年要健全饲料工业体系，使饲料工业进入一个新的振兴时期”回顾全国饲料工业的发展，我们高兴地看到1990年，第一步奋斗目标已经基本实现了。目前，全国饲料工业正处在稳定提高阶段，今后的几年是实现第二步战略目标的关键时期，我们一定要继往开来，努力工作，团结全国饲料工业战线的干部职工，为实现九十年代饲料工业的发展目标而努力奋斗，为全国饲料工业的新发展做出新贡献。

坚持改革开放　办好饲料工业

——国务委员陈俊生在纪念《1984-2000年全国饲料工业发展纲要(试行草)》颁布十周年经验交流会上的讲话

（1994年12月26日）

在中央经济工作会议刚刚结束之际，农业部召开纪念国务院颁发《1984-2000年全国饲料工业发展纲要(试行草案)》十周年经验交流会。这次会议主要是总结交流十年来各地发展饲料工业的经验，研究部署今后饲料工业发展的任务，促进饲料工业的进一步发展。这次会开得很好，机会也抓得好。目前，全国饲料比较紧张，昨天我听人讲，因为饲料供应不足，有的地方杀鸡杀猪。在这个时候开这个会，机会是很好的。从中国乃至世界发达国家来看，饲料工业已经成为国民经济的支柱产业之一，是实现现代农业原始资本积累的一个重要手段。发展饲料工业既可以带动种植业的相应发展，又可以对养殖业和医药、化工、食品等其它相关工业起到推动作用。发展饲料工业，是实现产业延伸，增产增效的基本措施之一。

我国是一个农业大国，用占世界7%的耕地，解决了占世界近四分之一人口的吃饭问题，成绩显著，世人瞩目。要实现本世纪末奔小康，满足人民群众日益增长的消费水平的需要，必须在搞好粮食生产的基础上，大力发展饲料工业，节约粮食，发展养殖业，促进粮食的转化增值，实现粮食增产和节约并进的战略。这次会上，李瑞山同志做了讲话，张延喜副部长就饲料工业的成就、经验和今后饲料工业大发展问题作了详细阐述和具体部署，下面我仅就饲料工业的发展讲几点看法和意见。

一、饲料工业成绩显著，为促进国民经济发展，活跃农村经济做出了巨大贡献

1983年1月，邓小平同志指出:“全国都要注意搞饲料加工，要搞几百个现代化的饲料加工厂。饲料要作为工业来办，这是个很大的行业”。十年过去了，我们高兴地看到，小平同志倡导的目标业已实现，年产万吨以上的大规模饲料加工企业达979家。1993年饲料加工业产值为425亿元(按1990年不变价计算)，年生产能力已达7753万吨，预计1994年配、混合饲料产量将达到4200万吨，跃居世界第二位。我们用短短的十几年时间走过了西方经济发达国家数十年的历程，这是一个了不起的成就。

饲料工业的发展有力地推动了养殖业的发展和规模化经营。改革开放15年来，在我国粮食年递增率仅为2.7%的情况下，肉的年递增率是10.5%；蛋是12.2%；奶是12.5%；养殖水产品是14.8%。这一成就的取得，饲料工业功不可没。从事饲料工业的同志们是做出贡献的。在这里，我代表国务院向为发展饲料工业做出贡献的先进集体和先进个人，向离退休的老同志和百强企业的代表表示热烈的祝贺。

饲料工业的发展促进了资源的合理配置，节约了大量粮食，为解决我国人均耕地少，人民生活水平提高后对动物产品需求增加做出了贡献。饲喂配合饲料比饲喂单一饲料可节约粮食25%以上。15年来，全国共生产3亿吨配、混合饲料，节约粮食达7500多万吨，按1993年亩均产量计，相当于2.7亿亩耕地的粮食年产量，1994年预计生产配、混合饲料4200万吨，节约粮食可达1000多万吨，极大地提高了粮食转化率，也推动了“节粮型”畜牧业的发展。

饲料工业的发展活跃了农村经济，促进了广大农民勤劳致富。通常1吨配合饲料可为养殖业增收100-200元，仅1993年全国生产配合饲料就为养殖业增加效益达50多亿元，1994年还会超过这个数字。同时，饲料工业本身的发展和对养殖业的促进，也会对增加农民收入、吸纳农村剩余劳动力、促进乡镇企业发展和种植业结构调整，推动农村经济协调发展起到重要作用。

十年来，我国饲料工业实现了《纲要》规划的发展目标，已初步建成了具有中国特色、适合我国国情，包括饲料原料、添加剂、饲料机械等综合配套的独立产业体系，成为国民经济中的支柱产业之一。为繁荣农村经济、富裕农民、促进养殖业发展和保障“菜篮子”供应作出了重要贡献。

我国饲料工业的发展能取得今天这样的成就，除国家给予优惠政策等因素外，最重要的一条就是我们认真贯彻执行了中央、国务院关于发展饲料工业的一系列方针、政策，饲料工业战线上的广大干部职工兢兢业业、艰苦奋斗。同时实行了饲料工业“大家办”，国营、集体、个体一起上的方针。各级之间、地域之间和部门之间通力协作、密切配合，充分调动了全社会的积极性，全面完成了《纲要》规划的发展目标，并为饲料工业的进一步发展奠定了基础。

二、饲料工业进一步发展所面临的问题

随着改革开放的不断深化和社会主义市场经济体制的不断完善，为饲料工业的发展提供了机遇。但是，随着国民经济的发展，特别是每年1500万人口的持续增加，以及人民群众对动物性食品的需求量的迅速提高，要保证养殖业的持续稳定发展，饲料工业面临着严峻的挑战。饲料工业起步晚，基础薄弱，其自身和客观经济环境对饲料工业发展都存在着一些制约的因素。

一是饲料资源短缺，这是我国饲料工业发展的的制约因素。我国有近12亿人口，人均占有粮食不足400公斤，饲料资源是不足的，而且，还不能充分地利用现有的土地资源提供最大量的能量饲料、蛋白质饲料。

二是饲料工业的支持服务体系建设亟待加强。一方面，饲料工业的有关法规尚未出台，行业标准也不完善，使行业管理乏力，饲料质量没有保障；

另一方面，饲料工业科技水平低，科研、教育、培训滞后，特别是目前职业培训和科研服务体系仍未建立，影响了生产、经营第一线人员素质的提高，与饲料工业的发展不相适应。

三是饲料工业宏观调控机制薄弱。国家虽然建立了全国饲料行业管理机构，但综合决策和监督管理能力不够，缺乏协调统一，不利于集中人力、物力、财力解决饲料工业发展中的关键性问题，也不利于饲料工业与相关行业间建立平衡、协调发展关系。

四是饲料工业内部结构发展不协调，添加剂工业、原料工业和饲料机械工业滞后于加工业的发展，影响了行业整体水平的提高。

三、对饲料工业今后发展的几点意见

根据《纲要》要求，1995-2000 年是我国饲料工业发展关键的六年，要进一步健全，完善我国饲料工业体系，重点突破添加剂、饲料机械、科技等薄弱环节，发掘和利用饲料资源，大力发展饲料加工业。要完成上述目标，任务是很艰巨的，要着重做好以下几项工作：

1. 要大力进行饲料资源综合开发。这是丰富“菜篮子”的物质基础。发达国家畜牧业占农业总产值的比重一般达 60%左右，我国不到 28%。发达国家人均粮食占有量多数比我国高出一倍以上。因此，我国今后畜牧业发展，必须从自己的资源条件出发，走“以粮换肉”和“以草换肉”并举的路子。这就要求饲料工业发展要结合我国的实际情况，坚持在稳定发展粮食生产的基础上，因地制宜大力开发秸秆资源，叶蛋白资源，开发绿色饲料产业，大力发展草食动物，以最廉价、最经济的投入换取最实惠的产品。去年全国氨化饲料与青贮饲料两项合计，就节省粮食 100 多亿公斤。绿色饲料资源广阔，包括草地、草山、草坡、三荒、边隙地等，总面积约为耕地的 4 倍，大多处于未开发或粗放经营状态。到本世纪末，争取择优开发 1 亿亩以上，建设集约持续绿色饲料生产基地。同时，积极发展微生物单细胞蛋白的工厂化生产。这是解决我国饲料紧缺的重要出路，并能促进农业生产的良性循环。

2. 进一步深化饲料工业经济体制改革，强化行业管理，加强宏观调控和部门、行业间的协作。全国饲料工业办公室要切实行使国务院赋予的行政职能，加强宏观管理。中国饲料工业协会要按照社会主义市场经济的要求，强化行业管理和服务职能。要加快饲料工业法制建设，尽快出台“饲料工业管理条例”和实施细则，以及相关的标准，使饲料工业的管理有法可依，保证饲料质量监督工作。并适时修订《纲要》，提出改革、发展的新思路，扎扎实实办几件实事。

3. 增加对饲料工业的投入。要使饲料工业发展跟上养殖业的需要，各级政府要重视饲料工业的发展，其中关键要增加投入，尤其要在基础事业上下功夫，增强饲料工业的发展后劲。

4. 要进一步加强饲料工业科研、教育、培训体系的建设。加强科学技术基础性、前沿性的研究工作，探索科研部门与企业紧密结合、共同发展的新路子，加快科研成果产业化速度。

5. 要合理配置资源，保证饲料工业原料供应。一是饲料工业用粮要纳入国民经济计划，加强国家对饲料用粮供求的宏观调控手段。二是调整种植业结构，要使长期以来形成的农业种植二元结构逐步改变为三元结构，加快粮食作物-经济作物-饲料作物的结构调整，农业部已做了全国 200 个三元种植业结构示范县的规划，1995 年将开始实施，有关部门要积极协作、大力支持，国家要给予一定的扶持，地方也要有资金投入。三是粮食主产区要通过促进养殖业的发展，实现粮食就地转化增值，由粮食主产区逐步过渡为国家的肉、禽、蛋、奶基地。从我国国情的客观实际出发，无论现在和将来，都不宜过多地搞非饲料工业的粮食转化项目。

6. 要通过饲料工业的发展，带动农村经济，增加农民收入。要逐步摸索、推广原料-饲料-饲养-畜产品加工-销售一体化建设的经验和模式，要促进饲料企业与养殖场(户)的联合，推动养殖业的规模饲养、规模经营。

同志们，刚刚结束的中央经济工作会议要求大力发展农业和农村经济，要切实抓好“米袋子”和“菜篮子”，要确保主副产品的有效供给，确保农民收入的稳定增加，全面发展和繁荣农村经济。服务于养殖业的饲料工业应当有所作为，也应该大有作为！希望大家认真总结交流各地好的经验，再接再厉，为饲料工业再上新台阶，为促进国民经济高速、协调发展做出更大的贡献。

十年创业　成就辉煌

——在纪念《1984－2000 年全国饲料工业发展纲要（试行草案）》颁布十周年经验交流会开幕式上的讲话

（1994 年 12 月 26 日）

中国饲料工业协会会长　李瑞山

中国饲料工业协会、全国饲料工业办公室召开的纪念《纲要》颁布十周年经验交流会今天开幕了。我对同志们，特别是对来自全国饲料工业战线的百强企业、先进集体、先进工作者、做出积极贡献的离退休老同志代表和中国饲料“871”杯知识竞赛特等奖、一等奖获得者的到来，表示欢迎，并对大家在工作中取得的成就表示祝贺！

前不久闭幕的中央经济工作会议是一次十分重要的会议，会议坚持邓小平同志建设有中国特色社会主义理论和党的基本路线，贯彻党的十四大和十四届三中、四中全会精神，在科学总结工作、分析形势的基础上，研究确定了明年经济工作的指导思想、主要任务和政策措施。当前，全党全国人民正在认真学习、贯彻中央经济工作会议精神，推进改革开放和社会主义现代化建设持续、快速、健康发展。在这种新的形势下，召开这次纪念《纲要》颁布十周年经验交流会，深入学习和领会中央经济工作会议精神，回顾十年来全国饲料工业发展的巨大成就，总结基本经验，研究部署明年和今后的工作。这对于动员全国饲料工业战线的干部职工，进一步振奋精神，开拓前进，实现《纲要》提出的战略目标，必将产生重要的推动作用。

1984年12月26日，国务院颁布了《1984—2000年全国饲料工业发展纲要（试行草案）》。《纲要》是在邓小平同志倡导下，在党中央、国务院的直接领导下制定的，是指导我国饲料工业发展的纲领性文件。《纲要》颁布十年来，我国饲料工业在党中央、国务院的关心和支持下，通过各级政府、各有关部门的积极配合，经过全国饲料工业战线广大职工的艰苦奋斗，取得了巨大的成就。预计，1994年全国配、混合饲料产量达到4200万吨，相当于《纲要》颁布前1983年的5倍多。与饲料加工工业相适应，饲料原料工业、饲料添加剂工业、饲料机械工业以及饲料科研、教育、监测，都有长足的发展。可以说，《纲要》规划的具有中国特色的现代饲料工业体系已经基本形成，饲料工业已经成为国民经济中举足轻重的新兴产业，是促进饲养业现代化、丰富城乡人民“菜篮子”、保障有效供给、增加农民收入的坚强支柱。全国饲料工业十年发展的历程和成就，充分证明，《纲要》制定的指导思想、发展目标、战略措施和一系列方针政策，完全符合中国的国情，今后要继续贯彻《纲要》的基本精神，推动全国饲料工业持续发展。

同志们，1995年是“八五”计划最后一年，到本世纪末，只有六年时间了。今后的六年，是实现《纲要》第二步发展目标的关键时期。当前，全国饲料工业面临不少新情况、新问题、新困难。我们希望，通过这次经验交流会，进一步用《纲要》统一思想认识，动员社会各方面的力量，调动饲料工业战线干部职工的积极性，在以江泽民同志为核心的党中央领导下，为实现《纲要》第二步发展目标努力奋斗，为丰富城乡人民“菜篮子”做出新贡献。

以《纲要》为指针，推动我国饲料工业全面发展

——纪念《1984－2000年全国饲料工业发展纲要（试行草案）》颁布十周年经验交流会上的讲话

（1994年12月26日）

农业部副部长　张延喜

1984年，国务院颁布了《1984－2000年全国饲料工业发展纲要（试行草案）》，为我国新兴的饲料工业做出了全面的、切合实际的、有指导意义的行业发展规划。《纲要》颁布十年来，我国饲料工业在党中央、国务院的关心和支持下，通过各有关部门、各级政府的积极配合，密切合作，经过饲料工业战线的广大干部职工的艰苦奋斗，共同努力，取得了巨大的成就。值此《纲要》颁布十周年纪念之际，回顾十年来我国饲料工业所走过的历程，总结取得的成绩和历史经验，展望饲料工业发展前景，探索我国饲料工业未来的发展方向，具有重要意义。

一、《纲要》颁布十年来我国饲料工业取得的巨大成就

十年来，我国饲料工业完成了《纲要》提出的战略目标，初步建成了完整的饲料工业体系，为饲料工业未来的发展奠定了基础。

《纲要》根据本世纪末我国养殖业发展设想以及饲料资源利用的可能和发展饲料工业的技术、经济条件，对我国饲料工业的发展作出了分两步走的战略部署，即1990年前主要打好基础，创造条件，后十年要健全饲料工业体系，使饲料工业进入一个新的振兴时期。十年来，全国饲料工业基本上是按照《纲要》规定的目标发展的。到1990年，我国配、混合饲料加工能力达到6094万吨，产量为3122万吨，添加剂预混料21万吨，浓缩饲料50.8万吨，总体上实现了《纲要》提出的第一阶段发展目标。

1991年以后，尤其是邓小平同志视察南方发表重要谈话以后，我国饲料工业抓住机遇，加速发展，初步建立了以饲料原料工业、饲料添加剂工业、饲料机械工业和饲料加工工业为主体，辅之以饲料科研、教育、培训、质量监督检测而形成的饲料工业体系。饲料加工工业持续增长。据1993年统计，全国饲料生产能力为7753万吨，配、混合饲料产量达3704万吨，浓缩饲料172万吨，添加剂预混料45万吨，在1990年的基础上分别提高了27%、19%、238%和114%，饲料添加剂工业初具规模。我国目前已能生产包括氨基酸、维生素、矿物质元素以及其他非营养性添加剂和药物添加剂在内的18大类、上百个品种的饲料添加剂，年产量达20

多万吨；在饲料原料方面采取广辟饲料资源的措施，开发利用各种废渣、废液、屠宰下脚料、秸秆等，在一定程度上缓解了饲料原料不足的状况；全国已有近300家饲料机械设备制造厂，时产10吨以下的饲料加工机械基本上实现了国产化。

早在1983年，邓小平同志就提出："全国都要注意搞饲料加工，要搞几百个现代化的饲料加工厂。饲料要作为工业来办，这是个很大的行业。"现在，我们高兴地看到，邓小平同志提出的要求已经基本实现了，新兴的饲料工业已经在中国大地形成规模，并在持续发展。

我国饲料工业十年的发展，说明《纲要》完全符合中国的实际，是指导饲料工业发展的纲领性文件，其基本精神过去适用，今后仍然适用。

回顾我国饲料工业的奋斗历程，我们深深地感到，成绩的取得，是中央、国务院和各级政府正确领导的结果，是各有关部门大力支持的结果，是全国饲料工业战线广大职工辛勤劳动的结果。在这里，我向一切关心、支持和参与饲料工业建设的领导、同志们、朋友们表示崇高的敬意和衷心的感谢。向为发展我国饲料工业做出贡献的先进集体、先进个人、离退休老同志和百强企业的代表，表示热烈的祝贺！

二、充分认识饲料工业在我国国民经济中的地位和作用

《纲要》是在党的十二大提出的全国开创社会主义现代化建设的新局面，力争到本世纪末全国工农业年总产值翻两番的宏伟目标以后，为了繁荣农村经济，特别是为促进养殖业发展的背景下颁布的。《纲要》指出"饲料工业是饲养现代化的坚强支柱，发展饲料工业，对加快畜、禽、鱼类生产，满足城乡需要，改善人民生活，增加农民收入，提高饲料效益，促进农业良性循环和国民经济全面发展，有着十分重要的意义"。

随着饲料工业的发展，饲料工业对促进养殖业现代化，丰富城乡人民"菜篮子"的作用越来越显著，饲料工业在我国国民经济中的地位越来越重要，已经成为国民经济中不可替代的新兴产业。

饲料工业产值在国民经济中的位次不断上升。根据1992年全国统计资料表明，仅饲料加工工业，年产值即达365亿元，在全国41个工业行业中居第20位，饲料工业以种植业为依托，服务于养殖业，为种植业的结构调整和养殖业的发展起到了积极的促进作用。发展饲料工业，节约了大量粮食，对缓解我国人多地少，人均粮食占有量低的状况做出了贡献。1984－1993年十年间，全国共生产配、混合饲料2.76亿吨，按饲喂配合饲料比单一饲料节粮25%计，共节约粮食6900多万吨，年均节粮600多万吨，相当于每年增加1000多万亩耕地。

饲料工业有力地促进了养殖业的发展，为"菜篮子"工程建设做出了巨大贡献。改革开放15年来，全国肉、蛋、奶和养殖水产品产量分别净增2986.3万吨、949.6万吨、466.6万吨和885.8万吨，在影响养殖业的发展的诸因素中，饲料和饲养技术占60%以上。

三、认真总结我国饲料工业发展的主要经验

回顾我国饲料工业的迅速发展，我们认为，有很多宝贵的经验值得总结。

首先，归因于贯彻落实党中央、国务院的各项改革措施，得力于国家对饲料工业行业采取的扶持政策。农村联产承包责任制的实行，城市经济体制改革的深入进行，社会主义市场经济总体框架的建立，都为饲料工业提供了广阔的发展空间。国家在税收、价格、引进外资等方面对饲料工业采取了优惠的倾斜政策，对饲料工业的发展起到了积极的促进作用。

第二，从我国国情出发，走有中国特色的饲料工业发展道路。基于我国的经济、技术、财力、物力的具体情况，根据我国饲料资源分散，养殖业集约化程度低，财力、物力有限的特点，在发展过程中集中与分散相结合，集中使用资金，保证重点项目和重点地区的建设，对行业实行全面规划，统筹安排，因地制宜，合理布局，最终达到协调发展。第三，坚持改革开放，调动一切积极因素，提倡饲料工业"大家办"。作为一个跨部门、跨行业的新兴产业，涉及农业、商业、化工、医药、机械、电子等多个行业，以及粮食、畜牧、水产、乡镇企业、农垦、军工等多个部门，只有坚持多条渠道集资，多种形式办厂，多种经济成分参与，充分调动各级、各地、各部门的积极性，发挥各自优势，才能打破部门、地区界限，按市场经济规律办事，理顺关系，搞好协作。

第四，发挥行业管理的职能，搞好宏观调控。饲料工业的发展，离不开政府的宏观调控与指导。全国饲料工业办公室和中国饲料工业协会成立以后，先后有40个省、自治区、直辖市、计划单列市建立了饲料工业行业管理机构，25个省、市成立了饲料工业协会。这些行业管理机构和服务机构的成立，为各地饲料工业的发展做出了积极的贡献。

四、振奋精神，为实现第二步战略目标而努力奋斗

从现在到本世纪末，还有六年时间。按照《纲要》的要求，今后的六年，是实现我国饲料工业发展第二步战略目标的关键时期。全国饲料工业战线的广大干部职工一定要增强责任感，紧迫感，以《纲要》为指针，振奋精神，开拓进取，加快发展步伐，为实现第二步战略目标而努力奋斗。

1. 进一步贯彻落实党中央、国务院的各项改革措施，加强行业管理，转变管理职能，通过经济、法律，以及必要的行政手段，促进饲料工业行业协调、健康、持续发展。

2．搞好企业转换经营机制工作，发挥国有大中型企业的骨干作用，协助企业做好内部经营机制转换和产品结构调整，并引导企业按照市场经济规律的要求，强化内部管理，提高产品质量和技术水平。对那些有条件的大型企业，扶持其通过兼并、重组等方式，改造一些中、小企业，组成联营企业或企业集团，创出自己的名牌产品，以带动饲料工业落后地区和经济效益差的企业的发展。

3．因地制宜，进行行业布局和产业结构调整。我国目前仍以农户散养与小规模集约化相结合饲养方式为主，要与这相适应，就必须在抓好配合饲料生产的同时，大力发展便于农户使用、地区间运输和效益较好的浓缩饲料及添加剂预混料生产。

4．建立和健全饲料工业科技体系，提高饲料科研、教育、培训的总体水平。目前我国饲料工业与国外的差距主要表现在科技水平较低，科研、开发、推广基础薄弱。因此在加强科研机构建设，充实人员的同时，重点要强化国家级科研机构，将科研与饲料科学教育、培训、技术推广紧密结合起来，以点带面，切实促进科技成果的转化，促使饲料工业向高产、优质、高效方向发展。

5．抓住当前的有利时机，进一步扩大对外开放。要根据全国饲料工业发展的规划和目标，更多更好地利用国外资金、技术和管理经验，大力发展双边多边合作，继续兴办“三资”企业，积极开拓国际市场，逐步赶上世界发达国家的先进水平。

回顾《纲要》颁布以来我国饲料工业的发展，我们看到饲料工业作为一个新兴的产业，充满活力，生机勃勃。展望未来，饲料工业作为我国农业经济的一大支柱产业，将为繁荣农村经济，促进我国国民经济总体战略目标的实现做出自己的贡献。

进一步发挥协会的作用 为实现《纲要》的目标而奋斗

——1995年11月在纪念中国饲料工业协会成立十周年大会上的讲话

中国饲料工业协会会长 李瑞山

同志们：中国饲料工业协会成立十周年纪念大会隆重开幕了。这次会议是在我国国民经济和社会发展的重要时期召开的。“八五”即将过去，“九五”就要到来。当前，全党全国人民正在贯彻党的十四届五中全会精神，按照全会通过的《中共中央关于制定国民经济和社会发展“九五”计划和2010年远景目标的建议》提出的宏伟纲领，推进社会主义现代化建设持续发展。在这种新形势下，我们召开中国饲料工业协会成立十周年纪念大会，深入学习和领会《建议》精神，回顾十年来协会的工作历程，总结经验教训，研究部署今后的工作，这对于进一步发挥协会的作用，促进全国饲料工业的新发展，必将产生重要的推动作用。

中国饲料工业协会从1985年成立到现在，已经走过了十年的历程，过去的十年，是我国社会主义现代化建设取得伟大历史成就的十年。经过全党全国各族人民的共同努力，我们国家完成了两个五年计划，提前实现了国民生产总值翻两番的任务，成功地走出了一条建设有中国特色的社会主义道路。过去的十年，也是我国饲料工业迅速发展的十年。在国务院颁布的《1984－2000年全国饲料工业发展纲要（试行草案）》的指导下，全国饲料工业战线的广大干部职工艰苦奋斗，开拓前进，推动饲料工业持续、快速发展，取得了举世瞩目的成就。预计，今年全国配、混合饲料产量达到4500万吨，是十年前1984年的3.75倍。同时，饲料原料工业、饲料添加剂工业、饲料机械工业和饲料科研教育，都有长足的发展。具有中国特色的饲料工业体系已经基本形成，饲料工业已经成为国民经济的重要支柱产业。过去的十年，也是中国饲料工业协会不断探索，开创工作的十年。十年来，中国饲料工业协会和各地饲料工业协会一道，同各级饲料工业办公室紧密配合，紧紧围绕《纲要》的实施，克服种种困难，开展了卓有成效的工作，为全国饲料工业建设做出了积极的贡献。可以说，经过十年的不断探索，中国饲料工业协会在促进饲料工业发展过程中，已经得到了政府和企业的信任和支持，业务建设和组织建设都奠定了较好基础。

一、积极参与政府制定饲料工业发展方针、政策、措施、规则，不断完善行业管理

——通过组织专题调查、召开座谈会形式，抓住饲料工业发展中的新问题、新矛盾、经常调查研究，不断为政府提出建议。十年来，我们先后就饲料工业税收政策、价格政策、质量管理、“三资”企业的发展战略等重大问题，提出具体措施和建议，为国家有关部门决策提供了可靠的依据，不断改善企业发展的外部环境。

——组织全国饲料管理法规的制定。从1985年10月开始，协会和饲料工业办公室组织力量进行全国饲料工业管理条例的起草，并于1988年上报国务院审批。尽管由于机构改革等原因，目前尚未批准执行，但这项工作在全国饲料工业中已经产生很大影响，带动了各地饲料工业法规的制定。先后有甘肃、辽宁、山东、广东、重庆、云南、黑龙江、新疆、浙江、青岛、贵州、山西、天津、湖南等14个省、自治区、直辖市及计划单列市颁布了地方饲料工业管理办法，推动饲料工业管理的不断加强。

——坚持开展饲料工业产品质量管理。1988

年协会同国家技术监督局成立了全国饲料工业标准化委员会。近十年来，标委会制定饲料产品标准162项，举办五期培训班；完成136个骨粉、肉骨粉生产企业的许可证的审发工作；三次组织全国饲料产品质量的评比工作，评出5个国家级获奖产品，制订了饲料工业技术工人等级标准和相应的培训教材。

二、围绕饲料工业的技术进步，全方位为企业提供服务

——积极推进科研、生产的结合，促进科技成果的转化。十年来，协会先后举办三次全国饲料工业技术和产品交流会，组织近二十次专题学术研讨会，为推广新技术、新产品，促进科研与生产的结合与交流，发挥了很好的作用。

——不断加强政策宣传和信息服务工作。《中国饲料》杂志自1990年创刊以来，质量不断提高，发行量逐步增长，已经形成为全国饲料工业中影响面广、指导性强的行业期刊；协会组织编辑出版了《中国饲料工业年鉴》、《中国饲料行业名录》等大型工具书，出版各种论文集、政策法规汇编等200多万字，4万多册；协会在1990年第二届理事会上就提出开展为企业的咨询服务工作，成立了由专家、学者、教授组成的技术咨询委员会，先后为湖南岳阳化肥厂、广西梧州松脂厂等一批企业进行了专题咨询和论证，取得较好的效果，受到了企业的欢迎。

——大力培训人才。十年来，协会通过各种途径，利用自身和社会力量，先后举办动物营养、企业管理等各种培训班近40期，参加人数近2000人。另外，各地协会也举办各种培训班，培训人数近万人。通过培训的人员，大都成为饲料企业的技术、业务骨干。

三、加强国际饲料工业技术交流与合作

十年来，协会认真贯彻国家关于扩大对外开放的方针，发挥其行业社团组织的独特优势，积极发展同国际饲料同行的联系，组织和指导企业开展技术交流与合作，取得了显著的成效。协会先后组织20多个考察团赴美、日、泰、英等国家和地区访问，开展学术交流与经贸洽谈。邀请、接待来自美、日、韩等10多个国家的代表团近60个。先后举办7次双边、多边和国际饲料工业学术交流会，通过上述工作，加强国际联系，促进了合作与交流。

四、不断完善协会业务建设和组织建设

——十年来中国饲料工业协会共发展团体会员433个，个人会员43名，先后组建了饲料添加剂、饲料加工等三个专业委员，初步形成了以政策指导、质量管理、技术培训和咨询服务等为重点的工作特色。

——全国已有28个省、自治区、直辖市、计划单列市成立了饲料工业协会，以企业为主体的团体会员遍布全行业，个人会员也有相当发展，基本建立了全国的工作体系。

回顾十年来协会的工作，我们认识到，中国饲料工业协会是经济体制改革的产物，是推动饲料工业发展的重要组织形式。伴随着经济建设的发展，改革的深化，协会已经发展壮大，成为饲料工业行业的全国性社会团体。上述成绩的取得，是国务院正确领导的结果，是各部门、各级政府大力支持的结果，是协会理事、工作人员辛勤劳动和努力工作的结果。在这里，我代表中国饲料工业协会常务理事，向所有关心、支持中国饲料工业协会工作的领导、部门和有关单位表示感谢，向各位理事、会员和全体工作人员表示慰问，向这次评选出的协会工作先进集体和个人表示祝贺。

同志们，根据中共中央关于国民经济和社会发展“九五”计划和2010年远景目标的建议的要求，到本世纪末，要全面完成现代化建设的第二步战略部署，实现人均国民生产总值比1980年翻两番，人民生活达到小康水平，初步建立社会主义市场经济体制。这是全党和全国各族人民的伟大任务。在实现这一伟大任务的过程中，农业是国民经济的基础，加强农业是发展国民经济的首位任务。养殖业是加强农业，实现“九五”农业发展目标的重要组成部分。为保证养殖业的持续发展，不断改善人民生活，饲料工业的发展处于重要的位置。按照《1984—2000年全国饲料工业发展纲要（试行草案）》提出的部署，饲料工业建设分两步走，1990年以前主要是打好基础，创造条件，后十年要健全饲料工业体系，使饲料工业进入一个新的振兴时期。经过前十年的奋斗，第一步发展目标，1990年已经完成了；第二步发展目标，经过近五年的努力，开局也不错。当前，全国饲料工业既具有持续发展的条件和机遇，也面临着机制不活，效益不高，投入不足以及原料涨价的严峻形势。今后的五年，任务相当艰巨。中国饲料工业协会一定要继往开来，奋发努力，在新的振兴时期中做出更大的贡献。

社会主义市场经济体制的建立，标志着我国经济工作的进行将发生根本变化。这种变化为协会这种社会团体发挥作用，提出了更高的工作要求，提供了更广阔的活动天地。今后的五年，应该是协会发展壮大，大有作为的五年。我们要抓住机遇，解放思想，进一步明确服务方向和工作任务，使协会的工作上新的台阶，为实现《纲要》提出的目标而奋斗。

（一）继续坚持调查研究，为政府当好参谋。协会要主动争取政府部门的领导和支持，及时了解宏观经济形势的发展和政府的中心工作，运用社会主义市场经济的新观念，深入实际，深入基层，针对企业，特别是国有大中型饲料工业企业面临的难点、热点和倾向性问题，提出相应的对策和建议，引导饲料工业逐步实现经济增长方式的转变，顺利

进入社会主义市场经济的轨道。

（二）改进服务工作，为企业办实事。为企业提供有效的服务，是协会工作的基点。首先，要转变观念，真正把协会工作的重点转到为企业服务上来。其次，要采取各种形式，建立和健全服务体系，完善服务手段。全国协会和地方协会要统筹安排，合理分工，各展所长，多功能、全方位地为全国饲料工业企业服务。

（三）加强协会自身的建设。要坚持不懈地抓好理论和业务学习，不断提高协会干部队伍的整体素质，以适应经济体制改革和经济发展的需要。要以改革的精神，克服旧体制、旧观念对协会工作的束缚，不断增强协会事业的活力和凝聚力，创造性地开展各项工作。

同志们，饲料工业是国民经济的组成部分，是达到小康水平的重要基础之一。进一步推动饲料工业持续发展，是中国饲料工业协会义不容辞的历史使命。我相信，中国饲料工业协会一定能不负众望和政府的重托，继续以辛勤的劳动和努力，迎接饲料工业新的振兴时期的到来。

新兴的产业　巨大的贡献

——首届中国饲料工业博览会开幕词

(1996年5月5日)

中国饲料工业协会会长　李瑞山

各位来宾、各位代表、女士们、先生们：

首先让我代表首届中国饲料工业博览会组委会向各位来宾、各位代表表示热烈欢迎，向各协办单位和支持、关心本届博览会的各界朋友、各企事业单位表示衷心感谢。

本届博览会有来自全国饲料工业行业各系统的600多家企业和科研、教育单位参加，还有来自美国、德国、荷兰、法国、泰国和香港地区的同行参展参会。在这次博览会上，将全面展示饲料工业行业新成果、新技术、新产品，还有商贸、投资洽谈和学术交流。可以说，这次大会是我国饲料工业行业空前的一次盛会。

这次大会得到了各有关部门，相关协会，各省、区、市饲料工业办公室、饲料工业协会的大力支持和通力合作，广大企事业单位踊跃参展参会，使这次盛会能够为大家提供广泛交流和观摩学习的机会。

我国饲料工业七十年代末才起步，在党中央、国务院的正确领导下，有各级政府的关怀重视，经过全国饲料工业行业全体干部职工的努力奋斗，现在已经形成了包括饲料加工、饲料添加剂、饲料资源开发、饲料机械、服务支持体系在内的一个比较完整的独立工业体系。为菜监子工程、减少粮食消耗、帮助农民脱贫致富做出了积极贡献，成为在国民经济和社会发展中具有举足轻重地位的一个产业。我相信，通过这次大会，必将对我国饲料工业新的发展产生历史性影响。也希望，关心我国饲料工业发展的各级政府、各界朋友一如既往地给予大力支持。

最后祝大家身体健康，祝首届中国饲料工业博览会圆满成功！

谢谢大家。

认真学习和贯彻《条例》依法行政　促进饲料工业健康发展

——齐景发副部长在全国饲料工作会议上的讲话

(1999年8月24日)

同志们：

全国饲料工作会议现在开幕了。这次会议是在世纪之交的重要历史时刻召开的。今年5月29日，国务院颁布了《饲料和饲料添加剂管理条例》，标志着我国的饲料和饲料添加剂从此步入依法管理的新阶段。这次会议的主题是：认真学习和贯彻《条例》，研究如何依法行政和进一步完善《条例》的配套规章，总结经验，明确任务，统一认识，振奋精神，指导饲料工业更好地适应市场经济的大环境，促进饲料工业的健康发展。

这次会议得到了四川省人民政府和四川省畜牧食品局、饲料工业办公室以及饲料监察所的大力支持，敬正书副省长亲临会场并讲话，有关部、委和新闻单位的同志，对这次会议非常关心，我代表农业部和全体与会代表，表示衷心的感谢！下面我讲几点意见，供同志们讨论。

一、充分认识《条例》颁布的重大意义

改革开放以来，在邓小平同志关于“饲料要作为工业来办，这是个很大的行业”精神的指引和鼓舞下，我国饲料工业迅猛发展。1998年，配合饲料产量达到5573万吨，浓缩饲料887万吨，添加剂预混合饲料138万吨，产量居世界第二位。饲料工业的发展对繁荣农村经济、促进畜牧业发展、增加农民收入、提高粮食转化率、节约粮食资源、保证“菜篮子”有效供应，乃至国民经济的协调发展起到了重要作用。饲料工业已经成为我国国民经济新兴的重要基础产业之一。但是，长期以来，由于种种原因，饲料管理法规迟迟不能出台，行业管理无法实施，饲料行业的问题也越积越多，运用法律手

段规范饲料和饲料添加剂的生产、经营和使用已迫在眉睫。《条例》的颁布施行，有利于解决行业管理和发展的突出问题，对依法治饲、依法兴饲具有重大的意义。

第一，《条例》是保障人民身体健康和维护人类生存环境的需要。饲料通过养殖动物转化为人们日常消费的肉、蛋、奶和水产品，假劣饲料中的有毒有害物质残留在养殖产品中，直接危害广大消费者的利益。此外，饲料中过量的重金属、有害物质通过养殖动物排泄到水域或土壤中，对人类生存环境构成了严重威胁。世界上有些国家和地区发生食品卫生安全问题后，给农业生产和食品工业造成巨大损失，给社会生产、国家声誉造成极大影响，甚至导致政府下台的深刻教训，值得我们汲取。几年前，英国发生疯牛病，给英国的牛肉生产带来严重危害，其影响至今尚未消除。今年5月比利时发生了仅次于英国疯牛病的大难——“二噁英”污染鸡肉、蛋、奶事件。当时，比利时人不知所措，人们拒吃鸡肉，许多未喂污染饲料的鸡农也受到牵连，因而举行游行示威，要求政府赔偿损失。到目前为止，损失已高达25亿欧元，还有850万只受污染的肉鸡和蛋鸡需要宰杀销毁，欧盟的畜产品贸易蒙受十亿美元的损失。事件发生后，先是比利时卫生部长和农业部长被迫辞职，后是荷兰农业部长也在同样的压力下宣布辞职，最后比利时以吕克·德阿纳为首的四党联合政府在6月13日的全国大选中惨败，首相率政府成员集体辞职。可以预见，“二恶英”事件将使比利时乃至整个西欧的畜产品生产和食品工业在国际竞争中长期处于不利地位。我们国家的有关情况也需要引起大家高度警惕。去年，有些省、市部分饲料和养殖企业违法使用违禁药品“盐酸克仑特罗”，导致畜产品残留严重超标，给供港活猪造成严重问题。通过加强饲料管理，提高产品质量，将有效防止假劣饲料产品、非法饲料产品的生产和流通。

第二，《条例》是保障养殖业安全生产的需要。近年来，饲料行业重大恶性案件有不断上升的趋势，影响很坏。如北方某省1997年发生重大饲料案件24起，涉案金额2亿多元，比1996年饲料案件大为增多。1998年11月，南方某市一养猪户购买未经登记的进口饲料（麦角毒素含量严重超标），导致死亡生猪261头，造成直接经济损失20多万元。通过加强对饲料、饲料添加剂的管理，规范用药和合理使用饲料添加剂，对于杜绝生产企业和养殖场随意用药、滥制滥用饲料添加剂现象的发生，将起到重要作用。

第三，《条例》是加强和改善行业管理的需要。饲料是一个跨部门、跨行业、多种经济成分共同发展的新兴产业，需要制定一部具有权威性的饲料管理法规，以创造一个公平有序的竞争环境，促进饲料行业的健康发展。近年来已有17个省（区、市）先后颁布了本地的饲料管理办法，对本地的饲料行业管理发挥了积极作用。但是由于缺乏统一性，在执行中省际间矛盾不断发生，许多问题难以协调，各地迫切要求统一全国饲料法规，规范行业管理。

总之，《条例》的颁布是经济发展和人民生活的客观需要，是一件大事，具有多方面的作用和意义。饲料工业不仅关系到国内畜产品、水产品的生产，而且直接关系到我国对外出口和贸易。比如：欧盟自1996年8月停止从我国进口禽肉以来，至今仍维持对我国的进口禁令。

欧盟是我国畜禽产品的重要出口市场。根据欧盟有关指令的要求，自1999年1月1日起，所有对其出口动物源性食品的第三国须向其提供并执行符合96／23／EC指令要求的残留监控计划，并接受其考察，否则将停止从该国进口任何动物源性食品。欧盟的这一要求目前主要涉及我国禽肉、兔肉、蜂蜜和养殖水产品。今年10月，他们将派团对我国有关的实施情况进行为期两周的考察。所以说，饲料工业所涉及的方面远远超出饲料本身，对此，我们要有充分的认识。

二、依法治饲，努力提高饲料行业管理水平

我国饲料行业管理是从80年代开始的。近20年来，国家对饲料行业的管理主要集中在四个方面：一是政策引导。1984年国务院颁布的《1984－2000年全国饲料工业发展纲要（试行草案）》，为饲料工业的发展勾画了蓝图，明确了思路，并一直对饲料工业实行减免税等优惠政策，创造了宽松的发展环境；二是专项管理。1988年农业部开始对进口饲料添加剂进行登记管理，努力把好进口这一关；三是制定标准。多年来共制定国家标准70项、行业标准137项、进口饲料添加剂暂行标准464项，为生产和监督提供了技术保障；四是监督检查。1987年以来在全国开展了19次饲料产品质量检查，有力地促进了饲料产品质量的不断提高，1998年全国配合饲料合格率为89.3%，基本与我国食品合格率相当。

《条例》颁布施行后，我部着重开展了四项工作。一是积极协调饲料管理工作，先后向对外经济贸易合作部、国家技术监督局和国家出入境检验检疫局等单位通报了《条例》制定的背景和基本管理制度，明确管理主体。二是制定和完善《条例》的配套法规，公布了“允许使用的饲料添加剂品种目录”，起草了《批准文号管理办法》等5项配套规章，将在本次会议上讨论通过。三是及时在人民日报、新华社、光明日报、农民日报、经济参考报等10家首都报纸上公布了进口饲料添加剂质量跟踪检查结果，首次向经销不合格进口饲料添加剂的企业亮出了黄牌；四是下发了“关于加强饲料和饲料添加剂行政执法工作的通知”，指导各地依法开展

饲料行政管理工作。

总结20年来饲料行业管理的经验，主要有五条：一是各级政府重视，政策倾斜，自上而下组建了饲料管理机构和饲料质量监测机构，为饲料行业造就了一支管理队伍；二是因地制宜地制定了地方饲料管理办法，进而制定了全国统一的《饲料和饲料添加剂管理条例》，为依法行政奠定了基础；三是制定了不同层次的饲料工业技术标准，为开展饲料质量监督提供了技术保证；四是坚持不懈地开展质量监督工作，促进我国饲料质量不断提高；五是充分发挥各级饲料工业协会的作用，寓管理于服务之中，提高了行业整体素质。

在肯定成绩的同时，我们应当清醒地看到，饲料是一个跨行业、跨部门的综合性行业，管理范围广、协调部门多，管理工作也存在不少问题。一是体制尚未完全理顺，机构分散，管理形不成合力；二是权责不清，扯皮现象严重；三是配套法规不够健全，执法混乱；四是饲料行政执法队伍不健全，人员素质有待进一步提高。

现在《条例》颁布施行了，我们要尽快完善配套法规和饲料标准化体系，增强法制观念，提高执法水平，以新的姿态开展依法治饲工作，加大力度，加强和完善行业管理。有这样几项工作要认真做好：

（一）加大宣传贯彻力度，领会精神实质，增强贯彻《条例》的自觉性。《条例》是我国饲料行业管理方面第一部行政法规。我们要加强对《条例》的宣传，把宣传《条例》与贯彻落实“依法治国，建设社会主义法制国家”的任务结合起来，利用一切可以利用的宣传媒介和宣传手段，采取切实可行的措施，广泛、深入地宣传，使广大干部、群众了解和掌握《条例》确立的基本原则、主要制度以及违反《条例》应当承担的法律责任，进一步增强法制观念，依法保障和促进我国饲料工业的健康发展。

（二）严格执法，真正把《条例》确立的各项制度、措施落到实处。各级饲料管理部门及其执法人员一定要严格执法，建立健全行政执法责任制，真正做到有法必依、执法必严、违法必纠。一是要加强执法队伍建设，努力建设一支政治素质强、法律水平高、业务技能精的专业执法队伍，从组织上保证《条例》执法工作的顺利进行；二是从对广大人民群众高度负责的立场出发，切实保护公民、法人和其他组织的合法权益；三是严格依照《条例》规定的职责权限和程序办事，真正做到严格执法、廉洁执法、文明执法，对违反《条例》的行为，依法严肃查处。

（三）加强执法监督，确保《条例》的贯彻实施。各级饲料主管部门要加强对下一级饲料管理部门贯彻实施《条例》的情况进行监督检查，建立健全有效的监督制度，及时纠正行政机关工作人员违法的或不当的行政行为；同时，各级饲料管理部门还要自觉接受来自其他各方面的监督，特别是人民群众的监督，真正实现公正执法、公平执法，否则，我们就会在广大群众中丧失威信。

（四）加强对依法行政工作的领导。各级饲料管理部门要根据国务院依法行政工作的总体要求，转变思想观念，转变政府职能，转变工作方法，加强对饲料依法行政的领导。所有的饲料行政管理人员尤其是领导干部，都要下功夫学习《条例》，增强法制观念；都要熟悉《条例》各项条款，提高依法办事的能力；都要善于运用《条例》管理饲料工作，纠正有法不依的错误思想和行为。

法律、法规是严肃的。如果一开始就松松懈懈，那么今后就难以很好贯彻实施。《条例》刚刚颁布不久，我们应当创造严格执法的良好开端。

三、依法兴饲，努力实现跨世纪的饲料工业发展目标

我国饲料工业经历了 20 多年的快速发展之后，近年来发展速度明显放慢，甚至出现了停滞。如何抓住《条例》颁布施行的机遇，促进饲料工业健康发展，是饲料行业管理必须认真研究和解决的问题。随着国家积极财政政策和扩大内需政策的实施，国民经济将继续保持适当速度稳步发展，养殖业生产也将在农业结构调整优化中得到发展。面对新的形势，饲料工作要有新思路。我们必须深入研究，理清思路，抓住主要矛盾，综合运用法律、行政和税收政策以及信息宏观经济管理方法，开创饲料工作的新局面。

（一）确立饲料工业跨世纪的指导思想和发展目标。饲料工业是国民经济的基础产业，在实现跨世纪的宏伟目标中占有重要位置。正是在这种背景下，党的十五届三中全会决定中再次提出了“发展饲料工业”的要求。根据新形势的要求，我国发展饲料工业的指导思想是：认真贯彻党的十五大和十五届三中全会精神，适应社会主义市场经济的要求，深化改革，加快发展，健全法制，完善政策，提高质量，保证安全，促进饲料工业持续、健康发展，为实现跨世纪的宏伟目标作出应有贡献。2010年的发展目标是：全国配合饲料产量1亿吨，浓缩饲料1200万吨，预混合饲料300万吨。

（二）今明两年重点抓好的几项工作：

1. 适应养殖业发展的需要，调整产品结构，开拓农村市场。目前传统养殖仍是我国养殖业的主体，饲料工业要在服务规模饲养或集约化饲养的同时，放眼几亿农户这个广阔市场，针对我国饲养业发展不平衡的现状，逐步实现饲料工业产品结构的合理调整，大力推广应用添加剂预混合饲料、浓缩饲料，开拓与我国农村市场相适应的饲料产品。在集约化养殖地区，要提高饲料产品质量和档次，注意改善养殖产品的品质和风味；在沿海及水面丰富的地区，要加大水产饲料发展力度。

2．推进科技进步。结合国家科技攻关计划、国家自然科学基金及“攀登”计划，加强对饲料资源、新型饲料添加剂、饲料加工成套设备技术、饲料营养理论和生物工程高新技术的研究。加强国际间科技交流与合作，吸收国外饲料工业先进技术。充分发挥科研院所的技术力量，加速科研成果的转化，加强人才培训。鼓励饲料工业企业的科技投入，加强企业技术开发力量，提倡企业与科研单位的有机结合与协作，分层次开展饲料工业科技工作。

3．积极探索饲料原粮的有效供给途径。饲料工业是用粮大户，每年都消耗数千万吨原粮。粮食的价格、质量和供应渠道直接影响着饲料工业的生产和“菜篮子”产品的有效供应。1996年，根据国务院的指示精神，我部成功地组织了400万吨饲料原粮“北粮南调”，既平抑了饲料产品和养殖产品的价格，促进了饲料工业和养殖业的发展，又缓解了粮食仓储压力，为我国粮改进行了有益的尝试。我们要根据当前粮食流通体制改革的新精神，积极协调，精心组织，争取早日理顺饲料原粮的供应渠道。

4．深化饲料企业改革。要按照“产权清晰、责权明确、政企分开、管理科学”的要求，引导饲料企业实现规范的公司制度改革，建立现代企业制度，使企业真正成为市场法人实体和竞争主体。当前饲料加工能力过剩，相当一部分饲料加工企业开工不足，这是饲料工业面临的一个突出问题。要把改组、改造、加强管理结合起来。鼓励兼并、规范破产，形成企业优胜劣汰的竞争机制。各级饲料管理部门要努力为企业改革创造宽松的政策环境，为饲料企业创造良好的发展条件。

5．大力开发饲料资源。充分发掘饲料资源，增加有效供给，提高现有饲料资源的有效利用程度，减少饲料用粮的消耗。加大青贮饲料和氨化秸秆的利用步伐，大力发展秸秆养畜，发展草食家畜生产。积极推进种植业结构调整，加快优质饲料粮基地建设，发展优质饲料原料。

6．实施饲料安全工程。饲料安全问题已成为社会关注的焦点和热点之一。要加强饲料标准体系、饲料质量监测体系和饲料安全测报体系建设，逐步建立快速高效的饲料质量安全保障体系。

7．稳定饲料行政管理及技术队伍。今明两年地方各级政府机构改革即将全面展开，各级饲料行政部门要认真总结以往机构改革的经验教训，及早筹划，早作准备，在机构改革中保持一个高效、精干的饲料行政管理机构和骨干队伍，配备与饲料工作相适应的机构和人员。要与有关部门多沟通、多协调，争取理解和支持，确保机构不乱、工作不断。饲料产业是农业部管理的七个基础产业之一，应当有其适当的地位。要按照部里提出的“三个基本、一个基层（基本政策、基本队伍、基本建设和基层组织）”的总体思想，结合各地区的实际情况，切实转变职能和工作方式，改进工作作风，理顺工作关系，充分发挥各级饲料工业协会的桥梁与纽带作用，全面提高工作效率，建立起办事高效、运转协调，行为规范的行业管理体系。

同志们，在世纪之交，人们想得最多的是发展问题。我们一定要承前启后，继往开来，在依法治国方针的指引下，在十五届三中全会关于进一步发展饲料工业的精神鼓舞下，统一认识，开拓进取，努力开创饲料管理工作的新局面。

努力开创饲料工作新局面

——季之华同志在全国饲料工作会议上的总结讲话

（1999年8月26日）

同志们：

全国饲料工作会议今天就要结束了。会议开幕时，齐景发副部长就贯彻《饲料和饲料添加剂管理条例》、依法行政、促进饲料工业健康发展发表了重要讲话，四川、辽宁、安徽等省也作了典型发言。大会期间还对《条例》的配套规章进行了专题讨论，举办了行政执法讲座，组织参观了四川省饲料企业等。会议开得很成功。下面我就大家关注的一些问题，谈几点意见：

一、当前饲料工业的形势

饲料工业与种植业和养殖业密切相关，在分析当前饲料工业生产形势之前，要首先把握当前种植业和养殖业的生产形势。1998年，我国谷物产量达4.56亿吨，比上年净增1275万吨，增长2.8%。其中玉米产量1.33亿吨，净增2864万吨，增长27.5%。今年上半年，我国夏粮生产在播种面积减少的情况下，通过优化种植业结构、推广优良品种、增加投入和普及先进的农业生产技术，夏粮总产同比增长4.6%。1998年1月至1999年6月，国内玉米价格持续走低，最低1100元／吨，为近年来的最低水平。玉米丰收和价格低廉为饲料工业的发展提供了充足的基础原料。

与种植业相比，畜牧业的生产形势却不容乐观。今年上半年，全国畜牧业生产面临前所未有的困难，形势严峻。一是主要畜产品价格疲软，生猪生产亏损，需求不旺，效益下降；二是某些动物疫病又有抬头之势，给畜牧生产造成巨大损失。今年上半年，生猪存栏4.3亿头，同比下降3.1%，母猪存栏3586万头，下降5.1%；牛、羊存栏1.29亿头和3.13亿只，同比增长0.4%和2.1%；家禽存栏增长3.4%。肉类总产量3069万吨，增长1.2%。禽蛋产量1026万吨，增长3.8%。牛奶产量313万吨，增长3.1%。畜产品供给保持平稳，市场供应充足。

生猪生产相对过剩，仔猪、活猪和猪肉价格低迷，养猪效益明显下降，养猪企业普遍亏损。据对全国407个点的调查显示，1—5月仔猪、活猪和猪肉价格逐月下降，5月份跌入最低谷，6月份之后，价格有所回升。禽蛋、牛羊肉价格相对稳定，奶业发展迅速。

由于受养殖业的影响，上半年我国配合饲料产量跌幅约在10%左右。其中，占总产量近50%的猪配合饲料下降幅度最大，蛋鸡、肉鸡及其它品种的配合饲料基本持平；浓缩饲料、添加剂预混合饲料略有上升。上半年我国饲料生产企业普遍开工不足，中小企业亏本，甚至倒闭，大型企业由于不能实现规模生产，效益下降。在全国饲料工业生产形势不景气的情况下，一些省、区和企业，能够根据养殖业结构的变化和市场需求，及时调整生产结构，开发适销对路的产品，保证了饲料加工业的稳步发展。如陕西省针对玉米储备量大、价格稳定的实际情况和农户饲养的需求，大力发展浓缩饲料。今年上半年，该省浓缩饲料产量达35万吨，占饲料总量的比例达70%，同比增长40%，高居全国之首。广东、河北、河南、辽宁、山东和江西等省的一些大型企业根据市场变化，调理产品结构，加强企业管理，提高产品质量，实现了产量与利润的同步增长。看来，调整优化结构、提高产品质量已成为我国畜牧业和饲料工业发展的战略选择。

二、认真学习、贯彻《条例》，强化行政执法的职能

世界上无论发达国家还是发展中国家，都通过法规对饲料产品进行严格管理。综观各国的饲料法律法规，主要有以下几种管理形式。一是美国的管理体系。将饲料和食品等同，统一纳入《联邦食品、药物及化妆品法令》。二是欧盟的管理体系。在欧盟各成员国统一执行《饲料添加剂管理指令》，重点管理饲料添加剂的安全和残留。从1999年起，欧盟开始实施饲料生产企业及饲料产品登记制度，不仅要求欧盟成员国的饲料企业及其产品要在欧盟注册登记，而且要求所有出口到欧盟的饲料产品也要按该项制度进行管理。三是日本的管理模式。日本实施《饲料安全法》确保工业饲料产品的安全，对以天然成分为原料的饲料产品的管理则较为宽松。我国的《条例》，大抵与发达国家的管理制度接轨，同时又与《中华人民共和国产品质量法》、《中华人民共和国兽药管理条例》相衔接，重点突出饲料添加剂及其预混合饲料的管理，兼顾其它饲料产品的管理，形成一套适合中国国情的饲料管理体系。与农业领域的其他法规相比，《条例》最大的特点是管理主体、调整对象和罚则条款十分明确。我们要把握好《条例》的精髓，处理好相关关系，认真学习贯彻和执行《条例》。

（一）《条例》的基本制度。《条例》设置了八项主要管理制度。重点管住饲料、饲料添加剂及其预混合饲料的安全卫生。这些制度有：新饲料和新饲料添加剂的品种审定制度、饲料和饲料添加剂的进口登记制度、添加剂及其预混合饲料的生产许可证制度、添加剂及其预混合饲料的产品批准文号制度、产品留样观察和记录制度、标签制度、质量监督制度和行政处罚制度等。每项制度都有特定的管理主体和特定的管理客体，并有严格的管理程序，各级饲料管理部门要认真领会、严格执行。

（二）《条例》的基本特性。一是新产品审定的科学性。新产品审定不仅要经过必要的试验、验证，而且还要听取专家和评审委员会的意见，做到科学、严谨。二是企业生产条件的完备性。对饲料生产企业管理既重视硬件，也注重软件。三是产品生产的规范性。生产饲料和饲料添加剂产品要符合生产技术标准、产品质量标准等一系列规范性标准。四是饲料和饲料添加剂产品的安全性。禁止生产、销售和使用有毒有害产品和伪劣产品。五是行政程序的可操作性。各项制度都是在各地实践中总结出来的，有较强的操作性。

（三）处理好几个关系。一是"证"与"照"的关系。根据《条例》的规定，生产与动物和人身安全密切相关的添加剂及其预混合饲料，必须首先取得生产许可证，这是在国务院第17次常务会议上，国务院领导同志亲自过问下确定的。添加剂及其预混合饲料用量少、作用大、价值高、专业技术性强，直接关系着动物的安全生产和人体健康，必须首先取得生产许可证后，才可以按照企业登记手续办理营业执照。即先"证"后"照"。

二是日常质量监督与统检抽检的关系。日常监督是提高饲料和饲料添加剂产品质量的根本途径，监督主体是县级以上饲料管理部门。日常监督除对产品质量进行评定外，更注重考核企业的生产条件、经营条件，特别注重检查原料进厂、生产记录和留样观察制度，寓监督于服务之中。统检抽检是国家和行业管理部门对行业质量进行监督的重要手段，执行主体是省级以上饲料监测机构。二者是互相补充的关系。

三是营养性饲料添加剂、一般饲料添加剂和药物饲料添加剂的关系。目前我国饲料添加剂和药物饲料添加剂的管理上还存在一些问题，亟待予以解决。营养性饲料添加剂、一般饲料添加剂和药物饲料添加剂都是饲料添加剂，《条例》调整的饲料添加剂为营养性饲料添加剂和一般饲料添加剂，而药物饲料添加剂则受《兽药管理条例》和其它法规的调整。《条例》中已明确规定，营养性饲料添加剂包括饲料级氨基酸、维生素、矿物质微量元素、酶制剂和饲料级微生物添加剂及其预混合饲料等，主

要用于饲料中的营养配合，不得用于预防和治疗动物疾病。

四是处理好管理与协调、监督与服务的关系。管理与协调是相辅相成的，由于饲料是跨行业、跨部门的综合性产业，管理中一定要注意协调。协调能提高管理的效率和效果，能形成管理合力。饲料管理部门不仅要主动与质量技术监督、工商管理以及农牧等部门协调，还要与饲料质检机构和饲料评审委员会协调，为饲料管理支持机构创造良好的工作环境。饲料质检机构要在饲料管理部门的指导下开展工作，饲料评审委员会要根据饲料管理部门的要求，开展新饲料、新饲料添加剂评审工作。监督管理的目的是规范企业行为，促进行业管理，监督和服务是分不开的。饲料管理部门在监督的同时，要更好地为企业服务，在搞好服务的基础上进行监督。由于企业缺乏技术人才，在标准制定方面就会出现这样那样的问题，饲料管理部门、质量检验部门和评审委员会的专家们都有义务帮助企业制定科学、可行的企业标准。

三、努力提高饲料行业管理水平

根据国务院最近召开的全国依法行政工作会议精神，结合齐部长讲话，全面推进依法治饲工作，需要从多方面努力。当前，首先要做好《条例》的配套规章的制定、完善和颁布工作，饲料工业标准体系的建设，同时，要做好饲料市场的整顿工作，确保饲料安全，努力提高饲料行业总体水平。

（一）完善《条例》的配套规章，规范各项制度。这次会议讨论的5个配套规章，是《条例》的具体操作规程。会议期间大家进行了热烈讨论，特别是对单一饲料、浓缩饲料和添加剂预混合饲料等饲料概念的解释问题、审批收费问题、饲料质检机构出具报告的法律效力问题、药物饲料添加剂的管理形式问题、产品批准文号的发放等焦点问题发表了许多建设性的意见，我们将根据大家的意见，认真修改并尽快完善《条例》的各项规章，成熟一个，出台一个。

（二）认真贯彻落实农业部第 105 号公告精神。这次会议讨论得最多的是饲料添加剂的界定问题。我部已根据《条例》的精神制定并公布了《允许使用的饲料添加剂品种目录》，各地要认真贯彻落实。

（三）加强饲料工业技术标准的制订、修订工作。目前，我国饲料工业的国家标准和行业标准只有207项，与我国的饲料工业发展和依法行政工作不相适应，代表们反映，现在一些地方的企业非法使用激素等违禁药品，由于国家没有检测标准，而无法对其检测和处罚。《条例》颁布后，亟待制定相应的饲料安全卫生标准、有毒有害物质和违禁药品的检测标准以及药物饲料添加剂在饲料中的检测标准。我们将加紧组织上述标准的制定工作，为依法行政提供科学依据。

（四）提高饲料监测机构的权威性。饲料监测工作是为饲料行政工作服务的，各级饲料监测机构要加强“公正性、科学性和权威性”的教育，“三性”是在长期的工作实践上逐步形成的。只有经过实践证明的检测机构，才是可以信赖的，有了科学性和公正性，权威性也就自然得到社会的承认。发达国家有些检测机构能够长期在国际上树立权威，就是因为坚持公正性和科学性。今后我们的检测机构不再搞大而全、小而全，谁在社会上得到承认，我们的检测任务就向谁倾斜。检测机构要提高工作的敏锐性，发现有饲料安全隐患的地区或产品，要重点检查，重点监测。

（五）积极开展饲料和饲料添加剂市场整顿。历次质量监督表明，流通领域饲料产品合格率一般比生产企业低 10 个百分点，是我国饲料质量的薄弱环节。这次会议上代表们反映最多的也是饲料和饲料添加剂市场混乱问题。特别是一些未经登记的进口油脂和进口动物性饲料的质量状况更令人担忧。各地饲料管理部门要引起足够的重视，要有针对性地开展流通领域和进口饲用油脂、进口动物性饲料等的质量监督工作，全面提高我国饲料产品质量。

（六）树立全局意识，做好地方法规与《条例》的衔接工作。地方饲料管理办法为我国饲料行业管理作出了重要贡献，这一点要充分肯定。但是由于法规不一致，造成省际间矛盾日益突出。现在，国家的《饲料和饲料添加剂管理条例》颁布了，地方法规必须以此为准，与此相衔接。

各级饲料主管部门在开展本行政辖区内饲料和饲料添加剂的行政执法工作中，一定要注重协调和协商，要与全国的执法工作步调一致。在执法过程中一定要有全局观念。执法人员要切实保护公民、法人和其他组织的合法权益，要严格依照《条例》的职责权限和程序办事，真正做到严格执法、廉洁执法、文明执法。

（七）充分发挥主观能动性，创造性地开展工作。多年来，全国饲料办在制定《纲要》，颁布并实施全国统一的饲料法规和税收、关税优惠政策等方面做了大量的工作，为饲料工业的健康发展创造了良好的条件。各地要狠抓落实，努力创新，并结合实际进一步加强对饲料行业的领导，在地方机构改革中政、事、企要彻底分开，建立一个高效、精干的饲料管理机构和骨干队伍，配备与饲料工作相适应的机构和人员。在工作中要讲究方法，真抓实干，主动协调，争取支持，使各项工作真正落到实处。

（八）要充分发挥饲料工业协会的作用。协会要以企业为本，搞好服务，配合饲料办做好饲料行业发展工作。

同志们，这次会议是1991年以来第一次召开的饲料工作会议，各级饲料管理部门一定要认真总结行业管理的经验教训，乘《条例》颁布东风、抓住机遇，统一认识，积极进取，努力把我国饲料工作推向一个新阶段。

最后，我代表全国饲料工作办公室、畜牧兽医局、全体与会代表对四川省人民政府、四川省畜牧食品局、四川省饲料工业办公室、四川省饲料监察所以及有关新闻单位对大会的支持和热情的接待表示衷心的感谢！祝代表们旅途愉快、身体健康、工作顺利。

专　题　篇

饲料加工业概况

20 世纪 90 年代，是我国饲料加工业的蓬勃发展时期，饲料产品的产量和质量都有了很大提高，产品品种由 20 世纪 80 年代的几十个发展到了 200 多个；产品结构也得到了优化调整，更加适合我国国情和市场的需要。9 年来，我国饲料工业经历了粮食购销政策放开、粮食价格并轨、经济体制由计划经济向社会主义市场经济转轨等改革历程以及亚洲金融风暴的冲击，市场竞争更加激烈，企业经受了严峻的市场竞争的考验，一些企业被淘汰出局，一些企业在竞争中发展壮大，组建了集团或生产联合体，同时涌现出了一批以科技为先导的饲料生产企业集团公司，带动了我国饲料加工业走向科技和市场开拓相结合的道路。随着社会经济的巨大变革，饲料生产也经历了起伏跌宕，在市场竞争的大潮中受到了锤炼，也涌现出了一批懂经营、会管理的企业家。

【饲料产量和生产能力情况】

1991－1999 年全国各类饲料产品产量和配合饲料年双班生产能力见表 1。从上表中可以看出，浓缩饲料和添加剂预混合饲料已提前和超额完成了《纲要》中制订的计划奋斗目标。另外，从表中还可以看出，9 年来配合饲料生产分 3 个阶段。前几年是平稳发展阶段，后 2 年受东南亚金融危机的影响，国内对畜禽产品的消费增长幅度减弱，饲料生产又有所停滞，1999 年我国人均肉食品占有量 47.3 千克，超过了世界平均水平，禽蛋人均占有量 17 千克，超过了发达国家平均水平，畜产品出现了结构性过剩，也是后 2 年饲料生产增长缓慢的原因之一。1991－1993 年配合饲料产量年均增长 70 万吨，增幅 2%。1994－1998 年，配合饲料年均增长 268.2 万吨，增幅 6.3%。1999 年配合饲料与上年基本持平。9 年来，浓缩饲料产量一直高速增长。1991－1999 年浓缩饲料产量年均增长 115.3 万吨，年均增幅 48.87%，1994－1999 年年均增幅 21.24%，1999 年浓缩饲料增幅仍为 23% 以上。添加剂预混合饲料的增长速度也大大超过配合饲料的增长速度。尽管饲料工业的发展，促进了我国畜禽养殖业向规模化、集约化、现代化的发展，但用工业化饲料所生产的畜禽产品仅占全国畜禽产品总量的 20%，80% 的畜禽养殖生产还是在广大农村的专业户和分散户。由于我国农户种养业不分，自身拥有丰富的饲料原料，再加上近年来饲料工业和科学饲养的知识的普及、农民为降低饲养成本，增加养殖效益，购买浓缩饲料比购买配合饲料合算，这是 9 年来浓缩饲料迎合广大农村养殖业市场需要而大发展的一个实例。

表 1 1991－1999 年全国配合饲料、浓缩饲料、预混合饲料产量及配合饲料年双班生产能力统计表

（单位：万吨）

年 份	配合饲料	浓缩饲料	添加剂预混合饲料	配合饲料年双班生产能力
1991	3494	59	30	6254
1992	3638	126	32	6862
1993	3704	172	45	7753
1994	4232	231	59	8181
1995	4858	346	64	9064
1996	5118	419	73	9264
1997	5474	700	125	10761
1998	5573	886	138	10301
1999	5553	1097	223	12976.9

【饲料加工企业建设情况】

9年来时产1吨以上的饲料加工企业数量起伏变化较大，而时产5吨以上企业稳步增加，反映了饲料生产向规模化发展的趋势。饲料产品是微利产品，企业的发展靠规模求效益。随着市场竞争日趋激烈，饲料加工企业向规模化发展的趋势更加明显。由于我国幅员辽阔，分散饲养占大头，饲料加工企业大中小并举的局面会长期存在，并仍将以中小型为主。1991－1999年饲料加工企业建设情况见表2。

表2 1991－1999年全国饲料加工企业建设情况

年 份	时产1吨以上（含1吨）		其中时产5吨以上	
	个数	增长率（%）	个数	增长率（%）
1991	9154		685	7.5
1992	11993	31	872	7.3
1993	10762	-10	979	9.0
1994	11046	2.6	1126	10.2
1995	12678	15.0	1424	11.2
1996	12107	-4.5	1503	12.4
1997	11301	-6.6	1567	13.9
1998（含1吨以下）	12435	10.0	1792	14.4
1999（含1吨以下）	12095	-2	1937	8

【饲料加工企业经济类型变化情况】

随着我国经济改革的深化，市场经济机制的建立，在计划经济体制下建立起来的国有饲料企业由于其机制不灵活、观念滞后、企业负担重等原因，在市场竞争中纷纷落伍，饲料市场占有份额由1990年以前的95%以上，下降到1999年的不到30%，大部分企业亏损，部分企业被民营、集体或三资企业参股、合营、收购、兼并、租赁、托管。相反民营、集体、三资企业靠其灵活的机制，不靠政府、靠竞争，靠国家对民营、三资企业的鼓励政策得到了迅猛发展。私营经济由社会主义经济的补充进到社会主义经济的组成部分，并涌现出了一批成熟的集团公司，成为饲料加工业的骨干。民营企业的个数1999年比1992年增加了近5倍。

我国的饲料市场很大，一直被国外同行看好，加上我国改革开放的国策，吸引了大批外商投资。20世纪90年代比80年代有了更大的发展。1991年三资企业有78家，其中合资67家、独资7家、侨资4家。1999年三资企业发展到390家，其中合资296家，独资87家，侨资7家。三资企业建厂生产规模都比较大，1997年饲料产品实际产量1073万吨，占我国饲料总产量的19.6%，企业个数只占全国企业总数量（时产1吨以上）的不到3%。1992－1999年全国饲料加工企业经济类型变化情况见表3。

表3 饲料加工企业经济类型变化情况 单位：个

	全民	集体	全民集体合营	全民个体合营	集体个体合营	三资	民营	其它
1992	6352	4626	66	32	86	110	624	97
1993	5595	3260	148	15	181	125	870	106
1994	5640	3493	248	52	167	167	1038	241
1995	5319	3867	152	109	264	233	1630	356
1996	5586	3508	184	119	358	288	1795	269
1997	3864	3602	139	212	168	332	2621	363
1998	3988	2260	197	230	312	368	3680	915
1999	3656	2161	118	158	243	390	3671	1249

【饲料产品结构变化情况】

9 年来，我国饲料产品品种和产品结构也发生了很大变化。20 世纪 80 年代我国只能生产猪、鸡、鸭少数几个品种，乳猪料主要由外资企业生产。20 世纪 90 年代，不仅能生产乳猪饲料，已经开发生产出除猪、鸡、鸭以外的牛蛙、鳖、蟹、珍贵鱼类、海水养殖类、鸵鸟、观赏动物、实验动物、经济动物、宠物动物等几十个系列 200 多个品种，为我国养殖业全面发展和城乡居民对动物食品日益增长的数量和品质的消费需求提供了物质保证。在产品的结构上猪饲料所占比例有所下降，蛋禽饲料和鱼虾饵料所占比例有所增长。1991—1999 年全国饲料产品结构变化见表 4。

表 4　饲料产品结构变化情况　　单位：%

年 份	猪 料	肉禽料	蛋禽料	鱼虾料	其它
1991	44	23	25	3	5
1992	44	24	24	4	4
1993	41	27	25	4	3
1994	42	24	27	4	3
1995	43	24	26	5	2
1996	39	25	26	5	5
1997	40	24	25	8	3
1998	42	24	23.8	6.6	3.6
1999	38	26	24	9	3

【饲料产品质量状况】

9 年来，饲料产品的质量状况有了很大的提高，并涌现了一批被省工商管理部门和消费者协会授予的用户信得过产品和名牌产品、免检产品。近几年来全国一些大型饲料企业管理规范、质量控制严格，多年来，质量统检抽检合格率达 95%以上，

表 5　1991—1999 年全国饲料产品质量国家抽查的情况

年 度	配合饲料合格率				添加剂及预混料合格率（%）	备 注
	总合格率（%）	猪料（%）	鸡料（%）	鸭料（%）		
1991	91.9	86.0	97.9	—	—	仅营养指标
1992	79.8	69.8	86.9	—	75.0	
1993	71.9 75.6	73.3 —	68.6 76.7	77.3 —	— —	(二季度) (四季度)
1994	—	—	—	—	85.0	
1995	62.0	58.1	66.1	—	77.5	全国统检
1996	—	—	—	71.2	—	(一季度)
1997	—	—	—	—	61.8(浓缩料)	(三季度)
1998	89.7	89.8	89.1	88.9	—	全国统检
1999	95.7	94.1	97.7	—	92.1(浓缩料)	抽检

为了与国际经济接轨，进一步规范质量管理，一些企业先后通过了 ISO9002 质量体系认证工作，到 1999 年通过 ISO9002 质量体系认证的饲料加工企业 12 家。值得提出的是由于《饲料和饲料添加剂管理条例》出台较晚，长期以来缺少法制规范，今后必须加强这方面的监督管理工作，使我国饲料工业沿着稳步健康的道路发展。1991－1999 年全国饲料产品质量国家抽查情况见表 5。

【饲料加工业的经济效益】

9 年来，饲料工业累计产值 6048 亿元（按 1990 年不变价格计算）。饲料产品是一种微利产品，其社会效益远远大于它的直接经济效益。饲料加工企业到 1999 年就业人数近 50 万人，所带动的相关就业人数（运输、营销、饲养者以及为饲料加工业服务的相关部门）就更多了。饲料生产的发展，还带动了一大批农民养殖户脱贫致富，其功不可没。1991－1999 年全国饲料生产企业创造的产值、利税额见表 6。

表 6　1991－1999 年全国饲料企业产值、销售收入及利税统计

单位：亿元

年　份	总产值　（1990 年不变价）	销售收入	利税总额
1991	308	146	9.4
1992	400		
1993	425		
1994	526		
1995	669	829	25
1996	718	1141	26
1997	862	1549	38.7
1998	857	1173	43.5
1999	1283	1115	42.9

【存在的主要问题和对策】

1. **区域分布不平衡**　西部经济带土地面积占全国国土面积的 56%，人口占全国总人口的 23%，浓缩饲料和添加剂预混合饲料占全国总产量的比例都不到 14%，随着国家加快西部经济开发的力度，饲料加工业也要跟上西部经济大开发的力度，使西部饲料加工业跟上全国发展的步伐。东部经济带饲料加工能力已饱和，要控制盲目重复建设。

2. **蛋白质原料资源仍是制约饲料加工业发展的一大因素**　要广开渠道，加强饲料蛋白质资源的开发和应用研究。我国的鱼粉工业由于受鱼资源枯竭的威胁，发展前途甚忧，应采取涵养鱼资源的立法和管理措施，使我国鱼粉工业健康持续发展。

3. **建立企业自律机制，引导企业有序竞争**

撰稿人：　李国胜

主要饲料产品概况

【猪饲料】

1. 猪配合饲料的基本情况

（1）产品结构日趋合理，并向系列化、多样化方向发展。现在，我国已能生产各种猪配合饲料，从不同比例的添加剂预混合饲料、浓缩饲料到成品配合饲料，从乳猪料、仔猪料、生长—肥育猪料到妊娠母猪料、泌乳母猪料等，品种齐全，并系统配套。一些大型饲料厂，在某一品种的饲料上，如乳猪料上就有4—5种档次，以适应不同客户的需求。并开始出现个性化的饲料及相应的配套服务。

（2）产量质量稳定提高，比例相对稳定。猪配合饲料从1991年的1157.6万吨，增加到1999年的2118.3万吨，翻了近一番，年均增长率为9.12%，同时质量也有大幅度的提高。但在整个饲料产品中的比重有所下降(见表1)。1990年全国饲料产品统检结果表明，猪配合饲料的抽样合格率为31.7%，到1995年相应指标提高到了58.1%，1998年达到89.8%，1999年上升到94.1%，前五年的年均提高幅度为7.4%，而后4年则达到36.0%，累计年均提高43.4%，呈现先慢后快的趋势。饲料转化效率得到了大幅度提高，个别猪场全群转化率可达3:1，达到国际先进水平。虽然同期猪肉在整个肉制品中所占比例下降，但配合饲料在养猪业中的推广利用仍有一定程度的提高。

（3）科技含量提高，科技成果转化为生产力的速度加快。1991—1999年，涵盖整个“八五”攻关和“九五”攻关的前四年，其中85-16饲料添加剂和配方技术研究、95-009新型饲料及产业化技术研究与开发两个项目中均把猪饲料配制技术作为重点，先后取得了大批科研成果，并有效地转化为生产力，提高了整个行业的科技水平，这是1995—1999年猪配合饲料产量和质量均大幅度提高的根本所在之一。在此期间，主要技术是用可消化氨基酸配制日粮及理想蛋白模式的开发及应用，同时酶制剂、微生态制剂、养分再分配调节剂等微量活性组分的研究与应用也有了一定的深度和广度。

表1　1991—1999年猪配合饲料产量及其在配合饲料总量中所占的比重

单位：万吨

年份	1991	1992	1993	1994	1995	1996	1997	1998	1999
配合饲料总量	2639.0	2918.6	3028.1	3505.4	4197.7	5120	5473.8	5573.3	5552.7
猪配合饲料产量	1157.6	1291.4	1231.9	1460.6	1791.4	2007.1	2195.5	2340.1	2118.3
比重(%)	44.0	44.0	41.0	42.0	43.0	39.2	40.0	42.0	38.0

2. 主要特点

（1）阶段性。1991—1994年，其特点是产量和质量提高都较慢。4年间，猪配合饲料总量仅提高26%，年均增长率为6.5%，而且1995年的产品抽样合格率较1990年仅提高26.4%；1994—1998年，猪配合饲料总量增长60.2%，年均增长15.1%，是前一个阶段的两倍多，同时产品质量也大幅度提高，1998年的产品抽样合格率比1995年提高31.7个百分点。1999年猪配合饲料产量和占配合饲料总量的比重都比1998年有所下降，但抽检合格率提高4.3%。这是“八五”攻关成果转化为生产力的结果，也是与行业人员科技意识、质量意识的提高，行业管理水平的提高分不开的。

（2）饲料企业向大型化、集团化发展。随着饲料工业的发展，行业内竞争加剧，并逐步转向人才、管理、产品质量、经济实力等方面的综合实力的竞争。大型企业由于综合实力的优势，便于组织力量，优先使用先进技术，因此，大中型企业逐渐成为饲料工业的骨干力量。

（3）饲料资源开发方兴未艾。由于饲料原料短缺的矛盾将在长期内困扰我国饲料工业的发展，所以开发非常规饲料的浪潮一浪高一浪。近年来，利用生物技术和新型加工工艺来提高原有饲料原料的饲用性能的势头正旺，并展示了光明的前景。不过在这点上要认真区分科学与非科学，经过严格的试验、论证后才能推广。

（4）科研与生产的结合日趋紧密。随着科技在饲料工业中的应用，科研与生产的联系变得更加紧密。许多企业与科研单位结成不同程度的联合体，出现了科技化的企业和企业化的科研单位，为提高科研项目与生产实践的结合，加速科学技术转化为生产力提供了很好的途径。

3. 存在的问题

尽管我国猪配合饲料的发展已取得巨大成就，但我们必须清醒地认识到现阶段存在的一些问题，包括：饲料品种不尽合理，在高品质的乳猪料上，国产饲料产品的市场占有率还远远不够，对种猪营养的重视程度不够，没有开发后备猪、种公猪专用饲料。对农户养猪的认识不统一，大部分精力集中在仅占总量20%左右的规模化养猪场上。饲料安全性和环保的意识较差，与世界经济大循环的要求相距甚远，不同地区的发展很不平衡。所有这些问题都需要引起足够的重视，以期在改革开放的过程中将其逐步解决。

撰稿人：李德发

【家禽饲料】

9 年来，家禽饲料处于稳步发展的态势。1991 至 1994 年是我国家畜业迅猛发展的时期。1995 年，由于各种原因家禽业出现滑坡，此后，家禽业一直处于缓慢发展状况（表 2）。禽饲料作为饲料产品的重要组成部分，在整个饲料业中占有举足轻重的地位。近年来禽饲料占饲料中产量的比例不断增加，1991 年禽饲料产量超过猪饲料，1995 年占饲料总产量的 50%（表 3）。目前，在蛋鸡市场趋于饱和、肉鸡市场波动大的情况下，水禽饲养业和水禽饲料的发展前景看好。

9 年来，无论是蛋鸡业，还是肉鸡业，波动不时发生。波动的频率、波幅、危害程度都大于从前，给家禽饲养业造成很大冲击，使企业和广大生产者蒙受巨大损失。1994 年玉米大幅度涨价，1995 年全国家禽业生产大幅度滑坡以来，中国家禽饲养业一直处于缓慢发展的局面，从而对饲料工业产生不良影响。

表 2 1991—1998 中国禽产品产量的变化

	1991	1992	1993	1994	1995	1996	1997	1998
肉类总产量（万吨）	3144.5	3430.7	3841.5	4499.3	5260.1	5915.1	6286	
禽肉产量（万吨）	395.0	454.2	573.6	755.2	934.7	1074.6	1228	1310
比重（%）	12.56	13.24	14.93	16.78	17.77	18.17	19.54	
家禽出栏（万只）		31925.3	397820	512823.2	630213.1	718906.2	765865.3	
蛋产量（万吨）	922.0	1019.9	1179.8	1479.0	1676.7	1954.0	2125.4	2218.5

资料来源：中国统计年鉴、中国农业统计年鉴、中国农业统计资料。

1. 家禽饲料发展状况

（1）产量稳步增长，比例逐渐增加。20 世纪 90 年代，逐步从初创阶段向成长阶段发展。1991 年以来全国禽饲料发展速度较快，在某些养殖业发达的省份商品饲料中家禽饲料的比例超过猪饲料，配合饲料普及率迅速提高。为了解决“人畜争粮“的矛盾，适应畜牧水产业结构调整的需要，自 1992 年起，国家提倡增加禽料、稳定猪料的生产。近年来，从全国来看，家禽配合饲料产量稳步增长，禽料的比例基本保持在 48%−51%之间（见表 3）。

（2）产品结构不断改善，产品质量有较大提高。在肉鸡、肉鸭、蛋雏鸡、蛋雏鸭饲养中颗粒饲料的使用不断增加，大大提高了养殖水平。在养殖业发达的省份颗粒料的使用面更广，如广东省肉鸡料中颗粒料的比重已超过 80%。产蛋鸡（鸭）料以使用浓缩料为主。在全国饲料质量抽检中，家禽配合饲料合格率一直保持较高水平（表 4），从 1991 年的 66.9%提高到 1999 年的 97.1%。1996 年首次对鸭料进行的国家监督抽查，其平均合格率为 71.2%，其中生长鸭 62.5%，肉仔鸭 86.4%，蛋鸭和种鸭 63.9%。1998 年全国鸭料抽查的合格率为 88.9%。

（3）新型饲料添加剂的推广应用。养禽生产的发展推动了新型饲料添加剂的应用，尤其是酶制剂的应用范围逐渐扩大。在雏禽饲料中，已有不少人

表 3　饲料生产状况与饲料品种结构表　单位：万吨

	1991	1992	1993	1994	1995	1996	1997	1998	1999
饲料总产量	3494	3637.9	3704.4	4232.5	4857.9	5118.3	5473.8	5573.3	5552.7
禽饲料总产量	1266.2	1393	1573.7	1763	2076	2604.5	2696.2	2661.7	2782.2
禽饲料所占比重（%）	48	48	52	51	50	51	49	48	50

注：资料来源于《中国饲料》、《中国家禽》等。

表 4　全国历年饲料抽检合格率（%）

饲 料	1991	1992	1993	1994	1995	1996	1997	1998	1999
总合格率	70	70	65	75.6	62	71.3	—	89.7	95.7
禽 饲 料	66.9	79.6	76.7	84.6	66.1	—	—	89.1	97.1
鸭 饲 料						71.2	—	88.9	—

注：资料来源于中国饲料质检中心、《禽业导刊》等，“—”表示未做全国统检。

在使用针对非淀粉多糖的酶制剂，在鸡饲料中使用植酸酶。有机微量元素已有不少研究，但因成本过高，应用并不广泛，随着研究的深入，成本的降低，普遍使用已是大势所趋。

（4）水禽饲料的发展前景良好。近年来，以快大鸡为代表的现代品系肉鸡饲养业得到迅速发展，但其饲料要求高能量高蛋白，且肉质不受喜欢。水禽饲养是我国传统的畜牧生产项目，我国是世界上最大的水禽生产国，1994 年，年饲养水禽 17.1 亿只，其中出栏 10.7 亿只，存栏 6.4 亿只，水禽肉和蛋的产量约占禽肉和禽蛋总产量的 25%和 15%。我国禽产品中水禽产品比例较小，发展水禽生产应有较大空间。但我国目前水禽饲料营养研究相对滞后，水禽专用饲料加工数量不足。1996 年全国配合饲料产量 5500 万吨，水禽专用饲料尚不足 1%，很多水禽饲养用蛋鸡和肉鸡料代替，与现有水禽饲养规模不相适应。随着水禽规模化饲养的增加，水禽专用饲料的需求更为迫切。

2．家禽饲料的发展前景

9 年来，我国家禽饲料随着家禽饲养业同步发展，但仍然存在不少问题。今后，饲料生产上，应注重生产安全、优质饲料，减少饲料中不被动物吸收的成分，增加新的饲料添加剂，增加饲料的吸收利用率，减少环境污染。具体应注意从以下几方面着手，推动家禽饲料乃至整个家禽业的健康稳定发展。

（1）依靠科技进步，不断提高我国家禽饲料的技术水平和我国禽产品在世界市场的竞争能力。我国劳动力成本虽然较低，但由于种种原因我国禽产品的生产成本不但高于许多发展中国家，甚至高于某些发达国家。如何提高我国养禽业的技术水平，降低生产成本，提高生产效率，是保证家禽业稳定健康发展的重要因素之一。品种、疾病防治和饲料是发展养殖业的三大关键。只有不断地应用现代家禽营养与饲料科学的最新科研成果，才能提高我国家禽饲料工业的技术水平，推动养禽业的发展。

（2）调整产品结构，生产适销对路的家禽产品，开辟新的家禽消费市场。随着生活水平的提高，人们将不但要求禽产品的数量，而且对家禽产品的品质如营养价值、风味、外观等也会提出越来越高的要求。家禽饲料工业必须适应这一发展趋势。

（3）重视养禽业对环境的不良影响，开发与应用环保型饲料添加剂。在一些发达国家，由于环境污染的问题，畜牧业的发展越来越受到限制。养禽业对环境的污染主要是氮和磷的污染，应尽量采用合理的营养调控技术（包括使用新型饲料添加剂），减少养禽业对环境的污染。

撰稿人：齐广海

【水产饲料】

20 世纪 90 年代，水产饲料的研究从简单的饲喂试验，转向精确的营养需求的研究。水产饲料生产从单一原料的简单加工转变为以水产动物营养需要量为依据，科学设计配方，并在完善工艺条件下准确表达配方内容。

1．水产动物营养与饲料研究进展

10 年来，水产动物营养的研究取得了丰硕成果。“八五”、“九五”国家重点科技攻关项目及国家自然科学基金分别立项，就中国对虾、鳗鲡、草鱼、青鱼、鲤鱼的营养需要及饲料配方技术作了研究。以李爱杰等对中国对虾、林鼎等对草鱼、王道尊对青鱼的研究成果最为突出，提出了中国对虾、草鱼、青鱼对多种营养素的需要量及配方设计技术，并在实践上取得了较大的成功。对甲鱼、鲫鱼、团头鲂等水产动物的营养与饲料，国内学者也进行了大量探讨。关于饲料源的开发、饲料中有毒有害物质的调控、加工工艺与饲料质量的关系等领域已有一些初步结论。到目前为止，已基本弄清了主要水产动物对蛋白质及必需氨基酸、糖类、能量和必需脂肪酸、主要矿物元素和维生素的适宜需要量，并提出了较为完善的水产饲料加工工艺技术。1992、1995、1998 年分别在广东中山、青岛、上海召开了第一、第二、第三届世界华人鱼虾营养学术研讨会，并出版了论文集。1997 年 11 月 2 日至 4 日，中国水产学会水产动物营养与饲料研究会在北京召开了成立大会。

随着计算机技术的发展，饲料配方设计的手段与方法得到了很大的改进。以前设计配方全凭经验，将几种原料简单配伍。后来相继推出了“畜禽鱼虾饲料优化配方新技术系统”、“SF—450 饲料配方电脑”、“配方通”等配方软件，给配方设计带来了方便。现在，水产动物配合饲料配方可以根据水产动物的营养需求，结合水产动物的生长阶段、养殖模式、水质状况、原料市场情况等因素，利用计算机进行合理的优化组合，生产饲料不仅适合水产动物的健康生长需要，而且达到最佳的投入产出比。

2. 水产动物配合饲料生产状况

（1）产量逐年增加。1991 年至 1999 年，水产配合饲料产量逐年上升。1991 年鱼虾配合饲料为 746700 吨，到 1999 年则达到 4938213 吨，增加了 5.61 倍。相应地，水产饲料占全国配合饲料总产量的比例也逐年增加。1991 年，这一比例仅为 3%，至 1999 年，升至 9%（表 5）。

表 5 1991—1999 年全国水产饲料生产状况

年份	水产养殖业产量（万吨）	水产饲料产量（吨）	占全国饲料生产总量（%）	时产 1 吨以上的饲料厂（个）
1991	653.1	746700	3	409
1992	776.3	1077531	4	464
1993	957.0	1287484	4	413
1994	1135.3	1594277	4	414
1995	1353.0	2102641	5	586
1996	1531.4	2561064	5	641
1997	2028.0	4361063	8	505
1998	2182.0	3734894	7	410
1999	2396.0	4938213	9	323

然而水产饲料的生产存在地区差异，在全国发展很不平衡。水产配合饲料生产量的相当大一部分集中在养殖水面密集、养殖水平较高的省份。山东、辽宁、江苏、河北、广东、四川等省市的水产养殖产量在全国均名列前茅，水产配合饲料的产量亦占相当大的比重，而在中国西北部及边远地区，如青海、西藏、内蒙、山西、贵州、宁夏等，水产养殖业不太发达，因而水产饲料的产量相对较少。青海省 1996、1997 年水产饲料产量分别为 112、220 吨，仅占该年度广东省水产饲料产量的 0.03%、0.05%，1998 年和 1999 年分别上升到 0.25%和 0.80%（表 6）。这种现象与各地区水产品的消费习惯、养殖水面的多少、水质及养殖水平等因素有关系。因此，促进边远地区水产养殖业的发展，可以开辟水产饲料的新市场。

（2）水产配合饲料产品向多品种、多规格发展。水产配合饲料现在已基本覆盖我国水产养殖的主要养殖品种。草鱼、鲤鱼、团头鲂、罗非鱼、虹鳟、对虾、鳗鲡、甲鱼、鲍鱼等品种已实现按生长阶段、养殖模式、水质条件进行系列化生产。对虾育苗、河蟹育苗用微粒饲料已在山东、辽宁等地研制成功并生产试用。真鲷、石斑鱼、河蟹等名贵种类配合饲料也已初步研制成功。本着提高饲料利用率的目的，部分地区已推出膨化浮性饲料。

（3）水产配合饲料的原料多样化。充分利用再生资源，因地制宜利用当地的原料配制饲料，是水产饲料生产实践的一大方向。特别是我国蛋白质饲料紧张，而鱼类对饲料蛋白需要相对较高，因而寻找廉价蛋白源，对于降低饲料成本，提高养殖效益非常关键。近几年来，相继尝试用复合氨基酸、粉丝蛋白、血粉、羽毛粉、蚕蛹粉、肉(骨)粉、动物下脚料、蚯蚓、蝇蛆、螺蚌等代替或部分代替鱼粉，在有些地区获得成功。在利用谷物籽实、糠麸、糟渣、单细胞蛋白等方面也进行了有益的尝试；在添加剂方面，新的添加剂及其剂型不断出现。比如，以前鱼类的促生长剂，一般使用喹乙醇等，现在更多采用的是黄霉素；针对维生素 C 易溶失、易破坏的性质，对维生素 C 的剂型作了研究，现在广泛使用维生素 C 磷酸酯或包膜维生素 C 等。

表 6 六省水产饲料生产量及占全国水产饲料总量的比例

单位：吨

年份	山东	辽宁	江苏	河北	广东	四川	占全国水产饲料生产总量（%）
1991	94000	85300	80000	18200	33700	38200	46.8
1992	275240	158216	90000	16736	53733	60071	60.7
1993	176980	159804	139125	37753	118627	154452	61.1
1994	156380	180770	201000	35224	128908	255431	60.0
1995	118841	203422	229000	81258	191074	299412	53.4
1996	129352	123903	248231	122964	337890	348006	51.2
1997	47151	139156	930000	162768	410300	269103	44.9
1998	140223	145044	342157	166075	470337	417928	45.0
1999	808993	117354	560000	172573	560548	320942	58.0

（4）水产饲料标准不健全，影响水产饲料生产和水产养殖业健康发展。应加快制标速度，以便有法可依，提高水产饲料的质量。

撰稿人：任泽林　周文豪

【反刍动物饲料】

1. 概　况

（1）呈发展趋势且潜力巨大。从1991年起，全国反刍动物饲料总产量呈向前发展趋势（见表7）。从1994年起，国内饲料市场开始出售反刍动物商品饲料，1998年全国反刍动物饲料总产量为355万吨，占全国配合饲料总产量6%以上（其中商品饲料占全国配合饲料总产量的比例为1.27%），出现了一个飞跃。与1991年全国反刍动物饲料总产量相比，增加了1.3倍。1998年全国反刍动物饲料总产量所以出现一个新飞跃，主要原因有二：首先，我国牛羊生产的集约化程度有所增高，乳牛饲养头数增加，肉羊市场看好；其次，由于1998年全国猪鸡饲料市场下滑，一些饲料厂家开始生产部分乳牛商品饲料。

表 7 1991－1998 年全国反刍动物饲料产量

年　份	1991	1992	1993	1994	1995	1996	1997	1998
年产量（万吨）	154*	168**	166**	176	192	209	221	355
占全国配合饲料总产量比例（%）	4.41	4.62	4.48	4.16	3.95	4.08	4.04	6.37
其中商品饲料***占的比例（%）	—	—	—	0.83	0.79	0.82	0.82	1.27

注：*　本表产量全部为乳牛饲料产量；**　全部为乳牛场自配饲料；***　商品饲料产量占反刍动物饲料总产量的比例为20%。

尽管我国反刍动物饲料产量相当低，但是今后的市场潜力却十分可观。这是因为：①牛羊生产产业化是其发展的必然趋势。目前，我国乳牛生产仍以家庭饲养为主，这样就必然产生小规模生产与大市场、专业化生产与社会化服务及产与销等矛盾。而产业化经营则效益显著，产品质量稳定。加之，养殖户为了增强抗风险能力，提高养殖规模效益和应用新的技术日益迫切。这些都为牛羊生产产业化发展提供了机遇，而产业化的发展必然会带动牛羊饲料工业的发展，这几乎是确定无疑的一种发展趋势。②大力发展以牛羊为主的草食动物生产，符合我国基本国情。我国每年增加近1500万人，而耕地却因城镇建设等原因正在迅速减少。耕地与人口的矛盾问题日益尖锐。与此同时，人们对畜产品的需求也日益增长，国家提倡大力发展以牛羊为主的节粮型畜牧业。而对以提高草食动物饲料利用率为目标的新型饲料产品系列的要求也随之日益迫切。

（2）产品结构以乳牛饲料为主和以农场自配饲料为主。目前我国由饲料厂家生产和销售的反刍动物商品饲料几乎全部是乳牛饲料，只有极少量的是牛羊育肥饲料。全国几乎90%以上牛羊生产所需的精补料均由农场自配，全国乳牛商品饲料仅占乳牛精补料产量的20%。

（3）反刍动物添加剂的研究迅速发展。目前我国一些科研机构和大学在反刍动物添加剂方面的研究，主要集中在脲酶抑制剂、酶制剂、抗应激添加剂、金属螯合物、蛋白和脂肪保护性产品、原虫控制剂等，有的已经进入市场。

（4）反刍动物营养和饲料科学的研究大踏步进展。据不完全统计，全国开展反刍动物营养和饲料科学研究的大学和科研机构至少在10所以上。主要研究内容包括：牛羊营养需要和饲料营养价值评定的研究、营养调控理论和技术研究、新型饲料产品研制和开发、放牧家畜营养检测和科学补饲技术研究、提高秸秆饲料利用率的研究等等。这些研究为全国反刍动物饲料工业的发展奠定了基础，也为今后这一产业的更大发展创造了条件。

2. 发展战略

根据国际范围内反刍动物饲料研究和应用的发展趋势，结合我国国情，我国反刍动物饲料开发战略的基本思路可以概括为：从中国国情出发，以高新技术为依托，与本地饲料资源相匹配，在瞄准乳牛、肉羊和秸秆养畜产业的同时，积极培养和发展牧区放牧牛羊补饲产品市场，建立以生产营养调控型饲料产品为中心的反刍动物饲料系列产品，进行科工贸一体的集团化开发，推动产业化水平不断提高。

（1）以高新技术为依托。当前饲料工业内部竞争十分激烈，其竞争的实质就是科技实力和经营管理水平的竞争。我国反刍动物饲料工业发展所以比较缓慢，除生产发展水平和商品化程度低这一基本原因外，关键还在于我国反刍动物营养研究比较滞后。今后，我国要大力发展反刍动物饲料，首先要重视和加强反刍动物营养理论和技术的研究，结合我国国情引进消化、吸收，并研制一些高新技术，使我国反刍动物饲料产品开发建立在一个较高的起点上，只有这样，才能在强手如林的国内外激烈竞争中站稳脚跟，求得发展。

（2）从中国国情出发。世界各国进行营养研究，都是从本国国情出发。他们提出的理论和技术既反映出当时国际上的研究水平，又体现了本国养殖业水平和饲料资源现状。换一句话说，这些外国提出的理论和技术既具有普遍性，又带有反映其所在国实际的特殊性。我们进行反刍动物营养研究的最终目的是为了指导我国反刍动物养殖业的发展。既包括粗放型、初等集约化型，也包括中等或高等集约化型的混合型饲料模式。

（3）与本地饲料资源相匹配。世界各国发展本国畜牧业，解决饲料问题的基本做法有两种：一是依靠本国资源，走自力更生的道路；二是依靠进口，仿效外国经验。现在越来越多的国家和人士已经认识到第二种方针是一种窒息本国畜牧业发展的错误方针，必然导致在激烈的竞争面前处于不利的地位。而实现第一种方针不仅可以大大降低饲料成本，为反刍动物饲料产品和市场开拓创造有利条件；而且还会物尽其用，对建立生态型农业和农业生产内部结构优化以及促进全国畜牧业走可持续发展的道路有明显的好处。应大量利用我国饲料资源，发展反刍动物养殖业和饲料工业，我们面临一个重大的课题，即如何大量利用低质粗饲料，不断提高其利用率。能否解决好这一重大课题是我国反刍动物饲料发展中的关键问题。

（4）瞄准乳牛、肉羊和秸秆养畜等产品市场。与世界上其他国家一样，我国乳牛业是反刍动物生产中商品化和集约化程度最高的产业。近年来，秸秆养牛和肉羊开发有了很大发展，对饲料工业发展提出了紧迫要求。为此，在相当长时间内，我们必须要面向这三个有很大市场潜力、商品化程度较高的产业，以它们作为我国反刍动物饲料产品的市场基础，求得双向发展。在此基础上，才有可能做到逐步打开商品化程度较低放牧家畜生产所需的补饲产品市场，并进而向周边国外市场发展。

（5）建立以生产营养调控型饲料产品为中心的反刍动物饲料生产体系。当前，在动物营养学领域，营养调控理论和技术的研究已成为时代主旋律。为此，发展营养调控型的饲料产品是具有跨世纪意义的饲料工业的重要发展方向。就反刍动物而言，开发和生产营养调控型的饲料产品更有其特殊重要意义。这是因为反刍动物饲养模式和反刍动物营养生理特点更复杂，使用营养调控型产品更符合因地制宜、因时制宜和因畜制宜的原则，更能适合我国国情，发展反刍动物生产。

撰稿人：卢德勋　李　东

【特种动物饲料】

特种动物的种类繁多，就其主要已形成规模养殖产业基地者列举于后。以毛皮生产为主的有：水貂、狐、貉、家兔、紫貂、海狸鼠、麝鼠（或取药）。以用于制药和保健食品为主的有：鹿、熊、林麝、乌骨鸡、雉鸡、珍珠鸡、鹌鹑、鹧鸪、火鸡等珍禽。用于医学实验的有：实验兔、实验鼠、狗、猴等。用于观赏的有：猫、狗、孔雀、鹦鹉等禽类。

特种动物与普通畜禽饲料业的特点差异甚大，饲料、营养领域的科学研究发展阶段不同，起步大大迟于家畜和家禽。20世纪90年代，我国农村经济建立了农业“三高一优”体制，国家科技部门将特种动物列入科技发展规划，研究某些特种动物在人工养殖条件下的主要营养素需要量（含饲养标准）及其相应的饲料配方和饲料配制技术等。取得了不少填补国家空白并达到国际同类研究水平的可喜成果。近年来，对特种动物饲料的研究有了可喜进展。

1. 梅花鹿

中国农业科学院特产研究所1990－1994年期

间承担了吉林省科委下达的"梅花鹿营养需要及其饲料营养价值评定"的重点研究课题，提出了不同年龄梅花公鹿生茸期和休闲期饲粮适宜能量浓度、蛋白质水平及其需要量，探明了梅花鹿精料补充料中适宜 Ca、P 水平，采用呼吸测热和梯度饲养试验及代谢试验等对梅花公鹿能量代谢参数及规律进行了研究，对梅花母鹿妊娠期、泌乳期和断奶仔鹿育成期饲粮适宜营养水平进行了研究，同时采用铬媒染细胞壁技术和尼龙袋法、酶解法评定了梅花鹿常用饲料的营养价值。该项研究成果获 1995 年度吉林省科技进步二等奖。中国农业科学院特产研究所 1993—1996 年完成的"梅花鹿反刍消化代谢规律"科研成果（吉林省科委青年基金课题），获 1997 年度吉林省科技进步二等奖。此外，中国农业科学院特产研究所于 1995 和 1996 年分别开始承担吉林省科委下达的"梅花鹿高效饲料配制技术研究"课题和国家科委下达的"鹿类动物预混料配制技术研究"子专题两项研究任务，目前均在研究实施之中，计划于 1999 年底和 2000 年底分别通过成果技术鉴定。

在取得科研成果基础上，梅花鹿的配合饲料产品已得到了发展。中国农业科学院特产研究所 1993—1998 年期间生产"鹿用复合添加剂预混料"累计 30 余吨；吉林省双阳县鹿用饲料厂 1991—1995 年期间生产"梅花鹿配合饲料"共计 6400 余吨；吉林省东丰县鹿用饲料厂 1996—1997 年共生产"梅花鹿配合饲料"2200 多吨，除此之外，绝大多数国有养鹿场也根据其营养推荐标准自己进行配合料的生产和应用。

梅花鹿养殖业中配合饲料的应用，产生了明显的经济效益和社会效益。2—3 岁和 4 岁以上梅花公鹿年平均干茸单产分别提高 15—20g 和 105g，成年母鹿繁殖成活率（产仔率×仔鹿成活率）比原来提高了 17%，同时比传统饲养法平均节省精饲料 25%（其范围为 16%—44%）。

2. 水貂

刘庆仁等（1991）曾全面阐述了水貂的蛋白质营养代谢规律以及对蛋白质的需要量。吉林省农业科学院动物营养研究所杨嘉实、靳世厚等人承担的吉林省科委项目"貂、狐、貉标准饲粮及干饲料配方研究"于 1991 年通过了成果鉴定，并于 1992 年度获得吉林省科技进步三等奖。该项成果中全面报道了水貂各生物学时期典型饲料配方及其营养水平的推荐值。吉林省农科院动物营养研究所 1991—1995 年期间承担国家饲料办下达八五攻关课题——特种经济动物营养需要参数及饲料配合技术研究"中"貂子专题"的研究任务，该课题于 1995 年通过了成果技术鉴定。镇江京金水貂饲料公司是我国生产水貂配合饲料的"龙头"企业，1991—1998 年期间累计生产颗粒料 10400 余吨；山东省升华饲料公司（福山）1993 年以前年产水貂干配合饲料 2500 多吨，1994—1996 年期间下降到年产量为 1500 多吨，此后该企业就停产了；吉林省农业科学院饲料厂 1993 年开始生产水貂干配合饲料，至 1998 年累计生产 3500 余吨。

水貂全价配合饲料的应用，不仅可使貂皮尺码、等级和质量有明显的提高，无尿结石发生，食毛和自咬症发生率明显减少，而且可以大幅度降低饲养成本，与饲喂鲜饲料相比平均每只貂的饲料成本下降 25%—40%，也减少了鲜饲料冷冻贮藏和绞碎机配制的费用，具有显著的经济效益和社会效益。

3. 狐

杨嘉实等经多年的总结试验，以及对饲粮结构、消化代谢指标的测定研究，于 1991 年提出了狐在各生物学时期典型日粮组成及其主要营养物质适宜含量水平推荐值，哈尔滨市饲料科学研究所与黑龙江省野生动物研究所共同承担的黑龙江省科委下达的"蓝狐饲养技术研究"课题于 1992 年 6 月通过了成果技术鉴定，该项成果筛选出的蓝狐各生物学时期的优化饲料配方，可使饲料成本降低 27%—32%。

镇江京金水貂饲料公司 1991—1998 年期间累计生产狐配合干饲料 7200 多吨；吉林省农业科学院饲料厂 1993—1998 年期间生产狐配合干饲料 5500 多吨；哈尔滨华隆饲料开发有限公司和哈尔滨市饲料科学研究所等几家单位于 1992 年开发出狐添加剂预混料和浓缩料，1993—1998 年期间累计生产添加剂预混料 200 多吨和浓缩料 3000 多吨；中国农业科学院特产研究所特种动物饲料厂 1997—1998 年生产狐配合干粉料 1600 多吨。

4. 貉

杨嘉实等（1991）试验总结出貉的各生物学时期饲粮中能量浓度（GE）和蛋白质水平（CP），共分为育成前期、长毛期、繁殖期、哺乳期等四期。哈尔滨市饲料科学研究所、东北林业大学野生动物资源学院和黑龙江省野生动物研究所共同承担的国内贸易部（原商业部）下达的"貉配合饲料生产技术研究"课题，于 1991 年度通过了成果技术鉴定。该项成果提出了貉各生物学时期的营养需要量、优化饲料配方和饲料配合技术等，其各项经济技术指标达到国内领先水平，饲喂全价配合干饲料比传统鲜饲料降低成本 25%—30%。

吉林省农业科学院饲料厂 1993—1998 年期间累计生产貉浓缩饲料 1000 多吨；山东省升华饲料公司 1991—1996 年期间累计生产貉配合干饲料 900 多吨；镇江京金水貂饲料公司 1991—1998 年期间共生产貉配合干饲料 300 多吨；哈尔滨华隆饲料开发有限公司 1992—1998 年期间累计生产貉添加剂预混料 150 多吨和浓缩料 2000 多吨。

5. 紫貂

中国农业科学院特产研究所于 1992—1994 年期间承担了吉林省科委下达的"笼养紫貂营养需要研究"课题，1992—1995 年期间承担国家饲料办下达的"八五攻关课题——特种经济动物营养需要参数及饲料配合技术研究"中"紫貂子专题"的研究工作。经过系统的饲养试验和消化代谢试验，王峰、佟煜人等（1995）提出了各主要生物学时期饲粮的适宜能量浓度和蛋白质水平。据张克勤、佟煜人等（1995）报道，用人工配制的干粉料，可以代替部分以鲜肉鲜鱼为主的原紫貂日粮，很有成效。

6. 兔

兔可分为毛用兔、肉用兔和实验用兔。中国农业科学院兰州畜牧研究所与江苏农业科学院饲料食品研究所完成的农业部下达的“毛兔营养需要、饲料营养价值评定及配套饲养管理体系”科研项目，获1990年度农业部科技进步二等奖。该成果提出毛兔、幼兔、青年兔、妊娠兔、哺乳兔、产毛兔与种公兔适宜的日粮营养成分含量、每日不同生产水平的营养需要和部分生理阶段能量与蛋白质的利用效率及维持需要；评定出兔常用饲料的营养价值，建立了估测蛋白质、能量、青、粗4大类饲料与日粮营养价值的公式；筛选出25个典型日粮配方与5个添加剂和添加剂预混料配方；已确认为国家级的行业标准。此外，兰州畜牧研究所还参照国外著名肉用兔的营养需要数据，并通过试验研究，提出了适合我国参考应用的肉用兔饲养标准。

华中农业大学和兰州草原生态研究所1992—1995年期间承担国家饲料办下达的“实验兔营养需要参数及饲料配合技术”八五攻关子专题的研究工作。

7. 小型香猪

香猪是医学实验动物之一，近些年有用作滋补烤肉食品。自1990年开始，中国农业大学陈清明、李爱科等采取呼吸测热、N—C平衡、屠体分析测定和饲养试验等相结合的研究方法，对其营养需要和饲养标准方案进行了较为全面的研究工作。

8. 熊

为了在人工科学养殖条件下使熊体能正常生长发育、提高胆汁产量、质量，国内数家单位曾做过与营养、饲料有关的科学研究。东北林业大学邹兴淮等曾对幼龄黑熊能量、蛋白质营养需要做过研究并报道了相应结果。

9. 林麝

分布于亚洲东部和中国以西南为主的部分地区，家养后活体取麝香，是名贵中药材。为实施人工科学饲养，以四川民族学院为主自20世纪80年代开始对林麝的饲料、营养及科学饲养技术进行过长期研究，全面进行了饲料营养成分测定以及消化代谢试验，得到大量数据；并参考国内外各方面的科技经验，总结提出了较为全面的各生物学时期的有关营养需要量的技术参数；还探讨分析了林麝反刍瘤胃内微生物区系及其代谢特点。有关林麝营养需要及日粮配方见程世国（1994）主编出版的《麝的饲料与饲养》一书。

10. 雉鸡

中国农业科学院特产研究所王峰等于1993—1996年期间承担吉林省科委下达的“吉林省高效农业科技示范园区建设——雉鸡养殖技术与开发”课题，并于1996—1998年期间完成了中国农业科学院下达的“营养水平对雉鸡能量代谢的影响”基金课题。通过饲养试验、代谢试验和屠宰测定等综合研究方法，提出雉鸡育雏期、中雏期和产蛋期饲粮适宜能量浓度（ME）和蛋白质水平（CP）分别为2900千卡/千克和26.5%、2950千卡/千克和21%、2800千卡/千克和18%—19%。上述研究成果还筛选出雉鸡各生物学时期的优化饲料配方，并评定了常用饲料的营养价值。王峰等（1991）报道产蛋期雉鸡饲喂人参茎叶饲料添加剂，可使产蛋量、种蛋受精率、孵化率和免疫球蛋白显著提高。

11. 火鸡

据王道光报道（1991）用低比例鱼粉或无鱼粉的两种日粮饲喂肉用火鸡，其结果为：幼雏期ME2.9兆卡/千克、CP26%—27%，生长期ME2.9兆卡/千克、CP19%—20%，肥育期ME2.9—3.0兆卡/千克、CP17%；各期的肉料比均为3.4:1。因此认为，火鸡日粮可以少用鱼粉或无鱼粉，以降低饲料成本。

12. 鹌鹑

各地均有各种典型日粮及其配方等报道（略）。周长海等（1994）曾对斑翅山鹑在静止期与繁殖期的蛋白质营养水平进行了研究，其结果为静止期17%，繁殖期不低于20%。

特种动物的饲料发展及其相关研究与家畜、家禽相比，进展缓慢，相对滞后。而特种动物养殖业成败的主要制约因素，是饲料营养的科学技术水平以及人工配制饲料产品的质量。研究制订科学适用的特种动物饲养标准（或营养需要量标准）及其相应的配合饲料产品的质量标准，是有利于指导科学饲养的根本性措施。建议首先对某些主要特种动物的饲养标准和人工配合饲料产品的标准化立项研究，组织科研机构、大专院校、企业等有关单位，协作进行联合攻关，尽快将特种动物饲料产品的生产纳入法制化轨道。其次，对经济效益好和社会效益大的特种动物，国家应制订优惠政策加以扶持，建立起一定规模的产业化养殖生产基地。再次，应尽快做好已取得的有关饲料、营养科技成果的推广、示范。

撰稿人：王 峰、杨嘉实

饲料原料工业

【植物性蛋白质资源的开发应用】

1. 概 述

植物性蛋白质资源主要指榨油工业副产品饼粕，酿造工业的各种浆、糟、渣以及制药工业、制粉工业的副产品玉米蛋白粉、粉浆蛋白粉等。20世纪80年代，各种饼粕大部分用来直接肥田，为了收回这部分宝贵的蛋白质资源，国家曾采用以化肥换饼粕的政策，并一直延续到1994年。酿造、制药工业的下脚料，也大部分被直接用来喂猪，喂牛等或弃之荒郊，不仅是对蛋白质资源的浪费，并且造成环境污染。90年代，随着饲料工业的发展，这些资源引起各方面的重视，科研人员也加大了研究开发力度，使这些副产品变废为宝，缓解了我国饲料生产蛋白质资源的紧缺状况。

2. 豆 粕

在常用蛋白原料中，大豆粕的营养价值仅次于鱼粉，但由于鱼粉价格偏高，大豆粕成为饲料中最常用、最重要的蛋白原料，由于其较高的可消化利用价值，大豆粕不仅应用于畜禽养殖中，而且较多地应用在水产饲料与珍奇动物饲料中。进入20世纪90年代，饲料业迅猛发展，对大豆粕的需要量逐年上升，国内生产的大豆粕渐渐出现供应缺口，我国由大豆粕出口国变成大豆粕进口国，自1996年我国首次成为大豆粕净进口国，净进口量逐年增加，据海关统计，1996－1998年，我国大豆粕净进口量分别为180.81万吨、344.98万吨、371.48万吨。

国内前几年玉米市场紧张，粮产区扩种玉米，玉米和大豆在种植上存在替代关系，玉米播种面积增加，大豆种植面积减少，产量下降，决定了大豆粕产量因而下降，1994年大豆和大豆粕产量达到历史最高值，分别为1599.90万吨、687万吨，1995年至1999年大豆再未达1994年的产量值。但同期对大豆粕的需求及消费都呈上升趋势，1998年的大豆粕消费量是1991年的近2倍，消费增长了7倍。

我国的大豆粕产地一般是大豆产地，全国各省市都有大豆，主要产区有河北、山西、内蒙古、东北三省、江苏、安徽、山东、河南、湖北、湖南、广西、四川、贵州等省区。但近年来先后形成了几家油脂化工集团，如华农集团、东海粮油和金光油籽（宁波）有限公司等，其大豆原料有国产，有进口，豆粕 产量占了国内的较大份额。

由于大豆粕是大豆的附产品，而大豆在未来几年仍是我国主要的食物蛋白资源，用于人的消费，饲料用大豆粕必然受到限制，国内产量显然缺口较大。我国经济的发展所引发的对肉类和蛋类需求的增长使我国大豆粕消费量持续增长，时至今日我国已成为亚洲最大的净进口大豆粕消费国。目前我国的年人均大豆粕消费量只有大约10千克，如果我国年人均消费每增加1千克，就需要增加120多万吨的需求量。我国未来大豆粕需要量将会继续增加，这是经济发展的必然结果。

表1 1991－1999年大豆及大豆粕（饼）的全国产量

单位:万吨

	1991	1992	1993	1994	1995	1996	1997	1998	1999
大 豆	988.70	1042.40	1530.70	1599.90	1350.42	1322.20	1472.84	1470.00	1370
大豆粕(饼)	499	536	626	687	684	716	776	826	810

注：大豆产量引自《中国农业年鉴》，豆粕产量引自大连商品交易所。

3. 其他饼粕

我国其他饼粕资源非常丰富，由于其抗营养因子及毒性的存在，在饲料中的应用受到诸多限制，随着脱毒技术、加工技术的提高与品种改良，其他饼粕越来越多地用于饲料，其营养的重要性已逐步被认可。

菜籽粕（饼）在国内呈广泛分布，除北京、天津、海南、吉林、辽宁五省（市）不产油菜籽外，其余省均有分布，但以江苏、安徽、湖北、湖南、四川产量较高，总产量占到全国一半以上。菜籽粕（饼）的产量总体比较平稳，1995年最高达603.74万吨，以后又有所下降。

棉籽粕（饼）营养丰富，是优良的蛋白饲料来源，它含色氨酸、蛋氨酸丰富，维生素含量较高。但赖氨酸含量是第一限制性氨基酸，利用率较差；维生素的含量较少，矿物质中钙少磷多。棉籽粕（饼）主要分布在我国棉花产区，除吉林、黑龙江、福建、广东、海南、西藏、青海、宁夏等8省（区）不产棉花外，其余各省均有分布，但产棉大省以新疆为最多，其他还有山东、河南、河北、江苏、湖北、安徽等省区，棉籽粕（饼）产量随棉花产量而波动，棉粕（饼）产量1995年最高，达634.55万吨。

花生粕（饼）除青海、宁夏、西藏三省（区）不产或几乎不产外，其余省区均有分布，以山东省产量最高，其次是河南、河北、广东三省，，这四个省占全国产量的70%左右，这四省的产量变化主导全国资源量的变化。自1991年以来，以1995年产量最高，达到326.23万吨，总的看，产量比较稳定。

芝麻饼主要分布在芝麻主产区，我国西藏、甘肃、青海、宁夏、上海不产芝麻，其他地区均有分布，主产区在安徽、河南、湖北三省，1997年这三省的产量占全国总产量的75.63%，从1991年以来，1995年产量最高为16.02万吨，但总体上一直比较平稳，基本上保持在15万吨左右。

胡麻粕（饼）可作为蛋白质饲料，饲喂各种动物。但饲喂过量，可使动物体脂变软，影响产品质量，所以最好与其他蛋白源混合饲喂，以补充赖氨酸与蛋氨酸等养分的不足。用量亦必须限制，5%用量即可造成食欲减退，成长受阻，猪饲料中用量过度，会使背脂融点变低，引起育肥猪软脂，维生素 B_6 缺乏，腹泻等。胡麻籽饼粕主要分布在西北和华北地区，西南地区有少量分布，其他地区不生产。甘肃、内蒙、山西产量最高，1997年三省区产量占到全国产量的75%，自1991年以来，以1996年产量最高为34.86万吨。

向日葵仁粕（饼）有去壳和带壳两种。带壳的由于粗纤维含量太高，不适于单胃动物，可在反刍动物饲料中添加，脱壳葵籽粕是一种易消化的高蛋白饲料，可部分取代大豆粕添加在禽、猪和反刍动物的配合饲料中，但应补充赖氨酸。向日葵籽粕（饼）主要分布在东北、华北、西北和西南这4个大区，产量以华北为最，其次是东北和西北地区，华东、华南基本不产，华中地区略有分布，内蒙古产量第一，1997年的产量占全国总产量的45.48%，其次是新疆、山西、黑龙江、吉林四省区，占全国的42.83%。自1991年，1992年产量最高为29.46万吨，以后有所下降。

脱毒蓖麻粕含有丰富的氨基酸，粗蛋白质含量在40%左右，我国是世界上第二大蓖麻籽生产国，产量仅次于印度，1997年产量为18万吨，1998年为19万吨。主要产地在内蒙古、吉林、辽宁、山西、陕西等省区。

线麻籽饼，又称大麻饼，蛋白质28.7%，粕纤维23.2%，集中分布在华北、东北、西南、西北等地区，安徽省产量居全国之首，依次是河南、甘肃、云南、黑龙江、吉林，1997年线麻籽饼全国总产量是1.31万吨，产量呈逐年递减趋势。1991－1998年全国5种主要饼粕产量见表2。

表2 1991－1998年5种饼粕产量

单位：万吨

	1991	1992	1993	1994	1995	1996	1997	1998
菜籽饼粕	453.45	472.58	428.51	462.62	603.74	568.17	591.42	531.05
棉籽饼粕	775.40	600.06	497.20	577.83	634.55	559.49	623.33	603.70
花生饼粕	200.91	189.75	268.43	308.62	326.23	323.18	307.53	346.26
胡麻饼（粕）	32.42	32.74	31.25	32.22	22.92	34.86	24.77	26.46
向日葵仁粕（饼）	28.44	29.46	25.64	27.35	25.39	26.48	23.52	23.00

油茶饼是木本油料饼，分去壳与带壳两种，去壳油菜饼含粗蛋白质10%－18.4%，粗纤维22.7%－23.5%，因含有溶血性皂素，需进行脱毒处理。产于我国亚热带丘陵地区，湖南和江西产量最高，其次是广西、广东、福建。

橡胶籽饼含粗蛋白质20%－30%，粗纤维25%－30%，主要分布于我国热带地区的五个省（区），以海南省产量最高，其次是云南。

油橄榄饼含粗蛋白质6.04%，粗脂肪12.6%，主要分布在湖北、广西、四川、云南、贵州、陕西等省（区）。

椰子饼含粗蛋白质18.4%—21%，粗纤维10%—15%，主要产于我国海南省，广东和云南也有少量生产。

综上所述，我国非常规饼粕资源种类达10多种，资源量达1500多万吨，其中资源量较多的有菜籽饼粕，棉籽饼粕、花生饼粕三种。

4. 糟、渣、废液的开发应用情况

酒糟是酿酒工业的副产品。我国酿造业十分发达，对酒类的酿造量也很大。1997年全国生产酒类约2834万吨，其中啤酒1889万吨、白酒782万吨、葡萄酒17万吨。据统计，我国每年用于酿酒的粮食达1250万吨，可产生1320万吨鲜酒糟或500万吨的干酒糟饲料。酒糟是以粮食为主要原料，添加部分稻壳等物质，接种发酵菌进行固态发酵，经提取酒精后的副产品。据测定，酒糟风干物中含有17%的蛋白质。酿酒过程中由于微生物的作用，生物蛋

白质的含量明显增加，蛋白质品质提高，氨基酸齐全且平衡，是一种优质饲料源。如果能将酒糟全部利用作饲料，每年可节省饲料用粮 500 万吨。

根据酒的种类不同，酒糟可分为白酒糟、啤酒糟和果酒糟。

（1）白酒糟。多为用粮食酿酒而成，含水分高达 70%左右，粗蛋白含量也高达 15－20%。每 100 千克白酒将可产生 375 千克酒糟。据此推算，我国年产白酒糟可达 2900 多万吨。白酒糟去壳加工成干饲料，可用于饲喂乳牛、育肥猪、肉鸭等畜禽，是一种优质饲料源，其饲养效果不低于等量的粮食。

（2）啤酒糟。啤酒业近 10 年以来发展迅猛，1990 年啤酒产量为 692 万吨，到 1997 年则达到 1889 万吨，其中山东啤酒产量最多，达 232 万吨。啤酒在加工过程中会产生大量的啤酒糟下脚料。新鲜的啤酒糟含水分 75%左右，经风干后的啤酒糟含水分 10%，消化能 10.88 毫 J/千克，粗蛋白 26.88%，粗纤维 12.8%，钙磷 0.38%，适宜做奶牛和肉牛的饲料。据推算，前几年我国年产啤酒糟约 346 万吨，1997 年增加至 409 万吨，仅山东就有 180 万吨。

（3）果酒糟。我国果酒以葡萄酒为主，年产量在 17 万吨左右。果酒糟主要由葡萄籽、皮和梗组成，均含有丰富的蛋白质、有机酸和矿物质。我国年产果酒糟约 20 万吨。

综上所述，我国年产酒糟共 2000 万吨，折合干物质 800～1000 万吨。合理有效利用这一饲料资源，可节省大量的饲料用粮。但由于鲜酒糟含水量高达 60%以上，不宜运输和贮存；再加上酒糟中含有 35.6%的稻壳，体积却占到 50%，粗纤维含量达 18.6%，严重影响了酒糟营养价值的发挥，因此酒糟的利用率尚达不到 50%。大部分被废弃，既浪费了资源，又污染了环境。提高酒糟饲用价值和利用率的关键，是在酒糟的加工过程中设法将稻壳去除。

国内外酒糟饲料加工的方法主要有：漂洗沉淀法、挤压分离法、机械脱水法、直接干燥法和干燥、揉搓分离法。由于条件的限制，目前在我国能形成工业化有效加工酒糟的方法主要有两种：直接干燥法和烘干后饲料化处理。直接干燥法，是将酒糟干燥后直接粉碎作饲料。优点是生产效率高，缺点是未分离稻壳，营养价值差；古井贡酒股份有限公司和五粮液酒股份有限公司均采用直接烘干法加工饲料；甘肃省徽县伏加镇建设一座综合饲料加工厂利用“干燥－揉搓－分离”技术，年加工鲜酒糟 9000 吨，生产配合饲料 6000 吨，取得了良好的经济效益。1991 年山东科学院研究的啤酒糟发酵工艺和技术，通过了技术鉴定，并在山东莱州啤酒厂建成投产，并投放市场。1991 年哈尔滨酒精厂和吉林[illegible]糖厂分别研制安装了 DDGS 和 DDG 生产装置，1992 年北京酿酒总厂从国外引进了世界最大的 DDGS 装置，年处理酒精糟渣 4 万吨。其他的加工方法尚未在生产中得到应用。我国有丰富的酒糟资源，搞好酒糟资源的利用，对于缓解蛋白饲料的匮乏，缓解人畜争粮的矛盾具有巨大的经济效益和社会效益。

制药、酱油、制粉工业所产生的副产品酱渣、玉米蛋白粉、粉浆蛋白粉等都是很好的蛋白质资源，数量可观，具有广泛的开发前景。

5．其　它

9 年来，对资源开发应用研究，涉及面非常广泛。其中，对籽粒苋、紫花苜蓿、叶蛋白等都作了大量有益的探索研究工作，由于多种原因，开发推广力度还不够大，未能形成规模。

撰稿人：李　东　郭　科

【动物性蛋白质资源的开发应用】

动物性蛋白质资源主要有鱼粉、肉骨粉、血粉、羽毛粉、皮革粉、蚕蛹粉、贻母蛋白等。

1．鱼　粉

（1）概况。鱼粉作为畜禽饲养和水产养殖业的主要动物蛋白源之一，目前尚无可以完全替代的产品。我国是畜禽饲养和水产养殖大国，每年都需要大量的鱼粉。我国养殖业每年对鱼粉的需求量从 20 世纪 90 年代初的 60 万吨左右增长到目前的 120 万吨左右，约占世界鱼粉产量的 1/6。我国也是世界重要鱼粉进口大国之一。从 1992 年以来，平均年进口量近 64 万吨，占世界鱼粉贸易量的 18%左右。进口量最高的是 1997 年，进口鱼粉 98.5 万吨，最低的是 1998 年，进口量仅为 41.6 万吨。由于生产技术和管理水平落后，国内鱼粉生产长期处于被动局面，质量、价格远低于进口鱼粉。为加强国内鱼粉生产管理，提高国产鱼粉质量和声誉，从 1991 年起，国家开始对鱼粉行业实施强制性的生产许可证制度，对鱼粉行业进行整顿。经过这几年的强化管理，我国鱼粉行业有了较大的发展，产品质量大大提高，信用逐步恢复。特别是近几年来，由于鳀鱼资源开发的成功，国产鱼粉的数量、质量又有了长足的进步，1998 年，国产鱼粉的产量首次超过鱼粉进口量，成为饲料用鱼粉的主力，这是非常可喜的历史性转变（表 3，图 1）。

鱼油是脱脂鱼粉生产的副产品，也是饲料加工中常用的辅料之一。1992年以前，传统的饲料用鱼油并没有太大的起色，只是在水产养殖中的应用比以前更广泛了。然而，这几年鱼油的应用另辟蹊径，在保健食品中找到了自己的位置，国内消费量不断增加。

（2）鱼粉鱼油的生产情况。1990 年以前，我国鱼粉生产以作坊式为主，生产企业多如牛毛，产品质量十分低下。1991 年我国开始实施鱼粉生产许可证制度，加大了鱼粉行业的管理力度。1992—1993 年间，经过各地的清理整顿，关停并转了许多不具备生产条件的作坊式鱼粉加工厂。各地组织了审查组，对所有鱼粉厂进行了质量管理宣传、培训、教育，对鱼粉企业的质量保证体系进行了严格的审查，国家水产品质量监督检验中心组织力量对鱼粉产品质量进行了抽样检验，经过农业部的审核，具备一定生产规模的、有足够质量保证能力的 190 家鱼粉企业被批准获得鱼粉生产许可证，另外还有 10 多家企业在进行改造和申请领证。据统计，

表 3　　1992—1999 年我国鱼粉生产和进口情况表

单位：万吨

	1992	1993	1994	1995	1996	1997	1998	1999
国产鱼粉量	10.08	12.16	16.29	13.46	22.23	50.32	66.68	75.52
进口鱼粉量	63.95	43.12	66.34	69.00	63.20	98.52	41.62	63

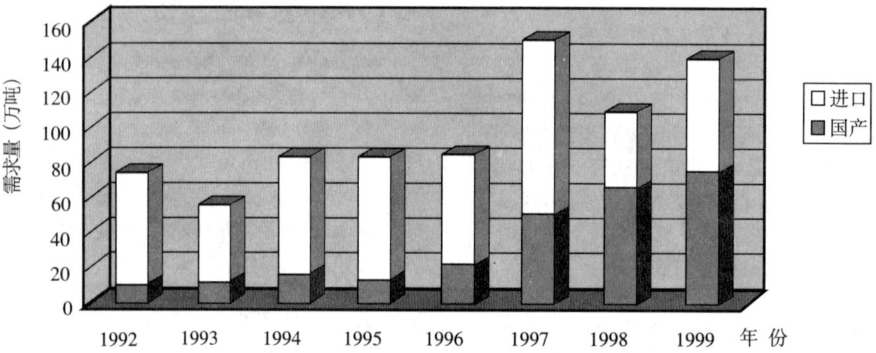

图 1　国内鱼粉需求形势

1992–1993年我国有鱼粉加工企业200多家，加工能力约5500吨/日，年生产鱼粉的能力35万吨。1992年实际产量10万吨，1993年的产量12万吨。我国从20世纪90年代初开始小规模开发黄海鳀鱼资源，发展鱼粉工业。到了1994年后，鳀鱼开发取得突破性进展，产量迅速提升，1994年鳀鱼产量突破40万吨，接近44万吨，当年鱼粉产量就增至16万吨；到1997年，鳀鱼产量已超过了100万吨，1998年达137万吨，鱼粉产量也创出历史最高水平，分别达50万吨和66万吨。1998年鱼粉产量在改革开放以来第一次超过了进口鱼粉量，占当年鱼粉供应量的60％多，1999年占54.5％，这种变化说明了我国鱼粉工业已经发展到了一个新的历史阶段。

表 4　　我国历年鳀鱼和鱼粉产量表

单位：万吨

	1992	1993	1994	1995	1996	1997	1998	1999
鳀鱼产量	—	55.72*	43.89	48.91	67.14	120.20	137.33	130
鱼粉产量	10.08	12.16	16.29	13.46	22.23	50.32	66.68	75.52

注：1993 年第一次把鳀鱼列入统计范围，福建省可能把蓝圆鲹和鳀鱼合并计作“鳀鱼产量”，估计 1993 年鳀鱼产量比实际数多 16 万吨左右。

鱼油是鱼粉生产的副产品，随着鱼粉产量的提高，鱼油产量也迅速提高。国际上一般鱼油产量是鱼粉产量的 15%，而我国还有部分干法生产鱼粉的企业，根本不产鱼油。据专家估计，我国鱼油产量大约是鱼粉产量的 10%，由此推算，1998 年我国鱼油产量应超过 6.7 万吨。国内鱼油的生产几乎全部集中在山东、浙江两省，其中山东的产量约 6 万吨。

鱼油主要应用于饲料、制革、制药和生产保健食品。但由于鱼油产量迅速增加，再加上进口的部分也有所增加，给国内消费市场造成很大的压力，鱼油的应用开发赶不上鱼油生产的发展，近几年来多次出现鱼油滞销的局面，这对鱼粉的生产也产生一定的影响。

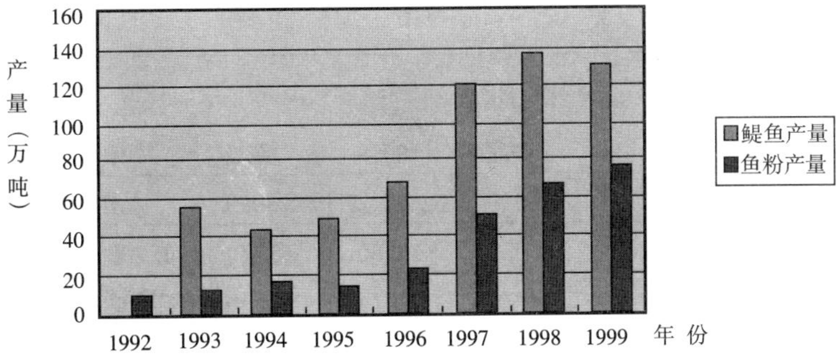

图 2 鳀鱼产量与鱼粉产量关系图

表 5 鱼油生产与进口情况表

单位：万吨

	1992	1993	1994	1995	1996	1997	1998
鱼油估计产量	1.0	1.2	1.6	1.3	2.2	5.0	6.7
鱼油进口量	0.20	0.35	0.54	0.31	0.32	0.15	0.48

(3) 鱼粉主产地的变迁。如前所述，我国 20 世纪 90 年代初加大了黄海鳀鱼资源的开发力度。鳀鱼是生产鱼粉的好原料，鳀鱼资源开发成功，使我国鱼粉工业上了一个新台阶。鱼粉工业是高度依赖资源的产业，随着资源的转移鱼粉主产区也发生了巨大的变化。变化最大的是山东省，在 1992 年前，还是一个很不起眼的鱼粉小产区，从 1993 年起，由于鳀鱼产量激增，鱼粉工业迅猛发展，产量直线上升，1995 年开始跃居全国第一，到了 1998 年，鱼粉产量达 44 万吨，比 1992 年增长 76 倍，占全国鱼粉总产量的 66%，占据了绝对主导地位，1999 年占全国鱼粉总产量的 59.3%。其次是浙江省，他是一个老鱼粉主产区，1994 年以前，居全国第一，所占份额也不小，但是，到了 1995 年，由于山东鳀鱼产量大增，浙江的鱼粉厂家看到了商机，纷纷将设备搬迁到山东，促进了山东鱼粉生产的大发展，也导致了 1996 年浙江鱼粉产量的大幅度下降，丧失了全国第一的“宝座”，然而，留在当地的厂家也不甘落后，积极到邻近的省收原料，加上 1997 年浙江本省的鳀鱼产量也大幅度增加，使得浙江鱼粉产量在 1997 年得以恢复，1998 年又创本省历史新高。辽宁省在鳀鱼开发的热潮中，鳀鱼产量也逐步增加，鱼粉产量在七年中增长了十几倍，但由于起点较低，不能与山东、浙江相比。河北省 1999 年鱼粉产量较高，比 1998 年增长了 106%。占全国鱼粉总产量的 19%（表 6，图 3）。福建、广东、上海等地没有什么新的资源好开发，鱼粉产量只随当地资源变化而产生波动，虽然他们的鱼粉产量总体变化不大，但随着全国鱼粉产量的增加，他们所占市场的份额越来越小。

(4) 鱼粉生产技术的变革。1992 年前，我国鱼粉生产技术是相当落后的，全国有一定规模的 200 多家鱼粉企业中，拥有湿法生产线的不足 1/4，生产能力占全国的一半；加工能力 100 吨/日以上的生产线全国只有 5 条；只有一台蒸干机的作坊式加工厂则不计其数。蒸干机加工能力小，效率低，上午收购的原料经常是当天都加工不完，夏天，原料极易腐败变质，臭水横流，腐败的水产品经烘干机一蒸，更是臭气熏天。经过几年的强制管理，这种情况已经有所改变。最终的技术变革，还是依赖鳀鱼资源的开发。鳀鱼资源很集中，适合大规模的鱼粉加工，而且主要集中在山东。从浙江人的异地发展到山东自己开发，从 1994 年以来，山东掀起了发展鱼粉加工的热潮，到目前为止，已发展鱼粉企业 200 家，这些新发展起来的企业全部采用湿法生产，从国产的中小型湿法设备到进口的大型湿法设备，废液回收设备，油水分离设备，鱼油精炼净化设备，等等，应有尽有，生产技术有了明显的提高。浙江等地的鱼粉加工设备也经过了改造，普遍采用国产的湿法脱脂生产设备，过去一度盛行的干法生产设备集是在离海岸较远的地方。拥有先进湿法设备的企业已由 7 年前的 1/4 上升到目前的 2/3 以上。最近，农业部组织实施第二轮生产许可证制度，进一步加强鱼粉企业的管理，相信此项工作完成后，对鱼粉产品质量和生产技术进步又是一次促进。

(5) 鱼粉产品质量的变化。国产鱼粉从 20 世纪 80 年代开始出现了掺杂使假，严重影响了国产鱼粉的信誉。到 1992 年前后，我国干法生产的鱼粉产量仍占一半以上，居主导地位。由于干法生产蒸干的时间长，鱼的油脂在蒸干过程中易被氧化，蛋白质也因温度过高而遭到破坏，影响产品质量；干法生产处理原料能力低，工厂条件差，没有

表6　鱼粉主要产区历年产量表

单位：吨

	1992	1993	1994	1995	1996	1997	1998	1999
辽宁省	1254	4381	3677	8028	3722	17868	22067	6024
上海市	1689	1312	2028	3742	3999	4679	1368	
浙江省	57736	79247	107066	13100	67534	122823	161149	130000
福建省	23337	16355	19776	10814	13990	16880	22000	
山东省	5736	9921	14201	92191	124097	322601	441023	447648
广东省	9938	9190	14542	5138	5050	12655	11673	
河北省	2110	2422		25000	49950	60051	69837	143763

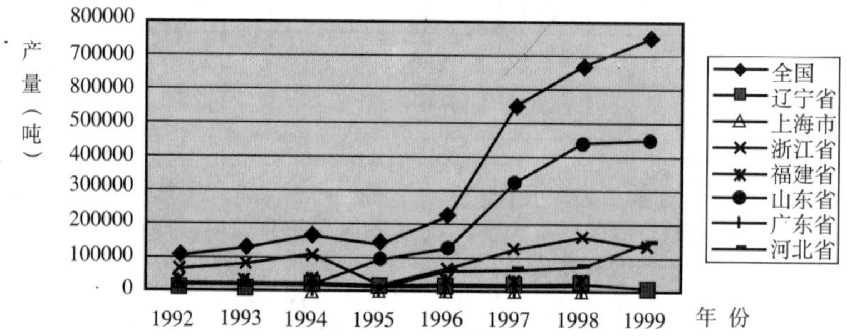

图 3　主要鱼粉产地产量变化图

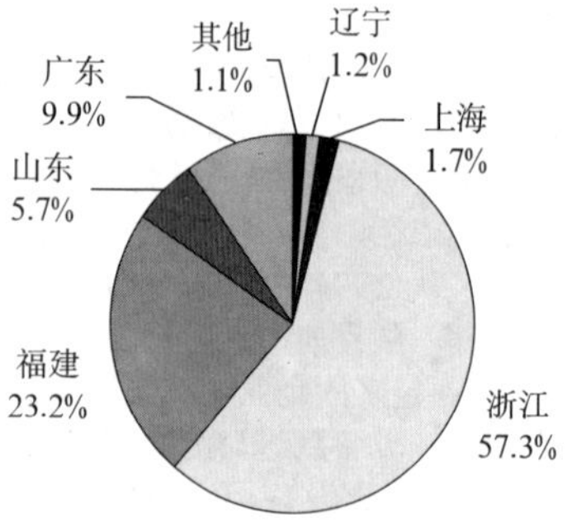

图 4　1992 年鱼粉主产区份额图

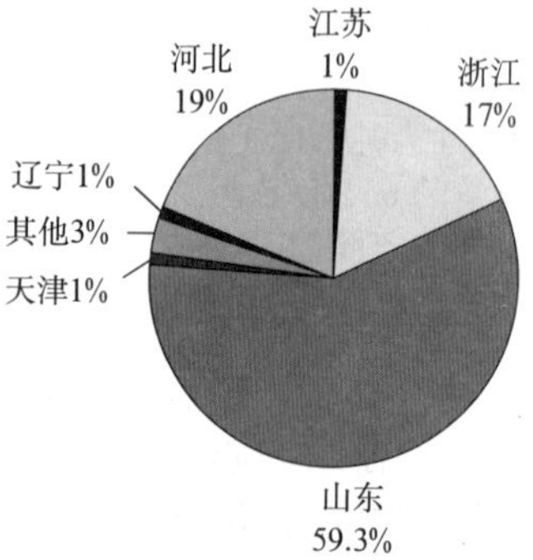

图 5　1999 年鱼粉生产区份额图

保鲜措施，在高温季节，鱼货还未处理就已经变质，也严重影响产品质量；干法生产由于没有脱脂工序，鱼粉含脂量高，产品生产出来后，很快氧化变质。这个时期生产的鱼粉有七成以上为三级以下水平，加上人们掺杂使假，实际上市场上合格的产品还很少。1992年以后，湿法生产渐渐兴起，与干法不同，湿法生产是先将鱼货蒸熟脱去油脂再进行干燥，蒸煮时间只有几分钟，烘干时间也只有40分钟左右，大大减少了油脂氧化的机会，最大限度保证了蛋白质不被破坏，同时，鱼体汁液经浓缩后，与鱼粉一道混合烘干，生产出真正意义的全鱼粉；湿法鱼粉加工企业一般规模较大，有能力对鱼货进行保鲜，所以原料的质量也是有保障的；湿法鱼粉企业有比较规范的质量保证体系，可以保证鱼粉鱼油生产过程中的质量。现在，我国湿法鱼粉已经占了主导地位，鱼粉产量中80%以上是湿法鱼粉，尤其是以山东的湿法鳀鱼粉质量为佳。据有关专家分析，我国目前鳀鱼粉的质量与进口同类产品质量处于同一水平。

（6）我国鱼粉鱼油质量管理。实施鱼粉生产许可证制度，是我国鱼粉质量的一项重要的强制性管理措施。从1991年开始实施以来，在加强管理、提高质量方面已取得了明显的效果。

为了适应鱼粉鱼油质量的提高，行业主管部门对鱼粉鱼油标准进行了重新修订。鱼粉的行业标准（SC3501-1996）经修订已于1996年12月正式批准实施，在新标准中，增补了特级鱼粉，它的质量指标已达国际先进水平。鱼油的行业标准已通过审查，将在近期发布，标准中一级、二级鱼油的质量指标也与国际上的要求一致（表7，表8）。

为打击假冒伪劣行为，我国对鱼粉的质量监督非常重视，从1988 年起，国家质量技术监督部门和行业主管部门已连续多次安排鱼粉质量监督抽查。对促进企业树立质量意识，加强质量管理，提高鱼粉产品质量起到了巨大的作用（表9）。

表7 鱼粉标准的主要理化指标

单位：%

项 目	特 级	一 级	二 级	三 级
粉碎粒度	至少98%能通过筛孔为280毫米的标准筛。			
粗蛋白质	≥60	≥55	≥50	≤45
粗脂肪	≤10	≤10	≤12	≤12
水 分	≤10	≤10	≤10	≤12
盐 分	≤2	≤3	≤3	≤4
灰 分	≤15	≤20	≤25	≤25

表8 鱼油中的主要理化指标

指 标	鱼 油		粗鱼油	
	一级	二级	一级	二级
水分及挥发物/%≤	0.1	0.3	0.5	1.0
酸价/(mg KOH/g)≤	1.0	2.0	10	15
过氧化值/(mmol/kg－1)≤	5.0	6.0	8	15
不皂化物/%≤	2.0	3.0	—	—
杂质/%≤	0.1	0.1	0.5	1.0
碘价Ⅰ/(g/100g油)	鱼油160，其它100			

鱼粉业发展趋势。从种种迹象表明，今明两年我国鱼粉工业生产形势不容乐观。影响我国鱼粉工业健康发展的主要因素有：

一是受国际市场鱼粉价格影响。随着厄尔尼诺现象的逐渐消失，秘鲁、智利等国的鳀鱼产量将恢复正常水平，鱼粉市场将日趋稳定，价格会有所下降。

二是受鳀鱼资源的影响。据专家预测，我国黄、渤海鳀鱼可捕量为70－120万吨，1998年已经到了最高限（约120万吨），鳀鱼已明显出现资源衰退迹象，网产下降，生产航次周期延长，单船产量大幅度下降。1999年鳀鱼资源已出现枯竭现象，荣城一带捕不到鳀鱼了。另外，我国与日本渔业协定可能会在一两年内生效，而主要鳀鱼渔场落在双方共管区内，协议生效后鳀鱼捕捞将受到限制。

三是假冒伪劣行为仍将影响质量。尽管政府对鱼粉行业加强了管理，但生产厂家还是不断增加，这将进一步加剧鱼粉市场的竞争，弄虚作假者乘虚而入，损害国产鱼粉声誉，造成国产鱼粉质量下降。国产鱼粉信誉再次受到冲击。

四是国内市场需要疲软。受畜禽产品价格下滑的影响，畜禽饲养规模将会有所下降，对鱼粉的需求量、价格将会受到一定影响。

(8) 加强对鱼粉生产经营管理，加快涵养鱼资源的方法工作。①通过生产许可证市发管理，对鱼粉生产厂进行一次全面整顿，关停一批不符合条件的厂点。②对鱼粉厂长（经理），技术人员进行法制、管理、技术、职业道德等的教育和培训，提高整体素质。③加强对鱼粉生产经营的监督管理力度，坚决打击制假、售假的违法活动。④加快海洋涵养鱼资源方法，使海洋捕捞生产可持续发展。

撰稿人：丁晓明

2. 肉骨粉

肉骨粉是利用屠宰动物废弃物、下脚料、杂骨等经高温处理、脱水、脱脂，经过干燥、粉碎成流动性好的粉状物。粗蛋白质可达 45%－54%，20世纪90年代受到重视。

1991年经国家技术监督局批准，对肉骨粉生产实行生产许可证管理制度。1994年开始执行，到1999年，全国共有183家通过了生产许可证的审核，获得了生产许可证（详见附录），1998年，全国肉骨粉产量达到45万吨，各省发展情况不太一样，历年生产情况见表10。

表9　　历年鱼粉产品质量国家抽查结果

年 份	抽样检验结果	主要质量问题
1988年	鱼粉国家抽查合格率低于我国工业产品抽查合格率75%的平均水平。	①掺假，一些企业将饼粕、羽毛粉、皮革粉等掺入鱼粉中。 ②蛋白质含量低，有的仅含30%。 ③水分、砂分含量高，水分高达32%，是部颁标准的3倍。砂分高达18%，是部颁标准的36倍。 ④大部分不合格的样品集中在浙江。
1995年	1995年鱼粉质量明显提高，主要表现在:①无掺杂现象。②蛋白质含量达到55%以上的占86%，其中蛋白质含量超过60%的占73%，达到或超过同类进口鱼粉的产品质量。水分合格率为98%，砂分合格率为96%。③1995年抽查的鱼粉样品有63%来自于山东省的荣成地区，该地区采用先进的湿法鱼粉生产线，鱼资源丰富，其鱼粉质量和产量在我国属首位。	

表 10　　1991—1998 年全国骨粉、肉骨粉生产情况

单位：吨

	1991	1992	1993	1994	1995	1996	1997	1998	1999
全国总	91548	136659	184473	262637	331646	388099	356945	454886	381392
北京市	460	470	380	380	380	1200	293		2650
天津市	539	24	5261	2820	20236	26887	40511	28154	22118
河北省	4930	8867	13024	69828	41367	46035	51755	51813	75051
山西省	2292	9350				8000	10000	8500	9600
内蒙古	1789			65	1859	216	130	130	2600
辽宁省	14322	12000	11962	13159	19519	23757	22366	48607	24470
吉林省	803	1800	10000	2000	20000	24453	25000	25500	25500
黑龙江	2500	11000	13000	20000	2500	12000	12500	16000	16000
上海市							2258	5924	3054
江苏省	1000	12000	4920		1200	1300		7330	4100
浙江省		1000	9500	9500	9500				
安徽省	18489	2593	571		3800	5011	3695	2514	4570
福建省				120		250	20	50	
江西省									
山东省	17443	24837	25828	32048	51480	58685	23940.	46979	24253

表 10 （续）

河南省	2000		18544	20544	36220	64140	52380	76340	55356
湖北省									
湖南省			2258	3700	13800	7150	10800	13485	12100
广东省	600	1000	1056	1344		1145			
广　西	42					461	12367	8664	901
海南省									
重庆市								214	790
四川省	5497	6322	16586	36116	69145	84383	48686	62345	44630
贵州省		5000	15000	13423	13423		5156	4914	5810
云南省			10168	10000	12000	11000	13000	14000	20000
陕西省	8180	10798	10439	9957	12525	9900	13626	17223	11695
甘肃省	1677	4502	3990	4772	4908	5134	3242	3503	2700
青海省	6289	4632	8030	7533	6122	6498		10823	10157
宁　夏						300	200	300	850
新　疆	2696	4296	4124	3329	3662	2194	1949	1574	2437
青　岛								2981	3479
大　连								2787	3600

撰稿人：孙　鸣

3. 其它动物性蛋白质资源

随着我国养殖业的快速发展，对饲料特别是对蛋白质饲料的需求量也越来越大。常规饲料，如饲料粮、糠麸、豆饼以及饲草等，已远不能满足养殖业发展的需要。饲料生产厂家和大型养殖场所需的蛋白质主要依靠进口豆粕和鱼粉来解决，每年仅进口鱼粉一项就需耗费 6 亿美元。据世界粮农组织预测，到 20 世纪末我国将缺乏蛋白质饲料数百万吨。蛋白饲料资源普遍贫乏、人畜争粮的矛盾也日渐突出。在这种情况下，开发和利用其他饲料资源对国民经济的发展具有重要的现实意义和深远的历史意义。近 10 年来，新技术的创新和发展为饲料资源的开发和利用带来了蓬勃的生机。其中血粉、酒糟、羽毛粉、酵母蛋白等新型蛋白饲料资源都得到了不同程度的开发和利用。这对缓解我国蛋白饲料资源紧缺及减轻环境污染和“变废为宝”等方面，都具有重要的经济效益和社会效益。然而，这些新型蛋白饲料资源开发和利用的力度还很不够，尚处于初级阶段，今后的开发利用仍有着很大的潜力和广阔的市场前景。

（1）血粉

动物血液蛋白质含量高，牛血含蛋白质 17.3 克/毫升，羊血 16.4 克/毫升，猪血 18.9 克/毫升。血粉是牲畜屠宰的鲜血经过加工而成，其蛋白质含量高达 80%－93%，是优质的蛋白质饲料，另外还富含诸如铁等矿物质。我国血液资源丰富，一般每头屠宰猪可产血粉 0.4－0.5 千克，牛 0.8－1 千克，羊 0.2－0.3 千克。以此为系数推算，我国 1997 年肉猪、肉牛、肉羊的出栏量分别为 45077.2、3105.7、15539.2 万头（只），可制血粉 30 万吨，是有待开发的最大的饲用蛋白资源。

世界各国对屠宰血液的利用都非常重视，一般都用现代化的加工方式生产血粉。血粉的加工方法主要有流动干燥、低压负压喷雾干燥、孔性载体热空气（蒸汽）干燥、离心法和发酵、晒干、由血蛋白制作载体鱼粉等方法。目前国内最常用的加工方法是发酵血粉、喷雾干燥血粉和蒸煮血粉等。

发酵血粉是将动物血液与透气性较好的辅料以一定的比例混合，结合特定的菌种，堆积发酵，然后干燥粉碎成饲料用发酵血粉。目前最好的动物蛋白饲料为进口鱼粉，但价格昂贵。湖南农大经 2 年研制成的猪血发酵血粉，其营养成分与进口鱼粉接近。含有可消化粗蛋白质 60.2%、粗纤维 2.4%、代谢能 11.65 兆焦/千克、钙 1.45%、磷 1.52%，并含有氨基酸、维生素和微量元素等成分，易被动物吸收利用。与普通干燥血粉相比，发酵血粉无血腥味，适口性好，营养价值高，是一种很有开发利用价值的蛋白质饲料。经饲养试验表明，肉鸡日粮中用6.6%、10.55%的猪血发酵血粉可替代配合日粮中的5%或8%的鱼粉，日增重和饲料报酬率均无显著差异；鲤鱼对发酵血粉的消化率为80.32%。此外，山东农科院饲料研究所试验测定表明，用发酵血粉喂猪对屠宰率、瘦肉率和肉质品质无不良影响。

喷雾干燥血粉，是一种采用喷雾干燥工艺加工而成的无腥味、高蛋白、高赖氨酸含量的新产品。和传统的加工工艺生产干燥血粉及发酵血粉相比适口性更好并具有更高的消化率。也是一种畜禽日粮中很好的蛋白质来源。

近几年各地都相继建起了规模不同的血粉饲料加工厂。例如，湖南已建立了11个发酵血粉厂，年产发酵血粉约8000吨；四川省年生产熟血粉、发酵血粉、脱色血粉约1500吨；郑州生产的“双丰”牌血粉约2000吨。我国虽有着丰富的血粉资源，但总体说来血粉资源的利用率仍很低。一方面，在我国多数畜禽屠宰厂的规模小而分散，畜禽血液难于集中回收；另一方面，血粉加工前需采用防腐保鲜技术，也增加了血粉资源利用的难度。原料血易腐坏变质，加入0.7%的硫酸，可使血液保存一周，如鲜血在5—16℃下贮存，添加0.1%福尔马林亦可防止细菌繁殖，如温度较高时，则需添加0.3%和0.65%的福尔马林，分别可在2～3天或7—8天内起抑制菌的作用。随着血粉加工技术的改进，血粉会成为重要的新型蛋白饲料资源，发展大规模集中屠宰则是解决血粉资源有效利用的根本出路。

（2）单细胞蛋白

1992年中国饲料工业协会和山东省饲料工业协会在青岛召开了“全国饲料酵母和矿物质饲料在饲料工业中的应用研讨会”，对我国单细胞蛋白开发应用进行了研讨。针对我国存在的两种生产工艺路线即液态发酵（湿法发酵）和干法发酵工艺，以及饲料酵母产品的应用试验进行了学术交流。会议肯定了饲料酵母在养殖业生产中的作用，但由于发酵机理、产品成本核算等一些深层次的理论问题研究得不深，产品标准问题成为讨论的热点，结论意见是让市场来进行选择。1993年，河北省成立了饲料酵母集团，也是因为市场的选择以及运价上的原因目前该集团生存困难，尽管如此，我国每年饲料酵母的产量都在40万吨左右。比较好的可以用作饲料蛋白质原料的啤酒酵母，单细胞蛋白含量高、质量好，但因其价格高，数量也不大，在推广应用上还未完全打开市场。

《纲要》提出的开发单细胞蛋白和甲醇蛋白，仍不失为解决我国及至世界蛋白质资源不足的一条渠道。1992—1993年我国曾从俄罗斯进口甲醇蛋白，在应用中还是有效果的。研究开发单细胞蛋白，必须制订相应的标准和管理监督措施，同时加深理论方面的研究，开发生产出真正的饲料酵母原料。

饲料酵母是利用制糖、淀粉、造纸等工业废液或木材水解液为主要原料，补加一定的氮源和其他营养素，接种酵母发酵，经分离、干燥制得的近乎纯酵母的产品。按国家规定的标准，饲料酵母不应添加其他物质。饲料酵母属于单细胞蛋白，是优质的蛋白质和氨基酸源。饲料酵母的蛋白质含量大于40%—55%，与大豆的蛋白质含量相当，粗纤维小于0.1%—0.5%，每克酵母细胞数大于80—100亿个，每公斤酵母含维生素B_1大于20—30毫克、维生素B_2大于40—45毫克。饲料酵母可在一定程度上替代价格昂贵的进口鱼粉，可广泛用于饲喂奶牛、肉牛、绵羊、山羊、猪及家禽等。

饲料酵母蛋白作为一种新开发和研制的饲料蛋白源，为解决蛋白饲料资源的匮乏找到了又一条新的途径。饲料酵母的开发始于20世纪70年代，酵母的蛋白质含量高、营养全面、生产原料广泛，有“未来鱼粉”之称。近10年来，我国饲料酵母的生产有了迅猛的发展。1991年全国饲料酵母产量5万余吨，1993年产量已超过10万吨。近5年来国内市场上饲料酵母产品大量涌现，相继建起了大量不同规模的饲料酵母生产厂饲料酵母的生产，为废渣、废液的开发利用带来了机会。几乎所有轻工、食品和部分化工工业的废渣、废液都可用来生产饲料酵母。饲料酵母生产工艺主要有3种：深层液态发酵工艺、固态发酵工艺和液固态结合发酵工艺。

深层液态发酵工艺，是20世纪60年代研制和开发的饲料酵母生产工艺，采用通风控温的罐式发酵法。优点是机械化程度高，产品细胞数多，杂菌污染少，产品质量稳定。但是该工艺能耗高，设备投资大，可溶性营养物质损失多，产品收率低，产品成本高；固态发酵工艺是80年代研制成的。1991年固态发酵生产饲料酵母产量已达4.8万吨，1992年产量达8.7万吨，近几年一直呈上升趋势。液固态结合发酵工艺是新研制出的工艺。该工艺克服了液态和固态两种工艺的缺点，吸取了两者的优点，具有很大的实用价值。

在饲料酵母的研制和生产中还存在以下两个主要问题：

①产品质量问题：现生产饲料酵母的厂家大都是私营或个体厂家，规模小，技术力量薄弱，因而产品质量很难保证。今后饲料酵母生产应向现代技术高度集中的大型厂发展。规模化和技术集约化生产是提高产品菌体含量，保证产品质量的关键所在。

②产品标准问题：我国饲料酵母在质量评定时以粗蛋白含量来表示饲料的蛋白质含量，这就给一些投机厂家以制假的可乘之机，掺杂低质的蛋白质（如羽毛粉或非蛋白氮等），以提高产品中粗蛋白的含量。解决这个问题的关键，是尽快制定切实可行的饲料酵母的标准，该标准不应以粗蛋白作为评价

指标，而应以水解氨基酸种类及其含量为评价指标。

（3）羽毛粉蛋白

禽类羽毛的粗蛋白含量很高，经过处理制成羽毛粉，其蛋白质含量约85%—89%；含有丰富的甘氨酸、苏氨酸、胱氨酸等18种氨基酸，含量在70%以上；其中胱氨酸的含量就高达4.65%，为天然蛋白饲料之冠；也含有维生素B_{12}和一些未知的生长素；铁、锌、硒含量很高，是一种资源丰富的、饲用价值高的动物性饲料蛋白源。近几年我国家禽业发展很快，1993年家禽出栏量39.8亿羽，1996年出栏71.9亿羽，到1997年则达到76.6亿羽。按一只家禽可产羽毛0.2千克推算，1997年羽毛资源量达153万吨。如果能将所有羽毛都开发和利用的话，会为缓解日益紧缺的蛋白饲料资源作出巨大的贡献。

羽毛蛋白质是由双硫键（—S—S—）牢固结合而成的角蛋白质，若不经处理，很难被动物体消化吸收，必须经过加工处理才能饲用。羽毛粉的开发研究，在国外已有50年的历史，目前一些国家已经建立起了不同规模的羽毛粉加工业。在北美、印度尼西亚，畜禽饲料中一般都添加2%—3%的羽毛粉。国内直到1979年才开始有关羽毛粉的开发和利用的研究。目前已有许多厂家生产羽毛粉。目前，国内羽毛粉的加工方法主要有5种：高温高压水解法、酸处理法、碱处理法、膨化法、酶解法。其中以水解法和膨化法最为常用。

高温高压水解法：该法的技术关键是要掌握好时间、温度和压力三方面。其工艺流程为：羽毛→除尘→水洗→装罐→加压→高温→水解→抽真空→排污→干燥→粉碎→化验→包装→成品。该工艺彻底破坏了羽毛角蛋白质的稳定空间结构，从而使它变成畜禽可消化吸收的可溶性蛋白，消化率在90%以上。

膨化法：采用膨化机进行羽毛膨化处理。羽毛在膨化机内瞬间受到高温160℃与催化剂的作用下，其分子键断开，从而得到膨化羽毛蛋白。

羽毛粉蛋白饲料具有很高的饲用价值，可用于猪、牛、羊、鸡、鸭、鹅、对虾及鹌鹑的日粮配合，补充蛋白饲料的不足，替代鱼粉。蛋鸡、鸭、鹅日粮中可添加5%—6%；肉鸡可加入6%—8%；猪日粮中可添加8%—10%；牛、羊补充饲料中可占5%—7%；鱼、对虾饵料中不超过10%；其他动物饲料中可添加6%。羽毛粉适口性强，畜禽特别爱吃。添加于饲料中可使畜禽生长快，产蛋率和产肉率明显提高，并可改善畜禽产品的质量。既能节约饲料粮，又可降低饲料成本，经济效益显著。

撰稿人：刘　芳　张存根　李国胜

【矿物质饲料（磷、钙饲料）】

矿物质饲料原料主要指磷酸氢钙、磷酸二氢钙，碳酸钙等。

20世纪80年代，我国磷酸氢钙生产企业，生产规模都比较小，大多数是1000—5000吨的年生产能力，且质量不高，含氟量超标。1993年曾出现过供不应求的情况，每吨价格涨到2800元/吨。20世纪90年代后期这种状况得到了根本改变，不仅数量增长大，而且质量有了很大提高。在生产工艺上也有了很大改进，规模化生产和工艺上的科技进步，大大降低了生产成本，稳定了市场价格，近几年来，每吨价格稳定在1500元左右。

在磷酸氢钙生产方面，后来崛起的四川龙蟒集团起了骨干作用，1998年生产磷酸氢钙25万吨，成为全国第一大供应商，市场占有份额30%以上，成为饲料生产行业的知名企业。1999年生产能力达到30万吨。目前，我国生产能力1万吨以上的企业有27家，全国总生产能力100多万吨，1998年产量66.97万吨，1999年为72.58万吨。许多厂家开发生产出了高磷颗粒磷酸氢钙产品。四川成为我国的第一大磷酸氢钙生产基地，1万吨以上的生产企业有10家，1998年产量35万多吨，占全国总产量的50%以上，1999年产量33.73万吨，占全国总产量的46.5%。为了适应水产养殖饲料的需要，近年开发生产的磷酸二氢钙，为水产养殖饲料生产提供了高效的磷钙原料。我国主要磷酸氢钙和磷酸二氢钙的生产企业及生产能力和情况见表11。碳酸钙主要生产厂家及生产能力见表12。

表11　我国饲料磷酸钙盐生产厂情况

序号	生产厂家	生产能力（万吨/年）	备注
1	广西磷酸盐厂	6.0	磷酸二钙
2	四川什化集团公司	3.0	磷酸二钙
3	四川绵竹红岩化工厂	1.5	磷酸二钙
4	四川王家坪磷矿	2.0	磷酸二钙
5	绵竹龙蟒矿物质饲料公司	30	一钙和二钙
6	绵竹清华化工厂	2.0	磷酸二钙

表11 （续）

7	什邡清泉化建公司	2.0	磷酸二钙
8	四川汉源化工总厂	1.5	磷酸二钙
9	四川富顺磷化工厂	1.0	磷酸二钙
10	四川威远磷钙饲料厂	4.0	磷酸二钙
11	鸿鹤化工股份有限公司	1.5	磷酸二钙
12	四川宜宾磷铵中试厂	2.0	磷酸二钙
13	湖北荆襄磷化公司	5.0	磷酸二钙
14	湖北保康康达化工厂	1.0	磷酸二钙
15	湖北老河口磷酸氢钙厂	1.0	磷酸二钙
16	宜昌葛州坝磷酸氢钙厂	4.0	磷酸二钙
17	湖北襄樊市化工厂	1.5	磷酸二钙
18	贵州光大饲料添加剂公司	5.0	磷酸二钙
19	贵州龙里磷酸氢钙厂	3.0	磷酸二钙
20	贵州遵义仁和磷盐有限公司	1.0	磷酸二钙
21	贵州开磷（集团）公司	5.0	磷酸二钙
22	云南人和磷化工有限公司	1.0	磷酸二钙
23	云南光明磷化工总厂	1.2	磷酸二钙
24	江苏连云港锦屏磷矿	2.0	磷酸二钙
25	山东聊城硫酸厂	4.0	磷酸二钙
26	四川清平磷矿	5.0	三钙，拟建
27	河北矾山磷矿	1.0	磷酸二钙

表12 我国碳酸钙主要生产厂情况

产品	生产单位	生产能力 吨/a	备注
碳酸钙	河北唐山东矿化工厂	50000	轻质碳酸钙
	辽宁本溪助剂厂	25000	轻质碳酸钙
	陕西乾县化工厂	15000	轻质碳酸钙
	山东淄博碳酸钙厂	10000	轻质碳酸钙
	江苏吴县碳酸钙厂	15000	轻质碳酸钙
	山东淄博湖田化工厂	35000	轻质碳酸钙
	浙江菱化企业集团公司无机化工总厂	25000	轻质碳酸钙
	福建古田碳酸钙厂	50000	轻质碳酸钙
	湖北黄石市化工厂	15000	轻质碳酸钙
	湖南资江氮肥厂精细化工分厂	25000	轻质碳酸钙
	广东广平化工实业有限公司	15000	轻质碳酸钙
	宁波硫酸厂	50000	重质碳酸钙
	四川江油碳酸钙厂	180000	重质、轻质

撰稿人：王佩林

【大宗饲料原料】

饲料的大众原料主要是玉米，约占饲料组成的65%－70%。在我国，玉米、饲料、畜牧业是紧密相连、相互制约、相互影响的。饲料业的快速发展，对玉米的需求量越来越大，配合饲料中超过50%的组成是玉米，饲料产量的迅猛提高，饲料质量的进一步提高要求玉米不仅在量上而且在质上要有进一步的提高。

玉米蛋白质含量较低，且其氨基酸组成很不平衡，普通玉米缺乏赖氨酸及色氨酸等必需氨基酸，在用作配合饲料时，应与其他原料搭配互补使用。黄玉米中玉米黄素含量高，是很好的鸡饲料，可使肉鸡皮肤和蛋黄的黄色加重而增加外观色泽的吸引力。由于其高能量，是肉鸡和育肥猪很好的催肥饲料原料。在反刍动物中，为防止胃中积食鼓胀，加工成粒状或压片后适量饲喂可提高生产性能。由于其碳水化合物含量高，难被鱼、虾利用，故水产动物饲料中一般不用玉米。我国玉米的生产和市场走势与饲料业、畜牧养殖业的发展息息相关。玉米作为我国3大粮食品种之一，也曾有过辉煌的时期，主要是在我国粮食产量增加较大的1995－1996年间，玉米市场价格一路看涨，但这种高价看涨行情并没有维持很久，进入1996年下半年以后，玉米市场开始走下坡路，经历了1997年、1998年的低位徘徊。玉米市场这种长期疲软的形势受到很多因素的影响，如播种面积、产量、气候、科技投入、供求关系、适时经济环境以及相关行业的发展等等。首先从播种面积看，近几年玉米播种面积一直处于增加状态，仅1998年的播种面积就比上年增加了2%左右。我国玉米产量随着粮食总产的连年提高，也在不断增加，由1995年的1.12亿吨增长到1996年的1.27亿吨，1997年略有下降后，1998年又增加到1.33亿吨以上（表13）。

我国1996年用于饲料粮消费的玉米7000万吨左右，年增长率约3%；1997年是7420万吨，年增长率达到6.76%；1998年为7550万吨，但年均增长率仅为1.75%。近两年，消费玉米量的年增长率显著下降，其主要原因是东南亚金融危机及国内经济增长势头减弱而导致饲料业与畜牧业的增长势头减弱，对饲料用玉米需求的增长势头减弱所致。

青海不产玉米，云南、海南、上海、江西、福建、浙江产量很少，吉林、黑龙江、辽宁、河北、河南、内蒙古、山东、山西、四川等省产量较高，其他省（区、市）均有生产、从全国总产量看，自1991年，产量处于稳中有升的趋势。

表13　1991－1999年全国玉米产量

单位：万吨

	1991	1992	1993	1994	1995	1996	1997	1998	1999
玉 米	10082.8	9815.8	10270.4	9927.7	11198.9	12747.0	10431.2	13299.8	12808.6

其它原料有高粱、大麦、麸皮、稻谷、砻糠等。

1998年我国平均饲料产量6000万吨，将浓缩饲料折合成配合饲料，配合饲料总产量8000多万吨，按65%计算，需用能量饲料6950万吨，除去部分应用稻谷、高粱、大麦作能量饲料，年需玉米量仍在5000万吨左右，占全国玉米总产量的50%左右。随着我国饲料工业的发展，大宗饲料原料仍不富裕，因此，开发其它可利用的能量饲料原料资源，是今后饲料工业发展的需要考虑的一大问题。

1990年国务院50号文，提出种植结构由二元结构向三元结构发展，饲用粮单独分出来。但一直还未落实。随着饲料工业的发展，对玉米质量提出了新的要求，科技人员近期开发的高油玉米、高赖氨酸玉米，必将对我国饲料产品质量提高、降低饲料成本，做出新的贡献。

饲料原料工业和饲料大宗原料，是饲料加工业的物质保证。我国蛋白质原料资源不足，据专家估计，每年缺蛋白质原料（按100%蛋白质计算）约500多万吨，能量原料主要是玉米，目前供求矛盾还不大，随着饲料工业的发展，也将出现缺口。1999年粮食购销政策出台后，饲料加工企业采购原料存在一定困难。为了支持饲料饲养业的持续发展，种植业结构应尽快实施三元结构，把饲料用粮单独分出来，势在必行。同时积极推广高油、高赖氨酸玉米的生产，扩大大豆种植面积。

撰稿人：郭　科　李国胜

饲料添加剂工业

【概　述】

1. 生产现状

全国饲料添加剂生产企业约有1000多家(1995年为980家，其中国有企业355家，集体企业365家，乡镇企业82家，三资企业81家，个体企业53家)，从业人员数万人。营销网点遍布全国。1991—1998年间，饲料添加剂和添加剂预混料历年产量情况如图1、图2(仅供参考)。产品中以饲用磷酸

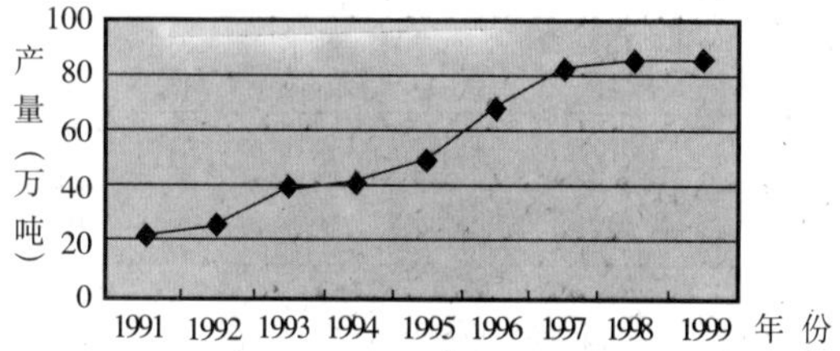

图1　1991－1999年饲料添加剂产量

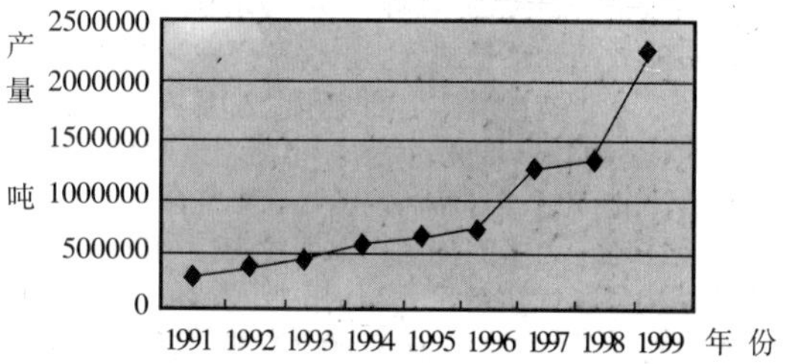

图2　1991－1999年添加剂预混料产量

盐类(主要是磷酸氢钙和磷酸二氢钙，约占总量的98%，现已划为饲料原料，详细情况见饲料原料部分)的产量最大(仅1997年就达617058吨)，占饲料添加剂总产量的70%左右。其次是氯化胆碱(以50%粉剂计)生产能力达10万吨。饲用赖氨酸、抗生素类、饲料保藏剂(抗氧、防霉剂)、调味剂等都具一定生产能力和产量。科技进步、经济发展、体制改革、市场竞争，一些支柱企业和产品应运而生。饲料磷酸氢钙、磷酸二氢钙、饲用抗氧化剂的支柱产品——乙氧基喹啉、赖氨酸、氯化胆碱、烟酸(烟酰胺)、香味剂、蛋氨酸、维生素A和维生素E等都有相当规模和极具竞争力。生物技术产品，如饲用复合酶制剂、益生素(生菌剂)、光合细菌等用于饲料业已初露锋芒。中草药饲料添加剂已有上百个产品上市。由于产品功能意识和市场竞争意识的强化，适时开发出一些颇具特色的产品，如降低鸡蛋的胆固醇含量，降低氨、硫化氢的排泄量等添加剂。有100多个企业从事饲料调味剂生产，产品已系列化。饲料添加剂的生产呈稳定、上升态势。

2. 供应和需求状况

饲料添加剂是配合饲料的核心部分，发展的快慢制约着配合饲料发展的局面。支撑着饲料工业向着集团化、产业化、多元化方向发展。1999年我国配合饲料产量达5553万吨，居世界第二位。作为核心组分的饲料添加剂的一些产品发展不平衡。如氯化胆碱、维生素C和饲用金霉素等，属于长线产品，供大于需，产品流向应转向国外。维生素中除生物素(VH)外，其他品种均有产品应市。鉴于技术、工艺、设备等因素，有的产品量不大，有的产品质量尚需提高，有的产品生产成本高，也有的品种品位不高，影响着饲料工业的发展。尽管天津引进了年产万吨的蛋氨酸生产装置，即使正常运转后，国内市场蛋氨酸的缺口仍大，故需进口部分饲料添加剂调剂市场。据有关部门公布的进口饲料添加剂情况统计，1991-1999年间，先后有20多个国家的100多个公司(含生产厂)向我国申请注册饲料添加剂。由农业部批准进口的饲料添加剂注册许可证的产品有646个。一个品种由于多个申请登记国家或一个国家多个申请公司或一个公司多次注册(许可证有效期为五年)，实际上进口的饲料添加剂品种200个左右。进口的品种中以维生素(单项与多维素预混料)居多。近年进口饲料保藏剂(抗氧、防霉剂)、饲料品质改良剂(调味剂、着色剂等)呈上升趋势。等级注册数量前五名的国家为美国、瑞士、日本、德国和法国。同期三资企业、独资企业的适时组建、发展，充实了添加剂市场，推动着饲料添加剂工业向健康方向发展。

3. 科研与技术进步

为了缩小我国饲料添加剂工业与世界的差距，国家及各省、市一直非常重视科技投入和人才培养。对“八五”期间列入的重大科技攻关项目进行认真督察，使之均超前完成。同期国家科委专用化学品专项办公室列入的饲料添加剂专题都取得了可喜成果:16个专题中有14个提前完成，达到国际先进水平的9项，国际领先水平的2项，国内领先水平的3项；申请中国专利15项，国外专利2项；建立了中试或工业化生产线14条。饲料级D-泛酸钙一直依赖从国外进口，在引进技术未果的情况下山东省化工研究院进行了研制，经过几年的努力，

在完成中试的基础上，国家计委列入 500 吨/年饲料级 D-泛酸钙工业性试验项目已在运作。广西赖氨酸厂是采用国内的菌种和发酵技术建立的。经过“八五”科技攻关，不断对菌种进行选育和对发酵、提取技术改进，使其产酸率和赖氨酸提取总收率均接近于世界以糖蜜为原料生产的赖氨酸技术水平。山东鲁抗医药股份有限公司对 20 世纪 90 年代初引进的泰乐菌素，经过五年的消化吸收，已达年产 300 吨/年。浙江省新昌县合成化工厂承担的国家级火炬项目——异植物醇，经过企业的认真组织实施，1997 年已形成 1200 吨/年的异植物醇生产规模。产品的总收率由 76.5%提高到 88%，该产品的投产对国内维生素 E 的生产及后续产品的发展将产生深远影响。云南省化工研究院等承担的万吨/年饲料级脱氟磷酸钙工业性试验技术，经试运转获得了成功。湖北省广济药业股份有限公司引进的国外维生素 B_2 实验室技术，经过了深入再研究，缩短了生产周期，提高了维生素 B_2 含量，使产量由以前的 120 吨/年增至 400 吨/年，成为世界上第一家把克隆技术成功地用于工业化生产维生素 B_2 的生产厂家。同期研制出一些新产品，如马杜霉素、盐霉素、改性大蒜素、甜菜碱、吡啶甲酸铬等陆续上市，还开发出一批更新换代产品。如饲用微量元素完成了由无机盐、经有机酸盐向氨基酸(或多糖)微量元素络合物的转变;饲用硒酸盐由亚硒酸钠(钙)转成硒酵母(还有硒酸酯多糖)，提高了消化吸收率，减少了毒副作用和由此造成的环境污染。维生素 C、钠(钙)、包被到制成抗坏血酸多聚磷酯(抗坏血酸磷酸酯镁)，提高了产品稳定性，解决了产品中有效成分的损失问题。“九五”国家重点科技攻关计划项目早已启动，如维生素新剂型、饲用酶制剂及鱼、虾诱食剂新品种的开发等；大豆黄铜、喹胺醇、微生物脲酶抑制剂等中试技术；微量元素氨基酸络合物、缓释尿素制剂等产业化技术。新产品的不断推出，为行业进步注入了新的活力。

饲料添加剂是一个新兴行业。基础设备、技术力量都比较薄弱，专业人才尤其是从事创新的人才相当缺乏。科研项目的实施，相关部门(单位)的政策倾斜，稳定和锻炼了科技队伍，培养了一批学科带头人。同时，有关大专院校开设了相应的专业课，有关部门不定期地举办培训班，学术交流，学者互访，培养和造就了一大批人才，在产品开发，技术推广中肩负重任，共同拉动行业发展。

4. 行业管理及信息

饲料添加剂是一个多学科、知识密集型，且又是跨部门、跨行业的新兴产业。在国家饲料法规尚未出台前，国内生产、使用的饲料添加剂，则根据具体情况由相应的主管部门审定，但大多执行的是各省、市、自治区自行制订的饲料管理暂行办法(条例)。全国饲料工业标准化技术委员会适时制订了一批产品的国家标准。同时还有行业标准、部颁标准、企业标准。这些标准的制订，有利于产品的流通和管理。1993 年中国饲料工业协会饲料添加剂专业委员会在北京成立。专业委员会在中国饲料工业协会的指导下开展工作。它将发展行业优势，为企业牵线搭桥，沟通信息，使科研、生产、营销形成有机联系，推动行业发展。该会以会同有关部门积极申办专委会会刊——《中国饲料添加剂》。在有关部门的协助下，先后召开了五次(每两年一次)全国饲料添加剂学术交流会(第四、五届增设了产品展示部分)，每次学术交流会都出版了论文集。通过交流，扩散了信息，增进了学识，促进了科技成果的转化，活跃了市场，拉动了行业进步。

中国饲料工业协会、化工部饲料添加剂技术开发服务中心、添加剂信息站及各省市有关部门不定期地举办专题研讨会，学术交流会、产品展示会或邀请国内外专家进行专题讲座。加强同国外同行的接触和交流，以洞悉国外饲料添加剂研制动向和发展趋势，为行业发展和政府部门的决策提供依据。

撰稿人：傅同禄　傅希萍

【营养性饲料添加剂】

1. 氨基酸类

进入 20 世纪 90 年代以来，我国饲料用氨基酸工业不论技术水平还是生产规模均有了较大发展，特别是蛋氨酸和赖氨酸。目前，我国氨基酸的总生产能力已达 4 万吨 / 年，年产量 2.0—2.5 万吨 / 年。尽管如此，从技术上看，与国外先进水平还有一定差距，从生产能力和产量上看，仍不能满足饲料工业发展的需求，依然需要大量进口。一些小品种，如色氨酸、苏氨酸等，技术开发进展较慢。

①赖氨酸：在“六五”末期，国家根据饲料工业发展需要，先后在广西南宁、湖北武汉、吉林九站、福建泉州兴建四座年产 1000 吨的赖氨酸生产装置（都是发酵法）、但由于生产技术不过关，武汉制药厂转产土霉素，吉林九站新中国糖厂长期运转不正常，福建泉州赖氨酸厂与泰国正大集团合资改名“泉州大泉赖氨酸有限公司”，利用国外技术，以淀粉为原料，由 1000 吨 / 年，扩大到 3000 吨 / 年，又到 6000 吨 / 年。只有广西赖氨酸厂利用自己技术建成1000 吨 / 年装置，于1986年投产，1987年通过国家验收，又经“八五”科技攻关，产酸率不断提高，现技术指标已接近国际水平。经过几次技改扩建，生产能力由 1000 吨 / 年，扩大到 3000 吨 / 年，再到 6000 吨 / 年，1998 年已经达到 1 万吨 / 年。日本味之素株式会社与四川化工集团公司合资，于 1994 年 10 月成立川化味之素有限公司，在成都建设成一套赖氨酸生产装置，规模为 6000 吨 / 年，经过技术改造以后，生产能力扩大到 1 万吨 / 年，于 1996 年 5 月 8 日正式投产。另外，云

南华宁永华柠檬酸制品有限公司也建成 3000 吨／年赖氨酸装置。长春大成生化工程开发有限公司年产 1.5 万吨的赖氨酸生产装置正在建设之中。目前，我国赖氨酸总生产能力约 3.4 万吨／年，1999 年只有大泉赖氨酸有限公司和川化味之素有限公司生产，年产量 9327 吨。

尽管赖氨酸有了一定规模，但其产量仍然不能满足国内市场需求。目前，消耗量约 3.5 万吨／年，其不足部分靠进口解决。我国赖氨酸进口量见表 1。

我国赖氨酸技术开发工作近几年取得了长足的进步。据了解国际上生产赖氨酸的技术指标：以淀粉为原料，发酵时间 45—60 小时，赖氨酸菌种发酵水平 120—140 克／升，产酸率 10%—15%，对糖的转化率 42%—45%，提取率 90%—97%。在实际生产中，产酸率 9%—11%，提取率 83%—87%，淀粉原料消耗 2.65—3.5 吨／吨产品。采用糖蜜为原料，产酸率 7%—9%，提取率 80%—85%，糖蜜原料消耗为 6—8 吨／吨产品（糖蜜含糖 50%）。用糖蜜发酵，其产酸率和提取率均低些，当然，原料价格也便宜一些。

表 1　我国赖氨酸进口量

年　份	1992	1993	1994	1995	1996	1997	1998	1999
赖 氨 酸 进口量(吨)	9671.7	9254.1	20503.5	24219.9	13320	11125	12092.4	32604.9

我国广西赖氨酸厂的生产技术经“八五”攻关后，以蔗糖糖蜜为原料，技术指标：菌种发酵水平 114 克／升，发酵产酸率 8.2%，提取率 82.4%，均已接近国际先进水平。

除广西赖氨酸厂外，还有一些研究单位为赖氨酸的技术进步做了大量工作，取得了可喜的成绩。例如，上海工业微生物研究所选育出的 L—赖氨酸生产菌 FH128 菌株遗传性能稳定，营养要求粗放，在 $20m^3$ 发酵罐中发酵，产酸率达 8.5%—9.2%，对糖的转化率在 38%以上，发酵周期 59—67 小时。

复旦大学从 FM84—415 菌株出发，用亚硝基胍诱变筛选出突变菌株，摇瓶发酵产赖氨酸盐酸盐 8.43%，糖转化率 44.9%。

从我国赖氨酸市场发展看，由于国外赖氨酸市场趋于饱和，另外，又常受大豆收成的影响，赖氨酸市场价格波动很大，高时达 4.8 万元／吨，低时仅有 1.25 万元／吨，这样大幅度的颠簸，需要企业有很强的承受能力。因此，拟建新装置一定要上经济规模，选用高水平的菌种和先进的生产技术，搞好综合利用，尽可能地降低生产成本，使企业具有较强的抗风险能力，只有这样才能在激烈的竞争中有一席之地。

②蛋氨酸：在配合饲料中特别是禽类饲料中，蛋氨酸是第一限制性氨基酸。蛋氨酸是具有旋光性的化合物，分 L 型和 D 型。在动物体内，L 型易被肠壁吸收，D 型要经过酶转化成 L 型后才能参与体内蛋白质合成。由于动物体内具有这种转化酶，故在饲料中添加可使用 D 型和 L 型混合消旋体 DL—蛋氨酸。

目前，世界上饲料用蛋氨酸的构型有 DL—蛋氨酸、羟基蛋氨酸、羟基蛋氨酸钙盐、N—羟甲基蛋氨酸，总生产能力约 70 万吨／年，年产量达到 50 万吨／年。

我国 20 世纪 90 年代初从法国罗纳—普朗克公司引进技术，采用斯卑希姆公司的设计和关键设备，由中国化学工程总公司承建，投资 6.5 亿多人民币，在天津化工厂建设 1 万吨／年规模的 DL—蛋氨酸装置，于 1992 年 8 月建成。但是由于种种原因，装置设计能力一直不能正常发挥。1997 年罗纳—普朗克公司再次与天津化工厂合作，成立了合资企业“渤海（天津）罗纳—普朗克蛋氨酸有限公司”，经对装置进行检修，从 1998 年 1 月开工至今产量达到该装置建成以来的最高水平，1998 年产量达 2000 多吨，1999 年达到 3000 吨。这是我国唯一生产饲料用蛋氨酸的装置，即使这套装置达到设计能力，仍然不能满足国内饲料工业需要。目前，我国配合饲料产量约 5500 万吨／年，消费蛋氨酸 3.5—4 万吨／年，随着饲料工业的发展，缺口将越来越大。近几年我国蛋氨酸进口量见表 2。

表 2　我国蛋氨酸进口量

年　份	1992	1993	1994	1995	1996	1997	1998	1999
蛋 氨 酸 进口量(吨)	7336.7	14771.3	17120.5	22673.8	14745.6	13253.6	11705.9	21457.4

由上表可见，近期我国再建一套 2—3 万吨／年规模的蛋氨酸生产装置是完全必要的。但是，由于蛋氨酸生产工艺过程复杂，需要大量氰氢酸（或氰化钠）、硫化氢、甲醇等有毒原料，对生产场所要求苛刻，要上第二套装置必需选择好建厂地点、引进先进且成熟的技术。

③色氨酸：色氨酸是动物营养必需氨基酸之一，常称其为第三限制性氨基酸。生产方法有三种：

（a）发酵法；（b）天然蛋白质水解法；（c）化学合成法。日本昭和电工、协和发酵、味之素、三菱油化等公司，采用发酵法生产。而三井东压、田边制药、日本化药等公司，用化学合成法生产，德国 Degussa 公司则兼有发酵法和合成法。以往由于色氨酸价格很高，用作饲料添加剂的量很少。近几年来，一些发达国家对色氨酸的研究工作取得了较大进展，例如日本味之素、德国 Degussa 等公司宣布已建成或拟建年产几千吨的生产装置。如果色氨酸能大规模生产，售价将会降低，其用量也将会有较大幅度的增长。

我国对色氨酸的开发已具备了一定基础，早在 20 世纪 80 年代武汉制药厂采用化学合成法已建成 8 吨／年 DL－色氨酸，2.4 吨／年 L－色氨酸生产装置，但由于工艺路线长，生产成本高，无法扩大规模。近几年国内又有几家企业建成小型色氨酸装置，如湖北峰江氨基酸有限公司、上海生物化学制药厂等。其产品主要供药用，在技术上进展不大。

④苏氨酸：苏氨酸被称为第四限制性氨基酸，其生产方法也有三种：（1）发酵法，以糖、氨和高丝氨酸为培养基，用 Glutaminus 发酵后精制而得。我国鹰潭市生产化学制品厂就是采用此法生产 L－苏氨酸；（2）蛋白质水解法；（3）化学合成－酶法，有以八豆酸、乙酰乙酸乙酯及甘氨酸酮为原料合成 DL－苏氨酸，再用消旋酶得 L－苏氨酸。也有用氯乙酸氨化得甘氨酸，再经 732 树脂脱铜得 DL－苏氨酸收率高，是工业化生产方法。

国外生产苏氨酸的主要企业有日本味之素、协和发酵、田边制药等公司，美国有 ADM 公司、德国有 Degussa 公司、法国有 Eurotysine AS、Rexim SA 公司等。近几年，发达国家对苏氨酸的开发有了很大进展，据称 Degussa 公司已建成 5000 吨／年的装置，味之素将在法国建成 1.5 万吨／年的生产能力。目前，世界总产量 3000－5000 吨／年，消费量超过 2000 吨／年。

我国目前苏氨酸的生产能力、产量均不大，主要用于医药工业，饲料用产品几乎全部靠进口。生产技术没有突破性进展。生产企业除鹰潭外，近几年发展起来的有湖北峰江氨基酸有限公司、天津氨基酸厂、汕头创高集团有限公司（L 型 50 吨／年）等。

⑤复合氨基酸：以人发或猪毛、猪血为原料用盐酸水解后，经氢氧化钠中和得复合氨基酸粗品。再经活性炭吸附及 pH 值调节，在提取胱氨酸后，得到饲用复合氨基酸。复合氨基酸中含有谷氨酸、赖氨酸、苏氨酸、天门冬氨酸、丝氨酸、脯氨酸等十几种氨基酸，其中谷氨酸含量最高，而赖氨酸、苏氨酸、色氨酸、精氨酸等也均在 1%以上。近几年全国各地建设了不少胱氨酸厂，如湖北潜江市氨基酸厂、武汉化学助剂厂、湖北公安县化肥厂化工分厂、四川新都县星星生化厂、宁波东海化工厂等。另外，山东、西安等地有的企业直接以屠宰厂的下脚料为原料生产饲用复合氨基酸。这些产品因受原料的限制，产量不大，仅起补充作用。

撰稿人：李祥君　孔平涛

2. 维生素类

（1）维生素类产品发展迅速。1998 年维生素总产量达 34725 吨，是 1991 年总产量（9601.5 吨）的 3.6 倍，8 年间年均递增 20%。1998 年生产总能力已达 58634 吨，为 1991 年的 4.9 倍。除去右旋泛酸钙等个别产品外，其他产品均能满足国内市场需要，并有相当数量的出口。但是，饲料中添加的多种维生素复合制剂发展不够，往往出口维生素原料，进口维生素复合制剂。

（2）有些维生素产品出现了供大于求的现象。市场竞争激烈，由各企业历年产量能力变化情况可以看出，8 年来，维生素生产领域既涌现了一些竞争力强日益壮大的新企业，也淘汰了部分老企业，甚至有的企业进入维生素生产领域不久就又退出了；另外，在资产重组和引进外资中也有的壮大了，有的则被重组掉了。

（3）近年来我国维生素生产技术进步很快。①湖北广济制药厂（现广济药业股份有限公司）、天津河北制药厂（现天津太河制药有限公司）、上海、浙江黄岩先后由国外引进了维生素 B_2 的新菌种，使发酵单位大幅度增长，使我国的维生素 B_2 生产量除满足国内市场需要外，并有一定数量出口（详见附表 1）。②我国维生素 C 两步发酵生产工艺的生产收率已从 20 世纪 90 年代初的 40%左右，提高到 60%左右；靖江江山制药厂、东北制药总厂、河北石家庄制药集团、河北华北制药集团分别建成了年产 5000 至 1 万吨的维生素 C 生产装置；生产总量由 1991 年的 7355 吨增长到 1998 年的 25843 吨；维生素 C 的生产成本和销售价格都大幅度下降。③生产维生素 E 的中间体异植物醇和三甲基氢醌，过去主要依赖进口，近几年重庆西南合成制药厂和浙江新昌制药厂经过努力已研究开发成功，完成了中试放大，并逐步实现工业化生产，为我国维生素 E 迅速发展创造了条件。维生素 E 醋酸酯的产量，1999 年已达 4885 吨，比 1991 年的 373 吨净增 4512 吨。另外，对食油精制产生的下脚料进行综合利用，提取天然维生素 E 的几个装置也已陆续投产。

随着维生素 E 生产总量的增长，维生素 E 生产企业对开发生产饲料添加维生素 E 干粉的积极性上升，除辽宁巴斯夫（沈阳）维生素有限公司、罗氏三维（上海）维生素有限公司生产维生素 E 干粉外，重庆西南合成制药股份有限公司、浙江新昌制药厂、新昌合成化工厂等也都能生产供应饲料添加剂维生素维生素 E 干粉。

（4）对外开发引进外商资金促进了维生素工业发展。在这 8 年中，沈阳引进德国巴斯夫资金与

附表 1　1991—1998 年维生素类产品的产量及生产能力

单位：吨

产品及企业名称	91年产量	91年能力	92年产量	92年能力	93年产量	93年能力	94年产量	94年能力	95年产量	95年能力	96年产量	96年能力	97年产量	97年能力	98年产量	98年能力
维生素类药	9601.534	11960.627	13045.185	15512.63	16521.373	21807.304	22261.450	27861.450	27073.197	44935.100	31351.406	61375.000	23373.800	54855.300	34725.516	58634.100
维生素A醋酸酯	82.607	82.000	82.953	91.000	83.248	121.000	175.299	219.000	203.380	255.000	51.834	270.000	33.800	72.000	757..300	872.000
辽宁东北制药总厂	34.730	49.000	37.791	49.000	33.470	79.000	46.721	79.000	34.736	79.000	—	—	—	—	—	—
辽宁巴斯夫(沈阳)维生素有限公司	—	—	—	—	—	—	—	—	—	—	50.317	94.000	33.800	72.000	46.170	72.000
上海第六制药厂	47.877	33.000	45.162	42.000	49.778	42.000	128.578	140.000	168.644	176.000	1.517	176.000	—	—	—	—
罗氏泰山(上海)维生素有限公司	—	—	—	—	—	—	—	—	—	—	—	—	—	—	711.130	800.000
维生素B_1盐酸盐	404.477	1245.000	650.676	1060.700	802.288	1000.750	851.943	1191.000	228.612	1068.000	146.360	1068.000	164.066	1098.000	209.000	788.000
天津市新新药业公司	21.008	120.000	22.027	120.000	21.810	120.000	27.406	120.000	—	120.000	—	120.000	—	—	—	120.000
天津市中津制药厂分厂	77.497	217.000	151.888	282.700	240.050	272.750	252.301	283.000	—	—	—	—	—	—	—	—
辽宁东北制药总厂	117.715	198.000	189.532	198.000	176.339	198.000	152.929	198.000	60.191	198.000	16.860	198.000	—	198.000	—	198.000
上海第二制药厂	89.010	160.000	99.757	160.000	109.753	160.000	75.084	90.000	—	—	—	—	—	—	—	—
江苏南通制药总厂	24.297	150.000	45.942	150.000	54.566	150.000	49.272	150.000	6.531	150.000	2.500	150.000	—	—	—	—
浙江杭州民生药业集团公司	62.000	100.000	91.530	100.000	98.240	100.000	75.330	100.000	3.620	100.000	—	100.000	—	100.000	—	—
湖北国营华中制药厂	12.725	200.000	50.000	50.000	101.530	(300.000)	182.225	—	139.627	250.000	127.000	250.000	162.000	550.000	209.000	220.000
湖南省岳阳市制药三厂	—	—	—	—	—	—	11.527	100.000	1.443	100.000	—	100.000	—	100.000	—	100.000
广东深圳市仙诺制药有限公司	0.225	100.000	—	—	—	—	—	—	—	—	—	—	—	—	—	150.000
广西南宁制药企业集团公司	—	—	—	—	—	—	25.869	150.000	17.200	150.000	—	150.000	2.066	150.000	—	—

附表 1（续）

产品及企业名称	91年产量	91年能力	92年产量	92年能力	93年产量	93年能力	94年产量	94年能力	95年产量	95年能力	96年产量	96年能力	97年产量	97年能力	98年产量	98年能力
维生素B_1硝酸盐	477.204	205.000	488.523	185.000	717.434	806.710	793.788	1039.000	335.577	505.000	219.290	405.000	356.000	105.000	474.000	715.000
天津市新新制药厂	80.701	—	82.001	—	93.500	—	69.002	120.000	3.000	—	—	—		—	—	—
天津市中津制药厂分厂	139.825	—	131.205	—	241.710	241.710	264.004	254.000	—	—	—	—	—	—	—	—
辽宁东北制药总厂	55.126	55.000	35.525	55.000	45.704	55.000	38.908	55.000	18.760	55.000	6.990	55.000	—	55.000	—	55.000
上海第二制药厂	66.254	(160.000)	56.507	(160.000)	39.557	160.000	19.254	(90.000)	—	—	—	—	—	—	—	—
江苏南通第二制药厂	72.953	(150.000)	68.375	(150.000)	—	—	—	—	—	—	—	—	—	—	—	—
江苏南通制药总厂	—	—	—	—	59.263	(150.000)	55.362	(150.000)	0.825	(150.000)	0.300	(150.000)	—	—	—	—
浙江杭州民生药业集团公司	33.120	50.000	34.910	50.000	53.020	50.000	69.300	50.000	6.530	50.000	—	50.000	—	50.000	—	—
湖北国营华中制药厂	20.725	—	80.000	80.000	184.680	300.000	262.133	550.000	279.337	300.000	212.000	300.000	356.000	—	474.000	660.000
湖南省岳阳市制药三厂	—	—	—	—	—	—	15.825	(100.000)	27.125	100.000	—	—	—	—	—	—
广东深圳市仙诺制药有限公司	8.500	100.000	—	—	—	—	—	—	—	—	—	—	—	—	—	—
维生素B_2	118.170	111.000	129.750	150.000	200.183	291.000	252.409	312.000	229.232	272.000	281.806	567.300	487.436	567.300	418.138	517.300
天津市河北制药厂	56.370	50.000	59.227	50.000	81.808	87.000	109.520	112.000	117.232	112.000	0.100	—	—	—	—	—
天津太河制药有限公司	—	—	—	—	—	—	—	—	—	—	148.473	157.300	159.015	157.300	95.424	157.300
山西集翔生物工程有限公司	—	—	—	—	—	—	—	—	—	—	6.369	30.000	20.029	30.000	8.548	30.000
浙江温州第二制药厂	—	—	—	—	—	—	0.293	—	—	—	—	—	—	—	—	—
浙江天美制药有限公司	—	—	—	—	0.023	50.000	10.300	50.000	—	—	—	—	—	—	—	—
湖北广济药业股份有限公司	60.070	60.000	70.523	100.000	115.131	100.000	122.497	100.000	112.000	110.000	126.561	300.000	306.477	300.000	309.316	300.000

附表 1（续）

产品及企业名称	91年产量	91年能力	92年产量	92年能力	93年产量	93年能力	94年产量	94年能力	95年产量	95年能力	96年产量	96年能力	97年产量	97年能力	98年产量	98年能力
湖北武汉抗菌素厂	—	—	—	—	2.751	50.000	7.614	50.000	—	50.000	—	50.000	—	—	—	—
湖北宜昌市平湖制药厂	—	—	—	—	—	—	0.400	—	—	—	—	—	—	50.000	—	—
湖南省株洲制药厂	—	—	—	—	—	—	1.775	—	—	—	—	—	—	—	—	—
广东广州制药厂	—	—	—	—	0.470	4.000	0.010	—	—	—	—	—	—	—	—	—
陕西省西安制药厂	1.730	1.000	—	—	—	—	—	—	—	—	0.303	30.000	1.915	30.000	4.850	30.000
烟酸	111.159	401.000	166.217	805.000	327.003	790.000	349.536	790.000	202.514	270.000	366.441	744.500	192.282	724.500	139.213	744.500
北京第二制药厂	68.366	146.000	88.570	500.000	233.694	500.000	269.570	500.000	164.540	—	330.538	500.000	164.000	500.000	110.658	500.000
天津市河北制药厂	7.177	—	10.701	—	8.620		3.466	—	4.447	—	1.900	4.500	0.807	4.500	2.254	4.500
湖北张家口市泰康制药厂	—	20.000	—	20.000	—	20。000	—	20.000	—	—	—	20.000	—	—	—	20.000
上海吴淞制药厂	—	—	1.465	—	0.020	—	0.540	—	—	—	—	—	—	—	—	—
安徽朝阳制药厂	—	20.000	—	20.000	—	20.000	—	20.000	—	20.000	—	20.000	—	20.000	—	20.000
福建厦门第二制药厂	35.609	150.000	51.990	200.000	61.526	200.000	52.516	200.000	30.427	200.000	34.003	200.000	27.475	200.000	26.301	200.000
山东青岛鸿雁制药厂	—	5.000	—	5.000	—	—	—	—	—	—	—	—	—	—	—	—
湖北制药厂	0.007	50.000	13.491	50.000	23.143	50.000	23.444	50.000	3.100	50.000	—	—	—	—	—	—
湖北邵阳市制药二厂	—	10.000	—	10.000	—	—	—	—	—	—	—	—	—	—	—	—
烟酰胺	102.255	140.000	158.918	300.000	155.760	300.000	133.504	300.000	84.378	200.000	130.764	300.000	180.456	300.000	408.886	3700.000
北京第二制药厂	35.086	40.000	58.038	100.000	59.069	100.000	61.020	100.000	24.210	—	59.205	100.000	53.000	100.000	61.546	100.000
天津市河北制药厂	16.353	—	46.551	100.000	45.410	100.000	50.615	100.000	48.548	100.000	40.550	100.000	59.549	100.000	11.833	100.000
福建厦门第二制药厂	50.816	100.000	54.329	100.000	51.281	100.000	21.869	100.000	11.620	100.000	31.009	100.000	67.907	100.000	54.667	100.000
广州龙沙精细化工有限公司	—	—	—	—	—	—	—	—	—	—	—	—	—	—	280.840	3400.000

附表 1（续）

产品及企业名称	91年产量	91年能力	92年产量	92年能力	93年产量	93年能力	94年产量	94年能力	95年产量	95年能力	96年产量	96年能力	97年产量	97年能力	98年产量	98年能力
维生素B_6	441.126	451.000	737.685	734.000	930.943	1002.000	985.938	990.000	609.582	1502.000	407.026	1582.000	357.858	1610.000	491.415	1610.000
北京第二制药厂	35.913	45.000	52.033	45.000	56.736	60.000	32.760	60.000	9.630	—	—	60.000	—	60.000	—	60.000
上海新亚制药厂	198.649	166.000	350.145	364.000	483.809	490.000	487.003	490.000	381.682	1000.000	344.707	1000.000	—	—	—	—
罗氏新亚（上海）维生素有限公司	—	—	—	—	—	—	—	—	—	—	—	—	189.292	1000.000	339.000	1000.000
江苏南京制药厂	79.345	60.000	88.892	80.000	93.729	80.000	94.217	80.000	24.083	80.000	16.800	80.000	11.700	80.000	6.925	80.000
江苏常州北极药业有限公司	43.750	40.000	65.355	60.000	42.751	60.000	44.335	60.000	24.315	72.000	11.450	72.000	—	72.000	—	72.000
浙江浙南制药厂	0.069	50.000	49.095	50.000	91.620	150.000	144.611	—	79.000	250.000	9.990	250.000	8.902	250.000	—	250.000
湖北省咸宁第二制药厂	83.400	90.000	132.165	135.000	162.298	162.000	183.012	300.000	90.872	100.000	24.079	120.000	147.964	148.000	145.490	148.000
维生素B_{12}	0.141	0.207	0.127	0.310	0.195	0.044	0.634	2.250	1.760	2.300	2.092	2.650	2.327	3.800	2.569	4.500
河北华北制药集团有限责任公司	0.141	0.207	0.127	0.310	0.195	0.044	0.485	1.650	1.580	1.700	1.886	1.550	1.924	2.700	2.017	3.500
河北石家庄制药集团有限公司	—	—	—	—	—	—	0.149	0.600	0.180	0.600	0.206	1.100	0.403	1.100	0.552	1.000
右旋泛酸钙	4.800	23.000	1.886	3.000	18.244	18.000	17.954	18.000	65.046	70.000	87.851	70.000	183.21	570.000	400.000	500.000
上海三维制药公司	1.904	20.000	—	—	—	—	—	—	—	—	30.500	—	—	—	—	—
上海第四制药厂	2.896	3.000	1.886	3.000	18.244	18.000	17.954	18.000	65.046	70.000	57.351	70.000	73.211	70.000	—	—
浙江康裕制药有限公司	—	—	—	—	—	—	—	—	—	—	—	—	—	—	—	—
湖州狮王精细化工有限公司	—	—	—	—	—	—	—	—	—	—	—	—	60.000	500.000	120.000	500.000
山东省龙口化工厂	—	—	—	—	—	—	—	—	—	—	—	—	50.000		280.000	
杭州临安生物化学有限公司	—	—	—	—	—	—	—	—	—	—	—	—	—	—	—	—

附表 1（续）

产品及企业名称	91年产量	91年能力	92年产量	92年能力	93年产量	93年能力	94年产量	94年能力	95年产量	95年能力	96年产量	96年能力	97年产量	97年能力	98年产量	98年能力
重酒石酸胆碱	—	52.000	—	—	—	—	—	—	—	—	—	—	—	—	9.900	20.000
天津市新新制药厂	—	52.000	—	—	—	—	—	—	—	—	—	—	—	—	—	—
吉林通化长青化学原料药厂	—	—	—	—	—	—	—	—	—	—	—	—	—	—	9.900	20.000
维生素C	7355.736	8400.000	9981.279	11200.000	12153.968	15350.000	17326.131	20700.000	22981.120	37610.000	27698.530	53430.000	19314.626	47870.300	25842.560	45070.300
北京制药厂	350.550	450.000	389.151	450.000	442.681	450.000	487.270	450.000	335.890	—	111.500	1000.000	73.000	1000.000	—	—
河北华北制药集团有限责任公司	—	—	—	—	—	—	420.325	1000.000	1334.360	1500.000	1878.404	4000.000	3254.154	4000.000	3843.475	4000.000
河北石家庄制药集团有限公司	883.088	1000.000	990.071	1000.000	1164.055	1000.000	1242.682	1000.000	952.000	1000.000	4334.278	4500.000	4417.398	6000.000	4786.099	5000.000
河北康华药厂	—	—	—	—	—	—	—	—	408.000	500.000	—	—	—	—	—	—
辽宁东北制药总厂	1489.466	1550.000	1635.383	1550.000	1819.240	2750.000	2537.133	2750.000	3494.271	12750.000	4695.271	12750.000	3094.100	1750.000	8089.177	11750.000
辽宁沈阳东港制药有限公司	—	—	—	—	—	—	—	—	—	—	1147.264	2000.000	403.455	2000.000	—	2000.000
辽宁大连辉瑞制药有限公司	—	—	—	—	—	—	—	—	—	—	—	—	0.372	40.300	—	40.300
辽宁营口市三友医药化工公司	—	—	140.000	1000.000	660.000	1000.000	1043.000	1000.000	1285.320	1000.000	1241.300	1500.000	332.990	1500.000	—	40.300
吉林松源食品工业公司制药厂	230.650	250.000	264.786	250.000	345.070	250.000	306.715	450.000	580.187	450.000	541.000	700.000	830.010	700.000	—	700.000
黑龙江佳木斯制药厂	400.000	500.000	488.000	500.000	398.000	500.000	507.000	500.000	480.000	500.000	88.000	500.000	—	500.0000	—	500.000
上海三维制药有限公司	717.056	750.000	781.847	750.000	1081.393	1100.000	1339.818	1500.000	1681.668	1680.000	1739.367	1800.000	1212.550	1800.000	1086.597	2000.000
江苏靖江葡萄糖厂	1043.915	500.000	1924.119	1500.000	2011.149	2800.000	3449.562	3500.000	4930.635	8500.000	8337.015	10000.000	5173.427	10500.000	8030.186	10500.000
浙江宁波制药厂	156.940	200.000	146.600	400.000	346.320	400.000	487.750	500.000	598.690	600.000	249.530	600.000	—	—	—	—

附表 1（续）

产品及企业名称	91年产量	91年能力	92年产量	92年能力	93年产量	93年能力	94年产量	94年能力	95年产量	95年能力	96年产量	96年能力	97年产量	97年能力	98年产量	98年能力
安徽四通生物医药有限公司	362.000	500.000	403.000	500.000	500.000	500.000	644.950	1000.000	1175.000	2000.000	571.280	2000.000	113.350	2000.000	—	2000.000
江西赣江制药有限责任公司	500.095	800.000	1011.990	1200.000	1368.100	2500.000	2566.735	4000.000	3323.889	4000.000	2010.040	4000.000	405.020	4000.000	—	4000.000
山东济南鲁药集团总公司	200.552	500.000	502.083	500.000	531.390	500.000	751.130	1000.000	960.563	1000.000	247.662	1000.000	—	1000.000	—	1000.000
河南省商丘市制药厂	—	—	—	—	—	—	—	150.000	—	180.000	—	180.000	—	180.000	—	180.000
河南省中原制药厂	—	—	—	—	—	—	95.000	—	88.000	—	44.000	5000.000	—	—	—	—
湖北宜药集团有限责任公司	691.450	1000.000	821.720	1000.000	855.400	1000.000	813.680	1000.000	668.000	1000.000	340.460	1000.000	4.800	—	—	1000.000
广西南宁制药企业集团公司	120.524	100.000	130.029	100.000	130.670	100.000	130.860	400.000	162.728	400.000	10.595	400.000	—	400.000	7.026	400.000
重庆西南制药二厂	209.450	300.000	352.500	500.000	500.500	500.000	502.521	500.000	521.919	550.000	111.564	500.000	—	500.000	—	—
维生素D_2	0.182	0.825	0.322	0.500	0.328	0.800	0.547	1.200	0.378	1.200	0.423	1.400	0.324	1.400	0.460	1.900
江西赣南制药厂	—	0.500	0.072	0.500	0.050	0.500	0.287	0.900	0.169	0.900	0.286	0.900	0.126	0.900	0.147	0.900
四川省内江汇鑫实业总公司	0.182	0.300	0.250	—	0.278	0.300	0.260	0.300	0.209	0.300	0.137	0.500	0.216	0.500	0.313	1.000
维生素E醋酸酯	372.774	654.000	617.571	891.000	665.660	991.000	618.441	1286.000	255.218	1011.000	724.267	1381.000	777.640	931.000	4304.439	3300.000
北京第二制药厂	33.311	40.000	18.397	40.000	12.493	40.000	13.130	40.000	12.310	—	—	40.000	—	40.000	—	—
辽宁东北制药总厂	68.491	150.000	81.389	150.000	77.656	150.000	94.236	300.000	106.530	300.000	—	—	—	—	—	—
辽宁巴斯夫(沈阳)维生素有限公司	—	—	—	—	—	—	—	—	—	—	199.313	300.000	225.330	300.000	143.045	300.000
罗氏三维（上海）维生素有限公司	72.504	70.000	86.379	70.000	140.222	140.000	223.690	235.000	—	—	—	—	—	—	15.662	—
江苏无锡第二制药厂	25.750	30.000	25.100	30.000	24.620	50.000	68.36	100	10.000	100.000	0.670	100.000	—	100.000	0.020	100.000
浙江医药股份有限公司新昌	37.200	120.000	73.942	120.000	101.560	120.000	43.970	120.000	54.850	120.000	183.500	—	522.310	—	1337.540	1500.000

附表 1（续）

产品及企业名称	91年产量	91年能力	92年产量	92年能力	93年产量	93年能力	94年产量	94年能力	95年产量	95年能力	96年产量	96年能力	97年产量	97年能力	98年产量	98年能力
新昌合成化工厂	—	—	—	—	—	—	—	—	—	—	315.700	450.000	—	—	2688.000	1000.000
广东制药厂	33.455	64.000	39.013	91.000	35.053	91.000	12.011	91.000	12.023	91.000	0.001	91.000	—	91.000	—	—
海南制药厂	55.400	150.000	204.000	310.000	60.130	—	—	—	—	—	0.010	—	—	—	—	—
重庆西南合成制药厂	46.663	30.000	89.351	80.000	213.926	400.000	163.044	400.000	59.505	400.000	25.073	400.000	30.000	400.000	120.172	400.000
维生素K_1	0.685	1.120	0.161	1.120	0.926	1.000	0.350	1.000	1.385	0.600	0.561	1.000	0.757	1.000	1.418	1.600
江苏无锡市第七制药厂	0.542	1.000	—	1.000	0.630	1.000	—	1.000	—	—	—	—	—	—	—	—
江苏张家港制药厂	—	—	0.052	—	0.071	—	0.300	—	0.900	—	—	—	—	—	—	—
江苏兴化制药厂	—	—	0.022	—	0.204	—	0.050	—	—	—	—	—	—	—	—	—
山东省青州蚕桑生化研究所	0.143	0.120	0.087	0.120	0.021	—	—	—	0.485	0.6000	0.561	1.000	0.757	1.000	1.418	1.600
维生素K_3	4.312	6.500	1.156	6.000	3.321	4.000	1.764	—	1.100	—	1.370	—	—	—	—	—
上海申隆制药厂	4.272	6.000	1.156	6.000	3.321	4.000	1.655	—	1.100	—	1.370	—	—	—	—	—
江苏无锡市第七制药厂	0.040	—	—	—	—	—	0.109	—	—	—		—	—	—	—	—
四川华西医科大学制药厂	—	0.500	—	—	—	—	—	—	—	—	—	—	—	—	—	—
维生素K_4	3.110	12.000	3.636	12.000	6.889	12.000	5.217	6.000	0.827	6.000	1.890	6.000	7.540	18.000	—	6.000
上海申隆制药厂	2.480	6.000	3.406	6.000	6.379	6.000	4.537	—	0.007	—	0.800	—	5.920	12.000	—	—
安徽朝阳制药厂	0.630	6.000	0.230	6.000	0.510	6.000	0.680	6.000	0.820	6.000	1.090	6.000	1.620	6.000	—	6.000
维生素M(叶酸)	6.782	8.000	14.530	40.000	42.543	60.000	81.792	100.000	80.353	230.000	71.504	230.000	87.268	240.000	97.264	180.000
江苏常熟市医药化工厂	—	—	—	—	—	—	—	—	48.680	70.000	63.850	70.000	65.080	80.000	71.000	80.000
江苏常州药业股份有限公司	6.782	8.000	14.530	40.000	42.493	60.000	46.517	100.000	24.423	100.000	7.494	100.000	22.185	100.000	26.264	100.000
江苏金坛制药厂	—	—	—	—	0.050	—	0.275	—	0.250	—	—	—	0.003	—	—	—

附表 1（续）

产品及企业名称	91年产量	91年能力	92年产量	92年能力	93年产量	93年能力	94年产量	94年能力	95年产量	95年能力	96年产量	96年能力	97年产量	97年能力	98年产量	98年能力
浙江江南制药厂	—	—	—	—	—	—	35.000	—	7.000	60.000	0.160	60.000	—	60.000	—	—
维生素U	116.014	168.000	9.795	33.000	98.745	183.000	82.336	184.000	92.094	168.000	110.414	188.000	103.506	165.000	96.167	215.000
湖北张家口市东风制药厂	10.372	30.000	—	—	1.560	30.000	2.461	30.000	0.300	30.000	—	—	—	—	—	—
吉林通化长青化学原料药厂	—	—	—	—	—	—	—	—	—	—	—	—	—	—	4.700	10.000
上海先锋药业公司	—	—	—	—	—	—	—	—	—	—	0.408	—	0.748	—	0.780	(2.000)
江苏中国药科大学制药有限公司	40.027	50.000	—	—	34.451	50.000	19.133	50.000	26.914	50.000	24.964	50.000	19.925	50.000	14.751	50.000
江苏南京第五制药厂	—	—	—	—	2.915	15.000	0.615	16.000	—	—	—	—	6.000	—	—	—
安徽省全椒制药厂	23.140	20.000	—	—	29.000	20.000	33.260	20.000	40.830	20.000	51.020	70.000	41.874	70.000	24.290	70.000
河南省三门峡市制药厂	31.647	35.000	—	—	24.241	35.000	19.760	35.000	20.000	35.000	30.616	35.000	30.000	35.000	48.839	75.000
广东广州何济公制药厂	3.415	23.000	—	23.000	—	23.000	—	23.000	—	23.000	—	23.000	—	—	—	—
广西南宁制药企业集团公司	7.413	10.000	9.795	10.000	6.578	10.000	7.107	10.000	4.050	10.000	3.406	10.000	4.959	10.000	2.807	10.000
长效维生素B_1	—	—	—	—	17.836	19.000	12.150	19.000	16.850	19.000	3.700	25.000	22.550	25.000	4.460	10.000
上海三维制药公司	—	—	—	—	9.876	9.000	7.950	9.000	6.600	9.000	1.400	15.000	9.710	15.000	—	—
浙江杭州民生药业集团公司	—	—	—	—	7.960	10.000	4.200	10.000	10.250	10.000	2.300	10.000	12.840	10.000	4.460	10.000
核黄素磷酸酯钠	—	—	—	—	0.101	—	0.534	—	—	—	—	—	—	—	—	—
湖北省广济制药厂	—	—	—	—	0.101	—	0.534	—	—	—	—	—	—	—	—	—
维生素B4（胆碱）	—	—	—	—	0.413	5.000	0.100	—	0.001	—	—	—	—	—	—	—
上海第十五制药厂	—	—	—	—	—	—	0.100	—	0.001	—	—	—	—	—	—	—
浙江泉州市闽南制药厂	—	—	—	—	0.413	5.000	—	—	—	—	—	—	—	—	—	—

附表 1（续）

产品及企业名称	91年产量	91年能力	92年产量	92年能力	93年产量	93年能力	94年产量	94年能力	95年产量	95年能力	96年产量	96年能力	97年产量	97年能力	98年产量	98年能力
腺苷辅酶维生素B_{12}	—	—	—	—	0.010	—	0.114	—	0.120	—	0.087	0.150	0.033	—	0.085	—
河北华北制药集团有限责任公司	—	—	—	—	0.010	—	0.114	—	0.120	—	0.087	0.150	0.033	—	0.085	—
混旋泛酸钙	—	—	—	—	—	—	—	—	30.300	—	—	—	—	—	—	—
上海三维制药公司	—	—	—	—	—	—	—	—	30.300	—	—	—	—	—	—	—
维生素E烟酸酯	—	—	—	—	4.355	11.000	9.408	13.000	7.190	5.000	6.900	13.000	5.000	13.000	15.780	5.000
北京第二制药厂	—	—	—	—	2.805	8.000	5.600	8.000	3.170	—	6.350	8.000	5.000	8.000	7.560	—
辽宁东北制药总厂	—	—	—	—	—	—	1.900	—	2.125	—	—	—	—	—	8.220	—
广东制药厂	—	—	—	—	1.550	3.000	1.908	5.000	1.895	5.000	0.550	5.000	—	5.000	—	5.000
维生素P	—	—	—	—	196.312	691.000	469.041	490.000	357.430	500.000	525.640	550.000	1014.470	940.000	1046.794	973.000
河北石家庄市第一制药厂	—	—	—	—	1.201	40.000	—	—	—	—	—	—	—	—	—	—
山西临汾市制药厂	—	—	—	—	—	20.000	—	20.000	—	20.000	—	20.000	—	20.000	—	20.000
山东青岛泰东制药有限公司	—	—	—	—	—	—	—	—	—	—	—	—	468.810	500.000	456.700	500.000
河南省泌阳制药厂	—	—	—	—	29.000	—	—	—	31.000	120.000	42.100	120.000	63.000	120.000	16.600	120.000
四川成都市制药十厂	—	—	—	—	91.711	100.000	80.821	85.000	85.000	85.000	6.990	85.000	—	—	95.000	—
四川成都市湔江制药厂	—	—	—	—	2.500	25.000	7.700	25.000	1.200	25.000	5.300	25.000	1.350	—	2.400	—
四川协力制药有限公司	—	—	—	—	60.900	350.000	360.000	360.000	237.700	250.000	361.640	300.000	344.310	300.000	333.129	333.000
四川广松制药有限公司	—	—	—	—	11.000	156.000	20.520	—	2.530	—	109.610	—	137.000	—	142.965	—
胆维丁	—	—	—	—	—	—	—	—	0.049	500.000	—	—	—	—	—	—
上海第六制药厂	—	—	—	—	—	—	—	—	0.049	500.000	—	—	—	—	—	—

附表 1（续）

产品及企业名称	91年产量	91年能力	92年产量	92年能力	93年产量	93年能力	94年产量	94年能力	95年产量	95年能力	96年产量	96年能力	97年产量	97年能力	98年产量	98年能力
V A原油	—	—	—	—	10.650	—	17.350	—	—	—	—	—	—	—	—	—
辽宁东北制药总厂	—	—	—	—	10.650	—	17.350	—	—	—	—	—	—	—	—	—
V E	—	—	—	—	84.018	150.000	75.376	200.000	245.421	240.000	364.477	240.000	—	—	—	—
辽宁东北制药总厂	—	—	—	—	24.018	—	32.186	—	—	—	—	—	—	—	—	—
上海三维制药公司	—	—	—	—	—	—	—	—	245.421	240.000	364.477	240.000	—	—	—	—
海南制药厂	—	—	—	—	60.000	150.000	43.190	200.000	—	—	—	—	—	—	—	—
V E粗油	—	—	—	—	—	—	—	—	21.059	—	—	—	172.670	—	335.890	530.000
辽宁东北制药总厂	—	—	—	—	—	—	—	—	21.059	—	—	—	—	—	—	—
安徽蚌埠康达生物医药有限公司	—	—	—	—	—	—	—	—	—	—	—	—	172.670	—	335.890	530.000
维生素C钙	—	—	—	—	—	—	—	—	41.778	—	60.282	200.000	11.500	100.000	6.000	100.000
上海三维制药有限公司	—	—	—	—	—	—	—	—	—	—	50.252	100.000	11.500	100.000	6.000	100.000
江苏靖江葡萄糖厂	—	—	—	—	—	—	—	—	41.778	—	—	—	—	—	—	—
湖北宜药集团有限公司	—	—	—	—	—	—	—	—	—	—	10.030	100.000	—	—	—	—
泛酸钙	—	—	—	—	—	—	—	—	—	—	—	—	3.000	—	58.778	70.000
上海四药有限公司	—	—	—	—	—	—	—	—	—	—	—	—	3.000	—	58.778	70.000
维生素B_1	—	—	—	—	—	—	—	—	37.506	—	—	—	—	—	—	—
上海三维制药公司	—	—	—	—	—	—	—	—	37.506	—	—	—	—	—	—	—
维生素C钠盐	—	—	—	—	—	—	—	—	942.937	500.000	87.897	100.000	5.480	—	5.000	—
上海三维制药有限公司	—	—	—	—	—	—	—	—	—	—	17.920	100.000	—	—	5.000	—
江苏靖江葡萄糖厂	—	—	—	—	—	—	—	—	827.473	500.000	—	—	—	—	—	—

附表 1（续）

产品及企业名称	91年产量	91年能力	92年产量	92年能力	93年产量	93年能力	94年产量	94年能力	95年产量	95年能力	96年产量	96年能力	97年产量	97年能力	98年产量	98年能力
江西赣江制药有限责任公司	—	—	—	—	—	—	—	—	—	—	—	—	5.480	—	—	—
山东济南制药厂	—	—	—	—	—	—	—	—	115.464	—	—	—	—	—	—	—
山东济南鲁药集团总公司	—	—	—	—	—	—	—	—	—	—	69.977	—	—	—	—	—

东北制药总厂合资生产维生素A、维生素B、维生素E；上海引进瑞士罗氏公司资金，分别与上海第六制药厂、上海新亚药业有限公司、上海三维制药公司合资生产维生素A、维生素B_6、维生素E；天津河北制药厂以原有的维生素B_2和平阳霉素装置与英国合资建成了天津太河制药有限公司；靖江葡萄糖厂、华山制药厂、石家庄制药一厂等分别引进境外资金建成了符合规模经济要求的大型维生素C生产装置；广州农药厂与瑞士龙沙公司合资建设的广州龙沙精细化工厂，1998年已形成年产烟酰胺3500吨的生产能力；江苏南通醋酸化工厂，从美国瑞利化学有限公司引进资金和技术，于1998年4月签订合资协议，1999年开工，建设为烟酸、烟酰胺等产品提供原料的吡啶生产装置，其规模为年产吡啶1.1万吨，其中三甲基吡啶约3千吨。该项目已在2000年建成投产。

这里提供的数据以原国家医药管理局和国家经贸委医药司的统计资料为基础。

用于饲料添加剂的维生素产品和用于药品、兽药及食品添加剂的维生素的质量要求、生产工艺基本相同，只是有些维生素在最终剂型上略有差别，以不同的剂型，用于不同的领域。同一生产企业在同一生产装置基础上，往往可以按市场需要生产出分别满足药品、兽药、饲料添加剂、食品添加剂要求的维生素产品。企业在统计上一般把饲料、食品、药品、兽药用的维生素归并为一体。所以本文提供的维生素产品产量和生产能力既包括用于饲料添加剂的，也包括用于药品、兽药及食品添加剂的符合药品质量要求的维生素产品。

撰稿人：黄金富

3. 矿物质微量元素

我国矿物质微量元素资源不缺，主要产品有10大类，生产工艺也比较简单，随着饲料工业的发展，产品产量也随之增长，能满足饲料生产发展的需求。20世纪90年代生产水平有所提高，有些产品结晶水由7水减少到1水，如氧化锌、硫酸铜等。

1991年矿物质微量元素消费总量为10—12万吨，1998年消费总量25—27万吨，增长1.2—1.5倍。1991年矿物元素消耗量分别为：镁（氨化镁、硫酸镁、碳酸镁、氧化镁）2.7—3万吨，铁（硫酸亚铁）2.0—2.5万吨，锰（硫酸锰）2.5—3万吨，铜（硫酸铜）0.7—1.0万吨，锌（硫酸锌、氧化锌）2.4—2.7万吨，钴（氯化钴）0.03万吨，硒（亚硒酸钠）0.007万吨，碘（碘化钠）0.17万吨。1998年镁6—6.5万吨，铁6—6.5万吨，锰6—6.5万吨，铜1.5—2.0万吨，锌5—5.5万吨，钴0.065万吨，硒0.013万吨，碘0.33万吨。

近年来开发研制的氨基酸微量元素螯合盐有了新的发展。氨基酸、微量元素螯合盐有接近酶的天然形态，有利于酶的复制、生产和激活。此外，具有良好的化学稳定性和生化稳定性，比无机盐有更高的饲用安全性，更适合动物吸收和利用，正逐步被推广。矿物质微量元素主要生产厂家见表3。

矿物质元素化合物生产厂点过去是由国家和地方布点的，由于饲料工业发展，加上企业自身的变化，原有的生产厂点已不能满足消费的需要，各地先后涌现出一批新的生产厂点，加快了矿物质元素生产发展，适应了饲料工业发展的需要。1991—1999年我国饲料级磷酸氢钙产量由15万吨发展到100万吨，年均增长率31%。其它矿物质元素生产也发展很快。近年行业发展的特点是（1）生产工艺日趋成熟、合理，技术逐步完善。我国磷酸氢钙20世纪80年代初采用热法磷酸和骨胶副产回收工艺生产，热法磷酸工艺因成本高，企业经济效益差，很快在市场上失去了竞争能力，骨胶副产法因杂骨来源困难，发展也受到限制。湿法磷酸工艺是在20世纪80年代末、20世纪90年代初在市场竞争中逐步发展起来的。四川联合大学（原成都科技大学）

表3　我国矿物质微量元素化合物主要生产厂家

产　品	生产单位	生产能力（吨／年）	备　注
硫酸镁 碳酸镁 氧化镁 氯化镁	天津长芦汉沽盐场有限责任公司	60000	氯化镁
	山西南风化工集团股份有限公司	70000	硫酸镁
	上海宝达化工有限公司	10000	硫酸镁
	山东海化集团有限公司	60000	氯化镁
	江苏盐业公司灌东化工厂	10000	硫酸镁
	河北石家庄井径县镁工业总公司	40000	碳酸镁
	石家庄市井径县氧化镁总厂	30000	氧化镁
硫酸亚铁	江苏镇江钛白粉厂	20000	钛白副产
	江苏南南化工股份有限公司	1000	
	安徽铜化集团宏大化工有限公司	2000	
	北京北化精细化学品有限责任公司	100	

表3（续）

产品	生产单位	生产能力（吨/年）	备注
	上海太平洋化工（集团）公司焦化总厂钛白粉厂	30000	钛白副产
	山东济南裕兴化工总厂	10000	钛白副产
	广州钛白粉厂	800	钛白副产
	湖南株洲市湘中化工厂	300	
硫酸铜	大连瓦房店市化工厂	1000	
	北京北化精细化学品有限责任公司	100	
	河北香河化工厂	300	
	上海科昌精细化学品公司	100	
	商丘洁达化工有限公司	4000	
	铜陵有色金属公司铜兴实业公司	1500	
	烟台市金河化工厂	1500	
硫酸铜	江苏海安县化肥厂	100	
	重庆双江化工厂	200	
	四川双流市磷胺厂	200	
	四川德阳柏隆化工厂	1000	
	广州广氮企业集团有限公司	2000	
硫酸锌 氧化锌	湖南长沙铬盐厂催化剂分厂	2000	
	北京北化精细化学品有限责任公司	200	
	江苏徐州化肥厂	3000	
	广东韶关冶炼厂	20000	
	上海有色冶炼厂	15000	
	广西冶炼厂	50000	
	四川德阳柏隆化工厂	3000	
	葫芦岛锌品厂	50000	
硫酸锰	大连瓦房店布化工厂	1000	
	长沙化工厂	2000	
	湖南长宁县松柏化工厂	1000	
	广西全州县化工一厂	2000	
	重庆庆江化工厂	1500	
	云南蒙自氮肥厂	2000	
	云南红河磷肥厂	2000	
	四川德阳柏隆化工厂	2000	
	大连石油化工厂	1000	
	北京北化精细化学品有限责任公司	200	
氯化钴	北京北化精细化学品有限责任公司	10	
	山东淄博钴厂	170	
	山东临邑县化工厂	150	
	江苏阜宁化工厂	60	
	浙江湖州第三化工厂	100	
	上海勤工化工厂	10	
	成都龙泉微量元素厂	5	
	四川飞燕化工厂	20	
亚硒酸钠	北京北化精细化学品有限责任公司	10	
	上海东海化工油脂厂		
	山东临邑县化工厂		
	陕西石油化工研究设计院		

表3（续）

产品	生产单位	生产能力（吨/年）	备注
	成都龙泉微量元素厂	4	
碘化钾 碘酸钾	北京北化精细化学品有限责任公司	5	碘化钾
	浙江杭州电化集团叶绿素厂		
	天津制药厂		
	东北制药厂		
	化工部饲料添加剂中心		
	山东鲁西精细化工厂	12	碘化钾
	四川自贡市大安化工厂	50	碘酸钾
	四川张家坝制盐化工厂		
	陕西石油化工研究设计院		

在以湿法磷酸生产饲料级磷酸氢钙工业化上做了大量的工作。目前采用湿法磷酸蒸发浓缩脱氟及化学沉淀脱氟法（如钙盐预中和脱氟法）工艺生产的产品都可以达到标准要求。并且装置向规模化、大型化发展，一般单线生产装置规模为5万吨/年，最大可达12万吨/年。（2）由于制定了饲料级矿物质微量元素国家标准，一些无机盐生产厂点依照标准生产饲料级产品。这些厂点由于具有一定的生产规模，有较高的技术水平，产品质量较好，竞争能力较强。为矿物质饲料添加剂增加了生力军，同时也解决了企业自身品种单一的问题。（3）为适应饲料生产的要求，开发了不同规格的产品，如硫酸锌开发了一水物和七水物，硫酸铜开发了一水物和五水物，硫酸亚铁有七水物和一水物等。（4）伪劣产品随着专业化生产，法制的建立、健全而被赶出市场。20世纪90年代初市场上出现了一批小饲料矿物质元素生产厂点，特别是使用量较大的磷酸钙盐，由于生产规模小，工艺落后，设备简陋，产品质量不能达标，有毒元素严重超标，影响了饲料产品的质量。近年这些厂点已先后被淘汰，使行业走入正规。（5）产品更新换代快。近年氨基酸微量元素螯合添加剂（第三代微量元素添加剂）开始逐步取代矿物质微量元素添加剂。氨基酸微量元素螯合剂具有接近酶的天然形态，有利于酶的复制、生产和激活，此外还具有良好的化学稳定性和生化稳定性，比无机盐有更高的饲用安全性，特别适合动物吸收利用。国内已有多家研究单位及大专院校，如西安近代化学研究所、化工部饲料添加剂技术开发服务中心，武汉粮食工业学院等先后研究开发，并已投入工业化批量生产，取得了很好的社会效益，企业也有较好的经济效益。

1991年我国饲料工业中矿物质元素化合物总消费量为53.5－62.4万吨，其中磷酸钙盐（主要为磷酸一钙）26－30万吨，碳酸钙17－20万吨，镁（氯化镁、硫酸镁、碳酸镁、氧化镁）2.7－3.0万吨，铁（硫酸亚铁）2.0－2.5万吨，锰（硫酸锰）2.5－3.0万吨，铜（硫酸铜）0.7－1.0万吨，锌（硫酸锌、氧化锌）2.4－2.7万吨，钴（氯化钴）0.03万吨，硒（亚硒酸钠）0.007万吨，碘（碘化钾）0.17万吨，近年随着我国饲料工业的发展，矿物质饲料添加剂的消费量增长率很快，到1998年我国矿物质元素化合物总消费量达115－127万吨，其中磷酸钙盐（磷酸一钙、磷酸二钙、磷酸三钙）60－65万吨、碳酸钙30－35万吨、镁6－6.5万吨、铁6－6.5万吨、锰6－6.5万吨、铜1.5－2万吨、锌5－5.5万吨、钴0.065万吨，硒0.013万吨、碘（碘化钾、碘酸钾）0.33万吨。年均增长率为9%－10%，与国民经济增长相近。我国矿物质微量元素化合物生产在品种、数量上基本上满足了饲料工业发展的需要。

撰稿人：王佩林

4．酶制剂

（1）概况。我国酶制剂工业从20世纪60年代中期工业化生产以来，已经走过了35年的历程，经历了从无到有，由小到大，从单一品种逐渐增加到约20个品系，为发展我国国民经济作出了贡献。1998年，我国酶制剂总产量达22万吨，销售收入6亿元人民币。由于酶制剂行业的发展，带动了酿酒、发酵、食品、纺织、日化、饲料等10多个行业的技术进步和行业发展，产生社会效益达10亿元人民币以上。我国酶制剂历年产量如表4。

饲用酶制剂的应用效果现已毋庸置疑。它既能提高饲料的消化率和可利用率，从而提高畜禽及鱼类的产量，又能减少畜禽排泄物中氮磷的含量，保护水体和土地免受污染。因而饲用酶制剂作为一类高效、无毒副作用和有利于环境保护的“绿色”饲料添加剂，日渐显示出其优越性。

饲料用酶制剂的商业化应用在国外约有十年的历史。以英国为例，英国20世纪90年代初酶制剂在鸡饲料的添加率几乎等于零，而现在95%以上的鸡饲料都添加酶制剂。

表4 1992—1998年我国酶制剂的产量情况 单位：万吨

年份	1992	1993	1994	1995	1996	1997	1998
产量	10.40	12.60	15.00	22.13	18.75	18.40	22.00

我国饲用酶制剂的应用始于20世纪90年代初。1994年，我国珠海溢多利公司推出溢多利系列产品作为饲料用酶商业化应用的起步。饲料用酶制剂在我国的应用已有5年的历史。

全国饲用酶制剂年产量约为4000吨，其中珠海溢多利公司产品可占市场份额的50%以上。以1‰的饲用酶制剂添加量计算，估计到2000年，我国配合饲料就需6.5万吨左右饲用酶制剂。即使按配合饲料中50%的产品添加饲用酶计算，也需要3.25万吨饲用酶。因此饲用酶制剂在我国有较大的市场空间及应用潜力。在21世纪将有着广阔的应用前景。

我国饲用酶制剂企业约38家，如广东珠海溢多利公司、广东肇庆华芬酶制剂公司、广东江门英恒酶制剂公司、江苏太湖酶制剂厂、吉林长春昆仑酶制剂厂等等。

在我国销售饲用酶制剂的国外公司近10家，如：芬兰国际饲料公司的爱维生和保安生系列产品、芬兰安特罗斯公司的安特酶系列产品、丹麦诺和诺德公司的多合酶和植酸酶产品、德国BASF公司的植酸酶产品等。

饲用酶制剂产品大部分是复合酶，只有植酸酶是单一酶。饲用复合酶由非消化酶和消化酶两大类组成。非消化酶包括木聚糖酶、β－葡聚糖酶、纤维素酶、果胶酶、甘露聚糖酶等。消化酶包括蛋白酶、淀粉酶、脂肪酶等。饲用复合酶中各种酶的种类和比例与动物日粮有关，不同日粮所含抗营养因子的种类和比例不同，需要饲用酶制剂所含酶的种类和比例不同。此外，也与动物种类和生长阶段有关，不同动物种类和生长阶段，需要饲用酶制剂所含酶的种类和比例也有所不同。因此，饲用复合酶制剂中各种酶的配比既和饲料的化学成分的性质有关，也和动物的消化系统生理特性有关。一种好的饲用复合酶制剂产品需要熟悉酶制剂生产工艺的微生物发酵专家和熟悉饲料成分及动物消化生理特点的饲料营养专家来共同设计。在饲料工业和养殖业中如何正确合理地应用饲用酶制剂，也需要动物营养和饲料科学的专家来共同指导。

（2）国家“九五”攻关项目“饲料酶的研制及应用”通过中期评估。由中科院微生物所等单位承提的国家“九五”攻关项目已通过中期评估，该项目是利用酶生物工程技术，研究开发植酸酶制剂新品种，并与纤维素酶、蛋白酶、淀粉酶等进行优化组合，研制出饲用复合酶。自1996年至1998年完成并部分超额完成了攻关指标内容，植酸酶活力提高到约10000微克/毫升，同时观察了固、液体发酵条件，该酶对天然底物的水解结果表明：玉米粉、豆饼粉和麸皮水解后，释放的无机磷比对照分别提高了4.5、3.5和3.9倍。小试样品对肉仔鸡、仔猪的饲养由福建省农科院进行。肉仔鸡试验高低磷组、无机磷组及添加三个水平植酸酶组（125、250、500微克／千克），结果表明以添加500微克／千克植酸酶组效果最佳，该组与低磷组、无机磷组相比，10－40日龄净增重分别提高9.42%、9.08%；饲料转化率分别提高18.78%、14.68%；饲料中磷的表现利用率分别提高36.95%、19.32%。仔猪试验设低磷组及在此基础上添加无机磷组，两个植酸酶组（250微克／千克、500微克／千克），结果表明，添加500微克／千克植酸酶组较低磷组日增重提高21.43%，饲料转化率提高4.85%，钙、磷消化率分别提高43.85%、37.78%。

（3）饲用植酸酶产品技术成果。中国农业科学研究院饲料研究所承担的国家“863”课题“饲用植酸酶研究”，是利用基因工程技术高效表达适合于饲料中使用的优良植酸酶基因，使植酸酶的表达量比原始的天然菌株大幅度提高。该课题已进行了小试、中试和后提取生产试验。

小试发酵水平达到550微克／毫升，中试发酵水平达到650微克／毫升。该成果于1998年1月通过鉴定，其科技水平处于国际领先水平。

该成果已基本完成了动物饲养试验、毒性试验和安全可靠性试验，正进行工业化生产和推广应用。

（4）行业会议。由中国发酵工业协会，中国饲料工业协会联合主办的饲料工业用酶制剂研讨会，于1993年11月10日—12日在江苏省无锡市召开，来自全国16个省市及部队从事酶制剂和饲料及饲料添加剂生产、科研领域的代表近100人出席了会议。

大会收到论文36篇，从中选出20篇编成论文集。会议代表分别介绍了我国饲料工业、酶制剂工业的发展现况，10多位专家从饲料用酶制剂的研究、开发、喂养试验、应用及发展前景，以及酶制剂的有关概念、饲料酶制剂的质量标准、测定方法等方面进行了阐述，并提出了有益的建议。

会议认为，我国饲料工业发展很快，但从整体上看与发达国家还有一定差距。酶制剂在饲料工业中应用前景广阔，但目前仍处于起步阶段，应积极推广，提高酶制剂的生产水平及在饲料工业中的利用水平。大会建议将饲料工业用酶制剂列入地方经济发展规划，以促进饲料用酶制剂工业的发展。这次会议沟通了饲料和酶制剂两个行业在科研、生产、应用方面的联系，开阔了思路，对促进两个行业的发展起到了引导作用。

撰稿人：于景之

【一般饲料添加剂】

1. 调味剂

（1）概况。随着饲料工业的发展，在注重饲料营养的同时，也越来越重视提高饲料的色、香、味等感观质量。调味剂对动物的饲养具有明显而积极的生物学作物，它可以改善饲料的诱食性、适口性，提高饲料的转化率，进而全面提高饲料的质量性能。

调味剂在我国的发展大约只有 10 年的历史。截至 1998 年的统计，生产厂家已由原来的 2—3 家发展到至今近 100 家，产量由 100 多吨发展到 1998 年大约近 20000 吨，产量增加了近 200 倍。

调味剂一般分为家畜（猪、牛、马、羊）和家禽（鸡、鸭）用调味剂、水产动物（鱼、虾等）用调味剂，以及宠物（猫、狗、兔、虫、鸟）用调味剂。我国主要是前两类，其中绝大部分是猪用调味剂，约占总产量的 70%－80%。国内外常用的调味剂的香型见表 5。

表 5　国内外常用调味剂的香型

动物种类		国内常用香型	国外常用香型
猪	乳猪、仔猪	奶香、甜奶香、巧克力香、甜香、奶油面包香、奶油果味香等	奶香、奶酪香、甜奶香、巧克力香、槭糖香、奶油薄荷香、奶油草莓香、奶油茴香、橙香、柠檬香、草莓香、奶油杏仁香等
	生长肥育猪	果香、甜香、豆香、谷物香、鱼腥香	甜草莓、玉米香、香草香、甜橙香、槭糖香、豆香
	哺乳母猪		巧克力、草莓、槭糖等
牛	犊牛	甜橙香、辛香、奶香	奶香、甜橙、甘草香、葫芦巴香、茴香、辛香等
	肉牛、奶牛		茴香、葫芦巴香、甜甘草香、甜橙香、糖蜜玉米香、有机酸香、焦糖香、肉桂香
家禽	肉鸡、蛋鸡	果香、辛香、蒜香、鱼腥香	甘草香、葫芦巴香、辛香
水生动物	淡水鱼、虾甲鱼、鳗鱼等	水解氨基酸、合成氨基酸、核苷酸、甜草碱等引诱剂、鱼腥香	水解氨基酸、合成氨基酸、核苷酸、甜草碱等引诱剂、发酵产品的产物。

（2）目前调味剂开发中存在的问题。一是基础研究薄弱。发达国家的饲料调味剂产业已有 50 多年的历史，他们在产品开发初期作了很多基础研究工作，包括动物的生理学、解剖学、心理学、行为学、生物化学，动物对香气和呈味物质的偏好，香精的调制技术、香精的稳定性，香精与呈味物质的配伍，以及产品的各种参数试验和动物饲喂效果试验等等。我国调味剂的发展只有短短的 10 年历史，有关基础性的研究工作很少。在产品开发研究上，以中国农科院饲料所为首的几个单位在“八五”国家科技攻关中所研制的仔猪、犊牛、家禽、鱼、虾诱食剂经过了严格而系统的科学试验，包括动物对香气味道的偏好性筛选试验；香气和味料不同配伍的动物偏好性筛选试验；将筛选出来的调味剂经小规模试验进行再次筛选找出最优化组合；调味剂的饲喂效果试验，以及和国外同类产品的比对试验；产品的稳定性和其它参数试验。可其它厂家的产品进入市场就很难得出这一整套的科学试验数据。有的厂家只是急功近利的仿制，还有的厂家似乎有点想当然，只要香味“好嗅”就立即投产，其结果必定导致我们的产品与国外产品的明显差距，同时还会引起市场混乱，或市场误导。

二是认识不正确。①用人的嗅觉喜好代替动物，使饲料调味剂成为名符其实的取悦于人的“香味剂”，而不是改善饲料适口性的调味剂；②调味剂生产厂家为迎合购买者嗅香的心理，只在香气上下功夫，用少加味料来降低成本，而购买者又不知道如何去判断产品质量，只好上当了；③不能正确地使用调味剂，有的饲料厂家不按调味剂生产厂家的推荐量添加，而是加大用量凭用户能否“闻到”香气为准，从而迫使更多的厂家以加大用量，提高成本，来满足客户嗅起来“好香”的要求。从生理学上看大多数动物（家禽除外）嗅觉和味觉比人灵敏，如果一种饲料人嗅起来感到“好香”，那么动物就很难承受这么浓的香气，会造成动物嗅觉疲劳，引起反感，从而影响到调味剂的使用效果。

（3）今后的发展中应注意的问题。①研究动物采食心理学、行为学与适口性和采食量的关系，研究增进动物食欲与营养物质消化吸收的关系。②研究和比较动物对不同香气的偏好与采食量的关系，以使不断推出新的香型，使调味剂除发挥原本的功能外，还可对名牌产品用香气进行“标记”。

③充分认识到味料在调味剂中的重要作用，研究各种呈味物质与香精的最佳配伍。④重视高新技术在调味剂研究中的作用，如某些海产动物及水产加工下脚料，以及某些植物饼粕加酶水解的新技术；低成本的香精包被技术等。⑤研究香味增强剂、甜味增强剂、鲜味增强剂和其它新型呈味物质在提高调味剂品质上的作用。⑥调味剂的加工技术，包装材料与包装方式，载体吸附性能与粒度对产品稳定性的影响。⑦研究和制定评价调味剂的科学方法并制定有关法规确保产品的安全性。⑧加快新产品的开发，关注市场变化。比如随着经济发展和人口老龄化，宠物将会越来越被人重视，因此宠物调味剂应成为新的市场，另外还应重视肉牛、奶牛和兔用调味剂的开拓。

撰稿人：张　乔

2. 色　素

随着饲料工业的发展，各种饲料添加剂和加工助剂越来越多应用于配合饲料生产中，色素是其中的一种。在饲料中添加着色剂的目的是为了增加畜、禽及水产品的色泽，如牛奶的黄油色，禽蛋的卵黄与外皮增色，禽的羽毛增色等，从而提高产品价值。此外，还可通过着色剂改变饲料的颜色，刺激畜、禽的食欲。

目前我国批准使用的色素有β-胡萝卜素、柠檬黄、辣椒红和斑蝥黄，主要用于颗粒饲料生产中，特别是宠物饲料，其中用量较大的品种是柠檬黄。由于β-胡萝卜素、辣椒红等价格较高，因此难以在饲料生产中使用，特别是β-胡萝卜素。

根据1998年全国配合饲料的产量分析和重点饲料生产厂的调查，目前每年全国色素的消费量在百吨级。

目前色素的重点生产企业有天津市恒泽化工科技有限公司、杭州民生药厂添加剂分厂及广州威尔斯饲料集团有限公司。此外，食用色素完全可以用于饲料生产中，除天然食用色素外，我国现合成食用色素的生产能力较大，在满足食品工业需要的同时，可以满足饲料工业的需要。我国合成食用色素技术力量较强、生产能力较大的单位是：上海染料研究所和天津染料研究所。

由于合成色素存在着安全性问题，天然色素和仿天然色素将越来越受到重视。

近年来，我国已批准进口了一些色素，如德国BASF公司的“露康定红”和“露康定黄”，瑞士的“加丽黄”和“加丽红”等产品。

3. 抗结块剂

为防止加工和贮存过程因水分变化而造成饲料结块，影响饲料质量而使用的添加剂为抗结块剂。此外，一些添加剂或添加剂预混料也将这类物质用作载体，以防止添加剂变性和结块。目前我国批准使用的抗结块剂有二氧化硅、硬酯酸钙、硅酸钠和硅酸钙4种，其中用量较多的产品是二氧化硅。

我国长江以南地区由于气候的原因，常年湿度较大，如不对饲料进行适当的处理，极易结块，长江以南的广东、江苏、上海、江西、四川、湖南和湖北是我国配合饲料和养殖业比较发达地区，因此对抗结块剂的需求量较大。我国现有数百家工厂可生产以上4种产品，主要生产厂家见表6。

表6　我国抗结块剂主要厂家生产情况

企业名称	产品	能力（吨/年）
北京大兴县朱庄乡周营化工厂	二氧化硅	100
茂名高岭土工业有限公司	二氧化硅	150000
江苏兰陵化工（集团）公司	二氧化硅	1500
北京市红星泡花碱厂	硅酸钠	50000
天津市泡花碱厂	硅酸钠	56000
内蒙乌海化工厂	硅酸钠	20000
锦州化工三厂	硅酸钠	20000
上海星火化工厂	硅酸钠	72000
南京无机化工厂	硅酸钠	15000

4. 乳化剂和稳定剂

乳化剂的作用是将两种或两种以上的不相容物质制成混合均匀的单一相物质，由于许多维生素及其它饲料添加剂为油溶性产品，因此在配制人工乳时难以与其它饲料成分混合，此外一些以饮水方式投料的添加剂难溶于水中，因此必须通过乳化剂将其配制成可溶于水的乳液，以便动物的采食。

我国现批准使用的乳化剂有甘油脂肪酸酯、蔗糖脂肪酸酯和山梨聚糖脂肪酸酯三个产品，主要用于人工乳的生产中。

我国现有多家生产以上三种产品的企业，其产品除用于饲料工业外，大量用于食品工业中。1998年全国以上三种产品的产量在10000吨左右，主要企业的生产情况见表7。随着饲养水平的提高，饲养业对配合饲料的质量要求将不断提高，因此对于乳化剂的需要量将逐渐增大，并且复配性乳化剂的生产是未来的发展方向。

5. 抗氧化剂

空气中的氧是造成饲料中的脂肪、蛋白质、碳水化合物及维生素等变质腐败的诱因。氧化变质的饲料产生异味，不仅影响饲料的的适口性，降低采食量，甚至引起拒食。即使食入后也因其有效成分被破坏而降低饲料的营养价值，并会损害动物的健康。在饲料中添加抗氧剂可防止饲料氧化变质，因此抗氧剂又称作饲料保存剂中的一个组成部分。

我国已批准使用的抗氧化剂是乙氧喹及二丁基羟基甲苯（BHT）两个品种。主要使用的是乙氧喹，它不仅用于配合饲料，还较大量地用于鱼粉中。我国乙氧喹主要用作饲料抗氧化剂，少量用作水果保鲜及其它，BHT 则主要用作食品抗氨化剂，饲料中应用量不大。乙氧喹生产企业有：江苏中丹化工集团、江苏南通市丰田助剂厂、上海市长征第二化工厂、上海福达精细化工有限公司、广州天科科技有限公司等；BHT 生产企业：上海向阳化工厂、辽宁滨河化工厂、上海益民食品四厂。

1991 年以来，我国共批准进口抗氧化剂饲料添加剂十余种，主要是乙氧喹、BHT 及其它成分，如BHA、PG等的复配物，1998年估计进口量100吨。

表7　我国乳化剂和稳定剂主要企业生产情况

企业名称	产品	年产能力（吨）
大连中兴有机化工厂	蔗糖脂肪酸酯	100
上海伊凡尔精细化工有限公司	蔗糖脂肪酸酯	300
上海师大生化实业公司	蔗糖脂肪酸酯	
金华市第二制药厂	蔗糖脂肪酸酯	300
杭州市桐庐化工公司	蔗糖脂肪酸酯	
山西颐泰恒精细化学有限公司	甘油脂肪酸酯	
广州市天河美嘉食品科技实业有限公司	甘油脂肪酸酯	
重庆市侨丰化工厂	甘油脂肪酸酯	
上海油脂二厂	甘油脂肪酸酯	

1998 年饲料工业中抗氧化剂乙氧喹用量估计在3000吨，BHT 用量约100吨。

复合型抗氧化剂的各组分可发挥协同作用，增强抗氧效果。近年来，已开发多种复合型抗氧剂，如加入异维生素C、TBHQ及柠檬酸等组份，上海长征第二化工厂研制的“克氧灵”已经面市；北京桑普生物化工公司研制的“抑氧”，广州天科科技有限公司研制的“天科素”抗氧灵等，由单一型转向复合型是今后发展方向。

6. 防腐剂

饲料中含有丰富的蛋白质、淀粉、维生素等营养成分，在高湿高温的条件下，容易因微生物的繁殖而产生腐败霉变。霉变的饲料不仅影响适口性、降低采食量还会影响饲料的营养价值，而且霉菌分泌的毒素还会引起畜禽拒食、呕吐、腹泄、生长停滞以至死亡。因此，在雨季和夏季生产和贮存配合饲料都需加入防腐防霉剂。

我国已正式批准使用的防腐剂五类13个品种，即丙酸类包括丙酸、丙酸钠和丙酸钙；甲酸类包括甲酸、甲酸钠和甲酸钙；柠檬酸类包括柠檬酸钠；乳酸类包括乳酸、乳酸钙和乳酸亚铁；富马酸。目前配合饲料主要使用丙酸类，青贮饲料则主要使用的是甲酸类。以上产品的主要生产厂见表8。

表8　我国抗氧化剂主要生产厂家

产品	生产单位
丙酸盐类	黑龙江鹤岗市红旗精细化工厂
	江苏泰县食品化工厂
	杭州群力营养源厂

表8（续）

产　品	生产单位
	福建泰宁县精细化工厂
甲酸钠和甲酸钙	天津有机合成厂
	长春市化工五厂
	连云港锦屏化工厂
	株洲市有机化工厂
	广东省梅县化工厂
柠檬酸和柠檬酸钠	安徽蚌埠柠檬酸厂
	湖北黄石柠檬酸厂
	湖南宁乡石油化工厂
	无锡中亚化学有限公司
复合有机酸	广西桂林万康添加剂厂
乳酸及乳酸钙	河南郸城生物化学厂
	上海崇明县益尔宝乳酸制品厂
	无锡第二制药厂
	甘肃酒泉啤酒厂
富马酸及其酯类	苏州合成化工厂
	河南周口地区科利达精细化工厂
	江苏省吴县牡丹化工厂
	广州康泰饲料有限公司
	宁夏正元精细化工有限公司
	广东增城康达斯化工有限公司
	安吉县吉达精细化工厂
	四川省富顺县起凤化工厂

近几年来，使用双乙酸钠作为防腐剂有所发展，主要生产厂家是：上海市浦东三维饲料添加剂厂、上海科昌精细化学品公司、山东周平康复福利有机化工厂、青州市利龙饲料有限公司、昌邑市友详动物保健品厂、河南新乡石油化工厂。

1991年以来，我国共批准进口防腐饲料添加剂数十种，主要是丙酸及其盐以及与其它多种成分，包括山梨酸、乙酸、苯甲酸等的复配物。

1998年饲料工业中防腐剂用丙酸及其盐类估计在12000吨；甲酸及其盐1000吨，富马酸500吨，双乙酸钠约1000吨，其它500吨，总计14000吨。其中进口丙酸7910吨，丙酸盐约1100吨。

复合性防腐剂的各组分可发挥协同作用，拓展抗抑菌谱，增强防腐防霉效果。近年来，国内多家厂商已开发出多种配合饲料用复合型防腐蚀剂，如深圳市永鲜精细化工有限公司的“永鲜宝”和“霉天敌”，重庆威士化工有限公司的“克霉灵”，北京桑普生物化学技术公司的“除霉净”，上海邦成饲料科技有限公司的“霉克净”等。

7．电解质平衡剂

酸味剂电解质平衡剂是近年发展起来的一类饲料添加剂，其作用是保持动物体内的电解质平衡，促进动物的健康生长。此外，电解质平衡剂还具有一定的防腐、保鲜效果。目前饲料生产中使用的主要有柠檬酸、延胡索酸、乳酸等有机酸，以及磷酸等无机酸和复合酸。

目前国内市场销售的进口复合酸味剂有：美国安肥1000，美国健宝、西班牙肥得乐，国内生产的酸味剂有珠海溢多利公司的“溢酸肥”、浙江东立实业公司的“溢香酸”，顺德市惠牧生物技术有限公司的“得酸肥”等产品。

我国是世界上柠檬酸生产能力最大的国家，年出口柠檬酸在10万吨以上，生产能力完全可以满足饲料工业的需要。我国乳酸的生产近年来也取得了较大的进步，现有生产单位十余家，最大装置生产能力已达到5000吨/年，并且可以生产L－型乳酸。

其它无机酸的生产也完全可以满足需要。此外，碳酸氢钠、氢氧化钠和氢氧化铵也可作为电解质平衡剂，调节动物体内的 pH 值。我国这些产品的生产能力很大，可满足配合饲料工业需要。

撰稿人：李玲　韩秋燕

【药物饲料添加剂】

集约化养殖生产中，人们对预防微生物和寄生虫所致的动物传染病十分重视。在配合饲料中添加药物，成为防治动物疾病提高饲料效率的重要手段。起初我国只在饲料中混入土霉素钙。1985 年以后大量兽药进口，许多兽药以预混剂形式进入我国市场。为避免滥用兽药，将混饲经口给予的治疗药物，应与预防疾病或促生长提高饲料转化率的药物添加剂严格区分开。1987 年国务院发布“兽药管理条例”后，在“兽药管理条例实施细则”中明确“凡含有药物的饲料添加剂，均按兽药进行管理”。1989 年 1 月农业部首次公布了“饲料药物添加剂品种及使用规定”，1997 年 9 月进行了修订。我国批准使用的饲料药物添加剂按其主要用途，可分成两大类：

1．驱虫保健剂

按其所抑制的寄生虫种类，又可分成两种。

（1）抗球虫类

球虫的生命力强，很快就会产生对药物有耐受性的虫株，人们不断开发新的药物对付它们，因而抗球虫剂的品种繁多。磺胺类和呋喃类药物目前已不作抗球虫剂。按生产方法可分为化学合成抗球虫剂和发酵生产的抗生素类抗球虫剂。

①化学合成抗球虫剂

地克珠利（Diclazuril）是最新的化学合成抗球虫剂，1992 年在欧洲上市。我国已批准进口并现已在浙江德清拜克生物有限公司、新昌制药股份有限公司、上海兽药厂和上海诺华动物保健有限公司等厂生产。添加量只需 1 毫克/千克，安全性较好。是目前受欢迎的品种之一。

硫胺类抗球虫剂有：盐酸氨丙啉和硝酸二甲硫胺，分别由上海中西药厂和东北制药总厂兽药厂生产。从美国默沙东公司有进口，安全性好，但目前使用量不大。

乙氧酰胺苯甲酯不单独使用，作为氨丙啉的增效剂可扩大抑制球虫种类的范围，美国进口的“加强安保乐”即为此药。磺胺喹噁啉与氨丙啉和乙氧酰胺苯甲酯的三合剂，国内外普遍采用。但我国目前用量不大。

氢羟吡啶，我国有大量生产，如江苏南通醋酸化工厂、南通市动物药厂、山东青岛兽药厂、山西芮城县兽药厂等。价格便宜，效果尚好。法国罗纳梅里厄公司进口的“可爱丹”即是此药。近年日本不用此药。从我国进口肉鸡时，检查氯羟吡啶的残留量十分严苛，因此此药用量有所下降。

盐酸氯苯胍在 20 世纪 70 年代上市，我国 1980 年批准生产使用、杭州药厂兽药分厂、温州浙南兽药厂、沈阳利康兽药厂、湖北仙桃市第三制药厂等多处生产。除日本外，至今各国仍在使用。它会使鸡肉产生特有的令人不愉快的味道，影响了其用量。一般在仔鸡前期使用氯苯胍。

尼卡巴嗪的使用历史较长。我国于 1986 年批准使用。目前世界各国都在用，效果好，耐药性来得慢。缺点是影响鸡的采食量；在高温高湿条件下会使鸡对热的耐受性降低，严重时会昏倒。用药期间应充分供饮水和通风。江苏无锡合成兽药厂、湖北武穴二里丰企业（集团）公司。广东清远京南兽药厂等均有生产。美国默沙东公司的力更生（Nicrazin）即为此药的商品名。美国 Prince 农业有限公司进口的“球净”是尼卡巴嗪与乙氧酰胺苯甲酯以 125:8 比例的合剂。

硝苯酰胺类中我国仅准用二硝托胺（球痢灵）。浙江黄岩康达动物保健品有限公司和济南重机集团兽药厂等厂生产。

喹诺酮类的耐药性来得快，大部分被淘汰。我国仅批准法国罗纳梅里厄公司“Lerbek-20”进口，它是氯羟吡啶与苄氧喹甲酯以 100:8.35 比例混合的预混剂。

氢溴酸常山酮是由中草药常山提取物的有效成分化学合成的。它的优点是用量小，仅添加 2—3 毫克/千克，但适口性差，且对鸭、鹅和水生动物有毒。我国无生产，准许德国赫司特罗素动物保健品公司的产品进口，其商品名为“速丹”。日本只准使用常山酮苯乙烯磺酸钙，添加量为 40 毫克/千克。

②抗生素类抗球虫剂

此类药物 20 世纪 70 年代后受到关注。从化学结构看，它们是聚醚类抗生素；从作用机理方面被称为离子载体型抗球虫剂。它们对一价或二价金属离子（例如钠、钾）有特殊的结合力，它使球虫子孢子中钠离子量急剧增加，膨胀致死，从而达到杀灭球虫的目的。这属于生物物理作用，与化学合成抗球虫剂的作用机理相差较大，因而这两类抗球虫剂之间没有交叉耐药性，使用中可以相互轮换以提高抗球虫效果。虽其耐药性来得慢，但我国部分地区已出现对其耐药性不得不提高剂量的现象。

盐霉素钠由日本科研制药株式会社开发，1985 年进口我国，商名为“优素精”，德国赫司特公司和保加利亚制药公司也准进口。我国山东济宁市的鲁药舍里乐药业有限公司已有生产。

莫能菌素钠是由美国礼来公司进口，商品名为“欲可胖”。我国已批准北京东北旺制药厂生产，但现未正式投产。保加利亚 PHARMACHTH（制药）公司也准进口。

拉沙洛西钠由瑞士罗氏公司进口，商品名为“球安”，我国暂无生产。

甲基盐霉素由美国礼来公司进口，商品名为

“禽安”。甲基盐霉素与尼卡巴嗪以1:1比例的合剂称“猛安”。我国暂无生产。

海南霉素是我国江苏常州第二制药厂研制的，已获农业部批准为一类新兽药。但生产量不多。

马杜霉素是由美国氰胺公司开发，进口产品商品名为“加福”。我国已有多家生产，主要有河南三宝（集团）股份有限公司、浙江德清拜克生物有限公司、山东齐鲁制药厂和江西亚星抗生素厂等。此药添加量只有5毫克/千克，稍多至6毫克/千克时就会影响增重，严重时鸡不能站立。曾多次发生中毒事件。

赛杜霉素（Semduramicin）是美国辉瑞公司最近上市的新产品。我国已批准进口，商品名为“禽旺”。添加量为25毫克/千克。美国和日本均批准使用。

（2）驱虫类

动物有多种寄生虫，因而驱虫药物品种较多。一般驱虫剂都有一定的毒性。只能根据兽医处方规定的剂量和疗程作治疗药物使用。混入饲料是一种给药方式，但不能作为药物添加剂管理。将一般驱虫剂误当成饲料添加剂使用，造成大批畜禽死亡的事件屡有发生，应加强管理。我国批准使用的此类添加剂只有两种。

越霉素A和潮霉素B均属氨基糖苷类抗生类，分子式相同，但分子结构构象有差异且由不同菌株产生。它们均对猪和鸡的肠道线虫有驱除作用。越霉素A由日本明治制果株式会社开发研制，进口我国预混剂的商品为“得利肥素”。天津河北制药厂已生产。潮霉素-B由美国礼来公司开发研制。进口我国预混剂的商品名为“海霉素”。

2. 抑菌类药物添加剂

按生产方式又分为化学合成抗菌药和发酵生产的抗生素两大类。我国选用安全性较好，尽量与人医不共同的抗菌类药物作饲料添加剂。

（1）抗生素类

按抗生素的化学结构可分成多种。

①多肽类抗生素

杆菌肽锌应用较广。最初由日本旭化成株式会社进口，后来挪威雅来大药厂也准进口。我国天津新星兽药厂已大量生产并可出口。河北琛州兽药厂也可生产。

杆菌肽锌与硫酸粘杆菌素以5:1比例混合的预混剂使抑菌谱加宽，效果优于单独使用。日本旭化成株式会社名为“万能肥素”的产品，即是此混合物的预混剂。该公司和日本明治制果株式会社及科研制药株式会社均有硫酸粘杆菌素产品进口。

恩拉霉素从日本武田药品工业株式会社进口，我国暂无生产。

维吉尼霉素由美国辉瑞公司进口，其预混剂商品名为“速大肥”。我国暂无生产。它是大环内酯和环状多肽两种抗生素的复合体，抑菌效果较好。

②大环内酯类抗生素

泰乐菌素由美国礼来公司开发研制。磷酸泰乐菌素可作饲料添加剂。美国进口商品名为“泰农”。保加利亚Bicvetstock公司也有原料药进口。我国北京拜耳生产技术研究所、山东鲁抗医药有限公司等已研制，西安亨通光华制药有限公司已正式生产。北里霉素由日本旭化成株式会社进口，我国生产厂有沈阳抗生素厂、河南平原制药厂新乡分厂和浙江新昌制药股份有限公司等。

此类抗生素除对细菌有效外，还对支原体有抑制作用，因而可较好地预防呼吸道疾病。

③磷酸化多糖类抗生素

黄霉素由德国赫司特罗素公司进口，商品名为“富乐旺”。（美国名称为斑贝霉素Bawbermycin）。我国暂无生产。

④四环素族抗生素

土霉素的使用时间最长，生产厂也较多，主要有南京药械厂、郑州生药厂、成都药械厂、陕西生药厂和兰州生药厂等。

金霉素有十多家生产。主要有福州抗生素总厂，扬州市动物药品厂等。

作饲料添加剂时此类药应用碳酸钙作载体，以克服它们抑制动物对钙吸收的缺点。

（2）化学合成抗菌药

此类药物副作物较大，正式批准作饲料添加剂的只有喹乙醇一种。鉴于在应用中发生多起鸡群中毒死亡事故，1997年已不再推荐用于鸡的饲料添加剂。对猪的停药期由28天延长至35天。我国主要生产厂有江苏南通醋酸化工厂、湖北武穴二里丰企业（集团）公司、青岛兽药厂、山西芮城县第二兽药厂、吉林四平市兽药厂等多家。对喹乙醇的安全性还在进一步探讨中。

20世纪60年代前氨苯胂酸（商品名：阿散酸）和硝羟苯胂酸（又称洛克沙生）都曾作为抗菌药用于饲料添加。近来已被抗生素取代。欧盟和日本都不准作饲料添加剂。美国还可用，但为减少用量，已将治疗猪痢病的作用取消，仅作提高饲料转化率使用。我国虽批准两产品使用，但规定限制生产。现有浙江、广东和河北等十多厂生产。有机砷从动物体排出后，在自然界很快降解成无机砷而污染了环境，许多科学家呼吁应限制此类药作饲料添加剂使用。

3. 饲料药物添加剂应用前景

药物在动物性食品中的残留已成为全世界人们关注的热点。治疗用药物只对生病的动物使用有限的时间，虽然药物会在动物体内存留，但数量和时间有限。饲料添加剂对无病的动物也适用，并且使用时间很长，甚至食用动物在其整个生命过程都会摄入所添加的药物，成为食品中药物残留的主要来源。规定屠宰前或产蛋前的停药期，用药后的弃奶期可减少药物在食品中的残留，但不能从根本上解决问题。

随着抗菌药物（含抗生素）的大量使用，人们发现耐药细菌滋生，以致贻误了对人类疾病的治疗。在饲料中长时间低剂量使用抗菌药物是耐药细菌滋生最重要的根源。科学家已召开多次全球性会议，呼吁减少饲料中抗菌药物的使用。我国兽药行业虽然起步较晚，对兽药的审批比较严格，并且严格区分治疗药和预防用的药物添加剂，但食品中兽药残留和耐药菌滋生的问题，也开始困扰我们。特别是出口的畜产品大多数是来自集约化程度高，添加或饮水用药较多的大型饲养场。因而兽药残留在进出口贸易中受到重视。及时淘汰不安全的品种，减少饲料药物添加剂的用量，是大势所趋。

撰稿人：李美同

【新型饲料添加剂】

现代化的畜牧业提高了生产效率，使肉蛋奶等动物性食品产量增加。但是集约化的饲养方式，使动物缺乏新鲜的空气、阳光和充足的活动；全价配合饲料并未完全满足动物的需要；大量应用饲料药物添加剂使耐药细菌滋生并在食品中残留药物等等。这些负面影响都促使人们进行新的探索，来克服“集约化饲养中免疫力的抑制因素”。一些新型饲料添加剂已由我国研制成功。

1．萜素

糖萜素是由浙江大学生物活性物质研究开发中心创制的产品，是由多糖和三萜皂甙组成的天然提取物，原料丰富可大量生产。具有提高动物消化酶活性、增强机体免疫力以及清除氧自由基抗氧化的作用。在集约化饲养猪、鸡和鸭时，饲料中添加300－500g／吨的糖萜素，可提高动物对病害的抵抗力，对不利因素的抗应激能力。这样在饲料中可不添加抑菌类药物和驱虫保健剂，甚至饮水中也不加药，从根本上避免了兽药在食品中的残留问题。1998年农业部已批准使用。一年多的生产应用已获得成功。现由浙江宁波联合生物技术有限公司生产。

2．葡萄糖氧化酶

葡萄糖氧化酶是国内外均批准使用的食品保鲜酶制剂。河北省微生物研究所首先将葡萄糖氧化酶（商品名：鲜尔康）用作饲料添加剂。它可清除自由基抗氧化，还可保护肠道有益菌群。因而可提高动物免疫力，预防动物肠道疾病和球虫病。它还有净化水质，解除霉菌毒素毒害保护肝脏的作用。1997年由河北省批准使用以来，在猪、鸡和鱼虾生产应用中（以0.5－2千克/吨的量添加其预混剂），效果明显。已在河北保定市由微生物研究所生产。

3．乙酰氧肟酸

乙酰氧肟酸是中国农科院畜牧研究所创制的脲酶抑制剂。它的作用机理是降低瘤胃微生物脲酶的活性，减缓氨态氮释放速度，使瘤胃微生物有平稳的氨氮供应，从而提高反刍动物对氮的利用效率和微生物蛋白质的合成量。以25g／吨的量添加于日粮中，经6万头动物试验证明，该产品可使奶牛的产奶量提高15%以上，肉牛日增重提高18%以上，肉羊日增重也有明显提高。1998年内农业部批准使用，已由天津佳农饲料有限公司生产，受到养牛业的欢迎。

撰稿人：李国胜

饲料机械制造工业

【年饲料机械工业发展概况】

我国的饲料机械工业经过“七五”、“八五”、“九五”国家科技攻关，获得了迅速发展。

“七五”期间，原商业部会同有关部门组织了跨学科、跨行业的研究设计单位和生产制造单位，集中对引进的国外先进成套饲料加工设备进行了消化吸收，为我国饲料工业提供了时产 2.5、5、10 吨系列化成套设备，科技成果迅速转化为生产力。

“八五”、“九五”期间，饲料机械继续列入国家科技攻关项目，主要向大型化、机电一体化、多样化、成套化发展，依靠成果转化、产品开发和技术进步，促进了企业的快速发展。江苏正昌集团公司和江苏牧羊集团相继成立，国营企业已成为饲料机械工业的主力军。按照“纲要”各行各业都来办饲料工业的精神，一些民营企业、合资企业和独资企业也开始涉足饲料机械行业，从而进一步推动了行业的进步和发展。

“八五”和“九五”是饲料机械工业发展最迅猛的阶段。突出表现在如下几方面：第一，饲料加工许多主机设备达到标准化、系列化和通用化。例如 SFSP 系列锤片粉碎机、SLHY 系列叶带卧式螺旋混合机、SZLH 环模制粒机等；第二，向大型化发展。锤片粉碎机配套功率由 75 千瓦、90 千瓦、110 千瓦发展到 200 千瓦、220 千瓦、250 千瓦。叶带卧式螺旋混合机容积由 2.5 米^3、5 米^{3}发展到 12.5 米^3、15 米^3，每批混合量由 1000 千克、2000 千克发展到 5000 千克、6000 千克。环模制粒机由主电机功率 75/90 千瓦，环模内径Φ400 毫米发展到主电机功率 200/280 千瓦，环模内径Φ768 毫米；第三，向机电一体化发展。例如微机控制液体添加机、颗粒油脂喷涂机、制粒机自动控制仪等；第四，新品种新机型竞相问世。如水滴型粉碎室锤片粉碎机、立式粉碎机、双轴浆叶式混合机、UTM 颗粒机、高效干法膨化机、膨胀机以及适合水产饵料加工的强力调质器、颗粒稳定器、稳定干燥组合机、液体配料秤、微量组分配料秤等；第五，产品质量大幅度提高，部分产品技术性能达国际先进水平。例如水滴型锤片粉碎机的度电产量高达 220 千克/千瓦时以上，可与世界名牌——美国冠军牌粉碎机媲美。双轴浆叶式混合机，混合时间 45－60 秒，混合均匀度变异系数 CV≤5%，其技术性能属国际先进。环模制粒机实行强强联合与国际名流企业进行合作。正昌集团与美国 CPM 公司、牧羊集团与美国 UMT 公司、上海申德与德国孟庆公司、无锡粮机与瑞士布勒公司进行合资合作，引进了加工技术、加工工艺及主要的加工手段，吸收了国外先进的管理经验，按国外公司的技术标准进行制造、质控，大大提高了产品质量，正昌制粒机、MUZL 型牧羊-UMT 制粒机、申德 SOPM 制粒机、无锡布勒 OPBS/DPBA 制粒机的技术性能已达到引进样机水平，可以取代进口。由于引进了技术和装备，加上企业自身技术改造，制粒机的环模、压辊和膨化机、膨胀机的挤压腔、挤压螺杆等磨损件质量迅速提高。上海申德机械有限公司引进德国多工位全自动深孔枪钻、大直径真空淬火炉及进口高铬合金钢坯料、环模内径Φ420 毫米以上环模使用寿命约 800 小时，环模质量达国际一流水平，申德公司 1998 年产环模 1000 个，正昌集团 1991 年至 1994 年，平均年产环模 4000 个，1995 年至 1998 年平均年产 6000 个。年产压辊约 3 万个。环模内径 400 毫米以上，模孔直径Φ3 毫米，环模使用寿命合金钢 3000 吨，不锈钢 6000 吨。干法膨化机熟化大豆挤压螺杆使用寿命，上海申德和牧羊集团约 800 小时，中国农机院研制、开发的 P1000S 膨化机已达到国际同型号产品先进水平。第六，向规模化、集团化和成套化发展。随着中国饲料工业的发展，从 1991 年至 1998 年，在短短的 8 年间，溧阳和扬州由定点专业生产饲料机械企业先后于 1995 年和 1996 年成立了正昌集团和牧羊集团，他们是以饲料机械为主体，以粮油成套工程、除尘工程、钢板仓工程和电气工程为配套，以农牧饲料、生物技术相结合的规模集团。国内国营、民营、合资及独资饲料机械厂家集机、电、工艺、土建于一体，承接工程从可行性研究、工艺土建设计、机器制造、设备安装调试、操作管理人员培训到配方软件设计等，呈一条龙服务体系。成套工程规模系列化，有时产 1 吨、2.5 吨、5 吨、10 吨、15 吨、20 吨、30 吨和 40 吨；成套工程产品多样化：配合饲料、预混合饲料和浓缩饲料、畜禽饲料、水产饲料（鱼、虾、甲鱼、鳗鱼、牛蛙等浮性和沉性饲料）、反刍动物饲料及特种动物饲料等等；成套工程工艺设计灵活：先粉碎后配料工艺、先配料后粉碎工艺、先熟化工艺和后熟化工艺；成套工程结构多样：钢架式（主车间为钢结构）、楼层式（主车间为混合结构）、半楼层式（主车间底层为混合结构，上层为钢架结构）、积木式（设备按工段集成）等。

国内饲料机械产品有几十个系列，200 多个品种的饲料机械产品，销往国内30个省、市、自治区，并出口到东南亚、新西兰、俄罗斯和非洲等地，成套设备除满足国内需要外，也出口国外创汇。众多机械产品中，有些已形成著名品牌，在国内市场占有主导和控制地位。更为可喜的是，我们有些大企业建立了自己的研究机构，一方面继续与研究院所合作，另一方面也能独立自主研制开发新产品，扭转了完全依赖科研院所的局面。

【自动化控制水平】

20世纪90年代是我国饲料工业自动化控制技术发展速度最快的年代，它的发展包括单机设备的自动化控制和生产过程自动化控制两个部分。经过“八五”、“九五”两个阶段的科技攻关，单机设备自动化控制由最初的计量秤、配料秤、成品打包机，发展到包括微量配料秤、液体配料秤、油脂添加、粉碎机、制粒机在内的所有关键性设备都采用智能控制；生产过程控制从继电器控制方式，发展到生产流程PLC程序自动控制与配料计量微电脑定量控制管理结合，直至发展到现在的全厂生产过程监控管理的DCS集散型控制系统。

1. 单机设备自动化控制的发展

进入20世纪90年代，采用以单片机为核心的智能型控制仪表来实现饲料生产中主要单机设备的自动控制成为主流。许多厂家、大专院校及科研院所纷纷投入力量研制智能型称重设备和饲料加工设备。当时具有代表性的生产单位有：原商业部无锡粮食科学研究设计院、原商业部武汉粮食科学研究设计院、北京工业大学、国防科大、唐山电子电器控制研究所、无锡电子技术应用研究所、上海市粮食学校、国营常熟粮食机械厂、中国三江航天集团、常州托利多电子衡器有限公司、湖北天门达威集团等。

（1）计量称重设备

1990年，采用单片机控制的配料秤，以其控制电路简单，软件编程灵活，现场操作方便，特别是成本低等优势，迅速替代了过去的半导体集成电路、单板机、微型计算机（苹果机系列、IBM-PC机系列）、工控机等控制形式的配料秤。

1991年，为增强控制仪表的抗干扰能力并增加其通用性和灵活性，对配料秤智能仪表做了改进。采用国际通用标准STD总线结构形式。与此同时，单片机控制的定量/计量秤、配料秤、成品打包机基本定型。

1992—1995年，计量称重设备的控制主要在以下两个方面进行改进：第一，扩大量程范围。定量/计量秤由300千克扩展到100、500和1000千克，打包机由25—60千克扩展到10—100千克，每包称重值可设置；第二，采用进口传感器以及智能控制仪表芯片改型，增加数据采样速率（由5次/秒提高到100次/秒以上），改进喂料机构，由点动控制改为双速绞龙给料、落差自动跟踪补偿到绞龙采用变频控制并结合落差自动跟踪补偿技术，使计量设备的精度和稳定性都有了明显提高。

“八五”期间计量称重设备已能达到的主要技术性能指标如下：

配料秤

量程（F.S)：100、250、500、1000、2000千克

计量精度：静态（砝码检定）±1‰F.S（四级秤）

动态（物料检定）±3‰F.S

I/O控制回路：单台秤，输入8路、输出24路（其中出仓机≤16个）

双台秤，输入16路、输出36路（其中出仓机≤24个）

参数及配方设计方式：可选择键盘也可选择数据通讯方式

定量/计量秤

量程（F.S)：300千克

计量精度：静态（砝码检定）±1‰F.S（三级秤）

动态（物料检定）±2‰F.S

I/O控制回路：输入8路、输出8路（其中计量秤给料机1台，定量秤，给料机≤5台）

产　量：20吨/小时

打包机

量程（F.S)：60千克定量范围25—60千克

准确度等级：0.2

计量精度：静态（砝码检定）±1‰F.S

动态（物料检定）±2‰F.S

产　量：240—300包/小时

I/O控制回路：输入8路，输出8路

1994年，“SYPW50微机控制液体配料秤”通过部级鉴定，该秤由秤体、液体输送排放系统以及智能控制系统三部分组成。秤体设计考虑4种添加液体，由4个小秤斗组成。需要时可根据添加液体品种的多少增减。给料及排料选用齿轮泵，具有液体添加流量稳定均匀、计量精度准确的特点，并配六级电机作为液体输送的动力源。秤斗门采用电磁阀，结构简单，动作可靠。传感器选用两只50千克量程的拉式传感器，智能称重控制仪为STD总线结构，实现给料配料以及排料全自动控制。

微机控制液体配料秤主要技术性能指标：

量程（F.S)：50千克

计量精度（F.S）±2‰

检验额定值：20克

范　围：5—50千克

可配品种：4种（可根据添加液体品种的多少增减）

配料周期：6分钟

1995 年，“制粒机自动控制系统”通过部级鉴定，该系统运用单片机控料技术和 PID 数字调节控制技术，实现蒸汽添加量和物料流量的最佳配合控制模式。制粒机采用自动控制系统与手动控制相比，产量提高 10%－15%，动力消耗降低 10%，生产成本降低 5%－10%，控制精度达国际先进水平。

自动控制系统主要技术指标：

控制机电流波动值小于±5A

调质后物料温度波动值小于±5℃

1995－1998 年，计量称重设备采用双 CPU 控制方式，线路结构进行调整，彻底解决了控制系统长期存在的干扰问题；通过增加温度自动补偿、软件调校精度功能，使配料秤由四级秤提高到三级秤，动态精度由±3‰F.S 提高到±2‰F.S。以适应大型饲料厂需要，配件秤的量程范围由 2000 千克（最大量程），扩大到 6000 千克。

打包机除采用国产智能控制仪表外，并采用进口的高速、高精度控制仪表。给料、夹袋、灌包等联锁控制采用小型 PLC 来实现，既提高了称量准确性，计量精度：静态±1‰F.S，动态±2‰F.S。又提高了打包速度——600 包/小时。

（2）加工设备

1993 年，内贸部无锡科研设计院承担的“八五”国家科技项目“SFSP112×30Q 锤片粉碎机”项目中粉碎机最佳负荷控制仪，用单片机控制技术。粉碎机负荷控制仪主要技术参数如下：

控制范围：0－99（预定电流）任意设定。

电源：220V±10%－15%，50HZ±20%

功耗≤100W

使用温度：0－40℃

环境湿度：≤85%

1997 年，内贸部无锡科研设计院承担“九五”国家科技攻关项目中“TKZL 型物料流量控制器”，适用于流动性较好的小颗粒物料连续生产线上对其流量进行控制、计量累计及配比，并可与上位机通讯联网，参与系统管理。其主要技术指标：流量控制范围：1－20 吨/小时。

显示内容：瞬时流量、累计流量

计量精度：<1%，累计误差小于 1%

参数设置方式：键盘或数据通讯

2．生产过程自动化控制的发展

1991 年，商业部无锡科研设计院在饲料厂电气控制中应用 PLC 控制这一先进技术，自行设计安装调试，实现了全厂主工艺流程设备全部自动控制。该系统继电控制回路简单，安装调试方便，特别是 PLC 作为一种工业控制用控制器，其高可靠性保证了自动控制系统长期安全无故障运行。在操作上，克服了过去手动顺序启停设备容易造成人为的操作失误，避免了生产过程中某台设备因故障停车，其余设备仍在继续运行，造成堵料现象等弊端。

随着计量称量设备智能型控制仪表的不断更新、完善，饲料加工设备的日趋成熟，电力元器件制造水平的提高，在一段时间内，一方面以 PLC 作为主机、自动控制全厂各工段主要设备的运行；另一方面以配料秤、计量定量秤、打包秤、微量配料秤各智能控制仪表作为前沿机，通过多路通讯控制器与上位计算机通讯，实现数据定量管理，两方结合成我国饲料厂“八五”期间代表性控制模式。

1996 年，内贸部无锡科研设计院承担了国家“九五”科技攻关任务饲料生产过程控制技术研究，1999 年通过部级鉴定。通过对监测传感元器件智能控制设备仪表的通讯适应性，PLC 技术的深化以及上位计算机监控管理软件等技术难点的研究，将 PLC、智能控制仪表以及计算机之间进行联网通讯，实现饲料生产过程的集散型控制。这种控制方式集实时控制，信息管理、图形显示为一体，保留 PLC 及智能控制仪在实时控制上的优势，发挥计算机数据运算管理功能强的特点，应用计算机通讯技术、多媒体技术、图形组态监控技术，将生产过程的分散控制与集中监控管理有机地结合为一体。

【牧草与秸秆加工机械】

1．1991－1998 年牧草与秸秆加工机械发展概况

牧草加工机械除传统的收割、调制、集垅成条铺和捡拾打捆机具已经有了较为完整的系列产品外，快速加工绿色牧草的烘干、粉碎与制粒装置已在八五项目中站住了脚。进入“九五”后，对鲜嫩植株先行榨汁，然后分别提取蛋白和制造草颗粒的加工工艺已经进入实施建厂阶段。

目前我国已能生产出牵引式割草机、搂草机和固定式捆草机等产品，并同时进行了旋转式割草机和后悬挂双动刀高速割草机的研制。旋转式割草机、割草调质机、指盘式和斜角滚筒式侧向搂草机、牵引式捡拾压捆机、圆捆式卷捆机、方草捆捡拾机、圆捆运输车、捡拾压垛机等相继投产，使牧草机械化收获工艺日趋完善。

秸秆加工分干黄和青嫩秸秆加工两大类。干黄秸秆的加工机械主要含收获、运输、铡切、处理等工序。青嫩秸秆加工主要含收获、运输、铡切、青贮等工序。

作物秸秆等粗饲料资源的开发利用已成为饲料工业的一项重要工作，开发利用技术和设备研制不断出现新成果。我国每年约有 5 亿吨以上的农作物秸秆，是我国农村发展畜牧业很好的粗饲料资源，以前已推广了青贮加工等技术。“八五”期间农业部组织的秸秆养畜工程项目，促进了秸秆加工机械的迅速发展，秸秆加工机械的品种、系列产品和产量迅速增加。在“八五”期间，进一步推广了秸秆氨化技术，并组织北京农业工程大学等高等院校和研究单位对氨化技术和配套设备作为攻关项目进行了研究，其成果已通过国家验收，并应用于生产。揉搓碎机是一个迅速推广起来的新机型，是

我国在畜牧机械方面的独特创造。内蒙古农牧学院和畜牧科学院对热喷技术和设备进行了改进和推广，中国农机化科学研究院等单位研制了新型饲料压块设备。秸秆综合处理技术正在研究，一些单位采用生物技术对秸秆进行加工处理，并结合动物饲料配方，加入精料，然后采取机械成型，加工成秸秆（或草）颗粒或块状饲料，从改善饲料营养，提高饲料利用率以及便于保存和运输方面来看，效果明显。矿物和尿素舔块的生产，作为秸秆的必要补充，已开始启动。

进入20世纪90年代以来，畜牧机械的生产、科研等都有了较快的发展。1991年，机电系统从事畜牧机械生产的企业已有82个，生产的牧机产品有草原建设机械、牧草收获机械等八大类，100多个品种，600多个机型。

2. 生产技术水平

（1）割草机

割草机是将生长状态的牧草刈割放倒，以便于晾晒。割草机可根据动力型式、切割器型式、与动力间的关系、作业项目等分类，主要包括畜力式和机引式；往复式和旋转式；牵引式、悬挂式和自走式；割草一集条机、割草一压扁一集条机等。其中，旋转式割草机比往复式割草机具有更高的生产能力，通过性能好，而割草压扁机可将割下的草茎结构破坏，使茎与叶的干燥速度趋近，特别适于豆科牧草的收获。随着人工种植牧草的发展，因其牧草生长茂密，产量高，使用往复式割草机已很难适应，旋转式割草机便应运而生。

内蒙古、新疆分别研制成单圆盘、双圆盘及四圆盘旋转式割草机。其中，9GZX-1.7型四圆盘旋转割草机由新疆农科院农机化研究所研制、新疆牧业机械厂生产，9XG-1.65型双圆盘旋转割草机由内蒙古动力机械厂生产，适用于高密度的人工种植和天然草场收割，具有割茬低、铺条整齐、仿形好和更换刀片方便等特点，在高密度草场获得推广。新疆农科院农机化研究所研制成9GZX-2.4型六圆盘全齿式旋转割草机，白城牧机厂试制成9GS-4.0型自走式割草压扁机，呼和浩特畜牧机械研究所和佳木斯联合收割机厂共同研制成9GSQ-4.0型牵引式割草压扁机，呼和浩特畜牧机械研究所和大同农牧机械厂共同研制了电摆环驱动的9GY-3.0型牵引式切割压扁机，内蒙古呼盟农牧机械研究所研制了9GBH-2.1型半悬挂割草机，呼和浩特畜牧机械研究所研制成9GX-1.4型后悬挂割草机，吉林省农机研究所研制成9G-1.9型割草机等等。上述后3种割草机均与小四轮拖拉机配套。

（2）搂草机

搂草机是将已晾晒好的干草集成有一定密度的草条，以便后续作业，有些机型还可用作翻晒、摊晒、移条、并条等作业。

搂草机从作业方式上分为横向搂草机和侧向搂草机，前者所形成的草条与搂草机行进方向垂直，适于低产草场；而后者所形成的草条与搂草机行进方向平行，草条质量好且连续，适于高产草场。侧向搂草机按作业部件的结构还可分为直角滚筒式、斜角滚筒式、指盘式、旋转式等。

海拉尔牧机厂生产9LX-2.1型畜力搂草机和9L-6A型机引横向搂草机，吉林省农机研究所和内蒙乌兰浩特牧机厂研制成9LG-2.8型斜角滚筒式搂草机，新疆农业科学院农业机械化研究所与新疆牧机厂研制成9LZ-4.8型双列指轮式搂草机及水平旋转搂草机，内蒙古呼盟农牧机械研究所研制了9LZ-4.5型搂草机，吉林省农机研究所研制成9LZ-2.6型指轮式搂草机，这两种搂草机均与小四轮拖拉机配套。呼和浩特畜牧机械研究所还研制成小型旋转式翻草机。

（3）集草和垛草机械

集草和垛草机械适用于散草收获。传统的散草收获工艺使用集草器和垛草机，其中集草器用来将搂草的草条收集成草堆，再装车运走。现代散草收获工艺则使用捡拾压垛机，最终直接得到密度70－100千克/米^3、质量2－3吨的大型密实草垛。

蒙古海拉尔牧机厂研制出9JC-3.0型前景挂集草器，定型投产。内蒙古呼盟农牧机械研究所研制成9JC-1.8型集草器。

呼和浩特牧机研究所、吉林省农机研究所和齐齐哈尔农牧车辆制造厂研制成9JD-3.6捡拾压垛机。齐齐哈尔农牧车辆制造厂试制的7DY-3.6型草垛运输车与捡拾压垛机配套使用。

（4）压捆机械

压捆机用来将已搂集成草条的干草压缩并捆扎成一定形状的草捆，以便于搬运和贮存。根据作业方式分为固定式压捆机和捡拾压捆机，捡拾压捆机按行走方式分为牵引式和自走式；按草捆形状分为方捆压捆机和圆捆压捆机。两种草捆相比，方草捆密度高，便于搬运、码垛，对捆绳要求较高，压捆作业生产率较低，而圆捆草的密度较低，可后期干燥，捆绳使用少且要求较低，生产率高，但须用专用装运设备。

由呼和浩特畜牧机械研究所等8个单位研究设计，由内蒙古宝昌牧机厂批量生产了9KJ-1.4A型小方草捆捡拾压捆机。呼和浩特畜牧机械研究所与徐州拖拉机厂研制生产了9KJ-147型小方捆捡拾压捆机，宝昌牧机厂研制成9JK-2.7型小方草捆捡拾装载机，内蒙古海拉尔生产出9YGM-500型高密度饲草压捆机，呼和浩特畜牧机械研究所、吉林省农机研究所、白城牧机厂和鞍山农机厂合作研制成9JY-1800型圆捆打捆机，新疆十月拖拉机厂和新疆机械研究所合作研制成9YY-1.6型滚筒式圆捆机，由新疆牧机厂生产，内蒙古锡盟牧机研究所试制成9ZD-500型大圆草捆装载机。

小型圆草捆机于1997年和1998年已在天津和沈阳制造出来，其长度在500-550毫米，重量为40

千克，这个规格的小圆捆有着两个明显的优点：与方捆机相比，它不再用复杂多故障的捆绳打结机构；与大圆捆机相比，它的重量与尺寸小至一个人可以推滚方式进行装卸车工作。

拉伸膜裹包设备由上海凯玛新型材料有限公司从意大利引进。其工艺为将收割的新鲜牧草、玉米秸、稻草等青绿植物切碎后，装入网袋，用捆包机高密度压实打捆，然后，用塑料拉伸膜裹包起来，造成一个最佳的密封厌氧发酵环境，经 3－6 周，最终完成乳酸型自然发酵的生物化学过程。拉伸膜的强度高，弹性大，裹包收集后即可密封，取代了过去的不干胶密封塑料薄膜，使成本更低。

（5）青饲料收获和秸秆调质机械

青饲料是家畜日粮的重要组成部分，夏季可直接饲喂，部分青饲料可制作成青贮饲料后再喂用。青饲收获机、青饲切碎机铡草机用于不同的青饲料收获、制备工艺，其中青饲料收获机在田间收割青饲的同时将其切碎后抛至拖车间，而青饲切碎机和铡草机用于青饲的固定切碎作业。

秸秆调质技术包括物理、化学及生物方法，用于提高秸秆的饲用价值，扩大饲料来源。秸秆调质机械主要包括化学处理机和揉碎机。

中国青饲收获机主要是针对奶牛场制备高质量青贮饲料的需要。青饲切碎机和铡草机可用于青饲、干草及秸秆的切碎，使用推广普遍。近期生产了小型青贮切碎机，包括用于养鸡、养猪用的切菜机，并开始了秸秆调质机械的开发生产，其中尤以秸秆揉碎（搓）机的发展很快。进入 20 世纪 90 年代后又开展了对高性能青饲切碎机的开发生产。

青饲料收获机可分为直接切碎式和收割－切碎式：前者将作物在生长状态下直接切碎后抛至拖车中；而后者将作物割下后，经切碎机切碎后再抛至拖车中。如按机具配置方式分类有专用型和通用型：前者的机具配置是固定的，只能按确定的方式收获；而后者的切碎器前可以配装 3 种附件——全幅割台、中耕作物割台和捡拾器，可分别使用以完成不同方式的作业。

①青饲料收获机。在我国应用的青饲料收获机有从苏联引进 CK-2.6 型青贮联合收割机，有佳木斯收获机械厂试制成功的丰收 1.25 型青贮饲料收获机，中国农业机械化科学研究院设计的 9SQ-10 型双行牵引式青饲收获机，黑龙江省畜牧机械化研究所设计的 9SQ-5 型单行悬挂式青饲收获机由齐齐哈尔农牧车辆总厂和金州农牧机械厂生产，中国农业机械化科学研究院设计的 9-1.5 型青饲料联合收获机在赤峰牧业机械厂批量生产，新疆牧机厂生产了 9ZQY-0.6 型玉米青贮收获机。

②青饲切碎机与铡草机。青饲切碎机和铡草机为固定作业机械，用于长茎秆（叶）的切碎，其中青饲切碎机主要用于青贮饲料的制备，铡草机多用于干草的切碎。我国在 1996 年国家牧业机械质量监督检测中心对全国牧业机械产品基本情况进行调查。全国生产铡草机的企业有 60 余家，年产量 40000 余台，辽宁凤城机械厂是全国铡草机的组装厂，年产 93ZP 系列铡草机 10000 余台。

在调查评比的基础上，中心命名辽宁凤城机械厂为全国定点骨干企业，命名山东肥城铡草机厂、山东招远记山综合厂、西安乳品机械厂等企业为全国畜牧机械行业定点企业。

国家在这时期重点推进标准的制定工作，其中国家标准 GB7681-87（铡草机安全技术要求）的强制性标准规定，如果其中一项不合格，产品就划为不合格产品。体现了国家对人民的关心和爱护。

同时制定了系列型谱，使我国在圆盘式铡草机和滚筒式铡草机从 1.0 吨／小时至 3.0 吨／小时都有了相应的机型。

③秸秆调质机械。秸秆调质是通过物理、化学及生物学方法对秸秆及低质牧草进行处理，破坏组织结构或提供必要的氮源，从而达到提高其饲料价值，扩大饲草来源的效果。秸秆调质方法主要有氨化、碱化等，与之相应的机械有氨化设备、碱化机械等。

北京农业工程大学研制的秸秆氨化炉，炉体有金属箱式和土建式等型式。氨源可以是液氨或碳铵。对于一个容积 30 米^{3}的氨化炉，昼夜可氨化 1.5 吨秸秆。

93JHZ1000 型秸秆氨化处理机由呼和浩特畜牧机械厂研究所研制，可一次完成机械输送切碎、喷洒化学处理、搓擦撕裂、搅拌均匀及风送。生产率：1000 千克/小时，电动机 10.5 千瓦。功耗：120 千克/千瓦时。

（6）牛羊舔块与饲料压饼生产设备

饲料压饼的目的是为了便于储藏、运输、调质和商品化。中国农业机械化科学院、大同农牧机械厂等在 20 世纪 90 年代研制了 9YB65-56 粗饲料压饼机，该机能将切碎的农作物秸秆、牧草等粗饲料，添加适量糖蜜、精料等压制成高密度饼块饲料，可提高饲料消化率、利用率和牲畜采集率，又便于贮存、运输和减轻饲喂人员劳动强度。适用于畜牧场、专业化粗饲料加工厂使用推广。配套动力 22－30 千瓦电动机，压饼直径 60－80 毫米，压饼密度 300－750 千克／米^3，设备占地面积约 15 米^2，生产率 450－800 千克/小时。

93KCT-1000 型粗饲料压块成套设备由呼和浩特牧机所、中国农大、华达集团合作开发，可压粒压块，动力：80－100 千瓦，容重：0.6-1.0 克／厘米^3，堆积容重 0.4-0.6 吨／米^3。

国营 346 厂 20 世纪 90 年代生产的 93KWT-4 型秸秆颗粒饲料造粒机，该机采用螺旋推进挤出原理，将粉碎、转化、发酵、配合后松软湿润的配合料，从投料口投入容筒内，在高压仓中经造粒系统的连续推进挤压，使配料的密度发生较大变化，同时使之进一步得到软化和熟化，最后从出料盘的孔径挤出，形成圆柱形颗粒饲料。主要用于将畜禽不能或不好直接食用的料物，如籽粒苋、玉米、麦、稻、高粱、花生等茎秆，经粉碎转化发酵配合后，制成不同畜禽食用的含有丰富营养的颗粒配合饲料。机器外形尺寸840毫米×680毫米×880毫米，生产率20—350千克/小时，造粒直径12毫米。

1996年在新疆北屯建成了用美国WARREN & BAERG公司引进的压捆设备的苜蓿压块厂。1998年由农业部畜牧兽医局倡议进行尿素糖蜜舔块及矿物盐等的推广。

内贸部塑料工业技术开发中心20世纪90年代生产的SYKY-20型电液全自动饲料压块机组，该机组适用于压制尿素糖蜜舔块、矿物盐砖等草食动物饲料，可根据不同的配方压制不同规格的块料。机组含粉碎、料包糖蜜、称重、混合、压块、热收缩塑料包装等设备。配套动力75千瓦电动机，生产率4—5块/分钟，压块尺寸200毫米×200毫米×*h*毫米（*h*高度可调），工作压力21兆帕。

在总结以往生产经验的基础上，中国农业大学设计了一套舔块生产线，包括粉碎、提升、称重、混合、压块、热收缩塑料包装等工序的设备。

（7）饲草揉碎机

揉碎机是我国近年来独创并推广开来的一种新机型。它是综合了铡切与粉碎加工方式的一种新型加工方式，秸秆，尤其是玉米秸秆，经过揉碎机被加工成丝状，完全破坏了其结构，并被切成8—10厘米的碎块，使牲畜采食的适口性大为改进，其全株采食率也由原来50%提高到95%以上。其原理为高速的转子上装有数组铰接的捶片，凹板上装有高斜齿板和定刀片。齿板呈螺旋上升走向，从而保证了秸秆产生轴向运动，末端的抛送室内装有风扇，在叶片和风的作用下，使揉碎切断的秸秆抛出机外。

牧草秸秆揉碎机是将作物秸秆、劣质牧草，特别是牲畜无法利用的诸如柠条、草木樨及其它灌木型牧草加工为优质牧草的新型畜牧机械。经过加工，牧草柔软可口，提高了利用率。也可代替铡草机用于青贮料的加工。

黑龙江省畜牧机械化研究所研制的9RC-40型粗饲料揉碎机，该机采用了变高低斜齿板，主要用于玉米秸、豆秸等农作物秸秆及牧草的揉碎。配套动力为7.5—11千瓦电机或小四轮拖拉机，机器外形尺寸2110毫米×1100毫米×1310毫米，加工玉米秸生产率1100千克/小时，揉碎率99.49%。

中国农业大学1997年研制的9RZH-80型秸秆揉切混料机，是一种集揉搓、铡切和混料为一体的新型立式粗饲料加工机械。它可以把玉米秸、豆秸、薯类藤蔓等茎秆类原料揉切成柔软带丝状物料，适于饲喂牛、羊、鹿、骆驼等牲畜；还可以把这些茎秆类原料和其它块状物料及谷物精料配置成混合饲料。生产率：揉切含水率喂14%—40%的秸秆时3-4吨/小时，揉切含水率超过40%的秸秆时5吨/小时，混合物料时20吨/小时，揉切程度为段长1＜50毫米的含量78%，1＝50−−100毫米的含量20%，1＞100毫米的含量2%，破节率约99%。其单位产量功耗为2.44千瓦时/吨，不及揉碎机单位产量功耗的一半。

（8）牧草快速烘干与叶蛋白提取设备

1989年由农业部下达的鲜叶及牧草快速烘干项目在河北省衡水地区武邑县实施，1990年建成了一座每小时加工0.3吨草粉的快速烘干草粉厂，采用了热风炉空气间接加热，牧草在装桶内旋转时与空气接触，转筒入口温度达到800度，出口温度为120度左右，饲料烘干时间为1—2分钟。烘干的色泽呈鲜艳绿色，富含Va（胡萝卜素），该厂运行至1997年累积生产草粉2300吨，经济效益15万元，其社会效益为500万元，成套烘干设备由郑州713所设计生产。现在该机组已经过改造，做到既能生产苜蓿粉，又能生产脱水蔬菜和胡萝卜秧粉，变季节性为长年生产。

由郑州船舶工业总公司713所研制成功的93QH-300青饲料烘干机组。机组包括：高温热风炉和青饲料切碎机，及升运、除铁、烘干、粉碎、除尘和自动控制等设备，每小时可烘干成草粉300—700千克。

1998年10月山东无棣建成我国第一座鲜嫩牧草综合加工厂，其加工工艺设计为一个“入口”、四个“出口”，即由鲜嫩牧草为原料、经榨汁、过滤、絮凝、粉碎等工艺产出草粉、叶蛋白、饮料原汁和SOD（超氧化物歧化酶）等四种产品。这就为鲜嫩牧草通过加工、就地增值提供了条件。成套设备加工工艺与设备配套是由中国农业大学、江西农业大学和沃地来草业集团合作进行的。

（9）其他牧草与秸秆饲料机械

北京市大都林技术发展公司1998年开始生产的9JLC-7型饲料计量搅拌车。该设备是将各种饲草、精料、粗料等按一定配比进行自动计量，并充分搅拌混合，然后将混合好的饲料均匀撒入饲槽中，供牛食用。适用于奶牛及肉牛饲养场。容积87.6立方米，配套动力铁牛-55拖拉机（40千瓦），外形尺寸：6200毫米×2100毫米×2300毫米。

齐齐哈尔农牧车辆制造厂生产了圆捆运输车、草垛运输车和青饲料运输车。

据统计我国年生产绿肥16950万吨，青饲料6700万吨，青藤秆1500万吨。我国广东南海粮机厂、山东泰安农机所、陕西洋县农具修造厂生产打浆机。

撰稿人：张妙卿　王河江　王志培
郭佩玉　刘清水　牟永义

饲料工业管理及服务组织建设

全国饲料工业管理机构在各级政府机构阶段过程中，作为新兴工业管理的部门都列入了政府序列，从中央到省、区、市均有管理机构，部分地、市、县也设立了相应机构。服务组织有各级协会、信息中心、杂志社等。

【政府管理机构概述】

自 1991 年以来，国家政府机构经历了两次较大的改革和调整，在改革之中发生了以下变化。

1．第一次改革

1991 年到 1993 年，全国主管饲料工业的机构是全国饲料工业办公室，设在农业部，是农业部机关 20 个司局之一，并与中国饲料工业协会合署办公，国务院赋予的职能没有大的调整，在内部机构设置上有咨询处、秘书处、外经处、管理处、科技处、计划处、《中国饲料》编辑部、世界银行项目办公室；机构编制实行混合编制，行政和事业一体化管理，内部实行饲料工业办公室正、副主任和协会正、副秘书长分工负责制，干部统一调配使用管理。这种管理机制在小政府大服务的思想指导下，充分发挥了政府的宏观调控、综合协调、加强管理的职能。地方饲料管理机构的变化只是在隶属部门作了调整，绝大多数实行的是与中央相同的模式，省、区、市一级的饲料工业办公室和协会实行两块牌子，一套人马全面负责，饲料办公室全部有编制和行政经费支持，协会是纯粹的民间社会团体组织。

1994 年，国家要求各级政府进行新的改革，实行政、事分开，根据单位性质采取不同的要求，事业单位以技术推广、咨询、服务为主体。政府机构经过改革后，重点是加强专业经济管理部门的职能，强调重点是完善国家立法体系、指导各产业政策和行业发展，宏观指导。这次改革，全国饲料工业办公室和中国饲料工业协会，机构分设，人员编制分行政编制和事业编制。改革后，全国饲料工业办公室内设三个职能处室，分别为综合处、科技计划处、世界银行项目管理办公室。与农业部畜牧兽医司合署办公，主任由局长兼任。

全国性的变化有，国务院批准国内贸易部不再设饲料工业管理办公室，只在商办工业司内设饲料工业处，主管系统内的饲料工业管理等。

化学工业部为加强对饲料添加剂的管理，专门设立了化学工业部饲料添加剂管理办公室，主任由化工部常务副部长陈士能兼任，提出了将化肥、农药、饲料添加剂作为三大主力的发展战略，在规划、计划、资金投向、项目审批、产品开发等方面重点扶持和大力开发。

省、区、市一级在第一次改革中，新设和调整的有辽宁省、山西省、福建省、山东省、河南省、湖北省、广西壮族自治区、四川省、贵州省、甘肃省、青海省、重庆市等 12 个。主要特点是，新成立饲料工业管理机构，或者是改变原来的机构隶属关系。新设立的有晋、辽、闽、豫、桂等五省区，改变隶属关系的有鲁、鄂、青、甘、黑、渝、川等 7 省、区、市。

2．第二次改革

1998 年第九届全国人民代表大会召开，通过了新一轮国务院机构改革方案。国务院批准农业部内设机构有 16 个司局，其中两个最大的特点是：把畜牧兽医司改为畜牧兽医局；把全国饲料工业办公室改为全国饲料工作办公室。改革后的机构实行一套人马两块牌子的管理模式，不再是合署办公的管理形式，全国饲料工作办公室主任也是畜牧兽医局局长，全国饲料工作办公室副主任也是畜牧兽医局副局长，内设机构有综合处、畜牧处、饲料处、草原处、兽医处、外经处、药政药械处、行业发展科技处等 8 个处。国务院国办发（1998）88 号文件，批复农业部的职责是主管全国的饲料工作，规定畜牧兽医局（全国饲料工作办公室）的职责是：指导畜牧业结构和布局调整，提出畜牧业发展的重大技术措施，组织兽医医政、兽药药政检工作；承办政府间动物检疫协议、协定签署的有关事宜；组织拟定兽医、兽药、饲料标准并监督实施；组织实施对动物的防疫、检疫工作；发布疫情并组织扑灭；组织实施畜产资源、草地资源的保护工作；组织种畜禽、兽药、兽医医疗器械、牧草种子和兽用生物制品的登记和进出口审批；审核发放饲料生产许可证。

机构改革后，全国饲料工作办公室的行业管理职能重新明确和加强。突出的特点是国务院其它部、委、办、局中不能再设国家级的管理部门，真正体现了国家管理机关只能是一个权威机构，政出一家，彻底克服和解决了以前政出多门、分制管理、难以协调的矛盾，形成了管理中心。重点加强了以下三方面的工作。

一是加强了立法工作。饲料管理条例最早由1983年开始，组织各方面专家和人员起草，历时16年，于1999年5月18日经国务院第17次常务会议讨论通过，国务院总理朱镕基5月29日批准，由国务院颁布《饲料和饲料添加剂管理条例》实施，标志着我国饲料行业管理真正走上了依法管理的轨道。在国家条例颁发之前，各首、市、区人民政府十分重视饲料管理工作，责成饲料工业行业主管部门和法制部门合作起草研究地方性管理办法，规范饲料企业的生产、经营、销售、质量监督、标准执行等行为，推动了法制建设步伐。先后颁发地方性法规的有河南省、安徽省、湖南省、湖北省、河北省、黑龙江省、贵州省、天津市、山西省、浙江省、云南省、甘肃省、新疆维吾尔自治区、新疆生产建设兵团、青岛市等25个，河北省饲料办和贵州省经济委员会为贯彻实施省政府颁发的管理办法，还制定公布了实施细则，对于完善法规建设和探索管理经验作出了积极贡献。

二是争取行业发展优惠政策。国家从发展新兴工业，稳定和推动农村和农业经济的全局战略高度，鼓励和支持饲料工业，在信贷、税收、科技攻关、标准化体系建设等方面给予了优惠和重点支持。

从1991年到1994年，国家对饲料工业企业实行的是减二免三的税收政策。国家海关总署对进口的饲料原料免征进口关税。

从1994年国家税制改革后，新设产品增值税，对农业产品开征13%的增值税。对饲料加工企业在调查研究的基础上，财政部、国家税务总局、国务院税则委员会办公室、海关总署、国家饲料办、中国饲料工业协会多次协商和反映情况，并收集了国外对饲料工业管理及扶持的资料报道有关部门，在上述部门的大力支持下，国务院决定给饲料（农药、化肥）产品免征增值税，财政部、国家税务总局多次发文重新明确政策，1998年5月12日，财政部、国家税务总局联合以财税字（1998）78号文件《关于对若干农业生产资料免征增值税问题的通知》规定，饲料产品从1998年1月1日至2000年12月31日继续免征增值税。国家税务总局为了真正落实免税政策，计划产品界限，作到该享受政策的企业一定要落到实处，又便于基层税务部门在执行过程中明确和规范饲料的征免范围，加强对饲料产品免征增值税的管理，以国税发（1999）39号文件对国税发（1993）151号文中饲料注释进行了重新修订和注解。

国务院生产办公室、国家经济贸易委员会、中国人民银行、中国农业银行总行、中国工商银行总行等部门，支持饲料企业新办企业和老企业的技术改造，从建设规模到资金信贷支持给予了扶持。国家计划委员会、财政部、国家外经贸对饲料工业新办企业给予扶持，列入国家中长期发展计划，特别是在饲料工业行业一条龙试点的五条龙（湖南天心饲料公司、兹利饲料厂、浙江萧山畜禽饲料总公司、江苏徐州特种动物饲料厂、辽宁沈阳肉鸡示范场）企业建设过程中，给予了大力支持。

从1992年开始，全国组织实施饲料工业建设世界银行贷款项目，为此，农业部批复全国饲料工业办公室成立处级和世界银行项目办公室，人员编制由中国饲料工业协会事业编制中解决，同时批复增加处级干部职数一名。全国各地也为项目的调查研究和编制项目文件，抽调了技术力量和组织专家评估论证，参与项目论证和申报的企业有20余家涉及12个省市，争取到项目建设资金美元1.5亿以及等额国内人民币配套资金。外经贸部、财政部给予了全力支持。贷款协议于1996年签订，项目于同年开始实施。农业部饲料工业中心就是世界银行项目的组织之一，取得了显著成效。

三是制定有利于行业发展的技术政策。从“九五”计划开始，国家主要是对工业行业实行宏观指导，微观放开。全国饲料工业办公室在国家计委的授权下，得到了农业部农村政策研究中心、国家计委产业政策研究院、中国社会科学院农村发展研究所、国务院发展研究中心等单位的专家学者的主持和参与，起草了《饲料工业产业政策》，为贯彻落实1997年国务院交办的饲料企业到玉米主产区收贮400万吨玉米的紧急任务，农业部责成全国饲料工业办公室专司其职，抽调人力，专设玉米收贮调运办公室，设立专门帐户和办公室，确保完成任务，接到任务后，饲料办多次组织各省、市、区饲料办和企业研究部署，在财政、银行、铁路、交通等部门的密切配合下，保持保量地圆满完成了国务院交办的任务。

加强了全国饲料质量监测体系建设，饲料工业标准化体系建设，为适应新时期的形势需要，充分发挥和利用全国新闻媒体宣传行业政策科技和企业运行状况，积极建设饲料行业宣传阵地和信息网络建设。

【行业协会的发展壮大】

中国饲料工业协会是国家级的行业社会团体，又是农业部直属的正局级事业单位，其双重身份确立了协会的特定职能和重要任务。

从1991年到1999年，中国饲料工业协会在农业部和国家经济贸易委员会的领导下，充分发挥了联系饲料企业、事业、团体和个人的桥梁和纽带作用，积极创造条件为会员服务；协助全国饲料工业办公室在饲料免征增值税、银行信贷、科学技术推广应用、职业技能培训、信息网络建设、行业统计等方面作了大量卓有成效的工作；积极开拓创造条例，扩大对外合作和技术交流，出版各种技术资料和专著；兴办示范试验性经济实体，总结企业管理和发展经验等取得了初步成果。

1993年11月，中国饲料工业协会召开了第三届理事会，会议选举产生了新的领导机构，讨论通过了协会章程，明确了协会的工作目标和任务，协会工作的重点是为企业服务和为政府服务。

1994年8月以前，中国饲料工业协会和全国饲料工业办公室实行的是合署办公的运行模式，工作的重心偏向于政府管理工作，协会的工作以开展标准化管理、办好协会会刊、开展咨询服务为主，由于协会的事业单位性质，没有很好地发展会员。协会和政府机构分设以后，农业部加强了对协会工作的领导，在职能定位上进行了重新明确，到1995年协会设有办公室、秘书处、科技教育处、信息咨询处、对外经济处、中国饲料编辑部等6个处室，根据国家社团管理条例要求和行业发展需要，协会加强了为企业服务的手段，对各处的职责和任务重新明确和合理分工，同时组建了示范企业——北京伟嘉生物新技术公司。

协会组织召开了大型会议和行业重大活动。

1992年组织在沈阳召开了全国饲料工业新技术交流会，有460多家单位的近千种产品和技术参展，有130多种产品和技术获全国新产品新技术金杯奖。同年10月，协会组织饲料工业展团参加在北京举办的首届中国农业博览会，饲料工业设专馆参展，开展产品共获得金质奖8个、银质奖2个、铜质奖5个，优秀产品证书4个，展团获组织一等奖，饲料展厅获设计三等奖。

1991年在沈阳召开了全国饲料工业科技进步经验交流会，主要总结交流了“七五”期间各地各部门依靠科技进步发展饲料工业的经验，表彰了51个饲料工业科技进步先进集体120名对饲料工业科技进步做出重要贡献的先进个人。

1994年组织召开了纪念《1984—2000年全国饲料工业发展纲要（试行草案）》颁布十周年经验交流会，公布了1993年度全国饲料工业行业百强企业名单，表彰了10年来全国饲料工业行业先进集体101个，先进工作者103名，有贡献的离退休老同志134名，国务院委员陈俊生、协会会长李瑞山、农业部副部长张延喜出席并讲话。

1996年5月，在北京中国国际展览中心举办首届中国饲料工业协会博览会，参展企业展位达到630多家，大会代表3000多人，参观人次达到5万人次；出席并参观展览的领导有：全国人大常委会委员张挺、地质矿产部部长宋瑞祥、中央财经领导小组办公室副主任段应碧、中国国际贸易部常务副部长罗植龄、农业部常务副部长吴亦侠、副部长洪绂曾、机械工业部副部长李宋仁、福建省副省长王建双、原中共中央农村政策研究室副主任谢华、国内贸易部原副部长白美清、农业部原副部长肖鹏、四川省原副省长管学恩、协会会长李瑞山。大会进行了学术和技术交流，这次大会充分展示了10多年来饲料工业的巨大成就，展现了中国饲料工业世界第二大国的实力和在国民经济中的新兴产业地位。

分别于1995年、1997年、1999年在北京举办了中国国际饲料工业新技术研讨会，有20多个国家和200多位专家及企业代表出席研讨会，会议交流的科技新成果、新技术普遍受到企业界的欢迎，学术价值较高，已经形成了两年举办一届的国际性学术技术交流例会。

协会饲料添加剂专业委员会分别于1995年、1997年、1999年在杭州、成都、青岛举办了三届全国饲料添加剂展销订货会暨全国饲料添加剂学术交流会，化学工业部副部长、协会副会长、饲料添加剂专业委员会主任谭竹洲每次都出席会议并致词，极大地推动了全国饲料添加剂企业间的信息交流和产品销售，丰富了学术内容，每届会议都评选优秀论文并奖励获奖作者，促进了添加剂工业发展。

协会通过开展这些活动，始终贯彻服务的根本宗旨，受到企业的称赞和好评，广泛受到国际上大集团企业的支持，在服务中不断提高职工队伍素质和服务水平，锻炼和培养了队伍，建立并形成了团结拼搏、协作互信、繁荣市场的新机制和团队精神。

全国的活动开展的轰轰烈烈，促进了地方协会的建设、发展和壮大。没有成立协会的省、市、区积极创造条件，10年来共新成立的省级协会有：吉林省、贵州省、甘肃省、新疆维吾尔自治区、福建省、天津市、山西省、河北省、海南省、安徽省、浙江省等12个，全国省市级全部成立了协会组织。

全国各省、区、市、计划单列市协会成立时间

北京市	1986年	天津市	1992年
河北省	1996年	山西省	1996年
内蒙古	1986年	辽宁省	1986年
吉林省	1991年	黑龙江	1987年
上海市	1985年	江苏省	1985年
福建省	1994年	江西省	1983年
山东省	1986年	青岛市	1990年
河南省	1996年	湖北省	1985年
湖南省	1985年	广东省	1990年
海南省	1998年	广　西	1986年
重庆市	1986年	四川省	1987年
贵州省	1992年	云南省	1987年
陕西省	1989年	甘肃省	1992年
青海省	1987年	宁　夏	1986年
新　疆	1992年	安徽省	1999年
浙江省	1999年		

地方协会的工作开展得有声有色，在人员少、编制缺、经费不足的情况下，尽最大努力开展各项活动，还有部分创办

了饲料杂志和报纸，宣传政策、技术、信息，充分发挥了行业中介组织的作用。

【行业宣传和报刊建设】

饲料工业行业已成为成熟的新兴工业行业。饲料工业一起步就站在高科技和大家办的新起点上

前进。

创刊于1980年的行业第一本《饲料机械》杂志，主办单位是辽宁省农牧机械研究所。立足于机械工艺、材料安装、电子控制等硬件建设。1984年国务院批转国家经委制定的《1984—2000年全国饲料工业发展纲要（试行草案）》，这本杂志于1985年改名为《饲料工业》，全面介绍国内外最新技术和成果，以科技为本，注重科学性、实用性、学术性和服务性。该刊由季刊到双月刊，又到现在的月刊，提出创办“精品期刊战略”，开办了全新的网络版《饲料工业》杂志，出版200期，刊登4000余篇文章。

《中国饲料》杂志创刊于1990年，是中国饲料工业协会主办的会刊，由创刊时的双月刊到1992年改为月刊，同时向国内、外发行，1995年经农业部批准成立中国饲料杂志社，杂志改为半月刊。经过编辑部的创业阶段发展到杂志社的成立，标志着《中国饲料》已经走向成熟。协会对会刊的定位是要充分体现其政策性、指导性、综合性、服务性。为实现为行业服务和为企业服务的宗旨，协会给杂志社创造了良性发展的环境，1997年经国家工商管理部门注册登记为企业法人，逐步形成“自主经营、自负盈亏、自我发展、自我约束”的新机制。10年来共出版杂志170多期，形成了自己的风格，为将杂志办出特色，追求精品，创出名牌。1997年1月，中国饲料工业协会副秘书长、《中国饲料》副主编乔玉锋，《中国饲料》副主编单钟赴日本参加’97东京国际图书博览会，设立展台，宣传和介绍杂志及我国的饲料工业。在参加博览会的中国30多个出版单位中，中国饲料杂志社是唯一的参展杂志社，也是整个博览会唯一的饲料行业宣传媒体。1997年3月，在中宣部、国家科委、国家新闻出版署联合举行的第二届全国优秀科技期刊评比中，《中国饲料》荣获全国优秀科技期刊二等奖，是饲料工业行业期刊在本次评比中获得的最高奖。

《饲料博览》杂志创刊于1988年，由黑龙江省饲料工业协会和东北农业大学主办。创刊时为双月刊，到1991年改为月刊并发行国际大16开本。杂志的特点是突出科学性，中国畜牧兽医学会动物营养学会理事长许振英教授给予了杂志厚爱，在行业中将科研成果、实验试验报告、最新技术以权威性的评价介绍给读者，充分体现了学术价值。1997年3月，在中宣部、国家科委、国家新闻出版署联合举行的第二届全国优秀科技期刊评比中，《饲料博览》荣获全国优秀科技期刊三等奖。

《饲料广角》杂志，是由原《国外畜牧学—饲料》杂志更名的以信息为主的期刊，创刊于1985年，由北京市农林科学院主办，1999年9月15日经科学技术部（1999）390号文件批准，杂志更名为《饲料广角》，主办单位变更为中国饲料工业协会，经农业部批准在杂志更名前，于1998年还编辑出版了24期《东方汇通饲料广角》内部刊物，2000年改为半月刊。杂志初期定位为重点介绍国外科技动态、学术观点、饲料最新技术和产品，更名之后，与中国饲料工业协会信息中心合并运作，成为中国饲料工业信息网网刊，实现了一网一刊，网刊结合。

全国还创办的饲料工业类报刊有：

《饲料与畜牧》北京市饲料工业协会主办，双月刊，创刊于1987年，已发行85期。

《粮食与饲料工业》国家粮食储备局武汉科学设计院主办，月刊，创刊于1978年，已发行152期。

《湖南饲料》创刊于1991年，由湖南省饲料工业协会主办，为饲料工业行业专业技术性期刊，1999年10月，经国家科技部、新闻出版署批准，在国内外公开发行。双月刊，已发行55期。

《上海饲料》创刊于1993年，双月刊，由上海市饲料工业协会和上海市饲料科学研究所主办，已出版发行40期，国内外统一公开发行。

《广东饲料》创刊于1992年，由广东省饲料工业办公室和广东省饲料工业协会主办，双月刊，设有15个栏目，是全国饲料大省的杂志，读者数量也是综合性杂志中是最多的，1994年经国家科委、国家新闻出版署批准公开发行，1995年由季刊改为双月刊，1997年被广东省评为优秀科技期刊。

《兽药与饲料添加剂》由江苏省食品公司饲料添加剂科技情报站和江苏省南通市牧工商公司主办，创刊于1995年，双月刊。1996年，经国家科委批准正式对外发行，已出版29期。开设的栏目有：添加剂、兽药、科学实验、信息窗等。

《饲料世界》杂志，创刊于1998年的内部刊物，由河北省饲料工业办公室和河北省饲料工业协会主办，月刊，已刊印出版65期。

《中国饲料添加剂》，1997年创刊，内部刊物，经化学工业部批准，由中国饲料工业协会饲料添加剂专业委员会和山东化工研究院主办，由全国饲料添加剂信息站编辑出版。

《陕西饲料报》是全国饲料行业第一家报纸，创刊于1994年，由陕西省饲料工业办公室和陕西省饲料工业协会主办，已出版150期。

《天津饲料报》创刊于1997年，内部出版，由天津市饲料工业办公室和天津市饲料工业协会主办。

《饲料研究》杂志，由北京市营养研究所主办，月刊，1978年创刊。国内外公开发行，已出版219期。

大型饲料集团企业自办的报纸有：希望集团报、通威报、正昌集团报、康达尔集团报、伟嘉人报。

撰稿人：乔玉锋

【饲料行业信息网的建设与服务】

中国饲料行业内信息网的建设在20世纪90年代末期，随着世界互连网技术的应用发展与普及以及相关基础设施的不断完善得到了快速发展。到1999年底，饲料行业内建设的饲料有关信息服务网站有15家左右，企业网站200多家。这些网站的建立为饲料行业加快信息的传播，扩大信息的涵盖面，提高信息的数量、质量、准确、直观、及时、有效等方面起到了积极作用。

众多网站在信息服务中，根据自身在行业形成的信息资源优势，确立了信息服务的特色、服务优势和服务群体，形成了各自特色的信息服务方式。

1. 中国饲料工业信息网（http://www.chinafeed.org.cn）

中国饲料工业协会信息中心是由中国饲料工业协会与中国农业科学院饲共同组建，信息中心负责的中国饲料工业信息网（**http://www.chinafeed.org.cn**）于1998年12月正式开通。信息服务以市场需求为导向，以为政府、行业有关部门及企事业单位提供及时、准确、真实有效的信息服务为宗旨，为政府决策提供科学依据，为企业的发展提供市场支持，是行业内各个部门间相互交流与沟通的桥梁与纽带。2年来，信息网络平台建设不断加快，网站内容不断地进行更新与调整，现已形成固定栏目20多个。同时，广泛及时地收集、整理国内外行业信息，突出国际、国内市场信息服、市场预测，及时准确的政策信息等特色服务，充分发挥行业的信息资源的优势，赢得了企业的支持与肯定，网站发展网员180多家，日访问点击率已达1000多人次，成为目前国内同行业网站点击率最高的网站。出版发行的《饲料广角》杂志从原来的《国外畜牧学——饲料》更名而来，既继承了其科技先进性，又结合目前饲料工业发展特点，突出了市场信息及实用技术、电子网络技术等，实现电子媒体与传统纸介媒体的有机结合，网刊互为补充，互动传播，共同发展。

2. 中国农业信息网（http://www.agri.gov.cn/_siliao）

由农业部信息中心主办，其中开设了饲料信息网板块。该版块由中国饲料工业协会信息中心负责建设和维护。该网站主要用以沟通政府与企业、政府与社会各方面的联系，反映政府的意向、决策和政策法规等。

3. 饲料行业信息网（http://www.feedtrade.com.cn）

由农业部饲料工业中心主办。该网站主页尽多新闻消息，开设有时讯快递、人才信息、行业在线杂志、信息立交桥、明天饲料、娱乐休闲、有求必应、网络展台、产品介绍、网上贸易、站点导航、站点服务及Mafic畜牧软件等栏目。

4. 东北饲料信息网（http://www.nefi.com.cn）

由黑龙江省饲料工业办公室、辽宁省饲料工业办公室和吉林省饲料工业办公室三省联合主办，设立在哈尔滨。该网站开设的栏目有：企业简介、经营之道、饲养技术、防病治病、科技动态、供求信息、产品报价、市场行情、市场预测、咨询服务、推荐文章、政策法规、信息荟萃等栏目，还设有人才市场、网员名录、养殖企业名录、经销企业名录等。

5. 南方饲料信息网（http://www.sfe.net.cn）

由广东、广西、湖南、湖北、海南、云南、贵州、上海、安徽、江西、重庆等11个省饲料协会联合主办。开辟的栏目有：市场信息、政策法规、专家论坛、集市价格、饲养技术、分类信息、会讯、网员之窗、报刊文章、在线刊物、网络导航、发布信息、友情链接、休闲娱乐等。该网站内容颇多，但是网上传输的速度比较慢。

6. 西部畜牧饲料兽医网（http://www.nsfeed.com.cn）

由四川省饲料工业协会、四川省牧工商总公司和农业部饲料监督检验测试中心（成都）联合主办。它是集畜牧、饲料和兽药多学科综合的网站。设有行业动态、政策法规、商家集锦、商情荟萃、质量信息、科技动态、招商引资、网上商场、商家自助管理、专家诊所、在线杂志、网友论坛等栏目。主页简单。

7. 中商饲料信息网（http://www.chinaccm.com）

它是中华商务网中的一个板块，称为中商粮油饲料信息部。该网站是一个综合性网站，包罗万象，无所不有。除了发布相关的新闻消息外，主要分为以下几个栏目：农业板块设有农副产品信息、食品信息、粮油信息、饲料畜牧四个栏目；商业社区板块设有饲料供求发布、饲料供求查询、饲料企业名录和饲料外贸商机四个栏目；在即时期货板中，设有饲料行业动态、市场信息、政策信息、鱼粉信息四个栏目。关于饲料粮设有分析预测、期货市场动态、国内商品价格和国际商品价格四个栏目；关于添加剂和兽药设有市场价格、行业动态、市场信息等三个栏目。其他还有畜禽水产、行业工具书及订阅电子刊物等栏目。灵活多样，有电子商务功能。

8. 中国饲料市场信息网（http://www.china-feed.net）

由国家粮食储备局科学研究院饲料研究设计所主办。分为政策法规、饲料市场、专家论坛、价格荟萃、WTO与农业、商品供求、产品报价、企业介绍、友情链接、搜索引擎等栏目。网站设计呆板、单调，速度较快。

9. 中国饲料信息网（http://www.chinafeed.cn.net）

由北京富英公司主办。主要栏目有：今日视点、行业动态、企业介绍、项目招商、粮油市场、网员之家、供求信息、饲料产品、畜牧机械、相关站点、人才咨询、入网登记、征订启事、网络生活、友情业新闻消息分为三个栏目：业界动态、综合论述和热点焦点。主要栏目有：市场行情、企业展厅、产品站台、饲料科技、质检标准、专家风采、行业机构、相关站点等。版面设计简洁。

11. 饲料商务网（http://www.feeddeal.com.cn）

由 DEALMAKER 公司主办。网站分设有：市场扫描、期货信息、价格导购、科技成果、时事政策、国内经济、供求信息、企业信息、网员浏览、广告天地等栏目。该网站反映国际市场信息为主，设计简单、明了。

12. 中国农业大学饲料信息网（http://www. caufeed.com.cn）

由中国农业大学饲料工业研究所主办。设有行业动态、市场动态、科技之窗、企业天地、信息世界、技术咨询、精品介绍、站点导航、康达之窗、入网登记、友情链接、网上贸易等。

13. 中国牧业网（http://www.china-ah.com/）

该网由河南广安集团主办，是在中华养殖信息网的基础上建立起来的。饲料原料、兽药添加剂、畜禽养殖、特种养殖、畜禽加工、另设:水产、生物工程、 设备包装等栏目，内容更新较快。

14. 中国养殖信息网（http://www.chinabreed.com/）

中国养殖信息网是由北京佑格科技发展有限公司发起，联合中国农科院农业信息中心、中国农业大学饲料工业研究所及国内数家农牧业期刊共同创办的以养殖业为主的综合性信息服务网络。有行业动态、网上商城、供求信息、精品推荐、热点讨论、最新新闻、电子期刊、图书世界、信息发布等栏目。

15. 东方粮油饲料信息网（http://www.emrn.com.cn/）

该网由大连粮油信息中心、大连东方粮油市场分析有限公司主办。有国际动态、国际数据、国内动态、国内数据、口岸数据、市场行情、市场预测、拍卖采购、市场招商等栏目。

链接等。

10. 中国农软信息网——饲料版（http://www.agrisoft.net.cn）

由大北农集团北京农软科技有限公司主办。主

16. 亿谷网（http://www.igrain.com.cn/）

北京新华国信科贸有限责任公司创办，是国内最早的粮油食品行业数字时代基础设施建设商，由中国粮油食品信息网（www.cof.net.cn）与中国粮食贸易网（www.cctn.net.cn）组成。有大户室、网上竞买、交易大厅、精选新闻、产品供求、政策法规、亿谷热点等。是中国粮油食品行业最大市场份额的信息咨询和电子商务服务商。

17. 中国首家农业、粮油、饲料畜牧商务网（http://www.greatcorn.com.cn/）

由中国长春丰谷粮油饲料技术设备展览销售中心主办。有中国农业、中国粮油、中国饲料、中国畜牧、世界各地、政府信息、政策法规、项目招商、项目投标等栏目。

18. 中国郑州粮食批发市场现货网（http://202.102.240.118/）

由郑州粮食批发市场主办。包括粮油政策、粮油生产、粮油市场、粮油期货、国际粮油、财政金融、价格中心、交易中心等栏目，可以网上交易，是全国较大的粮食网站之一。

从上面 18 个行业信息服务网站所提供的内容来看，与过去不同，逐渐在体现自己的特点和个性。地方性网站立足于地方的信息，为当地企业和服务。从网站网页设计水平来看，水平在不断的提高，许多网站建设的很有自己的风格和特点。目前存在的问题是企业上网的还不多，全国近 20000 家企业，目前在网上注册登记并建立起自己企业网站的还不足 200 家，所占比例还非常小，许多企业计算机和信息技术应用的水平还很低，因此加大开展行业内信息技术应用的普及和培训工作还任重而道远。所有这些网站都没有真正的电子商务，饲料行业电子商务的进一步发展，还有待于整体大环境的逐步完善。

撰稿人：孔平涛

附：各地饲料办、协会机构和饲料及相关报刊一览表

附表1 全国各省、区、市、计划单列市饲料工业办公室组织机构一览表

	主任	副主任	编制数	级别	成立时间	性质	经费来源	隶属关系	隶属关系变更及时间	办公地点	联系人	电话	传真	邮编
北京	牛树琦		8人		1986		市财政	农林办	无	北京市宣武区南菜园49号	牛树琦	63543914	63519154	100054
天津	李如茂	无	7	正处级	1989	行政	市财政	市农委	无	天津市和平区解放北路108号	孙宪	022—23312859	23312859	300040
河北	戴宝成	师校军	7	正处级	1990	行政	省财政	省畜牧局	无	石家庄市裕华东路216号	戴宝成	0311—6045007	6682941	050011
山西	徐福堂	张育芳	无	正处级	1991	行政	无	省农业办公室	1995年后归省农业厅畜牧兽医局	太原市迎泽大街312号	吕世秀	0351—4129732	4178367	030001
内蒙古	祝云生	李生武	5	正处级	1987	行政	无	全国饲料办	无	呼和浩特市西林北路50号	祝云生	0471—6916857	6963605	010020
辽宁	1991年：蔡振棠 1992—1998马学海	丁德孟 韩春泰	13	正处级	1991	事业	省财政	农村工作办公室	1992年转到农村经济办公室	沈阳市和平区太原北街2号	付永良	024—22829572	22825151	110001
大连	明宝常（1995年前，1995年后无）	无	6	正处级	1989	事业	1995年前自筹，1995年后财政拨款	市计委	1995年前计委，1995年后并入计委工业处	大连市西岗区人民广场1号	王东红	0411—3633731	3639308	116012
吉林	周同华	吕平	5	正处级	1985	行政	省财政	省政府	1995年后并入省计经委工业处	长春市新发路11号	丁红	0431—8904551	8904500	130051
黑龙江	1986—1993无 1994—1998张永亮	张永亮 时胜远	10	正处级	1986	行政	省财政	省农委	由省经委转到农委	哈尔滨市和平路70号	时胜远	0451—2627420	2648606	150040
上海市	范家增	郑家树	无	无	1986	行政	自筹	市商业委员会	无	上海山东东路337号803室	张会英	021—63515937	63515937	200001
江苏	徐斌	无	7	正处级	1985	事业	省财政	省计经委	无	南京市北京西路70号计经委西大楼	黄顺方	025—6631734	6633513	210013
浙江	无	魏芳勋	无	正处级	1987	行政	省财政	省计经委	无	杭州市省府大楼计经委	应志仁	0571—7052826	7057299	310025
安徽	董卫星	无	无（挂靠畜牧局	正处级	1982	行政	省财政	省农业厅	1995年前属于省粮食厅	合肥市美菱大道421号	王明辉	0551—2610214	2675442	230001

附表 1（续）

	主任	副主任	编制数	级别	成立时间	性质	经费来源	隶属关系	隶属关系变更及时间	办公地点	联系人	电话	传真	邮编
福建	无	胡春	3	正处级	1995	行政	省财政	省计委	无	福州湖东路 78 号	胡春	0591—7846601	7851913	350003
江西	无	朱永定	无	无	1986	事业	省财政	省计委	无	南昌市省政府大院计委综合楼三楼	孙新	0791—6226051	6226051	330046
山东	官良仪	马哨山	5	正处级	1986	行政	省财政	省经委	1996 年并入省畜牧局饲料工业处	济南市槐村街 68 号山东省畜牧局饲料工业处	马哨山	0531—7953445	无	250022
青岛	夏太书	无	5	正处级	1990	事业	市财政	市经委	无	青岛市延安一路 31 号	刘学清	0532—2738803	2738803	266023
河南	李水彦	张云涛	4	正处级	1995	行政	省财政	省畜牧局	无	郑州市经五路 23 号	李灵平	0371—5955234	5943000	450002
湖北	罗先奎	王瑜	5	正处级	1995	行政	省财政	省农业厅	无	武汉市武珞路 519 号	彭安强	027—87876982	87876982	430070
湖南	罗桂秋	邓运清	15	正处级	1985	行政	省财政	省计委	无	长沙市韶山北路 84 号	罗桂秋	0731—4403352	4439847	410011
广东	1986—1989 黄锦强 1989—1995 吴菊生 1996—1998 吴菊生	黄广伟 游世强	5	副厅级	1986	行政	部分拨款，部分自筹	省财贸办	1995 年后归省贸易委	广州市东风中路 305 号省政府大院 8 号楼 8 楼	梁晓生	020—83344742	83134438	510031
深圳	谭英东	无	无	正处级	1988	事业	无	市贸易发展局	无	深圳华强北路赛格科技园四栋 B 座 8 楼	谭英东	0755—3765061	3766020	518028
海南	无	张绍君	3	正处级	1988.4	行政	省财政	省农业厅	1989 年 7 月之前属于贸易厅	海口市海府路省政府办公大楼 1103 室	张绍君	0898—5338096	5338096	570204
广西	1991—1995 季桂明 1996—1998	罗广烈 梁纪豪	8 5	厅级 处级	1991	行政	省财政	省政府办公厅	1996 年后归自治区畜牧局	南宁市七星路 135 号	梁纪豪	0771—2829277	2800023	530022
重庆	范俊昭	无	5	正处级	1986	行政	市财政	市农委	1997 年 4 月归农业局	重庆市渝中区人民路 238—2 号	王光速	023—69016192	69016192	400015
四川	唐宗长	李德华	6	正处级	1987	行政	省财政	省畜牧食品局	无	成都市武侯祠大街 8 号	陈开勇	028—5545641	5581135	610041

附表 1（续）

	主 任	副主任	编制数	级别	成立时间	性质	经费来源	隶属关系	隶属关系变更及时间	办 公 地 点	联系人	电 话	传 真	邮编
贵州	左吟雪	罗次毕	4	县处级	1996	行政	省财政	省农业厅	无	贵阳市延安中路62号农业厅饲料办	罗次毕	0851—5810766	5817049	550001
云南	辛高潮	唐安娜	8	正处级	1985	行政	省财政	省经委	无	昆明市东风东路省经贸委大楼 8 楼食品饲料处	何跃生	0871—3333236	3333120	650041
陕西	无	赵辉文	15	正处级	1986	事业	省财政	省农业厅	无	西安市习武园 11 号	刘冬霞	029—7321764	7321397	710003
甘肃	孔照芳	何其健	6	正处级	1996	事业	省财政	省畜牧局	无	兰州市泰安路 1 号	方宝华	0931—8838380	8838380	730030
青海	吉尕	无	和草原处合属办公，2 人	县级	1995	行政	省财政	省畜牧厅	无	西宁市交通巷 4 号	王大明	0971—6136100	6141567	810008
宁夏	张怀信	无	5	正处级	1986	事业	省财政	经委	1995 年 8 月归到畜牧局	银川市玉皇阁南街 48 号	高新雯	0951—6072044	6023232	750004
新疆	孟祥华 吐尔逊.吾守尔	1989—1990 张仲鸿 1990—1993 陈荆芬 1994—1997 罗正齐 1997 至今 聂新	5	正处级	1989	事业	财政拨款	自治区畜牧厅	无	乌鲁木齐市新华南路 23 号	刘君健	0991—2837160	2818940	830001
西藏	1984—1996 吴生炳 1996—1998 次多	薛世明 仇崇善	6 5	科级 处级	1984	行政	财政拨款	畜牧局草原科	1996 年后归农牧厅草原处	拉萨市林聚路 31 号	仇崇善	0891—6323678	6335387	850000

附表 2 全国各省、区、市、计划单列市饲料工业协会组织机构一览表

	会长	秘书长	编制数	经费来源	成立时间	换届时间	有无会员（企业/个人会员）	隶属关系	办公地点	联系人	电话	传真	邮编
北京	一届王宪 二届王宪 三届刘福海	牛树琦 牛树琦 牛树琦	与饲料办一套人马，两块牌子	会费	1986	1990、1994年换二届	企业150个	北京市农林办公室	北京市宣武区南菜园49号	牛树琦	010—63543914	63519154	100054
天津	一届陆焕生 二届朱连康	李英群 杨秋蓉	无	会费	1992	1997年换届	企业130个	市农委	天津市和平区解放北路108号	孙宪	022—23312859	23312859	300040
河北	张润身	戴宝成	12	自筹	1996	1998年换届，领导未换		省民政厅	石家庄市裕华东路216号	白亮亮	0311—6682941	6682941	050011
山西	李茂岚	赵葆田	与饲料办一套人马，两块牌子	无	1996	2001年换届	个人110个	农业厅畜牧兽医局	太原市迎泽大街312号	吕世秀	0351—4129732	4178367	030001
内蒙古	一届何永胜 二届白相喜	李少敏 王晓光	无	无	1986	1998年换一届	企业200个	自治区饲料公司，98年后归自治区粮食研究所	内蒙呼和浩特市中山东路23号	王晓光	0471—6914471	6926348	010020
辽宁	1991—1994：李军 95—98：李军	丁德孟 马学海	同上	自筹	1986	1991、1995年换二届	个人207个，企业76个	省民政厅	沈阳市和平区太原北街2号	付永良	024—22829572	22825151	110001
吉林	吴亦侠	周同华	无	自筹	1991．1	三年一次，未换过	．58个企业会员	省计委	长春市人民大街54号	符光伟	0431—8910154	8904500	130051

附表2（续）

	会长	秘书长	编制数	经费来源	成立时间	换届时间	有无会员(企业/个人会员)	隶属关系	办公地点	联系人	电话	传真	邮编
黑龙江	一届 王承志 二届 赵羽 三届 赵羽	裴福儒 张永亮 张永亮	同上	无	1987	1992年二届，1997年第三届		88年由省计经委划归农委	哈尔滨市和平路70号	时胜远	0451—2627420	2648606	150040
上海	一届 陈祥禄 二届 范家增 三届 范家增	陈国兴 陈国兴 吴国梁	无	会费、资助	1985	1989、1997年两次换届	企业81个，个人298个	市商业委员会	上海市西苏州路1129号	凌宝绶	021—62664855	63515937	200001
江苏	一届 梁鸿博 二届 于广州 三届 张久汉 四届 潘永和	张洪涛 巫昌礼 黄顺方	5	省财政	1985	1993年第三届，1997年第四届	企业46个，个人66个	省计经委	南京市北京西路70号计经委西大楼	黄顺方	025—6631734	6633513	210013
福建	卢增荣	无	无	会费	1994	未换过	企业45个	省计委	福州市湖东路78号	胡春	0591—7846601	7851913	350003
江西	张逢雨	无	10	省财政	1983	3—5年换一次，86年后未换过	无	省计委	南昌市省政府大院计委综合楼三楼	孙新	0791—6226051	6226051	330046
山东	一届 王怀俊 二届 王怀俊 三届 石军	程显荣 程显荣 程显荣	无	无	1986	1990年第二届，95年第三届	企业80个	省经委	济南市文化西路41号	李庄元	0531—6922832	6014104	250011
青岛	一届 朱九卿 二届 刘德远 三届 孙加顺	夏太书 夏太书 夏太书	无	自筹	1990	1994年第二届，1997年第三届	企业93个，个人96个	市经委	青岛市延安一路31号	刘学清	0532—2738803	2738803	266023

附表 2 （续）

	会长	秘书长	编制数	经费来源	成立时间	换届时间	有无会员（企业/个人会员）	隶属关系	办公地点	联系人	电话	传真	邮编
河南	吉进卿	吉进卿	同上	会费收入	1996	未换过	企业 270 个，个人 263 个	畜牧局	郑州市经五路 23 号	李灵平	0371—5955234	5943000	450002
湖北	一届 韩文卿 二届 倪德新	蒋明惠 毛迟贵	与饲料办一套人马	无	1985	1997 年换届	企业 116 个，个人 129 个	省农业厅	武汉市武昌区武珞路 519 号	彭安强	027—89876982	89876982	430070
湖南	一届 王贤怡 二届 郑茂清 三届 颜学顺	杨少辉 罗桂秋 罗桂秋	与省饲料办一套人马，无独立编制	省财政	1985	1991 年第二届，96 年第三届	企业 105 个	省计委	长沙市韶山北路 84 号	杨建武	0731—4403352	4439847	410011
广东	一届 蒋月明 二届 吴菊生	黄锦祥 朱阳生	15 人	会费	1990	1995 年换届	企业 250 个	省饲料工业办公室	广州市小北路 113 号 7 楼	朱阳生	020—83553625	83546233	510045
海南	周耀权	王汉夫	无	会费	1998，9	四年一次	企业 20 个，个人 200	农业厅	海口市海府路省政府办公大楼 1103 室	张绍君	0898—5338096	5338096	570204
广西	1991—1996：季桂明 96—现在罗广烈	罗广烈 王强	无	自筹（会费）	1986	1991 、1996 年换届	企业 77 个	省政府菜篮子办	南宁市民乐路 1 号区政府菜篮子办	王强	0771—2804142	2804142	530012
重庆	一届 廖祯华 二届 廖祯华	蒋远映 范俊昭	无	无	1986	三年一次 1992 年换过一届	企业会员 41 个，个人 150 个	农业局	重庆渝中区人民路 238—2 号	王光速	023—69016192	69016192	400015
四川	一届 管学思 二届 冯元蔚	李俊德 李德华	无	会费	1987	1997 年换过一届	企业 103 个，个人 200 个	经委，96 年后归省畜牧食品局	成都市武侯祠大街 8 号省畜牧食品局办公大楼内 8 楼 11 层	陈开勇	028—5545641	5581135	610041

附表2 （续）

	会长	秘书长	编制数	经费来源	成立时间	换届时间	有无会员（企业/个人会员）	隶属关系	办公地点	联系人	电话	传真	邮编
贵州	史光生		无	无	1992	未换届	企业60个，个人150个	省经贸委	贵阳市西湖路8号	王遵	0851-5892161	5892161	550002
云南	一届 徐南华 二届 赵玉堂 三届 赵玉堂	杜建勋 杜建勋 辛高潮	无	会费	1987	1991年第二届，98年第三届	企业150个	经贸委	昆明市东风东路省经贸委大楼8楼	何跃生	0871—3333236	3333120	650041
陕西	王双锡	杨旭	同上	无	1989	一直未换届	无	农业厅	西安市习武园11号	刘冬霞	029—7321764	7321397	710003
甘肃	张月安	张华炽	无	会费收入	1992，1	未换过	企业38个，个人264个	省畜牧局	兰州市秦安路1号	张华炽	0931—8838380	8838380	730030
青海	一届 景建华 二届 彭立鸣	赵云阶 吉尕	无	省畜牧厅	1987，5	共两届，96年5月换	企业56个，个人20个	省畜牧厅	西宁市交通巷4号	王大明	0971—6136100	6141567	810008
宁夏	一届 孙兆海 二届 李春贵	张怀信	与饲料办一套人马，两块牌子	会费	1986	1994年换一次	企业127个，个人59个	自治区经委	银川市玉皇阁南街48号	高新雯	0951—6072044	6023232	750004
新疆	吐尔逊.吾守尔		无	无	1992	未换届	企业80个	自治区畜牧厅	乌鲁木齐市新华南路23号	刘君健	0991-2837730	2818940	830001

注：西藏、浙江、大连、安徽、深圳共五个省市、市没有饲料工业协会。

供稿人：边彦萍

附表 3 饲料及相关报刊一览表

期刊或报纸名称	主管单位	主办单位	公开或（内部）发行	邮发代号或国内刊号	半月刊	月刊	双月刊	季刊
中国饲料	农业部	中国饲料工业协会	公开发行	82-554	√			
饲料广角	农业部	中国饲料工业协会	公开发行	82—517	√			
中国水产	农业部	农业部渔业局	公开发行	2-136		√		
中国兽医科技	农业部	中国农科院兰州兽医研究所	公开发行	54-33		√		
中国兽医杂志	中国科协	中国畜牧兽医学会	公开发行	2-137		√		
中国畜产与食品	农业部	中国畜产品加工研究会	公开发行	28-242			√	
中国动物检疫	农业部	农业部动物检疫所	公开发行	24-112			√	
中国渔业经济研究	农业部	中国水产科学研究院	公开发行	18-157			√	
中国水产科学	农业部	中国水产科学研究院	公开发行	18-250				√
水产养殖	江苏省	江苏省水产学会，江苏省淡水水产研究所，江苏省海洋水产研究所	公开发行	28-26			√	
水产科技情报	农业部	中国水产科学研究院东海水产研究所	公开发行	4-204			√	
现代渔业信息	农业部	中国水产科学研究院东海水产研究所	公开发行			√		
渔业现代化	农业部	中国水产科学研究院渔业机械仪器研究所	公开发行	4-230			√	
粮食与饲料工业	国家粮食储备局	武汉科学研究设计院	公开发行	38-151		√		
饲料与畜牧	北京市	北京市饲料工业协会	公开发行	82-612			√	
畜牧与兽医	农业部	南京农业大学	公开发行	28-42			√	
国外畜牧学	农业部	北京市农林科学院	公开发行	82-517			√	

附表 3（续）

期刊或报纸名称	主管单位	主办单位	公开或（内部）发行	邮发代号或国内刊号	半月刊	月刊	双月刊	季刊
当代畜牧	北京市	北京华都集团有限责任公司	公开发行	82-338			√	
畜禽业	四川省	四川省科技情报所	公开发行	62-184		√		
饲料研究	北京市	北京市营养源研究所	公开发行	CN11-2114/S		√		
饲料工业	辽宁省	辽宁市农牧业机械研究所	公开发行	CN21-1169/S		√		
国外畜牧科技	农业部	中国农科院畜牧研究所	公开发行	CN11-2347/S			√	
畜牧兽医学报	农业部	中国畜牧兽医学会	公开发行	CN11-1985/S			√	
畜牧兽医科技	山西省	山西省畜牧兽医科学研究所	内部发行					√
兽药与饲料添加剂	江苏省	江苏省食品饲料添加剂科技情报站，江苏省城南通市牧工商公司	公开发行	28-180			√	
农村养殖技术	农业部	北京城乡经济信息中心	公开发行	82-742		√		
养禽与禽病防治	广东省	华南农大动物医学系	公开发行	46-9		√		
新疆畜牧业	新疆维吾尔自治区	新疆畜牧厅	公开发行	CN65-1231/S				√
内蒙古畜牧科学	内蒙古自治区	内蒙古自治区畜牧科学院	公开发行	16-101				√
广西畜牧兽医	广西壮族自治区	广西大学	公开发行	CN45-1163/S			√	
河南畜牧兽医	河南省	河南省畜牧局	公开发行	CN41-1111/S		√		
贵州畜牧兽医	贵州省	贵州省畜牧兽医学会	公开发行	66-58			√	
辽宁畜牧兽医	辽宁省	辽宁省畜牧兽医学会	公开发行	8-75			√	
天津畜牧兽医	天津市	天津市畜牧局	公开发行	CN12-1242/S				√

附表 3（续）

期刊或报纸名称	主管单位	主办单位	公开或（内部）发行	邮发代号或国内刊号	半月刊	月刊	双月刊	季刊
广东畜牧兽医科技	广东省	广东农科院畜牧研究所	公开发行				√	
江西饲料	江西省	江西省饲料学会	公开发行	准印：010039			√	
广东饲料	广东省	广东省饲料工业协会	公开发行				√	
湖南饲料	湖南省	湖南省饲料工业协会	内部发行				√	
富英快讯	北京富英公司	北京富英农科信息中心	内部发行	准印 06-06006	√			
南方饲料快讯	广东省	南方十一省市区饲料协会	内部发行		√			
中国家禽	中国科协	中国家禽业协会 江苏省家禽科研所	公开发行	28-87		√		
中国农村科技	国家科委	国家科委农村科技司 中国农函大	公开发行	82-653			√	
中国水产文摘	农业部	中国水产科学研究院渔业综合信息研究中心	公开发行	18-126			√	
中兽医医药杂志	农业部	中国农科院中兽医研究所 中国农科院兰州畜牧与兽药研究所	公开发行	CN62-1063/S			√	
淡水渔业	农业部	中国水产协会、中国水产科学研究所长江水产研究所	公开发行	38-32		√		
科学养鱼	国家科协	中国水产协会、中国水产科学研究所淡水渔业研究中心	公开发行	28-154		√		
饲料博览	黑龙江省	黑龙江省饲料工业协会、东北农大、深圳华宝集团公司	公开发行	CN23-1298/S			√	

附表 3（续）

期刊或报纸名称	主管单位	主办单位	公开或（内部）发行	邮发代号或国内刊号	半月刊	月刊	双月刊	季刊
饲料世界	河北省	河北饲料工业办公室，河北饲料工业协会	内部发行		√			
兽医与饲料添加剂	江苏省	江苏省食品饲料添加剂科技情报站 江苏南通牧工商	公开发行	CN32-1483/S			√	
四川畜禽	四川省	四川省科技情报局，四川省畜禽情报网	公开发行	CN51-1413/S		√		
山东畜牧快讯	山东省	山东畜牧协会，山东辰龙信息中心	内部发行			√		
山东畜牧兽医	山东省	山东畜牧兽医学会，山东农大	公开发行	CN37-1267/S			√	
黑龙江畜牧兽医	黑龙江省	黑龙江省畜牧兽医学会，黑龙江省畜牧局	公开发行	14-28		√		
甘肃畜牧兽医	甘肃省	甘肃省畜牧兽医学会，甘肃省畜牧兽医研究所	公开发行	54-49			√	
青海畜牧兽医	青海省	青海畜牧兽医科学院，青海大学农牧学院	公开发行	56-10			√	
湖南畜牧兽医	湖南省	湖南省畜牧兽医研究所，湖南省畜牧兽医学会	公开发行	CN43-1222/S			√	
云南畜牧兽医	云南省	云南省畜牧兽医科学研究所，云南省畜牧兽医学会	公开发行	CN53-1099/S				√
吉林畜牧兽医	吉林省	吉林省畜牧兽医学会，吉林省兽医研究所	公开发行	12-75			√	
浙江畜牧兽医	浙江省	浙江省农大，浙江省畜牧兽医学会	内部发行					√
江西畜牧兽医杂志	江西省	江西省畜牧技术推广站 江西省畜牧兽医学会	公开发行	CN36-1117/S				√
畜牧兽医杂志	陕西省	陕西省畜牧兽医学会，西北农大	公开发行	52-56			√	

附表 3（续）

期刊或报纸名称	主管单位	主办单位	公开或（内部）发行	邮发代号或国内刊号	半月刊	月刊	双月刊	季刊
上海饲料	上海市	上海饲料科学研究所，上海市饲料工业协会	公开发行	CN31-1278/S			√	
中国牧业通讯	农业部	农业部畜牧兽医局，全国畜牧兽医总站，中牧集团	公开发行	82-855		√		
山东家禽	山东省	山东省畜牧兽医学会，家禽专家委员会，山东省农科院家禽研究所	公开发行	CN37-1231/S			√	
福建畜牧兽医	福建省	福建省农科院畜牧兽医研究所，福建省畜牧兽医学会，福建省农业厅畜牧局	公开发行	CN35-1103/S				√
四川畜牧兽医	四川省	四川畜牧食品局，四川畜牧兽医学会，四川省畜牧兽医研究所	公开发行	62-43			√	
上海畜牧兽医通讯	上海市	上海农科院畜牧兽医研究所，上海畜牧兽医学会 上海畜牧兽医站	公开发行	CN31-1278/S			√	
东北饲料信息	辽宁省	辽宁省饲料工业办公室、吉林省饲料工业办公室、黑龙江省饲料工业办公室	内部发行		√			
中国畜牧水产报	农业部	农民日报社	公开发行	1—155				

供稿人：黎细月、李　东

科技教育和培训

【概 述】

9 年来，我国的饲料工业科教事业有了突飞猛进的发展。“科学技术是第一生产力”、“科教兴饲”一直是我们的指导方针，以“八五”、“九五”科技攻关和科技进步为主线的科研活动在我国全面铺开，并取得一批科研成果。正是不断取得的科技攻关和科技进步项目，为我国饲料工业注入了新的活力，提高了饲料工业的生产水平。同时，我国的教育战线也为饲料工业培养了大批专业人才和高学历人才，他们活跃在饲料工业的各条战线，为推动饲料工业的发展，做出了积极贡献。当今市场竞争的焦点是科技和人才，谁掌握了新的科学技术，谁拥有了专业知识和积极开拓的人才，谁就掌握了竞争的制高点。

9 年来，在添加剂预混合饲料配方技术及工业化工程技术、饲料添加剂新品种、新剂型研究与开发、饲料资源深度开发及产业化技术研究和饲料加工关键工艺与设备研究等方面取得了 90 项科研成果，其中“九五”攻关项目有 2 项达到国际领先水平、25 项达到国际先进水平、16 项获国家专利，有 60％的科研成果转化为现实生产力。各省、区、市企业组织的地方和企业科技攻关和科技进步项目，更是遍地开花，为各地饲料工业的发展作出了贡献。在教育方面，有 40 所大专院校，设置了与饲料相关的专业，设立了 24 个硕士、博士授予点，9年来共培养了具有大专学历的专业人才近4万人，硕士、博士 470 多人。这是我国饲料工业的一笔最可宝贵的财富。饲料工业是一个发展速度很快的新兴产业，从业人员大都来自其它行业或农村，专业知识、技能比较差。针对这种情况，9 年来中央、地方和企业开展了大量的技术、管理培训和学术、技术、管理交流活动，1997 年发布了经劳动人事部批准对饲料加工业 62 种工人进行专业培训，经技能鉴定站鉴定合格、持证上岗的规定。从此，使饲料加工业的培训工作纳入了规范化管理的轨道。以上这些措施对提高从业人员的技术、管理水平和整体素质发挥了巨大的作用。

【科研成效显著】

国家从“六五”开始，组织相关单位开展饲料工业的科研攻关，“八五”、“九五”期间每年安排600 万元用于“新型饲料及产业化技术研究与开发”国家重点科技攻关项目。这些项目的实施对我国饲料工业的发展发挥了关键的作用。

饲料科研项目着眼于推动整个饲料工业的科技进步和发展，在集成国内前期研究成果的基础上，重点研究饲料配方技术，提高饲料营养利用效率；开发添加剂新品种、新剂型，提高新产品创制能力；进行饲料资源开发，提高资源利用率；并将各项研究紧密衔接，最终实现研究成果的产业化。

“八五”、“九五”期间通过广大科技人员的努力，在预混料配方技术及产业化工程技术、饲料添加剂新品种、新剂型研究与开发、饲料资源深度开发及产业化技术研究和饲料加工关键工艺与设备研究等方面取得科研成果 60 项，其中达到国际领先水平 2 项，国际先进水平 25 项，获国家专利 16 项。8 年中，项目研究成果已有 60％进行了转化，取得直接经济效益近 9 亿元。极大地推动了饲料行业的发展。

饲料工业科技攻关，为我国饲料工业发展提供了一批关键技术，加速了科技成果的转化，增强了科研单位研究实力，促进了科技体制改革，提高了我国饲料工业整体水平，对保障饲料工业和养殖业的发展起到了积极的促进作用。

【科技水平提高】

“九五”期间：

1. 预混料配方技术及产业化工程技术取得重要成果，推动了预混料工业的技术进步和生产发展

以赖氨酸高产技术、磷酸氢钙、酶制剂、益生素等为代表的原料产业化技术取得了突破性进展，为解决我国该类预混料原料短缺，摆脱长期依赖进口的局面奠定了重要的产业化技术基础。

研究完成了猪预混料配方 5 套，鸡预混料配方 5 套，反刍动物预混料配方 7 套，研究提高了猪、鸡、反刍动物营养参数 50 余项，完善了相应的配套技术，为预混料产业化工程的实施提供了坚实的技术支撑。预混料配方技术水平达到了 20 世纪 90 年代国际先进水平。生长猪平均日增重达 830 克以上，饲料报酬率提高 17.1％；肉鸡料肉比达 1.8-1.9:1，蛋鸡蛋料比达 2.3：1。筛选完成了 3 套乳猪料配方，提出了年班产 1 万 t 级的乳猪料加工技术，开发了两种乳猪料专用蛋白质原料的生产工艺技术。

2．饲料添加剂新品种、新剂型研究与开发填补了多项国内空白，为预混料产业化工程的实施提供了重要的添加剂原料基础

已筛选、改造生产阿普钠霉素、恩拉霉素、维吉尼亚霉素的优良菌株3株，形成了这3种生物发酵抗生素的生产工艺和应用技术，开辟了饲用抗生素新品种。研制提取出的具有抗病毒、抗菌活性的植物提取物添加剂，填补了国内外抗病毒添加剂的空白。开辟了添加剂研究和开发的新方向。

研究取得了5类7种新型营养利用调节添加剂及其生产工艺和应用技术。开发出2种新型抗应激保健添加剂，提出了抗热应激、抗高温、抗早期断奶反应复合添加剂配方8个。

甜菜碱、脂溶性维生素生产工艺及产品填补了国内空白，其中甜菜碱化学合成新工艺达国际先进水平，产品市场占有率已达30%以上。饲用酶制剂、水产诱食剂等研究也取得了重要进展。

3．饲料资源深度开发及产业化技术研究，为大幅度提高非常规饲料的营养价值和饲用价值提供了多项新方法和新工艺

研究提出了秸秆新处理方法3种，实用青贮工艺技术4套，显著提高了秸秆饲料的营养价值。研究并实施了秸秆规模化生产工艺2套，制订并颁布青贮饲料质量评定标准1项。研制成功的2种具有国际先进水平的新型秸秆加工处理设备，均通过了省部级专家鉴定，为我国粗饲料生产的产业化奠定了基础。

提出了棉、菜籽粕加工新工艺2套。研制出的多联仁壳分离系统和棉、菜籽低素制油技术较传统棉、菜粕的蛋白质氨基酸消化率提高5%以上。

4．研制成功一批饲料加工关键设备和工艺技术

固态物料质量控制器已通过部级鉴定，达国际先进水平。立式粉碎机、微粉碎机、大型制粒机、大型清理筛选机等已完成样机试制。饲料生产线工艺技术研究取得重要进展。提出了30t/h和50t/h两套饲料生产线工艺技术方案。饲料加工生产过程控制和监控技术研究提高饲料加工生产过程控制精度。

撰稿人：李国胜

【动物营养及配方科技研究】

动物营养和饲料配方技术是配合饲料工业的重要技术支撑之一。1991-1999年正值我国第8个五年计划和第9个五年计划的前3年，也是饲料工业领域中动物营养和饲料配方技术快速发展和大面积普及提高的8年，动物营养学研究硕果累累，一批新技术新成果在饲料加工企业中得到应用，主要体现在以下几个方面：

1．建立了以可消化氨基酸为基础的猪、鸡有效氨基酸营养体系

20世纪90年代猪、鸡可消化氨基酸营养体系的研究是国内外动物营养界的热点领域，中国农科院畜牧研究所通过国家自然科学基金项目(3930003)“猪饲料氨基酸生物学效价评定方法学研究”、农业部重点项目“猪可消化氨基酸需求模式的建立和应用研究”、国家“八五”重点科技攻关项目“畜禽营养参数与饲料配方新技术的研究”中“猪饲料中可消化氨基酸含量的测定”等项目的研究，组织全国各协作单位建立了测定猪、鸡饲料中可消化氨基酸含量和标准方法，测定了全国32种常用猪鸡饲料的氨基酸消化率，并研制了以可消化氨基酸含量和需要量为基础的猪、鸡饲料计算机优化配方系统。提高了猪鸡饲料配方设计中氨基酸参数的精确度，大大推进了氨基酸消化率迥异的各种常规和非常规饲料在猪、鸡配合饲料中的合理利用，节省饲料蛋白质资源，减少浪费，研究成果分别获1997年度农业部科技进步一等奖和1998年度国家科技进步二等奖。

国内在该领域研究中起重要作用的还有中国科学院长沙农业现代化研究所，中国农业大学动物科技学院，四川农业大学动物研究所和浙江省农业科学院畜牧兽医研究所等单位。其中长沙农业现代化研究所在国内较早开展猪饲料氨基酸回肠末端消化率不同测定方法比较研究，积累了一些饲料氨基酸消化率数据资料，最早得到了国家自然科学基金的资助，研究成果曾获中国科学院科技进步一等奖和国家科技进步奖，中国农大动物科技学院“可消化氨基酸基础配制蛋鸡日粮的研究”获得了北京市科技进步一等奖和国家科技进步二等奖。在北京俸伯鸡场得到了示范性应用。在猪可消化氨基酸营养体系研究方面也于1998年获国家自然科学基金资助。

2．畜禽营养代谢和内环境调控技术、添加剂的研制取得重要进展

1991-1999年间，国内动物营养学研究的一个重要特点是及时跟踪国外发展趋势，在畜禽营养代谢和内环境调控技术、添加剂的研制方面非常活跃，涉及的面也很广，其中包括畜禽专用酶制剂的研制和体内酶活的调控技术，饲用微生物制剂的研制及其动物体内微生物环境的调控，反刍动物瘤胃内碳、氮的转化规律及其调控技术，过瘤胃蛋白质、氨基酸、碳水化合物、脂肪调控技术及其对生产性能的影响，瘤胃内脲酶活性及其调控技术，脲酶抑制的研制，动物抗激机制、调控技术及抗应激添加剂的研制，有机铬添加剂的研制，高含量ω-3脂肪酸蛋的生产技术研究，以及各种抗生素、天然植物提取代谢及免疫调节剂的研制，在国家“八五”、“九五”攻关项目计划和一些省、部科研计划中都得到了安排，并均取得了重要突破和进展，其中多数产品已用于生产，取得了巨大的经济效益和社会效益。

该领域的研究对于优质、高产、低耗、无公害动物产品的生产和可持续发展具有重要意义。

3. 仔猪营养生理及其抗断奶应激综合症技术的研究已达到国际领先水平

养猪生产是我国畜牧业生产的主要组成部分，仔猪营养及其断奶应激综合症一直是我国养猪生产中比较薄弱的环节。为此以中国农科院畜牧研究所、中国农业大学动物科技学院、广东省农科院畜牧所、四川农业大学动物营养研究所、南京农业大学动物生理教研室、内蒙古农牧学院动物营养研究所为主体的国内主要动物营养研究力量在“八五”和“九五”前3年对仔猪消化和免疫机能的发育、猪乳中的活性物质、仔猪营养参数、仔猪断奶应激发生的机制及其调控技术、日粮抗原及其调控技术、乳猪料专用原料的研制与开发、乳猪料加工工艺参数的研究、体内消化酶的活性变化及其酶制剂的添加效应、消化道内 pH 值的变化及其酸化剂的研制、仔猪采食量的影响因素及其诱食剂的研制等方面开展了大量系统的研究，为仔猪营养对策和断奶应激的调控奠定了基础，高效仔猪饲料的配制技术及其产品已达到了国际先进水平，国内乳猪、仔猪饲料市场上外资企业产品一统天下的局面已不复存在。特别是中国农科院畜牧研究所主持的“九五”国家重点科技攻关项目“乳猪料产业化技术研究与开发”专题对仔猪营养与免疫生理、不同饲养模式下仔猪应激状况及其调控、优质乳猪料产业化配方、加工工艺等关键技术进行了系统的研究，取得了突破性进展，通过了国家科委验收，并在全国重点推广。

4. 反刍动物营养研究取得了重要进展

1991-1999年间，我国牛、羊肉的产量每年以两位数的速度递增，这其中得益于反刍动物营养和饲养技术的发展，特别是农区秸秆饲用技术的推广和普及。期间，我国在反刍动物营养方面的主要进展包括以下几个方面:

反刍动物小肠蛋白质营养新体系的建立，尿素缓释技术，饼粕饲料、玉米淀粉过瘤胃保护技术，反刍动物能量转化规律及其营养调控技术，精料补充料、预混料配方技术，提高秸秆饲用价值的方法(主要是氨化)，放牧家畜的营养检测和调控技术，奶牛、肉牛饲养标准的修订等。

5. 中国饲料数据库情报网中心的建设取得了重要成就

中国农业科学院畜牧研究所承担的中国饲料数据库情报网中心在“八五”和“九五”期间取得了长足的发展，不仅每年通过《中国饲料》杂志向国内外发布一次更新了的《中国饲料成分和营养价值表》，而且还结合国家攻关项目，完成了 29 项饲料原料标准的制定和 17 项饲料卫生标准及检测方法的制订，丰富了中国饲料数据库的数据资料，填补了空白，而且在饲料配方新技术的研究和计算机软件的开发方面在国内一直处于领先地位，不仅较早地在全国推出了以 cmix 为代表的饲料配方软件，在国内饲料配方软件市场占有率方面独占鳌头，而且以“三新”为代表的第六代饲料配方软件在功能设计、营养参数等方面不断取得改进和提高，成为目前国内软件市场上独树一帜的产品。饲料数据库情报网中心还进一步推出饲料企业计算机管理软件、猪场计算机管理系统等软件。

6. 饲料检测方法和生物学评定技术得到了发展

由中国农业科学院畜牧研究所承担的近红外光谱技术在饲料分析中的应用项目系统研究了用近红外光谱仪检测饲料中成分的测试条件和 28 种常用饲料、添加剂成分检测的软件以及配合饲料质量监测软件，在此基础上内贸部粮食储备科学研究所研制了 NIR(50)金红外光谱分析仪。另外“八五”期间，由国家饲料监测中心主持研制了饲料中主要成分的快速检测技术和设备，由中国农业科学院主持研究了“饲料生物学效价评定技术规程”，研制提出了一套评定饲料的生物学方法技术规程。

7. 在动物矿物质营养和神经内分泌营养调控的某些方面的研究居国际领先水平

浙江大学饲料研究所从应用研究发展到应用与理论相结合，研究深度从营养生化水平提高到分子生物学水平，跨入了国际同类研究的先进水平。

撰稿人：张宏福

【科研成果汇总】

“八五”、“九五”科技攻关，通过鉴定的成果有 90 项（见表1、表2），其中60%已转化为生产力。

表1 “八五”科技攻关成果

序　号	科 研 题 目
01	饲用微生物添加剂研究
01A	鱼微生物饲料添加剂研究开发及应用
01B	猪微生物饲料添加剂研究及应用

表1（续）

序　号	科 研 题 目
02	复合菌剂——促康生（活菌饲料添加） 猪、鸡、鸭、鱼肠道正常菌群的研究
03	乳酸杆菌饲料添加剂的研制
04	CFPR 微生物饲料添加剂
05	饲用复合酶制剂的研究
06	维生素免疫促生长生产工艺及产品应用技术研究
07	抗坏血酸多聚磷酸酯的研究
07A	饲用抗生素研究
08	抗生素类饲料添加剂－－马杜霉素的研究
09	球痢灵生产技术研究（中试）
10	潮霉素 B 的研究
11	那西肽研制
12	猪用复合添加剂预混料研究和应用
13	防治猪腹泻的药物及应用技术研究
14	泰乐菌素生产及应用技术研究
15	抗球虫中草药饲料添加剂的研究
16	红白散添加剂对鸡蛋品质改良的研究
17	猪用中草药饲料添加剂的研究
18	肉鸡复方中草药饲料添加剂研究
19	牡丹花等中草药饲料添加剂改良羊毛品质研究
20	饲料防霉剂“霉敌 101”的研制与开发
21	防霉剂“双乙酸钠”生产及应用技术开发
22	氨基酸与微量元素络合物研究
22A	早期断奶乳猪料配制技术及营养参数研究
23	高蛋白植物提取饲料蛋白工业化生产研究
24	鳗鱼营养参数及饲料配制技术
25	鱼、虾诱食风味素的应用研究
26	特种动物（狐、貂、香猪、鳖、实验兔、鼠）饲料配制技术
27	三新饲料配方系统
28	CMIX 饲料配方系统
29	奶牛高效蛋白浓缩料 粗饲料营养价值改进技术研究
30	LA－10 型液氨量计
31	用造纸废液处理秸秆的工艺
32	尿素复合添加剂舔块配制技术
33	93ZT－700 型饲料砖加工成套设备
34	一种饲料压块机；赖氨酸高产菌株及离子交换提取技术
35	饲料诱食剂研究

表1（续）

序　号	科研题目
36	饲料防霉保鲜技术研究
37	0—2周龄雏鸡饲料配制技术及参考研究
38	主要淡水鱼类营养及饲料配制技术
39	猪、鸡营养参数及配方新技术研究
40	饲料主要成分快速检测技术及设备研究
41	饲料有毒有害成分快速检测技术及设备研究饲料生物学综合评定技术研究

表2　“九五”科技攻关成果

序号	科研题目及编号	承担单位	通鉴定时间
01	安全胆碱产业化技术研究（96-009-01-01）	广东农科院畜牧所	
02	益生菌产业化技术研究（96-009-01-01）	四川农业大学	
03	L—赖氨酸高产菌株（96-009-01-01）	国内贸易部武汉科学研究设计院、无锡轻工大学生物工程学院	
04	赖氨酸生产废水处理及利用技术研究（96-009-01-01）		
05	磷酸氢钙产业化技术（96-009-01-01）	四川联合大学、内贸部武汉科学研究设计院	
06	生长肥育猪预混料配方技术研究（96-009-01-02）	中国农业大学	
07	肉仔鸡预混料配方技术（96-009-01-03）	中国农业科学院饲料研究所	
08	蛋鸡预混料配方技术（96-009-01-03）	中国农业大学动物科技学院	
09	黄羽肉鸡预混料配方技术（96-009-01-03）	广东省农业科学院畜牧研究所	
10	鸡预混料加工工艺技术的研究（96-009-01-03）	内贸部无锡科学研究设计院	
11	反刍动物预混料（96-009-01-04）	中国农业大学	
12	鲤鱼预混料配方技术（96-009-01-05）	中国农科院饲料所	
13	草鱼预混料配方技术（96-009-01-05）	国内贸易部无锡科学研究设计院	
14	乳猪料配制及加工工艺（96-009-01-06）	中国农科院畜牧研究所、内贸部无锡科学研究院、中国农业大学动物科技学院	
15	安普霉素研制与应用技术（96-009-02-01）	中国农科院畜牧所	
16	植物提取添加剂研究与开发（96-009-02-02）	中国农业大学、中国医科院药用植物研究所	
17	畜产品品质改进剂研究的研制开发（96-009-02-04）	中国农科院饲料研究所	

表 2（续）

序号	科研题目及编号	承担单位	通鉴定时间
18	氨基苯甲腈的研制开发及应用技术研究（96-009-02-04）	中国农业大学	
19	大豆黄酮中试生产技术研究（96-009-02-04）	中国农科院饲料所	
20	新型药物饲料添加剂喹胺醇的研究与开发（96-009-02-04）	中国农科院兰州畜牧与兽药研究所	
21	喹 肼 氰 的 高 效 液 相 色 谱 分 析 法（96-009-02-04）	华中农业大学畜牧兽医学院	
22	喹肼氰的合成工艺路线（96-009-02-04）	同上	
23	水难溶型维生素 B_6 产品的研制及应用（96-009-02-05）	中国农科院饲料研究所、天津大学	
24	水难溶型维生素 B_3 产品的研制及应用（96-009-02-05）	郑州粮食学院、青岛海洋大学、天津大学	
25	富 含 B 族 维 生 素 粗 制 品 的 研 究（96-009-02-05）	中国农科院饲料研究所	
26	甜 菜 碱 化 学 合 成 新 工 艺 的 研 究（96-009-02-05）	中国农科院饲料所、天津大学、无锡研究设计院	
27	畜禽复合维生素配制生产新技术的研究（96-009-02-05）	中国农科院饲料所	
28	水产复合维生素配制生产新技术的研究（96-009-02-05）	无锡科学研究设计院	
29	饲 用 微 生 物 植 酸 酶 的 研 究 与 开 发（96-009-02-06）	四川农业大学	
30	β－葡聚糖酶的研究与开发（96-009-02-06）	南京农业大学	
31	新型鱼、虾诱食剂二甲基β－丙噻嗪（DMPT）及其应用（96-009-02-06）	中国农科院饲料研究所	
32	新 型 鱼 、 虾 诱 食 剂 “ DMPT ” 的 研 究（96-009-02-06）	内贸部无锡科学研究设计院	
33	秸秆利用技术研究（96-009-03-01）	中国农业大学、浙江农业大学、新疆联合机械集团牧业机械厂、机械部呼和浩特畜牧机械研究所、天津商学院、山西大同牧业机械厂	
34	9LRZ－80 型立式秸秆揉切机（96-009-03-01）	中国农业大学	1998. 12. 4
35	92YG－0. 9 型圆草捆机（96-009-03-01）	新疆联合机械集团牧业机械厂	1998. 5. 18
36	蛋 白 质 饲 料 资 源 开 发 利 用 技 术（96-009-03-03）	国内贸易部科学研究院、郑州粮食学院	
37	提高大豆饼粕生物学效价制油新工艺（96-009-03-03）	内贸部无锡科学研究设计院	
38	提高菜籽饼粕生物学效价制油新工艺（96-009-03-03）	郑州粮食学院	
39	SFSL80 x 12 型立式粉碎机（96-009-04-01）	内贸部无锡研究设计院	
40	TKZL 型固态物料流量控制器（96-009-04-01）	同上	1997. 11

表2（续）

序号	科研题目及编号	承担单位	通鉴定时间
41	SWFF60微细分级机（96-009-04-01）	同上	1999.1
42	气流对撞干燥机（96-009-04-01）	中国农科院饲料研究所	
43	SFSP112×60型锤片粉碎机（96-009-04-01）	内贸部无锡科学研究设计院	
44	SZLH678制粒机（96-009-04-01）	江苏正昌集团公司	
45	SCQZ100×85×140初清筛（96-009-04-01）	内贸部武汉科学研究设计院	
46	50吨/小时饲料厂成套工艺技术研究（96-009-04-02）	同上	
47	30吨/小时饲料厂成套工艺技术研究（96-009-04-02）	同上	
48	饲料厂集约化生产成套技术研究（96-009-04-02）	同上	
49	饲料生产过程控制技术研究——饲料生产过程控制系统（96-009-04-03）	内贸部无锡科学研究设计院	

除此之外，农业部“丰收计划”项目，在全国进行了推广应用。产生了巨大的经济效益和社会效益。以上项目的推广应用，共取得直接经济效益9亿元，“丰收计划”项目执行情况见表3。

表3　农业部丰收计划项目执行情况

承担单位	项目名称	执行年份
北京市饲料工业办公室	畜禽优化配方饲料及其饲养技术	1990
江西省饲料工业办公室	畜禽优化配方饲料及其饲养技术	1990-1991
湖南省饲料工业办公室	猪用预混合料技术推广	1991
江西省饲料工业办公室	“871”猪用浓缩料；“400”乳猪料技术	1991
浙江省饲料工业办公室	“浙农一号”猪用全价饲料及饲养技术	1991
山东省饲料工业办公室	虾用生长素推广应用及综合饲养技术	1991
中国农科院畜牧研究所	硫酸抗敌素“CL”	1992
长春市饲料工业办公室	SD活性酵母应用技术	1992
江西省饲料工业办公室	蛋鸡全价配合饲料技术	1992
湖南省饲料工业办公室	“801”猪用预混料技术	1992
辽宁省饲料工业办公室	“ES”系列营养型预混料	1992
浙江省饲料工业办公室	“87”系列猪用全价配合饲料、复合预混料	1992

表3（续）

承 担 单 位	项 目 名 称	执行年份
中国农科院饲料研究所	牛促奶预混料	1992
中国水科院黄海水产研究所	对虾预混料技术（虾宝、虾康灵）	1992
山东饲料工业办公室	对虾 HP890 饵料添加剂	1992
江西省饲料工业办公室	稻谷型优化配合饲料及饲养畜禽应用技术	1993
辽宁省饲料工业办公室	稻谷型优化配合饲料及饲养畜禽应用技术	1993
辽宁省饲料工业服务总站	猪用“成城”牌高效饲料添加剂	1994
中国农科院畜牧研究所	猪用复合添加剂示范	1994
中国农科院饲料研究所	饵饲料采集及混和加工设备及操作技术	1994
辽宁省饲料工业办公室	高效乳猪用预混料	1995
江西省饲料工业办公室	高效乳猪用预混料	1995
山东省饲料工业办公室	鸡、鸭高效节粮型饲料	1995
北京农业大学	鸡、鸭高效节粮型饲料	1995
江苏省饲料工业办公室	“水神”牌饵料	1995
江苏省饲料工业办公室	诱食剂“粘结剂“VA、VD、VE 干粉、抗坏血酸三聚磷酸酯和抗生素	1996
湖南省饲料工业办公室	鸡用无鱼粉、无豆粕浓缩料	1996
辽宁省饲料工业办公室	高效肉鸡预混料及饲养技术	1996
浙江农业大学	高效肉鸡预混料及饲养技术	1996
黑龙江省饲料工业办公室	乳牛用料精及养殖技术	1996
四川省饲料工业办公室	新型猪用高蛋白预混料及综合饲养技术	1997
北京市饲料工业办公室	新型猪用高蛋白预混料及综合饲养技术	1997
黑龙江省饲料工业办公室	高效蛋鸡饲料添加剂预混料及养殖技术	1997
天津市饲料工业办公室	奶牛粗饲料营养价值改进技术	1997
河北省饲料工业办公室	猪用复合添加剂预混料综合技术	1998
江苏省饲料工业办公室	沉、浮性鱼饲料搭配使用技术	1998

表 3（续）

承 担 单 位	项 目 名 称	执行年份
湖北省饲料工业办公室	“双低”菜籽饼粕作饲料的合理利用技术	1998
辽宁省饲料工业办公室	北方地区鱼用料及饲养技术	1999
新疆农业科学院	秸秆发酵活干菌利用及微贮饲料技术	1999
上海市饲料工业办公室	猪禽预混合饲料研制和应用	1999
江苏省饲料工业办公室	全植物蛋白鱼饲料及配套养殖技术	1999
重庆市饲料工业办公室	秸秆资源开发及养牛配套技术	1999
青海省饲料工业办公室	高蛋白料精	1999
河南省饲料工业办公室	非蛋白氮饲料综合开发利用	1999
海南省饲料工业办公室	猪、鸡预混料应用技术	1999
山西省饲料工业办公室	猪、鸡预混料应用技术	1999
中国农业大学	“生长肥育猪预混料配方技术”	1999

在基础理论研究中，承担了国家自然科学基金项目 20 项和“863”高科技项目 1 项，这期间，科教工作者翻译、编著了大量的专业书籍，如《动物营养学》；猪、鸡、鱼等的营养需要；《饲料添加剂大全》；《饲料配方技术》等几十种专著。对于科学知识的普及和提高，发挥了积极的作用。

撰稿人：赵之阳

【人才教育有了巨大发展】

80 年代，全国有 31 所高等院校和科研单位设立饲料和动物科学专业人才培养点 47 个，其中，硕士点 20 个，博士点 5 个，1989 年本科在校学生 661 人，专科在校学生 901 人。1999 年大专院校发展到 40 所，其中，硕士点和博士点 24 个，本科在校学生 2624 人，专科在校人数 1073 人。1991－1999 年硕士研究生毕业 373 人，博士研究生毕业 97 人。

1991 年大专院校饲料工业专业设置情况及在校学生人数见表 4 和表 5，硕士、博士研究生培养点见表 6 和表 7。

表 4　1999 年大学本科动物营养与饲料加工专业设置及在校学生人数

序　号	学 校 名 称	专　　业	在校学生人数
01	中国农业大学	动物营养与饲料加工	123
02	河北农业大学	动物营养与饲料加工	88
03	山西农业大学	动物营养与饲料加工	64
04	内蒙古农业大学	动物营养与饲料加工	28
05	东北农业大学	动物营养与饲料加工	22
06	南京农业大学	动物营养与饲料加工	95
07	无锡农业大学	动物营养与饲料加工	31
08	扬州大学	动物营养与饲料加工	83

表 4（续）

序 号	学 校 名 称	专 业	在校学生人数
09	集美大学	动物营养与饲料加工	106
10	江西农业大学	动物营养与饲料加工	73
11	山东农业大学	动物营养与饲料加工	48
12	河南农业大学	动物营养与饲料加工	138
13	武汉工业学院	动物营养与饲料加工	280
14	华中农业大学	动物营养与饲料加工	260
15	佛山科学技术学院	动物营养与饲料加工	34
16	华南农业大学	动物营养与饲料加工	67
17	四川畜牧兽医学院	动物营养与饲料加工	187
18	西南农业大学	动物营养与饲料加工	9
19	四川农业大学	动物营养与饲料加工	463
20	西南民族学院	动物营养与饲料加工	73
21	贵州大学	动物营养与饲料加工	39
22	云南农业大学	动物营养与饲料加工	111
23	西北农林科大学	动物营养与饲料加工	120
24	甘肃农业大学	动物营养与饲料加工	53
25	宁夏农学院	动物营养与饲料加工	29

表 5　1999 年专科动物营养与饲料加工专业设置及在校学生人数

序 号	学 校 名 称	专业设置	在校学生人数
01	河北农业大学	动物营养与饲料加工	96
02	张家口农业高等专科学校	动物营养与饲料加工	67
03	邯郸农业高等专科学校	动物营养与饲料加工	143
04	内蒙古农业大学	动物营养与饲料加工	79
05	沈阳农业大学	动物营养与饲料加工	55
06	黑龙江八一农垦大学	动物营养与饲料加工	32
07	郑州牧业工程高等专科学校	动物营养与饲料加工	1

表5 1999年专科动物营养与饲料加工专业设置及在校学生人数

序号	学校名称	专业设置	在校学生人数
08	河南农业大学	动物营养与饲料加工	30
09	湖南农业大学	动物营养与饲料加工	37
10	佛山科学技术学院	动物营养与饲料加工	59
11	仲凯农业技术学院	动物营养与饲料加工	27
12	湛江海洋大学	动物营养与饲料加工	96
13	邕江大学	动物营养与饲料加工	93
14	广西大学	动物营养与饲料加工	29
15	绵阳经济技术高等专科学院	动物营养与饲料加工	80
16	四川农业大学	动物营养与饲料加工	50
17	甘肃农业大学	动物营养与饲料加工	30

表6 动物营养和饲料科学硕士研究生点

序号	学校名称	专业设置
1	中国农业大学	动物营养学
2	南京农业大学	动物营养学
3	华中农业大学	动物营养学
4	华南农业大学	动物营养学
5	浙江农业大学	动物营养学
6	甘肃农业大学	动物营养学
7	山东农业大学	动物营养学
8	四川农业大学	动物营养学
9	内蒙古农牧学院	动物营养学
10	广西农业大学	动物营养学
11	吉林农业大学	动物营养学
12	中国农业科学院	动物营养学
13	东北农业大学	动物营养学

表 6（续）

序 号	学 校 名 称	专 业 设 置
14	新疆农业大学	动 物 营 养 学
15	延边农学院	动 物 营 养 学
16	安徽农业大学	动 物 营 养 学
17	湖南农业大学	动 物 营 养 学
18	西北农业大学	动 物 营 养 学
19	扬州农业大学	动 物 营 养 学
20	南京农业大学	饲 料 科 学
21	西北农业大学	饲 料 科 学
22	甘肃农业大学	饲 料 科 学
23	扬州大学农学院	饲 料 科 学
24	中国农业科学院	饲 料 科 学
25	东北农业大学	饲 料 科 学
26	浙江农业大学	饲 料 科 学

表 7 动物营养和饲料科学博士研究生点

序 号	学 校 名 称	专 业 设 置
1	中国农业大学	动 物 营 养 学
2	中国农业科学院	动 物 营 养 学
3	四川农业大学	动 物 营 养 学
4	东北农业大学	动 物 营 养 学
5	内蒙古农牧学院	动 物 营 养 学

9 年来，为饲料工业战线输送了大批专业人才，这些人才在科研、教学、饲料配方、生产、企业管理、质量监督、市场营销、技术服务等各个领域施展其才能，并带动了一大批业内干部职工提高了技能和素质，为饲料工业的发展和提高做出了很大贡献。

供稿人：李 东、边彦平

【重点科研院所简介】

1. 中国农业科学院饲料研究所

中国农业科学院饲料所成立于 1991 年。在科技体制改革的大潮中,在国家没给事业费的情况下，本着“有利于科技水平的提高，有利于科技成果的转化，有利于科技队伍的成长”的原则，进行科技体制改革，走出了一条与企业结合的发展道路。在几年的发展中，已经初步成为能不断适应市场经济发展需要，集科学研究、成果转化与产品开发、生产、销售一体化的新型科研机构。1996年全国1200个农业科技单位综合实力评比中，进入百强研究所行列。1995年开始，连续三年获国家科委、农业部、财政部科技开发奖和奖金。

（1）集饲料科学研究和饲料质量监督检测职能于一身。饲料研究所已伴随着我国饲料工业的快速成长，走过了近10年的光辉历程。是我国目前唯一从事饲料科学研究的国家级科研单位。它面向全国，为全行业服务，负责规划、指导和协调全国饲料科研工作，承担国家重点攻关和“863”高科技重大科研项目。通过科研成果的推广应用，推动全行业技术进步。从1996年开始，国家饲料质量监督检测中心挂靠该所，是国家饲料质量监督执法的技术检测单位。饲料所接受农业部全国饲料工作办公室和中国农业科学院双重领导，行政上由中国农业科学院管理，业务上接受全国饲料工作办公室指导。

（2）精炼、高效的科技力量和现代化高水平的硬件支撑。目前，全所共有科技人员100多人，具有高级职称和硕士学位以上科技人员达70%，其中研究员10人，副研究员20人，博士及在读博士13人，占职工总数的15%，硕士及在读硕士22人，占25%。全所平均年龄35岁，是一支充满朝气和进取精神、有较高学术造诣、由老、中、青年科学家组成的科学研究及开发队伍。

现有7000平方米科研大楼1幢，拥有一个占地130多亩，2400多平方米集中试开发实验室、中试车间、试验畜舍及办公用房为一体的试验基地，现有万元以上仪器设备45台（件）（不包括质检中心的仪器设备），主要包括：液相色谱、气相色谱、原子吸收、气/质连用、紫外/可见光分光光度计、荧光分光光度计和超临界萃取等精密仪器设备。

（3）饲料行业人才培养的摇篮。饲料所是我国第一个饲料科学博士生培养点和博士后流动站，现有博士生导师3名，硕士生导师16名，每年招收硕士研究生3-4名；1995年经国务院学位委员会批准设立饲料科学博士生培养点，每年招收博士研究生1-2名。全所现有在读硕士研究生5名，在读博士生5名，博士后1名。已培和在培硕士20名，博士6名。

（4）职能部门、研究室及合作单位。饲料所下设办公室、人事处、科技处、动物营养研究室、添加剂研究室、饲料加工工艺与设备研究室、生物技术研究室、技术咨询、服务中心和中心实验室。

研究所以科研为本，走与企业相结合的道路，不断探索与国内外相关单位进行联合，与全国最大的饲料企业之一“江西民星企业集团”紧密合作，在江西建立了科技成果转化基地，并在北京合资成立了“北京挑战饲料科技集团”；与美国奥特奇生物技术公司共同建立了“奥特奇亚太生物技术研究中心”；与中国饲料工业协会合作成立了“中国饲料工业协会信息中心”。

（5）主要研究领域和目标。主要开展动物营养、水产养殖、动物生理生化、饲料添加剂、畜禽及水产饲料资源开发、生物技术、精细化工、新兽药开发、饲料加工工艺与加工机械、计算机应用及饲料情报信息研究等方面的科研和相应的对外技术咨询、技术服务任务。

（6）主要研究和开发任务。在成立仅8年的时间里，研究所已承担和完成了近100项各类科研课题，课题来源包括国家科技攻关项目、国家“863”高科技项目、国家自然科学基金项目、农业部丰收计划、国际合作及委托研究等项目。主要研究内容包括：畜禽及水产饲料资源开发、动物营养、水产养殖、动物生理生化、饲料添加剂、生物技术、精细化工、新兽药开发、饲料加工工艺与加工机械、计算机应用及饲料情报信息研究等方面的科研和相应的对外技术咨询和技术服务任务。已在国内外公开发表高水平学术论文200余篇，专著4部，译著2部，获国家级和省部级科技进步奖6项，申请国家专利13项。

地址：北京中关村南大街12号中国农业科学院内
邮编：100081
所办公室电话：68919811
监测中心电话：68919734　68975906
传真：68975127
执行副所长、法人代表：蔡辉益

2. 中国农业科学院畜牧研究所

中国农业科学院畜牧研究所创建于1957年，现已建成为以品种资源、饲料营养、饲料牧草、遗传育种和生物技术为研究重点的综合性畜牧科学研究中心。“农业部动物营养学重点开放实验室”、“中国饲料数据库情报网中心”均设在这里。本所是动物营养、饲料两个学科硕士、博士研究生培养点。

该所现有从事动物营养、饲料学研究、开发的科技人员80人，其中研究员9人，副研究员和博士学位获得者17人，中、初级科技人员54人，形成老中青比例适合、配套性很强的科研和科技开发队伍。

该所动物营养与饲料科学研究把重点放在与现代化养殖业和饲料工业发展有关的基础研究和应用研究上，主持完成了多个“六五”—“八五”期间国家科技攻关专题、国家自然科学基金课题、农业部重点课题。使该所在饲料营养价值评定——饲料数据库——饲料科技信息网络研究、矿物质微量元素营养研究、单胃动物蛋白质氨基酸营养和蛋白质饲料开发利用研究，畜禽营养需要量参数和饲料配方技术研究、饲用抗生素研究、饲料毒素研究、饲料原料标准和卫生标准研究与制订、计算机软件开发、牧草种植资源研究、草地畜牧业优化生产模式研究等方面处于国内领先地位，一些成果达到国际先进水平。

近10年来，本所在动物营养与饲料科学领域方面获得国家科技进步奖7项，部、省（市）科技进步奖15项，发表著作、译著、科普读物15余部，学术论文270余篇。

今后，该所将把饲料科学利用与新饲料资源开发，营养饲养与环境互作，计算机软件研制和科技经济信息网络建设与运作等作为研究和科技服务重点，并愿与饲料科研、企业界的同行们密切合作，共创我国饲料工业的光辉明天。

地址：北京市海淀区圆明园西路2号
邮编：100094
电话：010－62815859
所长：郑友民

3. 国内贸易部科学研究院饲料研究设计所

国内贸易部科学研究院是国内贸易部（原商业部）直属科研单位，该院位于北京市西城区百万庄大街11号，创建于1957年，是建国后第一批建立的中央产业部门所属的科研机构之一。该院主要从事粮食、油脂、食品及饲料工业研究、设计和开发。

国内贸易部科学研究院饲料研究设计所是我国商业、粮食饲料工业系统从事动物营养、饲料工程（工艺和设备）和饲料添加剂研究、设计和开发的专门机构，北京市华商新技术开发公司是该所在北京新技术产业开发区注册的高新技术企业，拥有一支由动物营养、饲料工艺和设备、畜牧工程、粮食工程等专业高级技术人才组成的精干队伍，将竭诚为工业、畜禽及水产养殖企业服务。现将有关科研成果介绍于下。

（1）年班产5000－40000吨级饲料加工厂成套工艺设备开发。承建了年班产5000－40000吨级的各种配合饲料厂及2000t级的预混合饲料厂（包括可行性研究、工艺设计、设备配套、安装调试、人员培训及生产操作规程）如北京特种饲料厂、辽宁省建昌饲料厂、湖南宁乡乳猪饲料厂、赤峰风水沟粮食饲料加工厂、河北藁城饲料厂；年班产40000t配合饲料，在工艺设计中配置了微量元素配料秤，使该厂不仅能生产全价料，还生产出预混合饲料。

（2）早期断奶乳猪料配制技术

系国家“八五”饲料科技攻关课题，早期断奶乳猪日增重达400－500克，饲料转化率达1.5:1，已在湖南、山西、河南、辽宁、黑龙江、山东、北京等省市推广应用，并建立了万t级宁乡乳猪饲料示范厂，产品深受广大用户欢迎。

（3）畜禽无鱼粉无豆粕日粮生产配制技术。该院与法国有关单位合作研究的肉鸡无鱼粉日粮，饲喂艾维茵肉鸡49日龄达2.3kg以上，饲料转化率小于2:1。该院承担的国家“八五”科技攻关课题“提高油脂饼粕饲用效价研究”开发了无毒饼，菜粕赖氨酸利用率大于85%。因此，开发无鱼粉无豆粕生长肥育猪日粮，显著降低了饲料成本。

（4）高效饲料药物添加剂泰乐菌素生产应用技术。此项目系国家“八五”科技攻关课题，已在湖南生物药厂批量生产，有预混剂、水溶剂、针剂，能显著促进乳猪、仔猪、雏鸡生长，尤其对支原体病如猪哮喘病及鸡的呼吸道疾病有显著预防和治疗作用。

（5）年班产1000－5000吨高效饲料添加剂预混料成套生产技术。此为内贸部科研课题，已在辽宁、山东、北京、山西等地建成5座预混料厂，包括工艺设计、成套设备、系列化配方设计、关键生产技术等全套“交钥匙”工程服务项目。

同时，华商新技术开发公司生产的1%到10%系列乳猪、生长肥育猪、蛋鸡、肉鸡、鱼及反刍动物用高效预混料，产品已销往全国各地，深受用户欢迎。

（6）生物发酵工程成套设备。适用于生产饲料酵母、饲料酶，年产量达1000－10000吨。利用该设备为山东省科学院承建了年产3000吨的固态发酵车间，产品粗蛋白含量达40%－60%、细胞总数80亿个／克，活菌数达80%，年创利税100万元，这套设备还可用来生产各种饲料酶。

（7）饲料配方设计。该院承担的国家“八五”饲料科技攻关项目“饲料配方专家知识库系统的研究”，可为我国不同地区、不同畜禽及鱼品种进行最低成本最大效益配方设计。

地址：北京市西城区百万庄大街11号
邮编：100037
电话：010－68363548　68314541
传真：010－68363548

4. 中国水产科学研究院

该院始创于1978年，是农业部直属的综合性水产科研机构。经过20年的建设和发展，全院初步形成了学科比较齐全、地域分布较为合理的综合水产科研体系。全院按海区设有黄海、东海、南海水产研究，渤海水产增殖科学基地和北戴河、营口、长岛、下营增殖实验站；按流域设有黑龙江、黄河、长江、珠江水产研究所，淡水渔业研究中心和太湖水产增殖基地；按专业设有渔业机械仪器研究所、渔业工程研究所、渔业综合信息研究中心、渔业环境保护研究室、鱼病研究室。全院现有科技人员1490多人，具有高级技术职务的340多人，有中国工程院院士1人。该院从事饲料研究的有8个单位（有的是独立的研究室，有的是研究室下的一个研究组）。共有67个科技人员从事饲料研究工作，其中高级职称21人，中级职称25人。用于饲料研究的主要仪器设备共有91台，其中色谱仪11台，离心机9台，氨基酸分析仪13台，分光光度计8台，切片机5台，蛋白质分析仪14台，纤维素测定仪7台，脂肪分析仪6台，生化分析仪4台，低温培养箱9台，水份测定仪5台。1991－1998共取得24项科研成果。成果的转化形式为：1. 将成果转让给企业。2. 做为技术入股与企业联合办厂。3. 在本单位的饲料厂进行生产。

地址：北京市丰台区永定路南十二月青塔村150号
院长：雷茂良
电话：68673935

5. 国家粮食储备局武汉科学研究设计院

国家粮食储备局武汉科研设计院是一所集应用开发研究、工程设计、工程承包并举的综合性科研设计实体。具有甲级工程设计、甲级工程咨询、甲级工程总承包资质。主要从事饲料和粮油等农副产品加工技术、饲料产品质量检测技术等农业工程技术的研究开发。设有饲料工程研究设计所，饲料资源和动物营养研究所，湖北东方饲料贸易中心，编辑出版《粮食与饲料工业》杂志。

建院以来，全院共承担完成100多项饲料科技项目研究，是国家“六五”、“七五”、“八五”、“九五”饲料科技攻关的主要承担单位之一。取得的成果当中，预混合饲料生产技术等四项成果获国家重大科技攻关成果奖和国家科技进步奖；配合饲料资源调查等五个项目获部科技进步一等奖；10个项目获部科技进步二等奖；30多个项目获部、省三、四等奖。为国内外设计、建造了200多座不同规模的饲料厂。

近3年，完成了国家“九五”饲料攻关项目大型饲料生产技术、大型饲料清理筛、大型干法膨化机等八项重大攻关项目研究。

在饲料工程设计方面，近3年承担设计、安装了包括美国在华独资60t／h饲料厂在内的共30座饲料厂。与国际一些公司实现了联合设计。与美国饲料谷物协会、美国大豆协会等联合举办国际性饲料技术交流研讨会5次。已成为国内外具有重要影响的饲料专业研究所和工程技术中心。

地址：武汉市卓刀泉南路3号
邮编：430070
电话：027—87803772

6. 国家粮食储备局无锡科学研究设计院

国家粮食储备局无锡科学研究设计院是一所以应用开发研究和成套工程设计为主的综合性研究设计院。该院成立于1964年，先后隶属于粮食部、商业部、内贸部。院内设有粮食加工、油脂、饲料、食品、生物工程与营养、工业电气与自动化专业研究室和建筑设计室、中试基地、对外技术合作部等。国家粮食储备局粮食食品质量监督检验测试中心（无锡）和中国粮油学会食品专业分会均设在该院。另外，该院还出版专业期刊《粮食与食品工业》。

该院现有各类科技人员近180余人，其中高、中级科技人员140人。并具有国家标准的甲级工程咨询、甲级工程设计、甲级民用建筑、甲级工程监理、甲级工程总承包5个甲级资质证书。建院以来，先后取得了200余项科技成果，完成工程设计700余项，其中12项成果获国家级奖励（全国科学大会奖3项，国家发明奖1项，国家科技进步奖5项，国家优秀设计奖3项）；有70项成果分获部、省、市科技成果奖。还完成了8项国外工程项目。

历年来，该院派出100余名科技人员赴美、英、法、日、澳、意等30多个国家考察、工作和进修，并进行各种技术座谈和学术交流活动，与国外有关单位保持着密切的联系和合作。

地址：江苏省无锡市惠河路186号
邮编：214035
电话：0510－5867384

7. 农业部饲料工业中心

农业部饲料工业中心成立于1996年4月，是世界银行贷款中国饲料工业项目中唯一的软件项目，旨在解决长期以来困扰我国民族饲料工业发展的科技滞后、研产脱节、专业人员匮乏等问题。中心总投资5800万人民币，主体设施包括综合实施大楼、多功能示范中试4间和实验畜禽场。

“中心”设立在国家重点建设院校——中国农业大学院内，依托该校现有的教学、科研、管理和生产示范的人力、物力优势及资源优势，同时与“农业部畜禽营养代谢重点实验室”以及“全国优秀博士点”协调发展。

“中心”由全国饲料工业办公室和中国农业大学双重领导，实行主任责任制，下设科研技术咨询专家顾问委员会、函授教育指导委员会、培训管理委员会和企业策划委员会。其主要机构有：教学科研部、生产推广部、培训部、实验室管理部、信息工程中心、贸易部和行政人事部，是一个具有教学、科研、培训、信息、生物测试和生产推广六大功能的综合性机构。其主要运作职能包括：进行动物营养和饲料科学的前沿性基础研究；饲料原料、产品常规及特殊成分分析；饲料生物学效价的评定；为中国动物饲养标准的修订提供试验依据；对饲料行业不同在职人员和高级管理人员进行系统的培训；以中外广泛合作为契机，从事国内外饲料行业科学研究和学术交流活动；承担国家重点攻关项目和国家自然基金项目；培养动物营养与饲料加工专业的本专科生、硕士研究生和博士研究生；面向全国为饲料行业网络成员提供信息咨询和技术服务，建立与国际相关组织接轨的中国饲料行业信息网络集播中心；作为科研成果转化为科技产品的中试基地和产业实体，生产和推广高技术含量的核心预混料、复合维生素和膨化颗粒料，并提供配套管理和生产技术。

1997 年 6 月，“中心”高规格的具有世界水平的分析化验室完成了仪器、设备的装备。目前主要的仪器设备有：全自动氨基酸分析仪、原子吸收分光光度仪、气相色谱仪、高效液相色谱仪、全自动生化分析仪、全自动定氮仪、脂肪测定仪、纤维测定仪、自动能量测定仪、冷冻干燥设备和微生物培养设备等。主要的分析项目包括：饲料养分常规分析，微量元素、维生素、氨基酸、糖类、脂肪酸的分析，添加剂纯度测定，血液生化指标的测定，药敏实验以及有益菌生物分析等。

1997 年 9 月，“中心”得到加拿大国际开发署 500 万加元资助，用以加强信息与培训工作力度。培训与推广工作是中心服务于社会、贡献于社会的核心工作之一，同时也是中心科研工作的正确导向和保证科研不断地向深度和广度进军的有效途径。截至 1999 年 6 月，“中心”共举办了六届国际动物营养和饲料加工高级研修班，参加人员总数达 3000 余人，培训工作就其规模和质量而言，均取得了良好的声誉。先后有 200 多位外国专家应邀来“中心”讲学，这对于加强国际间的交流、促进“中心”的发展无疑起到巨大的推动作用。

“中心”的 MAFIC 饲料信息网络（网址：http://www.mafic.ac.cn）依托农业部与农业大学的信息资源与科技力量，旨在为畜禽养殖、饲料加工与贸易、饲料科技等领域的生产者与消费者、相关企业以及同行人员提供一个交流的空间与获取信息的渠道。

1998 年 11 月，“中心”中试车间竣工并投入使用。中试车间将由“中心”动物营养专家和饲料加工专家提供配方技术，选用最佳的生产参数进行生产，致力于通过国际质量标准 ISO9000 系列认证，生产出优质、高效、低公害的“绿色饲料”，成为国家饲料工业生产示范中心。

截至 1999 年 6 月，中心已经完成的国家自然科学基金项目 4 个，国家“八五”攻关专题 2 个，国家“九五”攻关专题 2 个，公开发表的科技论文 160 余篇，专著 20 余部。共培养硕士研究生（含代培）11 名，博士研究生 6 名，博士后 2 名；在读的硕士研究生 8 名，博士研究生 10 名，博士后 4 名。

在中心的成立与发展过程中中心主任李德发教授倾注了全部精力，为中国饲料工业发展做出了突出贡献，他先后被评为“百千万人才工程”首选人员、“农业部有突出贡献的中青年专家”以及“国家级有突出贡献的中青年专家”等荣誉称号。李教授还担任国务院学位委员会学科评审委员、国家自然科学基金委二审专家、世界银行农业专家顾问、美国畜牧学会会员、《动物营养学报》编委、中国学者学人联谊会会员、农业部科学技术委员会委员、CFINET 专家委员会委员、北京市政府专家顾问团顾问、中国农业专家咨询团顾问等社会职务。

地址：北京市海淀区圆明园西路 2 号
邮编：100094
电话：010—62632776
中心主任：李德发

8. 浙江大学饲料科学研究所

浙江大学饲料科学研究所自 1989 年成立以来，走科研－成果转化－教学三位一体的路子，初步形成了三者相互促进的良性循环，获得了较大的发展。

研究所现有教学、科研在编人员 23 名，其中教授 1 名，副教授 4 名，获硕士学位的 12 人。形成了以中青年为骨干的科研、教学、推广梯队。另鉴于编制的限制和工作需要返聘、借用专家、教授、科研人员 13 人，聘任技术顾问 6 人。通过 10 年的创业，已具有良好的科教条件，新建用房 110000 多平方米。固定资产总值达 3500 多万元。其中实验室仪器设备总值 2100 万元，接近国际同行先进水平。1993 年饲料与动物营养实验室被列为浙江省重点研究实验室，1996 年被列为农业部重点开放实验室。

随着科教力量的增强和科研条件的改善，科研水平不断提高，研究内容已从应用研究发展到应用与理论相结合的攻关研究；研究深度从营养生化水平提高到分子生物学水平，跨入了国际同类研究的先进行列。至今，已承担 42 项科研项目，其中国家、省重点攻关项目 28 项，基金 7 项，横向协作项目 7 项。完成科研项目 18 项。十年来，取得一批具有较大理论意义和重大应用价值的研究成果，其中“6107 菜籽饼解毒添加剂“解决了菜籽饼（粕）用作蛋白质饲料的难题，获国家教委科技进步一等奖，“猪用系列全价饲料“使猪用饲料的转化率接近国际先进水平，获浙江省人民政府科技进步一等奖，国家“八五”星火计划重点项目——“畜禽全价饲料和添加剂开发利用”，为农业星火项目的实施和支柱产业的形成做出了示范，获浙江省星火项目一等奖。现已成功地开创了应用饲料及饲料添加剂提高畜禽食用品质和商品质量的路子。

建所以来开发了 25 个饲料产品，其中畜禽全价配合饲料 18 个，猪用浓缩饲料 2 个，水产、经济动物全价饲料 5 个，最近又研制了 3 个饲料添加剂原料。这些产品已推广到全国24个省市240家饲料厂和养殖场，年产值达20亿元，产生了巨大的经济效益和社会效益。随着科研的深入和成果推广应用的扩展，既提高了教师的学术水平，又为教学积累了资料，有力地促进了教学的发展。1993年经国务院学位委员会学科组评审，设立了饲料学硕士学位授予点，已招收研究生39名。1999年被农业部命名为重点学科。同时，还编写《畜禽矿物质营养》、《猪的现代营养学》和《动物维生素营养》等专著5本，在国内外学术刊物上发表论文80余篇。

此外，用“派出去、请进来”的办法广泛开展国际合作研究与学术交流。每年派出教学和科研人员去美国参加世界动物科学年会和短访，到法国、德国、芬兰等地进行学术交流活动；同时每年接待数批来自美国、加拿大、芬兰和日本等国的同行教授、专家的来访和讲学，取得了良好的实效。已与美国弗吉尼亚州立大学开展长期合用研究；芬兰赫尔辛基理工大学，土尔科大学安特罗斯生物技术中心确定在该校设立“国芬饲料生物技术研究中心“。通过国际合作与交流还培养了一大批科研骨干，使饲料学科的研究水平居国内同行前列，接近国际先进水平，并在动物矿物质营养和神经内分泌营养调控的某些方面居国际领先地位。

地址“杭州市秋涛北路142号
邮编：310016
电话：0571-6091821
传真：0571-6091820
所长：许梓荣

表8：全国饲料工业行业科研单位一览表

【专业培训和行业交流】

为了提高行业的整体素质，提高企业管理水平和饲料产品质量，9年来，国家、地方、企业组织了大量培训和交流工作，并作为国家、地方、科研部门和企业的一项经常性的工作，培训数万人次。

1993年经劳动部和农业部批准，在饲料加工业中，对饲料原料清理上料工、饲料粉碎机工、饲料厂中心控制台操作工、饲料制粒工、饲料加工设备维修工、饲料检化验员六工种，实施工人技术等级标准管理制度。以上六工种必须经过专业培训合格并经职业技能鉴定站鉴定合格持双证方能上岗。为此，制订了六工种工人技术等级标准和职业技能鉴定规范。1998年完成了六工种职业培训教材的编写、出版发行工作。1997年成立了农业部饲料工业职业技能鉴定指导站，挂靠在中国饲料工业协会。1998年完成了在各省、自治区、直辖市和计划单列市职业技能鉴定站的建站工作。培训了437名考证员，聘请了8名职业技能鉴定质量督导员，把饲料加工行业的全员培训和社会就业人员的择业工作纳入了规范化的管理轨道。农业部和各省区市职业技能鉴定站见表9。

撰稿人：胡广东

表9：全国饲料工业职业技能鉴定站一览表

表 8 全国饲料工业行业科研单位一览表（按单位属地划分）

单位名称	通信地址	邮政编码	电话
中国农科院饲料研究所	北京市海淀区中关村南大街 12 号	100081	010-68919811
国家饲料质量监督检验中心（北京）	北京市海淀区中关村南大街 12 号	100081	010-62186530
农业部饲料工业中心	北京市海淀区圆明园西路 2 号	100094	010-62632776
国内贸易部科研院饲料研究设计所	北京市西城区百万庄大街 11 号	100037	010-68319265
北京市饲料科学技术研究所	北京市右安门外东滨河路 64 号	100054	010-63538279
中国农业大学饲料工业研究所	北京市清华东路农达东区 154#	100083	010-62336925
农业部规划设计院农业工程研究所	北京市朝阳区农展馆南里 11 号	100026	010-65005388
中国水产科学研究院	北京市丰台区永定路南塔村 150 号	100039	010-68214422
北京市华都牧工商设计院	北京市西直门外上园村甲 3 号正门	100044	010-62251093
北京申达矿物饲料研究所	北京市东四块玉南街 31 号训练基地 502 室	100061	010-67117286
北京水产科学研究所	北京市永定门外天津庄 90 号	100075	010-67226688
中国科学院空间中心	北京市中关村南二条 1 号	100080	010-62559944
北京市康达营养保健工程研究所	北京市海淀区芙蓉里 42 号	100080	010-62568687
北京市农林科学院畜牧兽医研究所	北京市海淀区板井村	100081	010-68416644

表 8（续）

单位名称	通信地址	邮政编码	电话
中国农机科研院畜禽机械研究所	北京市德外北沙滩 1 号	100083	010-62017131
北京市农业机械研究所	北京市德外西三旗	100085	010-62913388
中国农业科学院畜牧研究所	北京市海淀区马连洼	100094	010-62851177
中国兽药监察所	北京市海淀区中关村南大街 12 号	100081	010-62178844
中国酿酒工业协会	北京市阜外大街乙 22 号	100833	010-68396644
化工部北京化工设计研究院	北京市和平街北口	100013	010-64216131
国内贸易部科学研究院	北京市西城区百万庄大街 11 号	100037	010-68363548
天津市水产研究所	天津市河西区解放南路 442 号	300221	022-23312084
天津市兽药监察所	天津市解放南路 423 号	300210	022-28301372
石家庄市饲料研究所	石家庄市石纺路义西街副 5 号	050041	0311-6827419
唐山市电子电器控制研究所	唐山市卫国北路 26 号	063000	0315-3270384
河北省水产研究所	秦皇岛市东山街	066002	0335-3031541
河北省畜牧兽医研究所	保定市东关大街 70 号	071000	0312-2122050

表 8（续）

单位名称	通信地址	邮政编码	电话
山西省水产科学研究所	太原市平阳路 28 号	030006	0351-7040857
山西省农科院特种鱼类研究所	太原市坞城路 4 号	030006	0351-7072070
山西省农业机械化科学研究所	太原市南郊黄陵路 1 号	030031	0351-7042824
内蒙古农牧业机械化研究所	呼和浩特市昭乌达路 6 号	010020	0471-6911332
内蒙古畜牧科学院	呼和浩特市鄂尔多斯路	010030	0471-6935512
机械部呼和浩特畜牧机械研究所	呼和浩特市昭乌达路 506 号	010010	0471-4962211
内蒙古水产科学研究所	呼和浩特市石羊桥西路	010031	0471-6972544
辽宁省饲料研究所	锦州市云飞路安和里 14 号楼	121000	0416-3128270
辽宁省兽药饲料监察所	沈阳市沈河区小南街 281 号	110015	024-4180129
辽宁省农牧业机械研究所	沈阳市皇姑区岐山中路 1 号	110032	024-6853186
辽宁省农业机械化研究所	沈阳市东陵区马官桥	110161	024-9842215
辽宁省畜牧兽医科学研究所	辽阳市南驻路 11 号	111000	024-9823021
辽宁省淡水水产研究所	辽阳市卫国路 103 号	111000	024-9825689

表 8（续）

单 位 名 称	通 信 地 址	邮政编码	电 话
大连市水产研究所	大连市傅家庄 267 号	116013	0411-2802212
大连市畜牧兽医研究所	大连市沙区西山村北甸子	116021	0411-4642915
吉林省水产科学研究所	长春市斯大林大街 58 号	130051	0431-8527670
吉林省农业科学院畜牧科学分院	公主岭市东兴华街 186 号	136100	0434-6215179
黑龙江省饲料工业研究所	哈尔滨市香坊区建北街 26 号	150030	0451-5306366
黑龙江省农机院畜禽机械研究所	哈尔滨市哈平路 3 公里	150040	0451-6666416
国内贸易部饲料质量监督检验测试中心（哈尔滨）	哈尔滨市康安路 4 号	150070	04514301512
黑龙江省畜牧研究所	齐齐哈尔市富拉尔基区	161041	0452-2586431
黑龙江省兽药饲料监察所	哈尔滨市先锋路花园小区 6 号楼	150009	0451-2315973
上海市农科院畜牧兽医研究所	上海市斜土路 2451 号	200030	021-64383161
上海交通大学自动化研究所	上海市华山路 1954 号	200030	021-62820820

表 8（续）

单位名称	通信地址	邮政编码	电话
中国水科院东海水产研究所	上海市军工路 300 号	200090	021-65434690
中国水科院渔业机械仪器研究所	上海市赤峰路 63 号	200092	021-65027260
上海市水产研究所	上海市佳木斯路 265 号	200433	021-65483215
上海市饲料质量监督检验站	上海市老沪闵路 777 弄 29 号	200237	021-64772738
江苏省农科院电脑研制室	南京市孝陵卫	210014	025-4436784
江苏省农科院畜牧兽医研究所	南京市孝陵卫	210014	025-4436749
江苏省农科院饲料食品研究所	南京市孝陵卫	210014	025-4436722
江苏省淡水水产研究所	南京市水西门外茶亭东街 79 号	210017	025-6618499
化工部化机院通用机电设备研究所	南京市宁海路 125-6 号	210024	025-6637058
中国水科院淡水渔业研究中心	无锡市宝界桥	214081	0510-601424
江苏省微生物研究所	无锡市荣巷	214063	0510-6767261
国内贸易部无锡科学研究院	无锡市通惠河路 186 号	214035	0510-5804426

表 8（续）

单位名称	通信地址	邮政编码	电话
浙江省农科院畜牧兽医研究所	杭州市石桥路 48 号	310021	0571-5041200
浙江省海洋水产研究所	舟山市普陀区沈家门镇	316100	0580-2023095
安徽省合肥育才节能技术开发研究所	合肥市铜陵路杨老岗 39 号	230011	0551-4483223
安徽省农科院畜牧兽医研究所	合肥市四里河	230031	0551-2642233
安徽省农科院水产研究所	合肥市四里河	230031	0551-2642233
福建省淡水水产研究所	福州市西门外长春铺	350002	0591-3714212
福建省农科院畜牧兽医研究所	福州市埔挡	350013	0591-7577856
福建省水产研究所	厦门市渡海山路 7 号	361012	0592-6023066
厦门市农业科学研究所	厦门市开元区洪山柄	361009	0592-5058360
江西省农业机械研究所	南昌市庐山北大道枫林	330044	0791-3017140
江西省水产科学研究所	南昌市塘山叶楼	330039	0791-6331682
江西省农科院畜牧兽医研究所	南昌县横岗	330200	0791-5741491

表 8（续）

单位名称	通信地址	邮政编码	电话
山东省农科院畜牧兽医研究所	济南市东郊	250010	0531-5943721
山东省饲料监察所	济南市槐村街 68 号	250022	0531-7953474
山东省海洋水产研究所	烟台市南大街 122 号	264000	0535-6243853
山东省海水养殖研究所	青岛市贵州路 47 号	266002	0532-2864701
青岛市农业机械科学研究所	青岛市华阳路 45 号	266021	0532-3834149
中国水科院渔业工程研究所	青岛市南京路 108 号	266071	0532-362958
青岛市畜牧研究所	青岛市李沧区夏庄路 13 号	266100	05327895064
中国水科院黄海水产研究所	青岛市莱阳路 19 号	266603	0532-8266650
济宁市生物化学研究所	济宁市环城北路 14 号	272137	0537-2212309
山东省科学院生物研究所	济南市科院路	250014	0531-6947228
化工部饲料添加剂技术开发服务中心	济南市文化东路 80 号	250014	0531-2963701
河南省农业科学院畜牧兽医研究所	郑州市农业路 1 号	450002	0371-5721213
河南省饲料产品质量监督检验站	郑州市经五路 23 号	450003	0371-5955234
国内贸易部郑州科学研究设计院	郑州市南阳路 153 号	450053	0371-3931165

表 8（续）

单 位 名 称	通 信 地 址	邮政编码	电　　话
湖北省水产科学研究所	武汉市武昌东湖路 18 号	430071	027-7813678
中国科学院水库渔业研究所	武汉市武昌卓刀泉小何村 86 号	430073	027-7803022
湖北省农科院畜牧兽医研究所	武昌县金水闸	430209	027-7982611
中国水科院长江水产研究所	荆沙市北京路 106 号	434000	0716-8220987
单 位 名 称	通 信 地 址	邮政编码	电　　话
内贸部饲料工业技术开发中心	武汉市卓刀泉南路 3 号	430070	027-87803772
湖南省微生物研究所	长沙市新开铺 81 号	410009	0731-635334
湖南省畜牧兽医研究所	长沙市东郊泉塘	410131	0731-4418816
湖南省水产研究所	沅江市	413100	0737-7221670
广东省微生物研究所	广州市先烈中路 100 号	510070	020-87668123
广东省饲料监察所	广州市海珠区素社五巷 30 号	510230	020-84412096
中国水科院南海水产研究所	广州市新港西路 231 号	510300	020-84451246
中国水科院珠江水产研究所	广州市白鹤洞	510380	020-81501543

表 8（续）

单位名称	通信地址	邮政编码	电话
广东省家禽研究所	广州市白云区石井镇	510430	020-86628752
广东省农业机械研究所	广州市石牌五山路 261 号	510630	020-85516437
广东省农科院畜牧研究所	广州市五山路	510650	020-87596573
广东省饲料产品质量监督检验站	佛山市城门头西 3 号	528000	0757-3332615
广西壮族自治区畜牧研究所	南宁市邕武路 24 号	530001	0771-2806199
广西壮族自治区水产研究所	南宁市青山路 8 号	530021	0771-2807558
广西壮族自治区化工研究院	南宁市望州路北二里 7 号	530001	0771-3835360
海南省食品科学研究所	海口市昆南路	570000	0898-8657055
海南省水产研究所	海口市海秀路 2 号	570005	0898-6251786
海南省畜牧兽医研究所	琼山县旧丹镇	571147	0898-4627844
海南省兽药饲料监察所	海口市海府横路 1 号	570203	0898-5340947
四川省饲料产品质量监督检验二站	成都市武侯祠大街 4 号	610041	028-5583643

表 8（续）

单位名称	通信地址	邮政编码	电话
四川省农业机械研究设计院	成都市二环路东四段牛沙便道	610066	028-4444124
四川省地矿局矿产研究所	成都市一环路北二段 1 号	610081	028-3332387
重庆市畜牧兽医科学研究所	重庆市石桥铺	630039	0811-812389
重庆市水产研究所	重庆市长寿县狮子滩镇	631248	0811-7844951
贵州兴压生物工程研究中心	贵阳市中山东路 48 号 G 栋边三楼	550001	0851-5869087
贵州省畜牧兽医科学研究所	贵阳市龙洞堡	550005	0851-5826451
贵州省水产研究所	贵阳市花溪区	550025	0851-5851910
贵州省兽药监察所	贵阳市贵惠路 43 号	550003	C851-5817420
云南省水产研究所	昆明市滇池路水产大院	650034	0871-5317747
云南省畜牧兽医科学研究所	昆明市金殿	650224	0371-5152055
农业部饲料产品质量监督检验测试中心	西安市北关龙首村	710016	029-6254586

表 8（续）

单位名称	通信地址	邮政编码	电话
陕西省水产研究所	西安市三桥	710086	029-4511709
甘肃省饲料研究所	兰州市中山路 163 号	730030	0931-2346327
中国农科院兰州畜牧研究所	兰州市硷沟沿 22 号	730050	0931-8836921
甘肃省水产科学研究所	永靖县刘家峡	731600	09402-222856
甘肃省畜牧兽医研究所	平凉市盘旋东路 39 号	744000	
青海省饲料监察站	西宁市胜利路 44 号	810001	0971-6153642
青海省畜牧兽医科学院	西宁市宁张路 18 号	810016	0971-6140119
宁夏回族自治区水产研究所	银川市北环西路水产巷	750001	0951-5024461
宁夏农科院畜牧兽医研究所	银川市罗家庄	750002	0951-5026934
宁夏兽药饲料检测所	银川市郊区银新乡丰登村	750002	0951-5044864
新疆畜牧科学院畜牧研究所	乌鲁木齐市克拉玛依东路 21 号	830000	0991-4812016

表 8（续）

单位名称	通信地址	邮政编码	电话
新疆农垦科学院农机研究所	石河子市	832000	0993-2010274
新疆农科院微生物研究所	乌鲁木齐市南昌路	830000	0991-8520311
新疆粮油科学研究所	乌鲁木齐市新华北路 78 号	830002	0991-2819706
新疆机械研究所	乌鲁木齐市北京北路	830011	0991-3838530
新疆兽药饲料监察所	乌鲁木齐市克拉玛依东路 20 号	830063	0991-4814000

供稿人：胡广东

表 9 全国饲料工业职业技能鉴定站一览表

省　　份	鉴定站编号	通 信 地 址	邮政编码	联系电话
农业部饲料工业职业技能鉴定指导站		北京市朝阳区麦子店街 20 号楼	100026	010-64194582
北京市饲料工业职业技能鉴定站	农业 022	北京市宣武区南菜园 49 号	100054	010-63543914
天津市饲料工业职业技能鉴定站	农业 025	天津市和平区解放北路 108 号	300040	022-23312859
河北省饲料工业职业技能鉴定站	农业 035	石家庄市裕华东路 216 号	050011	0311-6682941
山西省饲料工业职业技能鉴定站	农业 037	太原市迎泽大街 312 号	030001	0351-4129732
辽宁省饲料工业职业技能鉴定站	农业 044	沈阳市太原北街 2 号	110001	024-22825151
吉林省饲料工业职业技能鉴定站	农业 183	长春市新发路 11 号	130051	0431-8904551
黑龙江省饲料工业职业技能鉴定站	农业 050	哈尔滨市和平路 70 号	150040	0451-2627420
上海市饲料工业职业技能鉴定站	农业 023	上海市山东中路 337 号 803	200001	021-63515937
江苏省饲料工业职业技能鉴定站	农业 056	南京市北京西路 70 号计经委西大楼	210013	025-6631741
浙江省饲料工业职业技能鉴定站	农业 193	杭州市省府大楼计经委	310025	0571-7057297
福建省饲料工业职业技能鉴定站	农业 069	福州市湖东路 78 号	350003	0591-7846601
江西省饲料工业职业技能鉴定站	农业 197	南昌市江西省农业厅老楼三楼	330046	0791-6200654
山东省饲料工业职业技能鉴定站	农业 203	济南市槐树街 68 号	250022	0531-7103442

表 9（续）

省　　份	鉴定站编号	通 信 地 址	邮政编码	联系电话
湖北省饲料工业职业技能鉴定站	农业 083	武汉市武珞路 519 号	430070	027-87876982
省　　份	鉴定站编号	通 信 地 址	邮政编码	联系电话
湖南省饲料工业职业技能鉴定站	农业 085	长沙市韶山北路 84 号	410011	0731-4403351
广东省饲料工业职业技能鉴定站	农业 090	广州市小北路 113 号 7 楼	510045	020-83546233
广西区饲料工业职业技能鉴定站	农业 095	南宁市七星路 135 号	530022	0771-2800023
四川省饲料工业职业技能鉴定站	农业 104	成都市武侯祠大街 4 号	610041	028-5545641
重庆市饲料工业职业技能鉴定站	农业 028	重庆市渝中区人民路 283-2 号	400015	023-67725271
贵州省饲料工业职业技能鉴定站	农业 215	贵阳市西湖路 8 号	550002	0851-5892161
陕西省饲料工业职业技能鉴定站	农业 110	西安市习武园 11 号	710003	029-7321764
甘肃省饲料工业职业技能鉴定站	农业 219 号	兰州市泰安路 1 号	730030	0931-8838380
新疆区饲料工业职业技能鉴定站	农业 220 号	乌鲁木齐市新华南路 23 号	830001	0991-2837160
青岛市饲料工业职业技能鉴定站	农业 076	青岛市延安一路 31 号	266023	0532-2738803

饲料工业标准化及产品质量控制

【饲料工业标准化工作】

标准化工作是一项涉及生产、经营、使用和管理等多方面的工作。众所周知，质量是企业的生命，企业生产产品的依据是标准，国家一再强调，企业不得“无标”生产。特别是在市场经济条件下，标准化工作对规范市场更显示出重要作用。为了发展社会主义商品经济，促进技术进步，改进产品质量，提高社会经济效益，维护国家和人民的利益，标准化工作一定要适应社会主义现代化建设和发展对外经济关系的需要。

标准化工作的主要任务是制定、修订标准、组织实施标准和对标准的实施进行监督。标准化工作已纳入国民经济和社会发展计划。

1. 我国饲料工业标准等级和性质

（1）标准的等级

全国饲料工业标准分为四级：国家标准、行业标准、地方标准和企业标准。对需要在全国范围内统一的技术要求，应当制定国家标准，国家标准由国务院标准化行政主管部门制定，如《饲料标签》标准和《饲料卫生标准》等。对没有国家标准而又需要在全国某个行业范围内统一的技术要求，可以制定行业标准，行业标准由国务院有关行政主管部门制定，并报国务院标准化行政主管部门备案，如国家医药管理局颁发的YY0037－91《饲料添加剂维生素预混料通则》等。在公布国家标准之后，该项行业标准即行废止。对没有国家标准和行业标准而又需要在省、自治区和直辖市范围内统一的工业产品的安全、卫生要求，可以制定地方标准，如辽宁省制定的《淡水鱼类配合饲料卫生标准》等。地方标准由省、自治区、直辖市标准化行政主管部门制定、并报国务院标准化行政主管部门和国务院有关行政主管部门备案，在公布国家标准和行业标准之后，该项地方标准即行废止。企业生产的产品没有国家标准和行业标准的，应当制定企业标准作为组织生产的依据。企业的产品标准须报当地政府标准化行政主管部门备案。已有国家标准或行业标准的，国家鼓励企业制定严于国家标准或行业标准的企业标准，在企业内部适用。目前由于饲料产品标准已调整为推荐性标准，所以许多厂家生产的饲料产品都采用企业标准。

（2）标准的性质

国家标准和行业标准按其性质又分为强制性标准和推荐性标准。保障人体健康，人身、财产安全的标准和法律、行政法规规定强制执行的标准是强制性标准，如《饲料标签》标准、《饲料卫生标准》和部分饲料添加剂标准；其他标准是推荐性标准，如饲料原料标准、检验方法标准和大部分饲料添加剂标准等；省、自治区、直辖市标准化行政主管部门制定的工业产品的安全、卫生要求的地方标准，在本行政区域内是强制性标准。

2. 饲料工业标准化技术委员会

（1）全国饲料工业标准化技术委员会

为了加强饲料工业标准化工作，1986年经国务院标准化行政主管部门（原国家标准局，1988年改为国家技术监督局，1998年改为国家质量技术监督局）批准，成立了全国饲料工业标准化技术委员会（以下简称“全国饲标委”），并直属国家质量技术监督局领导，标委会秘书处设在中国饲料工业协会。第一届全国饲标委由科研、大专院校、企业以及管理和监督部门的29名专家组成。1996年全国饲标委换届，适应市场经济发展的需要，第二届全国饲标委吸收了部分大中型企业参加，作为单位委员。第二届饲标委委员共63名，其中单位委员28名。后来委员又进行了部分调整，至1998年委员共71名，其中单位委员31名，详见附录。

由于饲料工业的发展，饲料工业标准的制定修订、宣贯实施和咨询服务工作量越来越大，因此，全国饲标委于1998年成立了《水产饲料标准协作组》、《饲料机械标准协作组》和《饲料工业法律咨询组》以加大饲料工业标准的制定修订、宣贯实施和咨询服务力度。

根据国家技术监督局发布的《全国专业标准化技术委员会章程》有关规定，全国饲标委在1996年修改《全国饲料工业标准化技术委员会章程》时，于章程的第五至第十五条对其任务作了相应规定。主要是遵循国家有关方针政策提出饲料工业标准化工作方针、政策和技术措施的建议；提出制定修订国家标准和行业标准的规划和年度计划建议；组织或协助组织饲料工业国家标准和行业标准的制定修订和计划落实；标准审查、复审；以及标准的宣贯解释、咨询服务、技术培训和参加国际饲料工业标准化组织的活动等等。

（2）地方饲料工业标准化技术委员会

随着饲料工业的发展，特别是市场经济的发展，饲料工业标准化工作量越来越大，一些省、直辖市在标准化行政主管部门和饲料行业主管部门的领导下，成立了地方饲料工业标准化技术委员会（下称“地方饲标委”）。已成立饲标委的省市有：黑龙江、辽宁、江苏、上海、江西、湖南、湖北、河南、四川。地方饲标委的成立对饲料标准的宣贯、制定、修订和咨询服务起了有力的促进作用。特别是在《饲料标签》标准和《饲料卫生标准》的宣贯、提高产品质量和规范市场方面做出了很大贡献。

3．饲料工业标准制定、修订、宣贯和实施情况

全国饲标委成立后，本着饲料工业标准统一归口的原则，重点抓了饲料工业国家标准的立项、制定修订和宣贯工作，并对国家各有关部门制定的饲料工业行业标准进行归口审查。

经全国饲标委审查后由国务院标准化行政主管部门发布的国家标准和有关行政主管部门发布的行业标准共207项，其中国家标准70项，行业标准137项。国家标准中有9项是强制性标准，其余为推荐性标准。9项强制性标准中，有两项是基础性标准（《饲料标签》标准和《饲料卫生标准》），其余7项是饲料添加剂标准。

1993年以前公布的饲料工业标准多数为强制性标准，1993年国家技术监督局对标准进行了清理整顿，为适应市场经济的需要，把一些强制性标准调整为推荐性标准，并有一些国家标准调整为行业标准。调整后的国家标准、行业标准由各有关部门进行转化和复审、修订，从而更有利于市场经济发展。饲料工业标准调整的主要方面是把原来作为强制性标准的《饲料工业通用术语》标准、饲料原料标准、产品标准、检测方法标准和大部分饲料添加剂标准都已调整为推荐性标准。然而，这些推荐性标准一经被强制性标准所引用，则成为强制性标准的一部分，仍有其强制性作用。

全国饲标委在国家质量技术监督局、全国饲料工业办公室和中国饲料工业协会的领导和支持下，对一些基础性的饲料工业强制性国家标准《饲料标签》标准和《饲料卫生标准》进行了全国性宣贯，大大地促进了这些标准的实施。近年来，国家质量技术监督局、全国饲料工业办公室和中国饲料工业协会在标准的制定修订方面给予大力支持，加大了制定修订力度。1997年饲料工业国家标准制定修订批准15项计划，1998年批准9项。

对于饲料工业标准化工作，不但标委会委员积极参与其标准的制定修订，而且其他有关专家、地方饲标委，都积极参与此项工作。因此，近年标准审查量逐步显著增加。1996年，全国饲标委年会审查国家标准和行业标准4项，1997审查11项，1998年审查22项。地方饲标委为加强地方饲料工业管理也相应制订了一些地方饲料工业标准，如辽宁的《淡水鱼类配合饲料卫生标准》等，这些标准对指导地方饲料工业生产、经营和管理起了有效作用，如辽宁省过去每年有多起水产饲料质量纠纷，其有关地方饲料工业标准颁发后，明显减少，并且在质量判定时有标准可依。

饲料工业标准工作方面目前存在的主要问题是：制定修订力度不够，特别是标准覆盖面不够；标准宣贯和实施力度不够；标准监督检查力度不够。国家质量技术监督局和全国饲料工业办公室等政府部门、中国饲料工业协会、企事业单位和各方面有关专家都很重视饲料工业标准化工作，从经费和人力等各方面给予大力支持，全国饲标委从组织方面成立了前述两个标准协作组和法律咨询服务组，从而促进了饲料工业标准化的进展。

4.《饲料标签》标准和《饲料卫生标准》

《饲料标签》标准和《饲料卫生标准》是两项基础性的饲料工业强制性国家标准，自颁发实施后，在饲料行业的生产、经营和管理等方面起了重大作用。

（1）《饲料标签》标准制定修订和实施情况

为了加强对商品饲料的管理，于1989年国家技术监督局颁布了GB10648－89《饲料标签》标准，根据市场经济发展的需要，对其进行了修订，于1993年2月15日颁发了GB10648－93《饲料标签》标准。该标准于1993年9月1日开始实施。根据当时饲料工业的具体情况经请示国家技术监督局，在此标准实施的前期，侧重于标准的宣贯，于1993年8月由国家技术监督局、全国饲料工业办公室、中国饲料工业协会和全国饲标委组织在广西举办了一次全国性《饲料标签》标准宣贯工作会。在此基础上，全国饲标委组织专家编写了《关于实施饲料标签标准的若干说明》（下称“若干说明”），由国家技术监督局标准化司和中国饲料工业协会于1994年1月联合发文，即标函（1994）012号《关于宣传贯彻饲料标签标准的通知》，要求各地有关单位要把宣传贯彻《饲料标签》标准作为一项重点工作来抓。同时下发“若干说明”。于1994年3月和5月在全国又分为南方片和北方片进行宣贯，组织各省、自治区、直辖市、计划单列市饲料工业办公室、协会和大中型企业及监督和检测部门的负责人参加培训。会后，各省区市又在本区域内举办宣贯培训。这样《饲料标签》标准经过宣贯在全国饲料行业内很快进入实施阶段。至1998年全国大中型饲料生产企业基本上都已执行《饲料标签》标准。在几年的宣贯和实施过程中发现该标准有些条款尚不完善、要求不明确、执行时有困难，因此经国家技术监督局批准对《饲料标签》标准进行修订，在1998年全国饲标委年会上已审查通过，现处于报批阶段。

（2）《饲料卫生标准》

国家技术监督局于1991年7月16日颁布了《饲料卫生标准》，作为强制性国家标准执行。为加大此标准宣贯力度，全国饲标委与国家饲料产品质量监督检验测试中心（武汉）组织饲料厂家进行了培训和宣贯，各地有关部门也进行了培训和宣贯，现在全国大中型饲料厂基本上都已贯彻和实施。由于此标准的宣贯和实施，对提高饲料产品质量、保证动物和人身健康与安全起了重大作用。

然而，此标准在实施过程中反映出还存在一些不能满足饲料工业发展需要之处：此标准只涉及猪、鸡两种动物，饲料品种只涉及到某些饲料原料和猪、鸡配合饲料，有毒有害物质只涉及到 16 种，因此其覆盖面与饲料生产和市场管理需要不相适应，特别是一些质量纠纷难以判定。于是经国家技术监督局批准于 1997 年和 1998 年列入修订计划，从动物种类、饲料种类和有毒有害物质几方面，加大了覆盖面。此标准有关项目将于近年陆续审查发布。

根据市场经济发展的需要，饲料工业标准工作的重点将放在《饲料标签》标准和《饲料卫生标准》以及陆续颁布的其他基础性、通用性标准的制定修订和宣贯实施。饲料产品方面的国家标准和行业标准已调整为推荐性标准，因此，饲料产品质量应在满足《饲料卫生标准》要求，正确使用国家公布允许使用的饲料添加剂，同时考虑到对环境影响的前提下，根据市场和生产的需要确定营养等方面的指标，按照所执行的标准生产适销对路的产品。商品饲料必须执行《饲料标签》标准，标签上标示的产品成分分析保证值必须与所执行的产品标准相一致。只有这样才能提高饲料产品质量、提高企业经济效益和社会效益，更好地规范市场。

撰稿人：牟永义

【饲料产品质量监督检测】

20 世纪 90 年代以来，我国饲料工业取得了很快的发展，初步形成了具有中国特色的饲料工业体系。随着饲料工业产品产量的增加，饲料产品质量也逐年提高，特别是 1993 年“中华人民共和国产品质量法”的贯彻与实施，和 1997 年“质量振兴纲要”的发布，从中央到地方加强了产品质量监督力度，饲料监测体系建设初具规模，检验水平不断提高；生产企业的质理意识普遍增强，严格内部管理，对提高产品质量，促进饲料工业健康稳定发展起了重要作用。

1. 饲料监测体系初具规模

在国家质量技术监督局、农业部行政主管部门的重视和支持下，全国饲料监测体系已初具规模，具备了基本的检测手段，为饲料产品的质量控制和监督检测提供了保证。到目前为止，已在全国建成国家级饲料质检中心(北京、武汉)2 个、部级饲料质检中心(沈阳、西安、济南、成都、呼和浩特、广州、)6 个和 36 个省级饲料监察所，40 个市级，200 个地、县级饲料质检站。一个以国家级饲料质量监督检验中心为龙头，部级质检中心和省级饲料监察所为骨干，地、市、县级饲料质检站为基础的饲料检测网络已初步形成，1991－1998 年各级政府主管部门对饲料监测体系的建设在人力、财力方面给予了较大的投入，饲料监测体系初具规模。

国家级、省所(站)从事饲料质检工作的总人数达到 800 多人，大专以上学历 600 人，中高级职称达 500 人，加强了检测队伍的技术力量。1991－1998 年行业主管部门拨款用于仪器设备更新 1600 万元，地方政府部门拨款 1800 万元，质检中心，所(站)自筹资金 1000 万元。目前该体系已拥有高效液相色谱仪，气相色谱仪，气质联用，氨基酸分析仪，荧光、紫外、原子吸收分光光度仪等万元以上大型精密仪器 320 台件，常规分析仪器设备 750 台件。能承担氨基酸、维生素、微量元素、有毒有害物质、酶制剂、防腐剂、抗氧化剂、香味剂及饲料药物添加剂等 100 多个项目的检测。国家级、部级质检中心、省所还分别承担了“八五”国家科技攻关任务，开展了饲料中常规项目、有毒有害物质快速检测和防霉剂、霉菌毒素检测新方法研究。“九五”期间承担预混饲料检测技术研究，为饲料工业产品质量控制提供了检测依据。该体系于 1995 年成立了全国饲料质量管理信息网协作组，有 42 个省、自治区、直辖市检测中心、所、站参加，统一了“质量手册”，开展了实验室检测能力比对考核；并举办 8 次检测方法和质量管理培训班，近千人次参加，提高了人员素质，使检测体系的检验水平不断提高，为把质检单位建成“产品质量评价中心”、“服务中心”、“信息中心”、“人才培训中心”迈向了新的阶段，对保证饲料产品质量监督工作打下了很好的技术基础。

2. 加强饲料产品质量监督

我国的饲料工业是新兴行业，一开始，就得到国家政策上的支持，因此发展很快，饲料生产企业在短短几年就形成相当规模，目前总量已达到 6873 万吨，其中配合饲料 5553 万吨，浓缩饲料 1079 万吨。国家和地方技术监督部门加强了对该产品监督和管理，使饲料产品质 量逐年有所提高。历年国家抽查的情况见表 1。

1991－1999 年配合饲料产品质量基本稳定：在 1987 年第一次饲料产品质量国家监督抽查中，抽样合格率仅为 20%，其中猪配合饲料抽样合格率为 0，鸡配合饲料抽样合格率为 32.1%；1990 年第一次猪、鸡配合饲料产品质量全国统检，抽样合格率为 59.7%，其中猪配合饲料抽样合格率为 50.7%，鸡配合饲料抽样合格率为 66.9%。1991 年以来，随着经济体制改革的不断深入，计划经济体制逐渐向市场经济体制转变，全国粮食市场和价格全面放开，原料价格不断上涨，给饲料工业的发展带来不少困难。尽管如此，1995 年全国第二次统检，对 28 个省、自治区、直辖市 2100 家企业生产的 2638

批次产品抽查，其合格率仍保持在62.0%，比1990年统检提高了2.3个百分点，其中猪配合饲料合格率为58.1%，提高了7.4个百分点，鸡配合饲料合格率基本持平。1998年全国配合饲料第三次统检，抽查1022个企业，1325批产品，合格1188批，合格率89.7%，比1995年提高27.7个百分点。猪配合饲料合格率89.8%，比1995年提高31.7个百分点，鸡配合饲料合格率为89.1%，比1995年提高23个百分点。在全国饲料行业不景气的情况下，饲料产品质量保持较好水平，使产品质量状况处于稳定水平，见图1配合饲料质量情况。1998年全国饲料统检情况见表2。

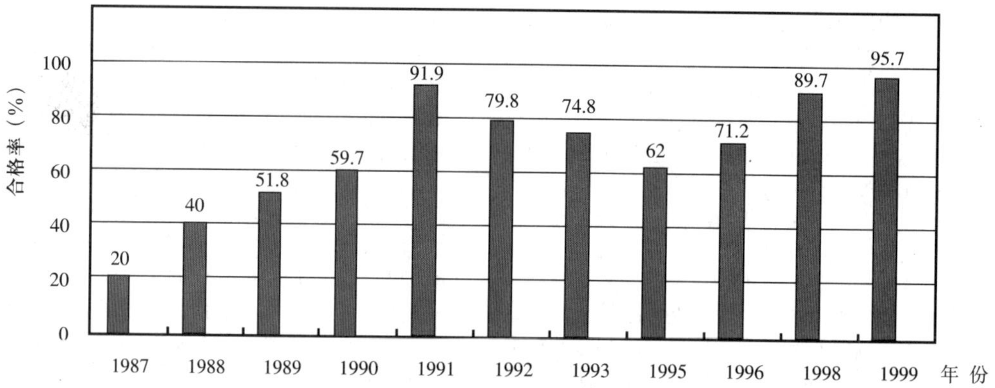

图1 1987—1999年全国配合饲料质量情况

表1 1991—1998年国家抽查的情况

年 度	配合饲料合格率				添加剂及预混料（%）	原料鱼粉（%）	备 注
	总合格率（%）	猪 料（%）	鸡 料（%）	鸭 料（%）			
1991	91.9	86.0	97.9				仅营养指标
1992	79.8	69.8	86.9		75.0	67.7	
1993	71.9		68.6	77.3			（二季度）
	75.6	73.3	76.7				（四季度）
1994					85.0	43.2	
1995	62.0	58.1	66.1		77.5		全国统检
1996				71.2			（一季度）
1997					61.8（浓缩料）		（三季度）
1998	89.7	89.8	89.1	88.9			全国统检
1999	95.7	94.1	97.7		92.1		抽检

表2 1998年全国饲料统一监督抽查合格率统计

	抽查企业数	合格企业数	企业合格率	抽查产品数	合格产品数	产品合格率
北京	28	26	92.86	28	26	92.86
天津	5	5	100.00	5	5	100.00
上海	40	31	77.50	47	38	80.85
重庆				55	53	96.36
黑龙江	30	20	66.67	30	23	76.67
辽宁	32	31	96.88	32	31	96.88

表 2（续）

	抽查企业数	合格企业数	企业合格率	抽查产品数	合格产品数	产品合格率
吉林	17	16	94.12	17	15	88.24
内蒙	12	11	91.67	12	11	91.67
河北	53	53	100.00	66	66	100.00
山西	24	17	70.80	25	18	72.00
山东	44	44	100.00	50	50	100.00
河南	56	49	87.50	56	49	87.50
江苏	39	39	100.00	39	39	100.00
浙江	49	39	79.59	49	39	79.59
福建	12	12	100.00	12	12	100.00
湖南	10	9	90.00	10	9	90.00
湖北	52	44	84.62	53	44	83.02
江西	15	14	93.30	15	14	93.30
安徽	39	33	84.62	45	39	86.67
广东	83	79	95.18	83	79	95.18
广西	135	117	86.70	253	231	91.30
海南	5	5	100.00	5	5	100.00
云南				101	76	75.25
贵州				19	15	78.95
四川	167	132	79.04	125	117	93.60
陕西	36	30	83.30	41	35	85.40
甘肃	5	5	100.00	7	7	100.00
宁夏	7	6	85.71	7	6	85.71
青海	7	5	71.43	7	5	71.43
新疆	20	20	100.00	31	31	100.00
	1022	892	87.28	1325	1188	89.66

注：四川企业数含重庆、云南、贵州。

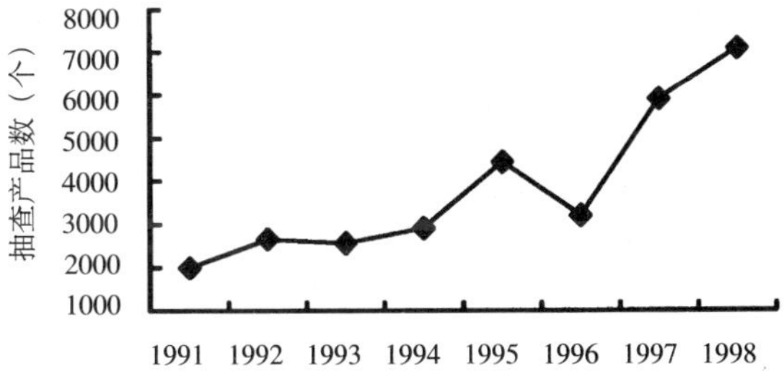

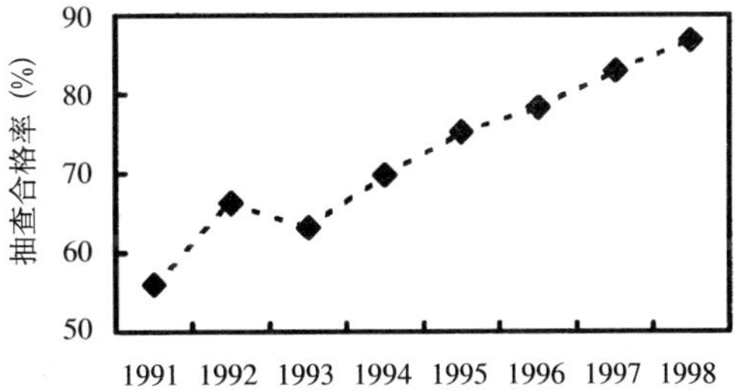

图 2　全国 45 省、市监督检验数与合格率

1991—1999 年全国饲料产品质量显著提高：产品质量监督是依据国家有关产品质量的法律、法规和技术标准，对产品质量和产品生产、销售活动实施监督管理的一种政府行为。产品质量国家统一监督检查，地方定期监督检查，市场饲料质量监督检查和近几年打击制售假冒伪劣产品的违法行为，

对提高饲料产品质量，净化市场，保护用户、消费者的合法权益，对建立社会主义市场经济体制和促进饲料工业的发展起到了重要作用。自 1991 年至 1998 年以来据全国 45 个省、自治区，直辖市饲料质检中心，所、(站)统计，检查饲料产品的数量逐年增加，合格率逐年提高(见表 2)，其监督性检验(包括许可证)由 2000 批次增加至 7100 批次，平均合格率 1991 年为 56%，1998 年为 86.8%，8 年提高了 30.8 个百分点。委托性检验由 8100 批次增至 20000 批次，增加了 2.5 倍，说明企业重视饲料原料和饲料产品质量，产品质量意识增强。仲裁性检验(包括打假、投诉)由 50 批次增加至 800 批次，说明饲料产品质量仍存在一些问题。

从历年产品抽查结果和统验情况，综合看饲料工业情况，具有一定规摸的企业不到三分之一，其中大型企业和三资企业抽样合格率在 90%以上。这些企业是我国饲料产品生产行业的骨干，虽然数量少，仅占每次统检受检企业的 30%，但其年产量近 2000 万吨，占整个行业总产量的近 40%。检验结果显示，这些大型企业的抽样合格率比全国平均抽样合格率高 5 个百分点，其产品质量对整个行业质量的稳定起到了良好的作用。这些企业生产设备先进，实验室检验手段完善，技术力量雄厚，有完善的质量管理制度和质量保证体系，为市场提供了大量优质、合格的饲料产品，有效地保障了我国畜牧业养殖业的良好发展。

面临饲料市场的激烈竞争，提高产品质量仍然是首要问题，特别是一些中小型企业产品质量问题比较多；浓缩饲料质量较差；企业标准低于国家标准；检测手段不完善；安全卫生指标控制不严格；饲料药物添加剂使用不当或滥用违禁药物等，应引起高度重视。《饲料管理条例》已颁布实施，将为饲料产品质量监督检测工作提出新任务，开创新前景。

撰稿人：陈必芳

【质量机构简介】

1．国家饲料质量监督检验中心（北京）

1986 年 10 月经农业部批准〖农牧渔业部 1986 农（牧）字第 56 号〗，在中国农业科学院分析测试中心的基础上，授权建立“农业部饲料产品质量监测中心”；1988 年 8 月经国家技术监督局审查认可〖国家技术监督局监发（88）025 号〗授权建立“国家饲料质量监督检验中心（北京）”，成为国家授权的饲料及饲料产品质量监测机构。1993 年 8 月通过了国家技术监督局的复查认可和国家计量认证〖（93）量认（国）字（V0999）号、技监局监函（1994）171 号〗。1999 年通过了中国实验室国家认可委员会的国家实验室认可〖质技监局认函（1999）155 号〗，并通过了第三次复查认可和国家计量认证。1995 年国家科委、国家技术监督局授权中心为国家级成果鉴定检测机构。

中心下设四个室：技术室、检测一室、检测二室、支持与服务室和一个技术服务部

本中心是国家质量技术监督局授权的、经国家计量认证的具有第三方公正地位的、法定饲料产品质量监督检验机构，是社会公益型的非营利性技术服务事业单位。本中心具有独立法人资格。

中心检测楼有办公与实验室面积 2600m^2，其中温度可调节实验室面积 600m^2。

中心实验室设备先进，拥有液相色谱仪、气相色谱仪、氨基酸分析仪、原子吸收分光光度计、紫外／可见分光光度计、荧光分光光度计、气／质联用仪、旋光仪、研究显微镜等大型精密仪器 20 多台和常规分析仪器，能满足检测工作的需要。

中心现有职工 32 人，其中专业技术人员 26 人，占 81.2%。高级职称人员 11 人，占 34.4%。中级职称人员 10 人，占 31.2%。中级以上人员占技术人员的 80.8%。具有博士学位 2 人，具有硕士学位 5 人。有 15 人在美国、英国、加拿大、澳大利亚等国的相应实验室进行了技术培训。中心技术人员的专业分配合理，覆盖了分析化学、化学工程、动物营养、微生物、农药、生理生化和档案管理等不同专业。

自 1987 年以来，中心承担了 14 次饲料和饲料添加剂的国家监督抽查任务，配合国家技术监督局和农业部承担了 4 次国家统检任务的实施细则的编写和组织工作，承担了两届全国农业博览会饲料评奖产品的检验工作和两届北京市饲料产品的评优工作，对各省（市）地方饲料监测机构和企业的 700 多人进行了检验技术和国家标准的宣贯培训。主持和参加 40 多项国家和行业标准的制修订工作。在农业部的领导下，组织成立了全国饲料质量监督管理信息网协作组，完善了饲料质量监测体系。中心主持承担了四项国家科技攻关专题项目的研究和其他科学研究任务，获农业部科技进步二等奖 2 项，其他科技奖多项。

农业部饲料产品质量监测中心承担国外饲料添加剂产品的进口注册登记的质量复核检验任务，从 1987 年至今已完成 360 多种进口饲料添加剂的注册登记检验。

2．国家饲料质量监督检验中心（武汉）

国家饲料质量监督检验中心（武汉）于 1989 年首次通过计量和实验室认证。现设有技术部、检测部、质量、仪器管理部等专业检测室。共有 18 名专业检测技术人员，其中高级工程技术人员 6 人。拥有先进的现代检测仪器和检测手段。可开展各种饲料原料、饲料产品营养成分及有毒有害成分等 50 个项目分析研究。

近三年，“中心”每年为国内承担约 2000 个饲料样品的检验任务。鱼粉、氨基酸、维生素等原料的品质检测判定是本中心的特长。1998 年为各地饲料厂检测出掺假鱼粉 20 批，为企业挽回经济损失近 1000 万元。

“九五”期间，承担完成了国家科技攻关项目

氨基酸敖合物检测技术、饲料显微镜谱等 4 项课题研究；完成 20 项国家、部、行业饲料标准的制定和修订。饲料显微镜检技术和饲料图谱分获 1996、1997 部级科技进步二等奖。

地址：武汉市卓刀泉南路 3 号
电话：87493379
邮编：430079

表 3 全国饲料行业质量监测单位一览表

序号	单位名称	通讯地址	负责人	邮政编码	电话号码	通过技术监督部门授权
1	国家饲料质检中心（北京）	北京市中关村南大街 12 号	张　喻	430070	027-87493379 87803774(F)	√
2	国家饲料质检中心（武汉）	武汉市卓刀泉南路 3 号	徐昌洪	430070	027-87493379 87803774(F)	√
3	农业部饲料质检中心(沈阳)	沈阳市沈河区小南街 281 号	孙永祥	110015	024-24810160(F) 24812902	√
4	农业部饲料质检中心(济南)	济南市槐树街 68 号	刘文永	250022	0531-7953474 7106442(F)	√
5	农业部饲料质检中心(成都)	成都市武侯祠大街 4 号附	柏　凡	610041	028-5583643(F) 5554116-6789	√
6	农业部饲料质检中心(西安)	西安市北关龙首村草滩路 30 号	忽桂香	710016	029-624586 624585	√
7	农业部饲料质检中心(呼和浩特)	呼和浩特市昭乌达南路	郭莉珍	010020	0471-4911217 4961925 4964278	√
8	农业部饲料质检中心(广州)	广州市海珠区万寿路 113 号	罗道栩	510230	020-74412095(F) 8441207	√
9	黑龙江省兽药饲料监察所	哈尔滨市先峰路 545 号	刘　敏	150009	0451-2315956 2315973	√
10	吉林省兽药饲料监察所	长春市西安桥外辽阳街 1 号	李广生	130062	0431-7922928	√
11	河北省兽药饲料监察所	石家庄市合作路 189 号	李广宝	050051	0311-7046580	√
12	河南省饲料监察所	郑州市经五路 23 号	张　雄	450002	0371-5955234-3246	√
13	山西省饲料监察所	太原市万柏林胜利西路 1 号东	刘天明	030027	0351-6264649	√
14	北京市饲料监察所	北京市朝阳区安定门外北苑路西	苏永芳	100101	010-64232714	√
15	天津市兽药饲料监察所	天津市河西区解放南路 423 号	苏润昌	300210	022-28309464	×

表 3（续）

序号	单位名称	通讯地址	负责人	邮政编码	电话号码	通过技术监督部门授权
16	浙江省兽药饲料监察所	杭州市华家池 63 号	吴林友	310020	0571-6092461 6041245(F)	√
17	江苏省兽药饲料监察所	南京市汉口西路 154 号	邢进才	210024	025-3722735 3737944	√
18	福建省兽药饲料监察所	福州市鼓屏路 183 号	王 标	350001	0591-7822114	√
19	上海市兽药饲料监察所	上海市虹桥路何家塘 80 号	朱鑫元	201103	021-6268722	√
20	上海市饲料监督检验站	上海市北翟路 2901	卢永红	201106	021-62208660-3369 62206558	√
21	湖北省兽药饲料监察所	武汉市武昌徐家岭七村 30 号	周 勇	430064	027-87272212	√
22	湖南省兽药饲料监察所	长沙市河西畜牧大楼	易 阳	410006	0731-8881313	×
23	安徽省兽药饲料监察所	合肥市金寨南路 952 号	张启友	230022	0551-3519419 2645961(F)	×
24	江西省兽药饲料监察所	南昌市南京东路 181 号附 1 号	邱水平	330029	0791-8108874	√
25	贵州省饲料监察所	贵阳市华山东路 70 号	李 进	550003	0851-5968010	√
26	云南省饲料监察所	昆明华山东路 70 号	杜霖田	650021	0871-3636144	×
27	甘肃省兽药饲料监察所	兰州市中山路 199 号	詹述宣	730030	0931-8463183	√
28	青海省兽药饲料监察所	西宁市胜利路 77 号	简芬英	810001	0971-6153037	×
29	宁夏兽药饲料监察所	银川市郊区银新乡尹家渠	马成礼	750002	0951-5045719 6085054	√
30	新疆兽药饲料监察所	乌鲁木齐市克拉玛依东路 42 号	杨文淦	830063	0991-4613864 4814000	√
31	海南省兽药饲料监察所	海口市海府横路 1 号	朱永雄	570203	0898-5340947	√
32	广西自治区饲料监察所	南宁市友爱北路 51 号	盛兰弟	530001	0771-3130262 3134652	×

表 3（续）

序号	单位名称	通讯地址	负责人	邮政编码	电话号码	通过技术监督部门授权
33	广州饲料监察所	广州市金泰东街	潘广才	510405	020-86550283	√
34	青岛市兽药饲料监察所	青岛市四方区人民路 162 号	施桂芬	266032	0532-3717894 5816070(F)	√
35	沈阳市兽药饲料监察所	沈阳市皇姑区昆山中路 111 号	杨柏江	110031	024-8684785 86864783	√
36	大连市兽药饲料监察所	大连市沙河口西南路 700 号	曲韵坤	116021	0411-4644218	×
37	重庆市饲料监察所	重庆市江北区华新村 326 号	米自由	400020	023-67855677	√
38	武汉市饲料监察所	武汉市汉口台北一路 14 号	姚建桥	430022	0278-5783875	√
39	农业部农产品质检中心(郑州)	郑州市农业路 1 号	徐一力	450002	0371-5713926 5724245(F)	√
40	上海市饲料添加剂质监站	上海市澳门路 4 号	薛　容	200060	021-62667964	√

【国际质量认证情况】

表 4　饲料工业行业通过 ISO-9000 质量体系认证企业统计

单　　位	通过日期	认证机构	备　　注
四川通威饲料有限公司	1996 年 11 月 9 日	四川三峡质量保证中心	通过 ISO-9002 质量体系
广东华达集团有限公司	1997 年 2 月 2 日	广东质量体系认证中心	通过 ISO-9002 质量体系
江苏正昌集团公司	1997 年 11 月	中国商检质量认证中心	通过 ISO-9001 质量体系
重庆通威饲料有限公司	1997 年 12 月 25 日	中国方圆标志认证委员会巴蜀认证中心	通过 ISO-9002 质量体系
四川绵竹龙蟒矿物质饲料集团有限公司	1997 年 12 月 31 日	中国方圆标志认证委员会巴蜀认证中心	通过 ISO-9002 质量体系
浙江欣欣饲料股份有限公司	1998 年 7 月 2 日	上海质量体系审核中心	通过 ISO-9002 质量体系
上海正诚机电制造有限公司	1998 年 7 月 24 日	德国“TÛV”	通过 ISO-9001 质量体系
深圳市康达尔(集团)饲料有限公司	1998 年 8 月 11 日	德国“TÜV”	通过 ISO-9001 质量体系

表 4（续）

单　　位	通过日期	认证机构	备　　注
成都龙庆饲料实业有限公司	1997 年 8 月 29 日	中国方圆标志认证委员会巴蜀认证中心	通过 ISO-9002 质量体系
四川三联饲料有限公司	1997 年 12 月 31 日	中国方圆标志认证委员会巴蜀认证中心	通过 ISO-9002 质量体系
四川铁骑力士实业有限公司	1998 年 5 月 22 日	中国方圆标志认证委员会巴蜀认证中心	通过 ISO-9002 质量体系
成都三旺集团有限公司	1998 年 10 月 14 日	中国方圆标志认证委员会巴蜀认证中心	通过 ISO-9002 质量体系
锦州民星畜禽发展股份有限公司	1998 年 12 月 28 日	中国方圆标志认证委员会巴蜀认证中心	通过 ISO-9002 质量体系
四川巨星农牧集团有限公司	1999 年 2 月 8 日	中国方圆标志认证委员会巴蜀认证中心	通过 ISO-9002 质量体系
成都杨百万饲料有限公司	1999 年 2 月 10 日	四川三峡质量保证中心	通过 ISO-9002 质量体系
北京华都饲料有限责任公司	1999 年 4 月 2 日	中国方圆标志认证委员会质量认证中心	通过 ISO-9002 质量体系

表 5　全国饲料国家级、部级中心、省级质检(所、站)1991—1998 年检验结果汇总

(45 个省、自治区、直辖市及单列市综合)

年度	产品种类	监督性检验(包括认证、许可证)			委托性检验(包括商检、进出口检验)	仲裁性检验(包括打假、投诉)	每年检测合计
		样品总数(个)	合格数(个)	平均合格率(%)	样品总数(个)	样品总数(个)	(个)
1991	饲料	1997	1118	56.0	8094	47	10138
1992		2671	1770	66.3	9105	85	11861
1993		2570	1625	63.2	9922	185	12677
1994		2907	2026	69.7	11555	541	15003
1995		4438	3338	75.2	13612	610	18660
1996		3197	2500	78.2	15032	491	18720
1997		5887	4881	82.9	17507	463	23857
1998		7068	6138	86.8	19901	781	27750
合计		30735	23396	76.1	104728	3203	138666

注：产品种类系指饲料，包括饲料原料、饲料添加剂、饲料产品(配合、预混、浓缩料)

国际合作与交流

1991－1999 年是我国饲料工业发展的关键时期。在党中央国务院对外开放方针指引下，全国各省、市、自治区和有关部门在发展饲料工业中，不断加快吸收国外先进技术，积极引进外资，全面开展对外经济技术交流与合作，使我国饲料工业跨进世界先进国家行列，成为仅次于美国位居世界第二位的世界饲料生产大国。

9 年来我国同美国、泰国、法国、德国、英国、荷兰、瑞士、加拿大、意大利、西班牙、瑞典、芬兰、丹麦、俄罗斯、日本、韩国、新加坡、马来西亚、印度尼西亚、澳大利亚、新西兰、匈牙利、保加利亚、罗马尼亚、南斯拉夫、南非、以色列、秘鲁、智利及香港、澳门、台湾等 30 多个国家和地区协会、工商、公司、民间贸易组织进行了广泛交流与合作，兴办三资企业；同时我国组派饲料企业家赴欧美进行人才培训及科技交流，并组织国内大中型企业赴国外投资建厂，推动我国饲料工业全面迅速发展。

【引进国外资金，兴办三资企业】

据 1997 年 12 月底不完全统计，我国饲料工业通过中外合资、合作、外商独资、补偿贸易、租赁贸易等多种形式，利用国外资金 37.3 亿美元，兴建 332 个“三资”企业，总投资额 155.8 多亿元人民币，年双班生产能力达 1997 多万吨，占全国总生产能力的 18.56%，配混合饲料年实际产量 1075 万吨，全国饲料产量总计 5474 万吨。1991－1997 年外商投资企业产量以年均 33.5%的速度增长，同期全国饲料产量总计年均增长率仅 12.9%。1991 年外商饲料加工企业产值约 32 亿元人民币，全国饲料加工企业总产值 309 亿元，外商投资饲料加工企业产值占全国饲料加工业总产值的 10.3%。1997 年外商投资的饲料加工企业总产值由 157 亿元上升到占全国饲料业总产值 862 亿元的 18.56%。1991－1997 年外商投资企业产值年均增长 30%，而同期全国饲料企业产值年均增长 18.6%。

外商投资企业分布特征：1991 年 66 家外商投资饲料企业主要集中在北京、天津、上海、广东、福建、辽宁、江苏等省市，1997 年全国共有外商投资企业 332 个，1999 年三资企业增到 390 个，分布 29 省市。

1999 年全国饲料总产量 6873 万吨，比 1998 年增长 4.1%，配合饲料 5553 万吨，比 1998 年下降 0.9%；浓缩饲料 1097 万吨，增长 236%；添加剂预混料 223 万吨，比 1998 年上升 61.3%。泰国正大集团在中国有 173 家企业，其中农牧饲料企业 101 家，在华总投资为 41.57 亿美元，农牧饲料企业占 60%－70%。1998 年农牧饲料企业利润 4 亿多元人民币，比 1997 年下降 50%。泰国正大集团 1983 年开始进入中国市场，跨国集团实力仍比较雄厚，估计在中国饲料工业市场占有率仍保持在 11%左右。1998 年仍有实力较强的外资企业进入中国，美国嘉世集团分别在江苏省镇江市，浙江省嘉定市兴建了两座年、班产 50 万吨配合饲料独资企业。据该公司亚太区总裁 Daniel 先生介绍该公司在近几年内兴建年产 50 万吨配合饲料厂 5 座。英国最大的畜牧饲料跨国集团英国联合饲料营养公司（ABN 公司在华第一家投资企业一上海爱农饲料有限公司于 1998 年 7 月在上海成立）。

【推进改革开放，引进技术与设备】

根据国务院转发《1984－2000 年全国饲料工业发展纲要试行（草案）》的要求。1991－1999 年全面引进国外资金，大力兴办“三资”企业，并积极利用世界银行贷款、亚洲开发银行贷款、外国政府贷款以及其他各个方面外汇资金，引进世界先进国家如瑞士布勒公司、原英国西蒙公司、德国卡尔公司、法国罗纳普朗克公司、荷兰范阿森公司、意大利圣加蒂贝尔加公司、美国 C.P.M、MEC、布朗特、伊伯森、豪夫、侨太/布黑克公司等配合饲料加工、预混合饲料加工、浓缩饲料加工、饲料资源开发、饲料机械加工制造及饲料添加剂设备 320 多台（套）折合 3 亿美元；完成利用世界银行贷款 15 亿美元“中国饲料开发项目”项；引进法国罗纳普朗克公司技术年产 1 万吨蛋氨酸的渤海（天津）罗纳普朗克蛋氨酸有限公司是国内唯一的生产饲料级 DL－蛋氨酸的企业。该公司由天津渤海化工集团和法国罗纳普朗克动物营养公司合作经营，投资 7 亿元人民币。于 1998 年 2 月投入生产；引进日本味之素株式会社赖氨酸技术与设备，年产 1 万吨赖氨酸的中日合资川化味之素有限公司 1996 年 5 月 7 日投入生产。

【开展对外经济技术合作与交流】

9 年来，中央有关部门先后多次举办饲料工业国际学术研讨会，加强国际经贸合作，促进我国饲料工业科技信息交流和技术水平提高，其中重大国际学术交流活动 17 次。中国饲料工业协会和全国饲料工作办公室还先后派团赴美国、泰国、法国、加拿大、德国、荷兰、比利时、西班牙、意大利、日本、俄罗斯、澳大利亚、新西兰等国访问、考察，了解世界饲料工业的发展情况，借鉴国外饲料工业发展经验，学习国外先进技术，加强国际合作。

撰稿人：张增英　张贞奇

饲料原料、产品及畜产品价格变化

【原料价格】

总体来讲，我国大宗饲料原料价格与粮食价格密切相关。由于国家一直把粮食作为战略物资管理，因此，20世纪90年代初的几年，我国粮食价格变动不大，大宗饲料原料价格相对稳定。但随着粮食供销体制的改革，除口粮外，粮价将随经济的发展而接受市场的调节，饲料原粮等大宗饲料原料将直接面向市场。限于资料，本文仅对1996年7月—1998年12月玉米、豆粕和进口鱼粉的价格进行分析。

表1 1996—1998年玉米价格

单位：元/千克

年＼月	1	2	3	4	5	6	7	8	9	10	11	12
1998	1.27	1.30	1.35	1.35	1.33	1.35	1.39	1.38	1.37	1.35	1.29	1.27
1997	1.23	1.29	1.21	1.19	1.14	1.10	1.13	1.23	1.31	1.33	1.32	1.32
1996							1.55	1.54	1.51	1.47	1.42	1.37

1996年7月—1998年12月30个月，玉米平均价格为1.32±0.11元/千克。自1996年下半年以来，玉米价格一路下滑，直到1997年下半年才止滑回升，经历小幅回升后，价格再次下跌，但跌幅较小。玉米价格标准差只有0.11元/千克，说明价格变化幅度较小，价格稳定。

表2 1996—1998年豆粕价格

单位： 元/千克

年＼月	1	2	3	4	5	6	7	8	9	10	11	12
1998	3.06	3.03	2.99	2.89	2.76	2.68	2.59	2.58	2.51	2.49	2.47	2.36
1997	3.01	3.01	2.99	3.01	3.01	3.00	3.01	3.08	3.03	3.07	3.11	3.10
1996							2.94	2.94	3.00	3.02	3.04	3.08

1996年7月—1998年12月30个月，豆粕平均价格为2.90±0.22元/千克。自96年下半年以来，豆粕价格一直看好，直到1998年第二季度，才出现价格下迭，但跌幅不大。豆粕价格标准差为0.22元/千克，说明价格变化幅度不大，价格基本稳定。

表3 1996—1998年进口鱼粉价格

单位：元/千克

年＼月	1	2	3	4	5	6	7	8	9	10	11	12
1998	5.92	6.01	6.10	6.08	6.10	6.17	6.23	6.25	6.29	6.32	6.17	6.14
1997	5.92	5.95	5.97	5.99	5.97	5.89	5.78	5.83	5.84	5.86	5.94	5.99
1996							5.85	5.95	5.91	5.89	5.88	5.86

1996年7月—1998年12月30个月，进口鱼粉平均价格为6.00±0.15元/千克。自1996年下半年以来，进口鱼粉价格一直稳中有升，但升幅很小。进口鱼粉价格标准差为0.15元/千克，价格变化幅度比较小。

【配合饲料的价格】

长期以来，配合饲料价格两头受挤，不论在什么环境条件下，饲料工业只能挖潜、让利，保持价格的相对稳定。

表4　1996—1998年猪配合饲料价格

单位：元/千克

年＼月	1	2	3	4	5	6	7	8	9	10	11	12
1998	1.82	1.84	1.84	1.88	1.84	1.84	1.85	1.80	1.82	1.81	1.79	1.82
1997	1.81	1.83	1.82	1.80	1.76	1.75	1.72	1.77	1.75	1.84	1.84	1.83
1996							1.87	1.89	1.90	1.90	1.91	1.86

1996年7月—1998年12月30个月，猪配合饲料平均价格为1.83±0.045元/千克。除1997年下半年，猪配合饲料价格有微降外，其它时期猪配合饲料价格都很稳定。总之，猪配合饲料价格标准差只有0.045元/千克，价格变化幅度非常小，价格非常稳定。

表5　1996—1998年蛋鸡配合饲料价格

单位：元/千克

年＼月	1	2	3	4	5	6	7	8	9	10	11	12
1998	2.03	2.04	2.02	2.03	1.98	2.01	2.06	2.02	2.01	2.00	1.98	1.97
1997	2.02	2.05	2.03	2.01	1.97	1.95	1.94	1.98	1.99	2.05	2.06	2.05
1996							2.03	2.06	2.08	2.07	2.05	2.04

1996年7月—1998年12月30个月，蛋鸡配合饲料平均价格为2.02±0.036元/千克。除1997年中期4个月，蛋鸡配合饲料价格有微降外，其他时期蛋鸡配合饲料价格都很稳定。蛋鸡配合饲料价格标准差只有0.036元/千克，价格变化幅度也很小，价格稳定。

【畜产品的价格】

猪和蛋鸡的配合饲料普及率较高，本文根据猪肉和鸡蛋价格的变化，来窥视畜产品价格的变化。

表6　1996—1998年猪肉价格

单位元/千克

年＼月	1	2	3	4	5	6	7	8	9	10	11	12
1998	13.20	13.22	12.76	11.78	10.53	10.42	10.75	11.25	11.64	11.69	11.48	11.34
1997	13.08	14.07	13.88	13.85	13.69	13.63	13.59	13.90	13.97	13.76	13.64	13.44
1996	11.61	11.36	11.68	11.38	11.41	11.44	12.04	13.06	13.41	13.36	13.42	13.72

1996年7月—1998年12月30个月，猪肉平均价格12.79±1.13元/千克，猪肉价格呈波浪型变化。1996年下半年小幅上升，1997年2月创价格新高，之后先降后升，1998年亦出现先降后生的局面。猪肉价格标准差高达1.13元，价格表现为差异较大、且不稳定。

1996年7月—1998年12月30个月，鸡蛋平均价格7.26±0.86元/千克，鸡蛋价格呈大波浪型变化。1996年下半年呈先升后降，之后一路下滑，直至1998年6月才止滑回升，但增幅不大。鸡蛋价格标准差高达0.86元，价格表现为差异较大、且不稳定。

综合饲料原料、配合饲料和畜产品三者的价格变化情况，可以看出，配合饲料的价格最稳定、饲料原料次之，畜产品价格最不稳定。饲料原料来自种植业，饲料产品供应养殖业，饲料工业将种植、养殖两者的价格不稳定性消化吸收，充分体现了饲料工业的支农性。

表7　1996—1998年鸡蛋价格

单位：元/千克

年＼月	1	2	3	4	5	6	7	8	9	10	11	12
1998	6.53	6.66	6.22	6.43	6.39	6.67	6.70	7.02	7.48	7.33	7.16	7.07
1997	8.09	8.09	7.14	7.04	6.83	6.64	6.34	6.65	6.86	6.92	6.59	6.58
1996							8.63	8.76	9.24	8.88	8.50	8.35

撰稿人：杨振海　张志青

饲料原料及产品进出口情况

【饲料原料进出口】

1. 概况

中国是农业大国，长期以来，一向立足于大力发展农业，用自己生产的农产品满足本国需求，尤其在粮食方面，但由于我国是人口大国，随着畜牧业、饲料工业及轻工业、医药业的发展，在粮食供给上出现了缺口，不同年份，农产品进口种类和数量有所不同，总的进口趋势却在不断增加。

作为重要的饲料原料，玉米、大豆粕、鱼粉等在近几年都有较多的进口。在传统养殖业中，多是农户养殖，饲料原料以糠麸类、饲料菜及自产粮食为主。经济的发展，生活水平大大提高，人们对畜产品需求增多，饲料工业成为发展较快的新兴产业，为畜牧养殖提供大量营养日趋合理的饲料，饲料工业的发展使我国饲料粮出现了较大的供给缺口，除了大力发展种植业以提供更多饲料粮，开辟新的饲料资源外，适量进口饲料粮成为解决饲料资源紧缺的重要措施。

2. 现状

饲料原料主要有玉米、大豆粕、鱼粉、菜粕等。

（1）玉米

玉米是配合饲料中的主要组成部分，我国所产玉米约70%用于饲料。全国饲料及饲养业每年消费玉米数量在7000万吨左右之间，全国玉米总消费在1.1亿吨左右，国内总体供求基本平衡。据海关总署统计，1997年我国玉米出口469万吨，累计同比下跌29.2%。我国玉米进口量不大，1996年进口44万吨，1998年只有12万吨。

（2）大豆粕

大豆粕具有优良的蛋白组成，是最重要的饲料蛋白质来源。饲料工业的发展，我国所产大豆粕已不能满足需求。近几年来，每年大豆粕的缺口均在300－500万吨之间。大豆粕缺口补足的主要渠道是进口，大豆粕进口不仅受我国市场需求的影响，还要受到国际市场供求与价格的影响。1998／1999年度，作为大豆主产国的美国、阿根廷、巴西取得大丰收，使世界豆粕产量增加了850万吨，大豆粕的国际价格急转直下，这有利于大豆粕进口国，我国1998年的进口量达历史最高的373.33万吨。

进入20世纪90年代，我国饲料工业发展迅速，我国大豆粕的进口量迅速增加，1995年我国净出口量还达90万吨，从1996年就转变为大豆粕的净进口国，净进口量逐年增加。

（3）菜粕

中国是传统的菜粕出口国。由于价格与资源供给等原因，油粕中大豆粕供给量所占比重正逐年下降，菜籽粕的供给量正在逐年上升，菜籽粕的进出口情况也在不断变化，过去几年，我国菜籽粕有进有出，但出口量在逐年减少，进口量在逐年增加，到1998年首次出现了进口大于出口的现象，具体数据参见表2。

表1 我国大豆粕的进出口情况

单位：万吨

	1995年		1996年		1997年		1998年	
	出口	进口	出口	进口	出口	进口	出口	进口
大豆粕	90.18	0.1	6.84	187.65	1.97	346.95	1.85	373.33

（4）鱼粉

鱼粉是畜禽最好的蛋白饲料来源。以前我国鱼粉产量有限，大部分需要进口。世界鱼粉产量常年保持在600万吨的生产水平，我国是鱼粉进口大国，常年进口量保持在70－80万吨左右，1997年我国鱼粉进口量为98万吨，1998年降为45万吨。鱼粉价格受国际市场影响较大，从1996年到1998年底，进口鱼粉一直维持在每千克5.6－6.6元之间。1998年新增国产鱼粉生产线150条，新增生产能力约年生产50万吨。随着国内鱼粉生产逐渐规范化，质量趋于稳定，鱼粉主要依靠进口的局面将有所改观。但由于我国海洋资源有限，鱼粉仍需进口，鱼粉进口情况见表3。

表 2 我国菜籽粕进出口情况

单位：万吨

	1996 年		1997 年		1998 年	
	出口	进口	出口	进口	出口	进口
菜籽粕	58	252	16	5.3	0.68	10.7

表 3 1992—1999 年我国鱼粉进口情况

单位：万吨

	1992	1993	1994	1995	1996	1997	1998	1999
进口鱼粉量	63.95	43.12	66.34	69.00	63.20	98.52	41.62	63

3. 进口趋势

中国加入世界贸易组织，农产品的进口量将大大增加，会有更多廉价的玉米进入中国市场。随着养殖技术的提高，肉蛋产品将有增加出口的可能，欧盟不断出现的食品卫生问题，将为中国肉蛋产量走向国际市场提供更多机会。东南亚经济复苏以及我国经济运行良好和国内消费需求增加都将为畜牧业及饲料工业的发展创造良好的前景，也将需要更多的饲料原料，将会减少饲料原料库存、扩大进口。

由于大豆粕进口增值税的增收，必然抬高大豆粕的价格，国产大豆粕满足不了饲料业及饲养业需求的情况下，进口是必然的。同时我国不仅大豆粕不能满足需求，豆油也需进口，必须缴纳进口增值税。如果我国取消或减少大豆的进口增值税，鼓励加工进口大豆，在我国劳动力成本较低的情况下，不仅可以节省花在加工豆油与豆粕上的费用，降低豆油与豆粕的成本，而且可以促进油料加工业的发展，同时增加就业机会。

【大宗饲料原料的进出口情况】

1991－1998 年我国谷物平均净进口量只有 315 万吨，不足我国粮食总量的 1%，充分说明了我国饲料工业的大宗饲料原料是立足国内的，进口只是为了品种调剂。

【饲料产品的进出口情况】

1991 年以来，我国饲料工业已达相当水平，并开始参与国际竞争。1998 年我国出口饲料 19.36 万吨、出口金额 5997 万美元，分别比 1990 年增长 63.8%和 133.3%；1991－1999 年累计出口饲料

表 4 1991—1998 年中国谷物进出口情况

单位：万吨

年　份	谷物出口量	谷物进口量	净进口量
1990	373.45	1368.85	995.40
1991	895.00	1341.89	446.89
1992	1140.37	1151.40	11.03
1993	1305.67	729.49	-576.18
1994	1083.93	913.20	-170.73
1995	41.80	2027.01	1985.21
1996	57.81	1075.98	1018.17
1997	780.66	406.60	-374.06
1998	889.00	388.00	-501
年均	729.74	1044.71	314.97

150.1万吨，创汇3.7亿美元。1998年进口饲料13.52万吨、进口金额2230万美元，分别比1990年增长200%、－40%；1991－1998年累计进口饲料39.5万吨，进口货值2.9亿元。我国出口饲料的附加值逐步增高，进口附加值有所降低，我国饲料的出口竞争能力增强。

表5 1991-1998饲料进出口数量及金额

年份	进口数量（万吨）	进口金额（万美元）	出口数量（万吨）	出口金额（万美元）
1990	4.50	3700	11.82	2570
1991	4.93	4233	12.47	3026
1992	3.53	3149	16.68	4370
1993	3.15	3208	19.99	4835
1994	3.30	1197	20.59	3985
1995	5.36	2200	18.03	3854
1996	9.16	7174	20.17	4788
1997	10.91	5912	22.76	6183
1998	13.52	2230	19.36	5997

【饲料添加剂产品进出口情况】

1991－1999年，九年间进口饲料添加剂从1.54万吨增加到4.92万吨，增长219.5%，而进口金额仅从3433万美元增加到3907万美元，增长13.8%；出口饲料从0.97万吨增加到2.52万吨，增长159.8%，出口金额从930万美元增加到5015万美元，增长439.2%。从这组数字可以看出，进口的饲料添加剂产品附加值逐年降低，出口产品却逐年增高，这就表明我国出口产品的科技含量在不断增高，饲料添加剂出口竞争力逐年增强。

表6 1991-1998年饲料添加剂进出口数量及金额

年份	进口数量（万吨）	进口金额（万美元）	出口数量（万吨）	出口金额（万美元）
1990	1.54	3433	0.97	930
1991	3.50	6707	1.07	1193
1992	3.41	5732	0.96	1292
1993	3.56	4976	0.98	1171
1994	4.52	5115	1.55	1664
1995	5.35	6255	2.00	2812
1996	5.73	5140	3.21	2928
1997	7.06	4341	3.56	5146
1998	4.92	3907	2.52	5015

【广东饲料出口贸易情况】

20世纪90年代以来，广东饲料工业进入稳步发展阶段，饲料产品的进出口贸易稳定发展：90年代前期，参与饲料进出口贸易的主要是外资或中外合资饲料生产企业，他们从国外进口先进、优秀的饲料添加剂，出口配合饲料产品，进口的额款与出口的额款大致相同，以抵销进出口贸易中的税额。外资或中外合资饲料企业对国外市场较熟悉，投资的国外企业也极希望把本国的产品推进中国市场，因而表现出积极的态度。饲料的进出口贸易给外资、中外合资企业带来的好处是明显的，他们得到的国外添加剂产品高档优质，所制作出的配合饲料产品质量也较好，外资、中外合资饲料企业在国内市场上普遍有较好的声誉。

与此同时，省内的不少进出口贸易公司也逐步开展了饲料的进出口业务，主要是进口国外的饲料添加剂等，也有大批量进口的饲料原料，如鱼粉、棕榈油、肉骨粉、动物油脂等，1995年还进口了大批的玉米，1997—1998年间进口了大量的豆粕等等。进口的添加剂补充了我国饲料添加剂市场的空白，先进的进口添加剂还促进了我国饲料添加剂工业的发展。广东省的饲料生产企业也得益于多种多样的进口添加剂，这些先进的产品使配合饲料质量普遍提高。广东的配合饲料产品质量在国内市场上普遍反映较好，这和广东的经济发达，进出口流通活跃是有一定关系的。

广东省饲料机械产品的进出口业务也是重要的一个方面。20世纪90年代初，广东一批饲料生产企业相继投产，不少企业安装了先进的国外饲料生产线关键设备，如制粒机、混合机等。广东省政府也拨出了专项资金，扶持饲料工业企业上马，1992—1994年期间，省饲料办属下的省饲料开发公司专门成立了“美国CPM饲料机械”经营部。据初步估计，目前广东省的饲料生产能力中有1/4左右是国外进口设备，随着国内饲料机械工业水平的提高，不少饲料机械产品已赶上甚至超过国外的先进水平。产品在质优价廉上显示了巨大的优势，广东省饲料机械产品从进口转向出口，肇庆市华达机器厂每年有几百台套各式饲料机械产品出口发展中国家，如非洲、玻利维亚、印尼、越南等国，产值达数千万元。

饲料工业的进出口贸易加强了广东省与国外饲料工业的交流，随着贸易活动的开展，许多世界著名饲料企业的技术推广活动也在加强，瑞士罗氏、德国巴斯夫、法国罗纳普朗克、美国ADM、诺伟思、建明、CPM、日本味之素、南韩世元等公司定期与省饲料工业协会联合举办技术研讨会，互相交流，促进了省饲料工业科技水平的提高。20世纪90年代后，广东省饲料工业企业走出国门、扩大市场的意识观念不断提高，不少企业希望在国内外打响自己的品牌，国有的、股份制的、民营的饲料企业也参与饲料的进出口贸易。顺德市锦峰饲料厂有限公司1997年在香港收购了一猪场，他们将自己的配合饲料产品带去香港养猪，还把自己的产品销售到猪场附近的多家畜禽养殖场，每月有几百吨的配合饲料出口香港，最近他们还打算到越南等东南亚国家办饲料厂。省内的不少饲料添加剂企业更是捷足先登，率先将自己的产品出口到东南亚、澳洲等。随着省饲料工业的发展，饲料进出口贸易将会有进一步的扩大。

表7 广东省1992—1998年饲料产品出口情况

年 份	1992	1993	1994	1995	1996	1997	1998
出口数(万吨)	10.56	11.45	12.62	11.10	7.72	10.76	10.13

撰稿人：郭科 杨振海 梁晓生

地　方　篇

北京市饲料工业

1991－1992 年完成了老企业的技改任务，自 1993 年进入由计划经济向市场经济过渡，适应市场经济发展需要，巩固完善提高、稳步健康发展的新阶段。

【八五期间饲料工业发展概况】

1991 年 3 月根据北京市“八五”畜牧、水产业发展规划，北京市饲料工业办公室会同计委咨询工程公司，在进行了认真细致的调查研究，并征求了多方面的意见后，制定了“北京市 1991—1995 年饲料工业发展规划(草案)”，确定“八五”期间，北京市饲料工业要坚持“巩固、完善、提高、稳步健康发展”的方针，抓紧技术改造，充分发挥现有企业生产效能，提高生产水平，消灭混合料，普及配合料，推广颗粒料，增加浓缩料和预混料，提高科技水平和企业素质，使全市饲料工业整体水平，在“八五”期间要有明显提高。并提出除个别填平补齐，原则上不再新建饲料厂，要靠推进技术进步，普及微机控制系统，采用新工艺、新设备对老厂、旧厂进行技术改造，使生产设施完善配套，充分发挥设备效能来增加生产，避免盲目上马、重复建设。

1991—1992 年，遵循规划确定的方针和原则，以技术改造为重点，北京市饲料工业办公室二次召开技改工作专题会议，要求 5000 吨级以上饲料厂都要采用先进的微机控制系统，配置制粒系统、更新部分设备、改进打包工序、扩建原料库、完善检化验室、增强检化验手段等生产设施。鉴于饲料业是微利产业，全靠自有资金难以完成改造任务，因此采取了国家支持、地方适当安排、企业自筹的办法解决改造资金问题。

1991－1992 年，在国家饲料工业技改贷款(815 万元)的支持下，完成了房山大石河、南尚乐两个饲料厂，农场局长阳、双桥两个饲料厂，畜牧局东沙饲料厂，水产局友谊饲料厂及平谷县城关饲料厂的扩建改造项目；靠自筹资金完成改造的有门头沟区坡头、石景山八大处、通州区永乐店、平谷县夏各庄、昌平县西沙屯饲料厂。同时，在商业部的支持下，引进大型颗粒设备的通县万吨饲料厂制粒车间完工；在国家电子办及市经委科技开发贷款(175 万元)的支持下，完成了西郊农场饲料厂、顺义木林饲料厂、通县大杜社种猪场饲料厂完善配套项目；丰台区万吨级看丹饲料厂续建项目也在 1992 年竣工；市农场局、中国饲料工业技术开发总公司和台湾三方投资兴建的班产 4 万吨级北京福茂饲料有限公司也在当年建成投产；乡镇集体兴办的怀柔雁南饲料厂、密云农友饲料厂、房山正发饲料厂、房山窦店大队饲料厂改造扩建完毕。

到 1992 年底，北京市饲料加工工业的基本建设和技改任务基本完成。全市班产 5000 吨以上饲料厂全部实现了微机控制自动化生产，加工工艺设备、检化验等生产设施基本上配套齐全。全市年双班加工能力达 230 万吨，比 1990 年的 168 万吨增加 62 万吨；饲料产量 220 万吨，突破 200 万吨大关，比 1990 年 170 万吨增加 52 万吨，配合饲料占饲料总量比重已达 95%。颗粒料、浓缩料、预混料，各种添加剂都有所增加，提前达到了“八五”规划目标。但部分饲料厂开工不足、处于吃不饱的状态，纷纷向市外寻求用户，开始了议价饲料市场。

正当此时，北京市为了贯彻中央加快改革开放的指示要求，于 1992 年 12 月放开了饲料粮价格，取消了按倒“三、七”比例价分配饲料粮指标、定点加工供应的办法，饲养场、户可以自由选择饲料厂买料，饲料厂要靠自己按市场价采购原料加工饲料争取用户，开拓市场。北京市的饲料工业很快由卖方市场变为买方市场。商品饲料的市场竞争开始了，于是在饲料价格放开后的一年多时间里，北京市的饲料工业出现了一些新情况、新问题：

一是有些养殖场认为自己加工饲料合算，纷纷脱离原来买料的饲料厂，新建小型饲料加工点 300 多个，给原来承担饲料指标加工的饲料企业带来了很大冲击，使本来就已产大于销的状况更加严重了。

二是国营饲料企业受传统观念、管理体制的束缚，不能尽快适应新形势的变化，加上人员等费用负担大、成本高，进入市场后的不利境遇，产销量大幅度下降。

三是一哄而起的小厂点，生产不符合营养标准和卫生标准的混合料，使全市饲料产品合格率明显下降，在 1993 年二季度质量检查中，53 个企业，6 个品种，53 个样品就有 19 个不合格，合格率 62.2%，而饲料价格放开前的 1992 年合格率达到 90.33%。

四是原料价格一涨再涨居高不下，豆粕由 1992 年的 1750 元／吨到京，1993 年涨到 2100／吨，玉米由 480 元／吨，涨到 710 元／吨。由于原料涨价，猪料由 0.66 元／千克上调到 0.78－0.81 元／千克，蛋鸡料由 0.92 元／千克调到 1.01 元／千克，肉鸡料由 1.26 元／千克调到 1.30 元／千克，上调幅度低于原料涨价幅度。饲料价格上调后，畜禽饲养成本增加，但畜禽产品价格未明显提高，饲养效益相对下降，饲养积极性受到影响，致使一些饲养场、户减少存栏，缩小规模，使得本来就产大于销的工业饲料市场更显得不景气。

为使北京市的饲料工业尽快度过由计划经济向市场经济转变的“阵痛期”，迅速扭转不利的被动局面，北京市饲料办、饲料协会于 1993 年 6 月召开了“北京市饲料工业发展研讨会”，就北京市饲料工业在社会主义市场经济体制下的发展方针、目标、举措等进行了深入的研究和探讨，相互启发，开阔了思路，坚定了信心。根据国务院(1993 年)发布的《九十年代食物结构改革与发展纲要》要求和首都总体规划，将过去的“适应本市畜牧饲养业需要，与首都畜牧饲养业同步发展，为北京市畜牧饲养业服务”

的方针，调整为“服务首都，面向全国，力争走向世界，以市场需求为导向，以国际先进水平为标准，以提高产品质量和经济效益为中心，依靠科技进步调整提高，稳步健康发展”的方针。加强行业管理，调整产品结构，发展浓缩料、预混料和颗粒料生产，增加高科技含量产品，上档次、降成本，增强市场竞争力，发挥北京市人才、技术、设备、质量、品种等优势，走出北京门，开拓新市场。

1994年3月北京市饲料办、饲料协会结合当年“质量万里行”活动，在市经委、市技术监督局、市饲料质量监督检测站的支持配合下，召开了“北京市的饲料质量工作会议”，提出饲料质量不仅关系到畜禽的正常生长，也间接关系到人们的身体健康，都必须按照规定的营养标准和卫生标准生产，不合格的凑合料，不仅饲料报酬低，畜禽增重缓慢、育肥期延长、产蛋率下降、蛋重降低、抗病防病能力差，而且浪费了紧缺的饲料粮，特别是有毒有害物质的残留难以避免。因此，必须严加监督检查和管理，决不允许假冒低劣产品充斥首都市场。大会批评了不合格企业，并按规定予以处罚，为所有饲料生产厂、点敲了警钟。同时指出，在产品评优、金杯竞赛、企业升级等活动暂停的情况下，产品质量管理工作决不能放松，在饲料市场竞争日趋激烈的形势下，只有生产出质量过硬产品，才能在当今商品经济市场竞争中生存和发展。会后市技术监督局、市饲料办和市饲料检测站组成检查组，深入企业监督检查并帮助企业找原因，订措施，提高产品质量。

同年又进行了骨粉、肉骨粉生产企业全国统一颁发生产许可证的审核工作，经严格审查，北京市5个生产企业取得了农业部颁发的生产许可证。同时，宣传贯彻国家强制性的“饲料卫生标准”及“饲料标签标准”，加强推广应用“无鱼粉配方”、“复合酶制剂”、“奶牛矿物质系列添加剂”等，对提高企业质量意识、市场意识、科技意识、竞争意识，扭转产品质量下降起到了积极的推动作用。在一年多的时间里发生了很大变化，优胜劣汰，大势所趋。到1995年上半年200多个加工混合料的小厂先后被淘汰，大、中型饲料企业产销量开始回升，企业注重依靠科技开发新的配方，降低成本。市畜牧系统的饲料企业与专家、教授合作，在所属企业中推广应用“以可利用氨基酸含量指标配制家禽日粮”的科研成果，不用鱼粉，使饲料加工成本明显下降，而饲养效果仍然显著。平谷县粮食系统饲料企业，引进水产科技人才研制的“兴都牌鲤鱼系列全价颗粒饲料”，生长、防病效果显著，产销量大增。经北京市名牌产品工程领导小组评审，认定为北京市名牌产品，成为北京市名牌产品中第一个饲料名牌产品。房山、顺义等县饲料企业开始推广使用“复合酶制剂”等新型添加剂，提高了饲料利用率。

1994年11月为纪念《1984—2000年全国饲料工业发展纲要》发布十周年，市政府农办、市饲料办、协会召开了“北京市庆祝全国饲料工业发展纲要十周年大会”，中国饲料工业协会李瑞山会长到会并讲话，会议总结了在纲要指引下，北京市饲料工业发展成效、经验和存在的问题，提出了努力的方向，并评出了10强企业，表彰了15个先进集体，20名先进工作者，10名做出积极贡献的专家、教授，10名先进科技工作者和10名曾为北京市饲料工业发展做出贡献的离退休老同志。大会期间同时完成了北京市饲料工业协会换届工作，产生了第三届理事会和常务理事会。此次会议对推动北京市饲料行业尽快适应市场经济的发展，转变观念，转换机制，面向市场起了很大作用。

从1993年下半年到1995年，通过贯彻国务院“全民企业转换经营机制条例”，不断探索、交流和组织到外地考察学习取经，经过近两年的痛苦徘徊，奋起开拓，使北京市饲料工业终于艰难地渡过了“转轨变型”的阵痛期，开始朝着社会主义市场经济运行轨道前进，表现在：

一是完成了由计划经济观念向市场经济观念的转变。饲料市场不再是卖方市场，而是买方市场的观念确立了，把质量第一、用户至上当成企业宗旨；完成了由生产供应型向生产经营服务型的转变，一改坐等用户上门的官商作风，主动做到宣传到户、送料到户、服务到户。

二是市场意识、竞争意识增强。企业经营机制开始搞活，强化了有效性的企业管理工作，企业的机构设置、工作重点、人员安排，都围绕着提高产品质量、增加品种、扩大销售等环节进行调整，将重点放在营销队伍的建设和产品的宣传促销上，职工收入与产销效益挂钩，打破了“大锅饭”、“铁饭碗”，调动了职工的积极性。

三是普遍注重科技、重视人才，科、工、贸一体化企业迅速兴起。随着饲料市场竞争日趋激烈，企业已深刻体会到，竞争的焦点是科技、是人才，谁的产品科技含量高、质量好、饲料报酬高，谁就能赢得用户，赢得市场。因此，在科技成果转化、人才培训、人才聘用上，舍得智力投资，不少企业从科研机构、高等院校聘请专家、教授当顾问，甚至以出高薪、给住房、安排家属等条件，从外地聘来专业技术人员，为企业研制竞争取胜的优质名牌产品，达到扩销增效的目的。同时，一些从事动物营养和饲料研究、教学的青年博士、研究生们，创办了以“北京大北农饲料科技有限责任公司”、“北京饲料资源有限责任公司”等高新技术企业，形成科、工、贸一体化，研制生产先进的预混合饲料、浓缩饲料产品和饲料配方软件，并开始和一些老的国营饲料企业合作，注入技术、人才和部分资金，以及管理、营销、宣传方法等，走优势互补、共创名牌的路子。

四是在经营体制和经营范围上开始突破。厂自为战，经营单一的格局开始打破。联合起来，走规模经营之路。顺义县霞光饲料厂，加入了以顺义县肉联厂为龙头的“鲲鹏集团”，形成了包括规模猪场、饲料厂、屠宰厂、肉食品加工厂在内的一条龙企业集团；平谷县粮食局的兴北饲料厂、兴都饲料添加剂厂，加入了平谷县“兴都工贸集团”，形成了饲料、屠宰、加工及兼营其他的企业集团；北京市粮食局的市饲料公司由原来单一的饲料加工、原料经营，发展到包括养殖、面粉、食品加工，以及房地产、加油站等多种经营的大型企业。

五是走出去，与当地联办企业、优势互补，请进来和北京企业嫁接，效益共享，思想上进一步解放。顺义县饲料公司与河北省高邑县联办饲料厂，适应了当地蛋鸡发展较快的需要；北京市饲料公司与河北省三河县联办面粉厂，在唐山联办“北京唐山正大饲料厂”也取得了可喜的收效。“北京大北农饲料科技有限责任公司”等高新技术企业，利用自身科技优势和外地资源优势相结合，在河南、江西等地合作联办饲料企业，走优势互补、共创名牌之路。四川“希望集团”是国内最大的民营饲料企业集团，以其经济实力、名牌效应、宣传优势在国内有了名气，于是房山区的国营大石河饲料厂，由北京市饲料办、协会牵线搭桥，洽谈合作达成协议，成立了“北京房山希望饲料公司”。当年即见成效，探索了一条国营企业与民营企业嫁接成功的路子。随后又与朝阳区一家乡镇饲料厂合作，成立了“北京美好希望饲料公司”，也取得了很好的效益。北京市饲料公司的东北旺饲料厂，引进外资技术与韩国味元株式会社合资进行改造扩建，成立了“北京味元饲料有限公司”。

1996年3月17日第八届全国人民代表大会第四次会议批准的《中华人民共和国经济和社会发展“九五”计划和2010年远景目标纲要》中，提出“逐步推广规模化养猪，大力发展节粮型畜禽……扩大淡水和近海养殖”，为饲料工业的发展和调整产品结构指明了方向，提出了新的更高的要求。《纲要》中还提出“积极推进经济增长方式的转变，从粗放型向集约型转变”。这些要求完全适用于饲料工业，只有联合起来向一条龙、一体化、集团化企业发展，才能达到这个要求。

为了在北京市饲料行业中更好地推动国营饲料企业进一步深化改革，达到巩固发展的目的，北京市饲料工业办公室、协会于1995年11月22日召开了“北京市国有大、中型饲料企业巩固发展研讨交流会”。会议就国营大、中型饲料企业在全市饲料工业中，在保障首都“菜篮子”工程中的地位、作用，目前面临的主要问题和困难，以及今后如何深化改革、巩固发展，进行了认真的交流和研讨。统一了认识，增强了信心，认为：

（1）北京市国营大、中型饲料企业，是全市饲料工业的主体，处于主导地位，在北京市饲养业生产中，在“菜篮子”工程建设中，起着支撑作用。截止到1995年底，在全市156家单独核算的饲料加工企业中(不包括70多家作坊式的加工点)，粮食、畜牧、农场、水产、商业、供销等部门所属国营加工企业110个占65%，其中大、中型企业76个占国营企业的83%；在全市235万吨饲料工业产品产量中，国营大、中型企业185万吨，占78.7%；在全市4.1亿元饲料加工工业固定资产投资中，国营大、中型企业3亿元，占73%；在全市24.3亿元饲料产品产值中，国营大、中型企业18.5亿元，占76%；在全市13000名饲料职工中，国营大、中型企业7500人，占65%。由此可见，国营大、中型饲料企业是北京市饲料工业的主体，北京市的饲养业百分之70%是靠国营大、中型饲料企业支撑的。

（2）国营大、中型饲料企业是促进饲养业规模化、集约化、现代化的有力保障。国营大、中型饲料企业设备工艺先进，仓储能力、技术力量雄厚，干部职工素质较高，饲料配方科学，饲料报酬高，检化验设备、仪器齐全，检测手段科学规范，质量管理措施完善，质量稳定可靠，产品品种多，加上各项服务措施与现代化饲养设施相配套，特别是“薄利多销、支农促牧”的服务宗旨，获得了饲养业的信任。事实证明，集约化、规模化、现代化的饲养业，只有依靠现代化的大、中型饲料企业支撑，才能稳定发展，靠那些小打小闹、停停打打的小作坊是难以保证的。

（3）北京市在饲料工业初创阶段和20世纪80年代的饲料工业、饲养业大发展时期，国营饲料企业发挥了保障供给、平抑价格、促进发展的主导作用，承担着近90%饲养业的饲料供应。市场放开后，随着集体、个体、合资企业的发展，国营和国营大、中型企业失去了一部分市场和用户，加上政企分开的改革步子太慢，资产所有权和生产经营权尚未明确分离，企业还没有真正把经营决策权、定价权、分配权、用人权等自主权落到实处，经营机制转换缓慢、单一，经营市场狭隘，加上人员多，工资、劳保负担重，自有资金积累少，外债收不上来，贷款利息等负债很多，特别是在饲料主要原料不断涨价、饲料产品价格不得不上调，而在畜禽产品价格上不去的这种“水涨船高，桥不动”的情况下，饲料企业的处境实在艰难，为了支持饲养业，只能保本微利，企业内部消化了不少涨价因素，因此，经济效益普遍下降。国营饲料企业的利润率一直控制在5%以内，而实际只有2%—3%，远远低于贷款利率，一旦借贷，还贷就成了沉重的负担，特别是用于采购原料的流动资金，一直严重不足。饲料工业是原料和产品大进大出的生产部门。资金需要量大，饲料原料又属季节性采购，资金占用时间较长，加上贷款利息又高，给企业带来很大困难。鉴于北京市大、中型饲料企业在全市饲料工业和“菜篮子”工程中的主体地位和支撑作用，以及全市面临的主要问题和困难，在广泛听取意见基础上，北京市饲料办、饲料协会于1995年底制订了“1996—2000年北京市饲料工业发展规划(草案)”(九五规划)。

【“九五”饲料工业发展概况】

“九五”期间随着郊区经济结构调整，畜牧养殖业的变化和市场经济的进一步发展，饲料工业应坚持“调整、重组、规范、提高”的方针，以便更好地适应市场经济发展的需要，规划提出：(1) 加速饲料企业管理经营体制改革，促进企业重组改制，转换经营机制，提高市场竞争力。企业自身要围绕市场需求，编好远景发展规划、产品结构调整、现代企业管理、培训使用人才和营销策划等，积极参予市场竞争。(2)继续发展和完善一体化、一条龙联合企业和一业为主多种经营的企业集团，增强企业整体竞争能力。(3)以科技为依托，继续走科、工、贸一体化之路，发展多种所有制形式的高新技术企业集团，争做明星企业，争创名牌产品，注重名牌效应。(4)继续走出去，请进来，优势互补，共求发展，有条件的企业在抓好重点示范基地的基础上，走出京门；同时，继续把全国知名企业请进来或引进外资技术、管理与北京企业嫁接、合作、重组改制，盘活资产，巩固提高北京大、中型饲料企业。(5)调整布局和产品结构，为适应将近郊饲养业向远郊县推移的趋势，对处于近郊或没有多大发展前景的饲料厂，该停则停，宜转则转，充分发挥北京科技人才优势，大力发展科技含量高的预混料、浓缩料，面向全国市场。(6)加强企业管理、指导、协调和服务，完善行业法规。规范各项规章制度和企业市场行为，提高产品质量和行业整体素质，力争到本世纪末，使北京市饲料工业达到高质量、高水平、高素质、高效益，为下个世纪实现饲料工业全面现代化、规范化打下良好基础。

1996年5月农业部饲料工业办公室和中国饲料工业协会主办、北京市饲料办和饲料协会承办，在北京举办了“首届中国饲料工业博览会”，热情接待了来自全国各省、自治区、直辖市3500多名代表，同时组织了北京展团参会、参展。北京展位最多，协会荣获“组织一等奖”，参展产品中有23个荣获博览会认定产品证书。

1996年是北京市饲料工业协会成立十周年，本着“不开纪念会，多为企业办实事”的原则和精神，在《首都经济报》的支持配合下，向社会推荐了北京地区20个著名饲料商标品牌和产品，收到很好效果，企业也非常满意，与此同时，在中央电视台农业频道支持配合下，在饲料工业栏目中，为北京市饲料工业拍摄制做了15个专题片，陆续播出，分别介绍了具有一定代表性的不同部门、不同类型、不同产品的生产企业情况及成效，受到好评和欢迎。

对饲料产品免征增值税，原规定到1995年底，后又延长到1996、1997年继续执行。1997年上半年全国饲料工业办公室和国家税务局、财政部在京调查座谈，北京市饲料办和饲料协会提出了“北京市饲料工业税收政策执行情况及建议的报告”，建议“九五”期间后3年继续给予免征增值税支持。

1996—1999年，北京市饲养业和饲料工业在新形势下，通过引导、调整，呈现出几个明显变化和特点：

(1) 饲养业的调整和变化。近几年来，由于畜禽产品生产总量、价格、市场需求及京郊经济结构调整等多方面因素，北京饲养业也相应进行了调整，全市养猪场由1995年的1200多个，调减到900多个，蛋鸡场由600多个，调减到300多个，鸡蛋产量由1998年的17.8万吨，减到15.8万吨，增加了肉鸡、鸭和特种畜禽的生产。肉鸡产量由2900万只，增加到5500万只，鸭由180万只，增加到310万只。近郊饲养业向远郊县推移，国营、集体养殖企业转制，扩大了家庭养殖，专业户已从2万户发展到近10万户。为了降低蛋鸡饲养成本，大型国营养鸡场，将产蛋鸡放到专业户饲养，提供雏鸡、饲料和饲养防疫技术服务，收回鸡蛋，采取了“公司加农户”的生产经营模式，扭转了国营大鸡场严重亏损局面。北京华都集团是在北京市牧工商总公司的基础上组建起来的，“华都牌”肉制品、西装鸡、分割鸡、华都牌鸡蛋、华都牌系列饲料，享誉京城内外。顺义县的“鲲鹏集团”，通州区的“大洋集团”，再加上原来的“大发正大”都是畜禽饲养、饲料生产、肉食品加工一条龙企业集团。

(2) 饲料工业的规模、产品结构和布局也起了变化。随着京郊饲料工业的调整和市内外饲料市场需求以及京郊规划建设的需要，近几年国营、集体3000吨级以上饲料厂关、停、并、转了20多个，饲料加工企业有所减少，减少加工能力近30万吨。截至1999年，全市饲料加工能力由1995年250万吨减少到230万吨，配合饲料产量由220万吨减少到148万吨，主要是生猪、蛋鸡配合饲料明显减少，而浓缩饲料和预混料逐年增加，分别由3万吨和2万吨增到25.6万吨和7.2万吨，大部分销往外地。布局上，随着近郊养殖业向远郊推移，原来近郊如朝阳、海淀区的饲料厂，该停则停，能转就转了。

(3) 国营饲料企业管理经营体制起了很大变化。由一个系统内厂自为战，到在系统内联合起来实行人财物、产供销一体化，组建饲料总公司，如市水产系统将“友谊”、“三元”两个厂，再加上托管的通州区粮食部门的“梨园配合饲料厂”统一起来，组建了“北京市友谊饲料总公司”，各分厂统一使用友谊商标品牌，统一配方，统一营销策划，“友谊牌”水产系列饲料销往华北各地。有的将企业承包给职工，改变经营机制。如平谷县粮食部门将“兴北”、“城关”两个厂分别承包给原来的老厂长，实行股份制，给以充分的经营自主权，管理体制变了，经营机制也活了，经济效益上去了。密云县粮食部门也采取了这个办法，避免了关闭停产。还有的或租赁、或托管、或合资、合作，重新启动了企业，发挥了设备效能，减少了下岗职工。

(4) 民营、股份制的高科技饲料企业有了较大发展。近几年在一部分老企业关、停、并、转的同时，又兴办了一批新企业，其中有一部分是高新技术民营或股份合作制企业或合资企业，继“大北农”、

"富宏"、"富英"之后，又相继组建了"挑战"、"特茂路"、"伟嘉"、"资源"、"康达"、"大地"等四高企业：员工人才素质高，产品科技含量高，企业管理水平高，经济效益高。他们依托高等院校、科研院所研究开发新技术、新产品、新配方，转化科研新成果，走出了一条科、工、贸一体化的成功之路。要求和引导这些集团，在建好抓好在京示范基地的基础上，走出京门，开拓市场。有的在北京新建了高起点的示范基地，如"挑战"的南口基地、"特茂路"的农大中心基地；有的参与国有企业重组改制。采取与现有企业合作、控股、租赁、托管等形式，改造扩建成示范基地和科技、研究、培训中心，如"大北农"的怀柔雁南和丰台看丹两个基地；"康宏"的石景山基地(原石景山区饲料公司)；"资源"的大兴黄村基地(原大兴县饲料公司和城关厂)、"伟嘉"集团的大兴安定基地；"大地"的大兴于垡基地(均属大兴县粮食部门企业)；"富英"的海淀区西北旺基地(原属海淀区粮食部门)等。

(5) 走出去、请进来，优势互补、效益同享、共求发展，取得了明显成效。这几年，北京有条件的企业集团，在建好抓好在京示范基地的基础上，走出京门，联办企业，拓宽市场，争创名牌取得了可喜成效，"大北农"、"挑战"、"特茂路"、"伟嘉"、"资源"、"康达"等集团、公司，在全国各地的独资、合作、控股、托管企业或办事处已达 80 多家。他们利用自身优势与当地优势相结合，参与当地企业重组改制，救活了不少企业，并统一使用北京企业名称和商标品牌，注入人才、资金、技术、管理。他们的预混料、浓缩料和配合料很受当地用户欢迎，产销量逐步增加。随着企业发展规划的逐步实施，合作企业仍在扩展。在北京企业走出去的同时，近几年继四川希望集团、江西民星集团进京与国营、集体企业嫁接、合作以后，又迎来了广西龙宝集团和双桥农场饲料厂、上海红旗公司和顺义板桥饲料厂，还有房山区石楼、平谷县夏各庄和西郊等国营饲料厂都先后有了合作对象。1998 年又将四川通威集团请进北京，和北京最大最老的南苑配合饲料厂嫁接合作成功。台湾的大成长城集团租赁了怀柔城北饲料厂。这些进京企业参与了北京饲料企业的重组改制和调整，盘活了企业存量资产，充分发挥了原有设备效能，减少了下岗职工。通过改造、完善、配套，厂容、厂貌焕然一新，生产管理水平也有了提高，取得了明显成效。这些企业进京，进一步促进了竞争机制的形成和完善，给北京企业带来的既是挑战、压力，同时也是动力，起到了促进联合，促进提高的作用。实践证明，为适应市场经济发展和企业重组改制、搞活经营机制的需要，采取请进来、走出去、优势互补、风险同担，效益共享、共同发展的路子走对了。

(6) 产品质量、企业管理进一步提高和规范。通过 1996 年下半年至 1997 年上半年的产品质量监督检查和 1997 年下半年至 1998 年底的审核换发、补发生产经营许可证工作，促进了产品质量的提高和企业各项管理制度的规范。在开展这些工作时都要对饲料企业的营业执照、税务登记、产品标准、标签、包装、商标注册、饲喂报告、用户反映、生产记录、留样观察、规章制度等是否完善规范，特别是产品质量检验是否合格，尤其是卫生标准，有毒有害物质、重金属是否超标，并实行产品质量检验证明一票否决权，即其他条件都已具备，如果产品检验不合格，即不能办理注册发证、免税等各种手续。通过行业监督检查管理指导，企业的质量意识、商标品牌意识、市场行为规范意识都有所增强，产品质量明显提高。1996 年第 2 季度检查 80 个企业 130 个产品中，企业合格率 87%，产品合格率 72%，发现氟、铅、棉酚含量超标。通过换证模底，到 1998 年底已登记注册、重新建立企业档案核发了许可证的饲料加工企业 199 家，其中生产经营配合饲料的 118 家，单一生产的 51 家；浓缩饲料 112 家，单一生产的 11 家；预混料 93 家，单一生产的 24 家；添加剂 51 家，单一生产的 19 家，不生产只经营的 18 家。另外，还有一些小企业仍在打游击。

撰稿：北京市饲料工业办公室

天津市饲料工业

9 年来，天津市饲料工业的发展适应了计划经济体制向市场经济体制的转变，初步实现了《1984—2000 年全国饲料工业发展纲要》提出的第二步目标。走出了一条城乡一体、工农联合、中外合资，国有、集体、个体并存，跨部门发展的新路子，为全面振兴饲料工业奠定了坚实的基础。

【饲料工业体系初具规模】

1991 年以来，在市场需求不断加大的推动下，一个包括饲料加工、饲料添加剂、饲料原料、饲料机械以及饲料科研、教育、流通、行业管理在内的饲料工业体系已初具规模，成为全市工业的重要组成部分。1999 年与 1991 年相比，饲料工业产值由 3.1 亿元增加到 24.2 亿元(按当年价计)，增长 6.8 倍。作为饲料工业主体的饲料加工工业获得了长足的发展，生产企业由 107 家增加到 1999 年的 208 家，年双班加工能力由 75 万吨增加到 185 万吨，增长 1.4 倍。饲料原料工业迈出了可喜的一步，建成一批以开发干燥酒精糟、酱油渣蛋白饲料，畜禽屠宰副产品等为主的饲料原料生产加工基地；饲料添加剂工业克服重重困难，部分产品产量继续保持在全国的领先地位，蛋氨酸、氯化胆碱、维生素 B_2(核黄素) 等产品在全国占有较大市场份额；饲料机械制造业开始起步，大型多功能粉碎机的研制与生产，填补了饲料机械工业的空白；秸秆氨化、草粉加工等设备在饲料资源生产开发上得到普遍应用。

【生产技术水平大幅度提高】

一是生产技术设备现代化水平不断提高。加大技术改造力度，更新原有的容积式配料设备，引进了匈牙利、法国、瑞士、丹麦等国家先进设备 11 套。年单班生产万吨企业 29 家，大部分采用了电子计算机控制装置，不仅扩大了加工能力，也提高了饲料工业生产技术水平。

二是依靠科技，不断开发新产品，提高产品质量。饲料品种由过去单一的蛋鸡配合料（占 86.8%）和生猪混合料（占 12.4%），发展到目前的蛋鸡、肉鸡、生猪、肉鸭、鱼虾、珍禽、观赏动物等 8 大类，100 多个品种，基本实现了系列化、多样化。

三是科研攻关取得可喜成果。饲料行业围绕对虾人工配合饵料，猪用添加剂预混料、次粉营养价值评定、鱼用诱食剂、蛋鸡配合饲料配方等科研项目开展科研攻关。其中有 1 项获得国家科技进步成果奖；5 项获部、市级科技进步二等奖；5 项获部、市级科技进步三等奖。在全国饲料工业新产品新技术交流会上，有 5 个产品获金杯奖，1 个产品获特别金杯奖。在全国首届饲料工业博览会上，有 5 家企业 8 个产品被评为认定产品。

【对“菜篮子”工程建设的贡献】

饲料工业的发展，有力地推动了养殖业的发展，促进了节粮型畜牧业的发展和肉食生产结构的调整，带动了农民勤劳致富，节约了大量粮食，丰富了群众的“菜篮子”，为稳定副食品市场，提高人民生活做出了突出贡献。1998 年农业生产在旱灾之年仍取得较好收成，农业总产值 149.4 亿元，同比增长 5.3%，全年粮食总产量达 206.2 万吨，亩产 312 千克，同比增长 2.1%。“菜篮子”工程取得新的成就，主要副食品稳定增长，肉类总量 25.62 万吨，其中：猪肉 15.2 万吨，禽蛋类 26 万吨，奶类 12.9 万吨，水产类 18.7 万吨，同比分别增长 13%，16.1%，6.3%，13.5%，10.1%。饲料工业作为养殖业重要的支撑服务体系，保证了城乡人均副食品占有量的逐年增长。1998 年人均占有量：肉类 24.3 千克，水产品 16.6 千克，蛋类 25.5 千克，奶类 11.6 千克。肉类与水产品人均占有量已接近本世纪末全国规划目标，奶类与蛋类已超过本世纪末全国规划目标。

【行业管理不断完善】

在天津市委市政府的正确领导下，天津市饲料工业办公室发挥了管理、协调、指导、服务作用。1994 年，市政府发布“关于理顺饲料工业领导体制的通知”的津政发（1994）93 号文件，明确了天津市饲料工业办公室，作为市“菜篮子工程”建设领导小组协调管理饲料工业的专门机构，办公室设在市农委，行使对全市饲料工业行业管理的职能。同时，又颁发了“关于发布《天津市饲料行业管理办法》的通知”的津政发（1994）97 号文件，使饲料行业管理有章可循。各区县相应成立饲料办，挂靠在农经委。此外，1995 年天津市饲料工业办公室配合全市第三次工业普查，完善了饲料工业统计报表制度，做到统计工作有法可依。为维护统计法的尊严，保证统计数字的真实、可靠和准确，天津市饲料办定期举办培训班，学习统计法及专业知识，以提高统计人员的法制观念和专业技能，使统计工作更加规范化、制度化，更好地发挥信息作用，为领导决策及生产经营服务。

【奋进中的天津饲料工业】

为满足养殖业发展的需要，支撑“菜篮子工程”建设再上新水平，“九五”最后 2 年内，天津市饲料工业办公室总的指导思想是：高举邓小平理论的伟大旗帜，在党的“十五”大精神指引下，为全面落实市委七届二次全会精神及市农村工作会议提出“菜篮子生产要继续上水平，发展饲料工业，大力提高饲料质量和产品的科技含量，为养殖业降本增效提供保障”的要求，为天津市率先基本实现农业现代化作出贡献。

第一、合理布局。结合天津市现状，根据工业基础和饲料供应半径，合理布局城乡饲料加工企业。城市饲料工业重点是利用化工、医药的工业优势，发展技术含量高、附加值高的浓缩料、添加剂预混料等生产企业。同时，利用食品工业和三废资源，开发副产品，发展饲料原料工业企业。农村重点是围绕区域性产业特点，积极兴办支撑养殖业发展的大、中型配合饲料生产企业，通过结构调整，提高资源利用率，获取更高的产业配合报酬。

第二、集约经营。依照两个根本性转变的要求，着力谋求饲料工业的集团化、规模化发展，充分发挥大型企业的主导作用。加快集约经营进程，进一步开拓新市场，扩大产品市场占有率。在增长方式转变过程中，引导淘汰，兼并规模小、设备差、工艺落后、管理水平低的小厂；把具备实力、设备先进、管理科学、效益良好的骨干企业建成饲料工业的龙头和支柱，带动整个饲料工业的改组、改造，塑造行业优势，构成产业化发展格局，彻底改变目前饲料工业初级、低档、分散、小而全的行业发展格局。

第三、总量平衡。实现饲料供需总量的平衡是保证“菜篮子“工程发展的基本前提，因此，饲料工业主要根据比较利益原则，结合天津饲料资源状况，选择确定供需平衡的最佳实施方针。从供需趋势看，尽管城乡人均副食品占有量已经达到较高水平。但是随着人口的增长和膳食结构的改善，对禽肉、鲜奶、水产品等高档动物性食品的需求将会增长。据市“菜篮子”工程建设“九五”发展规划目标测算：饲料工业产品产量，2000 年达 220 万吨，其中全价配合料 195 万吨，浓缩料 20 万吨，添加剂预混料 5 万吨；2005 年达 234 万吨，其中全价配合料 197 万吨，浓缩料 30 万吨，添加剂预混料 7 万吨；2010 年达 250 万吨，其中全价配合饲料 200 万吨，浓缩料 40 万吨，添加剂预混料 10 万吨。所以，必须立足大流通、大市场来调剂余缺，并在统一的大市场中找准天津饲料工业的位置，在立足本市的基础上，充分利用区位、资源、技术等优势，着力开拓外埠市场乃至国际市场，进入大市场，参与大流通，平衡饲料产需，实现资源的优化配置。

撰稿：天津市饲料工业办公室

河北省饲料工业

在各级政府及有关部门的大力支持和帮助下，河北省饲料工业各级指标都在大幅度提高，饲料产品产量从 1990 年的 100.4 万吨上升到 1999 年的 628.9 万吨，时产 1 吨以上的饲料加工企业从 1990 年的 500 多家发展到 1999 年的 787 家。时产 5 吨以上的饲料生产企业由 13 家发展到 1999 年的 136 家。产值从 1990 年的 4.02 亿元发展到 1999 年的 84.67 多亿元（当年价）。饲料企业分布全省 40 多个部门，50 多个系统。1994 年河北省跨入饲料生产大省行列，1997 年饲料产量跃居全国第二位。初步形成了以饲料加工工业为主体，饲料添加剂工业、饲料原料工业、饲料机械制造工业、饲料科研及质量监督相互配套的饲料工业体系。

【健全组织机构　实行归口管理】

1990 年正式成立河北省饲料工业办公室。1995 年河北省政府“三定”方案中进一步明确了河北省饲料工业办公室的职责，并在机构设置和人员配置上给予了充实与加强，同时给予专项经费支持。到 1996 年底，全省 8 个市全部成立了饲料工业办公室，139 个县（市）中到 1999 年底绝大部分县（市）成立了饲料工业办公室，初步形成了饲料工业管理体系。

【加强法制建设　规范行业行为】

1995 年 12 月 15 日，河北省人民政府以第 151 号令发布了《河北省饲料管理办法》，1996 年又相继制订颁布了《河北省饲料管理办法实施细则》。秦皇岛市、沧州市、涿州市、元氏县等市、县政府于 1996 年、1997 年分别颁布了市、县饲料管理办法，发布了加强饲料管理的布告。根据《办法》和《细则》的授权，省法制局批准办理了饲料行政执法证件和监督检查证件，并有 6 个市饲料办办理了罚没许可证和罚没文书等。到 1997 年底，全省共发放饲料行政执法证 536 个，并举办了不同形式的培训班和学习活动，使饲料工业走上了法制化管理的轨道。

【加强质量管理　实行名牌战略】

随着《产品质量法》和《饲料标签》标准的实施，饲料企业普遍增强了质量意识，通过“两证一号”的评审发放工作，进一步规范了全省各大饲料企业的生产行为和营销企业的营销行为。

河北省技术监督局于 1997 年 2 月 20 日正式批复，在河北省饲料监察所基础上，成立了河北省饲料质量监督检验站，业务属省饲料工业办公室指导，负责全省饲料产品质量的统验、抽验和质量监督工作。

通过这些措施的落实和加强，使饲料质量明显提高，到 1998 年度饲料产品合格率已达 70%以上，涌现出了一系列名优产品及大的集团公司、龙头企业。

几年中评出河北省优质产品 5 个，河北省名牌产品 6 个，河北省首届农博会名优产品 19 个，其中 1 个被评为国家农博会名优产品。有 32 个产品被评为河北省饲料工业协会推荐产品。

【加强科技培训　广辟饲料资源】

针对全省饲料行业技术人员缺乏，职工专业水平低的状况，几年中举办了各种形式（饲料质量管理、饲料法规及科技知识等）培训班 16 期，共培训行业职工 2000 多人次。

国家劳动部于 1998 年 1 月 6 日正式批准建立饲料工业职业技能鉴定站，有 39 名同志被定为国家级考评员，设立了 5 个培训与考核点，使大、中专院校的饲料专业毕业生的“双认证”制及饲料行业从业职工培训工作顺利开展起来。

为增加饲料科技含量，提高饲料工业整体水平，开发新的饲料资源，全省饲料界均在积极组织新产品的开发、推广工作。如《猪用复合添加剂预混料推广应用》已列入了 982001 号全国农牧业丰收计划；秸秆生物饲料已在全省 6 市 19 县进行大面积示范应用，取得了良好效果。

【强化服务功能　发挥协会作用】

河北省饲料工业协会于 1996 年 10 月 7 日被河北省民政厅批准成立，1997 年 6 月 27 日召开了成立大会。到 1999 年底已发展团体会员 50 个，个人会员 139 个，成功地召开了两次协会理事会全体会议，评选出协会先进单位 8 个。1998 年河北省协会被中国饲料工业协会评为协会工作先进单位。

河北省饲料协会成立以来，充分发挥其桥梁纽带作用，开展了一系列活动，促使了企业间的交流与合作。如河北省饲料协会会同河北省家禽业协会、河北省动保协会联合成功地举办了 1997 年、1998 年 2 届饲料、家禽、兽药交易大会，每届均有 20 多个省、自治区、直辖市组团参会，大会展位达 400 多个，交易额上亿元。

河北省饲料工业经过8年的发展，已取得了不小的成绩，但仍存在一系列问题，如：集饲料、饲养、加工、销售为一条龙的联合体较少；饲料科技含量不高，饲料报酬率低，人畜争粮仍是一个老问题等。今后需在加强行业管理，广辟饲料资源，提高饲料科技含量上继续努力，使全省饲料工业上一个新台阶，由畜牧及饲料大省向畜牧及饲料强省跨越。

撰稿：河北省饲料工业办公室

山西省饲料工业

进入20世纪90年代以来，在国家和省有关部门的正确领导下，饲料战线的广大干部、职工认真贯彻《1984—2000年全国饲料工业发展纲要》，通过多渠道集资、多种形式办厂、多种经济成份经营，使全省饲料工业得到快速发展，初步实现了《纲要》提出的"后十年要健全饲料工业体系，使饲料工业进入一个新的振兴时期"的阶段发展目标。

【饲料工业体系基本健全】

据1999年的统计，山西省现有饲料加工企业745个，其中时产5吨以上的企业38个。从业人员15000余人。从事饲料工业的单位已由当初的农牧、粮食系统发展到乡镇、个体、水利、商贸及工矿等部门，形成了饲料工业大家办，大中小型一起上的格局。饲料种类由猪、鸡混合饲料逐步发展为全价配合饲料、浓缩料、预混料、添加剂及特种畜禽饲料等种类齐全的饲料市场。与此同时，利用当地资源加工糟、渣、饼粕、草粉、骨粉的厂（点）已发展到150多个，年产各类饲料原料2万吨，成为本省原料工业的中坚力量。饲料工业的发展还为解决农村剩余劳动力和城镇下岗职工的再就业提供了一定的条件。据初步统计，从业人员中有500人是下岗职工。

据1991－1999年的统计，9年累计生产配混合饲料705.34万吨，工业总产值（以1990年不变价计）达52.667亿元。产量、产值分别比前11年增加376.7万吨和44.22亿元。现在全部加工企业的年双班生产能力达到240多万吨。从1997年开始年产量突破百万吨大关，并连续2年保持在120万吨左右。为适应本省养殖规模小而分散的实际，近年来产品结构发生较大的改变，技术含量较高的浓缩饲料、预混饲料所占的比重逐年加大，分别由1990年的0.4%，0%上升到9%和0.05%。

山西省的饲料机械工业主要集中在大同农牧机械厂，其生产技术和产品质量在国内有较高的声誉，每年可生产各类型号的饲料机械240台（套）。

饲料添加剂工业曾是山西省的薄弱环节，已建成投产的磷酸氢钙，氯化胆碱、喹乙醇及腐植酸络合物（腐钠、腐钾等）、甜菜碱等营养和非营养性添加剂厂（车间）80多处，年产2000吨。

作为饲料工业体系中的重要环节—科研、教学、技术推广和监察机构正在不断发展和完善，山西省直各有关厅（局）和科研院校相继设立了饲料科研、培训及质量监控机构，有效地促进了饲料工业向科学化、标准化、法制化迈进的步伐，1995年以来全省饲料产品的平均合格率一直保持在75%以上。很多企业的产品获得了国家、部、省奖励。

为强化饲料行业管理，1991年山西省人民政府批准成立了山西省饲料工业办公室。1997年4月经山西省民政厅批准成立了山西省饲料工业协会，1998年经农业部和原劳动部批准在饲料协会设立特有工种职业技能鉴定站。全省11个地（市）都成立有饲料检测站，现正积极筹建饲料工业办公室。以上机构的设立，对规范行业行为、提高产品质量起到了重要的作用。

饲料工业的发展，在很大程度上支持了养殖业的发展，近年来，全省畜禽存栏数、出栏率及肉、蛋、奶的供应量持续稳步增长。1998年的肉、蛋、奶总量达到了177.7万吨，分别比上年增长4%、0.7%、2.9%，畜牧业总产值达70亿元。

【主要问题和面临的困难】

（1）工业饲料产量小，结构不尽合理，不能满足养殖业发展的需要。就产量而言，按照全省畜禽存栏数(8950万头只)计算，各类畜禽所需饲料约600万吨，现有产量只占需要量的20%左右，缺口之大显而易见。从产品结构上看，猪、鸡配合饲料所占的比例偏高（近90%），而浓缩料和添加剂预混料仅占总量的10%左右。

（2）饲料生产设备年久老化，不能正常运转。饲料生产设备大都是20世纪80年代配套的，经过近20年的使用，其性能已经老化，既增加了企业的维修费用，又难以保证饲料产品质量。据调查，近3年来不合格的饲料产品中，有25%是由于生产设备故障造成的。

（3）饲料原料资源的综合利用率不高。山西省有比较丰富的饲料资源，据查每年可作为饲料使用的糠麸、饼粕、糟渣、树叶、动物屠宰副产品及其它可以利用的饲料资源有3000多万吨，但真正用于饲料的不足1000万吨。矿物质饲料如膨润土、磷矿石、麦饭石及富含腐植酸的风化煤不仅储量大而且品位高，但大都没有很好地开发和利用。多数散落在民间或作肥料或以其它品名廉价出卖，造成严重的环境污染和资源浪费。

【饲料工业发展的思路】

冷静分析全省的实际情况，尽管饲料工业的基础比较薄弱，但发展空间广阔，而且有比较优越的基础优势，如原料、人才及尚待开发的农村市场。

只要自上而下提高对饲料工业的认识，增加感情投入、资金投入和技术投入，完善行业管理，理顺各种关系，把饲料工业推上新的台阶是有希望的。尤其是国务院颁布了《饲料和饲料添加剂管理条例》，对饲料工业的快速、健康发展创造了良好的机遇。今后，将从以下几方面加大工作力度，为饲料工业顺利实现跨世纪发展夯实基础。

（1）在加强省级饲料行业管理机构建设的同时，在各地（市）县设置相应管理机构，形成上下贯通的行业管理网络。

（2）把饲料工业纳入全省国民经济发展规划。在稳定现行饲料政策的基础上，出台一些地方性扶持饲料工业的优惠政策，每年按排一定数量的技改经费和高新科研经费；进一步完善饲料粮、饲料用化肥的供应政策。

（3）完善饲料科研体系，提高饲料工业的科技水平。由饲料行业主管部门牵头，把本行业各环节的专家、学者、技术骨干组织起来，集中优势力量开展急需的、适合山西特点的新产品、新技术研究与推广。如生物饲料、非蛋白氮饲料、饼粕脱毒、腐植酸系列产品、膨润土、麦饭石等营养性、非营养性添加剂。

（4）顺应市场经济需要，优化生产布局和产品结构。正确理解饲料工业大家办的方针，合理调整饲料加工工业布局，变“小、多、差”为“大、少、高”，即饲料企业规模由小变大，数量由多变少，产品质量由差变高，走集团化、产业化发展的道路，提高抵御各类风险的能力。

在产品结构方面，要根据不同地域、不同养殖水平引导企业生产适合当地实际的产品；扶持有条件的企业开发新型饲料添加剂、添加剂预混饲料及浓缩饲料。

撰稿：山西省饲料工业办公室

内蒙古自治区饲料工业

9 年来饲料工业得到了很快发展，逐步形成了门类齐全、设施完善、科学管理、品质控制、产品多样的新兴工业。

【饲料工业初具规模】

内蒙古自治区的饲料工业经历了从起步、发展到提高阶段，目前自治区的饲料工业基本上处于全国中等以上水平，拥有大、中、小型各类饲料企业、生产厂家 180 个，饲料添加剂、预混合饲料生产企业（车间）10 个，年双班生产能力 150 万吨，饲料资源加工厂如肉骨粉、沸石粉、松针粉生产厂家 20 个，年双班生产能力近万吨。全区从事饲料工业职工人数达 8000 人。

其中到 1999 年有年产 2 万吨以上饲料生产厂 8 个，1 万吨以上的 29 个，5 千吨以上的 20 个，4 千吨以上的 26 个；年生产配混合饲料能力达到 150 万吨，配合饲料比例由 1990 年的 39%，提高到 1999 年的 88% 以上。

【饲料工业趋向联合】

近几年内蒙古自治区的饲料工业向高科技、大型化发展，正在走合资、合作、联合的路子。内蒙古饲料公司与泰国正大集团合资在呼和浩特建立一座年产 12 万吨的配合饲料厂，是自治区首例引进外资合资建厂；巴盟粮油总公司与香港合资在内蒙古河套粮食产区临河市兴建的昌河饲料厂，年产配合饲料 5 万吨；内蒙古包头与希望集团合作在包头市兴建年产 10 万吨的希望饲料厂；乌盟牧区饲料厂正在与大地饲料厂合作成立新的运行机制的饲料企业；内蒙古粮科所与北京兴人和合作，也形成年产近千吨膨化尿素的能力。

【产品数量、质量不断提高】

1990 年以前，内蒙古自治区饲料工业产品大部分是混合饲料，配合饲料仅占全年总产量的 30%，1999 年达到 88%，而且能够生产牛、羊、鱼、兔、鹿等多种畜禽专用饲料。大部分饲料企业生产的饲料达到标准化、系列化，还能生产一部分特种饲料和添加剂，如牛、羊开食料、育肥料、膨化饲料、松针粉和专门出口日本的饲草等。内蒙古华蒙金河实业有限责任公司生产的饲用金霉素，1999 年产量达 0.9 万吨，80% 以上出口到欧美、日本等发达国家。巴盟临河昌河饲料厂 1995 年与大北农集团进行全方位的经济技术合作，产品远销北京、宁夏等省（自治区、直辖市）。内蒙古的甜菜粕作为制糖业的副产品已成为重要的饲料原料，近几年热销日本、西欧等国外市场。

各饲料企业还适应市场需要，加强品控意识和企业管理，积极创造条件，严格按照 ISO9000 标准进行质量管理。为饲料提供原料的内蒙古大公面粉厂加强内部管理，严格生产规程，严把质量关，通过了 ISO9001 质量认证，使饲料原料远销全国各省、自治区、直辖市。

【科技先行与引进人才和技术】

全区饲料科研工作 20 世纪 90 年代有了很大发展，金河实业有限责任公司从科研入手，引进国内最先进的饲用金霉素生产发酵技术，大大降低了生产成本，企业效益大增。内蒙古粮食科学研究设计所承担的国家“七五”科技攻关项目“膨化人工乳工艺及设备研究”，首次采用了美国的大型谷物膨化机，生产的“膨化尿素”可以大量补充国内蛋白质资源的不足，以尿素替代植物蛋白可大幅减低牛、羊等反刍动物饲养成本，目前已在内蒙古、河北、北京、山东等地推广使用。内蒙古农牧学院推广使用的氨化技术、微生物发酵技术都使饲养水平得到进一步提高。包头市与希望集团合作引进了技术和人才，内蒙古饲料公司与泰国正大集团合作引进管理人才，内蒙古宏泰与大北农合作引进管理人才，内蒙古粮科所与北京兴人和集团合作引进管理人才和销售队伍，使产品质量、营销手段和售后服务水平不断提高，加快了内蒙古自治区饲料企业向现代化管理，良好的售后服务与品控管理发展，对饲料工业的发展起到了积极作用。

【生产向集约化、产业化发展】

随着市场经济的日趋完善，靠生产单一饲料、粗饲料、混合饲料等低水平饲料的生产企业，大多艰难度日。内蒙古饲料工业已经向集约化、大型化发展。正大内蒙古饲料有限公司年产各种饲料5万吨，已经占领内蒙古西部地区60%的市场份额，内蒙古赤峰兴发集团公司向饲料加工、养殖、销售一条龙的集约化发展，并且成为上市公司。内蒙古金河实业有限公司，已在扩建饲用金霉素生产规模，将达到年产2万吨的规模，其产量占世界饲用金霉素第一位，60%的产品出口，近几年还从国外引进6套甜菜粕成套加工设备，其产品大部分出口。

饲料科研和质检工作也得到加强，共有2个省级饲料质检中心，6个地区饲料质检机构，有力地促进了饲料工业的发展和饲料产品质量的提高。

撰稿：内蒙古自治区饲料工业协会

辽宁省饲料工业

经过“八五”、“九五”的建设，全省饲料工业有了很大的发展。随着改革开放的不断深化和社会主义市场经济的发展，饲料企业逐渐由封闭型向开放型转变，由单纯生产型向市场营销型转变，由产量产值型向质量效益型转变，由单一产品型向多种经营型转变，由粗放管理型向科学管理型转变，竞争力不断增强，出现了以预混料为龙头的饲料加工企业集团，以饲料为主产品的多种经营企业集团，以饲料为纽带的养加销企业集团，以饲料机械为核心的一体化服务企业集团，加快了企业经营机制的转换和农业产业化的进程。目前，全省已有20多个部门兴办了饲料工业，行业职工达2万余人，以饲料加工业为主体，以饲料原料工业、饲料机械工业、饲料添加剂工业相配套的饲料工业体系已基本建成，行业管理、技术监督、科研推广等管理服务体系日益健全。

【饲料加工工业】

“八五”以来，饲料加工工业发展迅猛，能力、产量、产值、利税持续增长。1999年，全省时产1吨以上的饲料加工企业有594家，是“七五”期末1990年159家的3.7倍，年均递增10.59%，其中时产5吨以上的饲料厂166家，浓缩料加工厂56家，预混料加工厂11家；饲料年双班加工能力达到904.2万吨，是1990年246万吨的3.7倍，年均递增10.34%；饲料总产量达到311.60万吨（其中配合料205.32万吨、浓缩料104.07万吨、预混料2.02万吨），是1990年118万吨的2.6倍，年均递增5.1%；饲料总产值44.03亿元（1990年不变价，现价为62.35亿元），是1990年1.4亿元的31.45倍，年均递增40.7%；利税3.9241亿元，是“八五”期末1995年的1.0448亿元的3.76倍。在配合饲料产量持续增长的同时，浓缩料、预混料从无到有，产销量迅猛增长，配合料年递增22.5%，浓缩料年递增94.7%，预混料年递增38.2%。1999年在配合料205万吨中，猪料占12%，蛋禽料占58%，肉禽料占22%，鱼虾料占6%，其它料占2%。全省能加工20多个系列、100多个品种的饲料，可基本满足饲养业的需求，并有部分产品打入国际市场。

【饲料原料工业】

据1990年配合饲料资源调查，全省能量饲料资源比较丰富，拥有21个品种，总量为1289万吨。其中粮谷类1231万吨，非粮谷类49万吨，可基本满足配合饲料生产的需要。蛋白质饲料资源较为紧缺，其中植物蛋白质饲料资源为196万吨，但可提供用于配合饲料生产的饼粕只有11万吨左右，缺口很大；非粮型植物性蛋白质饲料资源89万吨，潜力虽然很大，但开发利用需要大量投资和较长的时间，利用的很少；动物性蛋白质资源总量为17.2万吨，其中可用于配合饲料加工的只有11.6万吨，十分紧缺。近年来，饲料原料企业上马较多，竞争激烈。1999年，全省有饲料原料生产厂94家，其中鱼粉加工厂31家，骨粉和肉骨粉加工厂29家，其它企业34家；饲料原料生产能力达到25.2万吨，是“八五”期末1995年8.6万吨的2.9倍，年递增43.1%；产量12.54万吨，是1995年6.7万吨的1.8倍，年递增14.05%，其中，鱼粉产量0.60万吨，骨粉和肉骨粉产量2.45万吨，其它原料9.49万吨；产值1.22亿元；利税666万元。

【饲料添加剂工业】

饲料添加剂工业主要集中于医药和化工行业，这两个行业在辽宁省基础雄厚，技术力量强，所以发展饲料添加剂的条件十分优越。鞍山动物药厂为全国最大的维生素K_3生产厂，东北制药集团是全国最大的维生素生产基地，与德国巴斯夫公司在浓缩经济技术开发区合资兴建的饲用维生素生产企业已于1998年峻工，年生产能力为3500吨，品种有维生素A、B、D、E及多种复合维生素。但是，总的来看，饲料添加剂从品种、数量及某些产品的质量诸方面还不能满足饲料工业的需要，有待于加快其发展速度。1998年全省有饲料添加剂企业11个，生产的饲料添加剂包括维生素类、矿物质常量及微量元素类、非蛋白氮类、防霉剂、青贮剂、粘结剂以及促生长剂和驱虫剂等。全年饲料添加剂生产能力达到1.8万吨，是“八五”期末1995年1.5万吨的1.2倍，年递增6.4%；产量为4078吨；总产值1965万元。

【饲料机械工业】

“八五”以来，随着饲料工业的蓬勃发展，饲料机械制造工业以市场为导向，加快技术进步，加强市场营销工作，不断推出新的产品。海城北方饲料粮油工程有限公司生产的大型饲料加工成套设备，最大年双班产量可达30万吨，全部计算机控制，技术先进，自动化程度高，曾为东北最大的辽河饲料集团和中外合资企业嘉荣公司实施了交钥匙工程；阜新市颗粒饲料机械厂生产的颗粒机设备在国内具有先进水平；阜新市牧业机械总厂是国家机械工业部定点生产饲料加工成套设备的专业厂，产品有17个系列，60多个品种，全部产品通过部级鉴定，主机颗粒机为部优产品。1999年全省有饲料机械制造专业厂8家，能生产饲料加工成套设备和各种粉碎机、制粒机、混合机、配料装置以及输送设备等80多种产品。年饲料机械设备生产能力682台（套）；实际生产108台（套），其中时产10吨以上的5台（套），时产5—9吨的23台（套），时产1—4吨的80台（套）；产值11456.6万元；利税总额248.8万元。

【标准化与质量管理】

“八五”以来，饲料工业的标准化、规范化工作有很大进展，企业的质量意识、科技意识普遍增强。一是饲料企业普遍执行饲料标签标准。1994年和1999年，辽宁省饲料办与技术监督部门联合，二次召开全省饲料标签标准宣贯培训会议，对行业管理和企业技术人员进行企业标准及产品标签方面知识和技术的培训，并进行审查和备案工作。全省绝大多数企业都已制定了企业标准和产品标签。二是制定地方标准，开展技术研讨和培训活动。辽宁省在全国率先制定了饲料地方标准37项，制定了鲤鱼、对虾、淡水鱼饲料卫生标准等地方标准，经省技术监督局审查批准，发布实施。编辑出版了《饲料工业标准实用手册》。每年举办十几次新产品、新技术研讨活动，使全省饲料工业的科技进步明显加快，涌现出嘉荣牌鱼饲料、星河牌酶制剂、维生素K_3、甜菜颗粒粕等一批在全国技术领先的新技术、新产品。三是开展饲料质量统检和市场整顿工作。近年来，省、市饲料行业管理部门与技术监督、工商等有关部门配合规范市场秩序，打假20多次，净化了饲料原料和产品市场，保护了生产经营企业和广大农民的利益。1998年国家统检，饲料产品质量比“八五”前有大幅度的提高，全省饲料产品总合格率为84%（按企业合格率为96.9%），比1990年全国统检的59%高出25个百分点。重视检化验管理，大中型企业自建，小企业联建化验室，以质量求生存、求发展日益成为广大企业的自律行为，锦州民星公司还通过了ISO9002质量认证体系。四是开展职业技能鉴定工作。1998年11月，辽宁省率先完成了职业技能鉴定站的建站和作为试点的全国首批55名专业技术人员的职能鉴定工作，为全国广泛开展此项工作积累了经验。

【企业改革与招商引资】

为实施外向牵动战略，吸引国内外大饲料企业进入辽宁，加快饲料企业改革开放、转机建制和招商引资的步伐，各级饲料办主要做了以下几方面的工作：一是引导企业以产权制度改革为突破口转换经营机制。如锦州民星、凌源禾丰公司充分抓住转换机制带来的思想观念上的变革，健全竞争机制和约束机制，使企业效益有明显增长。二是外引内联，协调帮助有实力的企业以资本为纽带“造大船”，实现资源的优化配置。如大成、希望、民星等具有规模实力的企业通过买断、租赁等，使近20家饲料企业重新启动运转。三是帮助中小企业以技术合作、原料合作等方式“靠大船”，增强市场竞争能力。如盖州市饲料公司通过与大连翔大公司技术合作，引进资金500万元更新改造了设备，提高了产品科技含量；锦州、营口两市的饲料公司分别租赁给辽宁大成和三友饲料保健品公司后，利用租金开展了新的饲料营销业务，走出了困境。四是为阜新牧机总厂协调落实世界银行贷款项目的国内配套资金担保问题，并为丹东现代鱼粉厂和盘锦市明达牧工商总公司分别争取了850万元和1000万元的国家贷款。五是多次组织饲料企业参加省政府在北京、大连等地举办的对外招商引资会议，为美国康地、普瑞纳、英国ABN、泰国正大、澳大利亚百利威、荷兰范阿森等国外公司及民星、希望、大北农、挑战等国内公司与省饲料企业合资、合作、租赁、买断、牵线搭桥介绍合作伙伴，据不完全统计，“八五”以来，全省饲料行业引进资金约10亿元，大大加快了辽宁省饲料工业的改革开放和技术进步的进程。

【名牌战略与形象工程】

“八五”以来，辽宁省饲料工业办公室和辽宁省饲料工业协会为树立行业形象，扩大名优产品影响，采取了一系列措施：一是向全社会宣传推荐名优产品和技术先进企业。1992年5月，在“首届全国饲料工业新技术新产品交流会”上，全省有13个产品获得了金奖，其中维生素K_3等5个产品获特别金杯奖；1994年有4家企业获得全国百强企业称号，有20家企业获得辽宁省20强企业称号；1996年，在全国首届饲料工业博览会上，有22家企业30个产品获本届大会认定产品证书，辽宁省饲料办和饲料协会获本届大会组织工作一等奖。近2年来，先后有12家企业的30种产品被定为中国饲料工业协会推荐产品；辽宁大成等10家企业被省技术监督局评为产品质量可靠企业；宝丰牌“871”猪用浓缩料和“辽河牌”蛋鸡饲料被确定为省首批免检产品，在辽宁日报上进行重点宣传，并在省电视台“辽宁饲料工业异军突起”新闻系列报道中分别播出，提高了企业和产品的知名度。实施名牌战略，提高了先进企业和优质产品的市场信誉和知名度。二是与省畜牧局、辽宁北方电视台共同制作了《辽宁饲料工业喜中有忧》专题片，分析畜牧、饲料的产销形势和发展趋势，对养殖户和饲料企业的生产进行宏观指导。三是与吉林、黑龙江两省饲料办联合组建东北饲料信息网，并创办了网刊《东北饲料信息》，为企业提供全方位的行业动态、政策、市场信息、购销咨询服务和代购代销服务。四是接待国外和兄弟省、自治区、直辖市饲料工业考察和洽谈合作的代表团30多次，增进了解，交流经验和信息，并派出代表团回访，为饲料产品走向国内外市场搭桥铺路。

【科技与教育】

9年来，全省完成饲料工业科研项目72项，其中获奖24项（国家级两项、省级22项）；完成省级技术推广项目52项，其中获奖16项；完成农业部“丰收计划”项目3项，其中《辽宁省配合饲料资源调查》获省政府星火二等奖，《畜禽配合饲料系列配方优化与验证》获省政府科技进步三等奖，中草药饲料添加剂的研制和生产，填补了国内空白。研制开发的秸秆压块机和无鱼粉日粮预混料、纤维素酶制剂、甜菜碱、植酸酶、益生素等高科技成果在国内处于领先地位。1993年被国家科委批准为“国家级科技成果”，向全国重点推广的“宝丰”871猪用浓缩料在辽宁得到大力推广，对全省浓缩料的生产起到了很大的推动作用。为提高全省饲料工业行业管理人员、技术人员的工作水平，省饲料办会同有关部门，先后举办了企业管理、饲料配方、化验检测、标签标准、技术操作与维修等培训班培训3000多人次。经省教委批准，1990年省饲料工业办委托沈阳农业大学举办了“动物营养与饲料”专业证书班，30多人经过800多学时的学习，达到大专水平。现在沈阳农业大学和省粮校已开设了饲料工业的专业课程，培养有中专以上学历的饲料工业专业人才。1995年辽宁省饲料工业办公室协调组织辽宁大成农牧实业有限公司、沈阳嘉荣畜牧饲料有限公司、辽河饲料集团和沈阳正大畜牧有限公司等大饲料企业筹集资金20余万元，在沈阳农业大学设立了奖学金。

【行业管理与协调服务】

辽宁省饲料行业管理和服务工作的主要特点：一是领导重视。“八五”以来，省长办公会多次研究有关饲料工业问题，省委、省政府领导多次视察饲料企业，对饲料工业发展作重要指示，一些市的领导也把饲料工业作为建设农业强市和发展农业产业化的重要环节来抓。二是管理服务体系比较健全。辽宁省于1983年在全国率先成立了饲料工业办公室，14个市相继设立了行业管理机构；有部级、省级饲料质量监测中心各1个，市级监测中心3个；有2个省级和4个市级技术推广机构；有1个省级和4个市级饲料工业协会；服务实体已发展到14个。三是发展有规划。省饲料办配合省计委先后编制了全省饲料工业“八五”、“九五”计划，使饲料工业始终保持健康快速的发展势头。四是产业有政策。省政府先后出台了一系列扶持饲料工业发展的政策，对加快全省饲料工业的发展起到了很大的推动作用。1994年秋，省政府特批国有饲料企业在粮食收购期间可以采购生产急需的玉米，大大地缓解了饲料工业原料紧缺问题，稳定了居民的“菜篮子”。五是管理有办法：《辽宁省饲料管理暂行办法》早在1987年就以辽政发[1987]157号文件颁布了，1991年出台了《辽宁省饲料工业技术政策要点》，使饲料工业的生产、经营、质量，监督和处罚有法可依，有章可循。1998年，省饲料办与省法制办协调，为全省饲料行业行政执法人员颁布了行政执法证。进一步加强了全行业的管理力度。近几年，各级饲料办帮助企业协调解决20多起经济纠纷案件，维持了企业或农户的合法权益。六是工作重结合。辽宁工业的发展紧密配合“菜篮子“工程建设，饲料工业建设主动与省内大中城市郊区规模化饲养场的建设相配套，成为“菜篮子“工程的重要组成部分；并与畜牧、水产和农业产业化发展相结合，成为种、养、加、销一条龙经营的重要环节或龙头。七是寓管理于服务之中。近年来，各级行业管理部门帮助企业寻找人才，策划营销，制做标签，完善质量管理体系，协调各方面关系，自觉地把管理寓于服务之中。

【问题与设想】

辽宁省饲料工业的发展，也有一些不容忽视的问题。主要是地区发展不平衡，基本局限于辽河平原狭长地带上；饲料产品的科技含量还不能满足饲养业的需要；企业管理和专业技术人才缺乏；行业管理比较薄弱，信息不灵，还存在盲目建厂、伪劣原料和饲料泛滥等现象，这些问题要在今后的发展中逐步加以解决。

“九五”、“十五”期间，辽宁省饲料工业在建立现代企业制度和农业产业化上要取得新突破，并在五个方面登上新台阶：一是饲料总产量和市场占有率要登上新台阶，大力发展浓缩料、预混料，提高配合饲料入户率；二是种养加科工贸一体化和企业集团化要登新台阶，成为推动农业产业化的重要力量；三是科研和技术推广工作要登上新台阶，饲料产品的科技含量和饲料报酬率要达到国际上20世纪90年代中期水平；四是外向型经济的比重要登上新台阶，农业产业化的龙头饲料企业要在国际市场上占有一席之地；五是行业管理和支持服务体系建设要登上新台阶，依法开展行业管理，大力发展中介服务组织。

撰稿：辽宁省饲料工业办公室

吉林省饲料工业

【基本情况】

1991年以来，吉林省饲料工业在吉林省委、省政府的关怀指导和有关部门的大力支持下，经过全省广大从业人员的不懈努力，实现了改革开放，开拓前进，健全饲料工业体系，使饲料工业进入一个新的振兴时期的发展目标。在以下几方面表现突出：

（1）饲料工业快速成长。进入20世纪90年代，吉林省饲料工业经历了从高度集中的计划经济向市场经济体制过渡时期，通过不断摸索与总结经验，一个涵盖饲料加工工业、饲料原料工业、饲料添加剂工业、饲料机械工业和科研、教育、行业管理等支持与服务设施在内的饲料工业体系得到巩固和加强，很好地适应了市场经济发展规律，饲料生产能力和产量均有大幅度增长，极大地支持了全省粮食转化和畜牧业发展，以及“菜篮子”工程等重大战略工程建设。

截至1999年末，全省饲料年双班生产能力已达到392万吨，比1990年增长63.3%，平均每年增长6.3%。饲料产品年产量222.4万吨，比1990年增长135.2%，平均每年增长9.71%，超过全国平均发展水平3.7个百分点；其中配合饲料生产135.2万吨，比重为61%；浓缩饲料生产82.0万吨，比重为37%；添加剂预混料生产5.2万吨，比重为2%。猪料、禽料占饲料总量的90%。

全省建有时产1吨以上饲料加工企业288家，其中时产5吨以上饲料加工企业45家，吉林德大、吉林正大、长春华龙饲料厂进入全国百强饲料企业行列。饲料工业固定资产投资超过6亿元，年实现国民生产总值51亿元（现行价），其产值和利税水平在全省39个工业行业中排名在前20位。

（2）生产技术水平不断提高。1990年以前，吉林省多数饲料生产企业生产规模小，设备简陋而不配套，工艺落后，不适应饲料工业发展提高的需要。“八五”期间，吉林省采取措施加大企业以设备更新为主的技术改造力度，通过对饲料工业重点项目贷款进行贴息等方式，带动企业实施技术改造，在更新原有容积式配料设备，增加颗粒设备和电子计算机中心控制操作系统等方面取得明显成效。全省万吨以上饲料企业全部采用电子计算机中心控制操作系统。通过技术改造，不仅提高了设备生产能力，而且增加了饲料产品的高科技含量。

在质量管理方面，每年省饲料工业办公室和省产品质量监督检验所共同对饲料企业进行监督检验，重点检查饲料标签强制标准的贯彻执行和饲料企业检验化验室的配套建设，饲料产品质量有了一定的保障。1990年至今，全省饲料产品检验合格率保持在75%以上。在首届全国饲料工业博览会上，有11家企业16个产品被评为大会认定产品。长春华龙饲料厂、吉林正大、吉林中亚3个企业的产品被评为中国饲料工业协会推荐产品。吉林正大的808猪用饲料为省名牌产品。

（3）实现粮食转化增值，社会效益显著。饲料工业是以粮食及其副产物为基础原料的加工工业，其主要原料玉米占70%左右。1990年，吉林省粮食年产量达到2000万吨左右的水平，1997年粮食产量达到2500万吨，粮食商品率、人均占有量、玉米调出量等指标居全国首位，由于粮食连年取得丰收，特别是近年来玉米出省不畅，造成粮食积仓压库、陈粮增加、农民手中粮食不能及时收购入库等问题出现，因此，实现粮食就地转化增值已成为吉林省农业和农村工作的重心所在。饲料工业自1990年以来共生产饲料1200万吨，可以转化粮食800万吨，平均每年转化玉米100万吨，是吉林省转化玉米最大的行业。酒精、淀粉等玉米深加工企业的副产物玉米蛋白粉等可以做为优质的饲料原料，通过饲料工业使其产品加工得到进一步增值。

饲料工业与相关的种植、畜牧、水产、化工、内外贸、医药、食品等行业互相推动，共同发展，在“菜篮子”工程建设，促进农业科技进步，提高农业综合经营素质等方面所发挥的重要作用，已得到全社会的认同。

（4）行业管理卓有成效。吉林省饲料办公室于1985年成立，挂靠省计划委员会，是全国最早成立饲料办的省份之一，在对全省饲料工业进行统一规划布局，落实优惠政策，实行重点企业扶持，招商引资，强化市场宏观管理，搞好协调和服务，加强质量监督等方面做了大量实际而有成效的工作。吉林省饲料工业协会于1989年成立，承担了大量的行业管理工作，已成为政府与企业之间的桥梁和纽带。今年劳动和社会保障部又批准在省饲料工业协会成立特有工种职业技能鉴定站，行业管理职能更加完善与明确。

【发展趋势】

近年来，吉林省饲料工业产品保持快速发展的趋势，产量和效益都有大幅度增长，其原因在于饲料原料价格降低和养殖业发展较快，而且在今后相当长的时间内以下几个发展趋势会更加明显：

（1）饲料原料生产优势突出。吉林省是玉米、豆粕等优质饲料原料的主产区，发展饲料工业有着得天独厚的条件。新开发的饲料原料在品种和数量上也有较大的增加，例如，吉林省农业产业化重点建设项目黄龙、新源、大成等玉米深加工企业，每年可提供近百万吨的玉米蛋白粉等副产品用做优质饲料原料；以啤酒、造纸等行业生产的废液、废渣生产饲料酵母也形成一定规模，还新开发出用脱毒蓖麻粕生产的饲料酵母也深受用户好评。

（2）饲料产品结构调整明显。1998年，吉林省浓缩饲料产量已接近总产量的1/4，而配合饲料生产比重有下降的趋势。由于农民手中有大量的玉米，以及饼粕糠麸等原料易于采购，加上配合饲料科学知识的普及，因此近几年对浓缩饲料的需求增长快。原来极少生产添加剂预混料，多从省外购进，随着降低生产成本和增加效益的需要，近年来生产添加剂预混料的企业不断增多，1999年产量达到5.2万吨，是1990年的5倍。

（3）外省饲料企业纷纷开辟吉林市场。由于全省各地招商引资力度加大，为外地企业投资建厂提供比较优惠的政策和环境，加上吉林具有比较丰富的资源优势。从1996年起，国内外企业不约而同地把目光投向吉林省，开始进入吉林办厂的饲料企业增多。目前希望集团在三个地方建有饲料厂，山东六和、大北农、通威、挑战等国内知名企业也在省内建厂，并凭借资金、技术和管理上的优势占据一席之地。吉林德大在原有一座32万吨饲料厂的基础上，又新建一座同等规模的饲料厂并于1997年投产，泰国正大集团在已有5家合资企业的情况下，又独资新建一座6万吨的饲料厂。

（4）饲料工业仍有很大的发展空间。吉林省粮食生产多年取得丰收，特别是玉米长期积压过剩，通过饲料加工、过腹转化是一条非常重要的途径。饲料工业与其他行业相比，效益是长期而且稳定的，根据资本转移规律，今后将有更多的投资从其他行业转到饲料工业中来。

【今后工作】

围绕省委、省政府关于农业和农村经济突出地域特色、进行结构调整，发展效益产业的要求，结合产业化发展的路子，饲料工业作为重要的支持和服务产业，在“九五”至2005年间总的指导思想是：坚持提高与发展并重的方针，以市场为导向，增加资金和科技投入，加强基础设施建设，广辟饲料资源，优化产品结构，强化行业管理，深化经济体制改革，转换企业经营机制，推动饲料工业持续、稳定、协调发展。为此吉林省饲料工业拟重点做好以下几方面工作：

（1）转变观念，有效地进行行业管理。进入市场经济时期，行业管理工作要从过去的直接抓微观、抓企业转到抓宏观、抓市场上来，首先要建立健全有关的法律法规，出台行业管理的有关方针政策，质量标准，加强监督检查工作；其次要有明确、有力的行政执法手段保障行业管理工作顺利开展。已经颁布的《饲料和饲料添加剂产品管理条例》，极大地鼓舞了广大从事行业管理工作人员的信心和热情，做好《条例》在吉林省的学习宣传和贯彻实施是今后工作的重中之重。

（2）抓大放小，促进饲料企业的现代企业制度建设。坚持“三改一加强”原则，把改革、改组、改造和加强管理四个方面的工作有机地结合起来，通过改革建立新的机制，通过改组优化组织结构，通过改造推进企业技术进步，通过加强管理充分发挥各生产要素的作用，全面提高企业素质。把培植大型企业和企业集团作为一项重大战略措施，通过兼并、合并、联合、控股、参股等多种形式，调整不合理的企业组织结构，促进饲料企业存量资产优化，建立面向市场、自主经营、具有较强技术开发能力和融资能力的产供销、种养加、贸工农、内外贸、经科教一体化的大型企业和企业集团，实现规模效益。引导小型饲料企业采取灵活的经营机制，通过租赁、承包、股份制等多种方式，鼓励兼并，提倡联合，进一步盘活存量资产。总之，要以市场为导向，依靠市场机制，使饲料工业生产要素重新组合，使技术、资金、劳动力和产品能够自由流动和优化组合。

（3）推动科技进步。以科技为先导，转变饲料工业增长方式，加速科技成果产业化、商品化进程。科研工作从立项开始，直到完成都要有企业参加，将基础研究、应用研究、实验过程、成果产业化等环节紧密连接，提高效率。加强科研基地、工程技术中心建设，改变科研机构设施较差，设备落后，科技人员力量分散的状况。加强职业技能培训及鉴定工作，全面提高饲料生产一线人员的素质和能力。以开发高科技含量的产品为重点，实施名牌战略，造就一批名牌企业和产品，塑造吉林省饲料工业良好的市场形象。

（4）加强行业宣传。饲料工业发展近20来，取得了巨大的成就，在国民经济和社会生活中占据了重要的位置，但是行业的宣传力度有待加强。通过对饲料工业发展历程的总结和宣传，不仅使全社会对饲料工业加深了解和认识，而且有助于增强行业从业人员的荣誉感和自豪感。

（5）全方位开辟饲料资源。一是要调整种植业结构，变二元种植为三元种植，把饲料作物独立分离出来，扩大饲料作物种植面积，让有限的土地生产出更多的饲料原料；二要高度重视工业副产品的综合利用，降低饲料成本；三要认真贯彻落实国办发（1996）43号文转发的《1996—2000年全国秸秆养畜过腹还田项目发展纲要》，把秸秆养畜过腹还田项目纳入农业综合开发计划，大力提高秸秆资源和青绿饲料资源的利用率，发展节粮型畜牧业。

撰稿：吉林省饲料工业办公室

黑龙江省饲料工业

至1999年，全省已初步建成集饲料原料工业、饲料添加剂工业、饲料加工工业、饲料机械工业和饲料教学科研及监督、服务保障在内的较为完整的饲料工业体系，成为省国民经济中不可缺少的支柱产业。逐步形成以大中城市为中心，畜牧大县为集散地的大中小结合、遍布城乡的饲料工业销售网络。

为全面贯彻国务院颁发的《1984—2000年全国饲料工业发展纲要》，省政府以黑政发［1996］21号文，对扶持饲料工业的发展实施了相应的优惠政策。特别

纪念《1984年－2000年全国饲料工业发展纲要（试行草案）》颁布十周年　1984年12月26日

图为参加纪念大会的各界代表在京丰宾馆合影留念

新希望集团

新希望农业股份有限公司广汉国雄饲料公司年生产能力达到20万吨，安装有目前内最先进的进口设备。

新希望集团是一家以现代农业开发为主，跨行业、跨省区，集科技、经贸、生产为一体的大型民营企业集团，主导产品为优质禽畜鱼饲料。该集团是四川省重点扶持的37家扩张型企业之一，也是四川省最大规模民营企业十强第一名，全国最大民营企业第三名，1998年产销值为32亿元。集团现有各类企业64家，员工6000余名，分布在华南、华中、西南、西北及北京、山东等地，业务范围涉及房地产、国际贸易、金融投资、食品加工等。其控股的“四川新希望农业股份有限公司”A股股票已于1998年3月在深交所上市。1999年初，该集团成为全国首批获得外贸自营进出口权的私营企业之一。

新希望集团控股的四川新希望农业股份有限公司是民生银行最大的股东之一。集团董事长刘永好先生是该行的主要发起股东之一并出任其副董事

由新希望集团旗下的部分企业改制上市的新希望农业股份有限公司已于1998年3月在深市，图为该公司创立大会及首届股东会场景。

新希望

新希望集团董事长刘永好现任全国政协常委、
工商联副主席。图为刘永好在九届一次政协大
席台上。

西昌新希望色素有限公司是中外合资的农业产
项目之一。该公司在凉山州推广种植色素花卉，
全部销往国外，对当地群众通过种植致富很有

新希望集团重庆希望饲料公司外景，该公司年
近2亿元。

海南新希望公司位于海南琼山市，是新希望集
水产饲料的大型骨干企业。

由四川新希望集团与名列成都市房地产50强企业首位的市统建办联手开发的高档住宅社区—锦官新城，占地418亩，总投资12亿元，图为首期工程龙珠园发售盛况。

民星人
立足于科技
展望于未来

江西民星农业科技股份有限公司

JIANGXIMINXINGNONGYEKEJIGUFENYOUXIANGONGSI

国大农业服务

LOMON CORPORATION
-A brief Introduction

LOMON Corporation,founded in 1985,is the largest provider of feed grade calcium phosphate in Asia.LOMON is located in MianZhu City，Sichuan Province, 93 Kilometers from Chendu City, There are over 800 engineers and technical specialists and over 2380 employee working in LOMON. Eight plants owned by LOMON are producing over 10 main products，including Dicalcium Phosphate for feed(250,000 ton per year),Monocalcium Phosphate for feed(20,000 ton per year)。

Production and service of “Mang” brand products accord with the GB/T 19002-1994-ISO9002:1994 quality system, and certified and registered by China Certification Committee for Quality Mark in January 1998.Because of the top quality of the product,The products are well sold in China (including HongKong and Taiwan) and other countries,such as Australia and Japan.

LOMON will do its best to meet the growing-up market requirements of the phosphates，fertilizers and relative chemicals by providing top-quality products with sufficient quantity and reasonable price.

Add:Mianzhu City,Sichuan Province 618200,P.R.China
Phone:+86-838-6200000,6204018 Fax:+86-838-6211940
E-mail:lmc@lomon.com
Web Site:www.lomon,com

四川省汉源化工总厂

省领导来厂视察指导工作

四川省汉源化工总厂位于成都西南方向国道108线公路旁的大渡河畔，距成昆铁路乌斯河火车站45公里。是国家中型企业、四川省磷酸氢钙产品生产的第二大企业。总资产5600万元，年产量5万吨，总厂下属氢钙分厂，硫酸分厂，化工选厂，河南硫铁矿、铅锌矿，三交硫铁矿。自有磷矿和石灰矿原料基地。

本厂与四川大学联合开发的湿法磷酸法，二次脱氟，三次沉降的最新生产工艺，高标准的厂房建设，精良的设备，一流的安装技术和一流的企业管理，确保生产出高品质的“汉光”牌饲料级磷酸氢钙。

该产品可溶性饲效达98%，各项理化指标均优于HG2636-94标准。产品质量档次高，先后多次荣获国家级、省级产品金奖；并获“全国乡镇企业管理基础工作一级企业”、“四川省乡镇企业科技先进单位”、“首届中国饲料工业博览会认定产品”、“’99中国国际博览会名牌产品”、“四川省文明乡镇企业”、“国家中型二类企业”、“农业部全面质量管理达标证书”、“第三届中国农业部农业博览会四川推荐名牌产品”、“四川省群众喜爱产品”、“巴蜀质量跟踪定点单位”、“优质产品证书”、“国家级重点新产品”、“档案管理达国家二级”等多种荣誉称号。90%的产品销往正大集团、大成集团及国内大中型饲料公司，并赢得用户“**中华精品、上乘质量**”的赠匾。

“**汉光牌**”饲料级磷酸氢钙和肥料级磷酸氢钙均由中国人民保险公司承担产品质量保险。

本厂宗旨：**以产品质量求生存、以信誉求发展，严守顾客至上，诚迎广大客户光临惠顾。**

厂　长：　彭遐为
电　话：（0835）4222998　4226288　4226289
　　　　　　　　4222260　4222299
传　真：（0835）4223225
厂　址：　汉源县富林镇　邮　编：　625300

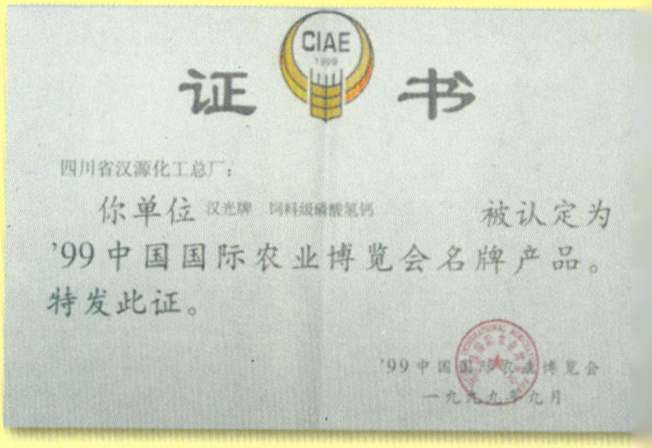

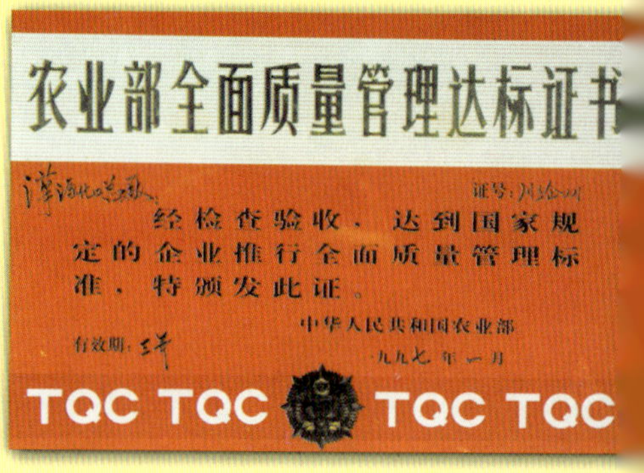

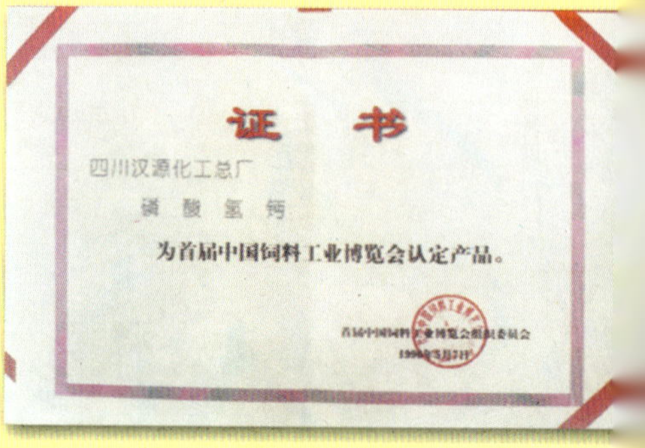

汉源化工总厂厂区一角

江苏盐城市 浓缩蛋白饲料厂

膨化饲料

糊状饲料

盐城市浓缩蛋白饲料厂区

盐城市浓缩蛋白饲料厂位于江苏省盐城市经济开发区，国家中型企业。下属盐城市预混合饲料厂，盐城市瑞云特种饲料厂，盐城市浙农饲料与饲养技术咨询服务中心，盐城市祥云综合经营公司等四个二级核算单位。员工中畜牧兽医、动物营养、饲料加工、电气工程、经济管理、计算机应用等专业人员占40%以上。拥有两条年单班产二万吨的全价颗粒饲料生产线，两条年单班产三千吨 预混料和年单班产一万吨膨化颗粒料生产线。中心化验室配备了国内外最先进的液相色谱仪、原子吸收、紫外线分光光度计等。本厂以“团结进取，务实求效”的企业精神，以一流的科技队伍，一流的生产设备，一流的质量管理，一流的销售服务，满足了用户全方位、多品种的饲料需求。

“养殖关键在饲料，使用登云创高效”。“登云”人愿与广大养殖户一起携手共创美好明天。

“登云”牌系列饲料为江苏省名牌产品，企业被盐城市人民政府授予“三星级企业”称号。

员工认真操作进口设备

（膨化机）

地址：江苏省盐城市通榆南路198号

邮编：224002

电话：0515-8281086

销售热线：8281013

传真：0515-8280747

http://www.dengyun.com

E-mail：dengyun@public.yc.js.cn

登云饲料　　料中精品

饲料行业骨干企业：

中牧股份北京华罗饲料添加剂厂

中牧股份萧山配合饲料厂

成都华罗畜牧饲料科技有限公司

动物生物制品骨干企业：

中牧股份南京药械厂

中牧股份成都药械厂

中牧股份兰州生物药厂

中牧股份郑州生物药厂

肉类行业骨干企业：

中牧大华安肉类实业有限公司

市场及营销骨干企业：

中牧股份供销公司

参股企业：

济南浓缩饲料厂

广西华桂畜牧饲料有限公司

辽宁大成农牧实业有限公司

上海新杨兽药厂

中牧股份

地址：北京市朝阳区西坝河西里23号东颐商务会馆
电话(TEL)：010-64200737 64200738
传真(FAX):86-10-64200586
E-mail:CAHIC@cenpok.net
邮编：100028

中牧股份

中牧实业股份有限公司简介

CHINA ANIMAL HUSBANDRY INDUSTRY CO.,LTD.

中牧实业股份有限公司(以下简称"中牧股份")是由中国牧工商(集团)总公司作为独家发起人，将其拥有的南京药械厂、成都药械厂、兰州生物药厂、郑州生物药厂四家全资企业的生产经营性净资产、北京华罗饲料添加剂厂、萧山市配合饲料厂两家全资子企业及中国牧工商(集团)总公司贸易分公司的全部资产和中牧集团在其参股企业华安肉类有限公司持有的全部50%的投资权益、在广西华桂畜牧饲料有限公司持有的35%的投资权益、在上海新杨兽药厂持有的31.6%的投资权益、在济南浓缩饲料厂持有的39.21%的投资权益和在辽宁大成农牧实业有限公司持有的10.22%的投资权益，经评估后折价入股，以募集方式于1998年12月8日成立的股份制上市公司。

公司总股本2.6亿股，其中国有法人股1.8亿股，社会公众股8000万股。中牧股份已经中国证监会审查批准，于1999年1月7日在上海证交所上网发行，股票代码为600195。

中牧股份的经营范围包括：饲料、饲料添加剂、饲料原料、动物保健品(生物制品)、畜禽制品及其副产品加工、生产与销售、畜牧业生产资料贸易，以及与主营业务有关的技术咨询、技术服务及科技开发。

中牧股份的饲料产品体系包括全价饲料、浓缩饲料、预混饲料及饲料添加剂四类。其中复合多维饲料产品的市场占有率达30%。南京、成都、兰州和郑州四个生产企业均为国家动物疫苗和兽药生产骨干企业，生产规模大，技术力量雄厚，多项技术及开发产品填补了国内空白，目前动物用生物制品总量占全国的三分之一以上。参股50%的华安肉类有限公司是国内高档宾馆、酒店及西式快餐连锁店高档肉及肉制品的主要供应商。在产品贸易方面，中牧股份供销公司具有专业化、规模化、网络化的优势，采购和销售渠道遍及国内外。

中牧股份的经营宗旨是立足畜牧产业，充分发挥企业市场优势、品牌优势、产品优势及行业地位优势，抓住畜牧产业链中的重要环节，坚持高科技、高起点、规模化、集团化经营道路，为我国畜牧产业发展发挥骨干、主导作用，从而实现企业利润最大化。

湖　　南

董事长、总裁：吴明夏

Chairman & chief Manager Mr.Wu Mingxia

美国畜牧专家来正虹公司考察

The American expert was visiting Zhenghong

电脑配料机房

The computer-room of mixing feed

湖南正虹兴农万头种猪厂

The stud-pig fram owned by Zhenghong

湖南正虹饲料股份有限公司，由原湖南正虹饲料厂改募集设立，1997年3月12日注册登记，同年3月18日在深交所挂牌上市，被新闻界誉为“中国饲料第一股”。

本公司位于湘北鱼米之乡——岳阳市屈原行政区境内，居长沙和岳阳两座历史名城之间，东与京广线、107国道相切，西与湘江、洞庭湖、长江黄金水道相连，交通便利，景色宜人。

Hunan Zhenghong Feed Share Holding Co. LTD was reorganized and renovated by Hunan Zhenghong Feed Factory. It registered on March 12th, 1997, and was on the marker a week later, becoming the "first feed share in China."

Zhenghong situates at Ouyuan Administrative Region of Yueyang City, the land of full of fish and rice in northern Hunan Province. To the east run the Beijin-Guanzhou Railway and the State Highway 107, and to the west are the Xiangliang River, the Dongting lake and the Yangtze River.

地址：湖南省岳阳市屈原行政区营田镇

邮编（P.C)：414418

电话（TEL)：0730-5130245

5130171

5130172

正 虹

司在湖南省境内
有商贸进出口公
、兴农公司等10个
公司，并在山东、
北、江苏等省市设
15家全资、控股、
股联营企业，拥有
十五条微机生产
，主要生产正虹牌
鸡鸭鱼四大系列
十四个品种的饲
产品，年生产能力
80万吨。现拥有总
产10亿元，净资产
乙元，支配资产总
达20亿元，综合实
居全国饲料行业
首，是湖南省22家
点企业之一。

Zhenghong now has 10 branches in Hunan such as Shangmao Import and Export Company, Xingnong Industrial and Commercial Company, and 15 others in the provinces such as Shandong, Hebel, Jiangsu, and etc. It owns 25 computerized producing lines, mainly producing feeds for pigs, chicken, ducklings and fishes of 24 kinds, with the producing ability of 0.8 million tons. It is the strongest enterprise of feed in China, which total assets reach for one billion yuan. And also Zhenghong is one of the 22 important enterprises of Hunan Province.

科技成果结硕果

Many technical achievements

大型饲料厂

Zhe large feed producing workshop

获得国家银质奖

Zhe National Silver Prize.

Zhe highest award for zhe feed

(FAX): 0730-5721734
5723509

互联网域名： www.hunan-zhenghong.com

nail: hnzhsl@public.yy.hn.cn

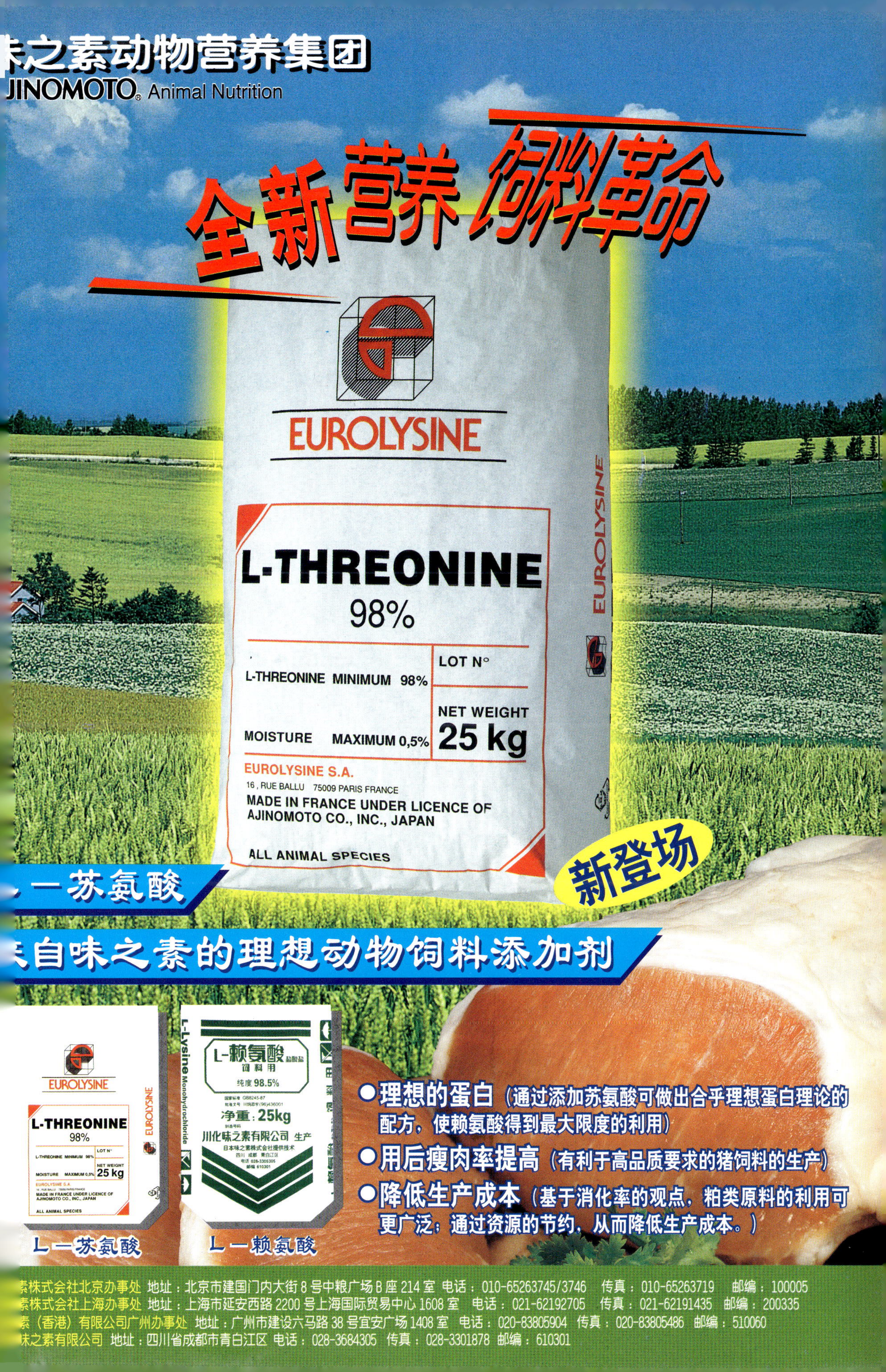

味之素动物营养集团
JINOMOTO® Animal Nutrition
全新营养 饲料革命
EUROLYSINE
L-THREONINE
98%
L-THREONINE MINIMUM 98%
LOT N°
NET WEIGHT
25 kg
MOISTURE MAXIMUM 0,5%
EUROLYSINE S.A.
16, RUE BALLU 75009 PARIS FRANCE
MADE IN FRANCE UNDER LICENCE OF AJINOMOTO CO., INC., JAPAN
ALL ANIMAL SPECIES
新登场
L一苏氨酸
来自味之素的理想动物饲料添加剂
L-赖氨酸
饲料用
纯度 98.5%
净重：25kg
川化味之素有限公司 生产
L一苏氨酸
L一赖氨酸
●理想的蛋白（通过添加苏氨酸可做出合乎理想蛋白理论的配方，使赖氨酸得到最大限度的利用）
●用后瘦肉率提高（有利于高品质要求的猪饲料的生产）
●降低生产成本（基于消化率的观点，粕类原料的利用可更广泛；通过资源的节约，从而降低生产成本。）
素株式会社北京办事处 地址：北京市建国门内大街 8 号中粮广场 B 座 214 室 电话：010-65263745/3746 传真：010-65263719 邮编：100005
素株式会社上海办事处 地址：上海市延安西路 2200 号上海国际贸易中心 1608 室 电话：021-62192705 传真：021-62191435 邮编：200335
素（香港）有限公司广州办事处 地址：广州市建设六马路 38 号宜安广场 1408 室 电话：020-83805904 传真：020-83805486 邮编：510060
味之素有限公司 地址：四川省成都市青白江区 电话：028-3684305 传真：028-3301878 邮编：610301

为饲料企业发展
架起信息桥梁

齐景发
二〇〇〇年六月十八日

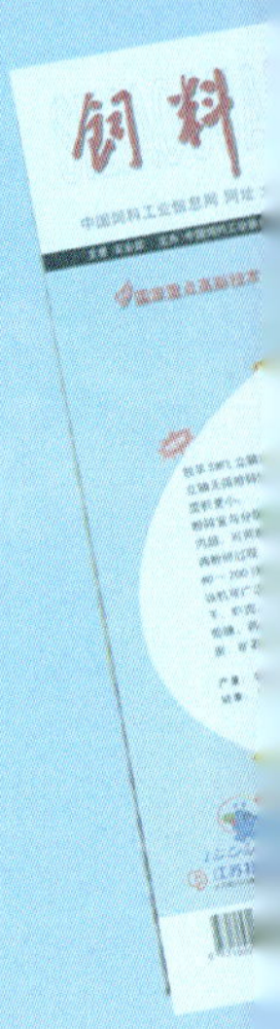

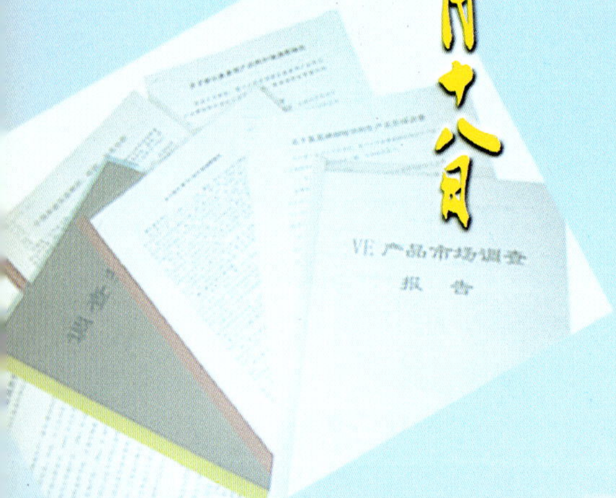

中国饲料工业协会信息中心

北京市海淀区中关村南大街12号　　邮编：100081

饲料行业信息权威机构

http://www.chinafeed.org.cn

中国饲料工业协会信息中心（以下简称中心）是由中国饲料工业协会和中国农业科学院饲料研究所共同创办的全国性饲料工业行业信息服务机构，其管理单位（即法人单位）名称为“北京东方汇通信息咨询有限公司”。中心开办了中国饲料工业信息网。中心编辑出版半月刊《饲料广角》杂志。为行业提供市场研究、网络建设信息系统软件开发等服务。中心将以各种现代化的技术和手段，通过多种媒体和多种途径为饲料行业提供信息服务。

服务宗旨

为饲料行业及其相关领域提供准确、高效的信息服务。促进行业内各层次间的相互了解和沟通，提高行业的整体水平，加强国际、国内的信息交流，增强企业市场竞争和应变能力，为实现我国饲料工业现代化作出贡献。

业务范围

- **总经理办公室**

负责公司的计划、财务、人事、宣传及公司的综合管理。
电话：68975813
传真：68975813
E-mail:zonghe@chinafeed.org.cn

- **《饲料广角》杂志社**

以提供权威，准确和快捷饿信息服务为主要特色是中国饲料工业信息网的纸介媒介。
电话：(010) 68975866
传真：(010) 62172401
E-mail:slgj@chinafeed.org.cn

- **市场部**

饲料及畜牧信息调查、企业发展策划、动态市场信息服务、市场营销策划。
电话：(010) 62172155
传真：(010) 68975862
E-mail:market@chinafeed.org.cn

- **网络信息部**

中国饲料工业信息网的建设、提供企业信息咨询服务、Internet网站建设、行业相关软件的开发。
电话：(010) 68975815
传真：(010) 68976861
E-mai: efiaic@chinafeed.org.cneditor@chinafeed.org.cn

- **华南信息部**

负责华南地区信息采集、分析与服务
电话：020-38807425
传真：020-3880245

齐鲁兽药
齐鲁动物保健品厂
原料名称
阿维菌素
伊维菌素
马杜霉素
金霉素
氯苄青霉素
硫酸阿米卡星
恩诺沙星钠盐
氯氰碘柳胺钠
地克珠利
卡那霉素
国有综合大
农业部定
国内兽用
全国历次
济南市工业
电话：05

真诚可靠
齐鲁动物保健品厂
制剂品种
球敌溶液
舍乐福星注射液
强力安饮水剂
病毒威冲剂
克痢宝注射液
渔倍富
杀痢王擦剂
长效消喘灵注射液
齐鲁制菌磺注射液
硫酸粘杆菌素
示品质 国内品牌
制品生产厂家
销量名列前茅
质量名列榜首
邮编: 250100
18 － 3155,3054

SHIYANG
石羊集团
立足西北
放眼全国
西安
石羊飼料
陕西石羊集团饲料发展有限责任公
地址：西安市北关正街九号鸿海大厦十一楼 电话:（029）6220666 6221058 传真:（029）622

广安
GROUND
广纳英才 安邦富民
服务社会
永续经营
郑州广安饲料科技有限公司
联系地址:郑州市郑花路10号安华大厦20层A座
联系电话:0371-5723778 5714086
传真:0371-5721487 邮编:450008

"三日"产品
——优质饲料的保证!
国内首创
国家专利
KANG YANG KUI
"三日"牌饲料抗氧化剂－抗氧喹(乙氧基喹)
KE YANG LIN
"三日"牌饲料复合抗氧化剂－克氧灵
GAO TONG KE YANG LIN
"三日"牌饲料复合抗氧化剂－高铜型克氧灵
在饲料生产过程中，从原料开始，饲料中的营养成份即受到氧化破坏。这种现象一直延续到动物的消化道中还在进行。因此，选用优良的抗氧化剂是饲料品质控制程序中的一项重要决策。
我厂生产的抗氧喹质量达到并超过国内外同类产品标准。除有防止饲料氧化败酸的功用外，还提供了其它重要的作用：
1、保持脂肪和油脂的能量和营养成份。
2、保持脂溶性维生素的活性。
3、保持色素原料的活性。
4、延长饲料和饲料原料的储存时间。
5、减少了饲料配方中易于氧化的营养成份的"超量添加"。在降低配合饲料生产成本的同时，抗氧喹还具有较强的防霉作用。
CH3
C2H5O
CH3
N
CH3
H
上海长征第二化工厂
SHANGHAI CHANGZHENG NO.2 CHEMICAL FACTORY(CHINA)

创　美　好　生　活

重庆通威饲料有限公司

通威工业化养鱼基地

四川通威饲料有限公司

云南通威饲料有限公司

北京通威饲料有限公司

董事长：段永康

LONG

人才为本

- 股东大会 General Assembly of the shareholders
  - 董事会 Board of Directors
  - 监事会 Board of Supervisors
- 董事长 Chairman of BOD
- 总裁 The president
- 总裁助理 Assistant the president
- 副总裁 Vice-president

- 总裁室 Office of the president
- 财务部 Financial Dept.
- 企划部 Corporate Planning Dept
- 发展部 Develop Dept
- 技术总部 Technology Head Office
- 采购中心 Procurement Center

- 四川三联饲料有限责任公司 Sichuan San Lian Forage Co.
- 成都龙庆饲料实业有限责任公司 Chengdu Long Qing Forage Co.
- 四川华龙饲料有限责任公司 Sichuan Huan Long Forage Co.
- 四川华龙科技饲料公司 Sichuan Hua Long Techical Forage Co.
- 四川华龙贸易公司 Sichuan Chengdu Hua Long Trading Co.
- 成都津鹿包装有限公司 Chengdu Jin Lu Sheng Forage Co.
- 重庆隆生饲料有限公司 Chongqing Long Sheng Forage Co.
- 连云港科技饲料有限公司 Lianyungang Technical Forage Co.
- 技术合作企业 Technical Cooperation Sectors
- 投资参股企业 Investment and shareholding Sector

NG
立世

总裁：张伟

四川隆生集团是由四川省农资总公司、中国农资集团公司、仁寿县农资公司、井研县农资公司、成都金城冶金实业公司共同发起，并将各自先后投入到四川三联饲料有限公司、成都龙庆饲料实业有限公司、四川华龙饲料有限公司的全部资产进行重组，建立的大型股份制企业集团，集团投资总额近2亿元，拥有固定资产1亿元，年经营额达到8亿元。

集团主要从事生产和销售家禽家畜及水产配合饲料、浓缩饲料、预混料及饲料添加剂；水产种苗、药品、疫苗；还从事农业开发、玉米、大豆、豆粕、鱼粉等饲料原料贸易，包装物的生产和经营；饲料加工设备及饲料工业自动化的研制、成套改造和安装；此外，集团也涉足房地产、旅游、食品等新的领域。四川隆生集团是以饲料、农业为主业，集科、工、贸为一体的综合型、开发型企业集团。

四川隆生集团实行董事会领导下的总裁负责制，严格按照《公司法》进行运作，集团设总裁室、企划部、技术总部、财务总部、采购中心五个职能管理部门，拥有四川三联饲料有限公司、成都龙庆饲料实业有限公司、四川龙华饲料有限责任公司、四川华龙科技饲料有限公司、四川华龙成都贸易公司、动物保健中心、成都津鹿包装有限公司、重庆隆生饲料有限公司、江苏连云港科技饲料公司。以技术参股等多种方式先后与湖北三强饲料公司、黑龙江密山饲料公司等十多家公司合作，建立了松散型合作关系。

地址：四川省成都市金牛区张家巷95号天穗大厦
电话：(028)3399534
邮编：610081

集团更名前参加
“首届中国大西南饲料工业博览会”
展区

四川三联饲料有限责任公司厂区

四川三联饲料有限责任公司办公区

中国最大的
泰乐菌素生产基地
TLstar
TL泰乐星®
搭乘“神舟”号无人飞船，经高空诱
变后的泰乐菌素，A组分更高，效价
更稳定！
西安亨通光华制药有限公司（国家“火炬计划”重点高新技术企
XI'AN HENGTONG GUANGHUA PHARMACEUTICAL CO.,LT
地址：西安高新技术产业开发区高新1路16号 邮编：710075 销售电话：029-8240956
技术服务电话：029-8241187 传真：029-8240802 网址:WWW.xa-ht.com 电子信箱：info@xaht.com

是在税收方面给予必要的减免，在进口产品、外汇、投资等方面给予倾斜政策，有力地支持了饲料工业的发展。1992年，省政府颁布1号令《黑龙江省饲料管理暂行办法》，规范了企业行为，加强了行业管理，为省饲料工业的生产、经营提供了可靠的法律依据，使饲料工业的发展走上了健康、有序、法制化轨道。

【发展现状】

（1）饲料加工工业稳定发展。至1999年底，全省粮食、畜牧、农场、水产、商业、林业、外贸、乡镇企业等部门建成饲料加工企业514家，年双班生产能力550万吨，其中万吨以上大型企业38家，引进国外先进设备15套，发展“三资”企业6家，饲料行业从业人员 4.08 万人，其中工程技术人员0.34万人，管理人员0.16万人。1999年全省饲料工业总产量达286万吨，其中配合饲料179万吨，浓缩饲料91万吨，预混料16万吨。工业销售总额达到76.3亿元，实现利润7600元。随着产品结构的调整，生产力水平提高，大部分企业采用先进合理的生产工艺和电脑配方，产品质量稳步提高，逐步实现了产品多样化、系列化、完整化。预混料、浓缩料近几年来也出现迅猛发展势头，产量呈二位数增长，产品已发展到10多个系列80多个品种，满足了全省畜牧水产养殖业的需求。

（2）饲料原料工业和饲料添加剂工业飞速发展。全省已建成饲料添加剂及饲料原料企业80多家，年双班生产能力已达10万吨。畜禽需要的各种矿物质微量元素、氯化胆碱、磷酸氢钙等产品除能满足省内供应外，部分产品远销到全国29个省、自治区、直辖市和十几个国家。近年来又开发引进了酶制剂、动物营养液、复合氨基酸等一系列新产品。饲料添加剂的兴起，改善了饲料品质，支持了饲料工业的发展。

饲料工业的发展促进了各类资源的综合开发和循环利用，一是利用资源优势开发生产松针粉、苜蓿粉、贝壳粉、沸石粉、腐植酸钠等；二是发展食品、饲料及与相关产业联合，走综合利用深加工的路子，利用食品加工及医药、酿造等工业副产品：废水、废渣、废液生产加工肉骨粉、动物蛋白粉、菌体蛋白、DDGS 等；三是充分利用开发现有饲料资源，生产草颗粒、甜菜粕、饲料酵母体等。

（3）饲料机械工业迎头赶上。过去只有零星的饲料粉碎机、轧草机和鼓风机等单机生产，20世纪80年代后期逐渐发展制造混合机、制粒机、膨化机等饲料加工机械设备，部分产品达到国内先进水平。有些企业（研究所），已形成从设计、制造、安装、调试及售后服务的“一条龙”服务体系，全省已有20多家机械工业厂家研制生产饲料加工设备，1999年生产单机和成套加工机组740台（套）。

【在国民经济中的作用】

饲料工业的发展促进了饲养业由传统饲养方式向现代化饲养方式的转变，节约了粮食，提高了粮食转化增值率，丰富了“菜篮子”，推动了广大农民勤劳致富。据统计，1998 年末全省奶牛存栏 65.2 万头，较上年增长 1.8%；肉牛存栏 382 万头，增长2.3%；生猪存栏984.1万头，增长6.3%，山绵羊存栏 466.9 万只，增长 5.2%；家禽存栏 122 亿只，增长 3.3%。年末出栏牛 182.2 万头，较上年增长9.1%；出栏猪1080万头，增长8.6%；出栏羊208.2万只，增长9.1%；出栏禽1.57亿只，增长9.4%；生产鲜奶144.3万吨，较上年增长29.4%；肉类总产量138.4万吨，增长8.6%；禽蛋产量72.8万吨，增长7.0%；生产羊毛1.27万吨，增长3.0%；实现牧业产值（1990年不变价）117.8亿元，较上年增长9.9%，占农业总产值的27.7%。按照牧业效益水平与粮食销价计算，每转化1千克粮食可增值0.45－050元，全省按750万吨转化量计算，全年粮食转化增值总数达37－37.5亿元，仅此项全省农民就可人均增收200元左右，实践证明，饲料工业确实是一个投入少、产出多，经济效益和社会效益显著的行业，饲料工业已成为我省国民经济发展中一项举足轻重、不可缺少的新兴行业，已经产生了巨大的社会效益和经济效益。

【今后发展思路】

进一步发展饲料工业，主要应从“开源”和“节流”上下功夫，一方面尽量开拓饲料来源，一方面尽量节约饲料用粮，提高粮食的回报率。黑龙江省委、省政府已作出建成饲料大省的战略部署，实现粮食的转化、过腹增值，促进畜牧业的发展。为了实现这一宏伟目标和“九五”计划及2010年远景规划，主要采取以下对策及措施。

（1）深化饲料工业经济体制改革。全省饲料企业要切实做好企业经营机制的改革，增强企业发展的内部活力，发挥国有大中型企业的骨干作用，引导企业按市场经济规律的要求，调整产品结构，提高产品质量和技术水平。

首先，要进一步转变经营观念，破除产品经济体制的束缚，使企业效益自己创，销路自己找，促进企业由以生产为重心向以销售为中心和由生产供应向经营服务的转变，不断开发适销对路的新产品，在市场竞争中求得自身的发展。

其次，要提高产品质量，调整产品结构，使产品适应消费需求，及时引导企业走科学化、组织化、机制化的道路，摆脱单一盲目生产的路子。针对农村粮食连年丰收，积极组织生产浓缩料、预混料，开发农村市场。同时引导大中型企业从多年一贯制的粉料生产向全价颗粒料方向发展。

第三，要加强企业的经营管理，注重产品的销售服务。企业要建立健全质检机构，负责质量的计划、检查、考核工作；要完善企业内部的检化验制度，加强对原料、加工、储运等生产工艺中的质量控制；同时不断优化产品配方，提高产品质量意识。产品出厂后，组织专门售后服务队伍，宣传产品特点，咨询指导疑难问题，把科学的养殖方法和优良的产品带给广大养殖户，实现企业研究、生产、销售、服务“一条龙”的良性循环。

（2）搞好饲料资源的开发利用。黑龙江省饲料资源丰富，包括草地、草山、草坡，边隙地在内的“五荒”面积占耕地面积的4倍，大多处于粗放经营状态，在坚持稳定发展粮食生产的基础上，应大力开发秸秆资源、叶蛋白资源等绿色饲料产业，发展草食动物，如牛、羊、兔、鹅等，以最廉价、最经济的投入换取最实惠的产品，过腹增值是非常有前途的。因此，在发展“质量效益型”农业中，实行种植业的“三元结构”方针，即粮食、饲料、经济作物三位一体，把饲料作物的发展列为重点，建立一批饲料原料生产、储运基地，以保障饲料工业的长期稳定发展。

（3）多方筹集资金，发展饲料工业。首先，应积极争取国家专项贷款，“九五”期间，全省每年通过技改、基建、世界银行贷款等项目向国家申请资金，增强对市场的适应能力。

其次，通过合资、合作、内引外联等方法，嫁接改造一批饲料加工企业。积极引进外资、弥补饲料工业资金不足，同时引进先进的生产工艺、技术设备、管理手段，提高饲料工业的整体水平。

第三，努力争取地方配套资金，通过丰收计划、扶贫、科技兴农和星火项目等，使处于停产、半停产的企业得以启动，恢复正常生产。同时鼓励企业向饲养、加工、销售一体化拓展，逐步建立以饲料工业为龙头的“一条龙”企业，通过企业资金融合组建大型饲料企业集团。

（4）培养技术人才，提高科技水平。第一、加大对饲料工业科技的投入，组织好科技开发研究项目，多渠道筹集资金，建立和完善企业从销售额中提取一定比例经费作为技术开发费的制度，以加强企业的技术开发能力，要加速各类科技成果的推广应用，建立健全饲料工业科研、教育、推广体系。

第二、充分发挥饲料工业协会的桥梁纽带作用，强化企业和科研机构的联系，积极开展国内外技术交流，消化吸收国内外饲料工业的先进技术，搞好信息交流。

第三、加快人才培训。充分发挥大专院校培养专门人才的作用，利用现有专业技术力量，加强从业人员培训和学术交流，逐步建立专业人才培训体系，为企业培养更多的专业技术人员。

（5） 强化执法监督，加强行业管理。按照省政府颁布实施的《黑龙江省饲料管理暂行办法》及相应法律、法规，全面贯彻落实《饲料和饲料添加剂管理条例》，在饲料工业的建设、生产、经营、市场竞争各环节依法办事、严格执法。要加强饲料工业标准化工作，完善省、地（市）饲料监测体系，强化饲料产品的监督、检验工作。在各地（市）健全饲料管理机构，县级以上政府必须有指定管理机构和专职负责人，加强饲料工业行业管理的力度。进一步落实省委、省政府建设饲料大省的目标，加速饲料工业的发展。

撰稿：黑龙江省饲料工业办公室

上海市饲料工业

上海市饲料工业随着社会主义市场经济的发展和完善，突破了由粮食系统垄断经营的格局，形成了国营、合资、独资、私营企业共同参与市场竞争的势态，促进了上海市饲料工业的蓬勃发展。

“八五”期间，全市共生产各类饲料产品910万吨，是“七五”期间饲料产量714万吨的127.45%；按1990年不变价格计算，“八五”期间总产值为110.46亿元，是“七五”期间饲料总产值35.50亿元的3.11倍。“九五”前4年，全市共生产各类饲料产品465.63万吨，按1990年不变价格计算，总产值为71.02亿元。

“八五”期间各类饲料添加剂产量20.5万吨，占饲料产量的2.25%，是“七五”期间饲料添加剂产量18.26万吨的112.27%；“九五”前4年，饲料添加剂产量为14.55万吨，占同期饲料总产量的3.12%。

饲料工业的发展，促进了饲料产品的迅速发展，上海市饲料产品品种已发展到猪、鸡、鸭、鱼、奶牛、对虾、鳗（鳝）、鳖、实验动物、珍稀动物、观赏动物等11个系列，近200个品种。1991—1999年的9年间，全市饲料工业共创造了利润近7亿元。

近年来，随着经济体制改革的深化，市场竞争机制的发展，饲料工业企业的优胜劣汰、分化组合，竞争异常激烈。上海市共有饲料工业企业91家，其中饲料加工企业56家，饲料添加剂企业23家、饲料资源企业7家、饲料机械（仪器）制造企业5家。还有4个专业饲料科研所和5个设有饲料专业的大专院校。全市饲料工业企业从业人员5918人，其中工程技术人员423人、管理人员958人，占全部从业人员的23%，具有大专以上文化水平的912人，占全部从业人员的15%。

在56家饲料加工工业企业中，按企业经济成份分类，国有企业30家，占53.57%，集体企业1家，占1.79%；合资企业15家，占26.79%（其中：中外合资企业13家，外商独资2家）；私营企业7家，占12.5%。

一个多种经济成份参与的，以加工工业为主体的现代化的饲料工业体系，已在上海基本形成。

【工业体系比较健全】

（1）饲料加工工业。上海现有饲料加工工业企业56家，年双班生产能力260.86万吨，是“六五”期末1990年95万吨的2.75倍。按生产规模分类，时产5吨以上的企业42家；占饲料加工企业总数的75%。原有一部分5吨以下，设备已经陈旧的加工企业，已在近年来先后关闭或转产。因而饲料产品质量稳定，1991年以来有29个产品品牌被评为国家级、省、部级和市局级优质产品，其中评为国优产品的1个；部优产品的6个；市优质产品的6个；还有16个产品被评为市局级优质产品。全部合格的饲料产品中，猪饲料约为44%；肉禽饲料约为43%；蛋禽饲料约为7%，水产饲料和其它饲料约为6%。

（2）饲料添加剂工业。饲料添加剂工业是发展饲料工业、提高饲料质量的支柱。1991年以来，在发展饲料添加剂产品方面，作了一定的努力，建立了以医药、化工系统为主体的饲料添加剂工业，主要产品有各种饲料级维生素和多维饲料添加剂，矿物质微量元素添加剂、抗氧化剂、防霉剂等非药物饲料添加剂以及预混合饲料添加剂、浓缩饲料添加剂等。近来更有瑞士罗氏药厂与上海医药系统第六制药厂、三维制药厂合资组建上海罗氏泰山有限公司和上海罗氏三维有限公司生产的饲料级维生素A粉剂、油剂和多维添加剂、预混合饲料以及饲料级维生素E添加剂。还有部分外商和归国侨胞以及港、台、澳同胞独资或合资创办的饲料添加剂企业生产各类饲料添加剂。目前全市共有饲料添加剂企业31个，年产各类饲料添加剂近6万吨。

（3）饲料原料工业。上海饲料原料工业主要产品有磷酸氢钙、氯化胆碱、饲料骨粉（肉骨粉）、羽毛粉、复合氨基酸、饲料酵母、发酵血粉等，现有生产单位（车间）6家。年产量约为3万吨。原来以粮食生产酒精和溶剂的上海酒精厂和上海溶剂厂下脚浆水综合回收单细胞蛋白的资源，由于酒精和溶剂销售不景气而被迫停产。

（4）饲料机械（仪器）工业。饲料机械（仪器）工业是近年来发展起来的新兴工业，健全和完善了上海市饲料工业体系。现有美商独资创建的正诚饲料机械公司和中德合资的申德饲料机械公司等3家具有先进工作母机和工艺设计能力的专业饲料机械制造企业和4家科研院校所办工厂（车间），能制造具有国内先进水平的时产10吨以上的成套饲料机组和粉碎机、混和机、制粒机、膨化机、电子秤、计算机自控装置和各类输送设备及配件。还有2家饲料检测仪器制造厂，生产各类饲料产品检测仪器。1998年生产销售10吨以上成套机组6套，粉碎机、混合机、制粒机及各种配件835台（套），各类饲料检测仪器616台。1999年生产5吨以上成套机组2套，饲料机械单机301台。

【产品质量稳步提高】

饲料产品质量，由于上海市政府领导的重视，从“七五”期间开始，即由上海市饲料工业办公室和市技术监督局联合制定了质量监督不定期抽检制度。1990年、1993年、1995年，经3次全国饲料监测机构抽查统检，被检产品平均总合格率分别为89.5%、92.3%、95.5%，均居全国前列。从抽检结果表明，上海饲料质量是稳定和可以信赖的。

【依靠科技培育人才】

上海现有专业饲料科研机构4个。上海市饲料科研所、上海市畜牧研究所、上海市水产研究所、东海水产研究所，还有部分大专院校，如同济大学、华东理工大学、交通大学、水产大学等的相关专业或研究室都在开展饲料课题的研究。

在饲料专业人员培育方面，上海农学院设有大专饲料专业，上海市粮食学校设中等专业饲料班，市粮食技工学校设饲料技工班，在培育饲料工业管理和专业技术人员方面，发挥了重要的作用。

列入“八五”期间的科研项目有29项，主要有市饲料科研所承担的国家攻关项目《对虾诱食剂》和地方科研课题《蛋黄增色剂》、《优质配合饲料加工技术》、《鸡粪饲料化研究》、《中华鳖专用饲料》、《罗氏沼虾饲料》、《优质黄鸡专用饲料》；市农科院畜牧所承担的《高效复合型饲料防霉剂研究》；华东理工大学承担的《多价天然免疫调节剂的研究和开发》；同济大学的《新型花粉复合饲料添加剂研究和开发》；水产大学的《鱼用饲料引诱剂研究》；还有市医药局中华药厂的《恩拉霉素原料及其预混剂研究》和先锋药业公司的《新型饲料添加剂那西肽产业化技术研究与开发》等课题。其中《对虾诱食剂》研究课题已在1994年通过部级鉴定验收；《蛋黄增色剂》、《鸡粪饲料化研究》已在1996年通过了技术成果鉴定；《鸡粪饲料化研究》在当年形成规模生产线取得了显著的社会效益和经济效益。《猪、禽预混合饲料系列配方及产品检测技术研究》亦在1996年通过鉴定并获上海市科技进步二等奖。同济大学《新型花粉复合饲料添加剂研究和开发》和中华药厂《恩拉霉素原料及其预混剂研究》两个课题已列入国家科委“九五”重点科研项目。已经立项开展研究的还有华东理工大学的《叶蛋白的开发应用研究》、《啤酒酵母综合利用》、水产大学的《废弃蛋白的资源开发利用及产业化研究》；市工业微生物研究所的《蛋白质饲料资源开发利用技术研究》和上海海鸥酿造公司的《高蛋白糖渣饲料和高蛋白加酶糖渣饲料》等课题。

实践表明，依靠科技进步，提高科技含量，是提高饲料工业的发展层次，提高饲料工业综合经济竞争力的重要措施，也是促进饲料工业进一步发展的支柱。上海饲料工业正是坚持依靠科技进步，适时调整产品结构，不断提高饲料报酬，才取得迅速发展的。

科技进步，关键在于人才。上海在组织和实施饲料科技攻关的同时，狠抓了科技人才的培养和企业技工的培训，通过上海各院校和委托定向培养等途径，几年来培养了大批不同层次的饲料专业技术人员和技术工人，在饲料科研和生产岗位上发挥了积极作用，有的已成为科研骨干和生产骨干。为上海组成了一支能承担高新技术研究和高新产品生产的坚强科技队伍。

【强化法规 规范管理】

几年来，在加强饲料产品质量监督的同时，加强了饲料产品的标准化管理，督促和帮助企业制订了产品企业标准，并在多次宣传贯彻培训的基础上，从1993年9月起率先在全市实施《饲料标签》标准。1994年建立了上海市饲料工业标准化委员会，负责饲料产品地方标准的制定，企业标准的技术指导、咨询和制定。为强化企业对产品计量意识，增强企业对产品的计量管理，1995年8月又在全市饲料工业企业贯彻实施了《中华人民共和国计量法》和《上海市商品计量管理办法》，并定期开展计量监督检查。

【经验总结及发展规划】

根据中央确定的上海市整体发展规划和上海市实施整体发展规划，着眼于建立都市型农业的要求。经市计委和市经委的共同商讨，结合上海饲料工业发展实际，拟定了进一步发展上海饲料工业的意见，并已报告市政府领导，主要是：

（1）突出发展重点。随着社会主义市场机制的发展和完善，上海饲料工业发展面临结构性的矛盾。一方面，由于上海市整体发展规划的实施，经济开发区、高新科技区、金融发展区地域日益扩大，都市型农业的实施框架也日益明显，畜牧生产基地外移，使本市饲料加工工业生产逐年萎缩。另一方面，上海的饲料添加剂工业和饲料机械工业（包括饲料检测仪器工业）在人才、技术和信息的优势可以进一步发挥。从饲料工业是上海“菜篮子”工程重要组成部分，是建设都市型农业的主要内容之一的要求出发，上海饲料工业的发展重点应放在饲料添加剂工业和饲料机械工业上，并对这二大系统给以必要的科研和开发经费投入，做大做强。

（2）深化国有饲料工业企业改革。针对上海国有饲料工业企业的历史与现状，按照党的“十五”大精神和建设社会主义市场经济的要求，采取“稳定份额、调整结构、提高效益”的方针，对国有饲料工业企业实施改组、改造、改制和加强管理，结合所有制结构调整，使国有资产在生产力布局结构上更趋合理，更具竞争力，集中力量发展技术含量高的产品，拓展市场。

（3）加强行业管理。随着饲料工业投资主体多元化格局的形成，上海饲料工业条块分割的管理体制，很难进行统一协调和管理，应根据1997年国家经贸委139号文件的精神，结合政府体制改革，打破传统的管理体制，加强饲料工业的行业管理。明确上海饲料工业协会为上海饲料工业的行业管理部门，加强饲料工业协会行业管理职能。

（4）加速科技发展。饲料工业是一门多学科、跨部门、涵盖面广泛的产品，其产品的科技含量，应不断加以提高。要积极推进饲料工业企业与有关科研、院校结合，开展研究课题和攻关项目。市科委和市经委在资金等方面应给予扶持和帮助。

（5）编制全市饲料工业发展规划。上海饲料工业发展不平衡，除缺乏有效的行业管理外，另一个重要原因是缺乏对饲料工业的整体发展规划。在建立统一的行业管理体制后，应结合上海长远发展规划和“菜篮子”工程建设规划，沿着科教兴市和可持续发展的路子，按照上海要服务全国，打“中华牌”的思路，打破行业、部门、地区和所有制界限，编制全市统一的、具有权威性和可操作的行业发展规划，指导全市饲料工业的发展，使上海市饲料工业在有序的市场竞争中走上良性发展轨道。这项工作将由市委牵头，由市饲料工业协会具体落实。

撰稿：上海市饲料工业协会

江苏省饲料工业

【经济总量增加　综合实力增强】

江苏省饲料工业坚持以提高产品质量和经济效益为中心，加快调整产品结构，加强行业管理，深化企业改革，积极推进科技进步，取得了显著成绩。产值、利税等指标均比过去有较大幅度增长，近几年来经济总量在全国同行业中一直名列前茅。特别是克服了宏观经济调整、资金短缺、养殖业效益下降等困难，经过各地和各部门的精心组织和广大饲料企业的艰苦努力，饲料工业保持了较快的发展速度。

截至1999年，全省拥有乡及以上独立核算的饲料工业企业346家。拥有配合及混合饲料、特种饲料、饲料添加剂、饲料原料、饲料机械等多个生产门类，还有一批从事饲料科研、人才培养、检测等大专院校和科研单位。

1999年底全省饲料工业总产值达499.52亿元，比1991年增长29倍(按当年价计)；饲料总产量428.4万吨，比1991年增长66%；其中配、混合饲料产品产量326.2万吨，比1991年增长66%；浓缩料62.66万吨，比1991年增长41倍；饲料添加剂及预混料39.58吨，比1991年增长32倍。饲料产品结构随着养殖业结构变化而合理调整，生产品种不断增加，产品质量不断提高，为发展养殖业，实施“菜篮子”工程，繁荣城乡副食品市场作出了贡献。

【推进结构调整　不断开发新品】

8年来，全省饲料工业产品结构调整取得较大的进展。根据饲料行业产品周期短、更新快的特点，注重发挥现有技术优势，以市场为导向，以经济效益为中心，切实将产品结构调整工作不断向纵深推进。结合市场需求，对适销对路、高附加值的产品重点安排生产。并重点扶持了一批起点高、规模大的企业及其产品品牌，如常州饲料总公司的水神牌鱼用饲料等。

一批具有较大规模的饲料加工企业陆续建成，推动了产品结构的调整和升级：一是在配混合饲料产品稳定略降的同时，附加值较高的浓缩料、预混料产量保持了较高的增幅；二是配混合饲料产品中的品种结构发生了积极变化，猪料比重在近几年内下降 2—4 个百分点，禽料、鱼料的比重都有不同程度的上升；三是在饲料品质结构上为适应目前市场不景气的现状和部分客户的要求千方百计降低成本。

【加强行业管理　提高产品质量】

为了加强饲料产品的质量管理工作，规范饲料企业的生产、经营行为，维护广大养殖户的合法权益，根据省政府办公厅苏政办发（1997）176 号“关于进一步加强食品质量管理的意见”的精神，及时转发了全国饲料工业办公室“关于进一步加强饲料产品质量监督管理的通知”，并在全省实行饲料产品批准文号管理制度，为企业开拓市场、促进饲料生产法制化打下了较好的基础。

为了推动饲料工业企业产品质量的提高，促进饲料工业产品市场的净化，使饲料工业得以健康发展，根据国家有关政策精神及规定，在全省组织开展了“中国饲料工业协会推荐产品”工作和饲料《通用标准标签》的宣传贯彻工作，举办了多期《通用标准标签》培训班。同时，利用省饲料科研院所和技术人员多的优势，组织科技攻关。例如，为了解决国家重点投资的宜兴市年产氯化胆碱饲料添加剂产品的防吸湿问题，组织院校专家与企业联合攻关，吸湿问题很快得到解决，其中麸型产品的质量已超过了加拿大水平。

全省饲料企业切实加强技术质量管理，借鉴“三资”企业的先进技术和管理经验，产品质量不断提高。目前，常州饲料总公司、海安县饲料总公司等厂家生产的鱼饲料及猪饲料，质量较好，使用效果与“三资”企业同类产品质量不相上下，具有较强的市场竞争力。

在企业内部管理方面，通过开展“抓机制、抓管理、练内功、增效益”活动，使企业呈现出勃勃生机。如江苏正昌集团公司，促进生产要素合理配置，实现由单一生产型企业向集科、工、贸于一体的多元化集团式企业的转变，壮大企业经济实力，发挥整体优势，实现规模经济，促进外向型经济的发展，“正昌”牌饲料机械覆盖全国 29 个省、自治区、直辖市，并远销马来西亚、菲律宾、新加坡、泰国等国家。

在全国饲料新技术、新产品交流会上，江苏省参展的 18 个产品中，省农科院的 sf-400 饲料配方电脑、苏州“新城”牌仔猪系列全价颗粒饲料、江苏正昌集团公司的制粒机、淮安兽药厂的高效防霉剂“霉克星”等 12 个产品获“金杯奖”。

【依靠科技进步　加快技术改造】

近几年，全省饲料工业依靠技术进步，完成技改、基建项目 61 个，投入资金 1.2 亿元。在国家实行宏观调控的情况下，项目建设出现新的特点，一是企业不再盲目上项目，而是更加注重对项目的市场需求、技术可靠性及经济效益等因素进行调查和论证。1994 年，金坛富康饲料有限公司的年单班 4 万吨饲料生产车间建设项目、海安县饲料公司饲料车间技术改造项目、泰州化肥厂年产 1000 吨烟酸酰胺饲料添加剂项目、常州粮油食品工厂列入“丰收项目”的以团头鲂为主养的水神饲料推广项目、省农垦公司东辛农场种养一条龙生产项目、苏州新城饲料厂研制开发的“鳖饲料及牛蛙饲料”、省农科院饲料所研制的蚕用“健蚕增丝灵”添加剂等课题，都进行了全面、科学的技术论证与鉴定。二是认真抓好科技推广，“鱼用防病饵料及配套饲养技术推广”丰收项目在江苏实施以来，各承担单位严格按照要求精心组织，认真实施，两年来，共推广鱼用防病饵料 5.17 万吨，推广水面 3.7 万亩，亩产达到 650 千克以上，平均亩增经济效益超过 600 元。该技术应用现代生物技术和饲料营养研究最新成果，采用科学投喂，不但饵料系数低，而且水质也有明显改善，减少了环境污染，做到社会效益和经济效益双丰收。三是饲料加工机械走上了一条自力更生和引进消化吸收相结合的良性发展路子。江苏正昌、牧羊集团目前已经跻身于全国 6 大饲料机械集团之列，产品性能可以与国际名牌相媲美。

省各有关方面还对科技含量高的产品进行重点扶持。如经扶持建成的宜兴市石油化学助剂厂的“年产万吨氯化胆碱饲料添加剂”项目，该项目投产后，对提高国产氯化胆碱的生产技术水平和改善供应、减少进口、节约外汇都具有重要意义。扬州粮食机械厂（江苏牧羊集团）利用科技成果，建设年产 25000m^2 的筛片和 20 万片锤片的生产基地，从根本上解决了我国锤片式粉碎机零配件质量长期徘徊不前的局面，将筛片、锤片质量提高到一个新的水平。

一批技术水平较高的科研项目，如新型饲料天然粘结剂、ATB 硬颗粒饲料制造技术等，都通过了省级鉴定。

【扩大对外合作　加强国际交流】

为帮助全省饲料企业进一步扩大对外交流，加强同国际饲料界的合作与交流，组织开展了一系列对外招商引资、考察、交流活动和牵线搭桥工作：

（1）组织了一批企业参加俄罗斯边贸考察，部分企业与俄罗斯的有关公司达成了合作意向；

（2）与日本御所野微生物研究所共同合资兴建江苏天佳生物技术有限公司，准备在江苏生产、经营技术含量较高的饲料复合微生物添加剂；

（3）先后接待了联合国粮农组织官员、荷兰泰高公司等企业的代表来江苏考察、洽淡，达成了一批合作的初步意向；

（4）招商引资工作有了新的突破。1999年底，全省共有三资企业53家。如镇江嘉吉饲料有限公司是美国独资企业，总投资1860万美元，达到年产25万吨的规模。荷兰普乐维美公司与江苏东蓬集团合资生产的预混料、特种饲料，推动了全省饲料科技水平的提高，对民族饲料工业的振兴起到一定的促进作用。

撰稿：江苏省饲料工业办公室

浙江省饲料工业（含宁波市）

【发展现状及成就】

浙江省饲料工业在省委、省政府的领导下，经过9年的发展，已初步建立起以国有、集体、私营及合资（股份制）企业多种经济成份互相促进、共同发展的体制；形成了以饲料加工工业为主体，饲料原料、添加剂、机械、科研、教育、培训、质量监督检测、行业管理等协调发展的体系。

（1）饲料加工工业。到1999年，全省有饲料生产企业530多家，其中时产5吨以上的110余家，最大企业年生产能力已达36万吨，有4家企业引进了具有国际先进生产技术水平的膨化机组，计4台（套）。1999年全省配合饲料（全价料）总产量达267万吨，其中浙江欣欣饲料股份有限公司和浙江一星饲料集团等企业的年产量已达15万吨以上。1991－1999年全省累计生产配、混合饲料2000余万吨。特种水产饲料从无到有，发展迅猛，杭州皇冠特种水产饲料有限公司1999年特种水产饲料产量已达4000吨。

（2）饲料添加剂工业。1997年全省饲料添加剂产量2.8万吨，比上年增长44.5%。1998年，饲料添加剂生产企业已达85家（不包括兼产）。多年来开发生产了V_E，稳定化V_C，泛酸钙、烟酸、氯化胆碱、丙酸钙、甜菜碱、对氨基苯砷酸、酶制剂、酸化剂、碘化酪蛋白、吡啶甲酸铬等饲料添加剂及畜禽，水产用预混料、颗粒饲料助剂等300多个产品。近年特别推出高新技术产品糖萜素、寡聚糖等环保型饲料添加剂，发展势头良好。宁波联合生物技术有限公司生产的糖萜素饲料添加剂从根本上解决了畜产品中药物残留问题，在北京、山东、河南、浙江等地大面积示范应用已获成功，1997年通过国家科委鉴定，1998年获批农业部新饲料添加剂，并申报国际专利和绿色产品；临安生物化学有限公司已具有年产800吨右旋泛酸钙的能力，产品产量占全国近1/3。

（3）饲料原料与机械工业。浙江省饲料原料以鱼粉为主导产品，全省有鱼粉生产企业近140家，1999年鱼粉产量13万吨。近年来，各级政府及有关部门积极采取措施，狠抓质量管理，鱼粉质量明显提高，其中舟山明珠鱼粉为我国唯一的部优产品，部份鱼粉已完全可以代替进口鱼粉。菜籽饼、血粉等得到了较好的开发利用。双螺旋混合机、无重力混合机技术先进，国内市场占有率较高。微机控制配料系统顺应现代饲料企业发展，呈良好的开发态势。

（4）饲料科技与教育。浙江大学等院校已为省内外饲料行业培养了众多专业人才，现有动物饲料与营养硕士点一个，已培养硕士研究生68名，与外省有关院校招收培养博士生5名。拥有农业部饲料与动物营养重点实验室，已投资1800多万元，其科研仪器设备先进，居国内领先水平。9年来，进行饲料资源开发，全价配合饲料，饲料添加剂等研究，已获省、部级以上饲料科技成果奖20余项，其中省饲料办、省农科院等单位承担完成的“87系列猪用全价配合饲料、复合预混料推广”获1996年度全国农牧渔业丰收二等奖。同时完成了太湖3号等多项国家级、省级星火计划推广项目和新产品开发项目。由浙江大学浙江博联营养与工程科学研究所运用酶工程技术研制成功的果聚寡糖产品－百福素环保型添加剂，经专家鉴定达到了国内领先水平，该产品被评为1998年浙江省农业科技进步一等奖。同时，全省饲料企业结合生产实际，或自建科研机构，或以科研、教育单位为技术依托，开发研究，不断创新，加快提高产品的技术含量。饲料科技成果的不断转化及企业自身素质和管理水平的提高，有力地促进了全省饲料工业的快速发展，全价饲料和颗粒饲料（特别是乳猪料、蛋鸭料等）的推广普及率处于国内领先地位。

（5）饲料行业与质量管理。1987年建立浙江省饲料工业办公室和省饲料质量监督检验站，为饲料工业的行业管理和质量管理奠定了基础。1993年省政府发布《浙江省饲料工业管理办法》，使饲料工业的管理有了法律依据，保证饲料工业进一步健康有序发展。1996年省饲料办组织35家企业、100多名代表参加了首届中国饲料工业博览会，这是历年来饲料行业参加各种展览会规模最大的一次，经严格评审，全省有17家企业21个产品被确定为认定产品，处于全国前10名，同时浙江展团获组委会组织二等奖，两个获个人先进奖。1997年由省饲料办推荐，经中国饲料工业协会严格审查及有关专家评审，一星、欣欣、双飞、中太、科盛等5家企业共7个品种被中国饲料工业协会评定为“1997年推荐产品”。1998年首次对全省水产饲料的监督检查，经检测总合格率为80%，其中甲鱼、鳗鲡饲料合格率为100%。1998年率先制订了《中华鳖配合饲料》地方标准。1998年省饲料办等单位在淳安千岛湖成功地承办了全国饲料工业标准化技术委员会年会。

（6）饲料工业的效益。1991－1999年全省共生产销售配（混）合饲料2000余万吨，创利税超过10亿元，共节省粮食约600余万吨，有力地缓解了粮食供需矛盾。全省肉蛋产品质量大大提高，特别是水产品养殖产量快速增长，1997年已达377.68

万吨，比1990年增长238.7万吨，改善和提高了人民生活水平。饲料工业的发展不仅促进农村劳动力的转移，农民收入增加，还为促进农业、农村经济的发展，实现两本根本转变，推进农业和农村现代化建设发挥积极作用。

【基本经验和体会】

（1）积极引导，合理布局。浙江省饲料工业办公室与有关部门积极配合，依据《浙江省饲料工业管理办法》，以推进企业实现两个根本转变为目标，通过对企业实行以提高技术档次为主要内容的技术改造，培育形成了浙北地区的欣欣、一星、通元、浙中地区的中太、科盛、迅达，浙东地区的舜大、保尔大、正宁和浙西南地区的双飞、江郎山为品牌的区域饲料生产龙头企业，使生产布局渐趋合理。这既有利于全省地区间饲料生产的平衡发展，有利于保证各地农副产品生产的稳定，同时能通过有效发挥龙头企业的辐射作用，带动各地饲料及其前后相关产业的健康快速发展。

（2）优化结构，促进发展。近几年来，在深化现代企业制度的改革过程中，通过优化和改善企业组织结构，呈现出向集团化、规模化方向发展。同时通过调整产品结构，饲料产品正向多样化、系列化、专门化方向发展，全省饲料添加剂、复合预混料、浓缩料、配合饲料（全价料）生产品种齐全，分布合理。

（3）注重服务，扩大市场。随着市场竞争日趋激烈，广大用户选购饲料已由重价格转向重质量、重品牌和重服务，因此改变服务方式、提高服务质量是饲料生产企业扩大市场占有率的一种有效途径。广大企业特别是大中型饲料企业开始重视改善售后服务，服务内容也由原先简单的送货上门，延伸为提供技术咨询和技术指导，以及通过举办培训班、技术讲座等方式提供更高层次的服务。如衢州市饲料公司，1997年先后在衢县、江山和开化等乡镇举办培训班、开展技术咨询等活动，培训近3000人次，深受广大用户的欢迎。

（4）依靠科技，改进质量。一是大力鼓励支持饲料企业与科研单位、大专院校开展技术协作。如一星饲料集团、衢州市饲料公司等企业，与浙大饲料所建立了长期稳定的技术合作关系；江山市饲料有限公司以中国农科院为依托，不断开发新产品，提高产品的技术含量。二是企业引进技术人才，自建科研机构，针对企业自身特点，加快产品升级换代。三是注重科技成果的转化和新产品开发研究。依靠科技进步，使全省饲料质量整体水平大大提高饲料配合技术水平处于国内领先地位。

（5）坚持改革，转机建制。目前隶属于粮食等部门的饲料企业仍是省饲料行业的骨干，近几年，各地行业主管部门加快了以转机建制为主要内容的企业改革步伐，海盐通元饲料有限公司、江山饲料有限责任公司、义乌中太饲料有限公司、衢州县饲料公司等原国有骨干企业抓住改制机遇，已顺利转制，其他企业也采取多种形式推进现代企业制度改革，取得了显著的成效。

（6）规范管理，提高效益。通过几轮技术改造，企业生产规模不断扩大，机械化程度、生产技术水平不断提高，强化管理已成为企业实现两个根本转变的工作重点。宣传贯彻和推行ISO9002质量认证体系的工作已在省饲料行业展开。至1998年底，浙江科盛饲料有限公司、浙江欣欣饲料股份有限公司和浙江一星饲料集团等企业已通过ISO9002质量体系认证，海盐通元、宁波舜大等企业已进入试点运行阶段。

（7）争创品牌，提高档次。随着饲料企业的发展，其生产规模和服务范围越来越大，品牌效益也越来越明显。省饲料办、有关职能部门和广大饲料生产企业在抓好质量的基础上，更注重实施名牌战略，争创名牌产品。1998年经省饲料办积极争取和推荐，“一星牌”和“欣欣牌”饲料被省政府评为浙江省名牌产品，标志着浙江省饲料工业的发展已进入一个新档次、新阶段。通过争创名牌工作，对省饲料行业健康发展，产生了积极的影响。

（8）严格监管，有序竞争。行业管理、技术监督、质检部门密切合作，加大行政执法力度，定期组织饲料产品质量抽检，企业配备完善的化验室，严把质量关，这对饲料质量的稳定和提高起到了有力的监控作用。同时，多次召开质量分析会、标准宣传贯彻会，强化企业质量意识，使企业在市场的有序竞争中获取更大的效益。

【发展规划和设想】

根据《浙江省国民经济和社会发展“九五”计划和2010年远景目标纲要》以及《浙江省农业和农村现代化建设纲要》测算，全省2010年生产肉类150万吨，蛋类72万吨，奶类26万吨，水产品500万吨，年需饲料约1000万吨，而目前商品配（混）合饲料占有率仅为40%左右，到2010年配合饲料生产700万吨，占全社会需求量的70%。实现这一目标，总的指导思想是：深化改革，转换机制，依靠科技，提高质量，强化管理，优化结构，建立布局合理的现代化饲料工业体系。今后的工作重点是：

（1）依靠科技，推进饲料科技产业化经营进程。面对21世纪，企业的市场竞争是科技和自身素质的竞争，科研、生产单位要紧密结合，以市场为导向，开展新饲源、高新技术产品尤其是绿色饲料产品等的研究与开发，同时积极培训专业人才，推进饲料科技产业化进程，以提高全省饲料行业的整体水平。

（2）强化管理，促进饲料行业健康快速发展。进一步加强饲料行业和企业内部管理，完善各级饲料行业管理和质检机构，严把产前、产中、产后质量关，认真宣传贯彻和执行国务院颁布的《饲料和饲料添加剂管理条例》和《浙江省饲料工业管理办法》，充分发挥行业协会、学会等中介组织的作用，建立健全饲料产品质量保证体系和饲料行业管理体系。

（3）开拓创新，加快调整饲料产品结构。充分发挥省医药、精细化工、食品等行业优势，大力发展饲料原料和饲料添加剂工业；扩大预混料和浓缩料生产。同时要不断提高猪、鸡、鸭、水产、牛、羊、兔、特种动物等配合饲料的质量档次，降低生产成本，增加企业效益；饲料产品要向系列化、专门化、多样化、规模化方向发展；大力实施名牌战略，积极开发新产品，加速调整饲料产品结构，以满足养殖业发展需要。

（4）深化改革，进一步转换企业经营机制。深化企业制度改革，鼓励饲料企业上规模、上等级、上档次，引导企业向集团化方向发展，同时进一步转换企业经营机制，明确责、权、利，建立和健全现代饲料企业管理制度。

撰稿：浙江省饲料工业办公室

安徽省饲料工业

作为农业大省，近年来在省委、省政府领导下，饲料工业发展呈现势头猛、效益好、前景广的局面。

【发展现状】

1999年，全省饲料加工业产品产量共有149.8万吨，饲料原料工业产品3514吨，饲料添加剂1530吨，全年实现销售收入28.8亿元（当年价）。全省共有饲料企业219家，从事工业化饲料生产职工8869人，其中大专以上学历1725余人。

饲料工业经历多年的发展，已进入了一个新的发展阶段，呈现出以下特点：一是高速发展。1999年饲料生产能力、实际产量比1990年分别增长161%和20%。饲料企业数已由1990年的114家增加到1999年的219家。二是多成分参与。由于引进外资和国家鼓励发展乡镇企业、私营企业，目前，全省饲料工业已呈现国有、集体、私营、“三资”四分天下的格局，其中“三资”企业饲料产量约占全省18%。三是产品结构调整加快。通过“七五”、“八五”期间的努力，产品结构已由过去粗饲料“三七”糠为主导产品，调整为配合饲料、浓缩饲料为主的结构。1999年全省生产配合饲料137.49万吨，浓缩饲料11.13万吨，添加剂预混料1.23万吨。四是产品档次提高。进入20世纪90年代，畜牧业的快速发展和新技术的运用，饲料工业正朝着“营养全价化、形状颗粒化、品种多样化、服务科学化、产业一体化”的“五化”方面积极推进，已初步形成了品种、类别齐全的工业体系。1998年省技术监督局抽检全省45批不同企业的饲料产品，合格产品39批，合格率为86.7%。五是开辟饲料资源。全省已开发利用了膨润土、沸石、松针粉、酒糟、动物加工副产物、菌体蛋白等多种非常规饲料资源。既丰富了饲料原料，又降低了饲料成本，减轻环境污染，一举数得。

【主要经验】

（1）健全行业管理机构，加强饲料行业领导。为促进饲料产业发展，更好地发挥饲料工业是连接种植业与养殖业的桥梁和纽带作用，省政府于1995年12月下文将全省饲料工业管理部门一省饲料工业办公室，从粮食部门划转至省农业厅畜牧局，具体负责全省饲料工业重大技术改造和审发生产许可证、制订饲料工业发展规划、政策并监督实施等。

各级地方政府成立或明确了地方饲料管理部门，截至1998年底，全省16个地（市）已有10个成立了地（市）饲料工业办公室，72个县（市）已有30个明确了县（市）饲料管理部门。

（2）强化行业管理，确保饲料工业健康有序发展。为规范市场，保护生产者和消费者权益，省政府于1998年4月7日以101号政府令发布了《安徽省饲料管理办法》。《办法》对饲料的行业管理部门、生产条件、销售条件都作了具体要求，同时还对饲料的生产、检验、包装、标签、经营等都作了详细的规定。自实施以来，对促进全省饲料企业生产上规模、产品上档次、管理上台阶起着重要作用。它的颁布和实施，标志着全省饲料行业管理步入了法制化轨道。

（3）建立健全饲料质量监督体系，确保产品质量。质量是企业的生命。全省饲料企业在配方设计、原料检测、投料计量、成品检验等各重要环节上建立了一整套质量保证体系。全省219家企业建立化验室的有150余家，并配备了专职化验员，一方面控制原料的品质，不合格的原料决不允许入库使用，另一方面坚持每批产品出厂检验，不合格的产品不允许上市销售。

全省除省产品质量监督检验所外，还有省兽药饲料监察所、省分析测试中心、地矿部安徽测试中心等部、省级饲料检验部门，16个地（市）多数质检部门也具有检测能力。

（4）成立协会筹备组，架起桥梁和纽带。为更好地发挥行业协会作用，在政府与企业之间架起桥梁和纽带，于1996年下半年就着手筹备安徽省饲料工业协会，1997年5月成立了“安徽省饲料工业协会筹备组”。到1998年底已在饲料企业、技术推广、养殖单位共发展会员160个，其中团体会员66个，个人会员94个。协会章程及领导人选已上报，待民政厅批复，即可成立协会。协会虽未正式成立，协会筹备组已开始为企业工作，如到玉米主产区调拔玉米，华东6省1市的饲料标准协调问题，都做了大量工作，深受企业欢迎。

（5）成立标委会，加强饲料标准备案工作。针对全省饲料产品的标准参差不齐，饲料标签不规范的现象，为进一步提高饲料产品质量，开拓饲料产品省内、省外市场，1998年省技术监督局、省农业厅联合下文，决定加强全省饲料标准化工作，规定从1998年11月1日起，全省各地从事饲料生产、科研的企事业单位所制订的饲料企业标准和制作的饲料标签必须经省饲料标委会审定，并报省技术监督局备案。标委会聘请了省内从事饲料生产、科研、管理、检测等单位的22位专家作为委员，全面负责饲料企业标准的审定工作。目前已对全省十几家企业的标准进行了评审，提高了标准的科技水平。

（6）引进外资、促进联合兼并。饲料工业是全省对外开放较早的行业，也是引进外资较多的行业。泰国正大先后在省内建立三家合资或独资正大公司。省外一些大集团如四川希望集团、山东六和集团、深圳康达尔集团、江苏正昌集团、上海展望集团、深圳康地公司分别通过租赁、联合、收购、兼并、托管等多种形式与省内饲料企业结成联合体。特别是党的“十五”大、“九届“人大召开以后，势头发展迅猛。同时，全省的饲料企业之间、饲料企业与种植业、养殖业、屠宰加工业之间也通过各种形式联合起来。这些都极大地激活了全省饲料企业，盘活了国有资产存量，提高了全省饲料工业的科技含量。

【发展前景】

从安徽现有条件看，饲料工业发展的潜力很大，前景十分广阔。

饲料及畜、禽、渔业品种资源丰富。粮食总产量正常年景达2500万吨，每年可提供饲料粮500万吨，秸秆2500万吨，饼粕、糟渣类工业副产品120万吨。淮北地区主产玉米、大豆，淮河以南主产油菜籽，江淮之间主产稻谷。同时有48个国家级的粮棉大县，这些都给饲料工业的发展，提供了丰富的原料资源。

市场广阔。以养殖业商品基地和城市“菜篮子”工程为核心的区域化生产、规范化养殖发展加快，规模饲养约占饲养总量的20%左右，特别是黄牛“金三角”、毛兔“银三角”以及皖西白鹅和巢湖鸭子“王国”的开发、长江两岸丰富的水面资源，为饲料工业发展提供了广阔的市场。1997年全省动物性产品总产分别是肉类255.6万吨，禽蛋87.4万吨，牛奶2.8万吨，水产品23.6万吨，按常规的饲料转化（肉、蛋、奶）比推算年饲料需求量达1300万吨以上，市场潜力巨大。

区位优越。临江近海，地处华东腹地，位于沿海与中西部交接区域，更接近于饲料产品的销售区，这为省饲料企业开辟了两个发展空间，一是直接打入饲料产品，二是销售养殖业产品。

政策优势明显。省委、省政府把大力发展养殖业和“种养、加工、销售”一条龙产业化建设作为农民致富奔小康有效途径，外部环境和国家产业政策宽松，为饲料工业快速发展创造了良好的环境。

根据安徽省畜牧、水产业的发展规划，2000年全省肉蛋总产达到450万吨，力争500万吨，水产品达到180万吨，力争200万吨；2010年肉蛋总产达到580万吨，水产品达到300万吨。为此，全省各类饲料产量发展目标如下：2000年全省饲料生产能力320万吨，产量210万吨，其中浓缩饲料20万吨，预混合料3万吨；2010年，全省饲料生产能力达500万吨，产量350万吨，其中浓缩饲料50万吨，预混合料8万吨。

【今后工作】

（1）加快饲料工业体制改革，转换经营机制。要进一步加快饲料工业由计划经济向市场经济转变步伐，特别要做好中、小企业体制改革工作；要理顺企业的管理机制，形成对市场信息反馈灵敏，按市场要求组织生产和经营的运行机制；要进一步加强企业自身管理，切实提高劳动生产率和经济效益。

（2）加强行业管理，建立健全各项法规和制度。“九五”期间，在不断加强省级饲料办工作的同时，要逐步建立各地、市、县饲料工业管理机构，加强全省饲料工业宏观调控和行业管理。

要和国家立法机关联合制定饲料工业行业法规和实施细则，使饲料工业的生产、经营和使用各个环节有法可依。

（3）广辟饲料资源。一是大力开发利用饼粕蛋白质饲料资源，通过制油工艺改造及物理、化学、生物脱毒技术的运用，提高限量使用的比例；二是调整种植模式。将传统的粮食、经济作物二元结构逐步转变为粮食、经济、饲料作物三元结构；三是积极开发淀粉、酿造、医药及食品工业下脚料的综合开发利用；四是不断开发、研制饲料添加剂原料。

（4）加大投入，加快技改步伐。饲料厂多数是“六五”、“七五”期间建立，相对而言，其设备陈旧、工艺落后，已不能适应现代工业发展需要。“九五”期间，一方面要加强与国家政策性投资机构合作，力争将部分饲料企业技改项目列入省、市技改计划；另一方面，各企业要拿出一部分资金，加强企业自身改造和完善。

（5）强化信息意识。信息是现代化生产的基本要素之一。饲料工业是综合性产业，信息在其发展中的地位尤为突出，一方面要建成省饲料办与全国饲料办、中饲的信息联网；另一方面省内要加强省饲料办与企业、企业与企业之间的信息实时交流，以及时掌握市场变化，适时调整生产。

撰稿：安徽省饲料工业办公室

福建省饲料工业

经过9年的努力，福建省饲料工业有了长足的发展，饲料产量大幅度增加，产品质量稳步提高，产品结构日趋合理，饲料工业体系已逐步形成。

【饲料原料工业】

9 年来，全省各地广泛开发利用轻工、酿造、食品、医药等工业的副产品经科学加工成为饲料原料，同时大力开发浅海滩涂低值鱼、虾、贝、藻类等水产品加工成蛋白饲料，并扶持玉米、马铃薯等旱地作物生产，在“八五”计划期间每年拨出预算内资金在山区 5 地（市）建设饲料源基地，用于购买良种、技术培训，在山坡地、田间套种玉米、马铃薯。还先后建成鱼粉厂、草粉厂、骨粉厂、淀粉厂 43 个，原料工业产量 1999 年达 3.4 万吨，产值达 6153 万元，在一定程度上缓解了全省饲料原料短缺问题，带来了良好的社会效益和经济效益。

【饲料加工业】

1991－1999 年是全省饲料工业发展最快的时期，饲料工业企业从 1991 年 184 家发展到 1999 年的 345 家，双班生产能力达 194.6 多万吨。全省已建成年产万吨以上企业有 29 家，时产 1—5 吨配合饲料企业 179 家；饲料企业职工 9628 人，其中技术人员 1198 人，技术人员中，高级职称的有 170 人，中级职称的有 352 人。近年来，通过同美国、日本、荷兰、泰国及港台等国家和地区进行广泛交流和合作，引进了几十台（套）先进生产设备与技术，兴建了 59 家合资、独资企业，资本金达 7.83 亿元。饲料产量逐年上升，从 1991 年的 72 万吨，增加到 1999 年 133.61 万吨，其中水产饲料从 1991 年的 1.1 万吨，增加到 1999 年的 14.32 万吨，鳗鱼饲料已占全国的一半以上。饲料工业总产值从 1991 年的 7 亿元上升到 1999 年 33.63 亿元（现价），1999 年实现利税 1.88 亿元。

【饲料添加剂工业】

饲料添加剂工业随着饲料工业的发展也得到新的发展，现已建成年产 3000 吨饲料级 L—赖氨酸工厂，产量和质量均居全国前列，1999 年产量达 5500 吨，产品销往国内外，改变了饲料用赖氨酸依赖进口的局面。全省还建成了饲料金霉素饲用酵母、饲用复合酶、矿物质、微量元素等饲料添加剂厂 7 家，兼产企业 11 家，1999 年生产饲料添加剂原料 1.8 万吨，添加剂预混料产量 4.86 万吨。

【饲料工业机械】

饲料机械规模虽小，只有十几家机械厂兼产和研制饲料机械，但已能成套生产中、小型鳗鱼饲料和禽畜饲料生产设备，并采用微电脑控制，1999 年生产单机 539 多台（套）。

【饲料科研和质量管理与监测】

福建省十分重视饲料科研工作，省科院、农业大学、厦门水产学院及企业都参与了饲料课题的攻关。经过饲料合理配方的研究，对虾饲料系数由原来的 2—3.1∶1 降到 1.5—1.9∶1，达到国际先进水平；肉猪的饲料转化比由原来的 4.5∶1 降低到了 3.2—3.5∶1；肉鸡的饲料转化比由原来的 3—3.2∶1 降到 2.0—2.2∶1；蛋鸡、蛋鸭的饲料转化比由原来的 3.5—3.8∶1 降到 3.0—3.3∶1。已达到或超过国内平均水平。全省依靠科技进步发展饲料工业，可为全社会节约数十万吨饲料。

在质量管理和监测方面，先后成立了省水产饲料质量检验站、省中心检验所、省兽药饲料检验所、省粮食厅饲料检测站，加强对饲料产品检测力度，加大了对饲料产品的质量管理，使饲料质量水平得到逐步提高，对虾、鳗鱼配合饲料被农业部评为优质产品、全国农业博览会金奖，部分饲料获得全国饲料工业协会“质量认定”品牌。制定了蛋鸭、对虾、鳗鱼、鳖等 4 项地方标准和鳗鱼饲料全国行业标准。饲料质量的提高促进了畜牧、水产业的发展。

【饲料工业行业的管理】

1986 年经省政府批准成立福建省饲料工业协调领导小组，下设办公室。1995 年机构改革，省政府把福建省饲料工业办公室列入行政编制，挂靠省计委，作为全省饲料行业的宏观管理和协调机构。1994 年成立了省饲料工业协会，省水产厅和农科院相继成立了省水产饲料研究会，省饲料、牧草和动物营养研究会，水产饲料企业组织成立了省水产饲料同业协会等民间团体，组织企业进行学术交流，课题攻关，统筹企业间的原料进口和产品价格的协调，举办产品展销和职工技能培训，为饲料工业发展起了重要的作用。

撰稿：福建省饲料工业办公室

江西省饲料工业

【生产现状】

进入 20 世纪 90 年代，江西饲料工业在发展中调整，在调整中提高。产量逐年增长，品种不断增加，结构更趋合理，质量普遍提高，但经济效益下降。

全省饲料产量逐年增长。1991 年全省总产量 139.4 万吨，1999 年达到 203.1 万吨，其中浓缩饲料增长比较快。

产品品种逐步趋向多元化、系列化。由 20 世纪 90 年代初期以猪、鸡为主，发展到包括猪料、禽料、水产料、牛料和特种动物料等各种动物、各个不同生长阶段的饲料品种。产品质量普遍提高，1998 年全省饲料产品统检结果表明，全价配合饲料产品合格率为 86.8%，而 1991 年则为 36.5%。

江西省是全国养猪大省之一，养殖业生产受到我国养猪业的市场波动的影响，一般 2－3 年为一个周期。1994年下半年和1995年上半年，江西生猪生产出现“卖猪难”。1995年下半年开始逐步好转，到1997年恢复到最好年份，农民养一头猪一般可赚100—200元，最高约可赚300元，大家看到养猪有利可图，纷纷投资养猪。江西省政府1997年11月召开全省会议，提出要把江西建成食品大省，当年江西省粮食丰收，首先要求粮食部门转化粮食。结果养猪数量迅速增加，改变了20世纪80年代和20世纪90年代初期的以粮食系统、国有企业为主的格局，即：国有饲料企业产品市场相对萎缩，一些经济实力较强的民营企业、三资企业如江西正邦集团、南昌正大、江西茂昌等，他们发挥管理、技术、资金的优势，在20世纪90年代后期饲料市场所占的份额越来越大。

1997年亚洲金融危机，使养殖业产品出口受到影响，养殖企业的产品产量和经济效益下降。1998年3月份以后，猪价迅速下滑，养猪业出现亏损，1998年底，每头猪亏本100—150元，养猪业生产受到较大影响。

【主要经验】

（1）不同所有制企业在饲料市场上的占有率进一步得到合理调整。进入20世纪90年代以后，江西省饲料工业由以粮食部门为主，发展到农业、乡镇、外贸、水产、化工、医药、地矿、机械、轻工、供销部门等，江西的饲料市场得到合理调整提高。增强了企业的自我完善，自我发展的潜力。江西民星、樟树粮油公司饲料厂，在1993年评为全国饲料百强企业。

（2）大中型饲料企业市场竞争优势明显，质量保持稳定提高。一些小型企业在市场竞争中遭到淘汰，少部分企业关闭，部分企业处于停产、半停产状态。1994年下半年至1995年上半年，江西饲料市场疲软，全省出现不景气的局面。当时一些小企业乘虚而入，以低档料挤占一部分市场，大中型饲料厂家承受很大压力，但是大中型饲料企业都能面对市场迎接挑战，以产品质量、品牌优势和经营策略，在市场竞争中处于优势地位。

（3）饲料产品质量逐步提高。一是显示了企业的质量意识普遍增强，从原料、生产、管理、销售等各环节中把好质量关，二是市场的竞争机制发挥了作用，现在的市场是买方市场，通过消费者的选择，劣质产品必定要被淘汰。1995年全国饲料统检与全省饲料定期检验合格率达到58.8%，1998年统检产品合格率为86.8%。

（4）加强了饲料科研、教育、监测，逐步实现科教兴饲。饲料工业技术的开发研究、计划，在“八五”期间，获得一批在国内领先水平的科研成果，特别是在浓缩料和预混料、添加剂方面。省饲料科研所投资上百万元，已具备一定规模的科研手段，一批科研成果已投入生产，该所还采取多种形式轮训了一批企业的厂长、经理和饲料科技人员，江西农大成立动物科学院，开办了饲料营养专业，培养了一批大专毕业生充实到饲料企业。省饲料工业协会、省饲料工业办公室同省技术监督局和省饲料质检站共同负责对饲料质量督察。江西省在20世纪80年代饲料工业起步阶段兴建的一批饲料骨干企业，到20世纪90年代都面临着更新改造。这几年全省饲料企业通过技术改造、挖潜和引进国内外先进设备，使原有落后的工艺和设备基本上得到改造，大中型饲料企业已基本实现微机管理和生产，质量保证体系和品控体系日益完善。

（5）进一步加强对饲料流通环节的管理。江西省的大中型饲料厂家的产品都是通过经销商或者饲料经销专业户进行销售产品，经销商从厂家批发来，然后加价，销给农户，经销利润比生产厂家还要大，饲料经销商的经营策略一般较灵活，对开发市场起到一定作用。从1996年到1998年底，豆粕、鱼粉等蛋白原料价格下降40%—50%（豆粕最高价3200元/吨，最低价1500元/吨；鱼粉最高价6700元/吨，最低价4000元/吨）。但是农民买到饲料价格并没有相应降低，另一方面由于对饲料产品流通环节的管理乏力，给伪劣产品提供进入市场的机会，省内几家名牌产品经常发现有假冒产品的现象。随着饲料产品品种和数量的增加，饲料企业间的竞争日趋激烈，饲料的销售，一段时间内还得要依靠中间的流动环节，需要靠完善的市场机制使饲料的生产者、经销者、使用者三方的利益分配合理。

今后，江西饲料工业工作重点要根据市场需求，调整产品结构和产业布局，加快国有饲料企业改革步伐，加强法制管理，促进饲料行业健康、持续发展。

撰稿：江西省饲料工业办公室

山东省饲料工业

20世纪90年代，山东省饲料工业伴随着畜牧业的快速健康发展，进入了一个新的振兴时期，已初步建成包括饲料加工工业、饲料原料工业、饲料添加剂工业、饲料机械工业以及饲料科技教育在内的饲料工业体系，成为山东省国民经济中的一个不可缺少的重要产业，在全省39个工业行业中，名列第17位。

【饲料产量持续增长】

到1999年，全省饲料加工企业达1101家，年末双班生产能力达1214.86万吨，产品产量达711.64万吨，分别比1990年增长2.85倍、2.17倍、2.85倍，成为全国举足轻重的饲料生产大省。

【产品品种系列化多样化】

配合饲料一统天下的格局正在被打破。生产的品种由鸡猪配合饲料为主，发展成为鸡猪、鸭鱼虾、牛羊兔、特种动物等10多个系列、50多个品种，初步形成了添加剂、预混料、浓缩料、配混合饲料相互配套的系列化格局。近年来，配合饲料稳定发展，而浓缩料、预混料增长速度较快。1999年配合饲料达551.54万吨，比1990年增长1.3倍；浓缩料达111.34万吨，比1990年增长28倍；预混料达48.75万吨，比1990年增长3.6倍。浓缩料、预混料已成为当前饲料生产的重头戏，成为广大养殖户青睐的热门产品。从品种看，除肉禽料略有下降外，猪料、蛋禽料、鱼虾料及其他饲料均有大幅度增长。

【产品质量和科技含量明显提高】

近几年，饲料工业进入高速发展时期，市场竞争日趋激烈。重视产品质量，增强竞争能力，已成为绝大部分企业的共识，企业普遍加大了产品质量管理的力度。几年来，产品抽检统检合格率稳定在90%以上。1998年，农业部安排的饲料产品统检，全省抽查50家企业，合格率100%。与此同时，企业注重科技投入，加大了高品质饲料的生产和新产品开发力度。生物工程、饲料酶制剂、微生态制剂等高新技术开始应用。棉籽饼脱毒、利用畜产品废弃物进行开发蛋白饲料，已经投入生产。饲料添加剂原料维生素类、泛酸钙、氯化胆碱、甜菜碱、磷酸氢钙、酶制剂、菌制剂等在省内已建厂生产，呈发展之势。

【企业的经济效益有所提高】

1998年，由于受持续不断的亚洲金融危机以及国内消费不旺的影响，养殖业和畜产品市场受到前所未有的冲击，养殖业效益下滑，畜产品价格低迷，这种状况一度影响了饲料工业的发展。但饲料企业按市场规律办事，及时调整结构，加强管理，降低成本，更加注重质量，努力开拓市场。从总体看，全省饲料工业运行态势良好。1998年饲料工业总产值达148亿元，利税总额6亿元，均比上年有所提高。1999年饲料工业总产值增加到166.75亿元，创税总额4.88亿元。

【规模化经营优势逐渐显现】

随着饲料市场竞争的加剧，饲料企业深化改革，调整战略，采取兼并、联合、股份制以及产供销、科工贸一体化形式，扩大规模，其集团化竞争优势逐渐显现。到1999年，全省共建成年产5000吨以上的饲料加工企业600多家，其中年产万吨以上的大型骨干企业102家，饲料工业生产集中度不断提高，产销量向优势企业和名牌产品集中。如六和集团、诸城外贸集团、山东凤祥集团、聊城嘉明实业公司、山东冠宇集团、济南浓缩饲料厂等大的集团和骨干企业，无论是生产规模，还是经济效益，都处于优势地位，其产品占有市场很大份额，其产量在十几万吨甚至几十万吨，利税均达1000万元以上。

【企业体制更加多样化】

国有企业比重下降，集体、私营和三资企业逐渐占主导地位。特别是私营企业和三资企业为山东的饲料工业注入了活力。1998年，私营企业由上年的600多家增加到1038家，三资企业25家。1999年三资企业增到27家。这些企业机制灵活，管理科学，成为饲料工业新的增长点。以六和、康大、壮大、金牌、潍坊中基饲料公司等为代表的一大批私营和三资企业，形成加工、销售、服务一条龙，产生了巨大的经济效益和社会效益。泰国正大、四川希望、江西民星等集团公司以资本和科技为纽带，通过横向联合和纵向延伸，不断扩充在山东省的企业实力。到1998年为止，在山东省内，正大集团创立2家，希望集团创立5家公司。

【科研、教育、质量检测体系初步建立】

全省有2所农业大学，一所中专学校设立了动物营养和饲料加工专业。省农科院、农大、山大、化工研究院等单位及部分大型饲料企业设立了专门的饲料和添加剂科研机构。省里设有饲料监察所1处，饲料产品化验检测中心3处，大部分地（市）设有饲料监察站所 。

【饲料机械工业有所发展】

据统计，1999年，全省生产各种饲料机械20697台（套），产值近12872万元。

【行业管理职能加强，队伍素质提高】

自1997年饲料工业管理职能由省经委移交省畜牧局以后，全省的管理机构逐步健全，依据修订后的《山东省饲料工业管理暂行办法》，加强了饲料工业的管理，使生产和经营逐步趋向规范化、标准化。省里重点抓了饲料添加剂和预混料的管理，对符合生产条件的企业进行审批，对合格产品实行文号管理。地（市）重点抓配合饲料、浓缩饲料的生产经营管理工作和办培训班，帮助企业培训人才，提高了企业的法制意识、质量意识和科技意识。饲料产品标准、标签管理工作得到相应加强。

【饲料工业发展存在的问题】

9年来，虽然饲料工业发展迅速，成绩巨大，但与畜牧业大省地位极不相称，存在诸多问题。饲料的入户率较低，据估算饲料产品仅占需求量40%；原料供应紧张，蛋白质资源的开发利用缓慢；新产品的开发力度不够，特别是饲料添加剂的产品品种不全，产量不足，质量不高，滞后于整个饲料工业的发展；科技水平及新技术的推广应用不够，资源优化利用和新产品开发能力低；产品的结构不尽合理，普通产品多，新产品少，通用配方产品多，科技含量高的产品少；企业的组织结构不合理，小型企业占一多半，企业小而分散，其集团化、一体化、大型化程度低，难以形成规模效益，造成低水平的重复建设，严重影响技术、资金、设备、人才和信息等生产要素的合理配置；饲料机械工业落后，缺乏大型成套加工机械和相关的新设备。此外还存在布局不合理、设备陈旧、宏观调控乏力、企业无序竞争等问题。

【饲料工业发展的有利条件】

饲料工业存在着广阔的发展空间和巨大发展潜力，有着诸多有利条件和发展机遇。山东省粮食生产连年丰收，供求平衡，丰年有余，随着人们食物结构的改善，消耗的口粮越来越少，饲料粮的比重越来越高，各地正在逐步确立"粮—经—饲"三元种植结构，实现人畜分粮，这样的粮食环境为饲料工业发展提供了较好的物质条件。随着人们生活水平的提高，人均对肉蛋奶和水产品的需要量将进一步增长。知识经济时代的来临，技术进步和科研水平的提高，这无疑给饲料工业的发展，带来很好的机遇。经过"七五"、"八五"、"九五"十几年的奋斗，山东省饲料工业已初步形成体系，与其他相关行业形成了紧密联系的产业链，已形成多种所有制并存的、相互竞争的格局，完成了"打好基础，创造条件"的任务，为下个世纪的发展打下了良好的基础。

撰稿：山东省畜牧局饲料工业处

河南省饲料工业

1991－1999 年，河南省按照国务院颁发的《1984—2000 年全国饲料工业发展纲要》(试行草案) 中的奋斗目标，开展了一系列务实的工作，使饲料工业得到快速发展，初步形成了较为完整的饲料工业体系。正逐步向高科技、低消耗、高效益、无污染方面发展。

【加工业初具规模，产品结构趋于合理】

到 1999 年底，全省共有饲料生产企业 587 家，其中年产万吨以上的饲料加工企业 110 家，年双班生产能力达到 950 多万吨。在东南亚金融危机和国内畜产品市场疲软的影响下，饲料加工业总产量仍达到了 379.18 万吨。其中配合饲料产量 234.10 万吨，浓缩饲料产量 140.75 万吨，添加剂预混料 4.33 万吨，比 1991 年分别增加了 138.1 万吨、139.82 万吨、2.54 万吨，增长幅度分别为 1.44 倍、150.3 倍、1.4 倍。饲料工业产品总产值 75.95 亿元，销售收入 66.15 亿元，创利税总额 3.04 亿元，分别比 1995 年增长了 69.3%、77.68%、80.95%。

随着产量的增加，产品的品种也在逐年增多。由过去单一的猪、禽配(混)合饲料，渐渐发展到猪、禽、牛、羊、鱼虾配合饲料、浓缩饲料、添加剂预混合饲料及特种动物饲料等，特别是鱼虾料的大力推广，有力地促进了水产养殖业的发展。为适应市场的需求，配合饲料中的产品结构发生了重大变化。1991 年猪料 48 万吨，蛋禽料 26 万吨，肉禽料为 20 万吨，比重分别为 50%、27%、20.8%。1995 年在配合料中猪料占 44%，蛋禽料占 38%，肉禽料占 19%。1997 年配合饲料中猪料约占 55%，蛋禽料占 22%，肉禽料 15%，鱼虾料约占 6%。1998 年猪料 127 万吨，占 44.6%，蛋禽料生产 99.7 万吨，占 35%，肉禽料生产 41.2 万吨，占 14.5%，鱼虾料 13.3 万吨，占 4.7%，其它饲料 3.3 万吨，占 1.2%。1999 年猪料 103.38 万吨，占 44%，蛋禽料生产 73.13 万吨，占 31%，肉禽料 41.88 万吨，占 18%，鱼虾料 11.81 万吨，占 5%，其他饲料 3.90 万吨，占 2%。

【饲料原料和添加剂工业】

全省饲料原料加工企业已由 1995 年的 41 家发展到 142 家，增长了 246%，添加剂工业由原来的 2 家发展到 13 家，增长了 5.5 倍。产品品种由单一的骨粉、肉骨粉发展到生产酶制剂、酸化剂、防霉剂及羽毛粉、皮革蛋白粉、饲料酵母、麦饭石、沸石粉、磷酸氢钙、饲料调味剂等等，产量也取得了较大的发展，饲料原料工业发展突飞猛进。1991 年河南省仅能产骨粉和肉骨粉等 2000 吨，到 1999 年已有各类原料加工企业 142 家，总产量达到 13 万吨，其中生产骨粉和肉骨粉 5.54 万吨，磷酸氢钙 0.65 万吨，大大缓解了对原料市场的需求。

【产品质量提高明显】

据 1998 年全省 18 个地（市）统检结果表明：配合饲料平均合格率为 92%，浓缩饲料合格率地（市）为 76.4%，三资合资企业产品合格率在 88%以上。调查结果表明，国有大、中型企业、合资、三资、股份制大、中型企业质量意识较强，技术水平较高，具有相应的内部质量管理和质量保证体系，注重对原料和产品质量的把关检验，因此产品质量合格率较高。另外所有已办过批准文号的企业质量意识有所增强，厂容厂貌、检验、生产条件均有较大的改善，产品质量不断提高，从而使企业综合素质得以提高。

【市场开发潜力巨大】

1998 年据全省畜牧水产统计数据测算，全省配合饲料总需求量约 2100 万吨，其中规模养殖配合饲料需求约 700 万吨，1998 年配合饲料产量(折算)670 万吨，占全省规模养殖配合饲料需求的 95%。从总体上看，随着全省居民生活水平的提高，对肉、蛋、奶等动物食品的消耗量进一步增长，饲料需求量也会上升。

【科研、教学、检验、监督、管理支撑体系配套】

河南省现有3所大专院校开设了动物营养和饲料加工专业教育。有2所省级饲料质量监督检验机构，另外信阳、平顶山等4个地（市）也相应设立了地（市）级的饲料质检部门。针对省内高素质饲料工业人才缺乏的状况，省协会将饲料企业的人员培训当作重要工作来抓，举办了多次新技术交流培训活动，通过多种渠道提高行业人员的整体素质，分期分批培训各类检、化验人员，实施检化验人员资格证制度。已有12人获得国家级职业技能鉴定考评员称号，目前正在进行全省更大范围的职业技能培训工作，以期能逐步建立起科学、规范、客观、公正和具有相当水平的职业技能鉴定机制。

【饲料工业科技信息事业】

河南省十分重视科技和信息的重要作用，注重行业教育，认真贯彻科技兴饲的方针，采取多种形式推进行业技术进步。创办了《河南饲料》内部刊物，利用国际互联网的大量信息，大力宣传新技术、新产品，促进科技成果的传播，宣传国家政策和兄弟省、自治区、直辖市的先进管理经验。目前共印刷了刊物16期，寄发给各会员单位，对宣传省饲料工业，加强行业管理，团结各会员单位起到了积极作用。同时聘请国内外一些著名专家教授，先后举办10多次科技培训和新技术交流活动，对提高饲料行业的整体水平起到了很好的作用。

大力宣传、依靠政策引导企业健康发展。组团参加各类大型交易会、培训班和交流会。积极参与“中国饲料工业协会推荐产品”活动，已有3个产品荣获“中国饲料工业协会推荐产品”称号。与电视台共同举办《河南饲料工业漫谈》专题节目，与河南农村报报社联合举办“河南省饲料产品展示”活动等等，以宣传省饲料工业发展状况，推动企业依法文明生产。

近年来，饲料加工企业数量迅速增加。1991年有大小型企业272个，到1999年发展到587个，其中时产5吨以上的配合饲料加工企业由19家发展到110家。在对外交流和技术合作、引进外资方面有了很大突破，仅正大集团在省内就有6家，希望集团有4家，另外还有大北农、康达尔集团、通威集团等都设有分公司或联营厂。中外合资企业由1990年的1家发展到现在的20家、外商独资企业3家。企业正在向大型化、集团化方向发展。一些企业通过合并、兼收或合资等形式逐渐形成集生产、养殖、加工、销售为一体的产业集团。如潢川亚美集团、华英集团等，这些集团在产品规模、管理水平、经济实力等方面都具有强大的优势，成为省饲料工业发展的中坚力量。

【行业标准化及产品质量控制与监测】

河南现有省级饲料产品质量监督检查站2所，负责本省内的饲料产品质量监测和检验工作。为加强饲料产品质量检查监管工作，督促企业不断提高产品质量，打击生产和销售伪劣产品的违法行为，确保国家、用户销费者的合法权益，近些年每年都和省技术监督局联合对部分产品进行统一监督检查，并将结果通过报纸公布于众，以便群众监督。

1994年全省饲料产品的合格率仅为40%左右，到1998个全省18个地（市）统检结果表明，配合饲料平均合格率为92%，浓缩饲料合格率达到76.4%，大、中型企业的合格率更高，分别为85%和83%，三资合资企业的产品合格率在88%以上。这也是大、中型饲料企业能在我省饲料行业市场占主导和领先地位的主要原因。

标准化建设是饲料工业行业管理的重要基础性工作，也是衡量行业管理水平的重要标志。在中国饲料工业协会指导下，结合本省实际以国家标准为依据严格把关，与省饲料质检站共同帮助企业制订、修订标准近200个。省协会已经接受省技术监督局的委托，正在积极筹备建立省饲料工业标准化委员会，以期全面推动标准化建设工作。

【主要经验和体会】

（1）加强行业管理，提高行业整体水平。1993年1月5日，为加速饲料工业的发展，更好地适应发展畜牧业的需要，河南省人民政府以豫政文［1993］9号文批准成立了“河南省饲料工业领导小组”，由副省长李成玉担任组长，负责全面协调指导工作。该领导小组成立后，做了大量的工作，对省饲料工业在科技、开发、生产等方面做出了指导性的贡献。到1995年省政府又发文，明确规定省畜牧局是全省饲料行业的主管部门，依法对饲料工业进行行业管理和监督。各地(市)也都相应建立了饲料工业管理机构，配备了专职的管理人员。大多数的县设立了相应的机构。依照《河南省饲料工业管理办法》及《实施细则》，对达到一定生产能力，有可靠技术，有质量检验能力等符合规定的生产厂家，产品经抽检合格并经当地饲料主管部门同意的，核发饲料生产批准文号，到1998年底，已经考核、审查、验收了饲料企业316家，办理了1963个饲料产品生产批准文号。通过办理饲料产品生产批准文号，企业的生产和管理进一步得到规范，有效地制止了饲料生产环节的违规行为，促进饲料工业和养殖业的健康发展。

（2）发挥行业协会的能动作用，促进饲料行业的发展。省饲料工业协会在省饲料工业主管部门的领导下，引导饲料企业实施“两个根本性转变”，“搞好两个服务”，当好“一个参谋”，不断探索改革开放历史条件下协会工作的特点、方法和工作思路，开展各种调查研究和行业内及行业间的组织协调工作，为饲料工业的健康发展做了应有的贡献。认真贯彻科技兴饲的方针，采取多种形式，积极推进行业技术进步，如创办刊物，举办新技术交流会等等，都收到了良好的效果，获得企业的一致好评。既增加了协会的凝聚力，又提高了饲料工业行业的经营管理水平，加快了新技术、新产品的推广和转化，提高了行业的整体水平。

（3）大力宣传和贯彻《河南省饲料管理办法》及《实施细则》。省政府于 1997 年 1 月 9 日以政府令颁布了《河南省饲料管理办法》，并规定饲料工业行业管理由省畜牧行政主管部门负责，为了积极宣传贯彻落实《办法》，使全省饲料工业管理真正纳入依法生产轨道，同年 7 月 18 日颁发了《河南省饲料管理办法实施细则》。并以多种形式组织进行了培训和宣传，目前已取得了社会的广泛认可。

（4）注重企业宣传，提高品牌知名度。多次组团参加了各级举办的饲料行业博览会、交易会。通过这些活动，既从兄弟省、自治区、直辖市饲料行业学到了许多经验，又向外界展示了本省的饲料行业的发展和企业的风貌。如在 1996 年的第一届饲料工业博览会上河南省有 16 个产品获得了大会认定全国饲料工业行业产品。1994 年，开封正大有限公司、汝南县牧工商联合总公司分别被评为全国饲料工业‘93 百强企业和先进集体等等。

撰稿：河南省饲料工业办公室

湖北省饲料工业

9 年来在湖北省委、省政府重视和国家优惠政策的推动下，经过全省饲料行业同仁的共同努力，饲料工业取得突破性的发展。

【饲料工业取得的成就】

（1）饲料加工业初具规模。1999 年全省已建成饲料加工厂近 625 家，其中万吨级以上饲料厂 104 家，年双班生产能力达 538.6 万吨。

（2）饲料产量、产值逐年增长。1999 年全省饲料产品总产量达 280 万吨，工业总产值近 34.35 亿元（1990 年不变价）。

（3）饲料产品齐全，质量显著提高。已能生产满足多种畜禽、水产和特种养殖所需的技术含量高的预混料、浓缩料、全价料，全省有 20 家企业的饲料产品达到国内先进水平，在首届中国饲料工业博览会上，有 16 家企业的 20 个饲料产品被评为“认定产品”。肉鸡全价料的转化率已由 1990 年的 2.3:1 提高到 2:1，肥育猪料由 3.5:1 提高到 3.3:1。

（4）饲料工业体系初步形成。已基本形成了饲料原料工业、机械工业、添加剂工业、加工工业及教育、科研、监督等较为完整的饲料工业体系。

【推动养殖业的规模经营】

饲料工业的发展，促进了全省规模养殖。据统计，全省畜禽饲养专业户由 1990 年 2.38 万户发展到 26.31 万户，年平均增长 143.89%；大型畜禽养殖场由 1990 年的 190 个发展到 1606 个，年平均增长 106.5%。1997 年大型畜禽养殖场和饲养专业户的肉类产量 46.4 万吨，占全省肉类总产量的 13.6%，禽蛋产量 24.1 万吨，占全省禽蛋总产量的 20.4%。湖北素有“千湖之省”的美称，可养水面达 990 万亩，其中精养池由 1990 年的 83.5 万亩，发展到 1997 年的 208.3 万亩，年平均增长 29.9%。1997 年全省精养鱼池水产品产量达 98.02 万吨，占全省水产品总产量 48.4%。据了解，传统的养殖，每亩水面水产品产量，仅为 100－300 千克，而利用全价配合饲料养鱼，亩产可达 1000 千克以上。

【促进粮食转化与利用】

随着农业连续多年丰收，城乡人民的生活水平显著改善，人们不满足于仅仅填饱肚子，而对肉、蛋、奶的需求量越来越大。人们生活水平的提高，推动了饲料工业的迅速崛起，饲料的产量在逐年大幅度上升，饲料用粮占粮食总产量的比重越来越大。大量的实践证明，用配合饲料比传统的饲喂方式可以节约饲料用粮 1／3 以上。1999 年，全省共生产配合饲料 227 万吨，仅此一项每年可节省粮食近 60 万吨。

撰稿：湖北省饲料工业办公室

湖南省饲料工业

湖南省饲料工业是 1979 年开始起步的，通过饲料工业者及有关部门的努力奋斗，饲料工业从无到有，逐步发展壮大。1995 年饲料产品产量突破 300 万吨，1998 年达到 322.57 万吨。据 1996 年统计，在全省 39 个工业行业中，饲料工业产值居第 12 位，全员劳动生产率仅次于烟草行业居第 2 位，百元固定资产实现的产值居第 3 位，实现利税居第 13 位，饲料工业已成为省国民经济中一个重要产业。

【饲料工业发展的特点】

（1）省委、省政府高度重视。饲料工业不仅能推动农业结构的调整和优化，还可促进相关产业的发展，具有推动经济发展的特殊功能，因此省政府出台了一系列政策措施。如 1990 年 12 月省政府下发了《关于扶持发展饲料工业有关问题的通知》；1995 年 6 月 7

1991—1999年湖南省饲料工业基本情况表

年度		1991	1992	1993	1994	1995	1996	1997	1998	1999
饲料加工企业（个）		1302	1273	1394	1397	1401	1164	705	661	725
其中	时产5吨以上	19	30	49	59	83	76	100	104	76
	时产1—4吨	333	419	366	765	906	655	517	595	
年双班加工能力（万吨）		340	382	435.80	490.4	544.80	601.8	700	705.5	730.46
饲料产品总量（万吨）		170.50	188.27	210.96	260.82	312.87	277.28	327.01	322.57	334.27
其中	配混合饲料	154.77	161.19	163.85	195.44	219.60	196.27	219.022	251.31	207.42
	浓缩饲料	15.12	25.76	45.94	63.46	91.36	79.16	100.43	108.43	121.68
	预混饲料	0.61	1.32	1.17	2.01	1.91	1.85	3.61	3.27	5.17
总产值	1990年不变价（万元）	174804	220698	254712	322277	435225	355213	4358820	461110	467864
	现行价（万元）	143437	197569	270123	424663	637018	600389	789260	820561	787170
利税总额（万元）		7678.52	9559.4	13283.54	27639.11	26019.55	13811.9	26405	27577	31527
附：总量中猪饲料（万吨）		123.82	134.61	137.78	148.50	171.04	143.47	164.97	185.69	149.70
禽饲料（万吨）		20.87	13.41	20.00	23.63	20.48	31.44	42.70	24.44	42.30
水产饲料（万吨）		1.35	2.62	2.59	4.72	8.40	8.06	5.55	8.12	8.11
其它饲料（万吨）		11.03	0.92	3.48	18.50	7.07	13.31	2.08	0.77	7.31
浓缩饲料占总量比率(%)		8.87	13.00	21.77	24.33	29.20	28.55	33.16	31.13	36.40

日省政府第70次常务会议审议通过了《湖南省饲料管理办法》，杨正午省长于1995年7月28日签发第46号政府令发布实施；10月，省政府下发湘政发[1995]28号《关于加快养殖业产业化进程意见》，明确规定，从1996年起，3年内饲料加工企业的所得税全部返还给企业，以加快企业技术改造。1996年2月7日，王茂林书记在省政协七届四次会议上批示："省饲料工业协会要研究发展思路、布局、扶持政策"。近几年，省政府常务会曾多次专题研究湖南饲料工业问题。

（2）品种增加、产品结构逐步趋于合理。"六五"期间，全省只能生产大猪配、混合饲料，1985年，营养成份齐全的配合饲料产量仅占饲料总量的30%，绝大部分是混合饲料。产品仍然是猪、鸡、鱼饲料，产品单一，档次也比较低，配合饲料比重1989年达到53%，颗粒料基本上是个空白。全省能生产猪、鸡、鸭、鱼、牛及特种动物饲料等30多个品种，能基本满足不同畜禽种类、不同生长阶段对饲料产品的需要。科技含量高、附加值高的浓缩料和颗粒料比重逐年增大。近几年全省浓缩饲料产量约占饲料总量的三分之一，浓缩饲料产量近几年一直位居全国首位。

（3）各级、各部门通力合作，实行饲料工业大家办。由于多种形式办厂，多条渠道集资，多种经济成份经营，充分调动了全社会的积极性，为饲料工业的发展注入了活力。全省饲料加工企业遍布全省各县，最多时达1400多家，经过调整，1999年企业仍有725家，企业的行业主管涉及省级22个部门，这些部门为省饲料工业的蓬勃发展做了大量的工作。

（4）饲料资源得到开发。玉米、大麦等能量饲料原料的生产受到重视，种植面积扩大，产量增加。1995年全省年产玉米45万吨，大麦6.1万吨。稻壳单细胞蛋白、酒槽单细胞蛋白、皮革蛋白粉形成工业化生产；叶蛋白提取技术获得成功，并正在进行试验推广；通过推广棉花、油菜新品种，改进浸提技术，开展以肥、以料换饼换粕等措施，大大提高了棉、菜饼粕的饲用利用率，形成了综合开发利用各类蛋白资源的蛋白原料工业。这些资源的开发利用一定程度上缓解了省饲料原料的供需矛盾。

（5）产品质量稳步提高。近年来，省技术监督局对饲料产品质量进行了抽查检验，从公布的抽检结果显示，产品合格率稳步提高。据省技术监督局"湘技监局[1999]026号"1998年第四季度省级监督抽查产品质量情况通报，这次抽检的31家饲料企业64个品种，合格率达100%，这在历次饲料产品抽检中是最高的。产品质量的提高，除企业严格质量管理，提高产品技术含量外，与行业部门的督促分不开，1996年开始，省、市饲料办对全省饲料加工企业开展了以质量管理与质量保障体系为主要内容的审查验收发证工作，1998年6月，又以"湘饲[1998]3号文件发出"关于进一步加强产品质量监督管理的通知"，这些措施，有效地促进了饲料产品质量的提高。

（6）大中型饲料企业骨干作用明显。近年来，全省千多家饲料加工企业中，时产5吨以上的企业有百余家，生产量约占全省饲料产品总量的60%以上。其中正虹饲料股份有限公司、株洲湘大集团公司、正大岳阳有限公司3家企业的骨干作用更为明显。1997年，3家企业饲料产品产量约占全省饲料总量的19%，浓缩饲料占全省总量的33%，产值占全省总产值的35%，利税占全省的68%。

（7）企业集团化建设在调整中发展。"七五"期间有湖南天心实业总公司、瑞慈总公司两个"一条龙"示范企业，"八五"期间先后组建了湖南湘大集团有限公司、衡阳亨富饲料集团有限公司、岳阳正泰有限公司、湘大、亨富、天心、正泰、省饲料集团总公司、湖南富沩饲料有限公司共7家大中型企业实行集团经营，为饲料工业企业全面走向市场，探索新的经营管理模式开拓了新路。

（8）饲料机械和添加剂工业有了一定的发展。时产5吨及5吨以下的中小型饲料加工机械，在省内都能生产。衡阳粮机厂生产的2.5吨微机控制的饲料机组，性能良好，经省经委鉴定，居国内先进水平。临湘机械厂生产的300、500、1000型等小型饲料加工机组，在全国饲料机械技术性能考核中名列前茅。磷酸氢钙、松针粉、中草药、海泡石、硫酸锌、硫酸铜、硫酸锰、抗菌素、防霉剂等饲料添加剂已形成一定的生产能力，年产量约为3500－4500吨。

【饲料工业发展面临的问题】

（1）开工不足，停产、半停产企业增多。1999年底，全省饲料年加工能力达730.46万吨，而产销量为334.27吨，仅为加工能力的45.76%，不到一半。在1998年4－6月份的饲料滑坡中，全省时产1－4吨的中小型饲料企业约有20%关闭停产。由于停产、半停产企业增多，大批企业职工待岗，有的企业连职工的基本生活费都无法保证。

（2）添加剂品种少、数量小。 添加剂远远不能满足本省饲料工业的需求，1999年底全省批准的添加剂品种只有十多个，且都未形成批量。全省每年需要氨基酸、维生素、微量元素、促生长剂等各类添加剂40万吨，绝大部分需要从省外调进或进口。

（3）贷款困难，流动资金严重不足。湖南虽是个产粮大省，但以稻谷为主，饲料加工所需的玉米、豆粕等大宗原料，主要靠从省外调进，全省一年要调进玉米100多万吨，豆粕、鱼粉等100多万吨，这些需要大量的资金，很多企业因流动资金不足不能正常生产。

（4）经营管理水平有待提高。省饲料工业发展时间不长，多数企业还没有树立起管理出效益的观念，对企业内部管理不够重视。一部分企业没有建立完善的企业管理制度，没有制订严格的工作标准、管理标准和技术标准。有的企业虽然建立了一些规章制度，但并未形成规范管理，只重视生产，忽视管理的现象普遍存在。忽视管理，势必影响企业的经济效益，从全省来看，除少数企业生产经营比较好外，1/3以上的企业停停打打，勉强维持；不少企业已经倒闭。粮食部门的饲料加工企业经济效益滑坡尤为严重。

（5）行业管理薄弱、饲料市场混乱。粗制滥造、无标生产、无证上市现象严重，假冒伪劣产品屡见不鲜。由于国家《饲料管理条例》迟迟未能出台，饲料工业行业管理得不到厂商理解和法制的支撑。饲料办只有审查验收饲料企业的权限，假冒伪劣饲料有恃无恐，打假活动难以开展。

（6）支撑体系建设滞后。饲料工业政策与法规建设、饲料质量监督检测、饲料行业管理机构及饲料科研教育等支撑体系建设需进一步抓紧。

【饲料工业管理的主要做法】

（1）深入调查研究，争取多方支持。饲料工业如同其它行业一样，发展道路坎坷不平。每当饲料工业发展遇到困难时，省饲料工业办公室就深入企业、养殖户调查研究，分析原因，向省政府及有关部门提交调查报告并提出对策建议。由于饲料工业重要性与调查报告的及时中肯，各级领导相当重视，一般都作出较快的答复。例如，1995年7月28日省长签署46号政府令发布施行的《湖南省饲料管理办法》，成为国内较早的饲料管理方面的地方法规。1990年以来，省政府以及省计委、省编委等部门先后为饲料工业下发了《关于扶持发展饲料工业有关问题的通知》、《关于加快养殖业产业化进程意见》、《关于建立健全饲料工业管理机构的通知》、《关于严格执行国家＜饲料标签＞标准的通知》、《关于加强饲料添加剂和添加剂预混合饲料管理的通知》等文件，推动了饲料工业健康、有序地发展。1998年一年内，饲料办（协会）先后4次向省委、省政府有关部门提呈批件。1998年5月底、6月，饲料办人员分赴常德、岳阳、益阳、湘潭、邵阳等地对饲料产销情况进行调查，详细分析了主要因猪价暴跌引起的饲料滑坡，并提出了指导性意见和对策。为落实有关政策，同年9月30日饲料办又向省政府提交了“关于请求落实饲料工业优惠政策的报告”的呈批件，均得到省政府领导的批复，促进了饲料生产的稳定发展，大灾之年饲料产品产量基本与上年持平。

（2）通过检查评比，促进产品质量的提高。近年来，省饲料办对全省饲料工业企业开展了以质量管理与质量保障体系为主要内容的审查验收发证工作，对企业的产品质量掌握了第一手材料。在此基础上，组织产品质量评比，激励企业提高产品质量创名牌。评比主要是三个方面：一是组织申报省名牌产品。为配合省政府实施名牌产品战略，落实省政府办公厅、省经贸委有关文件精神，引导企业上质量、上规模、创名牌，从1996年开始组织申报评比，现评出4个省名牌产品。二是组织评审推荐产品。为配合中国饲料工业协会举办的饲料推荐产品活动，省饲料工业协会从1997年开始组织评审和推荐。1997年省饲料工业协会认定20家企业的31个产品为湖南省饲料推荐产品，其中有4家企业5个产品列入“中国饲料工业协会推荐产品”第一批名单。1998年认定5家企业9个产品为湖南省饲料工业协会推荐产品。三是饲料办（协会）配合全国博览会等活动组织评比优质产品。

（3）大力推动科技进步，培训、推广新技术。科学技术是第一生产力，“科技兴饲”是湖南省前段发展饲料工业的基本经验之一，也是可持续发展的希望所在。推动饲料工业的科技进步，一方面鼓励饲料企业尤其是大中型企业拿出一部分资金研制新产品；另一方面，省里每年投入部分资金开展饲料科研、资源开发和技术改造：第一，重点抓好新型饲料添加剂的研制，饲料资源的开发利用，水产饲料、特种动物饲料的开发，以及充分利用省自然资源的新型饲料配方的研制；第二，筛选、整理一批现有先进适用的科技成果，组织推广应用；第三，加快技术改造步伐，采用高新技术和先进设备，高起点、高水平重点改造一批已经不适应产品质量要求的饲料加工企业、饲料添加剂企业和饲料机械企业。1991－1998年，省安排饲料工业科技开发、技改等计划项目110个，据初步统计已获科研成果75项，其中达到国内先进水平的14项，获省级以上科技进步奖的17项，获厅（局）级成果奖的28项，所获科研成果大部分已应用于生产。为了尽快普及推广日新月异的新技术、新成果，8年内全省举办“检测技术”、“计算机配方”、“质量管理”、“企业管理”、“动物营养”、“饲料配方”、“饲料卫生标准”等各类培训班32期，培训4000多人次，提高了饲料行业的专业技术水平。

（4）增强服务观念，搞好行业管理。省饲料工业企业分别隶属粮食、农业、乡镇企业等二十几个部门，湖南省饲料工业办公室（协会）经省政府批准，隶属于省计委，较好地协调了关系，形成了合力。《湖南省饲料管理办法》出台后，饲料工业法规建设步入轨道。协会相继成立了省饲料工业标准化技术委员会和省饲料工业行业特有工种职业技能鉴定站。标委会组织实施饲料工业国家标准，制订和修改地方标准，审定企业标准和饲料标签；鉴定站重点开展检化验工、中心控制室操作工、粉碎工、制粒工等工种的技术培训考核，为今后企业职工持证上岗作好准备。《湖南饲料》期刊自1991年创刊以来，坚持为饲料工业服务的宗旨，不断提高刊物质量，按时出版发行，从未间断，为饲料企业和养殖户做了大量的宣传报道工作。饲料工业统计工作也逐步走向规范化，既有季报，又有年报。饲料添加剂、添加剂预混合饲料生产企业到1998年底，已有11家企业、15个产品通过审批发证。加强产品质量监督、规范市场秩序的办法正在探讨中。饲料工业办公室（协会）自身建设的重点是增强服务意识，多为企业办实事，促进饲料工业稳定、协调发展。

撰稿：湖南省饲料工业协会

广东省饲料工业

20 世纪 90 年代以来，广东省饲料工业持续健康稳步发展，取得了辉煌的成绩。

饲料加工业各项指标多年位居全国前列。从 1991 年到 1999 年 9 年间，饲料加工年单班生产能力从 278 万吨增长到 626 万吨，工业饲料年产量从 398.8 万吨增长到 758.77 万吨，产值从 47 亿元增长到 147.76 亿元，年平均增长速度分别为 11.8%、9.2%和 18.1%。产品质量始终保持较高水平，涌现出了一大批国优、省优、部优产品，配合饲料占饲料总产量的比重达 95%以上，1998 年配合饲料统检合格率高于 90%，添加剂合格率为 88%。产品结构调整也取得明显成效，猪料、水产料所占比例逐年提高，1999 年已分别占饲料总产量的 20%和 8%。在此基础上，全省饲料添加剂工业、饲料机械工业、饲料原料工业等有了较大的发展。复合维生素、微量元素、风味剂、防霉剂等基本实现了国产化，微生态制剂、酶制剂、抗氧化剂等也已开发成功。时产 20 吨的饲料加工机组和各种型号制粒机的关键部件压模、压辊已研制成功，不仅可替代进口，而且部分已打入国际市场。羽毛粉、松针粉、膨润土、棉、菜籽饼粕等饲料资源得到开发利用，有的已形成规模生产。饲料工业科研教育机构不断完善，省、市两级饲料产品质量监督机构逐步建立，对提高产品质量，防止假冒伪劣产品，起到了积极的作用。

【科技进步取得新进展】

饲料工业新产品、新技术、新工艺等新的成果大批涌现，已有 70 多项科研成果获国家、省科技成果奖，其中近 20 项达到国际先进水平或属国内首创。随着饲料科技的普及和科技成果的推广应用，企业和科研单位更加紧密结合，饲料工业科技成果转化为生产力的速度比其它产业相应加快。一批饲料和动物营养专家活跃在饲料行业第一线，带动了一批科研攻关项目取得新的进展，配合饲料的转化率和部分企业的综合社会效益已达到国际先进水平。

【发展规模经营　积极开拓市场】

1998 年全省饲料加工企业 238 家，产量在万吨以上的有 105 家，占饲料产品总产量的 91.6%；产量在 5 万吨以上的企业有 41 家，占总产量的 69.5%，其中产量在 10 万吨以上的企业接近 20 家 1999 年饲料加工企业 237 家，时产 5 吨以上的企业数占 151 家。不少饲料企业不但办畜禽场、肉类加工厂，还办三鸟批发市场和科研所，一体化经营规模不断扩大。在省内饲料市场竞争日趋激烈，禽畜饲料产品市场出现饱和状态的情况下，不少企业纷纷在边远山区和周边省份增加销售网点，每年销往省外的饲料在 70 万吨以上，并批量出口到港澳、东南亚等地。一批饲料企业和科研单位还利用技术、管理优势，到内地联合兴办饲料厂，已投产的饲料厂有 30 多个，每年产量在 50 万吨以上。

【对全省社会经济发展的贡献】

饲料工业的发展，有力地推动了畜禽、水产养殖业的发展，促进了农业生产结构的合理调整，带动了农民勤劳致富，节约了大量粮食，丰富了群众的“菜篮子”。8 年来，全省共生产配混合饲料 4516 万吨，按配合饲料比单一饲料报酬可提高 25%计算，共节约粮食 1129 万吨，相当于 1129 万亩吨粮田的粮食产量。饲料工业保证了广东这样一个经济发达而又严重缺粮的省份的肉类和水产品产量处于全国先进水平。1998 年肉类总产量达 296 万吨，水产品总产量 554 万吨，人均占有量大大高于全国平均水平。近年来，城乡肉类市场供应丰富，价格稳定，社会安宁，经济建设迅速发展，人民生活水平不断提高。饲料工业所创造的社会效益和经济效益有目共睹，功不可没。

【经验总结】

广东省饲料工业“八五”以来能取得如此好的成绩，是全省饲料行业广大员工共同努力、奋力拼搏的结果。多年来，遵循党中央、国务院关于进一步深化改革、扩大开放的一系列方针、政策，以贯彻落实《1984-2000 年全国饲料工业发展纲要》和省二十年基本实现现代化的规划为主要任务，主要做了以下工作：

（1）加强调查研究，搞好行业规划，争取政策扶持。为提高宏观调控水平，搞好决策指导，先后组织了《广东饲料工业发展战略的研究》、《广东省饲料工业现状研究》、《缓解广东饲料原料紧缺矛盾的对策》、《关于促进广东省饲料工业进一步发展的意见》等一系列专题调查研究活动，对规划省饲料工业发展，建立合理的饲料工业布局，开发利用省内饲料资源，调整产业结构和饲料产品结构，研制开发新产品等一系列重大问题，作出了科学的预测和判断。这些调研成果，有的为政府决策时采纳，有的被评为省科技进步奖和优秀论文奖。《广东省饲料管理试行办法》在全国是较早颁布实施的，对加强饲料行业管理，尤其是添加剂的管理，发挥了重要的作用。几年来，省政府多次召开常务会议和办公会议，研究发展饲料工业的政策措施；省财政每年都安排专项资金，用于饲料工业的挖潜改造；省物价局在全国率先批准饲料价格放开管理；省统计局及时批准省饲料工业建立统计报表制度；国家技术监督局批准广东省首先实施饲料产品企业标准。

饲料工业是支农工业，是微利行业，特别需要政府的扶持。多年来，省饲料办积极配合国家有关部门对饲料税收问题进行调查，在充分了解情况和听取意见的基础上，通过各种渠道向国家反映饲料生产的实际问题，呼吁继续给予优惠政策，扶持饲料工业发展。在全国饲料工业办公室等有关部门的共同努力下，这一问题得到了较好的解决。

（2）推进企业改革，增加企业活力。深化改革，从严管理，是企业竞争致胜及发展壮大的根本出路和最现实的选择。多年来，省饲料办注意引导企业在深化改革，实现“两个转变”中求发展，在强化管理，挖潜降耗上下功夫。一是总结推广典型经验，着重对如何搞好国有饲料企业改革的问题进行了调查研究，总结推广了九江饲料厂、新会市粮油饲料工业公司、肇庆联合饲料厂等国有饲料企业完善经济承包责任制，深化分配、人事、劳动等方面改革的经验，以及广顺饲料厂进行产权改革的经验，从而推动了国有饲料企业改革的深入发展。省国有大中型饲料企业通过改革，大都建立了符合市场经济体制要求的经营机制，成了饲料行业的生力军。二是区别不同企业，实行分类指导。比如，对一些管理混乱、权责不清的企业，建议企业主管部门对其改组、改造，进行产权重组，实现制度创新；对一些有实力的大型饲料企业，引导其拓宽生产领域，兴办畜牧及食品加工等相关企业，向一体化经营进军；对一些濒临破产的企业，为其寻求出路，做好牵线搭桥工作，动员一些有实力的企业去进行承包、租赁，使其走出困境，恢复生机。三是把改革与管理统一起来，引导企业从严治厂，苦练内功，向管理要效益，有的通过严格规章制度，改变了散乱状态；有的通过加强资金、销售管理，严格控制赊销，盘活了资金，减少了利息支出；更多的企业通过开展双增双节活动，千方百计挖掘内部潜力，降低了生产成本，提高了经济效益。

（3）大力开拓市场，扩大新的发展空间。饲料生产要保持稳定发展增长势头，关键一条是要扩大产品销路，拓宽发展空间，引导企业加大开拓市场的力度。其做法是：⑴ 推广新会市粮油饲料工业公司、穗屏企业有限公司、深圳康达尔（集团）饲料公司等企业到省外办厂的经验，引导企业冲破那种固守一方，相互争资源，争市场的“鸟笼”经济模式，打出省外，实施南北联营，拓展新的发展空间。在各级饲料管理部门的推动下，一些大型企业发挥技术、管理等方面的优势，加快了到省外合资办厂的步伐。⑵ 调整产品结构，开发适销对路的新产品。各企业根据家禽饲料市场趋于饱和，而猪料和水产饲料市场前景广阔的情况，加强了猪料和水产饲料的开发、推广工作，并积极开发珍禽、名贵鱼类饲料品种，取得了较好的效果。⑶ 加强营销，扩大销售队伍，采取分片包干、定额到人等办法，定期到销售网点征询意见，解决疑难，搞好售后服务，不但巩固和扩大了本省的销售市场，而且开辟了广西、湖南、江西、海南等外省的销售市场。

（4）狠抓科技进步，强化质量管理。广东省把提高行业科技水平，保证饲料产品质量，作为饲料工业再上新台阶的关键环节来抓，采取了一系列措施：一是每两年组织一次省饲料工业科技进步成果奖评选，在此基础上向省科委、省经委推荐，参与评选省科技进步奖、省优质新产品奖，对获奖项目及有关人员进行奖励。二是为了实施《产品质量法》和《饲料标签》国家标准，在全省各地举办了多期学习班，并具体指导企业进行产品标准、饲料标签等的制定和备案工作，协助有一定难度的企业制定有关标准。由于这项工作抓得早抓得紧，完成得快，从而有效地促进了产品质量的提高，维护了生产经营者和消费者的合法权益。三是开展省饲料工业质量信得过产品推荐活动，组织申报省名牌产品、省优质产品和“中国饲料工业协会推荐产品”，在行业内形成创优质、树名牌的良好风气。四是加强对配合饲料产品和饲料添加剂产品的日常监督检验工作，对产品检验不合格的企业，要求限期整改，并对不合格的产品进行复检，达到较好的效果。五是鉴于一些中小企业质量监督体系不健全，产品质量不稳定的情况，开展了对饲料加工企业质量检验机构进行定级评审工作。同时，加强对检化验员的培训，进一步落实检化验员持证上岗制度。

（5）加强行业管理，维护行业利益。在市场竞争日趋激烈的情况下，强化行业管理，确保行业内良好的竞争环境至关重要。为此，除定期召开大型饲料企业厂长（经理）座谈会，通报情况，做好协调工作外，还经常到全省各地饲料企业调查情况，传递信息，帮助企业加强相互间的了解，消除误会，并对赊销、加大回扣、竞相降价等不正当竞争行为进行协调、干预，强调统一步调，维护行业团结和行业利益，使某些地区饲料市场一度较为混乱的局面有所缓和。针对肉鸡皮肤着色、球虫病用药等难点问题，经常组织研讨活动。几年来先后举办各类学术研讨会、技术推广会近百期。还通过《广东饲料》杂志和简报，加强政策宣传和信息服务，指导行业工作，深受企业欢迎。《广东饲料》杂志被评为省优秀科技期刊，在国内饲料行业中享有较好的声誉。

撰稿：广东省饲料工业办公室

广西自治区饲料工业

广西地处祖国东南沿海和西南的结合部，1992年以来，在邓小平南巡讲话精神和党中央“充分发挥广西作为大西南出海通道作用”指示的鼓舞下，经济建设驶上了快车道。“八五”期间，全自治区国民生产总值平均增幅高于全国平均水平，人均国民生产总值由 1991 年的第 29 位上升到 1995 年的第 19 位，提前 5 年实现第二个翻番目标。经济高速增长为饲料工业的发展提供了广阔的市场和难得的机遇。全区饲料工业在加强行业管理的基础上，认真贯彻执行国务院颁布的《1984－2000 年全国饲料工业发展纲要》，取得了可喜的成绩。1997 年饲料加工业产品产量达 246.78 万吨，按产量计，在全国排第 10 位。

【饲料工业体系建设概况】

（1）饲料加工工业。截止 1999 年，全区时产 1 吨以上企业 224 家，比 1991 年增加 68 家，增长 43.5%，其中，时产 5 吨以上企业 81 家，比 1991 年增加 66 家；双班生产能力 460.75 万吨，是 1991 年 151.2 万吨的 3.05 倍；1999 年饲料加工业产品产量达 229.17 万吨，是 1991 年 58.21 万吨的 3.94 倍，年均增长 18.96%；配合饲料产品有猪、鸡、鸭、牛、羊、水产、特种养殖系列等 70 多个品种，产量达 208.52 万吨，是 1991 年 36.67 万吨的 5.7 倍，年均增长达 24.3%。浓缩饲料、添加剂预混料增幅更大，1999 年浓缩饲料产量达 18.05 万吨，是 1991 年 0.83 万吨的 21.75 倍，添加剂预混料产量达 2.60 万吨，是 1991 年 0.2 万吨的 13 倍。全区饲料加工业总产值（1990 年不变价）34.67 亿元，是 1991 年 5.65 亿元的 6.14 倍。1993 年全国饲料工业行业评选百强企业，全区有 9 家企业入选，名列全国前矛。产品质量稳步提高，1992 年全国统检，全区饲料产品合格率为 87%，1998 年上升为 91.3%。1991 年以来，有 7 家饲料企业 20 多个产品被评为“区优产品”、“广西名牌产品”，1997 年以来，有 6 家企业 26 个产品获“中国饲料工业协会推荐产品“称号。

（2）饲料原料产业和饲料资源开发利用。广西人多地少，粮食总量不足，饲料原料匮乏，玉米、麦麸、豆粕等大宗原料大部分靠区外调进，除发挥沿海优势生产鱼粉外，其它如肉骨粉、草粉等生产很少。随着饲料产品产量的较大幅度增长，广西饲料资源的开发潜力得到进一步的挖掘。截止 1998 年，饲料原料企业 13 家，其中鱼粉加工企业 10 家，1998 年产量达 1.3 万吨，草粉、花生麸的饲用率也有所提高；草粉饲料资源开发利用成效显著，1998 年青贮饲料 135 万吨、氨化秸秆 59 万吨、新鲜利用秸秆 280 万吨，占全区秸秆总量的 15.8%；秸秆养牛示范项目的实施，为节粮型畜牧业的发展开辟了道路。1998 年全区 12 个国家级秸秆养牛示范县共制青贮饲料 123.36 万吨、氨化饲料 53.95 万吨、新鲜利用秸秆 200 万吨、产牛肉 6.25 万吨，分别占全区青贮量的 91.4%、氨化量的 91.4%、新鲜利用量的 71.43%，占全区牛肉产量的 45.1%。

（3）饲料添加剂工业。广西桂元赖氨酸有限公司是我国最大的赖氨酸生产厂家之一赖氨酸生产技术在全国领先，技术达世界先进水平。广西三柳化工有限公司 60 年代由化工部投资兴建，年产饲料磷碳氢钙 2 万吨，技术力量雄厚，产品质量优良。微量元素生产除满足区内需要，还销往区外。防霉剂、酸化剂等添加剂产品亦崭露头角。

（4）饲料机械工业。桂林粮油机械厂是广西唯一一家生产成套饲料加工设备的企业，可设计生产时产 0.5 吨到 5 吨各种规格的饲料加工成套设备。饲料机械配套厂 3 家，广西横县机械厂生产的粉碎机获中国农业博览会金奖。

（5）饲料工业支撑服务体系。1995 年自治区级机构改革，赋予自治区畜牧局全区饲料工业管理职能，内设饲料处，同时挂广西饲料工业办公室牌子，在行业管理乏力、缺乏必要的管理手段情况下，一方面积极组织《广西饲料管理办法》的制订，另一方面在科技、质量等方面扎实服务，行业管理工作有序进行。此外，自治区人民政府还批准成立了广西饲料监测所。全区 14 个地（市）有 12 个明确饲料工业管理职能归属，并配以 2－3 个编制。

【饲料科技与教育】

1993 年广西大学成立了饲料研究所。广西大学、邕江大学开设了动物营养专业研究生硕士学位培养点，为广西饲料行业输送了一批专业人才。广西经济贸易技工学校开设了饲料加工专业。1998 年 3 月，国家劳动部批准成立广西饲料工业职业技能鉴定站，为广西饲料工业行业从业人员取得职业资格证书创造了条件。20 世纪 90 年代以来，饲料工业注重科技进步，涌现出一批新产品、新技术、新工艺等科技成果。在 1992 年全国饲料工业新技术新产品交流会上，有 5 项成果获金杯奖。广西化工研究院是最早进入饲料领域的科研院所之一，有 70% 以上的科技人员从事与饲料有关的科学研究与产品开发。1994 年自治区科委批准该院成立了“广西饲料添加剂研究中心”，有多项饲料添加剂研制项目获科技成果奖。广西桂元赖氨酸有限公司的产品屡获“全国星火博览会金奖”、“中国农业博览会金奖”、“国家‘八五’技术改造优秀项目奖”等多个荣誉称号，公司被评为“八五”化工建设先进企业、广西经济效益先进单位、广西优秀科技型企业等，多次受到国家科委、化工部的表彰。广西彼得汉预混料有限公司以生产 1% 复合预混饲料为主，产品科技含量高，列入全国十大名牌饲料行列，并在区外、国外办有分厂。1998 年产品销量达 9530 吨，利税达 1350 万元，为全国外商投资双优企业。

【饲料工业主要产品发展概况】

猪饲料：1998 年全区猪配合饲料 99.03 万吨，占全区饲料加工业产品产量的 42.38%。其中小猪料、乳猪料技术含量高，产品比例逐年上升，小猪料、乳猪料加工制作膨化料比例也在逐年上升。浓缩饲料

22.91万吨，全部为猪浓缩饲料。1999年全区猪配合饲料98.35万吨，占全区饲料加工业产品的43%。

鸡饲料：1998年全区蛋禽料19.50万吨，肉禽料25.22万吨，全区蛋鸭、肉鸭养殖规模大，在蛋禽料、肉禽饲料中鸭饲料、鸡饲料各约占50%。1999年全区蛋禽料和肉禽料分别为22.10万吨，74.10万吨，分别占全区配合饲料的11%和36%。

水产饲料：广西气候温和，降雨量多，水产养殖较为发达，水产饲料发展迅速。1991年仅有1200吨，1994年达5.383万吨，1995年达6.69万吨，1996年达7.81万吨，1997年达10.35万吨。1998年和1999年略有回落，分别为7.34万吨和5.58万吨。水产饲料成为广西饲料工业的一个新增长点。但是，广西水产养殖层次较低，主要以养殖罗非鱼为主，水产饲料亦以罗非鱼饲料为主。

【饲料工业迅猛发展的原因】

（1）广阔的市场。市场需求是行业发展的原动力。广西毗邻粤琼，邻近港澳，畜产品市场大，已实现连续二十年畜牧业增产。据1997年统计，全区有1000头母猪以上猪场7个，500—910头母猪猪场50个，300—491头母猪猪场105个，100—200头母猪猪场140多个，1998年又有新的发展。1998年出栏肉猪3295万头，名列全国第五位，仅次于四川、湖南、山东、湖北；年养鸡出栏1万羽甚至10万羽以上的超千家，1998年出栏肉鸡43982万羽。畜牧业与饲料工业相辅相成，互相促进，畜牧业的发展加大了对饲料的需求。此外，近年来大力开辟越南市场，也有力地促进了饲料工业的发展。

（2）观念的更新。坚持改革开放，新事新办，公平竞争，是广西饲料工业发展的一大特色。

充分发挥各级、各部门的积极性，提倡多渠道筹集资金，多种形式办厂，多种经济成分经营，国家、集体、个人一齐上，饲料工业大家办，赢得了广西饲料工业的大发展。强调以市场为导向，搞大市场、大流通，主张平等竞争，以优取胜；主张价格放开，随行就市，优质优价；主张打破地区封锁，搞活市场流通，余缺调剂，优势互补；企业不能靠保护，只能靠竞争。20世纪90年代初期广东新会新粮饲料公司与广西联营三家企业，南宁正大的建成投产，为广西饲料工业带来了活力，促进了广西饲料工业在设备、管理、产品质量等方面的提高。

（3）重视科技。广西饲料企业通过内引外联方式，采取兼并、联营、合作等多种投资形式，纷纷引进先进设备，对原有设备进行技术改造；引进外省、外国资金，盘活原有的存量资产，企业上规模、上档次，时产5吨以上企业从1991年的15家增加到1999年的81家，饲料企业整体硬件水平有了明显提高，一些企业还形成了跨地区的知名企业集团。此外饲料企业注意吸收、培养科技人员，重视消化吸收国内外先进技术、产品，根据市场需求努力研制新技术、新产品，利用自身在产销方面的优势，将其迅速加以推广和应用，不断开拓新的经济增长点。饲料产品结构日趋合理，浓缩饲料、添加剂预混料等高档料所占饲料产品总产量的比例分别由1991年的1.43%、0.34%增长到1999年的7.88%、1.13%；配合饲料中颗粒料比重很大。1991—1998年有十多家企业的几十项科研成果获奖。广西浓缩饲料厂的《华桂牌食用鱼颗粒饲料推广》获自治区人民政府科技重奖。

作为民族自治地区，饲料工业虽有了一定的发展，但与先进省、自治区、直辖市相比，仍有很大差距，主要表现在：投入不足，整体水平仍不高，近300家饲料加工企业中，除30家左右生产能力达时产10吨以上外，大多数生产规模偏小、设备简陋、工艺欠合理、人员素质偏低，难以提高产品质量，缺乏市场竞争力。

广西有着优越的区位优势和自然条件，沿海、沿江、沿边，气候温和，发展畜牧、水产养殖业条件得天独厚，发展饲料工业前景广阔，饲料工业行业将向着健康、协调的方向发展，为促进畜牧业持续发展和农民收入增长做出新贡献。

撰稿：广西壮族自治区饲料工业办公室

海南省饲料工业

1991—1999年是海南省饲料工业迅速发展时期，这一时期海南省饲料工业发生了显著变化：一是饲料生产获得了大幅度增长。1991年全省配混合饲料产量为10万吨，1999年产量为43.74万吨，两者相比增长了337%；二是生产布局趋于合理。1991年前全省时产1—2.5吨的饲料厂11家，加工混合饲料小作坊100余家，年双班生产能力50万吨。到1999年底，全省饲料加工厂（包括小作坊）降至10家，但年双班生产能力上升至69.20万吨，生产规模得到了进一步扩大，生产布局更加合理；三是产品结构得到了调整。1991年前，海南饲料产品单一，基本上只是生产鸡、鸭等禽类饲料，到1999年，全省除禽类饲料外，还大量生产水产饲料，特别是对虾饲料，此外特种动物饲料（鳖、蛙、蛇、鸵鸟等）也有生产；四是产品质量有了明显提高。1991年前，几乎没有一个饲料产品获过奖，而1991—1999年期间，先后有琼州、华星、恒兴、罗牛山等饲料厂的产品获得省、国家有关部门的奖项，其中在1998年全国饲料统检中，海南饲料产品抽检合格率达100%；五是行业整体素质有了较大的提高。1991年前，省饲料行业中人员文化技术素质较差，职工中高中以上文化程度或经专业培训的所占的比例极低，到1999年底，全省饲料行业基本上实行培训持证上岗制度，车间主任以上管理人员均经专业培训或是大中专院校毕业生。

【饲料工业体系建设情况】

（1）饲料加工业。在1992年底前，省内没有一家大型饲料加工厂。仅有11家时产1-2.5吨的小型饲料加工厂和100余家只能加工混合饲料的小作坊，年生产饲料总量约10万吨，不仅生产能力低，而且产品种类少，只能生产禽用饲料，

到1996年止，全省已建成各种经济类型的饲料加工厂近30家，生产设备有从美国、荷兰、丹麦等国引进，也有从国内各地购进，但时产5吨以下的小厂居多，年双班生产能力达到64万吨。由于企业的整体素质参差不齐，加上管理等方面原因，全省年产量徘徊在20万吨左右，平均开班率不足1/3。近几年，由于饲料行业引入市场竞争机制，一些生产设备技术性能差、生产工艺及管理水平落后的企业，相继转产、停产。一些生产设备先进、生产工艺合理、管理科学的企业脱颖而出，成为饲料行业骨干企业。到1999年底，全省有8家实力较强的企业生存下来，其中有6家是时产在15吨以上的大型饲料加工企业和2家特种饲料厂，这8家企业的总产销量近30万吨，平均开班率提高到62%，饲料产品的种类也较齐全，猪、鸡、鸭、鱼、虾、鳖等系列饲料均能生产。

（2）饲料原料产业及饲料资源开发利用。海南地处热带，盛产稻谷、甘蔗、花生、木薯等农作物，粮油加工和制糖加工生产大量副产品，基本可以满足岛内饲料生产所需。但近年来由于调整产业结构，糖业生产减少，废糖蜜也随着减少，加上有其它行业也在争夺废糖蜜原料，故糖蜜资源供应紧缺，原来价格十分低廉的废糖蜜成倍升价。生产饲用酵母的效益比较差，全省仅有的2家饲用酵母企业现已关闭停产。

鱼粉生产面临着原料短缺的问题，海南虽然四面环海，海产资源丰富，但近年来，近海鱼类遭到人为的掠夺性捕捞，资源几乎近于枯竭，1998年全省鱼粉产量约5000吨。1999年以小杂鱼为原料的鱼粉加工厂家锐减，原来全省有鱼粉加工厂8家，现仅剩下2家，年总产量近1000吨。

热带豆科牧草的加工业已有一定的基础。自20世纪80年代以来，在国家农业部等有关部门的支持下，先后兴建了一批人工草场，利用牧草加工草粉，和秸秆氨化养畜，效果十分明显。目前省内成规模的牧草加工企业有一家，主要设备从日本引进，年生产能力为5000吨，生产的快速干燥草砖全部出口。

（3）饲料添加剂。海南饲料添加剂工业十分薄弱，没有一家专门的饲料添加剂企业，只有一家制药厂开设了一个饲料添加剂车间，生产单一的维生素E，年产量150吨，由于种种原因，已停产3年。

（4）饲料工业主要产品发展概况

猪饲料　1991年以后，开始生产少量的猪饲料，1994年以前，猪饲料占饲料总产量不到6%，1995年上升到8%，1996年是猪饲料产销最好的一年，在饲料总产量中的比例上升到27%，1997、1998年分别回落到9%和8%，1999年又上升到14.97%虽然猪饲料的产量及在饲料总量中所占比例时多时少，但猪饲料的品种却在不断地发展，原来只能生产单一的育肥猪饲料，现已基本形成系列化生产，其产品包括乳猪、小猪、中猪、育肥猪、种猪浓缩饲料、预混合饲料等。

水产饲料与特种饲料　水产饲料生产，始于1991年，初时只有一家饲料厂生产单一的罗非鱼饲料，从1992年起，饲料加工企业生产的对虾饲料开始面市。如今，水产饲料已发展到有罗非鱼、对虾、草虾、鳗鱼等系列水产饲料，年总产量从初期不足500吨发展到1999年的2.62万吨。

自1995年开始，全省饲养特种动物的热潮迅速兴起，如饲养鸵鸟、牛蛙、中华鳖等，饲料厂瞄准市场，先后推出特种动物的饲料。其中发展得较快的是鳖料，鳖饲料的生产已形成专业化、规模化，小鳖、中鳖、大鳖、亲鳖饲料样样俱全，基本上满足省内养殖的需要。

（5）饲料工业标准化工作。饲料企业所产的产品，主要是执行国家标准或行业标准。但近年来，为适应养殖业发展的需要，各饲料企业还制定了许多企业标准，主要有：罗非鱼系列饲料、对虾系列饲料、鳖系列饲料及本地鸡、鸭饲料等产品标准，这些执行企业标准生产的产品，经过几年的使用，饲养户普遍反映良好。

（6）饲料产品质量监督检测。饲料产品质量监督检测体系已基本形成，现有省级饲料检测机构4所，其中专司饲料检测职能的有海南省兽药饲料监察所。该所成立于1989年12月，检测手段及检测设备较为完善。海南饲料工业职业技能鉴定站正在筹建中。

此外，1991－1998年，还建成省级饲料批发市场1个，饲料科研监测检验机构二家，成立了省饲料工业协会。

【基本经验】

（1）发展饲料工业，必须坚持“大家办”的方针。海南省饲料工业起步晚、基础差，1991年前，海南省饲料加工厂基本上都是粮油系统兴办的。畜牧、水产、农垦、华侨农场等部门也有兴办，但大多数规模不大，都是小型厂（车间），且国有经济成份较多。1991年后，进一步放宽了企业登记审批政策，同时在政府部门，加大了内引外联工作力度，因此，纷纷引入各种经济成份在省内举资设立饲料生产企业。在此期间，先后有海南华星、琼州、正大、罗牛山、龙华、恒兴等大中型饲料加工企业相继建成投产。在这些企业中既有国有经济，也有外资、股份合作制、民营经济等非国有经济成份，但它们同样对海南饲料工业的发展作出了重要贡献。

（2）坚持改革，大胆探索适合企业自身发展的路子。1992年邓小平南巡讲话发表后，市场经济在神州大地风起云涌，饲料行业也与其它行业一样，面临着市场竞争的巨大压力。在此新旧体制更换时期，不少企业不适应市场经济相继被无情淘汰，但也有一大批企业经得住市场的考验，脱颖而出，成为行业的新星，如琼州、恒兴、华星、罗牛山等饲料厂就是此类典型的代表。罗牛山饲料厂原是一个新建的规模比较大的国有企业，但由于经营管理不善等原因，企业负债重，面临破产边缘。1995年海南省政府对该厂兼并改造并进行资产重组，1996年该厂就走出困境，取得了较好经济效益。他们成功经验归纳起来有一条，就是只有坚持改革和大胆探索，企业才能有希望，才能发展。

（3）注重科学技术，不断提高产品质量。1991年前，省内饲料产品比较单一，质量也不高，饲料市场几乎被外来产品所占领。到1998年底这种情况被彻底扭转过来，海南所产的饲料产品不但基本上满足生产所需，而且还有部份销售到广西北海及广东湛江地区。这是饲料生产企业注重推广应用科学技术，不断提高产品质量的结果，自1991年以来，先后有8家大中型饲料厂投入相当大的资金，引进先进生产设备进行技术改造，并在增加生产品种，提高产品技术含量方面下功夫，因此，取得了累累硕果。在此期间，琼州、华星、恒兴饲料厂先后被评为海南省工业“50强企业”，全国饲料工业“百强企业”等。

（4）要充分发挥行业协会的作用。饲料行业是一个大行业，它的特点是行业内部竞争十分激烈。饲料工业要发展就必须正确引导企业参与竞争，规范市场行为。1998年以前饲料工业协会尚未成立，饲料行业内部缺乏沟通，不少问题存在分歧难以协调和解决，协会成立以后这种情况就不存在了，可以说行业协会在这方面的作用是政府无法代替的。

海南饲料工业虽然发展较快，取得一定成绩，但存在问题也不少，主要是门类发展不全，饲料添加剂预混料、浓缩料生产等十分薄弱。蛋白饲料、能量饲料很缺乏，饲料资源开发很不够，所有这些都有待于今后去研究和解决，以进一步促进全省饲料工业持续、稳定、协调地发展。

撰稿：海南省饲料工业办公室

重庆市饲料工业

重庆市饲料工业在市委、市政府的领导和上级饲料办公室的指导下，贯彻执行党和政府发展饲料工业的方针政策，研究制订饲料工业“七五”、“八五”、“九五”发展规划，协调各系统的饲料生产、搞好服务和产品质量监督，及时解决饲料工业发展中存在的问题，使全市饲料工业发生了显著变化，上了一个新的台阶。

【产量逐年上升】

1999年全市饲料工业产量达到68.43万吨，“八五”和“九五”期间3次突破70万吨大关，9年平均产量63.1万吨，比“七五”期间平均年产41.5万吨，高出21.6万吨，增长了34.6%。

【企业规模扩大】

“七五”期末企业平均年单班生产能力209万吨，全市只有一个万吨级饲料企业。到了“八五”期间，积极引进外资同本地饲料企业合资，先后建立了重庆正大有限公司、双桥正大有限公司、江津正大有限公司、重庆彼得汉预混饲料有限公司；大力改造国有企业，如四川畜牧学院饲料总厂、重庆市养猪科学研究院饲料总厂等；发展民营企业，组建了重庆希望饲料有限公司、重庆通威饲料有限公司和重庆隆生饲料有限公司。1999年万吨级饲料企业发展到了31个，企业年单班生产能力4010吨，比“七五”期末企业平均规模增长了91.8%。

【产品质量逐年提高】

为了加强行业管理，由市饲料工业办起草，多方协调，于1990年12月29日市政府发布《重庆市饲料工业管理暂行办法》，从1991年2月1日开始实施。对生产配合饲料、浓缩饲料、饲料原料产品的企业实行准产证制度，对饲料加工企业质保体系及饲料产品合格的发给准产证，不合格的限期整改，仍不达标的，勒令停业整顿，强化了饲料产品质量的监督管理，“七五”期末产品质量定期监督检验合格率为35.5%。1998年产品质量定期监督检验合格率为90.65%，比“七五”期末提高55.15个百分点。同时加强市场的商品管理，每年委托重庆市饲料质量监督检验站对部分市场的商品饲料进行抽检，对不合格的商品饲料，饲料工业办配合各级技监部门进行查处。

【种类和品种增多】

“八五”前期主要生产育肥猪粉状配混合饲料，现在饲料产品种类和品种大大增加，猪饲料系列包括乳猪、仔猪、育肥猪饲料，蛋鸡饲料系列包括产蛋后备期、产蛋前期、高峰期、后期饲料，肉鸡饲料系列包括前、中、后期饲料，鱼饲料系列包括鲤鱼、草鱼、鲫鱼等池塘鱼和江河鱼饲料，奶牛精料补充料和兔、鸭、鹅、宠物等饲料发展也很快，颗粒饲料占了配合饲料总量的90%以上，基本上消灭了混合饲料。添加剂工业也得到较快的发展。从根本上改变了"七五"期间产品较单一，不生产商品颗粒饲料及添加剂的落后状况。

【流通体系发展较快】

全市组建了市场、组织、运输和销售网络。饲料加工企业都建立了销售队伍和销售点，销售与养殖技术结合，向农户讲授科学养殖技术、开拓市场。根据103个企业的调查，其销售网点达14000多个。同时，对11个区县（市）调查结果显示，饲料销售较集中的市场有240多个，销售户达5700多户，其中个体占88.7%，年销售饲料90万吨左右，其中荣昌县城是饲料最大的市场，工商登记的经销户就有500多户，每年销售饲料30多万吨以上，由主要卖饲料原料逐步向农户卖全价配合饲料发展。

【行业形成竞争势态】

实施"八五"规划，调整了饲料工业发展"以小型为主"转变为"坚持发展中大型企业，限制混合饲料生产"的指导思想，加之市场经济体制的推动，以及"正大"、"希望"、"通威"、"隆生"饲料企业的来渝，使企业观念大转变，商品意识和竞争意识增强，促进了一批饲料企业进行技术改造和上规模、上档次、上水平。企业间比设备、比技术、比质量的竞争越来越激烈。

今后，重庆市饲料工业继续深化企业经济体制改革，进一步调整产业结构，使饲料企业向企业规模化、产品系列化、管理规范化方向发展，积极开拓农村市场，充分发挥大中型骨干企业的作用，培养技术人才、提高技术水平，为养殖业发展提供优质的饲料产品，丰富"菜篮子"工程，不断满足城乡人民日益增长的物质生活需要。

撰稿：重庆市饲料工业办公室
重庆市饲料工业协会

四川省饲料工业

1991—1999年，四川省饲料工业继续深入贯彻落实国务院《1984-2000年全国饲料工业发展纲要》，始终坚持国家办、集体办、个人办的方针，立足四川实际，实行大、中、小结合，以中小型为主的建设布局原则，使四川饲料工业持续快速发展，饲料产品产量的年均递增速度达20%，基本形成了适应四川省情的以加工工业为主体，饲料原料工业、饲料添加剂工业、饲料机械工业、饲料质量监测、饲料科研与技术推广相应发展的饲料工业体系。非常规饲料资源——农作物秸秆的开发利用取得新进展。到1998年底，全省有饲料企业783个，职工36638人。饲料总产量391.17万吨，其中浓缩饲料21.97万吨，添加剂预混料12.61万吨。饲料级磷酸氢钙33.73万吨。饲料加工业产值104.45亿元(现价)，饲料加工产品销售收入64.70亿元，实现利税9.76亿元。全年青贮秸秆730万吨，氨化秸秆180万吨，节约饲料用粮181.1万吨。饲料工业的发展，有力地推动了畜牧业连续22年持续快速增长和农村经济的繁荣。

【饲料工业体系建设概况】

（1）饲料加工业。1991-1999年，按省政府确定的饲料工业"继续稳定发展，加快技术进步，大力开发资源，调整产品结构，确保产品质量"的方针，继续加大饲料工业发展力度，发展速度持续增长。产品结构调整日趋合理，由初期的简单猪用混合饲料发展到现在的猪、鸡、牛、羊、鸭、兔、鱼等适于不同动物、不同生长阶段、不同用途的营养全面的配合饲料、浓缩饲料、添加剂预混料等几十个品种。大型规模企业发展很快，从1994年至今，年产万吨以上饲料企业每年保持在100家以上；希望、正大、通威、龙蟒、隆生、统一、凤凰、百万、华龙、三联、铁骑力士、倍力、三旺、瑞丰、安都、精华、巨星等大型企业的产品已占四川省饲料总产量的1/3以上。已形成以大型龙头企业为骨干，中小型企业共同发展的饲料加工体系。

（2）饲料原料产业和饲料资源开发利用。四川省饲料资源丰富。随着饲料加工业不断发展，饲料原料的开发利用也有较大发展。菜子饼作为四川饲料加工中主要的植物蛋白，年产100万吨以上；酿酒、制药、制糖糟渣等副产物大部分经加工处理，用于饲料工业；磷酸氢钙是四川矿物质饲料的一大优势，到1999年生产能力近50万吨，产量33.73万吨，产品远销全国。

围绕"节粮畜禽工程"，因地制宜，大种青绿饲料，改粮、经二元种植结构为粮、经、饲三元种植结构，开发利用农作物副产物和食品工业、动物下脚料，增加饲料来源总量。积极进行农作物秸秆的开发利用，秸秆青贮和氨化取得新进展，国家级秸秆养畜示范项目的建设和管理上新台阶。

（3）饲料添加剂工业。近9年来，四川省相继建立了一批饲料级矿物质微量元素、饲料调味剂、饲料防霉剂等饲料添加剂生产企业（表4）。1996年，四川省化工总厂与日本味之素公司合资建立了年产1万吨的饲料级赖氨酸生产厂，已投产运行。到1998年末，全省有添加剂工业企业20个，预混料加工企业120个，预混料产量达12万吨，1999年预混料基本保持稳定。

（4）饲料机械工业。饲料机械工业与饲料加工业基本同步，已形成既有专业制造厂又有兼营制造厂，既能制造饲料加工所需的大部分主机又能制造成套设备的饲料机械工业体系。全省有专业或兼营的饲料机械生产企业20余家，除满足省内需要外，有40%的产品销往全国（表5）。

表 1　1991-1999 年四川省饲料加工业生产情况

年 度	产品产量（吨）	工业总产值（万元）		利税总额（万元）	企业个数		配合饲料年末双班生产能力（万吨）
		1990 年不变价	现价计		企业总数	时产 5 吨以上的企业	
1991	2110000	212779	216353		1661	48	350
1992	2529941	255127	272383		2100	59	331.01
1993	2733437	265040	332622		2014	79	492
1994	3340000	333626	467600		1766	100	598
1995	3808000	445903	728840	619247	1814	131	787.17
1996	4183240	517055	920392	28529	1355	130	665.74
1997	3400062	462103	970681	30088	796	104	619.9
1998	3839553	445080	1027000	31424	796	102	623.2
1999	3911734	480998	1044500	97612	783	88	708.96
合计	29855967	3417801	5980731				

表 2　1991—1999 年四川省饲料原料生产情况

单位：吨

年 度	鱼粉	骨粉和肉骨粉	磷酸氢钙	其它
1991	1227	5497		
1992	110	6322		
1993	156	16586	44918	68832
1994	1318	36116	73500	89575
1995	3004	69145	116041	11950
1996	3836	84383	131386	129417
1997	135	48686	353246	144734
1998	427	62345	348932	119696
1999	420	44630	337316	319985
合计	10633	373710		

表 3　四川省秸秆氨化、青贮、秸秆养畜情况

年 度	秸秆氨化（万吨）	秸秆青贮（万吨）	国家级秸秆养畜县
1992			叙永
1993			宣汉、安岳、邛崃
1994			犍为
1995			汉源、石棉、元坝、阆中
1996	100	920（含重庆）	宝兴
1997	180	690	
1998	180	730	古蔺、通江

表 4　1991—1999 年四川省饲料添加剂和预混料生产情况

单位：吨

年 度	添加剂工业企业个数	预混料加工企业个数	饲用赖氨酸	氯化胆碱	其它	添加剂预混料
1991						73300
1992						86888
1993	33	522				106688
1994	49	219				122276
1995	59	149				110855
1996	53	173			129417	119482
1997	36	111	7511	1588	9533	144734
1998	20	120	9166	982	13276	119696
1999			3822		5673	126127
合计						1010046

5　四川省 1993—1999 年饲料机械设备生产情况

单位：台（套）

年度	设备总计	成套机组（套）		饲料机械单机（台）				销售收入（万元）
		时产 5—9（吨）	时产 1—4（吨）	粉碎机	混合机	制粒机	其它	
1993	290	3	287					955
1994	401	4	397					1380
1995	294	5	149				140	1315
1996	285	77	68				140	2325
1997	787	17	163	186	138	155	128	2482
1998	713	22	117	176	143	115	136	2848
1999	1287	73	210	292	117	81	514	8748

注：1996 年前，重庆市未划出四川省，表内指标含重庆市。

【饲料工业支撑服务体系】

（1）饲料质检体系。经四川省技术监督局认证授权的省级饲料质检站 3 个，各地、市经批准建立的饲料质量监测站 29 个，加上各级技术监督部门的质量监督检验所，形成了饲料质量监测体系。

（2）饲料工业管理。1992 年 5 月，成立四川省畜牧食品办公室，承担全省的饲料工业管理工作，理顺了饲料工业多头管理的状况。1995 年，省政府下达机构改革“三定”方案，改畜牧食品办公室为畜牧食品局，局内设饲料工业处（挂“四川省饲料工业办公室”牌子），其职能是：负责贯彻执行国家有关饲料工业的方针政策，会同有关部门制订省饲料工业的发展战略规划和质量标准，指导全省饲料工业发展，归口管理全省的饲料工作；管理保护饲料资源，搞好饲料资源的综合开发和合理利用；协助组织全省饲料监测和质量检验工作。目前，全省地、（州、市）的饲料行政管理均归畜牧行政主管部门。

（3）饲料工业协会。省饲料工业协会成立于 1987 年。1996 年 12 月，按省政府机构改革“三定”方案，省民政厅将协会的业务主管部门变更为四川省畜牧食品局。1997 年 10 月 28 日，协会召开第二届会员代表大会，选举第二届理事会，现任会长冯元蔚（原省委副书记），常务副会长唐宗长（四川省畜牧食品局副局长、四川省畜牧仪器饲料工业处处长）。协会有团体会员 113 个，个人会员近 200 人。

【饲料工业主要产品发展概况】

表 6、表 7、表 8 和表 9 概括了 1991—1999 年期间四川省饲料工业中几种主要饲料产品的发展状况。

表 6 猪饲料发展概况

单位：吨

年度	配合饲料	猪料	比重（%）
1991	1820000	1490000	82
1992	2201048	1878362	85
1993	2099688	1666782	79
1994	2499897	1745710	70
1995	3229914	2144816	66
1996	3809840	2375884	62
1997	3021772	2074131	69
1998	3509255	2320623	66
1999	3565862	2235739	63
合计	25757276	17932047	

注：1991－1996 年重庆市未划出四川省，其产量包括重庆市。

表 7 禽饲料发展概况

单位：吨

年度	配合饲料	蛋禽料	比重（%）	肉禽料	比重（%）
1991	1820000	190200	11	78900	4
1992	2201048	120026	5	88041	4
1993	2099688	227992	11	32488	2
1994	2499897	263999	11	181296	7
1995	3229914	393569	12	185715	6
1996	3809840	545313	14	349402	9
1997	3021772	332072	11	295071	10
1998	3509255	427793	12	261887	7
1999	3565862	579422	16	392361	11
合计	25757276	3080386	12	1865161	5.7

注：1991－1996 年重庆市未划出四川省，其产量包括重庆市。

表 8 水产料发展情况

单位：吨

年度	配合饲料	鱼虾料	比重（%）
1991	1820000	38200	2
1992	2201048	60071	3
1993	2099688	154452	7
1994	2499897	255431	10
1995	3229914	299412	9
1996	3809840	348006	9
1997	3021772	269103	9
1998	3509255	417928	12
1999	3565862	320942	9
合计	25757276	2163545	8.4

注：1991－1996 年重庆市未划出四川省，其产量包括重庆市。

表9 其它饲料发展情况

单位：吨

年度	配合饲料	其它	比重（%）
1991	1820000	29600	2
1992	2201048	54548	3
1993	2099688	17974	1
1994	2499897	53461	2
1995	3229914	206402	7
1996	3809840	191235	6
1997	3021772	51395	1
1998	3509255	81024	2
1999	3565862	37398	1
合计	25757276	723037	3

注：1991－1996年重庆市未划出四川省，其产量包括重庆市。

【饲料工业科技教育事业发展情况】

（1）饲料工业科技工作。四川省有11个大专院校和科研单位从事饲料营养和加工的科学研究。有关大专院校、科研单位及大型饲料企业的专家教授，在动物营养需要、饲料资源开发、饲料工业基础理论与运用、饲料配方筛选、饲料加工技术等方面，开展了大量的研究工作。据不完全统计，获农业部、商业部、省政府奖励的达40多项，其中，《中国饲料成份及营养价值表》获国家级科技进步二等奖。《四川猪营养需要》获省政府一等奖。省畜牧科学院饲料添加剂总厂集科研、生产、销售为一体，走科技兴牧的路子，越走越宽。

（2）饲料工业行业教育培训工作。省饲料工业办公室每年定期分别召开全省地（州、市）饲料工业办公室主任和饲料企业厂长、经理会议，培训国家新颁发的饲料法律法规及方针政策；与国外的大学、协会、大公司共同举办饲料新技术、新产品开发应用讲座。1998年7月18日至26日，省饲料工业协会与四川农业大学在雅安联合举办了为期8天的动物营养与饲料加工技术培训班。川农大动物营养研究所的有关教授和省饲料工作总站高级畜牧师柏凡站长就动物营养理论、饲料加工技术、饲料标准等作了系统的专题讲授。来自省内和云南部分配合饲料、浓缩饲料、添加剂预混料企业的近130名学员参加了培训。结业典礼上川农大对培训合格者颁发了结业证书。

（3）饲料工业行业宣传工作。饲料行业不定期出刊的宣传载体有：《四川饲料》杂志和《四川饲料》简报。1997年5月，由省饲料工业办公室副主任李德华等主编的《四川饲料指南》是目前比较完整的介绍四川饲料工业的书籍。每年的《四川年鉴》上有四川的“饲料工业”发展情况专版。1998年，省饲料工业协会、省牧工商总公司和四川新迅电子有限公司联合主办的“新星饲料信息市场”（http://www.nsfeed.com.cn），栏目包括：行业动态、政策法规、商家集锦、网站新闻、商情汇萃、招商引资、质量信息、科技动态、入网须知、操作演示、相关网站、饲料商场、供求信息、BBS站。《中国饲料》杂志上刊载的李德华同志撰写的《四川饲料工业任重道远》（1998年第19期）系统介绍了四川饲料工业当前的发展状况及趋势。

【行业标准化及产品质量控制与监测】

根据省政府第110号令《四川省企业产品标准备案与执行标准登记管理办法》的规定，省技术监督局制定了《四川省重要产品企业标准备案目录》。其中，饲料产品被列入重要产品备案目录，其标准备案由省技术监督局和省饲料工业办公室共同审订。

根据省情，由四川省饲料工业办公室提出，省饲料标准化技术委员会起草的四川省《猪用浓缩饲料》地方标准经四川省技术监督局批准发布，于1998年4月1日起正式实施。

【饲料工业行业对外交流与合作】

1993年11月18日－24日，以布兰登·伯格为团长的世界银行《中国饲料工业开发项目》代表团对省饲料工业进行了考察，重点对“希望集团”和“通威集团”的项目进行了座谈。

1996年5月5日－7日，在北京国际会议展览中心召开了首届中国饲料工业博览会。四川省近300名代表参加了这次盛会，参展展位58个，有66个产品成为会上的认证产品，获认证书最多，从而获得博览会组织一等奖。

1996年10月28日－11月11日，应泰国正大集团的邀请，局考察团对正大集团和下属的饲料厂、养鸡场、肉鸡屠宰加工厂、明治鲜奶厂、肉品加工厂、客隆批发商场、莲花超市中心及扶持农户养猪等进行了参观考察。李淳副处长参加了这次考察活动。

1996年11月15日－12月5日，应法国罗纳普朗克动物营养公司邀请，农业部饲料工业企业培训团一行16人赴法，在法国的巴黎让泽拉欧、雷恩瓦纳和高蒙特等市进行了有关农业政策、世贸组织、粮食饲料加工、动物营养、养殖和经营管理技术的学习和考察。李德华处长参加了此次考察，并写出了《先进管理　规模效益》的考察报告，发表在四川畜牧兽医（1997年第1期）。

1997年3月2日，与广州玉米期货公司联合主办了玉米市场学习班，以提高饲料行业的市场意识和行业管理水平。到会的有近60人。

1997年5月15日—17日，由中国饲料工业协会饲料添加剂专业委员会、化工部饲料添加剂技术开发服务中心及信息站主办，四川省饲料工业办公室、饲料工业协会联合承办的'97全国饲料添加剂展销订货会暨第五届全国饲料添加剂学术交流会在蓉召开。现中国饲料添加剂委员会主任、原化工部部长谭竹洲致开幕词，农业部副部长张延喜、四川省副省长敬正书到会视察。中国饲料工业协会副秘书长乔玉峰，化工部行业指导司司长、化工部饲料添加剂办公室副主任杨伟才，四川省饲料工业办公室主任唐宗长、副主任李德华及来自全国各地的130多家参展商参加了会议，参观者达数千人。

1998年，四川先后与美国的安尼公司大药厂、Natra Flo公司，日本武田、旭化、曹达、协和等大集团，美国大豆协会，美国密苏里安大学，法国CCA公司的技术专家在川分别开办了饲料防霉技术、猪肠膜蛋白料（DPS）的性能与应用、饲料添加剂应用技术、饲料膨化技术、新型酸化剂和抗氧化剂等学术讲座。与香港三联港贸有限公司、广东三九集团三九新兽药开发有限公司、江苏正昌集团、香港屏山发展（中国）有限公司、广州化十实业有限公司、台湾养猪研究所等单位在川联合举办了9次学术交流会。成功举办了“'98中国（成都）首届国际饲料工业展览交易会”，来自全国及美国、德国、韩国、瑞士等国家的近130个厂商参展。标准展位160个。其中，省内参展厂商59家的70个展位；省外及国外企业68家的90个展位。四川电视台、《中国饲料》杂志、《中国水产消息报》、《四川科技日报》等新闻界朋友和参会代表近2000人出席了当天的开幕式。按照中国饲料工业协会的要求，认真筹备了第十一届全国大中城市饲料工业发展研讨会，会议10月中旬在成都市正式召开。全国饲料工业办公室和北京、天津、上海、重庆、沈阳、长春、青岛、广州、成都、西安、河南、湖南、广东、四川、云南等省、市饲料工业办公室、饲料工业协会的负责人及希望、通威、龙蟒、正昌等企业的代表和成都市有关部门的领导共70人参加了研讨会。中国饲料工业协会副会长王维四、秘书长刘金波、副秘书长颜小军、综合处处长徐百志等领导应邀到会指导。11个省、市在会上印发了书面交流材料。中国饲料工业协会秘书长刘金波对该会的圆满举办给予高度评价，认为“这次会议，主题突出，思想活跃，研讨深入，获益匪浅，会议必将对全国饲料工业的发展产生积极而深远的影响。”

撰稿：四川省饲料工业办公室

贵州省饲料工业

1991—1999年间，贵州省人民政府对饲料工业给予极大支持，成立了相应的行业行政管理部门—贵州省饲料工业办公室，并投入技改资金和绿色产业基金6295万元，新增生产能力26.4万吨。1999年全省生产推广优质饲料60万吨，是1991年产量的2.4倍。

贵州省委、省政府在改革开放和经济建设中提出了富民兴黔的战略部署，具体指导了政府各部门的工作。贵州省饲料工业办公室虽经二次调整，但充分利用了各自归口部门优势，抢抓机遇，开创性地工作。

1991—1995年间，办公室利用省经委优势，批准技改项目10个，开发项目5个，总投资达4535万元人民币。呈请主管部门下发了黔府办发（93）80号《贵州省饲料工业管理暂行规定》、省经饲字（92）607号《关于做好饲料（骨粉、肉骨粉）产品许可证发证和管理工作的通知》、省经饲字（92）587号《关于饲料工业技术改造、技术开发项目计划程序和93年计划的通知》等文件。评选和表彰了贵州“十强”饲料生产企业和5名“双十佳”饲料战线老同志。

1996年以来，贵州省办公室充分利用归口部门省农业厅的优势，充分利用国家和地方政府对畜牧业的倾斜政策和基层技术服务网络优势，为饲料工业的发展开辟了新天地。1997年12月26日，省饲料工业办公室主持召开了首次有基层畜牧部门参加的全省饲料工作会议。与会代表有省、地、县各级畜牧局、饲草饲料工作站、饲料监察所领导和各类饲料生产企业以及化工、粮食、乡镇企业、信贷、工商、税务、技术监督局等部门参加。大会讨论了《贵州省饲料工业管理办法》、《贵州省饲料工业2010年发展规划》、《关于加快贵州省饲料工业发展的意见》等文件。会议规模空前，对饲料生产企业与畜牧业的有机结合并共同进入市场起到了促进作用。1998年8月，贵州省饲料工业办公室组织了4个工作组15人分赴全省9个地（州、市）对饲料生产企业、饲料市场、行业管理作了20多天的深入调查，为省政府、省农业厅决策提供了依据。为促进饲料工业快速发展，贵州省饲料工业办公室起草下发黔农饲（98）101号文《关于加快贵州省饲料工业发展的意见》、黔饲办（98）05号文《关于加强省饲料工业行业管理的通知》。在贵州省饲料工业办公室的宏观管理下，全贵州省投放绿色产业基金1760万元，新建、改建饲料生产企业11个，引进国内名家饲料生产企业来黔建厂3个，注入资金约3000万元。

1997年以来，贵州省饲料工业办公室先后与北京伟嘉集团、江苏正昌集团、北京大北农集团联合举办了家畜营养、饲料配方、加工工艺、设备选型、高层管理、定位策略等内容的培训班，系统地提高了全省饲料生产企业素质和管理水平。

随着机构改革的深入发展，全省9个地（州、市）将在农牧部门内成立饲料工业办公室，近年内有条件的县也将成立饲料工业管理部门，以配合省委、省政府建畜牧大省的战略决策，促进畜牧产业化发展进程。

【饲料工业体系建设概况】

1999年贵州省有饲料加工企业179个，其中时产5吨以上的企业17家，时产1－5吨以上的企业116家。浓缩料加工企业59家，添加剂、添加剂预混料加工企业28家。饲料加工配合饲料企业年末双班生产能力140万吨。饲料加工企业中全民所有制企业59家，集体所有制企业42家，个体经营企业34家。至1999年末，饲料生产企业职工人数4153人，技术人员528人，管理人员719人，其他人员618人，具有大专以上学历的591人。

【饲料工业主要产品发展概况】

1999年全省饲料加工业产品产量共计25.82万吨，其中猪料13.34万吨，鸡料3.34万吨，鱼虾料3.68万吨，浓缩料4.96万吨，添加剂预混料491吨。饲料原料工业产品合计1.26万吨。

【饲料工业科技教育事业发展概况】

贵州农学院每年招收饲料营养专业学生30名。近两年来贵州饲料工业办公室与国内知名企业联合举办培训班，聘请10多名专家教授讲学，提高了企业的技术和管理水平。

【行业标准化及产品质量控制与监督】

贵州省饲料监察所负责贵州省内饲料生产企业的产品质量检验和饲料经营市场的抽查检验工作，定期检验和不定期抽检在一定程度上监督了饲料生产和经营活动。

【新时期出现的问题】

市场经济的深入发展使贵州饲料工业面临新的挑战。饲料生产企业从高峰期545个（点）减至211个；一批经过“三改一加强”的地方企业站稳了脚跟，创建了高质量、有市场的饲料产品，如贵阳“船牌”，遵义“得惠素”，平坝“康邦”等；一批国内知名企业也入黔建厂，受到地方政府支持，市场运作良好。

激烈的市场竞争，促使饲料生产企业结构发生了改变，1998年与1997年相比：商业粮食系统加工企业减少了35.1%，畜牧系统饲料加工企业增加了77%，个体企业增加了158.8%。1999年与1998年相比：商业粮食系统加工企业减少了60.36%，畜牧系统饲料交工企业减少了41.27%，个体企业增加了100%。

1991年以来，尽管饲料行业管理部门作了大量工作，贵州省由于边远贫困，饲料工业发展仍然十分缓慢，加上受大气候影响，1998年全省饲料加工业产品产量比上一年下降29.21%，磷酸氢钙产量比上一年下降40.16%。1999年全省饲料加工业产品产量又比1998年下降8.03%，磷酸氢钙产量上升95.93%。1998年饲料工业总产值为3.02亿元，比上一年下降51.50%，1999年有所上升，为3.62亿元；1998销售收入5.23亿元，比上一年下降50.60%，1999年仍呈下降趋势，全年销售收入6.44亿元。传统饲养方式与饲料推广的矛盾，科技落后与市场竞争的矛盾，原料匮乏与规模生产的矛盾，仍是贵州饲料工业发展的主要问题。

撰稿：贵州省饲料工业办公室

云南省饲料工业

云南省饲料工业认真贯彻执行国务院颁布的《1984－2000年全国饲料工业发展纲要（试行草案）》，1991年以前处于创业、起步、打基础阶段，1991年以后，坚持了提高与发展并重的方针，逐步进入了振兴时期，呈现以下几个特点：

【加工企业逐步向规模化方向发展】

饲料加工工业生产建设从起步阶段以粮食部门兴办国有企业为主，逐步发展成中外合资企业、民营企业、个体私营企业等多部门、多种所有制、多种经济成份并存的新局面。1991年全省有饲料加工厂（点）563个，基本上是以小型企业为主，年双班生产能力112万吨，时产5吨以上的饲料企业仅有14家，其中时产12.5吨企业1个，时产10吨企业1个。而截至1999年末，全省饲料加工企业虽只有249个，但年双班生产能力已发展到212余万吨，大中型企业不断增加，时产5吨以上的企业，已发展到41家，其中时产36吨以上的企业3个，时产15吨以上的企业2个，时产10吨以上的企业4个。1990年以前，全省饲料加工业绝大多数采用容积式、重量式加工设备，以生产粉状饲料为主，经过近几年来的技术改造，全省双班产一万吨以上的饲料加工企业，基本实现了电子秤自动计量和微机控制生产，既能生产粉状饲料又可生产颗粒饲料，提高了生产效率和配料精度，并逐步向规模化方向发展。

【原料工业建设有一定发展】

云南磷矿和优质的石灰石资源十分丰富，为饲料磷酸氢钙的生产发展提供了非常有利的条件。特别是磷化工行业经过多年的生产实践积累了生产硫酸、黄磷、湿法与热法磷酸的丰富经验，饲料磷酸盐的生产也有十多年的历史，产品除供应国内市场外，还出口创汇。但1991年以前，磷酸氢钙生产企业多数采用“普钙法”小规模进行生产，44个企业中绝大多数企业生产规模在1000吨左右，全省生产规模仅有4.63万吨，1991年全省磷酸氢钙总产量为13493吨，通过技术改造，引进外资，企业在上规模方面又迈出了可喜一步，企业数量减少，规模扩大，总生产能力达15万吨，其中年产万吨以上企业5个，中日合资企业1个（产品90%以上外销日本）。产品产销量有较大幅度增加。1999年全省饲料磷酸氢钙总产量达13万吨，比1991年净增11.65万吨，增长863%。目前南非出资600万美元与大黄磷基地合资在云南建设年产8万吨磷酸氢钙项目已正式启动实施。另外，经审查，报农业部批准颁发生产许可证的骨粉生产企业有20个，年生产能力2万吨，1998年全省总产销量达1.4万吨，由云南红塔集团投资兴建的云南华宁县年产3000吨赖氨酸厂已建成投产。生产酵母饲料，利用废渣、废液、废下脚料、羽毛生产饲料蛋白原料的企业也有多家。

【生产品种增多和产量持续增长】

1991年以前，全省饲料生产品种绝大多数企业比较单一，生产品种较少。经过近几年来的技术改造，不少企业添置了必要的生产设备，生产条件有了很大的改善。现在饲料生产企业，不仅能按照国家标准、行业标准，行业推荐标准、企业标准组织生产，而且在品种上可生产猪、鸡、鸭、鱼、牛、特种动物等畜禽不同生产发育阶段不同营养需要的几大系列40多个品种的配合饲料，并逐步做到了产品系列化、品种多样化和配方科学化。

近几年来，饲料产量一直处于上升态势，产销量不断增长。1991年全省配混合饲料总产量仅有32.6万吨，到1998年全省饲料总产量已达94.5万吨，比1991年净增61.9万吨，增长191.4%。

【产品质量不断提高】

云南省的饲料工业企业坚持以质量求生存、求发展、求效益的经营思想，质量意识和标准化意识不断增强，使饲料产品质量不断提高。从全国历次统检的情况看，全省饲料产品合格率都比较低，一般都在25%－55%之间。1998年全国饲料质量统检，抽检47家企业101个饲料样品，其中合格产品78个，合格率77.23%，产品合格率有较大提高。

【产品结构逐步趋向合理】

20世纪80年代，饲料加工企业产品结构比较单一，基本上是以蛋禽、肉禽饲料为主，约占全省饲料总产量的70%以上。进入20世纪90年代，饲料生产企业普遍重视了饲料产品结构调整，1991年全省饲料总产量中，配合饲料占97.4%，浓缩饲料仅占1.7%，添加剂预混料占0.7%。配合饲料中：猪饲料占23.3%，蛋禽、肉禽饲料占51.1%，鱼饲料占2.5%。到1999年配合饲料占85.91%，浓缩饲料占11.36%，添加剂预混料占2.73%。配合饲料中：猪饲料占36%，蛋禽、肉禽饲料占51%，鱼饲料占12%。通过产品结构的调整，既增加了企业饲料加工产量，提高了经济效益，更重要的是使企业的饲料产品，适应社会主义市场经济和养殖业发展的需求。

【科研与教育不断发展】

十多年来，组织饲料科技攻关，在饲料配方研究、资源开发、饲料添加剂研究等方面取得许多成果。完成了菜籽饼粕、橡胶籽仁饼等多种植物蛋白与动物蛋白资源的开发利用获省科技进步二等奖。省有关部门对矿物质微量元素添加剂、单细胞蛋白、羽毛粉、鸡粪、木薯、蕉藕、螺肉粉、沸石、麦饭石等的利用进行研究。1993年由云南省饲料工业协会牵头组织力量将云南省饲料资源调研成果进行编辑，由云南省科技出版社出版发行了《云南省饲料资源及营养评价》一书已成为全省饲料企业生产中常用的工具书。从1992年开始，为开发新产品和提高饲料产品科技含量，云南省经委和企业共同集资，由云南省饲料工业协会牵头，组织省内知名专家和企业联合进行协作攻关，重点解决乳猪、仔猪配合饲料，生长育肥猪浓缩饲料、添加剂预混料的品质和推广问题，收到了十分显著的成效，乳猪、仔猪饲料获得了省科技进步三等奖，一批产品被评为省优产品。在1992年首届中国饲料工业新技术新产品交流会上，云南省化工研究院采用湿法磷酸生产饲料磷酸氢钙技术获“特别金杯奖”，有5个饲料产品获“金杯奖”；在1996年首届中国饲料工业博览会上有12个产品获“首届博览会认定产品”称号。1997年，省投资1500万元兴建的云南省动物营养与饲料重点实验室已建成投入使用。云南农业大学设立了动物营养与饲料加工专业，为饲料工业培养了一批专业技术人才。

【行业管理工作进一步加强】

为了加强饲料行业的管理，从1986年开始云南省经贸委食品饲料工业办公室、云南省饲料工业协会、省饲料监察所相继成立，1992年又成立了云南省食品饲料工业发展协调领导小组，1997年，省编委又将省经贸委食品饲料工业办公室纳入行政编制改为食品饲料处，在统筹规划，组织协调、制订政策、法规、加强质量管理，建立健全服务体系等方面做了大量的工作。1991年云南省人民政府颁发了《云南省饲料工业管理暂行办法》，加强了对饲料工业的行业管理，积极开展各项服务工作。1991年，云南省人民政府下达了《扶持饲料工业发展若干政策》文件。坚持饲料工业大家办的发展方针，鼓励国家、集体、个人一齐上。同时积极利用外资，提倡各种形式办厂，多种经济成份经营，充分调动了各级、各部门发展饲料工业的积极性，大大推动了全省饲料工业的发展。

为了增强各级管理部门和饲料生产企业的质量和标准化意识，国家强制性饲料标签标准颁布实施后，从1994年开始连续举办7期培训班，参训人数600多人。从1995年开始，对全省饲料标签实行“认可证”制度管理，收到了较好的成效。

云南省饲料工业发展虽然取得了一定成绩，但与全国兄弟省、自治区、直辖市相比，仍有很大差距，必须进一步解放思想，深化改革，逐步完善饲料工业体系，使之成龙配套，为实现2010年全省配合饲料总量达160万吨，浓缩饲料20万吨的目标而努力奋斗。

撰稿：云南省经贸委食品饲料处

西藏自治区饲料工业

西藏自治区的养殖业以草食家畜占绝对优势，约占总牲畜量的99%，猪、鸡等食粮畜比重很小，仅占总量的0.9%。故牧草、秸秆等粗饲料是发展畜牧业的基础饲料。畜牧业是全区的支柱产业，但规模小，组织化、专业化程度不高，结构单一，传统思想在农牧民群众中根深蒂固，制约了饲料工业的发展。

党的十一届三中全会以来，全区实行了“牲畜归户，私有私养、自主经营、长期不变”等一系列政策，大大调动了农牧民群众的积极性，畜牧业蓬勃发展，牲畜的饲养量增加到了1999年的2200万头（只、匹），然而随着牲畜头数的不断增加，饲草饲料的用量也在加大，草畜矛盾突出，草场严重超载。长期原始的饲喂也使得饲草料消耗高，经济效益却很低。同时高寒地区特殊气候条件和频繁的自然灾害，有限的饲草饲料不能满足家畜正常的生长需要，甚至因饥饿造成大量死亡。针对这一情况，各级党委、政府采取多种有效措施，加大对基础设施的投入，大面积进行人工种草、天然草场改良、开发利用饲料地。包括在全区7地（市）建立小型饲料加工厂，为抗灾提供饲草饲料发挥了重要作用。经过近几年的努力，已建成以饲草、饲料地为基础，地区及部分县饲料加工厂为依托，地区草原站为骨干，符合西藏自治区特点的饲草饲料加工生产体系。由于全区的畜牧业长期处于对自然依赖很大的状况，放牧畜牧业仍然是畜牧业经营的主要方式，虽然初步形成了饲料加工、管理、科研等多层次的饲料工业体系，但仍处于初级阶段。

近年来，在全区积极推广和应用秸秆微贮和氨化技术开发饲料资源，节约了大量的粮食和精料，取得了显著成绩。秸秆经微贮后，长草短喂，丰富了农区饲料的来源，激发了农区发展畜牧业的积极性，促进了全区黄牛改良工作的开展，加快了畜种结构调整的优化工作进程，对畜牧业经济效益增长、农户收入和生活水平提高，产业结构模式转化起到了积极的作用。

截至1999年，各地、市每年可提供自己生产加工的抗灾饲料1000吨，全区人工种草84万亩（主要有苜蓿、披碱草、红豆草、丹麦444燕麦），围栏草场1000万亩，年处理农作物秸秆1万吨。

西藏自治区饲料资源丰富，但品种少，缺乏蛋白质饲料。据1990年统计，全区提供的饲料用粮为1.4万吨，其它粮油加工副产品为2.12万吨。全区最大的饲料加工企业为拉萨市饲料加工厂，是在改革开放的大潮中脱颖而出的新型企业，它已是西藏自治区66家大型国有企业之一。该厂建成一条年产1000吨全价配合饲料和3000吨各种抗灾饲料生产线，其先进的生产技术和设施条件在区内外同行中处在领先地位。该厂生产的系列产品有：乳猪料、中猪料、大猪料、产蛋鸡生长料、肉鸡料、牛羊抗灾饲料、牛羊快速生长育肥精料，补充料、奶牛精料等，是西藏自治区唯一的大型粮油加工和饲料加工骨干企业。

西藏自治区有广阔的饲料来源，各种作物秸秆、藤蔓、壳皮、农副产品的糠麸、酒糟、油渣等。多汁饲料有元根、胡萝卜、莲花白等。牛羊骨骼到处可见，经过加工处理是很好的骨粉。还有分布在全区各地的大小湖泊和河流，更是“得天独厚”的动物性饲料的丰富来源。这些饲料原料，没有得以充分利用，有的被废弃，有的浪费严重。如果各地区城镇所在地能够筹办饲料加工厂，发展乳牛、养鸡事业的饲料就可以解决。农区和半农半牧区在技术力量跟不上的情况下，可以由小到大，由粗而精，也就是说，先从饲草（料）的粉碎开始。先搞混合饲料，逐步向配合饲料方面发展。饲草（料）加工业在全区大有潜力可挖，发展前景非常广阔，积极发展饲料加工业，对促进全区畜牧业生产的发展和提高经济效益，将会发挥显著的作用。另外，饲草青贮、碱化处理、尿素饲喂方法，都是提高饲料利用率的行之有效的科研成果，简单易行，投资不大，各地可推广应用。

从西藏自治区实际出发，要解决牲畜饲草不足的问题，必须从各方面着手，立足点是天然草场的建设，重点是冬春草地的保护、利用和建设。积极建立人工草场，挖掘饲草（料）的潜力，办好饲料工厂，广开门路，扬长避短，充分发挥优势，全区畜牧业生产将会出现一个新的局面。

撰稿：西藏自治区饲料工业办公室

陕西省饲料工业

陕西省饲料工业在邓小平南巡讲话后，发展步伐加快，确立和巩固了饲料工业行业成为省重要支农产业的地位，缩短了同兄弟省份的距离，饲料工业本身也在市场经济的选择下发展成为以大中型企业为主体，小型企业为辅佐，由饲料加工工业、饲料原料工业、饲料添加剂工业、饲料机械工业以及饲料工业行业管理、质量监测、科研贸易等组成的相对完整的行业体系。

【饲料工业的主要成就】

9 年来，虽经粮食减产、养殖业滑坡的几度磨难，但在陕西省委、省政府的领导和各级业务部门的指导下，经过全行业共同努力，饲料工业生产仍然取得了辉煌的成就。

（1）饲料工业产量产值利税大幅度增长。9 年来，全省饲料工业总产量累计达 757.94 万吨，年均产量80万吨，其中：1991 年全省共生产各类饲料 48.7 万吨，1992 年生产饲料 57.06 万吨，1993 年生产饲料 65.18 万吨，1994 年生产各类饲料 80 万吨，1995 年生产饲料85万吨，1996年生产饲料90万吨，1997 年生产饲料 106.7 万吨，1998 年生产饲料 111.4 万吨，1999 年饲料产量 113.94 万吨，年平均提高产量 8.08 万吨，尤其是 1995 年和 1996 年，在经历了历史上罕见的干旱造成粮食减产，饲料原料供应紧张的情况下，克服种种困难，保持了持续稳定增长的局面。1991—1999 年，全省饲料工业累计产值达 118.79（当年价）亿元，利税 5.53 亿元，产值年均提高 7.24 亿元，利税提高 0.49 亿元，1999 年全省饲料工业总产值已达 24.19 亿元，创利税 1.76 亿元。

（2） 饲料加工能力稳定增长，生产规模不断扩大。1999 年全省饲料工业企业达到 316 个，全行业加工生产能力 180 万吨，比 1991 年的 103.4 万吨增长了 74.1%。企业生产规模也在不断扩大，其中：大中型饲料企业比重由 1991 年的 20%上升到 1998 年的 50%，基本形成了以大中型饲料企业为主体，小型饲料企业为补充的覆盖全省的生产加工网络，饲料工业产品入户率达到 50%以上，带动了畜牧养殖业的发展。饲料原料和添加剂生产也得到相应的发展， 1991 年，全省仅有饲料原料、添加剂企业 10 余家，到 1999 年底，达到 83 家，年双班生产能力达 13 万吨，当年生产产品 8.3 万吨，比 20 世纪 90 年代初的产量翻了几番。基本满足本省饲料加工工业发展需要，为饲料工业生产的良性循环提供了有力地保障。

（3）产品质量明显提高，结构趋于合理。1991—1999 年间，全省在大力提高产品产量的同时，下力气抓好产品质量。1993 年全省开始推行饲料产品标签活动，规范企业生产，收效显著。“八五”期间全省产品质量合格率平均达 66%，比“七五”末提高了近 10 个百分点。1998 年，全省饲料工业产品合格率已达 85%，达到了全国中等偏上水平。产品品种结构进一步合理，9 年来，在继续保持猪、鸡饲料占主导地位的基础上，顺应市场需要，开发并扩大了鱼、牛、羊、特种经济动物饲料和饲料原料、添加剂生产，在料型上由简单的粉状混合饲料发展到颗粒料、全价配合料、浓缩料、预混料、料精、添加剂等多种品种。根据畜禽营养需要，又推出了适应不同生理阶段要求的系列饲料，丰富了饲料产品的市场供应，满足了养殖业对饲料工业的各种需求。

（4）饲料科技知识普及，市场竞争激烈。陕西省饲料工业自发展以来，在国家产业政策指引下，经过全省各级业务部门和广大企业以及饲料工业者的不懈努力，饲料科技知识得到空前普及。尤其是进入 20 世纪 90 年代，“饲料”这一名词已为广大群众所理解和接受，饲料工业产品已遍及全省各地（市），并被广泛应用，成为集约化、现代化养殖的物质支柱。饲料买方市场形成，各企业产品竞争日益激烈，不少企业已把市场的目标投向周边省区，跨地区、跨省兴办饲料企业，设立饲料经销点，并取得了良好的经济效益。尤其是 1995 年以来，企业间的竞争已由产品数量的竞争逐渐演变为质量竞争→价格竞争→人才竞争。

（5）企业技术改造和企业机制调整步伐加快。由于大部分企业创建于 20 世纪 80 年代中和 90 年代初，管理机制不灵活，生产设备相对陈旧落后，为适应市场竞争的需要，部分企业相继将原有老化设备进行技术更新改造，对陈旧的企业机制进行了改组、改制。八年来的调查统计表明，企业技改力度在逐年增加，尤其是 1996 年以来达到高潮，仅 1998 年全省共有 30 余家企业进行了不同程度的技术改造，投入资金 1500 多万元，新增颗粒设备 29 套，并将高质量、高效益、高科技含量的高档次产品做为技术改造的重点。全省企业改组改制工作开展红火，1999 年共有 18 个饲料企业进行了股份及股份合作制改造，改制后的企业机制灵活，使饲料企业能及时依据市场竞争制订出相应的管理策略。

【饲料工业体系建设概况】

（1）饲料加工工业。1991 年全省共有饲料加工企业 334 个，生产加工能力为年双班 103.4 万吨，其中万吨级饲料企业 7 个，饲料加工业生产量为 47.51 万吨；1992 年，全省共有饲料加工企业 356 个，生产加工能力为年双班 110 万吨，其中万吨级生产企业 7 个，饲料加工业产量为 55.09 万吨；1993 年，全省共有饲料加工企业 420 个，生产加工能力年双班 102 万吨，其中万吨级饲料加工企业 12 个，饲料加工总产量为 61.31 万吨；1994 年，全省共有饲料加工企业 413 个，生产加工能力为年双班 100 万吨，其中万吨级饲料企业 12 个，饲料加工总产量为 74.71 万吨；1995 年，全省共有饲料加工企业 375 个，生产加工能力为年双班 114 万吨，其中万吨级饲料企业 25 个，饲料加工业总产量为 79.48 万吨；1996 年，全省共有饲料加工企业 362 个，生产加工能力为年双班 140 万吨，其中万吨级饲料企业 25 个，饲料加工业总产量为 81.93 万吨；1997 年，全省共有饲料加工企业 365 个，生产加工能力为年双班 140 万吨，其中万吨级饲料企业 35 个，饲料加工业总产量为 99.71

万吨；1998年，全省共有饲料加工企业438个，生产加工能力为年双班165万吨，其中万吨级饲料企业35个，饲料加工业总产量为104.67万吨；1999年，全省共有饲料加工企业316家，生产加工能力为年双班180万吨其中万吨级饲料企业31个，饲料加工业总产量为113.94万吨。从饲料加工企业的分布看，大中型饲料企业主要分布在关中地区和汉中盆地，小型饲料企业则遍布全省各养殖聚集地；从饲料品种看，进入20世纪90年代，新添宠物饲料和开辟了全价颗粒饲料，各种含量的预混合饲料；从企业构成看，国营企业的比重有所下降，集体和私营企业比重在逐年上升，体现了“饲料工业大家办”的指导思想。

(2)饲料原料工业。起步较早，但发展缓慢。1996年全省共有原料企业49家，当年产量5.9万吨；1997年全省共有原料企业39家，当年产量5.3吨；1998年全省共有原料企业44家，当年产量5.1万吨。目前，饲料原料品种主要有骨粉、肉骨粉、豆粕、菜粕、酵母饲料、苜蓿粉等蛋白质饲料和麦饭石、沸石、膨润土、石粉、磷酸氢钙等矿物质饲料。饲料原料工业的发展，不仅满足了饲料组成成份的需要，而且饲料原料工业的发展利用了大量的淀粉、酿造、屠宰、医药、食品、制革、化工等工业的下脚料、副产品和废弃物，促进了各类资源的综合开发利用，变废为宝，增加了社会产值和财政收入，减少了资源浪费，改善了环境污染。据初步估计，陕西省这一方面的资源预计每年至少有50多万吨，开发约有10多万吨。

(3)饲料添加剂工业是陕西饲料工业的薄弱环节。虽然20世纪90年代步入正轨快速发展，但受制于资金短缺技术力量有限等因素，高附加值和高科技含量的企业仍不多。1995年末，全省共有饲料添加剂企业29个，年单班生产能力2.5万吨，较1991年分别增长860%和247%；1998年末，全省共有饲料添加剂企业 61个，固定资产8215万元，流动资金14638.5万元，从业人员4412人，当年生产饲料添加剂3.2万吨。饲料添加剂品种经过八年多的发展，目前品种繁多，主要有各种畜禽用水剂、保健型营养剂、氯化胆碱、喹乙醇、泰乐菌素、含硒微量元素添加剂等，但品种仍显单一，一些高新产品产量几近于零，需从外省，甚至国外购进。

(4)饲料机械工业。进入20世纪90年代，饲料加工企业技改加强，饲料机械在设备的大型化方面跟不上市场的需要，生产日渐萎缩，几年来，企业数一直停滞在2—4个，且生产量也很小。

(5)饲料工业支撑服务体系。全省十地（市）相继在20世纪90年代中期巩固了饲料工业办公室这一管理机构，部分地（市）创建了协会。在绝大部分城镇设立了饲料及饲料添加剂销售点，西安市龙首村还形成了饲料原料及添加剂销售一条街。

【饲料工业主要产品发展概况】

猪饲料：1991—1999年，全省共生产猪饲料182.51万吨，占饲料工业总产量的28.3%，其中：1993年8.42万吨，1994年21.96万吨，1995年27.77万吨，1996年19.24万吨，1997年25.54万吨，1999年34.49万吨。1996年至今由于受养猪热潮的影响，猪饲料生产增长较快，占总产量的比重也在不断上升；同时，猪料精这一新饲料品种也开始大量推广生产，深受养殖户欢迎。

鸡饲料：陕西饲料品种一直是以鸡饲料为主，1991—1999年全省累计生产鸡饲料356.34万吨，占饲料加工总产量的55.33%。全省鸡饲料发展平稳，1991—1998年各年产量分别为24.6万吨、29.6万吨、34.38万吨、51.78万吨、44.34万吨、53.28万吨、61.54万吨和56.8万吨，基本上呈逐年攀升态势，但增幅不大。同时，鸡饲料也是各饲料生产企业竞争的热点，除了常规的混合料、浓缩料、全价料外，1997年以来，有实力的企业相继引进颗粒料生产设备，生产鸡用颗粒料。

反刍动物饲料：全省反刍动物饲料主要是牛饲料。1991—1998年，共生产牛饲料25.41万吨。现有3家专门生产牛饲料的企业已投产建成，将会扩大全省牛饲料产量。

水产饲料 1991-1999年共生产鱼饲料 26.94吨，占总产量的5%。

【饲料工业科技教育事业发展情况】

(1)饲料工业科技工作。饲料工业的科研工作涉及农牧、粮食、水产、医药、化工、地质等行业，目前在全省许多科研教学单位、技术推广部门和大中型饲料企业都设有饲料研究室或研究所。各业务部门、各有关单位以及饲料企业采取举办形式多样的产品推广会、学术交流会及用户座谈会等形式，进行饲料科技的宣传推广。1996年省畜牧研究所，省饲料监测所和有关企业组织开展了“微生物饲料添加剂的工业化应用技术研究”。

(2)行业教育培训工作。1992年成立了陕西饲料工业培训中心。1996年成立了技能鉴定站开展技能培训工作，先后举办培训班3次，培训300人。1998年，与西北农业大学联合举办动物营养自考与专业证书班，共吸收学员30余名。

(3)行业宣传工作。行业宣传在1997年以前，以《饲料工业简讯》为主要宣传阵地，1991-1997年共编辑出刊100余期2万余份。1997年以后以《陕西饲料报》为主要宣传阵地，共出版发行48期72万份。为加强行业宣传工作，1997年省饲料办还专门成立了宣传科，抽调3名同志具体负责。1998年开展了“陕西饲料工业上‘因特网’”工作，将本省饲料工业宣传给全国乃至世界。

【行业标准化及产品质量控制与监测】

(1)饲料工业标准化工作。1993年，开始推行饲料标签的标准化工作并持续至今：1996年起草了《陕西省奶牛浓缩料产品标准》和《陕西省鲤鱼颗粒料产品标准》，发布了5个推荐性地方标准，其分别为：陕DB/T235—1996饲料级乳酸钙预混剂中乳酸钙含量的测定方法、陕DB/T236—1996饲料用水解羽毛粉、 陕DB/吨237—1996饲料用血粉、陕DB/T238—1996饲料用肉粉、陕DB/T239—1996饲料用石粉；1998年将《饲料原料及添加剂生产管理审批程序》修改为《饲料原料及添加剂生产管理规定》；进一步抓好“骨粉（肉骨粉）生产许可证”管理工作，1991—1998年共办理许可证22个。

（2）饲料产品质量监督检测。在省技术监督局的领导下，以省饲料监测所为主体，对饲料产品进行多批次的抽检、统检，并接受企业送检。部分地（市）已成立了饲料检测站，促进了饲料产品质量的提高，1998年全省饲料产品合格率达85%以上。

【饲料行业对外交流与合作】

全省共有中外合资企业3家，其中，1993年与泰国正大共同创建的陕西正大，生产形势良好。在对外交流方面，1996年选派部分大型企业领导赴欧等地考察；1997年邀请荷兰诺和诺德公司专家来西安进行技术讲座。其间省饲料厂还与荷兰等国进行了多次技术磋商。

【饲料工业产品出口情况】

渭南饲料添加剂厂是唯一的产品出口单位，1991—1998年出口氯化胆碱5480吨，创利税680万元，其中，1998年出口量达590吨，创利税78万元。

【基本经验】

8年来，陕西省饲料工业的发展可总结概括为：增产量 — 抓质量 — 比管理 — 抢市场 — 求人才这样一个历程。其基本经验主要是：

（1）坚持改革开放，动员各种社会力量、多种经济成份共同兴办饲料工业。陕西省饲料工业是伴随着改革开放而蓬勃兴起的一个新兴产业。除粮食系统依靠国家投资建厂外，其它部门的饲料企业从一开始就面向市场，在国家没有多少投资的情况下，依靠其自身力量办厂兴业，其市场观念、竞争意识和市场应变能力在实践中得到锻炼和增强，从而经受住了市场考验并不断发展壮大。同时，由于提倡多种形式办厂，多渠道集资、多种经济成份经营，充分调动了各级、各部门、各地的积极性。在全省500多个饲料企业中，集体、个体兴办的饲料企业占企业总数的54.7%。三资企业和股份制企业实现了零的突破，所占份额分别达到1.3%和3.5%。同时，由于改革开放，农业产业结构的调整，也为饲料工业提供了充足的原料资源、广阔的市场和良好的发展机遇，使饲料工业得以顺利发展。

（2）各级领导部门的重视和支持。陕西饲料工业取得的成就和各级部门领导的支持重视是分不开的。为支持饲料工业发展，加强对全省饲料工业的领导，省政府专门召开常务会议，批准成立了省饲料工业办公室和饲料工业协会。原陕西省副省长王双锡、现任农业厅厅长史志诚、省政府副秘书长黄广文等有关部门的负责同志亲自挂帅分别担任省饲料工业协会会长和副会长，指导饲料协会工作。已逝世的中国饲料工业协会会长李瑞山同志对陕西饲料工业予以极大的关注和支持，曾多次亲临陕西指导工作，为陕西饲料工业工作提出了许多宝贵的意见和建议。全国饲料办和中国饲料工业协会的有关领导也常到陕西省视察指导工作，对饲料工业的发展起到了十分重要的促进作用。

（3）立足省情，适应养殖业的发展需要。针对陕西省饲料工业发展现状，在《1984－2000年全国饲料工业发展纲要》指导下，采取大、中、小一齐上，多种经济成份共同发展的战略。除大力发展大型饲料企业外，对小型饲料企业，坚持从业务和技术等方面加强引导，增强市场竞争力和市场应变力。目前，大大小小的生产厂遍布全省各地、县、乡。尤其是位于区、乡、村的小型饲料厂，在省饲料工业生产中起到了拾遗补缺的作用。大中小相结合的生产结构，适应了饲料资源分散、饲养业以农户为主、集约化程度低的特点，既照顾到千家万户的分散饲养，富裕了农民，又为大中城市的集约化饲养提供了服务。

（4）国家实行优惠扶持政策。由于国家在资金、信贷、物资和税收等方面制订了一系列优惠政策，为饲料工业的发展创造了稳定、可靠的外部环境，尤其是从1995年至今，国家财政、税务部门对饲料行业的政策倾斜，保护了饲料行业的发展，增强了企业的自我改造和自我发展能力。

（5）依靠科技进步和各部门的密切协作。鉴于省饲料工业起步晚、基础差的实际情况，省政府和地方始终把饲料工业科技进步当作一件大事来抓，形成了以国家科技攻关项目为主线的“科技兴饲”路线，带动了整个饲料工业科研和技术水平的提高。同时，省农牧、粮食、水产、乡镇企业系统均对发展饲料工业给予高度重视，支持饲料工业企业发展，完善基础设施建设，加强服务和指导，使饲料工业生产规模不断扩大，产量逐年增加，品种不断丰富，结构渐趋合理，发展更加迅速。

撰稿：陕西省饲料工业办公室

甘肃省饲料工业

【现　状】

进入90年代以来，甘肃省饲料工业在20世纪80年代“打好基础，创造条件”的基础上又进入了一个新的振兴时期。特别是 1992 年后，在国家宏观经济政策的引导下，各种非国有经济成份竞相进入饲料工业领域，掀起了全省饲料工业的第二个建设高潮。在饲料加工工业方面，已建成时产 1 吨以上的企业 219 个，其中时产 5 吨以上的 15 个，农村小型配混合饲料加工点 1105 个，配合饲料双班生产能力 200 万吨，年产量近百万吨，连续数年列西北诸省区第一位。在饲料添加剂工业方面，建成各类饲料添加剂企业 21 个，生产能力 2.5 万吨，产量 1 万吨。在饲料原料工业方面，建成一批以饲料用骨粉、肉骨粉、血粉、酵母粉为代表的饲料蛋白原料企业 24 个，其中 3 家取得了生产许可证的饲用骨粉、肉骨粉企业单班生产能力为 4500 吨，1999 年年产量 2700 吨。在饲料机械工业方面，有饲料机械制造企业 4 家，主要制造小型配合饲料和粗饲料加工机组，年产量 200 台（套）左右。在饲料教育科研培训等支撑体系方面，建成省级饲料科研、技术推广、质量监督和职业技术技能鉴定机构各一个，有 3 所大中专院校开设了饲料专业或专业课，干部职工的培训机制已初步形成。

经过多年的量的积累，饲料工业已发生了质的飞跃，初步建立了包括饲料加工业、饲料原料工业、饲料机械工业、饲料添加剂工业以及饲料科研、质量监督检验和宏观管理机构在内的比较完整的、相对独立的饲料工业体系。饲料工业已经成为省国民经济的支柱产业。饲料工业的再度兴起，拓宽了农村的就业渠道，极大地活跃了农村经济，成为农村新的经济增长点。首先，它成功地促使了农村诸产业的有效分离，促进了农业生产的社会化，使现代畜牧业从传统农业中剥离出来，养殖业真正成为一种产业。其次，它作为现代技术的有效载体，有力地推动了农业生产的技术进步。饲料工业以种植业为依托，服务于养殖业，处于中间位置，它的每一次的技术革新都会给它的上游的种植业和下游的养殖业带来技术革命的推动力。第三，它有力地促进了种植业的产业化进程，促进了种植业内部结构的调整。第四，它为发展现代畜牧业提供了强有力的物质支持，极大地促进了畜牧生产的现代化，有力地保障了畜牧业快速发展。20 世纪 80 年代初，全省牧业产值不足 12 亿元，仅占农业总产值的 1/5。随着饲料工业的兴起和发展，养殖业的生产成本大大降低，养殖业特别是规模养殖业得以迅猛发展，每年以不低于 8%的速度递增。至 1998 年，牧业产值已达 52 亿元，占农业总产值的 1/3，各类规模养殖户突破 40 万户。但是全面、历史、发展地看，全省饲料工业仍然处在初级水平上。主要表现在：饲料加工业的主体仍然是农村中小型饲料加工点，规模化、集约化的水平还不高；企业质量管理薄弱，产品质量低，产前产后服务差；饲料工业的经营方式仍然是靠增加资金、资源投入，铺新摊子来增加产品数量的粗放经营方式。因此说，尽管饲料工业经过量的积累已经产生了质的飞跃，建立起了比较完整的饲料工业体系，但总体水平还不高，仍然有待于以新的量变积累为基础产生第二次质的飞跃。

【特　点】

（1）非国有饲料企业发展迅猛。在 20 世纪 80 年代里，全省饲料行业内基本上是国有饲料企业的天下，每一县、每一地都有一个国有饲料企业独霸当地饲料市场。但是进入 20 世纪 90 年代，这种情况发生了根本上的变化。在国家宏观政策的引导下，在市场经济利益的驱动下，非国有饲料企业如雨后春笋，发展迅猛，至 1998 年底，非国有饲料企业数量已占省饲料企业总数的的三分之一，产量已占省饲料总产量的一半以上。1999 年非国有饲料企业数量已达 133 家，占省饲料企业总数的 62.15%。兰州正大、兰州富昌、武威希望、民乐银河等一批非国有饲料企业已经取代甘肃饲料厂、天水饲料公司、兰州小西坪饲料厂等国有饲料企业的地位，成为省饲料行业的骨干。

（2）行业内部结构趋于均衡。在 20 世纪 80 年代，行业内基本上是饲料加工工业一枝独秀，原料工业、添加剂工业和饲料工业支撑体系的发展相对滞后。进入 20 世纪 90 年代，这种情况发生了根本上的变化。由于市场需求强劲，饲料原料和饲料添加剂及饲料添加剂预混料的投资收益率都在 20%以上，受经济利益的驱动，各行各业竞争投资饲料原料工业和饲料添加剂工业的建设，这就弥补了 20 世纪 80 年代全省在这方面建设的不足，使省饲料行业体系得以均衡发展。

（3）产品结构趋于系列化、多样化，产品质量稳步提高。在 20 世纪 80 年代，饲料行业内基本上是卖方市场，企业无须做多少工作即可获得较好的经济效益，所以饲料产品结构基本上是老三样：鸡料、猪料、混合料。但是进入 20 世纪 90 年代以来，由于市场竞争的加剧，逼迫企业不得不靠细化市场、拓展产品范畴、延伸产品线来提高自己的市场份额。现在多数企业鸡、猪、牛、羊、鱼、兔、马料样样俱全，乳期、生长期、育成期、肥育期全部都有，产品结构趋于系列化、多样化。同时，由于市场竞争的加剧，许多企业不得不加强品质管理，提高产品质量，靠高质量的产品来占领市场，由此带来了全省饲料行业产品质量的提高，饲料抽检合格率由 1990 年不足 30%提高至 1998 年的 80%以上。

（4）行业发展逐步规范化。进入 20 世纪 90 年代以来，省饲料行业发展的规范化主要表现在两个方面：一是宏观管理的法制化，二是微观管理的制度化、标准化。在宏观方面，为规范行业的生产竞争秩序，规范行业管理行为，在修订《甘肃省饲料工业管理办法（暂行）》的基础上，制订实施了《甘肃省饲料添加剂及其预混料生产管理办法》、《甘肃省饲料标签制定审查制度》、《饲料企业标准备案管理制度》等一系列行业管理法规，组织制定了一个地方标准，监督审查了 25 个企业的 155 个饲料标签。

在微观方面，企业积极加强标准化工作，加强企业内部管理制度的建设。兰州正大有限公司、兰州饲料添加剂厂等8个企业共组织制订猪、鸡、鱼全价配合饲料和畜禽预混料等50个产品标准。

【经　验】

（1）狠抓宣传培训，为行业发展营造良好的舆论环境。进入20世纪90年代以来，通过报纸、电台、电视、内部刊物等宣传媒体，大力宣传饲料行业成就，普及营养知识，大大改变了过去20世纪80年代饲料行业“养在深闺人未识”的局面，使饲料工业已为越来越多的人所认识。在农村，全价配合饲料已为农民所接受、所喜爱，用农民的话说：“用不用配合饲料就是不一样”，“配合饲料就是好，长肉”。与此同时，以省饲料质量监督检验站和兰州正大为培训基地，积极开展行业的培训工作，前后共为企业培训技术骨干162名，培训农民30万人次。

（2）建章立法，规范行业发展秩序。《甘肃省饲料工业管理办法（暂行）》是1985年由甘肃省政府农林办和甘肃省经委发布实施的，是全国第一个地方饲料行业管理法规。进入20世纪90年代以来，根据变化了的形势，及时修订了《甘肃省饲料工业管理办法（暂行）》，甘肃省政府1997年以27号令将修定后的办法予以发布。为加强饲料添加剂和预混料的管理，1994年，甘肃省饲料工业办公室和甘肃省畜牧局发布了《甘肃省饲料添加剂及其预混料生产管理办法》；为保证国家强制性标准—饲料标签标准的顺利实施，甘肃省饲料工业办公室、甘肃省技术监督局、甘肃省新闻出版局联合制定了饲料标签的制定审查制度；为加强企业标准备案管理工作，甘肃省饲料工业办公室和甘肃省技术监督局联合制定了企业标准的备案管理制度。以上行业法规和制度的建立实施，有力地促进了企业管理工作的规范化、科学化。

（3）加强监督，保障各类规章制度的贯彻实施。多年来，把规章制度的日常监督和重点监督有机的结合起来，强化执行监督工作，有力地保证了各类规章制度的顺利实施。首先，为保证饲料标签标准的顺利实施，甘肃省饲料工业办公室和省技术监督局、省粮食局组成联合工作组，于1994年和1995年分3次对全省饲料标签的执行情况进行了全面地检查，对认真执行饲料标签国家标准的企业及时予以表彰，对拒不执行饲料标签国家标准或执行不好的企业及时予以通报批评。1997年，甘肃省饲料工业办公室和甘肃省技术监督局、甘肃省工业产品生产许可证办公室联合开展了全省饲料工业饲料质量监察工作，全面清查了企业的产品标准和企业的标准化管理工作，查处无标生产企业5家，标签不符合标准的企业1家，均按有关规定予以处理。

（4）加强调查研究，及时提出、制定、修订饲料行业的产业政策。近几年来，甘肃省饲料工业办公室经常深入企业调查研究，在调研时，不但了解企业现时的政策需求，还要了解企业潜在的政策需求，不但要了解生产者的政策需求，更要了解消费者的政策需求，综合各方需要，权衡利弊再制定政策，从而保证了饲料行业的产业政策的实用、适用、预见、公平。

撰稿：甘肃省饲料工业办公室

青海省饲料工业

1991-1999年，青海省饲料工业走出“八五”前三年的生产大幅下滑低谷，逐步走向稳定发展的道路。饲料工业已从原来附属粮油加工的副业发展成为经济和社会进步中一个不可缺少的新兴行业。全省先后建成了5家年单班生产能力万吨以上的饲料企业。这些企业的设备都增加了预混合和制粒工序，开始生产全价配合饲料和颗粒饲料，从而使饲料工业水平上了新台阶。同时，一大批跨行业、跨部门办的饲料厂、饲料加工车间及个体饲料加工点也迅速崛起，呈现出多部门、多行业、多种形式、多渠道集资办饲料工业的局面，全省初步形成了包括饲料加工、饲料原料、饲料添加剂、行业管理、科研、人才培训及饲料监察组成的饲料工业体系。

截止1999年底，全省时产1吨以上的饲料加工企业43个，个体饲料加工点82处，年单班生产能力12.75万吨。1999年实际生产各类饲料9.25万吨，其中配合饲料8.9万吨。饲料原料生产企业7个，年生产规模3.8万吨，1999年实际生产骨粉、肉骨粉、磷酸氢钙等产品1.4万吨。

【经济发展中的地位和作用】

1990—1999年，全省累计生产各类饲料81.25万吨，平均年产9.03万吨。为推动青海养殖业的发展，丰富城乡居民“菜篮子”作出了贡献。但是从发展的速度及规模上与兄弟省、区、直辖市相比，差距越来越大。以1997年为例，全省饲料总产量8.8万吨，占全国饲料总产量的0.13%；全省饲料工业产值7989万元（1990年不变价），占全省国民生产总值的0.39%，占全国饲料工业总产值的0.09%。两项指标均居全国29个省、自治区、直辖市（除西藏自治区外）倒数第一位。近年来，饲料工业生产状况有所好转，产量以平均12%的速度增长，但其生产总量小，所占国民生产总值份额低的状况仍未改变。

【产品与市场供需】

分析近年饲料生产及市场销售情况，原有占据市场大部分份额的混合料逐渐由全价配合饲料取代，质量高、价格合理的饲料品种已开始被养殖户所接受。西宁和海东地区饲料工业产品入户率已达50%—70%。从生产量看，大部分为低档的混合粉饲料，档次较高的配合饲料仅占总产量的1/3。从饲料品种上看，猪饲料占 58%，奶牛料占 16%，家禽料占 15%，牛、羊育肥及抗灾保畜料占 10%，鱼料和其它经济动物料不足 1%。总体分析，混合饲料生产过剩，颗粒配合饲料市场潜力大；猪禽饲料产销萎缩，牛、羊饲料市场逐渐拓开，随着全省牛、羊育肥业的兴起和抗灾保畜料的推广，牛、羊颗粒料的比例将会不断提高。

【面临的主要问题】

虽然饲料工业近年有一定的发展，但是，也存在一些不容忽视的问题，主要是：(1) 国有饲料企业占全省饲料企业 85%左右，其中大、中型企业基本都是国有企业。大多数国有企业处境困难，经济效益低，亏损面比较大。这有历史包袱过重、设备陈旧落后等原因，也有市场需求不旺、竞争激烈等因素，但主要原因还是企业在转轨过程中一些长期积累下来的深层次矛盾尚未得到彻底解决。(2)行业缺乏发展资金，企业资金短缺，技术改造难，生产运行困难。饲料工业是微利行业，加上原料及产品受季节影响大，产品大进大出，所需周转金多且周转期长。由于行业没有这方面的发展资金，企业资金短缺的情况长期得不到解决，直接影响企业的技术改造和正常生产运行。资金短缺的状况严重制约行业正常生产及发展。(3) 饲料品种少、档次低、质量差。多年来，饲料产品结构不合理，产品及质量水平始终在低档次徘徊，市场缺乏适销对路的新产品。(4) 宏观管理调控能力差，质量监测力度不够。

【发展思路】

振兴饲料工业，必须坚定不移地全面贯彻中共中央关于农业和农村工作若干重大问题的决定精神，结合实际情况以及行业发展面临的客观经济环境，积极探索饲料工业和畜牧业协调发展的新路子，促进饲料工业持续、稳定、健康发展。饲料工业今后发展思路和工作重点主要体现在以下四个方面：

(1)必须强化行业管理和加强产品质量监督工作力度，完善服务功能，促进行业的健康发展。主要抓好以下几项工作：一是尽快制定相应配套的饲料工业发展政策，理顺饲料工业管理中各有关部门和产业间的关系，强化饲料工业的宏观调控手段；二是健全饲料质量监督体系，明确省饲料兽药监察所的饲料监测职责，加强产品的技术监测工作力度，控制和杜绝三无产品，维护饲料生产者和消费者的合法权益；三是要整顿饲料市场，强制推行《生产许可证》、《营业执照》和《饲料标签》，保证饲料生产企业在市场竞争原则下公平、合法、有序地进行生产经营活动。

(2) 推进企业深化改革，转换经营机制，搞好技术改造。加快国有饲料企业的改制和转换经营机制工作，形成对市场信息反应灵敏、按市场要求组织生产和经营的运行机制。鼓励和支持企业通过联营、租赁、参股或兼并等形式，进行结构调整，优化资源配置，实现规模经济效益。有条件的大型企业，可以走以饲料生产为龙头，多种经营并举，组建自成体系的饲料工业企业集团。政府各部门要帮助企业以加强管理、降低成本、提高产品质量、提高企业经济效益为中心开展工作。在资金上、技改项目上要优先扶持基础条件好的企业，抓紧搞好设备更新换代及技术改造工作。

(3)坚持提高与发展并重的方针，依靠科技进步，调整产品结构，开拓农牧区市场。要在调整产品结构、提高产品质量档次和产品系列上狠下功夫。用不同档次的产品来满足不同生产目的、不同基础资源的农牧民需要。为了开发适销对路的新产品，提高饲料报酬，要组织科研单位、大专院校重点进行蛋白饲料、能量饲料、饲料添加剂的开发及优化利用的研究。针对省农区养殖业配合饲料利用率低、饲料报酬低、养殖业水平低以及农牧区市场需求潜力大和工业化产品入户率低等特点，在今后较长的一个时期内要将推广使用饲料工业产品作为发展畜牧业的一项重大措施来抓。政府要引导饲料生产企业根据农牧区畜牧业发展的需要，大力推广配合饲料、添加剂预混饲料和浓缩饲料等优质产品，提高优质饲料产品的入户率。为了从根本上扭转青南地区畜牧业靠天养畜的被动局面，逐步提高抗御雪灾的能力，省委、省政府决定在青南牧区多灾易灾的 9 县 30 乡实施饲料贮备项目，项目计划用 3 年的时间（1998-2000 年）逐年实现畜均具有 3、6、9 千克饲料的目标。实施本项目有利于促进企业加快调整产品结构，开发牧区市场，能有效解决青南牧区特别是多灾易灾地区的牲畜温饱问题，实现牧民群众脱贫目标，对推动青南牧区经济发展，维护社会稳定具有重要的现实意义。

(4) 广辟饲料资源，开发饲料新产品。一是要加大科技攻关，开发研究利用青海省特产的小麦、青稞、蚕豆、燕麦、脱毒菜籽饼（粕）以及肉骨粉、骨粉等饲料资源；二是要采取切实有效的措施，在政策、资金上积极鼓励企业开发利用本地饲料资源。

撰稿：青海省饲料工业办公室

宁夏回族自治区饲料工业

9 年来，认真贯彻党的改革开放政策，在“改革、发展、稳定”的总体格局下，紧密结合本区实际，执行国务院《1984—2000 年全国饲料工业发展纲要》，努力完成饲料工业发展目标，取得了可喜的成绩。截止 1999 年，全区共有各类饲料加工厂（点）268 个，年双班生产能力达 42 万吨，拥有固定资产 3000 万元，流动资金 1000 多万元，从业职工 2455 多人。9 年累计生产各种配（混）合饲料 156.26 万吨，产值超过 13 亿元。产品发展到近 40 个品种，鸡、猪、鱼、奶牛等饲料齐全。饲料产品合格率稳定在 60%以上。1998 年，肉类总产量达 15.61 万吨，比上年增长11.24%，禽蛋产量6.53万吨，比上年增长17.45%，奶产品达18.18万吨。为全区畜牧业、养殖业、水产业发展和丰富人民的生活，做出了积极贡献。

此外，饲料添加剂工业作为饲料工业体系中的发展重点，取得了突破性进展。中卫县饲料添加剂厂、区地矿局饲料添加剂厂等先后建成投产，减少了依赖进口和区外调入的压力，改善了部分饲料产品品质，提高了转化率。饲料资源的开发和利用取得了进展。“八五”时期，利用本地资源开发了单细胞蛋白饲料酵母、a-淀粉、乳酸钙、生物饲料等一批产品，填补了区内空白。运用热喷技术、青贮氨化、微贮技术，开发利用了农作物秸秆等粗饲料资源，减少了污染，增加了饲料品种，缓解了人畜争粮的矛盾。

【主要经验】

（1）解放思想，转变观念。积极宣传党的改革开放政策，帮助饲料工业战线上的广大职工，尽快从计划体制的束缚下解放出来，充分认识市场、研究市场、占领市场，接受市场竞争的考验。同时宣传普及饲料知识，让人民群众认识工业饲料，信任工业饲料，从传统养殖方式下解放出来，不断提高饲料产品的入户率。

（2）加强技术进步，搞好新技术推广。宁夏饲料工业起步较晚，基础差，设备落后，为采用先进工艺，“八五”期间安排技术改造项目22个，总投资1588万元，其中自筹514万元，区财政有偿资金62万元，其它为贷款。“九五”期间又上报5个贷款项目。在技术推广方面，积极争取区科委科研经费，安排了5个饲料新产品的饲喂试验项目。吴忠市东塔乡奶牛场的中草药配方为特点的“神农”牌浓缩料；“磊菌宝”微生态饲料新产品的3个试喂实验，并于1997年进行了验收；安排了“ZM”和“诚惠”生物饲料等2个饲料新产品的试喂实验；组织饲料牧机站、饲料检测所、宁夏饲料总厂、灵武饲料厂等9个单位，参加“宁夏配合饲料推广”项目完成申报并参加全区科技成果评选。

（3）狠抓产品质量。配合技术监督局为全区5个有条件的饲料企业检发了“三证”：《产品质量监定证书》、《新产品质量合格证》、《批量生产质量合格证》；完成新建企业化验室验收及固原三石微生态研究所化验室认证工作；会同有关部门，每年对全区饲料产品进行质量抽检，查出问题及时反馈企业，并帮助改进。通过以上工作，保证了全区饲料产品质量不断提高。1994年，产品合格率达80%，出现了一批质量过硬产品。其中，灵武“奔马”、银川“康利”牌饲料被1996年首届中国饲料工业博览会评为认定产品，乳酸钙产品被农业部定为推荐产品。经国家统检、自治区抽检，1997年、1998年产品合格率均为100%。

（4）用足用好政策。为扶持饲料工业发展，国家在原料采购、运输、流通及进口饲料用粮等方面，给予了一系列优惠政策。饲料办会同税务部门，对饲料加工企业减半征收所得税；对新建饲料加工企业，免征所得税3年；对免税到期的企业，为扶持其自我完善和发展，自治区税务局又延长免税期2年；对防止污染的综合利用项目所生产的饲料产品，免征产品税；根据国税总局发文精神，为企业进行免税登记，使企业抓住机遇，增加自我积累，提高市场承受能力，处理好积累和发展的关系，促进全区饲料生产稳定快速发展。

（5）加强企业职工培训。“八五”期间，全区对饲料企业化验人员进行上岗培训，持证上岗，对企业管理人员进行微机操作培训，举办厂长、经理学习班、培训班，进一步提高管理人员的素质。根据中国饲料工业协会的要求，完成了全区饲料工业职业技能鉴定站的申报工作，为饲料企业特定工种进行技能培训、考核和发证创造了条件。

（6）加强行业管理。“七五”期间，制定了“企业升级标准”。通过调查研究，制定了全区饲料工业“八五”规划，使行业发展有了明确目标；制定了《饲料管理暂行办法》、《饲料产品质量管理暂时办法》、《宁夏饲料原料标准》，规范了饲料工业的行业管理。1996年，饲料工业办公室由区经委所属成建制划归畜牧局管理，原赋予的“统筹、规划、协调、管理”全区饲料工作的职能未变。办公室、协会两块牌子一套人员。

【今后设想】

（1）贯彻国务院《饲料和饲料添加剂管理条例》，广泛宣传、努力实施。

（2）加快国有小企业改革步伐。

（3）发展多种形式的联合体。

（4）利用高新技术，加快产品结构调整步伐，降低成本，提高配合饲料利用率和报酬率，向节粮型饲料生产方向发展。

（5）抓产品质量，净化全区饲料、原料市场。做好名牌产品的推广工作，促进添加剂配合饲料与养殖的结合，提高畜牧业发展水平，使全区饲料工业上一个新台阶。

撰稿：宁夏回族自治区饲料工业办公室

新疆维吾尔自治区饲料工业（含新疆建设兵团）

【发展概况】

1991—1999年全区饲料工业取得了较大成就，建成了一批具有现代化经营管理和装备水平的骨干企业。至1999年，全区已有饲料加工企业253家，年双班生产能力达185万吨，分别比1991年增长

4.1%、42.3%。其中：时产5吨以上配混合饲料加工企业19家，浓缩料加工企业2家，添加剂预混合料加工企业9家，分别比1991年增长171.43%和125%，还有一些小型添加剂预混料生产企业活跃在市场中。

按部门隶属关系分，商业53家，农垦134家，畜牧25家，乡镇13家，水产6家，其它22家。按工业经济类型分，全民155家，集体66家，合资、个体10家。各部门还有许多饲料加工点在养殖生产中发挥着重要作用。

1999年全区生产各类饲料91.31万吨，比1991年增加48.91万吨，增长115.35%。其中：配合饲料87.42万吨，浓缩饲料3.13万吨，添加剂预混料0.75万吨，分别比1991年增长337%、3812.5%和134.4%。配合饲料中，猪料占35%，蛋禽料占36%，肉禽料占16%，鱼料占7%，其它料占7%。18个骨粉、肉骨粉生产企业产量2437吨。1999年全区饲料工业总产值14.05亿元，比1991年增长453.1%；饲料企业年末职工人数3515人。此外，还有一些原料企业生产少量膨润土、沸石等矿物添加剂原料。

从部门看，生产建设兵团饲料产量最多，配混合料占全区总产量30.19%，浓缩料占79.48%，添加剂预混料占27.96%。粮食系统饲料产量占全区总产量的15.47%，粮食系统饲料产量的主导地位不断缩小，尤其是在平价粮取消后，兵团、畜牧、乡镇发展较快。畜牧、乡镇、水产三部门饲料产量大部分是小型饲料加工点生产的，以自产自用为主。

1998年全区饲料产品的价格高于全国平均水平，主要大型饲料企业保持了较好的盈利状况。从发展势头看，饲料行业的生产呈现出向大型企业集中的趋势，主要大型企业正大、泰昆、天康、希望等企业处于快速扩张之中，正向集团化方向发展。配合饲料产量、能力第一的正大畜牧有限公司新建阿克苏正大畜牧有限公司于1998年投产；浓缩料、预混料产量、能力排名第一的天康技术发展公司新建了阿克苏天康股份有限公司和石河子天康科技有限责任公司都在1998年峻工投产；泰昆集团兼并了五家渠饲料厂；米泉希望有限责任公司1997年底投产，1998年配合饲料产量已达2.8万吨，居全区第三。

1998年新疆维吾尔自治区饲料产量质量监督检验站对全区饲料生产企业定期监督检验48个批次，合格46个，合格率达95.8%；市场监督检验20个批次，合格8个，合格率仅有40%；考核发证8个批次，合格7个，合格率达87.5%；仲裁的1个批次合格；合同、委托检验401个批次。

新疆维吾尔自治区不仅是全国主要牧区之一，也是全国重要的粮、棉、油生产基地，每年有近1000万吨的各类秸秆可开发利用。饲草的加工调制在50年代中曾推广过玉米秸秆青贮和铡短粉碎技术，并普及到一些县、乡，1960年玉米秸秆青贮已达8万吨之多，但因种种原因未能坚持下来，后仅在几个大型国营奶牛场应用，年产量在0.4万吨左右。1986年通过采用各种方法积极宣传，在全疆大面积开始推广青贮和氨化技术，1989年“秸秆氨化技术消化、吸收与推广”和“青贮饲料技术推广”分别获新疆维吾尔自治区科技进步三、四等奖。1991年引进微贮技术，通过消化、吸收和创新于1994年通过自治区鉴定，开始在全区推广。1995年国家科委以国科发成字（1995）340号文作为全国“九五”重点推广项目之一。

1999年，新疆维吾尔自治区（不含生产建设兵团，下同）青贮、氨化、微贮等秸秆加工调制总量393.35万吨，比1991年增长126.58%，相当节约粮食65.59万吨，直接经济效益达23601万元。此外还有酒糟、甜菜渣等农副产品鲜贮53.6万吨。全区饲草（牧草、秸秆）铡短、粉碎757.3万吨，比长草整喂减少损失浪费151.4万吨。全区拥有铡草机、揉草机、多功能粉碎机等机具56411台，比1991年增长7132.18%。1998年全区地县两级共举办“三贮一化”培训班、现场会150次，参加人数8300多人。就分项情况看，秸秆青贮全年生产360.42万吨，比1991年增长111.87%。其中带穗青贮玉米93.26万吨，比1991年增长189.17%。完成或超额完成任务的有昌吉、塔城、喀什、阿勒泰、吐鲁番、伊犁、阿克苏、和田、克孜勒苏9地（州）。喀什、和田、阿克苏、昌吉、伊犁5地（州）的产量分别占全区总产量的27.76%、18.73%、17.4%、11%和9.02%。加工总量突破10万吨大关的县有洛浦、于田、疏勒、疏附、莎车、叶城、伽师、拜城、库车等县。秸秆氨化全年生产8.19万吨，只有昌吉州和塔城地区完成了任务；昌吉、伊犁、喀什3地（州）产量占全区总产量的58.61%，发展极不平衡。秸秆微贮全年生产24.74万吨。喀什、阿克苏、伊犁、巴音郭楞、和田5地（州）分别占全区产量的24.25%、20.21%、18.11%、9.3%和6.31%。

【饲料工业发展的主要成就】

一是认真贯彻国务院颁布的《1984－2000年全国饲料工业发展纲要》，本着饲料工业大家办的发展方针，充分调动了各级、各地和各部门的积极性。

二是建立了有效的宏观管理机制，1989年成立自治区饲料工业办公室。1992年成立新疆维吾尔自治区饲料工业协会。1994年成立了以自治区人民政府章恒副主席任组长，各有关部门参加的“自治区饲料工业领导小组”，1995年饲料工业领导小组会议要求各地（州）成立相应机构，1998年自治区人民政府以新政办[1998]36号文调整自治区饲料工业领导小组成员，熊银辉主席任组长。为了加强新疆维吾尔自治区饲料工业科技水平，根据新机改办字（1997）65号文件，1998年组建了新疆畜牧科学院饲料研究所，设编制23名，实行差额预算管理。

三是积极开展饲料工业标准化工作。依据饲料工业发展的实际情况，组织有关专家于1991年制定了

"肉用仔鸡、产蛋鸡混合饲料质量暂行规定"，印发各地执行。1993年国家标准整顿后，国家制定了强制性标准《饲料标签》，通过宣传贯彻，提高了企业对饲料产品的质量意识。1989年建立了新疆维吾尔自治区饲料产品质量监督检验站，在部分地（州）筹建了饲料产品质检室（站、所），促进了饲料产品质量的提高。

四是经人民政府批准于1992年出台了《新疆维吾尔自治区饲料工业管理办法》，把饲料工业管理纳入到法制轨道。新疆生产建设兵团于1997年颁布《新疆生产建设兵团饲料工业管理办法》，促进了兵团的饲料工业发展。

五是重视科学技术在饲料工业发展中的重要作用，饲料科研已积累了一批成熟的科技成果。1991年参加的全国配合饲料资源调查研究获商业部部一等奖，国家计委、科委、财政部"七五"科技攻关重大成果奖；CHGXY250循环移动式谷物烘干机组获国际发明展铜奖，全国发明展银奖，获新疆维吾尔自治区科技进步二等奖；中国美利奴羊饲养标准获农业部科技进步二等奖。1992年高湿玉米发酵工艺及设备的应用研究获新疆维吾尔自治区科技进步三等奖；中国西北、东北地区反刍动物矿物营养研究获新疆维吾尔自治区科技进步四等奖。1993年预制装配式溜管获全国专利技术展金奖；新疆优良牧草骆驼刺开发获新疆维吾尔自治区科技进步四等奖。1994年矿物质添加剂的研制获新疆维吾尔自治区科技进步三等奖。1995年ZPLC装配式料仓获国内贸易部科技进步四等奖。结合全区牲畜以草食家畜为主的特点，为加快饲料科技的普及率，充分利用各地的饲料资源，研制了17个不同营养水平的牛羊饲料配方供养殖户使用，提高了牛羊配混合饲料的入户率。

【存在的问题】

全区饲料工业虽然取得了可喜的成绩，但也存在着一些不容忽视的问题，饲料工业的发展面临着严峻的挑战。

一是饲料企业布局不合理，大型饲料加工企业过分集中在乌鲁木齐、昌吉、米泉一带，造成不合理的竞争。全疆时产5吨以上的饲料企业19家，有8家集中在上述区域，全区年双班生产能力185万吨，上述区域拥有62万吨的生产能力，约占33.51%。而喀什、和田、伊犁、塔城、哈密等地区的饲料生产加工能力却很薄弱。

二是国有饲料企业体制不顺，管理僵化，亏损面越来越大，特别是在外资和区外饲料企业的冲击下，相当一部分国有饲料企业处于停产或半停产状态。

三是饲料企业隶属粮食、畜牧、兵团、水产、乡镇企业、石油等多部门，相互间缺少沟通和联络，各自为政，重复建厂，开工不足，造成生产能力的浪费，效益低下。

四是区外大量低质伪劣添加剂产品不断涌入，造成市场经营混乱，使农牧民蒙受损失，特别是一些违禁含有对人体有害的激素类添加剂的混入，严重危害人民群众的健康。

五是全区饲料行业的科技整体水平还不高，饲料配方照搬沿海地区的模式，还未跳出"玉米+豆粕+鱼粉+添加剂"的框框，对本地饲料资源的开发利用不够。

六是饲料添加剂原料、添加剂预混料的科研和生产水平较低，添加剂原料工业基本是空白，添加剂预混料也有相当数量是从内地购买的，加大了饲料成本。

七是饲料行业管理调控手段薄弱，地方法规不健全，难以进行有效的工作。

八是秸秆加工调制和饲喂技术脱节，牛羊日粮配方还不能分段、分项提供有效的技术，难以提高粗饲料的加工技术和配合饲料的入户率。

【今后发展方向】

（1）进一步提高对饲料工业的认识。饲料工业是更高一层农牧结合的体现形式。养殖业生产方针、品种结构、饲养方式以及经济效益，在相当程度上取决于饲料条件。粮食问题对全区经济发展影响较大，主要是玉米销售困难，饲料工业恰是玉米转化的关键环节。因此，很有必要进一步提高对饲料工业的认识，把它作为全区畜牧业的关键一环来抓，进一步加强对饲料工业的组织领导，建立健全饲料工业行业管理机构，特别是各地（州）要尽快成立饲料工业管理机构，使全疆的饲料工业管理形成健全的体系。

（2）坚持"三个有利于"标准，大力推进企业改革。全区饲料工业企业的改革，首先是要推进现代化企业制度建设，逐步达到产权主体多元化的目的，完善法人的决策、执行、监督体系。第二要加快企业公司制改造。大中型国有、集体饲料工业企业要按现代企业制度进行规范。小型企业的改制，要采取改组、出售、承包、租赁、股份合作等灵活多样的企业组织形式和经营形式。第三要推动公有经济与其它经济成份的融合，鼓励企业努力探索公有制的多种实现形式。第四要进一步深化企业内部产权改革，促进产权明晰并尽量量化到每个职工。第五推动优势企业和原有优势集团实行低成本的扩张，鼓励他们通过收购、兼并、控股、参股等方式联合一批企业，逐步发展成企业集团或扩大企业规模；积极为大企业之间的"强强联合"创造条件，组建新的企业集团。

（3）加强行业管理，完善监督体系。首先要做好国家《饲料和饲料添加剂管理条例》的宣传贯彻工作，规范饲料行业的管理，做好服务，促进饲料工业的稳定发展。第二要在充分调查研究和论证的基础上，统筹规划饲料企业布局，避免重复建设和资源、设备的闲置浪费。第三建立健全饲料监督监测机制。

（4）努力提高饲料行业的科技水平，加快人才的培养步伐。全区迫切需要将有限的科技力量组织起来，投入应用型研究开发，并采取三种办法，加快人才培养和提高行业的科技水平：一是新农大在课程设置上要增加动物营养学的比重；二是引进国外优秀的饲料配方设计软件；三是鼓励在新疆办饲料企业的各种法人为新疆饲料行业的人才培养做贡献。

撰稿：新疆维吾尔自治区饲料工业办公室

大连市饲料工业

1991—1999 年，在国家一系列方针政策指导下，大连市的饲料工业经历了从计划经济到市场经济的根本转变。按照社会主义市场经济的要求，加强了宏观调控和行业管理，企业抵御市场风险能力不断增强，整体素质全面提高，总体实力显著增强，在国民经济发展中，特别是在畜牧业发展及保障人民生活等方面作用日益突出。基本实现了“八五”计划和“九五”计划所提出的目标，为 21 世纪饲料工业的发展打下了一个良好的基础。

【集约经营发展迅速】

20 世纪 90 年代以来，大连市饲料工业的发展从无到有，从小到大，从 1991 年独立核算的全民和集体所有制饲料企业 26 家，发展到 1999 年的多种所有制结构的饲料工业企业 43 家，其中时产 5 吨以上的企业有 5 家，1998 年产量为 19.49 万吨，占全市配合饲料的 87.1%；利润 3912 万元。如大成食品（大连）有限公司，集种鸡、孵化、饲料、肉 品为一体的大型企业，其中饲料年生产能力为 20 万吨，1999 年实现利润 3090 万元。不仅企业自己赚钱，而且实现了“让一家一户的农民真正赚到钱”，带动了一方经济的发展。

1991—1999 年大连市主要饲料产量

年 份	产量(万吨)	工业总产值(万元)	
		(1990 年不变价)	现价
1991	26.37	26,999	21,406
1992	25.4	40,751	32,854
1993	25.0	25,091	20,009
1994	25.0	25,091	20,009
1995	29.5	35,400	48,232
1996	13.21	9,800	13,400
1997	16.72	27,081	40,196
1998	23.92	30,825	51,794
1999	29.11	38,407	61,794

【产品结构日趋合理】

1991 年全市配混合饲料产量为 26.4 万吨，浓缩饲料和添加剂预混料是空白。1996 年配混合饲料产量为 11.2 万吨，浓缩料产量为 1.96 万吨，添加剂预混料 520 吨，与 1991 年比较，配混合饲料大幅下降，而浓缩饲料和添加剂预混料有很大的提高。1999 年配合饲料产量为 24.42 万吨，浓缩饲料为 4.26 万吨，添加剂预混料 4252 吨，经过调整后的产品结构逐步合理。

【经营机制不断完善】

伴随着改革开放的不断深入，对于新兴的饲料工业来说，面临着巨大的考验。在计划经济条件下，大连市的饲料行业是以国有粮食系统兴办的大型加工企业为主，靠国家政策补贴过日子。在计划经济向市场经济转轨过程中，随着市场竞争的日趋激烈，部分国有企业由于管理不善，吃大锅饭，缺乏应变能力，盲目生产，造成企业亏损严重，甚至资不抵债，最后破产。经过了痛苦的改革，又一批以合资、独资、民营等多种经济成份构成的饲料企业经受了残酷市场竞争的考验，并得到不断发展壮大。由 1991 年国有企业占全部饲料企业的 35%，到 1999 年的合资、独资、民营和私营企业占全部企业的 76.74%，这些企业的建立，不仅推动了大连市饲料工业的快速发展，而且成为全市饲料工业的一支生力军。

【产品质量稳步提高】

随着集约化经济的迅猛发展和企业经营管理水平的不断提高，饲料产品质量也在不断地提高，企业内部的各项规章制度也相应地不断完善，大型企业都配备了自己的产品检验系统，中小型企业也都与饲料的质检部门建立了长期合作协议，定期送样检测，使产品合格率稳步提高。由于产品质量有了保障，相应地推动了地方食品市场的繁荣，肉类食品不但供应地方及国内市场，还远销东南亚及欧洲市场。

撰稿：大连市饲料工业办公室

青岛市饲料工业

青岛市饲料工业起步于20世纪80年代中期，虽然起步晚，但起点较高。经过几年的发展，从最初只能生产简单的配合饲料，到现在已能生产畜禽、水产、特种动物所需的全价配合饲料、预混合饲料、浓缩饲料、饲料添加剂及饲料机械成套设备，生产厂家已从最初的十几家发展到大小100多家，饲料产量从年产几万吨发展到1999年年产60余万吨，年双班生产能力已超过100万吨，产品已达20多个系列近200个品种。经过几年的努力，青岛市饲料工业在不断深化企业改革，推进技术进步，调整产业、产品结构的基础上，初步形成了以饲料加工业为主体，饲料原料工业、饲料添加剂及添加剂预混料工业、饲料机械工业、饲料质量监督检测、饲料工业科研与技术推广应用、行业教育、行业宣传等协调发展的饲料工业体系，并成为青岛市国民经济的重要行业。

【饲料加工工业】

1999年统计有企业82余家，其中年产10万吨以上规模的6家，万吨以上规模的12家，小型企业64余家。按所有制形式分，国有企业23余家，集体企业32家，外商独资企业2家，中外合资企业2家。在国内外较有影响的正大、希望、台湾统一等集团，都在青岛市建立了公司，生产各种品牌的饲料，有的公司已形成了饲料 — 养殖 — 屠宰加工一条龙规模。青岛市饲料加工工业的发展，经历了3个明显阶段。1985—1990年处于起步阶段，全市建成饲料厂8家，形成生产能力10万吨。1991—1994年是快速发展阶段，生产产量每年以 30％－40％的速度增长，全市饲料加工厂达到近百个，其中万吨级以上的 6个，生产能力近50万吨。1994年庆祝国务院《1984—2000年全国饲料工业发展纲要》颁布十周年之后，在前两个阶段发展的基础上，青岛市饲料工业进入了全面发展，稳定提高阶段。一方面对小型饲料厂分期分批进行了技术改造，通过改造，这些企业技术水平和管理素质有了显著提高，另一方面通过有序的市场竞争，淘汰了一批落后的产品和企业，使全市饲料加工业步入了更高层次的发展阶段。现在，全市已形成多部门办厂，多种经济成份并存，以大型企业为龙头，中小型企业共同发展的饲料加工工业格局，为下一步更大的发展打下了有利的基础。

【饲料原料工业】

现有企业近30家，主要产品类别包括：⑴ 利用工业副产品，如糟渣类深加工，利用啤酒、味精废泥、废液加工饲料酵母等；⑵ 利用沿海地域优势，生产鱼粉及对低质鱼贝和水产品下脚料等进行深加工，增加全市饲料所需的动物蛋白供应，但此占所需总量的比例不大；⑶ 饼粕类等植物蛋白生产，虽有较大的生产量，但仍需外调补充方能满足需要；⑷ 磷酸氢钙等有少量生产，主要依靠外地供应。青岛市饲料原料工业尚需进一步加快发展速度，才能与饲料加工等行业协调发展。

【饲料添加剂及添加剂预混料工业】

饲料添加剂工业目前全市只有青岛饲料添加剂厂一家企业，主导产品为喹乙醇。添加剂预混料企业已有20多家，主要生产畜、禽、水产等养殖所需的维生素、微量元素、非营养性添加剂预混料等，产量和品种基本能够满足全市饲料工业和养殖业的需要。

【饲料机械工业】

以青岛大华机器厂为龙头的青岛市饲料机械工业几年来也有了一定的发展。现已基本形成既有专业制造厂，又有兼营制造厂；既能制造饲料工业所需的大部分主机、单机，又能制造时产10吨以下的成套饲料加工机组。产品除在国内销售外，粉碎机等单机还远销至东南亚、非洲、中东等国家和地区。

【教育、科研与技术推广】

饲料工业是一门多学科的新兴工业，必须重视智力开发，培养具有专业化知识的科学技术人才。为此，青岛在有关院校开设了饲料工业专业班，培养了一大批高、中、初级技术人才，并举办各种形式的培训班、训练班,有计划、有步骤地对现有专业技术人员进行知识更新，并始终注意了对全行业职工的专业培训教育和综合素质教育。青岛市大专院校、科研机构较多，科研人才济济，实力雄厚。在组织科研工作上，坚持科学技术是第一生产力，结合我国国情和青岛实际，在选题时就考虑到成果转化和经济效益高低的问题，始终坚持面向市场，课题来自于市场，经过科学研究，又返回到市场中去。由于在科研工作中把握住了这些环节，所以收到了较明显的成效，有力地推动了全市饲料工业技术和生产的发展、成果转化和技术推广工作。在这一工作中，注意用政策调动各方面的积极性并积极争取各方面的资金来源，多方合作，横向联合，责任清晰，利益明确，形成了新的高效一体化推广模式，效果十分明显。

【饲料工业行业管理和质量监测】

青岛市饲料工业行业的主管部门是青岛市经济委员会，青岛市饲料工业办公室具体行使行业管理职能。所属各市、区经济委员会主管当地饲料工业。市政府

1993 年颁布了《青岛市饲料工业管理办法》，全市饲料工业依据《办法》进行生产经营活动和行业管理。

饲料产品质量监测具体分三级进行：青岛市技术监督局按期按计划进行抽检；青岛市饲料工业办公室从行业管理角度根据实际情况和需要，进行监督和不定期统检；企业对产品品质进行日常管理和监测。三级质量监测系统对产品质量的稳定和提高，起到了有力地保证和促进作用。

今后要继续坚持提高与发展并重的方针，继续深化改革，扩大开放，增加资金和科技投入，加强基础设施建设，健全各项法规和规章制度，强化行业、企业管理，统筹兼顾，保证饲料工业持续、适度、协调、健康地发展。

撰稿：青岛市饲料工业办公室

深圳市饲料工业

深圳市饲料工业是 20 世纪 80 年代初起步的，1991 年前已有坚实的基础。1991—1999 年这 9 年间，饲料工业得到持续发展，呈现出以下特点：

【生产规模扩大】

截至 1999 年底，全市累计投资 9.45 亿元人民币，建成年产万吨以上的饲料厂 14 个，其中：国有企业 4 家；中外合资(合作)企业 5 家；外商独资企业 2 家；内联企业 2 家；私营企业 1 家。从业人员 1588 人。形成固定资产 4.2 亿元人民币。

【生产能力提高】

1999 年全市双班生产能力达到 126.9 万吨，比 1991 年的 72.7 万吨，增长 74.55%；总产值(现行价)实现 27.92 亿元，是 1991 年的 9.85 亿元的 2.83 倍；总产量 97.13 万吨，比 1991 年 62.94 万吨增长 54.32%；生产能力、产量、产值分别占广东全省的 11.1%、14.3%与 17.9%。

【经济效益增长】

全市饲料产品利税总额 1999 年达到 2.09 亿元，是 1991 年的 0.59 亿元的 3.54 倍；1999 年出口量从 1991 年 5.42 万吨增长到 8.16 万吨，增幅为 50.55%，利税和出口分别占广东全省的 59.9%和 80.5%。

【销售市场面广】

产品销售流向：深圳市占 26.5%、省内占 35.9%、省外占 30.6%、出口占 7%。

【生产装备先进】

深圳经济特区地处改革开放前沿，从 20 世纪 80 年代就吸引了众多外资企业来深办厂，目前的 14 家饲料企业，先后从美国、瑞士等国家引进价值 2,154 万美元的各种先进设备 31 套，共建成 19 条生产线，提高了饲料加工业的技术装备水平，并引进了先进的技术和管理经验，全市饲料行业基本实现了微机控制生产全过程，提高了生产效率。同时，深圳的饲料工业面对的产品销售市场主要是香港和东南亚及珠江三角洲的养殖企业，先进的生产装备能够保障品种多样化、产品质量与技术含量高的要求。如正大、金钱等厂是跨国集团属下企业，有雄厚的技术力量和丰富的管理经验，饲料与添加剂科技含量高，自动化程度高，产品回报率高，信誉好。

【产品结构日趋合理】

深圳市饲料工业产品结构向多品种、高档次、系列化、标准化的方向发展。产品结构由原来的单一混合饲料发展到 11 个大系列，339 个品种的配合饲料、浓缩料、预混合饲料。配合料所占配、混合料比重由 20 世纪 80 年代初的 10%上升到 1999 年的 93%以上，颗粒料占总产量的 70%；浓缩料、预混料由 1991 年占总产量 6.3%上升到 19.8%，占广东全省的 66%；水产料由 1991 年占总产量 0.1%上升到 1.6%。近几年，为了提高产品竞争能力，重点加强了猪饲料、浓缩料、添加剂预混料、高科技水产料等利润含量高的产品生产，产品结构由原来的低价值向高价值方向发展，提高了产品整体盈利水平。

【产品质量意识加强】

在当前饲料市场竞争激烈的情况下，深圳饲料企业求生存的意识加强，更加重视产品质量，追求品牌效应。9 年来，饲料工业产品质量逐年提高，深受广大用户的青睐。1991 年，全市优质产品产量 2.63 万吨，到 1999 年已达到 55.07 万吨，提高了 20.94 倍。1997 年对全市 9 家饲料企业 31 个品种进行抽检，平均合格率为 81%。经广东省饲料工业协会及广东省饲料工业质量信得过产品组委评定，1998 年获广东省饲料工业质量信得过产品称号的有 14 个产品，如：深圳市华宝(集团)饲料公司生产的 111AA 肉鸡花、103 肉鸡配合饲料；金钱饲料(中国)有限公司生产的 101C 特别十日小鸡、201 小肉鸡、203C 中肉鸡、205P 大肉鸡的配合饲料；深圳康达尔(集团)饲料公司生产的 101、601 黄羽小鸡、108 种鸡、AA 肉鸡、111 小鸡、112 中鸡、113 大鸡配合饲料、609 肉鸡浓缩料。金钱、华宝、康达尔三公司的 4 个品种仔猪配合料及 4 个品种猪浓缩料被确认为 1997 年中国饲料工业协会推荐产品，华宝和康达尔公司的 5 种产品荣获首届中国饲料博览会颁发的优质新产品确认书。

【产品科技含量增加】

深圳不少饲料生产厂家注重科学试验，努力开发新产品，投入大量资金成立研究所，开发科技含量高的新产品。如新光厂通过科技攻关，研究成功“SK 新光牌斑节虾”保健防病饲料，经广东省科委审定为“重大科技成果”，1992 年获“深圳市科学技术进步二等奖”，并列入 1992—1994 年度“广东省星火计划”和 1994—1996 年度“国家星火计划”项目，在廉江大面积推广应用获得成功。康达尔每年投资 100 万元重点开发高档水产料 7 个系列 29 个品种，取得很好的经济效益。

【管理与国际接轨】

近年来，深圳大多数饲料生产企业已通过 ISO9000 系列标准，标志着饲料工业在质量保证上逐渐走上规模化、程序化的新阶段。企业通过实施 ISO9000、ISO9001 系列标准，促进提高质量管理水平，有利于市场竞争，保证消费者的利益，提高工作效率，降低生产成本。同时，实现了在质量管理、质量保证方面与国际社会接轨，有利于外贸出口，多创外汇。

【受制于国际经济】

9 年来，深圳饲料工业虽然取得了喜人的成绩，但也面临国际市场严峻挑战与考验。近 2 年来尤其受到东南亚金融危机的直接影响，导致 1998 年饲料工业从产量到出口大幅滑坡。1998 年饲料总产量 97.13 万吨，比上年减少 20.8%；出口 8.16 万吨，比上年减少 7.2%。正大、金钱、日大等外资及合资企业受其影响最为严重。康达尔、正大等公司因香港“禽流感”（H5N）风波受到致命冲击，损失惨重。

深圳市饲料工业的巨大发展为广东省和本市及港澳地区的社会经济发展做出了应有的贡献，饲料工业的发展有力地推动了这些地区畜禽、水产养殖业的快速发展，促进了农业生产结构的合理调整，满足了养殖业市场需求，丰富了人民群众的“菜篮子”。城乡的肉、蛋、禽、水产市场供应丰富，价格稳定，社会安宁，经济建设迅速发展，与饲料工业创造的社会效益和经济效益是密不可分的。今后，深圳饲料工业将继续沿着国家改革开放的道路更进一步地发展，更上一层楼。

撰搞：深圳市饲料工业办公室

台湾省饲料工业

台湾省饲料工业由起步到发展仅经历了 30 年，真正走向成熟是从 70 年代开始的。到 20 世纪 80 年代已进入了竞争阶段。总体上看，饲料厂由小到大，质量水平由低到高的发展转换过程较短，产业成长迅速。

畜牧业发展是以猪、禽为主，以传统饲养业向现代化畜牧业快速转化为特征的。养猪业户数逐步减少，但品质不断提高而紧跟国际市场。每户饲养的头数不断增长，注重规模效益。养禽业以肉鸡为主，蛋鸡为辅，鸭、鹅次之。肉鸡机械化屠宰率高，产品形成了系列化和标准化。

【饲料加工业】

（1）原料主要靠进口。大宗原料的玉米、豆粕和鱼粉主要依赖进口，对原料的质量要求采用国际标准，充分体现了资源短缺的特点。玉米 99%靠进口，豆粕是油脂厂从美国进口大豆榨油后生产供应。1964 年进口玉米 3.28 万吨、黄豆 18.18 万吨、小麦 30.09 万吨；1996 年进口玉米 598.73 万吨、黄豆 268.98 万吨、小麦 94.84 万吨。鱼粉 1987 年进口 43 万吨，1997 年进口 31.3 万吨，最高的 1993 年进口 48 万吨。

（2）产量迅速增长。1978 年台湾饲料产量 396.2 万吨，1996 年 923.9 万吨，1997 年 839.3 万吨，十年时间翻了两番。1997 年 2 月发生口蹄疫后，猪饲料受生猪的影响而减少，饲料总产量比 1996 年减少 84.6 万吨，下降 9.2%，其中猪饲料减少 93.5 万吨，下降 22.16%。各年度增幅见表 1。

（3）结构更适合台湾地区特点。水产养殖在台湾开始较早，技术较发达，鱼虾饲料从研究、生产、质量均处于国际领先水平，数量稳升和质量均衡发展。水产饲料 1981 年仅 9 万吨，1986 年 34.2 万吨，1997 年 53 万吨，十年时间增长 18.8 万吨，增长 54.97%。分别占饲料总产量的 5.3%和 6.3%。

猪饲料增长慢于家禽饲料，1986 年猪饲料为 304.8 万吨，禽饲料 271.3 万吨；1996 年猪饲料 422 万吨，禽饲料 424 万吨；增长率分别是：38.45%和 56.28%。

1981—1995 年台湾省饲料产量

年　份	饲料产量（万吨）
1981	525.50
1986	643.9
1991	758.2
1993	827.1
1994	840.8
1995	887.4

1981 年饲料品种百分比为：猪料 52.2%、禽料 44.3%、水产料 1.7%、其他料 1.7%。

1996 年为：猪料 45.7%、禽料 45.9%、水产料 5.4%、其他料 3%。

（4）产品科技水平较高。营养研究的不断深入、产品标准化实施、企业重视技术人才和产品质量，大中型企业全部采用和通过了 ISO9002 认证。猪、鸡饲料标准严格规定了蛋白质和氨基酸的含量标准。大集团的企业大都是由油脂厂、面粉厂、饲养厂和养殖场所组成，均有严格的标准化体系，全部实现了 GMP 管理。蛋料比为 1.9-2.0∶1，肉鸡料比为 1.85-1.95∶1。

（5）设备和工艺先进，占用土地力求最小化。台湾的土地是寸土寸金，大多数企业的规划是立体式的，密度很高，但是工艺线路非常合理，设备的先进性和保养从不因地方狭小而放松。台湾卜蜂集团台中饲料厂，建设在 100×167 米的地面上，形成了地上两层地下一层（污水处理、消防设施）的三层立体厂房，年生产饲料 30 多万吨，销售收入达 23 亿元新台币。

（6）饲料管理法规和标准健全。饲料管理办法于 1973 年 1 月 12 日颁发后，经 1986 年修订推动了依法管理；饲料添加剂使用准则 1988 年实施，经历 3 次修订，既注重动物饲料安全，更重视人的食品安全。

饲料检验法自 1969 年 6 月颁发以来经历了十几次修订完善，几乎两年修订一次。对饲料卫生标准和药物添加剂实行严格管理和审批，重视人类健康和安全，保证动物和食品的安全。

先后颁发了“饲料工厂设厂标准”、“家禽、水产动物用配合饲料国家标准”、“饲料级植物性、动物性、辅助饲料类国家标准”、“饲料或饲料添加剂制造、输入、输出申请书表格及有关书证规格范例”、“饲料、饲料添加物制造、输入、输出登记流程图”等。

【畜牧业】

（1）养猪业。存栏数和商品猪数量增加，养猪户逐步减少。养猪户由 1988 年的 5.5 万户减少到 1996 年的 2.5 万户，养猪头数由 695.4 万头增长到 1069.8 万头，增加 374.4 万头，增长 53.84%；商品量由 1102 万头（91.1 万吨猪肉）增长到 1431 万头（126.9 万吨猪肉），增加 329 万头，增长 29.85%（猪肉增长 39.30%）。猪每头活重由 100.3 千克增加到 109.5 千克，出栏时间提前。1997 年 2 月发生猪口蹄疫后，生猪产量下降，头数减少，户数减少至 5000 户，存栏比 1996 年减少 270 万头，下降 25.2%；出栏肉猪减少 290 万头，下降了 20.3%。造成巨大经济损失。

台湾的猪种改良也是经过“本地 — 引入杂交 — 选育固定培育出适应性良种”的过程。如台湾的福昌企业集团的福昌猪场培育的种猪品质优良，1996年经香港五丰行和中粮集团公司引入大陆在湖北、浙江等 6 个省市的供港基地猪场，反映良好。

（2）家禽业。家禽业以机械化养鸡为龙头，得到了迅速发展，随着屠宰行业的兴起，带动了肉鸡业和包装冷藏速运等行业的发达和繁荣。

家禽存栏由1988年的9229.2万只增长到1997年的13281.9万只，增加4052.7万只，增长43.9%（各年存出栏家禽见表 2）；鸡肉由 1988 年的 42 万吨增加到 73.9 万吨；禽蛋产量由 1988 年的 38 亿枚增加到 76 亿枚；蛋鸡存栏量由 2100 万只发展到 3300 万只；鸭存栏稳定在 1200 万只水平，肉鸭占到 70%；鹅 300 万只。

1988—1997 年台湾家禽存出栏率情况

年 份	存 栏（百万只）	出 栏（百万只）
1988	92.29	235.6
1989	99.84	260.9
1990	89..0	217.9
1991	9200	275.5
1992	104.90	304.4
1993	108.90	340.6
1994	114.30	351.8
1995	118.10	370.6
1996	126.70	394.7
1997	132.80	439.1

台湾肉鸡的饲养每户大体在 2 万只以上，规模户年饲养 6—10 万只，水帘鸡舍条件比较好，饲养户和屠宰厂实行合同制生产，每户每年可养 5—6 批。卜蜂南屠宰鸡厂每天可屠宰 15 万只，饲养户供应的肉鸡还有 3 万只外宰。仅其屠宰量占到全台湾 21 家屠宰场的 35%。

（3）养牛业。养牛业呈下降趋势，存栏量由 1988 年的 17.6 万头减少到 16.6 万头；水牛由 3.4 万头减少到 9000 头；黄牛由 5.97 万头减少到 2.41 万头，下降 59.63%；奶牛呈现出增长趋势，由 8.25 万头增长到 13.27 万头，增幅 60.8%，奶牛饲养户则由 1455 户减少到 902 户，每户规模达到 147 头。

产奶牛由 6.9 万头增长到 11.6 万头，增长 68.1%，牛奶产量由 17.3 万吨增长到 33.1 万吨；羊奶产量由 1991 年的 1 万吨增长到 3.2 万吨。

总之，台湾的饲料工业和畜牧业基本上处于岛内产品过剩状态，饲料原料依靠进口，畜产品有一部分参与出口贸易，可以说，主要依靠外部市场发展，岛内发展空间不大。

【行业特点】

（1）台湾的畜牧业和饲料工业已经进入了高度。发达阶段，强有力地支持了台湾岛的“菜篮子”供应，但产品市场必须向外转移。

（2）饲料企业多数为骨干企业，生产规模普遍较大，充分发挥了规模效益。企业的技术、市场、资金、管理优势全面发挥。

（3）产业的联合体是较为普遍的现象。台湾近几年培育了综合性现代化大型集团企业，从饲料加工、畜禽水产养殖、屠宰、食品加工以至于商业销售网络实行一体化经营。经历了亚洲经济危机,充分体现了大集团适应市场竞争的优势。

（4）行业的法制化管理进入了正常的运行轨道，饲料工业和畜牧业实现依法管理，提高了产品质量，保证了市场的有序竞争。

（5）有业必有会，这是台湾产业管理的一大特色。台湾的行业协会（公会），一般由企业推荐组成，代表着企业的利益而逐步建立起来。会员单位均由企业组成,经费也主要来源于会员单位的赞助,政府给予一定的协助。行业协会确实体现了企业间的桥梁和纽带作用。

（6）台湾畜牧业和饲料工业的发展过程中一直注重环境保护，培养企业的环境意识。污水处理工程投入了大量的资金，取得了良好的生态环境效益。观光旅游型的园林式牧场建设给城市居民和少年儿童创造了幽雅的旅游和自然教育场所，同时也为牧场带来可观的经济效益。

（7）精细的品质管理是台湾饲料加工企业管理的特色之一。市场竞争和高科技的应用使企业在内部不断提高管理水平，尤其是品质的管理上，职员都有着高度的责任感。台湾的饲料企业均通过了ISO9002 国际认证。

（8）台湾的畜牧科研单位对产业的高新技术研究攻关已经达到世界先进水平，台湾养猪研究所除对动物养殖环境工程进一步加深研究之外，现已经在利用基因工程克隆技术培养无抗原反应的猪内脏器官，用于医学领域人体器官移植。为畜牧业的动物养殖开辟了一个新的高科技领域。科技人才输出有一定的基础条件。

【主要企业情况】

（1）福懋油脂公司：是经营面粉、饲料、豆粕、玉米粉和食用油脂的综合性企业，已有 30 年的历史，年处理各类原料及成品 60 万吨以上，在台中港新建的现代化油脂工厂之一，　新增加工能力 60 万吨。设备先进(西德 LURGL 公司、瑞士 BUHLER),各项品管制度严谨，面粉厂、油脂厂和饲料厂同时获得 GMP 标志 ISO9002 CNS12682 认证。公司资本总额达到 20 亿元新台币。

该公司与北京市合资在京设有饲料厂，是最早进入大陆投资建立饲料企业的公司。公司董事长黄勋高先生任台湾区饲料工业同业公会理事长,总经理许忠明先生现任台湾区面粉工业同业公会理事长。

（2）卜蜂集团：是泰国正大在台湾投资建立的合资企业，集团属下有饲料、餐饮、电讯等 7 个大企业。也是经营跨国公司的企业集团。

（3）泰山集团：该集团拥有饲料厂、畜牧场、油脂厂、速冻食品厂、食品零售连锁店，基本上形成了制造、流通、零售三足鼎立的事业格局。在福建省投资建立了企业。

（4）中日饲料油脂企业公司：是一家上市公司，创立于 1960 年，该公司生产的畜禽饲料和水产饲料有一定的知名度，属下有油脂厂、饲料厂、养鸡厂和养猪场。自 1992 年开始，先后在大陆潮州、湛江、南通等市设立合资水产饲料工厂。

（5）初鹿牧场：设立于 1973 年，是属于公营企业，在台东县的卑南乡，占地 67. 52 公顷，属丘陵台地区域，年降雨量 1900 毫米。牧场种植盘固拉草，饲养奶牛，从事鲜奶销售。饲养奶牛 560 头，带动牧场周围农户养奶牛 1080 头，1997 年生产牛奶 4300 吨，其中牧场生产 1490 吨，农户生产 2800 吨,收购农户牛奶每公斤 2. 5 元运销利润补贴和 0. 5 元运费，保证奶农收入。牧场年营业额 2. 3 亿元新台币，1997 年净利润 8000 万元新台币。另一个最大的特点是将牧场开辟为观光牧场，年参观旅游人数达到 20 万人次，门票年收入 1000 万元新台币。

（6）福昌猪场：建立于 1972 年，位于风景秀丽的宜兰县。是专业化的祖代种猪场，存栏纯种母猪 700 多头，种猪于 1980 年外销到东南亚，同时在马来西亚设立种猪场。1996 年将 300 多头种猪销往大陆。是台湾第一个清除 PR（伪狂犬病）和 PSS（应激基因）的祖代猪场。该场多次被台湾省嘉奖。还建有饲料厂（年产配合饲料 10 万吨）、食品加工厂和专卖店。董事长杨正宏的最大心愿就是在大陆建立一个世界一流的纯种猪场。福昌猪场在环保和污水处理上敢于投资进行治理，多次被评为模范猪场，环保和污水处理技术领先。

撰稿：中国饲料工业协会　乔玉锋

香港饲料工业　　暂缺

澳门饲料工业　　暂缺

大 事 记

1991 年

1 月 30 日，吉林省饲料工业协会成立。副省长吴亦侠为会长，周同华为秘书长。

2 月 18 日，我国第一个专业从事饲料科学研究的国家研究所－中国农业科学院饲料研究所正式建立。

4 月 3－5 日，中国饲料工业协会和陕西省饲料工业协会在西安联合召开了“全国蛋白质饼粕资源开发技术研讨及产品交流会”。

7 月 4－7 日，由中国饲料工业协会和农业部畜牧兽医司在长春联合召开了“全国草食动物饲料和饲养技术研讨及产品交流会”。

7 月 16 日，经国家技术监督局批准，国家强制性标准《饲料卫生标准》GB13078－91 颁布。

7 月，浙江农业大学饲料研究所所长许梓荣的菜籽饼解毒添加剂“6107”推广应用获国家教委科技进步一等奖。

8 月，经国家优质产品评审委员会审定，上海饲料厂、湖南屈原浓缩饲料厂的育肥猪饲料获得国家银质奖。是饲料行业第一批获国家奖的产品。

8 月 25－26 日，全国饲料工业办公室在广州召开“首届饲料工业‘三资’企业研讨会”。

9 月 4 日，云南省人民政府发布实施《云南省饲料工业管理暂行办法》。

9 月 21 日－10 月 6 日，以农业部副部长陈耀邦为团长的中国饲料工业考察团考察美国饲料工业与养殖业。

9 月 26－29 日，第四届京津沪、计划单列市饲料工业信息网络会在天津召开。会议决定，以后改名为“京津沪、计划单列市饲料工业信息交流会”。

10 月，由峨眉电影制片厂策划的我国第一部以饲料工业为体裁的电视系列片《新崛起的饲料工业》在四川摄制完成。

11 月 2－5 日，化工部饲料添加剂技术开发服务中心在上海嘉定召开第二届全国饲料添加剂学术交流会。并编辑了交流会论文集。

11 月 29 日－12 月 1 日，全国饲料工业办公室和中国饲料工业协会在沈阳召开“全国饲料工业科技进步经验交流会”。会议表彰了首届全国饲料工业科技进步先进集体 51 个，先进个人特别奖 31 名，先进个人奖 71 名。

12 月，经国家科委批准，《中国饲料》杂志为国内外公开发行刊物。

12 月，农业部“丰收计划”推广项目，第一次在饲料工业实施。江西省饲料工业办公室和北京市饲料工业办公室，分别承担了猪浓缩饲料和肉禽配合饲料的“丰收计划”项目。

1992 年

2 月 18 日，甘肃省饲料工业协会成立。畜牧厅厅长张月安为会长，张华炽为秘书长。

2 月 20 日，天津市饲料工业协会成立。副市长李长兴为名誉会长，副市长陆焕生为会长，李英群为秘书长。

3 月，全国饲料工业办公室，中国饲料工业协会在湖南省慈利县召开饲料、饲养、屠宰、加工、销售“一条龙”经验交流会。

3 月 25 日，贵州省饲料工业协会成立。经委副主任史光升选为会长，吴荣启选为秘书长。

5 月 14－16 日，全国饲料工业办公室、中国饲料工业协会主办“全国饲料工业新技术新产品交流会”在沈阳召开。会议评选出了特别金杯奖产品 38 个，金杯奖产品 98 个。

5 月 29 日－6 月 6 日，中国饲料工业协会和泰国正大集团饲料工业合作委员会在泰国曼谷正式成立。第一次会议在泰国曼谷召开。

6 月 12－14 日，中国饲料工业协会和山东省饲料工业协会在青岛联合召开“全国饲料酵母及矿物饲料开发应用技术研讨会”。

7 月，全国饲料工业办公室、中国饲料工业协会共同编辑的《中国饲料工业年鉴》（1991）出版发行。

10 月 14 日，新疆维吾尔自治区饲料工业协会成立，畜牧厅副厅长吐尔逊．吾守尔为会长，陈荆芬为秘书长。

10 月 21－24 日，第五届京津沪、计划单列市饲料工业信息交流会在重庆召开。

10 月 9－23 日，中国饲料工业展团参加首届中国农业博览会。饲料工业产品获首届中国农博会金质奖 8 个、银质奖 2 个、铜质奖 5 个、优秀产品证书 4 个。

1993 年

2 月 15 日，经国家技术监督局批准，国家强制性标准《饲料标签》标准 GB10648—93 颁布。

7 月 28 日，经劳动部、农业部批准，《饲料加工企业工人技术等级标准》发布实施。

9 月 12 日，青岛市人民政府发布了《青岛市饲料工业管理办法》。

9 月 14－18 日，京津沪、计划单列市饲料工业信息交流会在青岛市召开。

9 月 17 日，贵州省人民政府发布了《贵州省饲料工业管理暂行规定》。

9 月 24 日，中国饲料工业协会饲料添加剂专业委员会在北京成立。化工部副部长、中国饲料工业协会副会长谭竹洲为主任。

10 月 7－10 日，化工部饲料添加剂技术开发服务中心在烟台召开第三届“全国饲料添加剂学术交流会”，并编辑了交流会论文集。

11月12－15日，中国饲料工业协会与中国发酵工业协会在无锡联合召开“酶制剂在饲料工业中的应用研讨会”。

11月25－26日，中国饲料工业协会第三届理事会在北京召开。李瑞山当选为会长，刘金波当选为秘书长。

1994年

1月28日，山西省人民政府发布了《山西省饲料工业监督管理办法》。

3月29日，财政部、国家税务总局联合发文，1995年底前对饲料免征增值税。

3月29－30日，国家技术监督局标准化司全国饲料工业标准化技术委员会在南宁联合召开饲料标签标准南方片宣贯会。

4月，经国务院学位委员会批准，中国农业科学院畜牧研究所和饲料研究所联合建成我国饲料学科第一个博士学位培养授予点。

5月17－20日，国家技术监督局标准化司和全国饲料工业标准化委员会在西安市联合召开饲料标签标准北方片宣贯会。

6月4－6日，全国饲料工业办公室和北京康达生物技术公司在湖南省汨罗市召开“全国饲料工业新产品、新技术交流会”。

6月，为纪念国务院颁布《1984－2000年全国饲料工业发展纲要（试行草案）》10周年，全国饲料工业办公室、中国饲料工业协会主办的“《中国饲料》871杯知识竞赛”在全国展开，这是首次面向全国的饲料工业科普活动。

8月2－5日，第七届京津沪、计划单列市饲料工业信息交流会在长春召开。会议决定，从下届起改名为“全国部分大中城市饲料工业发展战略研讨会”。

12月30日，天津市人民政府发布《天津市饲料行业管理办法》。

12月14日，福建省饲料工业协会成立。计委副主任卢增荣为会长，黄秀芳为秘书长。

12月26－27日，为纪念国务院颁布《1984—2000年全国饲料工业发展纲要（试行草案）》10周年，全国饲料工业办公室、中国饲料工业协会联合召开纪念大会。中国饲料工业协会会长李瑞山、农业部副部长张延喜到会并讲话。会议表彰了全国饲料工业行业先进集体101个、先进工作者103名、有贡献的离退休老同志134名，以利税指标排名，评选出了1993年度全国饲料工业行业“百强企业”100名。

1995年

5月4－8日，全国饲料工业办公室、中国畜牧兽医学会动物营养学分会、河南省饲料工业领导小组办公室，在郑州联合召开“第二届全国饲料营养学术研讨会”。

6月1—3日，中国饲料工业协会，化工部饲料添加剂技术开发服务中心在杭州联合召开“全国饲料添加剂高技术、新产品交流会”暨第四届全国饲料添加剂学术交流会。编辑了学术论文集。会上评选推荐优质产品6个，饲料添加剂专业委员会主任谭竹洲到会讲话并剪彩。

6月5日，国内贸易部发布《国内贸易部饲料产品质量管理办法》。

7月28日，湖南省人民政府发布《湖南省饲料管理办法》。

9月11—15日，中国饲料工业协会主办，“’95北京国际动物营养及饲料添加剂交流研讨会”在北京召开。

9月22－24日，第八届部分大中城市饲料工业发展战略研讨会在南昌市召开。

9月25－29日，全国饲料工业标准化技术委员会年会在承德召开。

10月26日，饲料工业产品获第二届中国农业博览会金质奖24个、银质奖40个、铜质奖32个。

11月28日，纪念中国饲料工业协会成立十周年大会及中国饲料工业协会三届二次常务理事扩大会议在北京召开。会议决定1996年举办首届中国饲料工业博览会。

12月15日，河北省人民政府发布《河北省饲料管理办法》。

1996年

1月19日，中国饲料工业协会在北京召开“首届中国饲料工业博览会暨中国饲料杂志社成立”新闻发布会。

1月22－23日，全国饲料工业办公室、中国饲料工业协会在北京召开了“饲料工业国有大中型企业深化改革研讨会”。

2月16日，财政部、国家税务总局联合发文，自1996年1月1日至1997年12月31日对饲料继续免征增值税。

5月5－7日，中国饲料工业协会、全国饲料工业办公室主办的“首届中国饲料工业博览会”在北京中国国际展览中心隆重举行。全国人大常委会常务委员张挺、地质矿产部部长宋瑞祥、中国国际贸易促进委员会会长郭东坡、中央财经领导小组办公室副主任段应碧、国内贸易部常务副部长罗植龄、农业部常务副部长吴亦侠、农业部副部长洪绂曾、机械工业部总工程师李守仁、福建省副省长王建双、原中共中央农村政策研究室副主任谢华、国内贸易部原副部长白美清、农业部原副部长肖鹏、四川省原副省长管学思、中国饲料工业协会会长李瑞山出席开幕、剪彩仪式，并参观了展览。会上评出“首届中国饲料工业博览会”认定产品488个。

8月，化工部制定“化学工业第九个五年计划和2010年规划目标”，其中将饲料添加剂与化肥、农药一起列为化学工业“九五”和远景规划发展重点。

10月15－19日，第九届全国部分大中城市饲料工业发展战略研讨会在云南省景洪市召开。

10月16－19日，全国饲料工业标准化技术委员会在武汉召开换届选举大会暨年会。

10月，中国饲料工业协会编辑的《中国饲料行业名录》（1996）出版发行。

10月22日，河南省饲料工业协会成立。畜牧局局长史孝孔当选为会长、李水彦为秘书长。

11月农业部饲料工业中心落成，揭牌仪式在中国农业大学举行。

1997年

1月9日，河南省人民政府发布《河南省饲料管理办法》。

1月23日，中国饲料杂志社参加在日本东京举行的“97东京国际图书博览会”。

1月27日，中国饲料工业协会南昌培训中心成立。

2月26日，国家计委、国家经贸委、财政部、国家粮食局、中国人民银行联合发文，决定由全国饲料工业办公室牵头，组织部分国有大中型饲料加工企业到玉米主产区收储400万吨玉米，国家给予贷款贴息和铁路运输保证。

3月6日，辽宁省饲料研究所在锦州市成立。

3月24－26日，中宣部、国家科委、新闻出版署在北京召开优秀期刊评比表彰大会。《中国饲料》、《饲料博览》分别荣获优秀科技期刊二等奖和三等奖。

4月1日，湖北省人民政府发布《湖北省饲料管理办法》。

4月11日，由《中国饲料》杂志等22家饲料行业媒体组成的“中国饲料行业宣传发展联谊会”在北京成立。

4月14日，山西省饲料工业协会成立。农业厅副厅长李茂岚为会长，赵保田为秘书长。

5月15—17日，中国饲料工业协会饲料添加剂专业委员会，化工部饲料添加剂办公室、化工部饲料添加剂技术开发服务中心在成都召开“97全国饲料添加剂展销订货会暨第五届全国饲料添加剂学术交流会”。会上编辑了交流会论文集，评选推荐出37个优质产品。

6月11－13日，农业部畜牧兽医局、全国饲料工业办公室主办的“97中国畜牧业暨饲料工业交易会”在厦门举行。

6月27日，河北省饲料工业协会成立，省政协常务副主席张润身为会长，戴宝成为秘书长。

9月9－13日，第十届全国部分大中城市饲料工业发展战略研讨会在张家界市召开。

9月22—24日，全国饲料工业标准化工作会议在辽宁省丹东市举行。

9月23日，农业部饲料工业职业技能鉴定指导站成立，指导站挂靠在中国饲料工业协会。

10月14－16日，中国饲料工业协会、中国农业科学院饲料研究所在北京召开“97中国饲料工业新技术学术交流会”。

10月22日，中国饲料工业奠基人、全国人大常务委员会顾问、中国饲料工业协会会长李瑞山同志在北京逝世，享年77岁。

12月4日，中国农业科学院畜牧研究所研究员张子仪当选中国工程院院士。

1998年

1月16日，中国饲料工业协会在北京召开“1998年全国饲料工业形势分析座谈会”。

5月12日，财政部、国家税务总局联合发文，自1998年1月1日至2000年12月31日对饲料继续免征增值税。

5月26－28日，中国饲料工业协会邀请百余名专家、学者和企业高层管理人员，在北京召开“中国饲料工业企业资本营运及21世纪展望”高级论坛。

6月25日，国务院机构改革方案决定，农业部全国饲料工业办公室更名为全国饲料工作办公室，主管全国饲料工业。

9月21－23日，中国饲料工业协会在哈尔滨召开“饲料行业贯彻国务院粮改政策座谈会”。

9月28日，海南省饲料工业协会成立。省人大副主任陈苏厚为名誉会长，海南华星饲料厂厂长周耀权为会长，王汉夫为秘书长。

10月12－16日，第十一届全国部分大中城市饲料工业发展战略研讨会在成都市召开。

11月产23—25日，全国首次特有工种职业技能鉴定（饲料化验）现场会在辽宁省锦州市召开。

11月29－30日，中国饲料工业协会三届三次常务理事扩大会在北京召开。会议审议了第三届理事会工作报告，中国饲料工业协会章程修改草案、第四届理事会理事人选方案。

11月30日，由《饲料研究》、《饲料博览》、《畜禽业》等饲料行业杂志联合发起，全国近百家科技期刊共同组织的“百家期刊送百县”科技扶贫活动，在北京人民大会堂举行赠刊仪式。

12月10日，中国饲料工业协会信息网正式开通。

1999 年

1 月，国家海关总署发文，自 1999 年 1 月 1 日至 2000 年 12 月 31 日继续对进口饲料免征进口环节增值税。

3 月 8 日，国家税务总局发文“关于修订‘饲料’注释及加强饲料免征增值税管理问题的通知”。明确了申请免征的饲料企业，首先凭省级饲料质量检测机构出具的饲料产品合格证明及饲料工业管理部门的审核意见，再向所在地主管税务机关提出免征申请。

5 月 7—9 日，农业部畜牧兽医局主办，全国畜牧兽医总站和中国饲料工业协会承办，“’99 中国畜牧业暨饲料工业交易会”在长沙召开。

5 月 18 日，国务院第十七次常务会议讨论通过《饲料和饲料添加剂管理条例》。

5 月 25—27 日，全国饲料工业标准化技术委员会在无锡召开“’99 全国饲料工业标准化政策、检测新技术及国家标准宣贯会议”。

5 月 29 日，国务院总理朱镕基签署国务院 266 号令，发布《饲料和饲料添加剂管理条例》。

6 月 22 日，农业部在北京人民大会堂举行新闻发布会，宣布《饲料和饲料添加剂管理条例》自 1999 年 5 月 29 日正式颁布实施。

7 月 5 日，农业部发布《关于加强饲料和饲料添加剂行政执法工作的通知》。

7 月 26 日，农业部第 105 号公告，公布了《允许使用的饲料添加剂目录》共 173 种。8 月 11—13 日，中国饲料工业协会饲料添加剂专业委员会、化工部饲料添加剂技术开发服务中心在青岛召开“第六届全国饲料添加剂学术暨新技术、新产品交流会”。编辑了交流会论文集。会上推荐评选出优质产品 27 个，优秀论文 8 篇。8 月 18 日，农业部、对外贸易经济合作部联合发出《关于加强对进口饲用油脂和动物性饲料经营和使用管理的通知》。

8 月 24—26 日，农业部在成都召开全国饲料工作会议。会议主旨是学习和贯彻《饲料和饲料添加剂管理条例》。农业部副部长齐景发、四川省副省长敬正书出席会议并讲话。

9 月 15—17 日，中国饲料工业协会、中国粮食行业协会、吉林玉米中心批发市场等单位在长春联合召开“21 世纪中国玉米流通与市场展望研讨会暨’99 秋季玉米交易会”。

9 月 21 日，安徽省饲料工业协会成立，省委副书记王昭耀、农业厅厅长郑之宽为名誉会长，省人民政府副秘书长张锋生为会长，董卫星为秘书长。

10 月 27—29 日，中国饲料工业协会、中国农业科学院饲料研究所在北京召开“99 中国国际饲料工业新技术学术研讨会”。

11 月 7 日，浙江省饲料工业协会成立。原省长沈祖伦为名誉会长，原省人大常委农经委副主任费根楠为会长，魏芳勋为秘书长。

12 月 9 日，农业部第 23 号令，发布《饲料添加剂和添加剂预混合饲料产品批准文号管理办法》。

12 月 14 日农业部第 24 号令，发布《饲料添加剂和饲料添加剂预混合饲料产品生产许可证管理办法》。

12 月 27—29 日，全国饲料标准化技术委员在北京召开饲料标签修订标准全国宣贯会议。

统计资料

产品结构图

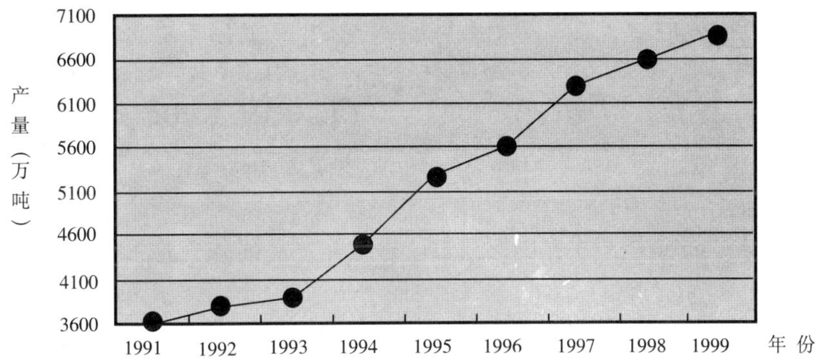

图1. 1991-1999年全国饲料总产量增长曲线

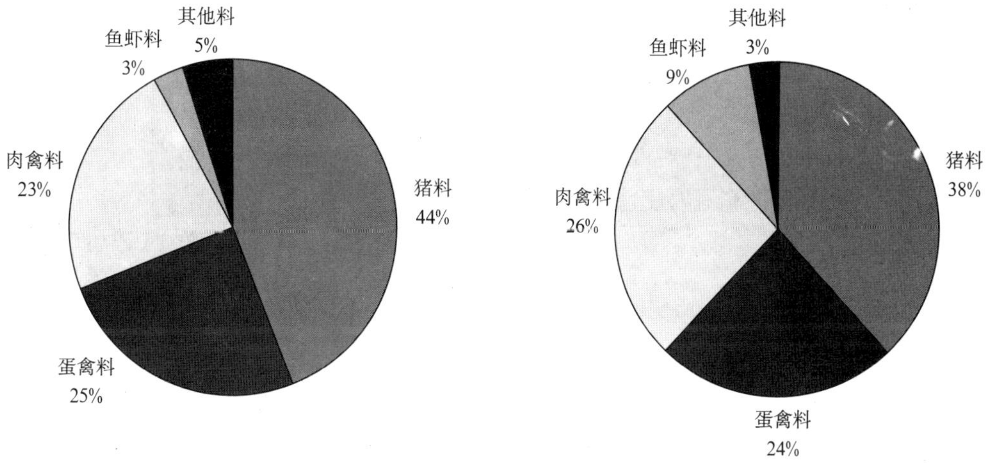

图2. 1991、1999年全国配混合饲料品种结构图

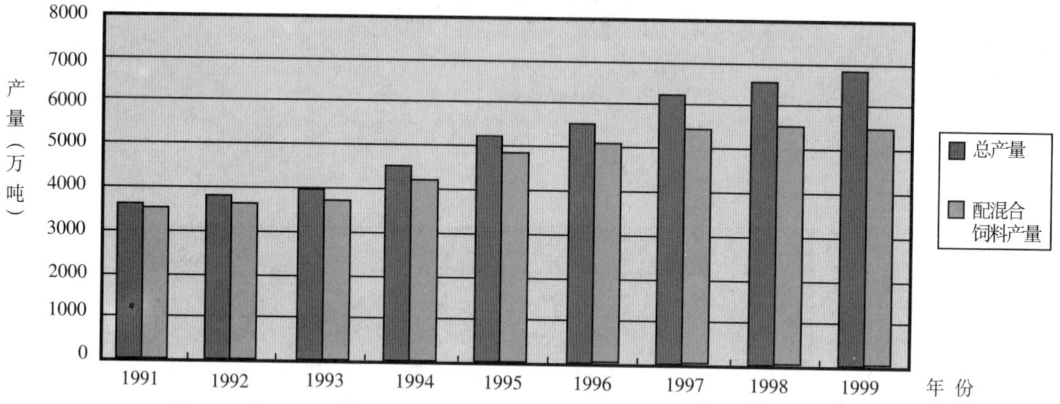

图3. 1991-1999年全国饲料总产量与配混合饲料产量

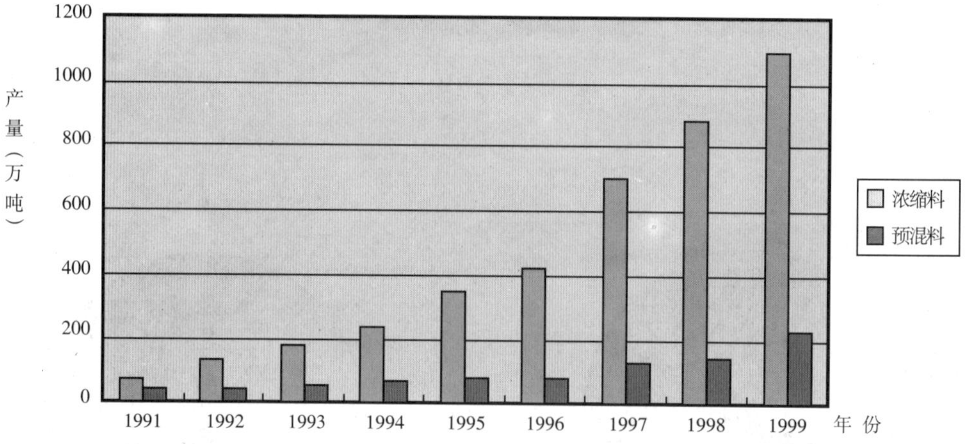

图4. 1991-1999年全国浓缩料与添加剂预混料的年产量

全国分年、分省、市、区统计表

表1　1991－1999年全国饲料产量统计表

单位：吨

	总产量	配混合饲料	配合饲料中					浓缩饲料	添加剂预混饲料
			猪料	蛋禽料	肉禽料	鱼虾料	其他		
全国总计									
1991年	35827000	34940000	11575600	6642800	6019400	746700	1401900	589500	297800
1992年	37964445	36379229	12914478	7084299	6845428	1077531	1264353	.1263027	322189
1993年	39218446	37044409	12318888	7688163	8048747	1287484	937260	1724713	449324
1994年	45231556	42324980	14606319	9301511	8328356	1594277	1223380	2311869	594707
1995年	52680247	48579427	17914337	10821233	9939190	2102641	1199982	3459023	641797
1996年	56099610	51183368	20078409	13533331	12511600	2561064	2498964	4189195	727047
1997年	62991578	54738208	21955559	13529682	13432712	4361063	1459192	7006566	1246804
1998年	65990221	55732960	23401339	13241527	13375920	3734894	1979279	8873852	1383409
1999年	68726625	55526638	21182783	13420491	14400955	4938213	1584196	10967916	2232071
北京市									
1991年	1894000	1870000	710000	615000	240000	55000	110000	16000	8000
1992年	2235100	2200000	1090000	679000	176000	60000	85000	18600	16500
1993年	2237800	2200600	557438	754400	166000	65400	63200	19600	17600
1994年	2239900	2201600	1134500	764300	167000	65500	70300	18700	19600
1995年	2350433	2301740	1184500	799020	180800	68310	69110	30255	18438
1996年	1699931	1643463	821731	657385	82174	66427	15746	31215	25253
1997年	1796600	1520000	612000	299000	377000	180000	52000	223600	53000
1998年	1748832	1455880	587000	275000	358585	170195	65100	231600	61352
1999年	1805093	1476858	579000	244000	385500	192150	76208	256100	72135
天津市									
1991年	613000	560000	72000	414700	11500	1500	1600	3000	50000
1992年	559118	523245	98070	406471	1544	6247	913	3813	32060
1993年	713287	646874	9544	162131	185613	3902	9684	3065	63348
1994年	627056	553479	62981	228162	107248	45717	43082	4272	69305
1995年	968192	922610	186844	459938	113601	130491	9080	14166	31416
1996年	1220845	1100000	238395	482591	189813	173490	15711	82845	38000
1997年	1186148	1024956	327412	334964	98190	241036	23354	123763	37429
1998年	1233233	1052741	331490	335134	82189	240143	63785	126891	53601
1999年	1285667	1073177	301570	345673	88162	271670	66102	148890	63600
河北省									
1991年	1135000	1120000	297200	463200	172000	18200		9700	5000
1992年	1242800	1224000	337858	508356	183050	16736		12640	6160
1993年	1604730	1538312	406765	675208	150633	37753	11536	47727	18691
1994年	2219142	2114846	476338	925555	149058	35224	7059	76001	28295
1995年	2653800	2409797	650066	1036043	243775	81258	20316	193470	50533
1996年	4766608	4444637	1016694	2701350	564607	122964	39022	248870	73101
1997年	5639525	4985620	1115655	2876933	783052	162768	47212	514454	139451
1998年	5819136	5024648	1118137	2905109	786111	166075	49216	643262	151226
1999年	6289295	5271456	1531619	2835579	670477	172573	61208	765095	252744
山西省									
1991年	440000	440000	95000	24700	51000	500	600		
1992年	568137	562133	79384	174164	28510	6696	55686	600	
1993年	481963	475523	66207	272617	7789	11683	31157	2548	3892

表 1（续）

	总产量	配混合饲料	配合饲料中					浓缩饲料	添加剂预混饲料
			猪料	蛋禽料	肉禽料	鱼虾料	其他		
1994 年	481963	475523	66207	272617	7789	11683	31157	2548	3892
1995 年	730272	726556	263489	300000	66476	430	34483	1775	640
1996 年	947250	939551	339466	485129	80000	1225	33731	4448	3251
1997 年	1245229	1165344	545748	533328	29876	10578	45814	77764	2121
1998 年	1201706	1118800	527928	492915	40216	9485	48256	79210	3696
1999 年	1282000	1149898	556525	512340	50116	8980	21937	125253	6850
内蒙古									
1991 年	701000	700000	261400	64200	19000	23900	59600		1400
1992 年	285345	283000	50000	25000	4437	327	236	20	2325
1993 年	74584	71634	9791	26500	6662	1518	13411	1644	1306
1994 年	38028	36219	10876	5186	7065	45	10432	1780	29
1995 年	50928	41243	7046	14539	560		9767	9505	180
1996 年	103261	98021	35508	30365	17340	363	14445	5240	
1997 年	78542	61713	10374	11058	37291	613	2377	14844	1985
1998 年	78542	61713	10374	11058	37291	613	2377	14844	1985
1999 年	296480	261580	41496	44232	149164	2452	24236	33400	1500
辽宁省									
1991 年	1222000	1220000	220600	395000	57700	85300	77600	300	1500
1992 年	1448847	1443407	295533	484892	112232	158216	76925	3306	2134
1993 年	1274831	1257987	196712	419717	169722	159804	41030	13243	3601
1994 年	1639735	1571192	228778	528133	216434	180770	146568	67054	1489
1995 年	2063844	1903156	377782	749544	387193	203422	38032	157263	3425
1996 年	1774981	1432222	234327	645215	350945	123903	77832	337681	5078
1997 年	2241533	1675232	297220	884109	314735	139156	40012	555375	10926
1998 年	2572188	1933682	305517	1041758	386002	145044	55361	619118	19388
1999 年	3115998	2053229	250456	1192720	455164	117354	37535	1040746	22023
吉林省									
1991 年	1430000	1400000	59900	616000	145400	8600	25700	28200	2100
1992 年	1082680	1040662	161838	485056	90300	3215		35918	6100
1993 年	1223000	1170000	300000	440000	200000	10000	30000	50000	3000
1994 年	1304447	1230397	357227	472155	188069	7860	12876	70000	4050
1995 年	1400000	1195000	450000	160000	200000	20000	20000	195000	10000
1996 年	1586000	1421280	173018	352971	489004	10310	395977	156720	8000
1997 年	1961000	1480000	413000	358000	487000	12000	210000	445000	36000
1998 年	2556000	1730000	513000	398000	507000	22000	290000	764000	62000
1999 年	2224000	1352000	466000	314000	440000	22000	110000	820000	52000
黑龙江									
1991 年	870000	860000	85800	381600	123500	43100	8000	900	880
1992 年	898926	888660	91062	404872	131072	45631	8965		10266
1993 年	890000	879379	40068	695520	10584	3024	6804	321	10300
1994 年	1200000	1159140	140000	854500	94580	8010	5420	15300	25660
1995 年	1550000	1410200	312700	737500	247700	106000	6300	124000	15800
1996 年	2050000	1750000	263000	787000	525000	123000	52000	250000	50000
1997 年	2250000	1880000	305000	650000	560000	150000	215000	315000	55000
1998 年	2400000	1680000	3000000	600000	500000	160000	120000	640000	80000
1999 年	2860000	1790000	330000	620000	540000	220000	80000	910000	160000
上海市									
1991 年	1790000	1740000	846700	221600	574600	35300	42200	7200	42800
1992 年	1872883	1832861	898498	307035	499934	45684	4730	1968	38054
1993 年	1685969	1656454	784674	228600	550284	43797	33171	8871	20644
1994 年	1825704	1793899	797669	580062	293766	49128	41948	14724	17081
1995 年	1928985	1897281	827276	721520	259144	23619	34599	18583	13121
1996 年	1666491	1629156	591486	195873	749173	26655	48147	17539	19796
1997 年	1580546	1508223	562960	674084	197626	36375	37178	29707	22501
1998 年	1379026	1334565	567912	96611	590103	45099	34840	28652	15845

表 1（续）

	总产量	配混合饲料	配合饲料中					浓缩饲料	添加剂预混饲料
			猪料	蛋禽料	肉禽料	鱼虾料	其他		
1999 年	1057232	1016296	365588	91027	493933	37456	28292	26748	14188
江苏省									
1991 年	2607000	2580000	1610000	230000	390000	80000	50000	15000	12000
1992 年	2750700	2720000	149000	380000	430000	90000	60000	18400	12300
1993 年	2605050	2577200	1207200	425168	486540	139125	63512	4350	23500
1994 年	3174000	3121000	1611000	390000	406000	201000	71000	25000	28000
1995 年	3271000	3207000	1620000	477000	359000	229000	73000	34000	30000
1996 年	3547037	3471360	2039015	600377	471856	248231	11882	31963	43714
1997 年	3424142	3272142	1471000	456443	392657	930000	22042	45000	107000
1998 年	3353608	3261723	1749277	571560	530660	342157	68069	70173	21712
1999 年	4284000	3261600	1694101	494376	466155	560000	46968	626600	395800
浙江省									
1991 年	1542000	1530000	574100	161700	217700	23200	311400	7900	4400
1992 年	1841718	1835239	815661	199258	288162	24532	418621	1011	5468
1993 年	1907286	1896249	761055	158816	629515	45657	136169	1707	9330
1994 年	1907286	1896249	761055	158816	629515	45657	136169	1707	9330
1995 年	1907286	1896249	761055	158816	629515	45675	136169	1707	9330
1996 年	2268882	2242894	1076589	681104	421555	24407	39239	6569	19419
1997 年	2723100	2690632	807190	538126	538126	807190		4168	28300
1998 年	2920000	2886000	1731600	436441	385000	230880	102079	5000	29000
1999 年	2720410	2670000	1566000	391500	339300	268800	104400	6110	44300
安徽省									
1991 年	1157000	1150000	437500	28600	36200	20000	24000	4900	1600
1992 年	1462861	1454600	559402	36542	46342	35904	30700	4091	4170
1993 年	1163278	1127658	766807	47925	67096	38340	38341	11870	23750
1994 年	1163278	1127658	766807	47925	67096	38340	38341	11870	23750
1995 年	1470000	1440000	655200	103100	241700	7700	300	24300	5700
1996 年	1545320	1517589	1040154	180018	270694	10872	15851	26895	836
1997 年	1592150	1553185	1060275	179532	271643	13858	27877	38915	50
1998 年	1531606	1437870	784566	189642	251954	189650	22058	83656	10080
1999 年	1498326	1374735	683970	179453	263988	149760	97564	111341	12250
福建省									
1991 年	717000	700000	236400	118300	88600	106000	41400	400	16500
1992 年	835679	827630	304623	173217	77675	38825	2986	1904	6145
1993 年	913814	905400	289000	170400	88200	57200	3700	2062	6352
1994 年	1093911	1080642	449707	244168	88175	45464	3738	2377	10892
1995 年	1220809	1201000	485495	266541	104714	81000	14200	7611	12198
1996 年	1242093	1234246	629465	271534	148109	176215	8923	2579	5268
1997 年	1212178	1201772	610500	300443	144212	128000	16617	5458	4948
1998 年	1241436	1214110	429174	342249	274103	143263	25321	18523	8803
1999 年	1336117	1269535	432887	348333	275982	148920	63413	17992	48590
江西省									
1991 年	1394000	1360000	664000	48700	40500	3200	53400	30600	3300
1992 年	1410920	1278659	689312	50476	42070	3282	55485	128601	3660
1993 年	1445000	1247500	736950	56700	40690	6460	26200	180000	17500
1994 年	1600000	1300000	673900	101100	50500	6700	10200	225000	80000
1995 年	1680000	1424000	919904	108936	96832	36312	48416	250000	60000
1996 年	1720000	1370000	890500	123300	109600	41100	205500	275000	75000
1997 年	1774200	1333400	800040	183340	160006	63336	126678	336700	104100
1998 年	1681019	1338951	870318	120506	107116	40169	200842	272068	70000
1999 年	2031000	1473396	884038	250477	221009	88404	29468	380761	176843
山东省									
1991 年	3253000	3210000	507500	928200	543900	94000	105600	23800	18600
1992 年	3708204	3635117	457262	753803	1048904	275240	103323	52232	20855
1993 年	3857786	3745819	726865	1077045	872364	176980	114323	91558	20409

表 1（续）

	总产量	配混合饲料	配合饲料中					浓缩饲料	添加剂预混饲料
			猪料	蛋禽料	肉禽料	鱼虾料	其他		
1994 年	4300800	4155689	847667	1237897	1173246	156380	117146	108325	36786
1995 年	4503390	4305844	970537	1406288	1319138	118841	146572	141290	56256
1996 年	4801263	4589595	1178036	1578392	1481606	129352	222209	151290	60378
1997 年	5206350	4638302	1032797	724055	2795190	47151	39108	398658	169390
1998 年	6773571	5480813	1303416	1505431	2327694	140223	204049	967703	325055
1999 年	7116395	5515470	1135515	1329297	2109754	808993	131911	1113400	487525
河南省									
1991 年	2087000	2060000	480000	260000	200000	15000	5000	9300	17900
1992 年	1082873	1081199	292658	329776	22953	19287	82090	1113	561
1993 年	1037490	1031998	205207	180000	253728	13364	113893	3189	2303
1994 年	1691032	1680473	652800	317200	300000	10050	5950	7558	3021
1995 年	2376762	2301595	848751	732082	273790	42072	13728	61464	13703
1996 年	2832468	2377936	839815	925575	460654	129816	22076	422906	31626
1997 年	4127144	3228202	1420915	1114700	498724	156163	37664	800405	98537
1998 年	4227802	2845287	1269822	996717	412116	133274	33359	1267715	114801
1999 年	3791802	2340966	1033803	731321	418788	118091	38963	1407527	43309
湖北省									
1991 年	2110000	2090000	940000	120000	156800	9000	4200	17000	3000
1992 年	1960000	1793000	700700	107800	172480	53900	43120	150000	17000
1993 年	1920000	1700000	795000	122400	195840	61200	48960	200000	20000
1994 年	2320000	2100000	982800	151200	241920	75600	60480	200000	20000
1995 年	3200000	2850000	1140000	260000	220000	70000	20000	320000	30000
1996 年	3083000	2703600	1613370	460490	467550	139020	23170	347600	31800
1997 年	3500000	3055000	2169000	387000	323000	152000	24000	410000	35800
1998 年	3610000	3060000	2205000	324000	296000	210000	25000	500000	50000
1999 年	2800000	2270000	1293341	312747	342331	321581		480000	50000
湖南省									
1991 年	1707000	1550000	673500	100000	108700	13500	110300	151200	6100
1992 年	1883994	1614700	974200	74700	59400	26200	9200	257600	13294
1993 年	2109595	1638500	919700	94300	105700	25900	34800	459400	11695
1994 年	2608200	1953500	836100	137300	99000	47200	185000	634600	20100
1995 年	3128660	2195989	1265568	190768	140187	83973	70669	913593	19078
1996 年	2772757	1962668	1434652	197453	116878	80592	133093	791571	18518
1997 年	3270080	2153071	1649706	231046	195988	55534	20797	1084288	32721
1998 年	3226637	2190180	1856917	164730	79655	81208	7670	1004345	32112
1999 年	3342700	2074195	1496970	149075	273928	81140	73082	1216765	51740
广东省									
1991 年	4075000	4000000	540900	545600	2404700	33700	275000	68800	6600
1992 年	4702018	4469223	654591	818987	2799319	53733	70307	208150	24645
1993 年	5006157	4761129	680243	669853	3110158	118627	20491	219927	25101
1994 年	5216250	4984255	811785	718509	3028315	128908	148457	202540	29455
1995 年	6222564	5922862	1150772	835154	3604321	191073	26696	260078	39622
1996 年	6053220	5792603	1160594	806069	3467417	337890	20633	219607	41010
1997 年	7030413	6646407	1478491	815442	3908863	410300	33311	286986	97020
1998 年	6810610	6521188	1641498	695731	3603978	470337	109644	223514	65908
1999 年	7587747	7317738	1496299	806398	4324092	560548	130401	225524	44485
广　西									
1991 年	735000	720000	188400	79800	192400	1200	19400	13300	2100
1992 年	1105409	1077952	434127	44871	385210	3079	11443	22497	4960
1993 年	1415116	1343147	543872	126760	456870	7350	14006	56906	15063
1994 年	1911396	1855546	692434	172583	579647	53830	51045	42955	12895
1995 年	2260226	2143870	760135	228188	685521	66903	60972	97841	18515
1996 年	2198530	2090212	832689	288242	594742	78078	296461	83769	24549
1997 年	2467827	2241612	997050	227919	823107	103530	90006	11667	38828
1998 年	2336740	2091558	990319	195978	752211	73378	79673	229092	16090

表 1（续）

	总产量	配混合饲料	配合饲料中					浓缩饲料	添加剂预混饲料
			猪料	蛋禽料	肉禽料	鱼虾料	其他		
1999 年	2291699	2085216	983535	220951	741037	55831	83862	180523	25960
海南省									
1991 年	90000	90000	9600	600	15000	4800			
1992 年	108400	108200	6500	10500	15000	4500		200	
1993 年	187000	187000		25000	56000	30000	4000		
1994 年	218800	218800	5000	86800	40000	7000			
1995 年	263664	263664	22316	64159	76861	20328			
1996 年	288000	288000	79737	57167	80772	10324	60000		
1997 年	217772	217772	20015	72023	109283	16451			
1998 年	247284	246784	16444	35972	150870	12750	30748	500	
1999 年	438167	437367	65605	131210	161826	26242	52484		800
重庆市									
1997 年	778686	724643						34039	20004
1998 年	720082	674750	483141	81912	50635	29568	29494	24862	20470
1999 年	684306	638447	345104	135044	95483	46746	16070	24830	21029
四川省									
1991 年	2110000	1940000	1490000	190200	78900	38200	29600	96300	73300
1992 年	2529941	2327545	1878362	120026	88041	60071	54548	115508	86888
1993 年	2733437	2470215	1666782	227992	32488	154452	17974	156534	106688
1994 年	3340000	3011924	1745710	263999	181296	255431	53461	205800	122276
1995 年	3808000	3482330	2144816	393569	185715	299412	206402	214815	110855
1996 年	4183240	3809840	2375884	545313	349402	348006	191235	253918	119482
1997 年	3400062	3021772	2074131	332072	295071	269103	51395	233556	144734
1998 年	3839553	3509255	2320623	427793	261887	417928	81024	210602	119696
1999 年	3911734	3565862	2235739	579422	392361	320942	37398	219745	126127
贵州省									
1991 年	299000	290000	209800	12800	2900	300	7400	1800	6700
1992 年	375000	297900	166820	24180	16110	120	1300	76000	1100
1993 年	308738	287449	155223	62089	40193	900	300	15426	5863
1994 年	245166	171616	114700	34500	11000	3000	656	73050	500
1995 年	245166	171616	114700	34500	11000	3000	656	73050	500
1996 年	245166	171616	114700	34500	11000	3000	656	73050	500
1997 年	400887	263399	132780	21515	48345	32320	28439	134229	17845
1998 年	280745	219284	115987	8433	30587	33577	30700	55185	6276
1999 年	258203	208136	133368	12025	21399	36844	4500	49576	491
云南省									
1991 年	328000	320000	74400	103300	64800	8100		5800	2500
1992 年	335000	324673	74978	97800	72103	9010		6847	3480
1993 年	417000	375300	96602	84893	90748	20491		25900	15800
1994 年	520000	468000	120464	109512	108364	26700		31200	20800
1995 年	704000	629000	185000	154950	148000	36155	7605	44500	30500
1996 年	700000	624800	232180	190440	158700	32715	10765	64000	11200
1997 年	800000	714400	265040	226100	158300	51730	13230	72000	13600
1998 年	950600	830600	293934	239180	207650	71530	18306	98000	22000
1999 年	1100000	945000	343000	244000	232500	113000	12500	125000	30000
陕西省									
1991 年	603000	530000	163800	101100	22700	9400	4100	72600	300
1992 年	550919	413043	106113	146018	2296	18236	29274	137876	
1993 年	613078	464504	121601	212162	7504	21732	23159	148527	47
1994 年	747173	480600	127722	197945	14187	31244	27881	266339	234
1995 年	794767	475626	147718	188347	23750	55316	19471	264816	54325
1996 年	819368	518505	192404	225356	19418	55487	25840	288061	12802
1997 年	997173	422523	173672	135247	9105	40086	64413	565285	52970
1998 年	1046682	394806	139518	184033	27417	36166	7672	642289	9587
1999 年	1139406	558867	194370	284116	12172	57600	10609	566344	14195

表 1（续）

	总产量	配混合饲料	配合饲料中					浓缩饲料	添加剂预混饲料
			猪料	蛋禽料	肉禽料	鱼虾料	其他		
甘肃省									
1991 年	322000	320000	34600	76400	8300	3600	13600	4700	100
1992 年	457160	455968	102915	91852	1819	1403	36135	298	894
1993 年	691995	690807	153457	153617	2643	3500	41135	312	876
1994 年	752315	750296	194437	152116	3243	5800	44546	472	1547
1995 年	951687	949532	272832	151117	4056	4500	17815	535	1620
1996 年	929039	916167	550831	295260	3921	7110	59045	9490	3382
1997 年	989028	963077	600735	207098	73088	7679	74477	24448	1503
1998 年	996818	962637	462066	259912	163648	19253	57758	31342	2839
1999 年	900720	849810	308673	229756	247904	17635	45842	47600	3310
青海省									
1991 年	80000	80000	11000	15200			2600		
1992 年	82750	82750	12323	8249	1535		5745		
1993 年	70000	70000	5320	3780	3920	560	420		
1994 年	64141	64141	7000	9500		116			
1996 年	79046	78953	33364	22080	520	112	22877	93	
1997 年	88578	88030	52818	10260	1000	220	23732	547	7
1998 年	98025	98000	58800	11600	1500	1200	24900		25
1999 年	92500	89000	39100	17800	1500	4500	26100	2000	1500
宁 夏									
1991 年	90000	90000	32100	21600	15100	6200	500		
1992 年	92089	92089	34101	22143	16204	7410	968		
1993 年	180330	180330	49600	37200	24000	12436	764		
1994 年	127050	127050	36210	23201	18000	12500			
1995 年	164895	164860	55764	25357	19089	28353	15395	35	
1996 年	215385	214454	77803	62927	29196	3960	40568	81	850
1997 年	192370	186291	62271	34518	25745	38506	25251	3312	2767
1998 年	237306	232646	70479	49220	38625	42302	32020	360	4300
1999 年	272563	262580	90837	59800	49245	48680	14018	8753	1230
新 疆									
1991 年	424000	420000	49400	88700	37500	5900	19100	800	3200
1992 年	494974	491774	57587	119255	32726	9747	16653	30	3170
1993 年	450132	447441	67205	77370	37263	16329	22120	26	2665
1994 年	653763	645247	100445	116669	57843	39420	15468	2696	5820
1995 年	740088	728670	134074	118259	96752	49517	15772	5372	6046
1996 年	760429	750000	238837	221645	122850	52190	114478	6195	4234
1997 年	820360	801418	327418	239463	121039	56427	57071	14523	4419
1998 年	871398	844489	347084	244902	135118	57427	59958	21347	5562
1999 年	913065	874224	304275	313818	137685	59321	59125	31294	7547

表 2　1991 年与 1999 年全国饲料加工工业基本情况对照表

地 区	年双班配、混合饲料加工能力（万吨）		饲料产品产量（万吨）		饲料加工工业总产值（万元）			
					1990 年不变价		现行价	
	1991 年	1999 年	1991 年	1999 年	1991 年	1999 年	1991 年	1999 年
全国总计	6254	12976.904	3582.7	6872.662	3087607	12833590	2569477	18550179
北京市	170	230.0000	189.4	180.5093	175000	330196	140000	403308
天津市	91	185.0000	61.3	128.5667	83403	154280	60384	241705
河北省	300	880.0000	113.5	628.9295	83103	743206	51704	846724
山西省	113	240.0000	44.0	128.2000	16919	13531	10997	218506
内蒙古	146	36.6910	70.1	29.6480	54820	39703	41336	62454
辽宁省	323	904.2000	122.2	311.5998	121938	440315	94709	623485
吉林省	246	392.0000	143.0	222.4000	78855	317000	71079	444500
黑龙江	163	550.0000	87.0	286.0000	78056	386130	60236	763000

上海市	199	260.8600	179.0	105.7232	194079	189495	155263	275473
江苏省	480	823.2000	260.7	428.4000	241002	4025549	165699	4995176
浙江省	235	650.0000	154.2	272.0410	166933	366514	142197	593753
安徽省	240	300.3200	115.7	149.8326	106585	176747	55981	286330
福建省	145	194.6000	71.7	133.6117	45976	293014	39619	379200
江西省	270	286.0000	139.4	203.1000	122160	412900	98657	507500
山东省	653	1214.8641	325.3	711.6395	334726	1251817	277396	1667526
河南省	230	950.0000	208.7	379.1802	146400	499536	101600	759494
湖北省	350	538.6000	211.0	280.0000	164490	34348	144210	558600
湖南省	340	730.4600	170.7	334.2700	174804	467864	142437	787170
广东省	556	1252.0000	407.5	758.7747	440155	976348	474334	1477562
广　西	154	460.7480	73.5	229.1699	73211	346725	70296	520087
海南省	15	69.2000	9.0	43.8176	9032	41416	8557	90545
重庆市		134.7000		68.4306		99525		139667
四川省	350	708.9612	211.0	391.1734	212779	480998	216353	1044500
贵州省	80	140.0000	29.9	25.8203	30400	36189	19728	60391
云南省	108	212.0000	32.8	110.0000	31602	15350	22755	200000
陕西省	91	180.0000	60.3	113.9406	53084	133290	34252	241914
甘肃省	15	200.0000	32.2	90.0720	26900	107500	23112	160508
青海省	19	25.5000	8.0	9.2500	6166	8343	3883	11100
宁　夏	42	42.0000	9.0	27.2563	8890	31864	8738	49525
新　疆	130	185.0000	42.4	91.3065	37899	104760	25375	140476
青　岛		120.0000		70.2000		84100		199897
大　连		63.9000		29.1072		38407		61217

表 3　1992 年全国饲料加工企业基本情况表

地　区	企业个数		按主管部门分						按经济类型分					
	合计	时产5t以上者	商业	畜牧	水产	农垦	乡镇企业	其它	全民	集体	个体	国内合营	"三资"企业	其它
全国总计	11993	872	4278	3133	464	428	2720	970	6352	4626	624	184	110	97
北京市	170	81	77	16	4	16	47	10	118	46			6	
天津市	107	18	48	3	2	4	46	4	46	57		3	1	
河北省	665	20	319	111	19	6	110	100	455	110	97		3	
山西省	357	12	104	185	1	5	62		294	62			1	
内蒙古	92	10	84			3	5		87	5				
辽宁省	495	64	201	88	18	16	114	58	224	231	19	12	8	1
吉林省	308	23	110	38	13	15	101	31	151	143	6		5	3
黑龙江	640	21	87	105	18	60	210	160	180	302	158			
上海市	83	46	68	5		4	5	1	74	4		1	4	
江苏省	292	62	150	55	58	19	1	9	116	160			7	9
浙江省	542	81	148	56	15		323		159	360		7	10	6
安徽省	283	31	121	66	29	13	54		270	13				
福建省	181	22	86	31	2	7	42	13	76	86			13	6
江西省	529	16	244	153	4	48	80		160	368		1		
山东省	1106	47	420	255	125		251	55	659	355	1	85	6	
河南省	320	23	138	182					256	62			2	
湖北省	280	38	113	74	13	6	73	1	205	73			2	
湖南省	1273	30	330	304	23	25	473	118	423	656	187	2	2	3
广东省	280	99	18	31	9	8	51	163	145	85	5	10	35	
广　西	272	22	120	106		4		42	270	2				
海南省	14	2	4			5		5	4	8			2	
重庆市														
四川省	2100	59	864	623	77	23	443	71	944	1074	68	12	2	
贵州省	545	9	85	330			125	5	420	125				
云南省	158	17	65	14	9	6	26	38	46	19	20	12	1	60

表 3（续）

地区	企业个数		按主管部门分						按经济类型分					
	合计	时产5t以上者	商业	畜牧	水产	农垦	乡镇企业	其它	全民	集体	个体	国内合营	“三资”企业	其它
陕西省	356	7	91	111	14	17	47	76	158	87	63	39		9
甘肃省	67	1	53	14					67					
青海省	32	2	23	1		4	4		28	4				
宁　夏	187		20	126	10	10	18	3	67	120				
新　疆	259	9	87	50	1	104	9	8	250	9				

表 4　1999 年全国饲料加工企业基本情况表

地区	企业个数		按主管部门分						按经济类型分					
	合计	时产5t以上者	商业	畜牧	水产	农垦	乡镇企业	其它	全民	集体	个体	国内合营	“三资”企业	其它
全国总计	12095	1937	2403	1610	323	439	2346	4428	3656	2161	3671	519	390	1249
北京市	249	34	26	15	5	13	40	150	64	32	36	10	11	96
天津市	208	18	16	27	6	7	46	106	32	74	34	14	9	45
河北省	887	136	176	180	18	8	233	272	378	191	233	32	16	37
山西省	745	38	150	190	13	24	162	206	142	149	207	100	3	144
内蒙古	33	16	7	2			2	5	13	2				1
辽宁省	594	166	113	18	8	6	132	317	136	100	280	8	31	39
吉林省	303	45	64	13	3	15	87	121	105	111	61		8	18
黑龙江	514	38	48	70	25	55	150	166	55		298		6	155
上海市	56	42	1	7		7	3	38	30	1	7	2	15	1
江苏省	794	188	171	29	6	17	116	452	366	147	11		53	217
浙江省	530	110							42					
安徽省	219	51	93	25	4	4	68	25	112	62	28	10	5	2
福建省	345	113	46	44	16	4	108	127	39	62	141	44	59	
江西省	564	21	440	101	5	5	7	6	504	34	60		15	7
山东省	1101	116	67	101	27	6	139	761	207	172	525	41	27	129
河南省	587	110	71	46	8	2	139	321	88	59	332	45	23	40
湖北省	625	104	254	170	22	19	72	88	230	212	153	8	12	10
湖南省	725	76	158	81	9	46	208	223	235	108	203	115	17	48
广东省	237	151	50	22	3	19	54	89	58	67	41	9	46	16
海南省	10	8	1					9	1				1	8
广　西	237	81	42	15	3	3	39	137	54	29	129	9	10	6
重庆市	227	31	33	24	14	8	24	124	84	27	88	8	4	16
四川省	783	88	92	85	9	8	163	426	113	110	467	20	11	62
贵州省	179	17	44	37	2	2	61	33	59	42	66	10		2
云南省	249	31	98	56	15	5	52	23	94	79	34	21	1	20
陕西省	316	65	20	38	9	5	116	128	80	72	124	8	3	29
甘肃省	214	15	46	48	21	6	68	25	81	15	83	3	1	31
青海省	43	5	13	11	1	1	8	9	34	8				
宁　夏	268	4	10	130	65	10	36	17	65	130	23	2		48
新　疆	253	19	53	25	6	134	13	22	155	66	7		3	22
青　岛	82	12	8	11	1		32	30					4	
大　连	43	5	2	1	1		5	34				1	13	
深　圳														
宁　波														
厦　门														

注：各省数字包括计划单列市。

表 5 1995 与 1999 年全国饲料加工企业职工人员情况对照表

地 区	职工总人数		管理人员				工程技术人员				工 人	
			小计		大专以上		小计		大专以上			
	1995	1999	1995	1999	1995	1999	1995	1999	1995	1999	1995	1999
全国总计	401614	486230	57669	63763	21922	33743	37945	71502	20268	40582	288352	3003334
北京市	12377	13280	1575	695	591	594	1202	2598	813	1987	8569	7038
天津市	6919	6385	764	1179	180	469	350	584	135	256	5240	4132
河北省	34150	31438	1049	3395	372	1246	1366	4479	527	2166	31735	22245
山西省		15000		2000		1500		5000		3000		6500
内蒙古	1556	2639	260	360	60	142	90	218	41	119	1000	1541
辽宁省	22229	20151	3232	2878	974	1267	1524	1864	741	1278	16616	14017
吉林省	11600	27360	2600	2640	1700	1700	1600	3220	1200	2520	7000	7500
黑龙江	46014	40800	2175	1600	1128	1500	3214	3400	2136	3300	40625	35800
上海市	6552	4507	979	717	293	307	564	325	198	185	4196	2909
江苏省	17364	33035	8682	4277	3126	1875	1563	5722	1392	2474	6946	20982
浙江省		25000		3480		1636		5896		1727		16100
安徽省	7420	8869	1187	1560	712	937	1038	1253	415	788	4823	4980
福建省	7805	9628	957	1981	532	1312	901	1198	457	1032	4905	6449
江西省		19701		1568		879		1973		986		13587
山东省	29878	39964	4713	6211	1338	2548	3719	5834	1923	2860	20626	22665
河南省	16975	23607	1631	3492	631	1891	1964	3857	1086	2630	12441	14809
湖北省	12145	16810	2186	1290	1327	586	1457	4845	1023	2011	7894	8903
湖南省	19841	18638	3597	2575	1079	1279	1598	1847	861	1220	13920	13132
广东省	13898	15610	2668	2928	1343	1659	1478	1748	935	1281	8383	9577
广　西	8708	14198	1470	2578	422	1381	961	1615	451	1275	5329	8585
海南省	684	819	105	112	61	72	84	113	74	73	409	383
重庆市		5919		956		567		775		441		3379
四川省	81358	36638	8692	4703	3026	2378	5103	3702	2706	2363	57867	24813
贵州省		4153		719		277		528		314		2288
云南省	24340	30830	5820	6450	2050	3700	5960	5500	1980	2047	13560	18540
陕西省	11310	8844	1071	1244	275	630	807	1209	391	825	8405	5499
甘肃省	4668	5132	806	765	295	410	710	1143	413	574	2600	2946
青海省	1287	1305	218	150	45	70	91	130	53	75	875	895
宁　夏	1674	2455	229	309	77	186	67	168	35	160	1282	996
新　疆	2879	3515	536	951	144	745	308	758	120	615	1866	2144
青　岛		5819		1181		955		670		520		3456
大　连		1777		289		111		233		126		1090
深　圳												
宁　波												
厦　门												

注：各省数字包括计划单列市。

企　业　篇

部分重点企业经验介绍

把握机遇，迎接挑战

——江西民星集团的昨天与今天

党的十一届三中全会的春风，激发了我国经济改革的浪潮，推动了江西生物药品制造总厂的广大干部职工投身到改革的行列。经过近10年的开拓、拼搏，把一个小小的生物药厂，拓展为今天的民星集团，从一个名不见经传的小厂，成长为国家大二型企业。走出了一条改革的成功之路。

一、改革十年，成绩辉煌

据有记载的1969年记录，江西生物药厂年销售收入为165.5万元，到1987年，年销售收入增加到441万元，年均增长5.6%。

1984年，国务院颁布了《1984－2000全国饲料工业发展纲要》，当时为厂长的孟枋同志，紧紧把握住了这一机遇，于1987年，经过精心研究、试验，一个成功的饲料配方“871”猪用浓缩饲料问世，随之建立了江西饲料厂，1987年贷款1000万元，引进了意大利饲料生产线，并于当年建厂投产。从此，江西生物药厂的命运紧紧地与新兴的饲料工业联在了一起，饲料产品成为生物药厂的基石，1992年改制组建江西民星企业集团公司，两个效益飞跃直上。

（1）经济效益

1991－1998年**经济效益增长情况**

	1991	1998	增长率（%）	年增长（%）
员工人数（人）	547	1409	157.59	14.47
年销售收入（万元）	8681	64790	646.34	34.04
年创利润（万元）	700	2493	256.14	19.9
年上交税金（万元）	169	1606	850.30	37.94

（2）社会效益。1989－1998年累计为江西省1750万头猪的生产提供了70余万吨优质浓缩饲料，有效地促进了江西省的生猪生产持续稳定发展。

（3）培养了一批懂生产、会经营、善管理的人才。

（4）树立了国有饲料企业的信誉，为国有饲料企业探索出了一条改革的路子。

二、走出江西，扩大市场

随着“871”猪用浓缩饲料在江西的成功推广，在国内饲料同行中，也有了一定名气。孟枋同志又不失时机地提出实施了向省内外扩张，走向大江南北的战略。在作法上，采取控股、租赁、技术合作、联营生产等方式，先后在辽宁、天津、北京、河南、山东、湖北、贵州等省市兴办了26个分厂和联营企业。1998年饲料年生产能力达到40万吨。

三、一业为主，多种经营，辅业盈利，主业冒尖

董事长兼总经理孟枋是一个不甘寂寞、不满足现状的人，“871”猪浓缩饲料的成功，为集团带来了巨大的经济效益，为保持企业的持续发展，在他的带领下，民星集团又开发了动物保健制品、发酵制品、医药制品和BB肥等新的领域，在民星集团公司本部建立了饲料、兽药批发市场。同时他也深知市场竞争、科技领先的重要性。又在北京建立了北京科技中心，高新技术研究所。目前，饲料产品，动物保健制品、BB肥和医药产品，成为民星集团的四大支柱产业。为民星集团的长远发展打下了根基。仅“871”及其产品一项，自投产以来，已累计为企业创利近亿元，赚回了16个江西饲料厂。民星集团现已开发的饲料产品有猪、鸡、鸭、鱼等添加剂预混合饲料、浓缩饲料、配合饲料40个品种。在市场拓展方面仅江西省代销点就有13400多个。

四、民星的成功，离不开各方面的支持，艰苦奋斗，迎来了众多的殊荣

1991－1992年，连续两年“871”猪用浓缩饲料被全国饲料工业办公室列为农业部“丰收计划”项目和国家科委“星火计划”项目，在全江西省推广。1993年10月，又经国家科委批准列为国家级“科技成果重点推广计划”项目，在全国推广。同时得到了江西省政府，省饲料工业办公室、中国饲料工业协会、中国农业科学院饲料研究所、中国农业大学专家，教授等各方面的大力支持与协作。“871”猪用浓缩饲料1992年获’92全国饲料工业新技术、新产品交流会特别金杯奖、首届中国农业博览会银质奖。1994年被评为“全国饲料工业行业百强企业”第3名，1998年宝丰“871”系列饲料被评为“’98江西市场占有率最高品牌”、“江西用户认定质量最佳品牌”、“’99江西农村用户购买首选品牌”。民星的科技带头人孟枋1991年荣获省“科技贡献奖”，奖金6万元，全部交给了民星科技开发事业。1990年、1994年两次获省劳动模范称号，1994年获全国劳动模范称号，1995年入选中央电视台“东方之子”栏目播放，1998年被授予“全国优秀企业家”称号，并荣获最高奖项“金球奖”。

五、深化改革，迎接挑战

随着我国由计划经济向社会主义市场经济转轨，市场竞争日趋激烈，计划经济时期的国有企业体制管理模式，在市场竞争和企业生存发展中显得苍白无力。不深化改革，就没有生路，民星集团意识到生存和发展竞争的严峻挑战，从 1986 年起着手进行企业运作机制的改革。在劳动报酬上，实行职工中全面与效益直接挂钩的经济承包责任制。1992 年组建了民星集团公司，1998 年成立了董事局，集团公司在董事局的领导下，实行总经理负责制，并建立起民主科学的决策制度。建立了职工代表大会制度和民主管理制度。对全体员工提出了“爱厂、创新、优质、高效”和“团结、敬业、服从、正身”的企业精神。面对 21 世纪新的机遇和挑战，民星集团提出了要将民星建设成为一个具有中国特色的，以国有企业为主体的大型、综合、股份制企业集团。拥有一个高层次的决策中心，一个高科技的科研开发中心，一个跨世纪的人才培训中心，一个高效率的财务金融中心，一个跨国的经营贸易中心，一个全方位的饲料批发市场，一个高起点的饲料生产企业。

面对激烈市场竞争，孟枋同志对来访的记者说：“中国饲料工业的发展，仅 10 多年的历史，但已走过了青少年时期。如果说,过去凭一个好配方就可以占据一定市场的话，今天最需要的则是技术、管理、销售艺术和售后服务等一系列现代综合管理，竞争也是综合全方位的竞争。”当谈到民星今后的竞争策略时，他说，今后民星的策略应该是：立足高新技术，追求低成本；努力扩大销售队伍，充分利用政策优势，抓住近期机遇，努力扩展自己。而所有策略的实现，应立足于人，以人为本。在人的问题上，应集中把人才培训放在一切工作的首位，从事业引导和经济满足两个方向，充分调动高层管理人员的积极性。他还说，民星产业重点是饲料，在强手如林、新秀辈出的激烈竞争中，民星必须对市场了如指掌，善于应变。并断言，反应敏锐者必胜！

迈向知识经济时代的隆生

——四川隆生集团抓机遇、促发展

四川隆生集团是以饲料生产、农业产业化为主业，集科、工、贸为一体的大中型股份制企业集团。集团下属四川三联饲料有限责任公司、成都龙庆饲料实业有限公司、四川华龙饲料有限责任公司、重庆隆生饲料有限责任公司、四川隆生科技实业发展有限公司、连云港东辛隆生科技饲料有限公司、四川红种子高新农业有限责任公司、成都津鹿包装有限公司等 9 家核心企业和数十家合作型松散企业。回顾集团诞生以来创业所取得的成就和面对的种种困难，隆生集团的主要做法可归纳为以下几个方面。

一、选准发展方向和项目，注重发展战略，培育支柱产业

20 世纪 90 年代初，面临农资系统的改革大潮，他们努力拓展新的发展空间，寻找新的经济增长点。经过认真调查，认识到农村经济具有广阔的发展天地，决定由农资转向饲料。决策首先源于农村市场大，四川又是全国第一农业大省；其次是农民养殖仅限于传统水平，养殖水平有待提高，市场潜力大；再是饲料行业受到国家产业政策的强力支持，给予饲料行业在税收、建设等各方面的一系列优惠措施；另外，农资有其得天独厚的市场渠道，各级农资经营站、技术服务站和“庄稼医院”深入全省各乡镇，凭借这种优势发展饲料工业是不可错失的好时机。

发展方向一经确定，项目的正确选择便成为企业生存发展的基础。在饲料项目上，他们确立了先经营后建厂的经营战略。转型初期，公司立足经销各大品牌饲料，熟悉饲料市场，积累经营经验，待产品经营上一定规模后，便开始创建自己的企业。在董事会的全力支持和公司员工的艰辛努力下，第一个饲料生产企业——四川三联饲料有限责任公司于 1993 年 10 月正式建成投产，开辟了集团创业史上的新纪元。相继的几年中，他们先后又建设了数家饲料企业。随着饲料生产规模的不断扩大，1996 年投资兴建成都津鹿包装有限公司， 完善了饲料生产的配套服务，提高了集团的综合效益。经过近五年的创业，集团在农村已取得一定的市场优势。然而市场在变化，国家经济结构、产业政策也有了新的调整，集团又把眼光放到了下一个世纪。他们充分感受到下一个世纪——知识经济时代的气息，农业要冲破现有生产力的束缚，获得再发展，只有一条路——增加科技含量。1999 年，集团借助高等院校人才和技术优势，通过院企合作方式，与四川农业大学合资组建了四川红种子高新农业有限责任公司，专门从事种子产业化的开发和农业高新技术的应用推广工作，进一步拓展了集团在农业领域中的多元化发展。

一个企业要形成规模经济，必须培育自己的支柱产业。结合集团实际，确立了以饲料业为支柱产业的发展方向。饲料是一个新兴行业，产品销售最佳辐射半径为 180 公里以内，经过充分考虑，制订了切实可行的发展战略规划。为适应市场竞争的需要，在激烈的竞争中站稳脚跟，在选点建厂时更注重合理化、科学化。本着节约成本费用的原则出发，采取了滚动发展的建厂方式。继四川三联饲料有限责任公司之后，集团又于 1994 年在双流兴建了第二个厂——成都龙庆饲料实业有限公司。1995 年又组建了四川华龙饲料有限责任公司。集团生产企业由 1 个发展为 6 个，生产规模日益扩大，产品市场份额日益扩大，集团初步形成了产供销、科工贸一体化的经营格局。与此同时，在培育支柱产业方面，始终坚持以科技为先导，通过技术服务、技术参股

等方式先后与黑龙江、江苏、湖北、成都等地饲料企业合作，建立了松散型合作关系，提高了集团产品的市场占有率，减少了竞争对手。

二、树立品牌意识，强化市场经营观念

品牌是产品的质量、科技含量、管理水平和企业文化，企业综合素质的集合。为培育好集团每一个产品品牌，在加强经营管理的同时强化质量管理。注重与国外先进管理水平接轨，集团下属企业先后通过 ISO9002 产品质量体系认证，严格按照国际标准建立层层把关、环环相扣的质量管理网络，切实把工作质量、产品质量和服务质量与职工工资奖金挂钩，增强职工的质量意识，保证产品质量的稳步提高。创名牌产品不仅要有好的质量，更需具备完善的服务，为此集团成立了动物保健中心，配备了强有力的技术服务人员深入农村为养殖户排忧解难，悉心讲解专业养殖知识，举办与之相适应的各种形式的宣传活动，集团产品与服务赢得广大用户的青睐和赞许。目前，集团已有 5 大系列 60 多个品种的产品投放市场，先后推出了“三联”、“龙庆”、“三强”、“隆生”、“华特”、“中瑞”等品牌，产品获“首届亿万农民消费者信得过产品金奖”、“四川省名优产品”、“首届中国饲料工业博览会认定产品”、“首届中国大西南名牌产品博览会金奖”、“巴蜀饲料精品”、“四川省技术监督局向社会推荐产品”、“中国ISO9002质量认证产品”、“全国供销系统名牌产品”等殊荣。

在培育好特色产品的同时，为抵御市场经济大潮的“风浪”，在竞争中求发展，集团制订了根据市场实施品牌战略——集团市场一盘棋的营销战略。以市场为导向，针对不同地区、不同市场制订不同的销售战略，根据竞争状况及时调整销售策略，根据市场需求调整产品结构。集团产品立足四川、面向全国，在川内已覆盖 100 多个县（市）。在产品策 划方面坚持‘人无我有、人有我优、人优我廉”的方针，加强现代营销方式的研究和推广应用，建立了庞大的营销网络。

三、科学管理、机制灵活、注重人本管理

集团自成立以来，严格遵照《公司法》和公司章程组建和运作，按照决策机构、执行机构和监督机构相互独立、权责明确、相互制约的原则，分别健全和完善了董事会、监事会和经理层，实行董事会领导下的总裁负责制。在董事长的领导下，董事会规范管理、民主决策、科学运行，极大地调动了经营层的积极性，使集团真正成为产权明晰、权责明确管理科学的经济实体。建立健全了法律和财务监督机制，强化监事会的财务监察职能。在分配上，处理好投资者与经营者、经营者与生产者之间的利益，实行按劳分配和按能分配两种形式。

知识经济是人类知识继承、积累和不断发展的结果，人才是知识经济的坚强支撑。他们深知人才是集团事业发展的保障，以人为本的管理是企业管理的核心，企业的成长很大程度上体现了重视人才、吸引人才的用人科学。兼顾经营管理与人本管理，在选择人才、培养人才、使用人才方面形成了一套完善的激励和约束机制。在人本管理方面，主要抓了以下几方面工作。

1. 人才引进和人才挖掘相结合，形成强劲的人才队伍

集团始终信奉“以人为本、信誉立世”的经营理念，面向社会广纳贤才。为跟上知识经济时代发展进程，在选择人才时严把进人关，注重选择“高科技含量的人才”，考虑人才的综合素质，坚持唯才是用，凡具有进取性、责任感强、富有开拓创造性和敬业精神的优秀人才均可加入集团队伍。随着企业的发展，单纯的招聘已不能满足科技进步的需要，他们又到各大专院校选拔优秀大学毕业生，并把他们合理配置到所需岗位上，发挥人才的智力优势。在引进人才的同时，通过仔细深入地调查测评，在不同行业高级管理人员中挖掘经验丰富、专业知识强、管理能力强的优秀人才，让他们参与到企业的管理中，更好地为决策出谋献策。现在，集团已有职工 574 名，其中拥有教授等高级职称、高学历的、研究生 53 名，中专以上各类专业技术人员 312 名，占集团总人数的 63%。集团技术总部 20 名人员全是大学毕业生，其中硕士研究生 6 名，动物保健中心人员 12 名，动物营养硕士生 3 名。这一批骨干力量是集团坚强的技术支撑，他们的引进为集团稳定发展储备了雄厚的人才力量，在一定程度上促进了职工队伍素质的提高。

2. 加强人才培训，进一步提高职工素质

成功地引进人才是企业发展的动力，但若要进一步提高工作效率和经济效益，促使事业巩固发展，加强人才的培训成为必不可少的课题。在进行人才培训时，主要从知识存量、技术水平、敬业精神等方面着手，采取了多种形式的培训，从而使整个集团形成浓厚的学习氛围。通过培训，集团员工在政治、文化、专业知识水平等方面得到了很大提高，增强了他们的综合素质，使之所学与实际工作紧密结合起来，形成合力推动了集团的发展。

3. 营造文化氛围，加强人才管理

企业要获得再发展，不仅要不断引进人才，更要用活人才。他们打破了国营企业“端铁饭碗”的局面，坚持推行聘用合同制，通过双向选择方式促进人才的合理流动。用人上做到知人善任、能上能下、能进能出，努力创造条件，形成颇具特色的企业文化，使企业和员工形成命运、利益与理想的共同体，营造“企业如家”的氛围，培养出他们为企业敬业献身的精神，并为人才提供宽松的工作环境，人尽其才。正是由于集团这种独特的管理，吸引了相当一大批高级技术人才、教授等前来加盟。集团有一项重要的使命就是为人才提供发展机会，正如小平同志南巡讲的“发展才是硬道理”。企业

没有发展，人才就会外流，企业发展了，人才自然就会多，也才会有更多的发展机会。对于发展机会，他们不讲工龄，不论资历，充分体现了能者上、平者让、庸者下的竞争机制。实践证明，这有利于吸引和稳定人才，最大限度地发挥人才潜能。

四、坚持科技进步，走科技创新的道路

在知识经济时代，知识创新是社会进步和经济发展的灵魂，而科技创新是知识创新的重要实现形式。

（1）科技是集团创业的基础，是集团事业长久发展的原动力。科技领先的意识不仅体现在产品品牌方面，更在发展项目上得到充分发挥。四川红种子高新农业有限责任公司的建立便是一个典范。公司开发、生产的种子包衣剂是凭借高新农业技术，在传统拌种技术基础上，借助现代科学发展起来的新技术。

（2）集团发展注重科技投入。围绕科技进步，树立超前领先意识，不断提高企业技术、设备水平，加大技术改造力度。坚持走科研、开发、生产相结合的道路，在战略上做到使用一代，研制一代，贮备一代，集团成立了科研所，并投资数百万元在郫县建立了科研基地，从事各种畜禽动物的养殖试验示范工作。科研基地的建立有利于饲料新产品的研究和开发；在一定程度上推动了畜禽品种选育工作的开展。同时加大了对软、硬件的投入力度，引进国外先进生产设备和技术、实验检验仪器，提高产品质量标准。

（3）注重科研与经营紧密配合。科研始终围绕市场需求运转，不断调整产品结构，提高产品质量，以科研带动生产经营，以生产经营规模的扩大促进科研水平的提高。

五、抓住一切机遇，打好发展基础，扩大经营规模

分散的单个经营是企业快速成长的有效途径，但随着市场竞争的加剧，“强者生存、弱者淘汰”的竞争规律要求我们改变企业产业结构，调整企业经营方式，产品由单一结构向多种结构改进，企业由单个分散经营向集约化经营方向发展才是进一步扩大规模、调整结构、抵御竞争风险的必由之路。通过裂变重组资产方式建立了产权联结关系，以资产为纽带，组建了集团。通过转变观念，统一认识，开始资本经营。集团成立后，他们积极拓展新空间，1997年，重庆三峡库区概念不断升温，集团抓住机遇，利用自身优势，通过充分深入的接触谈判，以低成本扩张方式成功地兼并了重庆市饲料公司。这一举措既扩大了集团在重庆地区的影响，又以最小的代价为集团产品进入三峡库区创造了较好的基础。同年底，本着互利互惠、优势互补的原则，强强联合，与江苏东辛环球肉鸡总公司合资组建了连云港东辛隆生科技饲料公司，从事预混合饲料的生产经营。该公司的建立又为集团进入江苏市场奠定了基础，集团规模得到不断壮大。经过近五年的开拓创新，集团现已跻身四川省乃至全国骨干饲料企业之列，成为全国供销系统的龙头企业，集团投资从过去的3000多万元发展到2亿多元，拥有净资产近亿元，1998年经营额近6亿元，创利税近3千万元，真正实现了国有资产的保值增值。

集团现在虽然已取得了可喜的成绩，但对他们来说，事业才刚起步，这只是迈出了万里长征的第一步，他们会不负众望，克服艰辛和困难，稳步发展。在发展战略上，强化项目管理，在生产经营和资本经营两个方面积极、稳妥地运作，搞好资源的合理配置和有效利用。同时，要发展规模经济，还必须处理好发展进程与自身资金、人才、管理实力等要素的关系，把发展壮大支柱产业与培育新的效益增长点密切结合起来，走在知识经济时代的前列，力争为我国饲料工业的发展，为科技兴农作出更大的贡献。

迎接WTO挑战，创民族工业名牌

——江苏正昌集团在创名牌中发展壮大

正昌集团的前身是江苏溧阳一个具有悠久历史的的振昌油米厂。1918年建厂，1924年开始使用机器，1945年开始生产粉碎机和粮机维修，1969年以生产榨油机为主，并更名为国营溧阳粮油机械厂。1972年商业部牵头从法国引进了一台45型40KW制粒机，并决定进行国产化研制。溧阳粮机厂接受了这一任务，于1975年底研制成功了我国第一台Y012－45型颗粒饲料环模制粒机，引起商业部和省粮食局领导的重视，决定溧阳粮机厂为我国颗粒饲料机械的定点生产厂。随着我国饲料工业的高速发展，溧阳粮机厂把目光盯在了饲料机械的发展上，除了饲料制粒机，开始向饲料机械成套设备进军，1992年更名为国营溧阳正昌粮油饲料机械总公司，为适应企业发展，1994年被江苏省批准，升格为江苏正昌集团公司。正昌事业如日中升，从一个名不见经传的小厂发展成为拥有饲料机械成套工程、农牧饲料、油脂化工四大支柱产业的集团公司，为我国饲料机械制造业的排头兵。近10年来，正昌的经济效益以年均39.8%的幅度递增，1998年集团资产总额达到4.7亿元，销售收入4.23亿元，利税6965万元。10年来先后荣获“首届全国饲料工业科技进步先进集体”、“全国饲料工业行业百强企业”、“江苏省专利先进集体”、“江苏省特级守信用企业”、“江苏省重合同信用企业”等荣誉称号。正昌的领头人郝波同志也先后获得“全国五一劳动奖章”、“中国当代杰出企业家”、“江苏省优秀企业家”、“江苏省突出贡献的中青年专家”等殊荣，并被选为第九届全国人大代表，享受国务院特殊津贴等。

一、创名牌产品，树企业形象

在市场竞争异常激烈的情况下，郝波董事长深知名牌产品对一个企业发展的重要性，它象征着产品的信誉、质量、档次、企业的整体素质、形象、

文化等。因此，很早就提出了“创世界一流品牌，振兴民族饲料工业”的口号。对名牌产品的认识，也归纳出了 5 点基本概念：①产品的内在质量高，在消费者心目中有很高的满意度；②在国内外两个市场占有较大的份额；③要有很高的销售率，能给企业带来很大的经济效益；④企业有很好的形象，很好的信誉；⑤它不是自封的，也不是命名的，而是在激烈的市场竞争中为社会和广大消费者公认的。为此，集团公司制订了名牌战略实施计划：①在质量上，严格按照国际先进产品的质量标准体系组织生产，抓好生产过程中质量网络建设，健全各级质量责任制，实施“质检人员承诺制”、“员工质量承诺制”，提出了“一切工作满足用户需要，敢于超越领先者，创三优正昌”。②更新设备，提高工艺装备精确能力。“工欲善其事，必先利其器”，先后引进了双工作台加工中心、高精度大型齿轮磨床、四头枪钻环模机床、单头枪钻深孔机床、多头自动环模钻、大型直立淬火炉等具有国际先进水平的工作机，为正昌产品的质量精度提供了工艺保证。③加大科研力度，不断搞技术创新和新产品开发。1992 年成立了正昌科研所，为适应正昌事业的发展需要，1997 年又在正昌科研所的基础上组建了正昌集团科研院，企业技术中心，下设粮油饲料机械科研设计所，成套工程科研设计所，农牧饲料研究所，油脂化工研究所。每年开发新产品技术 20 多项，并运用于实际生产。不但提高了产品质量，而且增加了产品品种，跟上了饲料工业发展的需要。该科研院 1998 年被江苏省确认为省级企业技术中心。几年来，正昌技术中心共开发新产品 100 多项，如年产 36 万吨大型饲料加工成套设备、大型制粒机、大型饲料膨胀机、大型利浦钢板筒仓（直径 18 米）、饲料厂电气自动集中控制系统等。1998 年研制开发的 SZLH678 大型制粒机和膨胀机等，其产品性能和质量均达到了国际先进水平。科技成果为正昌经济效益添上了新的翅膀，据统计，正昌每年开发的新产品为正昌增效 30%以上，产值率占 25%以上。④建立企业文化，提高正昌的凝聚力。企业文化是企业精神形象象征，又是企业产品质量、信誉的内涵表现。正昌提出了以“正昌品牌”为主题的“三企”企业文化，即“企业精神”以“爱国敬业、诚恳务实、高效进取、创新奉献”，同时辅以丰富多彩的文化体育活动，提高职工对企业精神的理解和贯穿于工作中；“企业性格”提出“人人是窗口，个个是形象”，“上岗一分钟、敬业 60 秒”，使员工确立荣誉感、使命感、危机感，提高员工的道德和职业技能水平；“企业使命”提出了“我们的使命，是为了提高人类生活水准，为了农民消除贫困，创造富裕”，促使职工不断迎接新的挑战，开创新的业绩。⑤开拓市场，搞好服务。为了宣传正昌品牌，使业内人士家喻户晓，正昌集团在全国各大专业杂志上连续刊登宣传广告，在中央和地方电视台亮相，出版“正昌集团报”免费发送，参加各种专业展览、展销、产品交流会等，为此，每年投入了大量宣传经费，主要目的：给大家一个具体的感性认识，从而把名牌产品的形象深入人心。除此之外，在全国设立了 8 个销售处，建立售后服务中心，建立用户档案，还有一支长年巡回专业调试队伍，为全国用户服务。建立售后服务专线和组织专业人员进行用户调查和走访，以不断改进工作。

10 多年来，正昌的产品，武装了我国一大批饲料加工企业，正昌的交钥匙工程更受到了广大用户的欢迎，同时，正昌的产品还打入东南亚、欧美等国家市场，实现了正昌品牌走出国门的宏愿。

二、以人为本，开拓市场新领域

正昌在我国的经济改革大潮中，以饲料机械起家。随着企业经济实力的不断壮大，正昌又跨进了新的市场领域，1994 年起，建起了独资、合资饲料厂和添加剂预混合饲料加工厂 4 家，年生产能力达到 8 万吨，并且占领了一定的市场，受到用户的欢迎。1998 年与中国农业科学院合作成功研制出“纯天然绿色植物生长促进剂”饲料添加剂新品种，这种饲料添加剂立足于我国传统的中草药医用原理，采用先进的浸提技术研制而成，经试验，可替代饲用抗生素。此外，在油脂化工产业方面获得了很大的成功。

正昌能发展到今天这种规模和取得的成绩，与正昌“以人为本”的指导思想是分不开的。正昌在对待人的工作上提倡“二动“、“三管齐下“、“四个并重“的方针。“二动“即培养员工动脑和动手的能力；“三管齐下“是政治上爱护，工作上放手，生活上关心”；“四个并重”是理论与实践并重，行业内与行业外并重，专业知识与全方位能力培养并重，自我锻炼与传帮带并重。并提倡专业人员开设第二学历。10 多年来共聘用和培养各种专业人才 500 多人，科技人员所占比例由 4.5%提高到 49.2%，有 36 人先后获得省和常州市的表彰和奖励。正昌为正昌人才智的发挥提供了良好的内外环境，正昌人为正昌的发展做出了积极贡献。

随着 WTO 进入中国，正昌集团将信心百倍地迎接新的挑战。

改革开放创机遇　科学技术促发展

——通威集团有限公司

通威集团是在改革开放中诞生、发展、壮大的一个民营企业。1984 年，其创始人刘汉元先生在四川眉山永寿镇的蟆颐堰永光电站尾水渠上筑起全国第一只金属网箱，发明“渠道金属网箱式流水养鱼”技术。10 多年来，不断得到发展。到今天已拥有总资产 88768 万元，员工 3000 多人，有管理和各类专业技术人员 658 人，其中有博士和硕士以上学位、高级技术职称的 32 人，具有国内外大学学历或中级职称的500余人。在国内外拥有四川、北京、重庆、云南、陕西、河南、山东、成都、苏州、长春、淄博、涪陵、西昌、宜宾、达川、沙市、沅江、安岳、广东南海通威饲料有限公司、成都通威水产科技有限公司、省级企业技术中心含研究所、四川青龙良种养殖场、四川德阳水产试验场、福建厦门海水养殖试验场、通威（美国）有限公司等20多个子公司及100多个分支机构，饲料年生产能力达到100万吨。成为中国最大的淡水鱼用饲料生产供应基地和重要的畜禽饲料生产企业。通威集团能够不断发展壮大得益于党和国家的方针政策对中国饲料工业的扶持和通威的正确经营指导方针。紧紧依靠科学技术促进企业发展，坚持以人为本，以质量为中心的生产经营方针，用"诚、信、正、一"的经营理念和"追求卓越，奉献社会"的企业宗旨在市场经济的大潮中乘风破浪、奋勇前进。

一、"渠道金属网箱式流水养鱼"技术，带来了一场水产养殖的革命

四川盆地素有"天府之国"的美誉，人杰地灵，物产丰富，有数不尽的美味佳品。但是，多少年都可以做到"粮满仓"，却无法达到"鱼满塘"。在江河纵横、池塘密布的四川，可养水面有920多万亩，但以前的河堰利用率只有14.9%，仅占可养水面的5.47%，致使过去老百姓的餐桌上往往是"食无鱼"。"食鱼难"成为天府之国自古的美中不足。1949年，全省的人均年水产品占有量仅为0.14千克；到1984年的人均水产品占有量也只有0.8千克，那时一斤活鱼的市价相当于3－5斤猪肉的价格。

为了充分利用当地的渔业资源，提高产量和效益，改变四川吃鱼难的状况，　　　　刘汉元先生根据渠道流水的特点，结合流水养鱼的原理和实际情况，形成了一种"借水还水，不占耕地，投资省，产量高"的渠道金属网箱式流水养鱼的构思，于1984年春，动员全家凑了500元钱，利用废钢管、丝网、水泥、砂石、自己动手在眉山县永寿镇的蟆颐堰永光电站尾水渠上建起了面积为$64.7M^2$的全国第一只金属流水网箱，投进了185千克鲤鱼苗，开始进行流水网箱养鱼的试验。经过不断的摸索、总结、实践，到了秋天的收获季节，当一筐筐活蹦乱跳的鲤鱼从网箱中捞上来时，四乡八邻前来观看的乡亲们轰动了，他们像发现了奇迹似地奔走相告：刘汉元用网箱在河沟里把鱼圈着养，使185千克小鱼苗变成了1390千克成鱼！经水产部门测算，用这一办法养鱼，亩产可达1.5万千克，创造了四川省单位水面养鱼的最高纪录。这一研究成果受到了当地市、县和水电局、科委的重视。1985年，乐山市科委和水电局将此技术列入中试计划，由课题组组织农户在"自筹资金、自担风险、自负盈亏"的原则下用15只网箱进行了中试。1985年10月25日，四川省科委主任宋大凡带领由省、市、县三级的领导和有关技术人员组成的验收组进行了验收。验收结果表明，亩产达到3万千克，使这项技术再次打破记录，荣获"四川省水产科技进步一等奖"，刘汉元先生获得"科学养鱼能手"、"集约化养鱼先进个人"等光荣称号。

1986年，时任国家科委主任、现任全国政协副主席的宋健专程到眉山县视察了流水网箱养鱼的情况后，对这种因地制宜、借水还水的渠道金属网箱养殖技术给予了高度的评价，他认为："'渠道金属网箱式流水养鱼'技术的发明和推广，是科研与生产紧密结合、相互转化的范例"。1987年，在眉山县先后两次召开了全国和全省的"流水网箱集约化养鱼现场会"，国家科委、农业部分别将此项技术列为"星火计划项目"和"丰收计划"项目在全国范围推广，使这一新型的养鱼方式在全省和全国迅速普及。广大农民自行投入，自行养殖，自行管理，自发自愿地利用山川河流走上了养鱼致富的道路，使天府大地涌现出了千万个养鱼大户。"渠道金属网箱式流水养鱼"技术的推广，带来了一场水产养殖上的革命。

二、"通威"牌系列鱼饲料，将昨天的"食鱼难"变为今天的"食有鱼"

"流水网箱养鱼"技术使广大农民开始走上致富之路。面对如此大规模的集约化养殖用什么来喂养，成为迫在眉睫而急需解决的问题。如果这个问题不解决，广大养殖户的利益就会受到损害，点燃的科技圣火亦将灰飞烟灭。为了解决大规模集约化养鱼带来的鱼饲料"瓶颈"问题，使广大农民真正走上富裕的道路，在进行"流水网箱养鱼"试验的同时，刘汉元先生又把目光投向了研究开发鱼饲料上，他清楚地认识到，养殖方式的更新，只是迈出了"一条腿"，而配制和提供优质高效的饲料产品，才具备了另"一条腿"。只有具备了两条腿，才能真正让千百万农民走上致富之路。他仍然凭借科学技术，从研究动物营养开始，精心研制优质高效的饲料配方，开始了从水面到地面，从养鱼到生产饲料的战略转移。通过连续大量的配方研究实验，于1986年研究开发出了优质高效的鱼饲料配方,同时在眉山县的永寿镇建起了西南首座鱼饲料生产厂，为寓意一切成就来自于科学技术和科学技术是第一生产力之意，将新建成的饲料厂和生产的饲料取名为"科力"。"科力"鱼饲料一推出，就立即受到了养殖户的青睐而供不应求。一时间，厂门前车水马龙，有的养殖户为能买到鱼饲料，竟在厂门口排队等了七天七夜。如果说市场是河流，企业和产品就是船，科学技术是船上的帆和桨，"科力"就是在科学技术的帆和桨的推动下驶入市场经济海洋的，它为日后"通威"乘风破浪奠定了基础（因商标注册原因更名为"通威"。）。

1992年，神州大地上掀起了经济改革的新一轮浪潮，刘汉元先生抱定对党和国家政策的信任，抱定社会主义市场经济是富民强国的必由之路的坚

定信念，毅然走出家乡的小镇，自筹资金 1000 多万元，从破土动工到竣工投产，仅仅只用了半年多时间，就在眉山县城边建起了一座年产 10 万吨的现代化饲料生产企业——四川通威饲料有限公司。投产那天，方圆百里赶来的养鱼户和父老乡亲们看到一袋袋鱼饲料从生产线上下来后就被装上大卡车和拖拉机，一天就要装100多辆汽车和拖拉机时，广大养殖户的心里更踏实了，“养鱼难”的瓶颈从此被突破了，更多的人也因为有了“通威”而走上劳动致富的道路。

眉山的一期工程投产后，通威的事业大上台阶。在 1992 年 9 月，正式组建成立了通威集团，刘汉元任董事长、总裁。“通威”牌系列鱼饲料产品，经过不断改进完善，其质量跃居国内领先地位。在 1993 年召开的全国集约化养鱼饲料专业学术讨论会上，与会专家一致认为：“‘通威’牌饲料不仅很好地解决了网箱养鱼中最难解决的品质退化、内脏比例过大；脂肪过多、鱼体干物质少；长途运输过程中死亡率高等长期困扰水产、饲料界的三大难题，而且使鱼的生长期缩短了 80%，饵料系数也仅为 1.1－1.6，处于国内领先水平，赶上和达到了世界先进水平”。

1995 年，通威集团再次完成了战略转移，将集团的总部从眉山县迁到了四川省的成都市高新技术开发区，以租赁、控股等合作方式发展了 8 家子公司。随后，不断以饲料工业为主，在全国各地进行扩张发展，其规模化、集约化、多元化、国际化的发展框架已初步形成。

在“通威”系列饲料和科学养殖方式的推动下，全省和全国的淡水养殖正在发生根本性变化，渔业生产得到了快速发展。在 1996 年，仅四川省的水产品总量就达到了 47.3 万多吨，比 1983 年增长了近 6 倍，人均水产品的占有量也由 1983 的 0.83 千克提高到 4.75 千克。1998 年，四川省仅水面养殖就达到 230 多万亩，总产量达 43 万余吨，比 1997 年又增长了 13.68%；养鱼的总产值达到 47.1 亿元，比 1997 年增长了 20.22%。十多年前的鲤鱼与猪肉的价格比为 3—5:1，1997 年下降为 1.5:1；在 1998 年，全国的鱼价进一步呈现下降趋势，曾一度出现了鱼比猪肉还便宜的情况（鱼和猪肉的比价变为 1:1.5）。现在，四川省各地，无论城市乡村的市场上，鲜鱼随处可见。短短 10 来年，四川省人民从过去餐桌上的“食无鱼”、吃鱼难已变成今天的“食有鱼”。

三、改革给通威的发展创造了机遇，科学技术给通威插上了腾飞的翅膀

党的十一届三中全会将全党和全国的工作中心转移到了经济建设上，极大地解放了生产力，使中国从一个物质极度贫乏、供不应求的状态发展成为物质丰富的国家，国民收入翻了两番，综合国力大大增强，国际地位显著提高。一大批个体、私营企业在改革的历史条件下应运而生，从无到有，从小到大，从有益的完善和补充到党的十五大确立的重要组成部分。他们为经济的快速发展，经济存量的迅速增加，为创造社会财富，增强国民经济实力，吸纳社会劳动力，维护社会稳定，推进社会全面进步，起到了极其重要的作用。

通威从“流水网箱养鱼”到“科力”再到今天发展壮大的过程中，原国务院副总理田纪云、全国人大副委员会长成思危、全国政协副主席宋健和四川省委、省政府的各届领导蒋民宽、张浩若、谢世杰、宋宝瑞、张中伟等多次亲临通威视察，解决问题，当地政府从政策、资金和土地划拨等都给予了支持，为通威的发展创造了良好的条件。通威之所以能够取得成功，最重要的就是紧紧抓住了改革的机遇，始终坚持以科研为先导，将科技进步贯穿于企业发展的始终。通威的创始人和领航人刘汉元先生深知科学技术是第一生产力的道理，他本人在极其繁重的工作之中，于 1996 年攻读完了四川大学的研究生学业，继而又开始攻读经济学博士。就是他的这种不断进取的精神，激励和鼓舞着全体通威员工不断向前。

为了使“通威”牌系列饲料的科技含量越来越高，确保产品质量，不断提高市场竞争能力，通威集团经四川省人民政府等有关部门批准，专门成立了“企业技术中心”和研究所，聘请了西北农业大学动物营养系的教授、硕士生导师黄启贤等一批研究员、硕士研究生等，每月至少开展 10 多个项目的实验，仅 1998 年就完成了试验报告 132 篇。研究所不仅致力于提高动物营养和养殖水平方面的科学研究，而且源源不断地将科研成果转化为商品，连续不断地大规模开展了动物营养制品（饲料）配方的筛选及新型养殖技术的试验、开发，先后研究开发出了鲤、草、蛤、鳗、甲鱼、虹鳟、江团等 50 多个具有国内领先、国际先进水平的鱼用饲料产品以及鸡、鸭、猪、牛、羊等畜禽饲料五大系列 100 多个品种。形成了从评估、研究、小试、中试到批量生产的新技术、新产品开发体系。目前正在开发长江的水面养殖和在福建厦门进行海水养殖的饲料产品研究试制工作，已取得了很好的效果。现在通威的产业已涉及到大农业开发、电子元器件、进出口贸易等方面，将为社会创造出更加巨大的财富。

通威集团 1995 年被国家工商局评为“中国 500 家最大私营企业第二位”；1996 年集团的核心企业率先在全国同行业中首家通过 ISO9002 国际质量体系认证和国家产品质量方圆认证；1997 年被列为“四川省 31 户重点民营企业”，1998 年被列为“四川省 37 户重点扩张型企业”；1999 年初获得国家批准的首批私营企业进出口权和“四川省维护消费者权益十佳单位”。集团自成立以来，先后 10 多次荣获国家级新产品、新技术金奖及星火科技金奖，被公众推举为“中国十大名牌饲料”，跻身“中国饲料行业百强企业前十强”，“通威牌”饲料商标被四川省工商局评为“四川省著名商标”。

依托科技 走向成功

——中牧股份饲料发展之路

中牧实业股份有限公司是中国牧工商（集团）总公司作为独家发起人，将其拥有的北京华罗饲料添加剂厂、萧山配合饲料厂、南京药械厂、成都药械厂、兰州生物药厂、郑州生物药厂及中国牧工商集团总公司贸易分公司的全部资产和中牧集团在其参股企业华安肉类有限公司、广西华桂畜牧饲料有限公司、上海新杨兽药厂、济南浓缩饲料厂、辽宁大成农牧有限公司持有的权益，经评估后折价入股，以募集方式设立的股份公司。

中牧股份直属和参股企业北京华罗饲料添加剂厂、广西华桂畜牧饲料有限公司、上海新杨兽药厂、济南浓缩饲料厂和辽宁大成农牧股份有限公司都曾入围“全国饲料工业行业百强企业”，产品抽检合格率达 100%，其中，北京华罗饲料添加剂厂产品曾多次获部行业殊荣，华罗多维 1 号获农业部推荐产品、第二届中国农业博览会金质奖；华罗产蛋鸡多维获农业部推荐产品、首届中国饲料工业博览会认定产品；华罗肉用仔鸡多维获第二届农业博览会金质奖；华罗种鸡用多维获农业部推荐产品、首届中国饲料工业博览会认定产品。华桂牌、华鲁牌、新杨牌饲料多次获区优、省优、部优及国优称号。萧山配合饲料厂曾获“浙江省最佳经济效益工业企业”称号，是浙江省五大精品饲料企业之一。

在中牧股份公司主营业务收入中，饲料收入的比重较大，其中以华罗牌饲料添加剂、添加剂预混合饲料的收益增长最快。中牧股份利用改制上市的良好机遇，依靠中牧股份的技术、品牌、管理优势，现已兼并成都华蓉牧工商公司，实行低成本扩张，开拓西南大市场。

目前中牧股份已形成从复合维生素、复合微量元素、添加剂预混合饲料到浓缩饲料、配合饲料等门类齐全的综合性饲料企业，产品涵盖生物药品、兽药、肉类加工等。中牧股份将向中国饲料业排头兵迈进。

以华罗为代表的饲料业是中牧股份的重要产业支柱，目前多维饲料生产能力达 4000 吨／年，1997 年销售量 2200 吨，为国内销售量最大的企业，产品覆盖东北、华南、中南等全国 28 个省市，全国市场占有率达 25%以上；添加剂预混合饲料生产能力达 35000 吨，1998 年销量达 29100 吨，占全国市场总量的 2.3%；浓缩饲料生产能力达 240000 吨，1997 年销售量达 154000 吨，占全国市场总量的 2.29%，配合饲料生产能力为 295000 吨，生产 211000 吨，占全国市场总量的 0.38%。

中牧股份的饲料产业在中国饲料工业发展中已成为一支不可忽视的力量，所属企业按现代企业制度实施规范化管理，市场应变能力强。因此，在目前饲料工业疲软、滑坡的形势下仍有较好的效益。1997 年仅华罗和萧山两个直属厂销售收入就达 1.7 亿元。

那么，中牧股份又如何在市场经济大潮中生存发展，并且走到了全国同行业的前列呢？是因为中牧股份在发展过程中始终重视科技人才意识、质量名牌意识、市场竞争意识，有一个懂管理善经营的领导班子。

一、科技人才意识

科技是第一生产力，企业领导班子一开始就非常注意科技人才，坚持贯彻以人为中心的“人本管理”思想。中牧股份的华罗品牌创建伊始，便在中国农业大学戎易教授等国内著名动物营养专家教授的指导下进行产品开发，在其发展过程中，先后聘用了中国家禽协会高级专家咨询中心等十三位国内著名的动物营养专家教授组成华罗高级专家顾问团，和中国农业大学共同成立“中牧动物营养中心”，不但承担了部级攻关课题，还为中牧股份新产品的开发提供了坚实的技术后盾。同时，中牧股份华罗自身的技术力量也在不断地加强，有 1 名博士、7 名硕士，汇集了中国农业大学、东北农业大学、中国农业科学院等在动物营养及畜牧兽医专业实力雄厚的学府及科研院所的 30 多名专业技术人员充实到中牧股份的技术队伍之中，为复合维生素的新产品开发做出了很大贡献。对于生产人员、检测人员，中牧股份华罗厂制定了各项规章制度和操作规程，强化工人的质量意识，工人进厂前必须经过严格的培训，现代化的企业来自现代化的员工，员工的素质是企业的灵魂。为提高员工公关意识，买来公关课程录像带，让员工一起学习讨论，共同为企业生存发展献计献策，还鼓励员工积极进取，参加多方面的进修学习。

正因为如此，中牧股份复合多维产品特别是鸡用多维在市场竞争中具有相当高的技术含量，荣获了首届、第二届中国农业博览会金质奖。目前中牧股份围绕科研开发、生产工艺、营销服务、管理策略等方面已形成一支高层次、高智力结构、能打敢拼的企业队伍。

二、质量品牌意识

产品质量一方面来源于设备、技术，另一方面来源于生产的严格管理。如中牧股份华罗厂刚创建时，市场到处是进口多维，如泰德维他、维他胖等产品，国产多维几乎没有一个能与国外品牌相抗衡，其主要原因是质量问题。为发展民族饲料工业，从瑞士引进具有 20 世纪 80 年代末期最新型的高精度的称量及混合生产设备，称量精确，混合均匀度高。同时逐步配制了高压液相色谱、原子吸收光谱仪、远红外分析仪等一大批先进仪器用来分析氨基酸、维生素、微量元素等微量及常规成分，完全满足科研开发及原料、产品质量精确控制的需要，使企业从一开始就在设备硬件条件上超过国内同行。

但是中牧股份华罗厂先进的设备仅仅是一个基础，更重要的是在饲料加工过程中严格把关，特别是配方关、原料化验关、加工关。中牧股份科技人员参考NRC、ARC、日本标准和国外饲料添加剂专业公司如瑞士罗氏公司、德国巴斯夫公司的标准及国外有关动物育种公司如迪卡公司、AA公司等标准以及国内外某些专门研究成果，同时还结合全国各地资源优势，结合用户反映和试验结果，总结出一套适合中国国情的不同生长发育阶段的“高产、优质、高效”的独特系列配方。对国外专业公司的推荐量决不盲从，例如在设计肉鸡料时，尽可能注意到维生素E防治鸡脑软化症的作用，但同时还注意到添加适量抗氧化剂也可防止该病发生，有节约部分维生素E的作用。又如由于我国自然环境差异较大，北京地区早春和冬季，肥育猪多在封闭式保温舍内饲养，因维生素D元转化能力低，故中牧股份科技人员在设计时就予以充分考虑。

为保证产品质量，中牧股份华罗厂利用与中国农大合作的“中牧动物营养中心”，先后建立了养鸡场、养猪场等试验场。每个配方都要经过对比试验，优胜劣汰后，方能正式投入生产供应用户。

原料化验关：仅有合理的配方，没有合格的原料不可能生产出优质的产品。因此必须把好采购、化验、入库验收等关口。采购原料坚持从信誉高、质量好、设备先进的厂家采购，建立长期的供需关系。保质保量地稳定原料渠道。原料定购由领导把关，原料入库由保管员验收。原料质量由化验室化验，原料使用由车间人员监督。不合格的原料坚决不用，不合格产品不准出厂。因此复合维生素的原料大多选用品质优异、质量稳定的国外进口原料，自行加工的载体水分控制在4%以下，这就从原料上保证了质量。

加工关：明确“产品质量来源于工作质量”的思想，由技术人员巡回检查。在有的关键部位如配料计量、下料、包装等工序采取了“二人核对制”，从制度上使加工质量有了可靠的保障。

总之，质量第一的意识已深入人心。经过艰苦的努力，从产品的内在质量到外观包装都达到进口同类产品的标准。功夫不负有心人，华罗产品1992年9月经国家饲料监督检验中心抽检合格，华罗多维一号被评为首届中国农业博览会金质奖，1994年被中国饲料工业协会评全国饲料工业行业百强企业，用户普遍认可以质优价廉的华罗产品代替进口产品。

三、市场竞争意识

在华罗多维产品投产之时，市场主要是进口多维占主导地位，国产多维几乎没有一个与国外产品抗衡。针对此情况，华罗厂把产品定位在与国外产品相同质量的位置，而将国内大中型饲料厂及养殖场作为目标市场，利用价格、质量和服务方面的优势，在全国范围与进口同类产品进行竞争。在华罗厂的发展过程中，技术人员深入到全国各地的用户，调查了解各地畜禽品种、饲养管理水平、气候特点、生产水平以及各地饲料原料特点等，为复合维生素开发研制适应当地特点的产品提供了科学依据。华罗厂在建厂初期，我国饲料工业尚处于发展阶段，复合维生素在饲料中的添加应用在有些地区还处于空白，通用多维产品为这些地区饲养及饲料业的发展起到了一定的带动作用。而大部分饲料企业均在使用畜禽通用型产品时，根据养殖业及饲料工业逐步向专业化、集约化发展的趋势，又及时开发出了根据畜禽品种、生长阶段、生产水平不同而设计的专用系列产品，特别是针对九十年代初我国肉鸡迅速发展的态势，推出的肉鸡专用多维迅速地占领了较大的市场份额。目前，在全国各地的中牧股份华罗产品市场中，针对不同地区不同客户而专门设计生产的产品正逐步取代了通用型的产品，取得了良好的社会和经济效益。

重视销售人才，所选用的销售人员均为本专业本科人才。在销售工作中充分地发挥每个人的专长，对新毕业的大学生要求他们先到生产车间实习，对工艺流程有所了解，再请专家和专业销售人员对他们进行培训，使他们在最短的时间内熟悉国内市场、销售技巧，同时还面向社会广招销售人才，择优录用，在全国范围内扩大了中牧股份华罗的销售人才，壮大销售队伍。如原车间主任和化验室主任，二人调至销售部门后所实现个人销售收入均超过几百万元，都发挥了本人特长，创造出比原有岗位更大的效益。同时在企业内部实行销售人员收入与销售量挂钩的承包管理办法，大大调动了销售人员的积极性，从而使华罗产品很快占领市场。

中牧股份华罗厂坚持以高质量的产品，制定了以大型饲料厂、大型养殖企业为主的方针，选择有规模、有影响的客户为华罗主要销售对象，这样能有效地防范畜牧业发展时起时落的市场风险，也正是由于本身产品质量的优势，大客户群的示范效应，对小客户的购买心理也有很大的影响力，从而带动了销售量的上升。

中牧股份认识到“坦诚相识，真情相待”才能与客户合作长久，优质的服务、良好的信誉才能赢得客户的信任，想客户之所想，创客户之所求，让客户满意。中牧股份设计的每一个产品都是经过充分的市场调研才推出的，都充分考虑到能给用户带来的效益。市场竞争如逆水行舟，不进则退，开发新产品一刻也不能松懈，人才、质量、市场和新产品正是华罗不断前进的内在动力。

中牧股份实行“以销定产”的原则，避免了产品积压。资金周转加快。在市场开拓中，鼓励销售员抓住机遇，勇于进取，能销多少销多少，以平衡淡季市场。对于已开发的市场，用心加以保护，为防止搞乱市场，对有规模的客户实行直接销售，每省只选择一两家实力强、信誉好的经销单位负责散户销售，这样有效地防止哄抬或压价销售，以及假冒伪劣产品流入用户，保护了市场，也捍卫了产品和企业形象。

一个好的企业必须具备一个好的当家人。中牧股份在其发展中逐步形成以全国青年企业家周玖付同志为代表的一批年富力强、懂管理善经营的企业领导者。他们具备高的技术素质、很强的敬业精神，他们随着企业的发展逐步走向成熟，这是中牧股份发展壮大的重要原因。

四、中牧股份饲料业发展构想

（1）继续稳固复合维生素市场份额，保持在多维市场的“龙头”地位，并进一步扩大产品品种和销售区域。

（2）建立添加剂预混合饲料和浓缩饲料的基础饲料市场，借此提高中牧股份在饲料行业的地位。

（3）通过中牧股份供销公司的市场开拓和运作，努力形成强有力的采购优势，降低成本，进而带动饲料添加剂的发展。利用中牧股份的资金优势，可以对维生素、矿物质、药物添加剂产品及新型添加剂进行投资，既能满足自用，也能适当外销。

（4）没有科研力量，企业发展就缺乏后劲，因此中牧股份将进一步加大科技投入，利用目前国家科研创新体制改革的机遇，寻求与科研单位的联合，乃至组建高新技术企业，提高产品的质量和档次。

（5）邀请国内知名专家组建专家咨询委员会，不断为中牧股份的发展出谋划策，集思广益，发挥智囊团的作用。

（6）通过资本运作，发挥上市公司优势。

由于饲料业大部分为中小型国营企业、三资企业、民营企业，且地域分布很广，中牧股份将依据上述特点，通过兼并、收购、重组等方式扩大企业规模，实行资本运营和低成本扩张，形成规模效益和管理优势，壮大公司实力。

展望未来，中牧股份的饲料产业前程似锦。

驾驭风云　叩击时空

——四川龙蟒集团创业记

四川龙蟒集团于1994年4月27日经德阳市体改委批准改造组建而成。它的前身是创建于1985年的遵道纯碱厂，经过10余年的艰苦奋斗，特别是近3年来大规模的技术改造和资本扩张，现已发展成为拥有7个全资子公司和1个股份有限公司，1个科技中心（下设4个科研所）的大型磷化工企业集团。现有员工3600多人，各类专业技术人员500多人，占地80余万平方米，资产总额5亿余元。年产“蟒”牌饲料级磷酸氢钙25万吨，饲料级磷酸二氢钙2万吨，其国内市场占有率达到35%以上，是当前亚洲规模最大的饲料磷酸盐生产企业。另产磷铵18万吨，硫酸30万吨，普通过磷酸钙13万吨等10余种农用及精细化工产品。1998年实现销售收入38800万元，完成利税6600万元。是绵竹市的骨干龙头企业，德阳市工业企业50强之一。四川省500家大中型工业企业之一，是德阳作为全国15个精细化工基地和全国星火科技产业带的重要支柱企业。公司被国家农业部认定为“全国乡镇企业管理基础工作一级企业”、被化工部命名为“中国乡镇化工先进企业”。

一、把握机遇，点石成金

20世纪80年代，随着中国农村波澜壮阔改革的深入，乡镇企业在中国大地应运而生．异军突起。1985年，脱贫致富的强烈愿望，使现任集团公司董事长、总经理李家权等30余名热血青年，在当地政府支持下，用36万元贷款在绵竹市遵道镇的龙蟒河边，建起了一个小小的纯碱厂，由于规模小、工艺落后，更由于一哄而上的众多碱厂使市场供过于求，碱厂利润微薄，陷入严重的生存危机。

受命于危难之际的李家权带领一帮人骑着自行车，历时数月，行程万里，四处考察，八方请教，寻找企业的求生之路。累了，住鸡毛店；饿了，啃干锅盔。鸡毛店里，磨练出李家权更加顽强不屈的意志；干锅盔中，使李家权悟出了一个铁打的硬道理：乡镇企业的生存发展，应该依托中国的广大农村和蓬勃兴起的农业产业。

随着改革开放政策的召唤，几千年传统产业中前所未有的饲料工业开始起步。一场以科技致富的养殖业为突破口的农业产业革命，在广大农村悄悄孕育起来。生于农村，对农村知根知底的李家权，以他特有的悟性和敏锐的洞察力预感到：家庭养殖和水产养殖业必定会以星火燎原之势蓬勃兴起，成为发展农村经济的重要形式。经过半年的探索、筛选，结合当地盛产磷矿石和劳动力富余的资源优势，李家权带领全厂果断放弃纯碱生产，转产科技含量高、产品附加值高的矿物质饲料磷酸氢钙，龙蟒就此与中国大农业结下不解之缘。

由于虚心学习，刻苦钻研，并引进成熟的工艺，不久便成功开发出合格的磷酸氢钙2103吨，经过辛勤的推广、厂家试用，产品因质优价廉、功效显著，在从事饲料生产的厂商和用户中获得了广泛信誉，不仅在四川站稳脚跟，而且很快走向全国。经过技术改造，扩大生产规模，工厂的生产能力、产值、利税成倍增长。此后，企业进入了持续、快速发展的轨道。

二、招募贤才，科技为本

企业竞争，产品竞争，归根到底是人才竞争，谁拥有了一流的人才，谁就会拥有一流的企业和一流的产品。为增强企业的竞争能力和发展后劲，集团公司通过各种渠道引进专业对口的高素质技术管理经济人才，并制定了一系列优惠政策，充分调动大家的积极性和创造性。近几年，公司共引进各类专业技术人员500多人。以两名博士、两名硕士、多名高工为代表的来自全国各地的专业技术人员得到全体员工的厚爱和敬重，公司还专们为他们修建了专家公寓，享受优厚的物质待遇，有适宜的科研项目和工作环境。资深的经济、技术专家，包括国际权威专家30余人组成了智囊团，为龙蟒献智慧，谋决策。专家们直接参与经营，根据他们的所长，分别被委以重任，最大限度地发挥了他们的聪明才智。公司还专门修建了职工培训楼，干部职工的在职培训定期举行，先后已有700余人次，一些到定点大专院校学习深造，一些在公司本部参加了某项专业知识的培训学习。公司还把部分中层以上干部轮番派到国外学习考察，目的是想让龙蟒的舞龙人观念进一步更新，素质进一步得到提高，向行业的更高水准看齐，朝更高的境界奋斗。

科学技术同样是乡镇企业发展的动力。龙蟒集团每年投入数百万元科研经费，建立起了高质、高效的科研中心，分别在北京、上海等地设立了四个科研所。这些具有很强实力的科研机构，紧紧围绕龙蟒主业，结合我国磷资源特点，对磷化工的关键基础技术——湿法磷酸法生产技术，不断改进和开发，现已拥有由7项发明专利组成的一整套“硫酸法湿法磷酸综合利用与深度加工生产农用化学品及精细化学品”系列配套技术。这些技术的实施，使龙蟒走出了一条低投入、高产出、高效益的集约型发展道路。

三、关注市场，技改跟进

乡镇企业的发展同样要经受市场经济的风雨洗礼。龙蟒人双眼紧紧地瞄准市场，根据企业发展和市场变化的实际情况，从1991年起至今，不断地开发新产品，加大技改力度，加速产品结构调整。

1994年，龙蟒人看准饲料工业的强劲势头，在一分公司已形成年产3万吨饲料级磷酸氢钙生产能力的基础上，大胆决策在二分公司再上一套年产10万吨生产装置，并且在整体布局上为该装置进一步扩能改造埋下伏笔。该装置1996年投产，1997年生产11万吨，1998年经过技改扩大至20万吨生产能力，更好地满足了市场的需求。

1993年，龙蟒人瞄准迅速发展的水产养殖饲料市场，开发生产饲料级磷酸二氢钙，进一步确立了龙蟒集团作为亚洲最大饲料磷酸盐生产基地的地位。

龙蟒集团六分公司，即原德阳市化工厂，1998年将原来年产2万吨能力迅速改造形成8万吨磷酸一铵生产能力，为集团公司进一步发展开拓了广阔的新天地，使公司的肥盐结合技术体系日臻完善。同时对原德阳市化工厂年产6万吨硫酸装置进行大修恢复，达到了年产8万吨硫酸的生产能力。

龙蟒集团五分公司，年产15万吨硫酸及3000千瓦的余热发电建设工程于1997年10月开工，1998年2月试车投料。该装置以进口硫磺为原料，工艺先进，环境污染少，是目前国内最大的单套硫磺制酸装置之一。仅在1998年，公司开发和技改项目累计达24项，完成固定资产投资11000万元，为企业打下了长足发展的基础。

四、管理规范，机制灵活

为适应市场经济的要求，公司实现了由粗放的生产管理型向科学的经营管理型的过渡与转变。过去的几年中，龙蟒集团以大农业为根本，以磷化工为主业，以市场为导向，在体制改革、机制建设、管理模式、分配原则等方面进行了大胆探索，并积累了一定的经验，取得了实实在在的大跨越。

公司按照现代企业制度的要求；加强企业的经营管理，制定了一套适应市场经济发展的有关决策、计划、指挥、协调、控制、用人等方面的管理机制。随着股份公司的成立，公司建立了由股东大会、董事会、经理层和监事会组成的公司法人治理机构，通过公司章程确定职权、责任，并各司其职。形成完善的由决策层、执行层、监督层相结合的组织管理体系。在夯实基础、规范管理的同时公司实行灵活机动的“干部能上能下，员工能进能出，工资能高能低，机构能设能撤”的四能机制。新员工进公司实行试用考察制，严把“进口关”、“考核关”、“调整关”。“今日工作不努力，明日努力找工作”，“干多干少一个样，干好干坏都一样”的不良机制已被员工所唾弃。

五、以质取胜，品牌夺魁

质量是企业的生命，是赢得市场的有力保证。湿法磷酸法的脱氟技术，尤其是既经济又适合大工业生产使用的脱氟技术革新是饲料级磷酸氢钙生产的关键，龙蟒集团早在1994年便通过三次大规模工业试验解决了该技术难题。他们自始至终坚持“质量改进，永无止境，服务顾客，尽心尽力”和“精益求精”的质量方针，打响了一个又一个质量攻坚战。而今，交付顾客的饲料磷酸盐产品合格率达到99.99%，顾客对本公司产品满意率达到95%以上。优良的产品质量牢牢地吸引了一大批用户，在同行业一些厂家降价抛售的时候，公司仍以原价销售而用户仍愿意接受，其主要原因就是产品稳定地符合国际GB8258—87的质量要求。

品牌竞争就是形象竞争，品牌战略就是名牌战略。创名牌产品，企业才能立于市场竞争的不败之地。龙蟒集团上至董事长，下至一般员工，深懂此理，并牢牢地把好各道关口。公司的主导产品“蟒”牌饲料级磷酸氢钙和磷酸二氢钙，分获四川省首届畜牧食品博览会金奖和优秀奖，被全国社会经济调研中心、中国市场调查研究小组认定为“全国知名品牌”、“中国市场名牌产品”，荣获中国科技精品博览会、中国农业博览会等多项金奖，享有“中华科技精品”等荣誉称号。1997年底获得ISO9002质量体系和产品质量双认证，并取得自营进出口权。

六、兼并收购，扩张资本

自身生存发展的需要和市场的猛烈撞击，使龙蟒人毅然选择了开拓进取的扩张发展之路，制定出“依靠科技进步，强化优势产业，创立国际名牌，通过资本运营，壮大经营规模，走上国际舞台”的宏观战略。他们摒弃了小富即安的思想，立足长远，积聚和集中资本，对某些前景好，但目前积患较多、宣布破产的国营大中型企业进行收购。成立股份有限公司，扩大融资渠道，用先进的技术加以改造，使企业一步一个台阶，不断地变大，变优，变强。

1993年11月，公司收购了德阳市磷化工总厂，以后几年事实证明龙蟒集团已完全具备了从事该项资本经营的能力。

1998 年 4 月 23 日，累计债务高达 1.3 亿元的德阳市化工厂依法破产拍卖，由龙蟒集团正式收购，组建德阳龙蟒磷制品有限责任公司。被收购后的原德阳市化工厂拟建成硫酸、磷铵、复肥三大产品为主的生产基地。由于硫酸车间的原有设备达不到设计标准，经过维修和短时间组织整顿，当年 6 月便大规模地恢复了生产。收购前的德阳市化工厂硫酸月生产历史最高纪录为 6300 多吨（只有 1 个月），被收购后的 8 月份硫酸生产达到 7130 吨，创历史最高纪录，9 月份提高到 7200 吨，突破 8 月份创下的历史最高纪录，10 月份增至 7500 吨，又突破 9 月份创下的历史最高纪录。从 8 月份至 1998 年底，已累计生产硫酸近 4 万吨，较原企业实际产量提高了 50%，生产工人人数只有原来的 1/2，生产成本较原来下降了 30%，职工收入较原来却有较大的增加，达到了真正意义上的减员增效，做到了政府、企业、职工三满意。与此同时，原有 2 万吨磷铵装置通过采用集团公司的专利嫁接和技术改造，仅投入 2000 余万元，其能力已达到 8 万吨，并且前后改造仅用 4 个月时间。如此成功地收购与改造，已引起各级政府的高度重视。在 1998 年 10 月份召开的全国高浓度磷复肥经验交流会上，得到了中国磷肥工业协会的充分肯定和高度赞扬。

1. 稳定是搞好一切工作的首要前提

原德阳市化工厂刚被收购后，一些职工反对“老乡”收购，就是愿意加入龙蟒的人也疑虑重重。收购后的第二个月，集团公司总经理李家权便及时召集愿意留下的原化工厂职工开会，欢迎他们安下心来，共铸龙蟒的辉煌。他向这些职工宣称：龙蟒的原则是对事不对人，“只要你能干，机会就一定多；只要你肯干，收获就一定多。”分公司按“四能”机制运作。并向大家慎重承诺：愿走的按规定发给一次性安置费，愿留的办理养老保险，实行退休制度；对留下来的所有干部职工充分信任，大胆使用，酌情提拔。目前，原化工厂的领导班子中，除一名党支部书记是集团公司派去的外，其他干部都是原化工厂的骨干，有的干部还被调到公司总部和其他分公司担任重要职务。大家见集团公司领导心胸宽广，对他们这些“被占领者”的确十分信任，不仅放下了思想包袱，而且都愿意为原化工厂的振兴出力。

2. 从上到下拧成了一股绳

李家权在磷铵“二改八”工程设计方案通过那天，下午 4 点赶去与大家一起进行最后的论证，一直搞到晚上 12 点过才记起自己还没吃晚饭。他多次到技改现场召开办公会，每到一处，都要仔细查看，详细询问，一旦发现不妥之处，马上商量解决办法。他的言传身教，影响了一大批干部。硫酸试产期间，一位 50 多岁的分公司主要负责人一连三昼夜没睡过一个囫囵觉。深夜实在撑持不住了，就端个凳子坐在现场当“监工”。在磷铵“二改八”工程期间，分公司的干部和所有技术人员一样，全都是早晨 7 点以前赶到公司，规定晚上 9 点下班，大家却自愿干到晚上 10 点过。盛夏 6 月，暑热难当，技改班子的人员中午饭后也不休息，100 多人中就有 30 多人中暑昏倒，待苏醒过来后又接着大干。

3. 精简机构，提高办事效率

原德阳市化工厂经理级干部有 7 人，现在只有 5 人；中层干部加其他管理人员原有 280 余人，现在只有 97 人；部门设置以前有 28 个科室，现在减至 5 个。原来办事拖沓；现在明文规定：分公司请示集团公司总部办的事，总部 24 小时内办妥；车间要求分公司办的事，分公司 8 小时内办好。

4. 逐级量化，严格考核尺度

总部量化到到分公司经理，分公司经理量化到副经理，副经理量化到车间主任，车间主任量化到职工人头。干部职工的工资与产量、质量、成本、安全、效益等 7 项指标挂钩。原来是拿“资格、资历”工资，现在是拿“本事、效益”工资，并实行上不封顶，下不保底。工作期间如发现有人溜号，第一次给予警告，第二次处罚，第三次开除。

5. 加大投入，增添设备

集团公司仅在硫酸恢复投产和磷铵“二改八”工程期间，便投资 2000 多万元购置所需设备，还将计划投资 1500 万元用于 10 万吨复肥生产。

体制与机制的改变，领导的以身作则，各项措施的制定和层层落实，加上全体员工经过整整半年多时间的艰苦奋斗，原德阳市化工厂已成功地扭亏为盈。

1999 年，原德阳市化工厂将生产 8 万吨硫酸、10 万吨磷铵，预计销售收入 15000 万元，实现利税 3500 万元。集团公司五分公司硫酸生产线将达到 15 万吨，余热发电 3000 千瓦，全年将实现利税 2600 万元。集团公司二分公司，通过调整产品结构，扩建技改，填平补齐，1999 年将形成年产 20 万吨磷酸氢钙生产能力。上述几个项目的投产，将成为集团公司 1999 年新的经济增长点。

七、重视环保，目光锐敏

化工行业要造成或多或少的环境污染，如果不进行及时治理，后患无穷。龙蟒集团对此问题十分重视。发展经济与保护环境并重，符合国家实施可持续发展战略的要求，保证了企业具有长久的生命力。

1. 废气治理已初见成效

1998 年集团公司对所有萃取尾气系统进行了改造，基本做到了达标排放。同年公司对所有干燥尾气实施泡沫塔湿式收尘改造，大大缓解了粉尘污染。12 月份公司通过考察论证引进最先进的美国除尘技术，该项目于 1999 年 4 月全面投入运行，尾气含尘浓度大大低于国家标准。

2. 废渣治理多头并进，且取得突破性进展

1998 年修筑磷石膏专用运输道路，避免磷石膏对当地主干公路的污染。此外，磷石膏堆场的规划整治与绿化工程已开始启动，磷石膏综合利用途径

已取得突破性进展。

3．废水治理工作全面展开

利用美国过滤技术处理工业废水，不仅可使废水排放完全达标而且可基本做到工业废水全封闭利用，公司已与美国有关公司签订了过滤产品合同，整个废水治理已于 1999 年 3 月全面进入运行阶段。至 2000 年底，公司将累计投资 280 万元，对生产产生的废气、废渣、废水予以全面治理。

八、船载千钧，掌舵一人

四川省十大杰出青年，龙蟒集团董事长兼总裁李家权，创业期间，他与大家一起滚地铺，背石头。放弃生产纯碱，果断转产矿物质饲料级磷酸氢钙前，他忍饥挨饿、披星戴月，带领一帮兄弟出外考察，并力排众说，使得转产成功。为了占据磷化工行业的科技制高点，他求贤若渴，通过各种渠道，招募天下贤才，甚至多次登门邀请。为了满足市场的需求和增强产品的竞争力，他通宵达旦，钻研技术，与科研人员一起，多次商讨技改与调整产品结构方案。为建立科学的管理方法和优越的机制，他殚精竭虑，废寝忘食，并率先让自己的妻子下岗。为争创名牌，创造品牌效应，他大会、小会上强调，订立严格制度，带头检查执行。在收购国企，扩张资本阶段，他熬红了一双眼，蚀掉了一身肉。环境污染，一时没寻求到彻底治理的有效办法，一当提起，他便愁眉不展，忧虑重重。他是一个一品尝山珍海味便想起过去挨饿的人；他是一个一谈到爬山便想要登上山顶的人。他非常欣赏集团公司的价值观念：奉献就是幸福，敬业才能成功。他十分满意他为集团公司提出的精神口号：认认真真做事，清清白白做人。可以说，集团公司所采取的每一项重大举措，每进行一次重大的决策，都与他直接相关，都是以他为首的决策层思路、意志的产物。也可以这么说，集团公司艰苦创业发展壮大的过程，就是他含辛茹苦拼搏奋斗的历程。他和集团公司领导班子的成员们，个个懂经营，能管理，善决策。他们以立足四川、面向全国、放眼世界的远见及胸怀，以坚韧不拔、锲而不舍、不达目的、誓不罢休的开拓进取精神，带领龙蟒人铸就了龙蟒辉煌的现在，还将铸就龙蟒更加辉煌的未来。一位省领导在考察了龙蟒集团后说：龙蟒成功的经验有几条，但最主要的一条是他们有一个很好的领导班子，在这个很好的领导班子中，有一个优秀能干的好总裁。真可谓是一语中的！

九、叩击时空　驾驭风云

“驾驭风云，叩击时空’，是龙蟒集团的主题理念之一。为了紧紧拥抱这一主题理念，驾驭市场的风云，驾驭时代的风云，向自我挑战，向未来挑战，龙蟒集团经过多方面论证和慎密的思考，确定了自己未来 20 年发展的基本思路。

1．市场定位

立足我国资源特点，不断完善肥盐结合的工艺技术，形成装置规模适度和生产布局合理的磷化工产业体系，面向大农业与农业产业化，为种植业、饲料工业、畜牧业和水产养殖业提供高水准专业化服务，使龙蟒集团成为中国科技兴农的一面旗帜。

2．产业结构优势定位

拓宽领域，调整结构，以现有产业为基础，通过 3－5 年的产品结构调整，逐步形成精细磷酸盐、饲料级磷酸盐和肥料磷酸盐相互匹配、效益互补、满足市场需求、适应市场变化的产业结构体系。

3．目标定位

到2010年，综合磷酸盐产品年产达到300－500万吨，预计实现销售收入 80－100 亿元，完成利税 15－18 亿元。龙蟒集团经过 13 年艰难困苦的拼搏和奋斗，虽然取得了一些成绩，具有了一定的优势，扩张到了一定的规模，积累了一些感受和体会，确定了未来 10 年的发展战略目标，也有决心有信心去圆满自己心中美好的梦。他们准备从 1999 年起，全面启动实施CIS 战略，进一步打好企业发展的“五根桩”，通过 10 年的内功和外力的修炼，使自己成为中国的磷化工大王，成为亚洲的 IMC 公司，真正在世界磷化工舞台上占据举足轻重的地位。

新希望集团

新希望集团是一家以现代农业开发为主，跨行业、跨省区发展的民营企业集团，主导产品为畜禽鱼配合饲料。该集团是四川省委、省政府重点扶持的 37 户扩张型企业之一，被四川省人民政府办公厅等单位评定为全省最大规模民营企业十强第一名。全集团目前共有各类型企业 62 家，其中饲料生产企业 46 家，除饲料生产以外，还涉及饲料原辅料的生产、房地产开发、国际贸易、金融与投资、高档彩印以及天然色素生产等。由新希望集团控股的“四川新希望农业股份有限公司”A 股股票已于 1998 年 3 月 11 日在深圳证券交易所上市交易。

新希望集团正式组建于 1996 年底，其前身主要是希望集团南方希望公司。希望集团发轫于 1982 年，当时刘永好和他的 3 位兄长离开各自的工作岗位到农村创业，他们从种养业起步，经过千辛万苦，在 6 年时间里使创业资本积累到1000万元。从1988 年开始，刘氏四兄弟放弃了在当时已颇具规模的鹌鹑养殖，决定全面转向饲料的开发与生产，通过持续不断的努力，独立地开发出可与国外洋饲料媲美的希望 1 号乳猪全价颗粒饲料，被列入国家星火科技项目，随后又推出猪、鸡、鸭、鱼等几大系列几十个品种的饲料，并相继投入生产，投放市场。“希望牌系列饲料的开发与运用”，获得国家星火科技成果二等奖。1992 年邓小平同志南巡讲话和党的十四大以后，希望的创业者们抓住决定企业命运的重大机遇，组建了经国家工商局核准名称的希望集团，为面向四川、面向全国求发展做好了组织架构和人才队伍的准备。“希望”还通过与国有饲料企业合资联营的方式走“国有加民营”、优势互补、共同发展的路子，实现了低成本扩张和快速发展，企业由1992年的3家，增加到1993年的8家，1994年的17家，1995年达到35家，1996年76家，到1997年底，其全资和控股企业已超过90家，1998年底达到108家。饲料产量近300万吨，产值70亿元，从业员工超过15000人。

经过十多年的艰苦奋斗，“希望”打下了比较坚实的产业基础，希望集团本身是一个家庭形态的企业，家族式企业在创业初期发挥了很大的作用，保持了相当高的增长势头。但是在企业做到一定规模的情况下，这样的企业必须自觉地进行调整，才能更好地生存与发展。针对这一现实，希望的创业者们，分别于1992年和1995年两次自觉地对管理体制进行调整并明晰了产权。

1995年，“希望”在全国各地已有30多家饲料企业，这年4月进行的调整结果是大体以长江为线，希望在长江以北的企业组建了东方希望公司，这部分产权属刘永行所有；希望在长江以南的企业则组建了南方希望公司，产权归属刘永好。这种管理体制的划分和产权的明晰促进了希望事业在1995年以后的持续发展。

党的十四大以来，非公有制经济在实践中逐渐成为我国社会主义市场经济的重要组成部分，在前述希望集团两次结构调整的基础上，为适应新形势下二次创业的需要，刘永好先生以南方片区若干家公司为基础，组建了四川新希望集团有限公司。新希望集团现有员工6800人，企业分布在华南、华中、西南、西北以及北京、山东等地。由于新希望集团强调要摆脱家族式管理模式，面向社会吸纳优秀人才，因而积聚了一批较高素质的人士，为二次创业奠定了基础。1998年是新希望集团加快发展的一年，在党的十五大精神的鼓舞下，该集团通过进军大西北和南下广东、海南的发展战略，一年签约兴建12家饲料企业和3家饲料原辅料生产企业，当年投产的有5家，这一年新希望集团还以西南地区4家饲料企业为基础，改制组建四川新希望农业股份有限公司，其A股股票在深圳证券交易所上市。1998年底，该公司投资4000万元人民币在越南南方新建的越南新希望饲料有限公司，被认为是民族饲料工业著名品牌首次打出国门，在外建厂的尝试，对于扩大饲料工业的发展空间，具有积极的意义。1998年新希望集团饲料产量达到125万吨，全集团饲料产销值和其它营业收入共计32亿元，企业总数达到62家，其中饲料生产企业46家。集团推行积极而慎重的发展战略，坚持一业为主，适度多元，把70%的精力和资金用于主导产业——饲料加工业的发展，确保了主营业务的持续增长和市场份额的扩大；在多元化方面，集团也取得了不俗的业绩，与成都市统建办联手开发占地400亩的高档户地产项目——锦宫新城，投资将超过10亿元人民币；在凉山州实施天然色素花卉种植及产品初级加工，已打开局面，这家公司的产品全部出口，去年创汇近100万美元，有近万农户通过种植花卉增加了收入。由四川新希望集团农业股份公司收购的中国民生银行7500万股法人股，使新希望成为该行的主要股东之一。新希望集团还参股北京双鹤药业等上市公司，作了部分资产社会化的尝试。

目前，新希望集团按照集团刘永好董事长提出的关于克服经营中的短期化行为，争创“百年老店”、“百年名店”的经营思想和理念，正大力解决管理粗放的问题，努力实现管理的规范化和精细化。为了在激烈的市场竞争中站稳脚根，实现持续发展，全集团加大技术改造力度，引进多套国外先进设备，对现有生产线进行改造，组建新希望动物营养研究院和国际农业交流中心，加快产品结构调整，提高产品技术含量，以满足畜牧业和养殖业不断发展变化的需要，新希望集团还通过ISO9000系列质量认证，完善质管体系的建设，设立了技术总监领导下的质量管理中心，严格对各公司产品质量进行监控，确保产品质量的稳定和提高。目前全集团除生产“希望牌”系列饲料以外，还推出多个品牌的系列饲料，其中包括列入四川省级名优产品评选系列的“国雄”、“嘉好”牌系列饲料，满足了市场需求。

新希望集团董事长刘永好先生现任全国政协常委、全国工商联副主席、中国民生银行副董事长、中国饲料工业协会副会长，还担任全国“光彩事业”促进会副会长等职务。

正虹改革发展之路

湖南正虹饲料股份有限公司原是洞庭湖畔一个名不见经传的小企业。1986年建厂，1990年兼并，1997年上市，一步一步改革探索，一步一步发展巩固，从无到有、从小到大，从弱到强，直至今日成为拥有8亿资产、25条微机生产线、全国纯饲料生产行业第一家上市的集团公司——正虹饲料股份有限公司，她走过了一段令世人瞩目的改革与发展之路。

一、抓住每次机遇

20世纪80年代中期，商品经济迅速发展。正虹所在屈原农场是计划经济下培植起来的全省规模最大的生猪养殖基地。应该说，在当时的背景下发展生猪是很有优势的，但事实上，生猪生产并没有随着商品经济的发展而发展起来，相反，还出现了意想不到的严重滑坡。究其原因，一是国家取消了对生猪生产的补贴政策，把生猪养殖业推向了市场；二是生猪的喂养仍然停留在传统的熟食料和大混合的粗饲料喂养方式上，采用这种方式喂猪，成本高，周期长，效益差，劳而无功，得不偿失。农民的养猪积极性自然低落。而在另一方面，随着人民生活水平的不断提高，人们对肉食品的需求与日俱增，这就形成了市场的反差和矛盾。作为“生于斯，长于斯”、深切关注着家乡生猪饲养发展前途的畜牧工作者吴明夏和他的同事们以敏锐的眼光，从这种反差和矛盾中，看到了饲料研究的星火，看到了饲料业开发的机遇。

是机遇就要抓住。吴明夏等人便义无反顾地全身心投入到猪饲料研究之中。他们上北京，奔武汉，跑长沙，到处搜集资料，到处寻求支持；他们走乡村，进农户，蹲猪舍，耐心询访，细心观察，认真琢磨；再经过无数次的试验，无数次攻关，终于，“正虹牌猪高蛋白浓缩料 QF-001”在他们的苦苦追寻中诞生了，这正是生猪养殖业走出低谷的 1985 年。然而，吴明夏等人并没有被眼前的成功所陶醉，他们想到的是如何再次把握住眼前的机遇，他们看到的是在他们面前横着一条漫长而艰难的创业之路。1986 年，他们在资金极度紧张的情况下，依仗湖南省科委的支持，东挪西借，并倾尽各自的全部积蓄，筹资 32 万元，在屈原农场办起了第一家饲料企业——屈原农场饲料厂，批量生产“正虹牌001”饲料。产品很快打开销路，赢得了市场。一时间，正虹饲料在屈原农场及周边县市红火起来。随着市场需求的扩大，饲料行业的竞争也在日趋加剧，在不到 3 年的时间里，屈原农场境内的饲料厂发展了十多家。它们各自为阵，在小范围内相互争市场，争人才，形成一种小打小闹的局面。这样下去，刚刚诞生的正虹饲料如何能面对风大浪急的市场？ 企业的决策者们忧心忡忡。他们感到，市场如战场，弄不好就要触礁翻船，就要全军覆没。他们当机立断，作出“联手办厂，形成合力，抓住机遇，共闯市场”的决策。1990 年，在屈原农场的具体指导和大力支持下，屈原农场饲料厂对农场境内比较有实力、有潜力的其他三家饲料企业成功地实行了“兼并”，并更名为正虹饲料厂。兼并后的企业，人才集中了，资金集中了，资产增多了，家业扩大了，闯市场的合力也随之形成。而更重要的是，正虹饲料扩张发展的机遇没有被轻易放过。兼并后，正虹的产品产量和经济效益出现了连续 3 年每年翻一番的好形势。1996 年，正虹饲料产量由兼并前的 13000 吨增至 17 万吨，增长了 12 倍；产值由兼并前的 2700 万元增至 5.4 亿元，增长了 19 倍。

随着产业规模的不断扩大，正虹原有的经营体制已难以适应现代化企业的发展要求。1996 年，正虹人又不失时机地按照国家提出的国有企业改革要求，对企业实施全方位的现代企业制度改革，正虹饲料厂也随之更名为“湖南正虹饲料公司”，至此，正虹便正式步入了公司制运行轨道。企业的改革和发展又跨上了一个新的台阶。但在前进的道路上，正虹人从未停止和放慢过自己前进的步伐。在成功地实现了企业改制后，他们又开始四处寻求新的机遇。公司刚刚建立，要发展，要扩张，最需要的是资金，但那几年我国国家一直奉行适度从紧的货币政策，而屈原农场又是一个农垦企业，除了一个农业分行外，再无其他信贷机构，融资渠道极其狭窄。在这种情况下，正虹要想通过银行或政府取得用于企业发展的资金，既艰难，又缓慢。许多事情都是逼出来的。正虹公司的决策者们在重压下把眼光投向了市场。从大市场上直接融资，这对公司来说无疑是一个求之不得的明智之举。但这并非是一件容易的事。全国企业几十万家，而当时上市的才那么几百家，正虹这个改制还不到一年的公司能挤得进去吗？正虹人决心去探一探这个神秘的领域。然而，正虹没有这方面的人才。没有就请吧，市里的、省里的、北京的、深圳的，于是证券事务所的专家、大学经济学教授、证券公司经理，一时间成了正虹公司的座上嘉宾和“客座教授”。机会终于来了，在屈原农场和各级政府的支持和帮助下，正虹终于在国家证券委员会所列的 1997 年上市公司的名额中占到了一个席位。1997 年 3 月 18 日，正虹饲料 A 种股票（4500 万股）正式在深圳证券交易所挂牌上市，融资 3.41 亿元。这一成功之举，意味着搏击于云飞浪卷的市场经济大潮中的正虹公司又一次把握住了机遇，又一次赢得了发展的主动权！

二、用活一种机制

正虹饲料股份有限公司之所以能在改革与发展的道路上保持一种青春活力，首先是因为她有一个活的企业运行机制。早在创业初期的 1996 年，当全国各地的绝大多数工业企业还在计划经济的圈子里吃着大锅饭的时候，正虹人就以“敢于第一个吃螃蟹”的改革精神在国营农场这个典型的计划经济产物的地盘上“明码标价”，挂起了招聘的牌子。企业从老板到工人，从管理干部到技术人员一律实行招聘制和效益工资制。由于当时的工人大都是从农民中招聘的，因而在劳动用工上，企业便有这样一条明了而切实的用工规则：“户口在村，吃住在家，劳动在厂，有工做工，无工务农”。这种劳动用工制度的建立与日后的公司体制不谋而合。在这种企业制度下，企业没有铁饭碗带来的人员负担，也没有人员背后牵带的社会负担，而有的是员工在责、权、利一致驱动下的积极性，有的是企业的不断积累和扩张。这样，企业就象一辆轻骑，在发展的道路上飞奔。

十年后正虹改制上市，又进一步给企业注入了新的活力。正虹在适时地调整自己的发展战略的同时，把逐步建立和完善与上市公司相适应的经营机制当作头等大事来抓。因为正虹的改革发展之路使他们深深懂得：一个活的机制就是企业活力的化身，就是企业持续发展的动力。他们从内部管理、生产营销、产品质量、财务报帐、资本运作到劳动用工、人才引进和培养、企业文化与宣传等各方面都制订了严格的规章制度和操作办法，形成了一整套科学有序而又切实可行的企业运行机制。如在劳动人事方面，他们履行“能者上，平者让，庸者下”、“有为有位”、“劳酬对等”等原则；同时聘任制也得到了完善。公司根据需要设置机构和岗位，根据一定的条件和资格，聘任合适人选到岗，并履行严格的聘约手续。应聘时，你可以选择部门岗位，部门也可以选择你，你不用找关系、找领导，你只找你自己。无论什么岗位、什么职别，一律不搞终身制，不搞铁饭碗。聘任双方都依法分别享有聘任与解聘、受聘与辞聘的权力。这是在劳动人事制度上的一种典型的自我约束机制，在这种机制约束下，人不会偷懒，人的进取心不会无故泯灭。这就使企业有了原动力，有了活力和“合力”。新体制下新机制的运行，使上市后的正虹公司的经营战略得以顺利实施，也使公司的管理较之以前更加稳妥有序。随之而来的是公司净利润的大幅度上升，1997年净利润比1996年增长40%；1998年比1997年增长12%。这就是一个活的机制的力量与价值，这就是正虹发展的轨道！

三、驱动两个轮子

如果说一个活的机制是企业的车架，那么人才和科技便是安装在这个车架上的一前一后的两个轮子。十多年来，正虹在如何有效地驱动这两个轮子的问题上做了不少文章。

正虹从自己的改革和发展中深切感到：市场的竞争说到底就是人才的竞争。他们认为，优秀的决策人才，可以使企业在市场风浪中稳住舵把而不迷失航向；优秀的管理人才，可以使企业运转井然有序而不乱阵脚；优秀的科技人才，可以使产品领潮于市场而不虚耗财力；优秀的营销人才，可以使市场得到不断拓展，使企业得以不断扩张。因此，当正虹事业中兴之时，正虹人就不失时机地响亮地提出了“搭成功之梯，揽四海雄才”的口号。并实施“创造机遇，培养人才；增负加压，锻炼人才；破格提拔，重用人才；论功行赏，激励人才”的人才战略。有人说，在正虹，是人才不愁进不了，上不去；是庸才，也不怕下不来，出不去。事实也是这样。这些年，随着企业的快速发展，随着事业的不断兴旺，来正虹应聘求职者也越来越多，有来自名牌大学的本科生、研究生、博士后，也有一般大中专院校的毕业生；有来自大公司的高级职员和科研人员，也有来自行政机关的专业人员和管理干部；有来自北京、武汉的，也有来自省城、县城的，四面八方，各行各业，不一而足。而思贤若渴的正虹，对待这些求职者，只要是企业需要而又符合企业人才条件的，都一一起用。1990年以来，正虹这个仅有400多名正式员工的企业，却从全国各地招聘人才100余人，其中包括博士后、硕士研究生、本科生、畜牧师、会计师、经济师、工程师等数十人。公司根据他们各自的专长，将其安排在管理、科研、营销、质监、财务等不同部门和不同岗位，使他们各得其所，各尽其才，各显其能。近几年来，他们当中的一批人，通过自己的努力和拼搏，一个个脱颖而出，有的当上了公司的董事会董事、副总经理，有的当上了联营公司的总经理或副总经理，有的当上了部门经理、副经理或业务主管。他们已在公司内部形成了一个德才兼备、有胆有识、敢于开拓、勇于进取的精英群体，成为振兴正虹事业的中坚力量。

拥有了人才，就等于是拥有了科学技术。有了科学技术，产品的质量就有了保证；有了科学技术，产业就可以得到进一步开发，事业就可以持续快速地向前推进。正虹之所以有今天，靠的就是科学技术，这是正虹人在十多年奋斗中认定了的一条真理。创业之初，正虹就立足长远，建立了自己的科研班子，根据市场的需要，不断改进饲料配方，研制新产品；当企业发展起来、有了较为雄厚的资金实力后，他们又相继成立了自己的科研机构，建起了科研所，办起了现代化验测试中心，并建立了试验基地。十多年来，正虹在科研方面的投入累计达5000万元之多。

科学技术是第一生产力。这在正虹的十多年探索、改革和发展中得到了有力的证明。十多年来，正虹牌“001”饲料的配方更新了九代，一代比一代好，一代比一代强，产品质量引誉全国，产品产量成倍增长。产品由当初的单一品牌发展到今天的4个系列30个品种；产品市场和产业规模也随着新产品的不断研制开发而迅速扩张。十多年来，正虹饲料科学研究硕果累累，饲料产品先后获得“墨西哥实用技术展览交流会金奖”、“国家星火奖”、“国家银质奖”和“全国用户信得过产品”、“全国猪浓缩料产品质量评比第一名”等30多项殊荣。与此同时，正虹公司也先后被国家和湖南省政府分别认定为“全国饲料工业行业百强企业”、“《国家级科研成果推广计划》项目依托单位”、“高新技术企业”和“湖南省重点企业”。

是的，正是由于正虹人奋力驱动了“人才”和“科技”这两个最具时代特点的轮子，才使得正虹的事业有了丰厚的回报，有了今日的辉煌。

四、认准一条道路

正虹人永远不会满足于昨日的成功，今日的辉煌。他们的路还很长很长。并且，他们已认准了自己要走的路——产业化发展之路，这是一条尤为适合正虹发展的道路。饲料工业，是农产品加工工业，它一头连着农业，一头连着工业；一头连着种植，一头连着养殖；一头连着农户，一头连着市场；一头连着农村的“米袋子”，一头连着城市的“菜篮子”。它既是产业联合的交汇点，又是产业发展的热点。而正虹正是处在这个交汇点上。她可以站在这个交汇点上，凭借自己的资金、人才和技术优势，居高临下，举纲张目，铸就“产业链”，编织“产业网”。这一切，正是正虹人凭他们的敏感和睿智所看到的，所想到的，所认定的，这也是他们正在做的和将要做的。

正虹人为自己产业化建设和发展编织了一个富有挑战性的战略构想：以市场为导向，以饲料为龙头，全力驱动科技和人才两个轮子，分三个阶段、通过三条途径、实现三个目标（谓之“333”战略），即通过壮大主体产业、拓展相关产业、开发高新科技产业三条途径，到2001年，实现年销售收入15亿元、利税2亿元的目标；到2005年，实现年销售收入30亿元、利税5亿元的目标；到2010年，实现年销售收入50亿元、利税10亿元的目标。使正虹成为集农业、工业、贸易、科研于一体，总资产过100亿元的大型企业集团。这个战略构想从1997年起已开始付诸实施：

——当年投资3800万元，兴建了全国一流的现代化万头良种猪场；投资200万元，创立了牲猪流通公司，并在屈原农场境内实施百万头生猪工程。

——1998年上半年投资9000万元，独资兴建了唐山、四平、南宁三大饲料企业，用以扩大饲料产销规模，使正虹集团的饲料生产能力由过去的50万吨增至80万吨；投资300万元，创立了兴农公司，并将万头种猪场和流通公司纳入属下，同时建立了“公司＋农户”的农业产业化经营体制。

——1998年下半年投资1000万元，兴建了“国家猪浓缩饲料科研推广中心”；投资500万元，兴建了“正虹添加剂预混合饲料生产推广中心”。

——1999年，正虹以配股和股权置换的形式购并了岳阳市城陵矶实业有限公司，使公司在跨行业发展方面又跨出了重要一步。

所有这些，还仅仅是正虹产业化建设的一个开端。要真正绘就正虹的产业化发展宏图，还有很多的事情在等待正虹人去做，还有很多困难在等待正虹人去克服，还有很多的梦想在等待正虹人去实现……

“正虹”人坚信：只要沿着认定的路走下去，就没有达不到的目的！

高起点、高质量、标准化、规模化发展饲料工业

——上海大江（集团）股份有限公司

党的十一届三中全会以来的20年，是我国饲料工业蓬勃发展的20年。上海大江（集团）股份有限公司正是在这改革开放、饲料工业大发展的形势下，自我积累，滚动发展起来的。上海大江（集团）股份公司的前身——上海大江有限公司，由上海市松江县饲料公司、畜禽公司和泰国正大集团正大上海有限公司于1985年合资创建。公司逐步形成饲料生产、畜禽饲养、肉食品加工和内外销售为一体的“产、加、销”一条龙完整的生产体系。1993年，大江公司改制为上市公司，组建企业集团，发行A股、B股股票，更加注入了企业发展的活力。经过14年的发展，公司的注册资本从创建初期的600万美元（当时折合人民币1710万元），到1998年已增至6.76亿元人民币。主要产品的年生产能力为饲料220万吨；父母代种苗鸡350万套、商品代苗鸡1亿羽、商品代肉鸡5500万羽、鸡肉分割产品为10万吨（其中出口3.5—4万吨）。1991—1998年，8个年度合计，公司主营业务收入1,480,084万元，利润总额92,448万元，出口创汇44,925万美元；公司生产配合饲料4,935,745吨、添加剂预混合饲料36,857吨、浓缩饲料88,085吨、料精13,616吨。大江饲料除供应公司养鸡系列外，还销售周边地区的农户和养殖场。从1989年起，大江公司连续被评为全国和上海市外商投资创汇、创利“双优”企业，连续三届荣获“全国十大最大合资企业”的称号。

饲料工业是大江公司的基础产业，现已包括饲料原料生产、饲料添加剂生产、饲料加工以及饲料机械的生产和安装。目前拥有全资和合资饲料厂共10家，配合饲料的年生产能力达220万吨，添加剂预混合饲料和浓缩饲料的年生产能力达8万吨。公司还拥有全资子公司——大江设备工程安装公司，主营饲料厂的改造和建设项目工程。公司还与德国孟庆公司合资新建上海申德机械有限公司，专营饲料机械生产。大江集团在1993年全国饲料工业行业百强企业中，名列第二。大江的饲料工业以高起点、高质量、标准化、规模化不断开拓进取，为我国的饲料工业发展起着一定的推动作用。

一、高起点引进吸收国外先进的生产设备和科学技术

投产于1987年的大江饲料厂，全套引进当时国际先进的饲料加工设备，包括收料、清理、粉碎、混合、制粒、冷却、破碎、计量、包装等系列，每小时制粒产量36吨，设备的生产运行全部由电脑中心室控制，从投料至成品包装，自动化作业程度高，劳动强度低，生产效率高，具有合理性和连续性等优点。

大江饲料采用泰国正大集团技术部的饲料配方，并且制定严格的原料使用标准，用多种维生素、氨基酸、微量元素以及防病药物精心配制成添加剂预混合饲料和浓缩饲料，或再与优质的大众原料配合，生产出符合畜禽各生长阶级需要的高质量配合饲料，产品的转化率已达到或接近国外先进水平。

公司饲料品管中心的化验室，同大江饲料厂同步筹建，不断引进国外先进的高、精、尖化验分析仪器和科学的分析方法，配有经验丰富、高学历的品管人员，其中多人派往泰国正大总部进行专业培训。公司所属各饲料厂都配有自己的化验室，先进的设备和高素质的人才，有力地保证饲料产品质量的准确性和稳定性，大大促进了饲料质量的提高。

1992年10月，大江集团与德国孟庆公司合资组建的申德机械有限公司，积极引进、消化、吸收国外先进技术和设备，抓住饲料机械工业发展的机遇，采用德国孟庆公司的专业技术，制造各种规格的制粒机、环模、压辊、分级筛和破碎机等饲料加工设备。为了开拓市场，又从德国引进立轴式粉碎机、离心振动式分级筛等先进生产技术，自行先后

开发了水产饲料膨化机、湿式膨化机、水滴型粉碎机、立式粉碎机、螺带式混合机、双轴桨叶式混合机、逆流式冷却器、带式磁选喂料器等新产品，其中多项产品在国内尚属空白。从而为我国的饲料机械工业的发展起了一定的推进作用。

二、建立严密的质量保证体系

1. 严格控制原料关

根据泰国正大集团的原料使用标准，结合中国原料的具体特点，制定严格的企业原料使用标准。公司品管中心直属公司总裁领导，以企业制定的原料使用标准为评判依据，行使“一票否决权”。原料进厂，不管新老客户，必须每批通过严格检验，不合格原料坚持不予使用。原料品质的把关，树起了质量保证的第一道屏障。

2. 严格按标准化组织生产

在饲料加工过程中，合理布点进行监控：原料的入仓取样点、粉碎观察取样点、混合取样点、制粒控制点、成品取样和包装控制点，保证产品质量符合企业产品标准。随着饲料的不断发展和客户对饲料质量更高、更新的要求，及时改进自己企业的产品标准，对生产过程中的粉碎、混合、制粒、冷却、破碎、筛选和包装等工序，制定统一的技术标准。各操作岗位有各自的工作标准和岗位责任制，进行规范化操作，以确保每道工序的质量，做到上道工序对下道工序负责，不合格半成品禁止流入下道工序，职责分明，责任到人，生产高质量饲料，满足广大客户要求。

3. 严格控制成品出厂关

公司品管中心在成品把关上，同原料进厂检验一样履行职权，对每班生产的每一品种、每一桩位、每一批次的成品进行检测，及时开具化验结果单，没有品管中心的评判，都不得擅自作主发放。内部成品仓库存放饲料有明确的期限，超期料一律不准出售，以保证饲料到客户手中的新鲜度。另外，对成品样品的留存也作了严格的规定，在品管中心和成品仓库两处设有样品柜，留存 3 个月。同时还将生产的饲料产品定时向上海饲料质量检测站送检。

三、适应市场需求，创饲料名优品牌

1. 坚持质量创名牌

质量是企业的生命。生产的饲料要取得客户的信任、市场的认可，归根到底要有质量过硬的产品。“上海大江”公司全体员工十分重视产品的品质，始终坚持“质量第一，客户至上”的经营方针，树立良好的企业形象，赢得了广大用户的信赖。公司的产品质量不仅重视品种、规格要求和卫生指标，还极其重视计量标准、标签标准和包装标准。公司于 1993 年根据国家要求，制定了饲料产品的企业标准，同年 9 月经上海市技术监督局批准出台，使大江集团内的同类产品都有了统一的标准，各企业不得自行其是，各搞一套。随着饲料工业不断完善和发展，1995 年、1997 年公司两次进行标准修定。由于严格执行饲料质量标准和生产标准，“大江牌”配合饲料、“大江牌”F 系列 浓缩饲料和添加剂预混合饲料，在国内都享有较高的声誉。用户反映使用大江牌饲料，要比用一般饲料节约成本 25%左右。在公司内部试验场和江、浙、沪地区有关养殖户中作过多次试验，饲料报酬率全部达标。近几年来，大江公司饲料质量经国家和上海市技术监督局连续抽检，合格率均达到 100%。1993 年公司荣获了“全国饲料和添加剂生产信得过厂家（公司）”第一名；1995 年，“大江牌”系列饲料又被中国科协评为“中华科技精品”；同年，在中国 20 家科技报组织的大型公众饲料调查中，得票数名列全国饲料行业之首，荣获“十大名牌饲料”称号；1998 年，“大江牌”商标又评为“上海市著名商标”。“大江”品牌是公司无形的资产，每位员工都自觉维护大江形象。

2. 千方百计拓展市场

饲料工业是大江公司的三大主业之一。大江饲料的销售以江、浙、沪为中心，辐射周边地区。公司销售工作建立在对市场认真周密的调研和正确分析基础上，并辅之以合理的价格、有效的促销手段和周到的售后服务。1997 年，母公司的饲料销量达到最高峰 36.75 万吨，由于全国畜牧业市场不景气，1998 年大江饲料销售量有所下降。目前我国已有 12000 多家饲料加工企业，饲料加工能力严重过剩，厂家的无序竞争愈演愈烈，销售难度越发艰难，饲料工业进入了一个微利时代。为了争取有限的市场份额，公司采取了以下措施，以不断提高自身的竞争力：

（1）不断推出饲料新品牌　大江公司在工艺上不断改进，以提高产品质量：增添烘干设备，降低原料水分；提高粉碎粒度，改进调质工艺，增加物料熟化程度；改进筛选工艺，降低成品含粉率。在品种开发上，为满足不同养殖方式、不同养殖规模的需要于 1998 年，公司推出了大江第二品牌——“谷阳牌”饲料，以适应市场，迎合广大用户对饲料产品多层次、多品种的需求。“谷阳牌”饲料上市以来，市场反映良好，并逐步呈现销售上升趋势。

（2）不断改善饲料品种结构　近几年，我国饲养业形势不乐观，猪肉消费下降，生猪价格连续下跌，而水产品需求比例上升，从 1991—1998 年，全国饲料总产量所占比重也可以看出，猪饲料比重呈下降走势，鱼虾饲料比重稳步上升。大江公司决策层预见性地加大水产饲料的开发力度，1993 年开始酝酿，于 1995 年在松江东部开发区建立了大江水产饲料厂，扩大了水产饲料的生产规模。同时，积极开发水产饲料新品种，先后推出了甲鱼饲料、牛蛙饲料、鳗鱼饲料和海水鱼饲料等新品种。目前，公司水产饲料市场地域分布广泛，甲鱼料除江、浙、沪以外，进入了国内最大的市场——湖北；牛蛙料在广东、福建的局面已经铺开。经过 3 年时间的市场锤炼，到 1998 年，水产饲料销售量大幅度扬升，销量达到了 14190 吨，其中特种水产饲料销售达到 1420 吨。公司水产饲料的市场占有率在不断地提高，发展趋势看好。

饲料成本决定着养殖业的经济效益，近来国内粮食丰收，原料价格一路下跌。一些较大规模的养殖场，纷纷自配饲料，以求降低成本。根据这种走势，大江公司加大对浓缩饲料和添加剂预混合饲料的开发力度，加强销售力量，开辟边远地区市场，以适应市场。

（3）不断加强饲料信息网络建设　大江饲料工业经过14年的发展，已形成了较完善的市场信息网络，以江、浙、沪为中心辐射周边，在湖北、江西、山东、广西、福建、河南均建立了市场网络。随着社会的发展，信息和交通能力不断完善，外围市场缩短了和我们的时间与空间，在边远地区，如新疆乌鲁木齐，也正在逐渐认识和了解大江产品。大江产品在边远地区的推广，将会有一定的发展前景。

3. 完善技术服务和质量保证体系

售后服务和技术推广是开拓市场的重要手段。公司专门设立了技术服务科，配备强大的技术服务力量，活跃在市场第一线，树立以服务客户为先导、满足客户需求为宗旨、实现客户最佳效益为目的的服务理念。

由于我国历史、文化和社会经济的原因，农户以传统方式分散饲养为主，即使规模化饲养，饲养水平也参差不齐。大江公司建立技术服务网络，向养殖户推广科普技术，提供良种、防疫、饲养方面的服务，为提高农村饲养水平，提高精饲料的普及率，增加市场开发深度，培养潜在客户和巩固已有市场。大江饲料技术服务的主要工作有：（A）健全饲料产品的宣传资料和技术文献，通过资料传播向用户介绍和宣传大江产品；（B）组织举办讲座、培训和研讨等会议，对内培训营销人员的相关专业知识，对外扩大技术和信息交流；（C）大力支持营销人员对客户的拜访、服务和投诉处理。

为不断完善服务，解除饲养户的后顾之忧，从1997年8月起，大江公司生产的“大江牌”饲料，由中国太平洋保险公司上海市分公司承保“产品责任险”。这是为名牌产品保驾护航，防止假冒伪劣产品，保护消费者权益的一大举措，广大用户可以用得更放心、更称心，免除了使用大江饲料的后顾之忧，大大巩固、稳定和规范了饲料市场。

四、加强企业管理，开展全国农业标准化示范区达标工作

大江公司创建伊始，就十分重视企业管理，逐步建立和完善公司标准化管理体系，建立和健全现代企业制度。1995年6月，公司向国家技术监督局呈报关于建立国家级畜牧“产、加、销”一条龙标准化示范区的申请获得正式批准。从1996年开始，着手开展为期三年的标准化实施工作。值得一提的是，大江公司是唯一没有上级拨款的单位，全部资金自筹。对此项工作，公司领导极其重视，将标准化工作列入重要工作日程加以布置、检查，并成立了以副总裁任组长的标准化领导小组。企业内部充分抓住开展标准化示范区的契机，进行自我加压，通过三年努力，使公司进一步完善了管理体系，提高了企业管理水平，也提高了产品质量。

由于公司领导的高度重视和各级干部员工的统一认识，此项工作进展顺利。1998年底，国家质量技术监督局授权上海市技术监督局组成验收组来大江考核，验收组12名专家对大江的工作给予了充分肯定，结果以94.6分（满分100分）的成绩，圆满通过验收。

就公司饲料加工系统而言，标准体系包含了从原料进厂—原料储存—生产加工—成品出厂—销售服务全过程，共制定标准271项，其中技术标准199项、管理标准34项、工作标准38项，并规范、统一了82种文件记录表格。在实施中，全员参与，落实到每个部门、每个岗位、每个员工，注重检查、监督和考核工作，确保标准化工作的正常、持续、有效运行。

实践证明，标准化是推广科学技术的重要手段，是科技转化为生产力的纽带和桥梁，进行标准化工作是一个企业摆脱传统落后的生产管理，迈向现代化先进管理的一项举措，是企业规范发展的必由之路，也是社会的一大进步。因为，有了标准化产品质量才能得到稳定长久的保障，企业的管理水平才会更上一层楼，行业发展也将更加规范有序。

企业标准化达标以后，大江公司的目光将投向更远。1998年申德机械有限公司和大江食品系统已开始进行ISO9000质量体系的认证，1999年大江饲料加工系统也将开始ISO9000认证工作，以进一步加强企业管理，树立起更高的企业形象。公司的目标是，力争实现一流质量、一流服务、一流管理和一流信誉。

五、发挥集团规模优势，深化企业改革

饲料工业是关系到国计民生的综合性工业，它上联种植业，下联养殖业。近年来，由于我国饲料加工业发展迅猛，而养殖业处于低谷，所以，饲料加工能力放空严重。

面临新形势、新情况，大江公司要做的是充分发挥自身优势：（1）公司是中外合资的股份制企业，机制较灵活，在宏观调控中回旋余地较大；（2）有国内称得上最完备的饲料工业规模体系。（3）拥有上市公司特有的融资渠道、资金实力和企业知名度；（4）地处上海这个改革开放的大龙头、大都市，加上附近经济基础较好的江、浙两省，“地利”得天独厚；（5）还拥有众多崇尚敬业的高素质人才。

其次，深化企业改革，控制生产成本，创造低成本优势。公司决策层清醒明白，在当前激烈的市场竞争中，只有产品品位高、成本低，才有资格参与竞争，才敢于叫板竞争，所以，控制成本、节支降本，决不是权宜之计。而降本增效，必须深化企业改革：（1）进行机构变革，定岗定员，对人员进行调整，完善竞争上岗制度，提高工作效率，调动工作积极性；（2）积极开展“管理年”活动，增产增效，降低成本，降低消耗，提高公司综合管理效益；（3）发挥统一计划、统一采购、统一销售的优势，压缩原料库存，降低采购成本，合理运用资金，加快资金周转，严格控制各项费用，加大回收应收款力度。

农业是我国国民经济的基础，国家的政策是向加强和稳定农业倾斜。从中长期来看，饲料工业发展空间广阔，饲料产品市场需求仍具潜力。对此，大江公司充满信心，积极开拓思路，做到预测在先、应变在前，以“领先一步”的精神，把握主动权。同时，保持清醒的认识，我国饲料工业与发达国家的水平还有较大差距，尤其在科研开发能力上，饲料工业的水平决不是以单一的总体生产能力来衡量。在国内，饲料行业还不够规范、稳定和协调。公司将进一步改善饲料工业的产品结构和品种结构，注重饲料工业的绿色环保和卫生安全。脚踏实地，一步一个脚印，扎实工作，抓住机遇，迎接挑战，使企业再创辉煌，为我国的饲料工业发展作出新的贡献。

艰苦奋斗求发展，锐意改革创新高

——江苏牧羊集团发展历程

江苏牧羊集团的前身是扬州粮食饲料机械厂，是县粮食局下属的一个小型国有独资全民所有制企业。1992年以前，还是一个名不见经传、产值不到1000万元的小厂，现已发展成为以江苏牧羊集团有限公司为核心层，拥有九个分公司和一个科研设计院，以饲料机械为主体，以饲料成套工程、钢板仓工程、钢结构工程、除尘工程、粮食工程和电气工程为配套，农牧饲料与生物技术相结合，科、工、贸及服务为一体的较为规范的省级企业集团。1998年集团实现产品销售收入2.05亿元，利税1250万元。与1992年相比，销售收入增长了7.7倍；税收增长了8倍；国有资产增长了7.4倍。1997年牧羊集团荣获“江苏省食品饲料工业百强企业”、“江苏省高新技术企业”等称号，“牧羊”商标也被认定为江苏省著名商标。

在国有企业大面积陷入困境、全国粮机普遍不景气的大环境下，“牧羊”以区区23万元起家，在1991年实际产值仅900多万元，而6年后，产、销、利达到超亿过千万的目标，并在全国同类行业中名列前茅。他们认为：经济要发展，企业要适应两个根本性的转变，创新是灵魂，关键在调整。只有创新机制，调整结构，微观才能适应宏观。在激烈的市场竞争中立于不败之地，企业才有出路，企业才有生机和活力。在这样的经营理念指导下，就转机建制、优化结构方面进行了积极的探索，大胆实践并取得了较为显著的经济效益。

一、调整资本结构，在产权制度上创新

1992年以前，集团作为邗江县粮食局下属的一个小厂，虽然效益不错，但规模太小，难有大的发展。企业围绕加强经营责任制进行改革，成效也不太明显。企业新的领导班子建立后，首先想到的是做好企业改制这篇大文章，资本结构调整自此拉开帷幕。

他们认为：组建企业集团不能拔苗助长，一哄而起，而要从实际出发，成熟一个，组建一个。目前企业组建集团的模式，大致有两种，一种是“粢饭式”，即通过外力强行将若干个企业捏合在一起，其结果是企业之间亲和力不强，企业的效益难有较大幅度提高。甚至会在不同程度上有所削弱；另一种是“桔子式”，即通过市场调节，不同企业根据各自的需要形成一种同盟关系，各个企业对内保持紧密型合作，对外可以单独作战。基于对改制模式的深入思考，牧羊集团密切联系本厂实际，按需出发，形成一个别具特色的一厂多制的所有制格局。

1. 母体裂变，变单一主体为多元结构

1993年，扬州粮食饲料机械厂分三步进行股份合作制改造：一是采取募集入股的方式，跨地区吸纳3个法人的法人股；二是采用限额配股的方式，要求全厂经营者和普通职工全员入股，增加职工股；三是通过配套完善，资产剥离，形成母体1430万元的实有资本，其中国家股900万元，法人和自然人股530万元，使非国有股占37%。在此基础上，成立了江苏牧羊集团有限公司，成为牧羊集团的核心企业。

与此同时，“牧羊”还兼并了县粮食局的亏损企业邗江饲料厂，并与上海大江集团公司联营创办扬州大江畜禽饲料有限公司，注册资本720万元，两个法人各占50%，将原年单班5000吨饲料厂改造成2万吨。1996年两个企业进一步合作，双方投资4000万元。两次合作中“牧羊”共出资708万元，以15%的股份吸引上海大江集团投资4012万元，建成了苏北最大的年产24万吨饲料工程。

2. 分株嫁接，变单向投资为控股经营

1994年，“牧羊”以项目为龙头，组建了扬州牧羊饲料成套工程有限公司，1995年组建了牧羊钢板仓工程有限公司和牧羊除尘设备有限公司。这三个公司均由集团核心层控股，每个公司注册资本都为80万元，其中成套公司自然人股占46.38%，钢板仓公司自然人股占41%，除尘设备公司自然人股占43.62%。在内部嫁接的同时，“牧羊”又于1994年与香港振宏国际有限公司、中国饲料集团公司三方合资成立了扬州中宏机械有限公司，注册资本2250万元，其中港方70万美元，由中饲公司控股。1996年中宏公司引进英国UMT公司的技术，对方以制造技术入股。同年，中饲公司撤回了750万元股份，牧羊集团控股90%。

3. 成分互通，变单轮滚动为混合并进

1997年3月“牧羊”吸收日本一企业的资金和技术，又从武汉工业经济园区引进一个私营高新技术企业，三方合资，成立了由私营业主直接管理、集团子公司成套工程公司参股的股份制企业－扬州金洋自控设备有限公司，成为集团第三代公司，主要为牧羊成套工程和其它粮食工程、仓储工程及饲料生产厂家配套服务，开发生产高档机电一体化产品和中央控制系统。

在资本结构调整的同时，“牧羊”人加强了管

理结构的调整。他们认为，资本结构调整只能为企业的发展创造基本的物质条件。重组后企业的的经营状况如何，很大程度上取决于企业的经营机制能否真正转化过来，真正以市场为轴心运作。集团紧紧抓住资本调整的契机，从产权关系出发，逐步建立以产权为纽带“集中决策、分块管理、逐级核算、自负盈亏”的集团管理模式。集团与成员企业之间存在着明晰的产权关系，集团公司按照投资或控股比例行使相应的权利，承担相应的义务。集团总部为决策、控股中心，以出资者的身份享有重大决策、选择管理者和资产受益等权利。在组织关系上，集团公司的副总兼任子公司的总经理。子公司是经营责任中心，在集团公司的统一经营战略下，享有充分的经营自主权。这种以产权为基础的管理关系，确保了集团公司能够从整体上进行调配，从战略上进行规划，充分发挥集团的整体作战优势。

牧羊集团对资本结构的调整表明，产权制度改革要坚持以有利于企业发展为宗旨，不能一味讲求名份、总数和比例。该集团通过控股、参股等形式实行低成本扩张，使企业初步实现了产权主体化、资本多元化和风险社会化；通过横向联合、合资、合作等形式使企业取得了优势叠加的效应；通过允许私营经济的介入，使企业混合型经济结构显得更为合理。由于该集团在资本结构调整的同时，注重制度创新，向管理要效益，从而保证了集团内部没有一个亏损企业，“组建一个，成功一个”。

二、调整产品结构，在技术进步上创新

在企业发展过程中，集团领导逐步认识到：“牧羊”是靠生产饲料机械起家和发展的，但当集团发展到一定规模时，必须调整单一产品结构，既要立足于生产饲料机械，又要大力开发与饲料机械关联性强的产品，实现一业为主、多元发展，由被动适应市场转变为主动引导市场。实现这一思路的关键在于扩大科技在产品结构调整中的作用。

1. 强化科技意识，形成科技进步的内在动力

1992年，“牧羊”提出了“依靠科技求发展”的主体战略，并迅速把这种意识渗透到中层干部和广大职工群众中去，在他们中形成发展科技的内在动力。首先是确定企业的科技发展目标。“牧羊”提出，1992年－1994年集团产品保持国内领先水平；1995—1997年，追赶国际先进水平；其次是组织考察培训。让大家“走出去”，在技术进步上看、比、想、学。到目前为止，“牧羊”已派出26名领导干部和科技骨干到国外考察和培训，组织150多名职工到大企业学习，既开阔了眼界，又看到了差距，大大增强了科技兴厂的紧迫感；三是形成激励机制。围绕新产品开发，对科技人员制定目标责任，课题承包、业绩考核等制度，把推进科技成果与经济责任制结合起来。新产品技术一经形成，奖项即予兑现，待投产后再按比例提成，使工资、奖金分配与科研成果、工作绩效紧密桂钩。科技人员普遍感到既有压力，又有动力。目前，该集团一人年承担新产品开发项目最多的达3项，年奖金收入达万元；四是广泛开展群众性技术改造与创新活动。集团制定了不同的奖励办法和标准，引导职工积极为企业进步献计献策。从1993年开始，一线工人完成技术革新项目50多项，创产值1000万元。1996年该公司从瑞士进口两套利浦卷仓机組，为减少对钢板仓公司的固定资产投入，科研所的科技人员主动向公司领导请战，他们与技术工人组成科技攻关小组，组织消化吸收和改进，生产6套卷仓设备和部分配件，满足了钢板仓公司的业务需要，节约外汇159万美元。

2. 改造与引进并举，技术国内领先

技术改造是内涵扩大再生产的主要途径。“牧羊”人抓住1992－1995年饲料工业蓬勃发展的机遇，依靠自身实力，捷足先登。 连续几次技术改造，而且规模一次比一次大，层次一次比一次高。近几年，先后投资1.08亿元，实施了“老厂600万元设备改造”、“500万元牧羊科技楼配套”、“2000万元牧羊新区发展”、“4720万元饲料厂新建”、“3000万元颗粒环模生产线”等重大技术改造和新上项目。

技术引进是抢占世界技术制高点的捷径。去年集团投资500多万元引进瑞士建仓技术和SM40卷仓机组；投资100多万元购买数控机床、光电跟踪切割机；投资380万元引进德国2工位4钻头自动环模枪钻和环模制造技术；为了提高加工设备的档次，今年公司还将投资1000多万元，购买激光切割机和数控加工设备。该集团还通过引进英国UMT集团公司的制粒机国际专利技术，生产牧羊——UMT颗粒机。目前该机已成为国内品位较高、机型最好的一种制粒机，预计1999年产值可突破1500万元。

3. 不断提高科研开发能力

“牧羊”把建好自己的科研院作为增强科技后劲的首要环节来抓。1994年，集团投资230多万元建设牧羊科技楼。近两年来，又投资200多万元购置了100多台具有20世纪90年代先进水平的计算机，建成牧羊科技网络中心，并拥有当今最先进的图形设计程序软件，极大地提高了科研效率。该科研所自主开发了技术含量较高的以牧羊先锋168单式、复式、主式粉碎机，牧羊968水滴式粉碎机，双轴桨叶式高效混合机、TPH135高效挤压膨化机、牧羊－UMT600型，1200型颗粒机、翻板式逆流冷却器、烘干机、冷却干燥组合机、低压脉冲除尘器、微机控制定量包装秤、液体配料秤等为典型代表的20多个系列300多个品种的高科技饲料机械产品。研制成功时产28吨的SFSP112×60B（160KW）大型粉碎机，时产5吨的SFSP118×40微粉碎机，每批混合4吨的SLHY12型叶带混合机。SFSP112×60_B新型锤片粉碎机和国外水滴式粉碎机相比，每小时产量要高出4－5吨，并有部分设备出口马来西亚、越南等国家，成套电控设备出口菲律宾，饲料成套工程出口埃及，开创中国饲料成

套工程出口的先河。如今的牧羊集团在产品上已形成系列化。粮食饲料机械从建厂初期的4个系列、26个规格品种发展到24个系列、200多个规格品种，形成了一批粉碎机和混合机为主体的拳头产品。该公司的粉碎、混合、颗粒、膨化及称重打包等五大系列产品，其质量在国内处于领先地位。

牧羊集团产品结构调整的过程进一步证明，科技进步是企业发展的第一动力。企业进行技术改造不能总是跟在人家后面亦步亦趋，而要创造条件，舍得投入，建立自己的科研机构。因为，任何一种驰名商标，背后都需要有一个强大的科研机构作支撑。科技投入与品牌高低成正比，科研实力与资产实力亦成正比。

三、调整市场结构，在营销艺术上创新

牧羊集团在市场经济的洗礼中悟出一个真谛：加快企业发展必须牢牢抓住市场，努力在营销艺术上创新。

1. 转变营销理念，抓好营销队伍建设

近年来"牧羊"全方位发现、挖掘、吸引、培养营销人员。牧羊集团负责营销的副总徐斌这样阐述他们的营销理念：现代企业的营销必须变产品导向为市场导向。营销人员要技术化，技术人员要市场化。每个营销人员都要熟悉生产技术。这样才能做到用户需要什么，就开发什么。产品销售的洽谈过程，往往就是新产品开发思路的形成过程。1999年初，该集团充实6名技术业务素质较高的人员到营销第一线，新提拔3名本科生担任市场部经理。他们采取多种形式对营销人员进行岗位培训、岗位练兵，帮助营销人员树立大市场、大贸易的观念，造就一支能洞察市场、分析市场、敢打硬仗、敢闯敢干的营销队伍。与此同时，集团上下贯彻一体化的经营战略，营销总部各销售人员与分公司技术人员联手打市场，形成合力争项目。销售人员掌握市场动态、前期信息，工程人员负责报价，参与业务洽谈和设计工艺，从而不断提高工程项目竞标的成功率。

2. 围绕市场占有率，加大窗口市场的投入

近年来，在国际和国内市场紧缩的情况下，"牧羊"打破传统的营销模式。实行梯形营销策略，对不同用户采取不同的销售方式，对市场进行周密分析、细分，将营销人员安排到省和直辖市，定期和不定期走访用户，以开辟潜在市场。他们利用当地的饲料厂、饲料公司等具有影响的单位组织广大客户，有效地宣传饲料机械知识和"牧羊"产品。1999年4月，该集团在资金紧缺的情况下投资80多万元，在北京中国农业大学租赁130平方米房屋，设立了北京服务销售处。在成都和广东顺德也设立了销售处，并筹措40多万元资金在省内和广西南宁各设立一个特约经销窗口。与此同时，还将在湖南、新疆、辽宁分别设立特约经销处。

3. 加强交流，扩大宣传

今年，该集团组织参加了北京国际农业博览会和荷兰国际饲料机械博览会，参加了长沙、广东、沈阳、武汉、四川、山东等地区召开的饲料会议，并加大在饲料行业30余种专业杂志上的宣传力度，努力提高"牧羊"在国内外的知名度。

4. 极开拓国际市场，参与国际竞争

在加大国内市场开拓的同时，"牧羊"人认识到，振兴民族工业是省级企业集团的责任，要跳出只能在国内市场角逐的制约，勇于到国际市场上一显身手。他们在不断扩大产品在国内市场覆盖率的同时，充分利用合资、合作的有利条件，向国外开拓市场，加速提高集团参与国际竞争的能力，开始了把商战由国内市场推向国际市场的转变。一方面，通过外方合作伙伴的牵线搭桥，积极与美国、英国、韩国等外商建立稳定密切的业务联系。在此基础上，主动出击，逐步向其它国家和地区渗透，让名优产品打开新局面，赢得新客户；另一方面，通过机械进出口公司、科研部门、外贸公司等渠道，争取单机和成套工程的出口货单，实现外贸市场的多样化和外贸口岸多元化。目前，该公司已与新加坡、中国台湾、新西兰、法国等国家和地区的代理商建立稳定的国际代理关系，打开了东南亚、南非、南美等地区的销路。今年，预计可出口创汇60万美元。

牧羊集团市场结构调整的过程，再次揭示了这样一个看似简单但做起来难的道理：凡是产品有需求的地方，就是市场必须扩张到的地方。在经济贸易日益国际化的今天，任何企业都不能"将鸡蛋放在同一个篮子里"，而要牢固树立大市场观念，真正做到"东方不亮西方亮"，有效化解市场风险。

四、调整素质结构，在人才开发上创新

"牧羊"人年轻，该集团职工的平均年龄仅为30多岁。其中年创利润近700万元的成套公司的职员平均年龄仅为27岁。科技人员的平均年龄约为36岁，集团领导的平均年龄为40岁，最年轻的分公司经理只有30岁。这些年来，牧羊集团始终将人才工程作为不断增强企业竞争力的重要措施来抓，着重在引才、育才、用才上做文章。

1. 引　才

1992年之前，集团仅有10多名大中专毕业生。而今，已先后从无锡轻工大学、郑州粮院、南通纺院、南京理工大学、东南大学、扬州大学、南京农大、华中农大、北京轻工大学、四川联合大学等20多所高校引进机械制造、粮食工程、电气自动化、计算机管理、动物营养、工业民用建筑等对口专业人才115名。同时又从各科研院所、大中型企业高薪聘用有丰富经验的老教授、高工、工程师18名。五年来共引进各类专业人才147名。目前，该集团中专以上有学历有职称的专业人才180多名，占公司职工总数的45%以上。人才的招收和引进，使公司的人员结构得到调整，素质得到提高，一批又一批年轻的大学生安排到科研所，充实到营销部，推动着牧羊事业的发展。

2. 育　才

牧羊集团在职工培训上舍得花本钱。这些年来，他们把职工的职业技术培训、科学文化知识教育及提高劳动者的生产技能放在重要位置，采取多种形式，对现有职工进行培训，着力培养一支高素质，能战斗的队伍。一是要求每年引进的大中专毕业生首先要到车间实习6个月至1年，并安排技术骨干、专家教授传、帮、带，然后到工程现场实习锻炼，使他们很快适应从理论知识到实践应用的转变。二是每年邀请国内外专家、教授、高级工程师给技术、营销人员进行专题技术讲座，丰富他们的业务知识，发挥他们在开展科研、开发新品上的积极作用。三是对技术人员进行全方位的培训。集团要求子公司的工程技术人员既是设计人员，同时又是业务洽谈人员。目前，成套和钢板仓两个分公司的经营者不仅是技术上的行家里手，而且对经营工作，对市场了如指掌，对成本控制、现场管理、安全生产也得心应手。四是对于原来的老职工，通过职工学校进行文化、技术培训，安排他们到别的企业参观。从去年开始，集团每年定期举办一期培训班，通过多层次、多形式的实践教育，使职工干什么学什么，缺什么补什么，把职工的培训、教育与生产紧密结合起来。目前，全厂的培训面已达40%以上，职工的技术等级普遍提高，形成了人才—产品—效益的良性循环。

3. 用　才

引才、育才的最终目的是为了用才。为充分调动科技人员的积极性，发挥他们的生力军作用，集团从政治上、事业上、生活上“三管齐下”，落实激励措施：政治上培养，重视在科技人员中培养入党对象。从1993年至今，先后培养党员16名。6名优秀科技人员被授予扬州市市级优秀科技人员和新长征突击手等光荣称号。对40名优秀科技人员委以重任，担任项目经理、课题负责人；事业上放手，诚心诚意依靠科技人员。集团领导充分信赖科技人员，建立科技负责制，使负责科研工作的人员有职、有权，直接参与项目的决策、生产、经营和管理。集团领导对年轻人这样说：“我给你们机会和条件，关键看你们肯不肯干。”以钢板仓工程为例，当时，刚进厂才3年的一位年轻的大学生经过广泛调查，敏锐地发现该产品具有广阔的市场前景。集团领导听取详细汇报后，决定立项。集团只负责调配资金，其余由该年轻人一人负责完成。结果，这位年轻人当年就完成了设备的消化吸收，拿出了样品，到1996年底完成产值90多万元。1997年大规模投产运营，预计在1999年底，产值可达到2000多万元，在技术市场上仅用两年的时间就完成了其它同行十多年所要走的路，在全国同行中稳坐第二把交椅。目前，这位年轻人已被提拔为集团副总；生活上关心，无微不至地帮助科技人员解除后顾之忧，牧羊集团在住房、工资、待遇等方面制定一系列优惠政策，工程技术人员绝大部分都住上了成套住房。

牧羊集团对职工素质结构的调整说明，在知识经济来临的今天，产品的制造过程日益由劳动密集型向知识密集型转变。企业要参与日益激烈的市场竞争，就要登上一个又一个科技制高点，而这离不开科技人才的培育。只有建设一支既掌握现代科技知识，又敢想敢干、思想活跃的年轻科技工作者队伍，企业才能顺利实现科技进步的目标，才能不断焕发出勃勃生机。

广州穗屏企业有限公司

穗屏企业有限公司是由广州市畜牧总公司与香港屏山企业有限公司合资兴办的大型饲料、种苗生产企业，公司下设饲料厂、从化种鸡场、穗屏科宝祖代种鸡场等企业。饲料厂于1985年3月奠基，引进了具有20世纪80年代末世界先进水平的瑞士“布勒”公司全电脑控制自动化生产设备，生产能力达到全价颗粒饲料40吨/小时，添加剂预混合饲料5吨/小时的规模。聘请美国营养博士，采用国际先进技术，设计出适合我国生态环境的先进配方，生产出高质量的“宝鼎牌”、“穗发牌”鸡、鸭、鹅、白鸽、猪和水产等颗粒、配合饲料。

种鸡场和祖代种鸡场引进了当今美国最先进的全封闭式全套种鸡生产设备，防疫设施和英国巴凯全电脑自动化的孵化设备，独家引进了世界上最大家禽分割公司美国泰臣食品国际首选肉鸡种——科宝（Ccbb）500肉鸡种，存栏祖代种鸡5万套，父母代种鸡12万套，每年可向社会提供父母代种鸡60万套，商品代苗鸡1600万羽。

公司管理严格，选料上乘，使用的饲料添加剂均选用世界各国名厂出品，采用国际先进方法，建立了完善的质量控制、监测机制，使产品好评如潮，畅销全国及海内外，企业被全国饲料工业办公室誉为“引进好、管理好、效益好”的中外合资企业，“先进技术企业”，1987年被评为“先进外资企业”；1988年获“外商投资企业先进单位”奖；1989年获广东省“三资”企业“金匙奖”；1990年获“全国创汇先进单位”；1991年获“广州市先进文明单位”及“广东省先进饲料厂”称号：1992年获广州市先进文明单位“金羊奖”；1993年被评为“全国先进外资企业”；1994年获“全国饲料工业行业百强企业厂”称号；1995年获“全国综合效益评价500佳”称号。副董事长陈伟南先生和总经理陈幼南先生被授予“广州市荣誉市民”光荣称号。

公司的“肉鸡料”、“蛋鸡料”被评为农业部优质产品，在1992年举行的“首届中国农业博览会”上获得三项金质奖，1995年举行的“第二届中国农业博览会”上获得二项金质奖，1997年举行的“第三届中国农业博览会”上获二项名牌产品称号，在“首届中国饲料工业博览会”上被评为“认定产品”。

公司奉行“用最先进科学技术，促进中国畜牧业发展，提高人民生活水平”的宗旨，先后在河南郑州、湖南株洲、四川成都、江西东乡及广东番禺等地建立了合资企业，并与国内各地众多厂家建立了合作关系，向全国推介国外先进技术和管理，致力于促进中国畜牧业现代化发展。

正大集团农牧业投资与中国饲料业的发展

——正大（中国）投资有限公司

作为一家华人资本跨国公司，泰国正大集团从中国改革开放一开始就进入中国进行投资活动；而作为东南亚地区最大的农牧业企业集团，正大在中国的投资业务也主要集中在农牧业领域。

20 世纪 70 年代末，改革开放、发展经济的潮流势不可挡，创办经济特区作为改革开放的一项重要措施开始实行。但主、客观各方面条件的限制使“引进外资为主”的经济特区建设困难重重。最初建立的深圳经济特区虽有毗邻香港、与海外地缘血缘联系密切等得天独厚的优势，但经济基础极为薄弱，投资环境很差，基本工业生产条件如交通、通讯、水电气供应等远不能满足外商投资生产需要，所以外商投资项目在 1980 年前后基本以中小型加工贸易生产为主。就是在这种情况下，正大集团与美国最大的农牧业集团之——康地谷物公司携手，开始在深圳进行规模化投资。

1981 年初，正大与康地共同投资 3000 万美元成立的正大康地（深圳）有限公司获得了深圳市人民政府“深外资证字[1981]0001 号”批准证书，其中所列经营范围是“饲料加工厂、种猪场、种鸡场、添加剂提供与有关种畜相关的药物，并根据情况逐步发展配套项目”。正大康地第一期投资设计生产能力为年产饲料 8 万吨，是当时全国最大的现代化饲料生产企业。此后，正大康地又在汕头、广州、蛇口、东莞、番禺等地建立了多家合资、合作饲料生产企业。

20 世纪 80 年代中期以后，正大集团在饲料业领域的投资开始向全国范围内拓展，先后在广东、吉林、北京、河南、四川、上海、福建、广西、云南、湖南等省市建立了合资或独资饲料生产企业。截至 1998 年底，正大集团在中国的农牧业投资项目共 99 个，遍及全国除西藏、青海以外的所有省市，其中 80 余家企业有饲料生产，共有饲料厂 97 个。1998 年，正大集团在国内的饲料企业共生产配合饲料 534 万吨，浓缩饲料 63.4 万吨，添加剂预混合饲料 6.6 万吨，在全国饲料生产中占有重要地位。

一、正大集团在中国的投资情况

正大，在中国是一个近乎家喻户晓的名字。但对多数人来说，知道正大是因为中央电视台“正大综艺”节目那美丽的世界风光、奇异的风土人情及“爱是正大无私的奉献”主题歌。而从经济的角度了解正大，更多的应是创业的艰难。

正大集团是泰国的华人企业。集团创始人谢易初先生，1922 年从广东澄海到泰国曼谷建立了正大庄菜籽行，专营菜籽。后在泰北购买土地增办正大庄蔬菜培植试验农场，产销合一，事业迅速发展。自 1953 年开始发展饲料和养殖业，正大现已成为泰国最大的蔬菜种子公司，市场占有率达 50%；饲料、养殖、猪鸡鸭产品也名列前茅。1969 年，正大到印尼投资，现为印尼最大的饲料养殖企业；1970 年开始到中国台湾发展，成为中国台湾饲料、养殖及肉品加工大户之一；正大还在新加坡、马来西亚、香港、日本、美国、比利时、越南、印度等国家和地区进行实业投资。现在，正大已成为国际著名的大型跨国企业集团之一，在十几个国家和地区有子公司 300 多个，拥有资金数百亿美元，业务范围包括农牧、水产、种子、石油化工、电讯、汽车工业、房地产、零售服务、国际贸易等九大部类。

谢易初先生虽然在海外创业、发展，但心中始终怀有一颗中国心，所以把四个儿子命名为正民、大民、中民、国民。谢老先生 20 世纪 40 年代末就回国办种子农场，20 世纪 80 年代澄海县普遍采用他培育的高产谷种而成为全国第一个水稻年产千斤县，被称为“华侨米丘林”。改革开放以后，正大又成为最早来华投资的外国企业之一。谢老先生逝世以后，四个儿子又继续父亲的事业，致力于在国内主要是农业领域的投资。至 1999 年初，正大集团在华投资项目 173 个，总资产 41 亿美元，1998 年营业额 35.8 亿美元，出口 3.2 亿美元。1986－1998 年间，正大投资企业上缴税收 3.8 亿美元，中方分得利润 3 亿多美元，正大集团分得利润 4 亿美元，其中大部分用于再投资。

由于正大是从农业发展起来的现代企业，根在农业，所以在国内的投资也一半以上是农牧业项目。初步统计，在 1996－1997 年度全国最大 500 家外商投资企业中，正大集团投资企业就有 22 家，其中农业领域的投资企业 18 家。可以说，正大集团是在华投资项目最多、投资金额较大的外商投资成功企业之一，而正大的农牧业投资，更是首屈一指。

与中国改革开放以来的农牧业发展相配合，正大一方面在农业领域投资取得了成功，得到了较好的回报，同时也反过来促进了中国农牧业的发展。

二、正大现代农业经营方式对中国的启示和带动

正大的事业扎根于农业。正大 70 多年的发展史也可以说是从传统农业经营方式向现代农业经营方式迈进的过程。看看正大在农业领域的发展轨迹：种子销售－种子改良、培育、推广－饲料业－种植业、养殖业－农产品加工－产品销售、进出口，形成了完整的现代农业经营链条，可算是现代农业产业化经营的典型范例。正大对其农业产业化投资，

名之为“一条龙垂直整合”战略，具体环节包括：

①谷物事业（育种、种植、农药、肥料）；

②饲料事业；

③禽畜水产育种事业（肉鸡、蛋鸡、猪、鱼虾）；

④禽畜水产养殖事业（肉鸡、蛋鸡、猪、鱼虾）；

⑤动物健康防疫事业；

⑥肉品加工及深加工事业；

⑦零售配销网事业。

在利国、利民、利公司的“三利”原则下，正大创造出了“公司加农户”的独特农业投资模式。20 世纪 70 年代，正大把制定公司的发展规划置于帮助泰国农民发展农业综合经济的大前提下，将正大的发展与泰国农业的发展连在一起，开始了新的创业。正大在泰国各地建立了几十个养鸡场，帮助农民养殖户养鸡。正大为农民提供贷款担保，向农民输送优质的鸡种、饲料，提供防疫技术、药品，收购肉鸡等。以同样的方式，正大还帮助农民养鱼、养虾、养猪、种菜、种水果等。与此同时，正大为农民提供了全面的农村卫生、农村经济、农村信用、水利工程、种养育种、种养技术和防治病虫害的辅导和服务，并派科技人员长期蹲在农村与农民生活在一起，及时帮助农民解决问题。

“公司加农户”的正大模式，使正大和农民建立了既宽松又紧密的经济联系。农民得到了急需而又往往缺少的资金、良种、技术、饲料和销售渠道，还大大减少了种植、养殖的风险；正大得到了广阔而稳定的市场和充足而可靠的货源，同时又无需负担庞大的员工队伍，可集中精力于技术改进、产品的更新换代及国内外市场的开拓。这样，公司和农户，互取所长，各避其短，组成了完整而有效的现代农业产业化经营的产业链。这种模式，富了农民，发展了公司，也促进了泰国农村经济的发展，获得了巨大成功。

正大在中国的投资，也是其“一条龙垂直整合”战略与“公司加农户”模式的再实践。正大先是投资建立饲料厂、养鸡场，然后又建立种鸡场、加工厂和饲料原料厂，并建立原料生产基地，逐步形成了比较完整的产业链条。如正大康地、上海大江、吉林德大、北京大发正大、岳阳正大、成都正大等都是正大投资的成功项目，对促进当地的“菜篮子”工程建设和农村经济发展以至全国农业的发展都起了重要的积极作用。

如正大上海有限公司与上海市松江县畜禽公司、饲料公司联合成立的上海大江（集团）股份有限公司，是国内规模最大的多形式、多成份、多元化的组合式农牧业集团，集饲料生产、畜禽饲养、肉品加工、销售以及饲料机械制造、水产养殖、生物制药等为一体。现年产饲料规模达到 130 万吨、父母代种鸡苗 350 万套、商品代雏鸡 1 亿羽、肉鸡 5300 万羽、鸡肉产品 10 万吨，成为国内著名的饲料生产基地、良种繁育基地、副食品生产基地和出口创汇基地。

又如正大与吉林省松辽禽业联营公司合资兴办的吉林德大有限公司，也是吉林省最大的外商投资农业项目，已形成了以德惠市为中心、方圆 100 公里的养殖网，养殖场遍及德惠、农安、九台、榆树、舒兰、松原等 6 个县市，农民养鸡户达到数千户，带动了农民脱贫致富。德惠市以德大公司为主体，建立了以农产品加工为中心的经济技术开发区，并学习“公司加农户”的模式规划出发展肉鸡、肉牛、大豆、玉米、烤烟“五条龙”系列产品，提高了当地的农业经济发展水平。而德大公司的现代农业生产方式，还带动了德惠市整体经济的发展。德大公司工业产值居德惠市的首位。此外，德大公司帮助 8 家停产半停产的当地企业进行技术改造，使其成为公司的配套企业，1998 年实现销售收入 20 亿元。

正大的中国投资实践证明，正大奉行的现代农业经营方式是符合现代农业发展要求、适合中国国情的农业生产经营方式。正大集团的投资，带动了中国农业的产业化经营，促进了农村经济的发展和农民的脱贫致富；正大集团的生产经营及其连带作用，增加了国内市场的肉、蛋供给，提高了人民生活水平。

三、正大投资对中国饲料行业发展的影响

虽说正大是从种子生意起家，但饲料事业，在正大集团的“一条龙垂直整合”战略中也具有重要地位，可说是承上启下：上接谷物事业，即与农业生产的最基础环节相连；下接畜禽水产养殖事业，再发展到加工工业。并且，某种意义上，正大的事业甚至是从饲料事业延伸出来的：因为需要原料基地，所以要进行谷物事业，建立农业生产基地；因为需要开拓市场，所以要发展禽畜水产养殖业。有了禽畜产品，加工、销售更是顺理成章。深深植根农业，实力壮大以后，再向其他行业发展也成为很自然的事情。

所以，正大集团在中国的投资，也是最先从饲料业开始。正大在饲料业的投资，对这一行业的发展起了举足轻重的作用。

中国的饲料工业，起步于 20 世纪 70 年代末，20 世纪 80 年代得到了快速发展，现已形成了初具规模的饲料工业体系。1980 年，中国的配混合饲料产量只有 200 万吨，1997 年达到 6300 万吨，年产值 862 亿元。1997 年末，全国饲料工业年双班生产能力 10769 万吨，时产 1 吨以上的饲料企业 11301 家，时产 5 吨以上的 1567 家。其中，正大集团投资的饲料企业就有 90 多家，饲料生产能力 1000 多万吨。

从中国饲料行业的发展历程可以看出，饲料工业的发展与对外开放是分不开的。对外开放，引进了国外先进技术、设备、观念和管理经验，对饲料工业起了极大的推动作用。据有关资料，到 1994 年末，外商在饲料行业投资总额达 431256.4 万元，建立时产 5 吨以上的大中型饲料厂 196 家，占全国的 17.4%；年双班生产能力 1552 万吨，占全国的 19%；总产值 189.4 亿元，占全国的 27.8%。外商投资项目分布主要集中在沿海开放地区和中西部饲养大省，其中北京、辽宁、江苏、福建、山东、

湖南、广东、四川等8省市就有129家。外资来源主要是泰国、美国、英国、德国、法国、日本、新加坡、韩国、中国台湾、香港等，主要投资者有正大集团、美国大陆谷物公司、普瑞纳公司、法国罗纳普朗克动物营养公司、日本味之素株式会社、香港屏山企业等，其中正大投资规模最大，投资项目最多，对于中国饲料行业发展的作用也最为突出。

1．引入了动物营养概念，提高了饲料质量，推动了科学养殖

中国虽然是农业大国和饲养大国，但长期以来主要是农民分散养殖，饲料也主要是潲水，饲养质量差，效益低。一直到20世纪80年代，这种状况都没有改变。正大集团在饲料行业的投资，可以说在中国首先引入了先进的动物营养概念，使用现代饲料生产技术和饲料配方生产饲料，大大提高了饲料质量。正大还向农民提供优良畜禽品种，派技术人员到农村开办技术讲座，手把手地教农民科学养殖技术知识，提高了饲养质量。20世纪80年代中期，中国的生猪料肉比约为5—7∶1，鸡蛋料蛋比为4—6∶1，1994年生猪料肉比提高到了3.2—3.4∶1，提高了36%—51.4%，鸡蛋料蛋比提高到了2.8—3∶1，提高了30%—50%，有力地促进了科学饲养业的发展。

科学饲养，对中国饲养业的发展具有革命性意义。粮食对中国来说是一个战略性问题，一方面粮食生产受到各方面条件的局限，另一方面粮食消费增长迅猛，从长远来说，要解决这一矛盾，必须走开源（增加粮食生产）和节流（提高粮食利用率）并举的路子。从这个意义上看正大投资对中国的作用，就会有更准确的评价。根据中国农业发展规划，到2000年，中国人均肉类消费要达到40千克左右，蛋类15千克，饲料用粮共需16500—19000万吨，占粮食总需求量的34%—37%。假如料肉（蛋）比平均提高一个百分点，则仅饲料用粮就可节省180万吨左右！

2．带动了中国饲料工业的发展

正大投资进入以前，中国还谈不到有饲料工业。所谓的饲料企业，基本都是粮食部门下属的年产数百吨左右的加工厂，只能生产简单的混合饲料。正大集团的投资，用现代饲料生产概念和技术进行饲料生产，用现代企业管理方式进行经营，为中国的企业树立了样板。所以，虽然有人说正大投资占领了中国市场，冲击了本土饲料企业，但一个很耐人寻味的事实是，恰恰在正大投资最早、市场竞争最激烈的地区，本地的饲料业也最为发达，并且产生了当地的大型现代饲料生产企业，如四川的希望集团等。

以湖南的情况为例。1984年正大尚未在岳阳投资以前，岳阳仅有大小饲料厂33家，年总产量仅2.4万吨，总产值800万元，每吨饲料创利税12.14元。正大岳阳投资生产8年以后，岳阳地区饲料工业年产量为75万吨，年产值17.6亿元，每吨饲料创利税160元，年产万吨以上的饲料企业发展到22家，使饲料工业成为仅次于石油化工业的岳阳第二大支柱产业。1986年正大岳阳有限公司成立时，湖南省共有饲料厂1189家，时产5吨以上的仅3家，年双班生产能力为268万吨。现在，湖南饲料工业生产规模有了明显变化，小型饲料厂比重急剧下降，由原来的91.8%下降到29.4%，中型饲料厂比重由7.99%升至64.67%，大型饲料厂则由0.25%上升到5.92%。每吨饲料创利税由1986年的14元左右增加到1994年的106元左右。这从一个方面说明，正大投资促进了市场竞争，使饲料行业由粗放式经营逐步向集约式经营转变，大大提高了劳动生产率和经济效益。

3．促进了种植业、养殖业发展，增加了农民收入，提高了人民生活水平

由于正大集团农牧业投资的特点，饲料业投资与当地的种植业、养殖业联系紧密，从而大大推动了上下游产业的发展，有力地带动了当地农民脱贫致富。同时为社会提供了上百万的就业机会，增加人民年收入数亿元。正大饲料业投资促进了畜禽业发展，增加了肉、蛋供给，改善了人民生活水平。同时，还扩大了农产品出口创汇，每年出口值达3亿多美元。

改革开放20年来，中国的饲料业和养殖业有了很大发展，但仍远不能满足人民生活水平提高的需要。现在，中国一年养殖需要饲料1.2亿吨左右，而饲料工业产量只能满足不到1/2。按人均计算，美国为450千克，英国为300千克，而中国只有50千克，即使与国际平均水平相比也有较大差距。近年来，由于国际、国内市场不景气，饲料业受到很大影响，但从长远来说，中国饲料工业总体生产能力仍然很小。目前说来，中国饲料工业依然存在着规模生产程度低、技术水平相对落后、品种结构不平衡、地区布局不尽合理等问题。所以，中国的饲料行业需要进一步提高集约化生产水平和技术水平。这为中国的饲料企业，包括正大集团的饲料业投资，提出了严峻的考验，但同时也展示了广阔的发展前景。

毫无疑问，中国的改革开放为正大集团的投资提供了机遇，中国经济社会的发展也推动了正大集团事业的发展；而另一方面，正大集团的投资，也为中国的改革开放贡献了力量，正大集团的农牧业投资不仅促进了中国的现代化农牧业生产经营，而且在一定程度上促进了农村经济的发展和人民生活水平的提高。

燕京牧机集团的发展之路

有人说，一个成功的企业背后，必然有一个优秀的企业家，企业家的脚印便是企业发展的记录，企业家的汗水则是企业凯歌的音符，看来不无道理。

北京燕京牧机集团为区属国有企业，现有正式职工近2400人，资产总值1.5亿元。是我国农牧机械行业的骨干企业和畜牧机械行业定点企业，被评为北京市饲料工业十强企业和全国饲料工业行

业百强企业。燕京的产品多次被评为市优、部优和中华之光名牌产品。我们沿着燕京发展的轨迹不难看出，燕京发展的每一步都凝聚着全国五一劳动奖章获得者、全国优秀企业经营管理者、集团党委书记、总经理戴春同志的汗水和心血。

戴春同志走过一段艰辛的创业之路。十几年前，通县收割机厂被革掉计划经济铁饭碗，自行找米下锅，300 多人自谋生路，戴春授命于企业危难之际，担任收割机厂厂长。他走上了一条充满荆棘的道路，闯市场，抓信息，足迹遍及全国各地。功夫不负苦心人，他终于发现饲料工业这一新兴产业的广阔天地，看准了就干。于是，亲自去高校，去中国农机院请专家搞开发。专家研制他试制，整天与职工一道摸爬滚打，跑资金、找材料。有时为攻克一道技术难关，他竟连续三、四天不合眼。由于过度的劳累，人瘦了一圈，血压却一个劲地往上长。几次晕倒在工作现场。工人们被感动了，在他的带领下，经过近 150 个日以继夜的努力与苦干，试制成功了 9ST—1 型饲料加工机组，当年投产当年见效，创产值 200 万元。

初战告捷，极大地振奋了职工的情绪，借着这个良好开端，为使生产、研制、开发一环扣一环，他把工作重点转移到抓改革抓管理上，自觉坚持以改革为动力，落实党的“依靠”方针，在企业内部大胆推行责权利相统一的分级分权管理，并与工会组织一起建立了物料供应，工资奖金发放公开与监督制度等重大事项向职代会报告制度。改革与民主管理给这个小厂注入了新的生机，企业经济迅猛发展，以每翻一番的速度递增，不久就摆脱了困境，并很快成为了县属工业的排头兵。

步入 1985 年以后，为了满足产品供不应求的市场需要，并以为上级分忧为出发点，首先兼并了县属阀门厂、试验设备厂两个亏损企业。以维护职工利益，调动其积极性为原则进行合理调整，达到了扩大企业经营规模的最佳状态，当年创产值 1500 万元，实现利润 306 万元。又变压力为动力，成立了北京燕京牧机公司，以后 10 年间，由于管理抓得紧、质量把关、新产品跟得上，企业经济日新月异，以每两年翻一番的势头发展，于 1993 跨入了北京市畜牧机械行业十强企业，全国畜牧机械行业百强企业行列。

1995 年，正当企业以勃勃生机在振兴的道路上快步前进的时候，县委提出让公司接收累计亏损 1400 万元之多，员工 1200 余人的县属粉碎机厂、农机修造厂、机引犁厂、牧机二厂、密封件厂五家亏损企业的意见。此时的戴春心里极不平静，抛开亏损不谈，千余口人的月工资最少也要 80 万元。然而，这千余人同样是兄弟姐妹啊！能眼睁睁看着他们没饭吃吗？这位老党员明白自己的责任。毅然挑起了这付重担。

他在工作中善于抓重点解决难点，先打难打的仗。濒临倒闭的通县粉碎机厂，别看是个只有 200 人的小厂，问题最多，亏损最大，亏损高达 500 万元，职工收入不足 260 元。于是，他带头深入群众之中，搞调查、摸情况，发现该厂不仅管理十分混乱，唯一的产品只是厂内组装，零件基本上都走外协，职工多数没活干。找到了病因，就要对症下药，组建强有力的领导班子，强化民主管理，变外协为内部加工，引进产品，强化销售等等。以上作法实施后，当月创产值近 50 万元，职工人均收入猛增到 500 元。这一变化，不仅鼓舞了本厂的干部职工，同时也鼓起了其它兄弟单位的信心与干劲。经过大量的工作和不懈的努力，5 个企业先后走出了低谷，踏上了良性发展的轨道。公司也在新的创业、新的挑战中得到壮大和发展，成立了北京燕京牧机集团，当年创产值 8000 万元。

1998 年 8 月，集团又一次服从大局，兼并了负债累累亏损高达 2700 万元，员工 800 余人的汽摩公司。同样，通过整改使该企业很快起死回生，集团当年创产值 1.5 亿元，实现工业增加值 4270 万元，上交税金 662.8 万元。

创业难，守业更难。谋求更大的发展，一直是素有危机意识的戴总反复思考的问题。面对日趋激烈的市场竞争，他提出了“居安思危，科技先行”的指导思想，不断使出新的竞争策略，先人一步，抢占市场制高点，使企业保持了常盛不衰的发展势头。

谋略之一，超前思维。戴总深知，企业好比是船，厂长就是纤夫，船在逆水行走，纤夫不进则退。1990 年正当企业发展的兴旺时期，他便提出要求开发新产品，短短的半年时间里，一连开发了 3 个新产品。起初，有的人认为大、中型饲料加工成套设备销售正旺，还开发新产品，不可理解。而到了第二年的 4、5 月份，由于粉料机滞销，新研制的颗粒机正好填补了市场空白，不由得不说戴总这步棋看得远。目前，燕京牧机集团具备了饲料加工成套设备及单机等百余种农牧机械的批量生产能力，随时可以根据市场需求调整产品批量和品种。新开发研制的 9PS-1500 型饲料加工机组，玉米剥皮机、方捆打捆机、多功能播种机、小麦烘干机、碾米机、种子加工机械等众多新产品，受到了新老用户的认可。

谋略之二，把科技兴企作为上策。戴总深知，企业的竞争最终是科技水平和管理水平的竞争，是产品科技含量的竞争，他在不断补充和更新自身的科技知识的同时，鼓励专业技术人员自学成才，并把提高企业职工的整体素质纳入了重要的议事日程。现在全集团 200 多名专业技术人员中，有近 80%的人取得了大专以上的学历，为企业自行开发和研制新产品奠定了基础，增强了企业发展的后劲。

谋略之三，抢占市场跑道。1996 年上半年，收割机销售形势正旺，产品供不应求，生产压力大。但他采取了多种措施激发职工的主人翁责任感，使生产效率不断提高，不失时机地争取了市场份额，并为今后的生产销售打下了良好的基础。

谋略之四，走向未来。即是走向世界，北京燕京牧机集团已获得了自营进出口权，戴总说，我们要把视野放远些，要把我们的产品打入东南亚、非洲市场，甚至欧美市场，要让老外竖起大姆指说“OK”!

戴总二十年如一日兢兢业业献身事业的精神，不仅赢得了全体职工的信赖与敬重，也赢得了党和人民的赞誉与表彰。在1984年，先后荣获“北京市劳动模范”、“北京市优秀厂长”称号。1994年被授予“全国五一劳动奖章”和“全国优秀企业经营者”，并受到江泽民等党和国家领导人的亲切接见。1997年又光荣地当选为北京市人大代表。

开拓者的足迹，永无休止。目前，他正在为新世纪的通州建起一座总投资1.5亿元，年创产值5个亿的全国最大的玉米收藏机械生产基地而奔波忙碌着。

山西中瑞饲料机械（集团）有限公司

——大同农牧机械有限责任公司

山西中瑞（集团）大同农牧机械有限责任公司（原大同农牧机械厂），经过企业改组、改造，现为山西中瑞（集团）公司下属的合资子公司，是国家畜牧机械制造行业的骨干企业，现有固定资产3941万元，职工1000多人，各类专业技术人员152人，占地面积16000平方米，主要生产设备450台。

建厂以来，先后生产锅沱机、制砖机、630车床、汽车、柴油机等。1980年转产饲料加工机械。1985年经国家经委批准投资570万元，引进瑞士布勒公司DPDB3:4.75颗粒压制机专有技术，从前西德购置全国唯一的饲料机械关键件专用加工设备，经过一年多的引进、消化、吸收，实现了全部国产化，1989年被机械电子工业部列为国家第十九批替代进口产品，并于1990—1994年先后获得省优、部优、首届国际农业博览会银奖，山西省50种名牌产品之一；1992年全国质量检测中心对全国颗粒饲料加工机械检查评比，工厂产品被评为全国第一名；1994年11月被国家粮油加工机械质量监督检验中心列为国内颗粒机和颗粒饲料加工成套设备独家监制产品。

1988—1994年连续被评为山西省机械电子和山西省经委技术开发先进单位，1990—1994年先后被评为市、局先进集体。全面质量管理、档案、安全等工作受到省、市表彰等。1991－1996年被评为局先进党委；1995、1996年被评为市先进党委和红旗党委。1985－1989年被市委、市政府授予文明单位称号；1995年被大同市委、市政府授予文明单位称号，并荣获山西省社会主义劳动竞赛集体三等功。1998－1999年被中国工商银行大同分行授予A级信用等级。

目前，工厂生产的产品已从1988年开始由单机生产发展到大、中、小型成套设备的设计制造，这些设备从物料的运输、粉碎、清理、配料、混合、制粒、冷却、筛分到成品包装，全部实现电脑程序控制，自动化程度高，达到了国际先进水平。年产2万吨级的成套设备填补了全国同行业的空白，年产5万吨的成套设备列为国家“八五”重点开发项目，又一次填补了国家的空白。“九五”技改总投资2000万元以发展大型饲料加工成套设备及添加剂微量元素工艺设备为重点，改造完成后，形成年生产10万吨级颗粒饲料加工成套设备，产品达到国内先进水平。形成年产8－10台（套）添加剂微量元素工艺设备的能力，产品达到国际20世纪90年代水平。大型饲料机械成套设备的开发研制成为国家重点开发项目、大同市技术进步十大工程之一。经过几十年的发展，工厂产品由20世纪80年代初的2个系列9个品种发展到16个系列70多个品种，产品行销全国29个省、市、自治区，并出口韩国。

由于该企业的产品、能力、规模等在全国同行业中处于领先地位，“七五”、“八五”计划期间，被国家经委、财政部、机械电子部列为企业重点骨干企业，并被列为山西省的重点骨干企业。1995年1月3日被山西省饲料工业办工室列为省饲料工业十强企业之一。

附表：主要经济指标及产品产量

	1991	1992	1993	1994	1995	1996	1997	1998
一、主要经济指标								
工业总产值（万元）	760.6	1255.3	1356.9	1368	1568	1600	1351	1104.2
实现利税（万元）	54.4	78.3	42.7	75.7	50.5	36.7	76.8	37
二、产品产量[台（套）]								
9ST—5型粉颗成套	—	8	2	1	4	2	6	10
9ST—2.5型粉颗成套	7	8	7	6	3	3	4	13
DPDB304.75颗粒压制机	5	15	15	15	—	15	15	15
DPDC420.108颗粒压制机	—	15	10	10	15	10	1	5
DPDD420.138颗粒压制机	—	—	3	3	5	5	2	2
SCJ－500型草粉机	—	60	60	10	11	13	—	—

前进中的展望集团

上海展望企业集团是在罗正年先生 1994 年 7 月创建的上海展望饲料有限公司的基础上，运用代加工、租赁、合资、兼并和赎买等资本运作方式，在短短的几年时间内艰苦创业、滚动发展建立起来的企业集团，现在已成为集畜禽水产饲料、机械、畜牧、食品、生物制品的科研和生产于一体的全国性民营企业集团，拥有近 2 亿元资产，14 个子公司分布于我国大江南北；以世界著名动物营养学博士美国专家波西曼先生为首的一大批有博士和硕士学位的人才，引导着集团的科研开发、生产技术和经营管理工作向世界先进水平挺进。目前，企业经营的饲料产品有供畜、禽、水产动物用的全价配合饲料、浓缩饲料、添加剂预混合饲料共 10 大类 22 个系列 120 多个品种。其中，乳猪、仔猪饲料双双获得中国首届饲料工业博览会质量认证证书；蛋鸡料荣获原内贸部、国家工商局、技术监督局和全国消费者协会“质量信誉”产品称号；“展望生命蛋”先后获得第十届全国星火杯发明创造银奖、1997 上海第四届科技博览会科技银奖。

展望集团以高科技为支柱，引进世界及国内著名院校的教授和高工组建展望科研机构，开发出高新技术的 NEB 微生物制剂、畜禽生物饲料、新型饲料膨化机、展望生命蛋和鲜湿方便面等产品。特别是微生物制剂，可广泛应用于动植物生长、环境保护和医药卫生等领域。展望生命蛋，因为用了微生物高新技术，成倍增加了氨基酸、有机锌、铁和 α-3 多种不饱和脂肪酸的含量，为理想的保健食品，深受市民欢迎。

展望集团在全国实施的展望农牧发展工程既是一个高科技投入高效产出的农业发展项目，又是一个现代化的系统工程。它以我国农业经济为背景，农业资源为对象，采用政府、企业、科研单位和农户共同参与的方式优化配置农业资源。具体实施是由集团所属的展望农牧工程研究设计院负责工程的各项科技开发；由集团各企业分工负责种群繁殖、苗猪培育、饲料加工、食品加工、生物制品的营销，并向农户负责农作物生产和畜禽水产养殖等，并向集团各企业出售供加工用的农副产品原料，结成紧密的公司加农户的合作关系。展望农牧发展工程以食品为加工龙头，以畜禽养殖为基础，以饲料生产为中心，以高科技为支点，形成一个上游开发、中游拓展、下游延伸的新型产业链条，以现代高科技手段和工业模式，从根本上改变单纯种植和养殖的传统农业模式。近年来，展望集团已投入 1.5 亿元人民币，成功建立了“上海展望农牧发展工程”、“中原展望农牧发展工程”和“湖南展望农牧发展工程”。每个工程将分别建立饲料厂、肉类食品加工厂、种畜场、生物制品厂和绿色食品蔬菜基地。今后还将在华南、西南、西北、东北地区建立更多的展望农牧发展工程，最后联片成网，帮助农民迅速致富。

展望集团在创业过程中，不仅创造了令人瞩目的物质文明，而且形成了独特的企业文化，其核心是“展望”精神。展望精神既是凝聚展望集团全体员工的精神支柱，又是展望人精神风貌的具体表现。展望精神可以概括为：“立志、立人、勤奋、勤俭、创业、创新、尽职、尽责”。立志和立人是展望人事业的灵魂。展望人以献身中国农业现代化和创建世界一流企业的志向构筑展望的今天和未来。在立人上，实施人才工程，将企业以人为本造就人才与个人自我加压超越自我相结合。企业给每位员工交纳保险，以解除后顾之忧，采取给假期和报销学费的办法，鼓励员工参加企业内外各种培训，以提高员工素质，造就企业家人才；同时要求员工不断自我加压，积极进取，在工作中勇挑重担、战胜困难、超越自我，为企业尽心尽力。勤俭和勤奋是展望人事业的基础，展望集团要求每个员工不但具备勤俭自律和精打细算的美德，而且要有自我奋斗和拼搏的意识。具体表现在工作的成本上同事中最低，在工作的质量上同事中最高，在工作的先进上同事中最新，在工作的竞争上同事中最强，以拼搏精神和高度的责任心服务于社会。创业和创新是展望事业的生命所在，以艰苦奋斗永无止境的创业精神去追求和实现展望人的远大志向，是展望人事业永葆青春的根本，创新是生命的升华，不断创新，展望的事业才能放出耀眼的光芒。尽职和尽责是展望事业对展望人最基本的要求，是我们为社会为国家作贡献的基石。

展望集团 5 年来资本和产值年均增长幅度都在 50% 以上，企业得到了发展壮大，对社会也作出了巨大贡献。截至 1999 年底，集团年产值逾 4 亿元，从业人员达 1000 余人，其中吸纳下岗职工 350 人。被评为上海市私企百强第 7 位和上海区县工业百强第 32 位，成为上海市发展最快的私营企业之一。在 1997 年和 1998 年，展望集团向我国广西柳州和长江中游等地的特大洪灾区捐款捐物金额达 70 余万元。总裁罗正年先生分别受到国家和上海市工商联以及柳州市政府表彰；并于 1999 年被嘉定区政协增补为政协委员，被国家工商联增补为全国光彩事业理事会理事。

以人为本，注重科技，走可持续发展道路

——华宝饲料公司经营方略

1998 年国内外经济形势相对比较低迷，但华宝公司仍取得年产值 5 亿元、年利润 1500 万元的良好业绩，为公司进一步发展奠定了良好的基础。回顾过去一年来的工作，公司领导班子认为之所以能取得这样的好成绩，主要是做好了以下几个方面的工作：

一、强化以人为本的激励机制，搞活企业生产经营

公司的指导思想是：承认人的价值，承认人的追求，按部门、按岗位、按工作成绩确定收入分配，员工工资与效益挂钩，拉开分配档次，鼓励员工完成岗位职责并争取高收入；建立能上能下、能出能进的用人制度，从而激起员工的拚搏精神。

二、强化质量管理体系，加强技术服务，树立公司的良好形象

广东省饲料加工企业林立，市场竞争激烈，华宝公司为何能立于不败之地，关键的一条是狠抓质量管理，不断提高产品质量和售后服务水平。1998年公司加强了售后服务力量，聘请了具有丰富实践经验的养殖、兽医和动物营养技术人员，及时地解决客户的各种问题，从而赢得了广大客户的信任。

三、尊重知识，广揽人才，走可持续发展道路

现代企业竞争，主要是人才竞争。市场经济年代，是科技竞争的年代。企业要发展，必须有一支能尽心尽力工作的高素质员工队伍。公司历届领导都充分认识到了这一点，所以公司一直非常注重人才的引进和培养。

本公司成立后，聘请国际著名动物营养专家戎易教授为公司顾问，同时分批组织业务骨干赴欧美及香港学习。近年来，公司大力广揽人才，现有博士1人，硕士4人，大学本科生数十人。公司业务员基本由大学生组成，他们用技术服务，以智力经商，赢得了用户的好评。现在从新产品的开发、推广到技术服务，公司完全依靠自有技术力量就可完成，充分表明了人才在公司发展中起着举足轻重的作用，这支队伍已为公司今后持续发展的坚强后盾。

四、狠抓细化管理，节约生产和管理成本

华宝饲料公司为了尽可能节省成本，将生产的各个环节，包括原料的采购、配方的调整、饲料生产、产品和原料贮存等环节进行仔细剖分，从各个方面制定详尽的规章制度，降低各个细小环节的费用支出和损耗。例如对于叉车费用建立目标管理，发挥了叉车工的主动性，大大节省了叉车费用；对于饲料配方随时根据最新原料成本价格进行调整，保持最低成本配方，极大节省了配方成本。

五、实行网络化管理，增强公司的市场应变能力

公司紧跟当今世界日新月异的科技步伐，于1996年实行全公司(包括各分公司)电脑网络管理，对内在各部门之间建立局域网，加强了公司内部信息的交流，提高了工作效率，降低了管理成本；对外与国际互联网接通，随时掌握国际国内饲料、畜产品的市场的行情以及相关科技的发展动态，使公司经营决策更科学，应变能力更强，适应了目前日趋激烈的市场需要。

十年磨一剑

——中国饲料集团公司的十年发展历程

沐浴着改革开放的20世纪90年代，新兴的中国饲料工业蓬勃发展，饲料工业在体系的完善、产品结构优化、质量的提高等方面都有了长足的发展，产量也从20世纪80年代末不足3000万吨，发展到目前6000万吨左右，登上了一个新的台阶。饲料工业的发展，推动了我国饲养业现代化发展的进程，从而为丰富城乡市场、改善人民的膳食结构做出了突出贡献，成为我国国民经济的重要组成部分。作为中国首家饲料企业集团——中宏集团的核心企业，国有粮食系统饲料行业的龙头企业——中国饲料集团公司也已走过了10个春秋。10年来，根据中央深化改革、扩大开放的方针，公司领导班子审时度势，研究确定了发展战略，走技工贸相结合的发展道路，逐步建立现代企业制度，充分发挥集团经营的优势，不断发展壮大自身企业，与全国饲料界同仁一道，为发展我国的饲料工业积极做贡献。

一、历史回顾

我国的饲料工业是在党的改革开放方针指引下发展起来的。国有粮食部门从1979年率先自上而下成立专门机构，开始抓饲料工业的建设，到1989年，全国粮食部门已建成各种饲料厂近4000座，生产能力2700多万吨，年产饲料2200多万吨，占全国饲料产量的70%以上。但是，由于我国饲料工业起步不久，基础薄弱，无论产品数量、质量，还是企业规模、技术和管理水平等方面发展、提高的潜力和空间都相当大。另外，我国部分饲料原料不足也是制约饲料工业发展和水平提高的一个因素，如蛋白质饲料、饲料添加剂等。

为适应发展社会主义市场经济、深化改革和饲料工业发展的需要，1989年在原商业部饲料局的基础上组建了中国饲料集团公司。目的是通过集团化的企业采用经济的手段，建设大型现代化饲料生产样板厂，带动饲料生产技术、装备、管理水平的提高；发挥中央企业人才资源丰富、信息灵、国内外客户多、资金相对雄厚的优势，进口国内短缺的饲料原料、生产设备；开展国内贸易，沟通国内饲料原料的产、销、供渠道；利用中央企业与国外发达国家饲料界联系广、信息跟踪快等优势，开展饲料研究和技术交流及推广工作，促进饲料工业的技术进步，充分发挥全国性公司对饲料工业的示范、桥梁和服务作用。公司成立后的头几年，年贸易额保持在1亿元左右。同时与26个大中型饲料加工厂建立了联营关系。充分发挥公司所属的武汉科研设计院、饲料检验测试中心和自身的科研力量，研制饲料的新产品，推广新技术。

1992年根据中央深化企业改革、推广企业集团的方针和我公司已有条件，报经国家有关部门批准，作为集团试点，于10月26日正式组建中宏集团。集团是一个由流通企业、饲料生产企业、服务企业、食品加工企业、机械制造企业、科研单位等65个企业组成的技、工、农、贸相结合、内外贸相联系的企业群体。集团以中国饲料集团公司为核心，以生产企业为基础，以资产关系为纽带，包括4个层次:核心层、紧密层、半紧密层、松散层。集团成员单位都是独立法人，自主经营，独立核算，自负盈亏。

中国饲料集团公司作为核心层企业是有母公司、控股公司的性质，朝着投资中心、决算中心和管理中心的方向发展。公司下设总裁办公室、人事部、财务部、综合计划部等职能部门。紧密层由具有法人资格的直属企业和控股企业组成；半紧密层由公司参股企业组成；松散层由承认集团章程、与公司有长期稳定的协作关系的企业组成。

集团的发展战略是:立足本业，依托行业，服务全国，开展一体化的经营；面向国内、国外两个市场；抓好技、工 、贸三个环节，向多元化、实业化、国际化、现代化方向发展。逐步成为规模较大、实力较强、在饲料工业和相关产业中起重要作用的企业集团。

1994年应各省、市、区及计划单列市饲料公司的要求，从发挥集团优势，推动饲料工业发展考虑，吸纳各省、市、区及计划单列市饲料公司加入集团。并建立了中宏集团暨省、市经理会议基金，形成了定期开会，沟通信息、交流经验、推广新技术，推进联合和合作，探讨饲料工业发展问题的制度。

按照集团的发展战略，报经国务院主管部门批准，于1994年授予中国饲料集团公司进出口经营权，为公司开展国际贸易，走向国际创造了良好的条件。

二、技、工、贸相结合，发展壮大公司实力，推动集团和饲料工业的发展

基于公司初创，经济实力尚不强，要带动集团发展，推动饲料行业发展力不从心。因此，公司确定了“以贸易为先导，以实业为基础，以科技为后盾”发展壮大企业的指导思想。先通过扩大国内外贸易，积累资金，再发展实业，壮大实力，然后再根据公司长远发展需要进行科研、开发技术，增强企业发展后劲。几年来，公司按照这一思路，贸易形成了一个网，工业形成了一个链，科研形成了企业发展的一个支撑点，使企业有了较快的发展。

1. 贸　易

（1）建立销售网络　为了扩大国际贸易和国内贸易，公司除加强贸易部门的力量外，在20世纪90年代初开始，先后在汕头、广汉、郑州、大连、长春、广州、上海等产地、销区、港口、设立贸易公司；利用香港国际自由港，信息灵、管理方便等优势，在香港建立了自己的窗口公司——香港宏港国际有限公司。使公司的贸易一头靠近国际市场，另一头分布在港口、销区，靠近用户，便于中转和销售，同时依托公司所属企业和中宏集团企业，发挥这些企业自用和分销饲料原料的作用，扩大饲料原料的贸易经营量。公司在进出口和经营国产饲料原料方面初步形成了较完整的采购、接卸、销售、自用兼分销的网络体系。

（2）运作方式　采取集中决策、集中采购与集中决策，分散采购及分散决策、分散采购相结合的方式。进口的大宗饲料原料，主要采取集中决策、集中采购方式，便于发挥总公司对外联系广、资金相对充裕、信息相对灵的优势；数量较小，销售和使用涉及下属企业多的品种，采用集中决策、分散采购，合作销售或企业自用方式；企业自用的在国内采购的进口及国产原料，采取分散决策、分散采购方式。这样做，可以发挥各方面的优势和积极性，最大限度回避风险。

（3）重视市场信息　在当今这个信息时代、网络时代里，信息不灵贸易很难成功。公司根据企业的结构，建立了不同层次的信息来源，利用集团公司和部分分公司网上信息及各企业、分公司收集的基础信息，形成综合信息。通过定期召开市场分析会，和多种途径与各企业沟通，以指导集团公司的贸易活动。

（4）贸易发展迅速　在贸易经营中，我们突出树立企业信誉，重合同，守信用。在国际和国内贸易中，建立了相对稳定的购销渠道，与国际上几家大的饲料原料进出口商建立了长期稳定的进出口关系，其中进出口额从1994年的0.4337亿美元，发展到1998年的1.1768亿美元，在全国最大500家进出口企业中占到214位，粮油企业第11位。1997年，在香港的宏港公司自营和代理进口豆粕近100万吨，成为嘉吉公司、安德利、托福等知名国 际农产品进出口大公司的前5名客户之一。中国饲料集团公司及其直属、控股企业贸易和产品销售额从1990年的1.3亿元，1995年的3.6亿元，到1998年达到28亿元。

在贸易的经营品种上也逐步齐全，饲料生产所需的鱼粉、粕类、玉米、肉骨粉、矿物质、维生素、蛋氨酸、赖氨酸、药物等所有原料及其他农副产品，均列入公司的经销品种。

2. 实　业

发展实业是我公司发展战略中的一个重要环节。在具体步骤上，我们采取了稳步发展，逐步推进，力争建一个成一个，没有走低成本盲目扩张的路子。从1991年起，公司在原有26家联营饲料厂的基础上，相继建起了北京中宏饲料有限公司、北京大兴中宏饲料厂、吉林中宏国家粮食储备库、广东南海中宏饲料厂、九江中宏油脂有限公司（油厂）、北京顺义中宏国家粮食储备库、中宏生物有限公司、九江中宏油脂储备库等12家企业。形成粮食储备能力近20万吨，饲料年生产能力达到近100万吨。这些企业的建成，一方面成为扩大贸易的有力支撑，另一方面，也形成了有机的工业链，即利用产区的库和公司收购饲料原料供饲料厂，油料供应油厂，油厂的饼、粕等副产品再供应给饲料厂生产饲料。

经过 10 年的发展，公司资产规模也有了很大的发展，从 1989 年的 3000 万元注册资本到 1998 年（不含海外公司）总资产 8.5 亿元，固定资产达到近 2 亿元。

公司目前能生产中宏牌等品牌的饲料产品几百种，能满足畜、禽、水产等不同生产的需要，还生产高登、晶亮牌小包装及散装色拉油、精炼油，中宏牌“虾病消”、用于增强人体免疫调节功能、降血脂、降血糖的中宏蜂胶产品等。

3. 科　技

公司确定了贸易、实业、科技相结合发展企业的指导思想。在机构设置、人员配备、工作安排中，充分考虑到科技在企业发展、服务行业等方面的作用。在机构方面，公司内部设立过技术开发部，后分出机械工程部、培训部，除集团公司所属的武汉粮食科研院及其所辖的国家饲料科学研究中心及国家质量检验测试中心外，公司在 1995 年，经国家人事部批准，还成立了中国饲料研究培训中心。在科技工作方面，这些年也做了不少工作，对企业发展和提高行业技术进步都起了很好的促进作用。

（1）组织了技术交流和人员培训。根据不同时期公司发展和行业发展需要，自公司成立以来，每年都组织三次以上的专业人员出国培训、考察，与美国大豆协会、饲料谷物协会等机构合作组织国外专家、技术人员来华进行技术交流、企业管理、工厂操作现场培训等。为在不同时期推广某项新技术、新产品，公司先后组织不同形式、不同规模的这类活动，从最基本的配合饲料，到饲料的配方技术、颗粒料推广、肉骨粉替代鱼粉实验、新饲料添加剂应用及技术、饲料厂自动化和新设备、新技术推广、市场营销、企业管理等。我们还于 1993 年和 1996 年，组织了两届国际饲料机械展览会。参加过这些活动的人员遍布全国饲料行业，为促进饲料行业的技术进步起了很大的推广作用。

（2）开展科研和技术承包。公司与其所属的武汉粮食研究设计院和美国伊伯森合作承包的美国在华两个独资饲料厂项目，一个在浙江嘉兴，另一个在江苏的镇江，每个年产饲料 36 万吨，投资都在 1000 多万美元。这两个项目均已交付美方投入生产，两个厂的规模和主厂房所采用的滑模混凝土建造技术，在国内当数首家，美方对项目的标准和技术要求非常苛刻，我们能顺利完成证明中宏集团的技术能力。这两个厂对我国饲料工业今后的发展提供了良好的样板和借鉴作用。

公司利用现有技术力量研究开发的各种中宏牌畜禽及水产饲料、高登牌色拉油，在市场上获得用户的好评。新近列入国家“九五”科技攻关计划的“虾病消”水产饲料添加剂，有调节血脂、控制血糖功能的中宏蜂胶等，市场前景也都很好。公司下属的武汉粮食研究设计院，从 1991 年至 1998 年，在饲料方面的科研项目有 2 项获得了国家二等奖，18 项获得了部、省级科技进步奖，25 项获得国家重点推广新产品。

（3）重视人才。重视不重视科技，主要反映在重视科技人才的程度。公司是在行政局基础上组建起来的，刚开始具体做贸易、管理企业、搞技术开发的人才都缺乏。一方面公司制订吸引人才的政策，广泛招贤纳士；另一方面培训提高已有人员，鼓励技术人员努力学技术，搞开发，多实践。另外，借下海积极利用社会科技人才和开展与科研院校合作等途径，一是提高技术开发的水平；二是也锻炼培养了公司的技术人员，如合作承包项目，合作开发新产品等。

三、探讨中宏企业管理模式

在企业管理过程中，我们经历了几个阶段，逐步形成中宏企业管理的模式。

第一阶段，公司成立正逢我国的计划经济向社会主义市场经济转轨，企业员工多数是从机关转过来的，多数长期在计划经济下从事行政管理工作，行政机关的思想意识、观念作风很浓。针对这一实际，公司决策层提出重点是抓增强员工的市场观念、效益观念、竞争意识、风险意识、合作精神。工作中特别注重克服‘官气’、‘惰气’，改进思想作风和工作作风，使大家的思想观念尽快适应社会主义市场经济。

第二阶段，是在 1991—1995 年左右，企业生意相对好做，效益较好。公司除集中精力抓扩大贸易外，更重要是投资建设公司直属、控股的几个骨干企业。在管理上建立了一些基本制度，但由于经验不足和制度刚刚建立，在日常办公、业务运作、风险控制等方面反映和出现了一些问题和苗头。随着业务的发展和企业的壮大，公司的领导层感到管理越发显得重要。

第三阶段是近 3—4 年，公司针对出现的问题，从抓办公纪律入手，健全和完善各项制度，形成了一整套有力的内部管理规章。公司还积极借鉴外资、个体企业的管理经验，在企业的管理机制和经营机制上下功夫。经营上围绕着控制三个风险，即市场风险、客户风险和人事风险；管理上围绕着建立三个机制，即激励机制、约束机制和监督机制，正在逐步形成一套具有中宏特点的管理模式。

四、发挥集团优势，推动饲料工业发展

中宏集团成立以来，按照国家批准部门办试点集团的要求，通过上上下下的努力，方方面面的支持，基本是成功的，为以后办集团提供了经验，起到了试点的作用。集团和其核心企业中国饲料集团公司，通过充分发挥集团化经营，加强横向联合，集团和公司都得到了发展壮大，也为中国饲料工业的发展做出了应有的贡献。

（1）通过进口贸易为我国饲料工业发展提供了国内短缺的原料，沟通了国际、国内两个市场和国内饲料原料的产、销渠道。近两年来，中国饲料

集团公司及所属香港宏港国际企业有限公司，年自营和代理中宏集团成员企业及其他用户进口豆粕高峰时近 100 万吨，进口菜籽、大豆等油料 50 多万吨，进口鱼粉十几万吨，氨基酸等占到全国总量的比重也很大，为支持我国饲料工业的正常发展，保持饲料产品价格的平稳，起了很重要的作用。

通过发展实业，一方面增加了饲料的产量，为我国的畜牧业提供饲料；另一方面，为公司壮大实力、长远发展打好基础。更重要的是公司在建厂初所确定的指导思想，新建饲料厂在规模、工艺技术和管理模式上要为国有饲料企业树立样板，起到示范作用。于 1995 年动工，1996 年投产，工期只有一年的广东南海中宏饲料厂，就发挥了这一作用，不少企业到南海中宏饲料厂参观、学习，在建厂和管理上吸收该厂的做法和经验。在科技方面公司向饲料企业提供了大量的人员培训、新技术、新产品、咨询服务、技术交流等，为饲料工业发展服务。

(2)公司和集团的发展，为社会增加了就业机会。公司成立初有员工 20 多人，到去年底，中国饲料集团公司和直属、控股企业员工人数发展到近 2000 人。中宏集团间接为社会创造的就业机会就更多了。

企业的发展也为国家经济做出了贡献，近年来，每年向国家上交各种税金约 1.5 亿元。

(3) 发挥中国饲料集团公司龙头企业的示范、纽带作用，带动集团成员企业的发展。集团成立后，把独立的成员企业联系在一起，通过定期召开集团成员会议，沟通信息，交流经验，探讨企业发展，从而推动了企业间在贸易、实业、技术等方面的联合和合作。在饲料市场竞争激烈、国有饲料企业在由计划经济向社会主义市场经济转轨、遇到的困难较多的形势下，像正昌集团、牧羊集团、福建省饲料工业公司等不少集团成员企业仍然得到了发展壮大和长足进步。

中宏集团也较好地起到了试点集团的示范作用。自中宏集团组建以后，随后在原商业部内成立了多家集团，在我国饲料行业也相继组建了许多不同性质、不同形式的集团，这些集团的组建，推动了企业的改组、改造及联合，扩大了企业的规模，增强了企业的竞争能力，有力地促进了饲料工业的发展。

10 来，中国饲料集团公司在主管部门的领导和公司领导班子的带领下，经过全体员工的努力和各方面的支持，按照公司的发展战略，做到了发展公司，壮大集团，服务行业，贡献社会。中国饲料工业发展的潜力和空间还很大，中国饲料集团公司和中宏集团成员愿和饲料界同仁一道努力，推进 21 世纪中国饲料工业的继续发展。

走规模经营之路

——广东省顺德市华星实业股份有限公司

广东省顺德市华星实业股份有限公司，地处“全国星火科技镇”的顺德市北镇北滘工业园兴顺大道 5 号。董事长兼总经理梁志雄，从 1993 年至今为中国饲料工业协会副会长，广东省饲料工业协会副会长，1998 年被选为顺德市饲料商会会长。华星公司是以生产饲料及饲料添加剂为主的跨行业大型股份制工贸结合的集团化经济实体，属下有 8 个企业：顺德市华星饲料厂、海南华星饲料厂、北滘颗粒饲料厂、象岗良种鸡场、南粤塑料织造厂、华星磁性材料厂、华星精密铸造公司、北达饲料进出口公司（中外合作）。

华星公司的主导产品是“华星牌”饲料。公司龙头企业顺德市华星饲料厂为全国大型现代化饲料生产企业之一，拥有时产 60 吨的畜禽饲料生产线；拥有专用的鳗鱼饲料、对虾饲料、海水鱼饲料、添加剂预混合饲料生产线。华星饲料厂从 1983 年创业至今，自有资产从零增至 1.2 亿元，饲料品种从原来的 1 个发展为 133 个（畜禽料 50 个，水产料 83 个），是全国单个饲料厂生产量较大、品种较多、较齐全、畜禽水产饲料并重的厂家之一。1991—1998 年，华星公司已销售华星牌饲料 191.94 万吨，销售收入 48 亿元。

华星饲料厂是全国质量效益型先进企业（1996 年），是全国饲料工业标准化技术委员会会员单位。1998 年，华星牌鱼饲料被评为广东省优质产品，华星牌欧洲鳗鱼配合饲料被国家经贸委评为“国家级新产品”。“华星”牌配合饲料产品质量达到国内外同类产品的先进水平，产品历年来经国家、海南等省市质量监测部门抽检合格率达 100%。多项系列 60 多个产品分别荣获国家部优、省优、省饲料行业优质产品称号。广东省饲料工业质量信得过产品和中国饲料工业协会推荐产品以及国家级新产品等殊荣，产品畅销广东、广西、海南、湖南等地。

10 多年来，改革开放使华星饲料厂的各项事业在充满活力、不断完善的新体制中焕发勃勃生机，从单一的乡镇企业发展成为股份制公司，取得了令人信服的业绩，积累了一定的经营和管理经验。

一、大胆引进设备、技术和人才，增强企业发展后劲

华星饲料厂地处最早实行改革开放政策的珠江三角洲中部的顺德市，在顺德这块热土上，畜禽水产养殖业发达，水陆交通便利，北临广州，南临香港，对外贸易基础良好，在顺德发展饲料工业建设现代化饲料厂具有良好的地缘优势和市场优势。经过多年的发展，华星饲料厂自有资产从创业初为零增至 1. 2 亿元。回顾华星饲料厂的发展历程，给了很多有益的启示，从办厂的早期阶段，即坚持高起点发展战略，抓住发展机遇，大胆引进设备、技术和人才，以生产优质产品为目标，为华星公司的发展奠定了坚实可靠的基础。20 世纪 80 年代，国内饲料工业处于起步阶段，在很多方面还处于非常落后的水平，当时作为乡镇企业的北滘颗粒饲料

厂要想得到大发展，最缺的就是先进的设备、先进的生产技术、先进的饲料配方和优秀的人才，且这几方面缺一不可。面对我国饲料工业落后的现状，1987年引进了荷兰时产10吨饲料生产线，1988年引进时产1吨的添加剂预混合饲料生产线，并同步引进加拿大饲料配方软件技术（添加剂预混料技术配方），吸引高素质的人才，尊重人才并且促使他们人尽其才，各显其能，这是华星公司发展一个关键原因，而华星饲料厂从创立之初所抱定的“为饲料工业的振兴而奋斗，为养殖户谋利益”的目标则构成它吸引人才的永恒的魅力。1986－1987年张励、梁自声、张志农、梁伟明等一批营养、机械设计、电于计算机等方面的专家落户北滘，正是由于他们的加盟，才使华星饲料厂能更快地发展壮大。

1991年华星饲料厂已拥有先进的饲料生产条件，经营业绩良好，在国家统计局首次评出的中国大型乡镇企业500强中，华星饲料厂列第108名。1992年5月，具有20世纪80年代末世界先进水平的澳大利亚时产60吨饲料的自动化生产线正式投入生产，华星饲料厂由此进入了规模经营阶段。

二、成立华星实业股份有限公司，建立经济目标分解责任制

1992年，中国整个宏观经济进入调整时期，各主要饲料原料玉米、豆粕价格大幅度上涨，水陆运输紧张，电力短缺，其它能源价格上扬，饲料成本不断增加，银行紧缩银根，汇率变动大，还贷压力日益加重，整个饲料行业竞争激烈。面对这种严峻的经济形势和复杂多变的情况，梁志雄厂长认识到要实现饲料产业的大发展，靠单一的饲料生产销售经营风险较大。因此提出转换经营机制，建立适应改革开放和发展市场经济要求的经营机制，推行经营责任制，完善各项管理制度，深化人事、劳动、分配等方面的改革，在上级政府的支持下，华星实业股份有限公司成立，梁志雄担任公司董事长兼总经理，实行董事会领导下的经理负责制，华星公司成为一家以生产饲料及饲料添加剂为主的跨行业的大型股份制工贸结合的集团化经济实体。华星实业股份有限公司属下企业发挥机制灵活和规模经营的优势，在市场竞争中不断发展壮大，如华星公司华星牌饲料销售收入1993年为3.37亿元，1998年为7亿元。

实行以质量为中心，联系经济利益的岗位目标责任制，将经济目标和质量目标、质量责任分解到部门甚至个人，调动员工的积极性和自觉性，这是华星公司得以发展的一条重要经验。公司每年根据市场形势，确定目标和计划，把公司现阶段发展需要量化为具体的数据，使定性的目标数据化，把计划变成一种切实可行的方案。实行目标管理后，公司成为指挥调度中心，指挥上“号令分明”，监控上“有据可查”。使领导可以较快地了解情况，根据部门计划指标的完成情况及时调配资源，采取得力措施，以保证计划目标的完成。

实行经济目标责任制后，有助于搞好产品销售，更好地拓展市场。华星公司一直重视产品销售队伍建设，不断建立并完善销售目标责任制，制订销售业绩考核标准，对应聘人员根据业绩表现实行择优录用，业务人员在销售网点布置、经销商数量、销售品种、售前售后服务、资金回收、广告宣传、信息反馈等方面有明确的目标责任，促使华星产品市场占有率逐步提高。

三、坚持以人为本，提高员工整体素质

员工是管理和生产活动的主体，华星牌饲料的生产和销售的每一个环节都是靠员工去完成的，任何一个目标的实现都离不开员工的参与和配合。因此，华星公司领导极为重视对人的管理。认识到只有以人为本，才能有效地调动人力资源，提高华星公司的信誉度，保证业务的正常开展。多年来的实践证明，“优质的产品来源于优秀的员工”，华星公司注重提高员工的政治素质，引导员工树立正确的人生观、价值观和道德观，并根据员工文化水平、年龄和岗位职责的不同，有的放矢，加强教育，提高业务素质，在企业内部努力形成奋发向上、协力合作的团队精神，激发员工的积极性和创造性，增强内聚力，从而使华星公司保持旺盛的竞争力。

华星公司多年来重视员工管理，培养出适合企业需求的技术队伍和管理干部，这样华星公司的各项策略得以正确贯彻执行，提高公司的管理效率。

逐步提高员工的收入水平，实行退休、医疗、工伤等社会保障。公司每年为员工支付保险费100多万元，公司员工仅需支付保险费用的20%，这样解决了员工的后顾之忧，有助于稳定员工队伍，调动工作积极性。

四、严格质量管理，创造优质产品，树立“华星”品牌的良好信誉

华星公司视产品质量为企业的生命，引进先进的设备、技术和人才都是为了搞好产品的质量。华星公司的管理体制和各项管理条例、质量立法均以追求对工作精益求精，追求质量提高、改进和发展为目标。自推行全面质量管理以来，华星公司已逐步认识到质量在企业发展中的主导地位，通过广泛宣传和培训，使全体员工树立了鲜明的质量意识、永不满足的质量观念和产品质量逐步提高的思想。1991年12月，华星饲料厂荣获农业部颁发的《全面质量管理达标证书》。1997年度，华星饲料厂荣获全面质量效益型先进企业称号。厂技术监督部属下的产品化验室，1997年通过了广东省饲料工业办公室和省、市质检部门组织的广东省饲料加工企业质量检验机构综合情况的严格评审，评审结果为优秀。

1991年“华星”牌101鸡花料、102小鸡料已远销香港；302仔猪料获商业部“优质产品”奖，604草鱼成鱼料获广东省质量审定委员会“优质产品”奖和乡镇企业管理局“优质产品”奖。在1993年，常德全国“星火”计划展销洽谈会上，“华星”

牌系列饲料评为银奖。1994年国家科委、工商银行、劳动部、外国专利局、国家技术监督局联合评定，“华星”牌高效604草鱼成鱼料为“1994年度国家级新产品”。1995年，“华星”牌113地方中鸡料，162中鸡料、103特别中鸡料、104特别肉鸡料荣获广东省饲料工业“质量信得过产品”。1996年，“华星”牌504蛋鸭料、113地方品种中鸡料为“首届中国饲料工业博览会认定产品”；606草鱼料荣获广东省饲料工业“质量信得过产品”。1997年，“华星”牌欧洲鳗鱼配合饲料被评为广东省级“重点新产品”，“华星”牌402中鸭料、403大鸭料、504蛋鸭料荣获广东省饲料工业“质量信得过产品”称号。1998年“华星”牌800肉猪精料、302小猪料、303中猪料被评为中国饲料工业协会“推荐产品”。“华星”牌欧洲鳗鱼配合饲料被国家经贸委审定为“国家级新产品”。“华星”牌鱼料为1998年度广东省“优质产品”。“创优质，创名牌”是华星公司的一项战略性经营决策，通过评优评奖活动，可以发现问题，改进不足。通过名牌战略提高了华星公司的声誉，更提高了“华星”品牌的知名度，使公司的生产年年迈上新台阶。

五、饲料产品多样，品种齐全，畜禽水产饲料开发并重，适应市场需求

广东省饲料工业发达，厂家众多，竞争异常激烈，要想在市场竞争中取胜，必须注意适应市场，努力开发新产品，满足不同用户日益增长的需求。华星牌饲料包括快大鸡、黄羽鸡、肉鸡、肉鸭、鹅、蛋鸭、蛋鸡、种鸡、种鸭、肉猪、草鱼、罗非鱼、白鲳鱼、日本鳗鱼、欧洲鳗鱼、甲鱼、加州鲈、斑鳢、斑节对虾、罗氏沼虾、龙虾、斑点叉尾鮰鱼、胡子鲶、青蛙、海水鱼等25个系列，共133个品种（其中畜禽料50个品种，水产料83个品种）。经过多年的努力，现已成为广东省内水产配合饲料品种最齐全、销售量最大的生产厂家之一。高效604草鱼饲料和欧洲鳗鱼配合饲料两个产品的销售量直线上升；华星欧洲鳗料100%替代进口产品；1996年推广养殖面积2600亩，1998年推广养殖面积增至15000亩。华星水产料开发的巨大成功，带动了水产养殖业和饲料工业的发展。

展望未来，华星公司全体员工在国家改革开放政策的指引下，团结一致，锐意进取，扎实工作，永不满足，追求更大的进步，争取为中国饲料工业的发展谱写新的篇章。

外抓市场，内抓管理，推进企业发展

——南宁市富丰饲料厂

南宁市富丰饲料厂创建于1993年，与柳州市富丰饲料有限公司、百色市富丰饲料有限公司同系福建省莆田市富丰饲料有限公司下属的具备独立法人资格的饲料生产企业，属非国有经济性质，现有员工276人。年产“富丰牌”和“旺多牌”猪、鸡、鸭、鹅4大系列68个品种的全价畜禽配合饲料8万吨。

短短6年时间，以陈继志总经理为首的“富丰”技术和管理精英带领全体“富丰”人励精图治，搏击市场，取得了良好的社会和经济效益。先后获得：江南区“先进单位”、“先进企业”、“明星优秀企业”；南宁市“先进集体”、“销售工作先进单位”、“民族团结进步先进单位”；1997—1998年连续两年被广西区工商局授予“重合同守信用企业”；全国配合饲料统检“合格企业”等荣誉称号。“富丰牌”515鸭料和311猪料系广西区优质产品，“富丰牌”系列饲料系广西区质量检验协会的推荐产品，畅销广西、广东、贵州、湖南、云南、越南等市场。

一、加强管理 降低成本

高质量、低价位的产品在市场竞争中是最具竞争力的产品之一。为了确保高质量的产品以低廉的价格进入市场，提高企业竞争力、加强企业内部管理、减少管理费用、降低生产成本，就成了他们的重要工作内容。第一，他们从建立健全规章制度入手，制定了较为完善的各部门各岗位工作职责以及设备和安全等管理制度，同时对各个部门进行定编、定岗、定员，使每一个部门和员工工作职责清楚，工作标准明确，行为有规范，考核有依据。第二，对各部门和个人使用的汽车、摩托车、手机、电话、BP机等办公设施、设备以及差旅费制定了费用定额标准和使用、管理办法，严格执行费用超标自负，使用管理按要求。第三，建立请购制度，由总经理一支笔审批。原（燃）材料的购进由采购部根据生产和市场行情先作出采购计划，呈总经理审批；备品备件、低值易耗品等物资的购进由部门根据实际情况填写请购单，由总经理审批。由于大到原（燃）材料、设备，小到一钉一铆都由总经理审批，从而保证企业资金正常有效运转，提高了企业资金的利用率。第四，实行计量工资制。生产岗位上的生产工人，根据产量、质量、安全、成本等经济技术指标，制订计量工资，完成任务领取基本工资，超定额完成任务的进行奖励，未完成定额任务的扣罚。营销部对营销员实行全额承包，工资与销量和货款回收实行挂钩，这样大大调动了员工的积极性。通过这一系列的措施，1998年他们的产量比上年提高了10%，成本降低了5%，实现产销率100%。

二、质量第一 树立品牌 服务市场

质量是企业的生命，树立品牌是企业立足市场的关键，而产品质量是树立品牌的基础，只有过硬的产品质量，才能树立起品牌。为此，他们非常注重产品的质量以及产品的高科技含量。多年来，他们与中国农业科学院畜牧研究所合作、研制开发的

“富丰牌”猪、鸡、鸭、鹅4大系列畜禽全价配合饲料，不仅科技含量高，适口性好，抗病力强，增长（肉）快，饲养成本低，而且质量稳定，饲料经济效益较高。因此，自投产以来深受客户的好评，市场占有率不断上升。同时在企业内部，他们重视建立健全强有力的质量保证体系，参照ISO9000标准，成立质量管理组织机构，制定工厂质量方针，开展全员质量管理，制定从原材料采购开始到原料检验、生产、成品、市场调查、信息反馈、售后服务全过程的质量标准和质量管理作业办法及考核办法，并开展各种宣传活动，组织员工学习全面质量管理知识，使广大员工充分认识质量管理的重要性和如何做好本职工作确保产品质量，全方位开展质量管理，全过程实行逐级负责制，层层把关落实，层层落实经济责任制，并不定期开展体系审核，始终保障质量体系有效正常运转，保证生产合格产品，保证不合格产品不出厂。经过不懈努力，1998年该厂产品合格率达到100%，参加全国配合饲料统检获“合格企业”称号，另获广西区“全面质量管理验收合格企业”，“富丰牌”系列饲料被广西区技术监督局作为的推荐产品，“富丰牌”515鸭料和“富丰牌”311猪料被评为广西区优质产品，由此而带动了企业及其产品的品位的全面提升，“富丰”品牌成了广大养殖户的理想品牌。

庞大的营销网络和优质的售后服务，是市场竞争的重要手段，也是让产品走向市场和服务市场的必要条件，只有具备了这样的硬件，他们的产品才能为社会和用户所需。只有社会和用户需要的产品才具有最强的市场竞争力。为此，他们在区内外建立了160多个上下贯通，纵横协调、渗透基层的营销网络，网络中的每一位营销员既是服务员、质检员又是宣传员、信息员和管理员，可以随时为客户解决问题。同时购置了11部售后服务车，组成售后服务车队，提高售后服务队伍在服务过程中的快捷能力，以赢得时间，提高服务满意度。另外，指派畜牧兽医师、技术人员定期或不定期在各个营销网点专门为养殖户举办养殖及畜禽治病防病的技术培训班，帮助养殖户解决饲养过程中的各种疑难问题，做好畜禽防病治病工作，提高养殖户的科学养殖水平。由于注重市场营销网络，贴近养殖户，以及高素质营销员的培养和使用，注重售后服务的有效性和迫切性，从客户的立场设计我们的售后服务，真正为客户排忧解难，使客户感到使用该厂产品称心、放心。目前，“富丰牌”饲料市场销量逐年递增，1998年销售收入99180万元，比上年增长12%，创利税1386万元，1997年和1998年连续两年被评为南宁市销售工作先进单位。

三、以人为本 重视企业文化建设

人本管理是企业管理的灵魂和中枢，决定着企业发展的前途，这是“富丰”企业最高管理层的共识。只有建设具有较强团队意识的高素质的员工队伍，才能造就一流的具有较强竞争力的企业。第一，建立健全了人事管理制度，对员工的聘用、待遇、服务、转岗和待岗、奖惩等事项做了具体规定，努力营造一个能者上、平者让、庸者下的企业内部激励机制，以提高员工工作的主动性、积极性和创造性。第二，定期或不定期的培训员工，通过聘请国内知名公司、学者举办有关专业知识培训班，培训企业中层领导骨干和各岗位员工，让其掌握领导技能、企业管理、营销技巧、动物营养和加工技术等知识，以提高其业务工作能力。第三，重视企业文化建设，培养员工的团队意识，创造一个积极的、健康向上的企业文化氛围。在企业内，组织员工做广播体操，每天早中晚进行广播，还办了自己的报纸，并大张旗鼓的宣传和表扬好人好事，抨击歪风邪气和不良倾向，积极参加“无毒”、“无黄”安全文明小区建设，让广大员工安居乐业。多年来，该厂刑事案件和治安案件发案率均为零，为社会的稳定做出了自己的贡献。

“富丰”事业，是丰富人民生活的事业，这是陈继志总经理的口头禅，也是“富丰”企业的根本宗旨和企业精神。“富丰”就是在这种指导思想的指引下，通过6年的市场锤炼，从小到大而发展为具有一定规模的饲料生产企业，并已具备作为成熟企业的品格。当然“富丰”人也清醒地认识到，市场竞争不进则退，发展才是硬道理，在建中的3条年产20万吨全电脑控制的配混合颗粒饲料生产线定于1999年10月1日投产，届时“富丰”企业年产值将突破3亿元大关。他们坚信：有正确的指导思想的引导，有党的改革开放政策的支持，有“富丰”人的不懈努力，明天的“富丰”一定会更加生机勃勃。

直面挑战　阔步向前

——广西贵港扬翔饲料有限公司

1998年末，贵港扬翔饲料有限公司月销量突破7000吨，比6月份翻了一番，这是一个令全体扬翔员工和扬翔饲料用户都为之振奋的消息。在饲料行业强手如林、市场竞争激烈异常、生猪价格严重下滑的1998年，贵港扬翔饲料有限公司能取得这样的成绩，这不能不说是一个奇迹。

一、重视科技人才是根本

随着市场经济的发展，科技人才显得尤为重要。为保证产品的科技含量，公司决策层认为：科技人才是决定企业成功的基础。因此，公司先后投入350万元与中国农业科学院、中国农业大学、华中农业大学、浙江农业大学、四川农业大学等国内多所重点院校中的专家教授联合研制配方。院校的科研成果通过企业迅速转化为生产力，企业把存在问题反馈给学校，企业实际上是联系院校与市场的纽带，从而达到了优势互补。这样经过反复试验和调整配方，使公司产品质量不断提高，1998年，接受国家技术监督局检验，公司饲料产品全部合格。

公司内部实行全员聘用制，并向全国招贤纳士，对所有被聘用的近300名大、中专毕业生，经过大浪淘沙，一批大学生已能独挡一面，成为公司的“主心骨”，公司把这些生产、管理、财务方面的骨干送到复旦大学正大培训中心、北京、深圳、美国等地进行更高层次的技术培训。管理层没有固定的交椅，员工没有铁打的饭碗，对所有员工，公司采取优胜劣汰的办法，能者上，庸者下，从而确保了公司有一支能征善战的高素质员工队伍。

二、严把质量是关键

贵港扬翔饲料公司始终把质量管理作为头等大事来抓，他们认为，产品质量是企业兴衰存亡的决定因素。在原材料采购上，他们层层把关，做到不合格的原料品管部不批，采购部不购，仓库不收，装卸工不卸，生产部不用，环环紧扣，相互制约，共同负责。配方设计以质量为第一指标，生产环节坚持车间品管员跟班制度和成品抽检制度。最近，公司引入了ISO9002国际质量体系管理和质量保证标准，并就ISO9002质量体系要素对员工进行了深入的培训，为进一步提高公司的整体管理水平和质量水平打下良好的基础。

三、科学管理是保证

在高层次高水平技术人员对产品质量严格的把关下，贵港扬翔饲料公司的产品已经走进了千家万户，在这产销两旺的势头下，公司领导层一致认为：要把企业发展放在首位，必须进行科学管理。具体落实到狠抓质量管理和财务管理，抓好制度建设和队伍建设。公司在经营管理上连出新招，严格制度，分级管理，层层把关，在这种机制下，员工激情饱满，斗志昂扬，群策群力，完全表现出来的是主人翁的工作姿态。

四、跟踪服务是秘诀

贵港扬翔饲料公司想用户所想，急用户所急，在进行市场研究分析后，他们得出结论，农村养殖专业户不仅需要的是高质量的饲料，更需要的是养殖技术的提高，对此公司提出了“产品打到哪里，服务跟到哪里”的战略方针，探索出真正能为农民服务的新路子。去年贵港扬翔公司聘请余广海教授等5名专家担任技术顾问，免费在广西区各地巡回进行现场养殖技术培训，足迹遍布广西90%以上的县市、乡镇、村屯。据不完全统计，先后举办养殖技术培训班600多场次，接受培训和参观者达6万多人次，免费为农户阉猪8万余头，散发科学养殖资料26万余份。经过培训后的养殖户大多数改传统养猪为科学养猪，一窝猪可节约成本100元以上，大大提高了养殖效益，为农民创收致富起到了一定的推动作用。

五、助学扶贫得人心

企业发展了，不忘回报社会。1998年9月，贵港扬翔饲料公司联合贵港市教委、科委、扶贫办、畜牧水产局在贵港地区开展“扬翔献爱心百万助学扶贫大行动”，采取技术培训和物质扶持同步的方式进行，产生了巨大的社会效应。据统计，“大行动”第一期全市就有10.5万农民接受养殖新技术培训，418名入选户得到扬翔公司的优质饲料和技术扶持，养殖获得较好的效益，平均每个扶持户养一窝猪净收入1300多元。入选户以及参加培训的农民对此反响强烈，都说扬翔献爱心大行动给大家送来最宝贵的是养猪新技术。

“扬翔献爱心百万助学扶贫大行动”第一期投入106万元，面对巨额的投资，公司当家人认为：为农民传经送宝，一方面可以提高贫困养殖户的养殖技术，增加经济收入，另一方面更能促进畜牧行业和饲料行业的发展。

六、培育市场是出路

加强市场培育，努力开发新市场。现有市场容量有限，因此，贵港扬翔公司用发展的眼光看待市场，着手开发那些养殖比较落后的边远地区。这些具有潜在发展力的市场，虽然前期投入大，但一旦开发成功，市场利用周期长，回报率高。也就是说，只有不断开发和培育新市场才是企业谋求进一步发展的根本出路。

几多坎坷，几多磨难。回顾过去，展望未来，极具竞争意识和创新观念的扬翔人在感到欣慰和自豪之余，想得更多的却是越来越大的压力和新的一年里将面临的挑战。公司全体员工满怀信心，决心再创佳绩。

强化管理炼“内功”，狠抓质量不放松

——青海丁香集团新禾工贸公司

青海丁香粮油集团新禾工贸公司是青海省较大的饲料生产厂家，自建厂至今十几年的奋斗历程中，几经坎坷由一个手工作坊简易的加工车间发展成为拥有固定资产净值达300余万元的集饲料加工、养殖、肥料生产于一体的综合性公司。这期间付诸了几代经营者的辛勤劳作和培育，近几年，公司乘企业改制之东风，大胆实践与探索，在市场普遍疲软、企业经营遇到前所未有的困难的形势下，依靠职工群众，分析、研究、预测市场行情和趋势，积极采取一系列措施，使企业在困境中闯出一条生存之路，经济效益不断提高，企业发展前景乐观，呈现出强大的生命力。

一、炼“内功”强化管理

1998年来，因国内市场受东南亚经济危机的冲击，企业经营状况一再下滑，大部分企业亏损，青海同样出现疲软局面，部分企业纷纷倒闭、兼并或转产，养殖业面临更大的困难，肉价一再下跌，养殖户全面亏损，这种状况极大地挫伤了养殖户的积极性，甚至一些实力较强的养殖户也陆续停业或转产，这对饲料生产和经营带来极大的困难，企业将何去何从？这是摆在经营者面前的头等课题。针对这种现状，公司及时调整经营决策，并利用这个时机进行班子调整，狠抓内部管理，炼好“内功”迎接挑战。首先以基础管理为出发点，建立健全各项管理制度，抓现场管理，制度上墙，层层把关，责任到人，将各项制度落到实处。推行上岗掀牌制度，严肃考勤纪律；进行了现代企业管理标准的草拟与实施；同时进行了工资制度改革，依照不同工种各项定额完成比例核发工资，彻底打破吃大锅饭的状况。通过一系列的改革，职工积极性不断提高，凝聚力不断加强，职工的素质和企业面貌焕然一新。

二、视质量为“生命”，强化质量意识

质量是企业的生命，一个企业如果没有一个稳定的产品质量，就很难在竞争激烈的市场大潮中站稳脚根，这为很多企业家所共识。然而，若要确保产品的质量，必须要强化管理，虽然公司生产的新禾牌系列饲料产品在市场中占有一席之地，并为广大养殖户所共认，产销量历年来在本省饲料市场中居领先地位。但公司经过深思熟虑后认为，我们的产品若要保持常胜不衰，品牌意识必须是第一位，同时必须在原有的基础上有一个更大的提高。公司利用自身专业技术人员力量雄厚的优势，首先在广大职工中安排为期两个月的业余培训班，使每位职工心里都有一个质量品牌概念及相关的专业知识。通过培训，90%以上的职工技术素质有了较大的提高，“厂兴我荣，厂衰我耻”已不仅仅是一个口号，而是大家的共同心声。实际工作中依照各项制度自原料的购入、入库、向车间移交、配方、加工到产成品入库，层层把关。并安排专业人员担任品管员，负责生产全过程的监督与控制，严禁不合格产品流入客户手中，并成立了质量仲裁领导小组，对出现质量事故后，严格进行调查，对责任人坚决予以罚处。通过这项制度的实施，公司生产的各种配混饲料，经省级质检部门多次抽检均达到国家标准。

三、视用户为“上帝　强化服务意识

企业营销对一个厂家来讲，起到顶梁柱的作用，一个企业经营状况的好坏，在保证质量的前提下，关键是营销队伍素质的提高与发挥。现代营销学要求营销人员更具市场意识和奉献精神。针对公司营销队伍薄弱的状况，公司适度增加了营销人员，组织人员进行了市场营销学及相关知识的学习与培训，使全体营销人员不仅学到了有关专业知识，而且更进一步认识到了现代市场营销的重要性。一切为了客户需要，视用户为“上帝”已达成共识。随着市场经济的不断深入，养殖户除了对产品质量的要求以外，更多的希望售后的服务要跟得上。针对这一实际情况，公司注重售前、售中、售后各环节的服务。公司同时进行了市场定位，划分销售区域及网点，建立客户档案，及时反馈市场信息，掌握当前需求和潜在需求，免费送货，义务免费进行畜病免疫，提供兽医咨询，依照不同层次用户的需求及时调整配方，生产市场对路产品。对部分老客户采取分期付款方式，允许用户短期周转。定期安排营销、兽医等专业人员进行巡回客户回访，广泛征求不同区域不同客户的意见，进行整理归纳，为决策者提供第一手资料。通过一系列的服务，使全体职工增长了信心，增强了市场竞争意识，对企业的发展充满了希望。

经过以上几方面的工作和实践，公司 1998 年度产销量达历史最高峰，经济效益和社会效益显著。他们坚信，在全体员工的共同努力下，“新禾”定会拥有一片崭新的天地。

以产品质量求生存，以科学管理求效益

——海南省琼州饲料厂

海南省琼州饲料厂是海南省最大的饲料厂之一，隶属于海南省食品（集团）公司。拥有全套从美国引进的现代化生产设备，年产配合饲料 6 万吨，预混料 5000 吨，固定资产近 5000 万元。工厂始终坚持“质量是企业的生命”的治厂方针，“以产品质量求生存，以科学管理求效益”，取得了显著的成效。

琼州饲料厂及其生产的“富岛”牌系列饲料在历次部、省、市主管部门、质量技术监督部门的检查考核中，全部合格，先后被评为“全国饲料工业行业百强企业”、“海南省质量工作先进单位”、“产品质量信得过单位”、“海南省著名商标”等等，在用户中久享盛誉，其中蛋鸭料、种鸭料、小鸭料被首届中国饲料工业博览会评定为“认定产品”。“富岛”牌罗非鱼饲料饲养的罗非鱼经美国 HACCP（美国关键危险品检验控制法）认可，出口美国市场。

市场如战场，成败靠质量。工厂在日常工作中一手抓质量，一手抓管理，用优质的产品，优质的服务，赢得了用户。

一、领导重视，把“质量是企业的生命”作为治厂方针

管理者是企业的核心，企业各项工作离不开领导的重视。在琼州饲料厂，厂长对抓质量抓管理，处处带头，严格要求，时刻强调质量问题无小事，常常教育广大职工，质量工作不是哪个部门人员的事，是全体职工的大事。做到：一“防微杜渐”，将细小的质量问题当大事来抓；二“狠字当头”，在质量问题上不留情面；三“敞开大门抓质量”，通过外部、内部的监督来加强提高工厂的质量与管理。由于领导带头，极大地发挥了“示范效应”、“权威效应”，工厂质量工作、管理工作，得以深入持久开展。

二、抓好质检工作，确保产品质量

质量是企业的生命，质量检验是生产的核心环

节。工厂在质检工作上做到严把三个关：一是严把原料质量检验关。不符合质量要求的原料不采购，不进厂，不用于生产。对于原料的采购必须清楚地提出采购此原料的质量要求，包括等级、检验、处理质量争端等，都有明确的规定，对易掺杂使假的原料，还注明防掺杂使假的检测项目、赔偿办法等。二是严把中间产品质量控制关。规定不合格的中间产品不得进入下道工序生产。三是严把产品质量检验关。做到生产的产品批批检验，不仅对营养成分进行分析，而且对包装、计量等外在质量也严格检查，决不放过任何可疑迹象，发现问题坚持“三不放过”，即不找到产生问题的原因不放过，不查清产生问题的责任不放过，不落实防范措施不放过。

三、用优质服务换取用户的信赖

服务是连接生产和用户的纽带，是沟通企业和用户的桥梁。琼州饲料厂不仅重视售后服务，而且特别重视做好售前服务工作。饲料销售前，对于销售网点如何做到布局合理，方便用户，都有一番研究。特别是宣传“富岛”饲料、介绍养殖技术、开展经验交流、送知识下乡、指导用户选购使用饲料、帮助农民养殖致富方面，想客户之所想，急用户之所急，并同时做到预约送料上门。售后服务工作，有专、兼职队伍，分线分片、负责质量跟踪和信息反馈，工厂还设立 24 小时服务热线电话，对用户反映的问题及时给予答复，一时解决不了的逐一登记下来，并想方设法予以解决。因此，富岛牌饲料在广大用户中树立了良好的形象，使用“富岛”牌饲料的人越来越多。

四、加大科技投入，提高产品科技含量

科学技术进步是确保产品质量、提高竞争能力的重要手段。工厂坚持以科技为先导，不断开发新产品，推广应用新技术。特别是去年以来，工厂与中国农业科学院饲料研究所、国家饲料质量监督检验中心等国家级科研机构合作，加快科学技术的转化，将全国最先进的饲料科研成果，应用于生产实践，大力提高饲料产品的科技含量。先后开发推出饲养效果显著、又结合海南本地实际的蛋鸭、肉鸭、快大肉鸡、黄羽鸡、鱼等系列饲料，深受用户欢迎。

振兴海南饲料工业，服务社会，面向未来

——海南恒兴饲料实业有限公司

海南恒兴饲料实业有限公司是广东恒兴集团有限公司的下属企业，下属文昌潭牛恒兴饲料厂、文昌恒兴种鸡场、海口恒兴饲料厂。现有资产 7000 万元，职员 280 人，其中各类专业技术人员 80 多人。主要生产经营各种全价配合饲料和畜禽种苗等，年生产能力畜禽饲料 18 万吨，海水虾饲料 5000 吨，种鸡苗 360 万只，商品蛋 1500 吨，年总产值近 3 亿元人民币。“恒兴牌”饲料目前在海南省约占 35%的市场份额，经济和社会效益十分显著。

海南恒兴饲料实业有限公司自 1997 年成立以来，用短短的两年多时间已取得了较好的成绩。

一、以致力振兴海南饲料工业为己任

海南省是我国最大的经济特区，四面环海，四季如春，发展禽畜养殖业和水产养殖业具有得天独厚的自然条件。海南建省办大特区以来，随着往来人口增多，禽畜肉食需求量不断增大，给禽畜、水产养殖带来良好的发展机遇，并得以蓬勃发展。而海南省的禽畜饲料不能满足市场需求，尚需省外调入供应，为解决这一问题，他们以振兴海南饲料工业，支持海南养殖业发展为己任，于 1997 年初经与原海南龙华实业有限公司协商，以每年 220 万元人民币租赁原龙华饲料厂，并投入 300 多万元资金，引进美国 CPM 和伊伯森公司的生产设备，经两个多月的更新改造，于 1997 年 5 月投产，为进一步推动海南省饲料加工工业发展和改善海南人民生活做出了一定贡献。

二、狠抓产品质量，树立恒兴品牌

随着我国计划经济向市场经济体制的转变，企业的生存发展与市场密切相关，特别是市场竞争异常激烈的今天，市场的竞争实际上是产品质量的竞争，产品质量维系着企业的生命。1997 年 5 月，公司文昌厂投产以后，“恒兴”饲料品牌尚不能被广大养殖户所接受，促使他们在狠抓产品质量上下功夫。首先，以人为本，以科技为先导，力争从产品质量、外观感觉及成本控制诸方面达到最佳效果。从改善配方入手，积极加强与国家饲料工业中心、中山大学、中科院南海海洋研究所、湛江海洋大学、广东省农科院畜牧研究所等科技单位的技术合作与交流，走产科结合之路。同时在公司员工中进行质量意识教育，提高员工的产品质量意识，牢固树立质量观念，以高素质的质量观念指导工作行为，克服客观因素对产品质量的影响，为提高与稳定产品质量奠定了基础。生产出的产品在推向市场的时候不是靠销售员去游说，也不是靠铺天盖地的广告宣传搞广告效应，而是采取站在养殖户的角度去思考，以养殖户的利益为出发点，用产品的饲养效果去开拓市场，占领市场。首先在文昌潭牛镇华侨农场建立饲养试验基地，以鸡、鸭、鱼系列饲料作实验，取得成功之后，又在海南省养殖业较为发达的文昌、琼海两地选择影响较大的养殖户提供产品作饲养示范点。通过客户自身宣传，很快使公司的饲料产品在文昌市、琼海市赢得了市场，并向省内其他市县扩展。同时通过公司全体营销人员的共同努力，仅用半年多时间，销售量就达 9800 多吨，一度出现供不应求的局面。“恒兴”饲料一跃成为一颗新星，月产销量居海南同行业之首。“恒兴”牌饲料也因此家喻户晓，并打入雷州半岛市场。

三、努力扶持客户，谋求共同发展

在当今市场经济条件下，他们始终牢固树立

“客户是上帝”的观念。在开拓市场、争取客户方面，采取努力扶持、共同发展、互惠互利的原则。海南台风较多，严重影响养殖业的发展，尤其是养鱼客户心理压力大，为有效地解决这一问题，公司急顾客所急，每到台风季节，主动与客户联系，了解客户的困难，并从人力、财力上最大程度地支持客户的防风工作。如文昌市客户周勤富养殖福寿鱼300亩，1997年第七号台风袭击海南，公司了解到该台风信息后，主动及时派员协助其作好防风工作，并调拨5万元予以支援。此外，按其自负60%、公司支付40%的比例，向保险公司办理财产保险，公司为此支付周勤富财产保险费近4000元。公司这种为客户着想、积极扶持客户的行动，在客户心中树立了较高的声誉。

该公司在搞好产品销售的同时，尤其注重对客户的售后服务工作。聘请一批具有丰富经验的畜牧兽医专业人才，分片分区长期担任客户的技术顾问，帮助他们解决养殖中出现的问题。1998年11月，组织海南赣丰猪场等15名客户参加集团公司在湛江市举办的养猪技术讲座。1999年2月，公司投资15万元与海南省水产局、湛江海洋大学联合举办海南省对虾养殖技术与病害防治研讨会，邀请一批国内著名专家、学者和养殖能手，对客户进行技术培训，让客户了解国内先进的养殖技术信息和市场动态。研讨会邀请国内著名养殖能手现身说法、组织观摩，技术上予以大力支持。仅1998年，公司投入的扶持资金达600多万元。通过种种努力，饲料产品月均销量保持在8500吨以上。去年8月份，市场鸡、鸭、鱼、猪价格跌至最低谷时，公司的销量依然保持在9000吨水平。

四、增大资金投入，开拓虾料市场

由于公司的产品家喻户晓，供不应求，文昌潭牛饲料厂的生产能力已远远不能跟上销售需要。公司经与海南省饲料厂协商，报请集团公司同意，于1998年2月买下了海南省饲料厂的生产经营权，随即投入500多万元资金对其设备更新改造，同年5月份投产，保证了客户对“恒兴”饲料产品的需求。

随着我国人民生活水平日益提高，海鲜产品的需求量日益增大，促进了沿海城市水产养殖业的发展。海南省四面环海，水产品养殖具有优越条件，海水养殖业必将蓬勃发展，水产饲料的需求量将不断增大。公司抓住这个发展机遇，充分利用海口恒兴饲料厂的地理环境优势，投资生产虾料产品。1998年8月投入了500多万元，引进先进的虾料生产设备，经过1个多月的安装调试，于9月中旬投产。目前公司生产的系列虾料10多个品种已占领了海南及雷州半岛部分市场，月销量已达800多吨，产销量正逐步增大。

五、建立现代企业管理制度，向管理要效益

企业在激烈的市场竞争中能否处于不败之地，除了保证产品质量、加强售后服务外，关键是能否建立与社会发展相适应的现代企业管理制度。本着以人为本的原则，用高薪引进了国际咨询公司的高级专业人才，分别对干部、职工进行不同层次的专业培训，强化“竞争、激励、淘汰”三大机制，严格执行国家饲料工业持证上岗制度，通过培训、自学、实践与考核相结合，能者上，庸者下。全员整体素质的提高，为稳定与提高产品质量奠定基础。

1. 全面实施质量管理制度

质量维系着企业的生命，公司在质量管理方面采用以下做法：质量把关由质检科全面负责，各业务部门密切配合。如原料质量的把关，必须经质检科检验合格后才能入库、使用。对不合格的原料质检科一票否决。由质检科制定各种原料的质量标准，严格规定各种原料的品质数据和要求，规定库存周期。对不合格的原料及时予以处理。饲料产品的质量控制，质检科派员跟班负责，采取目测与检验相结合的办法，随时监督产品质量。同时在生产班选定3—5名业务质检员，加强生产工艺各环节的品控管理，发现问题及时向质检部门反映解决。对于不合格的产品，责令返工，杜绝入库。并对饲料产品明确了库存期限，超过15天库存的产品坚决不予出售。通过层层质量把关，产品的合格率达到100%。

2. 严格执行规章制度

根据饲料加工行业的特点，分别制订了《员工行为规范》、《安全生产操作规程》、《岗位责任制》、《零配件采购管理制度》、《奖惩制度》、《消防安全管理规定》等20多种规章制度，并印制成《员工手册》发放到每位员工手中，由行政办公室负责监督制度的执行。对违反有关规定的员工，视情节轻重及时作出警告、罚款、停工检讨或辞退处理。有章可循，有法可依，员工的综合素质明显提高并各司其职，各尽其力，使生产、生活秩序井然，呈现出一派朝气蓬勃的景象。

3. 深入推广“6S”管理制度

饲料加工行业粉尘大，不易保持工作场所的干净整洁，影响产品质量。公司针对这种情况，开展推广“6S”活动（即1S整理、2S整顿、3S清扫、4S清洁、5S安全生产、6S素养），保证了工作场所的畅通与规整。员工把清扫、清洁工作场所、生产设备变成自觉的行动，解决了饲料加工行业尘灰弥漫、工作场所脏乱、设备尘灰沉积多的弊病，员工的安全生产意识也同步得到加强。随着员工的思想素质提高，生产车间、生产设备、仓库的卫生明显改善，生产设备正常运转，维修费用逐步下降，产品质量稳定。

4. 节支增盈，向管理要效益

1998年底，开展了从“一分钱看效益”，节支增盈活动，号召全厂职工以厂为家，严堵跑、冒、漏现象。针对自身岗位，可能造成的浪费，从节约一滴水、一度电、一颗玉米、一把原料、一个包装袋做起，人人动手，厉行节约。在生产成本控制方面，制订了较符合实际的计件定额方案，对生产的

电耗、物耗、零配件、编织袋损耗等都给予定额，并制定相应的奖惩制度。从 1998 年 6 月至今，仅油耗、零配件两项，就节约了近 10 万元。此外，还对办公费、通讯费、汽车管理费、出差费、销售费等全面予以定额，仅去年就节约开支近 100 万元。

六、积极参与社会公益活动

1998 年 6 月，我国长江流域、松花江、嫩江流域十几个省区遭遇百年不遇的特大洪涝灾害，灾区人民生活异常困难。公司全体员工为支持灾区人民度过难关，纷纷自发捐款捐物。公司干部人均捐款 300 元，员工人均捐款 40 元，共计捐款 13000 多元，集团公司捐款 13 万元。

展望未来，他们将继续坚持“稳健务实，坦诚守信”的企业精神，坚持“对客户 — 服务至上、诚信保障，对员工—生活规划、安家乐业、服务社会、创造未来”的经营理念。强化“竞争、激励、淘汰”大机制，积极推进“最好的机制在恒兴，最好的管理在恒兴，最好的服务在恒兴，最好的产品在恒兴”的战略目标。凭借集团优势，不断研制新产品和开发新项目，拓展新业务，以更坚实的步伐迈向 21 世纪。

依靠科技　铸就辉煌

——北京伟嘉饲料集团创业历程

素有“中国硅谷”之称的中关村，是当代中国高科技企业的摇篮，在这片寸土寸金的土地上，北京伟嘉饲料集团由一个名不见经传的小企业脱颖而出，迅速崛起成为北京市新技术产业开发区 4000 多家企业中第 86 强企业。

北京伟嘉饲料集团是在农业部、国家科委的倡导与支持下，在中国农业大学动物营养学家直接关怀和参与下，由中国饲料工业协会创办的高新技术企业，1994 年 4 月在北京新技术产业开发试验区注册成立，当时注册资金仅为 50 万元。短短的 5 年时间，伟嘉集团取得了令人瞩目的辉煌业绩：总资产 1.5 亿元，产值超过 4 亿元，一些省份的市场份额占有率快速增长到 15%—20%。在全国各地拥有独资、合资、合作企业 30 多家，形成了以科技饲料生产为主业，贸易、水产、草坪建植四大支柱的产业格局，促进了企业资产存量的保值和增值。以北京为中心，山东、河南、山西、辽宁、黑龙江、湖南省 6 大片区，辐射华东、华北、中南、西北、西南地区的市场网络日臻完善。

北京伟嘉饲料集团“泰得康”系列产品多次被列入农业部“丰收计划”、国家“八五”“九五”饲料科技攻关产业化项目，在全国各地广泛推广应用，累计创造经济效益 15 亿元。1997 年，伟嘉集团成为“全国饲料工业标准化技术委员会单位委员”，开始参与承担制定全国饲料工业国家标准的职责。

5 年来，国家有关领导和行业知名专家多次来公司指导工作。全国政协副主席、原国务委员陈俊生同志，中国饲料工业协会会长李瑞山同志、中国市场经济研究会会长著名经济学家王珏教授、著名经济学家温元凯教授、著名营养学家杨胜教授、周毓平教授等多次亲临公司，高度肯定了伟嘉集团在发展民族饲料高科技产业方面所做出的贡献，对伟嘉集团的发展寄予了深切的希望，并欣然为公司题词。回顾 5 年来的历程，荣誉和成绩的取得无一不是建立在以科技为依托，用全新的经营理念、科学的决策、严格的管理来实现的。

一、以科技创新为品牌战略的切入点

任何一个品牌的形成都是以科技创新作为支撑，只有不断创新的产品才会赢得不断变化的市场，伟嘉概莫能外。“运筹帷幄，决胜千里”，在集团初创时期，集团创始人廖峰总裁提出了品牌战略的“三创新”原则：伟嘉集团品牌必须以科技创新为依托，以体制创新为保障，以管理创新为手段。

集团充分发挥在行业内技术和信息方面的优势，与多家国家级农业科研机构的专家教授在动物营养、生物技术、抗生素、发酵科技等领域进行广泛的交流与合作，始终保持产品在技术上的领先地位。作为伟嘉品牌之一的“泰得康”系列预混料就是集团与中国农业大学、中国农业科学院、中国水产科学院等科研单位的专家合作的成果转化之一。

“泰得康”第一系列“高效猪用添加剂预混合饲料”是集团首次与科研单位合作转化国家“八五”攻关课题，开发出的高技术含量的产品。该产品 1994 年通过农业部全国饲料工业办公室主持的鉴定，并列入农业部“丰收计划”和国家科委“八五”饲料科技攻关产业化项目，在全国重点推广。以辽宁省推广为例，饲料转化率提高 10%，增重率提高 12%，为养殖户增加效益 5 亿元。

1996 年，集团再次与中国农业科学院、中国水产科学院的专家合作，开发转化“泰得康”第二系列“泰得康高效肉鸡添加剂预混合饲料”和“北方地区鱼用添加剂预混合饲料”，得到农业部专家认可，又一次作为重点推广项目列入农业部“丰收计划”在全国推广。以下是“泰得康”系列添加剂预混合饲料列入“丰收计划”在全国推广的情况。

名称	提高增重率（%）	提高饲料转化率（%）	降低死亡率（%）	经济效益（亿元）
高效猪预混料	4	10		5
高效肉鸡预混料	5	6	5	2
北方鱼用预混料	5	6.6	7	2.6

“泰得康”系列饲料随着“丰收计划”的“星星之火”，以燎原之势迅速燃遍全国，它的高科技含量和饲喂效果，有力地促进了养殖业的发展，为养殖户带来了巨大的经济效益和社会效益。

今年，集团投资500万元与有关科研部门联合研制第二代高科技饲料和饲料添加剂。这是集团科技创新创品牌的新一轮战略，目前这一项目正在紧锣密鼓的实施中。

1999年3月，伟嘉集团一期投资1200万元兴建的大兴高科技产业基地在北京市大兴县正式开始运营。全面建成后的大兴高科技产业基地由高科技产业基地、高新技术研究中心、培训基地组成，是集生产、科研、培训为一体的多功能产业基地，其中：培训中心还肩负着全国饲料工业职业技能鉴定的职能；生产基地年生产能力将达单班10万吨，年利润600万元；高新技术研究中心云集了21名本行业著名的专家，致力于集团科技研究和产品开发创新工作，广泛地为行业提供服务。研究中心、集团技术部组成的研发队伍，共同构成了集团的创新核心体系，是伟嘉品牌战略的有力支撑点，也是对国家“八五”饲料科技攻关产业化项目的补充和完善，标志着伟嘉集团产业化发展迈进了新的历程。

二、优质产品、优质服务是实施市场战略的根本保证

1994年，初创的伟嘉集团确立了“优质产品、优质服务”的指导思想作为实施市场发展的重要战略。短短的5年，伟嘉品牌市场份额快速增长。目前在国内一些省份实现了市场份额占有率达15%－20%的可喜局面，以北京为中心的市场网络辐射全国。

产品优质、稳定是赢得市场的根本保证。从完善的管理制度入手，在工艺、标准、技术配方和生产各个环节开始，健全各级质量责任制，把责任落实到人，抓好生产环节中的质量网络建设。1998年底以来，全行业销量下滑严重，行业整体亏损，伟嘉集团“降价不降质”受到了广大养殖户的好评。

先进的品控技术和一流的设备是伟嘉产品占领市场的重要保证。添加剂预混合饲料车间采用了国际先进的专业用双轴桨叶高效混合加工机组，保证混合均匀度的变异系数小于4%（国家标准为7%），年单班产量达5000吨。新建的小包装全自动流水线已全面建成并投入使用。

一流的产品质量需要一流的售后服务去不断完善。伟嘉集团“扩大宣传、强化服务、适度让利、扩大规模”的指导思想，加快了全国销售网的建设，由初级的产品销售迈向品牌销售。由10名专家组成的销售服务部，活跃在全国各地，采取服务卡、培训班、座谈会、现场咨询、专家诊治等多手段、全方位、多形式为养殖户服务。1998年在山东、河南、河北、安徽、江苏五省开展的技术服务万里行活动，到养殖场做技术辅导，教养殖户如何进行科学管理、科学用料、防治疾病等，为养殖户解决了许多具体问题，受到了养殖户的欢迎，扩大了影响，收到了良好的效果。

随着饲料行业微利时代的到来，伟嘉将服务作为一种特殊经营，不断拓宽服务范围，提高服务质量。目前，集团总部开通了24小时投诉热线，在一些省市开办了经销商诊所，开展经销商的培训，达到“用户先赢、然后双赢”的双赢或多赢的策略。

三、“以人为本”是实施人才战略的根本思想

企业之间的竞争归根结蒂在于人才的竞争。伟嘉集团在经营稳步发展中，形成了“以人为本”的现代企业人力资源管理文化，并渗透于企业管理运行的全过程。“以人为本”成为伟嘉集团文化建设中实施人才战略的根本思想，廖峰总裁认为：“只有最大限度地调动人的积极性，最大限度地扼制其消极性，才能保证企业的活力。”

为贯彻“以人为本”的管理思想，伟嘉集团在管理上引入了“三维动态”管理模式，将处于静态的企业三维（领导、部门、个人），按企业领导者的愿望，有序地调动起来，把单一垂直领导改为以项目或系统为纲的垂直横向管理，使领导职能、部门职能、岗位职能三交叉，促进部门之间团结协作，最大限度使用劳动力资源，从而提高劳动生产率。

“以技术培训为主的素质培训”是伟嘉基于“以人为本”确立的现代企业人力资源管理战略。正如“木桶”理论所揭示的——木桶的容量往往是由最短的木头来决定的，伟嘉在员工培训上，针对每个层面采用不同的培训方式，从提高基层员工素质入手，针对每一个层面采取不同的培训方式。如：新员工的上岗培训，以强化技术培训为主，广泛开展生动的企业文化教育；中高层管理人才的管理培训以管理为主，建立领导者团队的组织文化和管理文化，确保每一个战略实施时信息管道畅通，在职业经理制度完备的情况下优秀地完成工作。

中期培训、年终培训则是伟嘉每年定期培训的两大例会，曾邀请北京农业大学副校长韩惠鹏、著名的营养学家博士生导师杨胜、周毓平、原中国市场经济研究会会长、著名经济学家王珏、著名经济学家温元凯等知名专家来公司讲课。同时，伟嘉每年选送技术和管理骨干到美国、德国等饲料发达国家进行学习考察，了解行业前沿动态，为人才营造一个更为广阔的发展空间。

“以人为本”给予人才最大限度的发展空间，这种做法吸引了全国各地精英人才加盟。现在，伟嘉的人才队伍不断扩大，形成了由1名留学归来的博士后、5名博士和9名硕士组成的研发队伍和90%大专以上学历组成的销售队伍，伟嘉辉煌的业绩里无不闪烁着他们的光辉。

四、集团化是伟嘉实施规模经营战略的使然

在世界经济走向一体化的今天，集团化、产业

化、规模化的发展格局将主导饲料工业的发展，“优势互补、利益共享、强弱联合、强强联合”等等战略联盟模式成为未来市场竞争的大趋势，伟嘉的迅猛崛起也正在于它的坚持双赢或多赢的原则，1995年起，通过联合、租赁、兼并等措施，抓住机遇，滚动发展，成功地组建了伟嘉饲料集团。

目前，伟嘉集团的联营合作企业达30多家，联营企业遍布全国许多大中小城市。达昌公司、科威公司是伟嘉集团在30多家联营合作企业中的两家，是由北京伟嘉饲料集团直接组建的高新技术企业。所生产的“伟嘉、泰得康、达昌、牧华”4大系列10多个品种名牌产品，现已销往辽宁、内蒙古、吉林、黑龙江等80多个县市。两家公司现已成为东北地区较大饲料生产厂家之一。

“强化主业、分流辅业”，北京伟嘉集团瞄准市场、放眼生态恢复工程，建立了北京伟嘉绿茵草业有限公司，广泛开展草坪、种子、草坪专用肥、喷灌设备贸易、各类草坪工程的设计与建设等业务，在北京、天津等地建植了两个专业化草坪生产基地，并与美国、德国等多家种子公司有着广泛的合作。目前，绿茵公司正以旺盛的发展态势挺进中国草坪花卉业。

短短的五年，伟嘉集团充分利用所具备的良好的社会资源，以实施农业部“丰收计划”、国家“八五”、“九五”饲料科技攻关产业化项目为契机，成功地转化科技成果、辐射新技术，加速和实施科技成果产业化，形成了以饲料为主、贸易、水产、草坪建植为支柱产业的规模经营格局。同时，也盘活了国有资产，伟嘉通过合资、租赁、买断国有企业，投入资金、技术和人才，使部分亏损企业或长期停产企业出现了新的生机和活力，有力地拉动下岗人员再就业，使国有资产得到盘活和增值。

伟嘉集团成功的经验引起了国内外普遍关注，廖峰总裁代表伟嘉集团访问了美国、德国、法国、荷兰等饲料发达国家，并受到了王储、部长、州长等政界要员的接见。《农民日报》、《中国饲料》、《北京科技报》、《北京试验区报》、《金土地》等新闻媒体先后采访报道了伟嘉集团的创业历程。

现在饲料工业和养殖业正进入全面调整时期，也是伟嘉集团完成第一次创业，准备腾飞，进行第二次创业的时期，伟嘉集团发扬“做实事、讲实效、共发展”的精神，一切以用户满意为标准，充分发挥人才、管理、技术上的优势，继续利用“科技+机制”的模式克隆伟嘉，与各种所有制形式的企业开展合作。同时，依靠科技，塑造“网络建设、企业文化、企业政治能力”的核心竞争力，进一步扩大国内市场占有率，向国际市场拓展，争取到“九五”末，集团产值达5亿，利润4500万元，吸纳中高级管理人才500名，创办企业管理、生物技术公司等全资或合资子公司，以“创伟嘉集团品牌，兴民族饲料大业”为使命，迎接21世纪更为激烈的市场竞争与挑战。

创新是企业发展的永恒主题

——记河南省金鑫公司走企业创新之路

“金鑫公司”由防腐施工起步，现已发展为集防腐、饲料、养殖为一体的大型集团式企业。金鑫公司多业并举发展，始终坚持着创新这一永恒主题。

一、把握新形势，企业定位高起点

1978年，当改革开放的春风习习吹来的时候，韩国府受全国“建筑防腐之乡”务工经商环境的影响和熏陶，一走出校门，便加入了长垣建筑防腐队伍。从工人到总经理，驰骋于防腐保温市场。不仅完成了资本的原始积累，完成了中国人民大学经济管理函授学业，成为河南经济文化产业高级人才，还结识不少国内各界名流，拓宽了视野，储备了能量，为开创宏图伟业奠定了坚实基础。

1995年前后，中国农业经济向新阶段过渡的一些特征已相继显现。一是农产品的买方市场已经初步形成；二是人民生活水平已经由“温饱型”向“小康型”转变，“追求食物消费安全性、科学性和经济性统一”的新型饮食文化正在形成；三、我国是资源的约束型国家，不能沿袭以牺牲环境和损耗资源为代价发展经济的道路，特别是农业和食品行业需要建立可持续发展的生产方式。协调“环境－资源－食品－健康”关系，实现“人与生物圈共生共荣”的可持续生产和消费意识逐步加强，呼之欲出的绿色食品工程已在我国悄然起步。“适者生存”，金鑫信奉这一信条，决定在继续发展防腐保温施工业务的同时，组建河南省金鑫饲料工业有限公司和金鑫养殖公司，义无反顾地投身到绿色食品工程之中，建起了中国农科院饲料研究所新产品开发基地和中国绿色食品发展中心新产品生产基地。

二、走技术创新之路，开发一流产品

“产品质量就是企业的生命”、“要搞就搞出一流产品”是韩总经理立厂兴业的理念。他遍访各地名医，荟萃各族中医中药传统经验和最新成果，组织有关专家学者，依据现代生物科学技术和绿色食品生产规程进行孜孜探索，历时四年，投资近千万元，经过百余次试验，终于开发出“恒友牌”中草药添加剂预混合料系列产品和绿色食品鸡蛋，分别于1998年6月和10月获取中国绿色食品发展中心认证，并荣获第七届中国专利新技术新产品博览会金奖和国际首届农业博览会金奖。

“恒友牌”中草药添加剂预混合饲料的系列产品一改传统抗生素抗病模式和激素、化学促生长剂促生长模式，以全新的营养素观念和抗病机制，使我国的养殖业跟上了世界养殖业绿色食品潮流。该产品无药残、无耐药性、无环境污染、无毒副作用，其天然抗病因子既可作用于病原菌，又能作用其生存环境，也可调动动物自身免疫功能，对动物有多重保护功效；其生长调节因子能提高动物的生产性

能，并改善动物产品的商品性和品质；其防霉和抗氧化功能可保证饲料营养素的稳定性和品质。恒友牌绿色食品鸡蛋避免了抗菌药物、激素和化学合成促长生剂、农药等残留对人体健康的不良影响，降低了胆固醇含量，提高了卵磷脂、铁、铜、活性钙等对人体有益成份的含量，可以极大地改善人类营养状况，提高人类健康水平。

三、开发新产品，永葆企业活力

产品的更新是永恒的。金鑫本着“生产一代，贮备一代，研制一代”的原则，使产品不断“否定”和创新。第一，引进“发明创新型”技术人才，充实公司技术部的力量，使技术部具有开发新产品的内在活力；第二，采取创新发明重奖的激励措施，调动技术人员的发明创新积极性；第三，采取网上收集科技信息，多种形式的技术交流，分析客户的需求，不断充实产品创新的资料库；第四，出资购买成熟的技术入股，调动公司内外一切创新因素，完善绿色食品生产体系和质量保证体系；开发绿色食品系列产品，并不失时机地将绿色食品从A级向AA级推进，使产品品种和档次始终处于同行业的领先水平。

四、多元促销，开拓产品市场

在企业产品定位后的买方市场，商品营销就成了企业成败的决定因素。特别是绿色食品这一新型产品，要博得社会的广泛承认，更需要时间和心血。金鑫公司以销定产，力求物美价适。销售环节突出新闻媒体宣传，以转变消费者的消费观念；利用因特网与国内外客商沟通业务往来；采取直销、代销、试销和设专卖店的形式扩大与消费者的供需渠道，让客户宣传客户、上帝宣传上帝；实施ISO－9000质量体系认证和国外注册商标计划，与畜产品出口基地合作，把产品打出国门；对公司业务人员和社会兼职业务人员进行绿色食品知识培训，实行利益驱动的办法，面向社会各消费层推销；与旅游部门联合，向国内外游客介绍和推销；与各地老龄委（办）、幼儿园、计生委、医院等联系，有针对性地向有关人员推荐绿色食品功能蛋，使老年人健康长寿，使儿童聪明健壮，使家庭实现优生优育，使缺素病人尽快康复。通过多元促销的实施，带动企业发展，推动社会进步。

五、广纳人才，培训员工，提高企业人员整体素质

生产力诸要素中，人和技术是最活跃的因素。金鑫根据行业需要，本着五湖四海、专业互补的原则，招贤纳士，先后招聘畜牧、兽医、中药、经济管理、机械、商贸、化学、企管、政工等高、中、初级人才62名，科学定岗，因才施用，赋予权力，明确责任，使之在其位，谋其政。对全体员工进行培训，开展互教互学，还积极组织参加技术交流会、学术研讨会，订购有关科技书刊，不断“充电”、“补血”，更新企业科技人员的知识结构，提高广大员工的技术水平；创造必要的物质条件，制定相应激励措施，人才有了用武之地，乐于施展聪明才智。

六、采取新的思维方式，确保企业高效运营和资本扩张

随着企业规模的扩大及外部形势的变化，企业管理面临着向深层次发展的一系列问题，采取新的思维方式，确保企业的高效运营和资本扩张，势在必行。

决策创新：由经理决策变为集体决策，建立了经理、副经理、技术总监、营销厂长、生产厂长五人决策核心，定期召开会议，集思广益，决策公司重大问题。

管理创新：由经理操作的“随意性”管理变为由企业管理处操作的“规章性”管理。本着“公平、效益兼顾、效益优先”的原则，制订和完善一套与市场经济、规模企业、自动化生产、国际化竞争相适应的规章制度和互相制衡、互相促进的运行机制。

经营创新：内部由“大锅饭式”管理变为“模拟市场式”管理，对分厂、车间实行独立核算，效利挂勾；对员工实行岗位效益工资制，促进企业内部高效运转，并创造条件，选准时机，吸纳员工入股，实现体制创新。对外以ISO－9000体系认证为契机，实施无形资产吸纳组配有形资产的方略，联合相关企业，组建企业集团，扩张资本，将以一个植根于广大农村、辐射全国各地、跻身世界先进行列的巨型企业，造福于社会，造福于人类。

组织创新：在公司建立党组织、团组织和工会组织，加强思想政治工作，尊重员工的主人翁地位，激发其主人翁的责任感，保障党的方针政策在企业的贯彻落实，达到企业上下一致，熟知“恒友”，奉献“金鑫”，为人类健康，为社会进步，同甘共苦，奋斗不息。

一个高速增长的现代股份制企业

——新疆泰昆集团有限责任公司

成立于1996年7月的新疆泰昆集团有限责任公司在激烈的市场竞争中，由小到大，从弱到强，企业健康快速发展。目前已发展成为新疆最具规模的现代股份制企业之一，成为新疆境内唯一具备产业化一条龙经营的集团公司。企业资产和经营业务发生实质性变化，企业实体由成立初的3个发展到7个，企业资产从1996年的1600万元增长到现在的5260.3万元；饲料产量从1996年的4000余吨增长到1998年的3.75万吨；鸡苗从1996年的89万只增长到1998年的260万只，销售收入由1996年的1300万元增长到1998年底的1.02亿元；1999年1－9月，虽然亚洲发生的金融危机余波未尽，新疆境内外养殖业滑坡，居民消费减弱，仍实现产销饲料3.9万吨，销售收入9196.2万元，利润460.5万元。

目前，泰昆集团在稳定和不断扩展新疆市场的

同时，正在筹划把饲料打入独联体市场，力争在出种蛋、鸡苗和肉鸡产品等方面有一定突破，开拓独联体市场的前期工作正在紧锣密鼓地进行。计划今年产销饲料5万吨，销售收入1.2亿元是可以实现的，泰昆集团在仅3年的时间里高速增长，迅速成为新疆饲料行业的“黑马”，主要经验如下。

一、以科技为先导，重视技术创新，始终把重视科技投入和技术创新放在重要地位

从1996年公司成立之初到现在，泰昆集团始终把重视科技投入和技术创新放在重要地位，先后四期共投入1600万元，新建新疆最大的国际一流肉种鸡场，主机设备全部采用美国及加拿大进口设备；管理手段先进，全部采用进口优质疫苗，实行封闭或半军事化管理。生产的泰昆鸡苗以质量好、成活率高、生长快、抗病力强等优点，迅速占领了新疆市场，成为客户首选品牌。

在不断引进专业技术人才的前提下，公司先后投资160多万元对两个万吨级饲料厂的主机设备进行技术改造，使加工设备、加工能力和管理软件均达到国内先进水平。同时更新了仓储设施，实现了饲料生产的电脑配方和全自动控制，确保产品优质高效。1999年泰昆牌饲料系列产品全部被自治区人民政府评为新疆名牌产品。1999年4月，公司又对新租赁的新疆最大的鸡鸭冷冻厂进行技改，引进国内最先进的不锈钢预冷分割设备，扩建无菌化车间，生产达到出口标准要求的中高档肉鸡生熟产品。现已开发肉鸡、蛋鸡、鱼、猪、牛、羊添加剂预混合饲料、配合饲料等六大系列40多个品种。商品肉鸡中的冰鲜鸡、包装分割鸡、深加工熟食品的系列产品的开发，已逐步落实并推向市场。

公司与国外专家、学者及科研机构、院校加强技术合作，组建了股份制科研实体——新川饲料科技有限公司。保证了饲料生产技术在国内的领先性、实用性和有效性。

针对新疆特殊的气候环境，公司与石河子农大共同开发的羔羊代乳料历经5个月的反复实验已获得成功，解决了山区和农区羔羊早期断奶的问题，填补了新疆在此方面的空白。

目前，正在加紧兴建的最先进的集生产及综合设施为一体的现代化大型饲料加工厂，1999年12月上旬投入运行，届时，泰昆集团将成为新疆最大的饲料生产厂家之一。

二、以改革为动力，积极改制，建立现代企业制度

为深入贯彻落实党的十五大精神，建立起适应社会主义市场经济要求的“产权清晰、权责明确、政企分开、管理科学”的现代企业制度，使企业真正成为自主经营、自负赢亏、自我约束、自我发展的法人实体和市场竞争主体，把职工的切身利益与企业的利益紧密地结合在一起，真正实现职工在企业中的主人翁地位，泰昆集团从1999年元月起在1998年充分酝酿和精心准备的基础上，依据《公司法》对集团公司进行了彻底改制，即将原三家国有合股企业转变为以企业职工股占主体、国家参股的有限责任公司，形成了三家股东出资组建的泰昆集团公司（即职工持投会、昌吉州粮油集团公司、五家渠粮油贸易总公司），三方股东出资比例为78.66%、14.88%、6.46%，实现了投资主体多元化，形成了权责明确、各司其职、相互制衡的内部运行机制和法人治理结构。企业决策实现了规范化、民主化、科学化。具体做法是：按照入股自愿、不搞平均和经营者持大股的原则，泰昆员工积极参与，很快完成了购股任务。这样，职工既是股东又是劳动者，既有动力又有压力，进一步增强了公司的活力和员工对公司的凝聚力，同时极大调动了广大员工的积极性，国有资产也有了保值、增值的制度保证。

三、以人为本，注重人力资源开发利用，提高员工整体素质

泰昆集团始终把人力资源引进、开发利用和管理看作是企业发展的关键。在泰昆“使用人、培养人、发展人、造就人”的用人机制下，一大批有志之士踊跃加入泰昆，集团的专业人才和管理人才不断充实。泰昆从创立之初的70余人发展到今年的240人，其中教授2名，博士1名，硕士研究生1名，高级畜牧、兽医师各1名。现集团管理层中，大、中专以上文化程度者达100%。3年来，泰昆集团在人力资本投入方面不断增加，先后投入40余万元，聘请内地资深管理顾问对公司科级以上干部进行多次培训，对行销员和技术骨干也进行多种方式培训和训练，共派出到外企、大专院校培训25人次，请专家培训8起，员工职业、岗前培训200余人次，使管理层干部和员工素质都有较大提高。

四、建立了现代企业在用人、用工和分配方面的新机制

泰昆集团在用人制度方面，引入了外资企业的管理机制，全面推行了招聘、考核、试用、正式上岗的方式，按能力、凭业绩考核任用。实行“能者上、平者让、庸者下”的用人原则，同时实行了员工3%－5%的待岗制，对落伍不称职的正式员工实行待岗培训。在分配制度方面，拉开档次，按岗定薪，按业绩奖励并采取职位与业绩挂钩的按劳分配方式，同时推行了隐避奖金发放制和总经理特别奖制。这种分配方式，不仅使员工心态平稳，而且对员工起到了较好的激励作用。

五、形成较为科学规范的内部管理体系，实行内部深层挖潜增效

管理是企业永恒的主体。向管理要市场，要效益，要质量，是企业深层挖潜的要求，更是市场经济的要求。在财务方面建立了财务监控体系，严格资金管理，制定了资金预算管理办法和非生产费用管理办法，资金实行统一管理、分级审批，大大提高了资金营运效率，强化了成本管理。通过成本控

制，把指标和责任落实到每个生产经营环节和车间班组，大幅度降低物耗和能耗；在产品质量方面建立了品质管理体系，实行生产厂公司品管部平级制衡机制，品管部拥有对原料采购进厂、生产过程、成品出厂所有环节的质量否决权，确保了产品的质量和品牌；在采购和营销方面建立了采购和营销体系，形成了一支能进行市场预测和资金管理的采购队伍。充实壮大了营销队伍。建立了稳定的销售网络，泰昆集团的产品销售与服务水平跨上了新台阶；在行政方面建立了分层管理，分工负责的运行系统，明确了责权。

六、以人为本的"舟"形企业文化不断丰富和发展，成为企业生存和发展的基石

企业文化是企业精神的象征，不断发展的企业文化能够不断调整员工心态，规范员工言行，净化工作和学习环境。泰昆就好比一条驶向市场经济海洋中的大船，全体员工发杨泰昆"团结、拼搏、求实、创新"的企业精神，倡导做事先做人，坚持"客户利益第一，公司信誉第一"的原则，始终不断发展利人利己的"双利"原则，处理好客户、股东、员工和社会利益关系，在企业发展中在物质和能力方面得到不断回报，讲奉献也讲回报，讲竞争更讲合作，不仅加强外部协作服务，更注重内部各部门同事间的合作与服务，使泰昆企业文化不断丰富和发展。泰昆文化的不断丰富的发展，不仅规范了员工的言行，提高了员工素质，而且已成为企业生存的根本、发展的基石。

七、树立"客户第一"的观念，建立与用户利益同享、风险共担的经营模式，不断提高市场占有率

在练好内功的同时，泰昆集团注重塑造公司的外部形象。根据"能为别人提供服务是自己的生存条件，能为别人带来利益是自己发展的基础"的思路，及时提出了新的经营战略，即由原来以"效益为中心"转向以"客户为中心"的发展战略。实行利益同享、风险共担的"公司＋农户"的经营模式，以"没有成功的客户就没有成功的泰昆为宗旨"，向养殖户有偿提供优质鸡苗和饲料，无偿提供技术信息和服务。同时还注重对客户和养殖户的培训，先后举办大型培训班 10 多期，培训达 6100 人次。今年又举办 10 期技术讲座，60 余期中小型用户技术座谈会，参加培训的养殖户达 3000 余人次。在昌吉市和呼图壁两个中心市场，公司还与养殖户签订了利益同享、风险共担的互惠合同。当市场鸡价低于公司保护价时，公司以保护价回收肉鸡，每年让利几十万元，使众多养殖户吃了定心丸。针对今年饲料行业滑坡的现状，公司从 2 月 1 日起让利销售饲料，每吨饲料让利 400－500 元，保护了养殖户的积极性，同时也使"泰昆"鸡苗和饲料的市场占有率在昌吉州一带达到 60％－80％。"公司＋农户"的经营模式不仅带动了一大批养殖户和经销商致富，还树立了泰昆在广大养殖户中良好的、值得信赖的企业形象。

八、泰昆集团近期发展目标

1999 年是本世纪末的最后一年，也是泰昆实现第三步战略目标即实现销售收入 1.2 亿元的一年。这个目标已基本实现。从 2000 年起用 3 年时间使饲料生产能达到 10 万吨，鸡苗 900 万只，产值 2 亿元。泰昆将成为新疆最大的畜牧企业集团，使更多的农民脱贫致富，更多的消费者得到实惠，使公司及员工成功发展。

以信誉拓宽市场，以质量提高效益

——吉林省宏达饲料有限公司

吉林省宏达饲料有限公司座落在长春市宽城区兰家镇（长春农安公司 302 国道 9 公里处）。1996 年建成投产，截至 1999 年共产销各种饲料 12 万多吨，每年销量上升速度在 20％－35％。销售网已覆盖吉林省市县乡镇；黑龙江省县以上城镇均有网点；辽宁省除辽西地区外，县以上城镇也均有网点；内蒙古东部地区的兴安盟、哲里木盟也布满网点；京、津、唐、邯郸、石家庄、山东的聊城、德州等地区均有网络。

创业是艰难的，而今饲料市场竞争日趋激烈，宏达公司业经四年艰辛的努力，现已成为吉林省饲料生产民营企业中规模最大、产销量最高、社会效益和企业效益最佳、促进养殖业稳健快速发展的基础企业。

为满足广大养殖户的需求，公司在原有占地面积 12000 平方米、固定资产 1300 万元、年产饲料 4 万吨的基础上，于 1999 年又征地 13000 平方米，投资 1500 万元，扩建了一座年产 9 万吨现代化膨化颗粒料生产线，采用从美国、瑞士引进的国家"八五"重点推广型 CPM3020 饲料制粒设备以及时产 12 吨的 SPZL338 型膨化设备。还投资 20 万元从德国、日本引进 MCC 控制中心。

宏达公司虽然才创业 4 年，产品便在饲料界已较有名气，1997 年被省农业厅授予"吉林省农民信得过产品"荣誉称号；1997 年 9 月在首届中国辽宁国际商品博览会中荣获金奖；1998 年被长春市消费者协会评为"农民消费者信得过好产品"荣誉称号；1999 年被中国质量万里行授予"放心产品"称号。

公司从当初的十几个人，3 万元资本，经过 4 年"滚雪球"式的快速发展，现已拥有 200 余名员工，其中高、中级管理人员、动物营养专家 21 人，资本达到 3000 多万元，营运流动资金基本自给的民营高科技农牧企业。

公司在董事长刁海军先生的带领下，四年的发展可以说初具成功，其主要经验是除观念创新、组

织创新、市场创新外，关键抓住了技术创新。饲料配方研制，收集大量国内、外科技资料，又经专家们反复试验论证，不断地改进，力求产出高标准的饲料新产品，得到了大养殖户的认可和欢迎，使社会效益和企业效益有很大提高。公司产品有猪、肉鸡、蛋鸡、鸭、鱼、牛6大系列60多个饲料品种，其中751乳猪膨化料，具有“吃八两，长一斤”之特效，被东北养殖界誉为“乳猪断奶之母”；新一代超88生长猪浓缩料，具有价格廉、质量好之特点，是公司拳头产品，在养殖户心中享有很高地位。

董事长刁海军先生出身农家，他非常体谅关怀农民朋友的苦衷，宏达公司创立不久，就明确提出了总体经营原则：“以信誉拓宽市场，以质量提高效益，以服务赢得市场竞争地位。价位在同行业中走下线，微利创收，服务于社会”。同时提出了企业的理念：“宏达宏达，共同发达”。回首4年创业历程，宏达公司之所以能从小到大，从无到有且稳健快速地发展，首先从事的产业是极有前途的农业事业。饲料工业是我国起步较晚方兴未艾的行业，又是我们国家的基础产业，市场广阔，发展前景可观。因为我们有正确的选项，正确的办企业经营指导思想，正确的经营理念，所以取得了快速的发展；其次是技术创新。虚心向同行业学习，诚心诚意向专家们求教，广泛收集科技资料，不断地研制、改进、提高产品质量和饲喂报酬率，给农民带来较高的效益，使企业得到了较好的经济回报。没有攀登高科技创新精神，就会被竞争淘汰。技术革新要舍得大的投入，有高科技的投入，才能有高品质的产出，高效益的收获；第三，企业要有好的经济效益，必须先考虑社会效益。几年来，每次产品变价，除计算企业自身成本利益外，更重要的是根据市场的变化，认真详细地调查计算养殖户的利益，让利于民，促使养殖业和饲料业的良性循环，使企业产销量随之逐步递增；第四，科技兴农，在于教育。中国的农业落后，因此有必要用高科技、产业化及全新的发展理念对传统落后的小农经济进行整体提高，这就需要我们采取多种形式，教育培训饲养者的科技素质。几年来，公司编印了大量畜禽饲养手册、宣传单以及分区域组织农民进行科普讲座教育，并指派专家下乡现场指导；第五，注重企业自身的建设。尊重人才，重用人才，培养人才。人才是企业发展的根基，没有高素质的人才，就没有高标准的企业管理，为此，公司不惜高薪聘用了十几位科技、管理人才；第六，企业管理除严格执行各项规章制度外，更重要的是坚持不懈地培训员工，提高企业整体管理素质，树立企业整体形象和团队精神，增强员工们不断适应新形势的能力，使企业运作达到最佳理想程度。同时以激励的管理手段，激发员工们不断进取，不断创新，营造出一种“比、学、赶、帮、超”的氛围。

宏达公司5年（2000－2005年）发展目标已经确定，一年上个新台阶，年年都上新项目，5年里组建养殖业配套的“龙型”集团企业，产销量逐年递增，到2005年产值达到四亿元。“宏达”人经过4年辛勤耕耘，已展宏图。我们坚信，在企业影响力、凝聚力的推动下，我们的宏伟计划一定能够实现。“宏达”人树立“宏”字精神，信心百倍的跨入新世纪，把我们的事业办得红红火火。新世纪伊始，我们的事业必将翻开更辉煌的一页——“宏达宏达，共同发达”。

服务农民 奉献社会

——山东六和集团有限公司

六和集团有限公司始创于1993年，经过近几年的发展建设，已经成为一家集饲料生产、兽药制造、良种繁育、畜禽产品加工、进出口贸易等产业一体化的大型畜牧业企业。总部设在自然、文化和经济商贸条件良好的海滨城市——青岛。

一、科研、生产和技术服务紧密结合是六和集团贯穿始终的重要运营模式

早在1994年，六和集团就建成了自己的科学院——山东鼎立农业科学院。科学院广泛吸纳人才，紧密配合生产、服务进行科研工作，先后承担并完成了20多项国家、省、市级攻关研究课题，多项成果获国家、山东省科技进步奖，其中“畜禽系列科技饲料研究”成果，经权威部门鉴定达到国际先进水平，荣获山东省“星火计划”二等奖，“肉鸡腹水症综合防治研究”成果，1996年获山东省科技进步三等奖；“家猪13／17染色体易位的发现及其纯合子猪群的成立”、“13／17易位纯合子猪的选育及杂合子应用研究”等系列成果，在国内外畜牧科技界引起了广泛关注，被评价为开创了利用染色体易位进行家畜育种的新途径，具有重大的理论价值和生产应用价值。目前正在开展的一系列研究课题，也都是学科前沿和行业生产中亟待解决的课题，具有重要的研究、开发价值。

为了扩大企业与高等院校、科研院所的密切合作，达到优势互补，资源共享，公司每年都向高等院校、科研院所进行投资，用于助研、助教。1998年，为了加强科研与生产实际的有机结合，集团公司投资300万元，在莱阳农学院中心实验室建成六和研发分析中心，进行新产品开发和新技术研究，大大提高了企业的市场反应能力和服务水平。

六和集团产研紧密结合的运营模式，有效地保证了高新科技向实用技术和现实生产力的及时转化，先后开发100多种产品，较好地满足了市场和企业自身发展的需求。生产的每一个环节都实行严格的质量管理，对主要的生产原料，坚持使用国内外优质原料，从库管、车间生产到品质控制，均实行一票否决制。并在各分公司的饲料生产厂和肉食

品加工基地，全面推行了ISO9002国际质量标准体系，使产品质量得到了更加科学和严格有效的控制。六和饲料、兽药、鸡苗、肉食等系列产品以其卓越的品质，赢得了广大市场的普遍欢迎。

面对广大农村养殖技术落后的现实，六和集团始终坚持无偿提供全方位的技术服务，千余名专家、技术人员常年活跃在养殖基层，使之成为六和企业爱心奉献社会、真情系结农民的一道亮丽的风景线。

二、公司视人才运作为企业运作的根本，重视各类人才的引进和员工队伍的培训、提高，使六和成为一个养育人才的大学校

公司先后制定和实施了一系列引进人才的优惠政策，加之公司领导三顾茅庐求才风范的感召，先后从高校和社会各界引进了一大批有才能、高素质的人才跻身六和。集团目前拥有员工5000余人，其中，专家与技术人员1000余人，具有硕士学位和副高以上职称的300余人，有30多人是国家级专家型人才。

公司以六和培训中心——“国家星火企业管理青岛培训中心”为主要培训基地，每年花费巨资组织开展各种培训班，对各级各类员工进行培训，帮助他们改变观念和发展、完善自我。同时，为了及时吸取国际先进管理理念，公司与新加坡国立大学联合成立“六和新加坡培训基地”，每年分批对六和高级管理人员和同行业同仁进行国外培训，提高企业管理人员的综合素质。目前六和员工队伍不仅稳定，而且充满活力，不仅个体素质高、能力强，而且团队意识浓、协同作战能力强，赢得了社会各界的普遍赞誉。

三、在长期的生产经营实践过程中，六和集团形成了富有鲜明特色的“六和文化理念”，六和文化是六和企业的灵魂

六和文化的核心精神是“和”，追求并积极创造内和外顺、高度和谐的发展环境。六和把经营定义为在真诚友善和互惠互利基础上的合作，由此，六和不相信“商场如战场、竞争如战争”，认为市场竞争是另一种方式的合作，它会逼促双方提高和完善自我，会带来行业乃至社会经济的繁荣。“和”文化的确立，显示了六和集团“君子和而不同”的博大胸襟。六和具有高度的社会责任感。以“养育人、创财富，促进社会文明进步”为企业宗旨，在企业价值观上，更注重强调社会价值，即以给用户和社会创造价值、带来财富为最大满足，因而形成了“服务农民、长入行业、奉献社会”的经营发展理念。在人才观上，六和相信每一个人都具有无限的发展潜能，经过培训、开发和锻炼，都会成为人才。因此，六和一方面不惜耗时耗资举办各种教育培训，帮助员工开发潜能，提高自我。在做人做事上，六和形成了“点滴做起、追求完善”的企业精神和“做事先做人”、“利人利己”的道德观念，因此，每一位六和人都能够以良好的心态对人对己对事，工作主动、认真、精细，追求卓越，敢于挑战自我。

六和文化理念明确界定：企业的内涵把客户包括在内，客户是基础，员工是根本，自己是代表。在这一理念指导下，公司视客户为亲人，并出台了“微利经营”战略，主动让利于用户，培育了广大养殖市场。

特别是1998年初以来，在国家科委、山东省科委、省畜牧局大力支持下，集团公司隆重推出了“农民养殖致富示范工程”，组织1000余名专家和技术人员深入千家万户，心贴心、手把手帮助广大养殖户提高养殖技术水平、降低养殖成本，受到政府部门的高度评价和广大养殖户的普遍欢迎。该工程的实施是六和文化理念与社会实际相结合的巨大成果，对全面提高广大农民的科技意识、养殖技术水平和推进农业产业化进程，起到了重要的推进作用。

四、“种豆得豆，种瓜得瓜”，依靠人才、物质以及文化理念的强大优势，经过几年来艰苦卓绝的奋斗，六和集团取得了巨大的发展成就

六和集团把提高社会效益作为企业生存与发展的最高价值，始终为促进我国畜牧业发展，为改善农村经济结构，发展农村经济做着不懈努力。自成立以来，公司通过高质量的饲料、兽药产品和精湛及时的技术服务，指导帮助了成千上万的农民兄弟脱贫致富，革新了落后的传统养殖方式，普及了科学先进的养殖及防病治病技术，直接或间接创造的社会经济效益已难以计数。

在创造巨大社会效益的同时，公司自身也得到了健康、迅速的发展。目前，集团公司在山东、河南、河北、安徽、吉林、湖南及美国、新加坡等国内外设立分（子）公司近30个，拥有饲料生产厂18个，动物保健药厂1个，种鸡场、猪场4个，冷藏加工厂1个，鲜蛋加工出口基地1个，并建有自己的科学院和自己的家禽、家畜实验基地，固定资产3亿多元，年饲料生产能力180余万吨，孵化鸡苗660万只，加工出口畜产品10万吨。集团先后被评为全国饲料工业行业百强企业、山东省高新技术企业30强，中国民营科技企业技工贸总收入100强，国家“星火”龙头企业。

实施科技、人才、品牌战略 以质量为核心　强化内部管理

——安徽恒大集团公司

几年来，我们紧紧围绕产品质量是企业生命的永恒主题，以科技为依托，以人才为根本，以品牌拓市场，不断强化企业内部管理，推动饲料产业的可持续发展。

一、依靠科技进步，不断开发优质产品

“科学技术是第一生产力”。随着知识经济时

代的到来，我们深刻认识到，要在激烈的市场竞争中占有一席之地，必须增加产品的科技含量，开发生产品质优良、具有特色、适应广大养殖户需求的新产品。

为了增强科技实力，我们在保证设备、工艺、检测仪器等硬件方面处于国内先进水平的同时，不惜重金购买科技专利和配方软件，积极与科技联姻，主动与中国农科院畜牧所、中国动物营养学会、中国农大、南京农大、上海水大、安徽农大等多家科研院所和高校联合，聘请了10多位专家教授、博士作为常年技术顾问，指导科研和产品开发工作；并在企业内部设立畜牧工程研究所，负责产品的研制和技术攻关。同时我们还参与了国家九五重点科技攻关项目：乳猪料产业化研究与开发，添加剂预混合饲料试验（加强项目）等科研课题；并将科研成果转化为生产力，研制开发出适应市场需求的特色产品。几年来我公司新产品开发产值达1.2亿元，占全部总产值的38.7%。

二、广纳人才，提高企业整体素质

为了提高企业的整体素质，为企业发展增强后劲，适应日益激烈的市场竞争，我们十分注重人才的引进、培养和使用，先后在20多所大中专院校招收录用了500多名大中专毕业生，建立了一支高素质的人才队伍。经过理论与实践的结合，不断地磨炼和提高，大批优秀的大中专毕业生走上了企业领导岗位，为企业的发展发挥着他们的聪明才智，为企业注入了生机和活力，提高了企业的整体素质和管理水平，增强了企业发展的后劲。

三、实施品牌战略，创名牌产品

知名品牌是企业的综合载体，是企业智慧、效率、质量和信誉的集中体现。几年来，我们在企业的发展过程中，积极实施塑形创牌战略，下大力气创民族饲料产品的名牌，不断增加无形资产的份量。我们建厂初期就导入CI理念，利用多种媒体，采取组合方式，使“恒大牌”饲料产品在“荧屏上有像，广播里有声，报刊上有文”。恒大牌饲料以其优良的品质赢得了社会的认同，先后获得“首届中国饲料工业博览会质量认定产品”、“第三届中国农业博览会名牌产品”、“安徽省名牌农产品”等荣誉称号，并被中国饲料工业协会、安徽省产品质量监督检验所指定为推荐产品。如今，恒大饲料品牌已成为养殖户选择同类产品的重要标志，已成为省内客户公认的名牌。

四、强化管理，增强竞争实力

“管理是科学，管理也是生产力”，加强企业管理，是提高经济运行质量和效益的重要内容。几年来，我们积极推行现代化企业管理方法，从高效、灵活的运行机制入手，逐步形成和完善了适应本企业发展的管理模式，围绕国有企业三项制度改革，推动管理工作步入制度化、科学化和规范化轨道。

在制度建设上，我们制定了“厂规、厂纪”，“员工手册”、“质量手册”、“岗位职责”等一系列可操作性强的规章制度，从而形成规范化的管理。

在用人机制上，我们全面推行聘用合同制，实行竞争上岗、动态管理，做到能者上、庸者下，增强了员工的责任感、紧迫感和危机感。

在分配方式上，我们针对不同岗位，推行岗位工资、绩效工资、计件工资相结合的办法；实行目标管理，突出激励机制，拉开分配档次，充分调动员工的积极性。

在推行现代企业管理工作中，我们始终紧紧抓住质量管理这个核心，建立产品质量标准、质量管制中心、推行全员质量意识、全员质量责任、全程质量管理，使管理工作纵向到底，横向到边，不漏一岗，不虚一责；实施三级管理，全线把关，在具体运行过程中做到“把五关”、“六不准”。“把五关”是配方设计关、原料进厂关、生产制造关、产品中检关、成品出检关；“六不准”是不符合质量标准的原料不准进厂，未经检验合格的原料不准入库，产品质量指标不明确的不准生产，不合格的半成品不准进入下道工序，产品质量不合标准的不准出库，包装不符合要求的不准出厂。坚持实施质量一票否决制度，真正做到人人有质量责任，事事有质量标准，环环有质量监控，使产品过五关斩六将，出合格产品。为使质量管理工作上台阶，上层次，1997年我们投资40多万元，开展ISO9002质量认证体系的宣传贯彻工作，并于1998年9月30日经国家技术监督局，北京新世纪质量认证中，一次性通过现场审核认证，从而实现企业质量管理与国际接轨。

提高产品质量 保持领先地位

——华大（福州）饲料工业有限公司

华大（福州）饲料工业有限公司，系外商独资企业，总投资逾千万美元。于1991年初建成投产，专业开发生产“金马”牌多种名、特、优水产配合饲料。有产品有鳗鱼、甲鱼、对虾、大黄鱼、河蟹、青蟹、罗氏沼虾、鲍鱼、乌龟等系列配合饲料，尤以生产鳗鱼用配合饲料、甲鱼（鳖）用配合饲料、对虾用配合饲料为擅长，并在海内外享有美誉。

华大（福州）饲料工业有限公司，以海外雄厚的资金为后盾，以在中国台湾50多年水产饲料生产、研究、开发的经验为基础，以日本、中国台湾的先进设备和配方技术为导向，以海外母公司的先进管理经验为依托，集团内外各种优势于一体，现已成为当今中国饲料行业的一颗明星。

一、机械设备的先进性

华大（福州）饲料工业有限公司之生产设备，系成套引进日本、中国台湾省20世纪90年代先进水平的饲料生产机械设备。

1．利用电脑程控、自动化程度高

使用 CB1000 全自动配料控制器进行自动配料。所有的配方数据输入 CB1000 之程控电脑中，便可按设定的程序自动执行计量工作，把各种原料精确地、适时地、适量地输送到各制程中，只需一位操作人员便可对所有制程状况了如指掌，实行有效制程控制。

2．设备精密度强、均匀度高、稳定性好

CB1000 全自动配料控制器所秤物料重量误差低于 1/1000，混合均匀度由量化速比控由电脑按最佳辨别选定控制，所有数据经电脑即时迅速、准确地列表打印出，以利即时稽核。包装秤量系统使用 PS－P4000 型高速自动计量包装机，其速度快、精确度高，秤量误差低于 2/1000。

3．生产效率高

使用分离机、集尘器和粉碎搭配套之 SAP－4 超微粉碎机，每台粉碎机功率达 45HP，其粉碎细度通过 80 目达 99.8%，每台粉碎速率可达 2 吨／h，配有 5 台粉碎机，粉碎量达 10 吨／h。由于采用离心粉碎原理，使粉碎速度既快又好，当班产量可达 55 吨。由于自动化程度高，既省工又节电，大大降低制造成本，提高经济效益。华大（福州）饲料工业有限公司于 1992 年被福建省对外经济贸易委员会确认为《福建省外商投资先进技术企业》的资质；1993 年被国家统计局授予《中国 50 家最大饲料工业企业》；1994 年被中国饲料工业协会评为全国饲料工业行业《百强企业》。

二、生产工艺技术和配方技术的先进性

华大（福州）饲料工业有限公司所生产的“金马”牌水产配合饲料，引进了日本和中国台湾的具有 50 多年经验的优良配方和生产工艺技术。

1．高度科学化的工艺制程

制程如下：

选料→进料→除铁→选别→储存→
电脑配料→一次混合→超微粉碎→
二次混合
　↗ 计量包装—粉料生产线
　↘ 熟化→制粒→调质→烘干→冷→筛选→计量包装—颗粒料生产线

因高度的科学化制程，从而提高产品均匀度和稳定性，确保产品质量。

2．使用营养均衡及高换肉率之配方

华大（福州）饲料工业有限公司所生产的“金马”牌水产配合饲料是在充分吸收日本、中国台湾的优良配方和先进技术的基础上，根据季节性差别、地区性差别、养殖方式差别、生长期之不同和原料的产地及季节的差异，精心配制而成的。

3．先进的加工工艺技术

利用离心分离原理，低温超微粉碎，细度均匀，原料之营养得到充分利用，尤其添加液体蛋白和活性蛋白转换酶（自行研制，经生长培养酿成），把初级原料加工成高价值、高营养之饲料成品，使有限的动物蛋白源得到充分的利用，起到转粗为精的效果，同时先进的加工技术，使投入产出率达 98%以上。

4．选购优质原料，保证内在品质

“金马”牌水产配合饲料，选料精良，货源广泛，并与原料供应商建立了良好的信誉关系，可直接从美国、日本、波兰、新西兰、俄罗斯等国选购工船上制造的优质鱼粉和泰国产的泰花淀粉，进而保证了“金马”牌饲料的品质。由于饲料品质具有可靠性及稳定性，深受社会各界的称赞。1996 年初，华大（福州）饲料工业有限公司鳌配合饲料产品标准，升格为福建省地方标准，1999 年将被采纳为行业标准。

三、产品之先进性

1．精致美观牢固耐用之包装

“金马”牌水产配合饲料成品包装袋采用卷筒式纸塑复合，外层镀膜，内层套牛皮纸及塑料薄膜，同时根据“金马”牌各种系列产品的品种，设计成不同颜色之图案，并采用内粘合和外接缝双道封口，使包装袋外观平整美观而耐用，抗逆性强，防湿防潮好，可延长保质时间。一流的包装使产品更加锦上添花。

2．成品具有极高的饲料转换率

公司建立了严格的品保体系，运用先进的工艺技术，配合最优质的原料，并结合鳗、鳖、虾等各种水产品之不同生长期而对营养的不同需求和季节、气候、环境、水土等外部条件之异同，研究出科学的饲料配方，使饲料转换率平均达 65%以上（转换系数为 1.53），使用“金马”牌水产配合饲料可节约饲料成本，给养殖业者获得更高的盈利。

3．嗜口性好，成长速率高

“金马”牌水产配合饲料添加有各种水产品适口之元素，故有较好的诱食性，从而提高水产品之成长速度，且可缩短饲养时间 20－60 天，加速了养殖业者的资金周转，增加盈利。

4．粘弹性适中，稳定性高，散失率低

“金马”牌水产配合饲料，采用精湛的工艺技术，使各种原料达到最佳配伍，亲和性好，增强了水中的稳定性，降低了散失率，且易于消化吸收，有效地提高使用效率，同时大幅度降低水质污染，增强水产品的机能和体质，提高防病、抗病能力，由于能保持水质稳定，少受有机质的污染，保持较好的生态水环境，故成活率得到有效的提高。以上这些特点，越来越受到广大养殖业者的青睐和推崇。由于产品优良，信誉日增，当“金马”牌水产配合饲料于 1991 年投产不到一年时间即荣获首届中国农业博览会银质奖，同时，虾用配合饲料获得铜奖；1996 年“金马”牌水产配合饲料被福建省技术监督局评为福建省产品质量稳定称号；同年，“金马”牌水产配合饲料荣获首届中国饲料工业博

览会认定产品，1999 年又荣获首届中国国际农业博览会名牌产品。

四、管理之先进性

华大（福州）饲料工业有限公司于 1991 年引进台湾之先进管理经验，实行人、机、料、环、法优化配置，以品保和客户满意度为中心，以人为本，以企业的规章制度为载体，实行全员、全方位、全过程的管理，形成了简洁、和谐、高效的工作氛围，树立了“金马”人团队之精神和不断改善、不断开拓进取的工作作风，并于 1999 年 6 月聘请享有盛誉的顾问公司顾问到公司推导ISO9002质量体系认证，工作进入国际认证体系的大门，使华大公司的事业更加辉煌。

五、开拓国际市场，保持领先地位

“金马”牌水产配合饲料畅销国内十几个省市区，远销澳大利亚、东南亚、韩国等国家，是全国饲料行业少数出口企业之一，虽然从 1996 年至今，整个中国大陆水产养殖业不景气，尤其鳗鱼、对虾、甲鱼的养殖受到市场价格和病、虫灾害的肆虐，近几年来仍处于底谷徘徊，水产配合饲料市场供过于求的现象日益突出，竞争更加激烈，但是“金马”牌水产配合饲料的市场占有率、销售增长率，每年都以 10%的平均增长速度递升，尤其是 1998 年度，整个水产饲料行业普遍下降，惟独“金马”牌水产配合饲料尚增长 8%，显示出“金马”牌水产配合饲料的勃勃生机！

华大（福州）饲料工业有限公司除积极开拓国际市场、增加出口外，也积极地探索水产饲料生产、特种水产品养殖加工、出口的路子，现已收购养殖场 4 个，养殖面积 200 多亩，养殖欧洲鳗、日本鳗取得较好的效果。这些养殖场除了养殖收益功能外，还承担公司的示范、科研、试验等功能作用。

华大（福州）饲料工业有限公司，坚持“质量为本，信誉至上”。树立“没有最好，只有更好，保持现状，就是落伍”的理念，以“优质的产品、优惠的价格、优良的服务”为宗旨，实现“产、销、养共繁荣，齐发展”的目标。

依靠科技，追求卓越，加速发展

——山西威科饲料科技公司

当前，山西省乃至全国的畜牧业经济已经进入了一个阶段性调整时期。每次调整一方面要花时间和代价，另一方面又是一个大机遇，将带来畜牧生产力的新提高。为了迎接这个新的挑战，促进山西省畜牧业以矫健的步伐跨入 21 世纪，威科饲料科技公司在成立四年的短暂日子里，牢记邓小平同志“科学技术是第一生产力”的谆谆教导，紧扣振兴山西饲料工业，促进畜牧业经济繁荣，完善威科牌饲料生产体系和畜牧业一条龙服务体系，创名牌，闯市场、树企业形象，积极发挥科技与人才优势，走出了一条科研成果由知识形态向商品形态转化，由潜在生产力向现实生产力转化，实现科技、经济和社会综合协调发展的路子，初步尝到了向科技、管理和市场要效益，在市场竞争的大潮中立于不败之地的甜头。

市场波动，经济调整，既是个量的问题，又是个深层次结构调整的问题，山西省进入 20 世纪 90 年代以来，畜牧业有了长足的发展，成为城市“菜篮子”工程和广大农村脱贫致富的强项。然而由于山西省饲料工业的相对落后，小而全、散而弱，缺乏合理布局；科技含量不足；重生产、轻服务等等；合格产品的市场占有率不高，有山西省特色的名牌饲料产品寥寥无几，出于对形势的认识和实现科技产业化的需要，山西省农科院，于 1995 年创建了威科饲料科技公司，在总经理赵瑞峰的领导下采取了“高起点、一步到位、负债经营”的发展战略方针，瞄准“生产高科技集成系列饲料，创名牌产品，建知名企业”的目标，以“威科服务进万家，让畜禽奉献更多”为理念，确定了自我发展与壮大的三步策略。第一步依靠高科技，开发与利用本省饲料资源，结合本地畜禽特点推出配方科学、工艺先进的优质产品开拓市场；第二步以单班年产万吨粉料为起步，先投产粉型成品饲料、浓缩饲料、再生产核心饲料与颗粒饲料，增添花色品种，提高饲喂效果，降低生产成本，满足市场需求，创山西省名牌；第三步，组建联营厂，充分发挥企业集团优势，加速畜牧产业化。与此同时，狠抓员工全面素质的提高，树企业新形象。4 年来，已推出 7 个系列 30 多个饲料品种，其中威科蛋小鸡料和奶牛精料补充料荣获首届中国饲料工业博览会认定产品，威科 131 号猪料精和 133 号猪料精荣获中国饲料工业协会推荐产品，威科猪浓缩饲料和威科蛋小鸡全价料获得中国国际农业博览会名牌产品称号。威科饲料已普及山西省 12 个地市、80 个县，年销售量达 25000 吨。1995 年 10 月投产，实现了当年立项、当年投产、当年见效的目标，1996、1997 连续两年利润翻番，并收回投资。1998 年销售量又在 1997 年的基础上增长了 25%，目前在畜牧业大滑坡情况下，销售量稳中有升。四年来固定资产投资增长了 3 倍。威科饲料赢得用户、同行、上级的肯定与好评而走红三晋大地。1999 年，又针对猪价猛跌，影响养猪户经济效益的现状，及时向市场问卷。应市场需求，在保证产品质量前提下，进行了产品结构的调整，从产地组织原料来源；深化技术服务；增添了经济型饲料品种；大力推广添加剂预混合饲料、颗粒料，以满足不同层次、不同地区发展与巩固养猪的需要，同心同德帮助用户渡过难关。

依靠科技和人才是市场经济下企业发展与不断壮大的根本途径。公司和产品冠名“威科”，寓意为公司的威力源于科技，靠高科技创名牌产品。“威科”乃英语“Victory”的谐音，告诫我们只有科技领先，企业才能成功，并且作为我公司全体职工的追求和理念。四年来，我们紧紧依靠科技人员面向市场与用户的反馈，结合产品更新，开展了10多项科技与中试，开发了多种新型的微生物饲料，如饲料伴侣、益生粉、酵母饲料等，曾多次受到上级奖励，现已被山西省科委列入星火项目，为威科产品提高了科技含量；我们重用了8名青年科技骨干为部门带头人，让他们在实践中增长才干，茁壮成长，目前公司30名正式职工中，技术干部就有22名，占到73%；我们还聘请了10名著名的动物营养专家、畜牧兽医专家当顾问，他们是公司技术的中坚和靠山；我们十分重视职工的文化建设、素质教育、基础培训和科普宣传，使他们具备了作风硬、技术精、善管理、会营销的真本领。

优质饲料是发展畜牧业的物质基础，让用户掌握现代化的饲养管理与防病治病的科学技术又是求得养畜经济效益的关键。我公司一手抓产品质量，一手抓社会化优质服务，“硬件”、“软件”双管齐下，取得了较满意的效果。如被国家财政部列为财政支持项目的“威科畜牧服务网”，以及配套组建“威科养殖服务中心”（包括在养殖大区长治市、运城市、大同市成立的养殖技术服务部）优质饲料原料供应部与创办的“威科养殖技讯”和开展“威科饲料进万家”、“威科服务就在你身边”等活动，就是从注重社会效益和保持可持续发展的基本点出发的。四年来出动专家400人次，科技大篷车49辆次，培训农民万余人次，接待咨询8000多人次，送实用技术近百项，解决生产疑难问题600多个，从而大大提高了威科公司的知名度。养殖户赞美说“有难题，找威科”，“威科是农民脱贫致富的靠山”。威科饲料、威科技术、威科作风赢得了三晋人民的信赖。

威科饲料科技公司起步晚，年龄小，成绩微不足道，存在不少问题。我们一定要加倍努力，在认真总结经验教训的基础上，围绕兴晋富民既定方针，进一步充实、完善威科系列饲料，降低饲养成本；深化服务力度，提高养畜经济效益，深化服务力度，为加速畜牧产业化发展作出更大贡献。

友好合作　共同发展

——巴斯夫公司

1865年，几乎是135年以前，一家小型的化学制品公司在德国莱因河畔的路德维希港宣告成立。这就是今天的巴斯夫集团公司（BASF）。从沿用至今的名字，还可隐约看出公司是从单纯生产一种名叫 Aniline 的产品起家。现在，德国的巴斯夫集团已经发展成为拥有超过10万名员工和300亿美元销售额的世界上最主要的跨国集团企业之一。1998年全球500强企业排名93。巴斯夫集团公司在120多个国家和地区设有分公司，生产和销售涉及生命科学、化工、塑料、石油天然气、颜料等领域的近8000种产品。生命科学领域包括制药、农用化学品、食品添加剂、化妆品和营养型饲料添加剂产品，年销售额超过60亿美元。巴斯夫一直以致力于产品的开发研究而居领先地位，以优质的产品而享有盛誉。仅巴斯夫公司独立拥有的专利技术已经超过65000项。

巴斯夫集团公司的东亚区总部设在香港，在这一地区工作的员工已经超过7000名。亚洲金融危机的影响并没有改变巴斯夫的承诺，公司正在大力增加对整个亚洲地区生产设施的投资。

无论从哪个角度，中国都是巴斯夫最重要的合作伙伴。双方长期的良好贸易关系和共同投资生产最早可以追溯到1885年。1982年巴斯夫中国有限公司在香港成立。发展至今，巴斯夫在中国已经成为在北京、上海、广州、南京、大连和吉林拥有6个代表处，9个合资或独资公司的大型外国投资企业。一个更大的石油化工一体化基地投资项目计划将于2003年在南京投入运行。

动物营养品和饲料添加剂一直是巴斯夫最为重视的领域之一。公司赖以优质的产品和对营养学深入的研究及认识处于世界领先的地位。露他维（Lutavit）是世界上著名的维生素品牌。作为最大的维生素生产商之一，不仅全面供应各种脂溶性维生素和水溶性维生素单体，而且还供应各种复合维生素，以满足各种动物的特殊需要。1995年8月，巴斯夫公司与东北制药总厂在辽宁省合资成立东一巴（沈阳）维生素有限公司。完全按照德国的技术标准专门生产和销售包括维生素原料、食品医药级和饲料级维生素等各种用途的产品。主要包括维生素A、维生素E、维生素D_3和各种复合维生素系列产品，巴斯夫制定的复合维生素配方产品不仅拥有高质量原料优势，更以营养的合理性和针对性、配方优化的先进性满足市场上不同使用对象的需要。按照用户的需求而专门定制的复合维生素产品更以最大的灵活度快捷地满足用户指定的特殊要求。巴斯夫公司的技术人员与用户的沟通和对饲料养殖技术的理解是产品成功的关键。

巴斯夫公司还生产和销售众多的营养型饲料添加剂产品。其中主要包括适用于肉鸡、蛋鸡、蛋鸭、鱼类和虾蟹的露康定（Lucantin）类胡萝卜素系列产品；适用于饲料和青贮饲料的露保细（Luprosil）有机酸/盐防霉防腐剂系列产品；适用于饲料酸化的酸化剂产品。

赖氨酸是饲料配方中必不可少的原料，对降低饲料配方成本、节约蛋白质资源具有不可替代的作用。巴斯夫公司从1998开始以年产10万吨的规模成为赖氨酸的主要供应商。在韩国瑞山生产和销售的高品质

L—赖氨酸，在世界市场上占有重要的一席。

酶制剂作为营养型饲料添加剂是近年来各国研究人员和企业最为关注的新领域。期待着新型饲料添加剂的出现，希望以安全、环保、高效和优异的经济性能填补饲用抗生素等禁用产品遗留下的空间。因此，一项世界范围内的酶制剂合作在德国的巴斯夫公司与荷兰的Gist-Brocades（DMS）公司之间全面展开。

自20世纪80年代中期就致力于寻找一个全面解决无机磷污染和降低饲料生产成本的方案，投入大量的人力物力资源，开始了植酸酶商品化的研究和开发，包括与各国主要大学和研究机构的合作研究。

1990年首次成功地工业化生产商品植酸酶，并在荷兰、德国等欧洲市场以Natuphos为商品开始进入规模应用，同时获得包括基因转移、发酵、后加工工艺在内的全套完全自主的技术专利。

1991年巴斯夫和Gist-Brocades同步开发出植酸酶的定量测定方法。目前已经得到包括各类用户，甚至其它制造商在内的各方面普遍认可，作为测定植酸酶在产品、饲料以及预混料中含量的公认常规方法。世界上权威的AOAC分析方法，更是在相当程度上直接参照了巴斯夫的方法。

自1994年起，巴斯夫在世界范围全面供应Natuphos植酸酶产品。巴斯夫的产品以剂型系列齐全、温度稳定性好、保质期长、含量高、质量稳定一致等诸多优势而获得用户的信赖，成为植酸酶国际市场中的主导产品。

1996年植酸酶在中国率先以商品名“酶他富”获得中华人民共和国的批准，取得第一个植酸酶产品的进口许可证。经过各方面大量的应用验证试验和推广工作，使植酸酶产品逐渐为用户认识和接受，成功地用于各种饲料产品中，进入了规模应用阶段。

植酸酶专门水解饲料中有害的植酸，变废为宝释放出可以利用的磷元素。使用酶他富植酸酶最大的吸引力在于减少饲料中磷酸氢钙等无机磷的使用量，幅度可达50%以上。在中国普遍的条件下，有相当多的例子可以将饲料的总磷降低0.1—0.15%，也即磷酸氢钙减少70%以上。饲料厂和猪鸡养殖户大幅度地削减甚至无需在饲料中添加昂贵的磷酸氢钙。使用酶他富植酸酶让农民显而易见的结果是，直接降低了饲料的生产成本。在中国，每生产1吨全价饲料，就至少可以因此增加5元人民币的净收益，每生产1吨5%的预混料，则可以增加收益百元以上。最新的研究结果还发现了植酸酶的潜在营养价值，提高了饲料原料中蛋白质和能量的消化率。减少饲料中无机磷使用量的同时，大幅度地减轻甚至宣传杜绝了磷酸氢钙导致的氟和其它重金属中毒问题。植酸酶的应用直接增加了配方设计的空间和自由度，为充分利用各种饲料原料资源提供了新的机会。酶他富植酸酶的含量高，添加量小，使这一优点更加突出。有益于饲料企业中工作人员的身体健康，消灭了磷酸氢钙的粉尘威胁，也是植酸酶受欢迎的一个原因。

事实上，植酸酶的最大受益者是每一个生活在地球上的人和他们的子孙后代。在我们的赖以生存的环境中，植酸酶轻而易举地帮助我们消除了一个巨大污染源。据保守的估计，从开始应用酶他富植酸酶起，在中国就少向环境排放了3800吨的磷，相当于24000吨磷酸氢钙。可以预期，植酸酶将对整个行业的可持续发展产生极大的影响和促进，将会带来显著的经济效益和社会效益，社会各方面都因植酸酶获得更高的回报。植酸酶的发展经历又一次实现了巴斯夫对饲料工业、养殖业、对大自然的承诺。

今天，酶他富在中国与Natuphos在欧美国家一样，已经成为植酸酶的代名词，广为饲料业和养殖业知晓。酶他富是巴斯夫的希望和未来，也是我们大家共同的希望和未来。

巴斯夫公司继承了德国传统，坚持以生产高质量的一流产品为不可动摇的宗旨，并引以为荣。从产品的研制、设计到生产、销售，都始终遵循为国际认可的ISO9001和ISO9002质量管理保证体系。

中国的饲料业和养殖业在短短的十几年间获得了举世瞩目的发展，巴斯夫对这一辉煌成就感到由衷的高兴和钦佩。早在中国开放改革的初期，巴斯夫与有关部门、企业和大学及研究机构建立了长期和广泛的交流合作关系，与饲料行业和养殖业一道共同发展，定期交流。巴斯夫公司和所有员工感谢多年来各界给予的信任和支持，公司愿意和承诺，一如既往地为广大的饲料业和养殖业提供一流的产品、高水平的技术服务和共享在动物营养方面的经验，努力寻求共同合作发展的机会。

巴斯夫公司和巴斯夫的饲料添加剂愿为中国的畜牧业和饲料业发展做出新的努力和贡献。

以质量求生存

——河北鹿鸿饲料公司

河北鹿鸿饲料公司是河北省粮油（集团）总公司直属饲料企业，地处河北省辛集市辛赵路16号，现有员工200多人，占地面积26000平方米，工程建筑10000多平方米，固定资产1600万元，流动资金2000万元，年生产能力粉料6万吨，颗粒料3万吨，现主要以生产粉料为主，产品有蛋鸡、肉鸡、育肥猪、奶牛、狐等系列配合饲料和浓缩饲料，销售范围覆盖辛集市及周边各县市。年销售5万多吨，年销售收入为9000多万元，连续两年被河北省统计局评为“全省销量第一”，1998年“鹿鸿”牌蛋鸡配合饲料被评为河北省饲料工业办公室推荐产品，同时荣获河北省统计局地产最畅销商品称号，1999年被省消费者协会评为信过得产品。

河北鹿鸿饲料公司生产工艺设计科学、合理，生产设备均由国家定点大厂生产。粉料生产线的主要设备包括粉碎设备、清理设备、配料混合设备、提升运输设备、打包称重设备、电脑控制设备及动力设备，整个生产过程全部实行了微机自动控制，最大限度地减少了配料过程中的人为误差。些外，河北鹿鸿饲料公司资金雄厚，具有极强的抗风险能力，业务渠道畅通，原料供应充足，加上大规模的仓贮设施，为保证饲料生产的稳定性打下了牢固的基础。

产品质量决定着公司的生存，辛集地区不仅是养殖密集区，而且是饲料生产中心，饲料生产厂家多，竞争十分激烈，因此，河北鹿鸿饲料公司建立了以质量管理思想为主线，岗位责任制为手段，各种制度为内容的质量保证体系，从原料采购—质量检验—入库保管—生产工艺—销售—售后服务—原料采购……每道生产工序，每个环节都有标准，有制度，层层把关，循环提高，尤其是在质量检验上，拥有齐全的检、化验设备，严格执行原料检验制度和产品质量跟踪检验制度，坚持做到“三不”、“四保”即：不合格原料不进厂、霉变原料不入车间、不合格产品不出厂，保证不化验原料不投入使用，保证各工序的工作质量，保证成品检验制度落实，保证做到售后服务。对出现的质量事故，坚持“三不放过”，即不查清事故原因不放过，不制定措施不放过，责任者不受教育不放过。

河北鹿鸿饲料公司拥有强大的科研技术队伍和自己的科研试验基地。在饲料科技不断发展的今天，公司十分注重科技力量的投入。公司现有大、中专学历人员二十多名，具有高、中级职称的十多名，高薪聘请了国内知名的畜牧营养专家作技术顾问。投资一百多万元建立了15000只鸡的实验养殖基地，利用技术力量，进行新原料、新产品的开发、利用研究试验，并将成功试验不断投放市场，为提高畜禽生产力养殖户效益提供了可靠的依据。此外，技术人员定期对本厂职工进行生产技术及动物营养知识讲座，定期走访养殖户，给养殖户解答问题并进行技术指导，还开通24小时热线服务，及时解决养殖户技术问题，做到有求必应，有事必到，为养殖户解除了后顾之忧。

河北鹿鸿饲料公司具备现代化的管理水平。（1）人员上注重了调整，即合理调整人员配置，尤其是重点部门，根据现有人员的专业技能、知识水平、业务能力、思想道德和岗位需要不断进行调整，不论年龄大小、资历深浅，实行人员优化组合和能者上、庸者下的中层干部聘任制度，做到了人尽其才，才尽其用，以岗定人，以岗定责。（2）制度上注重于落实。制度是实现企业经营管理目标的必要手段，是企业管理的基本条件，特别是质量管理制度直接影响着公司整体素质的改善。执行制度的关键是落实，因此公司建立健全了保障监督制度，在执行制度的过程中对制度进行不断完善、修改、补充，形成了一整套完善的管理制度。（3）资金上注重运作。在国有企业贷款规模大、利息支出高的状况下，公司加强了资金运作，合理调配资金，保证生产需要，减少资金占压，开展经营活动，加速资金流转，合理减少贷款，降低财务费用。（4）产品上注重了品种。根据市场需求变化，开展新产品的开发研究，并在实验基地进行饲喂试验，然后投放市场，逐步建立起公司自己的科研体系和技术信息渠道，使公司由生产销售型向科研－生产－销售型转变，为公司的长期发展做好了技术上的准备。（5）经营上注重了效益。辛集是养殖密集区，饲料原料经营市场潜力很大，公司利用自己的规模优势、资金优势、信息优势和信誉优势，开展饲料原料及添加剂经营，公司还利用生产优势，建立了养殖基地，除进行研究试验外，还进行蛋鸡、种鸡生产，同时与河北法国散大蜗牛养殖集团，共同开发法国散大蜗牛养殖及深加工技术，为公司创造效益，逐步走上了科、工、贸一体化综合发展之路。（6）原料上注重了开发。为了降低饲料成本，公司在想方设法降低原料价格的同时，不断开发出了营养成分高、价格低的非常规饲料资源。如：玉米胚芽粕、小麦胚芽粕、胡麻饼、菌渣类资源等。（7）对职工注重了教育。企业要发展，职工素质必须提高，为此，公司有组织、有计划地对职工进行了岗位技术培训和专业技术培训，同时加强思想教育，培养职工的主人翁意识。

“以质量求生存，重信誉求发展，向管理要效益”，这是河北鹿鸿饲料公司的治厂方针，河北鹿鸿饲料公司愿以先进的科学技术，严格的企业管理为后盾，生产出质量更好、品种更多的饲料，为养殖业发展贡献力量。

前进中的杏富饲料厂

山西杏花村汾酒（集团）公司杏富饲料厂是一家现代化大型饲料生产经营企业。工厂占地面积33338平方米，拥有固定资产2686万元。全厂有职工105人，其中大专毕业生30人，专业技术人员15人。企业主要从事各种畜禽饲料和饲料添加剂生产经营，具有年产各种饲料8万吨的生产能力。所生产经营的杏富牌浓缩饲料、添加剂预混合饲料、配合饲料、蛋白质饲料、益生素5个系列12个品种，销往全国各地，深受农民朋友欢迎和喜爱。杏富牌系列饲料荣获“1998年度中国饲料工业协会推荐产品”称号；“’99中国国际农业博览会山西名牌产品”称号；“1999－2000年山西省消费者协会推荐可信商品”称号；酒糟菌体蛋白饲料项目荣获“全国食品工业科技进步优秀项目奖”、“1997、1998年度山西省职工百项技术难题攻关成果二等奖”。

杏富饲料能在激烈的竞争中站稳脚步，并得迅速发展壮大，其主要做法是：

一、抓质量、创品种

市场经济就是品牌经济，在社会主义市场经济条件下，一个企业能否兴旺发达，关键看其产品能否占领市场。杏富饲料厂成立之初，就确立了“以质取胜，争创名牌”的战略，始终把产品质量作为企业生存发展的根本来抓。

（1）企业引进采用了国内先进技术和生产设备，并配备了一流的化验检测仪器，整个生产过程由微机控制操作，产品配方由中国农科院畜牧研究所专家提供，这些为产品质量提供了科技支持。

（2）完善质量管理制度，建立健全严格的质量体系。企业根据国家行业标准，制定并出台了《杏富饲料厂产品企业标准》、《原料质量标准》等；还成立了以厂长为首的质量管理委员会，明确各部门质量职能，使质量管理建立在有组织、有制度的基础上。

（3）不断对职工进行质量意识的培训教育，使职工认识到“质量第一”的重要性。由于我厂从原料进厂到产品出厂各个环节形成严格质量管理体系，产品质量稳步提高。严格的质量管理使杏富品牌赢得了用户的信赖，扩大了知名度。

二、抓营销，拓市场

在社会主义市场经济条件下，企业管理、市场营销、领导决策必须以市场为导向，市场需要什么，企业就生产什么。脱离了市场，企业就成了空中楼阁难以生存。近两年来，养殖业亏损，导致饲料行业市场疲软，竞争激烈，效益下滑，企业面临严重的挑战。杏富饲料厂科学客观地分析了企业面对的形势，充分发挥（集团）公司品牌、资源、技术优势，实施“立足周边九县市场，辐射全山西，巩固老市场，开拓新市场”的营销战略。眼睛紧盯市场，建立一套灵活的市场反馈机制，定期派人进行市场调查，捕捉市场信息，走访用户，为企业决策提供了科学依据。在市场调研基础上，针对养殖区域潜力大的实际情况，先后开发131A浓缩料、121A蛋鸡浓缩料等品种投放市场后，得到了消费者的认可，并迅速占领市场。在营销政策上，实行重奖销售业绩突出人员，加大产品广告宣传力度；让利于经销商、养殖户，加强产品售后服务工作，使杏富饲料在市场疲软的情况下，扩大市场份额，提高了市场占有率。

三、抓创新，增活力

随着社会主义市场经济的逐步完善，市场竞争将更加激烈，企业要想得以健康发展壮大，必须走技术创新之路。因为技术创新是企业发展的源泉和动力。杏富饲料厂在企业的发展中，十分注重技术创新和新产品的开发。把市场需求作为技术创新的出发点，及时调整产品结构，加大产品开发力度。并与国内知名的研究院进行广泛的技术合作，引进国内先进技术，不断开发研制出适应需求、适销对路的新产品。

（1）依托汾酒（集团）公司优势，对酒糟资源进行开发利用，开发生产酒漕粉、酒糟蛋白粉、酒糟菌体蛋白饲料，这样既保护环境，变废为宝，又满足农村养殖需求。

（2）引进了中国农科院畜牧研究所最新科研成果，开发生产了杏富牌浓缩料、预混料、全价料系列品种。

（3）把科技含量高、附加值高、市场前景广阔的产品作为重点开发对象，引进中国科学院成熟工艺和菌种，开发了新一代微生态制剂——益生素，填补了山西省饲料添加剂的空白。该产品是一种环保型绿色添加剂，是抗生素的理想替代品。正是由于我厂能不断进行技术创新和产品结构调整，杏富牌系列产品形成不同档次，满足市场需求，提高产品知名度，同时增强企业的发展后劲。

四、抓服务，树形象

在市场经济条件下，企业的发展除依靠机制新、管理好、产品硬外，还必须依靠优良的服务。产品的服务作为一个重要环节提到企业发展的议事日程上，谁不重视产品服务，谁就会被市场淘汰。杏富饲料厂在抓质量、抓创新、抓管理的同时不断强化产品服务。把用户的需求和满意作为工作出发点，在产品的服务上做文章。

（1）免费为用户办培训班，免费为用户提供技术资料《蛋鸡饲养管理》、《现代养猪管理手册》1万余册。

（2）免费为用户送货上门。

（3）开通专家咨询热线，开设专家门诊，定期组织专家巡诊，只要是杏富饲料用户有问题，专家即可上门服务，免除用户后顾之忧。

(4)产品质量由中保财产保险有限公司承保。由于服务及时、到位，得到广大用户的信赖和好评，企业在用户中树立了良好形象，为企业快速发展奠定了坚实的基础。

温氏食品集团的成功之路

1983年，随着我国改革的高潮，在粤西山区，佛教六世祖慧能法师的故乡，新兴县勒竹镇，由温北英带头7户农民8个人集资8000元创办了第一家农民股份有限公司。现在的广东温氏食品集团有限公司，经过十几年的拼搏，现已成为广东最大的饲料生产企业，全国最大的养鸡、养猪企业，广东省的“菜篮子”生产基地。现任董事长温鹏程（温北英之子，创始人之一）当选为第九届全国人大代表，全国劳动模范。温氏食品集团现已拥有固定资产5亿多元，从起步至今没有外债。近几年，饲料饲养竞争激烈，一度出现滑坡，温氏集团则是节节上升。1997年，禽流感曾给温氏集团带来了阴影，造成近亿元的损失，但并没影响其前进的步伐。1995－1999年，饲料厂由3个发展到12个，配合饲料产量达50万吨，种鸡场由5个发展到20个，孵化场由3个发展到19个，上市肉鸡由3000多万只发展到1亿只，每年以2000万只的数量递增。1997年又建起了生猪生产基地，现拥有种猪1000多头，1998年上市生猪3万头，1999将上市生猪8－10万头。其生产规模和经济扩张势头正方兴未艾。计划2000年上市肉鸡1.3亿只，生猪15万头。以后每年以30%的发展速度递增，生猪生产基地计划养殖50－100万头，其养猪生产计划已得到国家计委的批准。温氏食品集团是怎样发展成功的呢？

一、公司＋农户的生产经营模式

温氏食品集团从一开始实行的就是公司＋农户的生产经营模式，它又不同于正大集团的公司＋农户模式。温氏集团的农户都是集团的股东，它实行的是全员股份制，也就是每个成员——养殖户、员工都可以会款购买公司的股票，成为集团的股东，年终参加分红。所以，农户与公司不仅是紧密型的联合，而是公司的成员。

公司有种鸡场、种猪场、鸡苗孵化场、饲料厂、科研实验基地、肉鸡收购站和销售网点。养殖户与公司签定养殖合同，领取结算卡，根据自己的能力确定养殖规模，凭卡从公司购买鸡苗（仔猪），领取饲料，登记养殖地，加入微机联网。鸡、猪育成后，交给公司收购站统一收购和销售。养殖户无养成后卖不出去的后顾之忧，也不必承担市场价格变动带来的风险，市场风险由公司承担。当市场出现价格或销售不旺时，公司也保证养殖户的合理盈利，亏损在公司。当市场走俏、价格上扬时，公司可以多一些盈利，以利发展，而养殖户始终有一个比较稳定的收入。公司和农户这种相互依存、互惠互利的关系，保证了公司＋农户模式的生存和发展。由于分散饲养，管理成本低，也保证了公司的市场竞争优势。温氏集团的养殖户从1983年的7户发展到现在的9000多户，使四万多农民脱贫致富。养殖户的饲养规模，根据自己的能力，从几千只鸡到十几万只不等，年收入也从几千元到20—30万元。许多农民养鸡致富盖了新房、买了汽车。温氏集团农户的致富还吸引了一些城镇职工，放下铁饭碗，加入到温氏集团养猪、养鸡行列，到农村投资盖起了鸡舍、猪舍，走上了致富路。

二、重视科技，重视人才，重视实践，重视技术服务

1995年建立了温氏科研基地，并成立了畜牧兽医中专班，集团成员中没有中专文化的年轻人都可以来学习，达到中专水平。1996年，建立了微机联网，通过网络对养殖户进行管理和为他们进行技术服务。公司技术中心下设一个技术快速服务队，中心通过网络及时了解情况，发现问题，立即派出技术人员前去处理，使养殖户少受损失。

他们不断研究改进饲料配方，不断提高技术水平，降低饲养成本。根据市场需求，培育确定养鸡品种，降低死亡率，提高上市率。肉鸡料肉比，白鸡从2.7:1降到1.8-2.0:1，黄鸡从3.2:1降到2.2-2.3:1，竹丝鸡从4.2:1降到3.2:1，肉鸡上市率从91%上升到96%，种母鸡产鸡苗数从110只以下提高到130只，科技为温氏集团的发展注入了活力。科技的发展需靠专业人才，温氏集团深知人才的重要性。他们关心专业人才的生活，为专业人才发挥其才能给予用武之地的环境，并给予优惠待遇，优先给安排住房，孩子入托、上学都在自己设立的幼儿园和学校。今年又在新兴县新建了两幢住宅大楼，以优惠的价格卖给专业人员。

1995年，北农大硕士生张莹女士加盟温氏集团并成为温氏集团的技术骨干，主持技术中心工作，现已成为温氏集团的饲料技术总监，几年来为公司的发展作出了积极贡献。目前，温氏集团大专以上学历的专业人员从1995年的30多人增加到300多人。公司在人才使用上注重实践能力，加盟温氏集团的专业毕业生，首先要去养一批鸡，看你能否把鸡养好，然后再根据你的能力，分配适当的管理和技术工作。温氏集团还与华南农大、中国农大、中国农科院畜牧研究所等高等院校和科研机构建立了密切的合作关系。在技术上始终走在前面，科学技术是第一生产力得到了有力的体现。

三、以市场为导向，不断扩大生产规模

温氏食品集团的兴起和发展，正是紧紧把握了市场这一关键因素。新兴县地处广东、广西交界处，广东、广西人喜欢吃鸡，并且喜欢吃“三黄鸡”，随着生活水平的不断提高，更喜欢食当地的“土鸡”，因其更味美，尽管价格要高出西装鸡几倍，仍受到欢迎。为迎合市场的需求，目前，温氏集团养殖的鸡品种达12种之多，从肉鸡到三黄鸡、土鸡、竹丝鸡、肉鸽等。由于他们重视鸡的质量、卫生标准，价格合理，受到了广大消费者和经销商的欢迎。有的经销商点名要温氏集团的鸡，预先订出需求计划。为了扩大销售，公司在广东、广西、海南、湖南建起了销售网络，并在河南建立了分公司。上市肉鸡达1亿只。

他们了解到广东每年要从湖南大量调进生猪，从四川调进猪肉。从1997年起，他们办起了养殖场，引进了三元杂交良种种猪。1998年上市生猪3万头，1999年预计上市8－10万头，明年计划上市肉鸡1.3亿只，生猪15万头。饲料产量55万吨。并准备建成百万头生猪生产基地，所有投资靠自已实力，不要国家投资和贷款。温氏集团的生猪瘦肉率达到68%。

温氏食品集团十几年的发展成功之路在于他们找到了一个适合于他们的生产经营模式，把握住了市场，依靠科技，依靠专业人才，尊重专业人才，并为专业人才创造了一个用武之地。在粤西一个偏僻的农村，成为远近闻名的一个大集团公司，在1997年受禽流感舆论影响造成近亿元损失的情况下，遇变不惊，以稳健的步伐阔步前进，为我国饲料饲养业树立起一个良好的榜样。

紧跟时代潮流　把握科技脉搏

——西安亨通光华制药有限公司

西安亨通光华制药有限公司是隶属于西安亨通集团的国家级高新技术企业。公司总部座落在环境优美、人才荟萃的西安高新技术产业开发区，生产厂区位于西安市西郊阿房宫二路，占地面积 4.5 万平方米。

西安亨通光华制药有限公司是西安市最大的综合性医药企业和全国500家最大医药工业企业之一，也是拥有20世纪90年代先进生产设备，集科研、生产、贸易为一体的多元化、具有较强竞争力的现代化制药企业。公司注册资金1亿元人民币，现有员工600余人。

为配合国家产业结构调整，服务于畜牧业的集约化发展，满足市场需求，该公司高起点推出了“泰乐星”牌系列动物保健品，功能覆盖了抗菌促生长、抗病毒、抗寄生虫、营养添加及环境消毒等动物生产的各个领域。其中主导产品“泰乐星”牌泰乐菌素及其制剂，质量达到英国药典 BP（V）93 版的标准，先后获得“国家级新产品”，中国饲料工业协会推荐高新科技产品、中国动物保健品协会推荐产品、第六届全国饲料添加剂学术暨新技术、新产品交流会推荐产品、陕西省饲料工业名牌产品等一系列荣誉。

1998年4月，在年产30吨泰乐菌素的基础上，公司投资2.1亿元建设年产200吨泰乐菌素项目。该项目不仅是陕西省、西安市的重大建设项目，而且也是国家药品监督管理局、国家计委和国家经贸委“九五”期间在陕西省内给予扶持的重大工业建设项目。它的建成与投产，使我公司成为中国最大的泰乐菌素科研、生产基地，不仅给企业带来了较大的经济效益，而且对我国畜牧业的发展具有重大意义。

该公司非常注重新产品开发和现有产品的更新换代。为了选育出世界最先进的泰乐菌素菌种，与国家“863”高科技航天领域空间科学和应用研究所及航天部合作，将“泰乐星”牌泰乐菌素菌种搭乘我国第一艘可载人航天飞船“神舟号”，升入太空，进行诱变育种，作为国家“863”工程一个试验基地，并拨出上百万元用于后续试验开发。通过本次空间搭载将改变菌种的遗传密码，使其DNA发生重排，产生分泌能力更强的菌种，从而使我国的泰乐菌素效益水平有望达到世界一流，将极大促进我国畜牧业的快速发展。

为了促进“泰乐星”牌泰乐菌素及其制剂的推广和使用，以使更多的饲料企业和养殖业者受益，该公司注册成立了西安亨通光华制药有限公司销售分公司。销售分公司享有外经贸部批准的自营进出口权，除了经营公司所生产的“泰乐星”牌系列兽药和饲料添加剂外，还是国内外许多知名企业产品的中国总经销。

销售公司下设财务部、储运部、外贸部、市场部、营销策划部、信息部、审计监察部、技术服务部等八个部门。现已在全国建立了广州、柳州、昆明、重庆、成都、武汉、长沙、南昌等 21 个驻外销售机构，主要管理着遍及全国30个省、直辖市、自治区300余名一级经销商、3000余名二级经销商和数以万计的直接消费群体。也与全国各地的药品管理、政策机构和相应的大专院校和科研院所建立了良好的合作关系。

展望 21 世纪，亨通人将紧跟时代潮流，把握科技脉搏，以高度的使命感和高科技的动物保健产品，为中国及国际畜牧业发展奉献全力。

努力开发新产品

——辽阳石油化纤公司金兴化工厂

辽阳石油化纤公司金兴化工厂是一个集化工、炼油、化纤及化纤制品、兽药研制、生产、开发于一体的中型企业。

该厂于 1999 年 5 月成立，是由二十余年厂史的辽阳石油化纤公司化工实验厂和辽阳石油化纤公司纤维化工厂联合组建而成。重组后的企业优势互补，赋予企业前所未有的广大机遇和更加旺盛的生命力。

现有职工2400多人，专业技术人员500余人，固定资产 1.20 亿元。设备工艺先进，产品检测技术完善，严格按照 GB／T9002－1994idt ISO9002:1994《质量体系生产、安装和服务的质量保证模式》标准组织生产，通过了 ISO9002 质量体系认证。同时，依靠超前的经营观念、完善的管理机制等多方面优势，锐意进取，在服务用户、回报用户方面取得了一定成绩。

为了满足市场需要，他们努力开发氯化胆碱新产品。1990年10月破土动工，1992年4月建成投产。自投产以来，随着产品知名度的不断提高，产量逐年提升，现产 70%的氯化胆碱水剂 4000 吨，50%的氯化胆碱粉剂 8000 吨。同时可根据用户的需求生产各种含量水剂和粉剂。

氯化胆碱产品问世以来，他们就将其做为主打产品，同时依靠自身的科研力量吸取国内外同行业的先进经验，不断完善工艺指标，在产品内在质量上花大力气。产品在 1990 年被评为“辽阳市名牌产品”。凭借辽阳石油化纤公司是全国最大的环氧乙烷生产基地这一原料优势，将不断提高生产规格、降低成本，把优质廉价的产品提供给广大用户。

该厂氯化胆碱采用先进的环氧乙烷法生产。设备改造、技术改造及检测设备的更新自 1993 年以来已累计投资 700 余万元。真正做到了设备技术领先于同行业的标准。1995年，该装置仪表控制系统全部更换为DCS－计算机集散控制系统，使产品的质量更加稳定。在原料采购方面更严把质量关，从根本上杜绝了不合格原料的入厂。同时注重职工素质的培养，每年都利用装置检修期间对职工进行工艺操作技能、饲料业最新科技动态等方面的培训，或组织到石化系统内的各厂去实习，使职工掌握化工先进工艺操作技术的内涵。每年厂还组织职工进行操作技能大比武，使职工的技术素质达到了行业的先进水平。现该装置职工中60%具有中专以上学历。在质量检测方面，引进先进的色谱、质谱仪，科学制定采样周期。产品包装采用真空技术，这些都保证了产品的质量品质居同行业前列。更有着自产品投放市场以来没有一次因产品质量问题而遭到投诉的骄人业绩。

近年来，在绿色食品的无公害饲料、保健特种饲料、生态型饲料、高效能饲料、专门化饲料及高效益饲料等研制方面取得了一定的经验，相信不久即将投放市场。

在提高产品的质量的同时，狠抓销售队伍的建设，使销售人员系统地掌握了现代销售的精髓——用户至上。销售员全部具有大专以上学历，并且半数以上是厂“服务明星”。

该厂生产的氯化胆碱是一种高效饲料添加剂，属维生素B族，它是细胞的基本组成部分，同时也是动物某些代谢过程所必需的，对动物的生长具有重要的促进作用，它能够维持畜禽脂肪的正常代谢，防止脂肪变性，使畜禽提高免疫力，继而提高抗病能力，加速生长发育。

其具体技术指标是：

(一) 50%氯化胆碱粉剂技术指标

1. 氯化胆碱含量：≥50%
2. 加热减量：≤4%
3. 细度（20目筛）：≥95%。

（二）70%氯化胆碱水剂技术指标

1. 氯化胆碱含量：≥70%
2. pH值：6.5—8.0
3. 乙二醇：≤0.5%
4. 三甲胺：合格
5. 灼烧残渣：≤0.20%
6. 重金属（以Pb计）：≤0.002%

罗氏及其维生素

豪夫迈•罗氏公司的总部位于瑞士巴塞尔，是一家以科研为基础的医疗保健公司。主要业务包括药品、诊断试剂、维生素及香精香料，在世界同行业中名列前茅。罗氏集团的业务遍及150多个国家，有员工近65000名。1998年罗氏集团的总销售额高达247亿瑞士法郎，净收入44亿瑞士法郎。

每年，罗氏公司都要在其世界各地的7个研究开发中心投入近30亿瑞士法郎进行科研开发，占销售收入的15%以上，高于医药工业内的平均水平。对科研的重视给罗氏带来了突破性的新产品，使多名在罗氏工作的科学家们获得了诺贝尔奖等多项殊荣。罗氏的产品也屡次获得盖伦奖。

维生素和精细化工部是罗氏的第三大业务部门，也是世界上最大的维生素、柠檬酸、胡萝卜素和饲料添加剂的生产供应商。罗氏的科学家发明了工业化生产维生素C及其它各种维生素的工艺，向全人类和动物提供丰富的营养，向制药公司和化妆品公司提供维生素和胡萝卜素。

一、1998年关键数据

	1998年销售额（瑞士法郎）	占总销售比例(%)
药　品	14,376百万	58
诊断试剂	4,616百万	19
维生素和精细化工	3,630百万	15
香精香料	2,040百万	8
总　计	24,662 百万	100
1998年净收入	43.92亿	
科研开发费用	34.08亿	
资产、厂房和设备投资	18.83亿	

二、罗氏与中国

作为国际著名企业，罗氏与中国的关系可以追溯到半个多世纪前。早在20年代，罗氏便在上海设立了办事处，揭开了罗氏在中国的第一篇章。随着在华业务的蓬勃发展，1926年至1950年罗氏在上海成立了子公司负责中国市场。

1961年，罗氏重返中国。改革开放以后，罗氏与中国的专家们加强了在药物、维生素、医疗诊断及香精香料等领域开展的广泛技术交流，在1984至1990年间共同建设了3个添加剂预混合饲料合作项目。从1988年起，罗氏相继在北京、上海及广州设立办事处，并开始计划建立合资企业。

1995年末，罗氏维生素及精细化工部在上海成立了两家合资公司。一是与上海三维制药公司合资2100万美元，成立了罗氏三维(上海)维生素有限公司，生产用于药品、食品和饲料的维生素E；二是与上海第六制药厂合资3000万美元，成立罗氏泰山(上海)维生素制品有限公司，生产用于药品、食品和饲料的维生素A。合资企业分别于1997年7月及1998年在上海星火开发区完成了维生素A及E项目的建设并投产。1999年11月，罗氏泰山(上海)维生素制品有限公司维生素A二期项目竣工，这不仅标志着中国最大的维生素A生产企业的诞生，更意味着投资额达 8000 万美元的罗氏维生素园区在浦东全面启动生产。维生素 A 油生产能力将超过 800 吨，维生素 A 干粉超过 1000 吨，维生素复合预混料 3000 吨以上，预混料 1 万吨以满足国内食品、医药及饲料工业的需求。

1996 年末，罗氏又同上海新亚药业有限公司在浦东共同合资建立了以维生素 B_6 生产为主的罗氏新亚(上海)维生素有限公司，总投资 2960 万美元。该企业年产 1000 吨维生素 B_6，产品用于药品、食品和饲料工业并大部分出口。

1997 年罗氏进一步拓展在华投资，12 月 16 日与无锡中亚化学有限公司共同合资 2500 万美元，成立了罗氏中亚(无锡)柠檬酸有限公司，年产 2 万吨柠檬酸和柠檬酸盐，并将进一步扩充至 4 万吨，产品主要出口并用于食品和洗涤剂工业等。

为了适应这一快速发展的需要，罗氏于 1995 年 12 月成立了控股公司——罗氏(中国)有限公司，管理并协调罗氏公司在中国现有合资企业的发展，并进一步加大对中国的投资。该控股公司的成立，表明了罗氏在中国市场长远发展、加大投入的决心。

1. 罗氏在中国的投资发展

至 1998 年底，罗氏已在华投资成立了 1 家独资公司和 6 家合资企业，其中与维生素部门相关的投资情况：

(1) 罗氏(中国)有限公司 (独资控股公司)
建立时间：1995 年 12 月 8 日
投资额：3000 万美元
员工人数：134 人
职能：管理并协调罗氏公司在华现有企业，并作为市场、人力资源和财务方面的服务中心。同时支持开发新的项目。其中维生素市场部负责罗氏维生素在中国地区的推广和服务。

(2) 罗氏泰山(上海)维生素制品有限公司
合资方： 上海第六制药厂
投资比例：罗氏占 70%，六厂占 30%
建立时间：1995 年 12 月 8 日
投资额： 3000 万美元
员工人数：106 人
产品：生产用于药品、食品、 饲料及预混料的维生素 A 产品。

(3) 罗氏三维(上海)维生素有限公司
合资方： 上海三维制药有限公司
投资比例：罗氏占 60%，三维制药占 40%
建立时间：1995 年 12 月 21 日
投资额： 2100 万美元
员工人数：125 人
产品：生产用于药品、食品和饲料行业的维生素 E 产品。

(4) 罗新亚(上海)维生素有限公司
合资方： 上海新亚药业有限公司
投资比例：罗氏占 60%，新亚药业占 40%
建立时间：1996 年 12 月 31 日
投资额： 2960 万美元
员工人数：103 人
产品：生产维生素 B_6，自 1997 年 11 月开始生产，销售主要针对海外市场。

(5) 罗氏中亚(无锡)柠檬酸有限公司
合资方： 无锡中亚化学有限公司
投资比例：罗氏占 60%，无锡中亚占 40%
建立时间：1997 年 12 月 30 日
投资额： 2500 万美元
员工人数：192 人
产品：生产柠檬酸和柠檬酸盐，主要用于出口。该企业将不断扩充其生产能力，将使投资额扩大至 5450 万美元。

2. 罗氏在中国总的投资、销售情况及发展计划

至 1999 年底，罗氏在华投资额将达 1.95 亿美元。1998 年，罗氏在中国的销售总额达到 2.2 亿美元，合资公司的销售额达到 9.8 亿元人民币。

3. 罗氏诊断部门正努力在中国建立其业务实体:

(1) 罗氏(中国)有限公司
上海浦东新区龙东大道 1100 号
电话：+86-21-5080 1888
传真：+86-21-5080 1142
邮编：201203

(2) 罗氏泰山(上海)维生素制品有限公司
上海市浦东新区星火开发区白沙路 118 号
电话：+86-21-5750 4888
传真：+86-21-5750 4220
邮编：201419

(3) 罗氏三维(上海)维生素有限公司
上海市浦东新区星火开发区白沙路 98 号
电话：+86-21-5750 4888
传真：+86-21-5750 4567
邮编：201419

(4) 罗氏新亚(上海)维生素有限公司
上海浦东新区金海路东端(上川路)
电话：+86-21-5856 2601
传真：+86-21-5856 2602
邮编：201209

(5) 罗氏中亚(无锡)柠檬酸有限公司
江苏省无锡市金城桥西
电话：+86-510-541 1888
传真：+86-510-540 6094
邮编：214024

(6) 罗氏(中国)有限公司北京办事处
北京市朝阳区光华路 12 号
科伦大厦 A 座 1210-1212 室
电话：+86-10-65814045
传真：+86-10-65814050
邮编：100020

(7) 罗氏 (中国)有限公司广州办事处
广州市先烈中路69号东山广场2104室
电话: +86-20-87321365
传真: +86-20-87321071
邮编: 510095
(8) 罗氏(中国)有限公司沈阳办事处
沈阳市沈河区北京街19号先锋大厦1109室
电话: +86-24-22520041
传真: +86-24-22528720
邮编: 110013
(9) 罗氏(中国)有限公司成都办事处
成都顺城大道东华正街 33 号四川金属大厦1416室
电话: +86-28-6762686
传真: +86-28-6619712
邮编: 610015
(10) 罗氏中国网页地址
http: //www.rochechina.com

迎接挑战　共享成功

——奋进中的北京挑战饲料科技集团

我们正在走入一个全新的时代，这个时代让人思索，催人奋进。一个崭新的时代，一次新的机遇，一场新的挑战，正向我们大步走来。挑战的重压，图强的使命，强烈地激励挑战事业的开创。挑战集团，顺应时代的需要而崛起，踏着新世纪的曙光而前进。

一、挑战集团：拥抱未来的知识型企业

成立于 1996 年的北京挑战饲料科技集团是由我国饲料行业的国家级专业研究机构——中国农科院饲料研究所与我国最大的国有饲料企业——江西民星企业集团共同创办的高新技术股份制企业。二者联手实行“双赢”模式运作，优势互补，技术集成、资金集成和生产集成在挑战集团得到充分体现。挑战集团自成立伊始，就集科学研究、技术开发、生产经营于一体，相继转化饲料所“八五”“九五”“863”等国家级攻关成果，以生产经营满足市场需求的高科技高效益的畜禽水产系列饲料添加剂、预混料和全价饲料产品为主要发展方向，走企研结合道路，充分发挥饲料研究所的人才、技术、成果的权威优势，弥补科技与市场的断层，连通技术与企业的桥梁，缩短科学家与用户的距离，探索科技产业化模式，全面发挥高新技术的无限创造力，高起点运作，通过日趋成熟的管理模式，联合一切可以合作的商业伙伴，共同振兴中国饲料工业。

集团公司在研究所执行副所长、留美博士后蔡辉益总经理的带领下，展示给世人一个高起点、高标准、全新观念的高科技企业。“挑战自我”、“超越自我”，“向科技向管理挑战”，“向市场向效益挑战”，这就是挑战集团向世人展示的形象，大科研、小生产、大市场模式，这就是挑战集团探索的知识型企业模式。

二、如何掌舵：企业生存发展的关键课题

早在 1994 年在美国明尼苏达大学做博士后研究的现任挑战集团总经理蔡辉益博士，在潜心攻克饲料科技难关的同时，对西方发达国家著名公司的运营管理体制进行了系统的研究，对中国饲料企业的现代管理模式作了深入的思考。以现代企业制度重新规范饲料工业企业的行为，注入高科技成果全面改造传统的饲料工业企业，使中国不但成为饲料大国，更要成为饲料强国，这一想法在蔡辉益博士心里日益成熟。作为科学家，蔡博士眼光中的中国是一个潜力非常巨大的市场，是实现他理想的地方，是能够托起他腾飞的有力翅膀。因为中国农民最多，农业是国民经济的基础产业，农村的8亿农民是整个工业体系的消费主体，而我们国家的农业与发达国家比有很大差距，落后就是潜力，就是机遇。过去许多专家学者想出国，深入和了解市场经济体制的建立模式后，越来越多的海外学子又陆续回国发展。因为祖国孕育着创业的生机和希望，祖国的繁荣强盛更需要人才，如果事业做成功了，可能会影响一批人、一个产业，这也是蔡辉益放弃“留”美，毅然回国的想法与选择。

回国后，一头扎进繁重的科研工作中的蔡辉益博士，开始酝酿构想，大胆提出创办挑战饲料科技集团。在农业部、科技部、 中国农科院及饲料所各级领导的大力支持和关爱中，蔡辉益挑起了挑战集团“当家人”的重担，将企研结合的模式付诸实践。首先在挑战集团建立现代企业制度，规范企业运作，产权明晰，公私合股，在北京海淀区高科技产业开发区注册，共同创办挑战高科技公司。部分饲料所的研究员、博士、硕士告别科技的殿堂，到公司从事成果转化和技术服务，来自外企、大公司、畜牧局、大专院校的一批优秀人才响应“挑战”的召唤也从四面八方加盟挑战，迅速形成了公司的领导核心、管理的中坚力量和能跑善战的营销队伍。当然，正确的经营战略是企业发展强大的重要前提，企业成立之初，首先必须解决企业定位问题。挑战集团针对国内饲料工业的现状、竞争态势和未来发展前景，结合挑战集团的自身特点，明确提出了以生产高科技饲料添加剂为支柱，发展饲料科技，培育人才，创造财富，增强民族产业竞争力的目标。挑战集团在发展中紧紧依托饲料研究所的科研成果优势，通过市场调研分析，将饲料所部分攻关成果相继转化成挑战1号、2号、3号、4号、5号等系列产品，推向市场。这些挑战牌产品，如复合甜菜碱、诱食剂、植酸酶，因具有较高的科技附

加值，广泛的市场针对性和适用性，受到养殖户的认同和赞誉，1997—1998年度，挑战牌预混料系列产品被中国农业部农产品推广协作网评为用户喜爱的产品。挑战牌复合甜菜碱被北京市科委、北京市科协、北京市新技术产业开发试验区评为第三届科技之光优秀科技产品。市场是检验产品的标准，顾客的认同和满意是对我们 最大的鼓励。4 年多来，挑战牌系列产品已进入千场万家，为用户们带来了利润创造了财富，挑战集团也取得了预期的经济效益和社会效益，实现了跳跃式的发展。

在实践中，蔡辉益总经理更深刻地认识到：一个人的成长，是不断学习更新的过程；一个优秀企业的持续发展，更是不断战胜自我和竞争者，不断创新发展的结果，因此，在挑战集团近几年的创业历程中，创新成为我们企业鲜明的个性。不破不立，勇于改革，鼓励创新为挑战集团的发展注入了源源不断的新鲜血液和活力，奠定了企业发展的坚实基础，增强了企业发展的后劲。这也是挑战集团近年超越常规发展的秘诀之一。挑战集团紧抓新产品开发，在对已推出的产品进行二次开发及工艺不断改进的同时，每年推出1—2个高科技添加剂新产品，北京昌平的中试基地成为挑战集团高科技饲料添加剂的生产基地。同时，在联合起来走集团化道路已成为饲料界共识的环境中，挑战集团迅速进行企业扩张和产品延伸，输出技术、人才、品牌、管理资金，开展广泛的企业联合，在辽宁、吉林、黑龙江、山东、河南、河北、内蒙古、江苏、福建等区域组建了挑战联合企业网络。实践证明，这是一种行之有效的企业运作体系。

作为科学家，蔡辉益有着严谨的学风，锲而不舍的创新精神；作为企业家，蔡辉益对现代高科技企业运作有着独到的见解，尤其对人才情有独钟，对市场有着敏锐的洞察力，善于把握商机，善于“用”脑、“借”脑，经营决策大胆、慎密，保证了集团稳定、高速发展。尤其他的脚踏实地、埋头苦干、乐于奉献的敬业精神赢得了集团员工的信任，建立了自己的领导权威。

三、科技创新：挑战集团的灵魂

有什么样的观念，就会导致什么样的行动。对于企业而言，无形的观念就是有形的财富，只有观念创新，才能行动出新。正是本着这样一个宗旨，挑战集团成立伊始，就在企业内部鲜明地树立六个观念。即：“建设一个不倒的市场”的观念；“一切为了使顾客满意”的营销观念；“让身后有一只狼”的竞争观念；从粗放型到集约型、科技型的效益观念；“警惕自己打倒自己”的危机观念；“没有最好，只有更好”的超越观念，这六个观念，字字千金，凝结了挑战人的敬业智慧，概括了挑战人成功的经验，展示了挑战集团的企业品格和挑战人的精神风貌。当然，仅有观念创新是不能支撑公司长足发展的，尤其在知识经济时代，一个企业要振兴，主要也是依靠企业的科技创新。挑战集团充分发挥自身的资源优势，将研究开发与生产销售一体化，将产品研发与企业的整体战略结合起来，同时市场营销系统将各种市场信息与客户的要求及时反馈给产品技术部，使产品创新工作始终沿着满足市场需求和提高产品质量的轨道进行，不断的优化产品结构，不断的对老产品进行二次开发和工艺改善，每年都有 1—2 个大的技术革新项目问世，每年都有 1—2 项成果转化成产品推向市场，科技创新使挑战集团逐渐形成了一批拳头产品，赢得了广泛的市场，科技创新战略的实施带动了企业迅速成长。日益进步的业绩为挑战人带来更多的自信心，挑战集团成为饲料工业的一道亮丽风景线。

四、挑战文化：强烈而持久的信念力量

“文化是企业发展之魂”，比物质资源更重要的是文化。挑战集团总经理蔡辉益博士从许多大企业集团成功之路充分认识到企业文化就是力量，是企业立于不败之地的利剑之一。挑战集团将企业文化的建立提到了重要议事日程，每周两次的常规学习、培训从未间断，坚持不懈的读书学习计划严格执行，有检查，有总结，有交流。蔡总经常百忙中亲自主持培训，以挑战集团企业文化为主题，对公司员工和干部灌输挑战文化，开展对挑战集团企业文化主旋律、企业使命、企业精神、企业意识等专题讨论，通过培训讲座切实提高了挑战员工的素质和对企业、对社会的责任感和使命感，对树立怎样的价值观、人生观大家有了新的更高的认识。在加强内部培训的同时，挑战集团也十分注重参加外部培训，公司总经理、副总经理、各部门经理先后参加了不同层次、不同专题的短训班，并将所学知识带回公司对内部培训。可以说在挑战集团，倡导最多的活动、最经常的活动就是培训，业务总结占用时间最多的也是培训，企划部对用户、合作伙伴开展活动最多的还是培训。做挑战人，遵从挑战文化的观念正在集团内部树立，，挑战文化正在每个挑战者心中生根发芽，在不知不觉中大家就融入到这个氛围，并贯彻到言行和工作中。挑战这个团结友爱的集体正显示出他坚不可摧的强大生命力和蓬勃生机。

挑战文化是一种“人气”，它是挑战员工精神的凝结；挑战文化是一种智力，它是挑战员工素质的内在体现，挑战集团反复强调：只有全体员工的整体素质提高了，企业的发展才能获得动力，才能实现超常规跳跃式发展，挑战事业的发展不等人，也不迁就任何人，使所有员工树立起强烈的危机感和忧患意识。在企业文化中，人才始终是其核心因素，挑战集团总经理蔡辉益博士常说：挑战集团既是公司的名称，又是企业文化的核心，我是公司的组织者和领导者。但是，一个人是无法打天下的，必须发挥团队的作用，我们是以人为本，以实发展。人才培养不可能立竿见影，这需要时间，也需要经

验积累，但是挑战集团不等不靠，而是采用自己独特的方法，在使用中培养人才，在商战中锻炼人才，真正造就了一支能打善战的队伍。蔡总是这样说的，也是这样做的，他用自己的言行和人格魅力影响着、凝聚着挑战的员工，他用自己的胆识和谋略不断地为公司员工提供更多的发展机会、成长空间，他同挑战的所有员工共同培育着挑战文化，这种文化的内涵就是：忠诚敬业，团结进取，生命不止，自强不息。

五、展望未来：满怀自豪 信心无限

在改革浪潮中诞生的挑战集团，在改革的大潮中稳健前进。几年的创业拼搏，集团在农业部、科技部、中国农科院等各级领导和社会各界新老朋友的关怀和大力支持下，在挑战集团的忠诚合作伙伴和良好信誉用户的认可和共同努力下，挑战人以一颗颗奔腾的心，勤奋努力，不断向自我挑战，在激烈的市场竞争中，通过“科企联姻”的高起点运作，按照现代企业制度管理，经过3年的发展，已形成一个以高新技术开发应用为支柱，集科研开发、生产经营、技术服务、咨询培训、国际国内贸易为一体的高科技企业集团。目前公司已建立了东北、华北、华东、中原、西南等的片区销售网络，组成了营销公司，设立了办事处，研制开发出的20多个系列100余种的挑战牌饲料添加剂和饲料产品，已辐射到全国20多个省市，自治区，在饲料界树立了良好声誉和信誉。

挑战集团自1996年组建以来，始终坚持用高科技发展民族饲料工业的宗旨，以“平等互利、优势互补、以诚相待、共同发展”为基础，广泛开展联合联盟战略，发挥集团运作的群体优势，输出技术，输出人才，输出管理，输出资金和品牌，创出了一条“挑战模式”的特有道路。公司目前拥有直属企业、紧密型和松散型联合企业30余家，累计盘活发展饲料生产企业89个。据测算，这些企业总资产达4亿多万元，生产规模达年产饲料80万吨，实现年产值约17亿元，职工达4500人，为民族饲料工业的发展做出了贡献。

挑战人的价值观是“奋斗求充实，奉献求心安，成就挑战事业的同时实现自我价值。”挑战人坚信“质量是企业的信誉，信誉是企业发展的生命线。”挑战集团以“让顾客感到方便满意，创造顾客价值和社会财富”为经营观，积极转化科研成果，推陈出新，实施科学的人才机制，大力推进名牌战略，苦练内功。4年多来，企业产值、利润连年翻番，实现了预期的跳跃式发展目标。

挑战集团立志依靠科技、人才、管理和资金等综合优势，用勤劳和智慧把挑战发展成为现代化、国际化的大型饲料科技集团。

部分饲料企业简介

中国奶业协会

地址：北京西四砖塔胡同 56 号
邮编：100810
联系人：方有生
电话：010—66172067

中国奶业协会，英文名称为 Dairy Association of China，简称 DAC。

本协会是由全国奶牛养殖和乳品加工业以及为其服务的相关企业、事业单位和个体经营者自愿组成的非盈利性的行业组织，其宗旨是在本行业中发挥服务、协调和管理作用，成为政府和行业之间的桥梁和纽带，为推动我国奶业的持续健康发展作出贡献。本协会的业务主管单位是中华人民共和国农业部，社团管理登记机关为民政部。

协会设秘书处和奶牛育种、饲料饲养、繁殖、疫病防治、乳品加工和奶业经济等专业委员会，为会员提供全面、优质、及时的服务，机关刊物为《中国奶牛》杂志。

中国养猪行业协会

地址：北京市朝阳区团结湖南里三号
邮政编码：100026
电话/传真：010—85970161

中国养猪行业协会是 1992 年经民政部批准成立，归口农业部，挂靠全国畜牧兽医总站的社会团体组织。

该协会主要宗旨是，协助政府部门认真贯彻执行发展养猪业的方针政策，维护行业和会员的合法权益，推动我国养猪业健康发展。

本会的主要任务是，依法制定行规行约，开展行评行检，不断提高行业素质；提供市场经济信息，组织国内外交流，推广科技新技术、新成果，提高行业效益。

本会机构总部（秘书处）设在北京，各省（市）设联络处，会员遍及全国，团体和个人会员现在已发展到 7000 个。

本会自成立以来，曾在深圳和青岛成功地举办了两次交易大会，进行了 20 余次国际交流会谈，共扶植了 10 余项新产品和新技术的推广，还曾为 20 万头以上规模养猪场提供了全方位服务。

热诚欢迎国内外同仁与本会开展交流合作！

中国家禽业协会

地址：北京北三环中路 9 号
邮编：100029
电话：62044915 或 62358126
传真：62044920

中国家禽协会是经农业部批准并在民政部注册登记。是农业部系统成立较早的全国性家禽行业社会团体之一，现除西藏自治区、海南省、台湾省等少数省、自治区外，全国各省、直辖市、自治区均成立了相应的地方家禽业协会或分会，拥有会员八千多个，其中团体会员 2000 多个。

协会设秘书处负责日常工作，并下设蛋鸡、肉鸡、设备、药械部。“中国家禽”和“中国禽业导刊”是中国家禽业协会的专门刊物，中国家禽信息网是中国家禽业的主要信息来源。

协会成立以来，在推动家禽业的发展、技术咨询推广、指导生产、协调产、销、开拓市场，传播科技情报信息。推荐优质种禽、设备、药械。以及开展国内国际间交易、交流和经济技术合作与友好往来。承担政府委托的任务诸方面开展活动，对推动和促进我国养禽业，缩小与国际水平的差距使我国禽蛋产量跃居世界第一，禽肉产量第二，做了大量工作。

进入 21 世纪以后，协会将在迎接家禽业的新发展和挑战中，继续做好政府和行业会员之间纽带和中介作用，更好地为政府、行业、企业服务。

中国动物保健品协会

地址：北京海淀区白石桥路 30 号
邮编：100081
电话：010－62172488

中国动物保健品协会(China Animal Health Products Association 缩写 CAHPA)是由从事动物保健品的生产、经营、研究、教学、质检等企事业单位自愿组成的社会团体，是跨地区、跨部门、跨所有制的、不以盈利为目的的全行业组织。面对广大会员单位，同时也面向广大动物保健品消费者，进行各种形式的直接或间接的服务工作,沟通科技信息、市场信息，交流经验，在生产者与消费者之间建立沟通的桥梁，致力于提高动物保健品的科技水平，促进畜牧养殖业现代化。

协会下设动物药品专业委员会、畜牧兽医器械专业委员会、添加剂专业委员会、经营企业专业委员会，组织会员单位进行相关技术交流活动。

协会另设信息交流部、对外联络部、北京中国动物保健协会经营中心，开展咨询服务等业务活动。

协会的宗旨是:为会员服务,反映会员的愿望和要求，维护会员的合法权益,传达政府的意图,贯彻政府的方针、政策、法规、法令,促进我国动物保健品事业的发展,避免行业内部无序竞争，进行行业自我协调、自我约束、自我管理，为我国的养殖业现代化服务。

协会包括的行业有:动物药品(化学合成药、抗生素、制剂、中兽药、生物制品)、饲料药物添加剂、畜牧兽医器械、(兽医专用器械、人工授精器材、贮运精液设备及畜牧兽医专用设备）的制造、经营及科研、教学、质检等企事业单位。

协会的任务有以下几个方面:

（1） 贯彻国家有关方针、政策、法规，传达政府的指示和意见。

（2） 反映会员单位的愿望和要求,维护会员单位的合法权益。

（3） 搜集、统计、整理全行业的基础资料，调查、 分析、交流动物保健品行业的基本情况。

（4） 协助政府及有关部门制订行业的技术标准,产品系列化方案,行业发展规划及质量指标,协助政府部门组织产品的技术论证与技术鉴定，配合政府部门加强行业管理，制定发展规划。

（5） 组织行业内的经营管理和生产技术交流,举办专业技术培训。

（6） 向会员单位传递市场信息，协助会员单位疏通商品流通渠道,促进产需衔接、平衡,向政府部门提出市场管理和调整物价的建议。

（7） 协调会员单位关系、行业之间的关系,组织原料、物料及动物保健品的交流。

（8） 密切会员单位关系，建立信息网络，组织新产品开发，新工艺、新技术推广，推动会员之间横向经济联合,协调会员之间在生产、经营、技术合作和相互竞争中的问题,促进行业的技术进步和经营管理水平的提高。

（9） 反映消费者意见,保护消费者合法权益。

（10） 组织会员单位制订行规、行约并监督执行。

（11） 积极开展国际交流,加强与国外同行业的联系,在国家政策指导下促进国际间动物保健品的贸易与技术合作，提高我国动物保健品产品质量和生产管理水平。

（12） 承担政府部门和会员单位委托办理的其它事项。

北京市富英生物高技术公司

地址：北京海淀区上地东路29号2B综合楼6层
邮编：100085
电话：010－62986726
传真：010－62986331
法人代表：许民强

该公司是 1992 年由中国农业大学、中国农业科学院、中国水产科学研究院的著名动物营养专家、教授、高级工程师所组建的高新技术民营企业。公司总部设在北京，设有人力资源部、技术部、品控部、采购部、销售部、贸易部及用于新产品技术开发的研究所。公司直属单位有：富英饲料厂、富英农科信息中心、富英网络中心、富英投资管理中心、富英咨询有限责任公司、富英生物科技研修学院、富英湘潭分公司，并在部分地方设有办事处及合资公司。

公司主要致力于“科高”牌复合添加剂预混合饲料、“富英”牌浓缩饲料、全价配合饲料等产品的研制、生产、应用与推广。公司产品有蛋鸡、肉鸡、猪、鱼、牛和鸭等6大系列饲料，年生产能力可达：复合添加剂预混合饲料3500吨，浓缩饲料、全价配合饲料 2 万吨。其产品荣获 1994 年“第五届亚洲及太平洋地区国际贸易博览会”金奖和“北京市新技术产业开发试验区拳头产品”称号，1997年国家科委确认的“国家级名优新产品”称号，公司产品现已畅销全国20多个省和直辖市。

北京挑战饲料科技集团

地址：北京海淀区中关村南大街12号
邮编：100081
电话：010－68975120 68975125
传真：010－68975218

该集团是由中国农业科学院饲料研究所和江西民星企业集团公司共同创办的高新技术股份责任有限公司，以生产经营高科技、高品质、高效益的畜禽水产系列饲料添加剂、添加剂预混合饲料、浓缩饲料和全价配合饲料为主要发展方向。

集团是按照现代企业制度进行经营管理，集科研开发、生产经营、技术服务、咨询培训、国际国内贸易于一体的高科技企业集团，已形成东北、华北、华东、中原、西北、西南等片区的销售网络，并建立了分公司和办事处。中国农业科学院饲料研究所“八五”、“九五”、“863”国家科技攻关成果（如植酸酶、复合甜菜碱）经挑战集团转化推向市场，至今已研制开发出 20 多个系列 100 多个品种的挑战牌饲料添加剂和饲料产品，辐射到全国 20

个省、自治区、直辖市，在养殖业及饲料行业树立了良好形象和信誉。公司现有直属企业、紧密型及松散型联合企业 30 多家，各类企业生产总规模达年产饲料 80 万吨，年总产值数亿元。3 年来，挑战集团企业产值、利润连年翻番，实现了预期的跳跃式发展战略。挑战集团立志依靠科技、人才、管理和资金等综合优势，用勤劳和智慧把挑战集团发展成为大型国际化、现代化的饲料和饲料添加剂高科技集团。把中国科学院有一个“联想”，中国农科院有一个“挑战”的模式和目标付诸实际。

北京富宏泛华饲料科技集团

地址：北京市海淀区圆明园西路 2—3 号
邮编：100094
电话：010—62890018　66324976　66324979
传真：010—62895854
E-mail:CAASzhf@public2.east.net.cn

该集团是以中国动物营养学会技术部为主体，由北京富宏科技发展中心及下属 18 家大中型合作饲料企业共同投资创办的大型饲料科技企业集团。富宏集团以实施中国动物营养学会“金桥工程”、促进饲料产业科技进步为主要使命。自 1994 年成立以来，先后承担了 3 项国家重点科技攻关项目、1 项农业部丰收计划项目和 1 项国家科委重点项目，是承担国家级项目密集的饲料科技集团，科技和人才力量雄厚。在黑龙江、内蒙古、山东、安徽托管了多家年产 10 万吨级大型饲料厂。

主要业务：（1）开发和推广配合饲料和配套饲养技术，推广猪、禽、牛、羊、水产、经济动物 0.1%—6%系列添加剂预混合饲料；（2）提供维生素、氨基酸、乳清粉、磷酸氢钙、鱼粉、豆粕、葵粕等饲料原料及各种兽药、饲料添加剂；（3）出版《饲料添加剂要览 1997、1999》、《饲料质量控制手册》、《动物营养参数与饲养标准》等工具书，《国外畜牧学——饲料》、《东方汇通——饲料广角》杂志的股东之一；（4）联合、兼并、托管大中型饲料企业，传播富宏管理模式。

北京资源饲料集团

地址：北京市大兴县黄村镇义和庄东路 11 号
邮编：102600
电话：010—69208975　69208977
传真：010—69208979
E-mail:Resource@mx.cei.gov.cn
http://www.resourcefeed.com.cn

该集团是由原北京资源饲料有限公司和北京亚太资源饲料研究所发展起来的以全价（浓缩）饲料、添加剂预混合饲料、兽药和畜牧饲料业信息软件为支柱产业的农业高科技集团。公司始建于 1994 年 12 月，经过 4 年的发展，在全国各地已拥有数十家合资与合作企业，在北京市大兴县还建立了占地 30 多亩的现代化饲料产业基地，并在湖南、辽宁、黑龙江、河南设立了 6 家办事处。集团现拥有固定资产近亿元，员工 500 余人，年销售额 1 亿元以上。

科技资源是资源集团最具活力和竞争力的资源，现已开发出“资源配方师”REFS1.0-REFS3.0 等国内首创系列软件，并已获得数项国家专利。资源预混料已成为中国的知名品牌，“资源配方师”REFS 系列软件，中国饲料配方开发了新软件，拥有包括四川的希望集团、辽宁的辽河集团、山东的六和集团等在内的国内外客户 1000 多家。1999 年 5 月，资源集团又在国内首家推出中国饲料行业首套 ERP 软件——资源管理师（老板娘）REMS1.0 系统，为我国饲料企业的资源优化配置和企业管理全面迈入 21 世纪作出自己新的贡献。

北京市饲料公司

地址：北京市丰台区右安门外东滨河路 64 号
邮编：100054
电话：010—63538770
法人代表：葛昌桂

该公司成立于 1974 年，是集生产、经营、科研于一体的国有饲料专业公司。隶属于北京粮食集团有限责任公司。公司拥有总资产 5 亿多元。

公司以饲料为主导产业，饲料年生产能力（含合资企业）达 100 万吨。

公司实行多元化发展战略，经营范围涉及面粉、油脂、食品、仓储、运输、房地产开发等多种领域，是一个跨行业、跨地区、跨所有制的大型综合性企业。

公司直属企业有北京市饲料贸易中心、北京市天和金谷粮食调销中心、北京市京都金谷粮食饲料库、北京市饲料科学技术研究所、北京市饲料公司实验厂等 5 家。

公司合资企业有北京正大饲料有限公司、北京正大畜牧有限公司、唐山正大饲料有限公司、北京通威饲料有限公司、北京味元饲料有限公司、北京永乐嘉食品有限公司、廊坊华美粮油食品有限公司、北京正大七星抗生素有限公司、秦皇岛三环有限公司、北京大发正大有限公司共 10 家。

北京农乐饲料有限公司

地址：北京通州区宋庄镇翟里
邮编：100118
电话：010—89572828　89571818
传真：010—89572222

法人代表：张国全

该公司隶属于北京大洋企业集团公司。其前身是北京市通县农乐饲料加工厂，市、区重点企业，建于1985年。全厂占地面积49000平方米，建筑面积4500平方米，总资产2800万元，年销售饲料4万吨，销售额8000万元，现有职工130名。

公司是生产各种畜禽及鱼饲料的专业化厂家，拥有3条万吨级自动化饲料生产线和1条万吨级膨化饲料生产线。拥有大专以上学历的专业技术人员20多名，并常年聘请中国农业科学院著名专家、教授作技术指导，技术力量雄厚。生产“扬帆”牌饲料6大系列40多个品种和“新天”牌膨化饲料，畅销京郊各区、县及河北、天津、山西、山东、辽宁、广东、四川、湖南等10多个省市，深受广大用户的欢迎和好评。

公司发展10多年来，取得了良好的经济效益和社会效益。公司的“扬帆”牌饲料被中国保护消费者协会和中国乡镇企业协会推荐为“消费者信得过产品”；同时还在1997年12月农业新技术和名优产品推广协作网开展的中国饲料兽药市场发展战略调查中被确认为“用户喜爱的名优产品”。

北京市峪口养鸡总场饲料厂

地址：北京市平谷县峪口镇
邮编：101206
电话：010－61906071　61903689
法人代表：孔凡信

北京市峪口养鸡总场是北京华都集团公司直属企业，是集饲料、种鸡、蛋鸡、淘汰鸡深加工及鸡粪烘干技术等一体的综合性企业，是北京市第一家实施蛋鸡产业化的龙头企业。总场占地500亩，拥有资产8000万元，年销售额1.2亿元。企业现有职工560人，其中大中专学历的各类技术人员124人，先后承担北京市和国家“九五”蛋鸡科技攻关项目。

种鸡场是总场四大实体之一，现存栏祖代种鸡2万套，父母代种鸡20万套，年孵化健母雏1000万只，品种有海兰褐、灰、白、褐佳。峪口海兰适合中国国情，采用最新科技，精心选育，不仅抗逆性强，成活率高，产蛋多，而且耗料少，蛋色鲜艳。

饲料厂是总场的支柱企业，投产于1986年，固定资产1000万元，年加工蛋鸡、种鸡、猪、鱼、添加剂预混合饲料5大系列26个品种的各种饲料5万吨。“科叶”牌蛋鸡I号料获1995年“第二届农业博览会”银质奖，1996年“首届中国饲料工业博览会认定产品”。1%、3%、5%海兰种鸡、蛋鸡专用添加剂预混合饲料采用了海兰国际公司提供的海兰鸡专用维生素，是一种高科技产品。

北京华都肉鸡公司饲料厂

地址：北京昌平小汤山
邮编：102211
电话：010－61711417
传真：010－61711413
法人代表：李志清

该厂隶属于北京华都肉鸡公司，于1984年正式投产。现有职工160人，其中大专以上技术人员17名，全厂占地45亩，建筑面积12000平方米，现有固定资产2000万元，仓储能力达1万吨，1998年实际生产肉鸡饲料8万吨（全部为颗粒饲料）。

指导方针：品质卓越，服务一流；质量目标：新鲜、营养、卫生、安全、美味、方便。华都牌肉鸡饲料因此受到客户好评。1991年升为国家二级计量合格企业，并获北京饲料金杯银奖。1992年获首届农业博览会银质奖。1994年10月获北京市饲料工业行业“十强企业”。1994年12月获’93全国饲料工业行业“百强企业”。1995年10月获第二届农业博览会银质奖。1996年5月获首届中国饲料工业博览会“认定产品”。1999年7月通过ISO9002国际质量体系认证。

北京市万里长城粮食饲料公司

地址：北京市德外裕民中路4号
邮编：100029
电话：010－62003787　62040128　62378210
传真：010－62378209

该公司成立于1979年，其前身是北京市农工商联合总公司粮食饲料公司，属国有企业。隶属北京市农工商联合总公司。除为总公司系统畜牧养殖业提供优质的饲草、饲料外，还面向社会各界供应饲草、玉米、麸皮、饼粕、鱼粉、磷酸氢钙等各种饲料原料及饲料添加剂。年营业额5000万元以上。近年来与山东、江西、上海、湖南、广东等省市均有业务往来，保证了用户的饲料原料供应。

有饲料加工厂14座，双班设计能力31.5万吨，总资产3800万元，总建筑面积4万平方米，设备先进，技术力量雄厚。其中蛋鸡、肥猪、奶牛配合饲料分别被评为北京市优质产品。

公司建有6个经济实体，扶植饲料工业和养殖业的发展。

（1）京宁饲料有限责任公司，设在内蒙古自治区的宁城。利用当地玉米、高梁产地的优势，供应能量饲料原料。

（2）绥化京维粮油饲料加工厂，生产豆油及豆饼。

（3）京鸡饲料有限公司，加工豆饼及豆粕。

（4）公司在内蒙古、海拉尔有110平方公里的草场，为奶牛业提供优质饲草。

（5）北京市久发工贸公司，主产光、生物双降解无公害地膜及单、双防母料。

（6）北京大通发石油公司，主营石油制品。

北京市房山希望饲料公司

地址：北京市房山区大石河
邮编：102400
电话：010－69311343
法人代表：王小凡

该公司是希望集团与房山区饲料公司合资组建的国有民营企业，总投资 1500 万元，生产经营获国家 6 大金奖的"希望牌"、"永行牌"、"北宇牌"猪、鸡、鸭、鱼等 40 余种全价饲料和浓缩饲料。

公司现有职工 160 人，其中专业技术人员 30 余人，高级畜牧、兽医师 8 人。公司始终坚持以希望集团"摘取全球饲料工业第一"为奋斗目标，坚持"让农民富裕、让市民满意、让政府放心"的经营理念，开拓进取，企业稳步发展。1998 年公司生产销售饲料 8 万吨，创产值 1.5 亿元。同时，公司先后被评为"文明单位"、"明星企业"、"先进民营科技企业"、"产品质量合格单位"等。产品被北京市评为"名优产品"、"推荐产品"。公司经济效益、社会效益显著。

公司坚持"以质量求生存，以品种求发展"，努力进取，顽强拼搏，为民族饲料工业繁荣与发展做出贡献。

北京市友谊配合饲料厂

地址：北京市丰台区永定门外角门路 18 号
邮编：100075
电话：010－67347138
传真：010－67347139
http://www.friendshipfeed.com.cn
法人代表：佟光辉

该厂隶属于北京市水产总公司，以研制和生产优质高效"友谊"牌系列水产饲料为主，拥有三条万吨级水产饲料生产线，年生产加工能力超过 6 万吨，是北方地区大型水产饲料专业生产企业。生产流程实行全封闭式计算机管理，具有膨化、熟化、喷油、超微粉碎等先进工艺，能生产各种规格的硬颗粒料及沉性、浮性膨化饲料，主要产品有配合饲料、浓缩饲料、添加剂预混合饲料 3 大类，30 多个品种。鱼种饲料和"951"鱼用浓缩饲料被评为第二届中国农业博览会银奖及首届中国饲料工业博览会"认定产品"。

1998 年企业实现产值 8104 万元，利税 505 万元。1999 年企业通过 ISO9002 国际质量体系认证，并被农行评为 3A 级信用企业。企业现有职工 144 人，平均年龄 37 岁，大中专以上学历的各类技术人员占 54%，年轻化、知识化、专业化是员工队伍的显著特点。为保持企业在技术上的领先优势，与北京市水产研究所共同组建了水产饲料研究开发中心，同时还与国内知名的水产专家及众多科研院所建立了长期合作关系。此外，企业正以"用户满意、员工满意、社会满意"为宗旨，全方位加强企业文化建设。

康地饲料添加剂（北京）有限公司

地址：北京市东城区和平里东街民旺乙 19 号
邮编：100013
电话：010－64271288

该公司是美国康地集团公司（Continental Grain Company）在华独资建立的全价配合饲料、浓缩饲料、添加剂预混合饲料、动物饲料添加剂及饲料原料的生产和经营企业。

创立于 1813 年的美国康地集团公司，总部设在纽约，是一家在世界上占主导地位的农工集团，也是美国最大的三家私人企业之一。业务涵盖农业、工业、肉品生产、饲料工业、经济作物、能源产品及金融业务等。年营业额达数百亿美元。迄今为止，康地公司通过其世界各地的子公司和关联公司，向世界 100 多个国家和客户销售产品并提供服务。15000 多名公司员工和更多的合资合营企业人员分别在美洲、欧洲、中东地区、非洲和亚太地区向客户提供服务。

康地饲料添加剂（北京）有限公司是以技术为导向的公司，其技术是美国康地集团公司饲料工业丰富经验的积累。产品是针对中国畜牧业的特点，充分应用全球历史最久，设在芝加哥总部的饲料研究中心的最新科研成果设计生产的。

康地饲料添加剂（北京）有限公司的业务代表及技术人员遍布中国各地，将忠实地继承美国康地集团公司 180 多年的优质服务传统，以高品质的畜禽饲料和畜禽饲料添加剂及其相关技术，与中国饲料工业一起面对新挑战，共创新高峰。

北京通威饲料有限公司

地址：北京市丰台区南苑和义庄
邮编：100076
电话：010－67985199
传真：010－67961484
E-mail:bj@tongwei.com 或
bjtw@mx.cen.gov.cn
http://www.tongwei.com

该公司成立于1998年，是通威企业集团与北京市南苑配合饲料厂联合组建的高科技饲料公司，公司占地70余亩，总投资额4600万元，拥有多套先进的国内外饲料生产线，自动化程度高，年设计生产能力达36万吨。公司实行董事会领导下的总经理负责制，现有职工120多人。主要产品有“通威”牌系列鱼、畜、禽、特种水产品全价配合饲料、浓缩饲料和复合添加剂预混合饲料。“通威”牌系列饲料先后十多次获国家级新技术金奖及星火科技金奖，被公众评为“中国十大名牌饲料”。

公司以“追求卓越、奉献社会”为宗旨，奉行“诚、信、正、一”的经营理念，依靠科技，坚持“以人为本，以质量为基础，以市场为中心”的经营原则，始终把为用户获取最大经济效益作为最终目标。

北京菲迪饲料科技有限公司

地址：北京市海淀区圆明园西路2号（中国农业大学）
邮编：100094
电话：010－62894251
传真：010－62894252

该公司是位于北京海淀高新技术开发区的高科技饲料企业，创建于1996年2月。生产规模为年单班生产添加剂预混合饲料5000吨。公司技术人员由中国农业大学动物营养学知名专家教授组成，技术力量雄厚。菲迪公司依托中国农业大学的技术优势，不断把最新的科研成果、最新的技术和先进的管理模式凝结在菲迪的每一项产品中。公司生产的畜禽、水产预混料及浓缩料，精选来自美国、德国、瑞士、日本及国内优质原料，运用国际最流行的配方软件，经公司科技人员精心设计、科学优化，并采用先进的工艺及设备精制而成。

公司总经理刘春海先生，动物营养学硕士，1992年毕业于中国农业大学动物科技学院。现任黑龙江八一农垦大学客座教授。

公司于1998年在黑龙江八一农垦大学设立菲迪奖学金，奖励成绩优秀、家庭困难的学生顺利完成大学学业，为培养农业科技人才打下基础。

公司主要产品（畜禽、水产用）有：0.02%－0.05%复合维生素；0.2%－0.5%复合微量元素；0.2%－2%添加剂预混合饲料；4%－6%矿物质浓缩饲料；20%－40%浓缩饲料。

该公司严格遵循“客户至上，服务大众”的经营宗旨，竭诚为您提供下列服务：饲料配方的设计；畜禽饲养管理技术及防病保健咨询；畜禽舍设计、生产工艺设计及设备安装；技术培训、技术咨询、技术转让、技术开发。

北京正大饲料有限公司（北京正大畜牧有限公司）

地址：北京市顺义区牛栏山
邮编：101301
电话：010－69412811
法人代表：于晓光

该公司是北京市粮食局饲料公司与泰国正大集团合资经营的企业。公司所属的饲料厂是目前国内最大的饲料厂之一，总投资1000万美元，注册资本为500万美元，可年产各种饲料24万吨。工厂设备由美国引进，配料生产由电脑控制，产程全部实现自动化。公司以先进的检测设备，科学严谨的饲料配方，严格的品质管理，热情、周到的服务，生产经营北京正大牌各种颗粒、粉状饲料，既有各种畜禽不同生长期所需要的全价配合饲料，又有为方便客户自行配料用的浓缩料和添加剂混合饲料，品种多达30余种。1996年6月双方股东又投资兴建了北京正大畜牧有限公司，投资额6000万人民币，注册资本3000万人民币，年产能力24万吨。

公司自1987年7月投产以来，先后被北京市经贸委授予“先进技术型企业”称号，连续五年被北京外商投资管理委员会评为“优秀外商投资企业”，并获得中国保护消费者基金会最高奖和可信优质产品奖及“’93全国饲料工业百强企业”、“北京市经济百强”、“北京市饲料十强企业”等荣誉称号。公司以优良的产品和优质的服务，赢得了客户的信赖和社会的认可。

公司经营的宗旨是：生产一流的产品，提供一流的服务，使广大养殖客户获得最佳经济效益。

北京康达达康科技集团

地址：北京市石景山区杨庄大街北口
邮编：100041
电话：010－68876305
法人代表：吴桂林

该集团是在国家有关部委领导和众多知名专家学者的大力支持关心下，由中国农业大学饲料工业研究所发起的中国科招高技术有限公司、中国高科技产业化研究会与北京康达营养保健工程研究所共同组建集科、工、贸服务于一体的高科技饲料企业。

集团充分发挥中国农业大学饲料工业研究所雄厚的技术优势，中国科招高技术有限公司资金与管理优势，中国高科技产业化研究会遍布全国的专家群体优势，并以自身独特的企业发展战略、管理模式、企业文化以及良好的企业形象吸引了一大批饲料企业、优秀人才加盟达康事业。

集团致力于振兴民族饲料工业、产业报国，利用自身优势以多种形式向联合企业输出人才、技术、品牌和管理机制，优势互补，共谋发展，走低成本发展道路，实现科技产业化，产业规模化，联营企业达 30 多家。集团组建有科技产业基地，注册成立了核心企业－北京达康饲料有限公司，占地面积 1500 多平方米，员工 64 人、季节工 30－50 人，拥有年产浓缩饲料 20000 吨，添加剂预混合饲料 10000 吨的生产能力。集团除为合作企业提供高科技核心料和配套技术服务外，还开发生产出 20 多个系列、100 多个品种的各种饲料添加剂、动物营养品、添加剂预混合饲料和浓缩饲料以及饲料加工设备，其产品覆盖东北、华北、华中、华东、西南和西北等地区，形成了比较成熟的营销服务网络体系。集团产品生产严格实施 TQC 管理，由中国农业大学饲料工业研究所与集团品质控制中心负责监控，国家饲料质量监督检验测试中心（武汉）负责监检，产品质量受到用户的普遍赞誉和欢迎。

集团将在作好产品经营与服务基础上更加注重技术创新和科学管理，促进企业高效运营，迎接新世纪的挑战，全力推动中国养殖业持续健康发展。

北京石鹰化工厂

地址：北京昌平阳坊
邮编：102205
电话：010—69760161
联系人：杜君华

该厂是防化指挥工程学院的校办企业，工厂的管理人员和技术人员均来自教学和科研第一线，工厂具有配套的化学合成生产设备，实验条件完善，检测设备先进，具有较强的产品开发能力，获有化工产品和兽药产品生产许可证。

生产的产品有医药中间体和化学试剂等 40 余种，1994 年以来开发生产了药物饲料添加剂、甜菜碱和肉毒碱 5 种规格的系列产品，开发生产了饲料防霉剂双乙酸钠。生产工艺先进无污染，产品质量分别达到农业部部颁标准和北京市地方标准，出厂的产品为原药粉，便于畜、禽和水产饲料各种配方的添加。甜菜碱的年生产能力 140 吨，肉毒碱年生产能力 30 吨，双乙酸钠年生产能力 50 吨。

北京味元饲料有限公司

地址：北京市海淀区上地开发区北
邮编：100094
电话：010－62983087
传真：010－62982260
E-mail:MIWON@public.east.cn.net

该公司是北京市饲料公司与韩国大象集团（原味元集团）于 1995 年成立的合资企业，投资总额 460 万美元，占地面积 25333 平方米，拥有年产 12 万吨的饲料机组及雄厚的技术力量。现生产经营鸡、猪、牛、鸭全价配合饲料、全价颗粒饲料、浓缩饲料、添加剂预混合饲料等多系列、多品种的饲料。

公司以技术为先导，其技术是以韩国大象集团的饲料工业数十年来积累的经验及与欧洲最大的饲料公司－DALGETY 共有的技术为母体，针对中国畜牧业的特点，千锤百炼而创造出的精华所在。

全套瑞士进口的实验器材和检、化验器具，为本公司饲料原料的检测和产品的品质管理提供了可靠的保障；同时，一批优秀的专业技术人员，通过系统的训练，掌握了高水平的专业技能，具有超强的服务意识；另外，该公司还聘请了中国农业大学等高等院校及科研机构的专家学者作为顾问，为客户提供动物营养、饲养管理、疾病防御等全方位服务。

公司的业务代表及技术服务人员随时为用户服务，将禀承韩国大象集团和北京市饲料公司数十年来一贯的服务至上的传统，以高品质的产品及相关技术，与中国饲料工业一起面对新的挑战，抓住机遇，共创中国饲料新纪元。

北京凯迪饲料有限公司

地址：北京昌平小汤山
邮编：102211
电话：010－61711588　61711688
传真：010－61711616

该公司是农业部中国农垦集团总公司、北京中垦农牧有限责任公司在北京正式注册的一家专业化生产和经营添加剂预混合饲料、鸵鸟全价颗粒料的企业。

中垦农牧集团总公司是中国最大的农工商集团。北京中垦农牧有限责任公司直属中国农垦集团总公司，业务范围涵盖谷物贸易、畜牧贸易、饲料工业、花卉特菜、水产养殖、鸵鸟繁育、鸵鸟食品加工及旅游、度假、垂钓等业务。

公司具有雄厚的资金实力，荟萃了一大批在国内外著名饲料企业担任过要职的实用人才和在科研院校从事饲料研发的专家教授，这必将使凯迪公司成为中国饲料工业中更优秀的企业。

公司在北京昌平兴建一座现代化饲料加工厂。年单班生产预混料添加剂 1 万吨，生产鸵鸟全价颗粒料 1 万吨，生产全价粉状配合饲料 2 万吨。设备先进，拥有现代企业最严格的品控管理，通过近三年的实践证明，公司产品质量优良。可为您提供优于您的期望值的产品。

大北农集团

地址：北京海淀区中关村南大街9号
邮编：100081
电话：010－68467129-7134
传真：010－68467128
法人代表：邵根伙

该集团是在我国老一辈动物营养专家杨胜、杜伦教授等的倡导下，以邵根伙博士为代表的一群青年知识分子于1993年12月创立的高科技农业企业。

集团始终秉承“报国兴农、成就自我”的企业理念，发扬“谦虚、协作、勤俭、创新”的企业精神，努力探索在世界经济一体化、知识经济、网络信息化时代大背景下的现代企业运作方式。坚持以人为根本，以科技为先导，强调创新求变争当一流，致力于“以高科技发展中国的农业事业”。企业追求的目标是世界一流的农业科技企业。

在科技研发推广方面保持优势，是集团赖以生存发展的关键。大北农时刻关注着世界农业科技的发展动向，注重与世界一流农业企业的技术交流与合作。创立之初就成立了由12名国内著名农业专家组成的技术委员会，先期评估、投资的几个农业高科技项目已见成效。举资1000万元设立“大北农科研奖励基金”，每年拿出100万元奖励10名有突出贡献的农业科研工作者，并帮助他们实现成果产业化。

集团在全国30所农业高等院校设立了大北农奖学金。

集团的发展之路被中国饲料工业协会确认为中国饲料集团化发展的四大模式之一。大北农正以饲料产业为基础积极稳键地向其他农业高科技领域进军。成立的北京农软科技有限公司、组建的中国农软信息网已获初步成功，为集团进入农业信息领域进行了有益的尝试。兽药生产经营业务开展顺利；基因工程、生物工程研发成果的产业化工作正在实施。一个以高科技为依托、多元化发展的高科技农业产业集团正在崛起。

集团在业务拓展过程中强调推广、服务、培训三者结合。科技下乡、服务上门，推行客户全面满意服务，将客户的发展，作为发展的前提。正在全国范围内建立智慧型营销服务推广网络。网络服务、网络化经营、网络化信息共享、网络化培训体系已初步建成。

集团未来的发展方向是产业农业化、资源国际化、管理信息化、资智股份化。

北京燕京牧机集团

地址：北京市通州区八里桥南街16号
邮编：101100
电话：010－60535841　60533479　60534370
传真：010－605331664

该集团是专业性生产畜牧机械的国有企业。多年来，充分发挥地处祖国首都的优势，走科研、生产相结合之路，具备饲料加工成套设备及单机、机械化养鸡设备、饲草加工机械、机引农机具、收获机械、种子加工机械、食品机械、面粉机、养猪设备等系列产品的批量生产能力。有能力面向国内外承包1千—4万吨级的大中小型饲料厂和各种规模养鸡厂、养猪厂的设计、设备制造及安装调试工程。

集团竭诚为您提供质优、价廉、高效、低耗、性能可靠的农牧机械产品。产品曾多次获市优、部优称号和国际金奖、银奖及国内“星火”科技奖。“燕牌”牧机、“风雷”牌粉碎机行销全国各地，并有相当数量的产品出口。

集团已获得自营进出口权，可以出口各种农业机械、成套设备、进口本企业生产科研所需的原辅材料、机械设备、零配件。

北京永正科技有限责任公司

地址：北京市海淀区圆明园西路2号/（中国农业大学）
邮编：100094
电话（传真）：010－62811300
法人代表：常书华

该公司是一家从事饲料产品开发、生产经营及企业咨询策划的高科技股份制企业。

公司以加拿大管理专家、北大、清华著名的管理教授为后盾，为企业提供国际国内较流行的管理软件及管理专著并可为企业提供现场策划和管理诊断。

公司依靠中国农业大学著名的营养教授及一批年富力强的博士、硕士、学士等富有实践经验的高科技人才，开发生产“永正”牌系列添加剂预混合饲料。

公司主要业务：

（1）开发和推广猪、鸡、鱼、牛羊0.5%－6%列预混料及复合维生素、复合微量元素。

（2）提供维生素、氨基酸、乳清粉、氢钙、鱼粉、豆粕等饲料原料及各种兽药、饲料添加剂。

（3）提供饲料厂、大型养猪厂内添加剂预混合饲料策划，为企业提供管理模式制订及配套饲养技术。

（4）通过资本市场的运作，采取合作、租赁、参股、控股等多种形式与企业密切合作共图发展。

我们坚信，通过不懈努力，一定会在品种、服务、经营各方面做得更好。在实践中循着天、地、人之道，走出一条新、正、诚之路。

北京市民昌工贸有限责任公司

地址：北京市房山区南尚乐店镇石窝村
邮编：102407
电话：010—61381149
联系人：王学政

该公司是北京市房山区粮食局的直属企业。座落在首都西南70公里处的房山区南尚乐镇石窝村（石窝中学对面），距京石高速公路20公里，距房易公路0.5公里，离京原铁路6公里。西有拒马河，东临泉水河，北有名胜古迹云居寺，南是一望无际的华北平原，依山傍水，空气清新，交通、通讯便利，能源充裕，可称地理位置优越，环境优美。

公司共有职工44名，其中正式职工25名，合同工19名，固定资产总值为1100万元。

公司对内实行垂直领导，下属企业有：

（一）民昌饲料厂：机械设备先进，全部微机控制，既能生产粉状饲料，又能生产颗粒饲料，设计班年产量10000吨。1999年被评为“首都文明单位“称号。

（二）民昌养殖场：年出栏育肥猪10000多头。

（三）南尚乐养殖场：养猪2000头。

两个养殖场，现有存栏10000头，每年出售商品猪18000头。南尚乐养殖场由于成绩显著，在1998年10月份被国家内贸局和北京市食品公司列为生猪活储基地，挂牌运营。

（四）丰玉大理石雕刻厂：该厂技术力量雄厚，设备先进，质量可靠，从事古建园林、雕刻及大理石加工、制作安装花岗岩、大理石板材一条龙服务，曾被北京市工商局授予“重合同守信誉“先进单位。

天津市宁河原种猪场

地址：天津市宁河县赵本乡艾林村南
邮编：301504
电话：022－25439057　25439311
传真：022－25439311
法人代表：李振宽

该场是以从事单系长白猪为主的“国家级重点种猪场”，“全国最佳养猪企业”，“天津市菜篮子工程建设明星单位”。建有1200头基础群丹系长白猪选育场、400头基础群天津长白猪选育场、600头基础群种猪扩繁场、年产万吨微机控制的现代化饲料厂。应用计算机、闭路监控系统的现代化技术进行育种生产和管理。

从1985年开始便与中国农业大学动物科技学院开展广泛合作，有计划地开展科学系统的选育工作。1999年本场将完成从丹麦、英国、美国分别引进长白、大约克、杜洛克3个品种；1999年底，将向社会提供新的原种长白、大约克、杜洛克种猪，为天津市良繁体系建设作出一定的贡献。

为充分发挥名牌优势，从1998年始，又与中国农业大学动物科技学院饲料营养系合作推出“泰康”牌猪用1%及5%添加剂预混料、猪用浓缩饲料配合料以及猪用全价饲料等系列饲料。

多年来，本着“信誉第一，用户至上”的原则，保证种猪质量，同时设有售后服务组织，对售出的种猪和饲料进行跟踪服务。

天津正大农牧有限公司

地址：天津市宝坻经济开发小区
邮编：301800
电话：022－29230440
传真：022－29232499
法人代表：赵守宁

该公司是泰国正大集团在华独资企业，总投资1.4亿元人民币，下辖饲料厂、蛋肉祖代种鸡场和孵化厂。

饲料厂全套引进国外先进的生产设备、工艺和管理技术，全年可提供鸡、鸭、猪、鱼等各种全价配合饲料和添加剂预混合饲料24万吨，是天津市生产规模最大的饲料厂。

祖代种鸡场和孵化厂具有世界先进的饲养、孵化及通风等设备，并配有严格的消毒防疫系统，引进世界优良的蛋、肉种鸡品种在此生长繁殖，每年可向社会提供100余万套符合育种公司标准的产品，远销全国各地。

公司拥有各类专业技术人员近100人，并具有一支经验丰富的畜牧兽医专业队伍，分管售前、售中、售后服务工作，确保“正大”一流的品牌产生一流的效益。

天津市动物药厂

地址：天津市西青区西姜井
邮编：300112
电话：022－27514290
传真：022－27514290
法人代表：彭洪来

该厂于1985年兴建，现有职工230余名，其中工程技术人员占10%以上，厂区占地面积约4万平方米，建筑面积约1.2万平方米。原厂长韩秉文，是具有生产经营管理经验和奋力拼搏开拓创新精神的专业技术人员。自1985年建厂以来，领导全厂职工艰苦创业，勤奋建厂，仅用十几年时间就已发展成能生产粉剂、片剂、针剂等多剂型、多品种、多规模的兽药及饲料添加剂生产厂，是天津市生产兽药的骨干企业之一。

以严格的管理制度、健全的质量保证体系赢得了广大用户的好评。其中“三福”牌禽宝系列和北里霉素系列产品，多次获得天津市及农业部授予的“优质产品”和“名牌产品”称号。

在改革的大潮中，天津市动物药厂从1999年开始转变机制，更新领导班子，由老厂长韩秉文做顾问，彭洪来任厂长，率领天津市动物药厂向更高的目标迈进。

天津市北辰区星辰饲料厂

地址：天津市北辰区王秦庄村南
邮编：300400
电话：022－26390272　26815994
联系人：严瑞忠

该厂始建于1994年，采用的是大同市农牧机械厂年班产5000吨全价颗粒料设备，在该厂技术人员帮助下，1997年又在电子电柜设备上增添了微机控制的粉碎、配料、拌搅、制粒、冷却一系列环节工艺，从事操作的各岗位人员，80%为初建厂工人。

在天津正大饲料科技有限公司的指导下，多年来互相配合、互相支持，尤其1998年改为私营企业后，本着“求实创新、开拓进取、信誉至上、用户第一”的精神，广交饲料行业界的科技朋友，先后与北京佳伟生物科技有限公司、康泰饲料有限公司、金秋饲料科技有限公司进行广泛界内联系、交流，使企业产品在质量上、经济效益上明显提高，赢得越来越多的用户。

生产的全价颗粒饲料及浓缩饲料均为“星潮牌”，准产证号为“津饲准证字：98010号，鱼全价配合饲料企业产品标准代号为：Q／12BJ3436－1998，其他畜禽饲料均为国标。

为用户提供优质售后服务，并跟踪产品实效，为其建立档案。

天津华津饲料总公司

地址：天津市河东区卫国道132号
邮编：300161
电话：022－24341527　1382187935
传真：022－24342629

该公司是由农业部中牧集团和天津市政府共同投资兴建的国有大型饲料加工企业。全套设备从国外引进，年生产能力6万吨。生产鸡、猪、鱼、鸭、牛、羊等各种畜禽、水产添加剂预混合饲料、浓缩饲料、全价颗粒饲料及饲料用原料。

公司坚持以市场为导向，以客户需求为己任，全方位为用户提供优质服务。“华冠”饲料营销网络已遍及北京、天津、河北、山东等省市。

公司坚持以质量为生命，以品牌创效益，建立现代企业管理制度，实施全面质量管理，制定严格的质量标准并配以现代化检测手段，确保产品高标准高质量。公司连续8年通过国家饲料质量监督检验中心和天津产品质量监督检验所的产品抽检，多次获得中牧集团、天津市政府授予的“先进企业”、“文明单位”、“天津市饲料行业十佳企业”等称号，1998年5月被确定为天津市饲料行业职工技能鉴定培训基地。

公司坚持以科技为本，走以科技求发展的道路。重视、引进各类高、中级专业人才，加强对员工的教育培训，积极与国内科研院所进行广泛的技术交流与合作，聘请国内的著名专家为顾问，进一步完善公司的科研体系，现已开发生产“华冠”牌添加剂预混饲料、863系列浓缩料和全价颗粒饲料40余个品种，为公司今后的发展奠定了坚实的基础。

公司拥有设备先进、功能齐全的中心化验室和经验丰富的专业技术人才，可进行饲料营养成分分析，畜禽疾病诊断。技术人员还可随时深入现场，为用户指导生产、防疫、临床剖检、治疗等服务。

天津市百奥生物制品厂

地址：天津市西青区外环线12号桥东
邮编：300381
电话：022－23382683　23956991
传真：022－23382136
E-mail:biotech@mail.xq.gov.cn

该厂座落于天津市新技术产业园区，是天津市生物工程技术产业化重点实施基地。 作为一家高科技股份制企业，百奥生物主要致力于动物生长促进剂的研制与开发，产品涉及饲用抗生素、饲用酶制剂和益生素。

百奥生物以天津市工业微生物研究所为科技依托，建立了技术开发中心。该中心由国内知名的微生物、酶制剂、医药及动物营养专家主持，具有完备的科研基础设施和先进的产品开发体系，并与国内外多家生物工程实验室有合作项目。

百奥生物主导产品——杆菌肽锌。百奥生物应用先进的微胶囊包埋技术，开发出了质量更稳定、效力更优异的微胶囊标化杆菌肽锌系列产品。

百奥生物根据畜牧及养殖业向生态型产业转化的趋势，新开发了安全、高效、广谱的绿色抑菌促生长剂——保加利系列（杆菌肽锌、硫酸粘杆菌素复合预混剂）、加利酶系列（畜禽专用复合酶）和益生素系列（饲用微生态制剂）。

百奥生物注重信息服务，建立了饲料商务信息网，在因特网上为客户搜集和发布信息，提供方便快捷的信息服务。

天津华孚饲料有限公司

地址：天津市汉沽区杨家泊镇杨家泊村
邮编：300480
电话：022－67257603　67257546
传真：022－67257603

公司始建于1995年，总投资500多万元，年生产鱼、虾、蟹、鳗鱼、甲鱼饲料1万吨，产值2000多万元。

该公司一直致力于水产饲料的开发生产，引进最先进的水产饲料设备，所生产的“奔康牌”对虾饲料是农业部虾病防治示范区专用饵料。

公司永恒的宗旨是“一切为了客户，一切依靠客户，尽心竭力为客户办实事”，以“精益求精，以质取胜，平等互利，以诚相待”为原则，创一流技术，一流管理，一流产品，一流服务，为广大养殖户服务。为此，在经营上强调了“四特”：一是质量要特。投产以来该公司严把质量关，从原料购进、配方到工艺过程，实行全方位的质量目标管理，哪个环节出现问题哪个环节负责，决不含糊。二是品种要特。根据汉沽的养殖特点，开发适用不同品种，不同时期的鱼、虾、蟹饲料，达30多个品种，并指导养殖户合理选用，科学选购。三是服务要特。努力实现服务一条龙。投巨资建立水质监测设备，为养殖户提供水质化验，引导帮助他们进行鱼、虾、蟹诊断，合理投苗，并及时反馈产品使用中的各种信息，确保养殖户增收得利。四是人格要特。华孚要求不论是领导还是员工，一律要人格好、品行好、作风好，做到以无“假冒”的人生产无假冒的产品，靠人格的力量，征服用户。

公司董事长王国忠多次被团中央、国家科委及天津市委授予“全国农村星火带头人”、“十佳青年勤劳致富带头人”等称号。

天津正大饲料科技有限公司

地址：天津经济技术开发区洞庭路第七大街17号
邮编：300457
电话：022—25324550
传真：022—25328454

该公司是泰国正大集团在中国的独资企业，是正大集团专业化生产添加剂预混合饲料（SUPER MIXED FEED）的厂家。公司占地面积19500平方米，总投资额840万美元，年生产能力75000吨，规模雄居亚洲首位。

天津正大采用瑞士布勒（BUHLER）公司专门设计的专业化添加剂预混合饲料（SUPER MIXED FEED）生产设备，有三部（多种维生素、微量元素、预混料）五级混合之生产系统组成。全过程均由电脑自动控制，同时，公司品管系统以先进、精密的检验设备，为选用优质原料和生产高品质产品提供可靠的保障。

公司自1993年7月投产以来，业务迅速拓展，销售机构遍布全国，年营业额突破5亿元，销售额占市场份额较大，其产品质量创国际先进水平。

天津市世昌科技发展有限公司

地址：天津市潘庄农场
邮编：301508
电话：022－25529544　25529928
传真：022－25529544

该公司是天津新技术产业园区注册企业，成立于1995年，具有独立的法人资格。公司下属有科技饲料厂、兽药厂，生产销售畜禽鱼用浓缩料（料精），0.5%－6%畜禽鱼用预混料。饲料企业准产证：津饲准证字980025号；兽药生产企业许可证：津兽药准证字079号饲料。

公司由一批掌握国内外饲料饲养高新技术和管理经验的智慧型管理人才，按照现代企业管理模式自主经营。公司技术部在中国农业大学和天津市畜牧局有关专家教授的直接指导下运作。密集的人才优势，多年来国企和外企的亲身实践，先进的管理，合理的加工工艺，严格的品控手段使得世昌公司的产品——畜禽鱼用复合预混料、浓缩饲料、兽药一直保持着质量优良、价位合理、服务周到的优势，赢得了广大用户的赞誉。现年生产浓缩料9000吨，预混料1100吨，50余种兽药销势良好，取得了良好的经济效益和社会效益。

公司的主要产品：猪、鸡、牛、羊、鱼用浓缩料、预混料（0.5%、1%、2%、4%、5%、6%、12%）；兽药有杀痢王透皮剂、东方止痢神、母服仔猪白痢散、除癞灵、禽喘平、强力喘安、烟酸环丙沙星、诺氟沙星、水溶性多维、浓鱼肝油等50余种。

公司以高科技为先导，优质服务为依托，遵循“平等互补，共创高峰，协力发展”的合作精神，用智慧和诚实劳动，以世昌科技饲料、兽药为龙头产品，全心全意地服务于民族饲料饲养事业。

天津彩虹饲料有限公司

地址：天津市东丽经济开发区一经路13号
邮编：300300
电话：022－24993574-9
传真：022－24993581

该公司是韩国TS集团在中国天津独资创办的专业性饲料公司。生产经营莱恩宝牌各类畜禽（蛋鸡、肉鸡、种鸡、猪、鸭、奶牛、肉牛等)、水产(鲤鱼、鲫鱼、草鱼等)各阶段全价配合饲料、浓缩饲料、复合添加剂预预混饲料等。年生产能力12万吨。

公司采用韩国、美国的先进技术，结合中国国情制定出最佳配方；利用进口生产设备、化验仪器进行生产及质量监控；利用动物试验场进行饲养试验；聘请国内外饲养、兽医方面专家到饲养场进行售后服务。产品自1996年7月投入市场以来，国家、地区进行了多次统检、抽检，均为合格产品，也是天津市质检所定检产品，受到津、京、山东、河北、山西、辽宁等地的用户的广泛好评。因公司生产的产品标准高，检验合格率高，被天津市技术监督局评为天津市标准化工作先进集体。

彩虹人凭着挑战主义、能力主义、第一主义的信仰曾创下了月销量万吨的成绩。

公司愿做饲养家、代理商、畜产同行的最佳伙伴，共创21世纪畜产、食品文化！

天津市渤海兽药厂

地址：解放南路南头外环线17号桥东侧
邮编：300381
电话：022—23979023
传真：022—28302969
法人代表：吴儒顺

该厂是生产兽药及饲料添加剂的综合厂家，素以工艺严格、产品质量优、经营信守合同而著称，始建于1979年，现拥有固定资产900万元，年平均职工人数300人,工程技术人员占职工总数的10%以上，1998年产值3200万元，利税310万元。

主要生产氯化胆碱系列产品，多年来对该产品工艺、设备不断进行工艺技术改造，使该产品各项质量指标均达到或超过GB10818－89之标准，曾荣获“天津农业名牌”产品称号。还荣获天津市同行业十佳企业及全国百强企业称号，产品行销国内20多个省市，并远销欧美及东南亚地区，1998年销售量突破7000吨。

此外，该厂还可向广大用户提供鱼、虾用饵料及治疗、防病用添加剂20余个品种，畜禽用抗菌类、营养类添加剂等40余个品种。

河北无极三和农牧机械厂

地址:河北省无极县希望路中段
邮编:052460
电话:0311—5578026　5574015

该厂隶属于河北无极三和工贸有限责任公司，是河北省专业生产农牧机械的私营股份制企业。现有职工120多人，具有中级以上职称10人，专业技术人员16人及一线工作的技师多人。总占地面积1.2万平方米。

多年来，“三和”人致力于农牧机械，特别是饲料机械的研制与开发，并在十几年实际工作的基础上，总结出一整套实际经验以满足不同用户的需求。业务远及河北、山西、河南、山东等十几个省、区。饲料加工成套机组以其结构紧凑，土建投资小、产量高，产品质量稳定；故障率低，维修方便；计算机管理功能齐全，操作便捷等一系列特点而深受用户欢迎。同时，该厂具有一整套严格、完备的售后服务保障体系，该厂产品自出厂之日起即登记在卡，实行跟踪服务，并免费为用户培训上岗技术人员，从而彻底解决了用户的后顾之忧，以真诚得到用户的一致好评。

河北兴亚公司

地址:河北省衡水市红旗大南街119号
邮编:053000
电话:0318-217740
传真:0318-2127740
法人代表:张永增

该公司隶属于衡水老白干酿酒集团，公司初建于1996年，与中国农科院合作，由衡水老白干酿酒集团出资1500万元，建成年产6万吨的兴亚饲料厂。兴亚饲料由中国农科院饲料研究所的专家提供全套饲料配方，整个生产装备由中国农科院专家设计，具有90年代国内先进水平，整个生产过程全部由电脑控制，配料精度达千分之一，保证了质量的稳定。

公司成立后3年迈出了三大步。1996年，兴亚饲料在衡水本地打响了市场；1997年，兴亚饲料市场进一步扩大，除占领了衡水本地市场外，还扩展到沧州、保定、石家庄、邢台、邯郸等地，并在山东、河南、山西等地建立了分销机构。1998年，是兴亚公司进一步发展壮大的一年，老白干集团出资1700万元，买断了淘城区粮食局下属的种鸡场和冷冻厂，和兴亚饲料厂合并组成为“产加销”一条龙经营模式的公司，公司下设蛋种鸡场、肉种鸡场、屠宰冷冻厂和饲料厂4个分厂,职工达到400多人，固定资产投资达3000多万元，形成了在衡水地区较有影响力的“联合舰队”。

公司的产品有种鸡、饲料、鸡产品三大系列，种鸡有蛋种鸡京折939，海兰白、海兰灰等品种，肉种鸡有艾维因纯种肉鸡。饲料有猪、牛、蛋鸡、鸭、鱼等用的全价配合饲料、浓缩饲料和添加剂预混饲料20多个品种。可以满足不同阶层养殖户的需要。兴亚肉鸡有中装鸡、西装鸡、白条鸡及鸡分割系列产品，因其色香、味正、质嫩、香纯，产品一上市就赢得了顾客的喜爱。

深州金豆饲料有限公司

地址:河北省深州市工业城
邮编:053800
电话:0318-3316745
传真:0318-3316546
法人代表:刘永行

该公司位于河北省深州市工业城西，总投资2500万元，设计年生产能力20万吨，可创造年产值4亿元。公司于1995年10月28日奠基，1995年12月18日正式投产，创造35天建成一座万吨级大型现代化饲料生产企业的惊人奇迹。公司的金豆牌饲料和金树牌饲料畅销河北省中南部地区，并远销山东、山西、河南、北京、内蒙古等地，覆盖128个城市。公司在狠抓产品质量的同时，特别注重售后服务工作，聘有多名高级畜牧师走村串户，传授技术，被赞誉为“送金钥匙”活动，公司产销持续增长，日销售量达150吨，其中猪用浓缩饲料和全价配合饲料分别占48%和40%，能供日养60万头猪，鸡用浓缩巳料和全价配合饲料分别占10%和2%，能供日养40万只鸡。

河北远征药业股份有限公司

地址:石家庄市正路五七路口
邮编:050041
电话:0311—6839676 6838441—816

该公司是大型企业集团“中国石家庄制药集团”的子公司，是中国农业部定点生产优质动物保健品的综合性大型企业，中国动物保健品协会的常务理事单位。1997年4月，经中国农业部CMP专家验收团长达7天的严格考核评审，通过了CMP认证，成为中国兽药行业第一家达到药品生产管理规范(CMP)的制剂生产企业。

公司生产的五大剂型近百种产品，以其优良的品质、完善的服务赢得了广大经销商及众多养殖户的信任，并连年获得殊荣，如青霉素制剂荣获农业部优质奖及同行业质量评比最高奖“骏马杯”，“华北速育精”获农业部优质产品称号等。

远征人把“护佑生命、贡献人类”作为己任和使命，以科学、严谨的企业风范，走质量、名牌、发展之路。以健全的服务体系和市场体系服务于社会、服务于市场，把通过农业部CMP认证作为企业新的起点。

河北省石家庄饲料营养源厂

地址:石家庄市北二环西路3号(河北省石家庄北郊监狱西厂)
邮编:050061
电话:0311—7763506 7751912转6417、6426
传真:0311—7753413

超英牌饲宝是利用动物毛发经化学和物理方法制成，广泛用于各种动物饲养，在配合饲料中等份量替代进口鱼粉效果好、效益高，是变废为宝的物美价廉的养殖佳品。

超英牌饲宝主要性能特点:(1)含有约25%的游离氨基酸，动物摄食后无需消化可直接吸收；(2.含有各种微量元素螯合物，可提高各种配合饲料的利用率和转化率；3.所含氨基酸种类齐全，便于动物同步利用；4.各种氨基酸比例平衡、可节省动物体内的氮源与能量；5.喂养动物后肉中所含呈味氨基酸比进口鱼粉高4—10倍，且肉质细嫩鲜美；6.内含脂肪量低、病菌少、贮藏方便；7.价格仅是进口鱼粉的65%左右。

该厂实行军事化管理，1997年、1998连续两年被省农行誉为AAA级信用企业，连续4年被上级评为先进单位，超英饲宝等牌份量替代进口鱼粉属国家攻关课题，河北省科委鉴定新工艺新产品填补省内空白。1991年获全国菜篮子工程成果观摩会名优产品三等奖，1993年获省畜牧水产局“畜牧科技进步二等奖”，1997年获省首届畜禽饲料兽药交易大会“推荐产品”称号，1997年10月获河北省政府批准六厅局颁发的“农业名优产品”证书，并推荐参加全国第三届农业博览会，1998年获河北省饲料工业协会“推荐产品”。生产的超英牌588猪用浓缩料和超英牌——喂得猪用全价配合料，1998年投入市场就因价廉优质颇受用户欢迎。

河北饲料厂

地址:石家庄市裕华东路216号
邮编:050011
电话:0311—6830374 0311—6045007
法人代表:张遂林

该厂隶属于河北省畜牧局，是由河北省畜牧局和中国农业发展银行共同投资兴建的河北省饲料行业的高科技龙头企业。厂址在石家庄市高新技术开发区，一期工程总投资1700万元，二期工程总投资3000万元，年产各种添加剂预混合饲料、浓缩饲料和全价颗粒饲料60000吨，它的建成标志着河北省作为全国饲料工业大省和养殖业大省的地位及河北省民族饲料工业发展新的崛起，必将对河北省饲料工业的发展起到重要的推动和促进作用。

站在振兴中华民族饲料工业的高度上，由全国著名动物营养专家做技术后盾，使用和引进国内外最先进的饲料生产设备，广纳海内外饲料界仁人志士，以高精的技术，优质的产品，卓越的服务为宗旨，愿同省内外同仁一道，为进一步繁荣河北省饲料工业，开创河北省饲料工业更美好的明天而共同奋斗。

石家庄市雄狮饲料集团第一配合饲料厂

地址:河北省石家庄市桥东区石纺路义西街8号
邮编:050041
电话:0311—6822269

该厂隶属石家庄市粮食局，有20多年生产饲料的历史，是我省成立最早、产销量最大的饲料生产厂家之一。固定资产489万元，占地面积27000平方米，现有职工206人，年产值6800万元。拥有完善的生产设备和检测手段，加工工艺微机监控，形成了可靠的质量保证体系。主导产品“雄狮”牌鸡全价配合饲料，采用美国NRC饲养标准、1989年通过“双采验收”，先后荣获“市优”、“省优”、“部优”称号，1996年获“振兴河北经济奖”。1991年在全省同行业率先跨入国家二级企业行列。1987年以来，本厂连续被评为省、市先进企业、明星企业、文明单位。1996年被省技术监督局考核认证为质量免检产品。严格的内部管理，雄厚的技术力量，优质的产品，完善的售后服务，使本厂的产品享誉省内外，具有广阔的市场和发展前景。

河北鹿鸿饲料公司

地址:河北省辛集市辛赵路16号
邮编:053260
电话:0311-3226506
法人代表:赵和忠

该公司是省粮食局下属的大型现代化饲料企业，现有固定资产2000万元，职工100多人，专业技术人员20多人，其中高级职称12人，并聘请高校教授担任顾问。公司自1994年投产以来，坚持以质量求生存、以科技求发展的经营战略，产品一直供不应求，产品在1996年、1997年连续被河北省统计局公布为河北省产销量第1名，年销量约6万吨。河北鹿鸿饲料公司是一个生产设备先进、采用计算机优化饲料配方、实现生产过程全电脑控制和全自动化配料的现代化饲料厂。工艺先进、产品质量稳定，生产以蛋鸡粉状饲料为主的8大系列25个饲料品种。公司生产的“鹿鸿”牌蛋鸡全价配合饲料具有产蛋率高、高峰期维持时间长、死淘率低、生长发育良好等优点，深受养殖户欢迎。

石家庄市海天饲料厂

地址:石家庄市正定县永安村南
邮编:050080
电话:0311—8710450　9060448 9060438
法人代表:魏双根

海天饲料厂是由原石家庄市饲料研究所所长、中外合资石家庄渤海饲料有限公司副总经理、总工程师魏双根于1993年9月募集资金创办的现代饲料加工企业。

拥有先进的微机配料、微机汽车衡、微机配方、微机销售管理系统，完备的质量监控及动物实验手段。本厂生产的“海天”牌蛋鸡配合饲料，以其“生产表现好、质量长期稳定”而闻名遐迩。在长期坚持不赊欠、不设营销机构和一直是买方市场的情况下，海天独树一帜，产品销量1994年、1995年、1996年分别达到2.5万吨、4.3万吨、4.7万吨。投资收回期、全员劳动生产率、人均利税、资金周转、资产负债、资产收益等主要经济指标达全省同行业领先水平，先后被授予河北省“骨干乡镇企业”，石家庄“百强企业”，“一级信誉企业”，“重合同守信用单位”，“明星企业”，“文明单位”等荣誉称号。

河北省玉田县畜牧饲料厂

地址:唐山市玉田城内豪门路唐庄路北
邮编:064100
电话:0315—6112945
法人代表:孙忠生

该厂始建于1982年，位于交通便利的玉宝公路玉田镇唐庄北侧，距玉田城区仅4公里。总固定资产300万元，占地面积15亩，共有员工36人，其中畜牧兽医、机械工程、财务管理等专业技术人员11名，是唐山市饲料加工行业的骨干企业之一。1994年5月，正式列为国家农业部中加合作瘦肉型猪综合项目点主要协作单位之一。由中加双方共同设计、共同投资、对原有设备进行大规模的更新改造，产品配方设计到生产程序全部由计算机控制，各种检测手段和监控设施齐全。现拥有添加剂预混合饲料、浓缩饲料和全价配合饲料3条生产线，年单班可生产“中加”牌猪、鸡、鱼、牛4大系列24个品种的优质颗粒饲料和粉状饲料万吨。

建厂以来，一直把“顾客至上、品质第一、利益共享、风险共担”作为办厂宗旨，以其可靠的质量、合理的价格、最高的饲料报酬和周到的售后服务，使“中加”牌系列饲料享誉唐山、承德、秦皇岛等16个县市区，并远销到天津、内蒙古、辽宁等地，深受广大用户好评。1997年荣获河北省政府颁发的“农业名优产品”奖。

该厂常年聘请加拿大营养、兽医专家理查德先生为技术顾问，共同研制和调整饲料配方，并可为用户解决饲养过程中出现的各种问题。同时，也得到了中国农业大学、农业部饲料工业中心营养学博士李德发教授的技术援助，为其培训营养、饲料质量控制方面的人员，使其科技队伍不断完善，“中加”牌系列饲料的科技含量不断提高。

河北省沧州市鲲鹏饲料厂

地址:河北省沧州市郊区石港公路姚庄子
邮编:061026
电话:0317—2050598 2050988
传真:0317—2050598
法人代表:刘晓光

鲲鹏饲料厂是河北省大型饲料生产企业之一，现拥有固定资产560万元，年生产能力8万吨，销售量居沧州首位。

该厂全套生产线均由微机控制，实现了自动化生产。先进精密的快速检测系统为确保产品的内在质量打下良好的基础。

鲲鹏始终坚持“科技是第一生产力”的宗旨，定期选送优秀员工去中国农业大学深造，并紧紧依托农业部饲料工业中心为科技后盾，适时研制高科技含量，适销对路的畜禽全价配合饲料、浓缩饲料、颗粒饲料等30几个品种的饲料产品，主产质量都执行一票否决权制度，原料不合格不进厂、产品不合格不出厂，年生产能力8万吨。

中外合资沧州宝利药业有限公司

地址:河北省沧州市南环西路23号
邮编:061001
电话:0317—2024049 2017054
传真:0317—2023510

该公司系国内兽药、饲料添加剂生产中外合资企业。座落于京津以南、贯穿京沪的104平线西侧，东临黄骅港，南通沧石路，交通十分便利。铁路公路运输便捷发达，信息网络准确可靠。十几年来，以先进的设备、雄厚的技术、科学的配方、精良的原料、标准的检测手段、一流的质量，研制生产的奋发维他、长明维他、宝利维他Ⅰ、Ⅱ、Ⅲ、Ⅳ型，50%氯化胆碱，水溶性红霉素(高力精)速补-14，肥猪宝、畜禽用保利宝、氟哌醛、环丙沙星、恩诺沙星、硫酸卡那霉素饮水剂、病毒克、止血敏、硫酸庆大霉素饮水剂、氨苄青霉素钠饮水剂等近百个“长明”牌各类产品，畅销全国各地，远销东南亚等国家和地区，深受国内外用户的欢迎和喜爱，本公司的宗旨是:质量第一、用户至上。宝利精神是奋发、求实、创新、高效。

河北省青县金星饲料有限责任公司

地址:河北省青县木门店镇
邮编:062650
电话:0317—4291068 4291148
传真:0317—4291148
法人代表:张寿发

该公司始建于1990年3月，所辖青县金星饲料厂和青县金星养殖厂，公司历经短短几年的发展，现已成为沧州市饲料加工和综合养殖于一体的大型企业之一。

公司占地135000平方米，建筑面积65000平方米，资产总额965万元，其中固定资产370万元，流动资产595万元。

公司生产的“烁星”牌畜禽用浓缩饲料、添加剂预混合饲料及全价配合饲料，被评为市级“质量信得过产品”并荣获“沧州名牌产品”的光荣称号。并于1997年获ISO9002质量体系国际标准认证。

金星公司的产品远销东北、山东、山西、内蒙古等地，以良好的企业信誉赢得了广大用户的好评。

河北省沧州望海实业有限责任公司

地址:河北省沧州县望海寺
邮编:060123
电话:0317—4030355 4030356
法人代表:孙书栋

该公司是国家中型乡镇企业，固定资产1800万元，现有干部职工248人，专业技术人员68人。公司生产高蛋白豆粕21400吨，饲料厂年产“添望”牌系列饲料12万吨，包括肉鸡、蛋鸡、猪、鸭等多个系列的35种产品。公司生产的“添望”牌系列饲料，获得了“河北名牌”称号。河北省沧州望海实业有限责任公司是河北“百强乡镇企业”、“骨干企业”、“文明单位”、“AAA信用企业”、全国植物油行业“四星级”企业、沧州市“优秀饲料企业”、国务院发展中心“特别推荐企业”。

邯郸市三大饲料集团

地址:河北省邯郸市陵园路80号
邮编:056001
电话:0310—3051437 3053046
传真:0310—3051437
法人代表:龙志刚

该集团为冀南地区最大的国有粮办饲料企业，是集科、工、贸为一体跨地区、跨部门、跨行业、跨所有制的综合经济联合体。现有第一饲料厂、第二饲料厂、淀粉厂、汽车队、科技饲料有限公司、供销贸易公司6个核心企业，拥有员工292人，其中大中专毕业生和专业技术人员 76 人，资产 4300 多万元，技术装备和检测手段均达 90 年代先进水平。经国家饲料质量检验中心 1994 年抽检和 1997 年统检，有关产品技术指标合格。1995—1998 年，产品曾被评为“邯郸市消费者信得过产品”、“河北省消费者信得过产品”、“中国科技新产品名优产品博览会金奖”、“河北省畜禽、兽医、饲料交易大会推荐产品”等殊荣。主要产品有饲料全价、浓缩、预混 3 大品牌 7 大系列 60 个品种。

河北凯特饲料有限公司

地址:京深高速沙河市出口东 2 公里
邮编:054100
电话:0319—8876686　8831403
法人代表:杨海增

该公司始建于 1995 年 8 月，原名为“沙河市农牧有限公司”，1998 年初以其为核心，联合其他 4 个兄弟单位组建了河北凯特集团，集科工贸为一体，产、供、销一条龙。

河北凯特饲料有限公司是中国饲料工业协会“会员单位”。拥有固定资产 1800 万元，总占地面积 80 亩，年产值 16000 万元。拥有国内一流的加工设备、精密的检测仪器、现代化计算机管理系统。凯特饲料公司以“质量第一，信誉第一”为生产指导思想，1998 年通过了中国农业部全面质量管理达标验收，3 月又被河北省人民政府评为“河北百强私营企业”。“凯特”饲料又获得很好的社会效应，1997 年被河北省畜禽饲料交易大会评为“大会推荐产品”，被河北省人民政府评为“河北名优产品”。公司生产(经营)的主要产品:鸡系列全价配合饲料、浓缩饲料，101 猪系列添加剂预混饲料；经营:饲料原料、兽药、粮油、农副产品。

沙河市示范饲料厂

地址:河北省沙河市桥西兴农路 8 号
邮编:054100
电话:0319—8831421
法人代表:樊洪江

该厂创建于 1985 年，建厂 13 年来，在全厂干部职工艰苦卓越的不懈耕耘之下，从一个 3.5 万元起家的小厂，发展成为目前拥有固定资产 500 多万元，年销售饲料 3 万多吨，产值 5000 多万元，利税百万元的集饲料、技术开发、研制生产、推广为一体的高科技、现代化国有企业。

凭着国内最先进的电脑程控生产线，国际水平的仓贮设备，完善的检测手段，现代化的管理方式和独有的行业人才优势，先后开发研制出:蛋鸡、肉鸡、北京鸭、猪等 5 大系列 20 多个品质优异、高效廉价的饲料配方，产品远销山东、河南等 3 省 20 多个县市区，产值、销量连续 13 年独占邢台市之首，1994 年被命名为“全国饲料行业先进单位”，1995 年“省饲料生产先进单位”，1997 年荣获省农业博览会、省名牌产品称号。

河北省矾山磷矿

地址：河北省涿鹿县
邮编：075641
电话：0313－6750058
法人代表：王玉山

该矿是国家新建的重点化学矿山企业，现拥有资产 7.8 亿元，是长江以北唯一大型现代化磷化工产品生产基地。年产磷精粉（$P_2O_5 \geqslant 35\%$）40 万吨，硫磺制酸 6 万吨，稀土磷酸 15 万吨，复混肥 4 万吨，饲料级磷酸氢钙 2 万吨。

“黄帝城”牌饲料级磷酸氢钙（$CaHPO_4 \cdot 2H_2O$）是以本矿自产的优质磷粗粉和硫酸为主要原料，采用四川大学的专利技术——两段中和法生产而成，装置投产后，产品很快畅销于京、津、冀、鲁及东北地区，并荣获“’99 饲料工业新技术、新产品展示会推荐产品”的称号，从而树立了我国北方地区规模最大、质量最好的磷酸氢钙产品新形象。

产品的特点是：不加脱氟剂，却使氟、砷、铅等一切有害杂质含量远低于国家现行标准，作为动物的磷、钙添加剂，极易消化并能与饲料完全同化。

对用户的承诺永远是：品质第一，价格实惠，服务至上。

河北德泰药业有限公司

地址：河北石家庄市石正路 241 号
邮编：050061
电话：0311－6833774　6815297
传真：0311－6815297

该公司是集科研、生产、经营于一体的综合性兽药生产企业，拥有先进的生产设备、精密的质检仪器、良好的的科技队伍和全新的管理机制。现以生产消毒剂、饮水剂、片剂、中草药制剂、酊剂及饲料添加剂 6 大制剂 60 多个品种，广销全国 28 个省、市、自治区。其中：消毒剂有毒杀杀粉、甲醛溶液、高锰酸钾等。毒杀杀粉是由三氯异氰脲酸及其增效剂、增溶剂配制而成的，是当今最先进的消毒剂。饮水剂有以治疗各种呼吸道疾病的最新特效药：慢呼金钢、炎喘霜。流感特效药喘呼立停。高效抗菌制剂恩诺原粉、环丙原粉、氨苄原粉。专治球虫的球霜等等。片剂有霍乱平片、恩诺沙星片、病菌消片、敌菌净片等高效抗菌特效药。中草药制剂有复方禽菌灵、鸡痘克星、速效益生素、肾肿解毒散、鸡儿康产蛋灵、夏日凉等。酊剂有：碘酊、橙皮酊、桂皮酊、甲紫等。饲料添加剂有：速效益生素、维生素 B1、B2。增蛋、保蛋 101 是禽流感后增蛋最有效的特效药。

公司的特色产品——灭球王，是一种新型高效抗球虫饲料药物添加剂，抗球虫指数均超过 180，混饲 0.5—1 毫克/千克就能够杀灭鸡球虫（6 种）的 3 个阶段，见效快，可谓抗球虫精品。

各品种的产品在其生产、经营的每个环节都有完善的质量保证措施。"品德重于泰山，质量胜于生命"是德泰的宗旨。

山西正大有限公司

地址：山西省太原市小店区

邮编：030031

电话：0351－7124813

传真：7123310

法人代表：焦长治

该公司系中泰合资企业，于 1992 年 10 月 1 日经山西省人民政府批准正式成立。公司注册资本 1167 万美元，总投资 2000 万美元。合资 7 年来，公司规模得到迅速发展，分别在山西省大同市、侯马市、长治市建立了 3 个分公司，使年生产能力达到 20 万吨，在清徐建立了年产 600 万羽商品雏鸡的现代化大型孵化场和肉种鸡场。是一个集养殖—孵化—饲料加工—技术服务—小龙作业为一体的综合性现代化企业。

公司的产品包括艾维茵鸡，以及肉猪、肉鸡、肉种鸡、蛋鸡等畜禽和淡水鱼类在不同生长阶段所需的各类全价饲料和浓缩饲料共 20 多个品种，其中，151 号生长育肥猪浓缩饲料被中国饲料工业协会评为"推荐产品"，551 号乳猪颗粒料荣获"山西省跨世纪农业科技产品称号"，1998 年荣获农业部饲料质量监督中心授予的"优质产品定点企业"称号。

在管理上，公司实行董事会领导下的总经理负责制，各职能部门的人员均具有大中专以上学历，人力资源丰富。硬件方面，公司的各部门日常统计分析，均实现了电脑化，并已在今年陆续实现销售、生产、采购的电脑网络化管理，饲料生产设备和鸡苗孵化设备均从美国引进，主要的质量检化验设备从瑞典引进。同时公司还具有一套科学、严密的工作管理制度和控制系统。从工作质量到产品质量以及物流作业等方面实施全方位的目标管理责任制。

公司在董事会的正确领导下以高瞻远瞩的眼光，凭借雄厚的资金、技术、人才优势，以客户需求为己任。经过几年的努力，已发展成为山西省饲料行业的龙头企业，为山西省养殖业、饲料业的发展和"菜篮子"工程作出巨大贡献，先后被省、市有关部门评为"产品质量信得过企业"、"模范纳税户"、"外商投资先进企业"、"山西省十大科技支农企业"。

山西威科饲料科技公司

地址:山西省太原市长风街 2 号

邮编:030006

电话:0351—7128999

法人代表:赵瑞峰

该公司是山西省农业科学院兴办的科技型企业，成立于 1995 年 5 月。公司以山西省农科院动物营养和饲料加工专家为技术后盾。根据山西饲料资源和畜禽品种研制推广出 7 大系列 30 个品种的"威科"牌全价配合饲料、浓缩饲料和饲料添加剂预混饲料，年产 3 万吨。其中"蛋小鸡料和奶牛精料补充料"被评为首届中国饲料工业博览会认定产品，"猪浓缩饲料"被中国饲料工业协会评为 1998 年推荐产品。"威科"牌饲料以其优良的品质，合理的价格和周到的服务得到养殖户和饲料同行的认可。

榆次市亨通饲料厂

地址:山西省榆次经纬仿机厂西侧

邮编:230622

电话:0354—2423478

法人代表:丁生生

该厂 1993 年 5 月正式建厂开业，日生产规模 40 吨，1996 年 1 月实施重大技术改造，上马大型电脑控制饲料成套加工机组。生产有产蛋鸡、肉仔鸡、育成猪 3 大系列，16 个饲料品种，产蛋鸡前期高峰饲料是我厂拳头产品，年生产量 3 万吨，多年深受养殖户欢迎。1995 年 9 月省统检被定为"生产条件考核和产品质量全部合格单位"。1995 年 12 月鸡、猪配合饲料国家产品质量抽检中，饲料质量全部合格，受到国家技术监督局、国家质检中心的肯定和通报表彰。1994—1998 年每年省饲料质检均评定为合格。1997 年 4 月被山西省政府农资质量领导组评为"百万农民信得过产品"。

山西杏花村汾酒集团公司杏富饲料厂

地址:山西省珞阳市杏花村

邮编:032205

电话:0358—7220454

法人代表:李明强

该公司是山西杏花村汾酒集团投资兴建的一家现代化大型饲料生产经营企业。拥有固定资产

26863 元，占地面积 33338 平方米，主要从事鸡、猪、牛、鱼饲料的生产和经营。同时酒糟的生产销售也是本企业的主要组成部分，具有年产各种饲料 83 吨的生产能力。98 年初杏富饲料全面上市后，受到了广大养殖企业和用户的高度评价。主要产品有:1. 猪用料:331 乳猪全价颗粒料、131A、BIB 浓缩饲料。2. 鸡用料:321 蛋鸡全价颗粒料、121A、121B 产蛋鸡用超浓缩料、122 配合饲料。3. 酒糟蛋白粉、酒糟粉。4. 益生素。5. 粗饲料(鲜酒糟)。配方由中国农业科学院畜牧所专家提供。

内蒙古临河市饲料公司

地址:临河市滨河街 14 号
邮编:015000
电话:0478—8213534 8214923
传真:0478—8213534

该公司始建于 1983 年，经过十几年发展，现已成为集饲料加工、畜禽繁育、肉类加工为一体的综合型企业。公司现有总资产 5800 万元，所属企业情况如下:

富河饲料厂建于 1983 年，1992 年率先注册“富河”商标，年生产能力为 5 万吨，产品有系列猪、鸡、牛、羊、鸭 60 多个饲料品种。1994 年入选全区 300 家最大规模、最佳效益企业行列，1995 年与北京大北农集团进行全方位技术合作，主要产品荣获第二届农业博览会全区唯一获奖产品，并被首届中国饲料工业博览会评为认定产品，产品主要销往盟内、乌海和宁夏、北京部分地区。

富河畜禽繁育场内设种猪场、种鸡场和牛、羊育肥场，每年可向社会提供大量肉蛋产品及良种雏鸡、种鸡、种猪等。

富河肉联厂建于 1997 年，现有猪、鸡、羊 3 条生产线和配套冷库、冷藏设施，年生产 6000 吨生肉制品。产品以安全、卫生、方便的小包装冷却分割肉为主，除本地销售，还积极开拓区内外市场。

公司以肉联厂为龙头，以提供优质饲料、良种畜禽、技术服务并收购畜禽产品运作模式，形成牧、工、贸一体化，产、供、销一条龙的综合企业。热忱欢迎各界有识之士。

华蒙金河(集团)实业有限公司

地址:内蒙古呼和浩特市托克托县新坪路 71 号
邮编:010200
电话:0471—8516380
传真:0471—8513618
董事长:王东晓

该公司是由中国牧工商总公司和内蒙古金河建安总公司合资兴建。其核心企业内蒙古金河饲料添加剂厂 1988 年 7 月 9 日奠基，1990 年 9 月 16 日投产，经过 10 年不断发展壮大，形成目前年产 1.2 万吨金霉素的生产能力，成为世界上生产饲用金霉素规模最大的生产厂家之一。

1994 年，“牧星”牌饲用金霉素一次性通过美国 FDA 验收，免检进入美国市场，1996 年，企业获得了国家外经贸部批准的自营进出口权。

公司现有资产 2 亿多元，1998 年完成工业产值 1.8 亿元，实现销售收入 11366 万元，出口创汇 802 万美元。

“牧星”牌饲用金霉素先后被评为自治区首批名牌产品，第二、第三届农业博览会金奖、第三届中国乡镇企业出口商品展览会金奖等。

沈阳市石油化工研究院

地址：沈阳市东陵区东陵路 10 巷 7 号
邮编：110043
电话：024－88421846　88421765
传真：024－88415905
法人代表：刘铁

该院是沈阳市新型化工材料中试基地，主要从事精细化工产品的研究与开发工作。十几年来本院先后研究开发出：氯化胆碱、乙氧喹啉、甜菜碱、水产诱食剂 DMPT、富马酸二甲酯、双乙酸钠等饲料添加剂品种。1985 年率先在国内开发二环氧乙烷法氯化胆碱生产工艺。本院是该产品的国家标准制定单位之一。1994 年继芬兰 Finish 公司之后，在国内独家开发出“甜菜制糖废渣中提取甜菜碱工艺”，1997 年 7 月通过了国家科委的验收与鉴定，其分离技术已双乙酸钠达到国际先进水平。1998 年 10 月建成年产甜菜碱 1000 吨的生产线。1999 年 7 月建成年产双乙酸钠 500 吨的生产线。

辽宁众博饲料科技有限公司

地址:辽宁省锦州市凌河区云飞街安和里 14 号楼
邮编:121000
电话:0416—3130378 5170800
传真:0416—3129229

该公司是辽宁省饲料研究所开办，年生产能力为 3000 吨的高科技大型添加剂预混合饲料实体企业。辽宁省饲料研究所多年和中国农业科学院畜牧研究所高振川先生合作，开发和研究新产品，具有极高的科研实力。成立众博公司正是将部分科研成果转化为生产力。公司目前主要经营产品:畜禽多维、畜禽微量元素、仔猪、生长肥育猪、肉中鸡、蛋中鸡、产蛋高峰期鸡以及各种鱼、虾、蟹添加剂预合混饲料。众博产品由高、中、低三个档次构成，可以满足不同饲料企业的需要。而且众博公司也是辽西地区部分原料的供应基地，原料包括:(国产、进口)鱼粉、磷酸氢钙、杆菌肽锌、多种香型香味素、氨基酸、单项维生素、单项微量元素、部分药物添加剂。众博公司作为辽宁省饲料研究所的实体企业，将奉行科技领先、求实创新的企业宗旨。

辽宁饲料工业新技术研究所

地址:辽宁省沈阳市金山路 93 号
邮编:110032
电话:024—86901965　86901098
传真:024—86900494

该所是由原《饲料工业》杂志社总编孙秉忠先生于 1992 年创办的辽宁省第一家民营饲料工业研究型企业，现拥有较强的科研队伍、较有实力的实验室和品种比较齐全的营业大厅，已发展成以科技开发为主休，结合高新技术产品的工业生产和饲料工业商品的经营贸易，初步形成了科、工、贸一体化的新格局。

以微生态学为理论基础，以一项国家专利为工艺保证，给 38 种微生物菌株创造出共同生存的条件，终于研制出了可以替代进口鱼粉的新一代高科技微生态新产品——“泛兴牌”SEM 科隆粉。该产品于 1998 年末通过辽宁省科委鉴定，评语是:技术水平国内领先，填补国内微生态蛋白饲料的空白。该项产品粗蛋白含量高达 62%以上，消化吸收率 85%以上，氨基酸平衡，且含大量有益活菌、酶制剂、未知生长因子和微生态稀土等活性物质，经试验，效果很好，达到了预期的设计指标。

沸石饲料是我国和辽宁省 80 年代完成的科研成果，但一直锁在抽屉里，没有推广。本所于 1993 年根据这些科研成果，开发出的“泛兴”牌沸石饲料引起饲料养殖行业的极大关注。

该所下设营业厅，经营的品种繁多、规格齐全，饲料机械、饲料原料、添加剂应有尽有。

该所主办的《新兴饲料》，是用通俗语言宣传高新技术及高科技产品的科普刊物，免费赠阅，用户从中得到知识和信息，被称为不用花钱就能请到家的良师。

锦州众兴工贸公司辽微生物饲料厂

地址:辽宁省锦州市凌河区解放路 4 段 13 号
邮编:121000
电话:0416—3159583

该厂是辽宁省微生物研究所、辽宁省饲料研究所、锦州众兴工贸公司合作创办的股份制企业。是一家以生产饲料及制剂为主，集科研、生产、经营为一体的高科技企业。其中植酸酶、微生态益生菌粉已通过辽宁省科技成果鉴定，《生物饲料产业化基地建设项目》列入 1999 年国家“星火计划”。主要产品有众兴牌植酸酶、微生态益生菌粉、益生素。

以科学的管理、先进的技术、完善的服务和诚实的经营理念致力于饲料生物工程技术领域的发展。

铁岭华银集团股份有限公司饲料厂

地址:辽宁省铁岭市银州区汇工街 168 号
邮编:112000
电话:0410—4607952　4607984
传真:0410—4606479

该厂是华银集团下属的骨干企业之一，是与美国康地饲料添加剂(北京)有限公司技术合作的现代化饲料生产企业，又是国家农业部认定的中型二档乡镇企业。厂区占地 2 万平方米，1996 年始建，1997 年 5 月正式投产，总投资 3024 万元，年生产能力 10 万吨，

采用国内先进的设备和工艺，用全电脑有效氨基酸平衡法科学配方，微机指挥生产操作，所产的肉鸡、蛋鸡、种鸡、肉猪、鱼用系列全价配合饲料和浓缩饲料，均经国家、省、市质检部门检测合格，肉仔鸡前期配合饲料(代号 510)和中(代号 111-30)、后(代号 113-30)期浓缩饲料，1998 年被评为辽宁省饲料工业协会列为推荐产品。产品投放市场以来深受广大用户的欢迎和好评，除供应本地市场外，还远销吉林、内蒙古、河北、黑龙江等地。

1998 年全厂生产了各种饲料 32，300 吨，销售饲料 31，000 吨，分别比 1997 年增长了 67%，全年完成销售产值 8217 万元，实现利税 617 万元。比 1997 年增长 65%和 60%。1997 年被铁岭市委、市政府授予发展乡镇企业“先进单位”称号，厂长(法人代表)张海文荣获铁岭市“先进企业厂长”和辽宁省“优秀乡镇企业家”称号。

中外合资大连伟嘉畜牧业发展有限公司

地址:辽宁省大连旅顺东泥河
邮编:116043
电话:0411—6260212
法人代表:许淑芬

该公司是全国著名的韩伟先生与台胞施嘉郎先生合资兴办的大型蛋鸡饲养企业，是大连市“菜

篮子”工程的骨干企业，所产鲜蛋占大连市场需求量的1/3，为保证大连市民的鲜蛋供应做出突出贡献，被评为辽宁省和大连市外商投资先进企业。

公司集种鸡、孵化、蛋鸡饲养、饲料加工、营销于一体，有注册资本242万美元，固定资产2200万元，年营业额达到7000多万元。

公司有高标准饲养水平的种鸡场，年饲养直接从美国引进的海兰白、褐父母代种鸡3万余套，年产合格种蛋500万枚，授精率可达到96%。公司有国内设备一流的孵化场，引进全套荷兰全自动孵化设备，年可孵化种蛋500万枚，孵母雏200万只，授精卵孵化率达88%以上。可常年向社会提供海兰白、褐商品代种蛋和鸡雏。公司有大型现代化的蛋鸡场，存栏蛋鸡达51.4万只，年产鲜蛋1500多万斤。公司有高质量的饲料加工厂，年可加工配合饲料3万吨，浓缩料4500吨，并设有饲料质量检测室，随时可对饲料进行常规含量检测和毒素分析。可常年对外加工浓缩饲料。公司有专门鲜蛋销售经理部，在大连市区设有80多个销售网点，所产鲜蛋直接提供给广大市民，日销售鲜蛋3.5—5万斤。

公司技术力量雄厚，有教授、专家等高、中级专业技术和各类管理人员。公司重信誉，守信用，以“求新务实，敬业乐群”为企业精神，以科学管理为手段，以经济效益和社会效益为宗旨，决心为加速我国的畜牧业发展，赶超国际先进水平做出不懈的努力。

富康源饲料有限公司

地址:大连开发区金马路金马大厦2102室
邮编:116600
电话:0411—7619942　7610804
传真:0411—7619942
法人代表:刘忠权

该公司成立于1996年，经过几年的艰苦创业，已经发展成为东北地区较大规模的饲料生产企业之一。

公司在美国富康技术的基础上，结合中国养殖业的特点，从现代饲料营养学角度出发，经过众多国内外专家的反复论证，通过最先进的电脑选配和严格的生产控制，向中国饲料工业和饲养业提供可靠的高品质产品和高质量服务。其系列产品经过多次严肃的现场生产试验证明，能够充分地满足畜禽生产需要，具有极高的实用性。

产品主要可用于肉鸡、蛋鸡、种鸡、猪、牛、羊、兔、鸭、鱼、狗等配合饲料。90系列多维素、60系列1%添加剂预混合饲料、FC系列5%预混料、FC系列C10%—30%浓缩饲料、E+E配方软件。

公司积极为客户提供最优质的服务，有动物营养专家、兽医专家，随时提供生产技术、饲料配方及兽医服务。

富康源承诺:致力于中国饲料工业发展永远高品质高效益。

并愿在精诚合作的基础上，与广大饲料同行开展合资、合作经营，以可靠的先进技术和管理，促进民族饲料工业高品质、高效益发展。

大成食品(大连)有限公司

地址:大连瓦房店市炮台镇腾飞路26号
邮编:116308
电话:0411—5250495

该公司是由台湾大成长江集团与日本丸红株式会社境外合资成立的从事肉鸡一条龙垂直整合经营的企业，投资2300万美元，现有员工3000余人。公司下设:

种鸡场:引进最稳定遗传基因的父母代种鸡，采用美国进口全封闭鸡舍，自动化给料、饮水、称重、通风、保温、采光，两段式生物安全体系控制，采用国际先进的AA生产管理技术。

孵化场:采用日本IP公司制造的隧道式全自动孵化设备及生物控制，向养殖户提供健康、整齐鸡雏。二期工程结束，年出雏能力可达3100万只。

饲料厂:年生产能力20万吨，引进全套美国饲料生产设备，实现了从原料接收到饲料制造直到产品包装的全过程的电脑自动控制，采用集团公司提供的国际先进的平衡有效氨基酸(Available AminoAcid)配方技术，生产出平衡、稳定、经济、高效的全价饲料和基础精料，同时采用先进的品管技术，所有的原料都按照设计配方，通过严格、精确的化验手段选择符合标准的原料。生产出的每批饲料都经产品管部门检验合格方可出厂。公司已研制生产出16个系列50余个品种的产品，同时，在销售中以董事长陈福狮先生所说的“让一家一户的农民真正赚到钱，才是公司赚钱的基础”为原则，经常聘请专家学者召开研讨会，直接与广大养殖户进行信息交流，提高养殖水平。同时实行肉鸡饲养“一条龙”政策。

肉品厂:按国际最先进食品生产安全模式设计，采用荷兰LINCO公司的屠宰设备及美国MYCOM冷冻机组，全不锈钢操作台。规模屠宰8万只。并在1998年已通过ISO9002国际质量体系认证。

大连正大实业有限公司

地址:普兰店市铁西办事处马虎岛村
邮编:116200
电话:0411—9690640　9691047
传真:0411—9691140
法人代表:王仕凯

该公司是正大集团农牧企业的附属企业之一，

成立于1995年12月21日，是由泰国正大集团独资兴建的大型饲料企业，总投资1400万元人民币，主要生产猪、鸡、牛、鸭饲料和鱼虾饵料等8大系列近30个品种。公司依托正大集团完善的管理体系，先进的技术和雄厚的资金力量，本着“发展畜牧，造福地方”的企业宗旨，一经投产就得到广大养殖户朋友的欢迎和支持，销售直线上升，产品供不应求。为此，公司从日本、英国、新加坡等国引进了先进的生产设备，多次扩充产量，以满足市场需求。目前公司年产量已达到6万吨，年产值达1亿元人民币，员工近100人。

为维护正大品牌一贯高品质形象，集团实行统一的配方管理。公司严把原料、生产和成品质量关，力求尽善尽美；同时公司长年义务开展各项技术服务，帮助养殖户解决饲料中的疑难问题。建厂3年多来，公司屡获殊荣，1997年获得大连市“重合同守信用单位”、“质量信得过单位”和“先进技术企业”称号，1998年再获大连市“AAA级信用单位”称号。

大连翔大饲料有限公司

地址:大连经济技术开发区松岚街11号
邮编:116600
电话:0411—7308298
传真:0411—7308538

该公司是由一批致力于饲料畜牧业发展的年轻专业人员共同投入创建的高新技术企业，主要生产、销售添加剂预混合饲料、添加剂浓缩饲料等核心产品。

公司以市场为导向进行新技术和新产品开发，并建立了完善的技术服务和技术创新体系。

公司充分发挥高新技术企业的资源优势，通过资源的有机配置，启动和利用社会资产，全面进行资本运作，同时以高科技饲料核心产品为载体，以技术、人才、文化、品牌、管理等资源为纽带组建农牧企业集团，实现高科技产业化及农业产业化。

大连翔大饲料有限公司致力于成为“学习型、创新型”企业，创造社会价值，为人类健康做贡献。

辽阳石油化纤公司金兴化工厂

地址：辽宁省辽阳市宏伟区西环路9号
邮编：111003
电话：0491—5154095
联系人：王铁成

该厂是一个集化工、炼油、化纤和化纤制品生产于一体的中型企业。本厂于1999年5月成立，是由有20余年建厂历史的原辽阳石油化纤公司化工实验厂和原辽阳石油化纤公司纤城化工厂通过强强联合组建而成。通过资产重组形成了优势互补的新格局，使企业更具竞争力，现全厂共有15套生产装置，有4套装置与港、台、韩合资。主要产品有氯化胆碱，三乙醇胺、双环戊二烯、尼龙66切片、粗己二酸、IVGP－20绝热板粘结剂、再生尼龙66切片、涤纶短纤维、工业级二氧化碳、二羧酸二异丁酯、对苯二甲酸多元醇混合酯、工业级丁二酸、工业级戊二酸、锦纶丝袜、工程塑料、白油、机械油、汽机油、液压油、L－HM液压油、环烷酸、醋酸甲酯和4、5、6碳二羧酸。

全厂有职工2400余人，其中各类专业技术人员500余人，拥有固定资产1.2亿元，年销售额超亿元。本厂设备、工艺先进，技术力量雄厚，有完善的管理机制和先进的测试手段。为确保产品质量稳定、可靠，按照BG／TI9002－1994、ISO9002、1994年《质量体系生产、安装和服务的质量保证模式》标准，进行质量保证体系的运作，并通过了ISO9002质量认证审核，从而使质量稳定提高，产品销往国内20多个省市，并出口韩国、美国、德国、日本、英国、比利时等10多个国家，深受用户欢迎。

氯化胆碱装置的生产规模为年产氯化胆碱水剂8000吨，生产工艺和关键设备达到了国内先进水平，自1993年经辽宁省畜牧局批准投产以来，产品的各项指标都很稳定，1998年被评为市名牌产品，得到了广大用户的认可和好评。该产品除在本厂销售外，还在哈尔滨等地设立了销售办事处和咨询服务站。

工厂奉行“质量第一、信誉第一、用户至上”的原则，愿以优质的产品、优惠的价格、迅捷完善的服务与您互惠互利、共同发展。

吉林正隆饲料有限公司

地址：吉林省长春市长沈公路1043公里处
邮编：130103
电话：0431－5031168
传真：0431－5030058

该公司建于1992年，单班年生产能力15000吨，生产全过程均由电脑自动调控，同时，公司品管系统以先进、精密的检验设备，为选用优质原料和生产高品质产品提供可靠的保障。公司拥有较强的技术力量，聘用了高级畜牧师做技术指导，致力于畜、禽、鱼的全价配合饲料和浓缩饲料的生产与新产品开发。产品有蛋鸡料、肉鸡料、种鸡料、猪料、鱼料、牛料、鸭料各种畜禽饲料10几种。1997年以来新开发添加剂混合饲料，比例有1%、2%、4%、5%、6%等几10个品种，而且已建成了20000套的种鸡场，占地面积达15000平方米，正在兴建日屠宰1万只鸡的肉品加工厂及贮量为100吨的肉品冷库。

公司稳定的产品质量、良好的使用效果，使产品在竞争中脱颖而出，“正隆”牌系列饲料在同行业饲料评比中荣获“吉林省农民信得过产品”称号。1998年全国饲料统检551料为合格产品，几年来省市各级质量技术监督局抽样检验均为合格产品，在1999年中国质量万里行吉林省质量热点跟踪活动中获“好产品”称号。

吉林省宏达饲料有限公司

地址：吉林省长春市宽城区兰家镇
邮编：130114
电话：0431－2659284
法人代表：刁海军

该公司座落在长春市北郊，占地面积27000平方米，在原有时产10吨生产能力的基础上，1999年10月又建一座时产15吨颗粒料的生产车间，固定资产投资达1500万元，生产能力达到时产25吨，本公司可以生产鸡、猪、牛、鱼等多种动物粉状、颗粒饲料，包括各种预混料、浓缩料和全价料，可以按用户需求生产各种饲料。

公司是一个新生民营饲料加工企业，视质量为生命，靠信誉求发展。

吉林省卓越实业有限责任公司

地址：吉林省辉南县杉松岗镇
邮编：135114
电话：0448－8762800
传真：0448－8762911
法人代表：郑方银

该公司是省内畜禽养殖业中起步较早的厂家之一，公司自1985年成立至今，在省财政厅扶持下，已发展成为集种鸡饲养、种蛋孵化、肉鸡加工、饲料生产为一体的综合性企业，到1998年末，公司拥有固定资产1.2亿元，员工700人，其中大中专毕业生及各类技术人员150人。

1990年建厂，1992年开始投产，年生产能力3万吨，1997年聘请多名技术专家和管理人才对饲料厂进行较大的技术改造和扩建，年生产能力已达10万吨。生产的“卓越牌”高质量档次系列饲料包括肉鸡、蛋鸡、种鸡、猪、鱼以及牛、羊等家畜、家禽全价配合饲料、浓缩饲料、颗粒饲料30余种，具有品种全、质量高、价格合理、防病保健等优点。1997年该产品被省消费者协会评为“质量信得过产品”，被通化市人民政府授予“公平交易、无假单位”，1998年被省技术监督局列为推荐产品，1999年被长春市消费者协会授予“农民消费者致富好帮手”荣誉称号，并由太平洋保险公司承保。

卓越公司始终以“卓越饲料，卓越品质”为宗旨，以高新技术为先导，不断研制、开发质量优异的新产品，饲料销售量每年以30%的速度递增，1998年实现利税500万元。

长春市华龙饲料厂

地址：吉林省农安县亮衣门
邮编：130200
电话：0431－3232957
法人代表：周向德

该厂1985年5月开始筹建，从美国MEC公司引进具有世界先进水平的饲料生产线，1989年正式投产。年生产能力18万吨。

该厂生产的“旺龙”牌系列饲料产品分8大类，82个品种。主要有肉鸡、蛋鸡、种鸡、仔猪、育肥猪、种猪、肉牛、鸭、鹅、鱼等添加剂预混合饲料、浓缩饲料和全价配合饲料。

该厂的豆粕车间年可加工大豆50000吨、产豆粕40000吨、豆油7500吨、磷脂1000吨。

该厂是集饲料生产与大豆加工为一体的国有中型企业，占地面积13万平方米，建筑面积16500平方米，固定资产总额为5300万元。现有职工513人，其中专业技术人员117人，大中专毕业生占职工总数的21.2%，技术力量雄厚。

该厂坚持以“质量第一，信誉第一，服务第一，用户第一”为宗旨，产品深受广大用户的信赖和好评，销售范围遍布东北及内蒙古等地。企业也先后获得“1993全国饲料工业百强企业”、省“经济效益十强企业”、“省级三好企业”、省“企业管理十佳单位”等荣誉称号。

长春市九星经贸有限公司

地址：吉林省长春市吉林农业大学商业街
邮编：130118
电话：0431－4510868
传真：0431－4517701
法人代表：宋春雨

该公司始建于1994年，是集饲料生产、原材料经营和信息服务为一体的民营饲料企业。公司下属企业有：长春市九星经贸有限公司饲料厂、长春市九星经贸有限公司榆树饲料分公司、长春市神农信息咨询有限公司、直属饲料原料经理部。生产规模为年产2万吨浓缩和配合饲料。

公司始终坚持“以技术为先导、以质量求生存、以市场求发展”的方针，全方位的客户服务体系展现出勃勃生机。公司现生产猪、禽、鱼、牛、犬等20几种全价和浓缩饲料，其中猪浓缩饲料、肉鸡颗粒和浓缩饲料是公司的拳头产品，深得广大用户的好评。1998年实现销售收入3600万元，创造了良好的社会效益和经济效益。

在激烈的市场竞争中，“九星”和“好咪咪”两个品牌的饲料产品脱颖而出，稳定的质量、良好的信誉在用户群中创立了良好的品牌效应。

哈尔滨市华达饲料制造有限公司

地址：哈尔滨市香坊区幸福乡第109中学
邮编：150038
电话：0451－5300642
传真：0451－5328634

该公司以“高质、价廉、让利于用户”为创业指南。公司技术力量强大，有以刁新平等3位营养学博士、硕士组成的技术部，聘请了东北农业大学禽病专家刘哲仁教授为顾问，并有一批年青化、专业化、极富挑战性的销售队伍。

公司开发研制的“誉华达”牌系列浓缩饲料，系采用最新科学配方，利用优质饲料原料，按严格操作规程配制而成的，内含各种维生素、微量元素、氨基酸、促生长剂、抗病药物及抗氧化剂等物质，可满足畜禽不同品种、不同生长阶段的需要。该公司产品严格按推荐配方使用，辅以科学的饲养管理，可保证获得动物最大的生长速度和生产性能，使用户得到最佳的经济效益。

经一年多的努力，公司在饲料销售量稳步增长的基础上，又投资兴建了华达种鸡场、华达孵化场和华达兽药厂。种鸡场和孵化场已初具规模，兽药厂也已研制开发了十几个品种，并于1999年全面推向市场，这将为发展畜牧业，振兴黑龙江省经济做出巨大贡献。

哈尔滨市新胜饲料制造有限公司

地址：黑龙江省哈尔滨市电碳路4号
邮编：150038
电话：0451—5692715

该公司建于1985年,有职工100余人，其中具有高、中级技术职称的管理、科研人员占职工总人数的30%以上。1997年，公司投资500多万元，完成了改扩建工程，1998年又投资100多万元兴建了年加工大豆3万多吨的油脂车间并于当年12月1日正式投产运行，从而走上了集原料供应、产品加工、销售为一体的发展道路。1999年投资50多万元又兴建了颗粒料生产车间，年加工能力已达4万多吨，1998年销售各种畜禽饲料3.7万吨。生产的6大系列几十种饲料和油脂产品以其质优价廉的特点赢得了广大用户的厚爱。在日益激烈的市场竞争中立于不败之地。

哈尔滨市光明饲料有限责任公司

地址：哈尔滨道里区通达街347号银恒大厦15层
邮编：150076
电话：0451—4536677
传真：0451—4522980
法人代表：张鸣理

哈尔滨光明饲料有限责任公司创建于1989年，是黑龙江省集科、工、贸于一体的民营饲料生产企业。拥有两个生产厂，3条饲料生产线，可生产畜、禽等添加剂预混合饲料、浓缩饲料、全价颗粒饲料等，年生产能力10万吨。

公司发展10年来，吸引了一批优秀人才加盟。现公司员工90%以上是本科学历，博士生导师1名，硕士研究生2名。光明人以“做实事求是的人，产精益求精的料”，作为企业行为准则，为广大用户提供高品质、高效益的产品。1997年2月省质量监督检查协会、省质量管理协会、省消费者协会认定：“光明系列饲料为黑龙江省知名品牌”，同年省技术监督局质量信息站授予“315特别推荐产品”1998年被哈尔滨市工商局评为“哈尔滨市先进私营企业”、“重合同、守信誉”单位，被中国技术监督情报研究所、中国质量检验协会评为“质量振兴先进企业“。产品被评为“质量达标产品”。

哈尔滨神农微维饲料有限公司

地址：黑龙江省哈尔滨市香坊区公滨路201号
邮编：150030
传真：0451－5319739
电话：0451－5303629　5303593

该公司是东北农业大学微维饲料添加剂厂与日本国普罗米斯株式会社帕璐投资（开麦）有限公司组建的中外合资企业。注册资本3000万元人民币，添加剂预混合饲料、浓缩料年生产能力1万吨。

产品主要分9大类，60多个品种，适用于各层次的大、中、小型饲料厂、预混合饲料厂、浓缩饲料厂、养殖场及个体用户。高科技人才、先进的科学配方、一流的自动化生产设备、严格的品控手段，使微维系列肉鸡用产品被评为首届亿万农村消费者信得过产品金奖，是省星火计划、国家级火炬计划的重点项目。

哈尔滨香坊配合饲料厂

地址：黑龙江省哈尔滨市动力区安通头道街18号

邮编：150046

电话：0451－2682187

传真：0451－2682187

法人代表：黄国华

该厂隶属于哈尔滨市粮食局市饲料集团公司。始建于1985年，1987年4月正式投产，全套设备由瑞士布勒公司引进，微机控制全部生产过程。固定资产1835万元，工业产值9800万元，年设计生产能力10万吨。工厂占地面积2.6万平方米，职工247人。其中高级会计师、高级畜牧师、高级工程师各一名。生产配合、浓缩、颗粒、预混、膨化饲料五大系列38个品种，产品畅销东北、华北，并辐射到俄罗斯，营销网点138个。

公司产品连续多年被省、市主管部门评定为“知名品牌”和“保护产品”。该公司在创建精神文明建设中被省有关部门授予“青年文明号”。多年来一直是省、市、局、主管部门的“先进单位”。1998年又被哈尔滨市第27届劳模大会评为“先进单位”。

哈尔滨三棵树配合饲料加工厂

地址：黑龙江省哈尔滨市太平区通港街3号

邮编：150050

电话：0451—8693844

该厂始建于1980年，占地面积16588平方米，固定资产666万元，职工220人，年班生产能力2万吨。

自1985年正式投产以来，始终把“质量求生存、技术求进步、效益求发展”作为企业发展振兴的基础。1988年首批晋升为国家二级企业；先后荣获商业部、哈尔滨市质量管理奖；省级文明单位；计量管理、档案管理、财务管理国家二级合格；全面质量管理一级合格企业。主要产品有蛋鸡、肉鸡系列配合饲料和奶牛精料补充料、猪、鱼及其它品种配混合饲料。其中，主导产品“龙秀牌”蛋鸡、肉鸡配合饲料曾分别被评为商业部、省、市优质产品；省粮食系统名牌产品。

哈尔滨大生饲料有限公司

地址：黑龙江省哈尔滨市香坊区香福路5号

邮编：150038

电话：0451－5319391　5319404

传真：0451－5319401

该公司是黑龙江省农垦总局哈尔滨分局与香港大生行饲料有限公司合资兴建的饲料加工企业。投资总额为548万美元，注册资本526.32万美元。其中，哈农垦分局占75%，港方占25%。公司1993年7月投产，合资经营年限为30年。

公司的全套生产设备从荷兰和捷克进口，具有90年代国际先进水平。年产量为9万吨。公司检测设备齐全，手段先进。产品配方主要由英国动物营养学专家提供。重要原料由港方从国外进口。公司有大、中专以上学历者占员工总数的75%。主要产品：“大生”牌猪、鸡、牛、狗的全价颗粒料、浓缩饲料、添加剂预混合饲料。产品主要销往东北三省、河北、内蒙。产品质量优良，深受用户好评。

哈尔滨市宏达兽药饲料添加剂厂

地址：黑龙江省哈尔滨市南直路副256号

邮编：150056

电话：0451－2424400　2721714

法人代表：史春

该厂始建于1995年6月，占地面积4000平方米，建筑面积2200平方米，员工123人，其中高级技术人员8人。固定资产2000万元，流动资金800万元。注册商标为“红塔”牌。主要产品有饲料添加剂、药物饲料添加剂、兽用消毒剂和水针剂等4大系列，共50多个品种。

具有丰富的生产和管理经验，全厂的技术人员占职工总数的80%，自1995年6月成立以来，以优质的产品，全新的售前、售中、售后服务，被省主管部门评为1997、1998年“产品信得过”企业。

化验仪器具有国际90年代先进水平。有4条针剂流水线，严格按国家有关法律、法规组织生产，深受广大用户的欢迎。

哈尔滨阳光科技发展有限公司

地址：黑龙江省哈尔滨市道里区哈双路1.5公里

邮编：150078

电话：0451－4314001

传真：0451－4335100

该公司是专业生产畜禽饲料添加剂的高科技产业，原名哈尔滨正大饲料有限公司，始建于1997年初，总投资3700万元，年产能力20万吨，主要生产猪、鸡、牛、鱼、鸭、狗6大系列80多个品种，经过两年多的发展，现已跻身于黑龙江饲料业的前三位，公司于1999年元月更名阳光企业。

公司生产饲料添加剂等高科技产品，采用电脑配方，并聘请专业配方师和资深动物营养专家，从生产到销售，从原料进厂到成品出厂，具有一套完整的科学管理体系。“利珠”牌系列饲料在1998年“东北三省百家畅销民营品种展示会上被评为“大众认可品牌”，并出口俄罗斯。

公司设有专家级技术服务队伍，深入到养殖户中传授技术，讲解各品牌饲料的科学使用方法，在东北市场形成了有自我特色的服务网络，为带动东北饲料业的发展做出了成绩。

哈尔滨美龙饲料有限公司

地址：黑龙江省哈尔滨市道里区机场路317号
邮编：150078
电话：0451－4101321　4100371
传真：0451－4100351
电挂：3366

该公司由黑龙江生物制品二厂与香港利亨农业有限公司于1993年合资兴建，是以生产畜禽浓缩饲料、预混合饲料为主的专业化、现代化企业。占地2.5万平方米，拥有美国进口的自动化生产设备及检测仪器，由美国著名营养专家钟伟彤（DR. J. K. RAYTON）博士提供适合东北地区饲养特点的系列电脑配方与生产技术。经过5年的发展，现已开发出各种动物饲料57个品种，销售网络覆盖东北三省及内蒙部分地区，年销售近万吨。美龙牌浓缩饲料得到了用户的普遍认可，并获得了农业部全面质量管理达标证书。其中，产蛋鸡浓缩饲料“553”荣获首届中国饲料工业博览会认定产品，美龙牌系列浓缩饲料获得了省质量监督局颁发的“产品信得过”荣誉证书，并荣获1998年3.15省技术监督局特别推荐合格产品。

上海众望饲料有限公司

地址：上海市金山区枫泾镇
邮编：201501
电话：021—57351772
传真：57358035

该公司始建于1995年6月，是民营独资企业，总资产1501万元，其中：固定资产339万元，流动资产896万元，公司占地面积4131平方米，建筑面积1591平方米，现有职工人数58人，其中：工程师5人，技术员15人。

公司以浙江农大为技术依托，汇集社会精英，采用先进的生产技术和管理模式，在上海、安徽、河南、山东等地设立了5个分公司和3个直属企业，现已形成年产20万吨饲料的生产规模和亿元产值的生产能力，并以上海为基地，逐步幅射全国。在金山枫泾地区设立了上海众望饲料添加剂厂、上海金大饲料有限公司和上海众望饲料有限公司、上海众望春雷蕾花肥厂4个分支机构。

近年来，公司以人为本，以科技为先导，面向农牧业，开发了无抗生素“绿色饲料”、防病促长灵、动物营养液、植物营养液、PSB光合菌、FA黄腐酸、育花精、抗旱剂等多种高新技术产品，特别是具有国际先进水平和国内首创的“绿色饲料及添加剂”，荣获1997年上海科技博览会金奖、1998年全国“星火杯”发明竞赛金奖和“中华名牌商品”称号。

1998年工业总产值7500万元，销售收入7125万元，利税144万元。

公司在上海市10万家私营企业中，被评定为“上海市百强企业”排序第47名，1998年度上海市两个文明建设先进单位，区重点达标企业之一。

上海福达精细化工有限公司

地址：上海松江区荣乐东路66号
邮编：201613
电话：021－57743485
法人代表：杨为民

该公司系上海交通大学与上海松林工贸有限公司于1995年合资组建，是上海交通大学产、学、研的又一硕果。近4年来，依靠科技力量，依靠社会各界支持和广大用户的厚爱，公司已初具规模。

公司主要产品是用于饲料和食品的抗氧化剂—乙氧基喹啉原油与粉剂，气雾型防霉剂—霉克新星。年内已投产第四代高效消毒杀菌剂。接下来准备投产的产品还有胎盘素与胎盘溶素，BT军工材料等。公司生产的乙氧基喹啉的特色是：原油在产品纯度方面已经超过美国FDA标准五个百分点，粉剂在同类产品中具有最好的流动性，具有较强的市场竞争能力，年产销达1500吨，产值1850万元。本公司生产的防霉剂是新一代复合型防霉剂，具有抗菌谱广、抗菌时间长、防霉效果卓越的特点。年产销1000吨，产值900万元。目前这两项产品是上海大江集团有限公司定点使用的产品，同时也销往全国各地的饲料厂、鱼粉厂等单位，1999年公司产品已被泰国正大集团公司认可，并出口泰国正大企业使用。

产品工艺技术：高效催化剂；反应温度的动态设定；较高的反应速率；较高的反应物摩尔比；反应气相控制；生产过程的动态控制；高的原料转换率。

产品质量：空气气氛下制得产品纯度为≥95%，氮气气氛下制得产品纯度为≥98%，已超过美国FDA标准（90%）和国际上该产品最著名的生产公司美国孟山都公司产品指标（90%），达到了该产品的国际先进水平。同时产品经鉴定评审已被列入上海市星火计划项目，1997年8月被上海市科委认定为科技新产品，1998 年 11 月已获上海市高新技术成果转化项目证书。

公司现有员工总数 43 人，其中大专以上 12 人（其中高中级科技、管理职称 8 人），占员工人数 28%；中专以上 19 人，占员工人数 42%。

上海正诚公司机电制造有限公司

地址：上海市松江区茸北工业区五龙路
邮编：201613
电话：021－57781599
传真：021－57780193

该公司位于上海市松江工业开发区，是美国独资企业，主要从事饲料加工厂机电设备的设计、制造、安装等业务，并承接其他相关行业的机电产品设计、制造。公司拥有 6300 平方米的生产车间和电控设备组装工作室，所拥有的企业技术力量雄厚，有许多从事饲料工艺及加工设备多年的专业技术人员，其中高级工程师 4 人，工程师 20 多人，能承接 1－50 万吨级自动化饲料生产流水线的交钥匙工程，并可按客户要求设计、制造、安装各种类型机械设备，电控设备以及钢结构车间、库房、圆筒仓。价格合理、服务周到、质量上乘、使用满意。

公司独立设计、制造、安装的全钢结构年产 12 万吨级配合饲料加工厂已经定型，工厂设计布局合理，整个生产车间以进口 H 型钢为框架，外壳采用当今流行彩色压型板，设备根据客户需求选用进口或国内名牌产品或采用本公司生产的优质产品，控制系统采用与美国威斯康新电器公司合作生产的 WEM F－3000 型电脑模拟控制屏，并配以该公司自行设计、制造的 PLC 自动控制系统。

公司依托自身的优势引进国外的先进技术，及时消化吸收，致力于新产品的开发，已先后开发了 1－50 万吨级饲料厂所需全套机电设备，其性能指标均达到国外同类水平，无论在外观还是性能等方面都可与进口产品相比。公司仍将不断开发新产品，以满足客户的不同需求，在国内饲料机械行业中保持领先地位。并向印度等国出口小型饲料加工机组。

公司坚持质量第一、信誉至上的服务宗旨，为饲料行业同仁提供一流的技术，一流的服务，受到客户普遍的好评，并使客户产生了很好的企业效益和社会效益。公司在 1996 年 5 月“首届中国饲料工业博览会”上受到中央有关部委领导的关注，并在中央电视台作有专题报道，参展产品在博览会上评为认定产品奖，在“1996 国际饲料机械与添加剂博览会”上又颁发了优质产品证书。

1998 年 7 月又顺利通过了 TUV 国际权威认证机构对本公司 ISO9001 国际质量体系的注册认证，标志着产品质量的档次又上了一个新的台阶，为中国的饲料工业迈入国际市场奠定了坚实的基础。

上海新杨兽药厂

地址：上海市真南路 3060 号
邮编：200331
电话：021—62506486 62500494
传真：021—62506350
法人代表：龚新威

该厂是国内率先生产饲料维生素添加剂的兽药厂。1984 年与中国牧工商（集团）总公司联营后，形成了集科研、生产、经营为一体的国有专业化企业。目前的生产能力已达到年产复合维生素系列、兽药系列产品 500 吨的规模，品种近 40 种，年经营额 3000 万元左右。

“新杨牌”系列产品选料精良，配方由全国著名营养学专家设计，先进的进口设备、生产工艺、精制的包装、产品的测试、质量管理等诸多方面均处于国内领先水平。产品在全国畜牧业、饲料行业中享有较高的声誉，近年来荣获国家级、部级、市级名优产品奖、质量奖，产品推荐奖项达 20 余次，企业被授予“中国饲料工业行业百强企业”、中牧集团“十强企业”、“中国畜牧兽医科技进步企业”等光荣称号。在取得良好社会效益的同时，又取得了较佳的经济效益。建厂以来共创净利 2386 万元，上交国家税收 946 万元。

全厂干部员工正按照党的十五大精神，加快企业改革步伐。同时，按 GMP 标准进行针剂车间建设，新增年产油水针剂 350 万瓶（支）的生产能力，从而以更高的目标，更高的要求，为我国畜牧兽医事业的发展作出新的贡献。

国龙科技饲料（上海）有限公司

地址：上海市中山北一路 1230 号柏树大厦 A 区 2805 室
邮编：200437
电话：021－64444501 6544712
传真：021－65444502
E-mail：ghtc@public.sta.net.cn

该公司系美国国龙高技术公司在华独资企业。美国国龙高技术公司系由一批中国大陆留美博士所创立，这批博士凭借其在动物营养、生理生化、畜禽疾病防治、饲料制造等研究领域所取得的卓越成就，从事高新饲料产品及动物营养保健品的研究开发，专门生产畜禽、鱼类等添加剂预混合饲料及浓缩饲料系列产品，并为客户提供全新的技术服务。除国龙（上海）公司外，美国国龙高技术公司在中国大陆还建有数家合资企业。

国龙科技饲料（上海）有限公司以振兴中国民族饲料工业为己任，以雄厚的科技力量为依托，采用国际上最新科研成果，专门生产畜禽添加剂预混合饲料及浓缩饲料。国龙预混料配方设计别具一格，制造工艺独具匠心，质保体系严密完整，主要原料由国外进口。按推荐比例使用国龙预混合饲料，可完全满足畜禽营养需要，最大限度发挥畜禽生产潜能，使生产者获取最大经济效益。

现公司经营范围：5%猪、禽、鱼添加剂预混料系列；1%猪、禽、鱼添加剂预混料系列；4%、5%、6%猪、禽添加剂预混合饲料系列；全价颗粒饲料系列；生物制品及动物保健品。

上海展望企业集团

地址：上海市嘉定区马陆镇宝安公路2968号
邮编：201801
电话：021—59157964　59159209－8101
E-mail:shzwjt@onlnie.sh.cn
http://www.chinazhanwang.com

该集团是集畜禽水产饲料、机械、畜牧、食品、生物制品的科研和生产于一体的民营企业集团，拥有2亿元资产，14个子公司分布于我国大江南北；以世界著名动物营养学博士美国专家波西曼先生为首的一大批有博士和硕士学位的人才，领导着集团的科研开发、生产技术和经营管理工作，并向世界先进水平挺进。目前，企业主要生产经营食品、机械、生物制品、畜禽育种以及畜禽水产饲料等产品。其中生物制品"展望生命蛋"先后获得"第十届全国星火杯发明创造银奖"、"'97 上海第四届科技博览会科技银奖"。饲料产品中乳猪、仔猪饲料双双获得中国首届饲料工业博览会质量认证证书；蛋鸡料荣获原内贸部、国家工商局、技术监督局和全国消费者协会"质量信誉"产品称号。

集团在全国实施的展望农牧发展工程是一个高科技高效益的现代化农业系统工程。它采用政府、企业、科研单位和农户共同参与的方式优化配置农业资源，以食品为龙头，养殖为基础，饲料为中心，高科技为支点，帮助农民迅速致富，为社会创造现代的农业文明。由展望农牧工程研究设计院负责工程的各项科技开发，集团各企业分工负责种群繁殖、苗猪培育、饲料生产、生物制品的营销，向农民提供优良种猪、优质饲料、饲料机械和技术指导等，收购农产品和畜产品直至加工成食品，以市场营销方式实现产、加、销，科、工、贸一体化。

集团5年来资本和产值年均增幅在50%以上，截止1998年底，产值逾4亿元，从业人员达1000余人，其中吸纳下岗职工350人。由于集团的出色业绩，罗正年先生荣获1998年度"嘉定区明星企业家"称号。

上海兽药厂

地址：上海市武夷路11号
邮编：200050
电话：021－62512430
传真：021－62512051
法人代表：虞广飞
E-mail:tongrend@online.sh.cn
http://www.shtrpc.com

该厂是上海同仁药业有限公司下属的实体企业，具有半个多世纪的兽药及饲料添加剂生产的悠久历史。近年来依靠科技进步，不断开拓具有国际一流水平的新产品，现有兽用水针剂、片剂、乳剂、粉剂、膏剂等多种剂型以及化学原料药、特种营养饲料等多元化产品，其中代表产品百虫杀（1%伊维菌素注射液）、球克（0.5%地克珠利预混剂）、超敌以及国内最早开发的上兽多维、蛋鸡多维、肉鸡多维、甲鱼多维、水貂多维等多种维生素系列。产品销售网络已遍及全国29个省市自治区。自1992年起，该厂先后与巴基斯坦、美国、沙特阿拉伯、澳大利亚开展出口贸易业务，7年来出口额递增40倍以上。随着具有国际先进水准的沙拉沙星、伊维菌素预混剂和地克珠利溶液等产品的研制成功，有力地增强了上兽牌产品在国际市场上的竞争能力，这些具备多类动物体内外杀虫作用的新产品已为国内外客商普遍看好并已连续出口亚洲、非洲、南美各国。上兽牌产品历年来曾先后获得"上海市创优赶超产品"、"上海市优质产品"，"农业部优质产品"和"上海市优秀新产品"奖；其中上兽牌多种维生素添加剂，注射液系列（A）、（B）1996－1998年连续3年荣获"上海名牌产品"称号。

上海大江（集团）股份有限公司

地址：上海市松江区谷阳南路26号
邮编：201600
电话：021－57822480　57820777
传真：021－57820072
E-mail:dajiang@dajianggroup.com
http://www.dajiang.com

该公司成立于1985年，是畜牧行业上市企业。公司集饲料生产、家禽饲养、肉鸡屠宰及食品加工、销售为一体，实行"产、加、销"一条龙作业。

公司现有祖代种鸡场5个、父母代种鸡场9个、商品代肉鸡场33个、饲料厂10个、现代化大型肉鸡屠宰厂4个和肉食品深加工厂1个，拥有国内流检测设施的动物保健中心、饲料品管中心、食品监测中心各1个。形成的年生产能力有：饲料220万吨、父母代种鸡苗300万套、商品代鸡苗1亿羽、商品代肉鸡5400万羽，每年向国内外市场供应10万吨鸡肉产品和近万吨深加工肉食品。

公司运用世界先进水平的粉碎机、混合机、颗粒机等全套设备生产"大江牌"饲料，整个生产工艺流程实行电脑控制。饲料品管中心拥有国际先进的常规和微量成分速测设施，中外专家和技术员对从原料验收到成品出库的全过程实行质量监控，保证生产出品质高、质量稳的大江饲料。

“大江”牌饲料有三大类：全价饲料、预混合饲料、浓缩饲料。包括猪、鸡、鸭、鱼、虾、牛蛙、鹌鹑、牛等系列饲料 80 余种，根据动物在不同时期的营养需要而精心配制。

1997 年起，“大江”牌饲料由上海市质量技术监督局推荐、太平洋保险公司上海分公司承保“产品责任险”。1994 年，上海大江获得“全国饲料和添加剂生产信得过厂家（公司）”称号；1995 年，上海大江位列“全国十大名牌饲料”；1998 年，“大江”牌商标（饲料、苗鸡、鸡肉）获“上海市著名商标”称号。

上海新农饲料有限公司

地址：上海市松江区松汇中路 132 号
邮编：201600
电话：021－57711194　57721608
传真：021－57721608

该公司创建于 1994 年，是一家集产、供、销于一体的私营企业。公司本着“以诚为本，以实待人”的宗旨热诚对待每一位客户。由于一开始即实施了股份合作制形式，将高科技人员的利益与企业进行了有机的结合，产品的品质得到了保障，产品的技术不断改进，品种不断推陈出新，使新农产品在市场上独占鳌头。

虽然公司经历了初期的艰难，但由于制定了明确的发展战略和长期的规划，并力求稳步发展，增强了其可持续性发展的潜力，进而使企业的竞争力随着市场环境的复杂而不断加强。公司虽然只有百余人，但是因为建立了一整套管理体系，建立了完善的管理制度，从而加快了内部的运作效率，使每一位员工的工作能力得到了充分的体现。“唯才是举”是新农一贯用人的方针。由于多元化的发展，也因为将产品定位于中高档的策略始终不变，使其在饲料行业中立于不败之地。

新农在诸多的坎坷中不断壮大起来，最终在华东市场取得了相应的成功。1998 年销售浓缩饲料 6000 吨。1998 年底开始起用的全价配合料厂，产销势头良好。

上海希望饲料有限公司

地址：上海市嘉定区马陆镇宝安公路 3416 号
邮编：201801
电话：021－59156896　59155534
传真：021－59155438

该公司是中国最大的民营科技企业——希望集团华东地区 24 家分公司的“龙头”，组建于 1992 年底，投资 1000 万元，现已形成年产饲料 20 万吨、产值 4 亿元的生产规模。自 1993 年 3 月投产以来，至今已累计销售各种饲料 60 多万吨，总收入达 15 亿元，实现利税 1 亿多元，为国家和地方政府创造了巨大的社会财富。并培育了 60 多位经销户和养殖户，使其成为百万富翁，希望集团的经营理念“让农民富裕，让市民满意，让政府放心”在上海希望公司得到了充分体现。

公司主营畜、禽、水产饲料，原料，饲料添加剂。它所生产的猪、鸡、鸭、鱼、虾、鹌鹑、驼鸟、种鹅、奶牛、兔以及浓缩饲料 11 大系列的 80 多个品种的优质饲料，经国家农业部、国内贸易部抽检，产品合格率均达到 100%。希望饲料和金豆饲料曾获国家星火科技成果二等奖和 7 个国家级金奖，是中国消费者协会评定的“向全国用户推荐宣传产品”，畅销全国 10 多个省市，销售网点已达 250 多个，“希望”品牌和“金豆”品牌已深入人心，被誉为“华东农民的希望之源”。“希望”牌鸡饲料现已远销中东和东南亚，为该公司产品的全面走向世界打下了坚实的基础。“高质量、低价位、优服务”是该公司永恒追求的主题。

本公司先后被评为“上海市 500 强工业企业”的第 190 位、上海郊县工业前 10 强、“上海市星级标兵单位”、“上海市产品质量跟踪单位”，企业信用等级为“AAA”，“上海希望经济城先进企业”（获特等奖），“嘉定区优秀私营企业”等，并以年产销量的逐年上升而成为华东地区的饲料生产基地。

上海新杨饲料工业有限公司

地址：上海市真南路 3010 号
邮编：200331
电话：021－62507686
传真：021－62507689－207

该公司是英国 MARLOW ASSETS LTD.与上海新扬种畜场和湖南湘大集团有限公司于 1992 年 6 月合资创建。总投资 575 万美元，注册资本 439.52 万美元。

公司集两家企业集团的先进生产技术，现代化经营管理手段和科学饲养经验于一体。全套引进一流的现代化生产设备和精密检测仪器，选用国内外优质原料，根据畜禽的不同生长期的营养需要，优选配方，生产过程实行电脑程序控制。生产各种品质优良的鸡、鸭、猪、牛、鱼、鹌鹑等 6 大系列百余个品种的配合饲料、浓缩饲料、添加剂预混合饲料。公司自 1993 年 3 月 1 日正式投产以来，生产规模、产品品种及销量逐年增长，年销配合饲料 10 万吨、添加剂预混合饲料、浓缩饲料 8000 吨。总产值可达 2.5 亿元人民币。公司产品在历年的质量、计量抽检中均为合格。1998 年被上海市政府授予“技术先进型企业”的荣誉称号。

公司的发展目标是由单一的饲料加工型企业逐步向饲料加工、禽畜饲养、食品加工、原料经营的综合型企业发展。同时，公司特别注重人才的开发与培训，年轻化、专业化、知识化是公司管理人员的基本特征。

公司将以精湛的技术、科学的管理、便利的地缘、精良的服务、可靠的产品赢得各方来客，为上海乃至全国的饲料行业、畜牧饲养及食品加工业贡献微薄之力！

上海市华青曾祖代肉鸡场申宝饲料厂

地址：上海市闵行区七莘路 2314 号
邮编：201101
电话：021－64190008
传真：021－64193685

该厂是上海市政府“菜蓝子”工程重点实施项目之一，于 1989 年建成并投产。拥有先进的技术和科学的管理，引进国外先进的生产设备和精密的检测仪器，选用国内外优质原料、优选配方，生产过程实行电脑控制，年产各种品质优良的畜、禽用添加剂预混合饲料 15000 吨，配合料 80000 吨，复合维生素 200 吨以及鳖、鳗、虾特种水产饲料专用粘结剂 a —淀粉 5000 吨。产品主要销往华东地区，历年来，均取得较为显著的经济效益和社会效益。“申宝饲料”品牌的知名度已越来越高。

1994 年被上海市饲料工业办公室评为先进单位。1996 年 8 月通过对厂承担的“饲料添加剂和添加剂预混合饲料国产化、产业化”科技兴农项目的技术鉴定，专家组认为“本项目设计合理、数据可靠，完成了项目原设计的各项考核指标，达到了国内外同类产品先进水平，尤其是肉鸭和罗曼蛋鸡的系列产品，饲养单位使用后取得明显的经济效益。”目前受到养殖户的普遍欢迎。

全厂员工，正以“团结，进取，创新，奉献”的精神，以“质量第一，用户至上”的宗旨，以“服务城市，致富农村”为己任，高标准严要求为全国畜牧业、饲料工业及“菜篮子”工程建设作贡献，同时愿与国内同仁携手合作，共图发展。

上海申藤畜禽有限公司

地址：上海市南汇县沪南公路张家桥车站东首
邮编：201314
电话：021－58581416
传真：021－58581353

该公司是由上海市食品进出口公司、上海市食品（集团）公司、上海浦东汇仑实业总公司、日本住金物产株式会社、日本沙米欧食品株式会社，于 1992 年共同创建，并由日方控股的中日合资企业，注册资本为 1389 万美元，总投资额为 2878 万美元。公司下设饲料加工厂、种鸡场、商品鸡场、食品加工厂及动物保健中心，是一个集饲料生产、肉鸡生产、加工、出口于一体的一条龙企业。公司拥有一批年富力强的技术骨干，还制订了严格的品控管理措施。公司年生产饲料 15 万吨，年饲养 AA 父母代种鸡 20 万套，年生产 AA 商品代苗鸡 1200 万羽，年出口肉鸡产品能力为 15000 吨。自创建以来，公司与美国康地公司一直坚持饲料生产技术合作，美国康地公司提供了具有世界领先水平的饲料配方技术。饲料生产设备从瑞士布勒公司成套引进。经过严格的品控管理，公司生产的鸡、鸭、猪、牛等多种系列饲料产品及其添加剂预混合饲料制品，受到广大用户的好评。公司还致力于绿色安全肉鸡产品的开发，绿色安全肉鸡产品深受日本消费者的喜爱。今年初，烤肉串车间的建成投产，进一步增加了公司的经济后力，将成为新的经济增长点。公司一贯主张质量第一、信誉第一、用户至上。公司全体员工愿为促进畜禽生产发展作出更大贡献。

罗氏公司

地址：上海市龙东大道 1100 号
邮编：201203
电话：021－50801888
传真：021－50800898

瑞士罗氏公司始创于 1896 年，现已发展成全球规模最大的制药集团之一。罗氏亦是全球最大的动物营养保健公司，其维生素的生产历史已有 50 余年，是目前世界上最大的维生素生产供应商。1997 年的营业额达 187 亿瑞士法郎。罗氏（中国）有限公司是负责整个中国业务的子公司，并在香港等地设有办事处。

1995 年 7 月，罗氏公司并购美国氰胺公司动物保健部，进一步巩固了其动物营养与保健行业的领导地位。1998 年 4 月，罗氏公司和丹麦诺和诺德公司合作销售包被颗粒型“乐多仙”植酸酶。目前罗氏公司在国内销售的动物营养保健产品有：单项维生素、复合多维、添加剂预混合饲料；抗球虫药——加福、球安；着色剂——加丽素红、加丽黄等产品。

从 1996 年开始，罗氏公司在上海、无锡陆续建立了一家独资公司及六家合资公司，投资额逾 1.6 亿美元。其中，罗氏泰山（上海）维生素制品有限公司，罗氏三维（上海）维生素有限公司，罗氏新亚（上海）维生素有限公司，直接从事单项维生素、复合多维及预混料的生产，其产品由罗氏（中国）有限公司维生素市场部销售。

徐州正大饲料有限公司

地址:江苏省徐州金山桥开发区
邮编:221004
传真:0516—7773863
法人代表:陈来泉

该公司是泰国正大集团和徐州特种饲料公司合资兴办的企业，总投资1.2亿元人民币，投资期限50年。第一期投资3200万元，生产销售多种畜禽水产系列全价配合饲料、浓缩饲料并提供相关的技术服务和咨询。产品猪、鸡、鱼、鸭系列全价配合饲料，生产规模12万吨，1998年产量6万吨，营业额14.415万元，利税总额1134万元。

公司全套生产设备均由德国引进，主要检测设备自德国、瑞典引进，整个生产过程实行计算机自动控制，所用饲料配方全部由集团技术总部营养专家研制提供。公司引用国际一流的经营管理机制，推行高效的电脑化管理，自1993年运营以来，凭借现代化的先进设备、成熟可靠的生产管理技术和经验、优良的品质、完善的服务、诚信的引导示范、让利于广大饲养客户，产品深得用户的信赖与欢迎，促使企业得以较快较好地发展，几年来产销量、销售收入每年以20%以上的速度递增。1998年在畜禽养殖极度低落、饲料市场竞争异常激烈的形势下，仍销售饲料6万吨，实现利润1134万元，企业先后荣获“江苏省规模效益企业”、“徐州市最佳经济效益企业”、“AAA级资信企业”、“江苏省先进技术企业”等称号。

徐州希望饲料有限责任公司

地址:江苏省沛县沛龙路2号
邮编:221600
电话:0516—4627802
传真:0516－4621559
法人代表:刘永行

该公司的成立是希望集团为实现国有民营、优势互补的战略发展思路而与原江苏沛县饲料工业公司于1994年合作兴办的合资企业。

公司占地40余亩，总投资2000余万元，年设计生产能力10万吨，拥有两条先进的电脑控制自动化生产线，采用希望集团全套生产工艺、技术和商标，将国有企业的先进设备和技术人才与民营企业的资金、技术、商誉以及先进的管理机制结合起来，实施最佳优势组合。

公司生产经营的“希望牌”、“强龙牌”猪、鸡、鱼、鸭、兔、虾、鳖、犬、牛、羊、海狸鼠等10余个系列60多个品种的高、中、低档饲料，其特点是科技含量大，起点高，质量稳定可靠，竞争实力强，其中“希望牌”饲料荣获国家6大金奖，“希望牌”1号乳猪料，2号仔猪料被徐州市推荐为消费者信得过产品，质量免检。

1998年，公司共生产“希望牌”、“强龙牌”饲料16500吨，实现销售收入3500万元，实现利税307万元。

建厂4年多来，公司先后被徐州市人民政府评为“优秀企业”、徐州地区“私营企业50强”第六名，被江苏省国际咨询评估公司评为“AAA级资信企业”，被消费者协会评为“重合同、守信用企业”，被江苏省技术监督局评为“产品执行标准确认合格单位”。

公司合资创办近5年，牢记让农民富裕、让市民满意、让政府放心的“三让”经营观念，以科学的管理、先进的技术设备、优质的产品、优惠的价格、周到的服务，为“菜篮子”工程作出了积极贡献。

徐州正昌饲料有限公司

地址：江苏省邳州市光明街4号
邮编：221300
电话：0516－6291212

该公司是由泰国泰兴集团、江苏正昌集团、邳州市粮食集团三方出资1300万元组建的现代化饲料生产企业，成立3年来，依托正昌集团等三方股东雄厚的资金、技术、设备、管理、信息、人才等优势，艰苦创业、奋力拼搏，取得了显著成绩，先后获得地方先进三资企业、中国建设银行江苏省分行“AAA”级信用企业、“重合同守信用”企业、“淮海经济区优秀企业”、“江苏省计量保证确认单位”等殊荣，特别是1999年7月顺利通过ISO9002国际标准质量体系认证，标志着企业的管理水平及质量水平已跃居先进行列。

21世纪的饲料企业竞争更加激烈，徐州正昌立足于内抓管理、降本增效、提高竞争力，外抓市场、扩大用户、完善服务，力争取得更大的成绩。

江苏中丹化工集团公司

地址：江苏省泰兴市七圩镇
邮编：225453
电话：0523－7484277
传真：0523－7484437

该集团公司座落于美丽富饶的扬子江畔，紧邻七圩汽渡，与常州市隔江相望，距江阴长江大桥、沪宁高速公路20公里，地理位置优越，交通十分方便。

公司是以生产“中丹”牌有机中间体、染料和乙氧基喹啉等化工产品的国家级大型企业，全国先进化工百强企业，全国化工出口创汇先进企业，固定资产 3.8 亿元，职工 2400 人。公司享有自营进出口权，主要产品的生产规模分别居世界前矛和亚洲的同类产品的首位，产品畅销德国、美国、意大利、印度、泰国、香港等 10 多个国家和地区，并于 1998 年通过了 ISO9002 国际质量体系认证。

乙氧基喹啉系列产品采用美国 FCCLL112－1993 第三版标准组织生产，以市场需求为导向，立足正大、希望等国内大型饲料生产厂家，面向国际市场，充分发挥技术优势，大胆革新，建立了完整的生产管理体系，产品质量不断提高，1999 年度荣获“第六届全国饲料添加剂学术暨新技术、新产品交流会推荐产品”。

公司本着“一流质量，创国际水平；优良服务，让世界满意”的宗旨，竭诚服务于广大用户。

阳光营养技术集团

地址：浙江省杭州市西山路 18 号
邮编：310007
电话：0571－7977888
传真：0571－7963181

该集团是一家以振兴民族饲料工业、肥料化学工业、医药工业为己任的营养技术企业。依托北京大学、浙江大学、上海水产大学的技术力量在北京、杭州、上海建立有北大阳光营养技术有限公司、浙江大学阳光营养技术有限公司、上海北大阳光水产营养开发有限公司和具有现代化的大规模生产基地－－湖州阳光饲料制造有限公司。在国内联合紧密型、半紧密型、松散型科研－－生产合作企业 150 家。集团目前已发展成为集研究、开发、生产、销售、服务、贸易进出口为一体的综合性饲料、肥料及新型动、植物添加剂、药品开发的规模化集团企业。集团以先进的管理模式及先进的营养技术，保持在行业中的领先地位。集团将培养和集中国际上一流的动、植物营养及化工药物专家，建立起世界一流水平的研究机构和饲料、肥料化学、药物生产的企业集团，培养一大批优秀管理人才和技术人才，带动众多的民族企业共创辉煌。

集团企业注册商标为“阳光”牌。

浙江大学饲料科学研究所

地址:杭州市秋涛北路 142 号
邮编:310016
电话：0571－6091821　6951729
传真:0571－6994963

该所成立于 1989 年，是一所集饲料科学研究、教学、科技成果转化三位一体的饲料科学研究所。本所现有教学、科技人员 35 人，固定资产总值超过 3000 余万元人民币,其中仪器设备近 2000 万元，主要仪器设备接近国际同类先进水平。研究所所属的“饲料及动物营养研究实验室”是农业部和浙江省重点开放实验室。研究所年承担国家自然基金、省部重点攻关、省自然基金和横向协作科研项目 20 余项，建所以来已取得了一批在畜禽配合饲料研制、饲料资源开发和动物营养研究方面的重大成果。获省、部科技进步奖 8 项，其中一等奖 3 项。

随着科教力量的增强和科研条件的改善，科研水平不断提高，研究内容已进入分子生物学水平，特别经过近几年的努力，成功地开创了应用饲料和饲料添加剂改善、提高畜产品食用品质和商品质量的新路子。

建所以来，研究所已研制、开发畜禽、水产、经济动物等配合饲料 8 大系列 25 个产品和盐酸甜菜碱、复合酶制剂等一批科技型新产品畅销全国 24 个省市。

同时，研究所年招硕士研究生 10 余人，研究生课程进修班 30 余人，年发表论文 30 余篇和已出版专著 5 部。

浙江欣欣饲料股份有限公司

地址:浙江省嘉兴市新丰镇
邮编：314005
电话:0573—3022485　30221188—8865
传真:0573—3022084

该公司创立于 1996 年 11 月，是按现代企业制度规范操作的由国家控股的股份公司，公司注册资本 1257.83 万元。现有各类饲料生产线共 5 条，年综合生产能力达 36 万吨，编织袋生产线 1 条，年可生产编织袋 800 万条。公司下属有一家占地 60 余亩，以畜禽养殖、良种繁育为主的养殖有限公司。在吉林长岭还设有一家以原料采购、玉米烘干为主的分公司。经过 2 年多时间的发展，已成为浙江省饲料行业龙头企业。多年来陆续被评为“全国饲料工业百强企业”、“嘉兴市工业百强企业”、市“三好”企业、市“小型巨人”企业，1998 年初又被政府列入“五个一批”重点骨干企业。

公司生产的“欣欣”牌猪、鸡、鸭及特种水产饲料共 8 大系列 300 多个品种，产品结构合理，品种齐全，能满足广大养殖户的不同需要。1995 年“欣欣”牌饲料被公众推举为“全国名牌”产品，1996 年被市政府授予“嘉兴市名牌产品”称号，1998 年被省政府命名为“浙江省名牌产品”称号，“欣欣”牌饲料连续 7 年经国家、省、市各级单位抽检合格率达 100%，1996、1997 两年被国内贸易部授予“质量信誉产品”称号。“欣欣”牌商标 1995 年被评为首届“嘉兴市著名商标”，1998 年又被评为“浙江省著名商标”，“欣欣”商标无形资产近亿元。

“生产高质量、多样化的饲料产品，保证用户利益，为振兴民族饲料工业而不懈努力。”是欣欣人永远的追求。公司已于 1998 年 5 月通过 IS09002 国际质量体系认证，今后将继续本着“以质量立牌、以科技创牌、以规模兴牌、以服务保牌”的宗旨，不断加强产品质量管理，积极应用高新技术开发新产品，以高品质的饲料产品和优质的服务奉献给广大用户，为振兴民族饲料工业做出应有的贡献。

浙江科盛饲料集团有限公司

地址:浙江省绍兴县福全金三角
邮编:312046
传真:0576—4024039

该公司是一家集饲料生产、科研及其它多种经营于一体的大型企业。现有总资产 9000 余万元，占地 6 万多平方米，拥有年产 20 万吨饲料生产线，5000 吨添加剂预混合饲料生产线，5000 吨特种水产饲料生产线及万吨膨化饲料生产线。主要生产猪、鸭、鸡、鱼 4 大系列的配合饲料、添加剂预混合饲料、浓缩饲料及甲鱼、河蟹等特种水产饲料，是绍兴市百强企业。拥有一支素质高的科研队伍和精良的加工设备，实行科学的现代化管理。

“科盛”牌饲料的生产和服务过程符合 IS09002 国际质量体系，并于 1997 年 12 月在浙江省内饲料行业之中，首家通过认证。“科盛”牌饲料被公众推荐为全国名牌饲料，饲料产品分别被誉为首届中国饲料工业博览会认定产品、省行业优质产品、国内贸易部质量信誉产品、中国饲料工业协会推荐产品、绍兴市名牌产品、绍兴市著名商标，被绍兴市技术监督局评为“质量信得过产品”。

浙江衢州双飞饲料有限公司

地址:浙江省衢州市蝴蝶路
邮编:324000
电话:0570—3026315

该公司是浙西地区生产规模最大、设备最先进、技术力量最雄厚，集工、科、贸于一体的饲料生产骨干企业。目前已形成饲料工业、商业、宾馆餐饮业等数业并举的综合性经济实体。公司现有固定资产 2000 多万元，占地 55000 平方米，建设面积 20000 平方米，年饲料生产能力 10 万吨以上，专业技术人员占职工总数的 30%。多年来，公司以“团结、奉献、求实、创新”为企业发展精神，以“质量第一、科技兴饲”为企业立足之本，生产的 8 大系列 30 多个品种的“双飞”牌饲料获得首批“市名牌产品”，“首届中国饲料工业博览会认定产品”和中国饲料工业协会推荐产品等荣誉，并为中保财产公司浙江省首家饲料质量责任保险产品，在市场上畅销不衰。

近年来，公司在当地政府的领导支持下，企业改革和经济效益取得了显著的成效，1994 年 9 月公司改制为有限责任公司，生产规模和经济效益都成倍增长，职工收入也有了大幅度的提高，连续 3 年获得了衢州市经济效益奖、规模增幅奖、台阶奖等市长特别奖，公司也因此被当地政府列为市“农业龙头企业”和“扶优做大企业”。为衢州地区和毗邻 4 省的畜牧业生产和经济发展作出了积极的贡献。

浙江巨化博联高新技术有限公司

地址:浙江省杭州市艮山西路 275 号
邮编:310004
话:0571—6981679　6971345
传真:0571－6097813

该公司是由中国大型化工上市企业“浙江巨化股份有限公司”(证券代码:600160)和“浙江博联营养与工程科学研究所”共同创办的一家高新技术企业，公司座落在国家级经济技术杭州开发区，交通便利、投资环境良好。公司将充分结合“巨化股份”的资金、管理、化工工业生产优势和浙江博联营养与工程科学研究所、浙江省博士后联谊会的人才、技术优势，致力于生物化工、动物营养、饲料科学和信息产业技术的研究开发与相关产品的生产、销售和服务工作。

公司成立伊始，便推出具有国际先进水平、国内领先水平的绿色饲料添加剂——百福素(Bioelement Fructooligosaccharideg，BLFOS)，“百福素”的主要功能：①有效防止仔猪腹泄、仔鸡白痢等肠道疾病；②改善动物皮毛营养代谢，肉猪皮红毛亮；③提高畜禽和水产品等动物的生长速度，提高饲料利用率；④无残留及毒副作用。该产品荣获浙江省 1998 年度“农业科技进步一等奖”。公司同时推出的产品有:强维素(VBL)、博维素(系列多种维生素预混料)、复合添加剂预混合饲料、企业 ERP 管理软件及商品化财务软件。公司立足产品“技术、质量、服务的统一”，开拓国际、国内市场。

杭州高成生物营养技术有限公司

地址:浙江省杭州市文三路 252 号伟性大厦 2 层 B 座
邮编:310012
电话:0571—8854325

该公司位于中国杭州美丽的西子湖畔，创立于 1994 年，其前身为杭州高成添加剂厂，是一个应用高科技发展起来的现代化企业，也是首家进入杭州市高新技术开发区，从事生产食品和饲料添加剂的厂家。企业从 1994 年成立以来，产值连年翻番。1998 年被评为浙江省百强科技型企业和 1998 服务质量信得过单位。

高成公司的业务范围涵盖国内及世界各主要市场。目前，高成公司已成为中国国内最大的稳定型食品及饲料添加剂的供应厂商；并且还在东南亚和北美地区设立了区域总代理，1998年的年销售额达到1500万元。

高成公司主要生产稳定型微胶囊制剂产品，包括维生素类，酶制剂类，幼体微囊饲料等等，产品制造采用的工艺微胶囊微粘合技术是高成公司独创的专利技术，在国际上居领先地位。其中“高稳西”——稳定型维生素C被评为“1997全国饲料添加剂展销暨第五届全国饲料学术交流会优质产品”，“高成”品牌1998年被评为浙江省市场跨世纪优秀品牌。幼体微囊饲料被定为国家级火炬计划项目，其它水产动物疾病防治系列药物，已经过中国水产科学院长江水产研究所验证，在使用过程中受到广大用户的好评。

高成公司采取最先进的设备制造产品，以保证其高效性。从1998年9月开始，高成公司导入ISO9000系统，标志公司在产品质量控制与保证方面已达到国际水平。

浙江德清东立实业总公司

地址：浙江省德清县城关镇三里塘
邮编：313216
电话：0572－8427718
传真：0572－8425045
法人代表：沈利明

该公司主要产品年生产能力及现实际年产值

	年生产能力（吨）	现实际年产值（万元）
猪用复合预混合饲料	10000	7000
禽用复合预混合饲料	5000	1000
饲料酸化剂－乳香酸	1000	1000
饲料风味剂－奶猪香	1000	800
饲料酵母	5000	1150
高能量饲料－全脂粉	1000	500

公司近年来成果与使用推广情况：

太湖3号猪用复合添加剂：获浙江省科技进步二等奖；国家级星火三等奖。

矿物微量元素包被技术：被列入浙江省重点科研计划项目。

饲料酸化剂－乳香酸：被列入浙江省重点科研计划项目，被批准为国家级专利产品。

高能量饲料－全脂粉：被列入浙江省重点科研计划项目，被批准为国家级专利产品。

上述成果均已应用于生产，并形成相当大的生产能力。

公司主要产品扩建计划：投资1000万元扩建复合添加剂预混合饲料生产线1条，将年班产量扩大到2.5万吨。项目已在1999年1月开始扩建，1999年10月正常投入生产。

浙江黄岩康达动物保健品有限公司（浙江黄岩荣耀化工厂）

地址：浙江黄岩城关王西路193号
邮编：318020
电话：0576－4112427　4214573
传真：0576－4118297
E-mail:hyryhg@ppp.tzptt.zj.cn
http://www.chinaveterdrugs.com
http://www.chinafeedadditives.com

该厂是浙江省农业厅批准定点的兽药及其制剂专业生产厂。本厂座落在黄岩城关王西化工区内，工程设施齐全，化工技术力量雄厚，测试设备先进，具有较强的新产品开发能力和较好化工企业管理水平。主要产品有：阿散酸、球痢灵、洛克沙生、甜菜碱、大蒜素、硝基苯胂酸、Vc-2三聚磷酸酯、大豆素（依普黄酮）、烟酸铬、碘蛋白、吡啶甲酸铬、吡啶甲酸铬预混剂——有机铬-1、有机铬-2等均已形成规模生产，年生产能力总量可达1000多吨。

建厂至今，始终致力科技领先，不断开发新产品，依靠实践与理论结合，生产与研究统一方针，做到一边生产，一边科研。在建厂的短短5年间，已成功地开发了10多个高新技术产品，其中阿散酸被评为1995年度国家新产品，并在第二届中国农业博览会上获得“银质奖”。洛克沙生被评为1996年度国家级新产品。球痢灵1998年4月荣获浙江省市场名优兽药产品。甜菜碱被评为1997年度国家级新产品。硝基苯胂酸于1996年6月通过美国FDA验收，产品远销美国。产品质量赢得国内外用户的一致好评。1997年荣获“浙江省最佳经济效益企业”、“浙江省专用化学品制造业最大工业企业”称号，1998年4月荣获浙江市场十佳兽药企业称号。

舟山市新舟鱼粉设备厂

地址：浙江省舟山市定海区纺织厂路40号

邮编：316000
电话：0580－2822876　2820291
法人代表：唐育民

该厂是专业生产湿法脱脂鱼粉成套设备的经济实体，建厂10多年来，经过员工们的不断努力，通过吸收国外的先进技术，根据国内的具体情况，成功地开发了原料鱼20吨、30吨、50吨、80吨、150吨，多种系列成套鱼粉加工设备，其技术达到国外90年代初期水平，目前产品已遍布全国沿海各地，并出口东南亚，国内市场份额已占60%以上，几年来共销售鱼粉设备生产200多套，为我国鱼粉工业生产作出了重要贡献。

该厂凭着设备的技术优势，在宁波成立了新舟工贸有限公司，并在舟山渔场捕捞船只较多的几个渔业重镇开办了4家鱼粉厂，年加工特级鱼粉20000吨，粗鱼油4000吨、精鱼油3000吨，所产鱼粉和精炼鱼油完全达到SC／T3501－1996标准鱼粉特级产品及SC／T3502－1996鱼油一级品要求，产品打入国内知名饲料厂家，并获得好评。1998年，该公司总产值9000多万元，利税总额1000多万元。

安徽恒大集团公司

地址:安徽省六安市城东经济开发区22号
邮编:237010
电话:0564—3329888
传真:0564—3311371
法人代表:赵衡

该公司是以饲料加工业为主的集科、工、贸于一体的国有省级集团公司。1995年以来，公司立足六安地区农业资源优势，抓住国家鼓励和扶持农业产业化经营的良好机遇，积极创办饲料加工企业，逐步形成了科研开发、加工生产、商贸服务有机结合的产业化发展格局。集团现拥有皖西恒大颗粒饲料厂、安徽恒大科技饲料厂、安徽恒大水产饲料厂、安徽恒大综合养殖场、安徽恒大酿酒总厂等七家紧密层企业。现有资产总额2.36亿元，占地面积250.5亩，员工总数982人，其中各类专业技术人员485人。

该公司本着高起点、高标准、高科技、高效益的原则，建有九十年代国内一流水平的现代化饲料加工生产线7条，年产畜禽全价颗粒饲料12万吨，水产全价颗粒饲料12万吨,特种水产饲料6000吨,添加剂预混合饲料1万吨。公司一贯重视产品质量，1998年皖西恒大颗粒饲料厂、安徽恒大科技饲料厂一次性全面通过ISO9002国际质量体系认证。“恒大”牌系列饲料产品先后荣获“安徽省名牌产品”、“安徽省名牌农产品”、“第三届中国农业博览会名牌产品”等荣誉称号，同时还被中国饲料工业协会、安徽省产品质量监督检验所指定为推荐产品，1998年，“恒大”商标又被安徽省工商局认定为安徽省著名商标。

公司将秉承“服务社会、产业报国”的企业理念，紧紧依靠科技进步，推进名牌兴企进程，致力培育饲料和酒类饮料两大产业体系，努力形成跨地区、跨行业的发展格局，以崭新的面貌和辉煌的业绩跻身于民族工业之林。

蚌埠希望饲料有限公司

地址:安徽省蚌埠市席家沟路258号
邮编:233010
电话:0552—4081963
传真:0552—4092649

该公司是成都希望集团于1994年初与蚌埠市饲料公司合资组建的股份制饲料生产企业。公司占地34684平方米。建有配合饲料生产车间2个，浓缩饲料生产车间1个。拥有进口和国产自动化生产线4条，年生产能力20万吨。公司化验室配备齐全，仪器精良，检测水准高，并由高级工程师主持把握原料和成品的进出厂质量关。

公司现生产“希望”牌和“粒粒”牌两大品牌的猪、鸡、鱼、鸭等系列配合饲料和浓缩饲料几十种。1998年经全省饲料行业抽检，产品合格率为100%，“希望”牌1、2号猪饲料被认定为1997中国饲料工业协会推荐产品。

由于公司领导守信誉、重质量，公司自投产以来，连续被评为AAA级企业，产品质量稳定，投放市场后深受用户好评。

正大(芜湖)有限公司

地址:安徽省芜湖经济技术开发区延安路12号
邮编:241009
电话:0533—5841664
传真:0533—5841664　5841665

该公司是泰国正大集团在安徽芜湖投资兴建的现代化高科技农牧企业。公司于1995年12月成立，生产经营各类畜禽、水产动物饲料，并从事优良畜禽繁育、养殖与产品加工、贸易等业务。

公司首期工程：年产18万吨饲料，固定资产投资7500万元人民币，占地95亩，全套引进具有90年代世界领先水平的饲料生产设备。根据正大集团技术总部提供的科学配方，在按照ISO9000系列标准建立的有效质量体系保证下，从原料采购、产品制造到售后服务都严格执行相应的技术要求，向客户和广大养殖业主提供多种料型(粉料、颗粒料、膨化颗粒料等)、数十种系统的高品质动物配合饲料和浓缩饲料。产品立足皖南及长江沿线地区，面向安徽及周边省份，为促进周边地区的农牧业发展尽一份力。

公司自1997年4月份正式投入经营以来，已连续二年荣获开发区企业产值和利润榜首，产值突破1.6亿元。

安徽省凤台县饲料有限责任公司

地址：安徽省凤台县城十里长街西段
邮编:232105
电话:0554—8617600
传真:0554—8612690
法人代表:吴纯好

该公司是改制后的企业名称，其前身为凤台县饲料厂、米厂，始建于1985年，当初只是一个年产颗粒饲料7000吨，拥有职工40余人，固定资产100万元的小型企业，经过全体干部职工十多年的奋力拼搏，现已发展到4个配套生产车间，即:饲料车间，生产能力为20000吨；大米车间，年产优质大米30000吨；糠油车间，产量为300吨；植酸钙车间，年产量为500吨。总仓容量为1000万斤，固定资产原值700万元，占地面积25亩，共有职工近200人，其中大专以上学历的各类技术人员30人，是具有相当规模的粮食综合型加工企业，也是凤台县骨干企业之一。近年来在国有粮食企业经营形势不好的情况下，公司连年创较好的经济效益和社会效益，先后获“淮南市重合同守信用企业”、“淮南市设备管理先进单位”、“县科技先导型企业实验单位”、“县甲级文明单位”、“九八年度市、县先进单位”等荣誉称号。企业精神是:“求实、创新、优质、高效”。经营的产品有:抛光米、特等米、标一米、标二米；猪料、鸭料、鸡料、鱼料、鹅料，还有毛糠油及植酸钙等近20余种，产品远销到江苏、浙江、广州、深圳、云南、河南、西安、山东等十多个省市，同时又是安徽省出口米定点厂，产品远销到东南亚等一些国家。

公司位于凤台县城2公里处，东临淮河，北靠凤阜公路和凤台火车站，水陆交通十分方便。

皖西华地饲料有限责任公司

地址:安徽省霍邱县城关镇光明大道39号
邮编:237400
电话:0564—6024675　　6024690

该公司创建于80年代初，以经营高科技含量的配合饲料为主，兼营畜禽养殖业。公司的万头良种猪繁育基地是该县农业产业化龙头企业，可向社会提供优良品种猪苗，并带动本地的玉米种植业。现有资产800万元，占地40余亩，员工100余名，大中专文化程度以上的占70%，经过十多年的不断发展，公司具有雄厚的技术力量，过硬的、高素质员工队伍，并有一整套科学管理体系。1997年公司实行股份合作制改造，经济效益日益增长，连续4年荣获县政府“目标管理”先进单位。

“视质量为生命”是公司的经营宗旨，在产品质量上精益求精，不断提高产品档次。公司从1995年生产151L猪料精到现已发展到第4代产品，551乳猪料已开发到951S系列乳猪料。公司现拥有猪、鸡、鸭、鱼4大类饲料产品，共30多个品种，其中肉鸡配合饲料1995年荣获安徽省“星火奖”。1997年公司在省内率先研制开发出1051“止痢王”乳猪料，该产品的上市填补了省内空白。通过十几年的不懈努力，公司饲料产品具有较强的市场竞争力，并远销省内外，产品深受用户信赖。

皖西华地饲料有限责任公司，不仅注重效益，同时注重发展，公司遵循“以诚相待，互惠互利”的原则。

安徽省泗县饲料厂

地址:安徽省泗城国防北路75号
邮编:234300
电话:0557—7029598　7022698
传真:0557—7029598

该厂始建于1984年，是一个隶属粮食局的国有小型饲料加工企业，1993年进行技术改造，现已发展成为一个集饲料生产、规模示范养殖、销售于一体的现代化综合企业。现有职工144人，其中大中专毕业生49人，年产全价颗粒饲料4万吨，高效浓缩饲料5000吨。

该厂生产的“皖州”牌猪、鸡、鸭全价饲料及浓缩饲料25个品种，质量稳定并逐步提高，年年均通过了国家统检，及省、地、县的监督检查和市场抽查，其中5514乳猪料在1997年5月首届中国饲料工业博览会上被评为认定产品。1997年该厂及其生产销售的“皖州”牌饲料被行署消费者协会、行署技术监督局命名为“消费者信得过单位”、“质量免检产品”，并在《拂晓报》上给以公布。

该厂根据市场的需求，深入进行市场调查，先后开发了550超级乳猪王，551熟化乳猪饲料，151生态浓缩饲料，128产蛋高峰期浓缩饲料等产品。

1998年该厂在养殖业严重滑坡、饲料市场极度疲软的情况下，实现产值1298万元，销售收入1760万元，利税3.6万元。有力支持了当地养殖业的发展，取得了社会效益和综合经济效益的丰收。

宿州市“富富”饲料厂

地址:安徽省宿州市固镇路27号
邮编:234000
电话:0557—2011574
法人代表:张经利
该厂(原宿县地区饲料厂)直属于市粮食局(原

宿县地区粮食局)，座落于宿州市固镇路 27 号。

该厂建于 1982 年，技术力量雄厚，专业技术人员占职工总人数的 35%，是原宿县地区饲料行业建厂最早、产品商标注册最早、颗料饲料生产最早的厂家，为宿州市饲料工业的龙头企业。

主要产品有：猪、牛、鸡、鸭、鱼、兔、特种动物等配合饲料、浓缩饲料，质量可靠，在历次的国家、省、原地区技术监督部门统检、监督检验及随机抽样检查中全部合格。产品在市场上享有较高的声誉，畅销宿州市四县一区及淮北、 溪、固镇、怀远、定远、肥东、江苏、河南等地，多年一直供不应求，自建厂以来，连年盈利，创造了显著的社会、经济效益，多次被省饲料公司、原宿县地区粮食局评为“优胜单位”、“先进单位”、“先进集体”、“经济效益显著单位”。

为满足供求、谋取更大的发展，宿州市“富富”饲料厂采用 90 年代末国际先进饲料生产工艺扩建的年产3万吨饲料厂，目前正在建设中，可望于1999年底投产。届时，将以精良的加工设备生产出更加优质的饲料产品，奉献于社会，服务于广大养殖户。

马鞍山市饲料厂

地址:安徽省马鞍山市采石益丰路 12 号
邮编:243041
电话:0555—2100387 2300140
传真:0555—2100189

该厂建于 1984 年，位于风景秀丽的采石风景区，是隶属于市粮食局的中型国有饲料加工企业。厂区占地面积 10000 平方米，仓容 6200 吨，建立了畜、禽、水产三大养殖实验基地。下设四科二部一室，职工 90 余人，其中大中专以上学历占 50%。现有微电脑程序控制系统，锅炉、筒仓配套齐全的现代化生产线一座，年产颗粒饲料 3.5 万吨，固定资产 860 万元，资产总额达 1024 万元。

“牛渚”牌、“春禾”牌饲料产品包括猪、鸡、鸭、水产 4 大系列，30 多个品种。该产品具有科技含量高、配方科学、营养全面、促生长快、饲料报酬高、抗病力强等特点。产品行销本省及邻近省、市，经销网点达 200 多家。1998 年 7 月通过南京区域产品质量互认，在协作网内产品享受免检。猪、鸡、鸭饲料连续 4 年被省及国内贸易部国家统检合格。初步形成集饲料加工、科研、养殖的产业链，跨入省内饲料企业先进行列，先后被省、市政府命名为创最佳经济效益先进单位和市高新技术企业。

安庆六和有限责任公司

地址:安徽省安庆市集贤北路 173 号
邮编:246005
电话:0556—5322361 5312432
传真:0556—5321244

该厂是国家星火龙头企业山东六和集团在安徽省境内建立的第一个以生产饲料为主导产业的子公司。主要生产蛋鸡、肉鸡、猪、鸭、鱼、兔、牛等 8 大系列 100 多个品种的浓缩饲料和全价颗粒饲料。

公司现有来自全国各地的员工 200 多人，其中，长期从事畜牧兽医工作、经验丰富的技术专家 50 多名。公司的管理、技术人员 90%具有大专以上学历。

公司生产设备先进，生产工艺精良，年设计生产能力 60000 吨。安庆六和系列饲料产品，是根据安徽畜禽生长的特点及当地原料资源，设计最科学、合理的配方，经过反复实验精制而成的高科技精品饲料。品质优良稳定，使用方便，饲料报酬高，能显著地提高养殖的经济效益。自投放市场以来，很快受到了广大养殖场和养殖专业户的青睐。

公司秉承六和集团“养育人，创财富，促进社会文明进步”的企业宗旨，坚持情系父老乡亲、服务父老乡亲的文化经营理念。自成立以来，在努力降低生产成本，提高产品质量的同时，积极实施农民养殖致富示范工程，决心通过过硬的产品质量和全方位的技术服务，有力地保证了当地畜牧养殖业的健康、快速发展。

安庆六和致力于安徽畜牧养殖业的发展，情系当地父老乡亲，愿与广大养殖场家和养殖专业户及社会各界精诚合作，为帮助农民通过养殖致富、促进当地经济进一步发展，做出积极的贡献。

合肥正大有限公司

地址:安徽省合肥市经济技术开发区繁华大道 1 号
邮编:230601
电话:0551—811052、3812351
传真:0551—3811051

该公司是由泰国正大集团和合肥市饲料公司(安徽省饲料厂)共同投资兴办的中外合资企业，双方投资比例分别为中方 30%，泰方 70%。公司自 1992 年正式成立以来，各项事业发展迅速，投资总额由合资时的 3200 万元人民币增加到 1.7 亿元人民币，注册资本 8500 万元。生产经营规模也在原 12 万吨饲料厂的基础上不断发展壮大，先后于 1994 年在肥西县五十埠投资建成年产优质艾维茵肉鸡苗 1200 万羽的父母代种鸡孵化场；1995 年又在合肥市经济技术开发区兴建一座可年产 18 万吨的大型饲料厂，从而使公司饲料产品品种更加丰富，不断满足用户新的要求。公司建立健全了质量管理保证体系，确保其生产销售的“合大”牌饲料和苗鸡产品质量稳定可靠。自 1994 年起，“合大”牌 551

乳猪料等 16 个系列的饲料产品连续被评为安徽省产品质量监督检验所推荐产品，其中部分产品还被南京区域质量互认网认定为免检产品，深受广大用户的欢迎。1998 年公司实现销售收入达 5 亿元，为安徽省销售收入百强企业，安徽省十佳外商投资企业。

合肥南方饲料有限责任公司

地址:安徽省合肥市经济技术开发区烟墩路
邮编: 231203
电话:0551-3518719　3525318
传真:0551-3517313
法人代表:彭克森

该公司是 1996 年底兴建，1997 年正式投入批量生产。公司采用电脑控制生产线，年可生产畜禽水产配合饲料 9 万吨，添加剂预混合饲料、浓缩饲料 5000 吨。本公司拥有初、中、高级各类专业技术人员 25 人，占公司员工的 50%以上，技术力量雄厚。

公司不断采取营养学的高新技术，以低价位、高品质，为广大养殖户争创效益。在社会各界的支持下，“南南”饲料投放市场后，以优良的品质，迅速在合肥地区打开局面，并很快扩大到安庆、六安、巢湖、蚌埠、滁州等地区。现年产值达亿元，实现年利润百万元。

公司产品配方是由农业部饲料工业中心、中国农业大学、安徽农业大学等多家科研单位针对各地不同的饲养技术，充分考虑到当地的环境条件而精心研制，并在实际饲养中不断改进。产品在严格的品质管理体系控制下按照配方生产，可靠地保证了出厂产品的质量。

随着市场的不断扩大，为适应市场的需求，该公司逐步发展了猪、(土)肉鸡、(土)肉鸭、蛋鸡、蛋鸭等一系列的全价配合饲料，及相应系列的复合添加剂预混合饲料、浓缩饲料，部分品种设置了中、高、精三个档次，以充分满足广大养殖户的不同需求。在此基础上，经过不断地探索，形成了该公司的特色产品——禽类饲料，尤其是肉鸭料和(土)肉鸡料更为突出。

公司对广大养殖户，除提供常规的饲养指导、疾病诊疗等服务外，也提供原料化验、加工、设计配方、畜禽舍的设计，联系畜禽产品销路等特色服务。

明光市三联饲料有限公司

地址:安徽省明光市池河大道 18 号
邮编:239400
电话:0550—8022419
传真:0550—8023812

该公司是改制的国营企业，原名是明光市饲料厂，占地近 20 亩，职工 120 人。主要生产猪、鸡、鸭全价配合饲料，添加剂预混合饲料及饲料添加剂、浓缩饲料，并拥有一个年出栏一万多头育肥猪的养殖场。拥有固定资产 320 万元，年双班生产能力 4 万吨，年销售量在 2 万吨左右，年销售收入 3500 万元，利税 20 万元。采用国内先进的生产工艺和生产设备，并采用北京工业大学的电脑配方系统，电脑计量，实行流水作业，自动化生产。1997 年，三联创牌(乳猪料 751、仔猪料 752)，滁州市评为名牌产品，全国统检合格产品。公司在开发生产高档猪、鸡、鸭颗粒饲料的同时，也生产一些中低档颗粒饲料。为进一步提高产品质量和管理水平，于 1997 年根据 ISO9002(94)《治理管理质量保证标准》编制了《质量手册》和《程序文件》，组织公司员工积极参与，并进行宣传培训，现已在公司贯彻执行《质量手册》和《程序文件》，并努力建立健全符合 ISO9002-94 标准的质量保证体系。该公司将继续发扬“艰苦创业，团结奋进”的企业精神，以科技求进步，以质量求发展，保证质量体系按国际标准要求有效运行，进一步扩大生产规模，使企业取得更大发展，为地方和国家做出更大的贡献。

安徽省三宝饲料有限公司

地址:合肥市芜湖路 275 号
邮编:231100
电话:0551—6679963 6673718
传真:0551—6679963
法人代表:俞平安

该公司是由安徽省饲料公司、安徽省农垦集团水家湖农场、安徽省长丰县粮食局饲料公司三家合资兴办的省级股份制企业，1997 年底在省工商局注册，1998 年底正式投产，生产基地在长丰县城，占地 1.8 万平方米，投资 1500 万元，年生产能力 15 万吨；现有员工 60 人，公司下设总经理办公室、行政部、财务部、采购部、生产部、品管部、营销部等部室。

公司为使产品上档次、上规模，与美国康地公司进行全面合作，完全按照现代企业制度进行科学管理，应用世界最新的动物营养与饲料加工技术，选用优质原料，生产高品质的“金三宝”牌饲料。产品有 5 大系列(猪、鸡、鸭、水产、牛)，40 多个品种，可广泛用于畜禽水产养殖。

公司拥有饲料加工、畜牧兽医、动物营养等各类专业技术人才，并有康地公司一批技术专家作后盾，技术力量雄厚，可随时根据客户的需求，提供专业技术服务。

三宝人的承诺:以质量求生存，以信誉求发展，多层次、全方位地追求完美。

“金三宝”品牌是我们事业追求的永恒象征。

合肥市远大饲料有限责任公司

地址:安徽省合肥市金岭工业开发区(长丰县三和镇)

邮编:231163

电话:0554—6647483

传真:0554—6941366

法人代表:吴信亮

该公司是一家民营性质的现代化饲料生产经营企业。公司是在集多年饲料生产经营的基础上，于1998年投资1000万元人民币兴建的。设计规模为年产 6 万吨畜禽鱼高档全价配合饲料及浓缩饲料。公司采用国际饲料科研成果，电脑优化配方，原质原味(不添加任何化学合成的着色素及香味剂、调味剂)。主导产品有:999 超级乳猪开食料;951S、951 高档乳猪全价配合饲料;150 良种乳猪精;611 高档鱼料等。公司采用国内90年代最新设备，工艺先进，双层调质系统，加上膨化大豆，使饲料熟化更好、更香、更易消化吸收。

公司产品及原料由国家饲料质量监督检验中心(武汉)监督检验，全部达到或超过本行业同类产品质量水平，并获得 1998 年中国饲料工业协会推荐产品证书。

六安裕昌饲料有限公司

地址:六安市高新技术工业开发区(东三十铺镇)

邮编:237161

电话:0564—3831829 3831398

传真:0564—3832518

法人代表:蒯学鹏

该公司是六安市粮食局通过1996年厦门招商，吸收沿海资金与六安市畜牧水产局合作，投入1200万元组建的年产8万吨全价颗粒饲料的专业生产厂家，首期工程年产 3 万吨颗粒饲料的设备于 1996 年末建成投产。

公司占地面积20000平方米，地处皖西中部，大别山北麓，312 国道北边 5 米，通往省内外主干线有 6 条，境内公路四通八达，电力、通讯设施完备， 淠史杭工程项目区内水资源十分丰富，六安是国家商品粮、商品猪基地市。本公司拥有专业技术人员 30 多人，使用 90 年代国产一流设备，并采用全电脑自动化生产工艺，根据我国畜禽饲养特点设计配方，生产的猪、鸡、鸭、鱼 4 大系列近 30 多个品种的高、中档全价颗粒饲料填补了市内空白，投放市场，深受养殖农户的欢迎。

“裕昌”牌系列饲料在 1998 年国家农业部、国家技术监督局统一抽检中，各项指标完全合格，公司产品在市场上不断扩大占有份额，其经济效益位居本地区行业之首。

裕昌公司奉行“质量第一，用户第一”的企业精神，竭诚为养殖户提供优质服务，真诚与您携手共创美好未来。

滁州市南大饲料有限公司

地址:安徽省来安县新昌南路 34 号

邮编:239200

电话:0550—5612685 5613214

传真:0550—5612695

该公司是集生产、科研于一体的现代化企业集团，年产各种全价颗粒饲料 6 万吨，各种料精 2 万吨，添加剂预混合饲料 500 吨。

该公司是 1984 年由省粮食局饲料公司统一规划兴建的，占地 10000 平方米，1995 年投资 800 万元扩建一条具有 80 年代先进水平、单班产 2 万吨的自动化生产线，1997 年又上马一条预混合饲料生产线。公司拥有固定资产 1000 多万元，职工 96 人，其中技术人员 36 人，生产的产品主要有猪、鸡、鸭、鱼、牛等 5 大系列 20 多个品种的全价颗粒料、浓缩饲料、1%和5%添加剂预混合饲料等。该公司生产的 549 肉用仔鸭全价颗粒料，1994 年 6 月 6 日被滁州市技术监督局授予“产品质量信得过”证书，这是全市唯一获此殊荣的饲料产品。生产的 551 乳猪料、552 仔猪料、510 土小鸡料及 549 肉鸭料，在市技术监督局、省质检所及芜湖质检所的市场抽查中都是合格产品，为此，公司在 1998 年 3 月被滁州市技术监督局授予“滁州市质量最佳企业证书”，公司生产的全价颗粒料、浓缩饲料不仅满足了本地市场的需求，同时还销售到江苏及本省其他地市。“南大”饲料竭诚为农民兄弟致富奔小康服务。

公司地处皖东，位于长江中下游，与古城南京仅一江之隔，312、104 国道，津浦铁路均贯穿本市，航空、铁路、公路、水路十分便利。

芜湖希望饲料有限责任公司

地址:安徽省芜湖市砻坊路 71 号

邮编:241000

电话:0553—2864243

该公司是中国最大的民营科技企业——希望集团与芜湖市饲料公司合资组建的现代化高科技农牧企业，位于青弋江畔袁泽桥旁。公司于 1994 年 10 月 21 日建成投产，生产经营“希望”、“美利”两大品牌系列高中档畜禽、水产动物配合饲料、浓缩饲料，以及原料贸易等业务。

公司注册资本1000万元，占地40亩，年设计生产能力为10万吨，采用国产先进的饲料生产设备，执行希望集团总部技术部统一提供的技术配方，按照ISO9000标准建立起了有效的质量保证体系，从原料采购、生产过程控制到售后服务均严格执行相应的技术要求，为经销商和广大养殖户朋友提供多种料型、8大系列、100余个品种的高品质畜禽、水产全价饲料和高蛋白浓缩精料。公司立足皖南及长江沿线地区，面向安徽全省及周边省份，为促进该地区的农牧业发展尽自己的最大努力。

公司秉承希望集团"让农民富裕，让市民满意，让政府放心"的经营理念；注重规范化、标准化、制度化及精细化管理，重视对人才的培养使用，积极追踪现代化农牧业生产技术和最新科研成果；推崇公司、员工及客户与社会同步发展的策略，在经营过程中，坚持"品质第一，信誉至上"的经营方针，认真做好售前、售中、售后服务，以高品质的饲料，良好的服务，回报广大客户和农民朋友。

芜湖希望人正以自己的热忱、智慧与不懈的努力，为民族饲料工业的振兴发展，为实现希望集团董事长刘永行先生提出的跨世纪规划贡献自己的力量。

滁州正大有限公司

地址:安徽省滁州市经济技术开发区会峰西路
邮编:239000
电话:0550—3211188 3211077
传真:0550—2111639

该公司成立于1992年4月，是正大集团率先进入安徽省的合资企业，总投资7500万元人民币，全套引进美国HOUGH、丹麦MATADOR公司的设备，生产畜禽系列颗粒饲料、膨化饲料、膨化颗粒饲料，产量为24万吨/a，公司成立以来，以"团结、拼搏、求实、创新"为宗旨，发扬艰苦创业、奋发进取的精神，企业不断发展壮大。

公司采用国际先进的正大集团技术部研制的优良配方，封闭式电脑自动化控制，进口检测仪器，严格的管理和先进的质保体系，生产出优质高效的畜禽系列饲料。在历年的产品定期抽检及市场抽查中，产品全部合格，被安徽省产品质量监督检验所定为推荐产品，向社会公开推荐。公司成立以来，先后被安徽省外经贸委确认为"先进技术企业"、被安徽省农业银行评为"信用等级AAA企业"、获南京区域技术监督协作网产品互认、并获得安徽省质量最佳企业和滁州市质量最佳企业称号。

安徽省阜南县生达饲料有限公司

地址:安徽省阜南县城郊六里
邮编:236300
电话:0558—6713458
传真:0558—6715293

该公司是1992年灾后恢复，由安徽省省委、省政府重点扶持兴建的集科、工、贸为一体的国有企业。现有职工108人，其中大中专毕业生及各类技术人员占60%以上，拥有固定资产900万元，一座年产3万吨颗粒饲料和5000吨添加剂预混合饲料的现代化车间，占地3万平方米。设备先进、自动化程度高，采用微机集中控制，电子计量配合，实现程控。

公司生产的"淮宝"牌6大系列饲料(猪、鸡、鸭、牛、兔、水产)近40个品种，以先进的工艺、优质的产品、良好的服务，深受用户青睐，产品行销安徽、河南、湖北、山东、江苏等地。多年来公司依靠科技进步，不断将引进新技术、开发新产品同开拓市场有机地结合起来，取得了可喜的经济效益和社会效益，新产品551K乳猪开食料的研制和推出，填补了国内代乳饲料的空白。

几年来，通过全体员工的不懈努力，"淮宝"牌系列饲料先后荣获中国专利技术及产品博览会金奖，"省、市质量、计量信得过单位"、"消费者信得过产品"、"中国饲料工业协会推荐产品"等光荣称号。百尺竿头，更上一步，公司以"质量第一、用户至上"为宗旨，奉行"人和、奉献、创牌、争先"的企业精神，把"质量、信益、服务"融入企业管理的全过程。生达将以崭新的姿态，跨入美好的21世纪。

安徽省荷金来饲料厂

地址：安徽省灵璧县荷金来工业园
邮编：234200
电话：0557－6021493
传真：0557－6181034
法人代表：冉繁茂

安徽省荷金来集团公司是国家大型企业，饲料厂为该集团的核心企业。

该厂1995年建成投产，拥有一座现代化年产5万吨饲料车间，占地面积2万平方米，建筑面积5000平方米，拥有固定资产1200万元人民币。全套设备、技术工艺均由荷兰王国范阿森公司提供，拥有世界最先进的造粒机，并集配料、搅拌、破碎、制粒到冷却、包装为一体，全部实行微机集中控制，电子计量配合，确保了产品的优质、高效。

荷金来系列饲料选用国内外专家最新配方，属高科技推广产品，有猪、牛、鸡、鸭4大系列23个品种，风味独特，营养全价，饲喂方便，效果显著，备受广大养殖户的青睐，目前已销往周边4省及30多个（市）县。

荷金来全价颗粒饲料曾于1996年在省技术监

督局组织的“96 农资商品江淮质量行”中被评为优质产品；1997 年在安徽省统检、定检时被定为优质合格产品，并于 1998 年 3 月，被世界名牌产品交流中心，评为中国名优产品。本厂自 1995 年投产以来，销售收入、利税年平均递增 5%、7%。

荷金来全体同仁奉守“求实、创新、敬业、守法、拼搏、奉献”的宗旨。

淮北正虹饲料有限公司

地址:安徽省淮北市三堤口
邮编:235029
电话:0561—6073864
传真:0561—6077297
法人代表:孙宜彬

该公司 1995 年由湖南正虹饲料股份公司和淮北佳宝实业有限公司合资而成。正虹饲料是国内十大名牌之一，属国家级科技成果重点推广产品，并于 1997 年在深交所成功发行了股票，成为全国饲料行业上市“第一股”，合资后的淮北正虹饲料有限公司座落在苏、鲁、豫、皖 4 省交界处，铁路、公路交通便利，地势优越、资源丰富。

该公司现有年产 6 万吨饲料车间 2 座，万头种猪场 1 个，联营猪场 7 家，资产 5000 多万元，专业人才占 80%以上，(其中硕士生 2 名，高级畜牧兽医师 6 人，高级工程师 4 人)，集饲料、生猪产销为一体，年产值近 2 亿元。

公司汇集了湖南正虹集团名优高科技成果，采用先进设备，优质原料，电脑配料，生产“正虹”牌猪、鸡、鸭等 50 多个品种，可完全满足各类畜禽不同生长阶段的需要，在苏鲁皖邻近淮北 400 多公里内，淮北正虹的产品已得到广大客商和养殖朋友的厚爱。现已发展成为正虹集团最大规模的合资企业，产品已成为高档次、高品位的象征，有力地带动了农村养殖致富奔小康的迅猛发展。

福建马尾联合水产饲料有限公司

地址:福州开发区渔港路 1 号
邮编:350015
联系电话:0591—3682578
传真:0591—3681422
法人代表:陈合修

该公司是生产对虾、鳗鱼、鳖配合饲料及其它水产、畜牧饲料和添加剂的中外合资企业。1985 年成立，投资总额从建厂初期的 250 万元骤增至 3000 多万元，并从单一生产对虾饲料的小厂发展为现在年生产能力 6 万吨，生产对虾、鳗鱼、鳖、海、淡水鱼等多品种配合饲料的大型企业，注册资本 2121 万元，占地 20832 平方米。公司主要产品“海马”牌对虾、鳗鱼、鳖配合饲料具有营养丰富、水中稳定性能好、饲料系数低等特点，深受广大养殖户的欢迎和信赖，销往全国各养殖地区及东南亚各国。公司先后投资兴建福建同安对虾养殖实验基地，连江甲鱼、淡水鳗养殖基地，深圳联合水产发展有限公司。截止 1998 年底累计实现产值 18 亿元，产量 26 万吨，出口创汇 1400 万美元，实现利税 2 亿元人民币。主要经济指标均居国内同行业前茅，多次受到各级政府及有关部门的表彰。

“海马”牌对虾、鳗鱼配合饲料在第一届、第二届中国农业博览会中被评为金奖，1997 年被第三届中国农业博览会认定为名牌产品，1997 年获福建省地产最畅销产品称号，“海马牌”被评为福州市著名商标，1998 年“海马”牌对虾、鳗鱼、鳖配合饲料分别被授予福建省名牌产品。

福建省华龙饲料技术开发集团公司

地址:福州市华林路 184 号(福建省农科院 8 楼)
邮编:350003
电话:0591—7843004
传真:0591－7825274

该集团是农业部科技体制改革的试点单位，创办于 1988 年 3 月，是我国第一家跨地区、跨学科、跨所有制的科、工、贸一体化的股份制经济实体。

公司依靠科技优势，运用省农科院冯玉兰副院长(研究员)主持的饲料营养课题研究和专家咨询委员会提供的成果，不断促进产品上质量、上档次，不断提高市场的竞争能力，推进了生产力的发展。司属 12 个饲料工业企业，先后研制、开发推广和生产 8 个系列 80 个品种的各类畜禽、水产饲料及添加剂预混合饲料 50 万吨。建立了技术咨询、技术培训、产品销售、科学饲养、疾病防治、工艺设计等系列销售服务体系，深受市场欢迎和用户的青睐。先后荣膺首届全国饲料工业科技进步集体、全国饲料工业百强企业、全国名牌饲料生产企业、全省 300 家最大工业企业等荣誉称号。

华龙在不断深化改革的浪潮中，特别是在市场经济条件下不断发展，取得了良好的社会效益和经济效益，10 年累计共创利税 2000 多万元，同时还拥有品牌、商标、商誉等可观的无形资产，为华龙新一轮创业奠定了坚实的基础。1998 年实现产值 8595 万元，产量 43000 吨，利税 200 多万元。

福建省高龙实业有限公司

地址:福建省福州开发区渔港路 1 号

邮编:350015
电话:0591—3686000
法人代表：刘兆均

福建省高龙实业有限公司、福州开发区高龙贸易有限公司是香港高龙发展有限公司于 1995 年投入巨资、引进先进技术设备建立的生产经营精制白鱼粉、水产饲料、精炼鱼油的二个专业公司，是我国最大的鱼油、白鱼粉加工、销售企业。高龙公司是国际鱼油、鱼粉厂商协会会员。

“高龙”产品有:精炼鱼油(鳗鱼饲料油、对虾饲料油、禽畜饲料油)、精制鱼粉、饲料(包括代加工饲料)以及食用鱼油系列产品。

“高龙”牌禽畜鱼油填补了省内空白，产品质量达到国内先进水平，高龙牌鳗鱼饲料达到国际同类产品水平(产品的国内市场占有率达 60%以上)。“格兰”牌食用鱼油(包括清油、乳白鱼油、粉末鱼油等)填补了国内空白，达到或接近国际同类产品水平。1998 年高龙公司销售额达 4.048 亿元，创利税 213.05 万元。

江西民星企业集团公司

地址：江西省南昌市莲塘南井北路 4 号
邮编：330200
电话：0791—5713871
传真：0791－5714954

该公司是以饲料产品为龙头的国有大型企业，成立于 1992 年，前身是创立于 1936 年的江西生物药厂。

公司地处南昌莲塘，占地 360 余亩，现有员工 1300 多人，其中大、中专以上的技术、管理人员占 40%以上，现任董事长兼总经理孟枋是享受国务院特殊津贴的高级畜牧兽医师、全国著名优秀企业家、“金球奖”获得者、“东方之子”。

在“一业为主、多种经营”的方针指导下，公司正向服务农业、畜牧业的领域多方位发展，成功地形成以饲料产业为主、兼有动物保健品、肥料、医药等 4 大产业的格局，12 大系列 100 多个品种的产品享誉全国，并占有一定的市场份额。

1987 年 1 月在孟总的带领下研制出的“宝丰 871”猪用浓缩饲料，1991 年被农业部列入国家“丰收计划”推广，1993 年被国家科委列入“星火计划”国家级科技成果向全国推广，1995 年国务院发展研究中心授予“宝丰 871”填补了我国猪用添加剂预混合饲料、浓缩饲料空白的“中华之最”光荣牌，同时授予民星集团全国最大国有饲料生产企业的“中华之最”光荣牌。

近 10 年来，产量连年大幅度增长，民星“宝丰 871”饲料获’93 全国饲料工业百强企业第 3 名，“宝丰 871”系列产品获第二届全国农业博览会金奖，还被评为江西省名牌产品，“宝丰 871”商标的无形资产已高达 1.85 亿元。至 1998 年止，民星集团拥有总资产 5.21 亿元，固定资产 1.46 亿元，销售收入 6.8 亿元，利税 0.41 亿元，其中饲料产业的销售收入为 5.23 亿元，利税 0.29 亿元。

“宝丰 871”饲料，成了民星企业的替身和代名词，至今已辐射到全国的大江南北，从辽宁锦州、天津、河北、河南到山东、湖北、贵州遵义等 8 个省市，都有民星饲料企业，年生产能力为 48 万吨，它为中国民族饲料工业的发展作出了重大贡献。

南昌正大畜禽有限公司

地址：江西省南昌昌北开放开发区蛟桥
邮编：330044
电话：0791—3805035
传真：0791—3805705

江西农牧业的明珠－南昌正大畜禽有限公司系泰国正大集团与南昌顺外农工商联合总公司合作的三资企业。公司资产总额达 1.3 亿，拥有当今世界一流的饲料和肉鸡苗生产线。现年生产能力：饲料 36 万吨，艾维茵商品肉鸡苗 1200 万羽，产品销往江西省各地，并进入福建、湖南、安徽、河南、湖北、广西等省区。

饲料配方凝集着泰国正大集团 70 多年经验结晶，经专家不断改进创新，产品自投放市场以来，以适口性好、广谱性强、投料少、不掺色素和激素等特点深受广大用户青睐。最新一代饲料一一猪、鸡、鸭系列熟化（膨化）料，填补了江西省空白。在全国饲料行业普遍不景气的情况下，公司连续五年创利，一年一个台阶，实现销售收入 11 亿元，创利 5300 万元，几年来，公司相继获得了江西省系列荣誉称号；1996、1997、1998 年外贸厅确认为“外商投资先进技术企业”；被评为“AAA”级信用企业；1997、1998 年被评为“全省外商投资纳税大户企业”；1998 年被江西省科委授于“两个密集型企业”；被评为“最佳使用企业”，公司产品也被江西省技术计量监督局指定为免检产品。不满于现状的正大人，为了进一步开发发展项目，又投资兴建艾维茵父母代种鸡场，1998 年 7 月投产以来，每年可向市场供应艾维茵商品鸡苗 1200 万羽。

公司吸纳了 200 多名高效精干、素质良好的产品服务人才。其中大专以上学历占 80%，且专业对口，平均年龄 35 岁以下。

1999 年，在苏德恭总经理亲自领导下，贯彻 ISO9000 质量管理体系，推进公司企业管理制度化建设，提出了公司质量方针：“领导扶持创新，创造名牌精品，奉献真诚服务，繁荣农牧事业，共创美好生活”和质量目标：“饲料产品出厂合格率 100%，鸡苗出场质量合格率、计量合格率 100%。”

中外合资江西正邦实业有限公司

地址：江西省樟树市新火车站北侧
邮编：331202
法人代表：刘道君
电话：07957340955

该公司是与加拿大合资兴办的年产 24 万吨的大型现代化饲料生产企业，座落在药都樟树市新火车站北侧，面临 105 国道和赣江，交通十分便利。公司占地面积 50 余亩，总投资 2400 万元。

公司引进美国 CPM 公司制粒机、熟化机等国内外先进设备和制造技术，并与中国农业科学院签订了长期技术合作协议，积极引进和吸收国内外先进配方技术，结合当地实际情况，开发了具有正邦特色的"正邦"牌猪、鸡、鸭、水产和特种养殖 5 大系列 100 多种高科技含量的优质饲料产品，特别是猪、鸡、鸭幼龄畜、禽饲料自投放市场以来，深受广大养殖户的欢迎。1999 年上半年在全国饲料市场受到严重冲击的情况下，正邦公司在总经理李旭荣先生的带领下，克服重重困难，做到饲料市场疲软，销量不疲软，月销量最高达到 7283 吨，跃升到江西数百家饲料生产企业的前 2 名。

公司的管理立足以人为本，既注重制度管理约束，又重视对员工的关心、爱护和感情投入及对员工的培养，公司把员工当宝，员工视公司为家。

公司实行全年无休息日，全天候 24 小时营业，设立专门技术人员为用户提供售前、售中、售后服务。

公司愿与各界同仁密切协作，携手共进，为振兴中国饲料工业奉献自己的一份力量。

江西永惠实业有限公司

地址：江西省临川市临川大道中段
邮编：344100
电话：0794－8442357
传真：0794－8446688

该公司是江西省同行业中规模大、品种全，集科研、生产、经营为一体的大型现代化饲料企业。永惠公司的前身是临川县饲料厂，始建于 1984 年。永惠公司在总经理林印孙的领导下，经过十几年的努力，发展成为一个占地面积 104 亩，固定资产 4600 万元，年生产能力 12 万吨的大型现代化饲料企业。先后获得"全国饲料工业行业先进集体"、"全国质量优秀企业"、"江西省先进技术企业"等荣誉称号。1997 年实现销售收入 1.5 亿元，实现利税 500 万元；1998 年，实现销售收入 1.6 亿元，实现利税 630 万元。进入江西省饲料企业前三强的行列。

主要产品有："永惠"牌、"远方"牌、"民达"牌猪、鸡、鸭、鱼浓缩饲料，配合饲料，添加剂预混合饲料等几大系列近百个品种。

公司遵循"质量是生命、顾客是上帝"的经营理念，贯彻 ISO9000 国际质量管理标准，有效地保证了产品质量的提高。本公司的系列产品多次在全国、全省的质量评比中获得殊荣，先后荣获"全国质量优秀企业"、"江西省免检产品"、"江西省重点保护产品"等荣誉称号。"永惠"商标被评为江西省著名商标。现在，该公司的饲料产品不仅畅销江西省，还远销安徽、湖南、湖北、福建、广东、广西、云南等省市，成为用户争相购买的名牌产品。

江西红星机械厂

地址：江西省东乡县红星机械厂
邮编：331801
电话：0794－4382109
传真：0794－4332462
E-mail：hxjx@cublicl.fzptt.jx.cn
http：JX-hongxing.com
法人代表：张启有

该厂是原国家机械工业部定点生产饲料加工机械的专业厂，国家农业机械工业协会畜牧及饲料加工机械分会副理事长单位。国家二级企业。1970 年建厂，占地面积 16525 平方米，总资产 2289 万元，拥有完整的饲料粉碎单机生产线和我国饲料机械行业第一条水旋喷漆式涂装生产线和地环式总装自动化生产线，生产"红星"牌系列粉碎机、系列配合饲料和颗粒饲料加工成套设备、氨化秸秆草饼压制设备、纤维颗粒饲料设备、南瓜粉设备、自熟年糕米粉机等 70 多个品种，其中 9FQ－50 型粉碎机，荣获全国科学大会奖，9FQ－50 型、9FQ－20 型粉碎机自 1995 年始已连续六年获得省级及省级以上产品质量监督检查免检权，9FQ－50 型、9F55－30 型、9SB－450 型机多次获得国家机电部、农业部、江西省优质产品奖，产品畅销全国 30 个省（市、自治区），9FQ－50 型粉碎机产量、销售量、市场占有率稳居全省第一。在世界银行对我国西南进行扶贫招标中，红星机械厂以优良的产品设计和可靠的品质保证技压群芳，一举夺魁，1993 年，9SJ2500（KL）型饲料加工成套设备远度重洋，在非洲卢旺达安家落户，首开我国饲料加工中小型成套设备出口之先河，1996 年 12 月，又一次性出口津巴布韦 9FQ－50 型饲料粉碎机 950 台，创造了我国饲料机械一次性批量出口最大的崭新记录。产品还远销法国、意大利、泰国、越南、印尼、斯里兰卡、南非、智利等国家，深受国外用户欢迎。

江西红星机械厂始终坚持"制造精良，经济实用是红星饲料机械永远的追求"的质量方针，弘扬"团结务实，拼搏奉献，开拓进取，争创一流"的企业精神，不断开发经济耐用、适销对路的饲料机械产品，企业越办越兴旺。1997 年，红星机械厂被评为“省级先进企业”，1988年晋升为“国家二级企业”，1988—1998年连续10年获得“省优秀企业管理奖”和“江西省优秀企业”光荣称号，1992年、1994年和1996年连续三届由江西省委、省政府授予“省级文明单位”殊荣，并一直保持至今。

泰和大北农饲料有限公司

地址：江西省泰和文田新区
邮编：343700
电话：0796－5370596
传真：0796－5370003

该公司是由北京大北农集团与江西泰和县粮食局于1996年3月共同出资，本着“优势互补、共创名牌”的发展战略而组建的一个新型现代化合资饲料企业。现有人员近200人，其中，专业技术人才100多人，占地面积近3万平方米，拥有固定资产近3000万元和年总产量达10万吨的浓缩饲料、配合饲料、添加剂预混合饲料生产线，设备性能先进，工艺设计配套合理，可生产“大北农”、“正泰”、“智慧”三大品牌，猪、鸡、鸭、鱼4大系列80多个品种，近100个规格颇具特色的饲料产品。其中“大北农”牌特制858、通用858猪用浓缩饲料，特制851、851N熟化乳猪料更是深受用户喜爱。大北农系列产品在群雄逐鹿、品牌林立的赣中、南地区，市场占有率稳居第一。

3年的追求与探索，泰和大北农从稚嫩走向了成熟，由孱弱变得茁壮。1996年实现产值4000万元，纯利润10万元，1997年实现产值9000万元，纯利374万元，1998年实现产值8400万元，纯利润486万元。公司已健步跨入高级的第二步战略发展阶段。公司将继续依托北京大北农集团技术、人才、管理、信息等优势，开拓进取、迎难而上，为广大客户朋友提供优质的产品和完美的服务，跻身江西同行业前茅。

江西映山红饲料有限公司

地址：江西省上高县塔下工业区
邮编：336401
电话：0795－2521342
传真：0795－2492588

该公司是集饲料产销为一体的国有饲料工业企业，其主导产品——“映山红”牌系列饲料连续5年被评为“江西省免检产品”、“江西科技博览会金奖”、全省“农村8大类畅销商品”，1997年，“映山红”商标被评为全省著名商标，企业连续6年保持盈利，累计创利800多万元，多次被评为省、地粮办工业先进企业，产品畅销省内外，深受广大用户和经销户的信赖。

公司创建于1988年，当时生产低档次的混合饲料，由于不能有效满足市场需求，企业生产经营状况不甚理想。1992年底，公司果断引进北京大北农的先进配方，生产高档次的浓缩饲料和配合饲料，经多次试验对比，产品各项指标处于国内先进水平，产品迅速占领周边市场。

近年来，公司投入巨额资金，对原有设备进行改造，现在已形成5万吨的年生产能力。公司内以品管为中心，从原料进厂、生产加工到产品出厂的全过程实行动态的品质监控，严格各项操作规程，实行质量一票否决，确保产品优质、稳定、高效；以销售为龙头，一切围绕市场转，常年坚持向用户提供售前、售中、售后一条龙服务，增加产品的外延价值。

公司拥有大专以上学历员工20人，各种专业技术人才15人，占员工总数的35%。

公司为增强抗御风险能力，加速企业发展，于1999年初和北京大北农集团建立紧密型合作关系，引进大北农的先进管理、技术和人才，并在内部进行大刀阔斧的扁平化改革，实行“双向选择，竞争上岗”新型上岗机制，优化人力资源配置，大幅度精简机关管理、后勤人员，充实生产一线。

江西赣达生物饲料有限公司

地址：江西省南昌市南莲路389号
邮编：330001
电话：0791－5215536　5201028
传真：0791－5230578

该公司成立于1994年10月，是一家集各种畜禽饲料产品、饲料添加剂生产与销售的民营企业。现占地面积10，000多平方米，其中厂房建筑面积为6000平方米，总投资1800万元人民币。

公司自成立以来，采用先进的饲料生产技术和科学的管理方法，引进具有国际水平的饲料加工设备，实现电脑控制全自动化生产。现年产量达80000吨，产值1.5亿元。同时公司还高薪聘请国内动物营养专家及高科技管理人才，实现电脑网络现代化管理。公司主要生产乳猪料、浓缩料、蛋鸡料、蛋鸭料、肥育猪料、肉鸡料、鹌鹑料及鱼料等系列产品。“赣达”牌系列产品连续4年在省、市技术监督局质量检测为合格产品，用户信得过产品，先后荣获“1996金秋国际金奖”、“1997第九届中国新技术，新产品博览会金奖”、“1998江西省乡镇企业名牌产品”等荣誉称号，多次受到省、市有关领导的肯定和高度赞扬。产品畅销江西、广东、湖南、湖北、福建、安徽、浙江等地，并深受社会广大用户的青睐与好评。

江西省樟树粮油公司饲料厂

地址：江西省樟树市鹿江北道德品质 80 号
邮编：331202
电话：0795—7340862
法人代表：李友平

该厂是江西省“七五”期间的重点建设项目之一，是国家二级企业。全套生产设备和检测仪器分别从澳大利亚杰比公司和日本沃特斯公司引进，年单班生产各种畜禽等饲料 3 万多吨，整个生产过程和配料系统由电子计算机中心控制，可同时储存配方 96 个，保证了生产程序化、变换品种灵活化、配料精确化等优点，所产饲料经测试，其静态精度 0.1%，动态精度为 0.2%。

该厂技术力量雄厚，有一批中、高级专业技术人员从事配方研制产品开发、生产调控和质量保障体系等。此外本厂交通极为便利，内有自备铁路专线，外有 105 国道和赣江码头紧靠厂区，可全天候作业。尤其公司内自产基础原料如：次粉、麦麸、糠粉、饼粕类等原料，不仅质地新鲜，价格适中，而且货源充足，保障供给，再加上历年来固有的信誉优势，使本厂取得了长远的发展。自 1988 年投产以来，其所生产的“茁壮”、“春丰”两大系列畜禽饲料以其质优价廉、服务周到，深得省内外用户青睐。产品先后获“省优”、“部优”、和“国家金杯奖”，先后被中国保护消费者基金会和中国饲料工业协会评为“全国用户信得过产品”、“全国名牌饲料”、“质量优秀企业”、“全国饲料行业先进集体”，全国饲料工业“百强企业”、“江西省著名商标企业”等。

江西省加大实业有限公司

地址：江西省赣州市宋城路 98 号
邮编：341000
电话：0797－8253883　8254595
传真：0797－8253293

该公司是大型现代化饲料企业，包括赣南方大饲料有限公司、抚州赣大饲料有限公司，总投资 5000 万元，年饲料生产能力 30 万吨，可生产猪、鸡、鸭、鱼 4 大系列 40 多个品种的配合（颗粒）料，浓缩料和添加剂预混合饲料。

公司以质量求生存，以科技求发展。目前公司拥有固定资产 3000 万元，职工 180 人，1998 年实现销售收入 1.5 亿元，利税 600 万元。“赣大”商标选入《中国知名商标》图典，“加大”牌、“赣大”牌乳猪料荣获国家科委主办的“第八届全国新技术、新产品博览会金牌奖”，被江西省科委授予“1996 江西省科技新成果金奖产品”，“赣大”牌猪用浓缩料、加大牌乳猪熟化浓缩料。1998 年被评为“江西省免检产品”。

公司始终坚持以人为本，推行以人为中心的企业管理。“企业、经销商、养殖户三方获利”是公司的经营宗旨。

公司将以市场为导向，以效益为中心，以高新技术为依托，以走向千家万户的优质产品为龙头，实施品牌经营战略，超常规、裂变式发展，实行资本运营、人才运营的现代化管理，发展科工贸一体化、产供销一条龙，逐步形成产业化、集团化、国际化的现代企业格局。

江西民星企业集团预混料厂

地址：江西省南昌县莲塘镇
邮编：330200
电话（传真）：5710876

该厂的前身是民星集团江西饲料厂预混料车间，是 80 年代末继江西饲料厂成立后组建的。为了更好地适应集团公司饲料产业不断发展的形势需要，于 1997 年 10 月份，集团总部在原有预混料车间的基础上，投资 600 多万元建起了一座年单班生产能力 1.2 万吨、微机自动配料的添加剂预混合饲料生产厂。

早在 1987 年 1 月由孟枋同志（当时是生物药厂厂长）主持下研制成功的“871 猪用预混料”填补了“我国预混料、浓缩料空白”，同时被列为农业部推荐产品，向全国推广，有力地推动了畜牧业的发展。

现在该厂已向市场推出了畜用、禽用、水产用 3 大系列 40 多个品种复合添加剂预混合饲料，主要产品有：“宝丰 871 猪用预混料”、“315 猪用预混料”、“乳猪预混料”、“小、中、大猪预混料”、“母猪（空怀、妊娠、哺乳）预混料”、“种公猪预混料”、“肉鸡（小、中、大）预混料”、“蛋鸡预混料”、“肉鸭预混料”、“鱼用预混料”、“蟹用预混料”。产品质量档次较高，其各项指标均达到或超过进口同类产品。

该厂的拳头产品“宝丰 871 猪用预混料”从生产至今十多年来，据统计表明，累计产量 4.3 万吨，使养猪农户增收 5.3 亿元，可以说“宝丰 871 猪用预混料”的应用，不仅取得了巨大的经济效益，而且也取得了巨大的社会效益。

南昌天地人牧业发展有限公司

地址：江西省南昌市昌北下罗双港路中段
邮编：330013
电话：0791－3804554
法人代表：熊俊宏

该公司成立于 1995 年 6 月，是一家专门研制、开发具有国内先进水平的动物营养保健品及复合添加剂预混合饲料的民营高科技企业。

公司拥有国内一流的动物营养、临床诊断和遗传育种专家，同时还得到加拿大纽茨比奥研制机构、南昌大学食品研究院、江西农业大学动物科技学院的大力支持。公司在“天地科技、创新无止境”的技术战略指导下开发出的“天地”系列、“金霸王”系列、“环保型”系列添加剂预混合饲料，经过市场及客户的检验，得到用户一致好评。1996年，“天地”系列添加剂预混合饲料被江西省消费者协会评为推荐新技术产品。现在“天地”系列添加剂预混合饲料已成为江西省最好的品牌之一。

天地人奉行“创造优势，力争最好”的经营理念，强调人是企业之根本。公司先后成立了北京天地正发饲料中心、上海小骏马牧业科技有限公司、福建和广东办事处，天地人将以永无止境、不断进取的锐意精神，开发更多更好更新的产品服务于我国畜牧业，振兴我国民族饲料工业。

江西兴达饲料研究所

地址：江西省南昌市北京东路石泉
邮编：330029
电话：0791－8327357
法人代表：戴荣衮

该研究所组建于1993年。是由国内著名畜牧、饲料业离退休专家教授自筹资金组建的，是集科研、生产、技术服务为一体的科技型企业，研究所下设：开发部、生产部、财务部、办公室。

研究所自成立以来成功地开发了猪、鸡、鸭、水产的复合添加剂预混合饲料、浓缩饲料及全价配合饲料。这些产品技术在全省许多饲料企业推广应用，部分企业已取得显著的经济效益和社会效益。

1995年该所研制了饲料级硫酸盐系列产品。产品质量达到国内产品先进水平，并填补了江西省空白，通过省级科研成果鉴定。1996年下半年该成果转化为生产，产品销往全国各地，深受用户好评。

兴达所从建所开始，就关注着复合酶的研究，先后筛选了60多个菌种，从中找出确实有效并有明显作用的蛋白酶、纤维分解酶、糖化酶等的菌种，加以纯化、接种、繁殖、培养，得到现在的复合酶制剂，“兴达酶”通过多次对生长猪、肉鸡等进行饲养验证，表明“兴达酶”对生长速度，饲料报酬，成活率技术指标有明显效果。在1995年底通过省级科研成果技术和新产品鉴定。认为该研究对底物筛选属国内首创，酶活力达国内领先地位，技术达到国内先进水平，该产品还出席了第八届全国发展展览会并获金奖。出席'96江西科技新成果、新产品交易会，获金奖。

江西省响亮实业有限公司

地址：江西省南昌市迎宾大道77号
邮编：330001
电话：0791－5726352　5716052
传真：0791－5719560

该公司是1994年创办的股份制企业，公司位于320、105、326国道交汇处银三角立交桥旁，占地60亩，建筑面积22000平方米，总资产7000余万元，公司员工数226人（其中专业技术人员58人，包括高级工程师6人，工程师24人，助理工程师28人）。年生产能力达6万余吨，工业产值超亿元。

公司注重科技进步与现代企业管理相结合，在管理方面高起点、高标准、高要求，确保产品质量，在科技进步方面，不断研制开发适合猪、鱼、鸡、鸭、鸽、鹅等动物营养的新产品，至今已开发“响亮”牌、“凤凰”牌、“成昌”牌、“专家”牌、“富民”牌、“幸福”牌等6大系列200余个品种。质量上乘，价位适中，深受广大农民朋友和养殖专业户的青睐。由于公司生产的系列饲料质量稳定可靠、技术含量高，得到江西省科学技术委员会、江西省质量检验协会等部门的肯定，1996年分别获“江西省科技新成果新产品交易会金奖”、“江西省优秀民营科技企业”，1997年获“江西省民营科技型企业”，1997－1998年连续两年荣获“江西省市场质量信得过产品”和“江西质量上榜品牌”。

公司始终坚持“质量第一，用户至上”的经营原则，一如继往地以“一流的技术，一流的质量”为广大农民朋友和养殖专业户提供更好的服务。

江西丙申饲料有限公司

地址：江西省南昌市昌北下罗
邮编：330013
电话：0791—3801410
传真：0791—3801214

该公司是由江西省粮食局直属江西省饲料饲养食品开发公司与泰国波乍仑攀集团合资兴办的大型中外合资企业。

公司成立于1992年11月，总投资为7000万元人民币，占地100亩，引进了美国、瑞士等国的先进设备，设施齐全，电脑配料，全自动控制。可为畜牧水产业提供配合饲料、颗粒饲料、膨化饲料、粉状饲料、浓缩饲料等各种系列配合饲料。年产25万吨，是目前国内规模最大、品种最多、技术最先进的饲料厂家之一。

公司地处南昌市昌北下罗，东靠京九铁路，并备有铁路专线，西邻105国道，昌九高速公路；南倚赣江船运码头，水陆交通十分便利。

公司聚集了一大批中外优秀管理人才，采用国际先进的配方技术和QC技术，实行全方位的电脑网络管理。不仅销售优质的产品，还为用户提供齐全的技术服务，体现了公司高科技现代化大型企业的形象。

江西正兴饲料厂

地址：江西省南昌县横岗
邮编：330200
电话：0791－5716988
传真：0791－5716188

该厂始建于1992年9月，至1998年底，已拥有固定资产4000多万元，占地面积80余亩，年饲料综合生产能力8万多吨；年产值近2亿元，最高年营业额超亿元，创利税达400多万元，成为江西正兴集团有限公司的核心企业。

主要产品品种：8719浓缩饲料系列10余个品种、配合饲料系列20多个品种；

产品的质量与信用：1994年“正兴”牌8719系列饲料荣获“江西省优秀新产品一等奖”；1995年在全国饲料产品质量监督检查中被评为“质量优秀企业”；1996年被评为市农行“AA级信用企业”；1996年省技术监督局授予猪用浓缩饲料、乳猪颗粒饲料为质量免检产品；1997年“8719”浓缩饲料及乳猪料被省技术监督局质量检验授予免检产品；1997年，由省统计局、江西日报社、省质量管理协会和省用户委员会四家首次联合在全省开展的调查，结果“正兴”牌饲料获同类产品中“97江西用户购物首选品牌”、“97江西市场占有率最高品牌”两项殊荣；1997年、1998年被省农行评为“AAA级信用企业”；1999年省技术监督局授予“正兴”牌猪用浓缩饲料、仔猪配合饲料、肉鸡配合料为省级重点保护品种。

江西省伟梦饲料有限公司

地址：江西省南昌县莲塘莲谢中
邮编：330200
传真：0791－574088

该公司系江西省伟梦集团有限公司的核心企业，公司成立于1995年，是江西省大型现代化民营股份制饲料生产企业。公司投资4000万元人民币，与国内贸易部科学院饲料研究所合作，在南昌县八一乡建成生产能力为年产12万吨的饲料厂。

公司引进国内最先进的饲料生产设备和科学检测仪器，运用国内贸易部饲料研究所研制的国家“八五”攻关项目的多项科技成果，采用了优质原料和最先进的电脑配方，一改传统的饲料配方模式，生产出优质高效的“伟梦”系列猪、鸡、鸭饲料。通过江西良种场饲养对比实验，产品饲料转化比、性价比等方面均达到国内同类产品先进水平。

公司的组织原则是实行董事会领导下的总经理负责制，整个机构分为五部一室一车间，即：销售部、采购部、财务部、技术开发部、质管部、办公室，饲料车间。

公司从一开始就公开招聘人才，广集有识之士。现公司共有员工123人。其中：管理人员23人，技术人员28人；博士3人、本科10人、大专34人、中专14人；具有高级职称的10人、中级职称的24人、初级职称的28人。

公司视质量为企业的生命，不断强化自身管理，严把质量关，并提出“高品味的质量，第一流的服务”作为公司的宗旨，在1997年省、市、县三级产品质量抽样检查中，获得质量合格证书。自1996年11月20日正式投产以来，日均生产饲料100吨以上，省内及湖南、湖北、广东、广西等地的用户对“伟梦”819浓缩饲料、808浓缩饲料和810高效乳猪饲料、811乳猪饲料等20多个品种表现出浓厚的兴趣。现已销售产品73500吨，出现了产销两旺的喜人局面。

江西华利饲料有限公司

地址：江西省南康市潭口镇
邮编：341401
电话：0797－7851146
传真：0797－7852333

该公司是在原赣南饲料厂的基础上组建而成的一家股份制企业，始建于1989年，座落于风景秀丽的赣南高新技术产业开发区内，董事长兼总经理鲍洪星是江西省“五一”劳动奖章获得者。

十年风雨、十年耕耘、十年拼搏。如今，公司拥有高中级技术人员62名，占员工总数的49.6%，并与中国农业大学、华南农业大学等国内著名的大专院校和科研机构建立了长期的合作关系。公司的生产设备系美国CPM技术，年生产能力12万吨；产品配方和生产过程全部由电脑监控，研制开发的猪、鸡、鸭、鹅、鱼5大系列的60多个品种，先后被评为中国饲料工业协会推荐产品、江西省优质饲料上榜品牌、江西省免检产品和江西省重点保护产品，俏销江西省，远销广东、广西、湖南、福建、安徽等省（区）市场。1994年至1998年，公司产销量连续5年夺得赣州地区饲料行业第1名。1998年，公司完成销量6.3万吨，实现销售收入13860万元，实现利税970.2万元，名列江西省饲料行业前茅。

江西省金牛集团金松饲料厂

地址：江西省南昌市蛟桥

邮编：330044
电话：0791－3806112
法人代表：陈正中

该厂是1996年投资近千万元建成投产的大型现代化饲料加工厂，驻于“昌九工业走廊”内，紧靠“京九”铁路，距105国道仅百米，交通便利。

该厂立足于集团内部牛场、种猪场、万头猪场的饲料供应，积极开拓省内外饲料市场。本厂不仅拥有先进的设备及工艺流程，而且汇集了全省牛、猪、鸡等方面有特长的专家，仅高级畜牧兽医师就有7名，中级畜牧兽医师16名，均直接为其服务。本厂主要生产“金松”牌种猪、生长猪系列配合饲料、生长猪用浓缩饲料、产蛋鸡饲料、仔猪系列特种饲料、肉牛、奶牛系列饲料及各种家畜家禽添加剂预混合饲料。兴建的万吨颗粒料及千吨添加剂预混合饲料设备于1999年底建成投产。

中外合资江西茂昌实业有限公司

地址：江西省南昌市进贤西门路409号
邮编：331700
电话：0791－5665512　5665509
传真：0791－5665513

该公司系由台湾茂生饲料股份有限公司、江西省粮油食品进出口公司和进贤县粮油总公司三方组成，生产“茂昌”牌系列高品质的畜禽全价配合饲料、浓缩料和预混料。

公司从美国引进最新设计、具有国际水平的成套制粒生产体系和先进的检测设备。整个自动化生产流程由电脑控制，年生产设计能力为12万吨。

公司聘请国际上著名的营养博士伦景良先生为总经理，并主理配方设计。公司还特别设立品质控制中心，对原料的购进、产品的加工及成品进行层层把关，实施严格的品质检测和鉴定，确保产品质量的稳定可靠。

公司还热忱地为用户提供各种饲养技术咨询、售后服务，指导用户采用科学方法，合理使用“茂昌”饲料系列产品，使其发挥应有的效力，并最终取得理想的经济效益。

作为饲料界的一家著名企业，茂昌公司向来以客户的需求为已任。1998年，茂昌公司成立科技饲料部，隆重向社会推出1%、4%和6%系列的畜、禽添加剂预混合饲料，让更多的养殖饲料企业分享茂昌技术。茂昌添加剂预混合饲料一经推出，立即受到广大用户的欢迎，在不到半年时间里，即销售近1000吨。

一流的人才是“茂昌”添加剂预混合饲料成功的根本保证，茂昌公司不仅有国际著名的动物营养专家伦景良博士，还有江西农业大学教授、著名动物病理学家花象柏先生以及江西农业大学副教授、著名兽医临床专家戴清文先生，再加上数十位畜牧、兽医、饲料专业的硕士、学士组成强大的售后服务队伍，为广大客户提供及时、有效的服务。

青岛九联集团股份有限公司

地址:青岛莱西市牛溪埠镇后庄扶村
邮编:266611
电话:0532—8486724 8484877

该公司始建于1998年，从固定资产14万元开创至今，现已发展成为拥有总资产8800万元，职工1680人，年销售收入3.5亿元，集种猪、蛋鸡、肉鸡、繁殖、饲养、宰杀、加工、贸易于一体的综合型集团公司。

集团下设:养殖一公司、二公司、三公司、饲料公司、肉联公司、建筑公司、兽药厂等直属分公司。养殖一公司存养蛋种鸡2万套，商品蛋鸡12万只，年孵化鸡苗160万只，向社会提供鲜蛋2000吨，向养鸡户提供100日龄育成鸡40万只；养殖二公司存养肉种鸡8万套，孵化设备48台(套)，年孵化肉鸡苗1000多万只，2000多个商品鸡养殖基地；养殖三公司存养优良种猪3500头，年繁育仔猪8万头；饲料公司拥有两套国内最先进的饲料加工机组，可生产猪、鸡、牛等各种优质饲料，年加工能力8万吨，其中颗粒料5万吨，粉料3万吨，添加剂预混合饲料2000吨；肉联公司年可宰杀肉鸡1000万只，生猪30万头，生产各类鸡产品2万吨，猪肉产品8000吨，50%产品出口到日本、东南亚、欧共体、中东等国家和地区。

公司现有高级职称的8名，中级职称的30名，技术人员60名，三支服务队伍常年对养殖户实行跟踪服务、技术指导、义务防疫，具有国内最先进的检测仪器和化验设备，为养殖户服务。公司先后被国家农业部评为“大型二档乡镇企业”，被青岛市政府评为“最佳经济效益乡镇企业”、“青岛市十大畜牧养殖企业”，莱西市“畜牧业明星场”，连续5年被农业银行评为“AAA级资信企业”等荣誉称号。

青岛正大有限公司

地址:山东省青岛市山东路29号银河大厦16层
邮编:266071
电话:0532—5017548
法人代表:卢兵胜

该公司是正大集团于1989年在山东省青岛市投资兴建的现代化大型农牧企业，拥有饲料厂、蛋白辅料厂、祖代种鸡场、父母代种鸡场、孵化厂和鸡肉食品加工厂以及与其配套的商品肉鸡养殖基地，形成饲料生产、种禽繁育、肉禽养殖、屠宰加工、熟食品加工以及国内外销售一条龙连贯作业体系，是中国最大规模300家外商投资企业和畜牧百强企业，被青岛市政府定为畜牧发展龙头企业和重点“菜篮子”工程。

公司引进90年代世界先进的美国豪孚公司饲料生产设备和当今世界14项指标中有12项居第一的艾维菌种鸡，采用正大集团先进的配方和科学的管理，生产出供鸡、猪、鸭、鸵鸟、鱼等不同生长期使用的配合饲料和免疫力强、成活率高、具最佳遗传力的肉鸡苗。

1996年公司引进荷兰梅恩的生产设备和美国、丹麦、日本等国的配套设备，建成年屠宰加工5000万只肉鸡的大型现代化屠宰加工厂和熟食加工厂。实行“公司+农户”的肉鸡养殖模式，与农民合作大规模兴建肉鸡养殖基地。先进的生产设备，优良的肉鸡品种，现代集约化生产，每年为社会奉献10万吨质优价廉的“正大”牌冷冻鸡肉、冰鲜鸡肉和熟食品，产品畅销全国30多个城市和地区，部分产品远销日本、韩国、欧盟、中东、南非等国家和地区，深受客户信赖。

公司严格实施HACCP标准，凭借一流的管理和优质的产品，顺利通过了ISO9002国际质量体系认证。

青岛统一饲料农牧有限公司

地址:山东省青岛平度张戈庄镇驻地
邮编:266738
电话:0532—2313508-205
传真:0532—2313568

该公司是由台湾十大财团之一的台湾统一企业公司在平度市设立的一家台商独资企业，成立于1998年4月，总投资4990万美元。公司位于“海峡两岸(青岛)农业综合开发试验基地”的中心区平度市张戈庄镇，占地880亩。本公司以世界最先进的饲料生产设备、全自动化、科学化的畜禽饲养设备和技术，进行饲料加工、畜禽引进、繁育和养殖，并逐步发展到畜禽屠宰、加工及产品销售“一条龙”，实现农、工、贸一体化、产业化。

青岛胶南康大饲料有限公司

地址:山东省青岛胶南经济技术开发区上海路1号
邮编:266400
电话:0532—6165859　0532—6171957
传真:0532—6173802
法人代表:高岩绪

该公司始建于1996年，是集生产、加工、科研于一体的综合性饲料企业。

经过近几年的发展，公司已拥有种鸡试验场、良种猪繁育场、社会养殖基地、饲料研究中心等养殖、试验场地。本公司独立发展和群体协作能力强，设备全部引进上海大江、江苏牧羊、正昌等企业的拳头产品，技术力量雄厚，规模化生产和综合经营的优势明显，现已拥有固定资产800万元，员工100余人，其中专业技术人员45余名，高、中级技术人员20余人，年综合生产规模2万余吨，产品品种由单一肉鸡配合饲料发展到畜禽饲料、鱼虾饲料、

5%及1%畜禽添加剂预混合饲料等系列品牌产品。1998年，5%蛋鸡添加剂预混合饲料获得青岛“星火奖”，5%猪预混料、生长肥育猪浓缩饲料的获奖审批正在进行中，产品销往山东、江苏、安徽等全国十几个省市，年创产值5000万元。

公司恪守多方合作、活跃经济的宗旨和平等互利的原则，愿以可靠的质量保证和优质的服务，与全国各地的养殖户朋友共创卓越成就。

青岛希望饲料有限公司

地址:山东省平度市南村工业园
邮编:266736
电话:0532-3391658

法人代表:刘永行

1995年，乘改革开放的东风，平度市以远见的眼光将希望集团引入平度，成立了青岛希望饲料有限公司。

青岛希望饲料有限公司，位于平度市南村镇工业园区，占地面积19335平方米，现有员工200多人，主要经营畜、禽、水产饲料。还有一个占地2078.5平方米的大型养猪场，同时还兼营“希望”牌复合肥。

公司生产的“希望”牌系列饲料，深受经销户、养殖户的欢迎，生产的“强龙”牌系列饲料，在1996青岛国际农业博览会上获“农业部全国推荐产品”光荣称号；现在，公司又开始生产民族饲料精品“金豆”牌系列饲料，为胶东半岛的菜篮子工程又献上了一份厚礼。　几年来，本公司将重心定位于生产、经营活动，不断地提高产品产量，改善质量，降低生产成本，以质量优、效果好的产品在胶东半岛站稳脚跟，取得了较好的社会效益和经济效益。

1998年被山东省平度市、平度市人民政府评为“先进乡镇企业”。

国家统计局山东省企业调查队、山东省企业调查咨询中心等单位依据调查资料综合排序，组织“山东省私营企业综合经济实力百强”单位，通过联合国技术信息网，向世界160多个国家和地区进行宣传。青岛希望饲料有限公司被排在第17位，

并向公司总经理颁发了荣誉证书和奖牌。

青岛德维集团公司

地址:山东省胶南市铁山西路59号
邮编:266400
电话:0532—8183916
法人代表:王德学

该公司是综合性的大型企业集团，现有员工3260人，固定资产16800万元。下设进出口公司、食品公司、经营公司、供应公司和16个工厂、一个近百台车的车队，在全国500家最大食品制造企业中排名第51位。公司的主要产品有畜禽、肉制品、饲料、皮革、水产品、罐头、食品机械、宠物食品等8大类近300个品种。1998年实现销售收入26600万元，利税1125万元，自营出口创汇580万美元。

本着振兴农村经济、实现工农联姻的目的，在国家有关部门的大力支持和帮助下，公司于1994年新上了肉食鸡产品加销一条龙项目，到1995年已完成一期工程，形成了年产饲料90000吨、年产雏鸡700万只、年屠宰肉食鸡1000万只的加工能力。形成了种繁、孵化、饲料供应、疾病防治、屠宰加工、销售一条龙服务。辐射带动了600余户农民养鸡致富。1998年饲料厂实现利润130万元。

公司饲料厂生产的饲料产品有:猪、鸡3个系列几十个品种。该公司非常注重科研成果的推广应用，1995年研制开发了肉仔鸡配合饲料，有营养与防病的双重功效，56日龄出栏，平均体重2.9kg，成活率98%以上，对危害肉鸡业的几大顽症——球虫、慢呼、大肠杆菌病都有极强的抵抗能力。为肉鸡业持续稳定发展打下基础。

公司1996年研制了肉种鸡料，在注重蛋白质、钙、磷等常规指标的同时，细致研究了维生素、微量元素、药物饲料添加剂对种鸡繁殖性能的作用，明显提高了种蛋合格率及孵化率。

“德维”牌乳猪、仔猪颗粒料以“饮食快、疾病少、饲料转化率高”赢得了养鸡户的信任。1998年以来开发的系列浓缩饲料经过多次饲养试验，一致认为效果显著，正在迅速进入市场。

青岛拜尔特动物营养品有限公司

地址：山东省青岛市漳州路29号303室
邮编：266071
电话：0532－5763723
传真：0532－5763823
E-mail:Biote@126.com
法人代表：冯云水

该公司创立于1995年。在几年的发展中，已成为青岛市著名的添加剂预混合饲料生产企业。

公司一贯坚持以市场为导向，潜心研究、开发、生产、销售各种生物制剂、适时的畜禽添加剂预混合饲料、浓缩饲料。公司的饲料添加剂配方技术，是国内外饲料工业经验的吸取和积累，公司有自己的多项专利技术用于生产，其中高效专利（98110226.3）蛋鸡添加剂预混合饲料最为广泛应用。

厚积薄发是拜尔特开发新产品、销售新产品的座右铭。拜尔特将始终依靠这种精神向中国饲料工业不断推出成熟的技术和高品质产品。卓越的品质，稳定的质量，将使拜尔特产品不断推陈出新。

公司通过 Internet 与国内外有关单位广泛联系，与东南亚部分国家和地区有密切的技术和业务合作。

拜尔特注重培养高品质、高素质人才。公司的技术和管理人员全部具备中专及以上学历，其中硕士文化程度占1/3。

1998年下半年与中国三方集团合资在山东莱阳市建立分公司，其产品畅销山东半岛。

公司依据自己强大的技术后盾，随时准备与大家分享已被实践证明了的技术和能力，以便进一步促进中国饲料业的发展。

六和集团有限公司

地址：山东省青岛市香港中路61号阳光大厦21层
电话：0532－5713170
传真：0532－5713165
法人代表：张唐之

该集团组建于1995年，属高科技民营企业，设有饲料加工厂、种鸡厂、冷藏加工厂、动物保健药厂和鲜蛋加工出口基地，是集良种繁育、饲料生产、兽药制造、畜禽产品加工、进出口贸易等产业一体化的大型畜牧业集团企业。集团总部设在自然、文化和经济商贸条件良好的海滨城市——青岛。

六和建有自己的科学院——山东鼎立农业科学院，并坚持司院合一、产研紧密结合，先后承担完成20余项研究课题，有多项成果获省“星火”计划奖和科技进步奖。在科学研究的基础上，公司生产的饲料、鸡苗、兽药以及肉食等系列产品，均系优质高效的现代高科技精品，在市场上享有很高的声誉。其中，六和饲料系列产品，在’96首届中国饲料工业博览会上荣获认定产品。

在六和产品保证和技术支持下，有成千上万农户走上了养殖致富之路，有力地带动了我国畜牧养殖业的发展，同时，六和也得到快速发展。目前，六和员工队伍达到3000余人。科技、管理人员中，95%具有本科以上学历；年饲料生产能力达到100

余万吨，年加工畜禽产品近 10 万吨，年孵化鸡苗达 360 万只，拥有固定资产 3.2 亿元。先后被评为全国饲料工业百强企业、中国民营科技企业技工贸总收入 100 强、山东省高新技术企业 30 强和国家"星火"龙头企业。

济南天天香有限公司

地址：山东省济南市槐荫区南大槐树北街 186 号

厂址：济南二环西路 8 号

邮编：250022

电话：0531－5989947　5980566

该公司是一家生产一般性饲料添加剂的专业公司，主要产品有饲料香味剂、饲料酸化剂、大蒜素、碘化酪蛋白、有机铬、饲料复合酶制剂、饲料微生态制剂、饲料色素等。

公司本着"以人为本、科技领先"的宗旨，与多家大学和研究机构建立了密切的合作关系，将高科技研究成果率先转化为生产力，不断奉献优质产品。

济南天天香公司愿与饲料界同仁携手并进，共享改革成果。

山东潍坊中基饲料有限公司

地址：山东省潍坊市坊子区潍州路 14 公里处

邮编：261200

电话：0536－7661649　7661934

传真：0536－7661275

该公司是美国 ADM 公司所属集丰实业（香港）有限公司与山东省出口商品基地建设公司、潍坊出口商品基地建设公司合资兴办的大型现代化饲料生产企业。公司始建于 1988 年，引进美国先进机械设备和生产配方，生产肉鸡、蛋鸡、种鸡、肉猪、种猪、牛、鸭、鱼、虾、兔、鹌鹑、鸵鸟等使用的各种兽药、多维素、添加剂预混合饲料、基础精料、浓缩饲料、配合饲料 6 大系列 80 多种产品。

公司根据国际通行的 ISO9000 质量体系标准，制定出严格的原材料和产品质量检测标准，建立了严密的质量保证体系。中基公司先后被认定为'93"全国饲料工业百强企业"、"外商投资先进技术企业"、"山东省三资企业最大经济实力五百强"等。中基饲料荣获"第二届中国农业博览会金奖"，被省技术监督局认定为山东省质量免检产品，并成为农业部饲料质量监督检验测试中心（济南）推荐产品。

先进的技术、科学的管理、严谨的经营作风、务实的敬业精神使中基公司成为全国饲料行业一面鲜明的旗帜，誉满全国、扬名海外。

齐鲁动物保健品厂

地址：山东省济南市工业北路 243 号

邮编：250100

电话：0531－8962118

传真：0531－8978074

该厂是兽用生物制品、兽药、饲料、饲料添加剂研究、开发、生产、销售为一体的综合性现代化企业，农业部兽用生物制品定点生产厂家。年产畜禽用各种疫苗 70—100 亿羽（头）份，产量居全国之首。生产各种药物添加剂百余品种，添加剂预混合饲料等 12000 多吨。年产值过亿元，利税过千万元。荣获"全国亿万农村消费者信得过产品"、"全国饲料工业行业百强企业"、"中国动物保健品协会推荐产品"等殊荣，并获中国畜牧兽医学会"科技进步企业"荣誉称号。本厂科技力量雄厚，人才优势明显，具有大、中专学历的技术人员 100 多名，占全厂职工总人数的一半以上。与全国多所大专院校、科研单位联合，开发出了在国内居领先水平的系列新产品，如与日本联合开发的不耐药、无残留治疗肠道疾病的新药粘杆菌素、高效抗球虫药球灭福康、球敌、治疗禽流感新特药奇特注射液、病毒威冲剂及最新畜禽专用抗菌素沙拉杀星注射液、双氟沙星原料制剂等。禽用生物制品也首次在国内实现了疫苗系列 SPF 化。

目前拥有国内一流的生产设备和精良的检验仪器。投资 2000 万元从国外引进的三台具有 90 年代国际先进水平的大型冻干机，投资 200 多万元引进的国内一流的全自动水针生产线，以及投资 300 多万元按 GMP 要求新建的粉剂车间，大大增强了企业的实力和发展后劲。企业严格按 GMP 要求组织生产，产品质量在国内外拥有很高的信誉。在全国多次质量抽检中公认质量品牌第一。在全国建立了销售和售后服务管理网络，聘请大专院校教授为客户无偿提供防疫、饲养管理等方面的技术服务，得到了用户的普遍赞誉。

山东斥山水产集团有限公司鱼粉厂

地址：山东省荣成市斥山镇

邮编：264308

电话：0631—7321109　7323831

传真：0631—7323831

法人代表：王昭凡

该厂隶属于山东斥山水产集团有限公司。公司直属企业、经济实体 20 家，拥有固定资产 2.8 亿元，为国家二级企业。所属的渔港码头，可停靠渔船 12 艘，有 24 对大型捕捞船，年利润 5000 多万元。公司根据自己的经济实力和优越的鱼粉生产条件，1996年独家投资500多万元，建起了具有现代化水平的鱼粉生产线4条，1998年又投资600多万元扩建了4条生产线，厂内设有化验室。现共有8条现代化的脱脂鱼粉生产线，形成年生产能力3万多吨，为我国大型鱼粉生产企业之一。1998年生产鱼粉1.6万吨，鱼油4000多吨，实现产值1亿多元，利润1800万元；1999年由于鱼粉原料资源减少，鱼粉价格大幅度下跌，生产鱼粉1.4万吨，鱼油3000多吨，实现产值8000多万元，利润1000万元。

斥山水产集团鱼粉厂，起步晚，起点高，厂区整体美观，车间库房建设规范，管理有序。厂容厂貌、厂区卫生、生产设备、产品外观质量、生产管理等1998年受到英国世界鱼粉鱼油制造者协会主席巴鲁先生和国家水产品质量监督检验中心常务副主任李晓川先生的高度赞扬。

该厂所生产的康进牌鱼粉，各项质量指标均达到或超过国家标准规定的特级鱼粉指标，优于进口鱼粉。康进牌商标被国家商标局批准为注册商标，受法律保护。康进牌鱼粉，质量稳定可靠，新鲜无掺杂质使假，每批鱼粉经化验合格方允许出厂。为延长鱼粉的保质期，选用美国进口抗氧化剂，根据不同季节，适量添加。厂长王昭凡对生产、质量严格管理，并不断对工艺、设备进行改造，1999年投资100多万元，增加了鱼粉浓缩液回收装置，把宝贵的水溶性蛋白质资源回收混入鱼粉，从而增加了鱼粉可消化蛋白质的比例，解决了环境污染问题。

康进牌鱼粉以其可靠的质量保证，畅销全国20多个省区市，赢得了广大饲料厂的欢迎与认可，为高品质的饲料产品贡献了自己的一份力量。

山东荣成荣茂水产开发有限公司

地址：山东省荣成市邱家工业区
邮编：264305
电话：0631－7431168－8019；0631－7431264
法人代表：岳寿涛

荣成荣茂水产开发有限公司是山东邱家水产集团下属40家企业之一。该公司自1986年起生产不脱脂鱼粉，现已转入拥有80吨脱脂鱼粉生产线6条，日处理废鱼液400吨的国内大型鱼粉生产厂之一，总资产1500万元，年产鱼粉10000余吨，实现产值近亿元，采用国内先进设备技术生产特级碧海牌鱼粉、鱼油，本公司所用鱼粉原料采用总公司捕捞的原料为主，新鲜度好，碧海牌鱼粉已销售全国各大饲料厂家。

山东荣成市养殖联营总场

地址:山东省荣城人和镇朱口村
电话:0631—7382326
传真:0631—7389992
邮编:204309
法人代表:孙建强

该场是荣成市朱口渔业有限公司的核心企业，是集鱼粉、鱼油、养鸡、养猪、养虾、养貂、冷藏、水产加工为一体的大型企业。拥有鱼粉脱脂生产线16条。精炼鱼油车间一座。鱼粉脱脂年生产能力2万吨,精炼鱼油年生产能力5000万吨，为全国最大的鱼粉、鱼油生产企业,生产的“牧隆”牌鱼粉、鱼油供应全国各大饲料企业，是正大集团所属饲料厂所用鱼粉的主要供应商。1999年被国家水产品质量监督检验中心评为“鱼粉质量保证示范推广基地”,并为之挂牌。

目前拥有固定资产3000万元,占地面积1998000平方米,工程技术人员500多人。鱼粉厂距渔港近,捕捞的鱼能立即投入加工,从而保证了鱼粉质量。

河南省康明牧业有限公司

地址：河南省郑州东郊圃田
邮编：450047
电话：0371－5811085　5811103
传真：0371－5811085
法人代表：宋俊平

该公司始建于1993年，是在河南雅康畜牧公司基础上发展起来的一家集加工、销售系列畜禽水产配合饲料、浓缩饲料、添加剂预混合饲料、复合维生素、复合微量元素、复合药物饲料添加剂及经营兽药厂原料药、饲料原料为一体的综合性股份制企业，位于环境优雅的郑州东郊圃田。

公司总投资1000万元人民币，直属企业有以下4家：

河南省康明牧业（饲料）有限公司“康明”牌系列饲料产品，河南省康明牧业（预混料）有限公司“康明”牌系列预混料产品，河南省康明牧业（添加剂）有限公司“康维素”、“康霉素”、“康安素”系列产品，河南雅康畜牧有限公司维生素、兽药原料药、饲料原料等。

公司现有员工150名，其中博士1名、硕士生3名、本科生30名，专业技术人员占公司总人数的85%以上，高素质的人才结构是康明公司产品质量的保证和企业发展的动力。近年来康明公司因其高速发展、开拓进取精神得到同行业注目，在全省已有以下几家企业加盟康明大家庭：

河南省项城康明饲料有限公司“东旺”牌系列饲料，河南省封丘康明饲料有限公司“维尔康”牌系列饲料，河南省汝阳康明饲料有限公司“康维得”牌系列饲料，河南省唐河天维饲料有限公司“大　唐”牌系列饲料，河南省博爱恒昌实业有限公司“恒 昌”牌系列饲料，河南省洛阳六合饲料有限公司“六 合”牌系列饲料，河南省驻马店市康明科技饲料有限公司“康 大”牌系列饲料，河南省偃师市理想饲料有限公司“喂 发”牌系列饲料

现在，康明人正以“团结、奋进、优质、务实”的企业精神，坚持“质量第一、用户至上”的经营宗旨，立足现实，放眼未来，与广大饲料同行和饲料用户共创民族饲料工业辉煌的明天！

长葛希望饲料有限公司

地址：河南省长葛市长社路28号
邮编：461500
电话：0374－6228550
传真：0374－6227332

该公司是希望集团有限公司与长葛市粮油总公司于1994年9月组建的一家高科技、现代化饲料生产企业，总投资2500万元，年饲料生产能力30万吨。1995—1998年实际销售各类饲料110541吨，实现销售收入24750万元，利税2914万元。主要产品有：猪、鸡、鸭、兔、牛各类系列饲料60余种。

公司自建成以来，一贯遵循希望集团“让农民富裕，让市民满意，让政府放心”的经营理念，强化企业管理，实行一套科学化、制度化、规范化的管理，以高质量、高品位产品占领市场，为广大经销、养殖户提供了优质及时的服务。公司连续获得“重合同，守信用”企业，“产品质量信得过企业”等多项荣誉称号，1998年被河南省技术监督局授予“国家技术监督计量合格二级企业”。

许昌金海饲料有限公司

地址：河南省许昌市东效孙湾
邮编：461000
电话：0374－2933077　2933033
法人代表：杜建立

该公司是由泰国百通公司与许昌市饲料公司于1997年3月合资成立经营饲料生产的企业，投资总额1700多万元，合资期限为35年。公司现有员工110人，其中大专以上的各类技术人员28人。公司现拥有国内先进的饲料生产设备和生产工艺，并拥有一个设备仪器齐全、技术过硬的化验中心，年生产各种饲料5万吨，本公司生产的“金海”牌和“百卢”牌等系列配合饲料和浓缩饲料，其配方是由世界知名的动物营养专家卢必武先生研制的，配方科学先进、营养全，氨基酸平衡，能满足畜禽各生长发育阶段所需的营养，且品种齐全，现生产的饲料有猪、鸡、鸭、鱼、牛、肉鸽等6大系列40多个品种。产品销至河南省各地市县，远销陕西、湖南、湖北、江苏、安徽、山东等省市，深受广大用户的信赖。本公司生产的饲料品种，连年在河南省饲料产品统检和国内贸易部抽检中，均为合格产品，并达到质优标准，荣获国内贸易部“质量信誉产品”称号；被中国质量万里行河南投诉站和《质量时报社》评为“质量信得过产品，质量信得过企业”；被《质量时报社》和名优企业促进会评为“1997—1998年度质量宣传重点单位”；1998年被许昌市政府评为“先进企业”；被许昌市工商行政管理局评为“1997—1998年度重合同守信用企业”。

公司的宗旨是：信誉第一、质量第一、用户第一、服务第一。企业的精神是：“同心同德，同舟共济”。品牌精神是：“金海饲料，敢超第一”，“百卢饲料创中国名牌”。

中原希望饲料有限公司

地址：河南省浚县城东工业区
邮编：456250
电话（传真）：0392－5522312

该公司由中国最大的民营企业－希望集团与河南浚县粮油总公司合资兴建的现代化高科技饲料企业。本公司占地46亩，总投资1332.5万元。1992年9月开始筹建，1993年3月正式投产，经过几年的滚动发展，现已拥有5条生产线，三套全电脑控制的生产机组，年设计生产能力20万吨。公司现有职工130人，其中大中专以上学历的80人，占职工总数的60%，职工队伍整体素质高。

公司采用希望集团的高新技术和商标，主要生产“希望”牌，“永行”牌猪、鸡、鸭、鱼等8大系列50多个品种的饲料。产品配方科学，营养丰富全面，搭配合理，饲料转化率高，可以大大缩短饲养周期，提高经济效益。产品投放市场以来，质量愈久弥坚，深得养殖户青睐。

公司以其先进的管理机制、灵活的销售策略、强劲的舆论宣传和独特的优质服务赢得了市场，创造了良好的经济效益和社会效益，先后被评为“河南省饲料工业八强企业”、“河南省工业企业综合经济效益百佳企业”、“鹤壁市工业综合实力排序二十强企业”、“鹤壁市经营管理先进单位”，所生产的饲料被评为“河南省质量信得过产品”。

洛阳春都集团饲料有限公司

地址：河南省洛阳新安洛新工业园
邮编：471822
电话：0379－7312020　7312040
传真：0379－7312021

该公司是专业生产系列畜禽饲料的大型企业。

公司集科、工、贸于一体，总投资7000多万元，占地80余亩，全套引进荷兰VANAARSEN公司设备，生产过程实现电脑自动化控制，工艺先进，年产各种系列饲料24万吨。

公司生产有“春华”添加剂预混合饲料、浓缩饲料、全价配合饲料，拥有蛋鸡、肉鸡、猪、鱼等4大系列80余个品种，品质卓越，从原料的采购、保管、生产到成品的销售，建立有一整套完善的品质保证体系，有配套的先进检测分析设备，能全面保证产品质量稳定可靠，公司有完善的售后服务队伍，能为客户提供全方位的售前、售中、售后服务。

公司作为春都集团的一员，以“振兴民族饲料工业为己任，志创春都名牌”作为公司的奋斗目标，结合“春都畜牧富民工程”的实施，力争为河南及周围地区的畜牧业发展做出更大的贡献，愿与国内外同仁广泛合作，为中国畜牧业和饲料工业的发展贡献绵薄之力！

河南东方正大有限公司洛阳饲料厂

地址：河南省洛阳市孟津县新庄
邮编：471002
电话：0379－7855191
传真：0379－7855190
法人代表：陈世怀

该厂是由河南省粮油食品进出口公司和正大集团合资兴办的大型企业，总投资800万美元。于1995年破土动工，当年建成投产。拥有从美国引进的电脑控制的全套现代化生产设备，采用正大集团的科学配方及严格的质量控制制度，选用优质原料，生产高质量的猪、鸡、鸭、鱼、牛等配合饲料，年生产能力可达18万吨。正是这种控制严格的全面质量管理，在刚刚建厂后的1996年，其鱼用系列饲料就得到了郑州、洛阳等各地客户的青睐。

该厂对畜牧养殖业的发展和扩大高品质的活猪出口货源，对振兴当地经济发挥了积极的作用，获得显著的经济效益和社会效益。公司本着“四满意”（客户满意、政府及社会满意、股东满意、员工满意）的经营原则努力办好企业，造福社会。

本厂1998年产量43173吨，营业额为11586万元，利润总额40万元。

新乡市大北农饲料厂

地址：河南省辉县市东新庄
邮编：453600
电话：0373－6291143
法人代表：杨文安

该厂以发展民族饲料工业为己任。建厂12周年以来，坚持走科教兴农之路。是一个集饲料生产、畜禽养殖和畜产品加工为一体的综合性农牧企业。饲料厂拥有年生产能力12万吨的三条生产线，并拥有出栏万头猪的集约化猪场和存栏10万只鸡的现代化养殖场。

1984年筹建，资产50多万元，员工40多名，生产能力3万吨。12年来，走过了不平凡的创业之路。

1993年，投资1000万元，建成大丰养殖场，专门生产饲料兼搞养殖。1994年，依据“优势互补，共创名牌”战略与大北农集团合作。1995年，兼并兴辉养殖场，成立兴辉养殖分场。1997年，兼并环宇包装公司。1998年，收购辉县电业局下属10万只鸡场。1998年10月，股份合作制改造成功。

该厂设备优良，技术雄厚，微粉鱼料专用生产线年生产能力3万吨，畜禽颗粒生产线年生产能力3万吨，粉状饲料生产线年产能力6万吨，均用微机控制生产，电脑配方。生产的猪、鸡、鸭、鱼4大类别，颗粒、配合、浓缩3大系列56个品种，畅销河南，远销晋、冀、鲁、皖。因产品质量优，售后服务好多次被内贸部通报表彰。养殖场生猪选用美国杜洛克、丹麦长白、比利时皮特兰等良种，由于品种优良，瘦肉率高，屠宰胴体好，俏销京、津、粤等地。被列为“北京生猪养殖基地”和“国家生猪养殖基地”。鲜蛋畅销湖南、江西等地。

潢川亚美饲料有限公司

地址：河南省潢川县春申路工业区
邮编:465150
电话：0397－3936903
法人代表：代大校

该公司是由县粮食局与美国SAS公司合资兴建的豫南大型综合饲料加工企业，始建于1993年3月，现已拥有饲料一厂、饲料二厂、供应公司、销售公司、饲料科研所、房地产开发公司等6个下属单位，合资创办了富邦亚美畜业有限公司、新元亚美畜业有限公司，固定资产总值2500万元人民币，流动资金1000万元，年饲料生产能力10万吨，年出栏商品猪20000头，投放种猪8000头，年产值1.5亿元，年利税逾千万元。

公司工艺设备先进，技术力量雄厚，主要生产工艺引用美国WEM公司微机自控系统，居国内领先水平，产品以科研院校为依托，运用中美最新配方，特聘国内外十多位知名专家学者担任技术顾问，使得亚美产品具有品质优良，价格合理，饲料报酬高，养殖效益显著等特点。全部产品由中国人民保险公司潢川支公司承保质量信誉保险。公司生产的畜、禽、鱼全价颗粒饲料、浓缩饲料、添加剂预混合饲料及甲鱼饲料6大类十几个系列上百个品种的“亚美”产品，被河南省质量管理协会认定为质量信得过产品；并被评为“94 全国优质农产品金奖”，向广大消费者推荐。

河南开封正大有限公司

地址:河南省开封杏花营
邮编:475141
电话:0378—3922377 3922388
传真:0378—3922371

该公司是泰国正大集团在河南投资最早、规模最大的大型中外合资企业。企业包括饲料厂两座，种鸡场三座，大豆制油厂和孵化厂各一座，拥有总资产 3.64 亿元，其中固定资产 2.04 亿元，公司于 1986 年 8 月组建，至今已有 13 年历史。

两座饲料厂都引进美国全套饲料加工设备，应用电脑全自动控制生产全过程，采用泰国正大集团提供的科学饲料配方，生产肉鸡、蛋鸡、肉猪、良种猪、肉鸭、蛋鸭、鲤鱼、草鱼等系列饲料，产品质量达国际先进水平，年 3 班生产能力达 36 万吨。大豆制油厂年加工大豆 12 万多吨(日加工 450 吨)。生产油脂 1.8 万吨，豆粕 9.5 万吨。种鸡场和孵化厂年生产商品代艾维菌肉鸡苗 2116 万羽。成为河南省饲料行业、食用油加工业、肉鸡养殖业的排头兵，产品质量、产量始终保持领先地位。1991—1998 年共实现销售收入 33.19 亿元，实现利税 1.1108 亿元。“豫大”牌系列饲料也先后荣获全国名牌饲料、全国用户信得过饲料产品、河南省名牌产品、河南省著名商标、河南省重点保护产品等一系列荣誉称号，取得了良好的经济效益和社会效益。

河南三宝集团股份有限公司

地址：河南省灵宝市弘农路中段
邮编：427500
电话：0398－8663197

该公司属不含国有成份的股份制企业，是以生物发酵制品为主，集科研、教学、生产于一体的高新技术企业。

崛起于改革开放大潮中的河南三宝集团始终高擎“科学技术是第一生产力”旗帜，坚持“以科技为先导，以质量求生存，以新产品求发展”的方针，求实创新，开拓奋进。公司现拥有资产总额 3000 余万元，员工 380 人，其中中高级专业技术人员 36 人，持证技术员工占总数的 80%以上。我国著名的生物学专家李季伦等 10 余位教授、研究员以上高级知识分子担任公司技术、管理顾问，与国内外 13 所大专院校和科研机构建立了长期稳固的合作关系。主要设备集中了核工业、航天工业、化工工业、船舶工业的 90 年代先进技术，生产系统实现全程闭路电视监控。1995 年被河南省科委确定为高新技术企业。

近年来，本集团致力于高新技术的研究和应用，多次承担了国家重点科技攻关项目的研制和生产任务，相继成功地开发出赤霉素精品系列产品和国家级新兽药马杜霉素等多种国家级兽用抗生素，其主导产品“马杜霉素－－中国抗球王”系国家“八五”科技重点攻关项目，“九五”火炬计划产品，主要用于防治鸡、鸭球虫病，具有高效低毒、无残留及促进增长等显著优点。1994 年荣获“首届亿万农村消费者信得过产品金奖”。1995 年马杜霉素原药荣获“中国第二届农业博览会金奖”；国家级、高科技新产品，“抗球王”荣获银奖。1997 年在中国第三届农业博览会上马杜霉素原药、中国抗球王同时被认定为名牌产品。

郑州广安饲料科技有限公司

地址：郑州市花园路 38 号明星大厦二层
邮编：450002
电话：0371－5721487

公司是以高科技为依托，以非凡的民族特色崛起于中原的生产、销售复合添加剂预混饲料的专业公司。本公司拥有生产添加剂预混合饲料的一流设备，吸收国际先进的工艺和配方技术，融入独创的“动态多维配方技术”，创造出了更好的民族饲料品牌。

公司成立 3 年来，得到了迅速的发展。企业现拥有 6 个分公司和一个研究所，集技术研究、饲料加工、畜禽贸易、资本运营于一体；拥有河南、河北、山东、山西、湖南、安徽、四川、广东、广西等十几个省市的业务市场；拥有猪禽、水产、反刍动物等产品 7 大系列 50 多个品种，分为 1%、2%、4%、5%、12%等系列；拥有一群平均年龄 28 岁、大专以上学历、朝气蓬勃的广安人和国内著名知名专家、教授组成的“广安智囊团”，为我国的畜牧业发展尽心尽力、服务至上。

公司以“广纳英才、安邦富民”为宗旨，以“服务社会，永续经营”为目标，发扬“团结、求实、创新、奉献”的企业精神，决心为振兴民族饲料产业不遗余力！

湖北南大高龙饲料有限公司

地址：湖北省荆州市人民大垸流港镇
邮编：433321
传真：0716－3854209
法人代表：赵新安

公司是湖北省南大畜禽水产公司与香港高龙发展有限公司、水利部中国科学院水库渔业研究所三方共同出资组建的合资企业，于1998年6月正式成立，拥有固定资产800万元。

公司采用水利部中国科学院水库渔业研究所的最新技术，吸收了原湖北省南大畜禽水产公司下属企业南大饲料厂数年生产甲鱼饲料的经验，引进国内最先进的生产工艺设备，现已成为我国中南地区年生产能力达10000吨的特种水产饲料专业性生产企业。产品畅销湘、鄂、豫、皖、苏、浙、京、琼等省市。

公司全体员工在董事长兼总经理赵新安的领导下，决心发扬“团结、奉献、务实、创新”的企业精神，为促进我国水产养殖及民族饲料工业的发展而不懈努力。

武汉中谷自动控制技术有限责任公司

地址：湖北省武汉市解放大道2726号

邮编：430012

电话：027－82324132

传真：027－8232412

法人代表：姚象超

该公司成立于80年代初期，是专业从事自动化控制的现代高新技术企业，是集科、工、贸、管理一体化的新型科技实体，是湖北省饲料工业协会常务理事单位之一，并荣获武汉市“重合同、守信誉先进企业”等称号。

企业现有各类技术人员60多人，其中国家级专家、教授、研究员、高级工程师多名。主要承接国内外工厂自动控制的研制、电气工程的生产、安装、调试及交钥匙工程。

公司成立以来，在省、市有关部门的支持下，通过同有关国家科研院所以及有关的大专院校合作，开发和研制出了PCW计算机配料控制系统，PCS打包秤等系列产品，尤其在集中控制、分散控制、编码控制领域已具有90年代先进水平。

长期的研究和实践，为公司积累了丰富的经验。可靠的性能、上乘的质量、优质的服务为企业赢得了最广泛的用户，多年来产品销往除台湾、西藏以外的全国各地，不断满足饲料、面粉、化工、化肥、冶金等行业的需要，并行销马来西亚、新加坡等国家，用户达600多家。

湖北省饲料公司配合饲料厂

地址：湖北省武汉市武昌区徐家棚秦园路粮钢大院

邮编：430062

电话（传真）：027－86551623

法人代表：李智勇

该厂是一家年生产12万吨级现代化企业。全套引进进口饲料生产设备，并装配有膨化料生产线，是湖北省生产规模最大、设备最先进的饲料企业之一。

建厂以来，本企业在激烈的饲料市场竞争中，依靠一流的人才、一流的产品质量、优质的售后服务和科学的管理站稳脚根，发展速度迅猛，令同行瞩目。其生产的猪、鸡、鸭、鱼、鹌鹑饲料遍及湖北、河南、湖南、安徽、四川等省，“九如”牌饲料成为用户公认信得过产品，“九如”饲料品牌成为公认的卓越品牌。

连续四年被评为“湖北省饲料行业先进企业”，1996年被省饲料工业协会评为“97推荐产品”，被省粮食局评为全省粮食系统“十大名优产品”。“九如”牌饲料1998年被湖北省商品质量管理协会、武汉市商品质量管理协会评为湖北市场“卓越品牌”、“98推荐品牌”。

“质量第一、服务第一、社会效益第一”是“九如”人永恒的承诺。

襄樊市化工厂

地址：湖北省襄樊市人民路245号

邮编：441002

电话：0710－3117954　3113922

传真：0710－3119377

E-mail:Xfhgc@xf.hb.cninfo.net

法人代表：吴光明

该厂于1954年兴建，是国家轻工局定点生产磷酸盐系列产品的国家大型二级企业，是我国磷酸盐行业的重点生产厂家之一，也是湖北省一轻行业的骨干企业，曾获“湖北省省级先进企业”和“湖北省化学工业五十强”光荣称号。厂区占地面积15万平方米，现有职工1200余人，其中各类专业技术人员200余人。主要产品三聚磷酸钠，年产量3万吨；磷酸氢钙，年产量4万吨；磷酸二氢钙，年产量1万吨。其中磷酸氢钙产量排湖北省第一名。企业固定资产6500余万元。年产值1.5亿元。主产品三聚磷酸钠（五钠），主要用于合成洗涤剂的助剂，产品质量优良，曾获“轻工部优质产品”、“湖北省优质产品”称号，产品畅销全国及出口到东南亚等国家和地区。

主产品磷酸氢钙、磷酸二氢钙（矿物质饲料），主要用于饲料添加剂。产品由国家饲料质量检验中心（武汉）监制，质量优良，国标一级品率达98%以上，产品畅销湖北、湖南、广东、福建、深圳、东北等10多个省、市、自治区，深受广大用户欢迎。

武汉五元科技发展有限公司

地址：湖北省武汉市解放大道2627号

邮编：430012
电话：027－82324132
法人代表：姚象超

该公司是专业从事畜、禽、鱼用系列饲料添加剂、添加剂预混合饲料研究和生产的高新技术企业，被誉为极具发展潜力的企业之一。

为满足不同技术水平的饲料厂、养殖场以及广大农户需求，与大专院校和科研单位相结合，先后引进了“八五”、“九五”科技成果，运用先进的加工工艺，严格的质量管理体系，开发生产了“五元”牌系列饲料添加剂和添加剂预混合饲料新产品，其中“鱼虾促生素”被列入国家农业部“丰收”计划，在全国范围内重点推广。

结合我国饲料生产企业和养殖业实际情况为不同品种不同生长阶段的畜、禽、鱼提供充足的营养物质。畜禽用预混料含多种维生素、微量元素、必需氨基酸、促生长剂、防霉剂、抗氧化剂等。使用简单，只需加入能量饲料、动植物蛋白质和平衡饲料就可以配制优质的全价配合饲料。鱼用系列预混料均采用稳定性高的优质原料，并增加强效诱食剂及保健促生长剂，保证了饲料的高品质，给用户带来了明显的经济效益和社会效益。

湖北省东方饲料贸易中心

地址：湖北省武汉市卓刀泉南路3号
邮编：430079
电话：027－87411383
传真：027－87411462

该中心位于武汉市东湖高新技术开发区，是由湖北省饲料工业协会、国家粮食储备局武汉科学研究设计院、武汉恒大饲料有限公司、武汉华阳生物营养工程有限公司共同出资兴建，集科研、生产、贸易为一体的经济实体。专门从事饲料产品、饲料添加剂的研究、开发和生产；经营各种饲料原料、农副产品、化工产品的购销及代理业务，为广大用户提供技术、信息、售后服务。

中心年生产饲料10万吨，主要生产“东方源”牌猪、鸡、鸭、鱼等系列预混料，浓缩饲料和全价配合饲料，满足各类畜禽及鱼类不同日龄阶段的营养需求，具有营养高、色泽美、适口性好、防病能力强、饲料报酬高等特点，为养殖户创造良好的经济效益。

贸易中心奉行的是“质量第一，信誉第一，服务第一”，同时依靠饲料界的专家教授及自身技术力量，不断为饲料市场研制新产品，开发新项目，开拓新业务。努力为饲料行业开创新篇章。

武汉华扬生物营养工程有限公司

地址：湖北武汉市洪山区楚雄大道晒湖沈家湾
邮编：430064
电话：027－88030788
传真：027－88022378

该公司是应用现代生物工程技术，研制、生产系列高效畜禽水产动物饲料及添加剂产品的专业性公司，是国家认可的高新技术企业。公司位于闻名全国的武汉东湖高新技术开发区，拥有一支全国知名的专家顾问组，具有十分雄厚的科研开发力量和生产能力。独特的科技与先进的加工工艺及地理优势，使公司不断有新技术和高质量的产品推向市场，并通过完善的服务赢得了市场和社会的信誉。

该公司将热忱为畜牧水产饲料等各界朋友提供下列产品：复合酸化剂：溢酸宝；饲用维生素：强稳C；生长促进剂：铬宝；饲料调味剂：甜美200；复合抗应激剂。同时提供畜产品养殖生产与技术服务；饲料养殖技术的开发与咨询服务；饲料质量监测技术的咨询服务。

公司以“信誉第一，质量至上”为宗旨，愿以真诚的态度与社会各界朋友携手并肩，为我国农业经济建设作贡献。

湖北省南漳县三友化工有限责任公司

地址：南漳县城关镇便河路附3号
邮编：441500
电话：0710－5243800　5241800
南昌办事处电话：0791－5723442
传真：5240147

该公司是1997年5月由该县汽车客运总公司主体投资兴建的现代化工企业。公司占地面积27160平方米，建筑面积4760平方米，拥有固定资产2980万元，各种生产设备187台套，现有员工580名，其中技术人员87名。主要产品为磷酸氢钙、磷酸二氢钙、优质磷肥、硫酸等，年可产3万吨磷酸氢钙和硫酸、1万吨磷肥、5000吨磷酸二氢钙，年产值8700余万元。其中“三友”牌饲料级磷酸氢钙是引进两项专利技术生产的，产品色泽纯白，含磷（P）≥17%，钙（Ca）≥22%，含氟（F）≤0.17%。产品在1998年获“湖北省消费者满意商品”称号，三友公司以“创造、挑战、拼搏”的企业精神为原则，采用先进技术，建立了新的营运机制，不断开发新产品和拓展新市场，生产用户满意的产品，建立用户信赖的企业，把“以优质的服务赢得用户”作为售后服务宗旨，以合适的价格为用户提供一流的产品、一流的售后服务。

岳阳市屈原饲料厂

地址:湖南岳阳屈原行政区

邮编:414418
电话:0730—5720927
传真:0730—5725239
法人代表:熊国斌

该厂于1994年初组建投产，位于素称饲料之乡的屈原行政区营田镇,东接京广铁路和107国道,湘江、汨罗江南北环绕，水陆交通极为便利，邮电通讯方便快捷。

该厂集科研、生产、销售于一体。现有员工180名，拥有总资产2500万元，年产10万吨全自动生产线生产的“屈原”牌猪、鸡、鸭系列饲料近30个品种，行销湘、鄂、滇、赣、桂等省区的200多个县市，深受广大用户和社会各界好评。主导产品“屈原王”猪浓缩饲料、551乳猪料获’97全国(HN)科技创新金奖,“屈原”牌系列饲料在国家、省、市三级监督抽查中，连续三年合格率达100%，获湖南省技术监督局’98省级免检产品资格。

做得更好是该厂的永恒追求。

长沙未来科技实业有限公司

地址：湖南省长沙市桐梓坡高新技术产业开发区阴才园
邮编：410001
电话：0731－4721227
法人代表：周建成

该公司是一个飞速发展的现代高科技企业。有一批全国知名的营养、生化和微生物等方面的教授（博导）作坚实的技术后盾，公司现有博士2名、硕士3名，大学本科生占公司员工的70%以上。总投资3000万余元，已生产的大蒜素系列、VC磷酸、L－肉碱和健康酸等高科技绿色产品，跨医药、饲料和人类保健食品多个行业。永远立足于高科技，缔造“一流生化王国”是该公司的追求。兢兢业业、点点滴滴为您奉献“无可挑剔”的产品是每一个员工的诺言。

永州鼎立饲料有限公司

地址：湖南省永州零林南路995号
邮编：425000
电话：0746－8450177　8450517
传真：0746－8450517-9
法人代表：刘志宏

该公司创办于1998年5月，是由湖南省高科技企业岳阳市鼎立重阳科技有限公司与永州市冷水滩区外贸公司合资兴建的股份制企业。年生产能力18万吨猪、禽、鱼系列饲料的中型饲料企业。采用国内最先进的设备和工艺，其优质的原料、科学的配方、规模的品控体系及完善的售后服务，可满足客户的不同需求。现已开发生产并已得到广大养殖业主认可的“九鼎”牌畜禽鱼系列饲料达40多个品种。产品以高科技为依托，市场为导向，技术服务为保障，迅速辐射了湘、粤、黔、桂等省区。

公司拥有一群高素质人才，他们具有广泛的实践经验和丰富的理论知识，以及饲养观念的不断创新和突破，无疑对公司高起点、高品质、高效益的产品形成，提供了可靠的技术保证。

公司已圆满完成ISO9002国际质量体系认证的前期工作，将在1999年8－9月份正式认证。永州鼎立质量目标是：1．产品生产现场抽检合格率达到100%；2．产品销售市场国家和行业抽检合格率达到100%；3．产品因质量和服务原因退货率为“0”。

鼎立人以朝气蓬勃的精神面貌，严谨不苟的工作态度，敬业奉献的思想风尚，向着科、工、贸一体化的集团公司迈进。鼎立人完全有能力为振兴我国民族饲料工业做出自己的贡献。

广州白云饲料厂

地址：广东省广州市北郊加禾东平
邮编：510440
电话：020－86626988
传真：020－86625870
法人代表：钟运秋

该厂创建于1987年，隶属于广州市国营白云家禽发展公司，是集饲料、种鸡、种猪、鸡苗、猪苗生产一体化的企业，拥有年单班生产3万吨饲料的先进设备，生产各种鸡、鸭、猪等系列全价饲料、浓缩料和预混料，是广州市畜禽饲料生产基地之一。本厂具有雄厚的技术力量，参照国际标准，企业产品标准达国内先进水平，并设立了一套严密的全面质量管理体系，生产设备由微电脑控制，化验设备齐全，生产管理严谨，生产出高品质饲料，并配备完善的售后服务队伍，指导用户的畜牧生产。“云丰”牌饲料在广大用户中，以其质优价廉、饲料报酬高的优势而赢得广泛的好评，在激烈的市场竞争中立于不败之地，并日益壮大发展，为畜牧业的发展作贡献。

该厂宗旨：优质、服务、互利、创新。

广东正大康地有限公司

地址：广东省广州市天河区东圃
邮编：510660
电话：020－82300823　82309288
传真：020－82309166
法人代表：陈宗海

该公司是广东省畜牧发展总公司与康地正大

国际集团有限公司合资经营的大型现代化综合性企业。1985年注册成立，先后投资建设的有广州饲料厂、深圳种猪场、汕头种猪场、顺德种鸡场等项目。投资总额2270万美元，注册资本1135万美元。

饲料厂全套引进美国先进的机器设备，结合国情，采用国外最新、最科学的配方，是国内规模较大、设备较先进的厂家之一，年生产能力45万吨。选用上乘原料，生产优质鸡、猪、鸭、牛、鱼、虾等60多种配合饲料、浓缩饲料以及添加剂预混合饲料，营养全面，适口性好，最适合畜、禽、鱼、虾各阶段生长发育需要。饲料厂经省、市饲料工业办公室考核验收，已颁发了“生产条件和质量保证体系”合格证书。“广大”牌饲料，质量稳定，价格合理，配合良好的售后服务，使广大用户取得较好的使用效益。

公司种猪场从国外引进世界上优良品种之一的杜洛克、长白、大白纯种猪。经风土驯化并根据香港及华南地区肉猪市场的需要，进行种猪繁育。每年可向市场提供父母代种猪5000头，商品代肉猪16000头。

公司种鸡场全套引进美国、加拿大的饲养、孵化设备，饲养世界最优良的艾维茵父母代种鸡18万只，每年可向市场提供优质的艾维茵商品代肉鸡苗1800万羽。

公司先后被评为“先进技术企业”、“全国饲料工业行业百强企业”、“中国500家最大外商投资工业企业”（排名145位）、“广州市综合实力50强”（排名17位）和“先进纳税单位”。

广东冠华饲料实业公司

地址：广东省顺德市容奇镇红珠路8号
邮编：538303
电话：0765－6624569　6626105　6621450
传真：0765－6625179

该公司是一个专业生产“冠华”牌禽畜、珍禽、水产配合饲料产品的经济实体，始建于1964年，是全国首家生产配合饲料的企业。公司引进美国制造的具有国际先进水平的饲料生产设备，工艺流程实行微机控制和半自动化生产，闭路电视进行监测和调度，是广东省饲料工业中的大型骨干企业之一；1992年由国家统计局命名为“中国饲料工业50强企业”；1990年，被评为国家二级企业。

公司建立了完善的质量管理体系，1991年，经省、市、县三级主管部门的考核和验收，获得全面质量管理合格证书。产品质量严格执行国家或省、部颁布的产品标准，近年来，产品经国家、省级有关部门的评审，多个产品获得国优、部优、省优及省名牌产品称号。1996年，企业荣获“广东省质量信得过企业”称号。

公司生产的“冠华”牌禽畜、珍禽、水产配合饲料产品，已遍布省内外100多个县市和地区，深受广大用户的欢迎和赞誉。在省内外市场中占有相当重要的地位和享有较高的声誉。

广东省新会市粮油饲料工业公司

地址：广东新会市会城镇冈州大道中5号1座
邮编：529100
电话：0750－6677442　6672960转各部
传真：0750－6676049
法人代表：高伯潜

该公司成立于1975年，主要以大米加工为主，经过20年来的不懈努力，已发展成集生产经营、科研开发和横向联营于一体，产、供、销相配套，颇具实力的国有企业。主要产品有面粉、禽畜和水产配合饲料等系列产品百多个品种。年生产能力为面粉8万吨，配合饲料100万吨，年销售总额达10多亿元，是全国粮食系统和饲料行业的排头兵，深得有关部门的好评。

公司管理科学，技术先进，产品合格率达到100%，处于同行业的领先地位，在全国饲料工业行业百强评比中，名列全国第4位，排列广东省第1位，并列入广东省最大百家商业企业。生产的“永丰”牌饲料被评为“全国十大名牌饲料”，鸡系列和猪系列配合饲料被评为“广东省名牌产品”，“玉兰”牌精面粉被国内贸易部评为“质量信誉商品”。产品质量、服务质量深得广大顾客的信赖和赞誉，产品畅销全国各地。

广东省新会市新粮饲料厂

地址：广东省新会市会城镇南安路58号
邮编：529100
电话：0750－6692163　6691082
传真：0750－6691560
法人代表：梁子江

该厂是一家引进国外先进生产设备，配套国产设备，采用电脑优化饲料配方，实现全生产过程电脑监控和全自动配料的现代化颗粒配合饲料厂。主要生产“永丰”牌禽畜、水产和珍禽等系列配合饲料近100个品种。自1986年投产以来，企业生产得到迅速发展，规模不断扩大，现年产量达到20万吨，销售额近5亿多元，取得了较好的经济效益和社会效益。

该厂从生产伊始，就与省有关科研部门进行技术合作，不断提高企业技术水平和产品质量，使产品具有质量稳定、生长快、肉质好、饲料报酬高、抗病能力强等优点。“永丰”牌饲料经各级技术监督部门检测，产品合格率达100%，先后有10多个产品被评为部、省和省行业优质产品，“永丰”牌饲料还被评为“全国十大名牌饲料”和“广东省饲料工业质量信得过产品”，鸡和猪系列饲料被评为“广东省名牌产品”，深受省内外用户的欢迎，长期出现供不应求的好势头。

该厂技术力量雄厚，设备先进，管理科学，先后被评为“广东省省级先进企业”、“广东省质量管理奖”、全国和广东省“饲料工业先进企业”、“广东省最大百家商业企业”，受到各级政府部门的好评。

广东南海中宏饲料厂

地址：广东省南海市小塘镇新境
邮编：528222
电话：0757－6660368　6660225
传真：0757－6660238
法人代表：田承毅

该厂座落于广东省南海市小塘镇北江之滨，有专用码头一座，南海市东西大道从这里经过，与佛山铁路西货场、铁路专用线相距几百米，距联航机场仅 12 公里，水路、公路、铁路、航空，路路畅通。南海市场是广东省的养殖基地及广东最大的畜禽批发销售基地。

该厂是中国饲料集团的全资直属企业，是国家级饲料样板企业，于 1996 年 6 月投产，本厂采用国内外 90 年代先进的饲料生产设备，建成后的生产能力为单班年产全价颗粒饲料 8 万吨。

经过近三年的经营运作，建立和健全了企业管理制度和质量保证体系，在产品种类上逐渐形成了鸡料、猪料、鸭料、鹅料和鱼料 5 大系列共 40 多个品种。从企业的诞生开始，就始终如一地树立以产品质量为第一的目标，配置了先进的化验设备，建立了完善的质量监督机制和生产管理机制，在原料采购、生产、库存和销售过程实行严格的质量管理，确保产品质量稳定在高档次水平。

澄海饲料厂

地址：广东省澄海市东里镇北溪桥头
邮编：515829
总厂电话：0754－5751692　5302538
传真：5755718
澄海分厂电话：0754－5733882
盐鸿联营厂电话：0754－5779177

该厂位于广东省汕头市经济特区著名侨乡澄海市。1987 年由粮油加工转产饲料，是市粮食储备局下属的饲料生产厂家，现有职工 200 余人、专业技术人员 50 多人，设三家分厂，总固定资产 1000 多万元。1998 年产销全价配合饲料 10 万多吨。年总产值 1.04 亿元，创税利 350 多万元。生产设备采用机电一体化控制技术和国际先进电脑配方系统，生产“莲花”牌鸡、鸭、猪、水产、鹅、珍禽 6 大系列 30 多个品种全价配合饲料，并配备国外先进检验设备和完善的质量保证体系。厂质量检测机构 1998 年被省饲料工业办公室评定为“优秀”等级，产品在省、市质检部门抽检合格率 100%。产品获“首届中国饲料工业博览会认定产品”称号，113＃中鸡料连年被评为“广东省饲料工业质量信得过产品”。企业被评为“广东省饲料工业先进企业”、澄海市“产品计量质量信得过企业”和省政府“重合同守信用单位”称号。

广东省新会市新粮睦洲饲料厂

地址：广东省新会市睦洲镇长安街 2 号
邮编：529143
电话：0750－6222245　6222248　6222243
传真：0750－6222245

该厂是一个引进美国先进饲料设备，配套国产设备，采用电脑计量、电脑优选配方，全生产过程实行闭路电视监控的现代化的颗粒配合饲料厂。自投产以来，坚持改革开放，强化企业内部管理，转换经营机制，挖潜降耗，开拓市场，使企业得到不断发展壮大。主要生产“永丰”牌禽畜、水产和珍禽等系列配合饲料近 100 个品种，年产量达 15 万吨，年销售额 4 亿多元，取得了较好的经济效益和社会效益，是广东省饲料工业行业先进企业。

该厂从生产伊始，就与省有关科研部门进行技术合作，并建有禽畜养殖试验场，通过不断试验开发，使产品质量不断提高和不断更新换代，在同行业中处于领先地位，具有质量稳定、生长快、肉质好、饲料报酬高、抗病能力强等优点。“永丰”牌饲料经各级技术监督部门检测，产品合格率达 100%，先后有 10 多个产品被评为部、省和省行业优质产品，“永丰”牌饲料还被评为“全国十大名牌饲料”和“广东省饲料工业质量信得过产品”，鸡和猪系列饲料被评为“广东省名牌产品”。产品深受用户的欢迎，畅销省内外。

广州市江村家禽企业发展公司江丰饲料厂

地址：广州市白云区江高镇松岗街一横 128 号
邮编：510450
电话：020－86200398　86200688
传真：020－86602388

该厂拥有 4 条先进的生产线，其中主要设备从德国、意大利进口，时产能力达 40 吨，年产“粤江丰”牌饲料 20 万吨。本厂投资 200 多万元兴建了国际先进水平的检测中心，有 20 多名专业技术人员，严格控制原料进仓和成品出厂质量，形成了一套规范严格的、符合国际标准的质量管理体系标准。

“粤江丰”牌系列饲料具有使禽畜生长快、抗病力强、饲料报酬高、皮黄脚黄、脂肪沉积良好的特点，是出口港澳肉鸡的首选饲料。“粤江丰”牌系列配合饲料共有鸡、猪、鸭、鹅、鱼5大系列60多个品种，是以公司实验中心鸡场、养猪场、鱼塘等为试验基地，参照国内外动物营养标准，经本厂动物营养研究所精心设计，采用先进工艺生产而成。“粤江丰”牌系列饲料自1991年面市以来获得了几十项荣誉称号，并被广州市技术监督局评为“1998－1999年度质量监督信得过（免检）产品”。使用“粤江丰”牌系列饲料的用户还可以免费享受饲养管理、防疫治病等技术售后服务。

江门市英恒生物饲料有限公司

地址：广东省江门市美景里70号
邮编：529051
电话：0750－3376338　3368228
传真：0750－3378568

该公司位于珠江三角洲的著名侨乡－江门市。是江门市生物技术开发中心集团成员之一，是集科研、信息、生产、销售于一体的现代化工业企业（具有年产万吨的生产能力），环境优美，交通方便。

公司依靠先进的生产技术和设备，拥有国内外著名的生物工程专家、学者。为适应国家大力发展三高农业的政策，进一步推动现代生物工程技术在饲料业中的应用，公司引进国外最新饲料复合酶配方，根据中国养殖业、饲料业情况，研制开发出新一代饲料复合酶系列产品—“英恒”牌饲料复合酶。产品自投放市场以来，以其独到的生产工艺、耐高温等显著特点、良好的使用效果，深得广大用户的信赖支持，迅速赢得市场。实践证明该产品完全可替代进口同类产品，改善日粮的营养价值及禽畜的生产性能，有助于提高用户的经济效益。

开发的产品包括鸡用型系列、鸭用型系列、猪用型系列、水产型系列，尤其针对我国南方水稻高产区而精心研制的、也是国内首创的稻谷型复合酶，倍受欢迎；同时推出的硒酵母、铬酵母，亦受到用户的青睐。公司坚持“以科技求发展，以质量求生存”的经营方针，建立了完善的售后服务网络，长期为广大客户提供产品技术咨询。

广东温氏食品集团

地址：广东省新兴县勒竹镇榄根
邮编：527439
电话：0766－2281165
传真：0766－2281171

该集团是集畜牧养殖、饲料加工、食品加工一条龙，科、工、贸一体化运作的民营股份制集团公司，下属50多家企业分布在广东、广西、福建、江苏、河南等省区，年上市肉鸡1.2亿只，肉猪15万头，年生产饲料60万吨。是全国最大的肉鸡、肉猪生产集团公司，广东省最大的饲料生产企业。

温氏食品集团是在1983年由8户农民合股创立的“勒竹鸡场”基础上逐步发展壮大的，实行“公司＋农户”经营，下联10000户农民合作养殖，由公司提供种苗、饲料、药物、技术，产品全部按保护价回收统一加工销售，任何时候农户均不承担市场风险，是广东省最大的三高农业龙头企业，也是全国七家可持续发展三高农业科技示范区龙头企业之一。董事长兼总经理温鹏程是全国劳动模范，第九届全国人大代表。

温氏食品集团的主要产品：各档次的优质三黄鸡苗、肉鸡；竹丝鸡苗、肉鸡；优质三元杂交肉猪；各种全价颗粒饲料；产品质量一流。

广南（湛江）家丰饲料有限公司

地址：广东省湛江市赤坎北站路2号
邮编：524045
电话：0759－3314992
传真：0759－3335249
法人代表：冯所积

该公司是香港广南（集团）有限公司在湛江的全资公司，是一家以饲料产业为主，集科工贸于一体的现代企业，是国内贸易部的定点示范单位。

公司是1983年建成投产，全套引进日本自动化饲料生产设备，时产配合饲料45吨，主要生产“家丰”牌鸡、鸭、猪、鱼、虾、珍禽等6个系列50多个品种，年产销饲料最高逾20万吨，产品畅销海南、广西、茂名等省市及粤西地区。

公司是一家高起点、高质量、高要求的现代企业，是全国饲料工业标准化技术委员会委员单位，专业技术力量雄厚，配方设计及品质管理均由高级畜牧师和畜牧、水产专业技术人员设计；饲料营养价值全面，质量保证，饲养效果好，用户报酬率高，并做到“生产一代，预研下一代”，产品质量和信誉深受广大养殖户的信赖。公司被评为“省级先进企业”；“广东省饲料工业先进企业”；连续十年被湛江市政府评为“重合同守信用企业”；72#肉鸡系列配合饲料荣获1998年“广东省优质产品”称号；72#肉鸡料系列、73#种鸡料系列、81#蛋鸭料系列、92#猪料系列被评为“广东省质量信得过产品”。

广东省中山市泰山饲料厂

地址：广东省中山市中山一路木围仓街7号

邮编：528401

电话：0760－8630104　8635134　8634804　8631664

传真：0760－8635124

法人代表：肖祖乐

该厂直属中山市粮食管理储备局，是中山市产销量最大的饲料工业企业，引进国外成套先进的生产设备，1987年6月正式投产，在饲料界同行及广大经销户、用户的鼎力支持下，泰山走过了10多年的创业历程，创造了十多年的饲料辉煌。泰山饲料投产十多年来，已向用户提供了100多万吨的全价配合饲料，产品畅销广东及广西、湖南等地并出口港澳地区。企业先后荣获“全国饲料工业行业百强企业”、“广东省省级先进企业”、“广东省饲料工业先进企业”、“中山市百强企业”、“中山市先进企业”、“中山市产品质量信得过企业”等殊荣。

该厂以科技进步促进企业的发展，坚持“质量是泰山的生命”的经营宗旨，不断加强与广东省农科院畜牧研究所、中山大学水产研究室、华南农业大学等科研单位的技术合作，把最新科研成果应用于自己的产品中，不断提高产品的科技含量，使泰山饲料质量在同行中始终处于领先水平。生产经营“泰山”牌全价配合饲料鸡、鸭、猪、鹅、水产5大系列40多个品种。“泰山”以其质优的产品拓展了市场，赢得了广大用户、经销户的信赖，“泰山”饲料已深入人心。“泰山”饲料先后荣获国家、部优产品、全国名牌饲料、全国星火计划成果博览会金奖、广东省饲料工业科技进步奖等称号，广大用户深情地赞誉－泰山饲料，稳如泰山。

广东省中山市大东海动物营养保健有限公司

地址：广东省中山市三角镇南洋路

邮编：528445

电话：0760－540047　5405093

传真：0760－5400093

该公司是专门从事动物营养与保健技术研究、产品开发的民营科技企业，专业生产、经营添加剂预混合饲料、浓缩饲料。公司成立于1994年12月，现有员工40人，其中大专以上专业人才23人。公司下设添加剂预混合饲料厂、畜牧试验场、饲料检测中心等机构。公司以服务广大客户为经营宗旨，以市场为导向，以科技进步推动产业发展，通过试验场的实验数据进行科学定量分析与研究，优化产品结构，优化技术组合，提高饲料的转化率，从而取得了良好的经济效益与社会效益。公司开发、生产、经营优质预混饲料系列产品，适用于集约化猪场、鸡场及农村中小型畜禽生产场。预混饲料生产规模时产达7吨。产品销往广东、广西、福建、湖南等地，深受用户好评。

主要产品：

0.5%系列畜禽添加剂预混合饲料，用于配制浓缩饲料及配合饲料。

1%系列畜禽添加剂预混合饲料，用于配制浓缩饲料及配合饲料。

4%系列畜禽添加剂预混合饲料，用于配制配合饲料。

公司经过近5年长足发展，已经成为广东省添加剂预混合饲料主要生产商及全国知名品牌，1997年产销量2800吨，1998年产销量5400吨，1999年预计产销量7500吨。

正大康地—汕头有限公司
正大康地（澄海）有限公司

正大康地—汕头有限公司

地址：广东省汕头特区龙湖大北山二路

邮编：515041

电话：0754－8260161　8260162

传真：8260164

正大康地（澄海）有限公司

地址：广东省澄海市外砂镇凤窖工业区

邮编：515823

电话：0754－6161010　6161011

传真：6164011

该公司是由泰国正大集团与美国大陆谷物公司合资兴办的具有国际先进水平的大型畜、禽、水产饲料综合企业。该公司采用美国WEM电脑自动配料系统，CPM制粒机，哈佛公司大容量立体储存、除尘系统等国际同行业最先进之机器设备。年产“正大康地”牌各类全价配合饲料38万吨。产品远销粤东、福建、浙江等省市。

汕头公司自1984年建成投产以来，生产线经多次扩建时产达33吨，产品仍供不应求。遂于1995年投建了由汕头公司统一管理的正大康地（澄海）有限公司，设计时产40吨，并于1997年1月1日正式投产。至此，两公司年综合生产能力达38万吨。

该公司坚持以“一流品质与诚恳服务为经营最高宗旨”；以“为顾客创造最高利润为永恒的追求”。因此，声誉卓著，品质超群，“全国饲料工业行业百强企业”、“全国500家最大外商独资企业”、“先进技术企业”和“汕头市名牌产品”等称号。

东莞沙田顺发饲料有限公司

地址：广东省东莞市原街镇白石坑村边

邮编：523883

电话：0769－5818332

传真：0769－5818332
法人代表：许爱顺

该公司是集天然色素、复合酶、中草药饲料添加剂、生物饲料添加剂、动物保健品等产品开发生产、饲料加工、种肉猪繁育、饲养和林果种植为一体的大型高科技农牧业企业。下设东莞市沙田顺发农牧技术开发研究所、广州天王动物保健品有限公司、东莞市豪发生物工程开发有限公司、东莞沙田顺发饲料有限公司、花都市新华沙田顺发饲料厂、东莞市沙田顺发畜禽实业有限公司、广州保税区沙田顺发国际贸易有限公司。现拥有两家时产15吨、10吨的饲料厂，一家兽药厂，一家年产天然色素1000吨、复合酶500吨的生物开发公司，一家畜禽公司（存栏250头祖代种猪；存栏1500多头父母代种猪；年出栏3万头瘦肉型商品肉猪；200亩热带果林）。本公司被列为东莞市“三高”农业示范基地和东莞市“菜篮子”工程基地。

公司先后被评为全国饲料工业行业“百强企业”、广东“高新技术企业”、“民营科技企业”、“饲料工业先进企业”、“民营企业质量工作先进企业”、东莞市“十强民营企业”，连续7年被市政府评为“重合同、守信用”单位。公司董事长兼总经理许爱顺先生，现担任市政协委员等10多个社会职务，被市政府授予“东莞市优秀农业企业家”及“首届十大杰出农业企业家”称号。

公司“天王”牌兽药系列中，国家级兽药3个，省级13个，新拳头产品“长效复方治菌璜”、“喉净”、“抗病毒1号”、“肾砷解毒药”、“灭菌”等得到中国动物保健品协会推荐。公司研究所研制开发的天然色素、复合酶属绿色产品，可完全替代国外进口色素，成本低，无毒副作用；中草药饲料添加剂和中草药生物饲料

添加剂的研究成果，填补了国内空白，并已应用于饲料生产，效果显著。

“沙田顺发”牌饲料含鸡、鸭、猪、水产四大系列，分配合饲料、浓缩饲料、添加剂预混合饲料百个品种。产品运用国内外最新的营养研究成果。采用先进的工艺设备精制而成，科技含量高。用“沙田顺发”饲料饲喂畜禽，生长速度快，抗病力强，饲养效果显著，受到广大用户赞誉。鸡料、猪浓缩料系列荣获广东科技兴农产品展销会金杯奖，首届中国农业博览会优质奖，是首届中国饲料工业博览会认定产品，第三届全国农业博览会名牌产品，广东省饲料工业质量信得过产品。

广东恒昌实业股份九江饲料厂

地址：广东省南海市九江镇沙口工业区
邮编：520205
电话：0757－6556688 转各部门
传真：0757－6558164

该厂是全国大型现代化配合饲料生产厂家之一，组建于1979年，正式投产于1984年1月，占地面积6万平方米，拥有90年代国际水平的生产线、检测系统和一支高素质的员工队伍。

该厂一贯积极推行企业现代化管理，走质量效益型企业发展之路，使社会效益和经济效益连年上一个新台阶。年产销量达24万吨。年利润达2300多万元，年总产值超6亿元；产品品种以鸡、鸭、鹅、猪、鱼配合饲料为主，共有11个系列40多个品种，具有两个生产车间5条生产线的生产规模。

多年来，九江饲料厂以“让顾客满意”为质量目标，坚持把抓好产品质量放在首位。良好的产品质量使该厂的“家乐”牌饲料深受广大用户的欢迎和信赖。1990年荣获全国饲料行业国家优质产品银质奖，1996年荣获广东省首批名牌产品称号，还被国家和广东省等授予多项殊荣。

十五年创业，十五年光辉，九江饲料厂顺应天时、地利、人和，一步一个台阶，如今正加快改革步伐，创造美好的明天。

广州穗屏企业有限公司

地址：广东省广州白云区竹料镇飞来岭
邮编：510545
电话：87429268　87429368
传真：87442571

该公司是由广州市畜牧总公司和香港屏山企业有限公司合资兴建的广州市第一家中外合资的现代化大型饲料工业企业，引进当代世界先进水平的瑞士自动化生产设备和技术，聘请国内著名专家和美国营养博士共同研制出适合我国生态环境的电脑配方，生产7大系列、100多个品种的鸡、鸭、猪、鹅、鸽和水产等畜禽所需的“宝鼎”牌全价配合颗粒饲料和浓缩饲料。本厂以先进的技术设备、科学的生产配方、完善的经营管理创造出一流的产品，深受广大客户欢迎。产品多次被评为农业部优质产品，在首届中国农业博览会上荣获全国饲料行业7项金奖中的3项金奖。第二届农业博览会又获两枚金牌，第三届中国农业博览会上获“名牌产品认证”，连年被评为市、省、全国“先进外资企业”，被誉为“引进好、管理好、效益好”的中外合资企业。该厂的设备能力为时产全价配合料40吨、浓缩精料5吨。

广州皇上皇饲料厂有限公司

地址：广东省花都市港口工业区（花都港东侧）
邮编：510800
电话：020－86866828　86866818
传真：020－86866573

该公司是由生产驰名中外、历史悠久的“皇上皇”腊味和系列食品的国有企业—广州食品企业集团与花都市九潭畜禽场合作投资兴建和经营的大型饲料企业。

公司占地近60亩，4座玉米立筒仓容积达1万多吨，原料仓和成品仓面积近1万平方米，厂内100多米长的专用码头可停泊多艘500吨货船，日装卸量1千吨以上。

公司聘用具有丰富实际经验的优秀专业人才管理，技术力量雄厚。主要生产设备全部引进国内外具有90年代先进技术水平的饲料加工机械和化验仪器，生产工艺流程全部实现自动化控制。设计生产规模为35吨/h，年产全价颗粒饲料可达20—25万吨。

饲料厂于1998年1月正式建成投产，实现当年投产当年创利的预期目标。主要产品包括鸡、鹅、鸭、猪、鱼等8大系列近70个品种，产品质量符合省、市技术监督部门的检测标准，深受广大养殖户信赖和欢迎。

顺峰饲料厂

地址：广东省顺德市南国西路新涌大桥侧
邮编：825300
电话：0765—5634902　5636910　5636675
传真：0765—5636675

该厂是隶属于广东省顺德市顺峰粮油饲料工贸有限公司的大型现代化饲料企业。公司集贸易、运输及工业于一体，现拥有顺德市顺峰饲料厂、顺德市顺峰淀粉厂及联营企业广西北海德峰饲料厂等多家实业，并拥有多艘万吨级货轮，专营南北港口货运业务。公司每年经营大量玉米、豆粕、麸皮等饲料原料，是广东省饲料行业中较大的原料供应商之一。

顺峰饲料厂的前身顺德市顺峰山饲料厂始建于1985年，于1995年搬迁扩建，厂房占地面积3万多平方米，水陆交通方便，引进美国CPM公司的先进生产设备，对生产工艺流程、计量检测、经营管理实施全面电脑化监控，建立全面的质量管理体系，具备年产禽畜饲料、鳗鱼饲料、虾饲料及其他水产饲料16万吨的生产能力。该厂技术力量雄厚，管理严格有序，拥有各种专业人才。多年来，产品经省、地区、市各级饲料质量监测部门检验合格，是集生产、科研开发及横向联营于一体的大型饲料企业。

顺峰饲料厂主要生产“德峰”牌鸡、鸭、猪等禽畜饲料和鳗鱼、甲鱼、对虾、罗氏沼虾、草鱼、罗非鱼、塘虱鱼等各种水产配合饲料，共70多个品种，产品质量稳定，饲养效果良好，深受广大用户的欢迎和信赖。1998年“德峰”牌快大肉鸡配合饲料：102小鸡料、103中鸡料、104大鸡料、105小鸡料、106中鸡料、107大鸡料；地方肉用鸡配合饲料：112中鸡料、122中鸡料、123大鸡料荣获“广东省饲料工业信得过产品”称号。

以“今日的质量就是明天的市场”为经营策略，以“顺峰饲料，用足靓料”为经营宗旨，竭诚为广大用户服务。

顺德市浦乐饲料实业有限公司

地址：广东省顺德市乐从镇大坝工业区
邮编：528316
电话：0765—8821333转各部
传真：0765—8821792

该公司组建于1993年，总投资额达2600万元。厂区占地面积1.8万平方米，厂房、仓库、办公及生产设施等建筑面积共1.1万平方米，现有员工130人，是集经营贸易、生产销售于一体的民营企业。

公司引进美国CPM公司制造的具有90年代先进技术的饲料生产设备，年产各类配合饲料25万吨，主要产品有鸡、鸭、猪、鱼等4大系列共50多个品种，配备具有90年代先进水平的饲料检测设备，生产流程采用先进的电子配量及电脑中央控制技术，有各类专业毕业的大、中专技术人员40多人。

公司生产的“浦乐”牌饲料产品具有饲养效果好、饲料报酬高的优点，销售遍布广东各市县及邻近的湖南、广西等省区，产品深受广大用户的好评，1998年度销售量居全市第5名，销售额达2.5亿元。

顺德市广顺饲料有限公司

地址：广东省顺德市大良镇广珠路
邮编：528300
电话：0765—2291587
传真：0765—2291917

该公司创建于1987年，现在是时产40吨、年产畜禽水产饲料15万吨的饲料企业，主要生产“广顺”牌注册商标的猪、鸡、鸭、鹅、鸽、鱼等系列优质配合饲料。该公司共有员工105人，1998年产销配合饲料15.5万吨，产值3亿多元，人均产值为280万元。由于产品质量稳定、经营业绩优秀、资金信誉可靠、经济效益良好，被授予省、市农业银行“黄金客户企业”称号。

顺德市华星饲料厂

地址：广东省顺德市北滘镇北滘工业园兴顺大道5号
邮编：528311
电话：0765—6656817
传真：6657277

该厂是顺德华星实业股份有限公司的骨干企

业，创建于1978年，前身是贷款18万元建成的北滘颗粒饲料厂。多年来，随着我国改革开放的大潮不断前进，先后从国外引进时产10吨及60吨配合饲料、年产10000吨添加剂预混合饲料的设备和软件技术，是国内大型的饲料生产企业之一，现有固定资产1.2亿元,下属有“海南省海南华星饲料厂”、“华星饲料添加剂厂”和大型畜禽、水产养殖基地。

该厂生产经营蓬勃发展，曾获全国饲料工业行业百强企业、全国饲料工业先进企业及省饲料工业先进企业等多项殊荣。1998年销售“华星”牌饲料30万吨，利税1900多万元。

华星领导层锐意改革，勇于创新，一贯重视科技投入，在科学研究的基础上，不断改进生产工艺和饲料配方，完善管理，使饲料产品质量不断提高，达到国内先进水平。1998年，“华星”牌欧洲鳗鱼配合饲料被评为“国家级新产品”，淡水龙虾配合饲料被评为“广东省优秀新产品”，鱼配合饲料被评为“广东省优质产品”。

华星拥有一批高、中级科技人员和企管人员，一贯秉承“顾客至上，质量第一”的宗旨，继续发扬“团结、求实、开拓、进取”的华星精神，为广大从事农牧渔业人员提供优质饲料产品和完善的技术服务。

珠海经济特区溢多利有限公司

地址:广东省珠海市南屏高科技工业区康乐路3号

邮编:519060

电话:0756—8676888

传真:0756—8613989

该公司创办于1991年8月，拥有集科研、信息、生产、办公于一体的现代化工业园，占地面积23000平方米。交通便利，环境优雅，景色怡人。

公司引进国内外先进的生产设备和技术，与国内外多所知名科研机构建立长期合作关系，技术力量十分雄厚，应用现代生物工程技术，致力于酶制剂、食品、饲用药品及添加剂等行业的研究、开发与生产，并通过吸收世界最新科技成果，不断推出新型高科技产品。主要有酶制剂系列、绿色添加剂系列、动物药品系列及生物制剂等产品。其中“溢多利”系列饲用酶制剂，被评为国家级新产品，荣获珠海市科技进步奖。自投放市场以来，以其良好的使用效果，深得广大用户的肯定，国内市场占有率达50%以上，成为我国最大的饲用酶制剂生产基地。产品远销东南亚及中国香港和台湾等国家和地区。1998年被认定为广东省高新技术企业。

公司坚持“以科技为导向，以质量求生存”的经营方针，在全国建立了15个分支机构，销售服务网络遍及全国30个省、市、自治区。同时，成立了一支以酶工程、动物营养、畜牧兽医、市场营销等为主体，并辅以相关学科的售后服务队伍，长期为广大客户进行产品技术咨询，提供优质的服务和最新信息。

公司愿与全国饲料畜牧界同仁携手并进，共同迈向光辉灿烂的21世纪。

广东华达集团有限公司

地址：广东省肇庆市厂排街2路21号

邮编：526020

电话：0758－2832192　2823863

传真：0758－2842083

电挂：2151

法人代表：黄传海

该公司是我国南方大型的饲料机械生产基地，饲料机械行业首家国家二级企业，饲料机械行业第一家通过ISO9002国际质量体系认证的公司。集团公司的前身是广东华达机器厂，始建于1958年，是机械工业部的骨干企业。

集团公司有职工450人，固定资产3600万元，拥有独立的饲料机械研究所，先进的加工设备和精密的检测仪器，并先后引进世界银行贷款进行了规模较大的技术改造，完善及配套从时产200kg到时产60吨的饲料加工机械及成套设备。公司结合市场形势，不断完善和改革内部经营机制，提高全体职工的积极性，同时加大销售力度，不断加快新产品开发，积极占领市场。近几年公司的经营和效益得到逐年提高，华达的产品畅销全国，并出口东南亚、中东、非洲和南美等多个国家和地区，并在全国各主要省市建立了32个华达饲料机械经销服务处，其中这几年销出的产品主要是：9KJ25B颗粒压制机，产量1吨/h，共1241台；9KC（J）800型饲料加工成套设备，属简易型机组，产量1吨/h，共783套；9KC（B）－1000型饲料加工成套设备，工艺先进，功能齐备，被认为1996年度国家级新产品，共742套；PS－5型饲料加工成套设备，产量5吨/h，采用全钢架式结架，电脑自动控制配料，工艺先进，性能优越，产量高，共107套；年产6万吨饲料成套工程，整厂钢架结构，自动化，先进，共28套；年产12万吨饲料成套工程共23套；年产15万吨饲料成套工程共7套；时产1－5吨水产（鱼、虾、鳗、甲鱼）饲料加工成套设备，工艺先进，产量高，能耗低，共143套；出口饲料成套设备共22台（套）；其它设备和单机共2276台（套）。

华达产品质量优越，性能稳定，品种齐全，曾先后获得了省优和部优，广东省名牌产品，国家级新产品4项，国家专利3项，共有29项产品通过了部级或省级鉴定，真正是广大用户心目中的“中国公认名牌产品”，深受中外客户的一致推崇，尤其是近两年执行ISO9002国际质量标准进行经营管理和质量管理，产品质量和服务质量更上一层楼，无论是总产值，还是销售总额在广东省均排名第一位，是广东省同行业唯一获得“广东省名牌产品”的企业。

多年来，公司在立足饲料机械这个主导产品的基础上，开展多元化经营和服务，增加经营品种，开发跨行业的产品，如建筑业、化工业、陶瓷业等行业，培育新的经济增长点；加强服务功能建设，不断完善服务措施，努力提高产品和服务的市场竞争能力以及企业的形象，利用名牌效应，使公司业绩再创高峰。

广州惠华动物保健品有限公司

地址：广州华南农业大学校园内
邮编：510642
电话：020－87591481　87591491
传真：020－87591501

1993年6月，由华南农业大学饲料添加剂厂与香港惠农行农业有限公司合作经营的广州惠华动物保健品有限公司宣告成立。作为一个由高等农业院校与港方合作办的企业，公司从一开始就确定了走产学研相结合的发展道路，以科技作为企业的立足之本。几年来，公司充分利用身处高校的科技优势，联合多学科的力量，致力于动物保健品的研究和开发工作，于1994年开发出国家二类新兽药——恩诺沙星原料和制剂（普杀平系列）。在1998年，二类新兽药双氟沙星又成功通过农业部的审批。与此同时，公司致力于药物饲料添加剂和营养性添加剂的研究开发工作。

在注重新型动物保健品开发的同时，惠华公司非常注重建立和完善产品质量保证体系。用优质的产品和良好的服务，支撑起“惠华”的品牌，通过其生产的每一个产品，使“惠华”逐渐被广大用户所认识和接受。

广种博采，心血凝聚。经过五年多的发展，惠华公司取得了骄人的成绩。1996年，惠华公司被认定为广州市高新技术企业，同年被广州天河高新技术产业开发区评为“优秀高新技术企业”，1994－1997年连续4年被广州市天河区政府评为“经济工作突出贡献单位”。

汕头经济特区金园区精细化工厂

地址：广东省汕头市金园区浮东乡码头路中段
邮编：515065
电话：0754－8331814
市内联络处：汕头市金园区金砂乡东门大路西座4巷28号
邮编：615041
电话：0754－8258388
传真：0754－8626523

该厂是中国饲料工业协会、广东省饲料工业协会会员单位，是全国饲料添加剂信息协作网网员单位，全国农业新技术、产品传播网网员单位，是广东省经委、广东省财政厅、广东省税务局、广东省饲料工业办公室重点新产品开发单位。产品注册商标“金精”牌饲料级矿物质微量元素饲料添加剂连年来在全国饲料及添加剂用户市场调查活动中，被农民日报社、全国消费者基金会推荐为信得过产品，在北京荣获了荣誉证书；连续几年在农业部及省饲料办全国统检中，产品各项指标合格。是正大康地在国内配套定点厂，产品销售遍及国内各省市大中小饲料厂，同时，供应国内各大中外合资、美国独资企业公司等，并部分出口，赢得了信誉。每年都被汕头市政府评为“重合同、守信用”单位。

主要产品：粉状饲料级硫酸铜、硫酸锰、硫酸亚铁、氟化镁、硫酸钴、亚硒酸钠、碘化钾、氧化锌、氯化钾、硫酸镁等20多个品种。产品成份稳定，工艺独创，分散度好，细度均匀，还可根据用户需要生产不同含量的产品，深受用户好评。

深圳日大饲料厂有限公司

地址：广东省深圳市布吉镇沙湾丹头工业村
电话:0755－8749611 8749705 8749665
传真:0755－8749706

该公司是以生产科学配方的优质猪、鸡、鸭浓缩饲料、配合饲料，以及进行玉米、黄豆、麦糠等原料加工为主体的中外合资企业。公司成立于1986年，是华南地区效益和信誉较高的饲料企业。

公司引进国外先进的生产设备和技术，不断推陈出新。现有“日大”牌猪、鸡、鸭配合饲料、浓缩饲料等系列品种30多个，自投放市场以来，以其良好的品质和售后服务，赢得广大客户的信赖和好评。产品已销往香港、广东、广西、福建等省区。

公司1993年被评为“全国饲料工业行业百强企业”，1997—1998年连续两年被深圳市技术监督局授予“产品监检质量好企业”称号。主要产品有:402大豆料、224A蛋鸭料、021小鸡配合饲料、100乳猪配合饲料、131/101号小猪配合饲料、肥鸭配合饲料。

深圳南海粮食工业有限公司

地址:深圳市蛇口赤湾右炮台路9号
邮编:518068
电话:0755-6694477
法人代表:柳代风

该公司是香港嘉利投资有限公司、中国南山开发股份有限公司、深圳宝丰企业贸易公司和澳大利亚小麦局等四家合资于 1991 年投资兴建的中外合资企业。

公司设有一座年产 15 万吨的面粉加工厂和一座年单班产 5 万吨的饲料加工厂，配有全套引进瑞士布勒公司的机器设备，配制全套电脑控制系统。本公司生产高、中、低档不同种类用途的面粉和猪、鸡、鸭等畜禽配合饲料和浓缩饲料。

公司位于深圳蛇口赤湾，与香港隔水相望，相邻平南铁路，紧靠凯丰码头，地理位置十分优越。

公司实行董事会领导下的总经理负责制，设有 6 个经营管理部门。公司有员工近 300 人，实行层级管理，责、权、利统一。

正大康地(蛇口)有限公司

地址:深圳市蛇口赤湾二突堤南岗路 1 号

邮编:518067

传真:0755—6689214

该公司是泰国正大集团和美国大陆谷物公司在中国合资兴办的现代化大型农牧企业，投资 3000 多万美元，主要生产经科学配方的优质配合饲料、浓缩饲料以及复合添加剂预混合饲料。

公司总占地面积 12 万平方米，有两个生产车间，5 条先进的国际饲料生产线。主要生产设备有锅炉、圆桶仓、提升机、搅拌机、冷却机、电子配料秤、膨化机、制粒机和打包机等。公司可年生产饲料 36 万吨。添加剂预混合饲料 4.8 万吨。

正大康地集团一直对中国的投资充满信心，自 1981 年在中国投资兴办第一家饲料企业-正大康地(深圳)有限公司以来，不断扩大在中国的投资规模，已由一家饲料企业发展到 8 家大型饲料企业，2 家种鸡场。

正大康地(蛇口)有限公司以繁荣中国的农牧业、促进饲料工业发展为宗旨，一直守法经营，积极纳税，据统计，正大康地(蛇口)有限公司平均每年纳税额为约 1000 万人民币。公司连续多年被评为“纳税大户”，被深圳市政府评为“三超”企业、“百强”企业。

深圳市华宝(集团)饲料公司

地址:广东省深圳市宝安区西乡广深公司边

邮编:518102

电话:0755－7919003 7919759 7919165

法人代表:郑键

该公司是中国首家农口上市公司——深圳市华宝(集团)股份公司直属骨干企业，公司成立于 1983 年，于 1985 年正式投产，现拥有两间大型现代化饲料厂，一间预混料厂及一间兽药厂，配合饲料时产达 60 吨，主要产品有猪、鸡、鸭、鸽、鱼、鳖等畜禽、水产配合饲料和添加剂预混合饲料 50 多个品种。公司注重经营信誉，1987 年以来每年被深圳市工商管理局评为“重合同守信用”企业。公司实力雄厚，是深圳市 100 家最大规模工业企业之一。技术力量雄厚，聘请国际国内著名动物营养学教授为顾问，并拥有一批具有高级职称、博士、硕士学位的专职技术人才。公司自投产以来，不断进行技术改造，各种产品深受国内外用户的欢迎，饲料产量和企业效益逐年上升。作为深圳市质量检验协会会员，全国饲料工业标准化委员会第二届委员会单位委员，公司非常注重产品质量，严格遵守国家制定的各项标准和饲料法规。

公司自获得广东省饲料行业首家省级先进企业后，历年来陆续获得众多奖励： 1987 年蛋鸭料荣获农业部优质产品奖；1987 年以来每年被深圳市工商管理局评为“重合同守信用”企业；1988 年肉鸡料和蛋鸭料获广东省优质产品奖；1989 年肉鸡料和蛋鸭料获广东省优质产品奖 ；1989 年肉鸡料和蛋鸭料获农业部优质产品证书和奖杯；1991 年获深圳市优质产品称号；1992 年被深圳市企业评价协会评为深圳市最大规模工业企业第 83 名；1994 年被深圳市企业评价协会评为深圳市最大规模工业企业第 51 名 ；1993 年被中国饲料工业协会评为全国饲料工业行业百强企业；1995 年被深圳市企业评价协会评为深圳市 100 家最大规模工业企业之一；1998 年肉鸡料被推荐为“广东省饲料工业质量信得过产品；1998 年被广东饲料工业协会评为前十强；1999 年被评为 1997—1998 年度宝安区财务工作先进单位。

深圳新光饲料公司

公司地址：广东省深圳福田新沙路 10 号新光大厦 3 楼

邮编:518048

电话:0755－3304088 3305282

传真:0755－3304088

工厂地址:深圳市宝安区石岩镇青年西路 108 号

邮编:518108

电话:0755－7762718 7610981 7762717

传真:0755－7762716

该公司是由深圳新光实业有限公司与香港正力实业有限公司投资兴办的合资企业。1987 年开始研制生产斑节对虾饲料，先后与上海水产大学、中科院南海水产研究所深圳盐田对虾养殖基地等单位合作研究，成功开发“新光”牌全价配合虾饲料。十几年来，秉承科技兴企的指导方针，坚持质量优先的经营原则，管理上实行全面质量管理，生产的各个环节实行量化管理。“新光”牌斑节对虾饲料，经广东省科委审定为“重大科技成果”，1992 年获

“深圳市科学技术进步二等奖”，并列入1992—1994年度“广东省星火计划”和1994—1996年度“国家级星火计划”项目。是深圳市“菜篮子”工程项目。

公司的颗粒饲料产品外观整齐，水中稳定性好，诱食性强，并具有抗病防病功能，鱼虾苗成活率高，在国内外享有较高的声誉，深受养殖户的欢迎。国内市场主要分布在广东的湛江、珠江三角洲、粤东地区，以及广西、福建和海南等省；同时还出口香港、印尼、斯里兰卡等地区和国家。

为了满足市场需要，扩大生产规模，该公司于1996年8月投资3000多万元将原来位于市内福田区的生产基地搬迁到宝安区的石岩镇，增加引进一条台湾产、具有九十年代国际先进水平的膨化饲料生产线。近几年来，根据生产的实际情况，对原生产线进行再改造和完善，形成了三条相互独立的水产饲料生产线，时产水产饲料9吨，年生产能力6万吨。专业生产斑节对虾饲料、浮水性膨化饲料、罗氏沼虾饲料、甲鳗饲料、高档海水鱼料、鲍鱼料、混合饲料、饲料添加剂等系列饲料产品。该公司将继续努力开发高值、高科技产品，以适应日益发展的城乡“菜篮子”市场及国际大市场的需要。

海南华星饲料厂

地址：海南省海口市秀英区海榆中线5公里处
邮编：570311
电话：0898－8662914　8662940
法人代表：周耀权

该厂是广东顺德华星股份有限公司与海南省食品公司的联营企业，于1992年8月建成投产，经过3年的努力，投资全部回收。1995年至今，每年都完成董事会下达的经济指标，并积累一定的发展资金，生产规模不断扩大。

目前拥有一条从澳大利亚和美国CPM公司引进的时产10吨的生产流水线，一条自行设计组装的时产1吨的水产饲料生产线及一条时产1吨的膨化饲料生产线。生产有鸡、鸭、鹅、鱼、螃蟹、对虾、甲鱼、鳗鱼等8大系列共60多个品种的配合饲料。为适应市场的需求，同时生产高、中、低不同档次的配合饲料。

工厂实行严格的科学管理模式，采取灵活的管理政策，使生产和经营蒸蒸日上。多年来，产品以质量稳定、价格合理而深受客户的信赖，经济效益及社会效益均居海南同行之首。1994年荣获“全国饲料工业行业百强企业”称号。

经营宗旨是：实事求是，尊重科学技术，视产品质量为生命，对外重合同，守信誉，顾客至上，互惠互利，谋求共同发展，共同致富的道路。

海南恒兴饲料实业有限公司

地址:海南省海口市疏港大道166号
邮编:570311
电话:0898—8655951
传真:0898—8655952
法人代表:陈丹

该公司是广东恒兴集团有限公司下属企业，成立于1997年3月，下属文昌潭牛恒兴饲料厂、文昌潭牛恒兴种鸡场和海口恒兴饲料厂。现有资产7000万元，职员280人，其中各类专业技术人员80多人，公司年总产值3亿元人民币，是集饲料生产、畜禽养殖、科研开发、原料供应于一体的大型民营企业。

公司一贯坚持以市场为导向，主要生产经营各种全价配合饲料、饲料原料和畜禽种苗等。“恒兴”牌饲料畅销海南各地。公司以质量为生命，建立现代化企业管理制度，严格执行质量检测标准，全面实施质量管理，引进国外先进的主要生产设备，确保产品高标准高质量，“恒兴”牌产品深受客户的青睐，产品质量合格率达100%。

公司坚持以人为本，以科技为先导，引进国际咨询公司的高级专业人才，并对公司员工进行不同层次的专业培训，现已形成适应公司不断发展需要的人才队伍。积极加强与农业部饲料工业中心、中山大学、中科院南海海洋研究所、湛江海洋大学、广东省农业科学院畜牧研究所等科技单位的技术交流与合作，坚持走产科结合之路，建立了强大的科技储备。现开发生产的“恒兴”牌鸡、鸭、猪、鱼、虾等系列饲料50余个品种，年生产能力18万吨。文昌潭牛恒兴种鸡场占地250亩，年产良种麻花、黄花、882种鸡苗360万只，商品蛋1500吨。公司的饲料产品目前在海南省约占35%的市场份额。

海南省琼州饲料厂

地址:海口市秀英区海榆中线8公里
邮编:570311
电话:0898-8664421　8664418
传真：0898—8664417
法人代表:柯行生

该厂是海南省最大的饲料厂家之一，是隶属于海南省食品(集团)公司的国有企业，固定资产近5000余万元，拥有全套从美国引进的现代化生产设备，年产配合饲料6万吨，添加剂预混合饲料5000吨。

生产的鸡、鸭、鱼、猪用配合饲料，特别是蛋鸭料、肉鸭料、快大鸡料、黄羽鸡料、蛋鸡料、罗非鱼料、乳猪料等产品，在用户中久享盛誉。

自1992年建厂以来，始终坚持“质量是企业的生命”的治厂方针，取得了显著成效。在历次部、省、市主管部门和技术监督部门的检查考核中均获合格，先后被评为“全国饲料工业行业百强企业”、“海南省质量工作先进单位”、“产品质量信得过单位”、“海南工业企业销售50强”等。工厂生产的“富岛”牌系列饲料被海南省工商局评定为“海南省著名商标”。其中“401”蛋鸭料、“403”种鸭料、“101”小鸡料等还荣获首届中国饲料工业博览会“认定产品”、“海南省饲料工业质量信得过产品”称号。

1998年本厂与中国农业科学院饲料研究所、国家饲料质量监督检验中心等国家科研机构合作，将当代最先进的科研成果应用于实践，大大提高了产品的科技含量。特别是本厂与中国农科院饲料研究所科利民公司合作兴办的饲料添加剂预混合饲料厂，其产品畅销全省，取得了良好的经济效益和社会效益。

南宁市粮油饲料总厂

地址：南宁市衡阳南一巷4号
邮编：530011
电话：0771－3120036

该厂前身是南宁市饲料厂，1981年开始筹建，1982年6月投产。1990年产品已由单一的混合饲料发展成为生产配合饲料、添加剂预混合饲料和浓缩饲料3大类28个品种的大型企业，1982—1990年共生产350000吨饲料。

进入90年代以后，该厂经营发展迅猛，先后合并了3个（系统）单位。1994年饲料年总产量达5万吨，创利润400万元，被评为广西质量效益型企业，同年跻身跨入全国饲料工业百强、广西十强之列，并荣获广西“八五”优秀科技型企业的称号。

实施企业改革整顿工作以来，该厂走在南宁市的前列，基本完成了企业内部三项制度改革，产品质量整顿工作取得了飞跃性的效果，1998年共开发新产品9项，自治区级名优产品占主要产品的90%以上，在全国饲料经营严重滑坡的1997年和1998年，饲料经营仍然保持盈利的局面。

南宁市粮油饲料总厂经20年的发展，已晋升为国家大型二档企业，固定资产5000万元，年饲料生产能力达18万吨。企业拥有一支技术全面的科研人员队伍，配备设施齐全的试验基地与检测仪器先进的化验室，长期积累了丰富的养殖科研成果。以厂长董红兵为首的厂领导班子年轻化、专业化，具备带领全厂职工不断进取的条件。

广西饲料企业集团公司

地址：南宁市邕武路13－3号
邮编：530001
电话：0771－3158001　3323239
传真：0771－3326857

该公司是广西饲料集团的主体企业，公司是集科研、生产、贸易、养殖一条龙的经营体系企业。

公司现有职工239人，各类专业技术人员占职工总数的70%。其中高级职称6人，中级职称45人，在动物饲养和营养配方、粮油饲料加工机械、工艺、土木工程、经营贸易、企业管理等学科有着较强的人才优势。

集团公司现有固定资产5300万元，两条年产12万吨的饲料生产线，全套引进年产3000吨的添加剂预混合饲料生产线1条，养殖场1座。公司控股企业有防城港合力面粉有限公司、陆川吉桂饲料公司、柳州桂中饲料厂、柳州油脂厂，年销售额达4亿元以上。

广西饲料企业集团公司的宗旨是：“团结、求实、奋进。”1992、1994、1995、1996年连续获得广西经济效益先进企业、广西经济效益百强企业。主产品“天龙”牌饲料被自治区经委授予名牌产品称号。

公司经营范围：粮油及制品、各种饲料原料、饲料添加剂、兽药、养殖及粮油饲料加工、工艺设计。

广西彼得汉预混饲料有限公司

地址：广西南宁市长岗路5里3号
邮编：530023
电话：0771－5624722
传真：0771－5624742
E-mail:Gxpha Public.nn.gx.cn

该公司由新加坡百佳与然斯康有限公司、英国彼得汉动物保健有限公司、广西牧工商联合公司和广西国际信托投资公司合资兴建。公司具有先进的生产工艺和现代化的质检仪器，所产销的“比得好”牌畜禽水产系列产品于1989年投放市场以来，因技术含量高、使用效果好而深受用户信赖，销量连年翻倍增长，至1995年突破10000吨。年销售收入9540万元。产品销往国内18个省（直辖市、自治区）和东南亚国家。公司被评为全国外商投资双优企业、中国明星三资企业、先进技术型企业、全国饲料工业新技术新产品特别金杯奖、广西首届优秀科技型企业、广西饲料行业突出贡献企业、全国农业博览会推广产品、全国饲料工业行业百强企业；产品被认定为中国农业部推荐产品和全国十大名牌饲料等称号，现已成为中国生产预混饲料的大型骨干企业之一。

公司的固定资产投资达223万美元，并分别与重庆和越南有关部门合资兴建了重庆彼得汉添加剂预混合饲料有限公司和越南河内彼得汉畜牧发展有限公司。二公司均已成为当地的知名企业。

公司的经营范围已由原有的产销添加剂预混合饲料扩展到浓缩饲料、配合饲料以及饲料生产工艺的设计、改良和全套技术服务。公司现有正式员工63名，其中科技人员占55%，具有一大批专业知识、实践经验丰富的高中级专业技术人才，并拥有先进的生产设备和质检仪器，全面实行了计算机化管理。公司的全体员工始终在为争创同行业第一而奋斗！

南宁富丰饲料厂

地址：南宁市五一西路
邮编：530031
电话：0771－4868577
传真：0771－4810919

该厂创建于1993年，与柳州市富丰饲料有限公司、百色市富丰饲料有限公司同属福建省莆田市富丰饲料有限公司，是具备独立法人资格的民营企业。现有员工276人，其中各类技术人员83人，占员工总数的30%。年产“富丰”牌和“万多”牌猪、鸡、鸭、鹅四大系列68个品种的全价畜禽配合饲料8万吨。

短短6年时间，以陈继志总经理为首的“富丰”技术和管理精英带领全体“富丰”人励精图治、搏击市场，取得了良好的社会和经济效益。先后获得：南宁市江南区“先进单位”、“先进企业”、“明星优秀企业”；南宁市“先进集体”、“销售工作先进单位”、“民族团结进步先进单位”等荣誉称号。连续两年被广西区工商行政管理局授予“重合同守信用企业”，在全国配合饲料统检中获“合格企业”等。另外“富丰”牌515鸭料和311猪料系广西区优质产品，“富丰”牌系列饲料系广西区质量检验协会的推荐产品，畅销广西、广东、贵州、湖南、云南、越南等市场。

占地30余亩、正在建设中的3条年产20万吨全电脑控制的配合颗粒饲料生产线将于1999年10月1日正式投产，届时“富丰”企业年产值将突破3亿元大关。

柳州市柳新饲料厂

地址：广西柳州市庆丰路6号
邮编：545001
电话：0772－2516463　2515683　2513624
传真：0772－2511450

该厂是广西省柳州市粮食系统与广东省新会市粮食系统合资经营的企业，现有职工128人，拥有固定资产近2000万元，具有年产配合饲料和浓缩饲料24万吨的能力。

该厂始建于1988年，当时年生产能力为6万吨。经过十年的发展，如今本厂已拥有3条现代化的生产线，成为广西最大的饲料生产厂家之一。1992年成为亿元产值企业，1993年成为全国饲料工业行业百强企业，1994年成为全国行业最大50家企业第34名、广西最大企业第25名，1995年成为广西饲料行业十强企业之首，1997年被评为广西经济效益先进企业和学邯钢先进企业。

工厂立足高起点，3条生产线的主要设备均为引进美国CPM公司的先进产品，全部采用微机处理配方、电脑计量自动控制，在此基础上，本厂对其它设备不断地进行技术改造，产品质量不断提高。检测手段、生产技术、科学管理和产品质量方面都处于国内先进水平。

工厂不断调整产品结构，开发适销对路新产品，生产的“永丰”牌饲料有猪、鸡、鸭、鱼、鹌鹑、鸽子等6大系列70多个品种，其中308猪精料、311乳猪料和302小猪料为’97中国饲料工业协会推荐产品。

广西商业饲料厂

地址：广西南宁市长岗路三里3－1号
邮编：530023
电话：0771－5622000　5640481

该厂隶属于广西壮族自治区食品公司。创建于1985年，总投资1500万元，引进美国先进设备，常年生产优质“金轮”牌猪、鸡、鸭、鱼等系列饲料20多个品种，年产60000吨，广泛适用于集约化养殖场和广大农户饲养。产品畅销全自治区80多个县市及越南部分县市，取得了比较好的经济效益和社会效益。

该厂技术力量雄厚，研究生、大中专毕业生等各类专业技术人员占职工总数60%以上。本厂积极推行全面质量管理（TQC），于1997年10月通过自治区经贸委、贸易局和南宁市经贸委推行的全面质量管理达标验收，并已申报列入ISO9000认证试点单位。1994年该厂的“金轮”牌301乳猪料、118肉大鸭料荣获“广西名牌产品”称号；1996年“金轮”牌饲料又荣获广西区技术监督局推荐为“质量稳定产品”；1997年“金轮”牌301乳猪料再次荣获“广西名牌产品”称号。302小猪料、151猪精料荣获“广西优质产品”称号；该厂产品在历次全国饲料统检中，各项指标全部合格。“金轮”牌系列饲料已成为广西养猪协会、家禽协会推荐使用的产品。

桂林正大有限公司

地址：桂林市桂大路88号
邮编：541004
电话：0773－5825746

该公司是正大集团在广西合资经营的第二家大型现代化企业，座落在山水甲天下的桂林市东郊，公司首期投资 7200 万元的饲料厂，占地 140 亩，年生产能力猪、鸡、鸭、鱼系列饲料 18 万吨，全套生产线引进 90 年代世界最先进的美国 HOUGH 公司、CPM 公司的设备和 WEM 公司的电脑中央控制系统，采用正大集团先进配方和生产工艺技术，配以严格的原料至成品全过程质量控制与管理体系，从而确保桂林正大饲料的高品质。

公司生产的各种系列饲料，具有以下显著特点：（1）营养全面，能全部满足畜禽不同阶段的生长需要；（2）料味香纯，适口性特好，所含营养物质畜禽极易吸收消化，使畜禽生长迅速；（3）进口药物，畜禽抗病力强，发病率低，成活率高；（4）不掺任何激素、色素和香精，无公害，无污染。

使用桂林正大饲料能产生显著效益，可提高畜禽产品的质量，养出鸡、鸭脚色黄毛亮；猪则皮红毛亮，瘦肉率高；料肉比低、畜禽生长迅速、饲养周转期快。

公司自 1997 年投产以来，取得了良好的经济效益和社会效益，1998 年公司被当地政府评为先进企业，1998 年配合饲料全国统检被评为合格企业，同年被自治区外经贸厅评为先进技术企业。

广西巨星集团有限责任公司

地址：广西玉林市十里长街中段
邮编：537000
电话：0775－2810190　2087028
传真：0775－2810190 转 8001

该公司是玉林市玉米州区第一家私营企业集团公司。其前身是 1995 年 10 月成立的玉林市巨星饲料有限责任公司。

集团总投资 1800 多万元，占地 900 多亩，以饲料生产及销售为主，种养、饮食服务为辅，下属巨星种养公司和巨星美食城。广西巨星集团具有年产全价颗粒和浓缩饲料 12 万吨的规模，在全国各地拥有 100 多个经销客户。名牌产品“旭农”牌饲料有猪、鸡、鸭 3 个类别 20 多个品种。

公司人才济济，组织管理机构严密、齐全，生产设备先进。在生产过程中，贯彻以“质量第一，服务第一”的宗旨，实行严格的原料至成品一整套品质控制和管理措施。公司董事长苏献能深谙科技的重要，大胆引进和借鉴英国饲料先进配方，以该配方生产的“旭农”牌系列饲料以质量好、信誉高，荣获中国名牌产品称号；全国第五届新技术、新产品专利金奖；被广西质量检验协会推荐为质量稳定产品；玉林市技术监督局推荐为质量信得过产品；有中保财产保险玉林分公司质量承保。“旭农”牌系列饲料以质量好、价格适宜而供不应求，畅销全广西、粤西、湘南以及与广西毗邻的越南等国家和地区。

广西三柳化工有限责任公司

地址：广西柳州市柳城
邮编：545213
电话：0722－7751762　7751763
传真：0772－7751880

该公司（原广西磷酸盐化工厂）是一个以黄磷为母体生产多种磷酸盐产品的磷化工企业。1966 年由化工部投资兴建，1975 年建成投产。拥有固定资产 1.41 亿元，在册职工 1937 人，其中工程技术人员 148 人。主要产品及生产能力为：黄磷 1.5 万吨，热法磷酸 3.5 万吨，食品级磷酸 1 万吨，三聚磷酸钠 4 万吨，重过磷酸钙 5 万吨，普通过磷酸钙 5 万吨，湿法磷酸 2 万吨，饲料级磷酸氢钙 2 万吨。1995 年工业总产值达到 2.07 亿元，利税 1200 万元。

公司设备先进，技术力量雄厚，产品质量优良，饲钙获柳州市优良产品奖。公司第 2 条饲钙生产线正在兴建，建成后饲钙生产能力将达到 5 万吨，生产工艺采用热法磷酸与湿法磷酸相结合独特的湿热法新工艺，产品质量上乘，各项指标均优于国家标准，产品采用“三柳”牌注册商标。

玉林市玉龙饲料公司

地址：广西玉林市城站路 96 号
邮编：573000
电话：0775－3834429
传真：0775－3838759

该公司原称玉林市饲料公司，创办于 1976 年，开办之初只是一个 10 多人的小厂，加工混合饲料；1987 年，与广东某厂横向强弱联合，互补优势，注入了生机和活力，生产全价颗粒料，企业取得了长足发展，经济效益突飞猛进。步入龙年 1988 年，日趋成熟的公司推出了自己的注册品牌一“玉龙”，从此随着“玉龙”凌空升腾，公司成就辉煌：1990 年晋升为自治区级先进单位，从 1988—1995 年连续 8 年获广西经济效益先进单位，1993 年被评为全国饲料工业行业百强企业，1994 年被评为广西饲料十强企业，1988—1998 年连续 10 年被评为“重合同守信用”企业。至今，公司已发展成为拥有固定资产 5000 多万元，年产规模 16 万吨，年产值超亿元，能生产“玉龙”、“新高”两大品牌猪、鸡、鸭、鱼、草食动物等系列饲料产品的国家中型一档企业。公司根据企业实力和市场定位，结合市场需要，生产高中档产品，产品质量在同类产品中居领先地位，深受用户好评。主要产品有“玉龙”牌 203 蛋鸭料、302 小猪料、106 种鸡料、751 膨化乳猪料，“新高”牌 552 小猪料、661 膨化乳猪料。主导产品 202、203 蛋鸭料、302 小猪料被评为省优产品，203、302 获广西名牌产品称号，302 获中国公认名牌产品称号。1999年引进了玉林市首条膨化饲料生产线，成为公司新的竞争力和经济增长点。

广西化工研究院

地址：广西南宁市望州路北二里7号
邮编：530001
电话：0771－3315360　3318651
传真：0771－3315527

该院是具有40多年历史的综合性化工科研单位，现有职工400多人，其中具有高、中级技术职称230多人，拥有先进的仪器设备和科研实验设施及配套齐全、占地1万平方米的化工中试基地，长期从事化肥、农药、无机盐、有机合成、兽药和饲料添加剂、农副产品深加工及精细化工的研究和应用开发。1994年经自治区科委批准成立了“广西饲料添加剂开发研究中心”，研制开发的饲料防霉剂、风味剂、酸味剂等20多种产品在全国推广并取得规模化效益。其中获国家科技进步奖的国家专利产品“三晶”牌牲血素于1997年被国家科委首批授权使用“中国星火计划名优产品”商标。此外，“三晶”牌速育精、碘酸钙、多乐添、乳味香等分别获广西科技进步奖、广西科技新产品奖等多种奖项。1994年被评为“广西饲料行业突出贡献企业”、“全国用户信得过饲料添加剂产品生产厂（公司）”。最近该院又研制生产了“气克霉”、“肉毒碱盐酸盐”、“大蒜素”等新一代饲料添加剂，为促进饲料工业的发展做出了应有的贡献。

改革开放20年使该院科研上水平，产业上规模，效益上台阶，共取得科研成果175项，其中获国家和省部级科技进步奖80多项，国家专利11项。与全国500多家企业建立了各种形式的横向联系，建立了1000多个销售网点，取得了显著的经济效益和300亿元社会效益，连续多年获国家和自治区党委、政府等上级部门多项奖励和表彰。

柳州大北农饲料有限公司

地址：广西柳州市潭中西路
邮编：545007
电话：0772－3713297
联系人：李宁华

该公司（原柳州市河西饲料厂）始建于1987年，1995年7月改组为股份合作制企业，并进行大规模技术改造，1996年9月与北京大北农集团股份合作，成为大北农集团的南国主力军。

公司拥有一流的生产设备和检测手段，生产车间采用国内最先进的饲料加工设备，具备年产饲料12万吨的生产能力。全厂职工87人，其中各类专业技术人员52人，占员工总数的60%。并以掌握国内外动物营养与饲料加工等前沿科技的北京大北农集团作后盾，时刻把握专业内的尖端技术。拥有实力强大的科研队伍和良好的实验基地。

公司生产“大北农”牌、“掌福”牌鸡、猪、鱼、鸭4大系列全价配合颗粒饲料、膨化饲料、浓缩饲料和添加剂预混合饲料，全部采用大北农集团总部提供的技术标准和配方，充分利用大北农集团的技术和管理优势，拥有坚实的质量保证体系。产品质量由柳州市产品质量监督检验所监制。1997—1998年连续荣获“全国新技术新产品交易会金奖”。产品进入市场以来，深受用户喜爱，畅销八桂大地，并远销湖南、贵州、广东部分地区。月销量达5000多吨，雄居广西饲料行业前列。

广西柳州稀土动植宝有限公司

地址：广西柳州市柳邕路一区5—3号
邮编：545005
总部：广西柳州市屏山大道京港小区内
邮编：545005
电话：0772－3212315　3211347　3212741
E-mail:dzb@gxsti.net.cn
http://www.rare-earth-agri.com.cn

该公司是生产农用高新科技产品“稀土动植宝”的股份制企业，具有独立法人资格。从1992年8月成立至今，已发展成拥有资产200多万元、生产能力3000多万元、产值超千万元、占地面积4800平方米的高新科技企业。

公司生产的“稀土动植宝”、“稀土植宝”系列产品——稀土农用复合型植物生长营养剂和动物饲料添加剂、添加剂预混合饲料等，是由我国著名的稀土农用专家宁加贲教授主持研究开发成功的获国家发明专利、具有国际领先水平的最新一代高效稀土农用复合剂，它对动物、植物、微生物均有奇特的效果，使我国在稀土农用上居于国际领先水平，是“八五”、“九五”国家重点推广的科技项目，曾获全国重大科技进步二等奖、全国“星火计划”科技成果金奖、“广西科技活动周金奖”、全国农业高新科技产品展评会“最受欢迎的农科产品”金奖，全国新技术新产品交易会金奖、中国专利新技术新产品博览会金奖、全国“星火计划实施十周年暨‘八五’农业科技攻关成果博览会”优秀项目奖等多项奖励。1993年12月2日，中央电视台在《新闻联播》节目中有所报道。1995年起产品开始出口国外，至今已在马来西亚、越南等6个国家的农业生产上应用。稀土植宝新产品在1997年通过了广西科委主持的省级科技成果鉴定。1992年至今，稀土动植宝产品已在全国28个省、区推广使用，国内外100余家新闻单位、报刊给予了宣传报道。公司现还在国际互联网（英特网）上设有域名和电子信箱，在网上有本公司最新系列产品的介绍及试验研究论文等资料供国内外客户查阅浏览。稀土动植宝具有成本低、见效快、效益高、无毒无害、使用方便、防病抗逆、防解农药残毒等优点，增产、增值、增收效果显著，深受各地用户的欢迎。

广西核工业桂兴实业公司（原桂矿物饲料厂）

地址：广西贵港市覃塘火车站南300米
邮编：537121
电话：0775－4723984
传真：0775－4722174
法人代表：罗志强

该厂是核工业系统军转民企业，拥有员工近600人，中、高级以上技术职称专业技术人员58人。具备年产15万吨普通过磷酸钙，5万吨复混肥，1万吨饲料级磷酸氢钙，500万条塑料编织袋，400吨硅酸钠的生产能力，产值达1.2亿元。

“原桂”牌饲料级磷酸氢钙采用普通过磷酸钙浸取法生产。企业以雄厚的力量，先进的生产设备，严格的管理体系和检测系统保证了产品质量。该产品连续7年保持广西区名优产品称号；1998年被国家农业部新技术和名优新产品协作网推荐为“用户喜爱的名优产品”。自投放市场以来一直深受用户的好评和信赖，远销广东、海南、江西、湖南、河北等地。原桂矿物饲料厂被广西区工商局评为“重合同，守信用”和地区级“无制售伪劣产品”企业。

“以质量求生存，以科技求发展”是该厂的发展宗旨。近年来更加大了对科技的投入，专门设立了化工研究所，广聘化工人才，开展各相关课题研究工作，其中“‘饲钙’生产中脱氟剂的选择”和“磷矿中杂质对‘饲钙’生产的影响”等科研成果已在实际生产中推广应用，对提高和稳定“饲钙”质量，降低生产成本，增强企业在市场中的竞争能力起到了重要作用。

广西桂元赖氨酸有限责任公司（广西赖氨酸厂）

地址：广西南宁市槎路
邮编：530031
电话：0771－4820735　　4820506
传真：0771－4820506
电挂：5522
法人代表：罗润昌

该厂采用广西化工生物技术研究所荣获国家科技进步的科研成果《赖氨酸生产工艺》于1987年建成投产的国有大中型企业，1996年组建为广西桂元赖氨酸有限责任公司。生产规模为10000吨/年，主导产品为：饲料赖氨酸、康脑灵、L－赖氨酸盐酸盐酸粒剂、草甘膦。其中，饲料赖氨酸、草甘膦均为广西名牌产品，康脑灵是专利产品。公司现有职工1732人，总资产3.43亿元。1998年实现工业产值12006万元，实现销售收入12072万元，完成利税955万元，其中利润522万元。先后获得优秀科技型企业、经济效益先进企业、质量效益先进企业、“八五”化工建设先进企业，广西百名优秀纳税企业等荣誉称号，1996－1998年连续3年获南宁市经济效益杯金奖。

南宁正大畜牧有限公司

地址：广西南宁市大沙田经济技术开发区
邮编：530219
电话：0771－4502588（总机）
传真：0771－4502348

该公司是泰国正大集团与南宁市邕宁县对外经济贸易开发总公司合作兴建的企业，占地540亩，总投资1亿元人民币，拥有90年代世界先进水平的饲料生产线及生产工艺，规模为年产猪、鸡、鸭饲料24万吨、艾维茵鸡苗1600万羽，是一个集生产、经营饲料和饲养家禽为一体的大型“三资”企业。

1993年2月正式投产，1994年年销售额2.2亿元，1998年达到4亿多元，是泰国正大集团在我国投资建厂见效较快的企业。连续五年被评为“中国五百家外资大型企业”，多次被自治区、南宁市政府授予“先进外商投资企业”称号和广西“经济综合实力百强企业”，排在广西“饲料十强”企业首位。

公司为用户提供各种饲养技术咨询，指导用户采用科学方法，合理使用“正大”、“桂花”牌系列饲料，使之发挥应有的效力，并最终取得理想的经济效益。

重庆正大有限公司

地址：重庆市江北区石马河下花园15号
邮编：400021
电话：（总经办）023－67651352　（销售部）023－67651351
传真：023－67651349

该公司成立于1991年8月。注册资本3000万元人民币，总资产1.4亿元人民币。现有员工260多人，生产厂3座，有90年代世界领先水平的膨化饲料生产线，总生产能力为年产颗粒饲料30万吨。可生产“重庆正大”、“山友”、“双桂”3个品牌，猪、鸡、鸭、鱼4大系列，80多个品种规格的饲料。

1994年公司被重庆市外经贸委评为“外商投资先进技术型企业”；1995年被四川省政府评为“四川省50家最大规模三资工业企业”、“四川省10家最大市场占有三资工业企业”、“四川省 50 家最佳效益三资工业企业”；公司生产的饲料被评为“首届四川省农民最喜爱的 10 大商品”之一；1996 年公司产品又被重庆市等 26 城市技术监督部门联合推荐为“质量放心产品”；1998 年公司生产的系列饲料被中国市场商品质量跟踪调查委员会评为“饲料行业市场占有率、质量满意度第一品牌”；1997 年、1998 年连续 2 年被重庆市地方税务局评为“代扣代缴税金先进单位”；1998 年被重庆市技术监督局、重庆市经委、重庆市用户委员会联合评选为“用户满意企业”；被重庆市外经贸委、重庆市外商投资协会评为“十佳外商投资高营业额企业”、“十佳外商投资人均高利税企业”。

自 1997 年以来，每年销售饲料均在 13 万吨以上，销售收入 4 亿多元人民币，利税 2000 多万元人民币。

重庆双桥正大有限公司

地址：重庆市双桥区凉风垭
邮编：400900
电话：023－43333940
传真：023－43333717

该公司是泰国正大集团与重庆市农垦总公司、重庆双桥饲料厂于 1995 年合资创办的大型饲料企业，公司占地 100 余亩，资产总值逾 5000 万元。

公司拥有世界最先进的配方技术、高素质的员工队伍、进口的美国豪孚公司生产设备，实行当今最先进的 F-3000 电脑操作系统进行科学管理，严格按照标准组织生产。目前生产“重庆正大”牌、“红莲”牌、“双桥正大”牌猪、鸡、鸭、鱼 4 大系列，共 70 多个品种的全价饲料及浓缩饲料，能全面满足广大用户的各种养殖需要。

公司具有年生产 16 万吨各种饲料的生产能力。成立 4 年来，累计产、销饲料近 20 万吨，周边 10 县（市）市场占用率居第一，产品供不应求，有力地促进畜牧业和水产业的发展。公司产品蛋白质含量高，氨基酸配比平衡，维生素及微量元素含量丰富，具有畜禽鱼成活率高、生长健壮、抗病力强、饲料报酬高等优点。大量的农户养猪实践和示范表明，551 和 981 超级乳猪料正确饲喂，饲料转化比可达 1 比 1，深受广大农民朋友的好评。

1997 年 5 月，公司被重庆市对外经济贸易委员会评比为“外商投资先进技术企业”；1998 年 2 月，被重庆、成都等全国 26 个城市技术监督局列为推荐产品；1998 年 6 月全国饲料统检，“重庆正大”牌饲料质量名列全市第一。

1998 年公司完成销量 55528 吨，创利润 756 万元，实现销售收入近 1.5 亿元，主要经营指标名列重庆直辖市饲料行业第二位。

公司的经营宗旨是“质量第一、客户第一、服务第一、信誉第一”。

重庆市养猪科学研究院饲料总厂

地址：重庆市荣昌县昌元镇昌州中段 770 号
邮编：402460
电话：023－46782746　46781896
传真：023－46740805

该厂隶属于重庆市养猪科学研究院，建立于 1985 年，是四川省畜牧局批准的首批添加剂预混合饲料生产骨干企业。该厂以研究院雄厚的科研实力作后盾，现已成为融科研、生产、经营和技术服务一体的科技型企业，现有资产 1320 万元，年产值 6000 万元，年利税 310 万元。科研设置齐全，现有 40 名高、中级技术人才。注册商标“川”牌被重庆市人民政府授予首批“重庆市著名商标”称号。产品有添加剂预混合饲料、浓缩饲料、配合饲料、膨化料 4 大系列 40 个品种，其中主导产品开胃精、高铜添加剂先后荣获“1990 年度四川省行业优质产品奖”、“1994 年四川省首届畜牧食品博览会金奖”、“1995 第二届中国农业博览会铜质奖”、农业部推荐产品、重庆市名牌产品等称号。1989－1998 年连续被重庆市工商局授予“重合同、守信用”企业。

四川畜牧兽医学院饲料总厂

地址:重庆市荣昌县城
邮编:402460
电话:023—46733823
传真:023—46735343
法人代表:关受江

该总厂隶属于四川畜牧兽医学院的国有校办科技企业，下辖饲料添加剂厂、配合饲料厂、实习牧场、饲料研究所。有年产 18 万吨饲料自动化生产线 1 条，年产饲料能力逾 20 万吨。该厂于 1988 年 2 月创办，由 5000 元起家，经过十余年艰苦创业，迄今已拥有总资产 3，500 万元，员工 210 人，占地 81 亩，建筑面积 18，000 平方米。1996—1998 年，产品销售总额达 17，495 万元，税后利润 1，008 万元，在全国高校校办企业排序中，1997 年位居第 53 位，1998 年名列第 25 位。

工厂生产的“法大”牌饲料，计有全价颗粒料、浓缩饲料和添加剂预混合饲料三大类共 100 个品种，适合畜、禽、鱼及珍稀动物使用，产品远销全国 10 多个省、市、自治区。其主要产品强力仔猪营养粉、中华肥猪王、壮仔催奶精、661 仔猪颗粒料等分别获得过第二届中国农业博览会和四川省首届畜牧食品博览会奖励(金奖 2 个、银奖和优秀奖各 1 个)，661 仔猪颗粒料被重庆市人民政府命名为“重庆市名牌产品”。

工厂配有现代化检验分析设备，严格质量管理，确保产品优质。已建立质量体系(DB/T19001-1994)且按此运行，产品质量执行国家标准(全价料等效采用NRC标准)。由于产品和服务质量深受用户好评，1998年被重庆市授予“用户满意企业”称号。

重庆今天饲料有限公司

地址:重庆市梁平县新盛镇
邮编:405216
电话:023—53654103
传真:023—53664652

该公司是渝东北地区最大的民营饲料生产企业，被誉为“今天牌饲料，川东第一家”。

公司占地10多亩，拥有固定资产500多万元，职工近100名。其中专兼职教授、博士、高级工程师、高级管理人员等11名，建有现代化生产厂房及年产3万吨的饲料生产线,具有雄厚的技术实力，在猪营养研究、水产养殖及家禽营养研究等方面取得了可喜成果。同时进行了大量的应用性研究，保证公司在饲料营养、加工及养殖等技术领域，走在饲料工业的前列，确保产品具有强劲的市场竞争力。公司生产的“今天”牌999、998王中王特种乳猪料及“喷雪”牌809、808精品高档乳猪颗粒料是公司销售量最大的王牌产品，“今天”牌、“喷雪”牌饲料产品畅销四川、重庆、陕西、湖北等地的30多个县、市，信誉卓著。

公司以“真、实、诚、信”为企业的经营理念，以“国家富强，人民生活幸福”为企业目的，以“自强不息，奋斗进取”为企业精神，以“追求最好，精益求精”为工作最高准则，以“立足重庆，面向西南，走向全国”为跨世纪宏伟目标，以创名牌的胆识生产名牌产品，争创名牌企业，为重庆饲料工业的发展和农村经济发展作出应有的贡献。

重庆希望饲料有限公司

地址:重庆市渝北区人和镇
邮编:401121
电话:023—67871967
传真:023—67871984

该公司是四川新希望集团于1992年在渝独资兴建的特大型饲料生产型企业。公司占地40亩，固定资产4000万元，现有员工300人，中高级科技人员80人，大专以上文化程度150人，拥有国内最先进的饲料生产线，年产销饲料30万吨，产值6亿元。公司主要生产“希望”、“港珠”、“刘氏”牌猪、鸡、鸭、鱼、牛、兔、鹌鹑饲料和浓缩饲料8大系列120余个品种，产品经国家、省(市)各级监察，均评为合格产品。产品辐射渝、川、黔、鄂、湘、桂、滇等省、市、县，销量雄居第一。

公司以严格的管理、一流的质量、良好的服务取信于民；始终致力于农业改革，创造了良好的经济效益和社会效益，经过七年的发展，公司所生产的“希望”、“港珠”、“刘氏”牌饲料已成为3大名牌，被广大经销商、养殖户誉为“港珠饲料，民族骄傲”。“希望与农户同在，刘氏与农友同心”，为重庆及周边省、市的“菜篮子”工程作出了重要贡献，创造了良好的经济效益和社会效益，并为地方经济的发展作出了贡献。近年来该公司荣获了“中国最大经营规模饲料工业企业100家第4名”、“中国500家最大私营企业评价第15名”、“重庆市私营企业50强”等荣誉。

重庆国雄饲料有限公司

地址:重庆市沙坪坝区上桥工业园区(218路公共汽车终点站)
邮编:400037
电话:023-65208028(销售热线)
传真:023-65220098

该公司是刘永好先生，乘重庆设立直辖市经济迅猛发展的强劲东风，斥资兴建的又一大型饲料企业，是搞活重庆大农业，拉动重庆及周边地区畜牧、养殖业快速发展的又一大手笔。

公司位于成渝高速公路335KM上桥出口处，319国道重庆至长寿高速公路起点及210国道重庆至北海段起点站，与重庆火车站东站毗邻。占地30亩，投资3000万元，于1998年10月破土，1999年4月建成投产，拥有丹麦全电脑膨化饲料生产机组。公司集希望集团20多年饲料生产经营科技之大成，配方生产“国雄”牌猪、鸡、鸭、鱼系列饲料30多个品种，年设计生产能力20余万吨。

公司现有员工100名，高中级管理、科技人才25名。

“民富国雄”，国雄饲料公司将坚定不移地贯彻执行“以优良产业报国，以优质产品富民”的集团经营宗旨，凭借雄厚的实力勇创一流。

重庆彼得汉预混饲料有限公司

地址:重庆市李家沱
邮编:400054
电话:023—62591102
传真:023—62591105

该公司由中国、新加坡投资兴办，属专业生产、销售畜禽渔用添加剂预混合饲料的高科技企业。1998年元月投产，年班产能力5000吨，产品注册商标“彼得”。

公司引进新加坡然斯康工程有限公司生产设备和日本岛津公司高精密检测仪器，采用英国彼得动物保健有限公司企业管理模式和配方技术，使公司的设备、管理、服务等各方面始终走在同行前列。

公司集聚了动物营养、畜牧兽医、饲料加工、机械制造、英语商贸、化工分析、企业管理等多学科专业人才，员工的知识化、年轻化、专业化为公司实施现代化企业管理、全面质量管理和优质售后服务提供了可靠保证。

公司生产的中、高档“彼得”牌畜禽渔用系列添加剂预混合饲料，包括复合添加剂预混合饲料、复合维生素预混合饲料和复合矿物质预混合饲料，并可根据用户需要设计生产专用添加剂预混合饲料。产品自投放市场以来，以其技术新、质量好、服务佳、效果明显而迅速赢得市场，受到用户青睐，取得良好经济效益和社会效益。

技术领先、质量为本、诚信至上、优质服务是公司始终如一的经营宗旨。

通威集团重庆通威饲料有限公司

地址：重庆市永川开发区海通大道198号
邮编:102160
电话:023-49801178
传真:023-49822999

该公司系中国500家最大私营企业第二位的通威企业集团所属全资子公司。公司集饲料生产、销售为一体，其生产的“通威”牌系列饲料畅销重庆地区、川东南、贵州等40多个市、县，深受广大用户好评。公司自主经营、自负盈亏。

1995年通威集团投资于重庆永川热土，在永川市双石镇建成年产5万吨的重庆通威饲料有限公司一期工程。1998年实现产值近亿元，居永川市各行业榜首，产品供不应求。

1999年通威集团再次投资3000万元，在永川市经济技术开发区江龙大道新建了年产30万吨规模的重庆通威饲料有限公司二期工程，新工程引进国内外最先进的生产设备、工艺设备和工艺技术，能生产出更优质、高效的产品满足广大用户需求。

公司设备先进，管理严格，质量稳定，已具备向广大用户提供4个品系90多个不同规格产品的生产能力，1997年底，公司一举胜利通过了IS09002国际质量体系认证和国家产品质量方圆认证的现场考核，成为饲料行业中第三家通过双认证的企业，双认证的通过，标志着重庆通威公司产品质量控制水平和质量体系保证水平已达到国际标准。

公司拥有良好的社会信誉，1996年被26城市技术监督局质量合格产品联合推荐办公室评为“名、特、优、新产品博览会金奖”；1997年被《中国质量万里行》质量大家活动组委会确定为《质量定点监督单位》；1998年“通威”牌仔猪料在中国饲料工业协会组织开展的猪配合饲料、猪浓缩料产品推荐工作中荣获“中国饲料工业协会推荐产品”；1998年被永川市技术监督局授予“1998年度质量信得过产品企业”，并连年获永川市十佳、永川市十强、永川市双文明单位，跻身于重庆市私营企业50强，同时也是银行确认的“AA”信用企业。

重庆佳美香料有限公司

地址：重庆经济技术开发区南坪南路301号
邮编：400060
电话：023－62808216
传真：023－62816108

该公司建于1992年底，位于重庆直辖市经济开发区长江大桥南岸，占地面积7000平方米，具有年产5000吨的生产能力，年产值达4000万元，是国内最大的饲料香味剂生产企业。经过这些年的艰苦创业，该公司拥有国内一流的专家级技术队伍，现代化的检测分析仪器，现代化的生产设备及厂房，主要产品：佳美香系列香味剂、佳美甜味剂、佳美防霉剂、佳美抗氧化剂、佳美系列复合多维。产品已销往全国各地的饲料厂、养殖场及养殖专业户，在同行业中产品市场有一定占有率，其质量得到了广大用户及专家的肯定和好评。被重庆市饲料质量监测管理所列为特例推荐产品，被国家技术质量监督局和协作城市产品质量监督互认办公室授予“协作城市产品质量互认（免检产品）”。“佳美”已步入国内名牌产品行列。公司愿以优质的产品，优良的服务，竭诚为饲料工业配套服务。

成都凤凰饲料有限公司

地址：四川省成都市温江县公平镇
邮编：611130
电话：028－2650999　2650259
传真：028－2650256

该公司是四川华侨凤凰集团下属的全资产业实体，成立于1993年12月，公司一期年生产能力达5万吨，1995年二期工程扩建后，年生产能力达15万吨以上。公司的产品有“凤凰山”、“华凤”两大品牌，猪、鸡、鱼、鸭4大系列，100多个品种，中草药饲料添加剂及其全价系列配合饲料被列入九五国家级星火计划项目，并获得国家科委举办的“星火计划实施十周年暨‘八五’农业科技成果博览会”优秀项目奖，植酸酶在鱼饲料中的开发利用又被列入九八国家级星火计划项目，“凤凰山”牌系列饲料连续几年被评为“四川省群众喜爱产品”，在全国统检中荣获“统检合格证书”，“凤凰山”牌鱼粗配合饲料被认定为第三届中国农业博览会四川推荐名牌产品。

1998年公司被农业部列为西南唯一"水产技术推广示范项目"单位，公司注册商标被评为"成都市著名商标"，公司于1999年被市政府列为"成都市农业产业经营重点龙头企业"。

公司以科技为先导，重视人才资源开发，发展迅猛，1998年产量达12万吨，年产值近3亿元，创利税2000万元。在竞争激烈的四川省饲料行业，仅3年时间就跨进了四川省饲料行业的前列，被公认为信誉好、效益好，服务先导企业，且常年被评为"AAA"企业。

内江正大有限公司

地址：四川省内江市西林工业开发区
邮编：641000
电话：0832－2262412
传真：0832－2262010

该公司是泰国正大集团与成都中际集团合资兴建的大型饲料先进技术企业，公司坐落于风景秀丽的沱江河畔，交通十分便利，处于成渝、内宜高速公路和铁路的必经之地。公司总投资750万美元，占地110亩，是西南地区最大最先进的饲料生产厂家之一。

公司于1994年元月建成投产，可年产猪、鸡、鸭、鱼配合饲料和浓缩饲料30万吨，加工设备从美国、丹麦和英国引进，建筑总面积近10000平方米，还有4个可盛装12000吨玉米的圆筒仓，1996年再投资500万元，建成每天能烘干500吨玉米的烘干设备。品质管理方面，从原材料进厂到产品出厂均有严格的质量保证体系，检测设备从美国、德国、瑞士、日本引进，检测手段完善。

公司以"富裕农村、服务城市"为经营宗旨，成立了专职的销售服务队伍，销售业务代表都具有大专以上的畜牧、兽医专业水平，推销饲料的同时，又给养殖户提供先进的养殖技术和优良的售后服务。并提供艾维茵种鸡和肉鸡苗，推动养殖业由传统向集约化方式转变，为四川养殖业的发展和人民生活水平之改善做出了应有的贡献。

公司历年被四川省评为"先进技术企业"，"市场占有额100强企业"，"最大规模500强企业"，市农行特级信用企业，市纳税先进企业，还多次被省、市技术监督局评为"质量工作先进单位"称号。市场上"威特"、"正大"、"祥辉"牌饲料是用户心目中最理想的名牌饲料。

广汉正大饲料科技有限公司

地址：四川省广汉市向阳镇
邮编：618300
电话：0838－5400058

该公司是正大集团在中国投资兴建的第二家专业化添加剂预混合饲料生产厂，创建于1994年7月，1995年1月正式生产。主要向西南各省集团内配合饲料兄弟公司和地方饲料厂、养殖场提供优质添加剂预混合饲料、浓缩饲料和动物保健品。现年产科技饲料2万吨。

广汉正大引进先进的管理技术。在总经理负责制的管理下，采用富有战斗力的扁平式组织结构，实行小组自助式的目标管理。

为保证产品品质，广汉正大主要设备和原料大部分从国外进口，对生产全过程采取科学而严格的品质管理，使产品品质和稳定性得以充分的保证。同时，设有专门的技术服务队伍，经常召开客户研讨会和农民畜禽养殖研习会，以提高客户的管理和养殖水平。

从1994年成立至今，广汉正大已走过不断发展的5个年头。公司总资产6000多万元，员工近200人。由于公司良好的企业形象和在饲料畜牧行业做出的贡献，得到了政府和广大农户的认可。荣获中国饲料工业协会优秀会员、"农业部推荐产品"、"四川省先进技术企业"、"首届四川民营企业最大规模10强"、"外商投资经济效益显著企业"等荣誉称号。

为了回馈政府与人民，广汉正大先后向社会捐赠600多万元。在今后的发展过程中，广汉正大愿与同业者携手共创中国农牧业的美好明天！

乐山统一饲料油脂有限公司

地址：四川省眉山县东坡镇新村
邮编：620031
电话：0833－8105100-105
传真：0833－8103020

该公司系台湾最大食品饲料公司统一企业集团与四川嘉粮企业（集团）股份有限公司于1993年9月18日合资设立，总投资额2500万美元，注册资本额1000万美元，统一企业占94%，嘉粮占6%。乐山统一公司占地115亩。

公司主要经营农产品加工，包括饲料、油脂、食品等产品的生产及销售。生产规模第一期从事每小时20吨饲料的生产。第二期投资油脂生产，并根据发展前景逐步扩大生产规模及投入其他各种农产品加工项目。

乐山统一自1995年投产以来，严格遵守统一企业经营理念："三好一公道"。"品质好"是企业生存之保证，不曾松懈，才得以在大陆市场站稳脚跟，并取得相当之经济效益。生产的猪、鱼、鸡、鸭、兔等配合

饲料畅销四川各县市及云南、宁夏等省市。并于1996年9月15日被四川省外经委确认为"先进技术企业"，1997年荣获首届四川民营企业最大规

模 20 强暨首届四川民营工业企业最大市场占有份额 10 强。1998 年产值 13218 万元，利税 966 万元。

本着“永续经营”的战略，我们将始终坚持“三好一公道”—— 品质好、信用好、服务好、价钱公道的经营理念，为西南地区畜牧业的发展贡献自己的力量。

成都正大有限公司

地址：成都市外北凤凰山单石桥
邮编：610081
电话：028－3114025
传真：028－3113991

该公司是成都地区办得较早的一家中外合资企业，由成都市中际集团与泰国正大集团合资经营的一家农牧型企业。

公司于 1986 年建成投产，主要产品为畜禽水产饲料和艾维菌父母代、商品代肉用鸡苗，在各级政府、各有关部门的重视和大力支持下，一年一个台阶，14 年高速发展，继成都正大公司、内江正大公司之后，又建成了双流正大公司、温江正大公司，这些公司的建成投产，投资总额已达到 2. 6 亿元，饲料生产能力达到 60 万吨 / 年以上，父母代鸡苗达到 100 万套，商品代鸡苗达到 1800 万只，取得了良好的社会效益和经济效益。

公司自 1987 年以来先后获得“农业先进企业”、“省级先进企业”、“先进技术企业”、“省级范例三资企业”、四川省饲料工业评比销售百强第一名、利税百强第一名、十佳饲料工业企业第一名、十大饲料工业企业第一名等殊荣。

祖代鸡场和父母代鸡场，也屡被四川省家禽协会和中国家禽业协会授予十佳家禽企业和优秀家禽企业的称誉。

公司的宗旨是：富裕农村，服务城市。

公司的企业精神是：创造一流，勇攀高峰。

成都瑞达饲料有限公司

地址：四川省成都市外西土桥何家村
邮编：610036
电话：028－7510326
传真：028－7510999

该公司现有资产 4500 万元；职工近 80 人，其中大专、本科、硕士、博士等专业技术人才达 60%以上，公司拥有最新型、完备的现代化生产成套设备，整个生产流程全部电脑智能化控制，年生产能力达 18 万吨；拥有先进的质量检测设备和完善的质量保证体系、质量跟踪体系、技术服务体系，并与四川农业大学动物营养研究所通力合作，成立了瑞达饲料公司科研基地，迅速将最先进的科研成果转化成市场产品，成为饲料界迅速崛起的大型现代化企业之一。

公司以“精益求精，争创一流”的质量方针为宗旨。以一流的产品、一流的服务为经营理念，竭诚为广大用户服务。公司所生产的“蓉怡”牌猪、鸡、鸭、鱼全价配合饲料和浓缩饲料自 1998 年 5 月投放市场以来，受到广大用户的好评，“蓉怡”品牌被部分地区技术监督部门评为“知名品牌”，公司还被成都市政府评为成都市农业产业化经营“重点龙头企业”，被市农牧局评为“饲料生产基地”，被金融系统评为“AAA”级信誉企业。

公司将以质量好、档次高、适应市场需求为目标，进入千家万户，象颗致富的种子在农村广袤的市场生根、发芽、开花；香飘川内外，惠泽千万家。

安都企业集团公司

地址：四川省成都市龙泉驿区驿都中路
邮编：610100
电话：028—4865115　4850713　4851736
传真：028—4850709

该集团是经四川省经委批准、四川省工商行政管理局登记注册的一家私营企业集团公司，中国 100 家最大私营制造企业排名第 16 位，中国 500 家最大私营企业经济实力排名第 12 位。

本集团系刘显合家族始创于 1985 年，从 200 元人民币起家，历经多年艰苦创业，发展成现已占地 500 余亩，职工 2000 余人，下属 22 家企业的集团公司。集团现已形成了饲料添加剂、配合饲料、保健品、机械、化工、电子及高科技产业多种经营的综合性集团公司。

集团的主要产品“安都”牌、“亿万”牌、“显合”牌饲料添加剂，“美美香”牌香味剂，“安都”牌系列配合颗粒饲料，安都 55 工程配合饲料原料等连续多年获国内大奖，被评为中国公认名牌，消费者信得过产品，其注册的“安都”商标享誉全国。集团的核心企业和主要生产企业全部通过 ISO9002 国际质量体系认证。

集团秉承“为员工谋福利、为股东谋利益、为社会作贡献”的企业宗旨，面向全国公开招贤纳士，集聚了包括经济学博士、硕士、专家、教授在内的大批高级管理人才和科技人才。不断励精图治。

集团的辉煌成就得到了党和政府的高度重视和赞扬，中央及省市的高级领导人李瑞环、谢世杰等多次接见刘嘉林或亲临集团视察，也得到中央各部委的关怀。

希望集团

地址：成都市新津希望城
邮编：611430
电话：028－2430411

传真：028－2430219

该集团是刘氏5兄妹（永言、永行、永美、永好、永红）于1982年筹资创办的民营科技企业。在党的改革开放政策指引下，经过10余年艰苦奋斗，现已发展成为遍及全国20多个省、市、自治区，拥有100余家子公司、2万余名员工的大型集团企业。希望集团以饲料工业为主导，同时涉足食品、电子、房地产、建筑、金融、商贸等领域，并在农业产业化方面进行了拓展。1998年实现产值80亿元，利税6.5亿元。

该集团通过多年的艰苦努力，已成为国家星火示范企业，名列全国饲料工业行业百强第一。先后被有关部门评为“全国民营科技企业技工贸总收入百强第一”、“中国500家最大私营企业第一位”、“中国最大私营制造企业百强第一名”。是全国首批获得进出口权的私营企业之一。

集团对连通大农业的产业链条，形成规模效益有比较成功的实践。集团以饲料为主线，同时向饲料加工的上、下线延伸，开拓了农业种植、畜禽养殖、屠宰、粮食和肉类深加工等领域，初步构成了一个科工贸一体化，种、养、加一条龙的多元化、现代化的企业集团。

为了响应国家八七扶贫攻坚计划，集团率先倡导并实施扶贫光彩事业，已投资2亿多元实施11项光彩项目，建成9座光彩工厂，4所希望小学，向社会捐资2000多万元。

根据国家的中长期计划，同时结合企业的实际，希望集团制定了集团的跨世纪规划——力争到2010年饲料生产能力达到2000万吨，实现饲料销售1000万吨，摘取全球饲料工业第一的桂冠。

希望集团新津希望饲料总厂

地址：四川省成都市新津希望城
邮编：610430
电话：028－2430411
传真：028－2430219
法人代表：陈育新

该厂是希望事业的发祥地，也是其标志性企业和窗口单位。包括田纪云副委员长、姜春云副总理、宋健主任在内的上百位省部级以上领导曾前往视察，包括美国总统财经顾问、国会议员在内的数百名外国友人也曾慕名前往参观，前往学习考察采访的企业界、新闻界人士更是络绎不绝。

该厂是希望集团所属130余家企业中最大的一个。占地150亩，现有员工400名，年饲料销量为20万吨，年产值达4亿元。以本厂为核心设立的新津希望城是四川省首批省级私营经济试验区之一，是希望集团的技术中心和人才基地。经过本厂培训的一批批管理干部和生产技术骨干已成为企业向全国发展的主力军。

该厂生产的8大系列40多个品种的“希望”牌饲料享誉全国。自1989年以来，“希望”牌饲料曾先后荣获“国家星火科技成果二等奖”（饲料行业最高奖）、“国家星火成果博览会金奖”、“首届中国农业博览会金奖”、“全国饲料工业新技术新产品展示会特别金杯奖”等7个国家级大奖，被国家科委命名为“中国星火计划名优产品”，并以最高得票被《农民日报》等单位评为“向农民推荐产品”。

华西希望（集团）内江万千饲料公司

地址：内江市双苏工业开发区
邮编：641000
电话：0832－2200620
传真：0832－2200621

该公司由希望集团总经理陈育新独资兴办并兼任董事长，隶属于希望集团华西公司，是内江市引进的最大的民营企业项目。

公司地处内江双苏开发区，紧邻成渝高速公路，交通十分便利。自1998年1月破土动工以来，按照“高起点、高效率、高质量”的总要求，边基建，边生产，边销售，经过短短一年多的时间，已形成年生产10万吨饲料的能力。公司拥有国内第一流的大型饲料生产设备，采用陈育新董事长在希望集团多年饲料研究基础上加以改进的最新配方，生产的“万千”牌、“高新”牌、“刘家”牌、“满分”牌和“美”牌猪、鸡、鸭、鱼、鹌鹑全价配合饲料、浓缩饲料质量优良，主要指标均达到或超过国家标准，深受广大用户喜爱，销量稳步上升，产品已覆盖了四川省、重庆市的60多个县（区）。

公司十分重视产品质量和售后服务工作，把产品质量视为企业生存的基础，尤其注重提高全员质量意识，并实施了严格的质量控制。已建成10个计算机工作站，初步实现了计算机网络化管理。公司视用户为上帝，热情为广大用户提供全方位服务，得到了广大用户的信赖。在四川省饲料工业协会和四川农村日报举办的评选活动中，“万千”饲料被评为“农民喜爱的饲料产品”，企业还被四川省技术监督局和四川省工商联评为“四川省非公有制企业质量工作先进单位”，被四川质量行组委会评为“质量信誉双优企业”。

新希望集团

地址：四川成都人民南路四段45号
邮编：610041
电话：028—5224545
传真：5234545

以全国政协常委、全国工商联副主席、中国民生银行董事长刘永好任董事长的新希望集团，总部设在四川成都。

党的十五大前夕，在希望事业发展的基础上，刘永好组建起新希望集团。党的十五大后，新希望再次抓住机遇，进行二次创业，寻求“一业为主、适度多元发展”，但仍坚定不移地将主要精力和资金投入饲料产业，又研制开发出“国雄”、“嘉好”等获得“四川省农民喜爱饲料产品”称号的第三代优质饲料。全国人大九届二次会议“修宪”后，新希望提出争创“百年老店”、“百年名店”的经营理念，采取措施加快走外延和内涵相结合的发展道路，并到国外兴建饲料厂，筑起国际化的管理架构。

值得一提的是，新希望集团参与倡导并积极实施扶贫“光彩事业”，已投资 2.5 亿元兴建了 16 家扶贫饲料工厂，为老少边穷地区的经济发展和群众脱贫致富做出了突出贡献。

新希望集团目前已有公司 64 家，员工 7000 余名，总资产 21 亿元，1998 年优质畜禽鱼饲料产销量 140 万吨，产值 32.6 亿元。此外，新希望还向农业产业、房地产、金融投资、国际贸易等产业拓展。其控股的“新希望”股票已上市；通过股权运作成为中国民生银行的最大股东之一；与成都市统建办联手开发的占地 400 多亩、投资 10 亿元的高档房地产项目已启动；1998 年围绕饲料产业进行的国际贸易超过 10 亿元人民币，1999 年初成为全国首批获得自营进出口权的民营企业。新希望已发展成为集科、工、贸为一体的大型企业集团，被列为四川省 37 家“扩张型企业”之一，被评定为“四川民营企业最大规模十强第一名”。

刘永好现任希望集团总裁、中国饲料工业协会副会长、全国光彩事业促进会副会长等职，先后荣获“中国改革风云人物”、“中国十佳优秀民营企业家”、“全国为两个文明建设服务先进个人”、“全国科技实业家创业金奖”、“全国十大扶贫状元”、“全国光彩事业奖章”、“中国企业管理杰出贡献奖”等殊荣，多次受到党和国家领导人的接见。

新希望集团广汉国雄饲料公司

地址：四川省广汉市向阳镇
邮编：618300
电话：0838－5400830
传真：0838－5400828

该公司是四川新希望集团投资建设的现代化大型饲料生产企业。占地 60 余亩，拥有从国外引进的全膨化生产线等设备及三座容量为 4500 吨的钢板圆筒仓，年生产能力 30 万吨以上。

国雄饲料是专家们在广泛总结各地猪、鸡、鸭、鱼养殖经验的基础上，采用国际最新科技成果研制成功的。经饲养证明，“国雄”牌饲料无论是其质量及功效都走在国内同行的前列，具有增重快、饲养期短、饲料转化率高等优点，被广大养殖户、经销商誉为“国雄饲料，民富国雄”。

通威企业集团

地址：四川省成都市 618 号信箱
邮编：610041
电话：028－5188888
传真：028－5199999
E-mail:atw@tongwei.com
http://www.tongwei.com
法人代表：刘汉元

全国政协委员刘汉元先生创建的通威集团是以饲料、电子工业为主的大型民营科技型企业。注册资本为人民币 2 亿元，现有员工 3000 余人，有管理和各类专业技术人员 658 人，其中，博士和硕士以上学位、高级技术职称的 32 人，具有国内外大学学历或中级职称的 500 余人。目前，集团在国内外拥有四川、北京、重庆、云南、陕西、河南、山东、成都、苏州、长春、淄博、涪陵、西昌、绵阳、宜宾、达川、沙市、沅江、安岳、广东南海通威饲料有限公司、成都通威水产科技有限公司、省级企业技术中心（含研究所）、青龙良种养殖场、德阳水产渔场、通威（美国）有限公司等 20 多个子公司及 100 多个分支机构，年生产能力逾百万吨，是中国最大的淡水鱼用饲料生产供应基地及重要的畜禽饲料生产企业。

1995 年被国家工商局评为“中国 500 家最大私营企业第二位”；1996 年集团的核心企业率先在全国同行业中首家通过ISO9002 国际质量体系认证和国家产品质量方圆认证；1997 年被列为四川省”31 户重点民营企业”之一；1998 年被列为四川省“37 户重点扩张型企业”之一；1999 年初获得国家批准的首批私营企业进出口权和四川省维护消费者权益十佳单位。集团自成立以来，先后 10 多次荣获国家级新产品、新技术金奖及星火科技金奖，被公众推举为“中国十大名牌饲料”，跻身中国饲料行业百强企业前十名，“通威”牌饲料商标被四川省工商局评为“四川省著名商标”。

隆生集团四川三联饲料有限公司

地址：四川省仁寿文林镇书院路 597 号
邮编：612560
电话：0833－6205468
传真：0833－6202666

该公司是由中国农资集团公司、四川省农资总公司等企业合资 6500 万元兴建的集科、工、贸为一体的大型经济实体。公司主营各种畜禽水产全价颗粒饲料、浓缩饲料，兼营粮油食品等。

公司自 1993 年 7 月创建以来，始终坚持以创“一流管理、一流品质、一流服务、一流效益”为目标，坚持“以科技为先导，以质量为生命，以服务为已任，以造福社会为根本”的质量方针，经过多年的努力拼搏，已跻身于四川省饲料工业前四强，成为四川饲料工业大型骨干企业，先后被省政府列为“省重点工商企业”；被中国饲料工业协会评为“全国饲料工业行业百强企业”；1997 年底通过国际 ISO9002 质量体系和产品质量认证。

公司选用 90 年代先进设备与日本微机配套，年生产能力为 15 万吨，是设备先进、技术力量雄厚、测控手段完善、生产规模大的饲料厂。公司现有员工 180 名，具有大中专以上文化程度的占员工总数的 70%以上。其中，有副研究员、高级工程师、高级经济师 10 人；硕士研究生 2 人；经济师、会计师、畜牧师、兽医师 26 人。

公司生产的“三联”牌、“三强”牌、“隆生”牌猪、鸡、鸭、鱼饲料已形成四大系列 50 余个品种，畅销西南 80 余县（市），深受广大经销商的好评和用户的青睐。“三联”、“三强”牌饲料先后荣获“95 四川工业产品博览会金奖”、“96 首届中国饲料工业博览会认定产品”、“四川省名优产品”、“四川畅销品牌”、“中国名牌饲料”等殊荣。

中央、省、市领导先后视察公司，对龙庆公司的快速发展给予了高度评价。龙庆品牌亦得到社会各界、各级政府、专家的肯定。1994 年，产品荣获四川省饲料工业协会授予的“巴蜀饲料精品”称号；1995 年，在省政府主办的'95 四川省工业博览会上，产品独家荣获四枚金奖；1996 年，在首届中国饲料工业博览会上，龙庆品牌被确定为“认定产品”。1997 年，公司通过 ISO9002 质量体系认证和产品质量认证。连续几年被四川省技术监督局作为推荐产品向社会推荐。

公司宗旨：质量第一，用户至上，服务民众，造福社会。

公司精神：精诚团结，勤奋拼搏，同舟共济，争创一流。

公司的质量方针：不懈追求一流，质量、服务、顾客相统一。

公司发展壮大的坚实基础和保证：雄厚的经济技术人才实力，严格、高效、科学的管理，优胜劣汰的用人机制，完善的售后服务，卓著的信誉。

隆生集团·成都龙庆饲料实业有限公司

地址：成都市武侯区金花镇
邮编：610200
电话：028－5823863（销售）；5821661（办公室）
传真：028－5825713-8128

该公司是由中央级国有大型企业中国农资公司、省级国有大企业四川省农资公司、成都金城冶金实业公司共同投资兴建的集科、工、贸为一体的有限责任公司。公司实行董事会领导下的总经理负责制，按照现代股份制企业机制运作。公司总投资 4000 万元，其中固定资产 2000 万元，设计年生产能力为全价配合饲料 18 万吨，公司占地 24000 平方米，建筑面积 18000 平方米。

公司现有员工 200 余人，动物营养硕士研究生 2 人，高级畜牧兽医师 1 人，动物营养、饲料加工、畜牧兽医、水产养殖等专业的本、专科毕业生 70 余人，中专、高中以上学历者占职工总数的 67%。

公司整个生产流程全部由电脑自动化控制，生产的“龙庆”牌、“华特”牌猪、鸡、鸭、鱼系列配合饲料，配方科学、品质优异，质量稳定，受到用户青睐，树立起了良好的“龙庆”品牌形象。公司测控手段先进，能测试各种原辅材料成份含量，有效地监控原料和产品，确保产品质量一流。

四川泸州奇帅饲料有限公司

地址：泸州市江阳区瓦窑坝 104 号附 9 号
邮编：646005
电话：0830－3191872　3190849
传真：0830－3196315

该公司是由原泸州最大的国营饲料生产骨干企业 — 泸州粮油集团饲料公司改制而成。已有 13 年的生产历史，现年生产能力达 8 万吨。公司占地面积 13000 多平方米，建筑面积 7000 多平方米。仓储、车间面积 3000 多平方米。公司在职职工人数 90 余人。拥有总资产 2000 多万元，生产的“奇力”牌、“兰花”牌饲料产品于 1997 年被评为中国名牌，1998 年通过 ISO9002 质量体系认证，并取得证书。

公司产品品种、规格齐全。“奇力”牌、“兰花”牌、“统率”牌以及新开发的“奇帅”牌猪、鸡、鸭、鱼系列配合饲料共 60 多个品种。其中，鸭料被农民誉为“川南鸭料王”，深得养殖户的喜爱。

公司坚持以人为中心，广纳人才，大、中专以上文化程度占 45%左右。此外，公司还长期与四川农业大学、四川牧业工程学院、四川省粮科所、美国康地公司等有关科研单位、院校进行友好合作。

公司采用 ISO9002 质量体系进行科学管理，产品质量更趋稳定。“奇力”、“兰花”、“统率”、“奇帅”牌饲料将创造更多的社会效益和经济效益。

绵阳正大有限公司

地址：四川省绵阳市高新技术产业开发区
邮编：621006

电话：0816－2566043　2566670
传真：0816－2566576

该公司是由泰国正大集团与成都中际集团实业有限公司合资兴建的大型农牧企业。公司位于绵阳市国家高新技术产业开发区，占地125亩，投资总额7000万元，全套引进国外先进设备，生产猪、鸡、鸭、鱼系列全价配合饲料及浓缩料，年生产能力25万吨。公司实行董事会领导下的总经理负责制。董事长杨慎，副董事长何炎光、魏育新，总经理贾文敬。公司下设生产、销售、采购、品管、财务、人事等职能部门，分工合作，责权分明，保证公司高效率、高质量运转。

公司1996年初建成投产以来，销量稳步增长，不断提高市场占有率的同时，也取得了良好的社会经济效益。本着富裕农村、服务城市的企业宗旨，绵阳正大有限公司愿与世界朋友密切合作，共同进步。

四川巨星农牧集团

地址：四川省成都一环路西三段温哥华广场16B
邮编：610072
电话：028－7732988
传真：028－7789857

该集团是一家集饲料、化工、餐饮、装饰、科研、贸易、畜牧良种培育、农产品深加工于一体的大型股份制企业。公司自1994年正式组建以来，凭借科学灵活的管理模式，良好的企业文化和独特的企业经营方法，使企业得到了迅猛的发展。集团共有员工近2000人，其中大专以上文化程度占1/3以上。1998年，集团总产值3.5亿元人民币，资产规模超过2亿元人民币。

集团创业伊始，即坚持“科技创造巨星”的理念，把科技放在首位，无论是企业管理、生产、销售，都以科技为先导，使科技在企业应用中得到了充分的展现，企业也获得了良好的效益。五年来，集团生产的“巨星”牌系列品牌饲料，连续荣获国家及政府奖项，被誉为“四川省巴蜀质量精品”，连获四届“四川省群众喜爱产品”称号，1997年，集团被评为“四川工业企业市场占有率500强企业”，1999年，先后有乐山五星、成都巨星等饲料子公司通过了ISO9002国际质量体系认证。如今，巨星饲料已远销国内数省，深受用户喜爱。

1998年来，集团加快了发展步伐，除先后组建昆明、大竹等饲料分公司外，还全资收购了乐山市化工厂，控股经营新繁泡菜厂，并先后与东南亚及非洲的一些国家建立了贸易合作伙伴关系。

四川铁骑力实业有限公司

地址：四川绵阳高新技术产业开发区
邮编：621006
电话：0816－2567016
传真：0816－2567016
法人代表：雷文勇

该公司位于绵阳高新技术产业开发区，由雷文勇总经理携6人凭3.5万元创建于1992年8月，现拥有资产4500万元，职工240名。

公司研制生产“铁骑力士”牌猪、鸡、鸭、鱼、兔系列饲料70余个品种，年生产能力12万吨，产品畅销四川、陕西、云南、贵州等地的广大农村，享有较高的知名度和美誉度，荣获“中国饲料工业协会推荐产品”、“ISO9002国际质量体系认证”、“四川十大品牌”、“四川名牌产品”等称号。

公司于1997年8月1日确立“二五”发展目标，争创中国名牌，把“铁骑力士”建成一个家庭、一支军队、一所学校。铁骑力人将以过去的成绩为拓展未来的奠基，在“用自己的商标，创中国名牌，敢与洋名牌争高低”的征途上前进得更快、更好！

四川敏亚饲料有限公司

地址：四川省成都龙泉长柏工业区
邮编：610100
电话：028－4853602　4865241

该公司是集科研、生产、销售为一体的综合性大型饲添加剂预混合饲料生产企业。公司占地20余亩，建筑面积8600平方米，各种专业人才40余人。公司总经理刘祥林，本着把握机遇、繁荣经济、做人实事求是的原则，从1994年元月开始兴办敏亚企业，当年投产。由于采用先进的生产设备、工艺和微机自动化管理，严格执行高标准原材料进厂检测手段，使“敏亚”牌系列产品的质量得到保证，很快畅销全国，赢得了广大用户的信赖和支持。其系列产品在1995年、1996年和1997年经全国和四川省质检机构统检全部合格，1997年5月“敏亚”牌饲料添加剂获中国饲料工业协会饲料添加剂专业委员会和化工部饲料添加剂技术开发服务中心部门授予优质产品称号，并颁发证书，被四川省人民政府办公厅、四川省经贸委、四川省统计局评为“首届四川民营企业最大规模300强”，首届“四川民营工业企业最大规模200强”单位，被中国农业银行成都市支行定为AA级资信资格。

公司主导产品为3大类：一是饲料添加剂类，包括“敏亚”牌生猪快速催肥灵、催猪神促长精、刘老师3号；二是浓缩饲料类，刘老师浓缩饲料；三是配合饲料类，敏亚春催长剂、催猪神精品和敏亚1＋1催肥剂，最近又推出20年老牌生猪催肥剂。

公司产品严格按照国家规定标准和工艺生产，严格执行三包，对用户的反馈意见和信息，销售处有专职人员按“有问必答，有求必应”及时处理的原则办理。

成都复方饲料添加剂厂

地址：成都市外南红牌楼
邮编：610041
电话：028－5060482 5063613
传真：028－5063055

该厂由原中国商业部和四川省两级投资兴建于1984年，是全国第一家现代化、专业化生产添加剂预混合饲料企业，生产能力年单班产可达5000吨，设备由美国引进，生产工艺先进，电脑控制。长期与四川农业大学动物营养研究所进行技术合作，共同研制生产三峰畜、禽、鱼用905高档复合预混料、三峰维他复合多维及各种中、低档复合预混料。同时还可根据用户的特殊要求设计配方及来料加工。

该厂生产的产蛋鸡905复合预混料获"1996年农业部推荐产品"称号，三峰维他猪用多维、禽用多维、鱼用多维获"第五届全国饲料添加剂学术交流会优质产品"称号。

四川省三台畜牧实业有限公司

地址：四川省三台县涪江大桥东侧
邮编：621100
电话：0816－5320009
传真：0816－5320043

该公司原为三台县畜牧局于1985年4月建立的三台县畜牧（局）饲料厂。1996年7月改组为四川省三台畜牧实业有限公司。以生产、销售饲料、添加剂预混料、兽药为主。1998年共产销饲料20000吨，实现销售额5000万元。是四川省100家最大规模及最佳效益饲料工业企业和三台县十户重点工业企业。董事长冯习斌现为四川省饲料工业协会常务理事、四川省动物保健品协会理事、绵阳市饲料工业协会副会长。

公司产品主要有"畜牧"牌、"前锋"牌、"冯老师"牌、"梓州"牌畜禽及水产动物饲料、添加剂预混合饲料、兽药等4大品牌、3大系列、60多个品种，能满足各种用户的需求。产品已覆盖四川省、重庆市的大部分县（市）及周边的湖北、湖南、安徽、陕西、云南、贵州等省（区）。

四川省畜科饲料有限公司

（原四川省畜牧兽医研究所饲料添加剂总厂）

地址：四川省成都市牛沙路7号
邮编：610066
电话：028－4520249 4510388 4548888
传真：028－4514210 4513407

该公司创立于1985年，是集科研开发、生产经营、技术服务于一体的国家科技型企业。公司设备精良，技术力量雄厚，检测仪器先进，产品质量控制体系完善。拥有国内著名的动物营养、畜牧和兽医专家组成的科技队伍，以及具有现代经营管理理念的管理和营销人才。多年来，公司遵循"以科技为先导、靠质量求发展"的原则，紧跟动物营养和饲料营养科学研究的步伐，结合我国和本地区畜牧业生产和饲料资源的特点，开发出数十种适合于不同动物、不同生产目的、不同生长发育阶段、不同生产水平的"益多"牌饲料添加剂预混合饲料。

近年来，公司以市场为导向，立足西南，面向全国，充分发挥人才、技术优势，不断探索，大胆改革，建立起比较完善的管理运行体制，使生产经营上了一个新台阶。公司主导产品"益多"牌系列添加剂预混合饲料以其优良的品种、显著的效果、合理的价格深受广大用户的喜爱，其中多个产品被列入国家星火计划和全国农村重点推广产品。公司承担的重点攻关课题"饲用复合维生素的研制与应用"荣获四川省科学技术进步三等奖，研究成果"中华多维"被中国饲料工业协会推荐为高新技术产品，在'97全国饲料添加剂展销订货会暨第五届全国饲料添加剂学术交流会上评为优质产品，首届中国饲料工业博览会认定产品。公司是美国ADM、德国赫斯特、瑞士罗氏、美国奥特奇等公司在西南地区的总代理商。生产的添加剂预混合饲料和经营的世界名优饲料添加剂及原料，销往四川2000多个饲料厂、场和全国十多个省、区，在我国饲料行业建立起良好的信誉，销售额连年突破2亿元，被政府有关部门评为"四川省十佳"、"四川省十大"饲料工业企业。

公司本着"质量第一、顾客至上、薄利多销"的原则竭诚服务于广大用户。

川化味之素有限公司

地址：四川省成都市青白江区
邮编：610301
电话：028－3305305
传真：028－3301878

四川川化集团公司，是特大型化工企业之一，日本味之素株式会社，世界主要的氨基酸制造商。

两大集团公司本着繁荣中国饲料业养殖业的目的，双方珠联璧合，1994年10月投资3296万美元，合资建成中国最大的年产10000吨赖氨酸的生产基地。

公司采用日本味之素株式会社提供的优质菌种，以及世界领先的发酵、精制技术，具有产酸率高、转化率高、回收率高、成本低，"三高一低"的优势和特点。生产装置已全面达产达标，产品质量均符合GB8245－87规定指标。质优价宜的饲料级 L－赖氨酸盐酸盐正源源不断地送往全国各地，并广泛地为饲料用户接受。

回首过去，靠政府指导，同业关照和用户厚爱，川味事业得以顺利开展；展望前程，公司将扩大装置能力，与各界精诚合作，共创中国饲料业、养殖业的辉煌未来。

四川省汉源化工总厂

地址：四川省汉源县富林镇
邮编：625300
电话：0835－4222998　4223168
传真：0835－4223225

该厂建于 1992 年 10 月，占地 118 亩，固定资产 3658 万元，现有职工 418 人，年产饲料级磷酸氢钙 3 万吨。总厂下属氢钙分厂和硫酸分厂，自有磷矿山、硫铁矿山、石灰矿山等原料基地。

工厂引进四川大学的湿法磷酸法，利用高镁中低品位磷矿制饲料级磷酸氢钙的工艺技术，工艺中脱氟、除砷、降镁的挖掘在国内亦属先例。是充分利用当地矿山资源进行高科技产品开发的企业，生产的“汉光”牌饲料级磷酸氢钙可溶性饲效达 98%以上，产品质量档次高，各项理化指标均优于国标（GB8253－87）和部标（HG2636－94）。获（95）科委建字 141 号《科学技术鉴证》。

工厂先后荣获国家级、省级三个金奖、“首届中国饲料工业博览会认定产品”、“农业部全国乡镇企业管理工作一级企业”、“省科技进步三等奖”、“农业部全面质量管理达标证书”、“档案管理达国家二级”、“国家中型二类企业”等荣誉称号。产品远销深圳、上海等 20 多个省市，深受广大用户欢迎。“汉光”牌肥料级磷酸氢钙各项指标符合 HG1－792－75 技术标准，获产品质量合格证书。本厂生产的亚铵浓度优于国标≥58%。在全国星火计划先进个人—彭遐为的领导下，在广大职工的共同努力下，1998 年全国生产饲料级磷酸氢钙 37600 吨，硫酸 31800 吨，肥料级磷酸氢钙 8600 吨，实现收入 6986 万元，利税 860 万元。

四川长鸣饲料有限公司

地址：四川省广汉武昌路北三段
邮编：618300
电话：0838－5241970
传真：0838－5227770

该公司是生产经营畜禽配合饲料、浓缩料和添加剂预混料的股份制饲料企业集团，也是四川省最早规模化生产畜禽配合饲料厂家。公司生产规模大，产品质量高，市场覆盖面宽，技术力量雄厚，综合经济效益好。总资产 3000 多万元，采用电脑监控，生产 100 多个品种畜禽饲料，年饲料销售达 6 万吨，销售收入上亿元。公司奉行“拓市场求生存，以质量作保证，向管理要效益”的经营方针，在互惠互利的基础上广交天下朋友。

公司在实现不断自我完善和顽强拼搏的进程中，得到各级领导的高度评价，被四川省人民政府授予“第八届优秀企业”称号。在 1997 年同行业销量排名第七，全川粮食系统饲料企业利税第 1 名。“长鸣”、“飞鸿”两个品牌的猪、鸡、鸭、鱼、鹅、兔和浓缩饲料 7 大系列 100 多个品种饲料连续 4 年被四川省消费者协会评为“信得过产品”，被四川省饲料工业协会评为“巴蜀饲料精品”，被德阳市工商局评为 1997 年首届“知名商标”。1999 年 6 月，公司顺利通过 ISO9002 国际质量体系认证，公司产品历年来全国统检中均一次性全部合格。

成都国本集团有限公司

地址：四川省崇州市羊马镇
邮编：611231
电话：0282252564
法人代表：王元军

该公司是一家新崛起的集科研、生产、销售、食品、饲料的大型现代化民营企业，下辖四川省崇州市国本饲料有限责任公司、成都崇威饲料有限公司、山西屯留国本饲料有限公司、成都国本食品有限公司、四川国本农业生产工程研究开发中心五个分支机构。

公司组建于 1998 年 5 月，现有资产总值 4300 万元，其中流动资金 1500 万元，销售总收入逾亿元，经济实力雄厚；集团公司总部占地约 150 亩，厂房、办公楼建筑面积 15000 平方米，厂区规划合理，花草茂盛、绿树成荫，尽显“花园工厂”之风貌；集团公司经过几年的发展壮大，已拥有干部、员工 240 人，其中经济管理、动物营养、饲料加工与监测、畜牧兽医、水产养殖、食品工程技术、营销管理与市场策划、生物工程技术研究等各类经济管理、技术人员 85 人，占全公司人员的 35.4%，中、高级职称人员 26 人，占全公司人员的 10.8%。

公司追求“富农为国之本、助农为我之本”的崇高理念，坚定不移地走“高品质、高效率、高发展”之路。经过 3 年多的艰苦创业，现已形成年产 150，000 吨猪、鸡、鸭、鱼各类优质高效饲料的生产能力及年产 50，000 件各类营养麦片、小食品的生产规模；饲料销售网络系统规范有序，销售网点迅猛扩展，现已达 10，000 多个，遍及省内外。集团公司“国本”、“川本”、“崇威”、“武阳”4 大品牌饲料品质优良、质量稳定，已在广大经销商及养殖户心中树立起了高品牌的良好形象，饲料年销量已从建厂之初的 20000 吨迅猛增至 50000 吨；集团公司“全营养牛奶麦片”、“儿童香味麦片”、“黑米麦片”及“福仔”口口脆小食品，以其包装精美、口味独特隆重推向市场，倍受各层现代人士的青睐，产品迅速远销北京、天津、河北、新疆、重庆及川内各地、市，投产仅一年，其产值已达200万元。为迎接新世纪的挑战，公司正在着力开展生物活性饲料、肥料、绿色食品工程等项目的研制、应用和推广；绿色银杏基地工程及10万头生猪产业化工程正在积极申报；集团公司为了更好地适应中国入关后对外经济贸易的要求，已向国家争取到了产品、原材料进出口权，为10万头生猪产业化工程的建立和发展奠定了坚实的基础。

集团被四川省人民政府授予1994—1998年度“先进私营企业”光荣称号；多次被成都市、崇州市人民政府授予“先进私营企业”光荣称号，被崇州市工商局评为“光彩之星”；连续三年被成都市技术监督局、成都市质量管理协会命名为“全面质量管理达标企业”，被成都市、崇州市工商局评为“重合同、守信用”企业；所产“国本”、“川本”系列饲料，被四川省饲料产品质量监督检验三站、成都市产品质量监督检验所评为推荐产品，并荣获四川省技术监督局颁发的《生产企业出具产品质量检验合格证明资格证》。

四川省绵阳市陆银饲料厂

地址：四川省绵阳市魏城镇
邮编：621004
电话：0816－2744398　2744482

该厂是由省“八五”杰出青年农民、市民营科技实业家蒋陆银同志于1995年5月凭借3万元资金、带领8名职工创建而成。作为高级畜牧师的蒋陆银厂长，他将自己17年的养殖实践经验与现代高科技完美结合，潜心研制出了”陆银“牌猪、鸡、鸭、鹅、兔、牛用浓缩饲料和添加剂预混合饲料。该厂凭借雄厚的科技实力和现代化的规范管理，发展壮大为集饲料原料研制、生产、销售于一体的颇具规模的大型民营企业。占地20余亩，拥有固定资产880万元，年产值可达4000万元，现已成为绵阳市浓缩饲料生产行业的龙头企业。

“陆银”牌系列饲料精，充分利用了所有饲料原料的自然养分，不含任何激素和致癌物质，更以其“能有效促进青粗饲料转化、成倍提高饲料蛋白质利用率、长肉效果明显”的独有特点，深得川内外广大养殖农户的信赖。其拳头产品“陆银饲料精”、“陆银发财精”通过了市、区畜牧、科委专家小组的成果鉴定，并先后荣获’94、’97两届国家科委“新技术新产品博览会金奖”、“’97中国西部交易博览会金奖”、’95、’98“四川省群众喜爱商品”、“’99四川省畜牧食品局、省技术监督局推荐产品”等殊荣。

“诚信为本，服务至上，追求质量与效果的更加完美”是陆银人对所有用户的承诺。

“愿天下人身体健康，献陆银自然健康产品”是陆银人服务于全社会的崇高宗旨。

四川省精华企业（集团）有限公司

地址：四川省简阳市西峰岭工业开发区
邮编：641400
传真：0832—7223169
法人代表：谢建勇

该集团是集科研、生产、销售、服务于一体的饲料兽药专业化生产的大型民营企业。下属4个生产企业和两个经营公司。占地48亩，拥有资产4800万元，年产值1.2亿元。现有员工460人，其中科技人员49人、管理人员67人、行销人员68人、售后服务人员25人，中专以上学历人员占95%。

四川省精华饲料添加剂厂，创建于1993年，在改革开放中发展壮大，现具备年产添加剂预混合饲料2万吨、浓缩饲料4万吨的生产规模。“精华”、“红加黑”、“黑旋风”等添加剂预混合饲料系列产品曾获“四川省名牌”、“中国公认名牌”。

四川省精华动物药业有限公司，系1997年按兽药生产质量管理规范“GMP”标准创建的大型兽药生产企业，总投资1800万元。其水针、粉针、片剂车间全部采用独立的空调净化系统。净化水平为10万级、1万级，局部100级标准。高科技产品11个，新制剂16个，产品问世以来，深受主管部门领导和用户的一致好评。

四川省精华彩印有限责任公司，主要生产塑料彩印包装袋，OPP印制，承揽各类包装物的设计制作。年产值2100万元，利税370万元，是四川省彩印业的生力军。

精华人始终以“树精华形象，创精华品牌”为宗旨，依靠技术进步和科学管理，优化企业结构，建立现代企业制度，振兴中国民族饲料工业，为畜牧业生产服务。精华企业集团面向新世纪的曙光，历史地跨入了鼎盛时期，正向更宏大的目标发展。

贵州船牌饲料有限公司

地址:贵州省贵阳市头桥路18号
邮编:550008
电话:0851—6500003
传真:0851—6500280　6867632
法人代表:刘益

该公司是贵阳市政府直接投资建成的贵州省重点“菜篮子”工程，也是一家集科研、生产、销售为一体，以新技术为导向的饲料专业生产厂家。

隶属贵州省最具规模的农牧企业－贵州省红枫湖畜禽水产公司，被中国水产学会饲料与营养研究会指定为南方主要的实验基地。

该公司拥有两套国内最先进、年产总量达7万吨的成套设备－电子称配料、高功率细微粉碎、新型不锈钢保温夹套强调质制粒机等，充分保障了电脑和人脑的有机结合、科学配制饲料的完成。

公司建立了先进的添加剂预混合饲料生产车间，生产复合维生素和添加剂预混合饲料；配置先进的质量检测室，结合国际上最完善的品控管理体系，确保生产高质量的饲料产品；拥有设施完善的池塘、流水池、网箱、猪场、鸡场、鸭场等实验基地。

公司技术力量雄厚，拥有众多高层次技术及管理人才，与中国农业科学院饲料研究所和广东省农科院畜牧研究所等国内科研院所长期进行技术合作，以创中国饲料名牌为己任。同时，以诚实的服务、不断进取的精神，让用户获得最佳的经济效益为宗旨，推进养殖业的发展。

贵阳希望饲料有限公司

地址:贵阳市乌区阳关
邮编:550008
电话:0851—4700078　4700472

该公司于1994年10月新希望集团总裁刘永好先生建立的全国第二家光彩事业扶贫工厂，1995年5月28日正式投产，形成年产饲料10万吨、产值可达2.5亿元的生产规模。现企业改制后隶属于四川新希望农业股份有限公司。

1998年，公司生产和销售各类畜禽饲料40000多吨，产值达亿元，利润200多万元。主要生产“希望”、“展望”和“新珠”3个品牌，包括猪、鸡、鸭、鹌鹑、鱼、牛、羊7大系列80多个品种的畜禽鱼饲料。公司企业管理规范，产品质量稳定可靠，售后技术服务体系完整。公司正在通过IS09002国际质量体系认证。

公司生产的各类畜禽饲料质量长期稳定可靠，其中“希望”牌优质饲料荣获国家6大金奖，1998年4月荣获“贵州地区最畅销产品”称号。公司生产的各类饲料已辐射贵州9个地区86个县市300多个乡镇及周边地区，现有400多个一级销售点和众多的二、三级销售网点，各类饲料为全贵州省销量第一，深受广大用户喜爱。

公司现有员工136人，其中管理人员68人(包括营销业务员36人)，管理人员中大中专毕业生51人，其中畜牧兽医专业技术人员38人。公司拥有现代化的膨化、颗粒、浓缩饲料生产线5条(套)，产品质量检测设备齐全，检测手段先进，完全能满足生产各种中、高档饲料的要求。

贵州康邦饲料有限责任公司

地址:贵州省原平坝县
邮编:561100
电话:0853—4224484
法人代表:常文伦

该公司是在原平坝县饲料公司基础上组建而成的股份合作制企业，是中国农业大学在西南地区首家饲料合作企业。始建于1985年，办公综合大楼处于县城中心文明路18号，占地面积1192.5平方米，生产车间位于县城城北苗圃，面积3951平方米，总投产480万元。改制后的股份合作制公司成立于1997年7月26日。现有职工40人，大、中专、技校毕业生25人，占62.5%，职工平均年龄24岁。

公司以创自己的名牌为目标，在竞争中求生存，逐步健康发展。在县委、县政府、粮食局、计经局及各职能部门的领导、关心和支持下，投资120万元，年产5000吨颗粒饲料的机组于1995年8月正式投产，1996年圆满完成上级下达的各项经济指标任务，实现产值380万元，创利润2.8万元，偿还投资贷款43万元，占总投资的31%。被政府评为“十佳”企业，荣获粮食局“一等奖”先进单位。同时，公司开发的新产品“康邦”551乳猪料获1996年度地区科技成果三等奖。

公司产业结构获得全方位发展，猪、鸡、鸭、鱼、虾、牛等动物饲料产品无所不包。产品结构呈多元化发展，有“康邦”添加剂预混合饲料、浓缩饲料、配合饲料(粉状、粒状)3大类，主要产品康邦特型551乳猪料、康邦858猪用浓缩饲料、康邦111等品种达国内先进水平，受到广大用户称赞，“康邦”正向饲料名牌靠拢。

贵州大地饲料有限公司

地址:贵州省独山县中南街
邮编:053200
电话:0854—3223320
法人代表:范勇

该公司是利用贵州省扶贫资金兴建的高新技术企业，其宗旨是将国际、国内先进的科技成果转化为生产力，促进省饲料工业和科学饲养技术的发展和进步，帮助广大农户脱贫致富奔小康。

公司下属贵州省独山县翁奇饲料厂、贵州省独山酒精厂两个企业，总占地27亩，拥有单班年产1万吨全价配合饲料生产线和年产2000吨酒精生产线各一条，拥有固定资产总值1200万元。现有职工125人，其中饲料分厂职工48人，有高级职称的1人，中级职称的4人，大学本科以上学历的有7人，中专以上学历的12人(饲料专业3人，畜牧专业3人）。

公司自1998年成立以来，在上级领导的支持和帮助下，取得了长足的发展，业务范围已涉及饲料研究开发、生产、销售、酒精生产、原料贸易等各个方面。作为公司的主营产品“1号”浓缩饲料和“101”号乳猪颗粒饲料深受用户喜爱，在饲料厂投产不到3个月就已销往8个地、州、市近50个县以及广西等地，成为贵州省饲料工业发展迅速的后起之秀。

贵阳处处春饲料有限公司

地址:贵州省贵阳市白云区粑粑土
邮编:550014
电话/传真:0851—4861092
法人代表:陈村年

该公司是成都处处春集团于1997年10月在贵阳市投资2000万元、独资兴建的现代化饲料生产企业。公司占地80亩，厂区环境优雅，风景如画，设计生产能力20万吨，产值5亿元，是贵州省规模最大的饲料生产厂。

贵阳处处春饲料有限公司于1997年12月上旬投产，销量逐月翻番，经济效益成倍增长，各类产品深受广大用户的欢迎。公司立足于贵阳，面向全省发展，并逐步向云南、湖南等省辐射。公司引进一流设备，利用美、泰尖端配方技术，针对贵州及西南各省的养殖实际，逐步推出猪、鸡、鸭、鱼、奶牛等5大系列、60余个品质优异的“川泰”、“家福”牌高当浓缩料和全价颗粒饲料。

公司下属6个部门:销售部、生产部、品管部、财务部、采购部、人行部，共有员工200余人，其中中高层主管人员数10人，人员素质高，工作能力强。公司推行“人本化”管理，有一套完整的管理体系，各部门分工协作，共同运转，形成一个有机整体。同时公司遵循“一切为了用户”的经营宗旨，除了对饲料品质严格把关外，更重视加强对用户的售后服务，并为之建立了完善的售后服务网络，让经销商卖得安心，用户用得放心，使各类产品成为广大农民朋友致富的好帮手。

1998年产量20300吨，营业额3352.67万元，利税22.47万元。

遵义市金鼎山饲料厂

地址:贵州省遵义市经济技术开发区遵松路21号
邮编:563000
电话:0452—8921079
法人代表:文艺

该厂创建于1997年初，是从事畜禽饲料生产、销售和服务的民营企业。现有员工35名，具有中专以上文化程度的人员28名。

主要产品为“金鼎山”牌和“艺牧”牌猪系列浓缩饲料和配合饲料、鱼饵料、禽浓缩饲料及配合饲料。

1998年，经贵州省饲料工业办公室推荐，贵州省绿色产业发展领导小组办公室批准，该厂被列为贵州省绿色产权贷款重点支持企业。本厂正在按“绿产办”的要求，进行技术改造和扩建。预计扩建完成后，年生产各类饲料15000吨。

注重产品的科技含量，与省内外高等院校建立了稳固的协作关系，为产品技术含量的提高提供了可靠的保证。

坚持“内抓管理，外抓市场”的经营方针，对内建立和完善各项规章制度，逐步建立现代化企业管理制度；对外狠抓产品的营销和服务，着力于建立高效、快捷的营销渠道，建立稳定的销售网络；高度重视产品服务，把服务贯穿于产品生产、流通、交换、使用的全过程，建立和拓展具有特色的服务网络和体系，以服务促市场，以市场抓服务。

发展目标是：遵循市场经济规律，以科技和人才为保障，内聚力量，外塑形象，立足于畜牧养殖业，依托农业和农村，把企业建设成为独具特色的现代农业企业。

遵义得惠饲料有限公司

地址:贵州省遵义县南白镇合兴路21号
邮编：561300
电话:0852—7222898 7222071
法人代表:冯焕华

该公司于1985年9月创建，1996年10月更名为“遵义得惠饲料有限公司”，拥有“得惠”、“南牧”两个在省内饲料行业中具有较高知名度的商标专用权。

公司现有职工45名，其中高、中级技术人员4名，初级技术人员10名，熟练技工25名，属技术密集型企业。占地面积8800平方米，建筑面积4680平方米，现有固定资产400余万元，流动资金250万元；已开发出产品31个品种。1997年产值1100万元，利税近100万元。

公司一直重视科研，已取得32项获部、省、地、县奖励的科研成果。“得惠素”、“得惠精”、“肥猪王”浓缩饲料以及得惠系列猪、鱼、鸡用全价颗粒料先后荣获“’92全国饲料工业新技术新产品交流会特别金杯奖”、“’93全国星火计划成果金奖”、“’94全国星火科技精品金奖”、“全国八五农业科技攻关项目暨星火计划十年展优秀项目”，1994年全省饲料工业行业推荐产品，并被列入国家级星火计划和贵州重点技术开发计划。国家投资246.32万元的固定资产技改工程已于1993年5月竣工投产，形成了年产得惠饲料10000吨、添加剂1000吨的规模。在众多荣誉和成就面前，“得惠”人没有满足，“得惠”人知道自己与同行业那么多大企业的差距仍很大，是市场经济赐予我们的特殊礼物—危机感和崇高的理想、目标激励着“得惠”人，“得惠”人将以“爱祖国、爱人民、爱企业”的拳拳之心，在党的“十五大”精神指引下，坚定信念，奋力拼搏，为畜牧业的发展，为饲料工业的进步，做更大的贡献。

贵阳展望饲料有限公司

地址:贵阳市花溪大道中段69号

邮编:550006

电话:0851—3815547

传真:0851—3815622

该公司在董事长兼总经理王明亮先生的领导下，在省、市、区各级政府和相关部门的关怀和支持下，于1998年10月与上海展望企业集团合资组建，并在1999年元月30日开业。

一期投资1500万元，已建成年产10万吨饲料的大型生产加工企业，拥有目前国内先进的生产加工设备，完善的工艺流程，自动化的微机管理系统，再加上具有高科技含量的先进科学配方，保证了贵阳展望企业产品能赢得更大的市场。

公司自开业以来，产品通过考验，取得市场认可，获得众多客户、用户的满意，特别是系列乳、仔猪浓缩饲料、地方土杂鸡、鸭饲料、水产养殖饵料，都具有适合高原特定环境下的科学养殖优势，是云贵高原发展畜牧养殖的理想饲料。公司将为实现省委、省政府号召“把贵州建成畜牧养殖大省”的宏伟目标不断作出新的贡献。为进一步繁荣贵州乃至较为落后地区的养殖业，提供高效优质的饲料产品，为富民强省、强国、丰富“菜篮子”工程再作奉献。

公司策划在3—5年内完成投资为一个亿的规划目标，逐步建成以科技开发饲料生产、肉食加工、畜牧养殖、绿色产业为一体的农牧系统工程综合化企业。

昆明市宜良县化工厂

地址：云南省宜良城东汇东大桥南侧

邮编：652100

电话：0871－7524410

传真：0871－7524410

法人代表：张中印

该厂建于1984年，占地面积15000多平方米，拥有职工150多人，其中高级工程师、工程师、经济师、会计师等专业技术人员20多人。固定资产1000多万元，年生产饲料级磷酸氢钙、肥料级磷酸氢钙、氟硅酸钠等“云兴”牌系列产品20000余吨，被指定为化工产品出口基地定点厂，是宜良县的“十强企业”之一。

工厂引进湿法硫酸法生产工艺，生产的“云兴”牌饲料磷酸氢钙各项理化指标优于国家标准。产品质量档次高，曾先后荣获省级名牌，国家化工部、农业部优质产品等称号，并于1991年在第六届北京国际博览会上获国际金奖。工厂多年来一直是昆明和宜良县的文明单位。该厂“以质量求生存，以信誉求发展，以顾客至上”为宗旨。

昆明人和化工有限公司

地址：云南省昆明市海口白塔村

邮编：650113

电话：0871－8591204

法人代表：刘戎生

该公司是中外合资企业，1996年初正式投产，主要产品为颗粒状饲料级磷酸氢钙。投产以来，连续3年实现产销率100%，取得生产企业人均销售收入超100万元、人均出口创汇超10万美元的好业绩，并连续被评为“云南省外商投资双优企业”，“全国外商投资双优企业”。人和公司生产的产品品质优于国家标准，符合国际通用标准，满足了发达国家对食品要求愈来愈严格的现实，由于做到了这点，人和公司生产的产品大量出口到发达国家。

1998年产量1.04万吨，营业额2213万元，利税总额280万元。

云南澄江磷化发展有限公司

地址：云南省澄江干海子

邮编：652500

电话：0877－6717071　6717162

法人代表：许绍群

该公司是澄江磷化工业的又一个新型企业，位于滇中风光秀丽的澄江抚仙湖东北角—干海子，距昆明60公里，交通方便。

公司拥有资产1.8亿元，职工480人，各类专业技术人员80多人。公司采用国内外先进的设备和生产工艺。产品技术含量高，有湿法生产磷酸系列产品10余年的生产经验和完善的质量管理体系，保证了产品质量。同时拥有露天开采的丰富优质磷矿，使得公司在同行业中有长足发展的势态。公司下设机修厂、硫酸厂、原料厂、湿法磷酸厂、磷酸一铵厂、饲料级磷酸氢钙厂及11个职能科室。

产品有“盘虎”牌系列的工业硫酸、粉粒状磷酸一铵、磷矿石、磷矿粉、工业氟硅酸钠、精制湿法磷酸和粉状饲料级磷酸氢钙、颗粒状饲料级磷酸氢钙，自投放市场以来，在省内外的销售形势都很好。其中，新产品颗粒状饲料级磷酸氢钙，除在国内市场销售外，已部分销往国际市场。

在市场经济的新形势下，公司将扩大磷化工生产规模和深加工项目，发展成为一个以磷加工为主的综合企业。

云南通威饲料有限公司

地址：昆明东郊（小石坝）民办科技园
邮编：650501
电话：0871－7426386
传真：0871－7426366
E-mail:http://www.tongwei.com
法人代表：刘汉元

该公司系中国500家最大私营企业排行第二位的通威企业集团之全资子公司。是一家集饲料开发、生产与销售为一体的大型现代化生产企业。公司占地100亩，座落于昆明东郊（小石坝）民办科技园。其设备先进精良，拥有法国TE公司、英国UMT 和日本富士、三菱公司先进的饲料生产设备及检测设备，并建立了完善的计算机辅助管理系统。产品包括各类鱼饲料、畜禽料、特种水产饲料、饲料添加剂、添加剂预混合饲料及宠物食品等5大系列100多个品种。为进一步加强质量管理，公司正全面展开ISO9002质量体系认证和产品质量方圆标志认证，务求保证产品质量100%合格，以此推动云南养殖业的发展。云南通威饲料有限公司积极秉承通威集团“诚、信、正、一”的经营理念，以“追求卓越、奉献社会”为宗旨，依靠科技，以人为本，以质量为基础，与社会各界共谋发展！

产品：“通威”牌系列饲料；生产规模：现已正式投产的一期工程年生产能力为 18 万吨（设计终极规模为年生产饲料 30 万吨）；1998 年销量：22000吨，营业额为6490万元，利税总额为259. 6万元。

昆明正大有限公司

地址：云南省昆明市安宁太平乡
邮编：650301
电话：8697315
法人代表：朱顺生

该公司于1991年10月成立，是昆明面粉厂与泰国正大集团国际有限公司合作经营的企业，拥有年产24万吨饲料厂和年产1800万羽肉雏鸡苗的父母代种鸡场各一座，总投资1392. 82万美元，注册资金 640. 53 万美元，是云南省规模最大、设备最先进的现代化农牧生产企业之一。

公司生产的“正大”牌优质猪、鸡、鸭、鱼全价配合饲料、膨化饲料和浓缩饲料（共4个系列，105个品种），以品质优良、服务周到受到广大用户的欢迎，整个饲料生产流程全部自动化，配方经专家多年研究和积累，是正大集团 70 多年经验的结晶，并根据云南省的地理气候条件由电脑按比例进行调配而成，没有掺进色素和激素，对人畜无任何危害，营养全面，最适合畜禽鱼各阶段生长发育的需要。

公司产品在历届省、市及全国产品质量统检中全部合格，销量居全省同行业第一。自1994年起，公司连续多年被省、市政府授予“云南省外商投资先进企业”和“昆明市外商投资企业先进单位”等光荣称号，是云南省科委和云南省经贸厅批准认定的技术先进企业，为云南省养殖业的发展作出了有益的贡献。

昆明希望饲料公司

地址：云南省呈贡县环城北路
邮编：650500
电话：0871－7479675　7479318
法人代表：刘永好

该公司始建于1993年，占地40亩，现有员工近200人，总投资3000余万元，建有年产达10万吨的畜、禽、鱼饲料电脑控制生产线共5条。自投产5年多以来，公司生产的“希望”、“南昆”、“金桂花”3大名牌产品的系列配合及浓缩饲料 100 多个品种畅销云南省各地，累计产销近 30 万吨，产值 7 个多亿元。公司 1994 年度被评为昆明市百强私营企业。1995年在全国饲料食品质量质检中，为云南省饲料行业监测项目全合格企业受表扬单位。1995年被云南省、昆明市、呈贡县三级乡镇企业局表彰为“云南省首家私营企业收入超亿元”的企业。1998年再度评为云南省百强私营企业，昆明市优秀企业及50强私营企业。并在全国饲料质量统检中，质量全部合格。公司作为四川新希望农业股份有限公司的组成部分，于1998年3月在深圳隆重上市。

宣威市虹丰磷酸氢钙厂

地址：云南省宣威板桥
邮编：655413
电话：0874－7986619
法人代表：邱荣实

该厂是国家大型一档综合性化工企业，公司年生产能力：合成氨10万吨，碳铵24万吨，甲醇、甲醛各 3 万吨，硫酸 23 万吨，磷酸 8 万吨（以100%P2O5 计），DAP、NPK 等各种高浓度复合肥24万吨。

工厂于1996年建成，经1998年扩建，现在生产规模已达年产饲料级磷酸氢钙1万吨。“虹丰”

牌饲料级磷酸氢钙生产工艺先进，产品质量优于HG2636－94标准，产品质量具有稳定、纯度高、色泽白、颗粒均匀、流动性好、枸溶磷含量高、磷钙比合理等特点。产品销往北京、上海、江西、湖北、广东、广西等省区，并出口到中东，受到用户好评。

云南神农饲料有限公司

地址：云南省昆明市东郊茶旺山
邮编：650216
电话：0871－3839557　3857481
传真：0871－3849657
法人代表：何祖训

该公司创建于1994年，经过公司全体员工的不懈努力，现已发展成为一个具有高度社会责任感、丰富创造力和强大竞争力的现代化大型饲料科技企业。

公司现有员工176人，其中大中专毕业生68名，硕士研究生2名。公司拥有从美国、英国引进的具有90年代国际先进水平的饲料加工设备和完善的检测手段，每年可向社会提供品质一流的“东方红”系列猪、鸡、鸭、鱼4大系列30余个品种的浓缩饲料、全价配合饲料9万吨。1998年产量3万吨，销售收入6900万元，利税总额180万元。

公司把“扬神农精神、创神农天地”作为企业文化的基石，把振兴和发展畜牧业当作自己的历史使命，坚持以科技为先导、以质量求生存、以服务求发展的企业发展思路，不断完善和壮大自己。

公司在管理上力求规范化，在产品质量上力求标准化，在服务体系上力求社会化，从而形成了神农为社会、社会要神农的良好发展势态。

公司在1998年国家技术监督局产品抽检中，获产品质量综合评比第1名；与云南省畜牧兽医研究所合作研制的310乳猪料，获省科技进步奖。几年来，公司产量、产值、利润连年翻番，1998年跨入云南省饲料行业前三强。

公司将发展云南民族饲料工业作为已任，将“争做云南饲料行业第一”作为公司的目标，挑战未来，愿与广大有识之士携手共创畜牧养殖业美好的明天。

西藏拉萨市粮油总公司

地址：西藏自治区拉萨市纳金路30号
邮编：850011
电话：0891－6330475　6321270
传真：0891－6338747

该公司是在改革开放的大潮中脱颖而出的新型企业，是西藏自治区大型国有企业之一，也是西藏自治区目前唯一的大型粮油加工与饲料加工的骨干企业。总公司下属拉萨饲料厂、面粉厂、食用油脂厂、挂面厂、养殖厂、粮油工业商贸部、机电装修及装璜工程等七个生产经营实体，年产值8000万元。拉萨市饲料厂经西藏自治区1990年“510”工程改造，耗资900多万元。建成了一条年产10000吨全价配合饲料与3000吨特种抗灾饲料生产线，其先进的生产技术和设施条件在区内外同行业中处于领先位置。

牦牛育肥，前景广阔。1998年12月，由拉萨市粮油工业总公司开发的牦牛强度育肥科研成果在首都北京引起轰动。由国家农业部组织的西藏牦牛舍饲强度育肥项目鉴定委员会认为强度育肥后的西藏牦牛肉从肉色、脂肪颜色、大理石花纹等各种肉质数据看，都达到了国际市场高档牛肉的标准，并认为牦牛强度育肥走产业化路子有广阔前景，为西藏牦牛今后发展提供了科学依据，将产生良好的经济效益和社会效益。该项研究达到了国内外领先水平。

在国家有关部委和拉萨市政府及有关单位的大力支持下，本公司正在建设一个万头牦牛育肥基地，并配套建设一条现代化的牦牛屠宰、加工、冷藏、包装生产线，可望年内建成。

育肥牦牛肉在北京各大饭店深受好评，北京饭店、建国饭店，民族饭店、亮马饭店已把育肥牦牛肉做为饭店的一道名菜向海内外顾客介绍。

拉萨市食用油脂厂位于交通便利的纳金路30号，是拉萨市粮油工业总公司直属分厂。

该厂创建于1994年。投资180多万元人民币。是西藏自治区规模最大、技术最先进的食用油生产厂家，日处理30吨油菜籽，还设有专门的质量检测室，进库的每一斤成品油都符合国家对油品质量的要求。

本厂生产的国家二级菜籽油是区内油质最好的工业生产食用油，具有无沉淀、贮存时间长、味道香浓，比传统的毛菜油有食用上安全可靠的特点，在区内外享有盛誉，产品深受广大消费者的欢迎。

争创名牌饲料。拉萨市饲料厂以高科技、高起点、创名牌、争一流作为企业发展的宗旨。一贯坚持对社会负责、对消费者负责的高度责任感，使产品立足于市场，从质量、服务、价格等方面可以与中国最大的饲料工业企业相媲美。拉萨市饲料厂生产出的系列产品有：乳猪料、中猪料、大猪料、产蛋生长鸡料、产蛋鸡料、肉鸡料、牛羊抗灾料，牛羊快速生长育肥精料、补充料、奶牛精料等。全部系列产品都经过180度高温熟化，根据不同喂养对象，做成不同粒度的成品料。

具有圣洁之称的西藏高原，有着洁净的自然环境和丰富的天然资源。拉萨饲料厂蓝天牌饲料就是在这样一种特殊的自然环境中，生产出的系列新产品，它具有洁净、质量高、营养成份丰富等特点，是养殖户最理想的选择。

陕西省饲料厂

地址：陕西省杨凌农业高新技术产业示范区邰城路2号
邮编：712100
电话：029－7083248
传真：029－7083524
法人代表：盛新会

该厂1990年6月投产，是陕西省农业厅直属的现代化国有饲料加工企业。全套设备从瑞士布勒公司引进，采用计算机配料，计量准确、混合均匀，年生产能力1.7万吨。本厂控股企业有两个：即陕西金冠牧业有限责任公司和陕西新华秦饲料有限责任公司。企业总资产达到6000万元。

该厂以其先进的技术，严格的管理及优质的服务，向社会提供“华秦”牌鸡、猪、牛、鱼各生长阶段的饲料添加剂（多种维生素、微量元素添加剂）、添加剂预混合饲料、浓缩饲料、配合饲料（粉状、颗粒）等70多个品种的饲料产品，深受广大养殖户的信赖。本厂在省内外已设330多个经销网点，使用“华秦”牌饲料的用户可达300多万户。“华秦”牌饲料以陕西销售为主，在四川、山西、河南、甘肃、宁夏、内蒙等周边省区销售为铺。“华秦”多维已在十几个省热销，正在向全国辐射。

“华秦”牌饲料1994年荣获“全国名牌饲料”称号；1998年3月被陕西省人民政府认定为“陕西名牌产品”。企业荣获“陕西饲料行业名星企业”、“十强企业”、“十佳企业”、“最佳企业”和全国饲料工业行业“百强企业”。农业部授予“优质产品定点企业”。陕西省人民政府授予“重合同、守信用”企业。中国农业银行陕西省分行授予“优良客户”。

陕西石羊集团饲料发展有限责任公司

地址：西安市北关镇街9号鸿海大厦11楼
邮编：710200
电话：029－6220666
法人代表：王鹏文

该公司隶属于西北五省区最大的油脂饲料加工企业集团——陕西石羊（集团）股份有限公司。公司自1993年4月第一条饲料生产线投产以来，经过8年多的迅猛发展，现拥有饲料生产线5条、饲料预混料生产线1条、包装袋印刷车间一座，年生产能力饲料30万吨、添加剂预混合饲料1万吨，公司规模和实力雄居陕西省之冠，所生产的“石羊”牌饲料畅销三秦大地，辐射甘、宁、晋、豫等周边省区。

该公司自成立以来，始终以质量为先导，在全公司范围内推行ISO9000质量保证体系，不断提高产品质量；同时，努力降低生产成本，保证“高质量、低价位”，实行微利经营，坚持让利用户，使用户有利可图，极大地刺激了用户的养殖热情，促进了陕西及周边省区养殖市场的发展。石羊饲料公司成立7年多以来，企业连年被评为“陕西省优秀乡镇企业”、陕西饲料工业“名星企业”、“最佳企业”；产品以其质量稳定、价格适中、养殖效益显著曾先后被评为“杨凌农博会金奖产品”、“陕西名牌”产品等。为加快企业发展步伐，把企业建成一个现代化农业高科技企业，石羊饲料公司加大科研投入，发展了科技含量相对较高的添加剂预混合饲料，经过一年多的试验，“石羊”牌系列添加剂预混合饲料已通过陕西省技术鉴定；同时，为不断地使科技转化为生产力，石羊集团与西北农业大学联合成立了饲料研究所，并辅助建设了一座仪器设备先进的综合实验室及一个养殖实验基地。

“立足西北，放眼全国”，争创全国饲料名牌、跻身全国饲料工业十强是石羊公司不懈的追求。在新世纪到来之际，石羊饲料公司将继续稳固西北市场，调整经营思路，走出陕西、走出西北，迈向全国，为中国的饲料工业和养殖业的发展作出贡献。

青海丁香集团新禾工贸公司

地址：青海省西宁市柴塔木路44号
邮编：810017
电话：0971－5220301
传真：0971－5220001
法人代表：黄卫民

该公司始建于1983年，是青海省内最大的饲料生产企业，“新禾”牌饲料在省内享有极高的声誉。部分产品远销至甘肃、西藏等地，受到农牧民养殖户的普遍欢迎。

公司建立初期，生产规模只有千余吨，工艺落后，设备简单陈旧，产品粗放，品种单一。1992年公司投资300多万元，引进国内先进的饲料生产线。拥有电脑配料、微机控制的饲料生产车间一座，各类专业技术人员占全体员工的30%以上。经过十多年的发展，饲料产品已形成6大系列、50多个品种，1999年公司又投资近50万元，对颗粒饲料生产线进行改造，使年单班产量提高到15000余吨。

1998年经过改制后的新禾工贸公司，以市场为导向，加大改革力度，充分发挥自身优势，以牧区牛羊过冬饲料为重点，研制开发出兼顾抗灾育肥于一体的牛羊饲料。仅1997、1998年两年向牧区提供此类饲料近4000余吨。在发展饲料生产的同时，公司先后投资100余万元，改扩建养殖场，引进国外优良种猪100余头，已形成了自繁自育体系，年出栏仔猪、育肥猪5000余头。同时今年又新建了一座复合肥料厂，利用养殖场的排泄物，生产无污染无公害的有机复合肥料。

宁夏灵武饲料厂

地址：宁夏回族自治区灵武市北门
邮编：751401
电话：0953－4028359　4021519
传真：0953－4028359
法人代表：杨茂红

该厂是自治区一级企业，创建于1982年，从投资30万元起步，经过滚动发展，企业拥有固定资产780万元，流动资金580万元，职工54名，专业技术人员占40%。该厂有年单班产量5000吨的饲料加工机组一套，较大规模的养殖场两座，每年可向社会提供商品仔猪3000头，种蛋150万枚，商品鸡30万只，商品蛋15万kg。本厂现已形成集饲料加工、畜禽养殖繁育、产品销售为一体的生产格局，并被国家商业部评为安全工作先进单位，被宁夏回族自治区人民政府授予先进企业，被宁夏回族自治区团委、区粮食局授予“青年文明号”，连续被自治区粮食局评为全区粮食系统先进单位，银南地区“双文明”先进单位，多次被地市工商局评为“重合同、守信用”企业，连续13年被评为市粮食系统文明、先进单位。

企业始终坚持“求实高效、开拓创新”的经营宗旨，经过艰苦奋斗与不懈努力，以科技为先导，注重产品质量。“奔马”牌饲料共7大系列46个品种连续11年在自治区技术监督局、饲料质量监督站抽检中100%合格，产品先后荣获原商业部优质产品奖，被国家国内贸易部、国家工商行政管理局、中国消费者协会评定为推荐产品，宁夏优质、名牌产品，质量信得过产品等荣誉称号。“奔马”商标被评为自治区著名商标。

为增加产品的科技含量，扩大市场占有率，本厂采取“强强联合”的办法，积极与浙江大学阳光营养集团公司真诚合作，引进浙江大学、上海水产大学、北大阳光公司的科学配方及先进技术，采用阳光集团的高科技管理模式，确保了企业产品质量的稳定可靠。

宁夏饲料总厂

地址：宁夏回族自治区银川市罗家庄庆安南路
邮编：750002
电话：0951－5043591
传真：0951－5013024

该厂始建于1987年，占地面积1万多平方米，资产总额1920万元，现有职工100多人。经1995年与北京大北农饲料科技有限公司进行技术合作以来，引进“大北农管理模式”，创立“谦虚、协作、勤俭、创新”的企业精神，以振兴民族饲料工业为己任，以创造中国名牌饲料为目标，使企业管理水平有了新的突破，企业发展有了广阔的前景。1996年在上级有关部门的大力支持下，投资530万元，完成了饲料生产线的全面改造，标志着宁夏饲料总厂进入了一个新的历史发展时期，改造后可生产5大系列、40多个品种优质配合饲料，年生产能力10万吨以上，成为全区设备最先进、技术一流、规模最大的现代化国有饲料加工企业。生产的“大北农”牌饲料畅销全区，远销内蒙古、甘肃、陕西等周边地区，深受广大用户的好评，特别是鱼饲料生长快，饵料系数低、抗病力强、养殖效果明显优于其他饲料，成为宁夏地区养鱼户的首选品牌。1997年、1998年连续两年销量第一，1998年产销量过万吨，取得了良好的经济效益和社会效益。1997年“大北农”牌鱼、鸡、猪饲料被自治区技术监督局授予“质量信得过产品”，1998年被自治区畜牧局授予“肉奶产业化龙头企业”称号。

宁夏星火科技集团饲料有限公司

地址：宁夏回族自治区银川市良田工业区长城路东段
邮编：750002
电话：0951－5036900　5023439
传真：0951－5066900

该公司是宁夏区科委所属的民营高新技术企业。公司主要从事饲料产品的开发研制和加工，以及饲料原料、饲料添加剂、兽药等的经营业务及相关的技术服务。公司现有资产5000万元，年生产浓缩饲料1500吨，全价配合饲料12万吨，年销售收入1亿元，实现利税1000万元。

1992年，企业自筹资金20万元，创办宁夏星火饲料公司，并承担了自治区“八五”农业科技攻关项目－畜禽浓缩饲料应用技术开发研究。1994年该项研究成果在成都“全国星火科技精品展示会”上荣获金奖，并获“首届宁夏发明暨科技成果展览会”金奖，1995年被列为国家级星火项目，1997年，公司在原年产1500吨浓缩饲料生产规模的基础上扩大建成年产12万吨全价配合饲料生产线，已在1998年12月正式投产。

公司先后被宁夏农学院选为“教学科研实习基地”；被中国农业银行宁夏分行评为“AA级信用企业”；被宁夏科委认定为“高新技术企业”；被宁夏

技术监督局授予“质量信得过单位”。

乌鲁木齐市饲料公司

地址：新疆乌鲁木齐市新市区安宁渠路 2 号
邮编：830011
电话：0991－3717184　3715071
传真：0991－3715085

该公司始建于 1972 年，饲料加工厂正式投产于 1985 年。目前公司已拥有年储数万吨原料的标准库房 10 余座和露天场垛近 6000 余平方米。1997 年公司新建成一座时产 10 吨的颗粒生产车间及配套的 2400 吨玉米钢板仓。

该公司是新疆创办最早，也是最大的国有生产企业。公司生产工艺先进，配方科学合理、营养全面，注重产品质量和售后服务，下设专职检验机构——化验室，对原料从进厂、储存、入机、生产到产品出机、出厂，都有严格的检验手段，品控参照 ISO9000 国际标准，建立了较为完整的保证体系。十余年来，公司不断开发新产品，产品已达 8 个系列、40 余种。其中主导产品——产蛋鸡系列饲料连续两次被评为原商业部优质产品，肉仔鸡系列饲料被评为自治区优质产品。

在全国《饲料行业发展纲要》发表十周年之际，被授予’93 全国饲料工业行业“百强企业”称号。1995 年，“金狮”牌鸡饲料被自治区人民政府授予“新疆名牌”产品。

为更好地适应养殖市场变化，使企业能够立足于主业——饲料业，寻求更大发展，公司积极探索企业改制的路子。根据粮办企业特点，公司按照“工、商”分离的原则，对工业部分（饲料加工生产）实行改制，对商业部分继续保留在市饲料公司内。企业改制工作正在积极进行中。

附　　录

部门及省、自治区、直辖市计划单列市饲料工业管理办法

国内贸易部饲料管理办法

（1996年6月28日国内贸易部发布）

第一章 总 则

第一条 为了促进内贸系统饲料工业的发展，发挥国有饲料企业的主渠道作用，加强饲料行业管理，提高饲料产品质量，保证饲养动物安全和人民身体健康，保护生态环境，维护生产者、经营者和消费者的合法权益，制定本办法。

第二条 国内贸易部饲料工业办公室主管本系统饲料管理工作，并负责实施本办法。其主要职责是:

（一）研究制定内贸系统饲料工业发展规划、管理办法、饲料标准和企业规范；

（二）对本系统饲料生产经营进行宏观调控、协调、监督、服务；负责本系统的饲料质量监督工作，发放生产许可证；

（三）负责本系统饲料工业科技进步和技术改造，组织重大项目的技术攻关及重大技术成果鉴定，组织国内外技术交流及人才培训，推广新工艺、新技术和科研成果；

（四）向政府有关部门反映饲料工业发展现状及问题，研究提出有关政策建议等；

（五）其它有关职责。

第三条 各省、自治区、直辖市内贸系统设置的饲料工业办公室或相应的机构，主管本地区本系统的饲料管理工作。其主要职责是:

（一）研究制定本地内贸系统饲料工业发展规划，并对饲料生产与经营进行宏观调控、协调、监督、服务；

（二）负责饲料质量监督工作，发放预混合饲料批准文号；

（三）负责本地饲料工业科技进步和技术改造及标准化工作，组织技术攻关及技术成果
鉴定，组织技术交流及人才培训，推广新工艺、新技术和科研成果；

（四）向当地政府有关部门反映饲料工业发展状况及问题，研究提出有关政策建议等；

（五）其它有关职责。

第四条 凡内贸系统从事饲料原料及饲料产品的生产、经营、使用、监督、检验、进出口业务者，都必须遵守本办法。

第二章 饲料生产

第五条 从事饲料原料及饲料产品生产，必须经当地企业主管部门同意，并报省、自治区、直辖市、计划单列市内贸系统饲料企业主管部门审查批准，方可建厂。

第六条 从事饲料原料及饲料产品生产，必须具备下列条件:

（一）具有与生产相适应的厂房、设备、工艺及仓储设施；

（二）具有保证产品质量的检测手段或委托具有法定检测资格的检验机构从事质量检测；

（三）具有与生产相适应的管理及技术人员；

（四）具有符合环保、卫生、安全所要求的生产环境和设施。

第七条 符合第六条规定，从事商品饲料生产者，须经省、自治区、直辖市、计划单列市内贸系统饲料企业主管部门会同有关部门验收后，由省、自治区、直辖市、计划单列市内贸系统饲料企业主管部门颁发《饲料生产验收合格证》后，方可生产。

第八条 饲料产品生产须建立生产记录、检验记录及留样观察制度。

第九条 饲料产品中不得添加未经国家批准使用或明令淘汰的饲料添加剂。饲料添加剂的使用必须符合《饲料添加剂使用标准》。饲料添加剂品种的允许使用、停用、淘汰、必须遵照国家有关规定。

第十条 饲料原料及饲料产品必须符合有关的卫生标准和质量标准。

第十一条 生产国家已批准使用的饲料添加剂生产预混料产品，须由省、自治区、直辖市、计划单列市内贸系统饲料企业主管部门批准并发给产品批准文号。

第三章 饲料经营

第十二条 从事饲料产品的经营必须具有符合饲料产品要求的卫生环境及仓储设施；

第十三条 禁止经销下列产品:

（一） 无产品合格证、产品标签的产品；

（二）不符合饲料卫生标准和卫生规定，间接危害人体健康的产品；

（三）失效、霉坏变质、超过保质期、掺杂使假的饲料原料及饲料产品；

（四）抽换他人饲料原料、饲料产品及饲料商标的产品；

（五）未经国家批准使用或明令淘汰的饲料添加剂及含有这类添加剂的饲料产品；

（六）无批准文号的饲料添加剂和预混合饲料。

第十四条　饲料产品的包装，必须有明确标识，能够保证饲料产品的质量，符合安全、卫生要求，便于储存、运输和使用。

第十五条　商品饲料必须有标签，标签内容必须符合《饲料标签》国家标准的要求。

第十六条　商品饲料须按照《中华人民共和国商标法》的规定标明商标。

第十七条　商品饲料广告须按照《中华人民共和国广告法》的规定办理。

第十八条　进口饲料原料及饲料产品，必须符合国家颁布的有关法规及饲料强制性标准。

第十九条　进出口饲料原料及饲料产品的检疫和质量检验，按照《中华人民共和国动植物检疫法》、《中华人民共和国进出口商品检验法》办理。

第四章　质量监督检验

第二十条　国内贸易部对本系统生产与经营的饲料质量实行监督制度。国内贸易部饲料工业办公室负责全国本系统的饲料质量监督工作，各省、自治区、直辖市、计划单列市内贸系统饲料企业主管部门负责本地区本系统生产与经营的饲料质量监督工作。

第二十一条　生产、经销、分装进出口的饲料原料及饲料产品必须符合国家颁布的标准。

第二十二条　根据《中华人民共和国产品质量法》的有关要求，设立饲料质量监督检验机构：

（一）国家、部级饲料质量监督检验中心，主要承担内贸系统饲料质量监督检验任务及质量监督管理部门下达的检验任务。

（二）本系统省级饲料质量监督检验所（站）。主要承担本地区的饲料质量监督检验任务及质量监督管理部门下达的检验任务。

第二十三条　各级饲料质量监督检验机构有权派员到饲料生产、经营和使用单位调查了解饲料质量情况，抽检样品和索取有关质量资料。有关单位不得拒绝或弄虚作假。饲料质量监督检验机构对生产、经营者所提供的质量技术资料负有保密义务。

第二十四条　饲料企业设立的质量检验机构，负责其内部的质量监督检验工作。质量检验人员有权直接向上级饲料企业主管部门和质量监督检验部门反映质量情况及存在问题。

第二十五条　饲料质量监督检验机构必须依法行使职权，坚持原则，秉公办事，不得玩忽职守，徇私舞弊。

第二十六条　饲料原料及饲料产品生产、经营、使用者，对产品质量有争议时，可向当地饲料产品质量监督检验机构申请检验；对饲料质量监督机构的检验结果有异议时，可向部或国家级饲料质量监督检验机构申请复检。对国家、部级饲料质量监督检验机构的复检结果有异议时，可向国家仲裁机构申请仲裁。

第五章　法律责任

第二十七条　违反本办法规定，视其情节轻重，分别处以警告、罚款、没收饲料原料或饲料产品及非法收入，责令停产或停业整顿，撤销产品批准文号。

前款处罚可单处或并处。

行政处罚由各级饲料企业主管部门决定，出具书面处罚通知。其他处罚由饲料企业主管部门协同产品质量监督部门和工商行政管理部门视其情节轻重决定。

第二十八条　违反本办法有关规定引起畜、禽、养殖水产品及其他饲养动物大量死亡，或造成其它损失的，饲料企业主管部门有权责令事故责任者赔偿受害者损失。情节严重，构成犯罪的，报请司法机关依法追究刑事责任。

第二十九条　有下列情况之一的，由其所在单位或上级主管机关对事故责任者给予行政处分；情节严重，构成犯罪者，报请司法机关依法追究刑事责任：

（一）对坚持原则、检举揭发不法行为人员进行打击报复者；

（二）质量监督、检验人员玩忽职守、营私舞弊、弄虚作假、滥用职权，致使公共财产、国家和人民利益遭受损失者；

（三）参加技术审查人员对外泄露技术资料和生产工艺秘密者；

（四）对上述行为进行包庇者。

第三十条　当事人对行政处罚不服，可以在接到处罚决定之日起十五日内，向做出处罚决定机关的上一级行政机关申请复议，也可以直接向人民法院起诉。逾期不申请复议、不起诉，又不履行处罚决定的，由做出处罚决定的机关向人民法院申请强制执行。

第六章　附　则

第三十一条　本办法由国内贸易部饲料工业办公室负责解释。

第三十二条　本办法自发布之日起施行。

国内贸易部饲料产品质量管理办法

（一九九五年六月五日国内贸易部发布）

第一章　总　则

第一条　为了明确饲料产品的质量责任，维护生产者、经营者和消费者的合法权益，促进畜牧业的发展，发挥国有饲料企业的主渠道作用，根据《中华人民共和国产品质量法》和有关法规，制定本办法。

第二条　本条例所称饲料产品质量，是指国家的有关法规、质量标准和双方在合同中规定的有关产品的适用性、安全性和其他特性的要求。

本条例所称产品质量责任，是指因产品质量不符合规定，给用户造成损失后应承担的责任。

第三条　国内贸易部系统饲料管理机构以及从事饲料产品生产、储运、销售的企业，都必须认真执行《中华人民共和国产品质量法》和国家有关法规，接受国家产品质量监督管理部门对产品的质量监督，并依本办法的规定，加强产品质量管理工作。

第四条　饲料产品质量管理的任务是:饲料企业应经常了解畜牧及水产养殖业对饲料的需要，教育职工树立“质量第一”的思想，贯彻执行产品质量标准，建立严密、协调、有效的质量保证体系，采用科学方法，控制影响产品质量的各种因素，努力生产质量好、适销对路、用户满意、经济效益高、有竞争力的产品。

第二章　原　料

第五条　饲料企业采购各种饲料原料，有国家标准的，执行国家标准；没有国家标准而有行业标准的，执行行业标准；没有国家标准或行业标准而有地方标准的，执行地方标准；没有上述标准的，由企业根据确保产品质量的原则以合同形式确定。

第六条　原料入厂时，必须按批次严格验收，弄清名称、品种、数量、等级、供货单位、质量指标、包装等情况，并根据检验制度和留样观察制度进行检验并留样备查。

第七条　凡霉变、污染等不符合饲料卫生标准的原料，饲料企业不得用于加工饲料。

第八条　饲料产品中不得添加未经国家批准使用和明令淘汰的饲料添加剂。饲料添加剂的使用必须符合《饲料添加剂使用标准》。饲料中如添加药物要按照《兽药管理条例》的有关规定执行。

第三章　配方设计与质量标准

第九条　饲料企业的配方设计人员应由具备大专以上文化水平的专业人员担任。饲料配方设计要符合质量标准，讲求经济效益，并要遵循科学、实用、经济、卫生的原则。

第十条　饲料企业设计的配方，要报上级主管部门与质量监督部门备案。企业在不降低营养指标、不影响饲养效果的前提下，可以适当调整原料组成及配比，但要做出变更记录、备案。

第十一条　企业生产的产品已有国家标准或行业标准的，鼓励企业制定严于国家标准或行业标准的企业内控标准，在企业内部适用，以确保产品质量。

企业生产的产品没有国家、行业标准的，应当制定企业标准，作为组织生产的依据，并报企业主管部门与质量监督部门备案。

第十二条　饲料产品卫生标准为国家颁布的强制性标准，各企业必须严格执行。不符合卫生标准的产品，禁止生产和销售。

第四章　生　产

第十三条　饲料厂要严格按照配方生产。添加药物的饲料及预混合饲料在更换品种时，要科学安排换批顺序，注意做好必要的清理工作，防止生产过程中交叉污染。

饲料厂必须建立生产记录、检验记录及留样观察制度。

第十四条　计量设备及器具要定期检验，没有合格证的计量设备及器具不准使用。

第十五条　饲料厂的混合机要定期测试，确定物料的添加顺序，以利混合均匀，并符合混合均匀度标准。

第十六条　饲料厂要建立健全各项管理制度，明确各工序、各岗位的质量责任制和操作规程，并严格执行。

第五章　饲料包装与标记

第十七条　饲料产品包装必须保证饲料产品的质量，符合安全、卫生的要求，便于贮存、运输和使用。

第十八条　饲料产品的外包装要有标签，标签应当符合饲料标签标准的要求。标签内容包括:产品名称、营养成份、分析保证值、净重、出厂年月日、保质期、厂名、厂址和产品标准代号等。

散装运输的配合饲料，标签随发货单一起传送。

第十九条　饲料产品经检验合格，方能发放出厂合格证。

第二十条　饲料产品必须按照《中华人民共和国商标法》的规定标明商标。

第六章　储存与销售

第二十一条　各种饲料原料、产品均应分仓、分品种储存，加强保管检查，防止霉变、虫蛀、鼠啮。原料、成品仓库禁止存放农药、化肥及其他有害、有毒物品。各种饲料添加剂要按规定要求储存，标明有效期限。使用时注意推陈出新。

第二十二条 饲料企业不准经销下列饲料产品:

（一）无产品合格证、产品标签的产品；

（二）失效、霉坏变质的、掺杂使假的产品；

（三）不符合卫生标准和卫生规定的产品；

（四）含有未经国家批准使用或明令淘汰的饲料添加剂的产品。

第二十三条 饲料企业要建立定期召开用户座谈会和坚持走访用户制度。要通过各种渠道调查饲料产品使用效果和经济效益，了解产品存在问题和用户意见，不断改进配方，提高产品质量。对已经售出的不合格产品，要负责包退、包换。

第七章 质量监督与管理

第二十四条 饲料质量监督检验应当分级设立饲料质量监督检验机构，即国家、部级饲料质量监督检验中心和省级饲料质量监督检验所（站）。

第二十五条 国家、部级饲料质量监督检验中心的主要任务是:

（一）承担内贸系统饲料质量监督检验任务及质量监督部门下达的委托检验任务；

（二）指导和帮助企业建立健全产品质量检验制度，正确执行国家规定的统一的检验方法；

（三）制定各地校验常规检化验项目的标准样品，培训基层化验人员，校准分析结果与方法，协助质量监督部门对企业产品质量争议进行仲裁检验。

第二十六条 省级饲料质量监督检验所（站）主要是承担各省、自治区、直辖市系统的饲料质量监督检验任务。

第二十七条 饲料企业设立的质量检验机构，主要负责企业内部的质量监督检验工作。

第二十八条 饲料质量监督检验机构必须依法行使职权，坚持原则，秉公办事，不得玩忽职守，徇私舞弊。

第二十九条 饲料企业主管部门负责本系统饲料产品质量管理工作。其职责是:在授权范围内，协助制定企业内控产品质量标准及有关规章制度，负责产品的监督管理，督促企业保证产品质量，完善质量保证体系。

第三十条 饲料企业要有一名领导抓质量管理工作，对产品质量负全部责任。要设专职或兼职质量检验员，负责质量检验工作。

质量检验员必须经过技术考核，报主管部门批准，发给饲料检验员证书，才能行使职权。

第三十一条 质量检验员负责签发产品的出厂合格证，向经理（厂长）报告产品质量方面存在的问题、处理意见等。对不符合质量标准的原料，对不合格的产品，质量检验员有权制止进货，禁止出厂。

质量检验员在质量问题上同经理（厂长）有分歧时，应当报上一级主管部门仲裁。

第八章 奖励与惩罚

第三十二条 企业奖励制度要体现“质量第一”的方针，把保证饲料产品质量，作为评定综合奖的首要条件。对在质量管理和提高产品质量上做出显著贡献的先进集体和个人，企业主管部门要根据有关规定给予奖励。

第三十三条 违反本办法规定，视其情节轻重，分别处以警告、罚款、没收饲料产品及非法收入等处罚，以上处罚可单处也可并处。

第三十四条 企业主管部门对于管理混乱、产品质量长期低劣或出现重大质量事故的企业，要限期改进。在规定时间内仍达不到要求的，应令其停产整顿。

第三十五条 生产、销售企业对已经售出的不合格产品，除负责包退、包换外，确因饲料掺杂使假含有毒有害物质造成畜禽死亡的，应当负责赔偿经济损失。赔偿经济损失二万元以上的，要报省级饲料企业管理部门并转报国内贸易部饲料工业办公室备案。

第九章 附 则

第三十六条 本办法没有规定的事宜，按《中华人民共和国产品质量法》和国家有关法规执行。

第三十七条 本办法由国内贸易部饲料工业办公室负责解释。

第三十八条 本办法自发布之日起施行，一九八七年七月一日原商业部发布的《商业部饲料产品质量管理试行办法》同时废止。

天津市饲料行业管理办法

（1994 年 12 月 30 日发布）

第一条 为加强本市饲料行业的管理，保证饲料的质量，促进饲养业的发展，依照法律、法规等有关规定，结合本市实际情况，制定本办法。

第二条 凡在本市行政区域内从事饲料生产（含加工）、经营的企业，必须遵守本办法。

第三条 市农村工作委员会设市饲料工业办公室，负责本市饲料工业的统筹规划、协调、指导与管理工作。区、县饲料工业办公室接受市饲料工业办公室的业务指导，履行本行政区域内饲料工业的相应职责。

第四条 从事饲料生产、经营的企业，应向工商行政管理机关注册登记，申领营业执照，并向市饲料工业办公室备案。

第五条 从事饲料生产的企业应具备以下条件：

（一）与饲料生产相适应的厂房、设备、工艺及储存条件；

（二）检验饲料质量的条件或有委托代检单位；

（三）与饲料生产相适应的技术力量及保证产品质量的管理制度；

（四）符合环境保护及卫生防疫规定的生产环境及设施。

第六条 对实行《生产许可证》管理的饲料，企业必须按照规定取得《生产许可证》后，方可进行生产，并在包装上注明《生产许可证》编号、有效期等内容。

第七条 凡生产、经营饲料的企业，必须严格执行国家有关饲料标签标准的规定。

第八条 饲料生产企业在其生产的饲料中，不得使用未经国家主管部门批准的药物饲料添加剂。

第九条 从事饲料经销的企业，应具有与经销饲料相适应的场所及符合卫生要求的储存条件与设施。

第十条 从事饲料经销的企业，必须遵守以下规定：

（一）销售的饲料必须具有饲料标签及合格证；

（二）严禁经销超过有效期限、霉坏变质、污染的饲料；

（三）严禁经销未经国家主管部门批准的饲料添加剂；

（四）严禁经销应取得而未取得《生产许可证》的饲料；

第十一条 市、区（县）技术监督部门负责饲料的质量监督检查：

（一）监督检查饲料质量标准；

（二）对实行《生产许可证》管理的饲料进行监督，对生产、经销无证饲料的企业进行查处；

（三）公布饲料质量的检查处理结果；

（四）受理和查处用户对饲料质量的投诉；

（五）对饲料质量争议进行仲裁。

第十二条 饲料质量监督检验机构依法行使监督检验职能。

市、区（县）饲料质量监督检验机构分别由市技术监督部门会同市、区（县）饲料工业办公室确认。

第十三条 生产饲料企业必须执行国家、行业或地方的有关标准。

无前款规定标准的饲料，企业应制定相应的企业标准，报市、区（县）技术监督部门和市、区（县）饲料工业办公室备案。

第十四条 从事饲料生产、经营的企业，应接受市、区（县）技术监督部门和市、区（县）饲料工业办公室的监督检查。

第十五条 对严格执行本办法，保证饲料质量的企业，由市饲料工业办公室、技术监督部门或企业行政主管部门给予表扬或奖励。

第十六条 对违反本办法的饲料生产、经营企业由市、区（县）饲料工业办公室，技术监督等有关部门根据有关规定进行查处。

第十七条 对技术监督、质量监测单位及其工作人员玩忽职守、收受贿赂、提供伪造检验证书等违法行为，由其主管部门视情节轻重给予行政处分。构成犯罪的，由司法机关依法追究刑事责任。

第十八条 本办法所称“饲料”包括：饲料原料、配合饲料、混合饲料、浓缩饲料、复合预混料、添加剂预混料、精料补充料等。

第十九条 用于畜禽等动物的药物添加剂按有关兽药管理规定执行。

第二十条 本办法具体应用中的问题由市农村工作委员会负责解释。

第二十一条 本办法自发布之日起施行。

河北省饲料管理办法

（1995年12月15日发布）

第一条 为促进饲料生产健康发展，提高饲料产品质量，维护饲料的生产经营者和用户的合法权益，保障家畜家禽以及其他饲养动物的安全，制定本办法。

第二条 在本省行政区域内生产、销售和使用饲料产品、饲料原料，必须遵守本办法。

第三条 本办法所称的饲料产品，是指通过工业化生产手段生产的，作为商品销售的配合饲料、混合饲料、精料补充料、浓缩饲料、添加剂预混料和饲料添加剂等产品。

本办法所称的饲料原料，是指用来生产饲料产品的，以动物、植物、微生物或者矿物质为来源的物质。

本办法所称的饲料添加剂（不含饲料药物添加剂），是指为满足特殊需要而加入饲料中的少量、微量物质。

第四条 各级人民政府应当加强对饲料生产经营活动的领导和管理，并在资金、物资和政策等方面对饲料工业的发展予以扶持。

第五条 各级饲料工业办公室负责本行政区域内的饲料管理工作；未设饲料工业办公室的县（市 区），由县（市 区）人民政府指定的部门负责本行政区域内的饲料管理工作。

第六条 各级饲料工业办公室或者县（市 区）人民政府指定的负责饲料管理的部门（以下统称饲料管理部门），以及其他有关部门，应当采取措施，多方面筹措资金，逐步建立健全饲料科学研究、技术推广和质量监测体系。并加强对饲料产品的科学研究和饲料产品先进生产技术的引进、推广工作，依靠科学技术进步开发饲料资源和新产品，提高产品质量，促进饲料行业发展。

第七条 本省鼓励单位和个人引进国内外的资金、先进技术和设备生产经营饲料产品，开发利用饲料资源。

第八条 凡符合国家产业政策的饲料产品生产技术改造项目、饲料新产品开发项目，享受国家和本省的有关优惠政策。

第九条 从事饲料产品生产应当具备以下条件：

（一）具有与生产饲料产品相适应的厂房、场地、设备、工艺和储运条件；

（二）具有对饲料原料和饲料产品进行常规指标检测的技术手段和检测人员，或者已经委托具有法定检测资格的单位代为检测；

（三）有健全的质量管理制度。

第十条 对新建、改建的饲料产品生产项目和饲料新产品开发项目，计划或者经济贸易部门在批准立项、竣工验收时，应当经同级饲料管理部门审查同意。

第十一条 凡属国家实行工业产品生产许可证管理的饲料产品，生产者必须在领取工业产品生产许可证后方可进行生产。

第十二条 生产饲料添加剂和添加剂预混料，必须取得省饲料管理部门核发的产品批准文号。

省饲料管理部门核发产品批准文号时，应当征求同级化工等有关部门的意见。

第十三条 饲料产品应当按照国家标准、行业标准或者地方标准进行生产。没有以上标准的，生产者应当制定企业标准，经饲料管理部门审查同意后， 报技术监督部门备案。

第十四条 饲料产品包装应当符合保证饲料产品质量和卫生的要求，并便于储存、运输和使用。

第十五条 饲料产品出厂必须有产品质量检验合格证明和符合国家标准的饲料标签。

第十六条 在饲料产品和饲料原料销售活动中禁止以下行为：

（一）销售没有产品质量检验合格证明或者没有符合国家标准的饲料标签的饲料产品；

（二）在饲料产品、饲料原料中掺杂使假或者以次充好、以假充真；

（三）销售与饲料标签不符的饲料产品；

（四）销售超过有效期限、霉烂变质或者受到有毒有害物质污染的饲料产品、饲料原料；

（五）销售没有产品批准文号的饲料添加剂和添加剂预混料。

第十七条 经营、发布饲料产品广告，必须遵守有关法律、法规和规章的规定。

未经县以上饲料管理部门批准，不得对饲料产品进行广告宣传。

第十八条 进口的饲料产品和饲料原料，必须符合国家饲料卫生标准、饲料标签标准以及饲料产品质量标准。

第十九条 饲料产品和饲料原料的质量监督工作，由各级技术监督部门会同有关部门组织实施。

第二十条 在技术监督部门和有关部门对饲料产品及饲料原料进行质量检测时，被检测者应当予以协助，如实提供样品和有关资料。对检测结果持有异议的，可以在接到检测报告之日起十五日内，向出具检测报告的部门申请复检。

第二十一条 违反本办法第十二条第一款和第十六条第（五）项规定的，由县以上饲料管理部门责令其停止违法行为，没收违法所得，并处以违法金额五倍以下的罚款。

第二十二条 饲料生产经营者在生产经营活动中，违反标准化、产品质量、工商行政管理和工业产品生产许可证管理法律、法规、规章的，由技术监督和工商行政管理等有关部门依法予以处罚。

第二十三条 当事人对饲料管理部门作出的行政处罚决定不服的，可以依照有关法律、法规的规定，申请复议或者向人民法院起诉。逾期不申请复议、也不起诉、又不履行处罚决定的，作出处罚决定的机关可以申请人民法院强制执行。

第二十四条 省饲料管理部门可以根据本办法制定实施细则。

第二十五条 本办法由河北省饲料工业办公室负责解释。

第二十六条 本办法自发布之日起施行。

河北省饲料管理办法实施细则

（1996年12月16日发布）

第一章 总 则

第一条 根据《河北省饲料管理办法》（以下简称《办法》）第二十四条的规定，制定本细则。

第二条 凡在本省行政区域内从事饲料产品、饲料原料的生产、经营、分装、使用、监督、检验、宣传、研究及进出口业务者，都必须遵守本细则。

第二章 饲料生产管理

第三条 饲料产品的生产企业系指专门生产或者兼产饲料产品的生产企业及其分支机构。

第四条 对新建、改建及原有饲料产品生产企业实行“准产证”管理制度。由市级以上（含市级，下同）饲料工业办公室组织专家评审组对生产企业所具备的条件进行评审。符合《办法》第九条规定的报请省饲料工业办公室发给“准产证”，方可生产。

第五条　对新建、改建的饲料生产项目和新产品开发项目，项目建设单位必须向当地饲料工业办公室提出申请，饲料工业办公室根据国家产业政策、饲料行业规划和布局进行审查，批准后方可建设。计划或经济贸易部门在批准立项、竣工验收时，应当经同级饲料工业办公室审核同意。

第六条　从事饲料产品、饲料原料生产，应当按国家标准、行业标准或地方标准进行生产。没有以上标准的生产者必须制定企业标准，所定标准须经市级以上饲料工业办公室审查同意后报技术监督部门和饲料工业办公室备案后方可组织生产。

第七条　饲料产品出厂必须有产品质量检验合格证。饲料产品质量检验合格须在生产企业质检部门或具有法定检验资格的单位检验产品后，由生产企业质检部门出具。

第八条　生产饲料添加剂及饲料添加剂预混料必须经省饲料工业办公室审批，领取“准产证”并核发产品批准文号后方可生产。

第九条　本细则实施前生产饲料添加剂及饲料添加剂预混料的单位必须在本细则发布之日起一年内向省饲料工业办公室申请核发产品批准文号，过期不予受理。新建、改建的饲料添加剂及饲料添加剂预混料生产项目须在正式批量投产之日起六个月内向省饲料工业办公室申请核发产品批准文号。否则视为无批准文号产品。

第十条　企业申请产品批准文号，应先填报“河北省饲料添加剂及饲料添加剂预混料产品批准文号申请书”。

申请书一式五份，经当地企业主管部门和县、市级饲料工业办公室、省级企业主管部门审查盖章，再报省饲料工业办公室审批。

第十一条　省饲料工业办公室组织审查组，按照《饲料添加剂及饲料添加剂预混料生产企业质量保证体系考核办法》对企业的质量保证体系进行审查，并填写“饲料添加剂及饲料添加剂预混料生产企业质量保证体系考核汇总表”，写出审查报告，在申请书上签署结论，并由组长签章报省饲料工业办公室审核。

第十二条　审查组、检验单位按《饲料添加剂及饲料添加剂预混料产品质量检验办法》采样，检验后出具饲料添加剂及饲料添加剂预混料产品质量检验报告，在申请书上签署检验结论，加盖公章，并由负责人签字，报省饲料工业办公室审核。

第十三条　省饲料工业办公室对企业申请材料进行综合审核通过后，颁发饲料添加剂及饲料添加剂预混料产品批准文号。

第十四条　审核不合格的企业，允许其在半年内整改后重新提出申请，第二次审核仍不合格的取消申请资格。

第十五条　产品批准文号自发布之日起，有效期五年，企业必须在产品批准文号到期前半年内提出复查申请，办理产品批准文号延续。

第三章　饲料经营管理

第十六条　经营饲料产品、饲料原料的企业系指专门经营或者兼营饲料产品、饲料原料的个人、联合体、企事业单位、中外合资经营企业、中外合作经营企业、外商独资经营企业及经营饲料进出口业务的企业。

第十七条　经营饲料产品、饲料原料必须具备下列条件:

（一）具有与经营相适应的营业场所、设备和仓储设施;

（二）具有掌握饲料产品、饲料原料的使用、贮存、分装等知识的技术人员;

（三）具有与经营饲料产品、饲料原料相适应的质量管理手段;

（四）经营的产品和原料必须符合国家饲料卫生标准;

（五）经营的产品和原料必须有“准产证”、产品质量检验合格证，经营的饲料添加剂及饲料添加剂预混料还须具备产品批准文号。

第十八条　兼营的饲料产品、饲料原料的企业和个人，应将饲料产品、饲料原料与有害健康的物质分别陈列、贮存。

第十九条　凡具备第十七条规定条件、经营饲料产品及原料必须经县以上（含县级，下同）饲料工业办公室批准后，发给“准销证”，经营者持“准销证”向当地工商行政主管部门申请办理营业执照。已办理营业执照营业的企业必须补办审批手续。

第二十条　对经营外省的饲料产品及原料实行“准销证”管理。生产企业必须向省饲料工业办公室申请检验，并提供样品和相关资料，经审查证明安全有效，发给“准销证”后，方可在本省范围内开展业务。

第四章 标签、包装和广告管理

第二十一条　生产、经营饲料产品的一切企业、个人和经销单位都必须执行 GB10648-93《饲料标准》国家标准。

第二十二条　饲料标签的基本内容包括饲料名称、产品成分分析保证值、主要原料组成、净重、生产年、月、日、保质期、厂名、厂址、产品标准代号等。

饲料标签内容必须完整、准确、规范，并与实际符合。饲料标签所用的文字、图型、符号应当规范、清晰、易懂。

饲料标签必须由省饲料工业办公室统一设计、

统一规格、统一印制。

第二十三条 加进药物添加剂的饲料产品，应在饲料产品名称后标明“加入药物添加剂”字样，字体醒目，标明药物化学名称、准确含量及注意事项。

第二十四条 执行饲料标签国家标准的饲料包括：

（1）蛋白质饲料；（2）矿物质饲料；（3）维生素、氨基酸、非营养性添加剂；（4）配合饲料、浓缩料、精料补充料；（5）微量元素预混料、维生素预混料、复合预混料。

第二十五条 饲料产品名称不能使用易使消费者误解或混淆的名称，不得采用广告性名称或在名称上随意增加修饰语。

第二十六条 饲料产品及原料的包装应当按统一规定的规格和标志印制，饲料产品及原料包装必须符合保证质量、贮存、运输和使用的要求。凡包装破损的不准出厂。

第二十七条 凡取得饲料添加剂及饲料添加剂预混料产品批准文号的产品，必须在产品包装和产品说明书或饲料标签上标明产品批准文号。

第二十八条 凡在我省行政区域内经营、发布饲料产品广告必须遵守《中华人民共和国广告法》。

经营、发布饲料产品广告必须报县以上饲料工业办公室审查批准，填写饲料产品广告审查表。

申请材料要具备广告词全文，广告词必须以产品说明书为准。

未经审查批准的饲料广告，不得刊登、设置、印刷、播放、散发和张贴。

在本细则出台前发布的广告，其时效在本细则出台后仍未过期的，经营、发布广告者必须补办审批手续。否则应停止原有广告宣传。

第五章 质量监督管理

第二十九条 饲料产品和饲料原料的质量监督检验工作由各级饲料工业办公室会同技术监督部门组织实施。

第三十条 对在本省行政区域内从事饲料产品及原料生产、经营活动者，按国家和省的部署进行统检或抽检。饲料行政执法人员在执行饲料产品及原料质量监督任务时应当出示行政执法证件。

第三十一条 由县以上技术监督部门和饲料工业办公室授权认可饲料质量检验机构。经授权的检验机构负责授权范围内的饲料产品及原料的常规检验和仲裁检验工作。

第三十二条 外省进入的和进口的饲料产品及原料必须符合国家饲料卫生标准、饲料标签标准及产品质量标准。在按饲料标签标准标注时，还必须注明产地、进入本省年、月、日、经营单位名称、地址等。

第三十三条 各市、县饲料工业办公室应当做好饲料添加剂及饲料添加剂预混料产品生产、经营及使用的日常管理和监督工作。省饲料工业办公室将不定期对饲料添加剂及饲料添加剂预混料生产、经营及使用单位和个人进行抽查。

有下列情况之一的，将注销其饲料添加剂及饲料添加剂预混料产品批准文号。

（一）经抽查、复查不合格并在限期整顿后仍不合格的；

（二）未经批准降低技术标准的；

（三）将产品批准文号或包装、标签转让给其他企业使用的；

（四）产品批准文号到期前半年内不提出复查申请的。

第三十四条 产品批准文号注销后，企业必须将产品批准文号交回省饲料工业办公室，同时停止饲料添加剂及饲料添加剂预混料的生产和销售。

第三十五条 对“准产证”、“准销证”实行年检制度管理，未经年检的证件视为无效证件。

“准产证”、“准销证”的有效期限均为五年，期满后须申领新证，并应在期满前六个月内持原证重新申请。**第三十六条** 凡批准使用的饲料添加剂，一旦证实对养殖动物和人体健康或环境有害时，省饲料工业办公室宣布禁用或限用。

第六章 法律责任

第三十七条 单位和个人违反本细则应当给予行政处罚的，由县级以上饲料工业办公室依照《办法》及其他有关法律、法规、规章的规定予以处罚，或者建议工商、技术监督等部门依法处罚。

第三十八条 当事人对饲料工业办公室作出的行政处罚决定不服的，可以依照有关法律、法规的规定，申请行政复议或向人民法院起诉。逾期不申请行政复议、也不起诉、又不履行处罚决定的，作出行政处罚决定的机关可以申请人民法院强制执行。

第三十九条 各级饲料行政管理人员、质量监督检验人员弄虚作假，滥用职权，致使公共财产或其他利益遭受损失的，由所在单位给予行政处分；构成犯罪的由司法机关追究其刑事责任。

第七章 附 则

第四十条 本实施细则由省饲料工业办公室负责解释。

第四十一条 本实施细则自发布之日起施行。

山西省饲料工业监督管理办法

（1994 年 1 月 28 日发布）

第一条 为加强对本省饲料工业的监督管理，保证饲料质量，维护饲料生产者和消费者的合法权益，促进养殖业的发展，制定本办法。

第二条 凡在本省境内从事饲料工业原料和产品的生产、经营、储运、进出口、质量监督检验的单位和个人，均应遵守本办法。

第三条 山西省饲料工业办公室负责监督管理全省的饲料工业工作，各地、市、县主管饲料工业的部门负责监督管理本行政区域内的饲料工业工作。

第四条 县级以上人民政府的产品质量监督管理部门负责本级行政区域内的饲料产品质量监督管理工作。各级主管饲料工业的部门在各自的职责范围内负责饲料产品质量监督管理工作。

第五条 从事饲料工业生产须具备以下条件：

（一）具有保证产品质量需要的厂房、设备、工艺及储运条件；

（二）具有保证产品质量的检测手段或具有检测资格的委托代检单位；

（三）具有与生产规模相适应的质量管理技术人员。

第六条 从事饲料生产经营活动，须向工商行政管理机关申请登记、领取营业执照，方可进行生产经营。经营饲料药物添加剂的，按照《兽药管理条例》的有关规定执行。

第七条 凡生产饲料添加剂、添加剂预混料的企业，其生产条件书面报省饲料工业办公室备案。

第八条 新研制的饲料添加剂，研制单位应向省饲料添加剂技术审查小组报送有关资料和样品，经技术小组审查鉴定认可，方可生产使用。省饲料添加剂技术审查小组由省饲料工业办公室组织有关部门的科技人员组成。

新研制的饲料添加剂标准，应报当地产品质量监督管理部门备案。

第九条 饲料生产必须严格按照产品标准组织生产，建立记录和留样检测制度；并按要求填报生产报表。

第十条 饲料生产不得使用未经批准生产的饲料添加剂。需要在饲料中添加用于治疗的药物，须向当地产品质量监督管理部门出具合法的兽医处方。

第十一条 从事饲料经营的企业或个人，必须具备保证饲料产品质量的存贮条件和设施，并遵守以下规定：

（一）不得经销没有产品合格证和产品说明书的产品，以及未取得生产许可证或未经批准的饲料添加剂产品；

（二）不得改变原产品的成份，不准销售与产品标签或说明书不符的产品；

（三）不得销售超过有效期、霉坏变质、污染及掺假的饲料原料及饲料产品。

第十二条 饲料产品的包装必须符合保证饲料产品质量和安全、卫生的要求，便于储存、运输和使用。

第十三条 产品出厂必须具有合格证、标签和说明书。标签的内容应当包括：产品名称、产品成分分析保证值及原料组成、净重、生产年月日、保质期、厂名及厂址、执行标准的代号，加药产品应在产品名称后标明“加药”字样，并标明药物化学名称、准确含量及注量事项，产品说明书的内容应当包括：产品名称、饲用对象、使用方法及注意事项。

第十四条 散装饲料的标签、合格证和说明书随发货单一起传送。

第十五条 饲料的质量由企业自行检验质量检验员、化验员、须经考核合格、持证上岗。

第十六条 各级产品质量监督管理部门及其授权机构，有权派员到生产、经营和使用单位检查饲料产品的质量情况，抽样和索取有关质量资料。有关单位和个人不得拒绝或弄虚作假。检验机构应将检验结果通告被检验单位，并对企业提供的技术资料负责保密。饲料生产、经营企业及个人，对监督检验结果有异议时，可向上一级产品质量监督管理部门提出申诉。

第十七条 进口的饲料产品，必须标明产品的组成成份；进口饲料添加剂和饲料产品中含有未经国家批准进口的饲料添加剂，必须取得国家农业行政主管部门签发的登记许可证。

第十八条 进出口饲料的检验检疫管理，按照《中华人民共和国进出口商品检验法》和国家有关规定办理。

第十九条 有下列行为之一的，按行政管理权限，由工商行政管理机关、产品质量监督管理部门和主管饲料工业的部门根据有关法律、法规视其情节轻重，分别责令停止生产或经营，没收其饲料产品和非法收入，罚款，吊销生产许可证：

（一）出厂饲料产品不符合质量标准或产品质量与标签不符的；

（二）销售超过有效期、霉坏变质、污染及掺假的饲料原料和产品的；

（三）生产销售使用无产品批准文号或假冒他人商标、产品批准文号的饲料添加剂的；

（四）未取得营业执照和生产许可证、擅自进行生产经营的；

（五）未经进出口商品检验机构检验的进出口饲料产品和添加剂，擅自进行销售的；

（六）对未经批准生产的饲料产品擅自进行广告宣传者或进行虚假广告宣传的。

第二十条 本办法由山西省主管饲料工业的部门负责解释。

第二十一条 本办法自发布之日起施行。

黑龙江省饲料管理暂行办法

（1992年4月15日发布）

第一章　总　则

第一条　为加强饲料管理，保证饲料产品质量，维护生产者和消费者的合法权益，促进养殖业的发展，根据国家有关规定，结合我省实际情况，制定本办法。

第二条　本办法所称饲料包括饲料原料和饲料产品。饲料产品是指经工业化生产的配合饲料、混合饲料、精料补充料、浓缩饲料、添加剂预混料和饲料添加剂。

第三条　凡在本省境内从事饲料生产、经营、储运、进出口以及质量监督检验的单位和个人，必须遵守本办法。

第四条　饲料的进出口贸易和进出口检验，按国家有关规定办理。

第五条　省农业委员会主管全省饲料行业管理工作，日常管理工作由省饲料工业办公室负责。行署，市、县人民政府指定的部门，主管本行政区域内饲料行业管理工作。

第二章　生产和经营

第六条　开办饲料生产和经营企业，必须具备下列条件，向工商行政管理部门申请登记，取得营业执照后，方可进行生产和经营。

（一）具备与生产和经营相适应的厂房、库房（场所）、设备和必要的资金；

（二）具有保证饲料质量的检测手段或有委托代检单位；

（三）具有适应生产和经营管理的专业技术人员；

（四）生产环境符合环境保护法规定的要求。

第七条　饲料生产企业生产国家实行生产许可证和省实行准产证制度的饲料产品，应当按照国家和省有关规定取得生产许可证或准产证，未按照规定取得该产品生产许可证或准产证的，不得进行生产。

第八条　新建、改建、扩建饲料生产企业（包括中外合资、中外合作、外商独资企业），按管理权限，征求饲料行业管理部门意见后，再按照项目审批程序报批。

第九条　饲料生产企业，必须按照生产工艺规程进行生产，建立完整的原料检查、产品检验、生产记录、留样观察等制度，饲料新产品应当经过饲喂试验和有关部门组织的专家技术鉴定。

第十条　饲料生产企业必须使用经国家批准使用并有批准文号的饲料添加剂。

第十一条　饲料生产企业生产国家已批准使用的饲料添加剂或新饲料添加剂，由省饲料行业管理部门委托省畜牧局组织有关专家进行技术审查后，发给《产品批准文号》或《试产品批准文号》，方可进行生产。

第十二条　饲料经营企业和个人必须经营有产品合格证、生产许可证或准产证的饲料产品和有批准文号的饲料添加剂产品，不得改变饲料产品成份、包装标记，不得经营超过有效期、霉坏变质、污染的饲料产品，不得经营伪劣、假冒的饲料产品。

第十三条　饲料经营企业和个人，经营外省生产的饲料产品，必须有当地市级以上饲料产品质量监督检验机构的检测合格证明。经营饲料添加剂产品的，必须有产品批准文号。

第三章　包装、标记的广告

第十四条　饲料产品的包装，必须符合产品质量、安全和卫生要求，方便储存、运输和使用。

第十五条　饲料添加剂、添加剂预混料、浓缩饲料及销往省外的颗粒饲料等饲料产品，必须有两层以上包装。一般混合、配合粉状饲料可采用普通包装或散装。

第十六条　饲料产品出厂应当有合格证、标签和说明书。

标签的内容应当包括：产品登记号、标准代号、批号、净重、合格证章、有效日期、出厂时间、厂名及厂址。

说明书内容应当包括：产品名称、主要成份及保证值、饲用对象、使用方法及注意事项。

标签代替说明书的必须增加说明书的内容。

第十七条　饲料产品的广告内容必须真实，未经批准生产的饲料产品，不得进行广告宣传。外国企业和在我国境内的中外合资、中外合作、外商独资企业在我省申请办理饲料添加剂产品的广告，除按照有关规定办理外，必须持有我国农业部发放的《登记许可证》，并提供该饲料产品说明书。

第四章　质量监督检验

第十八条　饲料生产企业必须执行国家、行业或地方的有关标准、没有上述标准的，应当制定相应的企业标准、作为组织生产的依据。

第十九条　饲料产品质量监督检验和质量监测工作，由技术监督部门认可的饲料产品质量监督检验机构负责。饲料产品质量监督检验机构，根据技术监督部门和饲料工业行业管理部门的安排，有权派员到生产、经营和使用单位调查饲料产品的质量情况，抽检样品和索取有关质量资料，有关单位和个人应当予以配合。

第二十条　饲料生产和经营企业的质量检验机构负责本单位饲料产品的质量监督检验检测工作，对不符合质量标准的原料、辅料，质量监督检验人员有权制止进货，对不合格的产品有权制止出厂。

第二十一条　饲料产品的质量争议仲裁检验，按照国家和省的有关规定执行。

第二十二条　饲料产品质量监督检验机构和人员对饲料产品的检验必须认真负责，坚持原则，秉公办事，对生产单位提供的技术资料必须保密。

第五章　罚　　则

第二十三条　违反本办法有下列行为之一的，由工商行政管理部门、技术监督部门根据国家和省的有关规定进行处理：

（一）未经有关部门批准取得合法证照，擅自生产和经营饲料产品的；

（二）生产和经营使用无批准文号或假冒他人批准文号的饲料添加剂产品的；

（三）经营超过有效期、霉坏变质、污染及伪劣、假冒饲料产品的；

（四）未经批准生产的饲料产品擅自进行广告宣传的。

第二十四条　违反本办法构成犯罪的，依法追究刑事责任。

第六章　附　则

第二十五条　饲料药物添加剂的管理，按照国务院《兽药管理条例》执行。

第二十六条　本办法由省农业委员会负责解释。

第二十七条　本办法自一九九二年六月一日起施行。

浙江省饲料工业管理办法

（1993 年 8 月 16 日发布）

第一章　总　则

第一条　为加强饲料工业管理，保证饲料质量，维护生产者和消费者的合法权益，促进饲养业的发展，根据国家有关规定，结合本省实际，制定本办法。

第二条　本办法所称饲料包括饲料原料和饲料产品。饲料产品是指经工业化生产的配合饲料、全价配合饲料、混合饲料、精料补充料、浓缩饲料、添加剂预混料和饲料添加剂。

第三条　凡在本省境内从事饲料生产、经销、储运、进出口业务的企业和个人以及有关质量监督检验机构和部门，均须遵守本办法。

第四条　省计划经济委员会主管全省饲料工业，日常工作由省计划经济委员会饲料工业办公室负责。市（地）、县（市、区）计划（经济）委员会或由政府授权的部门，主管本行政区域内的饲料工业。企业主管部门对饲料工业企业实施归口管理。

第五条　县级以上人民政府标准计量（技术监督）部门、工商行政管理部门按各自的职责，主管本行政区域内饲料质量的监督管理工作。

第六条　饲料的进出口贸易和进出口检验，按照国家有关规定办理。

第二章　饲料生产与经销

第七条　设立饲料生产和经销企业，必须具备下列条件，并经工商行政管理部门核准登记，领取营业执照后，方可从事生产和经销：

（一）具有与生产和经销相适应的厂房、库房（场所）设备、工艺、储运设施和资金。

（二）具有保证产品质量的检测手段或具有检测资格的委托代检单位。

（三）具有适应生产和经销管理需要的专业技术人员、管理人员。

（四）符合环境保护和消防安全的有关规定。

第八条　饲料生产企业生产国家实行生产许可证制度的饲料产品，必须按规定取得生产许可证。

第九条　饲料生产企业，必须严格按照产品标准和生产工艺规程组织生产，建立完整的原料检查、产品检验、生产记录、留样观察等制度，饲料新产品应经过饲喂试验和有关部门组织的专家技术鉴定。不符合质量标准的饲料产品，严禁出厂和销售。

第十条　新建、改建、扩建饲料生产企业和饲料生产企业的技术改造项目需要政府投资的，须报经企业主管部门和省计划经济委员会饲料工业办公室审查同意后，再按项目审批权限和审批程序的规定报经批准。

第十一条　饲料生产企业必须使用经国家批准使用并有批准文号的饲料添加剂。

第十二条　饲料生产企业生产国家已批准使用的饲料添加剂、添加剂预混料或新饲料添加剂的，须报经省饲料添加剂技术审查委员会审查同意，再报经省计划经济委员会批准并取得《产品批准文号》或《试产品批准文号》；未取得《产品批准文号》或《试产品批准文号》的不得进行生产或试生产。

省饲料添加剂技术审查委员会，由省计划经济委员会委托、经省标准计量部门认可的省饲料质量监督检验机构组织有关部门组成。

第十三条　饲料产品中不得添加未经国家批准使用的添加剂。没有县级以上人民政府所在地的畜牧兽医站同意的兽医处方，不得在饲料产品中添加以治疗疾病为目的的药物。

饲料药物添加剂的管理，按国务院《兽药管理条例》的有关规定执行。

第十四条　饲料经销单位和个人，必须经销有产品合格证、质量标准（实行许可制的还必须有生产许可证）的饲料产品和有批准文号的饲料添加剂产品；不得改变饲料产品成份、包装标记。严禁经销超过有效期、霉坏变质、污染、假冒伪劣的饲料产品。

第十五条　饲料经销单位和个人，经销外省生产的饲料产品，必须有经销地县级以上人民政府标准计量（技术监督）部门认可的饲料质量监督检验机构（以下简称饲料质量监督检验机构）的检验合格证明。经销饲料添加剂产品的，还必须有产品批准文号。

第三章　包装、标签、标记和广告

第十六条　饲料的包装，必须符合质量、安全和卫生的要求，便于储存、运输和使用。

第十七条　饲料添加剂、添加剂预混料、浓缩饲料及销售外省的颗粒饲料等饲料产品，必须有两层以上包装。普通混合、配合粉状饲料产品，可以采用普通包装或散装。

第十八条　饲料产品出厂，必须有合格证、标签和说明书。

标签的内容应包括产品登记号、标准代号、批准文号、质量等级、净重、出厂日期、有效日期、厂名、厂址（加药饲料产品应注明药物的名称及含量）。

说明书的内容应包括产品名称、主要成份及保证值、饲用对象、使用方法、贮存方法及注意事项。

标签代替说明书的，必须增加说明书的内容；说明书代替标签的，必须增加标签的内容。

第十九条　饲料产品需要取得商标专用权的，应按《中华人民共和国商标法》的规定申请注册。商标必须在饲料产品包装的标签或说明书上标明；使用注册商标的，应当表明注册标记。

第二十条　饲料产品需要申请专利的，应按《中华人民共和国专利法》的有关规定办理。已获得专利的饲料产品，应当在该产品包装的标签或说明书上标明专利标记和专利号。

第二十一条　饲料产品的广告宣传必须真实；未经批准生产的饲料产品，不得进行广告宣传。

外国企业和在我国境内的外商投资企业，需要在本省申请办理饲料添加剂产品广告的，应持国家饲料工业行政主管部门签发的《登记许可证》和饲料产品说明书，按规定向工商行政管理部门办理有关手续。

第四章　质量监督和检验

第二十二条　饲料生产必须执行国家、行业或地方的有关标准；没有上述标准的，应当制订相应的企业标准，报经当地企业主管部门和标准计量（技术监督）部门认可后，作为企业组织生产的产品标准的依据。

第二十三条　饲料的质量监督检验和质量监测工作，由饲料质量监督检验机构负责。

饲料质量监督检验机构应定期或不定期派出人员，到饲料生产、经销单位检查饲料产品的质量情况，抽检样品和索取有关质量资料，有关单位和个人应予以配合，不得拒绝或弄虚作假。饲料质量监督检验机构，对生产企业提供的质量技术资料负有保密义务。

第二十四条　外省饲料进入本省销售的，饲料的生产企业（包括个体工商户），应将饲料的质量标准报销售地标准计量（技术监督）部门或工商行政管理部门备案，并接受其对饲料质量的监督检查。

第二十五条　对饲料质量争议的仲裁检验，按国家和省有关规定执行。

第五章　奖励与处罚

第二十六条　对认真执行有关法律、法规和本办法，作出显著成绩的单位和个人，各级人民政府应予以表彰和奖励。

第二十七条　违反本办法规定，有下列行为之一的，由标准计量（技术监督）、工商行政管理部门及有关行政执法部门按各自的职责分工，依照国家和省有关查处生产和经销假冒伪劣商品行为的规定，从重处罚：

（一）在饲料中掺杂使假的；

（二）生产和经销无批准文号的饲料添加剂的；

（三）生产和经销不符合质量标准、无质量标准、无合格证的饲料的；

（四）生产和经销的饲料违反国家生产许可证制度的；

（五）经销失效、发霉、变质饲料的；

（六）生产和经销的饲料属假冒他人注册商标、批准文号或者标签、说明书所表明的内容与实际不符的；

（七）违反国家和省有关广告管理规定的；

第二十八条　违反本办法规定，无证无照生产和经销饲料的，由工商行政管理部门按照《浙江省取缔无照经营暂行办法》的规定，从重处罚。

第二十九条　经饲料质量监督检验机构检验证明，属于由饲料质量引起畜、禽、鱼类及经济动物大量死亡或造成严重经济损失的，由标准计量（技术监督）、工商行政管理部门责令其立即停止该饲料的生产或经销，赔偿经济损失，没收违法所得，并可处违法所得一至三倍的罚款，吊销营业执照；对已销售的产品应立即通知停止使用，并按规定处理；对事故责任单位负责人和直接责任人，由其上级主管部门给予行政处分，并可处五百元至五千元的罚款；构成犯罪的，由司法机关依法追究刑事责任。

第三十条 按本办法收缴的罚、没款和没收物品的变价款，全额上缴同级财政部门，任何单位和个人不得截留、挪用。

第三十一条 当事人对行政处罚不服的，可以在接到处罚决定通知书之日起十五日内，向作出处罚决定机关的上一级行政机关申请复议；当事人也可依法直接向人民法院起诉。逾期不申请复议、也不向人民法院起诉，又不履行处罚决定的，由作出处罚决定的机关依法申请人民法院强制执行。

第三十二条 饲料质量监督检验机构的检测人员玩忽职守、徇私舞弊的，应从重处罚；构成犯罪的，由司法机关依法追究刑事责任。

第六章 附 则

第三十三条 本办法由省人民政府法制局负责解释。

第三十四条 本办法自发布之日起施行。本省过去有关规定与本办法不一致的，以本办法为准。

安徽省饲料管理办法

（1998 年 4 月 7 日发布）

第一条 为加强饲料管理，规范饲料生产、销售行为，保障人身健康，维护饲料生产者、销售者和使用者的合法权益，促进饲料工业和畜牧业的发展，制定本办法。

第二条 本办法所称饲料，是指通过工业化生产手段生产、作为商品销售、用于饲养畜禽（包括鱼类，下同）等动物的配合饲料、混合饲料、精料补充料、浓缩饲料、添加剂预混料和饲料添加剂（饲料药物添加剂除外，下同）等产品。

第三条 在本省行政区域内从事饲料生产、销售等经营活动，应当遵守本办法。

第四条 省农牧行政管理部门负责全省饲料工业管理工作，县级以上人民政府农牧行政管理部门或者管理饲料的行政管理部门（以下统称饲料工业行政管理部门）负责本行政区域内的饲料工业管理工作。

技术监督、工商等行政管理部门依照职责分工，负责做好饲料的监督管理工作。

第五条 鼓励研制、生产、推广、使用安全高效的饲料，并在政策和资金、物资等方面予以扶持。

第六条 在饲料研制、生产、推广等方面作出显著成绩的单位和个人，由各级人民政府或饲料工业行政管理部门予以表彰和奖励。

第七条 生产饲料，应当具备下列条件:

（一）具有与生产规模相适应的专业技术人员；

（二）具有与生产规模相适应的厂房、设备及储存设施；

（三）具有对饲料原料和饲料产品进行常规指标检测的技术手段；

（四）法律、法规和规章规定的其他条件。

第八条 饲料产品正式投产前必须经饲料工业行政管理部门批准，领取饲料产品批准文号后，方可正式投产。

第九条 生产的饲料添加剂，必须是国务院农牧行政管理部门审定通过的添加剂。

自行开发的饲料添加剂必须经饲料工业行政管理部门审查同意并报国务院农牧行政管理部门审定通过后，方可生产。

第十条 生产饲料应当执行国家、行业或地方饲料产品标准。鼓励执行国家推荐性饲料产品标准。

没有国家、行业或地方标准又不执行国家推荐性标准的，生产者应当制定企业标准，报当地技术监督和饲料工业行政管理部门备案。

第十一条 生产饲料应当按照饲料产品标准生产，建立生产记录和留样备查制度。

第十二条 生产的饲料必须符合产品质量要求，并经质量检验合格后，方可出厂。

第十三条 饲料的包装应当符合产品质量和安全、卫生的要求，便于储存、运输和使用。

第十四条 饲料出厂时应当附有产品质量检验合格证、标签和使用说明书，并注明产品批准文号。

产品标签应当包括产品名称、主要原料组成、产品成分分析保证值、净重、生产日期、保质期、厂名与厂址、产品标准代号等内容。

产品说明书应当包括产品名称、饲用对象、使用方法和注意事项等内容。

第十五条 销售饲料应当具有营业场所、仓库设施，并将饲料和有害物质分别陈列、贮存。

第十六条 销售的饲料应具有饲料产品批准文号、质量检验合格证、标签和使用说明书。

第十七条 禁止生产、销售下列饲料:

（一）未领取饲料产品批准文号的；

（二）不符合国家标准、行业标准、地方标准或企业标准的；

（三）未附有产品质量检验合格证、标签、使用说明书和产品批准文号的；

（四）与产品标签或者使用说明书不符的；

（五）失效、变质的；

（六）掺杂、掺假的；

（七）国家明令淘汰的；

（八）法律、法规和规章禁止生产、销售的其他饲料。

第十八条 经营、发布饲料广告，应当遵守有关广告法律、法规和规章的规定，内容必须真实，不得夸大饲料的效用。

第十九条 技术监督行政管理部门应当加强

对饲料质量的监督管理，饲料工业行政管理部门应当予以协助。

第二十条 生产的饲料不符合产品质量要求的，由县级以上人民政府饲料工业行政管理部门责令限期整改；逾期达不到整改要求的，由饲料工业行政管理部门收回饲料产品批准文号。

第二十一条 违反办法规定，有下列行为之一的，由饲料工业行政管理部门按下列规定予以处罚:

（一）未领取饲料产品批准文号而生产的，责令限期补办手续；逾期不补办的，可处以生产的饲料价值2倍以下的罚款，但最高不得超过3万元。

（二）销售无饲料产品批准文号饲料的，处以销售的饲料价值2倍以下的罚款，但最高不得超过3万元。

第二十二条 违反本办法规定，生产、销售的饲料不符合产品质量规定的，由技术监督或者工商行政管理部门依照有关法律、法规、规章的规定进行处罚。

第二十三条 生产、销售的饲料不符合产品质量规定，造成饲养的畜禽等动物死亡或对人身造成损害的，应当承担民事赔偿责任；构成犯罪的，依法追究刑事责任。

第二十四条 当事人对行政处罚决定不服的，可依法申请行政复议或者提起行政诉讼。逾期不履行行政处罚决定的，作出处罚决定的机关可以按照《中华人民共和国行政处罚法》第五十一条的规定采取执行措施。

第二十五条 饲料工业行政管理部门工作人员徇私舞弊、玩忽职守或者索取、收受贿赂的，由其所在单位或者上级主管部门给予行政处分；构成犯罪的，依法追究刑事责任。

第二十六条 进口饲料按国家有关规定进行管理。

饲料药物添加剂按照《兽医管理条例》进行管理

第二十七条 本办法自1998年7月1日起施行。

河南省饲料管理办法

（1997年1月9日发布）

第一条 为加强对饲料行业的管理，保证饲料产品质量，维护生产经营者和用户的合法权益，促进养殖业的发展，制定本办法。

第二条 在本省行政区域内生产、经营、使用饲料和饲料产品的单位和个人，必须遵守本办法。

第三条 本办法所称饲料包括饲料原料、饲料产品及饲料添加剂。

本办法所称饲料原料，是指用来生产饲料产品，以动物、植物、微生物或矿物质为来源的物质。

本办法所称饲料产品，是指通过工业生产手段生产，作为商品销售的配合饲料、混合饲料、精料补充料、浓缩饲料、饲料添加剂、添加剂预混料等产品。

本办法所称饲料添加剂（不含饲料药物添加剂），是指为满足特殊需要而加入饲料中的少量、微量物质。

第四条 各级人民政府应当加强对饲料生产经营活动的领导和管理，并在资金、物资和政策等方面对饲料工业的发展予以扶持。

第五条 省畜牧行政主管部门负责全省饲料行业的监督和管理工作，其主要职责是:

（一）贯彻执行国家有关饲料方面的法律、法规、政策和本办法，依法对饲料工业进行行业管理；

（二）制定本省饲料工业发展规划、计划并组织实施；

（三）负责组织对饲料产品质量进行行业监督，协助组织本省饲料质量监测和检验工作；

（四）负责审批饲料产品的生产；

（五）依法查处违反饲料管理规定的违法行为。

第六条 各级饲料行业主管部门以及其他有关部门，应当采取措施，多方面筹措资金，逐步建立健全饲料科学研究、技术推广和质量监测体系，加强对饲料产品的科学研究和先进生产技术的引进、推广工作，依靠科学技术进步开发饲料资源和新产品，提高产品质量，促进饲料工业发展。

第七条 市地、县（市）人民政府指定的饲料行业主管部门负责本行政区域内的饲料行业管理工作。

第八条 凡符合国家产业政策的饲料产品生产技术改造项目、饲料新产品开发项目，享受国家和本省的有关优惠政策。

第九条 对新建、改建的饲料产品生产项目和饲料新产品开发项目，计划或者经济贸易部门在批准立项、竣工验收时，应当经同级饲料行业主管部门审查同意。

第十条 鼓励单位和个人引进国内外的资金、先进技术和设备生产经营饲料产品，开发利用饲料资源。

第十一条 从事饲料产品生产的企业，必须具备以下条件:

（一）具有保证产品质量需要的厂房、设备、工艺、贮运条件；

（二）有保证饲料产品质量的检验手段或接受其委托具有检验资格的代检单位；

（三）有健全的企业管理制度，并拥有与生产相适应的专业技术人员；

（四）生产环境和设备符合国家环境保护法规规定的要求。

第十二条 凡属国家实行工业产品生产许可证管理的饲料产品，生产者必须在领取工业产品生产许可证后方可进行生产。

生产饲料添加剂、添加剂预混料、浓缩饲料、配合饲料，必须取得省饲料行业主管部门核发的产品批准文号。

第十三条 饲料生产企业必须严格按照产品标准组织生产，建立健全记录和留样观察制度，按规定填报生产报表。

第十四条 饲料添加剂、添加剂预混料、浓缩饲料、配合饲料等饲料产品，应当符合产品质量标准并有产品标签和产品质量合格证。

第十五条 生产配合、浓缩饲料和添加剂预混料不得使用未经国家批准的饲料添加剂。

第十六条 饲料经营者禁止经销下列产品:

（一）标签不符合国家规定的标准，没有产品质量检验合格证的产品；

（二）超过保质期、霉坏变质、掺杂使假的饲料或者受到有毒有害物质污染的饲料；

（三）改变所经销产品成份的产品；

（四）没有产品批准文号的饲料添加剂、添加剂预混料、浓缩饲料、配合饲料；

（五）含有未经国家批准使用的饲料添加剂产品。

第十七条 新研制的饲料添加剂，在报送国家饲料行业行政主管部门鉴定审批前，应制定企业标准，并报省技术监督部门和省饲料行业主管部门备案。

第十八条 饲料产品的包装，必须符合保证饲料产品质量和安全、卫生的要求，便于贮藏、运输和使用。

第十九条 饲料生产企业必须执行国家、行业或地方的有关标准，没有上述标准的，应当制定相应的企业标准作为组织生产的依据，并报当地技术监督部门和饲料行业主管部门备案。

第二十条 饲料产品的质量监督检验工作，由同级技术监督部门授权认可的饲料产品质量监督检验机构负责。饲料产品质量监督检查机构接受同级技术监督、饲料行业主管部门的业务指导。

饲料产品质量监督检验机构可以派员到生产、经营和使用单位调查饲料产品的质量情况、抽检样品和索取有关质量资料，有关单位和个人应当予以配合。

第二十一条 饲料生产企业的质量检验员、化验员应当经过培训、考核合格，持证上岗。对不符合质量标准的原料、辅料，质量监督检验人员有权制止进货，对不合格的产品有权制止出厂。

第二十二条 饲料产品质量监督检验机构及其工作人员，应当依法行使职权，坚持原则，秉公办事，不得营私舞弊，玩忽职守。

饲料产品质量监督检验机构及其工作人员应当对生产企业提供的质量技术资料保密。

第二十三条 进口的饲料原料或产品，必须符合国家规定的饲料卫生标准、饲料产品质量标准。进口饲料产品或原料中含有未经国家批准进口的饲料添加剂的，必须取得国家农业行政主管部门签发的《登记许可证》。

出口饲料产品，按照国家有关规定办理。

第二十四条 进出口饲料的检疫和质量检验，按照《中华人民共和国进出口商品检验法》和国家有关规定办理。

第二十五条 违反本办法规定，有下列行为之一的，根据其情节轻重，由县级以上饲料行业主管部门责令停止违法行为，并可处以警告和罚款；处以罚款的，按下列标准执行:

（一）未取得产品批准文号生产饲料添加剂、添加剂预混料、浓缩饲料、配合饲料的，处以2000元以上5000元以下的罚款；

（二）使用未经国家批准的饲料添加剂生产配合饲料、浓缩饲料和添加剂预混料的，处以2000元以上1万元以下罚款；

（三）违反第二十三条第一款规定，进口饲料原料或产品的，处以5000元以上2万元以下的罚款。

第二十六条 饲料生产经营者在生产经营活动中，违反标准化、产品质量规定和工商行政管理法律、法规、规章的，县级以上饲料行业主管部门可建议技术监督或工商行政管理机关对其依法予以处罚。

第二十七条 当事人对行政处罚不服的，可以依法申请复议，也可直接向人民法院起诉。逾期不申请复议、不起诉，又不履行处罚决定的，做出处罚决定的机关可向人民法院申请强制执行。

第二十八条 本办法的具体应用问题由省畜牧行政主管部门负责解释。

第二十九条 本办法自发布之日起施行。

河南省饲料管理办法实施细则

（1997年7月18日发布）

第一条 根据《河南省饲料管理办法》（以下简称《办法》）的规定，制定本细则。

第二条 凡在本省行政区域内从事饲料的生产、经营、分装、使用、监督、检验、宣传、研究及进出口业务的单位和个人，都必须遵守本细则。

第三条 饲料生产企业系指专门生产或者兼产和经营饲料的企业及其分支机构。

第四条 从事饲料产品、饲料原料生产，应当按国家标准、行业标准和地方标准组织生产，没有以上标准的，生产者必须制订企业标准。所定标准需经河南省饲料工业标准化技术委员会审查同意后，饲料添加剂和饲料预混料在省技术监督局备案。

第五条 依据《办法》第二十一条规定，生产企业质检或化验员需经河南省饲料产品质量监督检验站培训，由省畜牧行政主管部门考核合格后发给“岗位资格证书”。饲料产品出厂必须有本厂质检部门出具的产品质量检验合格证。

第六条 依据《办法》第十二条规定生产饲料添加剂、添加剂预混料、浓缩饲料、配合饲料，必须经过省畜牧行政主管部门审批，核发“饲料产品批准文号”后方可生产、销售（包括异地生产）。对“饲料产品批准文号”实行单一品种管理制度，即一个产品，一个批号。

第七条 在细则实施前生产饲料添加剂、饲料添加剂预混料、浓缩饲料、配合饲料的企业，在本细则发布之日起6个月内向省畜牧行政主管部门申请核发饲料产品批准文号。新建、改建的饲料生产项目须在正式批量投产之日起6个月内向省畜牧行政主管部门申请核发饲料产品批准文号，否则视为无饲料产品批准文号产品。

第八条 企业申请产品批准文号，按照下列程序办理：

（一）饲料产品审批表一式五份，经所在县、市（地）级饲料主管部门审查盖章，再报省畜牧行政主管部门审批。

（二）省畜牧行政主管部门组织审查组，按照《河南省饲料产品生产企业质量保证体系考核办法》对企业的质量保证体系进行审查，写出审查报告。

（三）省畜牧行政主管部门在接到审查组报告后，委托检验单位按《河南省申报饲料产品批准文号的复核检验规程》采样；检验后出具质量检验报告，并在饲料产品审批表上签署检验结论，报省畜牧行政主管部门审核。

（四）省畜牧行政主管部门对企业申报材料进行综合审核通过后，颁发饲料产品批准文号。

（五）审核不合格的企业，允许其在6个月内整改后重新提出申请，第二次审核仍不合格的取消申报资格。

（六）对所有饲料添加剂、饲料添加剂预混料审核合格生产企业，颁发试生产批准文号，试生产期一般为一年，期满后换发正式批准文号。对浓缩饲料、配合饲料生产企业的非主要生产条件审查不合格者，颁发试生产批准文号，条件改善后换发正式批准文号。

第九条 饲料产品批准文号自发布之日起，有效期5年，企业必须在产品批准文号到期前6个月内提出复查申请，办理产品批准文号延续手续。

第十条 饲料经营企业指专门经营或者兼营饲料产品、饲料原料的个人、联合体、企事业单位、中外合资、中外合作、外商独资等企业及经营饲料进出口业务的企业。

第十一条 饲料经营企业除符合《办法》第十六条规定外还应具备下列条件。

（一）具有与经营相适应的营业场所、设备和仓储设施；

（二）具有掌握饲料产品、饲料原料的使用、贮存、分装等知识的中专学历或初级专业技术职称的技术人员；

（三）具有与经营饲料产品、饲料原料相适应的质量管理手段；

凡不具备上述条件者，县（市）以上饲料行政主管部门有权责令整改。

第十二条 兼营饲料产品、饲料原料者，应将饲料产品、饲料原料与有害健康的物质分别陈列、贮存。

第十三条 根据《办法》第二十条规定，各级饲料行业主管部门不定期对生产经营和使用单位调查饲料的质量情况，索取有关质量资料，有关单位和个人应当予以配合。

第十四条 生产、经营饲料的企业都必须执行GB10648－93《饲料标签》国家标准。标签，内容要完整、准确、规范。所用的文字、图型、符号要规范、清晰、易懂。

第十五条 饲料产品名称不能使用易使消费者误解或混淆的名称，不能采用广告性名称或在名称上随意增加修饰语。

第十六条 加进药物添加剂的饲料产品，应在饲料产品名称后标明“加入药物添加剂”字样，字体醒目，标明药物化学名称、准确含量及注意事项，并标明兽药管理部门的批准文号。

第十七条 饲料产品及原料的包装应当按统一规定的规格和标志印制，并保证质量、贮存、运输和使用的要求。凡包装破损的不准出厂。

第十八条 凡取得批准文号的饲料产品，必须在产品包装和产品说明书或饲料标签上标明饲料产品批准文号。

第十九条 凡在河南省行政区域内从事经营、发布饲料产品广告业务者必须遵守《中华人民共和国广告法》，并经同级政府指定的饲料主管部门审查，广告词以产品说明书为准，不能夸大或加入不符合实际的宣传内容。

第二十条 饲料产品的质量监督检验工作由各级饲料工业主管部门会同技术监督部门组织实施。按国家和省有关部署，省技术监督部门、省畜牧行政主管部门安排每年的质量检验或抽检。

饲料行政执法人员在执行饲料产品质量监督任务时应当出示行政执法证件。

第二十一条 各级饲料行政管理部门要作好饲料生产、经营及使用的管理和监督工作。省畜牧行政主管部门将不定期对饲料的管理、生产、经营及使用单位和个人进行抽查。

有下列情况之一的，注销饲料产品批准文号：

（一）经抽查、复查不合格并在限期整顿后仍不合格的；

（二）未经批准降低技术标准的；

（三）将产品批准文号或包装、标签转让给其它企业使用的；

（四）饲料产品批准文号逾期的。

第二十二条 凡批准使用的饲料添加剂，一旦证实对养殖动物和人体健康或环境有害时，省畜牧行政主管部门有权宣布禁用或限用。

第二十三条 违反本细则规定的依法予以查处。

第二十四条 本细则规定，暂不实行《饲料工业生产许可证》、《准营证》管理制度，待国家饲料管理条例颁布后，另行规定。

第二十五条 本实施细则由省畜牧行政主管部门负责解释。

第二十六条 本实施细则自发布之日起施行。

湖北省饲料管理办法

（1997年4月1日发布）

第一章 总 则

第一条 为加强饲料工业管理，维护饲料生产、经营者和用户的合法权益，促进经济发展，根据国家有关规定，结合本省实际，制定本办法。

第二条 本办法适用于饲料产品、饲料原料的生产、经营管理。

第三条 本办法所称饲料，系指用于喂养家畜家禽、水生动物及其它动物的配合饲料、混合饲料、浓缩饲料、预混合饲料和生产这些产品的饲料添加剂等。

第四条 县以上人民政府农业行政管理部门或县以上人民政府授权的其他部门，统一管理本行政区内的饲料工业。具体管理工作由设在上述部门内的饲料工业办公室负责。

各级工商、技术监督等部门应在各自职责范围内，支持和配合同级饲料工业管理部门做好本行政区的饲料工业管理工作。

各级粮食、水产、农垦等部门，对本系统的饲料管理，在省饲料工业管理部门的统一管理下进行。

第五条 各级人民政府应加强对饲料工业管理工作的领导，并给予必要的扶持。

第六条 鼓励进行饲料工业的科学研究和技术推广工作，在科学研究和技术推广工作中取得显著成绩的单位和个人，由人民政府和有关部门给予表彰和奖励。

第二章 饲料产品和饲料原料生产

第七条 饲料工业主管部门应会同有关部门，根据国家产业政策，制定本行政区饲料工业发展和技术改造规划。

第八条 新建、扩建和改建饲料工业企业，应事先征求饲料工业主管部门的意见后，方能按规定办理其它审批手续。

第九条 从事饲料产品、饲料原料生产的企业，必须具备以下条件：

（一）具有与生产相适应的厂房、技术设备及储运条件；

（二）具有保证产品质量的检测手段或代检单位；

（三）具有与生产规模相适应的技术、管理人员。

第十条 饲料产品和饲料原料生产企业的试产期为三个月。试产期届满，产品质量达到标准的，由省饲料工业办公室发给《饲料生产许可证》后，方能正式生产。

第十一条 新研制的饲料添加剂产品，必须经省饲料添加剂技术审查小组审查，上报国家饲料工业办公室批准后，方可按第十条规定的程序组织生产。

饲料产品中不得添加未经国家有关部门批准使用的饲料添加剂。

第十二条 饲料产品和饲料原料生产企业，必须严格按照产品标准组织生产，建立记录和留样检测制度，按要求填报生产报表。

第十三条 饲料产品和饲料原料，必须符合产品质量标准，并经质检合格后才能出厂。

第三章 饲料产品和饲料原料经营

第十四条 从事饲料产品经营的单位或个人，必须具有符合技术要求的仓储条件、设施和经销场所。

在同一经销场所和仓储内，不得同时经销或存放有毒有害物品。

第十五条 经营饲料产品和饲料原料的单位或个人，必须按规定向工商行政管理部门登记住房，领取《营业执照》。

第十六条 禁止经销下列产品：

（一）无产品合格证、产品标签的产品；

（二））不符合饲料卫生标准和卫生规定，间接危害人体健康的产品；

（三））失效、霉坏变质、超过保质期及掺杂使假的饲料产品和饲料原料；

（四）抽换他人饲料产品、饲料原料及饲料商标的产品；

（五）未经国家批准使用或明令淘汰的饲料添加剂及含有此类添加剂的饲料产品；

（六）无批准文号的饲料添加剂和预混合饲料。

第十七条 饲料产品的广告宣传，必须遵守《中华人民共和国广告法》的规定，未经批准正式生产的饲料产品，不得发布广告。

第四章　包装与标记

第十八条　饲料产品和饲料原料的包装，必须符合保证饲料产品质量和安全、卫生的要求，便于储存、运输和使用。

第十九条　出厂的饲料产品应有检验合格证、标签和说明书。

标签按国家饲料标签标准执行，其基本内容包括:商标、生产许可证号、产品名称、饲用对象、产品成分分析保值及原料组成、净重以及生产年、月、日、产品有效期、厂名及厂址、产品标准代号等。加药物添加剂的饲料产品，应在产品名称后标明“加入药物添加剂”字样。并载明药物化学名称、准确含量及注意事项。

产品说明书的内容包括:产品名称、饲用对象、使用方法及注意事项。

如用标签代替产品说明书，应在标签中增添产品说明书的内容。

第二十条　散装运输的饲料产品，应附有出厂检验合格证及产品说明书。

第五章　质量监督检查

第二十一条　生产饲料产品和饲料原料必须执行国家、行业或地方的技术标准。没有上述标准的，生产企业应当制定相应的企业标准，并报当地技术监督主管部门和饲料工业主管部门备案。

第二十二条　加强对饲料产品的饲料原料的质量监督检查，政府有关部门应协助技术监督部门做好质量监督检查工作。

第二十三条　饲料生产企业的检验机构，负责本企业产品的质量检验工作。企业应该配备与生产项适应的检测设施和检验（化验）人员，质量检验（化验）人员应经过培训考核，取得合格证方可上岗作业。

质量检验员有权直接向上级主管部门和饲料产品质量监督、饲料工业主管部门反映质量问题。

第二十四条　省饲料工业主管部门应当配合省技术监督部门，对当年的饲料产品质量检验工作进行统一部署并组织实施，饲料生产和经营单位应积极配合，接受检查。凡已实施检验的饲料，在有效期内不得重复检验。对违反规定重复检验的，被检验单位有权拒绝或举报。

第二十五条　被检查单位对检验结果有异议的，可在收到检验结果之日起十五日内，向上一级技术监督部门书面申请复验。技术监督部门应在收到复验之日起十日内，指定有关产品质量检验机构进行复检。

第六章　进出口管理

第二十六条　进口饲料加工设备和技术，必须经省饲料工业办公室审查后，按照国家规定的审批程序办理进口手续。进口饲料添加剂的，必须取得农业部核发的《登记许可证》后，按国家对外贸易的有关规定办理手续。违反上述规定的不得进口。

省农业行政主管部门根据情况需要，可以对进口饲料添加剂的有关手续进行检查。

第二十七条　进出口饲料产品、饲料添加剂的检验工作，依照《中华人民共和国进出口商品检验法》的规定办理。

第七章　罚　则

第二十八条　未按规定取得《生产许可证》，擅自进行生产的，由省农业行政管理部门责令补办手续，对其中没有违法所得的，处 1000 元以下罚款，有违法所得的，处 5000 元以下罚款。

第二十九条　违反本办法有下列行为之一者，由省农业、工商和技术监督等有关行政主管部门，依法处理:

（一）出厂饲料产品不符合质量标准，或产品质量与标签与说明书不符合的;

（二）销售超过有效期、霉坏变质、有污染、或掺假的饲料原料及产品的;

（三）生产销售使用无商标、无批准文号或假冒商标、批准文号的饲料及其添加剂产品的;

（四）对揭发产品质量问题的检验人员进行打击报复的;

（五）产品质量检验人员、管理人员徇私舞弊、弄虚作假的;

（六）违反本办法有关规定，造成饲养者的合法权益受损的。

第三十条　违反本办法规定，引起饲养的家畜、家禽、水生动物或其它养殖动物大量死亡，造成重大损失的，必须赔偿直接经济损失；构成犯罪的，由司法机关追究刑事责任。

第三十一条　当事人对处罚决定不服的，可申请复议或向人民法院起诉。逾期不申请复议、不起诉、又不履行处罚决定的，作出处罚决定的机关可以申请人民法院强制执行。

第八章　附　则

第三十二条　本办法应用中的问题由省农业行政主管部门负责解释。

第三十三条　本办法自发布之日起施行。

湖南省饲料管理办法

（1995 年 7 月 28 日发布）

第一章　总　则

第一条　为了加强饲料管理，提高饲料产品质量，保障养殖业的发展和人民身体健康，维护生产经营者和消费者的合法权益，根据有关法律、法规的规定，结合本省实际，制定本办法。

第二条　本办法适用于在本省境内从事饲料生产、经营、贮运、监督检验、进出口等活动的单位和个人。凡不作为商品出售的饲料及其加工场所，不属本办法管理范围。

饲料药物添加剂的管理，按照国务院《兽药管理条例》的规定执行。

第三条　本办法所称饲料，包括饲料工业原料和配合饲料、混合饲料、浓缩饲料、添加剂预混料、复合预混料、精料补充料等饲料工业产品。

第四条　省计划委员会是本省饲料工业的行业主管部门，省饲料工业管理办公室负责日常管理工作。地区行政公署和州、市、县人民政府指定的饲料工业管理部门，负责本行政区域内的饲料工业管理工作。

第二章　饲料生产

第五条　开办饲料生产企业必须符合下列条件：

（一）具备与生产饲料相适应的厂房、设备和技术；

（二）具有产品质量检验手段或者有委托的代检单位；

（三）具有与生产规模相适应的管理、技术人员；

（四）符合环境保护的标准。

第六条　开办饲料生产企业，应当按照基本建设程序办理有关审批手续，到工商行政管理部门办理工商登记，并报当地饲料工业管理机构备案。

第七条　新开发饲料添加剂产品在试产前，应当先报省饲料工业管理办公室进行特殊技术条件审查；新开办饲料添加剂、添加剂预混料生产企业在立项审批前，应先报省饲料工业管理办公室进行特殊技术、工艺条件审查。

经批准的饲料生产企业，试产期不得超过6个月；试产期届满， 达到产品质量标准的，应当按照国家有关规定申请办理生产许可证。

第八条　饲料生产企业必须按照产品质量标准组织生产，实行原料检查、产品检验、生产记录和产品留样观察制度。留样观察时间不得少于4个月。

第九条　饲料生产企业不得使用未经国家批准使用的添加剂生产饲料。

第三章　饲料经营

第十条　经营饲料的单位或者个人，应当持有工商行政管理部门核发的营业执照，具有保证饲料质量、卫生标准的贮存条件和设施。

第十一条　经营饲料的单位或者个人销售和饲料必须符合饲料标签标准，不得销售无饲料标签或者与饲料标签不相符的饲料，不得销售过期、污染、变质的饲料或者未经检疫、质量检验的进口饲料，不得销售掺杂掺假或者以假充真、以次充好的饲料。

第十二条　经营饲料添加剂的单位或者个人不得销售未经国家批准使用的饲料添加剂。

第四章　包装、标记和广告

第十三条　饲料产品的包装必须符合保证饲料产品质量和卫生、安全的要求，便于贮存、运输和使用。

第十四条　饲料产品出厂必须具有产品合格证、标签和产品说明书。标签的内容应当符合《国家标准 GB10648-93 饲料标签》的规定。包括产品名称、产品成分分析保证值及原料组成、净重、生产年月日、保质期、厂名及厂址、执行标准的代号；加药产品应当在产品名称后标明“加药”字样，并标明药物化学名称、准确含量及注意事项。产品说明书的内容应当包括产品名称、饲用对象、使用方法及注意事项。

第十五条　对饲料产品进行广告宣传，必须按照《中华人民共和国广告法》的规定办理有关手续，广告内容必须真实。未经批准生产的饲料产品不得进行广告宣传。

第五章　质量监督与检验

第十六条　饲料生产企业生产饲料必须执行国家、行业或者地方的有关饲料质量标准，没有上述标准的，应当制定饲料质量企业标准。　饲料生产企业制定的饲料质量标准，必须按照本办法第六条、第七条规定的权限报经饲料工业管理机构审核，并报技术监督部门备案。

第十七条　对饲料质量实行监督检查制度。县级以上技术监督部门或者其授权的饲料检验机构，按照法律、法规的规定，对饲料进行抽查检验。生产、经营饲料的单位和个人应当予以配合。

第十八条　饲料产品质量必须经过企业自行检验，凡不符合质量标准的一律不得出厂。

企业质量检验员、化验员应当经过培训、考核合格，持证上岗。

第六章　进出口管理

第十九条　进口的饲料产品，必须标明产品的组成成份；进口饲料添加剂和饲料产品中含有未经国家批准进口的饲料添加剂，必须取得国家主管部门签发的登记许可证。

出口饲料产品，按照国家有关规定办理。

第二十条　进、出口饲料的检疫和质量检验，按照《中华人民共和国进出口商品检验法》和国家有关规定办理；未经检疫和质量检验的饲料不得进、出口。

第二十一条　申请引进饲料加工设备和技术，必须经省饲料工业管理办公室审查后，按照国家规定的审批程序办理进口手续。

第七章　奖励与处罚

第二十二条　对执行本办法、取得较大社会效益和经济效益的单位或者个人，由人民政府或者有关主管部门给予表彰、奖励。

第二十三条　有下列行为之一的，由饲料工业行业主管部门责令其停止违法行为，限期改正，并由工商行政管理、技术监督等部门依照有关法律、法规的规定予以处罚：

（一）销售不符合质量标准的饲料的；

（二）销售无饲料标签或者与饲料标签不相符的饲料的；

（三）销售过期、污染、变质的饲料或者未经检疫、质量检验的进口饲料的；

（四）销售掺杂掺假或者以假充真、以次充好的饲料的；

（五）使用未经国家批准使用的饲料添加剂生产饲料或者销售未经国家批准使用的饲料添加剂的；

（六）对未经批准生产的饲料产品进行广告宣传的。

第二十四条　当事人对行政处罚不服的，可以依照法律、法规的规定申请行政复议或者直接向人民法院起诉。

第八章　附　则

第二十五条　本办法自发布之日起施行。

贵州省饲料工业管理暂行规定

（1993年9月17日发布）

第一条　为加强对全省饲料工业生产经营的管理，提高饲料工业产品质量，维护饲料生产经营者和消费者的合法权益，根据国家有关规定，结合我省实际，制定本规定。

第二条　省经济委员会归口管理全省饲料工业行业；地、州、市、县经济委员会或政府指定的部门归口管理本行政区域内的饲料工业行业。

第三条　本规定所称饲料工业产品是指配合饲料、混合饲料、精料、补充料、浓缩饲料、饲料添加剂和添加剂预混料。

饲料添加剂是指为特定目的而掺入饲料中的少量和微量物质；添加剂预混料是指一种或多种饲料添加剂与某种载体或稀释剂按比例配制的均匀混合物。

第四条　本规定适用于省内从事饲料工业产品生产和经营的企业、个体工商户以及负责进出口、质量监督检验业务的单位。但不作为商品出售的饲料及其加工场所除外。

第五条　从事饲料工业产品生产的工业企业和个体工商户，必须具备下列条件：

（一）具有与生产饲料工业产品相适应并保证产品质量需要的厂房（场地）、工艺、设备和储运条件；

（二）具有对原料和产品质量进行常规指标检测的技术手段和检验、化验人员或具有检测资格的委托代检单位；

（三）具有与生产相适应的质量管理制度、人员和技术；

（四）符合《中华人民共和国环境保护法》的有关规定。

第六条　饲料工业建设要按照国家产业政策搞好统筹规划。新安排的饲料工业项目（包括“三资”项目），属省管的须经省饲料工业办公室初审同意，再按照项目审批程序报批；地、州、市管的须报省饲料工业办公室备案。

第七条　开办饲料工业企业，须向当地饲料工业行业归口管理机关提出申请，经其审查批准后向工商行政管理机关申请登记，取得《营业执照》后，方可进行生产。

第八条　凡属国家规定实行生产许可证制度的饲料工业产品，生产企业必须在领取生产许可证后，方可进行生产。

第九条　对国家没有规定发放生产许可证的饲料工业产品，实行准产证制度，产品目录由省饲料工业办公室会同省技术监督局每年定期公布。

生产企业须向省饲料工业办公室提交申请材料，经省饲料工业办公室审查同意后，报送省工业产品生产许可证办公室批准发给准产证。

第十条　生产国家已批准使用的饲料添加剂和生产添加剂预混料，须由省饲料工业办公室批准发给《产品批准文号》。

第十一条　饲料工业产品必须按照国家标准、专业标准或地方标准进行生产。没有以上标准的，生产企业应制定企业标准，并报当地技术监督行政管理部门备案。

生产企业要建立健全质量管理制度，建立记录和留样检测制度，并须按要求填报生产报表。

第十二条　新研制的饲料添加剂，应由企业的省级主管部门向省饲料工业办公室报送有关资料和样品，经省经委组织有关部门审查鉴定后，上报国务院饲料工业行业主管部门批准，方可生产使用。

第十三条　饲料工业生产者不得使用未经国家批准生产的饲料添加剂；饲料药物添加剂的管

理，按国务院发布的《兽药管理条例》执行。

第十四条　凡经营饲料工业产品的企业和个体工商户必须持有工商行政管理机关核发的《营业执照》；经营饲料药物添加剂，还须持有县以上农业行政主管部门核发的《兽药经营许可证》。

第十五条　凡经（兼）营饲料工业产品的企业和个体工商户，必须具备产品合格证和产品说明书；不得经营未经国家批准生产的饲料添加剂；不准改变产品成份或掺混任何其它物质；不得销售霉坏变质、受污染及假冒伪劣的饲料原料及产品；不得同时经营有毒有害商品。

第十六条　饲料工业产品的包装必须符合产品质量、安全和卫生要求，便于储存、运输和使用。

第十七条　饲料工业产品出厂必须有符合国家标准 GB10648-93《饲料标签》规定的标签、说明书和合格证。

第十八条　散装运输、销售的饲料工业产品，可免贴标签，但需附有产品说明书及合格证。

第十九条　各级技术监督行政主管部门行使饲料工业产品质量监督权。

第二十条　各级技术监督行政主管部门授权有饲料检测条件的机构承担饲料质量监督检验任务时，应征求同级饲料工业行业归口管理部门的意见。

饲料工业产品质量监督机构或技术监督行政管理部门授权的检验机构，应接受技术监督行政管理部门的业务指导，按照产品质量监督法律、法规以及有关规定行使工作职责。

第二十一条　各级饲料工业产品质量监督检验机构，应根据技术监督行政主管部门和饲料工业行业归口管理部门的安排，定期派人到生产，经营和使用单位了解饲料工业产品的质量情况，抽样和索取有关资料。有关单位和个人不得拒绝或弄虚作假。

检验机构应将检验结果通知被检单位，并及时反馈给有关部门。对企业提供的技术资料应负责保密。

第二十二条　饲料工业产品生产企业的质量检验员、质量化验员，须经省饲料工业办公室和省技术监督局考核合格，领取《贵州省饲料质量检验员资格证书》和《贵州省饲料质量化验员资格证书》后，方可从事质量检测工作。

质量检验员、化验员有权直接向上级主管部门和饲料工业产品质量监督机构反映质量情况。

第二十三条　饲料工业产品生产、经营企业及个体工商户，对监督检验机构检测的结果有异议时，可在接到检测报告十五日内向出具检测报告的质量监督检验机构申请再次检测，检验机构必须明确答复。

第二十四条　进口饲料添加剂和饲料工业产品须按照有关规定办理进口手续。进口饲料工业产品时，必须提供产品的成份资料。进口饲料添加剂，必须取得国务院农业行政主管部门签发的《登记许可证》，末取得《登记许可证》的添加剂不准进口。

第二十五条　引进饲料加工设备和技术，经省饲料工业办公室审查后，按规定程序办理进口手续。

第二十六条　饲料原料、饲料工业产品的进出口贸易，由省人民政府对外经济贸易行政主管部门按照国家对外贸易的有关规定管理。

第二十七条　进出口饲料原料、饲料工业产品的检验工作，由进出口商品检验行政主管部门按照《中华人民共和国进出口商品检验法》和国家有关规定办理。

第二十八条　对违反本规定的企业和个体工商户，由工商、技术监督行政主管部门依照有关法律、法规给予处罚。对生产或销售的饲料造成畜禽、水产或其它动物大量死亡等重大经济损失，以及饲养的动物产品危害人体健康甚至引起中毒死亡的直接责任者，构成犯罪的，提请司法机关依法追究刑事责任。

第二十九条　各级质量监督检验人员，必须正确行使职权，坚持原则，秉公办事，不得玩忽职守，以权谋私。对违反者，视其情节轻重，给予批评教育或行政处分，直至追究法律责任。

第三十条　本规定由省经济委员会负责解释。

第三十一条　本规定自发布之日起施行。

贵州省饲料工业管理暂行规定实施细则

第一章　总　则

第一条　为加强对全省饲料工业生产经营的管理，提高饲料工业产品质量，维护饲料生产经营者和消费者的合法权益，根据《贵州省饲料工业管理暂行规定》第三十条的规定，特制定本细则。

第二条　贵州省经济委员会归口管理全省饲料工业的办事机构为省饲料工业办公室。地、州、市、县经济委员会或政府指定的部门应有相应的办事机构，归口管理本行政区域内的饲料工业，由省饲料工业办公室对其进行业务指导。

第三条　凡在省内从事饲料工业产品生产、经营、使用、研究、宣传、检验、监督活动的单位、企业、个体工商户，都必须遵守本细则的规定。

第二章　饲料工业生产

第四条　饲料工业产品的生产企业系指:专门生产饲料工业产品的生产企业和兼产饲料工业产

品生产的企业，包括各种形式的联营企业和中外合资经营企业、中外合作经营企业、外资企业。

第五条　饲料工业项目包括基建、技改、科研、开发项目。按照项目管理权限属省管理的项目须填报《贵州省饲料工业管理项目初审表》，由省饲料工业办公室初审。地、州、市管项目由其归口管理的机构报省饲料工业办公室备案。

第六条　开办饲料工业企业必须符合行业规划和布局，需先经当地饲料工业归口管理机关审查批准。

第七条　开办饲料添加剂、添加剂预混料生产企业必须履行下列报批程序:

1. 由省饲料工业办公室进行特殊技术、工艺条件的审查，发给《同意筹建通知书》;

2. 企业持《同意筹建通知书》按规定办理立项审批手续;

3. 项目完成后填报《贵州省验收饲料添加剂生产企业报告书》，由省饲料工业办公室会同有关部门组织验收;

4. 验收合格后由省饲料工业办公室发出书面通知，企业凭书面通知向工商行政管理机关申请登记、注册。

第八条　饲料工业产品生产许可证由省技术监督局会同省饲料工业办公室进行管理。

第九条　饲料工业产品准产证制度实施细则由省饲料工业办公室会同技术监督局制定，并进行管理和监督。

第十条　饲料添加剂和添加剂预混料产品批准文号的报批程序:

1. 生产企业向省饲料工业办公室提出申请;

2. 生产企业填报《贵州省饲料添加剂生产审批表》;

3. 生产企业试制样品批送省饲料工业产品质量监督检验所检验;

4. 省饲料工业办公室组织现场考核;

5. 审查合格后由省饲料工业办公室发给产品批准文号。

第十一条　省饲料工业办公室应在收到《产品质量检验报告》后一个月内进行现场考核，作出是否发给批准文号的决定。

第十二条　饲料添加剂的产品批准文号有效期为五年，期满前六个月内，生产企业应向原审批机关办理再注册。停产三年以上的饲料添加剂品种原批准文号作废。

第十三条　饲料生产启用生产饲料添加剂和添加剂预混料必须按照省饲料工业办公室核定的质量标准和工艺规程进行生产。凡改变生产工艺、配方、剂型、用途、用法的必须按原报批程序向省饲料工业办公室提出申请，经批准后方可进行生产。

第十四条　省饲料工业产品生产企业必须建立生产记录和留样观察制度，留样时间最短为四个月，饲料添加剂和添加剂预混料的生产记录和检验记录至少保存2年。

第十五条　饲料产品必须符合国家饲料卫生标准，产品出厂应符合产品质量标准，具备检验合格证。产品所含成份应与标签和说明书一致。

第十六条　新研制的饲料添加剂应报送研制方法、质量标准、药理及毒理试验、饲喂试验等资料，经省经委审查鉴定并上报国务院饲料工业行业主管部门批准。

第三章　饲料工业产品的经营

第十七条　经营饲料工业产品的企业系指:专门或兼营饲料工业产品的企业，包括批发、零售公司或商店及经营进出口业务的企业。

第十八条　饲料经营企业不得经营未经国家批准生产的饲料添加剂，包括未取得产品批准文号的饲料添加剂和添加剂预混料产品。

第四章　包装和标记

第十九条　饲料工业产品包装、标签缺损、包装破损的不准出厂。饲料添加剂和添加剂预混料的标签和包装禁止转让和出售。

第二十条　饲料工业产品说明书包括下列内容:产品名称（加药饲料应说明）、主要营养成份及保证值、添加剂的组成成份及保证值、饲用对象及使用方法。用标签代替说明书的须增添说明书的内容。

第二十一条　试产试用产品的包装须有试产试用标记。

第二十二条　饲料产品进入市场必须有商标。使用商标的饲料工业产品需取得商标专用权的，应按国家商标法的有关规定注册登记。

第五章　质量监督检验

第二十三条　各级技术监督部门会同饲料工业行业归口管理机关对饲产工业产品的质量认证、抽检、抽查和市场进行管理和监督。

第二十四条　饲料工业产品质量监督检验机构必须具备相应的技术人员、仪器和设备，经省技术监督行政主管机关会同饲料工业归口管理机关考核合格，委托授权后方能行使职权。

第二十五条　饲料工业产品质量监督检验机构的主要职责是:

1. 负责本行政区域内饲料工业产品的市场和市场销售的商品饲料进行质量监督检验;

2. 承担饲料质量监督、检验和产品质量仲裁检验;

3. 承担报审的饲料工业产品的质量检验和产品质量认证检验;

4. 指导和帮助企业建立，健全产品质量检验制度，培训检验人员，正确执行统一检验方法；

5. 完成技术监督和饲料工业归口管理部门交办的检验任务；

6. 省饲料工业产品质量监督检验机构对地、州、市、县级饲料工业产品质量监督检验机构进行业务指导。

第二十六条 饲料工业产品质量监督检验机构对送审、仲裁、抽检的样品需在一个月内提出产品检验报告。

第二十七条 饲料质量检验员、化验员资格证书的考核每半年举行一次，由企业主管部门向当地饲料工业管理机关提出申请，省饲料工业办公室会同技术监督部门组织考试和颁证。未领取资格证书的，不能出具饲料工业产品质量检、化验报告。

第二十八条 饲料工业企业质量检验员、质量化验员的资格证书由当地饲料工业归口管理机关监督、管理。

第二十九条 饲料工业产品质量监督检验机构和饲料质量检验员、质量化验员必须正确行使职权、坚持原则、秉公办事，不得玩忽职守、徇私舞弊。

第三十条 饲料工业产品生产、经营、使用者对产品质量有争议或对饲料产品质量检验机构复议结果有疑义时，可向当地技术监督检验机关申请仲裁。

第六章 进出口管理

第三十一条 进口的饲料工业产品中含有未经批准进口的饲料添加剂须办理国务院农业行政主管部门签发的登记许可证。

第三十二条 引进的饲料加工设备和技术包括配合饲料、颗粒饲料、浓缩饲料、饲料添加剂和添加剂预混料的生产设备和技术。

第七章 罚 则

第三十三条 违反《贵州省饲料工业管理暂行规定》的行政处罚有警告，责令其停止生产、经营，停业整顿，没收其饲料产品和非法收入，罚款，撤销生产许可证，吊销营业执照。处罚由工商行政管理部门、技术监督行政主管部门决定，并出具书面通知。

第三十四条 对假冒伪劣饲料工业产品的处罚通知，应附有饲料工业产品质量监督检验机构的检验报告单。

第三十五条 有下列情况之一的，按生产、经营假冒伪劣商品论处，应视情节轻重给予行政处罚:

1. 生产、销售未取得准产证的饲料工业产品；

2. 生产、销售未取得产品批准文号的饲料添加剂和添加剂预混料；

3. 进口饲料添加剂未取得国务院农业行政主管部门签发的《登记许可证》的；

4. 饲料工业产品不符合国家卫生标准的；

5. 饲料工业产品所含成分与标签和说明书不一致的。

第三十六条 对生产、经营、使用未经国家批准生产的饲料添加剂，由当地饲料工业归口管理机关协助工商行政管理机关责令其停止生产、经营、使用，没收该饲料添加剂及非法收入，并视情节轻重给予行政处罚。

第三十七条 未经省饲料工业办公室进行特殊技术、工艺条件审查和验收而开办的饲料添加剂、添加剂预混料生产企业，由省饲料工业办公室会同工商行政管理机关吊销其营业执照。

第三十八条 饲料添加剂和添加剂预混料生产企业未经批准改变生产工艺、配方、剂型、用途、用法的，由省饲料工业办公室撤销其产品批准文号。

第三十九条 生产销售的饲料工业产品引起畜、禽、鱼类及其它饲养动物大量死亡或其他损失，尚未构成犯罪的，由饲料工业归口管理机关责令事故责任者赔偿受害方损失。

第四十条 饲料工业产品生产企业的质量检验员、化验员在取得饲料质量检、化验员资格证书之前，出具的检、化验报告不能作为饲料工业产品质量的判定依据，并应承担由此造成的经济损失。当地饲料工业归口管理机关应责令其限期取证。

第四十一条 有下列情况之一的由所在单位或上级主管机关对事故责任者处以行政处分，情节严重，构成犯罪的由司法机关依法追究刑事责任:

1. 对坚持原则、检举揭发不法行为的人员进行打击报复的；

2. 饲料质量监督检验人员更改原始数据、出具假化验报告单的；

3. 参加新饲料添加剂技术审查人员对外泄露生产工艺秘密的；

4. 出售和转让饲料添加剂、添加剂预混料标签和包装的。

第八章 附 则

第四十二条 实施《贵州省饲料工业管理暂行规定》的单项管理办法由省经济委员会制定、发布，并作为本细则组成部分。

第四十三条 本细则由省经济委员负责解释。

第四十四条 本细则由发布之日起施行。

云南省饲料工业管理暂行办法

（1991 年 9 月 4 日云南省人民政府发布）

第一章 总 则

第一条 为了加强饲料工业的管理，保证饲料质量，保障养殖业的发展和人民身体健康，维护饲料生产者和消费者的合法权益，特制定本办法。

第二条 凡在本省内从事饲料工业产品生产、经营、储运、进出口、质量监督检验的单位（包括外商投资企业）和个人，都必须遵守本办法。

第三条 云南省经济委员会主管全省饲料工业，其办事机构为食品饲料工业办公室；各地州市县由饲料工业行业主管部门主管本行政区域内的饲料工业。

第四条 饲料工业必须按照国家产业政策的要求搞好统筹规划。凡是新安排的年班产 5000 吨以下（不包括 5000 吨）的饲料工业项目，包括外商独资、合资、合作项目，必须取得县以上同级饲料工业行业主管部门同意；5000 吨以上的饲料厂，必须取得省企业主管部门和行业主管部门同意，再按照项目审批程序报批。

第五条 县（含县，下同）以上技术监督（标准计量）行政主管部门行使饲料产品质量监督权。各级饲料工业行业主管部门在技术监督（标准计量）行政主管部门的指导下，负责饲料产品质量的管理工作。

第二章 饲料生产企业

第六条 从事饲料（含饲料添加剂和预混料、浓缩料，下同）生产的企业，必须具备以下条件：

（一）具有保证产品质量需要的厂房、设备、工艺及储运条件；

（二）具有保证产品质量的检测手段或具有检测资格的委托代检单位；

（三）具有与生产规模相适应的质量管理技术人员；

（四）符合《中华人民共和国环境保护法》的要求。

第七条 开办饲料生产企业，应有企业主管部门及同级饲料工业行业主管部门批准文件，有的产品还应依法取得生产许可证，通过向工商行政管理机关申请登记，取得《营业执照》后，方可进行生产。

第八条 饲料生产企业必须严格按照产品标准组织生产，建立记录和留样检测制度；必须按要求填报生产报表。

第九条 饲料产品生产应符合产品质量标准，并附有产品标签、说明书和检验合格证。

第十条 饲料生产企业不得使用未经批准生产的饲料添加剂；需要在饲料中添加用于治疗的药物，须向当地技术监督（标准计量）行政主管部门出具合法的兽医处方。

第三章 饲料经营企业

第十一条 经营饲料工业产品和原料的企业或者个人，必须持工商行政管理机关核发的《营业执照》，经营第四章所列饲料产品的，还需持有经营许可证，方可经营。经营饲料药物添加剂，还需取得县以上农牧行政主管部门核发的《兽药经营许可证》后，再申请办理营业执照。

第十二条 从事饲料经营的企业或者个人，必须具备以下条件：

（一）具有经营饲料产品的场所；

（二）具有保证饲料产品质量的存贮条件和设施。

第十三条 从事饲料经营，必须遵守以下规定：

（一）不准经销没有产品合格证和产品说明书的产品，未取得批准文号的饲料添加剂产品；

（二）不准改变原产品的成份，不准销售与产品标签或说明书不符的产品；

（三）不准销售超过有效期、霉坏变质、污染及掺假的饲料原料及饲料产品。

第四章 饲料添加剂、添加剂预混料等饲料产品的管理

第十四条 对饲料添加剂、添加剂预混料、骨粉、石粉、鱼粉、血粉、羽毛粉、皮革粉等产品的生产和经营，按照国家有关规定，实行生产许可证和经营许可证管理。

第十五条 新开办饲料添加剂和添加剂预混料的生产企业，须经省企业主管部门和饲料工业行业主管部门同意，筹建完成后，由省经济委员会会同有关部门对生产条件进行审查验收。

第十六条 凡在我省境内从事第十四条中所列产品生产的企业，都必须申报生产许可证，经省工业产品生产许可证办公室会同省经委食品饲料工业办公室组织审查，按产品许可证发放管理权限办理后，发给生产许可证，方可进行生产；经营企业，经饲料工业行业主管部门核准，发给经营许可证，方可经营。

第十七条 新研制的饲料添加剂，省企业主管部门应向省饲料添加剂技术审查小组报送有关资料和样品，由技术小组审查鉴定后，上报国务院饲料工业行政主管部门批准，方可生产使用。省饲料添加剂技术审查小组由省经济委员会组织有关部门科技人员组成。

新研制的饲料添加剂报送审批前，应制定企业标准，并报当地技术监督（标准计量）行政主管部门和企业主管部门备案。

第十八条 饲料药物添加剂的管理，按国务院《兽药管理条例》执行。

第五章 包装、标记、商标、广告

第十九条 饲料产品的包装、必须符合保证饲料产品质量和安全、卫生的要求，便于储存、运输和使用。

第二十条 产品出厂必须有合格证、标签和说

明书。标签的内容应当包括：产品名称、商标、饲用对象、产品登记编号、净重、生产年月日、产品有效期、厂名及厂址、执行标准的代号、编号、名称。加药产品应注明“加药”字样。产品说明书的内容应当包括：产品名称、主要营养成份及保证值、添加剂的组成成分及保证值、饲用对象及使用方法。加药饲料应说明药品名称、含量及注意事项。如用标签代替产品说明书，应当在标签中增添产品说明书的内容。

第二十一条 配合饲料、浓缩饲料，用散装运输和散装零售方式供应用户的，可免贴标签，但需附有产品合格证及产品说明书。

第二十二条 饲料产品商标应按《中华人民共和国商标法》的规定由企业自愿申请商标注册。

第二十三条 饲料产品的广告宣传应实事求是，未经批准生产的饲料产品，不准进行广告宣传。

第二十四条 外国企业和外商投资企业（含在我国境内的独资、中外合资、 中外合作企业）在我省申请办理饲料添加剂广告业务的，除按规定办理外， 必须持有国家农业行政主管部门签发的《登记许可证》，并提供说明书。

第六章 质量监督和检验

第二十五条 生产饲料原料、饲料产品的企业，必须执行国家、行业或地方的有关标准。没有上述标准的，应当制定相应的企业标准，作为组织生产的依据，并报当地技术监督（标准计量）行政主管部门和企业主管部门备案。

第二十六条 饲料产品质量的监督检验，由各级技术监督（标准计量）行政主管部门征得同级饲料工业行业主管部门同意，授权具备饲料检测条件的机构承担。饲料产品质量监督检验机构接受同级技术监督（标准计量）行政主管部门和饲料工业行业主管部门业务指导，其职责是：

（一）负责对本行政区域内饲料工业产品的市场和市场销售的商品饲料进行质量监督检验；

（二）对饲料产品质量进行仲裁检验；

（三）对申报省优产品的优质产品的复查检验；

（四）承担新产品投产前的质量鉴定检验和产品质量认证检验；

（五）指导和帮助企业建立健全产品质量检验制度；

（六）完成各级技术监督和饲料工业主管部门交办的检验任务。

第二十七条 饲料生产企业的检验机构，负责本企业产品的质量检测工作。质量检测人员有权直接向上级主管部门、饲料产品质量监督检验机构反映质量情况和存在的问题。

第二十八条 各级饲料产品质量检验机构，有权派员到生产、经营和使用单位了解饲料产品的质量情况，抽样和索取有关质量资料。有关单位和个人不得拒绝或弄虚作假。质量监督检验机构按国家规定收取检验费，检验机构应将检验结果通告被检单位，对企业提供的技术资料负责保密。

第二十九条 各级饲料质量监督检验机构和人员必须正确行使职权、坚持原则、秉公办事，不得玩忽职守，营私舞弊。

第七章 进出口管理

第三十条 省经济委员会配合省级有关部门管理全省饲料工业的进出口工作。

第三十一条 申请引进饲料加工设备和技术，须经省经济委员会审查批准后，才能按程序办理进口手续。

第三十二条 我省饲料原料及产品的进出口贸易，由省对外贸易行政主管部门按国家对外贸易的有关规定管理。

第三十三条 进口的饲料产品，必须标明产品的组成成分；进口饲料添加剂，必须取得国家农业行政主管部门签发的《登记许可证》。

第三十四条 进出口饲料的检验管理，由省进出口商品检验行政主管部门，按照《中华人民共和国进出口检验法》和国家有关规定办理。

第八章 罚 则

第三十五条 有下列行为之一者，由工商行政管理机关、技术监督（标准计量） 行政主管部门根据国家和省的有关规定进行处理：

（一）出厂饲料产品不符合质量标准或产品质量与标签和说明不符者；

（二）销售超过有效期、霉坏变质、污染及掺假的饲料原料和产品者；

（三）生产销售使用无批准文号或假冒他人商标、批准文号的饲料添加剂者；

（四）未取得营业执照，擅自进行生产经营者；

（五）未经进出口商品检验机构检验的进口饲料产品和添加剂，擅自进行销售者；

（六）对未经批准生产的饲料产品擅自进行广告宣传者或进行虚假广告宣传者。

第三十六条 当事人对行政处罚不服的，可以在接到处罚决定之日起到十五日内，向作出处罚决定的行政主管部门的上一级机关申请复议，也可直接向人民法院起诉。当事人逾期不申请复议，也不向人民法院起诉，又不履行处罚的，由作出处罚决定的机关申请人民法院强制执行。

第九章 附 则

第三十七条 本办法所指的饲料添加剂是指为特定目的而掺入饲料中的少量和微量物质；添加剂预混料是指一种或多种饲料添加剂与某种载体或稀释剂按比例配制的均匀混合物。

第三十八条 本办法由云南省经济委员会负责解释。

第三十九条 本办法自一九九二年一月一日起施行。

甘肃省饲料工业管理办法（暂行）

（1985年6月12日发布）

第一章 总 则

第一条 饲料工业是现代化饲养业的坚强支柱，为了促进本省饲料工业生产和科研，加强商品饲料管理，保证商品饲料质量，保障畜禽和人民身体健康，特制定本办法。

第二条 全省饲料工业的统筹、规划及协调等行业管理工作由省经委主管。

第三条 本办法中提到的饲料包括混合饲料、配合饲料、全价饲料、 预混合饲料、浓缩饲料及饲料添加剂等。

第四条 本办法适用于省内饲料生产、 销售单位或个体经营者以及饲料科研单位，凡不作为商品出售的饲料及其加工车间，不属于本办法管理范围。

第二章 生 产

第五条 凡县以上生产商品饲料、饲料添加剂的工厂，必须具备下列条件：

（一）有符合生产要求的厂房、设备和仓库；

（二）有必备的检测仪器；

（三）有合格的质量检验技术人员。

上述一、二、三款对乡、村办饲料加工厂（点）可适当放宽。

（四）根据国家环境保护法要求，有防止有毒物质污染本厂环境的设施，同有毒、有害场所保持一定距离。

第六条 饲料生产单位由工商行政管理部门根据本办法的办厂条件，经审核后发给营业执照。饲料添加剂生产单位由省级主管厅（局）会同检测单位审核同意后，再由工商行政管理部门发给营业执照。

第七条 所有商品饲料品种必须按国家商标法规定，进行注册登记，同时抄报同级经委和饲料监测机构备案。

第八条 生产产品必须经过有关检验机构检验合格后，出具合格证方能出厂。严禁未经检验和不合格产品出厂，擅自出厂必须严肃追究责任。

第九条 根据国家颁发的各种营养标准和卫生标准拟定配方。配方须经标准管理部门审核批准发布，方可生产。并制定相应工艺操作流程标准，建立健全各项管理标准。

第十条 生产饲料所含营养成分不得低于配方标准，所含有毒物质不得高于国家标准。营养成分要公开，并附印在销售产品说明书中。

第十一条 任何生产单位不得添加未经主管部门批准生产的饲料添加剂，其审批手续暂按国务院批转的《兽药管理条例》执行。

第三章 销 售

第十二条 经营饲料批发、零售的单位或个人，必须由工商行政管理部门根据本办法规定，经审核后发给营业执照。

第十三条 必须销售有合格证书的产品，不得改变配方规定的饲料成分和包装、标记，不准掺混其它任何物质。

第十四条 不准销售霉烂和变质的饲料。

第十五条 凡外省饲料必须附有产品合格证书，经本省饲料监测机构抽样检验，符合有关规定标准，方可在本省销售。凡未经检验擅自销售者，按其情节，予以经济处罚。

第十六条 饲料价格要在保证质量的前提下贯彻按质论价、保本微利的原则：

（一）用计划指标内饲料粮生产的配混合饲料的价格，应以饲料粮进价为基础，加合理的工本费和百分之三至五的利润率制订。

（二）饲料粮的销售价格，在农村按比例收购价执行；目前，在城市按统销价供应的部分，仍按统销价供应，按议价供应部分，继续按议价供应。

（三）平价饲料的价格，由粮食部门核定，报当地物价部门备查。

（四）议价饲料的价格，由生产饲料的企业自行制订，随行就市，参加竞争。

第四章 质量监督、检验

第十七条 饲料监测机构是执行国家对饲料质量监督、检验的法定性专业机构，本省饲料质量监测工作由甘肃省兽药饲料监察所及各饲料质量监督检验站负责。根据国务院批准国家标准局《产品质量监督试行办法》规定，其职责：

（一）根据标准对全省饲料工业产品质量进行监督、检验和产品质量争议仲裁检验，对市场销售的商品饲料进行抽检；

（二）对报审和获奖优质产品的质量进行检验；

（三）承担新产品投产前的质量鉴定、检验和产品质量论证检验；

（四）指导和帮助企业建立健全产品质量检验制度，正确执行统一的检验方法；

（五）省兽药饲料监察所在业务上指导地、州、市饲料监测站、饲料工厂检验科（室）的检验工作。

第十八条 积极创造条件，逐步成立地、州、市、县饲料监测站， 主管本区、县饲料质量监测工作。饲料监测站可先设置在地、州、市、县畜牧站内。主要任务是监督、检查饲料工厂原料质量和投料配方；

抽检成品质量；检查工厂质量管理制度实施情况。 发现问题根据本办法规定及时处理。

第十九条　县以上饲料生产单位要设立质量检验科（室）， 负责本单位质量监督、检验工作，受省、地、市、县饲料监测部门的业务指导并有责任反映本单位饲料质量问题。乡、村饲料加工厂或点的饲料产品质量检验，由地、县饲料检测部门负责。

第二十条　饲料检测机构工作人员，必须认真负责，不得弄虚作假。饲料生产、销售单位及个人对饲料监测机构的检验结果有异议时，应由上一级监测机构进行技术仲裁。

第五章　科　研

第二十一条　饲料科学研究应在重视基础理论研究的同时，以应用研究为主，以本省地方性课题为主，密切联系本省生产实际，解决生产急需，使科研成果尽快转化为生产力。

第二十二条　饲料科研主要内容是：研究本省饲料资源的开发和合理利用；研究本省不同地区、不同家畜、家禽、鱼类、不同饲养方式的科学配方，提高饲料报酬；研究适合本省的饲料加工机械和生产工艺；努力提高产品质量。

第二十三条　饲料科研重点课题均报同级科委，并申请科研经费。 科研课题全部实行承包责任制。课题主持人应具有一定科研能力。课题主持人需同当地科研部门负责人签订协议书，明确各自的责、权、利。承包协定内容应包括课题名称、主持人、课题提出依据、研究工作内容和目标、重要措施及审查意见。

第二十四条　科研课题进展情况，实行定期检查制度，课题完成与进展阶段必须写出书面报告。

第六章　罚　则

第二十五条　凡违反本办法规定者，饲料使用单位、个人和监测机构可以提请有关部门给予行政处罚或经济制裁，限期改进或赔偿购买者经济损失，直到经县以上工商管理部门批准吊销营业执照。

第二十六条　违反本办法规定，生产或销售的饲料引起家畜、 家禽和鱼类大量死亡或畜产品危害人民健康以致中毒死亡者，根据情节对直接责任者应追究经济和刑事责任。

第七章　附　则

第二十七条　在执行本办法规定中如有疑问，应由省经委负责解释。

第二十八条　本办法颁布前已建立的生产、销售单位及个人， 应根据本办法规定进行申报审批。

新疆维吾尔自治区饲料工业管理办法

（1992年12月23日发布）

第一章　总　　则

第一条　为了加强饲料管理，提高饲料质量，促进饲料工业发展，保障畜牧业、渔业及其他饲养业的发展和人民身体健康，维护饲料生产者和消费者的合法权益，根据国家有关规定，结合自治区实际，制定本办法。

第二条　自治区饲料工业办公室主管自治区饲料工业行业管理工作，负责饲料工业的统筹、规划、协调、指导和管理。

第三条　自治区标准化行政主管部门负责自治区内饲料产品质量标准的发布及产品质量的监督管理，县以上标准化行政主管部门负责本行政区域内饲料产品质量的监督工作。

第四条　凡在自治区辖区内从事饲料生产、经营的企业和个人，必须遵守本办法。

第二章　饲料生产

第五条　从事商品饲料生产的企业，须具备下列条件：

（一）具有与饲料生产相适应的厂房、设备和仓库；

（二）具有保证饲料产品质量的检测手段或委托代检单位，拥有与生产相适应的专业技术人员；

（三）持有生产许可证或产品合格证及饲料监督检验机构的检验合格证明，或者产品质量考核合格证书；

（四）生产环境和设施符合国家环境保护法规规定的要求，符合卫生防疫条件。

第六条　开办万吨以上配合饲料及其他饲料生产的企业，应按项目审批程序报批。在立项审批前，应先征询自治区饲料工业办公室的意见。

第七条　饲料生产企业应建立饲料质量管理、卫生管理制度以及完整的生产纪录和留样观察制度。

第八条　饲料生产企业必须按时向企业主管部门上报生产经营情况，各企业主管部门负责每年向上级饲料工业主管部门上报饲料生产经营情况。

第九条　饲料产品的商标，应报自治区饲料工业办公室备案。

第十条　生产配合、混合、浓缩饲料和添加剂预混料，不得使用未经国家或自治区批准的饲料添加剂。

第十一条　饲料产品必须按照国家标准、行业标准或地方标准进行生产。对没有以上标准的产品，应制定企业标准，并报标准化行政主管部门和饲料主管部门备案后执行。饲料产品出厂前要进行检验，不合格产品不得出厂。对产品中有毒有害物质的含量必须控制在国家限定的标准以内。

第十二条　生产添加剂产品，必须先向饲料主管部门报送有关资料和样品，经当地饲料监测机构对药理、毒性、饲喂进行鉴定后，报自治区饲料工业办公室批准，方可生产。

第三章　饲料经营

第十三条　凡经营饲料产品的单位和个人，必须经有关主管部门批准，由工商行政管理部门核发营业执照后方可进行经营。

第十四条　禁止经营有下列情形之一的饲料产品或原料：

（一）没有产品合格证、标签和说明书的；

（二）过期、霉变、掺假、污染的；

（三）违反安全卫生要求或无批准文号的饲料添加剂；

（四）国家有关法律、法规明令禁止生产、销售的。

第十五条　经营外省生产的饲料，必须持有自治区饲料产品质量监督检验机构的检测合格证明。

第十六条　饲料产品、原料的进出口贸易和进出口检验，按国家和自治区的有关规定办理。

第四章　质量监督检验

第十七条　县以上标准化行政主管部门行使饲料产品质量监督权，其主要职责是：

（一）监督检查饲料产品质量标准的贯彻执行；

（二）对饲料产品质量争议进行仲裁；

（三）监督检查饲料工业优质产品质量标记的正确使用；

（四）公布饲料产品质量的检查结果；

（五）接受和处理用户对饲料产品质量的投诉；

（六）负责产品质量监督检验规划和协调工作。

第十八条　自治区各级饲料产品质量监督检验机构接受同级标准计量行政主管部门和饲料主管部门的业务指导。

第十九条　各级饲料产品质量监督检验机构有权对各饲料生产、经营单位进行检查。调查了解饲料产品质量情况，需抽检样品和索取有关质量资料时，有关单位和个人必须给予配合。

第二十条　饲料生产、经营企业的质量检验机构负责本企业产品的质量检测，检测人员有权直接向企业上级主管部门、饲料产品质量监督检验机构反映质量情况和存在的问题。

第二十一条　从事饲料产品质量监督检验的人员，必须经过技术监督部门业务考核合格后，方可从事检验工作，检验人员应对检验结果负责。

第二十二条　饲料产品质量监督检验机构和检测人员，必须坚持原则，秉公办事，不得营私舞弊，玩忽职守。

第五章　罚　则

第二十三条　对违反本办法的企业和个人，可根据情节轻重由标准化行政主管部门或工商行政管理部门，依照《新疆维吾尔自治区查处生产、经销伪劣商品责任者的规定》予以处罚。

第二十四条　对不按饲料标准进行生产、产品质量低劣的，饲料主管部门有权制止产品出厂；已经出厂的，由工商行政管理部门责令销售单位追回已售出的产品。对直接责任者，建议其主管部门给予行政处分。

第二十五条　对违反本办法，引起饲养动物大量死亡，造成重大经济损失，或饲养动物产品严重危害人体健康，构成犯罪者，提请司法机关依法追究刑事责任。

第二十六条　当事人对行政处罚不服的，可以在接到处罚通知之日起十五日内，先向作出处罚决定的行政主管部门的上一级机关申请复议，对复议不服的，可向人民法院提起诉讼。当事人逾期不申请复议，也不向人民法院起诉，以不履行处罚决定的，由作出处罚决定的机关申请人民法院强制执行。

第六章　附　则

第二十七条　饲料药物添加剂的管理，按照国务院《兽药管理条例》执行。

第二十八条　本办法由自治区饲料工业办公室负责解释。

第二十九条　本办法自公布之日起施行。

新疆生产建设兵团饲料工业管理办法

（1997年11月21日发布）

第一章　总　则

第一条　为了加强饲料工业生产、经营和管理，提高饲料产品质量，保障畜牧业生产的安全和人民身体的健康，维护生产经营者和用户的合法权益，根据《中华人民共和国产品质量法》、《新疆维吾尔自治区饲料工业管理办法》和有关法规，结合兵团实际情况，制定本办法。

第二条　本办法适用于兵团范围内各饲料加工企业以及经营饲料的单位和个人。

第三条　本办法中所称饲料包括饲料工业原料（含药物性添加剂原料）和配合饲料、混合饲料、精料补充料、浓缩饲料、添加剂预混料等饲料工业产品。

第四条 兵团饲料工业办公室主管兵团饲料工业行业管理工作，负责饲料工业的统筹、规划、协调、指导和管理。

第二章 饲料原料

第五条 饲料加工企业采购、调拨、兑换和自产的各种饲料原料，要严格执行国家标准、专业（部）标准或地方标准，以保证生产的产品质量。

第六条 原料入厂时，必须严格执行化验、验收制度，质量合格的方能使用。

第七条 饲料加工企业不得采购未经国家批准使用的饲料添加剂来生产饲料。经营饲料的单位和个人也不得销售未经国家批准使用的饲料添加剂和假冒伪劣产品。

各种饲料添加剂要按规定要求储存，标明有效期。

第八条 凡有霉变、污染等不符合饲料卫生标准的原料，严禁用于加工饲料。饲料原料及产品仓库禁止存放农药、化肥及其它有毒、有害物品。

第九条 农牧团场粮油加工的副产品，如麸皮、次粉、饼粕类要优先满足畜牧业的需要，主要用作饲料加工的原料。

第三章 饲料生产、经营

第十条 从事商品饲料生产的企业，须具备下列条件:

（一）具有与饲料生产相适应的厂房、设备和仓库;

（二）具有保证饲料产品质量的检测手段或代检单位，拥有与生产相适应的专业技术人员;

（三）持有生产许可证或产品合格证及饲料监测检验机构的合格证明，或者产品质量考核合格证书;

（四）生产环境和设施符合国家环境保护法规定的要求，符合卫生防疫条件。

第十一条 开办配合饲料及其它饲料加工的企业，应按项目审批程序报批。在立项审批前，应先征询兵团饲料工业办公室的意见。

第十二条 饲料生产企业要建立饲料质量管理、卫生管理制度，以及完整的生产记录和留样检验制度。

第十三条 饲料产品质量与包装经检验合格方能出厂。

第十四条 饲料产品必须按照国家标准、行业标准或地方标准进行生产。对没有以上标准的产品，应制定企业标准，并报饲料管理部门。对产品中有毒有害物质的含量必须控制在国家限定的标准以内。

第十五条 凡经营饲料产品的单位和个人，经畜牧主管部门检查合格后，由工商部门核发营业执照后方可进行经营。

第十六条 禁止经营有下列情形之一的饲料产品或原料:

（一）没有产品合格证、标签和说明书的;

（二）过期、霉变、掺假、污染的;

（三）违反安全卫生要求或无批准文号的饲料添加剂;

（四）国家有关法律、法规明令禁止生产、销售的;

第十七条 师（局）畜牧部门和饲料加工企业按期分别填报饲料工业综合统计报表（附表1)、饲料加工企业及生产情况统计表（附表2)。

第四章 质量管理

第十八条 兵团、各师（局）的畜牧部门负责饲料产品质量管理工作，其职责是:检查督促企业以保证产品质量，协助企业建立健全质量管理制度，检查监督以禁止饲料经销单位和个人销售假冒伪劣产品，定期公布检验结果。

第十九条 兵团、师（局）饲料产品质量监督检验机构有权到饲料加工企业和经营单位进行检查。调查了解饲料产品质量情况，需抽验样品和索取有关质量资料时，有关单位和个人必须给予配合。

饲料检验机构必须依法行使职权，坚持原则，秉公办事，不得玩忽职守，徇私舞弊。

第二十条 饲料生产企业主要领导抓质量管理工作，对产品质量负全部责任，并设专职或兼职质量检验员，负责质量检验。

第二十一条 企业质量检验员要随时向企业主管领导报告产品质量方面存在的问题及处理意见等，对不符合质量标准的原料和产品，质量检验员有权制止进货和禁止出厂。

第二十二条 饲料加工企业要建立定期召开用户座谈会和坚持走访用户的制度。要通过各种渠道调查饲料产品使用效果和生产效益，了解产品存在问题和用户意见，不断改进配方，不断提高产品质量。

第五章 罚 则

第二十三条 对违反本办法的企业和个人，可根据情节轻重，由标准化行政主管部门或工商行政部门，依照《新疆维吾尔自治区查处生产、经销伪劣商品责任者的规定》予以处罚。

第二十四条 对未按饲料标准进行生产、产品质量低劣的饲料主管部门有权制止产品出厂的；由工商行政管理部门责令销售单位追回已售出的产品。对直接责任者，建议其主管部门给予处分。

第二十五条 对违反本办法，引起饲养动物死亡，造成重大经济损失或饲养动物产品严重危害人体健康，构成犯罪者，由司法机关追究其刑事责任。

第六章 附 则

第二十六条 本办法由兵团饲料工业办公室负责解释。

第二十七条 本办法自发布之日起施行。

青岛市饲料工业管理办法

（1993年9月12日发布）

第一条 为加强本市饲料工业管理，保证饲料产品质量，维护生产经营者和用户的合法权益，促进养殖业的发展，根据国家有关规定，结合本市实际，制定本办法。

第二条 凡在本市行政区域内从事饲料工业产品生产、储运、经营以及质量检验、进出口等活动的单位和个人，均应遵守本办法。

第三条 本办法所指饲料包括全价配合饲料、配合饲料、混合饲料、浓缩饲料、饲料添加剂、饲料添加剂预混料、地矿饲料以及工业生产的饲料蛋白原料等。

第四条 青岛市经济委员会是本市饲料工业的行业主管部门，日常管理工作由青岛市饲料工业办公室负责。青岛市饲料工业办公室的职责是：

（一）贯彻执行国家有关饲料工业管理的法律、法规和政策，负责本市饲料工业的规划、协调、指导和监督管理工作；

（二）研究拟定本市饲料工业发展的规章、政策并组织实施；

（三）会同有关部门编制本市饲料工业的发展规划、年度计划并组织实施；

（四）负责饲料工业的技术改造及技术设备引进的管理工作；

（五）负责本市饲料工业专项物资的管理与分配；

（六）组织、指导饲料工业的科学研究、技术开发和宣传、咨询工作；

（七）本办法规定的其他职责。

各县级市（区）人民政府应确定本行政区域内饲料工作的行业主管部门，按其管理权限负责其辖区内的饲料工业行业管理。

第五条 计划、对外经贸、财政、税务、工商行政、技术监督等有关部门应按各自的职责，协同饲料工业行业主管部门搞好饲料工业管理。

第六条 饲料工业应根据国家产业政策和本市实际情况，统筹规划，协调发展。

有关部门在安排饲料工业项目时，应首先征得青岛市或县级市（区）饲料工业行业主管部门同意后，再按项目审批权限报批。

第七条 各级饲料工业行业主管部门应建立健全饲料工业科研和技术推广服务体系，积极推广新技术、新工艺，组织开发饲料资源，依靠科技进步，促进饲料工业发展。

第八条 生产经营饲料工业产品的单位，应具备以下条件：

（一）具有与饲料生产经营相适应的资金、从业人员；

（二）具有与饲料生产经营相适应的设备、场地；

（三）具有保证饲料产品质量的技术手段和环境条件。

第九条 饲料生产经营单位应依法申请办理工商登记注册手续，领取营业执照，并报当地饲料工业行业主管部门备案。

第十条 对国家实行工业产品生产许可证制度管理的饲料产品，生产单位未在国家规定的期限内获得该产品生产许可证，不得生产和销售该产品。

第十一条 对前条规定以外的其他饲料添加剂、饲料添加剂预混料、饲料蛋白原料和地矿饲料产品，生产单位应申请青岛市饲料工业行业主管部门对其有关产品和生产技术条件进行检查评审，经评审合格并发给产品生产批准文号后，方可生产。

第十二条 饲料产品应当符合下列质量要求：

（一）有国家标准、行业标准的，应当符合该标准；

（二）具备产品应当具备的使用性能；

（三）符合在产品或者其包装上注明采用的产品标准，符合以产品说明、实物样品等方式表明的质量状况。

饲料产品没有国家标准和行业标准的，应当制定企业标准并报当地技术监督部门和饲料工业行业主管部门备案，作为组织生产的依据，并在其产品或包装上注明。

第十三条 生产配合、混合、浓缩饲料和添加剂预混料，不得使用未经国家、省、市批准的饲料添加剂；使用的饲料添加剂必须安全、有效。

第十四条 企业生产饲料产品应建立生产记录及留样观察制度，留样时间不得少于四个月。

第十五条 饲料产品出厂必须经过质量检验，不符合质量标准的产品不得出厂。

第十六条 饲料产品出厂时，必须按规定附带饲料标签和产品质量检验合格证明。饲料标签应按国家统一规定制作并如实填写。

第十七条 禁止销售下列饲料产品：

（一）质量不符合国家标准、行业标准或企业标准的；

（二）失效、变质的；

（三）无饲料标签的；

（四）无产品质量检验合格证明的。

第十八条 饲料产品的包装，必须符合保证饲料产品质量和安全、卫生的要求，便于储存、运输和使用。

饲料产品包装物应按青岛市饲料工业行业主管部门规定的标准组织生产。包装物不得重复使用。

第十九条 包装饲料的饲料标签不得与包装物分离；散装饲料的饲料标签随发货单一起传送。合同订制饲料、自用饲料、饲料用原粮及其加工产品除外。

第二十条 各级技术监督部门负责饲料产品质量监督管理工作。各级饲料工业行业主管部门在其职责范围内负责饲料产品质量的具体监督管理工作。

第二十一条 饲料产品商标应按《中华人民共和国商标法》的规定进行注册登记。

注册商标应在饲料标签上注明。

第二十二条 申请引进饲料加工设备和技术，应经青岛市饲料工业行业主管部门审查同意后，方可办理进口手续。

第二十三条 进口饲料添加剂，应按国家有关规定办理《登记许可证》。进口饲料产品，必须标明产品的组成成分，如含有未经我国批准进口的添加剂，应按规定办理《登记许可证》。

饲料添加剂和饲料产品的进口，须经青岛市饲料工业行业主管部门审核后，方可办理进口手续。

第二十四条 进口饲料产品，应按国家规定办理商检手续。

第二十五条 新建饲料工业项目经青岛市或县级市（区）饲料工业行业主管部门确认，税务部门批准，享受国家有关税收优惠政策。

第二十六条 进口的饲料原料、饲料产品和技术设备仪器等，经批准可减免关税和增值税。

第二十七条 饲料工业技术改造项目，其固定资产投资方向调节税，按照国家规定执行零税率。

第二十八条 利用二次资源、再生资源生产的饲料产品或生产项目及其他饲料资源开发综合利用项目，享受本市规定的资源综合利用优惠政策。

第二十九条 符合本办法有关规定的饲料生产技术改造、科技进步项目及引进先进技术、设备的，有关部门应优先给予贷款；引进先进技术、设备及进口鱼粉、饲料添加剂等物资所需外汇，应优先予以安排。

第三十条 按国家有关规定安排给饲料工业建设、改造所需要的各种材料以及发展饲料工业所需的化肥等物资，由青岛市饲料工业行业主管部门安排使用。

第三十一条 建立青岛市饲料工业发展基金，按国家有关规定报批后施行。青岛市饲料工业发展基金来源及使用管理的具体办法另行制定。

第三十二条 对执行国家有关规定和本办法，在本市饲料工业发展中做出显著成绩的单位和个人，由人民政府或饲料工业行业主管部门予以表彰和奖励。

第三十三条 违反本办法关于产品生产许可证、批准文号制度擅自生产饲料添加剂、饲料添加剂预混料、饲料蛋白原料和地矿饲料产品的，由饲料工业行业主管部门责令其停止生产该产品、按规定办理有关审批手续，并可视情节轻重处以五千元以下的罚款。

第三十四条 有下列行为之一的，饲料工业行业主管部门应责令其改正并可提请工商行政、技术监督、商检等部门进行处理：

（一）出厂饲料产品不符合质量标准或产品质量与饲料标签不符的；

（二）销售超过有效期、霉坏变质、污染及掺假的饲料原料和产品的；

（三）生产、销售假冒他人商标的饲料产品的；

（四）未按规定取得营业执照，擅自进行生产经营的；

（五）擅自销售未经进出口商品检验机构检验的进口饲料产品和添加剂的；

对违反本办法生产或销售不合格饲料产品，造成他人经济损失或危害他人健康的，应负赔偿责任，构成犯罪的，依法追究刑事责任。

第三十五条 本办法具体执行中的问题，由青岛市经济委员会负责解释。

第三十六条 本办法自发布之日起施行。

中国饲料工业协会章程

（1993年11月26日第三届理事会通过）

第一章 总 则

第一条 中国饲料工业协会（以下简称协会）是经国务院批准、民政部注册登记具有法人资格的社会行业团体。

第二条 协会是政府团结和联系广大从事饲料工业工作的企事业单位、社会团体和个人的桥梁和纽带。其宗旨是，在政府指导下，遵守宪法、法律、法规，遵循社会主义市场经济法则，协助政府搞好行业管理，沟通同行业内部及相关行业之间、行业与政府之间的关系，协调同行业内部相互的利益，维护会员的合法权益，全心全意为会员和企业服务。为促进科技进步，推动我国饲料工业的发展，提高我国饲料工业现代化水平，繁荣社会主义市场经济作贡献。

第二章 任 务

第三条 协会的主要任务：

一、调查研究国内外饲料工业的发展动态和趋势，为政府制订饲料工业发展的方针、政策、行业规划和措施提出建议；

二、协助政府有关部门制订饲料工业有关法规和标准，向政府有关部门反映会员意见、要求和建议；

三、宣传、普及饲料工业的基本知识和科学技术，推广最新科技成果和先进管理经验，为企业培训人才，帮助企业改善经营管理，提高企业素质；

四、组织经济贸易合作与科学技术交流，沟通科研与生产、生产与经贸之间的联系与合作；提供经济技术信息和咨询服务；组织展览、专题研讨会、学术讲座和专题咨询等活动；

五、编辑出版饲料工业有关书籍、资料、报刊及宣传报道工作；

六、发展与国外同行业社会团体、企业和个人的友好联系，组织对外经济技术交流与合作；

七、举办为行业服务的经济实体和发展饲料工业的公益事业；

八、办理政府委托的交办事项。

第三章 会 员

第四条 会员分团体会员和个人会员。在中华人民共和国境内从事饲料工业工作，具有法人资格的企事业单位、社会团体和从事科研、教育、生产、经营、管理等工作的个人，承认和遵守协会章程，按规定缴纳会费，自愿提出申请，经协会批准均可成为团体会员和个人会员。各省、自治区、直辖市和计划单列市饲料工业协会发展的团体会员和个人会员，可由地方协会提请协会批准，接纳为协会团体会员和个人会员。

第五条 会员权利：

一、有选举权与被选举权；

二、有优先享受协会优惠提供的各种服务，获得协会编印的书刊、资料和参加协会举办的国内外各项活动的权利；

三、对协会工作有批评、建议权；

四、有权要求协会对其合法权益给予保护；

五、有权要求协会向政府反映意见和建议；

六、有退会自由。

第六条 会员义务：

一、遵守协会章程，维护行业的共同利益，执行协会的决议，完成协会委托的工作；

二、支持协会的工作，积极参加协会组织的各项活动；

三、不生产、经销假、冒、伪、劣产品，不搞欺诈行为；

四、积极宣传饲料工业的科学知识，推广应用先进技术，为协会提供科研、生产、供销等方面的信息、经验与成果资料；

五、按规定缴纳会费。

第七条 会员有下列原因之一者，可以申请退会或自行退会：

一、企业停产或转产；

二、依法宣告破产；

三、依法被撤销；

四、不履行会员义务，经劝告无效的；

第八条 会员退会，不得要求退还所缴会费、赞助或捐赠。

第四章 组织机构

第九条 协会的权力机构是理事会。理事会每届任期三年。理事会全体会议每年召开一次，由会长或由会长委托副会长召集。理事会理事由有关单位、社会团体协商推荐产生。理事会的职责：

一、确定协会的工作方针、任务和工作计划；
二、制订、修改协会章程；
三、审议通过协会工作报告；
四、选举常务理事组成常务理事会；
五、表彰行业优秀论文、重大发明创造和科技成果，表彰优秀企业家和对本行业有突出贡献的个人，并向有关部门申报奖励。

第十条　由常务理事会选举正副会长、正副秘书长。常务理事会每届任期三年，可以连选连任。常务理事会每半年召开一次。半数以上常务理事建议可以召开临时会议。在理事会闭会期间，由常务理事会行使理事会的职权。常务理事会的职责：

一、执行理事会决议；
二、协调决议执行中的重大问题；
三、审议通过协会会费年度收支决算报告；
四、决议协会提案。

第十一条　正副会长、秘书长实行碰头会议制度，决定协会的重大工作和活动；听取秘书长的工作汇报；分析研究饲料工业发展形势和行业发展中的新情况、新问题，向政府有关部门提出建议；研究部署协会的日常工作；决定增补理事、常务理事人选并提请常务理事会确认。

第十二条　协会在会长领导下，设立必要的、精干的常设机构，由秘书长主持负责常设机构的日常工作。协会根据工作需要，可以设立必要的专业委员会和其他非常设性的分支机构。

第五章　财务管理

第十三条　经费来源

一、政府拨款；
二、会费收入；
三、有偿服务和举办各种活动的收入；
四、国内外企业、团体、个人的资助与捐赠；
五、基金及利息；
六、创办经济实体收入及其他依法取得的收入。

第十四条　经费管理

协会根据国家财务法规和会计制度建立财务管理制度和财务账目，按照会计年度向常务理事会报告年度收支决算，提请审议通过，并报民政部备案。

第十五条　协会以其所有财产承担民事责任。

第十六条　协会对各省、自治区、直辖市及计划单列市饲料工业协会是业务指导和工作协作关系。

第十七条　协会可以聘请国内外同行业的知名人士、专家、学者、行政领导干部为协会的特邀顾问、名誉理事、专门委员会成员和特邀会员。

第十八条　协会代表中华人民共和国参加国际同行业组织及有关经济学术活动。

第七章　附　则

第十九条　本章程由理事会通过生效，并报民政部备案。

第二十条　协会的终止由常务理事会向理事会提交终止协会活动议案，经理事会三分之二以上理事通过后，方可终止协会活动，并向民政部报告撤消注册。

第二十一条　本章程的解释权属于协会。

中国饲料工业协会
第三届理事会名单

中国饲料工业协会第三届理事会
会长、副会长、秘书长、副秘书长、常务理事名单

（1993年11月26日第三届理事会通过）

会　　长　李瑞山　八届全国人大内务司法委员会顾问、国家计划委员会顾问
副 会 长　白美清　国内贸易部副部长兼国家粮食储备局局长
　　　　　张延喜　农业部副部长、高级工程师
　　　　　谭竹洲　化学工业部副部长、高级工程师
　　　　　宋瑞详　地质矿产部常务副部长（正部级）、高级工程师
　　　　　张德邻　机械工业部副部长、高级工程师
　　　　　王维四　农业部全国饲料工业办公室主任、高级经济师
　　　　　戎　易　八届全国人大代表、北京农业大学动物科技学院教授
　　　　　孟　枋　江西民星企业集团董事长、集团公司总经理、生物药品总厂厂长、教授级高级工程师
　　　　　田承毅　中国饲料集团公司副总经理
　　　　　杜述古　上海大江集团股份有限公司董事长、总经理
　　　　　梁志雄　广东华星实业股份有限公司董事长、总经理、经济师
　　　　　刘永好　全国工商联副主席、四川成都希望（集团）有限公司总裁、工程师
　　　　　吴菊生　广东省财贸办公室副主任、省饲料工业办公室主任、高级经济师
　　　　　牛树琦　北京市饲料工业办公室主任、市饲料工业协会秘书长、高级经济师
秘 书 长　刘金波　中国饲料工业技术开发总公司总经理、经济师
副秘书长　季之华(女)　农业部全国饲料工业办公室副主任、高级经济师
　　　　　刘恩夫　中国饲料工业协会副局级干部、高级经济师
常务理事　（共57名，以下按姓氏笔划为序）
　　　　　丁晓明　农业部水产司副处长、工程师
　　　　　尤　新　中国发酵工业协会理事长、教授级高级工程师
　　　　　王心芳　化学工业部计划司司长、高级工程师
　　　　　王志培　中国农业机械研究院畜禽机械研究所副所长、高级工程师
　　　　　王瑞元　国内贸易部商办工业司司长
　　　　　毛池贵　湖北省食品饲料工业办公室副主任、高级经济师
　　　　　白韵如(女)　中国农业科学院饲料研究所党委书记、高级工程师
　　　　　朱相远　北京市营养源研究所所长、研究员
　　　　　刘志民　辽宁省农村经济办公室主任
　　　　　李　玲(女)　化学工业部规划院技术咨询委员会副主任、教授级高级工程师
　　　　　李友杰　机械工业部中国农牧业机械总公司总经理、教授级高级工程师
　　　　　李伟格　国家饲料质量监督检验测试中心（北京）研究员
　　　　　李昌弟　国内贸易部无锡粮食科学研究院高级工程师
　　　　　李定梅(女)　国家科委中国农村技术开发中心处长、高级工程师

李晋昆 天津化工厂蛋氨酸分厂副厂长、高级工程师
何焕炎 国家统计局农业调查总队原总队长、司长、高级统计师
张九汉 江苏省计划经济委员会副主任、农艺师
张万全 中国饲料工业技术开发总公司副总经理、高级工程师
张万福 解放军总后勤部生产部军马生产局副师职助理员
张玉菊(女) 中国人民建设银行处长、经济师
张灵光 国家技术监督局标准化司副处长、工程师
张妙卿(女) 中国饲料集团公司副总经理、总工程师
张振国 财政部农业财务司副司长
张惠曦 中国包装技术协会副秘书长、高级工程师
陆 弘 中国食品工业协会副秘书长
陈智明 中国工商银行商业信贷部副主任、高级经济师
罗广烈 广西壮族自治区饲料工业办公室副主任、高级经济师
金冠文 中国农业银行工业信贷部副主任、高级经济师
茅明安 中国医药工业公司副总经理、高级工程师
施友仙(女) 农业部乡镇企业司副处长、工程师
耿兆林 中国轻工总会食品造纸部负责人、高级工程师
聂振邦 国家计划委员会农村经济司副司长、工程师
贾幼陵 农业部畜牧兽医司司长、畜牧师
钱林男 中国牧工商总公司总经理助理、高级畜牧师
郭式健 农业部农垦司处长、高级畜牧师
黄金富 国家医药局副司长、高级工程师
梁继听 北京市人民政府农林办公室副主任、高级经济师
程显荣 山东省经济委员会饲料工业办公室主任、高级经济师
潘宏亮 国家粮食储备局综合计划司司长

中国饲料工业协会第三届理事会特邀顾问名单

（1993年11月26日第三届理事会聘请）

谢 华 全国政协委员、原中共中央农村政策研究室副主任
李树毅 国家计划委员会正局级干部
王和民 中国农业科学院畜牧研究所研究员
张子仪 中国农业科学院畜牧研究所研究员
刘当慧 无锡轻工学院教授
张正义 北京市政协委员、北京市粮食局原局长
范家增 上海市饲料工业办公室主任、市饲料工业协会会长
廖祯华 重庆市饲料工业协会副会长
徐南华 云南省经济委员会原副主任、省饲料工业协会原会长
任润华 湖北省饲料工业办公室原副主任
陈焕彬 原国家经济委员会农业局局长
齐文英(女) 中国饲料工业协会原副局级干部、高级工程师

中国饲料工业协会增补副秘书长、常务理事、理事名单

中国饲料工业协会理事

王随元 中国饲料工业协会 副秘书长
乔玉锋 中国饲料工业协会 副秘书长

符文渝	国家开发投资公司农业业务部	副主任
缪树群	国家开发银行农业信贷局	副局长
王敬东	国家开发银行综合计划局	处长
郑祥秋	国家开发银行农业信贷局	处长
熊先安	华中农业大学农业工程系	副主任
李希荣	国家计委农村经济司养殖处	处长

中国饲料工业协会常务理事

王随元	中国饲料工业协会	副秘书长
乔玉锋	中国饲料工业协会	副秘书长
申茂向	国家科委农村司	副司长
符文渝	国家开发投资公司农业业务部	副主任
缪树群	国家开发银行农业信贷局	副局长

中国饲料工业协会副秘书长

王随元	中国饲料工业协会
乔玉锋	中国饲料工业协会

中国饲料工业协会增补理事、常务理事名单

（中国饲料工业协会第三届二次常务理事扩大会通过）

中国饲料工业协会理事

杨庭楷	全国饲料工业办公室	副主任
杨鲁民	国家农业发展银行投资信贷部	主任
赖后树	国家计委物价司	副司长
沈甫明	国家税务总局流转税一司	处长
周玖付	中牧集团	副总经理
单　钟	中国饲料工业协会宣传处	主任
牟永义	中国饲料工业协会科技教育部	主任
张增英	中国饲料工业协会对外经济部	主任
方黎燕	中国饲料工业协会财务部	主任
廖　峰	北京伟嘉生物新技术公司	总经理

中国饲料工业协会常务理事

杨庭楷、杨鲁民、赖后树、沈甫明　周玖付

中国饲料工业协会第三届理事会理事名单

姓　名	职　务	职　称	单　位　名　称
丁晓明	副处长	工程师	农业部水产司
马禄欣	副总经理	经济师	天津市饲料公司
马学海	主　任		辽宁省饲料工业办公室
尤　新	理事长	教授级高级工程师	中国发酵工业协会

姓 名	职 务	职 称	单 位 名 称
王维四	原主任	高级经济师	全国饲料工业办公室
王文杰	副所长	助理研究员	天津农业科学院畜牧兽医研究所
王崇智	董事长		沈阳饲料集团
王瑞林	副总经理	工程师	江苏溧阳正昌集团公司
王和民		研究员	中国农业科学院畜牧研究所
王卫国		副教授	郑州粮食学院粮食工程系饲料教研组
王康宁	所 长	研究员	四川农业大学动物营养研究所
王发祥	厂 长	高级工程师	云南海口磷化工科研试验厂
王瑞元	总经理		中国粮油集团
王心芳	司 长	高级工程师	化学工业部计划司
王志培	副所长	高级工程师	中国农业机械研究院畜禽机械研究所
王随元	副秘书长		中国饲料工业协会
王敬东	副处长		国家开发银行综合计划局
毛池贵	副厅长	高级经济师	湖北省农业厅
牛树琦	主 任 秘书长	高级经济师	北京市饲料工业办公室 北京市饲料工业协会
邓一鸣	研究室副主任	副研究员	中国社会科学院农林发展研究所
孔庆升	经 理	工程师	大连市金州区饲料公司
白美清	原副部长		国内贸易部
白韵如	党委书记	高级工程师	中国农业科学院饲料研究所
付祝昕	厂 长	工程师	北京友谊配合饲料厂
傅同禄	主 任	高级工程师	化学工业部饲料添加剂技术开发服务中心
田承毅	总经理		中国饲料集团公司
申仲泉		工程师	
申茂向	处 长	农艺师	国家科委农村科技司
冯仰廉		教 授	中国农业大学动物科学技术学院
史孝孔	主 任	畜牧师	河南省饲料工业领导小组办公室
史志诚	副厅长	教 授	陕西省农业厅
叶树平	秘书长		贵州省饲料工业协会
庄飞云	原厅长		福建省粮食厅
乔玉锋	副秘书长		中国饲料工业协会
刘金波	总经理	经济师	中国饲料工业发展总公司
刘 艺	副厅长	高级畜牧师	山西省农牧厅
刘志民	主 任		辽宁省农村经济办公室
刘春兴	副局长	工程师	沈阳市粮食食品司
刘恩夫	原副秘书长	高级经济师	中国饲料工业协会
刘泗功	厂 长	经济师	山东滨州市浓缩饲料厂
刘志高	厂 长	经济师	山东诸城市外贸饲料加工厂
刘德远	主 任		青岛市经济委员会
刘耀明	副总经理	经济师	广东新会市粮油饲料工业公司
刘永好	总 裁	工程师	四川成都希望集团有限公司
刘玉田	副处长	工程师	林业部林产工业办公室
刘当慧		教 授	无锡轻工学院
刘 旭	副主任	经济师	中国工业经济协会
刘汉元	总经理		四川通威（集团）有限公司
齐文英	原副秘书长	高级工程师	中国饲料工业协会
任润华	原副主任		湖北省饲料工业协会
孙良海	会 长		外经贸部中国食品土畜产进出口商会

姓　名	职　务	职　称	单位名称
戎　易		教　授	中国农业大学动物科学技术学院
朱淑嫱	科　长	畜牧师	深圳市饲料工业办公室
朱相远	所　长	研究员	北京市营养源研究所
朱胜良	董事长		浙江一星集团
朱永定	副主任	高级经济师	江西省饲料工业办公室
吐尔逊吾守	副厅长	高级畜牧师	新疆自治区畜牧厅
沈万煌	副局长	高级农艺师	江苏省粮食局
沈华民	副局长		武汉市粮食局
沈再春	主任	教　授	北京农业工程大学食品工程系
宋益康	副主任		驻上海浙江办事处
宋瑞祥	部　长		地质矿产部
杜述古	董事长 总经理	高级工程师	上海大江集团股份有限公司
李晋昆	副厂长	高级工程师	天津化工厂蛋氨酸分厂
李虎照	厂　长	高级工程师	郑州粮食机械厂
李树毅	正局级	经济师	国家计委老干部局
李昌顺	总经理	经济师	湖北省饲料公司
李敬芳	总经理	高级工程师	湖北江陵华龙实业集团公司
李昌弟		教授级高级工程师	江苏无锡粮食科学研究所
李　玲	副主任	教授级高级工程师	化学工业部规划院技术咨询委员会
李友杰	原总经理	高级工程师	机械工业部中国农牧业机械总公司
李定梅	副主任	研究员	国家科委中国农村技术开发中心
李伟格	原主任	研究员	国家饲料质量监督检验测试中心（北京）
李　超	经　理		厦门市水产饲料公司
李国胜	处　长		中国饲料工业协会
李平岁	副师助理		解放军总后勤部生产部医药局
李希荣	处　长		国家计委农村经济司养殖处
巫昌礼	原副主任	高级经济师	江苏省食品饲料工业办公室
苏方才	总经理	高级工程师	安徽省饲料公司
芦元芳	总经理	助理工程师	福建南平山鹰集团公司(南平市饲料工业公司)
吴　鑫	处　长	工程师	国内贸易部消费品流通司冷藏卫检制药处
吴明夏	总经理	高级畜牧师	湖南正虹饲料厂
吴菊生	原主任	高级经济师	广东省饲料工业办公室
吴栋桥	主　任		广州市饲料工业办公室
吴荣启	副主任 副会长	高级经济师	贵州省经济委员会　贵州省饲料工业协会
邱建宏	经　理	助理畜牧师	深圳康达尔饲料公司
何焕炎	原总队长	高级统计师	国家统计局农业调查总队
何永盛	副厅长	高级工程师	内蒙古自治区商业厅
季之华	副主任	高级经济师	全国饲料工业办公室
孟　枋	董事长 总经理	教　授	江西民星企业(集团)公司
杨庭楷	副主任		全国饲料工业办公室
杨鲁民	主　任		国家农业发展银行投资信贷部
杨秋蓉	副主任	工程师	天津市饲料工业办公室
杨少辉	副总经理	高级经济师	湖南天心实业总公司
杨乃康	经　理	经济师	广东冠华饲料实业公司

姓名	职务	职称	单位名称
杨朗坤	所长 副经理	高级畜牧师 总工程师	海南琼州饲料厂研究所、海南省饲料公司
杨胜		教授	中国农业大学动物科学技术学院
张立军	厂长	畜牧师	北京市肉鸡联合公司饲料厂
张多勤	董事长	畜牧经济师	河北省饲料酵母企业集团
张育防		畜牧师	山西省饲料工业办公室
张延喜	副部长	高级工程师	农业部
张永泰	主任	教授	沈阳农业大学牧医系
张永亮	主任 秘书长	经济师	黑龙江省饲料工业办公室 黑龙江省饲料工业协会
张妙卿	顾问	总工程师	中国饲料集团公司
张万全	副总经理	高级工程师	
张九汉	副主任	农艺师	江苏省计划经济委员会
张德邻	原副部长	高级工程师	机械工业部
张稼祥	厂长	工程师	山东齐鲁饲料添加剂厂
张华炽	处长	畜牧师	甘肃省畜牧厅
张怀信	副主任	经济师	宁夏饲料工业办公室
张正义	原局长		北京市粮食局
张子仪		研究员	中国农业科学院畜牧研究所
张正明	总经理	经济师	中国土畜产进出口总公司饲料进出口公司
张振国	副司长		财政部农业财务司
张灵光	副处长	工程师	国家技术监督局标准化司
张玉菊	处长	经济师	中国建设银行总行
张惠曦	副秘书长	高级工程师	中国包装技术协会
张增英	主任		中国饲料工业协会对外经济部
陆弘	副秘书长		中国食品工业协会
陈国兴	所长	高级工程师	上海市粮食科学研究所
陈远舟	厂长	畜牧师	广东恒昌实业股份九江饲料厂
陈开阳	总畜牧师	高级经济师	新疆建设兵团农业局
陈焕彬	原局长		国家计委老干部局
陈智明	副主任	高级经济师	中国工商银行商业信贷部
林国源	总经理	高经工程师	华龙饲料技术开发(集团)公司
范汉杰	经理	经济师	山西省饲料公司
范家增	主任 会长		上海市饲料工业办公室 上海市饲料工业协会
罗玉鹏	经理	经济师	辽宁省饲料公司
罗桂秋	秘书长	高级工程师	湖南省饲料工业协会
罗广烈	秘书长	高级工程师	广西饲料工业协会
罗学年	代院长	高级工程师	国内贸易部武汉粮食科学院
罗润昌	厂长	高级经济师	广西赖氨酸厂
明宝常	原主任	高级工程师	大连市饲料工业办公室
尚兰金	经理	高级工程师	黑龙江大庆饲料公司
尚允华	副总工程师	高级工程师	中国农业工程研究设计院
郑家树	副主任 副会长 副局长	工程师	上海市饲料工业办公室 上海市饲料工业协会 上海市粮食局
郑诚	主任	教授	华南农业大学畜牧系
郑祥秋	处长		国家开发银行农业信贷局

姓 名	职 务	职 称	单 位 名 称
赖后树	副司长		国家计委物价司
单 钟	主 任		中国饲料工业协会宣传处
牟永义	主 任		中国饲料工业协会科技教育部
方黎燕	主 任		中国饲料工业协会财务部
廖 峰	总经理		北京伟嘉生物新技术公司
周玖付	副总经理		中牧华罗饲料发展公司
周星企	厂 长	工程师	北京市南苑配合饲料厂
周向德	厂 长	工程师	长春华龙饲料厂
周天源	秘书长	高级工程师	合肥市饲料工业协会
周向林	厂 长	经济师	7608 厂航天饲料机械厂
周 礼	处 长	副研究员	中国农业科学院农业经济研究所
茅明安	副总经理	高级工程师	中国医药工业公司
金冠文	副主任	高级工程师	中国农业银行工业信贷部
金仲晶	副处长	高级工程师	国内贸易部工业司饲料处
姚孝明	总经理	高级工程师	青海省饲料总公司
施友仙	副处长	工程师	农业部乡镇企业司
赵 旋	总经理	经济师	内蒙古自治区饲料公司
赵玉堂	副主任 会长	工程师	云南省经济贸易委员会 云南省饲料工业协会
闻兆年	副局长	食品卫检师	宁波市农业局
陶一山	厂 长	高级工程师	湖南株州饲料厂
钱 林	副总理	高级畜牧师	北京挑战饲料科技集团
耿兆林	正局级	高级工程师	中国轻工总会食品造纸部
高以诺	主 任	高级编辑	经济日报社农村部
贾幼陵	司 长	畜牧师	农业部畜牧兽医司
郭佩玉		副教授	中国农业大学
郭式健	副站长	高级畜牧师	农业部畜牧兽医总站
唐天球	副厂长	经济师	江苏苏州新城饲料厂
唐昌南	副局长		四川省粮食局
夏太书	主 任	工程师	青岛市饲料工业办公室
格桑旺堆	副处长		西藏自治区计划经济委员会农牧处
徐南华	会 长		云南经济委员会省饲料工业协会
徐建光	处 长	经济师	国家经委商业司
英棣华	所 长	高级畜牧师	广东省农业科学院畜牧研究所
聂振邦	局 长	工程师	国家计委土地规划局
龚治祥	常务副主任		四川省经济委员会
黄金富	副司长	高级工程师	国家医药局
黄遇宾	经 理	经济师	重庆市饲料公司
黄礼光	总经理 主任	工程师	海南省饲料工业技术开发总公司 海南省饲料工业办公室
黄秀芳	副秘书长	工程师	福建省饲料工业协会
符文渝	副主任		国家开发投资公司农业业务部
梁继听	副主任	高级经济师	北京市人民政府农林办公室
梁志雄	董事长 总经理	经济师	广东华星实业股份有限公司
梁祥兴	总工程师	高级工程师	中国科学技术咨询服务中心
崔立兴	副主任	高级工程师	吉林省计划经济委员会

姓 名	职 务	职 称	单 位 名 称
曹文杰		研究员	江苏省农业科学食品饲料所
谢 华			全国政协
谢志浩	总 工	教授级高级畜牧师	北京牧工商总公司
谢亚伟	经 理	助理经济师	浙江肖山饲料畜禽总公司
韩永健	厂 长	高级工程师	陕西省宝鸡市柳林制药厂
焦德发	副处长	工程师	林业部森林工业司
程维国	原总编	高级工程师	《饲料工业》杂志社
程显荣	原主任	高级工程师	山东经委饲料工业办公室
廖祯华	会 长		重庆饲料工业协会
缪树群	副局长		国家开发银行农业信贷局
熊先安	副主任	副教授	华中农业大学
谭竹洲	原副部长	高级工程师	化学工业部
谭国道	厂 长	总工程师	广东华达机器厂
潘洪亮	司 长		国家粮食储备局综合计划司
戴宝成	主 任	高级畜牧师	河北省饲料工业办公室
魏 滨	副会长	高级工程师	江西省饲料工业协会

中国饲料工业协会会长李瑞山生平

李瑞山，男，1920 年 11 月生于陕西省延长县，1935 年参加革命，1936 年加入中国共产党。历任共青团延长县委书记，团中央儿童局书记，西北抗日救国会执委兼儿童部部长，陕甘宁边区陇东地委青委书记，中央青委巡视员，黑龙江省克东县、望奎县县委副书记，湖南宁乡县委书记等职。期间他在党的领导下，积极宣传革命，发动群众，建立青救会组织，发动青年参加抗日救国，发展和壮大少先队和青年团的组织，为巩固和保卫苏区、建立红色政权，做出了积极贡献。并为建立人民武装，剿匪反霸，土地改革，建立基层政权，巩固和扩大根据地，做了大量卓有成效的工作。

新中国成立以后，李瑞山先后担任湖南益阳地委书记、常德地委书记。他放手发动群众，减租、反霸，开展农村土地改革和城市三反五反斗争，恢复和发展了地区经济。1953 年调任中共湖南省委农村部部长、组织部部长，主要负责领导土改复查工作。1956 年任湖南省委书记处书记，分管计划、公交、农业等方面的工作，他狠抓农田基本建设，积极推进先进农业技术的普及，推进农业机械化进程，为湖南农业发展打下了坚实的基础。

1966 年后，他又历任陕西省委第二书记，陕西省革委会主任，陕西省委第一书记，并兼任兰州军区政委、陕西省军区第一政委。他在极端困难的条件下，依靠广大干部、群众和驻陕部队，排除林彪、“四人帮”的干扰和破坏，维护社会稳定，保证了陕西经济建设的正常运行。针对陕西农业落后的实际，他提出从改变农业基本生产条件入手，坚持以蓄水灌溉为主的农田基本建设，在职期间新修水库 100 多座，小型水电站 1000 余处，新增有效灌溉面积 800 多亩，大大改善了农业的基本条件，使陕西农业上了一个新台阶。

1979 年后，李瑞山出任国家农委副主任、党组副书记，国家经委副主任。他重视水利工程和农田基本建设，积极支持水利部门治理大江大河，兴建农田水利。

1983 年开始主抓饲料工业，连续三届担任中国饲料工业协会会长，亲自主持制定了《1984—2000 年全国饲料工业发展纲要（试行草案）》，提出了一系列有效的支持政策和措施，使我国饲料工业取得了举世瞩目的成就，跨入了世界饲料生产大国行列。他是开创我国饲料工业的主要组织者和领导者，是我国新兴饲料工业的奠基人。1983—1993 年担任全国防治牲畜五号病总指挥长，对严重危害畜牧业发展和影响肉食出口的五号病，从控制到扑灭，打了一场持久的歼灭战，促进了畜牧业的发展，维护了国家出口信誉。

李瑞山曾任第七届全国人大常委会常委、全国人大内务司法委员会副主任委员，第八届人大内务司法委员会顾问。是党的第九、十、十一届中央委员，第十二届中央候补委员，全国人大第四、五、七届代表。先后参与主持起草了《中华人民共和国未成年保护法》、《中华人民共和国妇女权益保障法》等法律草案。

李瑞山于 1997 年 10 月在北京逝世，享年 77 岁。

历届受表彰的先进集体及先进个人名单

首届全国饲料工业科技进步奖先进集体名单（共51名）

北京市水产科学研究所
北京工业大学技术研究所
北京市饲料科学技术研究所
北京市南苑配合饲料厂
中国农业科学院畜牧所
天津市饲料科学研究所
天津市东海饲料试验厂
山西省太原市饲料公司
内蒙古畜牧科学院热喷技术研究室
内蒙古第十产品质量检验站
辽宁省锦州市饲料工业办公室
辽宁省抚顺市饲料公司饲料科研所
吉林省通榆县饲料公司
黑龙江省巴彦颗粒饲料厂
上海青浦县饲料公司
上海饲料厂
江苏省苏州市新城饲料厂
江苏省海安县饲料公司
江苏溧阳粮机厂
商业部无锡粮食科研设计所
浙江省畜牧兽医研究所
浙江省萧山饲料畜禽总公司
安徽省合肥市饲料公司质管科（科研室）
福建厦门水产饲料公司
福建华龙饲料技术开发集团公司
江西省饲料公司
江西饲料厂
山东省地质矿产局科技处
山东省科学院饲料酵母研究开发协作组
化工部饲料添加剂技术开发服务中心
山东烟台味精厂
湖北省荆门市食品饲料工业办公室
航空航天工业部066基地万里厂
武汉饲料工业技术开发中心
湖南省屈原国营农场饲料厂
湖南省株州饲料厂
湖南省湘潭市饲料办
广东省农科院畜牧研究所
广东省容奇饲料厂
广东华达机器厂
广西赖氨酸厂
四川省畜牧兽医研究所饲料研究室
云南省富民县粮食局饲料公司
陕西省宝鸡市柳林制药厂
沈阳第一饲料厂
大连信欧生物化学制品有限公司
广州饲料添加剂厂
哈尔滨市饲料科学研究所
深圳市宝安县龙华胶原蛋白厂

首届全国饲料工业科技进步奖特别奖（共31名）

（以姓氏笔划为序）

王书华	武汉饲料工业技术开发中心高工
王永昌	商业部无锡粮食科研设计所高工
王和民	中国农业科学院畜牧研究所研究员
王定昌	轻工业部食品发酵工业科学研究所研究员

王彩彬　化工部山东化学研究所副总工
戎　易　北京农业大学教授
刘当慧　无锡轻工学院教授
谷文英　无锡轻工学院副教授
吴成坤　东北农学院教授
金雯霞　中国医药工业公司教授级高工
李　玲　化工部规划院教授级高工
李伟格　国家饲料质量监督检验测试中心（北京）研究员
李昌弟　商业部无锡粮食科研设计所高工
尚允华　中国农业工程研究设计院高工
冯仰廉　北京农业大学教授
侯文璞　中国水产科学院黄海水产所研究员
侯鸿章　上海兽药厂技术厂长
杨　胜　北京农业大学教授
杨　风　四川农业大学教授
杨润德　呼和浩特牧机研究所高工
杨嘉实　吉林农科院动物营养研究所研究员
黄忠志　中国水产科学院长江水产所副、所长
黄俊纯　中国农业科学院畜牧研究所研究员
章建辉　山东济宁抗生素厂厂长
程丽容　中国农机院畜牧机械研究所室主任
张子仪　中国农业科学院畜牧研究所研究员
傅洪基　常州味精厂
费叔明　武汉饲料工业技术开发中心高工
郭佩玉　北京农业工程大学副校长、副教授
霍启光　中国农业科学院饲料研究所副研究员
谭奈林　北京农业工程大学非常规饲料研究所所长、副教授
东北农学院许振英教授在动物营养研究和推动饲料工业科技进步方面作出了重大贡献，特授予特别荣誉奖。

首届全国饲料工业科技进步先进个人名单（共71名）

曹长虎　北京市饲料公司副经理、高工
阎瑞璋　北京市饲料公司饲料科研所所长、高级畜牧师
柳祖翼　北京工业大学技术装备厂厂长、副教授
田吉顺　北京市水产科学研究所室主任、高工
韩凤兰　天津市畜禽制药厂副厂长、助工
王文杰　天津市畜牧兽医研究所、助研
贺福立　天津市饲料科学研究所营养室、助理畜牧师
王茂甫　中国星火总公司兴济生物技术研究所常务所长、助工
王德荣　河北省承德行署粮食局饲料科畜牧兽医师
王先林　山西省榆次市饲料公司副经理、畜牧师
王文元　内蒙古农牧学院副教授
郭伟康　内蒙古包头饲料公司副经理、助理经济师
张永泰　沈阳农业大学牧医系主任、教授
闫宝琴　辽宁省铁岭市饲料公司副经理、高级畜牧师
孙成明　辽宁省海洋水产研究所室主任、工程师
刘昭壮　辽宁省饲料工业办公室、高工
王洪哲　吉林省公主岭饲料联合公司副经理、畜牧师
姜懋武　吉林省饲料公司、高工

刘兴文	黑龙江省巴彦颗粒饲料厂厂长、工程师
赵宗礼	黑龙江省农垦科学院添加剂厂厂长、高级经济师
杨国华	上海市水产研究所室主任、副研
夏元逑	上海市医药管理局科技处主任科员、高工
陈根鑫	上海市饲料科学研究所、工程师
曹文杰	江苏省农业科学院饲料食品研究所副会长、研究员
赵连元	扬州市饲料科学研究所所长、副研究员
殷　平	江苏农垦农工商联合总公司工业处科长、高级畜牧师
周仲儿	浙江省饲料质量监督检验站副站长、畜牧师
许梓荣	浙江农业大学饲料所所长、教授
金玉盘	安徽省蚌埠市饲料公司副科长、助理畜牧师
任　娅	合肥市饲料公司科长、畜牧师
王载焜	安徽省农业科学院畜牧兽医研究所顾问、副研究员
冯玉兰	福建省农科院副院长
孟　枋	江西省生物药品制造厂厂长、高工
颜若愚	江西省饲料科研所、教授
赵立勋	山东省科学院生物研究所室主任、助研
李庄元	山东省经委饲料办科长、工程师
金作之	河南省南阳地区饲料公司科长、工程师
郭建敏	河南省周口地区淮阳县饲料公司科长、助工
庞声海	湖北华中农业大学农工系主任、教授
盛超然	湖北省饲料公司总工、高工
邱华生	湖北省农科院开发中心研究员
曹向东	湖南郴州单细胞研究所
杜轰晶	湖南省农机研究所
陈腾捷	湖南省畜牧研究所
刘　琼	长沙市饲料公司配合饲料厂
黄新才	广东省兴隆兽药厂厂长
莫棣华	广东省农科院畜牧研究所所长、高级畜牧师
张　励	广东华星饲料厂
陈武栋	广西南宁市饲料厂技术科长、畜牧师
龙万凯	广西赖氨酸厂副厂长、高工
危新跃	广西饲料添加剂厂、助研
许绍宗	重庆化工设计研究院、高级畜牧师
邓吉辉	四川省养猪研究所副所长、副研
周梅卿	四川省畜牧兽医研究所室副主任、副研
冯焕华	贵州省遵义南白区兽医站站长
成绍先	云南省草山饲料工作站、畜牧师
刘天余	云南农业大学牧医系室主任、副教授
韩永健	宝鸡市柳林制药厂、高工
曾雄飞	西安近代化学研究所、高工
王汝富	甘肃省饲草饲料技术推广总站、助理畜牧师
马德和	青海省马坊饲料厂厂长、经济师
王学仁	宁夏中卫县畜牧食品局推广中心主任、高级畜牧师
李谦魁	沈阳市第一饲料厂副厂长、工程师
王振兴	沈阳农业大学牧医系、教授
张树国	大连信欧生物化学制品有限公司、工程师
刘万波	长春市华龙饲料厂厂长助理、畜牧师
毛永庆	中山大学、高工
郑建华	广州化学试剂厂、高工
王道光	哈尔滨市饲料科学研究所总工、高级畜牧师

殷海夏　　南京市饲料公司、高工
张　槱　　华南农业大学畜牧系主任、教授

全国饲料工业行业百强企业、先进集体、先进工作者和有贡献的离退休老同志名录

为纪念《1984－2000年全国饲料工业发展纲要（试行草案）》颁布十周年，全国饲料工业办公室、中国饲料工业协会决定，在全国饲料工业行业中对我国饲料工业发展做出突出贡献的集体、个人和为我国饲料工业创业建功的离退休老同志进行表彰，在全国饲料工业行业中评选百强企业。根据各省、自治区、直辖市及计划单列市饲料工业办公室、饲料工业协会和有关部门的推荐申报，经纪念《纲要》颁布十周年活动组委会办公室审核，并经组委会批准，评选出全国饲料工业行业百强企业100个，先进集体101个，先进工作者103名，离退休老同志134名。名单如下：

全国饲料工业'93百强企业

（按1993年利税指标为序）

名次	企业名称
1	四川希望集团有限公司
2	上海大江（集团）股份有限公司
3	江西民星企业集团公司江西饲料厂
4	广东省新会市粮油饲料工业公司
5	湖南省屈原农场饲料厂
6	山东省临沂华蒙食品集团公司
7	广东恒昌农业股份有限公司
8	广东正大康地有限公司饲料厂
9	北京正大饲料有限公司
10	四川通威（集团）有限公司
11	吉林德大有限公司饲料厂
12	正大康地（深圳）有限公司
13	广东省华星实业股份有限公司
14	福州大昌盛饲料有限公司
15	广州翠竹企业集团
16	华大（福州）饲料工业有限公司
17	浙江富亭饲料农业总公司
18	江苏溧阳正昌粮油饲料机械总公司
19	吉林正大有限公司
20	广东省穗屏企业有限公司
21	广东冠华饲料实业公司
22	辽宁大成农牧农业有限公司
23	中外合营广西饲料添加剂厂
24	浙江省海盐县饲料公司
25	鞍山市腾鳌特区辽河饲料集团公司
26	深圳南海粮食工业有限公司
27	福建马尾联合水产饲料有限公司
28	深圳市华宝（集团）饲料公司
29	深圳金钱饲料（中国）有限公司
30	天津市津海饲料工业公司
31	四川省三联实业有限公司
32	河南省开封正大有限公司
33	浙江省饲料公司
34	深圳康达尔（集团）饲料公司
35	广东省新兴县温氏食品集团有限公司
36	湖南省株州市饲料厂
37	广西浓缩饲料厂
38	天津市兽药二厂
39	福建省泉州大泉赖氨酸有限公司
40	湖南省湘阴县三九饲料厂
41	北京华都肉鸡联营公司饲料厂
42	青岛正大有限公司
43	北京华罗饲料添加剂厂
44	山东诸城市对外贸易集团公司
45	广西赖氨酸厂
46	福建浦城生物化学有限公司
47	上海兽药厂
48	广东省南海市非金属开发公司
49	天津富源食品有限公司饲料厂
50	湖南省天心实业总公司

名次	企业名称
51	成都瑞丰有限公司
52	昆明市饲料公司
53	深圳日大饲料厂有限公司
54	广西省柳州市柳新饲料厂
55	浙江省德清兽药厂
56	山东省潍坊中基饲料有限公司
57	广东华达机器厂
58	广东省南海市狮山饲料厂
59	沈阳嘉荣畜牧饲料有限公司
60	天津市河北制药厂

61 山东省淄博鼎立科技有限公司
62 广西省玉林市饲料公司
63 福建省华龙饲料技术开发集团公司
64 上海新陆牧工商总公司
65 山东省聊城嘉明实业有限公司
66 湖南湘阴县粮食局饲料厂
67 辽宁省营口市浓缩饲料厂
68 河北省饲料酵母企业集团（公司）
69 广东省东莞市饲料厂
70 湖南省湘阴县粮食局饲料厂
71 广西南宁市粮食饲料公司
72 广西省北海市北新饲料厂
73 兰州军区西安北关基地饲料厂
74 广西壮族自治区饲料企业集团公司
75 山东省诸城市饲料公司
76 天津市渤海兽药厂
77 山东省潍坊顺达饲料有限公司
78 广西省梧州市饲料公司
79 浙江省新昌制药厂饲料添加剂分厂
80 广东三水联合饲料厂
81 广东省中山市泰山饲料厂
82 广东省海南华星饲料厂
83 杭州万象饲料有限公司
84 上海新杨兽药厂
85 正大康地一汕头有限公司
86 浙江省嘉兴市新丰饲料厂
87 江西省樟树粮油公司饲料厂
88 陕西省饲料厂
89 济南浓缩饲料厂
90 黑龙江省生物制品二厂
91 东莞市沙田顺发畜禽实业有限公司
92 湖北省江陵华龙实业集团公司
93 山东省齐鲁饲料添加剂厂
94 天津足立畜禽制药有限公司
95 山东省临清市畜禽养殖公司
96 北京燕京牧机公司
97 湖南省衡阳市粤汉饲料厂
98 乌鲁木齐市饲料公司
99 长春市华龙饲料厂
100 海南省琼州饲料厂

全国饲料工业行业先进集体

北京市
北京工业大学技术装备厂
北京市房山区南尚乐饲料加工厂
北京市饲料工业协会
北京市顺义县木林饲料厂
大北农饲料科技有限公司
北京市南苑配合饲料厂
天津市
天津化工厂蛋氨酸分厂技术攻关组
天津北辰青光养鸡总场饲料加工厂
蓟县饲料厂
河北省
河北省饲料酵母企业集团（公司）
沙河市示范饲料厂
承德市饲料公司
山西省
太原市鱼饲料厂
临汾市饲料公司
内蒙古自治区
内蒙古呼盟海拉尔市饲料公司
华蒙金河实业公司
辽宁省
辽宁省饲料工业协会
饲料工业杂志社
辽宁省兽药饲料监察所
辽宁省饲料公司
阜新市畜牧机械总厂
辽阳东方特种饲料有限公司
吉林省
双辽县饲料公司
长春市华龙饲料厂
吉林省饲料公司
黑龙江省
哈尔滨市香坊配合饲料厂
黑龙江省生物制品二厂
巴彦县西集镇颗粒饲料厂
牡丹江市饲料总公司
上海市
上海市饲料公司
上海大江（集团）股份有限公司
上海新陆牧工商总公司
上海第六制药厂一车间维生素微粒组
江苏省
江苏省饲料工业协会
徐州市食品饲料工业协会
海安县饲料总公司
常州粮油食品二厂
苏州市新城饲料厂
浙江省
浙江农业大学饲料科研所

浙江省饲料公司
嘉兴市富亭饲料实业总公司
新昌制药厂饲料添加剂分厂
安徽省
歙县饲料公司
福建省
华龙饲料技术开发集团饲料添加剂总厂
福州大昌盛饲料有限公司
福州市饲料工业公司
江西省
江西樟树粮油公司饲料厂
江西饲料厂
中外合资江西永惠饲料公司
山东省
山东省饲料工业办公室
化工部饲料添加剂技术开发服务中心
山东省平原县饲料公司
安丘市饲料公司
山东省饲料公司
济宁市化工研究所
河南省
河南省汝南县牧工商联合总公司
湖北省
湖北省饲料工业协会
湖北鄂东饲料公司
枝江县饲料公司
湖北省南大饲料厂
武汉市饲料二厂
湖南省
湖南省屈原农场饲料厂
株州市饲料厂
湘阴县三九饲料厂
长沙市饲料公司
广东省
广东省饲料工业办公室
新会市新粮饲料厂
广东恒昌实业股份九江饲料厂
广东冠华饲料实业公司
华星实业股份有限公司
广东正大康地有限公司饲料厂
南海市非金属开发公司
广东省农科院畜牧研究所
国营岭南机械厂
广西壮族自治区
广西壮族自治区饲料工业办公室
广西梧州市饲料公司
玉林市饲料公司
广西浓缩饲料厂
四川省
四川通威（集团）有限公司
四川省畜牧兽医研究所饲料营养研究室
成都瑞丰有限公司
贵州省
遵义市饲料公司
云南省
云南畜牧兽医科研所动物营养和饲料研究室
陕西省
陕西省饲料监测所
陕西省户县饲料公司
甘肃省
甘肃省饲料质量监督检验站
青海省
青海省乐都县饲料公司
青海省粮油综合厂饲料分厂
新疆维吾尔自治区
新疆生产建设兵团148团饲料厂
新疆兽药饲料监察所
大连市
庄河市饵料厂
青岛市
青岛市饲料工业办公室
深圳市
深圳市华宝（集团）饲料公司
重庆市
重庆市饲料工业办公室
农业部
北京农业工程大学饲料工业研究所
中国农科院畜牧研究所
中国农科院饲料研究所
上海新杨兽药厂
济南浓缩饲料厂
国内贸易部
国家饲料质量监督检验测试中心（武汉）
解放军总后勤部
广州翠竹企业集团

全国饲料工业行业先进工作者

北京市
柳祖翼　王学政　牛树琦　赵春利
天津市
王成功　贺福生　李德荣(女)　安树元

河北省

戴宝成 李 英 张多勤

山西省

张育防 薛建一 吕世秀

内蒙古自治区

孙立宪 王东晓

辽宁省

徐祥敏 郑菊操(女) 胡振风 金 辉 张敬军

吉林省

王洪哲 萧朝宽 周向德 肖振铎

黑龙江省

张永亮 尚兰金 王建忠 王道光

上海市

刘宏达 夏元逑(女) 吴国梁 陶雅谷

江苏省

巫昌礼 陈 建 沈汉根 李龙海

浙江省

朱胜良 许梓荣 韩作农 蒋鸣球

安徽省

李 英 陈国林

福建省

庄飞云 王渊源 黄秀芳(女) 冯玉兰(女)

江西省

孟 枋 黄承风 董考林 杨吉胜 林印孙

山东省

程显荣 杨国华 高登文 李振山 杨宪武 王金友

河南省

刘 保

湖北省

万熙卿 卢耀恒 周俊伟 谢剑非

湖南省

金辉良 吴明夏 徐远生 刘 琼(女) 陈孝珊(女)

广东省

冯所积 温凤勤(女) 刘火成 彭庆光 麦树成 刘功华 钟建南

广西壮族自治区

吴南征 陈龙泉 苏继南

四川省

伍健敏 张 伟 刘汉元 刘永好 周梅卿(女)

贵州省

胡太义 王在钧

云南省

刘天余

陕西省

杨 旭 韩永健

甘肃省

王福宪

宁夏回族自治区

谭光兆

青海省

吴得才

新疆维吾尔自治区
马国齐　连玉华(女)
大连市
王洪君
青岛市
夏太书
深圳市
李舒宏
农业部
霍启光
国内贸易部
金仲晶
解放军总后勤部
张道槐　刘福金

为我国饲料工业发展做出贡献的离退休老同志

北京市
王　宪　张正义　吴开春　李自茂
天津市
张九如　陈宝贵
河北省
次银河　侯友林　雒永志
山西省
李文斌　宋思栋
内蒙古自治区
王守清　贾良英
辽宁省
吴晶炎　丁德孟　王振兴　梁宝泰
吉林省
崔焕章　韩维中　杨嘉实　辛春林　杨春润　王文斌
黑龙江省
王国臣　林居勤　王庆镐　杨明福
上海市
朱仕铭　李耀曾　赖震钜　张荣华　孙　谦　倪文焕　潘锡根
江苏省
曹文杰　杨文正　张洪涛　徐以达　陆治年　何瑛
安徽省
陈国铭　邱宝福
福建省
王之琦　林开生　谢亚祥　陈芳义　卢澄清
江西省
颜若愚　戴荣衮
山东省
黄启宇　张云震　董文焕　张玉笙(女)　王崇江　姜衍德　宋子桂　李立寅
刘景荣
湖北省
李开浩　朱衍中　蒋明惠　任润华　饶应昌

湖南省
甘子良　朱柏轩　粟俊义　汤玮如(女)　彭正勋　尹后元　楼盛涛
广东省
黄锦祥　保国裕(女)　陈沃林　郑建华(女)　何　燎　程民章　李柏荣
梁　廷　何婉美(女)　张　端　张　樵
广西壮族自治区
张志民
四川省
杨　凤　宁望成　刘培枢
贵州省
景信芬(女)　王民三　李　超　薛鸿深
云南省
徐南华　常文忠
陕西省
樊嘉兴　张新民　孙加楼
甘肃省
邸延发　房立明
青海省
马德和
新疆维吾尔自治区
杨润芝(女)　陈荆芬(女)
青岛市
马健夫　李爱杰　侯文璞
深圳市
宋文启
国家计委
胡德恒
机械工业部
李友杰
化学工业部
王彩彬(女)　李　玲(女)
农业部
王和民　王维四　戎　易　齐文英(女)　李公喆　李志模　李伟格　余也凡
杜　伦　陈耀春　杨　胜　张子仪　周毓平　高勒琪　韩筠辉
国内贸易部
马玉山　李昌弟　余志新　张诚彬　林形如　郭继宗　费叔明　高进修
樊　红(女)　章玉琴(女)
中国农业银行
郑直芳
国家医药局
金雯霞(女)

纪念中国饲料工业协会成立十周年
全国饲料工业协会系统先进集体、先进工作者名单

一、先进集体（排序不分先后）
天津市饲料工业协会
辽宁省饲料工业协会
吉林省饲料工业协会

山东省饲料工业协会
湖南省饲料工业协会
广东省饲料工业协会
贵州省饲料工业协会
陕西省饲料工业协会
沈阳市饲料工业协会
青岛市饲料工业协会
江苏省徐州市饲料工业协会

二、先进工作者（排名不分先后）

北　京　牛树琦　苏蔼卿
天　津　杨秋蓉　朱红旗
辽　宁　马学海　韩春泰　李　成
吉　林　周同华　崔焕章　邢玉臣
黑龙江　张永亮　时胜远
上　海　李耀曾　张慧英
江　苏　巫昌礼　孔祥钧　李　兰
安　徽　周天源
福　建　黄秀芳　卢增荣
山　东　程显荣　王新生
湖　北　彭安强　王　瑜　任　立
湖　南　罗桂秋　龙念军
广　东　吴菊生　亚炯钧　梁晓生　余芷华
广　西　罗广烈　王　强　刘学义
四　川　李俊德
贵　州　叶树平
云　南　杜建勋
陕　西　杨　旭　王林农
甘　肃　方宝华
宁　夏　张怀信
新　疆　王志军　刘君健
青　岛　夏太书　刘永祥
重　庆　廖祯华
中国饲料工业协会　李国胜　牟永义　张增英　刘恩夫　徐百志　廖　峰

1998年中国饲料工业协会优秀团体会员名单、先进协会工作者名单

为肯定成绩，表彰先进，根据中饲协（1998）38 号文件精神，在各地协会预审、推荐、严格把关的基础上，经中国饲料工业协会研究决定，对北京市饲料工业协会等88家优秀团体会员和牛树奇等110名协会先进工作者给予表彰。

优秀团体会员名单

北京市：北京市饲料工业协会
北京燕京牧机集团
北京大北农饲料集团

天津市：天津市饲料工业协会
天津市兽药二厂
天津正大饲料科技有限公司

河北省：河北省饲料工业协会
沧州市饲料工业协会
河北凯特饲料有限公司
河北兴达饲料有限公司
河北石家庄饲料营养源厂
河北金盾饲料有限公司

山西省：山西省威科饲料科技公司

辽宁省：辽宁省饲料工业协会
沈阳市饲料工业协会
营口市浓缩饲料厂
辽河英鹏饲料有限公司

吉林省：吉林省饲料工业协会
长春市华龙饲料厂

黑龙江省：黑龙江省饲料工业协会
大庆石油管理局禽蛋公司饲料加工厂
哈尔滨美龙饲料有限公司

上海市：上海市饲料公司
上海大江（集团）股份有限公司
上海正诚机电制造有限公司

江苏省：江苏省饲料工业协会
徐州市饲料工业协会
江苏省正昌集团公司
盐城市浓缩蛋白饲料厂
常州市饲料总公司

浙江省： 浙江省杭州市临安申光化学有限公司

安徽省： 安徽省太和正泰饲料有限责任公司

福建省： 福建省华龙饲料技术开发集团公司
华大（福州）饲料公司
福建省饲料工业公司

江西省： 江西民星企业集团
江西省饲料工业协会
江西省茂昌实业有限公司

山东省： 山东济宁市化工研究所
山东诸城市对外贸易集团公司
山东省六和集团有限公司
济南市浓缩饲料厂

河南省： 河南省饲料工业协会
开封正大有限公司
河南亚美集团股份有限公司
平顶山市饲草饲料管理站
河南省浚县蛋白质饲料厂

湖北省： 湖北省南大畜禽水产公司
广济药业股份有限公司

湖南省： 湖南省饲料工业协会
正大岳阳有限公司
湖南省金威饲料厂
湘潭市蒙哥饲料有限公司
湖南新大实业有限公司
湖南湘大集团

广东省： 广东省饲料工业协会
广州市饲料工业协会
广东省农业科学院畜牧研究所
顺德华星实业股份有限公司
广东冠军饲料实业公司
新会市粮油饲料工业公司
广东恒昌实业股份九江饲料厂
广东肇庆宏达饲料香味剂有限公司

海南省： 海南正大畜牧有限公司
海南华星饲料厂
海南恒兴饲料实业有限公司

广西壮族自治区： 广西赖氨酸有限责任公司
广西彼得汉预混饲料有限公司

四川省： 希望集团有限公司
四川隆生（集团）实业发展有限责任公司
四川畜牧兽医研究所饲料添加剂厂
广汉正大饲料科技有限公司
四川巨星农牧集团
四川简阳精华企业集团

重庆市： 重庆市饲料质量监测管理所

云南省： 云南省饲料工业协会

陕西省： 陕西省饲料工业协会
陕西省饲料厂
陕西省渭南饲料添加剂厂

青海省： 青海省马坊饲料厂

新疆维吾尔自治区： 乌鲁木齐市饲料公司

青岛市： 青岛市饲料工业协会
青岛市动物药厂

深圳市： 深圳市华宝（集团）饲料公司
深圳市康达尔（集团）饲料有限公司
正大康地（深圳）有限公司

中直企业： 中国牧工商（集团）总公司
北京伟嘉饲料集团

先进协会工作者名单

北京市： 牛树琦　北京市饲料工业协会
邵根伙　北京大北农饲料集团
戴　春　北京燕京牧机集团

天津市： 安树元　天津市饲料工业协会
李汉义　天津市蓟县饲料厂
韩凤兰　天津市足立畜禽制药有限公司

河北省： 戴宝成　河北省饲料工业协会
王玉莲　河北省饲料工业协会
师校军　河北省饲料工业协会
刘金明　河北省沧州市饲料工业协会
郑培宗　河北省沧州市饲料工业协会
刘建方　河北省廊坊市饲料工业协会
田振谦　河北省无极县饲料机械厂

山西省： 吕世秀　山西省饲料工业协会
赵瑞峰　山西威科饲料科技公司

乌 欣 山西省大同农牧机械厂

辽宁省： 王克余 辽宁省农村工作办公室
马学海 辽宁省饲料工业协会
邵传明 农业部饲料质量监督检验中心（沈阳）
边连全 沈阳农业大学
侯其田 沈阳市嘉荣畜牧饲料有限公司
谷泽涵 鞍山市饲料工业办公室

吉林省： 符光伟 吉林省饲料工业协会
周向德 长春市华龙饲料厂
李 君 敦化市美达饲料有限责任公司

黑龙江： 时胜远 黑龙江省饲料工业协会
张永亮 黑龙江省饲料工业协会

上海市： 李佩卿 上海市饲料工业协会
凤懋熙 上海市饲料公司
陈国兴 上海市粮食科学研究所

江苏省： 黄顺方 江苏省饲料工业协会
林绍伯 江苏省连云港市经委
潘惟斯 苏州市食品工业办公室
鲁晓祥 江苏省盐城市计划与经济委员会
孔祥钧 江苏省徐州市饲料工业协会
李 斌 江苏省饲料工业协会

浙江省： 魏芳勋 浙江省饲料工业办公室
应志仁 浙江省饲料工业办公室

安徽省： 王明辉 安徽省饲料工业办公室
徐 凯 安徽省宿县地区饲料工业协会

福建省： 冯玉兰 福建省农科院
黄秀芳 福建省饲料工业协会
卢增荣 福建省计委
陈启发 福建省水产厅

江西省： 朱永定 江西省饲料工业协会
黄 潮 江西省饲料工业协会
孙 新 江西省饲料工业协会

山东省： 程显荣 山东省饲料工业协会
陆书凯 山东济宁市化工研究所
王金友 山东诸城外贸集团
刘金华 山东诸城外贸饲料加工厂
黄炳亮 山东六和集团有限公司

河南省： 史孝孔 河南省饲料工业协会
王大志 河南省饲料工业协会
张云涛 河南省饲料工业协会
王鸿煊 河南省开封正大饲料有限公司
戴大校 河南亚美集团股份有限公司
吉进卿 河南省饲料工业协会

湖北省： 毛池贵 湖北省农业厅
王 渝 湖北省饲料工业协会
彭安强 湖北省饲料工业协会
赵新安 人民大垸农场畜禽水产公司

湖南省： 罗桂秋 湖南省饲料工业协会
陶一山 湖南湘大实业股份有限公司
吴明夏 湖南省正虹饲料股份有限公司
金孟南 湘阴金威饲料厂
张中球 湖南新大实业有限公司
方道弘 正大岳阳有限公司

广东省： 许爱顺 东莞沙田顺发饲料有限公司
肖祖乐 中山市泰山饲料厂
谭钜添 广州市江村家禽企业发展公司
梁汉权 广东中宏实业发展公司
郑 诚 华南农业大学动物科学系
朱阳生 广东省饲料工业协会
杨锦汛 广东省饲料产品质量监督检验站

海南省： 周耀权 海南华星饲料厂
王汉夫 海南省琼州饲料厂
崔建军 海南恒兴饲料实业有限公司

广西区： 岭新跃 广西彼得汉预混饲料有限公司

四川省： 李德华 四川省饲料工业协会
李 淳 四川省饲料工业协会
柏 凡 农业部饲料质量监督检验测试中心（成都）
周霖临 遂宁市畜牧食品局
张孝初 四川省宜宾市畜牧局
勾春枝 四川省绵阳市饲料工业办公室

重庆市： 曹亚平 重庆市农业局
骆 意 重庆彼得汉预混饲料有限公司
关受江 四川畜牧医学院饲料总厂

云南省： 黄春凤 云南省饲料工业协会
赵玉尝 云南省饲料工业协会

陕西省： 杨 旭 陕西省饲料工业协会
王清喜 陕西省饲料厂
雷金全 兰州军区西安北关基地饲料厂

青海省： 王大明 青海省饲料工业办公室

新疆区： 潘毅平 新疆天康技术发展公司
刘君健 新疆维吾尔自治区饲料工业办公室
梁建疆 新疆泰昆集团

大连市： 单盛宜 大连市金州区饲料工业办公室

青岛市： 苏建宪 青岛市饲料工业协会
刘学清 青岛市饲料工业协会
夏太书 青岛市饲料工业协会

深圳市： 陈俊海 深圳市华宝（集团）饲料公司
张春旺 深圳市康达尔（集团）饲料有限公司

协会机关： 乔玉锋 中国饲料工业协会
李国胜 中国饲料工业协会
张增英 中国饲料工业协会
单 钟 中国饲料工业协会
徐百志 中国饲料工业协会
廖 峰 中国饲料工业协会
胡广东 中国饲料工业协会

历届农业博览会获奖企业产品名单

首届农业博览会获奖名单

金 奖

畜 牧 类

产 品 名 称	商 标	生 产 单 位
蛋鸡配合料 147	宝 鼎	广州穗屏企业有限公司
蛋鸭配合料	宝 鼎	广州穗屏企业有限公司
种鸭配合料	宝 鼎	广州穗屏企业有限公司
一号奶猪全价颗粒料	希 望	成都希望有限公司
全价颗粒料	新 城	苏州新城饲料厂
全价颗粒料	新 城	苏州新城饲料厂
复合维生素	新 扬	上海新扬兽药厂
复合维生素	新 扬	上海新扬兽药厂
赖氨酸盐酸盐	桂 元	广西赖氨酸厂
鸡配合饲料（7-14 周）	华 鲁	济南浓缩饲料厂
鸡配合饲料（21-24 周）	华 鲁	济南浓缩饲料厂

水 产 类

产品名称	商 标	生产单位
SZLH35 型制粒机	正昌牌	溧阳正昌粮油饲料机械公司
对虾配合饲料	海马牌	福建马尾联合水产饲料有限公司
鳗鲡配合饲料	苏盛牌	苏州苏盛鳗业有限公司
对虾配合饲料	东方牌	辽宁辽阳东方特种饲料有限公司
成鳗配合饲料	鳗联牌	广东汕头鳗联企业集团

银 奖

畜 牧 类

产 品 名 称	商 标	生 产 单 位
猪浓缩料	华 桂	广西浓缩饲料厂
肉用仔鸡配合料（0-2 周龄）	华 都	北京华都肉鸡联营公司
肉用仔鸡配合料（3-6 周龄）	华 都	北京华都肉鸡联营公司
551 乳猪料	大 江	上海大江有限公司大江饲料厂
仔猪配合料（颗粒料）	华 蓉	成都市华蓉牧工商公司将军牌饲料厂
产蛋鸡配合料	华 蓉	成都市华蓉牧工商公司将军牌饲料厂
87 系列全价饲料（猪料）	大 新	浙江农科院畜牧收益研究所德清新市配合饲料厂
蛋鸡一号料	伯 乐	北京市奉伯饲料厂
871 猪用浓缩料	宝 丰	江西饲料厂
QF-001 猪高蛋白添加剂	正 虹	湖南省屈原农场饲料厂
肉用仔鸡多维素预混料	鼎 鼎	齐鲁饲料添加剂厂
硫酸锌	北 化	北京化工厂
硫酸锰	北 化	北京化工厂
饲料级肌醇	鲁 晶	济南市历城区生化厂

水 产 类

产品名称	商标	生产单位
SLD-ZJ300 型平模颗粒饲料机	渔丰牌	上海市青浦渔机厂
SLD200 型颗粒饲料机	三渔牌	江苏无锡县渔机厂
中成虾配合饲料	珊瑚牌	广东省廉江县养虾（集团）公司饲料厂
对虾成虾颗粒饲料	冠球牌	广东省海丰县水产颗粒饲料厂
鳗鱼配合饲料	金马牌	福建华大（福山）饲料工业有限公司

铜 奖

畜 牧 类

产品名称	商标	生产单位
611A 小鸡料（0-30 日龄）	顺 发	广东东莞市沙田顺发畜禽实业公司
2 号仔猪全价颗粒料	理 想	成都市新津县畜牧局饲料厂
肉用仔鸡配合料（5 周龄）	益 安	山东安丘县饲料厂
肉用仔鸡配合料（0-4 周龄）	益 安	山东安丘县饲料厂
产蛋鸡一号料	多 利	北京市平谷兴粮饲料总厂
浙农一号中猪全价料	欣 欣	浙江嘉兴市新丰饲料厂
产蛋鸡系列料 4	金 环	广州市高能饲料厂
甜菜颗粒粕	大辽西	辽宁朝阳市建平县第二糖厂
产蛋鸡浓缩料	元 宝	西安市机械化养鸡场饲料厂
牧乐维它	牧 乐	江苏省扬中兽药厂
蛋禽用多种维生素	上 兽	上海兽药厂
猪用矿物质饲料添加剂	天 马	江西省矿物质饲料厂
饲料级磷酸氢钙		哈尔滨市钟术实业有限公司
饲料级磷酸氢钙	云 兴	云南宜良县联营化工厂
杆菌肽锌	迈 隆	天津新星兽医药厂
喹乙醇	益 农	湖北武穴兽药厂

水 产 类

产品名称	商标	生产单位
对虾配合饲料	福海牌	山东烟台华新饲料有限公司
对虾配合饲料	金马牌	福建华大（福山）饲料工业有限公司
GJ-PCS500/200 微机控制配料机组		北京工业大学技术设备厂

优良产品奖

产品名称	商标	生产单位
饲料级硫酸铜	九 0 牌	
奶牛精料补充料	三环牌	
高效乳猪颗粒料	皖 宝	
维生素 E 粉	众 牌	
“牛羊福”磷酸脲	盘江牌	
磷酸氢钙	西山牌	
磷酸氢钙		
奶牛精料补充料	金环牌	
肉鸡配合料	虎 牌	
102 号肉鸡料	华桂牌	
氯化胆碱		
鸭宝 504 蛋鸭料	层山牌	
华罗多维 1 号		

第二届农博会推荐产品目录

农 资：

蛋鸡产蛋期完全料 324 吉林大东饲料有限公司
饲料级肌醇 山东省济南市华新生物化学研究所
饲料级氯化胆碱 山东省济南黄河兽药厂
氯化胆碱 陕西渭南市饲料添加剂厂

机 械：

SESP 系列锤片粉碎机，微粉碎机 江苏省扬州粮食饲料机械厂
SLHSJ 系列双轴桨叶式混合机 江苏省扬州粮食饲料机械厂
SLKN 系列逆流机式冷却器 江苏省扬州粮食饲料机械厂
SKLN 系列逆流式冷却器 江苏正昌集团公司
SZLH40b 强调质器颗粒压制机 江苏正昌集团公司

第三届农博会优质产品

畜禽、兽药及饲料产品

产品名称	商标	生产单位
宝丰 871 猪用浓缩料	宝丰 871	江西民星企业集团公司
牧乐维他	牧 乐	江苏扬中市兽药厂
华罗种猪及仔猪用多维	华 罗	北京华罗饲料添加剂厂
团头鲂配合颗粒饲料	水 神	江苏省常州市饲料总公司
新兽药恩诺沙星	牧 童	广东省海康兽药厂
饲料级磷酸二氢钙	蟒 牌	四川省绵竹龙蟒矿物饲料集团有限公司
马杜霉素铵（原料药）、1%马杜霉素铵预混剂	吉发亿	河南三宝集团股份有限公司
正虹牌猪浓缩饲料，正虹牌乳猪全价颗粒料	正 虹	湖南省正虹饲料股份有限公司
饲料级盐霉素 SALINOMYCIN	鲁 抗	山东省鲁抗医药企业集团公司
乳猪全价饲料#551	大 江	上海大江（集团）股份有限公司
001AA 乳猪预混饲料	比得好	广西省彼得汉预混饲料有限公司
产蛋鸡前期配合饲料	华 鲁	山东省济南浓缩饲料厂
“通威”系列饲料	通 威	四川省通威饲料有限公司
523 种鸭料、524 蛋鸭料	宝 鼎	穗屏企业有限公司
饲用金霉素	牧 星	华蒙金河（集团）实业有限公司
江丰多维 C101，江丰多维 V601	江 丰	广东省江丰市江村饲料添加剂厂
50%氯化胆碱	牧 歌	天津市兽药二厂
616A 大鸡料	沙田顺发	广东省东莞市沙田顺发畜禽实业有限公司
饲用微生物添加剂系列产品	自然神	山西太原视乐实业总公司
饲料级磷酸氢钙	向 球	山东省淄博张店向阳化工厂
神力 888、898 育肥猪用浓缩料	五 柳	湖北省枝江市牧工商有限责任公司
上兽多维、硫氢酸红霉素可溶性粉剂	上 兽	上海同仁药业有限公司上海兽药厂
恒大 551 乳猪料	恒 大	皖西恒大颗粒饲料厂
酶化酵母	天 骄	河北省沧州运河工贸总公司

HF 复合酶制剂	鸿 福	山东省济宁市化工研究所
肉小鸡预混料	虎 牌	山东省诸城市外贸饲料加工厂
510#仔鸡料	大 江	常州大江畜禽饲料公司
蛋鸡专用维生素	新 扬	上海新扬兽药厂

水产养殖产品

产 品 名 称	商 标	生 产 单 位
鳗鱼系列饲料	大 昌	福州大昌盛饲料公司
鳗鱼配合系列饲料	金 曼	广东金曼集团股份公司
鳗鱼配合饲料、对虾配合饲料	海 马	福建马尾联合水产饲料公司
幼、成鳗配合饲料	鳗 联	汕头鳗联集团公司
罗氏沼虾幼、成虾配合饲料	荷 丰	广东新会荷塘渔用料厂
鳗鱼配合饲料	冠 华	广东冠华饲料实业公司
斑节对虾配合饲料	珊 瑚	广东廉江市养虾集团公司饲料厂

水产加工品

产 品 名 称	商 标	生 产 单 位
鱼 粉	明 珠	中国水产舟山海洋渔业公司
鱼 粉	白 菊	山东荣城市大鱼岛渔业集团总公司

第四届农博会名牌产品（1999 年）

产品名称	商 标	生产单位
产蛋鸡高峰期浓缩饲料	辽 河	辽宁辽河英鹏饲料有限公司
饲料级磷酸氢钙、磷酸二氢钙	蟒 牌	四川绵竹龙蟒矿物质饲料集团有限公司
宝丰 871 猪用浓缩饲料	宝丰 871	江西民星企业集团公司
123 快大黄大鸡配合饲料、723 大鸡配合饲料	恒 兴	湛江恒兴饲料实业有限公司
凯特牌 313 鸡系列饲料、101 猪浓缩料	凯 特	河北凯特饲料有限公司
猪用全价配合饲料 551	大 江	上海大江(集团)股份有限公司
551 乳猪料	巴 大	南通巴大饲料有限公司
551 乳猪料、510 肉小鸡料	威 特	成都正大有限公司
氯化胆碱	华 菱	济南华菱药业有限公司
551 乳猪料	正大（图形）	内蒙古正大有限公司
星鲨多维（禽用）	星 鲨	厦门星鲨动物保健品厂
111 地方花鸡配合饲料、112 地方小鸡配合饲料、113 地方中鸡配合饲料	华 星	顺德市华星饲料厂
中华多维	益 多	四川省畜牧兽医研究所饲料添加剂厂
50% 氯化胆碱	牧 歌	天津市兽药二厂
肉仔鸡预混料（6112 加硒）	BOIN	沈阳饲料集团公司波音饲料添加剂厂
仔鸡料 510#	大 江	常州大江畜禽饲料公司
鸡用多维 101 号预混料	江 丰	广州市江村家禽企业发展公司
强化开胃精（预混料）	川 牌	重庆市养猪科学研究院饲料总厂
霉克新星、乙氧基喹啉	福 达	上海福达精细化工有限公司
金牧牌猪用复合预混料	金 牧	湖北省农业科学院畜牧兽医研究所
饲料调味剂－猪乳香	宏 达	广东肇庆市宏达饲料香味剂有限公司

111 黄羽肉鸡配合饲料	温 氏	广东温氏食品集团有限公司
安都牌生猪快速催肥剂(预混料)	安 都	四川安都企业集团公司
5%良种肉鸡超级浓缩料	康 大	济南康大饲料有限公司
华罗鸡用多维一号	华 罗	北京华罗饲料添加剂厂
“1+3”产蛋鸡用预混料	前 程	日照时代饲料有限责任公司
551CF 乳猪用复合预混料	正 昌	江苏正昌集团溧阳正昌饲料科技有限公司
牧乐维他	牧 乐	扬中市兽药厂
133B 大鸡料	宝 鼎	穗屏企业有限公司饲料厂
万年青牌 4350 号大中鸭料	万年青	武汉万年青饲料有限公司
强力益生素Ⅱ	景 泰	广州景泰生物工程有限公司
达利牌 504 号蛋鸡浓缩饲料	达 利	陕西省高陵县达利饲料有限公司
105 产蛋鸡浓缩为	华 泰	陕西省饲料厂
威科 131 育肥猪浓缩料、威科 311 蛋小鸡料	威 科	山西威科饲料科技公司
“恒大”牌 551J 强化乳猪料	恒 大	皖西恒大颗粒饲料厂
产蛋鸡高峰期浓缩饲料	华 鲁	济南浓缩饲料厂
华夏龙牌满山红仔猪预混料	华夏龙	成都华夏龙（集团）有限公司
饲料级磷酸氢钙	汉 光	四川省汉源化工总厂
华都蛋鸡多维	华 都	北京华都饲料有限责任公司
产蛋鸡浓缩饲料	翔 鹏	沧州市鲲鹏饲料厂
1 号奶猪全价颗粒饲料	金 豆	深州金豆饲料有限公司
苗鲤鱼后期配合饲料（F01、F02 号）	嘉 荣	沈阳嘉荣畜牧饲料有限公司
双盛牌 51 乳猪生物颗粒全价料	双 盛	吉林市盛大实业发展有限公司
肉鸡全价配合饲料 4#	虎 牌	山东省诸城市外贸饲料加工厂
SB24 小猪预混料	雄 峰	武汉市雄峰科技有限公司
5%产蛋鸡复合预混合饲料	安 康	青岛正康实业有限公司
661 仔猪全价颗粒饲料	川 牧	四川畜牧兽医学院饲料总厂
生长肥育猪 10%浓缩饲料(肥育宝)	大 成	辽宁大成农牧农业有限公司
111 小鸡配合饲料	永 丰	新会粮油饲料工业公司
50%粉剂氯化胆碱	壮 须	渭南市饲料添加剂厂
551 乳猪全价颗粒饲料	举 霸	盐城市富大畜禽发展有限公司
肉用仔鸡颗粒配合饲料(101#)	泰 伟	泰安泰伟食品有限公司
乳猪全价颗粒料 产蛋高峰期鸭料	铁骑力士	四川铁骑力士实业有限公司
101 肉用仔鸡全价饲料	粟 海	山西粟海集团有限公司
齐鲁维康	鼎 鼎	齐鲁动物保健品厂
雄旺牌八宝香（调味剂）	雄 旺	四川省青神雄旺饲料有限公司
巴肉精饲料添加剂预混料	巴肉精	四川省自贡市巴尔饲料药物添加剂厂
民星 1 号乳猪全价（颗粒）料	民 星	江西民星企业集团公司
岳泰精 1 号育肥猪粉状浓缩料	泰 氏	内蒙古通辽岳泰农牧有限公司
圣旺维他	圣 旺	圣旺集团曲阜圣亚兽药有限公司

其 他

中国饲料工业协会专业委员会管理办法

（中国饲料工业协会三届二次常务理事扩大会通过）

一、总 则

1. 根据中国饲料工业协会（以下称协会）章程第十二条“协会根据工作需要，可以设立必要的专业委员会”（以下称专委会）的规定，为了加强对专委会的管理，制定本办法。

2. 专委会的性质。专委会是协会的分支机构，在协会的领导下，遵循协会章程，在本专业范围内开展工作。

3. 专委会按饲料工业的专业设置，不得重复组建。

二、任 务

专委会的任务是团结、联络从事本专业的协会团体会员和个人会员以及本专业的企事业单位，为推动本专业的事业发展服务。具体任务是：

调查研究国内外本专业的发展动态和趋势；

积极向协会和政府反映本专业的情况、意见和要求；

编辑出版本专业有关书籍、资料，组织宣传报道工作；

组织本专业的科学技术交流，技术培训，专题研讨会；

提供技术咨询和信息服务；

接受政府委托任务，推动本专业科技进步。

三、组织机构

专委会由从事本专业管理、生产、经营、科研、教育等协会团体和个人会员代表及专家学者代表组成。专委会设主任委员 1 人，副主任委员若干人，可以设名誉主任、顾问若干人；专委会的办事机构是秘书处，设秘书长 1 人，副秘书长 1－2 人。专委会委员由有关方面推荐（选）的代表组成。主任、副主任由委员选举产生。

四、经 费

专委会的活动经费、工作人员及待遇，均由专委会自行解决。

五、成立专委会的条件和程序

由协会或由协会委托本专业主导行业部门的团体会员中有影响的企事业单位牵头成立筹备组，并报协会批准、备案，负责具体筹备工作。成立专委会，必须具备以下三个条件：

1. 有固定办公地点；
2. 有工作经费支持；
3. 有开展工作的办事班子。

筹备组开展以下工作：

1. 提出专委会组成人选；
2. 确定专委会办公地点和办事机构人选；
3. 筹措活动经费；
4. 筹备召开成立大会。

协会根据筹备组筹备工作报告，负责向民政部申请备案。经民政部批复后，与筹备组商定正式成立专委会事宜。

六、管 理

1. 专委会在协会领导下开展工作。专委会的年度工作计划报协会批复执行。

2. 专委会定期向协会报告工作，每年向协会提交书面工作总结和财务收支情况报告。

3. 专委会人事变动情况及时向协会报批。

4. 专委会不执行本办法规定，协会有权提出批评、进行整顿、直至撤销该专委会，收回印章。

七、附 则

1. 本办法解释权属协会。
2. 本办法自印发之日起执行。

第二届全国饲料工业标准化技术委员会委员名单

	姓 名	工作单位
主任委员	王随元	中国饲料工业协会
副主任委员	刘当慧	无锡轻工大学
	韩友文	东北农业大学动物科学系
秘 书 长	牟永义	中国饲料工业协会
顾 问	齐文英	中国饲料工业协会
委 员	南效景	中国农业机械化科学研究院
	王荣凯	机械部呼和浩特畜牧机械研究所
	刘继业	全国饲料工业办公室
	丁晓明	农业部渔业局水产养殖处
	白韵如	中国农科院饲料研究所
	李淑敏	中国农科院饲料研究所
	罗绪刚	中国农科院畜牧研究所
	吴克谦	中国农科院畜牧研究所
	陈必芳	国家饲料质量监督检验中心(北京)
	朱蓓蕾	中国农业大学动物医学院
	呙于明	中国农业大学动物科技学院
	熊先安	华中农业大学农工系
	于炎湖	华中农业大学畜牧兽医学院
	莫棣华	广东省农业科学院
	雍文岳	中国水产研究院长江水产研究所
	金振玉	国内贸易部无锡科学研究院
	高寿清	中国酿酒工业协会
	孔震宇	中国医药工业公司
	徐金垒	化工部北京化工研究院
	刘幽若	化工部天津化工研究院
	王丁秀	黑龙江省饲料工业研究所
	朱永定	江西省饲料工业办公室
	潘中华	上海市饲料质量监督检验站
	金仲晶	国内贸易部工业司饲料处
	邹缦云	国内贸易部工业司饲料处
	卞克明	哈尔滨饲料科学研究所
	姚继承	国内贸易部武汉科学研究设计院
	李爱科	国内贸易部科学研究院
	王卫国	郑州粮食学院生物工程系
	杨 林	国家饲料质量监督检验中心(武汉)
	方银元	洪湖蓝田水产开发有限公司饲料公司
	邵传明	辽宁省兽药饲料质量监察所
	梁浩仪	罗氏(中国)投资公司广州办事处
	沈建忠	中国农业大学动物医学系
	楼洪兴	浙江省农科院畜牧研究所
	刘万波	长春市华龙饲料厂
	赖宗文	四川隆生集团有限公司
	刘汉元	四川通威集团有限公司
	哈志刚	四川倍力饲料公司
	王苏宁	营口市浓缩饲料厂
	刘宏达	上海大江（集团）股份有限公司
	凤懋熙	上海市饲料公司
	邓近平	江西民星企业集团公司

王金友	山东诸城外贸集团公司
李玉润	化工部饲料添加剂开发中心
黄炳亮	山东六和集团有限公司
王清喜	陕西省饲料厂
张国安	广东新会市新粮饲料工业公司
陈俊海	深圳市华宝集团饲料公司
张　励	华星实业股份有限公司
张　莹	广东温氏食品集团有限公司
冯所积	广东湛江家丰饲料有限公司
王启满	盐城市浓缩蛋白饲料厂
罗润昌	广西赖氨酸厂
危新跃	广西彼得汉预混饲料有限公司
沈水宝	广西饲料集团公司
刘大建	湖南湘大集团
顾玉山	东北制药总厂
黄炳堂	湖北省饲料公司饲料厂
吴明夏	湖南正虹(集团)饲料有限公司
廖　峰	北京伟嘉饲料集团
李家权	四川绵竹龙蟒矿物质饲料集团公司
姜树林	正大岳阳有限公司
陈志刚	大江集团上海申德机械有限公司
郭纪平	上海正诚机电有限公司
张邦辉	余姚市天邦饲料科技有限公司
胡向东	杭州皇冠特种水产饲料有限公司

中国饲料工业协会饲料添加剂专业委员会主任、副主任、秘书长名单

（1993年9月24日第一届专委会第一次会议通过）

主　任：谭竹洲

副主任：刘恩夫　徐定人　黄金富

秘书长：李国胜

中国饲料工业协会饲料添加剂专业委员会第一届委员会委员名单

（1993年9月24日第一届全体会议通过）

（按姓氏笔划为序，共32名）

序号	姓名	性别	工　作　单　位	职　务	职　称
1	于景之	女	中国发酵工业协会		高级工程师
2	马栋庭	男	东北制药总厂	副总工程师	工程师
3	马树恒	男	中国科学院应用研究与发展局	处长	工程师
4	尤　新	男	轻工总会		教授级高级工程师
5	包曼林	女	北京矿冶研究总院发展规划处		高级工程师
6	邓志民	男	中国稀土开发公司开发部		助理工程师
7	孔震宇	男	中国医药工业公司	处长	高级工程师

8	刘恩夫	男	中国饲料工业协会	副秘书长	高级经济师
9	刘当慧	男	无锡轻工学院粮油工程系		教授
10	申仲泉	男	中国矿物饲料集团	秘书长	工程师
11	冯德清	男	无锡星达生物工程有限公司	副总经理	工程师
12	邹缦云	女	商业部饲料工业办公室	副处长	高级工程师
13	姚继承	男	国家饲料质量监督检验中心(武汉)	副主任	工程师
14	孙毓秀	女	中国农科院饲料研究所 饲料添加剂研究室	主任	副研究员
15	李　玲	女	化工部化工规划院		教授级高级工程师
16	李定梅	女	国家科委中国农村技术开发中心	处长	高级工程师
17	李国胜	男	中国饲料工业协会	处长	高级工程师
18	花孝先	男	广西磷酸盐化工厂	总工程师	高级工程师
19	陈体勤	男	四川省自贡市饲料添加剂厂	厂长	工程师
20	陈必芳	女	国家饲料质量监督检验中心(北京)	中心副主任	副研究员
21	张妙卿	女	商业部　中国饲料公司	副总经理 总工程师	高级工程师
22	张书华	女	农业部畜牧兽医司牧机饲料处	副处长	高级畜牧师
23	金雯霞	女	中国医药工业公司		教授级高级工程师
24	钱金元	男	天津化工厂	厂长	高级工程师
25	徐振华	男	南通醋酸化工厂	总经济师	经济师
26	徐定人	男	农业部畜牧兽医司	副司长	高级工程师
27	黄彬初	男	北京化工厂	副厂长	高级工程师
28	黄金富	男	国家医药管理局计划司	副司长	高级工程师
29	常源亮	男	山东省化学研究所	副所长	高级工程师
30	鲁志娴	女	江门健德实业总公司	总经理	工程师
31	谭竹洲	男	化工部	副部长	
32	禚宝山	男	山东济南齐鲁饲料添加剂厂	副厂长	工程师

首届中国饲料工业博览会认定产品名单

生 产 企 业	产 品 名 称
北京市	
北京正大饲料有限公司	551 乳猪全价配合料、瘦肉型猪浓缩料
北京华都育种公司饲料厂	蛋用种鸡高峰期料
北京霞光饲料总公司	生长肥育猪后期配合饲料
北京南苑配合饲料厂	蛋鸡配合饲料、奶牛配合精料
北京峪口养鸡总场饲料厂	产蛋鸡 1 号料、成鱼用颗粒饲料
北京顺义俸伯饲料厂	产蛋鸡 1 号料
北京市东沙饲料厂	产蛋鸡 1 号料
北京兴都工贸集团	鱼用复合添加剂
北京友谊配合饲料厂	鱼浓缩饲料、2 号鲤鱼饲料
北京华都肉鸡联营公司饲料厂	肉仔鸡中期料
北京宏达饲料有限公司	肉用仔鸡后期料
北京市永乐店饲料厂	奶牛精料补充料
北京化工厂科学饲料添加剂	硫酸铜粉
北京顺义科微顺综合发酵厂	动物蛋白发酵饲料
北京工业大学技术装备厂	GJ—PCS 称重配料系统、GJ—DCS 电子包装秤
北京燕京牧机集团	饲料揉搓机、平模颗粒机

天津市	
天津实验动物中心华孚科技发展公司	鲤鱼 2 号、3 号成鱼饲料
天津足立畜禽制药有限公司	猪长的快、维生素 AD_3 粉
天津市动物药厂	禽宝
天津市河北制药厂	维生素 B_2
天津市兽药二厂	烟酸、50%氯化胆碱
河北省	
秦皇岛市饲料公司	全价配合料
新乐市胜亚公司饲料厂	猪用浓缩料
沧州宝利兽药有限公司	宝利多维 3 号、奋发维他、氯化胆碱
山西省	
山西榆次饲料公司	蛋鸡配合饲料
山西阳曲县饲料厂	蛋鸡配合饲料
山西榆次亨通饲料厂	蛋鸡配合饲料
山西威科饲料科技公司	311 蛋小鸡配合饲料、奶牛精料补充料
侯马市正中饲料公司	肉骨粉
山西大同市农牧机械厂	颗粒饲料压制机
内蒙古自治区	
内蒙古临河饲料公司	551 乳猪全价料、112 肉中鸡颗粒料
辽宁省	
营口市浓缩饲料厂	鲤鱼颗粒料
辽阳东方特种饲料有限公司	对虾配合颗粒料
阜新饲料总厂	猪用浓缩料
辽宁大成农牧实业有限公司	肉仔鸡浓缩料、肥育猪浓缩料、蛋鸡预混料
辽宁华荣饲料有限公司	肥育猪浓缩料、肥育猪配合料
沈阳嘉荣饲料有限公司	肉仔鸡配合料、鲤鱼全价料
辽宁省台安县台珠饲料发展公司	肉仔鸡配合料、肉仔鸡浓缩料
沈阳益华饲料有限公司	肥育猪配合料
沈阳粮油运输公司饲料加工厂	肉仔鸡配合料
辽河饲料集团公司	产蛋鸡 1 号料
辽宁禾丰牧业有限公司	猪用预混料 5258、肉鸡用预混料
阜新市牧业机械总厂	93KS－5 颗粒饲料加工成套设备
铁岭精工集团股份有限公司	振动流化床干燥机
鞍山动物药厂	维生素 K_3
抚顺市饲料添加药品厂	鲤鱼饲料复合添加剂
沈阳双良自动化系统有限公司	电脑配料自动化系统
辽宁普丰农牧实业有限公司	RCT－3 饲料添加剂
鞍山市综合饲料厂	肉骨粉
辽宁省粮食机械厂	锤片式粉碎机
辽宁农垦大洼谷物集团饲料酵母公司	饲料酵母
辽宁朝阳酒厂	蛋白干饲料
沈阳正大畜牧有限公司	乳猪料、猪浓缩饲料
吉林省	
吉林正大有限公司	肥育猪浓缩料、仔猪全价料、肉中鸡预混料
长春市华龙饲料厂	猪用浓缩料、肉鸡浓缩料
吉林德大有限公司	肉仔鸡全价料、肉鸡浓缩料
长春市饲料公司	蛋鸡高峰期饲料
吉林市盛大实业发展有限公司	猪 888－3 生物浓缩料

吉林省中亚饲料有限公司	808 猪用料精、551 乳猪颗粒料
吉林省饲料物资公司	肉仔鸡浓缩精料
吉林省白山市饲料公司	肉鸡 2 号全价饲料
吉林省公主岭市淀粉厂	饲用复合酶蛋白
吉林省预混浓缩饲料厂	改性大豆磷脂
四平联合化工厂天华总公司饲料添加剂厂	氯化胆碱
黑龙江省	
大庆石油管理局禽蛋公司饲料厂	蛋鸡配合饲料、肉仔鸡颗粒饲料
哈尔滨美龙饲料添加剂有限公司	553 产蛋鸡浓缩饲料
黑龙江东方饲料有限公司	乳猪全价颗粒料、肉仔鸡颗粒料
黑龙江集贤县龙达饲料有限公司	211 乳猪颗粒料、肉仔鸡颗粒料、猪用复合预混料
黑龙江省庆安钢铁有限责任公司	钢板仓
黑龙江三江食品公司饲料厂	鱼用颗粒饲料
黑龙江饲料工业研究所	9Y－Z5 型饲料成套设备
哈尔滨市华冠饲料有限责任公司	反刍家畜节粮型秸秆饲料
上海市	
上海市饲料公司	肥育猪配合饲料、畜禽预混合饲料
上海大江（集团）股份有限公司	551 乳猪全价饲料、510 肉小鸡全价饲料、3311F 肉中鸡浓缩饲料
上海展望饲料有限公司	881 乳猪全价饲料、2 号仔猪全价颗粒料
上海统一企业畜牧食品有限公司	A35 蛋鸡产蛋高峰期全价料、FB35 蛋鸡高峰期预混料、A22 肉鸡中期全价饲料
上海长征第二化工厂	克氧灵
上海五四兽药厂	畜禽用亚硒酸钠维生素、维生素 AD_3
上海申德机械有限公司	SDPM520 颗粒机、高铬合金钢环模
上海正诚机电制造有限公司	饲料生产全过程模拟屏
江苏省	
南通正大有限公司	仔猪料、猪精料、肉小鸡料
盐城市浓缩蛋白饲料厂	蛋鸡高峰期配合料、蛋白预混料
苏州市新城饲料厂	乳猪全价颗粒料、肉鸭前期全价料、罗氏沼虾成虾配合料
苏州鼎新畜牧饲料有限公司	仔猪配合料、生长猪料、肉鸭后期料
赣榆县配合饲料厂	肉仔鸡后期料、肉仔鸡中期料、乳猪全价料
常州市饲料总公司	团头鲂配合料、肉仔鸡中期颗粒料、仔猪后期料
常州大江畜禽饲料公司	乳猪料、肉用仔鸡料
江苏省丰县饲料公司	肉鸡系列配合饲料、猪料精、乳猪料
江苏省洪泽饲料厂	猪系列全价配合饲料
淮阴天参饲料厂	乳猪料
江苏新沂饲料厂	仔猪前期料
射阳县兴盛饲料厂	肥育猪全价料、蛋鸡全价料
淮阴利尔饲料有限公司	仔猪配合料
淮阴康大饲料发展公司	乳猪料
淮阴奥阳饲料有限公司	乳猪料
江苏盐城盐河饲料总公司	蛋鸡配合料
南通大中动物保健品有限公司	栏宝多椎
常熟市饲料添加剂厂	肉鸡复合预混料
吴县太湖酶制剂厂	猪用复合酶
南京六合县扬子饲料营养源厂	复合氨基酸
大丰县粮油饲料工业公司	动物蛋白粉
江苏正昌集团公司	SZLH508 制粒机、制粒机环模、SDBY 定量包装秤

江苏牧羊集团公司	SLHSJ 桨叶式混合机、TPH135 膨化机、SFSP 系列锤片式粉碎机
浙江省	
浙江一星饲料集团有限责任公司	851 仔猪全价饲料
嘉兴市新丰饲料厂	仔猪前期全价配合料
浙江衢州市饲料有限责任公司	553 中猪全价配合饲料
浙江义乌中太饲料有限责任公司	310 猪全价颗粒料
海盐县通元饲料厂	902 仔猪全价饲料
宁波正大学业有限公司	肉猪 551S 膨化料、仔猪 552S 膨化料、肉鸡 510 膨化料
宁波市饲料工业公司	肉小猪全价配合料、肉小鸡全价料
绍兴县饲料总厂	302 产蛋鸭全价配合料
浙江省绍兴市饲料总公司	145 蛋鸭粒状全价饲料
杭州皇冠特种水产饲养有限公司	甲鱼全价饲料
杭州民生添加剂厂	鳗鱼预混料
浙江黄岩兽药厂	氯羟吡啶、磺胺喹啉钠
宁海县沸石总公司	饲料级沸石粉
长兴县八达生化公司	酸性蛋白酶
萧山市楼塔饲料添加剂厂	50%氯化胆碱粉剂
浙江洞头旺岛鱼粉厂	鱼粉
安徽省	
皖西恒大集团公司	恒大 551 乳猪料、580 雏鹅料
安徽太和正泰饲料有限责任公司	蛋鸡饲料
农业部萧县良种鸡示范总场	肉鸡料、肉种鸡料
安徽银河饲料厂	551 乳猪料
安徽泗县饲料厂	551 乳猪料
国营利辛县饲料厂	551 乳猪料
福建省	
福州大昌盛饲料有限公司	黑仔鳗饲料、幼鳖饲料
马尾联合水产公司	幼虾饲料、黑仔鳗饲料
华大（福州）饲料工业有限公司	成鳗饲料、幼鳖饲料
福建龙海海新饲料公司	6 号蛋鸭饲料
华龙饲料技术开发集团	蛋鸭饲料、仔猪料
福建省饲料工业公司兴配合饲料厂	肉用仔鸭料
福州市饲料工业公司	513L 大鸡料
漳州市饲料工业公司	212 大鸭料、中猪料
漳州宝山畜牧企业公司	中猪料
泉州大泉赖氨酸有限公司	L一赖氨酸盐酸盐
福建浦城正大生化有限公司	金霉素
福建抗生素总厂	金霉素
福建高龙实业有限公司	鱼粉、鱼油
漳州科龙电子有限公司	包装秤
江西省	
中外合资江西宏达饲料有限公司	产蛋鸡配合饲料、产蛋鸭高峰全价料
民星企业集团江西饲料厂	猪用预混料、仔猪全价颗粒饲料、猪用浓缩料
中外合资南昌大陆饲料有限公司	猪用预混料、猪用浓缩料
江西省赣驰饲料有限公司	饲料级硫酸铜风吹粉
江西红星机械厂	微机控制饲料成套设备
江西永惠饲料公司	仔猪前期料、产蛋鸭高峰全价饲料
中外合资江西茂昌实业有限公司	仔猪前期配合饲料、肥育猪配合料、猪用浓缩料
江西永大饲料有限公司	仔猪后期全价配合饲料、猪用浓缩料

江西省樟树粮油公司饲料厂	801 仔猪配合饲料、804 肥育猪配合料、806 生长肥育猪配合饲料
江西省远大实业发展公司	猪用浓缩料
山东省	
枣庄市饲料公司	肉仔鸡料
诸城市对外贸易集团公司	肉仔鸡料、肉小鸡预混料
济宁市饲料厂	蛋鸡全价料、中猪料
青岛正大有限公司	仔猪颗粒全价料、肉仔鸡全价料
安丘市饲料公司	肉仔鸡料
山东滨州浓缩饲料厂	肉仔鸡浓缩料、产蛋鸡预混料
海阳县饲料公司	肉鸡料
青岛饲料厂	抗病对虾饵料
青岛大华机器厂	齿爪式粉碎机
济宁市化工研究所	HF 复合酶制剂
枣庄市饲料添加剂厂	鲤鱼预混料
山东省格跃玛动物营养品有限公司	肉仔鸡预混料、鱼用预混料
山东省莒县林产化工厂	类脂饲料添加剂
山东六和集团有限公司	肉仔鸡预混料
山东中基饲料有限公司	肉仔鸡基础精料
青岛动物药厂	蛋鸡多维
山东华宝集团酵母厂	饲料酵母
莱州饲料酵母厂	饲料酵母
青岛业兴饲料有限公司	蛋鸡预混料
青岛高科技工业园利施科技有限公司	饲料用麦胚粉
山东招远龙口粉丝厂	饲料酵母
山东大地氨基酸有限公司	复合氨基酸
河南省	
平顶山正大有限公司	良种猪浓缩料、良种乳猪料
驻马店正大有限公司	杂交猪浓缩料、仔鸡全价颗粒料
开封正大有限公司	良种乳猪全价配合料、乳猪全价料、肉鸡全价配合料
振泰畜牧饲料有限公司	良种肉鸡全价料、良种乳猪全价料
华英禽业集团饲料公司	樱桃谷鸭配合料
淮滨县三和实业饲料厂	肉雏鸭全价料
河南亚美饲料有限公司	乳猪全价料
浚县蛋白饲料厂	酵母饲料、肉骨粉
灵宝市三宝股份有限公司	马杜霉素铵预制剂
河南粮机股份有限公司	SZLH42×10.8 环模制粒机
湖北省	
湖北鄂东饲料公司	乳猪料
监利县科利氨饲料厂	肥育猪浓缩料、肥育猪预混料
宜城丰维饲料有限责任公司	肉仔鸡全价料
湖北省南大饲料厂	稚鳖配合饲料
江威鱼饲料有限公司	膨化颗粒鱼饲料
湖北绿丰饲料集团武昌县饲料公司	肉仔鸭全价料
武汉正大有限公司	肉中鸡料、乳猪料、中大猪料
湖北应城市第一粮油总厂	蛋鸡全价料、猪用浓缩料
湖北应城市第二粮油厂	猪用浓缩料
钟祥市郢丰预混饲料厂	乳猪料
湖北天门市得利饲料厂	乳猪全价颗粒料
武汉华大动物营养制品公司	仔猪料

湖北安陆农腾实业公司	浓缩饲料
三江航天集团万里厂	自动配合饲料机
湖北航天饲料机械厂	SYHG－05 型预混合饲料加工机组
武汉市商业机械厂	PHG135 干法膨化机
湖南省	
湖南正虹饲料厂	高蛋白营养添加剂、乳猪料、肉鸡料
湖南湘大集团有限公司	811 猪浓缩饲料
湖南湘阴县三九饲料厂	999 猪浓缩料
湖南湘阴县金威饲料厂	猪用浓缩料
湖南省畜牧兽医研究所	551 乳猪配合料
岳阳市欣泉饲料开发总公司	肉用仔鸡配合饲料
湖南湘阴县粮食局饲料厂	双星 1511 猪用浓缩料
湖南网岭 502 饲料厂	514 瘦肉型大猪全价料、猪用浓缩料
湖南临澧县粮食局合口饲料厂	猪用配合料、猪用浓缩料
湖南省银星饲料厂	3988 猪浓缩料
湖南新大实业有限公司	LY－888 猪用浓缩料
湖南攸县第一饲料厂	肥育猪配合饲料、育肥猪浓缩料
湖南汨罗市进军饲料厂	JF－800 猪用浓缩料
衡阳市粮食机械厂	微机控制饲料加工机组
广东省	
广东恒昌实业股份九江饲料厂	AA 肉鸡全价配合饲料
广东冠华饲料实业公司	鳗鲡配合饲料、虾配合颗粒饲料
顺德市华星饲料厂	504 蛋鸭料、113 地方品种中鸡料
广东省新会新粮饲料厂	111 小鸡配合料、112 中鸡配合料、113 肉鸡配合料
广东省廉江市养虾（集团）饲料公司	对虾饲料
深圳市华宝（集团）饲料公司	311 乳猪料、4231 复合猪预混料
广东恒昌实业股份湛江饲料厂	肉鸡料、蛋鸭料系列
中山市泰山饲料厂	Z301 特别小猪料、J218 肉鸡料、J216 肉中鸡料
广州市江村家禽企业发展公司	284 黄肥鸡料、281 黄小鸡料、282 黄中鸡料
广东新会市荷塘渔用颗粒饲料厂	罗氏沼虾配合饲料
广东潮州市金曼饲料公司	鳗鱼配合系列饲料
广东澄海市粮食局饲料厂	113 中鸡料
广东顺德市龙江渔用颗粒饲料厂	草鱼配合饲料
广东省陆河县星发特种水产饲料有限公司	甲鱼饲料
穗屏企业有限公司	快大鸡全价饲料、311 乳猪料、猪浓缩饲料
广东东莞沙田顺发饲料有限公司	800 猪浓缩饲料、611A 小鸡料
深圳康达尔（集团）饲料公司	609 黄肉鸡浓缩饲料、甲鱼饲料、800 猪浓缩料
肇庆市宏达饲料香味剂有限公司	猪乳香
广州景泰生物工程有限公司	强力益生素
广州江村饲料添加剂厂	江丰多维 C101、江丰多维 401、江丰多维 V601
南海市非金属开发总公司	矿物质饲料增效素
珠江饲料添加剂厂	氯化胆碱预混剂、微量元素预混料
广东嵩珍营养源研究所	嵩珍饲料添加剂
珠海经济特区溢多利有限公司	饲用复合酶
华丰淀粉制品（佛山）有限公司	饲料用预糊化淀粉
广东省新兴饲料机械厂	PFMS 系列饲料加工成套设备
广东华达集团有限公司机械厂	93KWH－55 型颗粒饲料压制机
广东省畜牧研究所	饲料快速检测箱
广西壮族自治区	
广西彼得汉预混饲料有限公司	002 生猪预混料

广西大昌畜牧有限公司	生长猪复合预混料
广西饲料企业集团公司饲料厂	118 肉大鸡颗粒料、302 小猪颗粒料
海南省	
海南华星饲料厂	504 蛋鸭料、125 蛋鸡料
海南省琼州饲料厂	401 蛋鸭料、101 小鸡料、801 乳猪料
海南省饲料厂	202 肉用中鸡料、204 蛋鸭料
海南华龙股份有限公司	503 鱼饲料
四川省	
成都正大有限集团	乳猪料、乳猪膨化料、肉小鸡饲料
成都希望集团有限公司	1 号乳猪料、鲤鱼育成饲料、希望精
四川安都企业集团公司	乳猪料、生猪快速育肥剂
四川龙庆饲料实业有限公司	乳猪全价料、肉小鸡全价料、鲤鱼成鱼全价料
四川三联实业有限公司	乳猪颗粒料、肉小鸡料、鲤鱼育成料
四川梁平县饲料公司	全价颗粒料
四川绵阳市面粉厂新新饲料分厂	生长肥育猪颗粒饲料、乳猪全价料
四川宜宾高洲饲料厂	乳猪全价配合料、仔猪全价配合料、育肥猪全价料
四川荣县饲料厂	乳猪全价颗粒料
四川今天饲料有限责任公司	乳猪全价颗粒料
四川巨星饲料集团有限公司	仔猪料、肉小鸡饲料、仔猪预混料
成都红牌楼配合饲料厂	仔猪料、产蛋鸡饲料
四川达县粮食饲料总厂	仔猪颗粒饲料
四川畜牧兽医学院饲料总厂	仔猪料
成都市华蓉将军碑饲料厂	产蛋鸡配合饲料
四川眉山瑞东饲料有限公司	肉小鸭饲料
四川平昌县饲料公司	育肥猪全价配合料
四川通威集团有限公司	鲤鱼育成料、池塘养鱼专用饲料、猪用浓缩料
四川通达饲料科学应用研究所	猪用浓缩料
成都华夏龙饲料有限责任公司	浓缩料精、预混料添加剂
四川精华饲料添加剂厂	口胃开、精华 505
四川京川饲料添加剂公司	四川料宝
四川华龙饲料集团有限责任公司预混料厂	乳猪预混料、肉小鸡预混料、网箱养鱼预混料
四川省天府花艺饲料添加剂厂	催生长剂、花艺牌 920 精
南充市四月肥有限公司	吃睡长饲料添加剂
遂宁市天益饲料科技有限公司	快速复合添加剂
四川省养殖猪研究所饲料添加剂厂（重庆）	强化开胃精
重庆远东饲料添加剂有限公司	202A 仔猪预混料
重庆正通饲料添加剂厂	速肥好运神
四川绵竹龙蟒矿物饲料集团有限公司	磷酸氢钙、磷酸二氢钙
四川什化集团公司	磷酸氢钙
四川绵竹清华化工厂	磷酸氢钙
四川汉源化工总厂	磷酸氢钙
四川江油碳酸钙厂	饲料用碳酸钙
四川省南江生物蛋白厂	酵母蛋白粉
泸州老窖生物有限责任公司	酒糟菌体蛋白饲料
重庆佳美香料厂	香味剂
广州化十实业有限公司成都分公司	化十猪用香味素
成都大地饲料有限公司	大帝香
四川畜牧兽医研究所饲料添加剂厂	中华美味香、中华多维
农业部成都药械厂	克霉皇
四川畜牧机械工业公司	9SJ－1500W 配合饲料加工机组、液压散装饲料车

云南省	
昆明正大有限公司	仔猪料、肉仔鸡前期料、151 猪浓缩料
云南通海富仁饲料有限公司	仔猪后期饲料、肉仔鸡前期料
昆明市饲料公司	仔猪后期料、产蛋鸡高峰期料、肉仔鸡前期料
云南文山真元饲料添加剂厂	复方饲料添加剂
云南澄江磷化工厂	饲料级磷酸氢钙
云南华宁县滇渝化工厂	饲料级磷酸氢钙
云南砚山饲料添加剂厂	猪用浓缩料
陕西省	
兰州军区西安北关基地饲料厂	仔猪配合颗粒饲料
陕西省石羊集团饲料厂	猪用配合颗粒料
西安华安禽业集团公司	产蛋鸡浓缩饲料、禽用预混料
陕西华莘禽蛋总公司饲料厂	肥育猪配合饲料
渭南市秦东福利饲料厂	蛋鸡 1 号配合料
陕西省蒲城西荆油脂总厂饲料厂	肥育猪配合饲料
陕西省饲料厂	鲤鱼后期颗粒料、华秦多维 800
渭南市饲料添加剂厂	氯化胆碱
宝鸡市柳林制药厂	生长元素预混料
陕西泾阳县油脂厂老友饲料厂	914 蛋鸡高峰期全价料
西安市长安应用矿物开发公司	华夏麦饭石
甘肃省	
甘肃饲料厂	蛋鸡高峰期全价料 7074、肉仔鸡中期料、蛋鸡高峰期全价料 703
甘肃天元防腐保鲜集团公司	霉天敌
生 产 企 业	产 品 名 称
兰州饲料添加剂厂	乳牛保健素
青海省	
青海制胶总公司	肉骨粉、磷酸氢钙
西宁市饲料公司	肥育猪全价料
宁夏回族自治区	
宁夏灵武县粮食局饲料加工	产蛋鸡饲料
宁夏银川市饲料公司	肉仔鸡全价料、鱼用全价饲料、蛋鸡全价料
新疆维吾尔自治区	
新疆乌鲁木齐饲料公司	肉仔鸡配合饲料
新疆天西林化工厂	云杉针叶膏粉
新疆石河子农学院饲料添加剂厂	肉仔鸡复合预混料
中央直属企业	
北京佳纬生物技术有限公司	稚鳖料、亲鳖料、鲤鱼用预混料
北京绍恒生物技术有限责任公司	SET 鲤鱼复合预混料
北京伟嘉生物新技术公司	肥育猪预混料
中牧集团济南浓缩饲料厂	蛋鸡前期料、产蛋鸡后备前期料
广西浓缩饲料厂	小猪配合料、罗非鱼配合饲料、埃及池塘鱼配合饲料
北京华罗饲料添加剂厂	种鸡多维、蛋鸡多维、仔猪预混料
北京天地大科技有限责任公司	饲料调味剂

获得骨粉、肉骨粉生产许可证企业名单

序号	企 业 名 称	生产许可证编号	有效期
1	锡林浩特市联营生物制品厂	XK02-009-0001	1994.12.26-1999.12.25
2	集宁肉类联合加工厂	XK02-009-0002	1994.12.26-1999.12.25

3	五原县粮油饲料公司添加剂厂	XK02-009-0003	1994.12.26-1999.12.25
4	赤峰市喀喇沁旗西桥乡股份骨粉厂	XK02-009-0004	1994.12.26-1999.12.25
5	内蒙一机厂劳动服务公司综合骨粒加工厂	XK02-009-0005	1994.12.26-1999.12.25
6	清水河县骨粉厂	XK02-009-0006	1994.12.26-1999.12.25
7	四子王旗骨粉厂	XK02-009-0007	1994.12.26-1999.12.25
8	呼和浩特市饲料加工厂	XK02-009-0008	1994.12.26-1999.12.25
9	临河市兽医卫生制化站	XK02-009-0009	1994.12.26-1999.12.25
10	阿拉善左旗民政扶贫福利厂	XK02-009-0010	1994.12.26-1999.12.25
11	宁蒗县大兴镇星星热喷饲料厂	XK02-009-0011	1994.12.26-1999.12.25
12	昆明市永胜骨素厂	XK02-009-0012	1994.12.26-1999.12.25
13	普洱哈尼族彝族自治县益民综合厂	XK02-009-0013	1994.12.26-1999.12.25
14	洱沅县邓川奶粉厂青年服务站	XK02-009-0014	1994.12.26-1999.12.25
15	大理市甸中骨粉厂	XK02-009-0015	1994.12.26-1999.12.25
16	昆明市宜良骨胶厂	XK02-009-0016	1994.12.26-1999.12.25
17	风庆县凤山镇骨粉厂	XK02-009-0017	1994.12.26-1999.12.25
18	潞西县茫市骨粉厂	XK02-009-0018	1994.12.26-1999.12.25
19	德宏州盈江县粮油工业公司	XK02-009-0019	1994.12.26-1999.12.25
20	保山市白马骨粉厂	XK02-009-0020	1994.12.26-1999.12.25
21	巍山供销社土产公司骨粉厂	XK02-009-0021	1994.12.26-1999.12.25
22	陆良县骨肉粉厂	XK02-009-0022	1994.12.26-1999.12.25
23	通海县骨胶厂	XK02-009-0023	1994.12.26-1999.12.25
24	个旧市倘甸区骨粉厂	XK02-009-0024	1994.12.26-1999.12.25
25	昆明制胶厂	XK02-009-0025	1994.12.26-1999.12.25
26	牟定县兴滇化工厂	XK02-009-0026	1994.12.26-1999.12.25
27	北京市顺义肉类联合加工厂兴盛饲料分厂	XK02-009-0027	1994.12.26-1999.12.25
28	北京大兴县青云店乡饲料加工厂	XK02-009-0028	1994.12.26-1999.12.25
29	北京市肉类联合加工厂化制站	XK02-009-0029	1994.12.26-1999.12.25
30	北京市房山区岳各庄乡骨粉厂	XK02-009-0030	1994.12.26-1999.12.25
31	北京市房山区周口店地区瓦井骨粉厂	XK02-009-0031	1994.12.26-1999.12.25
32	浚县蛋白质饲料厂	XK02-009-0032	1994.12.26-1999.12.25
33	洛阳肉类联合加工厂	XK02-009-0033	1994.12.26-1999.12.25
34	清丰动物蛋白质饲料工业公司	XK02-009-0034	1994.12.26-1999.12.25
35	河南省焦作制胶厂	XK02-009-0035	1994.12.26-1999.12.25
36	河南省焦作制胶厂	XK02-009-0036	1994.12.26-1999.12.25
37	河南省唐县制胶厂	XK02-009-0037	1994.12.26-1999.12.25
38	漯河肉联厂劳动服务公司饲料厂	XK02-009-0038	1994.12.26-1999.12.25
39	漯河市第二化工厂	XK02-009-0039	1994.12.26-1999.12.25
40	屯留县配合饲料厂	XK02-009-0040	1994.12.26-1999.12.25
41	五寨县肉骨粉厂	XK02-009-0041	1994.12.26-1999.12.25
42	山西省候马肉骨粉厂	XK02-009-0042	1994.12.26-1999.12.25
43	山西省大同市肉联厂	XK02-009-0043	1994.12.26-1999.12.25
44	山西省临汾市魏村供销合作社	XK02-009-0044	1994.12.26-1999.12.25
45	太原市北郊角骨制品厂	XK02-009-0045	1994.12.26-1999.12.25
46	山西省夏县水利饲料厂	XK02-009-0046	1994.12.26-1999.12.25
47	侯马市宋郭晋都骨粉厂	XK02-009-0047	1994.12.26-1999.12.25
48	南海科兴骨粉厂有限公司	XK02-009-0048	1994.12.26-1999.12.25
49	广东开平明胶工业集团公司	XK02-009-0049	1994.12.26-1999.12.25
50	长安县秦岭骨胶厂	XK02-009-0050	1994.12.26-1999.12.25
51	陇县骨粉厂	XK02-009-0051	1994.12.26-1999.12.25
52	陕西省渭南市骨粉厂	XK02-009-0052	1994.12.26-1999.12.25

53	陕西省眉县骨胶厂	XK02-009-0053	1994.12.26-1999.12.25
54	高陵县利民骨粉厂	XK02-009-0054	1994.12.26-1999.12.25
55	西安市雁塔区鱼化骨粉厂	XK02-009-0055	1994.12.26-1999.12.25
56	陕西省眉县羽毛加工厂	XK02-009-0056	1994.12.26-1999.12.25
57	合肥市特种饲料添加剂厂	XK02-009-0057	1994.12.26-1999.12.25
58	安徽省蚌埠明胶厂	XK02-009-0058	1994.12.26-1999.12.25
59	大连市旅顺欣兴骨粉厂	XK02-009-0059	1994.12.26-1999.12.25
60	辽宁省开原市明胶厂	XK02-009-0060	1994.12.26-1999.12.25
61	鞍山市综合饲料厂	XK02-009-0061	1994.12.26-1999.12.25
62	沈阳市新民骨粉加工厂	XK02-009-0062	1994.12.26-1999.12.25
63	沈阳市东陵区白塔骨制品厂	XK02-009-0063	1994.12.26-1999.12.25
64	本溪市骨粉厂	XK02-009-0064	1994.12.26-1999.12.25
65	本溪市食品公司肉类联合加工厂	XK02-009-0065	1994.12.26-1999.12.25
66	阜新市骨制品厂	XK02-009-0066	1994.12.26-1999.12.25
67	鞍山市腾鳌特区辽河饲料集团公司	XK02-009-0067	1994.12.26-1999.12.25
68	平度市崔召镇社会福利饲料厂	XK02-009-0068	1994.12.26-1999.12.25
69	青岛市平度万家社会福利厂	XK02-009-0069	1994.12.26-1999.12.25
70	邹城市骨胶厂	XK02-009-0070	1994.12.26-1999.12.25
71	山东省阳信县骨胶厂	XK02-009-0071	1994.12.26-1999.12.25
72	临沂市晶华骨胶厂	XK02-009-0072	1994.12.26-1999.12.25
73	山东省兖州肉联厂	XK02-009-0073	1994.12.26-1999.12.25
74	山东省临沂市欣荣饲料厂	XK02-009-0074	1994.12.26-1999.12.25
75	山东省济南肉类食品总公司综合利用加工厂	XK02-009-0075	1994.12.26-1999.12.25
76	临沂市郑旺社会福利骨粒厂	XK02-009-0076	1994.12.26-1999.12.25
77	曹县生物蛋白厂	XK02-009-0077	1994.12.26-1999.12.25
78	山东济宁磷肥厂	XK02-009-0078	1994.12.26-1999.12.25
79	山东省商河县怀仁畜产品加工厂	XK02-009-0079	1994.12.26-1999.12.25
80	山东省梁山县外贸肥料生化厂	XK02-009-0080	1994.12.26-1999.12.25
81	寿光县台头骨品化工厂	XK02-009-0081	1994.12.26-1999.12.25
82	汶上县杨店社会福利综合加工厂	XK02-009-0082	1994.12.26-1999.12.25
83	济南制胶厂	XK02-009-0083	1994.12.26-1999.12.25
84	山东省平原县骨粒厂	XK02-009-0084	1994.12.26-1999.12.25
85	临沂市义堂生化厂	XK02-009-0085	1994.12.26-1999.12.25
86	贵阳浓缩饲料厂	XK02-009-0086	1994.12.26-1999.12.25
87	贵州省安顺市畜禽饲料厂	XK02-009-0087	1994.12.26-1999.12.25
88	贵州省六枝特区索考生化厂	XK02-009-0088	1994.12.26-1999.12.25
89	遵义市食品总公司综合加工厂	XK02-009-0089	1994.12.26-1999.12.25
90	贵州新华高蛋白饲料有限公司	XK02-009-0090	1994.12.26-1999.12.25
91	都匀市骨粉厂	XK02-009-0091	1994.12.26-1999.12.25
92	兴化胶化厂	XK02-009-0092	1994.12.26-1999.12.25
93	江苏省铜山县骨胶厂	XK02-009-0093	1994.12.26-1999.12.25
94	国营南京骨胶厂	XK02-009-0094	1994.12.26-1999.12.25
95	新疆焉耆县制胶厂	XK02-009-0095	1994.12.26-1999.12.25
96	托克逊县友谊骨粉厂	XK02-009-0096	1994.12.26-1999.12.25
97	库车县草料站	XK02-009-0097	1994.12.26-1999.12.25
98	和静县逸杰个体骨粉厂	XK02-009-0098	1994.12.26-1999.12.25
99	上海市食品公司大场肉类联合加工厂	XK02-009-0099	1994.12.26-1999.12.25
100	青海骨胶厂	XK02-009-0100	1994.12.26-1999.12.25
101	青海省饲料公司湟中肉骨粉厂	XK02-009-0101	1994.12.26-1999.12.25
102	国营平安县骨粒化工厂	XK02-009-0102	1994.12.26-1999.12.25

103	湟源县福利明胶厂	XK02-009-0103	1994.12.26-1999.12.25
104	中国人民解放军84906部队营房处饲料加工厂	XK02-009-0104	1994.12.26-1999.12.25
105	抚州市饲料添加剂厂	XK02-009-0105	1994.12.26-1999.12.25
106	江西华泰饲料有限公司	XK02-009-0106	1994.12.26-1999.12.25
107	大安市骨胶厂	XK02-009-0107	1994.12.26-1999.12.25
108	辽源市制胶厂	XK02-009-0108	1994.12.26-1999.12.25
109	双辽县一中熟食加工厂	XK02-009-0109	1994.12.26-1999.12.25
110	中粮吉林粮油进出口公司白城出口商品加工总厂	XK02-009-0110	1994.12.26-1999.12.25
111	哈尔滨市建华骨粉厂	XK02-009-0111	1994.12.26-1999.12.25
112	齐齐哈尔市鹤鸣饲料厂	XK02-009-0112	1994.12.26-1999.12.25
113	齐齐哈尔市崔门饲料添加剂厂	XK02-009-0113	1994.12.26-1999.12.25
114	齐齐哈尔市富拉尔基骨粒厂	XK02-009-0114	1994.12.26-1999.12.25
115	大庆市让胡路区庆新骨粒加工厂	XK02-009-0115	1994.12.26-1999.12.25
116	牡丹江市林业多种饲料厂	XK02-009-0116	1994.12.26-1999.12.25
117	哈尔滨市龙江羽毛粉厂	XK02-009-0117	1994.12.26-1999.12.25
118	牡丹江市天化饲料加工厂	XK02-009-018	1994.12.26-1999.12.25
119	佳木斯市郊区北方骨粉加工厂	XK02-009-0119	1994.12.26-1999.12.25
120	牡丹江市郊区红岩饲料加工厂	XK02-009-0120	1994.12.26-1999.12.25
121	佳木斯市光明骨粉饲料加工厂	XK02-009-0121	1994.12.26-1999.12.25
122	齐齐哈尔市水师制胶厂	XK02-009-0122	1994.12.26-1999.12.25
123	哈尔滨市王岗骨粒加工厂	XK02-009-0123	1994.12.26-1999.12.25
124	平凉市福利骨素厂	XK02-009-0124	1994.12.26-1999.12.25
125	兰州制胶厂	XK02-009-0125	1994.12.26-1999.12.25
126	酒泉市骨粉厂	XK02-009-0126	1994.12.26-1999.12.25
127	河北省三河市华林骨粉厂	XK02-009-0127	1994.12.26-1999.12.25
128	获鹿县龙泉饲料厂	XK02-009-0128	1994.12.26-1999.12.25
129	冶金部第一勘探公司第四分公司化工厂	XK02-009-0129	1994.12.26-1999.12.25
130	康保县粮食局饲料公司	XK02-009-0130	1994.12.26-1999.12.25
131	河北农垦开发集团骨胶厂	XK02-009-0131	1994.12.26-1999.12.25
132	石家庄市西苑动物饲料厂	XK02-009-0132	1994.12.26-1999.12.25
133	天津市蓟县长城饲料加工骨粉厂	XK02-009-0133	1994.12.26-1999.12.25
134	天津市蓟县英立骨粉厂	XK02-009-0134	1994.12.26-1999.12.25
135	天津市蓟县渔阳骨粉厂	XK02-009-0135	1994.12.26-1999.12.25
136	天津市蓟县兴达骨粉厂	XK02-009-0136	1994.12.26-1999.12.25
137	青海西宁明胶厂	XK02-009-0137	1994.12.26-1999.12.25
138	湖南常德动物蛋白饲料有限公司	XK02-009-0138	1994.12.26-1999.12.25
139	湖南衡阳市飞龙再生资源股份有限公司骨粉厂	XK02-009-0139	1994.12.26-1999.12.25
140	湖南湘潭韶山骨粉厂	XK02-009-0140	1994.12.26-1999.12.25
141	新疆阜康市制胶公司	XK02-009-0141	1994.12.26-1999.12.25
142	新疆托里县铁斯巴汗企业联合公司骨粉厂	XK02-009-0142	1994.12.26-1999.12.25
143	新疆伊犁星火饲料添加剂厂	XK02-009-0143	1994.12.26-1999.12.25
144	新疆米泉县大庄子骨粉厂	XK02-009-0144	1994.12.26-1999.12.25
145	新疆伊宁市骨胶厂	XK02-009-0145	1994.12.26-1999.12.25
146	新疆阜康市小泉牧场骨粉厂	XK02-009-0146	1994.12.26-1999.12.25
147	新疆塔城市恰合吉牧场	XK02-009-0147	1994.12.26-1999.12.25
148	新疆阿克苏市康乐饲料添加剂厂	XK02-009-0148	1994.12.26-1999.12.25
149	新疆玛纳斯县兰州湾综合加工厂	XK02-009-0149	1994.12.26-1999.12.25
150	陕西西安富林工贸联合公司	XK02-009-0150	1994.12.26-1999.12.25
151	陕西户县天和福利化工厂	XK02-009-0151	1994.12.26-1999.12.25
152	陕西西乡县骨粉厂	XK02-009-0152	1994.12.26-1999.12.25

153	陕西铜川市化工厂	XK02–009–0153	1994.12.26–1999.12.25
154	陕西榆林市制胶厂	XK02–009–0154	1994.12.26–1999.12.25
155	陕西汉中市新饲料研究所	XK02–009–0155	1994.12.26–1999.12.25
156	陕西华县关东骨粉厂	XK02–009–0156	1994.12.26–1999.12.25
157	新疆哈密市回城乡骨粉厂	XK02–009–0157	1994.12.26–1999.12.25
158	西安市未央区渭边饲料加工厂	XK02–009–0158	1994.12.26–1999.12.25
159	四川省射洪县骨粉总厂	XK02–009–0159	1994.12.26–1999.12.25
160	西宁市明胶厂	XK02–009–0160	1994.12.26–1999.12.25
161	山东省青岛国箭股份有限公司	XK02–009–0161	1994.12.26–1999.12.25
162	山东省青岛即墨市华山饲料加工厂	XK02–009–0162	1994.12.26–1999.12.25
163	富源县制胶厂	XK02–009–0163	1994.12.26–1999.12.25
164	丽江县综合骨胶厂	XK02–009–0164	1994.12.26–1999.12.25
165	云南保山鑫丰制革有限公司	XK02–009–0165	1994.12.26–1999.12.25
166	玉溪市新型骨粉厂	XK02–009–0166	1994.12.26–1999.12.25
167	大连明胶厂	XK02–009–0167	1994.12.26–1999.12.25
168	朝阳兴业饲料厂	XK02–009–0168	1994.12.26–1999.12.25
169	新疆石河子 143 团光明饲料厂	XK02–009–0169	1999.1.25–2004.1.24
170	新疆库尔勒新运有限责任公司	XK02–009–0170	1999.1.25–2004.1.24
171	新疆库尔勒市群克实业公司	XK02–009–0171	1999.1.25–2004.1.24
172	辽宁省沈阳市苏家屯宏达饲料加工厂	XK02–009–0172	1999.1.25–2004.1.24
173	辽宁省开原天惠制胶有限公司	XK02–009–0173	1999.1.25–2004.1.24
174	辽宁省丹东市蓝天汽车铸件厂	XK02–009–0174	1999.1.25–2004.1.24
175	辽宁省凤城市凤凰骨粉厂	XK02–009–0175	1999.1.25–2004.1.24
176	辽宁省阜新市细河区福利骨粉厂	XK02–009–0176	1999.1.25–2004.1.24
177	陕西西安市雁塔饲料厂	XK02–009–0177	1999.1.25–2004.1.24
178	陕西大荔县建筑公司	XK02–009–0178	1999.1.25–2004.1.24
179	陕西铜川市康大骨粉厂	XK02–009–0179	1999.1.25–2004.1.24
180	陕西汉阴县浦溪骨粉厂	XK02–009–0180	1999.1.25–2004.1.24
181	陕西安康市张岭骨粉厂	XK02–009–0181	1999.1.25–2004.1.24
182	陕西安康市托运公司	XK02–009–0182	1999.1.25–2004.1.24
183	陕西省韩城市骨粉厂	XK02–009–0183	1999.1.25–2004.1.24

中国饲料工业协会文件

中国饲料工业协会推荐产品审定办法

第一章 总 则

第一条 为了推动饲料工业企业产品质量的提高，促进饲料工业产品市场的净化，维护饲料工业产品用户的合法权益，使我国饲料工业得以健康发展，中国饲料工业协会，根据国家有关政策精神及有关规定，开展“中国饲料工业协会推荐产品”工作，并制定本办法。

第二条 设立饲料工业推荐产品，主要是从全国饲料行业企业生产的质量优、产量大、科技含量高、市场销量大、出口创汇多、消费者满意的优质饲料工业产品中推荐。

第三条 推荐产品范围：配合饲料产品、浓缩饲料产品、添加剂预混料产品、饲料添加剂产品、饲料原料工业产品和饲料机械设备。为了促进新的高科技产品及时推广，新的高科技产品推荐工作根据具体情况随时申报，随即组织专家进行审定，不定期公布。

第四条 随着社会主义市场经济体制的逐步建立，中国饲料工业协会推荐工作，将从现在推荐产品，逐步过度到推荐品牌，然后推荐名牌企业。今后，中国饲料工业协会将着重做好全国流通的饲料工业产品的推荐工作，区域性流通的产品将由地方协会进行推荐。

第二章 饲料工业推荐产品申报条件

第五条 企业管理

1. 企业必须持有工商行政管理部门核发的营业执照；

2. 企业必须具有计量部门核发的计量验收合格证（或计量定级证书）；

3. 企业必须具有完善的现代企业所应具备的各项规章制度，并切实落实到位；

4. 企业必须具有生产同类产品所需的主要设备及必备的辅助设施，关键设备应达到国际水平和国内先进水平；

5. 产品应具有注册商标，实施证书管理的产品必须取得证书；

6. 产品质量在市场中有较高的知名度和信誉。

第六条 质量管理

1. 产品必须严格执行饲料标签标准。产品质量必须达到国家标准或行业标准所要求的指标；

2. 企业严禁按照有关标准组织生产，建立了有效的质量保证体系，在两年内无重大质量事故和产品监督抽查不合格现象；

3. 企业应设有保证产品质量的检化验室，检化验人员和检测试手段要能满足有效控制该类产品质量的需要，个别检测难度较大且至关重要的项目或指标可与有关的质检机构签订长期委托检验合同；

4. 产品检验：（1）企业申报推荐产品时必须提交省级以上（含省级）饲料产品质检机构提供的检验报告。并由指定的质检机构到企业随机抽样检验（企业自行取样送检无效）。当年接受部或国家监督检验和统检的企业，产品质量确认达优等品者，应报送上述检验证明。（2）饲料产品检验内容包括卫生指标和营养指标，每年根据需要确定推荐产品的检测项目。

第七条 产品质量

企业申报的产品必须是经省部级以上（含省级）质检机构监督抽查连续两年以上合格的产品。

第八条 生产规模

1. 配合饲料产品：企业设计产量10吨/时以上，并且年销售量2万吨以上，申报品种实际产量连续三年居省内同类产品生产企业产量的前十名之内；

2. 浓缩饲料产品：企业设计产量 5 吨/以上，并且年销售量1万吨以上，申报品种实际产量连续三年居省内同类产品生产企业产量的前十名之内；

3. 添加剂预混料产品：企业设计产量 2.5 吨/时以上，并且年销量 0.1 万吨以上，申报品种实际产量连续三年居省内同类产品生产企业产量的前十名之内；

4. 饲料添加剂产品：企业设计产量和申报品种实际产量连续三年居省内同类产品生产企业的前十名之内 ；

5. 饲料原料产品；企业设计产量和申报品种实际产量连续三年居省内同类产品生产企业的前十名之内；

6. 饲料机械设备：企业申报的产品其单价在10万元以下的，年销售额应在100万元以上的；单价在 10 万元以上的，年销售额在 120 万元以上。申报品种实际产量连续三年居全国同类产品生产企业产量的前五名（或前十名）之内。

第九条 用户反映：申报产品在用户中反映良好，社会声誉较佳。所有各类产品需提供3份以上用户推荐信函，并经省级饲料工业协会（饲料工业办公室）审查认定。

第三章 申报程序

第十条 企业申请：提交申请书和本办法第二章所要求的各项资料，并按规定交纳审定费和检测费。

第十一条 各省、自治区、直辖市及计划单列市饲料工业协会负责受理本辖区生产单位的申请、建立档案、指导生产单位填写统一制定的申请书一式三份（上报二份，地方留一份），组织质量、技术、经济等方面的专业人员对申报单位进行评审，按规定期限将申报材料报送中国饲料工业协会。

第十二条 由中国饲料工业协会组织专家审定，并公布审定结果。

第四章 推荐产品管理

第十三条 经认可的推荐产品，由中国饲料工业协会颁发证书和标牌，并由中国饲料工业协会通过《中国饲料》等新闻媒介向社会宣传。

第十四条 荣获证书的生产单位，可在获证产品或该产品说明书及产品包装上使用推荐产品防伪标志。

第十五条 申报单位对认可结果有争议时，从发布之日起一个月内可向中国饲料工业协会提出复议申请。

第十六条 推荐活动每年举办一次，中国饲料工业协会推荐产品证书和标牌的有效期为三年，期满后其推荐产品称号即行失效。非推荐产品则不得在产品包装及各种场合继续使用该推荐产品标志和称号。

第十七条 各省、自治区、直辖市及计划单列市饲料工业协会对有效期内的饲料工业推荐产品应加强管理、严格要求、确保质量。中国饲料工业协会将根据情况，对产品不定期进行检查，如果产品质量达不到标准要求或出现质量事故，将根据情况严肃处理。

第十八条 由中国饲料工业协会或省级饲料工业协会确定省部级以上（含省级）饲料产品检测单位（应为技术监督部门认可的检测单位），承担对有效期内的饲料工业推荐产品的质量进行质量跟踪监督检验。

第五章 复查确认

第十九条 认可证书有效期满前，可以申请复查，通过复查确认后，即可继续使用其推荐产品称号。复查方法是：

1. 企业向各省、自治区、直辖市及计划单列市饲料工业协会提交复查申请书和本办法第二章所要求的各项资料，在申报材料中，与前次申请无变化的部分可简化。同时交纳复查、检测等费；

2. 各省、自治区、直辖市及计划单列市饲料工业协会接到复查申请后，组织质量、技术、经济等方面的专业人员到申请复查单位进行现场审查，按规定期限将结果报送中国饲料工业协会；

3. 中国饲料工业协会组织复查审定，并公布复查审定结果。

第二十条 有下列情况之一者，不能申请复查确认：

1. 产业政策拟淘汰的产品；

2. 产品设计、结构、性能、能耗落后于国内先进技术的；

3. 应采用国际标准而没有采用的；

4. 在有效期内，国家及地方产品质量抽查和常规检验中综合判定不合格的；

5. 在同行业中有原则争议的；

6. 不按确认标准进行常规生产的。

第六章 违规处罚

第二十一条 推荐产品如发现下列情况之一者，一经核实后，由中国饲料工业协会通报，撤消称号，收回证书，停止使用中国饲料工业协会推荐产品防伪标志，必要时给予一定的经济处罚。

1. 经抽查发现产品质量不合格的；

2. 当发现产品质量与所执行标准不符，并经查证属实，又经限期整改后，质量仍达不到认可标准的；

3. 出现产品质量事故的；

4. 在认可过程中弄虚作假的；

5. 转让和滥用推荐产品防伪标志的。

第七章 附 则

第二十二条 本办法由中国饲料工业协会负责解释。

第二十三条 本办法自颁布之日起实施。

中国饲料工业协会
一九九八年六月十八日修订

中国饲料工业协会文件

中国饲料工业协会推荐高新科技产品审定办法（试行）

第一章 总 则

第一条 根据《中国饲料工业协会推荐产品审定办法》中关于推荐高新科技产品的要求，为了及时推广应用饲料工业高新科技产品，特制定本办法。

第二条 推荐高新科技产品范围：高科技的新饲料添加剂，高科技的新饲料原料和高科技的新饲料加工设备。这些高新科技产品均应为全国流通广的产品。

第三条 高新科技饲料产品，必须经过一定时间的试验证明这些产品有独特的效益，而对动物无不利副作用，特别是通过生物链，不会危害人的身体健康。

第四条 为了促进高新科技产品及时推广，推广工作不受年度限制，可随时申报，随时组织进行审定，不定期公布。

第二章 推荐高新科技产品申报条件

第五条 企业管理：

1. 企业必须有工商行政管理部门核发的营业执照；

2. 企业必须具有计量部门核发的计量验收合格证（或计量定级证书）；

3. 企业必须具有完善的现代化企业所应具备的各项规章制度，并切实落实到位；

4. 企业必须具有生产高新科技产品所需的主要设备及必备的辅助设备，关键设备应达到国际水平和国内先进水平；

5. 产品应具有注册商标，实施证书管理的产品必须取得证书；

6. 产品质量在市场中有较高的知名度和信誉。

第六条 质量管理：

1. 高新科技饲料产品必须经行业主管部门批准，申报时提供批文；

2. 创造发明或创新的高新科技产品，需申请专利，申报时提供复印件；

3. 填补国内空白的高新科技产品，应达到或接近世界先进水平，申报时提供具体对比的技术数据；

4. 高新产品必须经过省、部级鉴定；

5. 高新科技产品申报时应提供省、部级试验鉴定部门所提供的试验报告；

6. 高新科技的饲料产品申报时应提供省、部级饲料产品质检机构提供的检验报告，质检机构到生产企业随机抽样检验，企业自行取样检测无效；

7. 高新科技的饲料产品必须严格执行饲料标签标准。

第七条 产品质量

企业申报的高新科技产品，已连续生产一年以上并经省部级质检机构监督抽查三次以上合格的产品。

第八条 用户反映

申报高新产品在用户中反映良好，有明显的经济效益和社会效益。在申报时需提交用户意见三份以上，用户意见需经省级饲料工业协会审查认定。

第三章 申报程序

第九条 企业申请：提交申请书和本办法第二章所要求的各项资料，并按规定交纳审定费和检测费。

第十条 各省、自治区、直辖市及计划单列市饲料工业协会负责受理本辖区生产单位的申请、建立档案、指导生产单位填写统一制定的申请书一式三份（上报二份，地方留一份），组织质量、技术、经济等方面的专业人员对申报单位进行评审，按规定期限将申报材料报送中国饲料工业协会。

第十一条 由中国饲料工业协会组织专家审定，并公布审定结果。

第四章 推荐高新科技产品管理

第十二条 经推荐的高新科技产品，由中国饲料工业协会颁发证书和标牌，并由中国饲料工业协会通过《中国饲料》等新闻媒体向社会宣传。

第十三条 荣获证书的生产单位，可在获证产品或该产品说明书及产品包装上使用推荐产品防伪标志。

第十四条 申报单位对推荐结果有争议时，从发布之日起一个月内可向中国饲料工业协会提出复议申请。

第十五条 中国饲料工业协会推荐高新科技产品证书和标牌的有效期为三年，期满后可继续申请中国饲料工业协会推荐产品。

第十六条 各省、自治区、直辖市及计划单列市饲料工业协会对有效期内的饲料工业推荐产品应加强管理、严格要求、确保质量。中国饲料工业协会将根据情况，对高新科技产品不定期进行检查，如果产品质量达不到标准要求或出现质量事故，将根据情况严肃处理。

第十七条 由中国饲料工业协会或省级饲料工业协会确定省部级以上（含省级）饲料产品检测单位（应为技术监督部门认可的检测单位），承担对有效期内的饲料工业推荐高新科技产品的质量进行质量跟踪监督检验。

第五章 违规处罚

第十八条 高新科技推荐产品如发现下列情况之一者，一经核实后，由中国饲料工业协会通报，撤消称号，收回证书，停止使用中国饲料工业协会推荐产品防伪标志，必要时给予一定的经济处罚。

1. 经抽查发现产品质量不合格的；

2. 当发现产品质量与所执行标准不符，并经查证属实，又经限期整改后，质量仍达不到认可标准的；

3. 出现产品质量事故的；

4. 在认可过程中弄虚作假的；

5. 转让和滥用推荐产品防伪标志的。

第六章 附　则

第十九条 本办法由中国饲料工业协会负责解释。

第二十条 本办法自颁布之起实施。

中国饲料工业协会

一九九八年九月

1997年中国饲料工业协会推荐产品公告

根据《中国饲料工业协会推荐产品评选办法》，1997 年中国饲料工业协会开展了推荐仔猪、生长肥育猪配合饲料和仔猪、生长肥育猪浓缩饲料的活动。按推荐程序，在各省、自治区、直辖市、计划单市饲料工业协会推荐的基础上，中国饲料工业协会组织专家对生产企业的规模、质量体系、产品质量水平、经济技术指标、饲料标签和产品抽样检验结果进行综合评定，以下 69 个企业的 118 个产品符合中国饲料工业协会推荐产品推荐条件，由中国饲料工业协会确认为“1997 年中国饲料工业协会推荐产品”。现公布如下（排列不分先后）：

企业名称	推荐产品名称	法定代表人	电　话	防伪标志编号
石家庄市富康饲料公司	仔猪、生长肥育猪浓缩饲料	高秋菊	0311－3819474	97－13－001
石家庄正大有限公司	551 仔猪配合饲料（551 乳猪全价饲料） 151 猪浓缩饲料（良种猪浓缩饲料 151）	黄根水	0311－2267794	97－13－002
山西威科饲料科技公司	威科猪浓缩饲料	赵瑞峰	0351－7073042	97－14－001
山西省预配添加剂饲料厂	恒山猪浓缩饲料	张荣贵	0351－6274541	97－14－002
山西正大有限公司	151 生长肥育猪浓缩饲料（151 生长肥育期瘦肉型猪浓缩饲料）	焦长治	0351－7124813	97－14－003
内蒙古通辽四方粮油集团	618 猪浓缩饲料	戴　友	0475－8250764	97－15－001
辽宁大成农牧农业有限公司	大成牌仔猪配合饲料（保利乳）	陈福狮	024－5833083	97－21－001
营口市浓缩饲料厂	仔猪颗粒配合饲料（乳猪颗粒饲料）	汪振德	0417－3841171	97－21－002
沈阳正大畜牧有限公司	751 仔猪配合饲料（751 哺乳猪全价配合饲料） 551L 仔猪配合饲料（551L 土猪哺乳猪全价配合饲料）	苏宝钦	024－8201100	97－21－003
沈阳嘉荣畜牧饲料有限公司	生长肥育猪后期配合饲料（肥育猪后期全价饲料）	肖瑞琼	024－3391843	97－21－004
沈阳开发区特种饲料厂	仔猪配合饲料（仔猪全价配合饲料） 生长肥育猪浓缩饲料（肉猪浓缩饲料）	白金良	024－5814266	97－21－005
沈阳益华饲料有限公司	益华生长肥育猪配合饲料（益华肥猪配合饲料） 益华生长肥育猪浓缩饲料	穆新元	024－9210184	97－21－006
长春市华龙饲料厂	701K 仔猪配合饲料（701K 乳猪全价配合饲料）	周向德	0431－3229183	97－22－001
吉林正大实业有限公司	551 仔猪配合饲料（551 仔猪全价配合饲料）	于忠信	0431－8583598	97－22－002
吉林省中亚饲料有限公司	551 仔猪配合饲料（551 乳猪料）	赵　伟	0431－2921691	97－22－003
黑龙江正大实业有限公司	551 仔猪颗粒配合饲料（仔猪颗粒料 551） 151L 生长肥育猪配合饲料（151L 育肥猪浓缩料）	黄赐松	0451－7351585	97－23－001
上海大江（集团）股份有限公司	551 仔猪配合饲料（乳猪颗粒料 551） 553 生长肥育猪配合饲料（中猪全价饲料 553#）	罗华山	021－57822480	97－31－001
浙江一星饲料集团有限责任公司	8590 仔猪浓缩饲料 851 仔猪配合饲料（851 仔猪全价配合饲料）	朱胜良	0573－6022147	97－33－001
浙江欣欣饲料股份有限公司	仔猪前期配合饲料（乳猪开食全价配合饲料） 仔猪后期配合饲料（仔猪全价配合饲料）	陈国良	0573－3022084	97－33－002
浙江衢州市饲料有限责任公司	552 仔猪颗粒配合饲料（552 小猪全价颗粒饲料）	蒋鸣球	0570－3026315	97－33－003
浙江义乌中太饲料有限公司	仔猪配合饲料	骆贤芳	0579－5543660	97－33－004
浙江科盛饲料集团有限公司	513 生长肥育猪配合饲料（513 生长肥育猪全价配合饲料）	高月祥	0575－4023684	97－33－005

阜南县生达饲料厂	淮宝牌551仔猪配合饲料（淮宝牌551乳猪料）	穆克彪	0558－6713458	97－34－001
皖西恒大颗粒饲料厂	恒大551H仔猪配合饲料（恒大强化乳猪料551H） 恒大551仔猪配合饲料（恒大乳猪料551）	赵 衡	0564－3331368	97－34－002
蚌埠希望饲料有限公司	1号仔猪配合饲料（1号乳猪料） 2号仔猪后期配合饲料（2号仔猪料）	刘永行	0552－4083308	97－34－003
厦门正大农牧有限公司	551K仔猪配合饲料（551K特级乳猪料）	叶长寿	0592－6028490	97－35－001
漳州市海新饲料有限公司	312仔猪配合饲料（312＃小猪料）	蔡荣和	0596－6745396	97－35－002
江西民星企业集团公司（江西饲料厂）	宝丰871猪浓缩饲料（宝丰871猪用浓缩料） 宝丰871仔猪配合饲料（宝丰871仔猪全价配合料）	孟 枋	0791－5713871	97－36－001
江西永惠集团公司	IS仔猪配合饲料 900猪浓缩饲料（猪用浓缩料900）	林印孙	0794－8442357	97－36－002
江西赣南饲料厂	华利牌仔猪颗粒配合饲料（华利牌仔猪全价颗粒饲料） 华利牌浓缩饲料	鲍洪星	0797－7851146	97－36－003
江西省高安市饲料厂	瑞洲牌800浓缩饲料	胡云勇	0795－5212287	97－36－004
青岛正大有限公司	551仔猪颗粒配合饲料（551颗粒乳猪配合饲料）	卢岳胜	0532－4844989	97－37－001
河南亚美饲料有限公司	生长肥育猪配合饲料（瘦肉型猪配合饲料） 仔猪配合饲料（乳猪配合饲料） 生长肥育猪浓缩饲料	戴大校	0397－3936903	97－41－001
湖南正虹饲料股份有限公司	正虹牌121生长肥育猪配合饲料 正虹牌101LP仔猪颗粒配合饲料 正虹牌猪浓缩饲料	吴明夏	0730－5224140	97－43－001
湖南湘大集团有限公司	骆驼牌111仔猪前期配合饲料(骆驼牌111乳猪料) 骆驼牌811猪浓缩饲料	陶一山	0733－8402248	97－43－002
正大岳阳有限公司	正大牌551仔猪配合饲料（正大牌551乳猪料） 正大猪浓缩饲料	方道弘	0730－8223622	97－43－003
湖南湘阴县双星饲料厂	双星牌151猪浓缩饲料	王应培	0730－2223754	97－43－004
湖南湘阴县金威饲料厂	金威牌猪浓缩饲料	金孟南	0730－2222078	97－43－005
湖南娄底地区玖零零饲料厂	900牌猪浓缩饲料（900猪用高蛋白添加剂）	唐荣昌	0738－8228900	97－43－006
湖南网岭五〇二饲料厂	育灵牌514生长肥育猪配合饲料(育灵牌514大猪配合饲料)	邱东平	0733－4802168	97－43－007
金钱饲料(中国)有限公司	311仔猪配合饲料（特别乳猪料311） 808 生长肥育猪浓缩饲料（瘦肉型中大猪浓缩料808）	洛易宣 得能	0755－6691239	97－44－001
深圳市华宝(集团)饲料公司	201仔猪配合饲料（201小猪料） 311仔猪配合饲料（311乳猪料） 800猪浓缩饲料（800猪浓缩（精）料）	郑 键	0755－7903967	97－44－002
深圳康达尔(集团)饲料公司	311仔猪配合饲料（311＃乳猪料） 800猪浓缩饲料	张春旺	0755－7293832	97－44－003
新会市新粮睦洲饲料厂	312仔猪配合饲料（312小猪料） 308猪浓缩饲料（308猪精料）	陈育根	0750－6222243	97－44－004
新会市新粮饲料厂	300仔猪配合饲料（300小猪料） 302仔猪配合饲料（302小猪料）	梁子江	0750－6691082	97－44－005
顺德市华星饲料厂	302仔猪配合饲料（302小猪料） 303生长肥育猪配合饲料（303中猪料） 800猪浓缩料（800肉猪精料）	梁志雄	0765－6656817	97－44－006

广东恒昌股份九江饲料厂	258 仔猪配合饲料（258 乳猪料） 250 仔猪配合饲料（250 小猪料）	陈远舟	0757－6556688	97－44－007
广东省中山市泰山饲料厂	Z301 仔猪配合饲料（Z301 特别小猪料） Z311 仔猪配合饲料（Z311 特别乳猪料）	肖祖乐	0760－8630104	97－44－008
广东冠华饲料实业公司	203 仔猪配合饲料（肉猪配合饲料 203）	杨乃康	0765－6624569	97－44－009
顺德市锦峰饲料有限公司	312 仔猪配合饲料（312 猪花料） 302 仔猪配合饲料（302 小猪料） 800 猪浓缩饲料（800 猪精料）	何启泰	0765－6656575	97－44－010
广西梧州乐农股份有限公司	301 仔猪配合饲料（301 特制猪配合饲料） 302 仔猪配合饲料（302 小猪配合饲料） 302T 仔猪配合饲料（302 特制小猪配合饲料）	魏玉峰	0774－5824217	97－45－001
广西饲料企业集团公司饲料厂	151 猪浓缩饲料	陈家伊	0771－5627319	97－45－002
柳州市柳新饲料厂	302 仔猪配合饲料（302 小猪料） 311 仔猪配合饲料（311 乳猪料） 308 猪浓缩饲料（308 猪精料）	吴伯敏	0772－2511450	97－45－003
桂林市桂新饲料厂	302A 仔猪配合饲料（302A 小猪料）	丁声援	0773－2604097	97－45－004
广西浓缩饲料厂	301 仔猪配合饲料（301＃乳猪料） 302 仔猪配合饲料（302＃小猪料）	苏继南	0771－5629540	97－45－005
广西区北海市北新饲料厂	302 仔猪配合饲料（302＃小猪料） 388 猪浓缩饲料（388＃猪精料）	吕予平	0779－2023755	97－45－006
四川新津希望饲料厂	01 仔猪配合饲料（01 高效乳猪饲料）	陈育新	028－2523811	97－51－001
通威集团有限公司	通威牌 210 仔猪配合饲料（通威牌 210 高档乳猪料） 通威牌 211 仔猪配合饲料(通威牌 211 乳猪料) 通威牌 212 仔猪配合饲料（通威牌 212 仔猪料）	刘汉元	028－5188888	97－51－002
四川三联饲料有限公司	三联牌 501A 仔猪颗粒配合饲料（三联牌 501A 乳猪全价粒料） 三联牌 801 仔猪颗粒配合饲料（三联牌 801 乳猪全价粒料） 三联牌 809 浓缩饲料（三联牌 809 浓缩饲料王）	王晓民	0833－6202666	97－51－003
成都龙庆饲料实业有限公司	801 仔猪颗粒配合饲料（801 乳猪颗粒料） 802 仔猪颗粒配合饲料（802 仔猪颗粒料）	段永康	028－5823863	97－51－004
成都三旺集团有限公司	三旺 001 仔猪配合饲料（三旺 001 乳猪料） 三旺 880 仔猪配合饲料（三旺 880 乳猪料）	伍健敏	028－2524123	97－51－005
四川巨星饲料集团有限公司	巨星 551 仔猪配合饲料（巨星 551 仔猪料） 巨星 601 仔猪配合饲料（巨星 601 仔猪料）	王幼忠	0833－3200889	97－51－006
成都杨百万饲料有限公司	661A 仔猪颗粒配合饲料（661A 乳猪粒料） 662A 仔猪颗粒配合饲料（662A 仔猪粒料） 168A 猪浓缩饲料（168A 特别猪精料）	杨祖伟	028－4336958	97－51－007
瑞丰集团成都瑞丰饲料公司	551 仔猪配合饲料（551 乳猪料）	乔觉敏	028－4311514	97－51－008
成都红牌楼配合饲料厂	仔猪配合饲料	喻 滂	028－5188935	97－51－009
四川绵阳市铁骑力士饲料有限公司	551 仔猪颗粒配合饲料（551 乳猪全价颗粒饲料） 902 仔猪颗粒配合饲料（902 仔猪全价颗粒饲料） 990 猪浓缩饲料（铁骑力士精）	雷文勇	0816－2566513	97－51－010
四川泸州粮油集团饲料公司	奇力 550 仔猪配合饲料（奇力 550 乳猪料） 兰花 552 仔猪配合饲料（兰花 552 仔猪料）	王付涛	0830－3190849	97－51－011
陕西省饲料厂	928 猪浓缩饲料（928 华秦猪王）	王清喜	0910－7083523	97－61－001
乌鲁木齐正大畜牧有限公司	551 仔猪配合饲料（551 乳猪料）	邓振生	0991－3960119	97－65－001

1998年度中国饲料工业协会推荐产品公告

根据中饲协[1998]34号文件《关于开展98年度“中国饲料工业协会推荐产品”和“中国饲料工业协会推荐高新科技产品”工作的通知》，1998—1999年中国饲料工业协会开展了推荐鸡、猪配合饲料和单一饲料（饲料原料）的饲料级磷酸氢钙产品的活动。按推荐程序，在各省、自治区、直辖市饲料工业协会推荐的基础上，中国饲料工业协会组织专家对生产企业的规模、质量体系、产品质量水平（卫生指标、药物饲料添加剂、营养成份指标等）、经济技术指标、饲料标签和产品抽样检验结果进行综合评定。以下36个企业的91个产品符合“中国饲料工业协会推荐产品”推荐条件，由中国饲料工业协会确认为“1998年度中国饲料工业协会推荐产品”。现公布如下（排列不分先后）：

关于饲料高新科技产品推荐工作，各地饲料协会报来一批，目前尚未审定推荐，其原因是国家《饲料和饲料添加剂管理条例》已于1999年5月18日经国务院发布、施行。条例第二章第四条对新研制的饲料、饲料添加剂有严格审定程序和办法，这样饲料高新科技产品需经国务院农业行政主管部门审定后，并获得新饲料或新饲料添加剂证书后，再组织进行“中国饲料工业协会推荐高新科技产品”工作，特此说明。

企业名称	推荐产品名称	法定代表人	电话	防伪标志编号
北京房山希望饲料公司	北宇981仔猪前期配合饲料（北宇981乳猪料） 希望1仔猪前期配合饲料（希望1乳猪料） 永行1仔猪后期配合饲料（永行1乳猪料） 希望2仔猪后期配合饲料（希望2仔猪料）	刘永行	010–69311343	98–11–001
山西省预配添加剂饲料厂	504产蛋高峰期配合饲料（504蛋鸡高峰料）	路建新	0351–6260945	98–14–002
沈阳嘉荣畜牧饲料有限公司	B10肉用仔鸡前期配合饲料（B10肉鸡一期） B12肉用仔鸡后期配合饲料（B12肉鸡后期） C02产蛋鸡后期配合饲料（C02蛋鸡2号料）	胡长生	024–23311843	98–21–004
辽宁辽河英鹏饲料有限公司	201辽河牌肉用仔鸡前期配合饲料（0—3周） 202辽河牌肉用仔鸡中期配合饲料（4—6周） 1#辽河牌产蛋鸡高峰期配合饲料（蛋1#） 105辽河牌产蛋后备鸡前期配合饲料(0—6周)	黄殿鹏	0412–8311370	98–21–007
锦州民星畜禽发展股份有限公司	916R2肉用仔鸡中期配合饲料（916R2肉用仔鸡料） 918D1产蛋后备鸡前期配合饲料（918D1产蛋后备鸡料） 871ZOLP仔猪前期配合饲料(871ZOLP乳猪前期料) 871Z1仔猪配合饲料（871Z1仔猪料）	朱寿根	0416–8300401	98－21－008

丹东强大希望农业有限公司	强大牌肉用仔鸡中期配合饲料（强大牌肉中鸡颗粒料）	刘永行	0415–6151260	98–21–009
铁岭华银集团饲料厂	肉用仔鸡前期配合饲料	张海文	0410–4607984	98–21–010
鞍山融丰集团东来饲料有限公司	C210 肉用仔鸡前期配合饲料（C210 仔鸡配合饲料） B210 仔猪前期配合饲料（B210 仔猪配合饲料） A210 产蛋后备鸡前期配合饲料（A210 产蛋后备鸡配合饲料）	彭　刚	0412–2319688	98–21–011
大庆石油管理局禽蛋公司	551 仔猪配合饲料（551 乳猪全价颗粒料） 112 肉鸡中期配合饲料（112 肉鸡全价颗粒料） 214 产蛋鸡高峰期配合饲料	王殿富	0459–5594904	98–23–002
上海大江（集团）股份有限公司	511 肉用仔鸡中期配合饲料 510 肉用仔鸡前期配合饲料	柳志诚	021–57822480	98–31–001
常州大江畜禽饲料公司	551 仔猪配合饲料（551 乳猪料） 510 肉用仔鸡配合饲料（510 肉小鸡料）	吴建明	0519–3211376	98–32–001
淮阴天参饲料厂	551 仔猪配合饲料（551 乳猪料）	陈亚清	0517–3804774	98–32–002
苏州鼎新畜牧饲料厂	CK812 肉用仔鸡后期配合饲料（CK812 肉大鸡全价配合饲料）	徐伟棋	0512–5315125	98–32–003
浙江欣欣饲料股份有限公司	910 肉用仔鸡前期配合饲料（肉鸡前期（910）全价饲料） 911 肉用仔鸡中期配合饲料（肉鸡中期（911）全价饲料）	陈国良	0573–3022118	98–33–002
海盐通元饲料有限公司	901 仔猪前期配合饲料（901 乳猪全价饲料） 902 仔猪后期配合饲料（902 仔猪全价饲料）	吴力成	0573–6611147	98–33–006
宁波市饲料工业公司	511 仔猪配合饲料（511 乳猪全价配合饲料） 552S 仔猪配合饲料（552S 仔猪全价配合饲料） 533 肉用仔鸡配合饲料（533 肉大鸡全价配合饲料）	严竞天	0574–7636624	98–33–007

宁波舜大股份有限公司	901 肉用仔鸡前期饲料（901 肉小鸡料） 902 肉用仔鸡后期饲料（902 肉中鸡料） 903 肉用仔鸡后期饲料（903 肉大鸡料） 910 仔猪前期饲料（910 特种乳猪料） 911 仔猪后期饲料（911 特种仔猪料）	袁维岳	0574–2633951	98–33–008
江山市饲料有限责任公司	552 仔猪配合饲料（552 仔猪饲料） 312 仔猪配合饲料（312 仔猪饲料） 313 生长肥育猪配合饲料（313 中猪饲料） 513 肉用仔鸡配合饲料（513 大鸡饲料）	王绍龙	0570–45519190	98–33–009
明光市三联饲料有限公司	751 仔猪配合饲料（751 乳猪料）	张奇先	0550–8022419	98–34–004
漳州市海新饲料有限公司	海新牌 311 仔猪配合饲料(海新牌 311 乳猪料)	蔡荣和	0596–6745396	98–35–002
开封正大有限公司	510 肉用仔鸡前期配合饲料（510 肉鸡花完全料） 511 仔猪前期配合饲料（511 良种乳猪完全料） 551LP 仔猪前期配合饲料（551LP 乳猪完全料）	王鸿煊	0378–3922386	98–41–002
湖北武汉正达饲料有限公司	551 仔猪配合饲料（551 良种乳猪粒状全价配合饲料） 510 肉用仔鸡配合饲料（510 小肉鸡粒状全价配合饲料）	周俊伟	027–84957312	98–42–001
深圳市康达尔（集团）饲料有限公司	312 仔猪配合饲料（312 小猪料）	张春旺	0755–7293832	98–44–003
顺德市华星饲料厂	111 肉用仔鸡前期配合饲料（111 地方鸡花料） 112 肉用仔鸡前期配合饲料（112 地方小鸡料） 114 肉用仔鸡后期配合饲料（114 地方槽鸡料） 115 肉用仔鸡后期配合饲料（115 地方大鸡料）	梁志雄	0765–6656817	98–44–006
顺德市锦峰饲料有限公司	120AA 肉用仔鸡中期配合饲料（120AA 鸡中鸡料） 130AA 肉用仔鸡后期配合饲料（130AA 鸡大鸡料）	何启泰	0765–6656575	98–44–010

	101 肉用仔鸡前期配合饲料（101 快大小鸡料） 102 肉用仔鸡中期配合饲料（102 快大中鸡料）			
柳州市柳新饲料厂	552 仔猪后期配合饲料（552 小猪料） 553 生长肥育猪前期配合饲料（553 中猪料）	吴 伯 敏	0772–2515683	98–45–003
桂林市桂新饲料厂	551 仔猪前期配合饲料（551 乳猪料）	丁 声 援	0773–2605135	98–45–004
广西饲料企业集团公司天龙饲料厂	112 肉用仔鸡前期配合饲料（112 肉用小鸡料） 118 肉用仔鸡后期配合饲料（118 肉用大鸡料） 311 仔猪前期配合饲料（311 乳猪料）	陈 家 伊	0771–3327319	98–45–008
四川通威饲料有限公司	311 肉用仔鸡前期配合饲料（311 肉小鸡饲料） 312 肉用仔鸡中期配合饲料（312 肉中鸡饲料） 212 仔猪后期配合饲料（212 仔猪后期饲料） 213 生长肥育猪配合饲料（213 中猪饲料）	刘 汉 元	0833–8103500	98–51–002
成都宏大饲料厂	551 仔猪前期配合饲料（551 乳猪料）	邵 洪 涛	028–3965897	98–51–012
昆明正大有限公司	510 肉用仔鸡前期配合饲料（510 肉小鸡粒料） 511 肉用仔鸡中期配合饲料（511 肉中鸡粒料） 551 仔猪前期配合饲料	朱 顺 生	0871–8697315	98–53–001
云南省陆良县神农饲料公司	113 用肉仔鸡后期配合饲料（113 肉鸡料） 310 仔猪前期配合饲料（310 猪料）	何 祖 训	0871–3813971	98–53–002
宁夏饲料总厂	产蛋鸡高峰期配合饲料（产蛋鸡高峰期料） 产蛋后备鸡中期配合饲料（产蛋后备鸡中期料）	邢 泽 光	0951–5013024	98–64–001
乌鲁木齐市饲料公司	311 肉用仔鸡前期配合饲料（肉仔鸡前期 311） 312 肉用仔鸡中期配合饲料（肉仔鸡中期料 312） 313 肉用仔鸡后期配合饲料（肉仔鸡后期料 313） 201 产蛋后备鸡配合饲料（蛋小鸡料 201） 204 产蛋鸡配合饲料	张 泽	0991–3717184	98–65–002

新疆泰昆集团有限责任公司	510L 肉用仔鸡前期配合饲料（510L 肉小鸡颗粒料） 511 肉用仔鸡中期配合饲料（511 肉中鸡颗粒料） 512 肉用仔鸡后期配合饲料（512 肉大鸡颗粒料） 324 产蛋鸡高峰期配合饲料 551 仔猪配合饲料（551 乳猪料）	梁 建 疆	0994-2358698	98-65-003
四川金汇现代农业化工有限责任公司	饲料级磷酸氢钙（单一饲料）	杨 骞	0838-8701623	98-51-013

中国畜牧业生产水平与国际水平比较表

（据 FA01998 年信息整理）

	单位	中国	世界	发展中国家	发达国家	欧洲	美国
肉类总产量	千吨	55141	215537	113863	101674	51394	35738
蛋类总产量	千吨	22195	52995	35254	17741	9282	4724
奶类总产量	千吨	11063	547893	211132	336761	213514	71260
猪肉产量	千吨	36930	83594	47163	36432	24710	8515
牛肉产量	千吨	4326	56731	26351	30380	12756	11776
羊肉产量	千吨	2194	11078	7638	3281	1614	108
禽肉产量	千吨	11108	60212	30341	29872	11172	15114
猪存栏量	千头	485698	957469	669449	288020	199254	60915
牛存栏量	千头	117010	1478798	1138687	340111	156992	99501
羊存栏量	千只	255870	1754869	1321418	433451	177142	9016
禽存栏量	千只	3803713	14910177	10545220	4364957	2022321	1654400
猪出栏量	千头	472230	1077918	641546	436372	294634	99882
牛出栏量	千头	30283	291029	165300	125929	62078	36922
羊出栏量	千只	178422	798445	579018	219428	116131	3692
禽出栏量	千只	7594744	40984852	23126331	17859321	7179770	8458650
肉人均占有量	千克	44.0	36.4	24.6	78.0	70.4	130.9
蛋人均占有量	千克	17.7	8.9	7.6	13.6	12.7	17.3
奶人均占有量	千克	8.8	9.2	45.7	258.3	292.5	261.0
猪肉占肉类比例	%	67.0	38.8	41.4	35.8	48.7	23.8
牛肉占肉类比例	%	7.8	26.3	23.1	30.0	24.8	33.0

羊肉占肉类比例	%	4.0	5.1	6.7	3.2	3.1	0.3
禽肉占有量比例	%	20.1	27.9	26.6	17.6	14.0	42.3
猪出栏率	%	100.9	115.0	99.0	150.9	143.6	177.9
牛出栏率	%	27.4	19.6	14.6	35.8	37.5	36.4
羊出栏率	%	75.1	45.8	44.6	49.5	63.2	38.5
禽出栏率	%	206.3	278.9	223.9	409.1	355.6	511.6
猪胴体重	千克	78.2	77.6	73.5	83.5	83.9	85.2
牛胴体重	千克	142.9	194.9	159.4	241.2	205.5	318.9
羊胴体重	千克	12.3	13.9	13.2	15.0	13.9	29.3
禽胴体重	千克	1.46	1.47	1.31	1.67	1.56	1.79

福建省华龙饲料技术开发集团公

● 公司简介

华龙集团创建于1988年3月。十一年来集团始终奉行以科学技术为先导、技术开发为手段、服务社会为目的，依靠科技优势，抓新产品开发，促产品质量上档次，不断提高市场竞争能力。使“华龙”已拥有遍布省内外年产万吨的饲料工业企业十个，先后研制了8个系列72个品种的各类畜禽、水产饲料50万吨，“华龙”多维，“华龙”鳗矿等畜禽、水产复合预混料5万多吨。建立了技术咨询、技术培训、产品销售、科学饲养、疾病防治、工艺设计等系列销售服务网络。企业的资产总额达4000多万元，创利税2000多万元。同时还拥有品牌、商誉等无形的资产，为“华龙”的发展奠定了坚实的基础。

● 成绩斐然

“华龙”经历了十一年的艰辛创业，成绩斐然。先后承担了两项国家“星火计划”项目，一项国家“八五”科技攻关项目。科研与开发成果的取得，使集团各类产品不断推陈出新，领先潮流。其中“701蛋鸭料”、“104仔猪料”获全国首届饲料工业博览会认定产品奖，在首届全国饲料大型公众调查中，“华龙牌”畜禽饲料、添加剂预混料获公众推举的“全国名牌饲料”称号。

深化改革给“华龙”以无穷的活力和勃勃生机。1991年集团被评为全国饲料工业科技进步先进集体，1994年荣获全国饲料行业的“百强企业”，1996年获省科委颁发的金桥奖，1998年获中国饲料工业优秀团体会员。集团所属福州预混料总厂1994年也被评为全国饲料工业的先进集体。

● 前景广阔

华龙人以高度的社会责任感和不懈的开拓进取精神，全方位，多层次地开发研究，走向市场，服务社会，为发展我国的饲料工业、畜禽、水产养殖作出了自己的贡献。如今的“华龙”仍一如既往，在新一轮创业中将以崭新的姿态和矫健的步伐奔向充满挑战的21世纪！

集团公司董事长：林和官（左）

总经理：曾丽莉（右）

地址：福州市华林路41号

电话：0591-7843004　传真：0591-7825274

电挂：7258　邮编：350003

全国名牌饲料　进军21世

深圳市华宝（集团）公司

简介：该公司是首家农口上市公司——深圳市华宝（集团）股份有限公司直属骨干企业，公司成立于1983年，于1985年正式投产，现拥有两间大型现代化饲料厂，一间预混厂及一间兽药厂，配合饲料时产达60吨，主要产品有猪、鸡、鸭、鸽、鱼、鳖等畜禽和水产全价及预混料50多个品种。公司注重经营信誉，1987年以来每年被深圳市工商管理局评为“重合同守信用”企业。公司实力雄厚，是深圳市100家大规模工业企业之一。技术力量雄厚，聘请国际国内著名动物营养学教授为顾问，并拥有一批具有高级职称、博士和硕士学位的专业技术人才。公司自投产以来，不断进行技术改造，各种产品深受国内外用户的欢迎，饲料产量和企业效益逐年上升。作为深圳市质量检验协会会员，全国饲料工业标准化委员会第二届委员会单位委员，公司非常注重产品质量，严格遵守国家制定的各项标准和饲料法规。

该公司自获得广东省饲料行业中首家省级先进企业后，历年来陆续获得众多奖励：1987年鸭蛋荣获“农业部优质产品”奖；1987年以来每年被深圳市工商管理局评为“重合同守信用”企业；1988年肉鸡料和蛋鸭料获“广东省优质产品”奖；1989年肉鸡料和蛋鸭料获“广东省优质产品”奖；1989年肉鸡料和蛋鸭料获“农业部优质产品”证书和奖杯；1991年获深圳市“优质产品”称号；1992年被深圳市企业评价协会评为“深圳市最大规模工业企业”第83名；1993年被深圳市企业评价协会评为“深圳市最大规模工业企业”第51名；1993年被中国饲料工业协会评为全国饲料工业“百强企业”；1995年被深圳市企业评价协会评为“深圳市100家最大规模企业”之一；1998年肉鸡料被推荐为“广东省饲料工业质量信得过产品”；1998年被广东饲料工业协会评为“前十强”；1999年被评为“1997-1998年度宝安区财务工作先进单位”。

地址：广东省深圳市宝安区西乡广深公司边
邮编：518102　电话：0755-7919003 7919759 7919165
法人代表：郑键

广西巨星集团有限公司是玉林市玉州区第一家私营企业集团公司。她的前身是一九九五年十月成立的玉林市巨星饲料有限责任公司。玉林市巨星饲料有限责任公司成立后，在创建人苏献能董事长的卓越领导下，公司不断发展壮大，在一九九七年六月二十四日，经广西壮族自治区体改委批准，自治区工商管理局颁发营业执照，升格为广西巨星集团有限公司（简称“广西巨星集团”）。

荣誉证书

经中国企业品牌调查委员会、中国企业品牌推荐委员会调查认定，被列为“中国名牌产品”。特发此证，以资鼓励。

一九九七年

广西巨星集团总投资一千八百多万元，占地面积九百多亩以饲料生产为主，种养、饮食服务为主，下属巨星种养公司和巨星美食城。广西巨星集团具有年全价颗粒和浓缩饲料十二万吨规模，在全国各地拥有一百多个经销客户。名牌产品“旭农”牌饲料有猪、鸡、鸭三个类别二十多个品种。

巨星集团

JU XING

公司地址：广西玉林市十里长街中段
联系电话：（0775）2810190 2087028
传　　真：（0775）2810190转8001
邮　　编：537000

广西巨星集团公司人才济济，组织管理机构严密、齐全。生产设备先进，在生产过程中，贯彻以“质量第一，服务第一”的宗旨，实行严格的原料至成品一整套品质控制和管理措施。公司董事长苏献能深谙科技的重要，大胆引进和借鉴英国饲料先进配方，以该配方生产的“旭农牌”系列饲料以品质好、信誉高，荣获中国名牌产品称号；全国第五届新技术、新产品专利金奖；被广西质量检验协会推荐为质量稳定产品；玉林市技术监督局推荐为质量信的过产品，有中保财产玉林分公司质量承保。目前“旭农牌”系列饲料以质量好、价格适宜而供不应求，畅销全广西、粤西、湘南以及与广西毗邻的越南等国家和地区。

广西巨星集团——

广西饲料行业中的一颗耀眼的巨星。

“旭农牌”系列饲料——

广大群众饲养畜禽致富的好帮手。

屏山企業有限公司
Ping Shan Enterprise Co., Ltd.

香港幹諾道西21-24號　海景商業大厦2字樓
21-24 CONNAUGHTRD RD.WEST,2/F.,SEAVIEW COMM.BLDG.,HONGKONG
電話 TEL：28581188，28599999
圖文傳真 FAX：28581452，25401080
直綫電報 TELEX：86016 SINCO HX
電挂 CABLEADDRESS："PINGSMILL"
公司網址 CIMPANY WEB SITE：
http:/www.sem-cma.org.hk/compro/pingshan

背景
BACKGROUND

屏山企业是由两位香港实业家陈伟南先生和林作辉先生于1965年创立的。最初以磨房加工玉米为主，八十年代初建立屏山饲料厂。生产经营各种"屏山牌"鸡、猪、鸭等粒状全价饲料、浓缩料、精料和饲料原料（如玉米、豆粕、糠粉、鱼粉及棕榈油等），屏山的企业重点一直放在饲料和畜牧行业。目前除了饲料工业外，还包括原料、添加剂、农场产品和畜养殖业。而投资项目也由香港、珠江三角洲迅速地扩展至全国各地。

面对着中国畜牧业的发展，我们公司也适应环境的转变而加强内部结构及人力资源发展，以达到公司在畜牧业的理想位置。

在中国各地积极发展业务的同时，我们还在北京、四川、南京、广州等地的一些农业学府设立奖学金以赠勤工苦学之优秀生，培养新一代的人才。我们希望在不久的将来看到这些优秀人才可以在中国畜牧业的发展上有所贡献。

饲料原料和添加剂的贸易
FEED INGREDIENTS AND ADDITIVES TRANDING

屏山企业与世界各地的饲料原料厂商和代理商有着非常紧密的联系和业务往来，充分掌握国际原料的供应、价格和贸易渠道。这在瞬息万变的国际商业市场中尤为重要。我们深深懂得若要取得顾客的长期信赖，首先最关键的因素是确保产品品质。屏山企业所代理的饲料添加剂产品均是由国际驰名的生产商制造，而每项产品都是经过无数的科学研究和多年的世界市场考验才被精心挑选的。

饲料原料：

丹麦鱼粉、秘鲁鱼粉、肉骨粉、乳清粉、栗精粉、苜蓿草粉、牛羊油、a-淀粉等。

饲料添加剂：

维生素、蛋氨酸、赖氨酸、氯化胆碱、柠檬酸、抗生素、抗球虫药、饲料保存剂、生物技术产品、风味剂、染色剂及着色剂等。

四川巨星农牧集团有限公司
SICHUAN GIASTAR AGRI-HUSBANDRY GROUP CO .,LTD

董事长：王幼忠

四川巨星农牧集团有限公司是一家集饲料、化工、餐饮、装饰、科研、贸易、畜牧良种培育、农产品深加工于一体的大型股份制企业。公司自1994年正式组建以来，凭借科学灵活的管理模式，良好的企业文化和独特的企业经营理念，使企业得到了迅猛的发展。目前，集团共有员工近 2000 人，其中大专以上文化程度占 1/3 以上。1998 年，集团创产值 3. 5 亿元人民币，实现利税 0. 32亿元人民币，资产规模超过2亿元人民币。

巨星集团创业伊始，即坚持"科技创造巨星"的理念，把科技放在首位，无论是生产、销售、还是全盘管理，都以科技为先导，使科技力量在企业应用中，得到了充分的展现，企业也获得了良好的效益。五年来，集团生产的"巨星"牌系列品牌饲料，连续荣获几项国家及政府奖励，被誉为"巴蜀质量精品"，连续四届"四川省群众喜爱产品"。1997年，集团被评为"四川工业企业市场占有率500强"企业。 1999年，先后有乐山巨星、 成都巨星等饲料子公司通过了ISO-9002国际质量体系认证。如今，巨星饲料已远销国内数省，深受用户喜爱。

1998年来，集团加快了发展步伐，除先后组建昆明、大竹等饲料分公司外，还重资收购了乐山市化工厂，控股经营新繁泡菜厂，先后与东南亚及非洲的一些国家建立了贸易合作伙伴关系。今后，巨星集团将在重视农牧产品主业提升的前提下，更进一步加大跨行业经营的力度，把集团发展成为多元化、多方位经营的大型集团，为中国民族工业的发展作贡献！

科技創造巨星

乐山巨星工厂外貌

集团总部所在地温哥华广场

巨星科研基地

■ 地 址：成都市温哥华广场16B

■ 电 话：028-7732988(总机)

■ 传 真：028-7789857

■ 邮 编：610072

HUAFEN ENZYMES
華芬酶
中国饲料行业十大名牌
中国饲料行业质量十佳品牌
華芬酶系列产品
复合酶
植酸酶
益生酶
植康酶
液体酶
生产商:肇庆市华芬饲料酶有限公司
Producer:Huafen Feed Enzymes(zhaoqing)Co.,LTD
地址:中国广东省肇庆市端州六路22号之三
Add:22,6TH Duanzhou Road,Zhaoqing,Guangdong,P.R.C.
电话:(Tel):(0758)2838308 2848766
传真:(Fax):(0758)2838381 邮编:(Post code):526020
Http://www.huafen.com.cn E-mail:huafen@21cn.com

伟嘉集团
创伟嘉集团品牌

兴民族饲料大业
北京伟嘉饲料集团
北京伟嘉人生物技术有限公司
地址：北京海淀区上地东路四街1号
电话：010-62988708 62988706
62988704 62988827
传真：010-62988707 邮编：100085
E-mail:vicafeed@public.bta.net.cn

上海展望集团

展望 PROSPECT

集团总部

展望天尊湿面王－高科技的标志

农户自用小型饲料机械

展望生命蛋－现代养殖标志

中国饲料集团公司

中 宏 集 团 董 事 长
中国饲料集团公司总裁 田承毅

中宏油厂

中宏储备库

中国饲料集团公司办公楼

中 宏 集 团
中国饲料集团公司

地址：中国·北京
西城区西直门内南大安
胡同6号
邮编：100035
电话：(010)66153980
(010)66182288转5898
传真：(010)66153998

中宏贸易公司

中宏口岸公司

中国饲料集团公司

中国饲料集团公司按照本企业的发展战略，即：立足饲料工业、依托行业、服务全国；面向国内外市场；技、工、贸相结合；向多元化、实业化、国际化、集团化、现代化方向发展。经过十年的艰苦创业，公司已建成各类企业四十多家，中宏集团成员企业逾百家。贸易形成了一个网，实业建成了一个链，科技成为企业发展的一个支撑点。年经营饲料原料和生产饲料均过百万吨的大型企业集团。

中国饲料工业方兴未艾，中国饲料集团公司及中宏集团成员企业，愿与国内外饲料界同仁携手，为中国饲料工业在二十一世纪的发展共同努力，再创辉煌。

中宏饲料厂

灌装线

中宏养殖场

中宏研究机构

香港宏港企业有限公司

潞威®
潞威
現代生物膜技術 99.99% 生物利用
液体复合维生素添加剂
维他金液
潞威
维他金液
潞威
维他金液
快速补充维生素、抗应激
提高免疫力和产蛋率
提高受精率、孵化率
预防软腿症、防止软蛋、破蛋
现代生物膜包被技术
液体超微粉碎
不堵塞乳头饮水器
快速完全吸收
潞威品質
生命的呵护神
北京潞威动物保健品公司
地址：北京马甸桥元辰鑫大厦509室
电话：010-62021762 62021756
传真：010-62021762
太原潞威动物保健品厂
地址：太原市郝庄正街27号
电话：0351-4375225 4383245
传真：0351-4386811

山东鲁抗舍里乐药业有限公司

经理：张正海

公司一角

美国礼来公司客人来鲁抗洽谈合作事宜

山东鲁抗舍里乐药业有限公司是中国大型综合制药企业－山东鲁抗医药集团公司的子公司，以兽用原料药的生产为主，兼营粉针剂、片剂、粉散剂和饲料药物添加剂。

为用户提供安全、优质、高效的药品是公司一贯的宗旨，追求产品的卓越是公司永远的理想。高素质的员工队伍和国内最先进的微机控制系统及高压气相、液相等监控手段，为产品质量提供了有利的保障。1995年，公司在全国医药行业率先通过了中质协ISO 9001质量体系认证。

公司1991年从国外引进的盐霉素和泰乐菌素菌种及工艺，填补了国内生产的空白，产品质量达到了国际先进水平，畅销国内外市场。其中盐霉素以其卓越的品质，先后获得了1992年全国饲料工业新技术交流会特别金奖、1995年中国农业博览会银奖、1997年第五届全国饲料添加剂学术交流会优质产品、1997年第三届农业博览会名牌产品等荣誉称号，并于1997年5月被中国动植物保健品协会评为推荐产品，向全国推荐。

“九五”期间，公司将以现有产品为依托，通过技术引进、技术改造，建成一个兽用、农用抗生素制药并举，产品结构合理、高技术、多品种、高质量、低消耗、少污染的大型公司，为我国农牧业的发展做出更大的贡献。

地址：山东省济宁市太白楼西路173号
电话：（0537）2213961-3187
传真：（0537）2271052
邮编：272121

化学测定

中间体检测

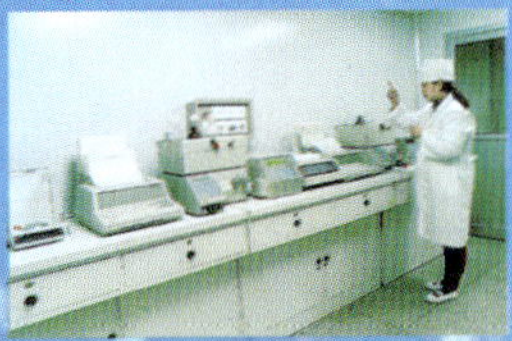

生化测定

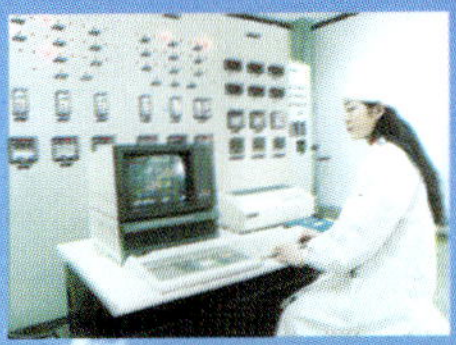

微机控制生产

饲料生产线控制室

产品质量检验室

华星畜禽、水产实验场

星飼料廠

6656817　6656443　傳真：(0765)6657277　電挂：4928

山东诸城市对外贸易集团公司
饲料加工厂

山东诸城市外贸饲料加工厂是诸城外贸集团公司肉鸡一体化出口生产体系中饲料加工的专业厂，建于1984年，固定资产1.5亿元，干部职工2000人，总占地面积870亩，被全国饲料工业协会评为“百强企业”，所产肉鸡、种鸡添加剂预混料获“外经贸部科技进步三等奖”，饲料产品获“饲料工业博览会认定产品”，“山东省最佳外贸企业”等荣誉称号。

获得荣誉

该厂拥有六个饲料加工车间，年产配合颗粒饲料50万吨，建立了与之相配合的一处添加剂预混料车间，年产预混料5000吨；一处浸出车间，年浸出大豆15000吨；浸出玉米胚芽30000吨；一处肉骨粉车间，年加工肉骨粉10000吨；一处磷酸氢钙车间，年加工磷酸氢钙3000吨；一处膨化大豆车间，年加工膨化大豆30000吨；一处榨油车间，年产香味花生油2500吨，普通花生油2500吨，一处粉条车间，年加工能力8000吨；一处麦饭石车间，年加工能力10000吨；十六处外贸收购站，遍布全市各乡镇。目前，该厂有200亩货场和36000平方米的大棚，总储存能力达20万吨。

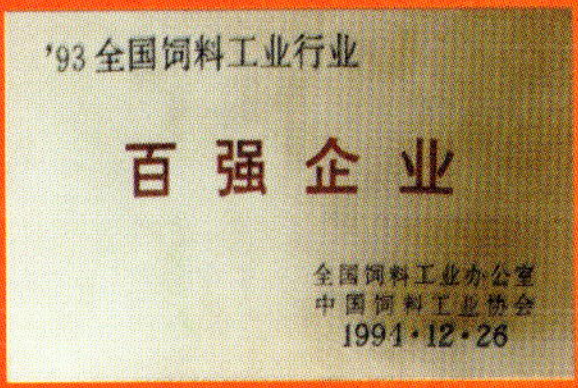

获得荣誉

该厂根据集团公司“农业发展我发展，我与农民共兴衰”的经营指导思想，走“贸工农一体化，产加销一条龙”的产业化发展道路，牢固树立“质量第一，用户至上”的治厂方针，依靠科技进步，提高生产管理水平，成立了微机配方中心和饲料监测中心，建立了一处现代化肉鸡试验基地，为7000多个合同饲养农户提供优质饲料。近年来，党和国家领导人江泽民、李鹏、朱镕基、李岚清、温家宝等先后来厂视察，对其经营业绩给予了充分肯定。

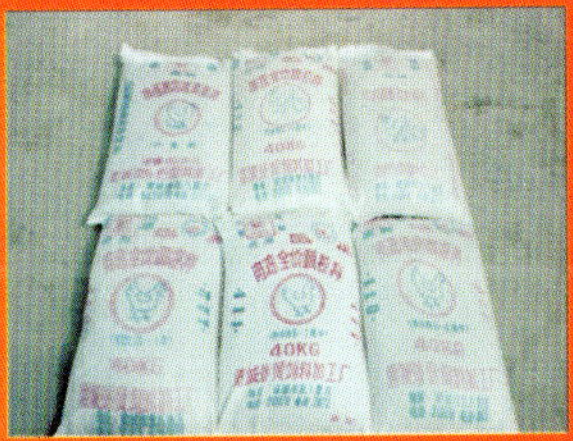

肉鸡、种鸡饲料系列

优质粉条

厂区办公楼一角

香料花生油

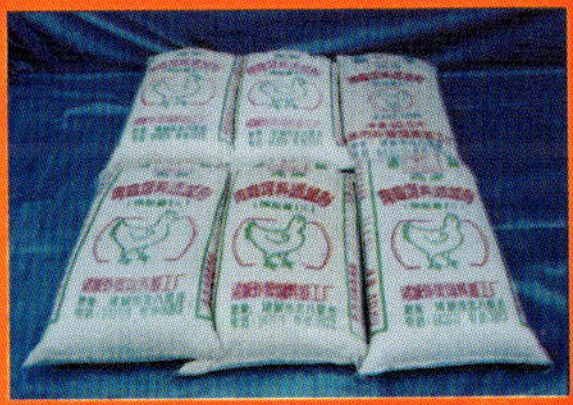

鸡、种鸡饲料添加剂预混料系列

荷兰进口设备一角

地址：诸城市北八里庄
邮编：262200
电话：0536－6063070
传真：0536－6057760

法人代表：于启林　　联系人：王运波

威科
VICTORY
兽药
VICTORY
威科饲料
VICTORY
旺
威科
山西省农科院饲料科技中心
山西省威科饲料科技公司
地址：太原市长风街 2 号省农科院内
电话：（ 0351 ） 7127004 7041351

人正意诚
您的成功－
我们永远的追求目标
TÜV
MANAGEMENT SERVICE
ISO 9001
上海正诚
为您提供：一流的交钥匙工程
优质的成套机电设备和零配件
完善的售后服务
正诚 制粒机系列
正诚 破碎机系列
正诚 粉碎机系列
正诚 冷却机系列
正诚 混合机系列
正诚 中央控制系统
正诚 环模压辊系列
正诚 离心分级筛系列
上海正诚机电制造有限公司
SHANGHAI ZHENGCHENG MECHANICAL
ELECTRICAL MANUFACTURING CO., LTD.
地址：上海市松江区茸北工业区茸兴路 3-5号
ADDRESS:NO.3-5 RONGXING RD.RONGBEI INDUSTRIAL ZONE SONGJIANG SHANGHAI
电话：021-57781601；021-57781603
传真：021-57780193
TEL：021-57781605；021-57781607
FAX：021-57780193
邮编：201613
ZIP：201613

福建泉州大泉赖氨酸有限公司

中外合资泉州大泉赖氨酸有限公司，是中国生产饲料级赖氨酸的最大厂家，也是亚洲地区具有知名度的生产厂家之一。公司总投资2042万美元，占地面积88700平方米，生产能力达到10000吨/年。公司先后被国家、省、市政府确认并被授予“先进技术企业”、“高新技术企业”、“产品出口企业”、“国家大二型企业”、福建省工业“300大企业”、全国饲料工业行业“百强企业”和福建省“百家外商投资企业”称号，“大泉牌”赖氨酸在“全国饲料及添加剂用户市场调查活动中”被推荐为信得过产品。

公司坚持“科技顶天，市场立地”的信条，产品质量上乘，履行及根据国内外客户的需求提供最好的服务。

厂址：福建省泉州市丰泽区东海法石
电话：（0595）2909302　2906082
传真：（0595）2905709
邮编：362000

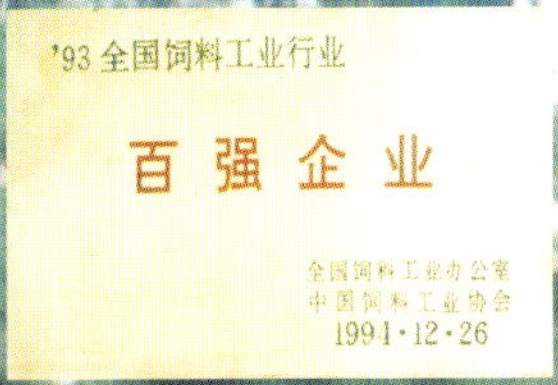

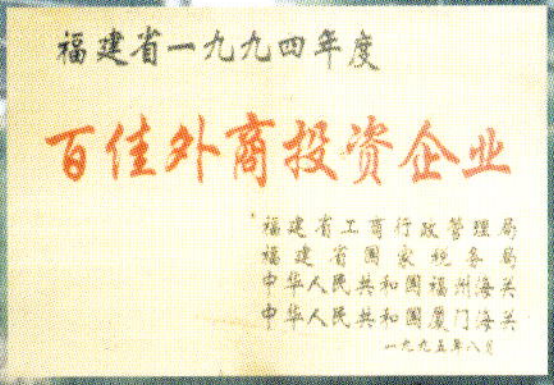

牧羊 -- 中国著名的粮

国家级重点高

饲料机械

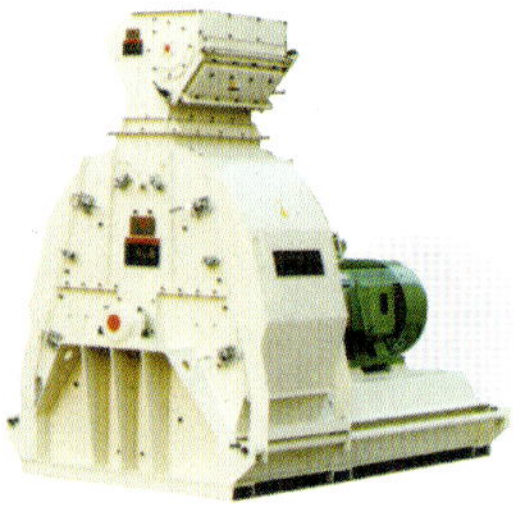

牧羊水滴王 968 系列粉碎机
产量：12–50t/h 功率：75–250Kw

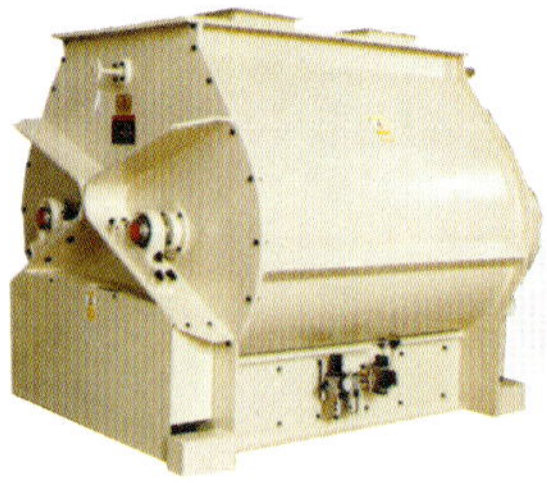

SLHSJ 系列双轴桨叶式高效混合机
产量：25Kg/批 – 2000Kg/批 功率：0.75 – 30Kw

牧羊—UMT 系列颗粒机
产量：3 – 30t/h 功率：30X2 – 110X2Kw

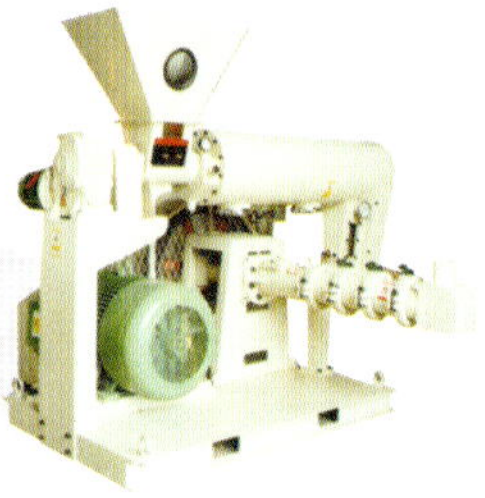

TPH135 系列高效挤压膨化机
产量：粉料：0.5 – 1.2t/h 功率：75Kw
大豆：1–1.8t/h

成套工程实例

牧羊承建的扬州大江年产 24 万吨钢结构饲料成套工程

牧羊安装的亚洲最大的饲料厂之一
——美国嘉吉（嘉兴）年产 36 万吨饲料成套工程

牧羊承建的重庆通威年产 30 万吨饲料成套交钥匙工程

牧羊承建的上海爱农年产 12 万吨饲料成套交钥匙工程

钢板仓

牧羊承建的福建饲

牧羊承建的江苏泰兴

牧羊承建的北京燕

牧羊设计安装年产 30
（计算机

湖北广济药业股份有限公司
湖北广济药业股份有限公司是以生产医药原料药、医药制剂、兽药原料药、饲料添加剂和精细化工为主的国家重点高新技术企业，是省首批45家现代企业制度试点单位，是省“615”计划中60家重点企业和“巨人工程”85家重点企业之一，1997年度全国“五一”劳动奖状获得者。公司位于“鄂东门户”武穴市城东，地处长江、京九铁路和正在建设的沪蓉高速公路交汇点，地理位置十分优越。
世纪之交，公司通过资本营运，组建了以广济药业股份有限公司为核心，以维生素B系列产品（VB1、VB2、VB6、VB7、VB12）为主体，以氨基酸系列产品和抗病毒药品为辅的大型企业集团——广济药业集团。
广济药业
GUANGJI PHARM.
湖北广济药业股份有限公司
中国湖北武穴市江堤路1号
电话:(0713)6213329 6213282 6213445
(027)88066880 88042796
传真:(0713)6212108
邮编:436400
E-mail:gjyy@hg-mail.hb.cninfo.net

穗屏企业

穗屏从化种鸡场

饲料厂控制室

奋发　进取

有限公司

穗屏饲料厂

广东穗屏企业有限公司是由广东市畜牧总公司和香港屏山企业有限公司合资兴建的广东市第一家中外合资的现代化大型饲料工业企业，引进当代世界先进水平的瑞士自动化生产设备和技术，聘请国内著名专家和美国营养博士共同研制出适合我国生态环境的电脑配方，生产七大系列，一百多个品种的鸡、鸭、猪、鹅、鸽和水产等畜禽所需的“宝鼎牌”全价配合颗粒饲料和浓缩精料。该厂以先进的技术设备、科学的生产配方、完善的经营管理创造出一流的产品，深受广大用户欢迎。产品多次被评为农业部优质产品，在首届中国农业博览会上荣获全国饲料行业七项金奖中的三项金奖。第二届农业博览会又获二枚金牌，第三届农业博览会上获“名牌产品认证”，连年被评为全国、省、市“先进外资企业”，被誉为“引进好、管理好、效益好”的中外合资企业。该厂的设备能力为时生产全价配合料40吨、浓缩精料5吨。

公司地址：广州市金钟横路26号二楼东座
电　　话：（020）86583168　87429368
传　　真：（020）87440361
邮　　编：510405

图强　　争先

正大集团创始于泰国，是一个
农牧业为主业，具有七十多年历
的私营跨国企业，目前业务已遍
世界二十余个国家和地区。

正大集团自1979年响应中国
革开放的号召，首先投资于深圳
济特区，至今投资已遍及中国二
九个省、市、自治区。

正大集团本着：利国、利民、利
司的三利原则，将不断努力在今
的发展中创造更佳的经济效益和
会效益，为中国社会发展和经济
荣增添一份力量。

正大集团泰国曼谷总部

豪夫迈 • 罗氏公司的主要业务包括：药品、诊断试剂、维生素及香精香料等，在世界同行业中名列前茅。罗氏的维生素和精细化工部是世界上大的维生素、柠檬酸、胡萝卜素和饲料添加剂生产供应商之一。其所研发的各种维生素工艺为全球人类、动物营养保健领域、提供卓越的服务。

上海市龙东大道 1100 号
邮编： 201203
电话： +86-21-5080 1888
传真： +86-21-5080 1142

1100 Long Dong Avenue
Shanghai201203,P.R.China
Tel.+86-21-5080 1888
Fax.+86-21-5080 1142

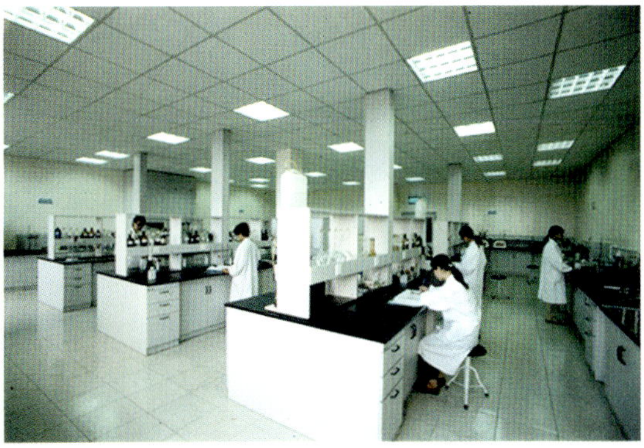

Roche